제9판

민법강의

민총·물권·채권

임윤수 저

형설출판사
www.hyungseul.co.kr

제9판 머리말

민법은 헌법·형법과 더불어 기본3법으로서 이 시대를 살아가는 현대인들이 필수적으로 알아야 할 사회생활과 관련된 기본적인 법률지식이라고 하겠다. 따라서 민법강의(제9판)는 민법 전반에 대한 내용을 효율적으로 공부할 수 있도록 개별제도를 체계적으로 서술한 후 판례를 유기적으로 연계시킴으로써 내용을 정확하게 이해할 수 있도록 하였다.

민법강의의 주요 내용은 민법총칙, 물권법, 채권법으로 구성되었으며, 특히 기본적이면서도 중요한 법률지식은 물론 부동산권리분석의 이해를 돕기 위하여 소유권, 전세권, 저당권, 주택·상가임대차, 부동산매매 등에서 발생하는 문제점을 이론과 판례를 연계함으로써 학습효과를 극대화하였다. 민법강의를 출간하면서 가장 중점을 둔 사항은 다음과 같다

첫째, 독자들이 쉽게 내용을 파악할 수 있도록 용어정비에 좀 더 세심한 노력을 기울였다. 따라서 변호사시험·행정고시 및 경찰공무원·일반공무원 시험은 물론 감정평가사·법무사·세무사·공인중개사 등 각종 자격증시험을 준비하는 수험생들에게 유용할 것이라 기대한다.

둘째, 민법강의(제9판)에서는 그간 다소 미비했던 '채권총론·각론' 부분의 전반적인 내용과 문장을 대폭 수정·보완함과 더불어 새로운 학설과 판례의 동향을 수록함으로써 법학을 공부하는 학생은 물론 시험준비생들이 쉽게 이해할 수 있도록 노력하였다.

끝으로 본서의 내용이 성숙하게 발전할 수 있도록 지원을 아끼시지 않은 형설출판사 장지익 회장님 이하 편집부 여러분의 노고에 감사드리며, 더불어 인생의 동반자 아내와 자랑스러운 아들에게 고마움을 전한다.

2024. 2. 15. 용마캠퍼스에서

저자 임 윤 수

머리말

민법은 개인 및 집단 상호간의 생활관계를 규율하는 일반사법으로서 헌법·형법과 더불어 기본3법을 이루고 있으며, 이 시대를 살아가는 현대인들에게 사회생활과 관련된 기본적인 법률지식을 담고 있다.

민법강의의 주요 내용은 민법총칙, 물권법, 채권법으로 구성되었으며, 특히 이 시대를 살아가는 현대인들에게 사회생활과 관련된 기본적인 법률지식은 물론 국민의 관심사가 되고 있는 부동산 관련 재산관계상 권리분석의 이해를 돕기 위하여 대리제도, 취득 및 소멸시효, 소유권, 전세권, 저당권, 주택 및 상가임대차, 부동산매매 등에서 발생하는 문제점을 기본 이론과 판례를 연계하여 서술하였다.

민법강의 출간에 가장 핵심적인 대상은 수험생이다. 즉 사법·행정고시를 비롯한 경찰공무원, 국가공무원임용 및 승진시험은 물론 감정평가사·법무사·세무사·공인중개사·주택관리사 등 각종 자격증시험을 준비하는 수험생들에게 유용할 것이라 기대한다.

민법강의를 출간하는 것이 학문적으로 매우 의미 있는 일이기에 학설과 판례의 동향을 연계하여 수록하려고 노력하였으나, 독자들에게 질책을 받지나 않을까 염려되기도 한다. 하지만 독자들의 관심 어린 질책은 학문에 더욱 매진할 수 있는 밑거름이 되는 것이기에 개정판을 통하여 좀 더 좋은 강의서(수험서)가 될 수 있도록 지속적으로 보완할 것이다.

끝으로 연구에 전념할 수 있도록 도와준 사랑하는 아내 성희와 자랑스러운 아들 상우에게 감사하며, 본서가 내용적으로 발전할 수 있도록 수고로움을 마다하지 않고 많은 지원을 아끼시지 않은 형설출판사 장지익 회장님 이하 형설출판사 편집부 여러분의 노고에 감사의 뜻을 전한다.

2008. 2. 20. 용마캠퍼스에서

저자 임 윤 수

차 례

제2장 민법상의 권리

제3장 권리주체

제6장 소멸시효

제4장 용익물권

제5장 담보물권

제2장 채권의 목적

제3장 채권의 효력

제4장 다수당사자의 채권관계

제5장 채권양도와 채무인수

제6장 채권의 소멸

제1장 계약총론

제2장 계약각론

제3장 법정채권관계

제1편

민법총칙

제 1 장　민법의 의의

제 1 절 민법과 민법학

1. 민법과 민법학

(1) 민 법

1) 생활관계의 법규범

민법은 사인(개인) 사이의 생활관계를 규율하는 법이다. 개인 사이의 생활관계는 소유 및 거래관계를 비롯하여 친족·상속관계가 그 중요내용을 이루며, 개개인의 의사와 법률에 의하여 그 규범이 형성되는 것이 원칙이다. 특히 민법은 사적자치의 원리가 지배하는 사인 사이의 생활관계 내지 법률관계를 주로 규율하며, 그 법률관계는 개인의 권리·의무라는 형태로 구성된다.

2) 시민사회의 법

민법의 개념이 성립하게 된 것은 역사적으로 봉건질서가 붕괴되고 근대국가가 성립하는 과정에서, 봉건적 제약으로부터 해방된 개인의 자유로운 거래활동(경제활동)이 제도적으로 보장되면서부터이다. 따라서 사적자치의 원리가 지배하는 개인 사이의 법적인 생활관계 내지 법률관계는 개인의 권리·의무라는 형태로 구성된다. 즉 민법은 국가의 개입 없이 각 개인이 사적인 사회생활관계를 자신의 의사에 기하여 자유롭게, 그러나 자신의 책임 아래에 형성할 것을 보장하는 시민사회의 법이다.

(2) 민법학

1) 해석학

민법학은 사인(개인) 사이의 생활관계 내지 법률관계를 규율하는 민법에 대한 학문이다. 이러한 민법학은 주로 '민법에 대한 해석학'으로 좁게 이해되기도 한다. 따라서 민법은 사회적 · 정치적 배경이나 경제와의 관계 등에 관한 연구는 가급적 배제한다.

2) 비교법

민법학은 넓은 의미에서 민법에 대한 해석학뿐만 아니라 그 변화와 역사에 대한 연구 및 다양한 법계의 민법을 서로 비교하는 연구(비교법적 연구)를 포함하며, 세계화와 법의 통일화로 인하여 그러한 연구의 영향은 특히 재산법에서 크게 나타나고 있다. 즉 재산법(계약법)은 이익사회를 규율하는 법으로서 합리적 · 타산적이며, 외국의 입법례의 계수적합성이 강한 법이라고 할 수 있다.

2. 민법의 존재와 성격

(1) 민법의 존재의의

① 사람은 사회생활(단체적 공동생활)을 하고 있다. 즉 단체적 공동생활은 단체의 구성원이 일정한 준칙(準則)에 따라 행동하는 때에 비로소 가능하며, 개개인이 제멋대로 행동한다면 공동생활은 성립되지 못한다.

② 사람의 공동생활에는 서로의 이해와 충돌이 있게 마련이며, 그로 인하여 다툼이 필연적으로 발생하게 된다. 민법은 사회생활을 하면서 이해(利害)가 충돌하는 것을 조절하고 다툼을 피하기 위한 일정한 행위의 규준(사회생활의 준칙)이 된다. '사회가 있으면 법이 있다'라는 법적 격언은 이러한 사실(민법의 존재의의)을 나타내고 있는 말이다.

(2) 민법의 성격

1) 민법은 사법

① 법은 크게 공법과 사법으로 나뉜다. 즉 국가 기타 공공단체와 개인의 관계 및 공공단체 상호간의 관계를 규율하는 법이 공법이며, 이는 원칙적

으로 수직관계를 정하는 법이라고 한다. 반면에 사법은 사인 상호간의 관계를 규율하면서 수평관계·평등관계를 정하는 법이라고 한다. 민법은 이 중 사법에 속하며, 재산관계(예컨대 물건을 소유하거나 사고파는 것)와 가족관계(예컨대 혼인, 입양, 인지 등)를 규율하는 법이다. 다만 공공단체와 개인간의 사경제를 내용으로 하는 계약은 사법의 원리가 적용된다(대판 2006.6.19, 2006마117).

② 민법 중에서도 재산법은 이익사회를 규율하는 법으로서 합리적·타산적이며, 외국 입법례의 계수적합성(繼受適合性)이 강한 법이라고 할 수 있다. 반면 가족법은 공동체를 규율하는 법으로서 습속적(習俗的)·보수적(保守的)이며, 계수적합성이 재산법보다 약하다.

【판 례】 주체설에 따른 공법과 사법

* 대결 2006.6.19, 2006마117 … 지방재정법에 의하여 준용되는 '국가를 당사자로 하는 계약에 관한 법률'에 따라 지방자치단체가 당사자인 공공계약은 사경제의 주체로서 그 본질적인 내용은 사인간의 계약과 다를 바가 없으므로, 그에 관한 법령에 특별한 정함이 있는 경우를 제외하고는 사적자치와 계약자유의 원칙 등 사법의 원리가 적용된다.

2) 민법은 일반사법

① 법은 효력범위의 대상을 기준으로 일반법과 특별법으로 구별하는데, 민법은 사법의 일반법이고 상법은 특별법이다.

② 민법은 일반사법에 속한다. 따라서 개인의 일상·보통의 사적 생활관계를 규율하는 원칙적인 법으로서 각종 특별법 영역에 공통적으로 적용되는 법규범인 동시에 사법의 근간을 이루고 있다. 반면에 상법은 대표적인 특별사법으로서 민법(일반사법)에 비하여 기술적·합리적 성격을 가지고 있다. 따라서 일정한 사람·장소, 혹은 사항에 따라 그 적용범위와 대상을 달리하는 것이 특별사법이다.

3) 민법은 실체법

① 실체법은 직접적으로 권리·의무의 실체, 즉 권리와 의무의 성질·내용·범위 및 발생·소멸 등을 규율하는 법을 말한다.

② 절차법은 실체법상의 권리를 실행하거나 또는 의무를 실현시키기 위한 절차, 즉 권리 또는 의무의 행사·보전·이행·강제 등을 규율하는 법을 말한다. 그러므로 민법은 실체법에 속하고 민사소송법·민사집행법은 절

차법에 속한다(대판 2002.1.22, 2001다70702).

【판 례】

* 대판 2002.1.22, 2001다70702 … 민사집행법 제88조 제1항에서 규정하는 배당요구가 필요한 채권자는 경락기일까지 배당요구를 한 경우에 한하여 배당을 받을 수 있으므로, 적법한 배당요구를 하지 아니한 경우에는 비록 실체법상 우선변제청구권이 있다고 하더라도 경락대금으로부터 배당을 받을 수 없다.

4) 민법은 재판규범 · 행위규범

민법은 재판관의 경우 재판의 기준이 되는 법이고, 일반인의 경우에는 행위를 사전에 규율하는 사법상 법률행위(계약 등)의 기준이 되는 법이다.

3. 형식적 민법과 실질적 민법

(1) 형식적 민법

형식적 민법은 1958년 2월 22일, 법률 471호로서 제정 · 공포되어 1960년 1월 1일부터 시행되었으며 점진적인 개정을 거친 현재의 민법전을 가리킨다. 민법전은 총칙 · 물권 · 채권 · 친족 · 상속의 5편으로 구성되어 있다.

(2) 실질적 민법

실질적 민법은 민법전뿐만 아니라 그 외에 국민의 일반적인 사법생활의 실체적 법률관계를 규율하고 있는 모든 법령을 총칭한다. 따라서 사법 가운데에서 상법 그 밖에 특별사법(국제사법)을 제외한 '일반사법'을 실질적 민법이라고 한다. 여기서 일반사법이라고 하는 것은 사적인 생활관계를 규율하는 각종 특별법의 영역에 공통적으로 적용되는 법규범이라는 뜻이다. 즉 실질적 민법은 민법전뿐만 아니라 민법부속법령 · 민사특별법령과 공법의 규정 가운데에도 많이 산재해 있다. 예컨대 부동산등기법 · 가족관계의 등록 등에 관한 법률 · 주민등록법 등이 그 좋은 예이다.

(3) 형식 · 실질의 관계

형식적 민법과 실질적 민법은 서로 독립한 별개의 것이 아니고, 실질적 민법은 형식적 민법을 포함하는 넓은 의미의 민법이다. 따라서 형식적 민법이든 실질적 민법이든 사적자치의 원리가 지배하는 개인 사이의 법적인 생활관계 내지 법률관계는 개인의 권리 · 의무라는 형태로 구성되는데, 이는 가능한 한 국가의 개입 없이 각 개인이 사적인 사회생활 관계를 자신의 의사에 기하여 자유롭게, 그러나 자신의 책임 아래에 형성할 것을 보장하는 시민사회의 법이다.

제 2 절 민법의 법원

1. 서 설

(1) 법원의 의의

① 법의 연원(法의 淵源)을 짧게 줄여서 '법원(法源)'이라고 한다. 법원이라는 말은 법의 존재형식 · 법을 제정하는 힘 등 여러 가지의 뜻으로 사용되고 있어서 반드시 명백한 용어는 아니나, 보통은 법의 존재형식 또는 법의 현상형태라는 의미로 쓰이고 있다(곽윤직 16면, 김증한 33면, 김형배 18면, 이영준 18면).

② 법적 분쟁의 대부분이 계약의 불이행에서 발생하고 있다는 점을 고려할 때, 계약을 법원에 포함시켜 이해하는 것이 적절하다고 생각된다. 민법전 · 특별법 · 관습법 등의 객관적 법을 협의의 법원이라고 한다면 계약을 포함한 법원을 광의의 법원이라고 할 수도 있다. 따라서 법원을 법관이 준거해야 할 규범의 존재형식으로 이해하는 것이 사회적, 실천적 목적을 달성하려는 법의 목적에 보다 부합할 것이다(김형배 18면).

(2) 성문법과 불문법

① 법원(法源)에는 크게 성문법과 불문법이 있다. 성문법은 문자로 표시되고 일정한 형식 및 절차에 따라서 제정되는 법이며, '제정법'이라고도 한

다. 반면 성문법 또는 제정법 이외의 법을 '불문법'이라고 하며, 불문법에는 관습법 · 판례법 · 조리 등 여러 가지가 있다.

② 민법 제1조는 '민사에 관하여 법률에 규정이 없으면 관습법에 의하고 관습법이 없으면 조리에 의한다'고 하여 민법상의 법원의 종류와 그 효력에 대해 순위를 규정하고 있다. 우리 민법의 법원은 민법전, 민법전 이외의 민사에 관한 법률, 관습민법, 조리의 네 가지로 이루어져 있는데 민법전과 민법전 이외의 민사에 관한 법률은 문자로 표현된 성문법이고, 관습민법과 조리는 불문법이다.

참고 **성문법 · 불문법의 비교**

사 항	성문법주의	장단점	불문법주의	장단점
① 법의 통일정비	용이하다.	장점	곤란하다.	단점
② 법제 명확화	〃	〃	〃	〃
③ 법적 질서의 안정	안정적이다.	〃	불안정이다.	〃
④ 사회 변천에 대한 적응성	적응이 느리다.	단점	적응이 빠르다.	장점

2. 민법의 역사와 체제

(1) 민법전의 제정

1) 조선민사령과 의용민법

① 조선을 강점한 일본제국은 조선통감부제령 제7호(조선민사령)를 통하여 기본적으로 일본민법을 의용(依用)하였지만(조선민사령 제1조), 조선인 상호 간의 법률행위에 대해서는 법령 중 공공의 질서에 관한 것이 아닌 규정과 다른 관습이 있는 경우에는 그 관습에 의하고(조선민사령 제10조), 조선인의 친족 및 상속에 관해서는 원칙적으로 조선의 관습에 따르도록 하였다(조선민사령 제11조 참조).

② 광복이 된 후에도 미군정기에는 미군정법령 제21호에 의해 당시 조선에 시행 중이던 법률의 효력을 유지시킴으로써 일본민법의 의용이 계속되었다. 또한 단독정부가 수립된 후에도 현행민법이 제정되기 전까지는 당시 법령(그 대다수는 일제하의 법령들이다)이 제헌헌법에 저촉되지 않는 한 유효하였다(제헌헌법 제100조). 따라서 의용민법은 현행민법이 제정되기 전까지 민사에 관한 주요한 법

원이 되었다.

2) 민법전의 제정사

① 대한민국 정부가 설치한 '법전편찬위원회'(1948년)는 미군정기의 '법전기초위원회'가 만든 '민법기초요강'을 이어받아 재산편에 관한 '민법안편찬요강'(1950년)과 가족편에 관한 '민법친족상속편찬요강'(1949년)을 완성하였다.

② 법전편찬위원회는 위 요강들을 토대로 기초한 민법전의 초안을 정부에 이송하였고, 정부는 1954년에 민법안을 국회에 상정하였다. 민의원의 법제사법위원회는 민법안을 심의하기 위해 '민법안심의소위원회'를 설치하였으며, 그 심의 결과 343개항의 수정안(본문에 대한 323개항, 부칙에 대한 20개항)을 '민법안심의록' 및 '민법안심의자료집'(1957년)으로 편찬하여 공간하였다.

③ 민법심사소위원회를 거쳐 수정안은 1957년 11월 5일 본회의에 상정되었으며 국회에서 통과된 민법수정안은 1958년 2월 22일에 법률 제471호로 공포되었고, 1960년 1월 1일부터 시행되었다(본문 1,111개조 및 부칙 28개조로 구성됨).

3) 민법전의 성격

① 우리 민법은 그동안 일본민법학에서 이루어진 학설계수의 성과를 전면적으로 수용하였다는 점에서 포괄적 계수라고 할 수 있다. 뿐만 아니라 대륙법(독일민법, 스위스민법, 프랑스민법)과 영미법에서 유래하는 제도도 반영하고 있으므로 혼합적·선택적 계수의 성격을 가지고 있다.

② 현행민법제정 이후에도 외국법의 영향은 계속되고 있다. 각종의 특별법 제정에 있어서 일본·독일·영미 각국의 입법이 그 토대가 되고 있다. 특히 외국의 학설(독일의 학설)은 우리 민법학의 해석에 커다란 영향을 줌으로써 지금도 학설계수가 진행되고 있다고 볼 수 있다.

(2) 민법전의 구성

① 근대민법전의 편별 내지 구성에는 법전을 사람에 관한 법(인사편)·물건에 관한 법(재산편)·소권에 관한 법(소송편)으로 대별하는 로마편별식(Institutionen system)과 총칙·물권·채권·친족·상속의 5편으로 나누는 독일편별식(Pandekten system)의 둘이 있는데, 우리 민법전은 독일식 편별법에 따라 제1편 총칙·제2편 물권·제3편 채권·제4편 친족·제5편 상속으로 되어 있다.

② 민법전 5편 중 제2편 물권과 제3편 채권은 재산권의 2대 지주로서 이른바 재산법이라 하고, 제4편 친족과 제5편 상속은 가족관계를 전제로 한

것으로 이른바 가족법이라 한다. 한편 제1편인 민법총칙은 이러한 양 분야(재산법, 가족법)에 적용되는 통칙적 성질을 가지고 있다고 하겠다.

(3) 민법의 기본이념

① 근대민법의 지도원리인 자유·평등이념으로서의 권리능력평등의 원칙·소유권절대의 원칙·계약자유의 원칙·과실책임의 원칙을 근간으로 하고 있으며, 21세기의 지도이념인 공공복리·신의성실·권리남용금지의 원칙에 의하여 근대민법의 결함을 보완하였다.

② 민법의 기본원칙의 개념은, 모든 개인은 법률상 평등한 권리주체로서 인정되며(권리능력평등의 원칙), 소유권은 물건을 배타적으로 지배하는 권리이므로, 소유자는 그의 소유물을 자유로이 사용·수익·처분할 수 있는 권리를 가진다(소유권절대의 원칙). 또한 계약은 그 체결·상대방·내용·방식 등 어느 분야에 있어서도 자유롭게 행하여져야 하며(계약자유의 원칙), 누구든지 과실 없이는 손해배상 책임을 부담하지 않는다(과실책임의 원칙)는 원칙이다. 그에 대한 내용은 후술하는 근대민법의 기본원리와 그 수정(현대민법의 기본원칙)에서 설명하기로 한다.

3. 법원의 종류

(1) 성문민법

1) 의 의

법으로 정하여 문장의 형식으로 표현된 것을 제정법이라고 하는데, 제1조의 법률은 이를 지칭한다. 즉 동조의 법률은 형식적 의미의 법률만을 의미하는 것이 아니라 광범위한 제정법, 즉 성문법원을 총칭하는 것이다. 성문법주의를 취하는 우리 법 체계에서 제정법은 법원으로서 가장 중요하고도 강력한 효력을 갖는바, 이를 살펴보면 다음과 같다.

2) 성문민법의 종류

① 법 률

㉠ 법률은 흔히 법과 같은 뜻으로 사용되지만, 좁은 의미로는 국회에서 의결되어 대통령이 공포한 것만을 뜻하며(헌법 제53조), 그 효력에 있어서 헌법보다 하위에 놓인다.

㉡ 비준 · 공포된 국제조약과 일반적으로 승인된 국제법규도 민사에 관한 것일 경우에는 법률과 동일한 효력을 가지므로 민사에 관한 법원이 된다(헌법 제6조 제1항). 특히 '국제물품매매계약에 관한 국제연합협약'이 2005년부터 우리나라에서도 효력이 발생하므로 민 · 상법의 특별법으로 적용된다.

② 명 령

명령도 민법의 법원이다(헌법 제108조). 즉 법률 이외에도 법률에 의해 위임된 사항 또는 법률의 내용을 집행하기 위한 대통령 · 국무총리 · 행정각부의 장이 명령으로 정할 수 있는데(시행령 · 시행규칙), 이것도 민사에 관한 사항이면 민법의 법원이 된다. 예컨대 주택 · 상가건물임대차보호법시행령 대표적인 것이다. 또한 대통령의 긴급명령 역시 법률과 동일한 효력을 가지므로(헌법 제76조 제1항, 제2항) 이러한 긴급명령이 민사에 관한 것일 때에는 민법의 법원이 된다.

③ 대법원규칙

대법원규칙도 민법의 법원이다(헌법 제108조). 즉 대법원은 법률에 저촉되지 아니하는 범위에서 사무처리에 관한 규칙을 제정할 수 있는데, 민법의 법원이 될 주요한 것으로서 부동산등기규칙 · 임목등기처리규칙 · 공탁규칙 등이 있다.

④ 자치법규

자치법규도 경우에 따라서 민법의 법원이 될 수 있다. 즉 지방자치단체가 자치입법권에 기하여 법령의 범위 안에서 제정한 법규(헌법 제117조 제1항; 지방자치법 제22조)인 자치법규(조례와 규칙)도 민사에 관련되면 보충적 효력으로서 민법의 법원이 될 수 있지만(통설), 그 가능성의 매우 적다고 하겠다.

(2) 불문민법

1) 관습법

① 관습법의 의의

㉠ 관습법이란 사회생활 속에서 자연적으로 발생한 관행이나 관례가 단순한 예의적 또는 도덕적인 규범으로서 지켜질 뿐만 아니라, 사회의 법적 확신 내지 법적 인식을 수반하여 다수인에 의한 지지로 법으로서의 가치를 가지게 된 관습을 말한다(사회관행+사회의 법적 확신).

㉡ 관습은 하나의 자연발생적인 사회사실로 존재하는 것으로서 어느 정도 일반인이나 특정인 사이에 행하여지는 사회규범이며, 이러한 관습이 일정한 요건을 갖추어 강제성을 띠게 되면 관습법이 되는 것이다. 한편 관

행이란 일정한 기간 동안 동일한 행태가 단순히 반복되고 있는 상태를 말한다(대판 2005.7.21, 2002다13850).

② 관습법의 성립요건

㉠ 관습이 존재하여야 한다. 관습법이 성립되기 위하여서는 먼저 그 실체내용이 되는 관습, 즉 동종행위의 반복적이고 계속적인 사회적 관행이 존재하여야 한다. 따라서 관습이 없는 곳에 관습법이 성립될 수는 없는 것이다.

㉡ 관습의 내용이 법적 가치를 가진 것이어야 한다. 관습이 관습법화 함에는 당해 관습이 법의 내용이 될 만한 적격성을 구비하는 것이어야 한다. 구체적으로 말하면 관습을 준수하는 것이 인류의 사회생활을 유지 · 발전하는 데 필요하다고 인정되는 것임을 요한다.

㉢ 공서양속에 위반되는 관습이 아니어야 한다. 관습이 관습법화 함에는 그 관습이 공공의 질서나 선량한 풍속에 위반되지 않아야 함은 물론이다. 여기서 공서양속이란 대체로 국가사회의 일반적인 이익과 도덕관을 지적하는 것이다.

㉣ 관습이 법령의 규정에 의하여 인정되는 것이거나 또는 법령에 규정이 없는 사항에 관한 것이어야 한다. 법령의 규정에 의하여 인정되어진 관습이란 법령에 규정한 사항에 대하여는 특히 관습을 존중하고 그 법령에 상위한 관습이 있는 경우에는 그에 따른다는 뜻을 명기한 경우이다. 예를 들면 물의 소통에 관하여 규정하고 있는 민법 제224조(비용부담의 관습) 같은 것이다.

㉤ 관습법이란 사회의 거듭된 관행으로 생성된 사회생활규범이 사회의 법적 확신과 인식에 의하여 법적 규범으로 승인 · 강행되기에 이른 것으로써 헌법 및 법령에 저촉되지 않아야 한다. 따라서 사회를 지배하는 기본적 이념이나 사회질서의 변화로 인하여 그러한 관습법을 적용하여야 할 시점에 있어서의 전체 법질서에 부합하지 않게 되었다면 그러한 관습법은 법적 규범으로서의 효력이 부정될 수밖에 없다(종중구성원의 자격을 성년남자만으로 제한하는 종래의 관습법은 헌법의 남녀 평등원칙에 반하여 더 이상 법적 효력을 가질 수 없다. 대판[전합] 2005.7.21, 2002다1178).

③ 판례상 인정된 관습법

㉠ 분묘기지권

타인의 토지에 분묘를 설치한 자는 지상권이나 임차권을 적법하게 취득하지 않더라도, 일정한 경우에 분묘기지권을 취득한다(대판 1973.2.26, 72다2464). 분묘기지권은 지상권과 유사한 물권으로 이해된다.

㉡ 관습법상의 법정지상권

동일한 소유자에게 속해 있던 토지와 건물이 매매 등의 원인으로 그 소유자가 서로 다르게 된 경우, 당사자(토지소유자와 건물소유자) 사이에 건물철거약정 등의 특별한 사정이 없는 한 건물소유자는 토지소유자에 대하여 건물을 위한 관습법상 지상권을 당연히 취득한다(대판 1995.7.28, 95다9075 · 9082).

㉢ 명인방법

부동산물권의 공시방법으로서 토지등기 · 건물등기 및 입목등기(입목에 관한 법률) 외에도 수목의 집단, 입도 및 미분리된 과실의 소유권에 대하여 관습법적으로 명인방법이 인정되고 있다. 명인방법이란 지상물의 소유권이 누구에게 귀속된다는 것을 알리는 계속적인 표시 방법(공시방법)이다(대판 1967.12.18, 66다2382 · 2383).

㉣ 사실혼

사실상 혼인관계를 유지하면서도 혼인신고를 마치지 않음으로써 법률상 혼인으로 인정되지 않는 혼인관계를 사실혼이라고 부른다. 혼인신고를 전제로 하여 부여되는 법률효과를 제외한 모든 효과가 사실혼에도 인정되므로(대판 1970.4.28, 69므37 참고) 관습법이라고 볼 수 있다.

㉤ 관습법상 분재청구권

분재청구권이란 공동상속지분이 명확하게 개정되기 전의 민법을 말한다. 즉 재산상속에 관한 관습법에 의하면, '호주가 사망하여 그 장남이 호주상속을 하고 차남 이하 중자가 여러 명 있는 경우'에 그 장남은 호주상속과 동시에 일단 전 호주의 유산 전부를 승계한 다음 그 약 1/2을 자기가 취득하고 나머지는 차남 이하의 중자들에게 원칙적으로 평등하게 나누어 줄 의무가 있고, 이에 대응하여 차남 이하의 중자는 호주인 장남에 대하여 분재를 청구할 권리가 있다고 한다(대판 2007.1.25, 2005다26284).

④ 관습법의 법원성 인정이유

성문민법이 아무리 완비되어도 성문법의 고정화로 인하여 사회변천과는 많은 간격이 생기게 된다. 따라서 사회생활이 유동하는 이상 관습민법은 자연적으로 부단히 발생한다. 관습법을 법원으로 인정함으로써 이 간격을 메울 수 있다는 점에서 관습법의 법원성을 인정해야 하는 이유이다.

⑤ 관습법의 성립시기 및 효력

㉠ 성립시기

관습법은 법원의 판결에 의해서 비로소 그 존재가 확인되지만, 성립시기는 그 관습이 법적 확신을 획득한 때로 소급한다(통설). 이는 법원이 관습법을 제정하는 것이 아니라, 단지 당사자의 분쟁과 관련하여 사회에 관습법이 존재한다는 규범적 판단을 함으로써 법을 인식할 뿐이기 때문이다.

㉡ 관습법의 효력

민법은 '민사에 관하여 법률에 규정이 없으면 관습법에…의한다'고 명시하여(제1조), 관습법에 대하여 제2차적·보충적 효력을 인정하고 있다. 따라서 관습법은 원칙적으로 성문법의 규정이 없는 때에 한하여 보충적으로 인정하는 데 불과하다. 한편 예외적으로, 민법 제185조는 '물권은 법률 또는 관습법에 의하는 외에는 임의로 창설하지 못한다'고 규정하고 있어서 이는 관습법에 대하여 성문법과 대등한 효력을 인정하고 있다고 하겠다. 이에 관하여는 물권편에서 자세히 언급하기로 한다.

2) 조 리

① 조리의 의의

조리라 함은 '사물의 이치나 도리'를 말한다. 다시 말하면, 우리들의 사회가 요구하는 이상에 비추어 생각할 수 있는 사회규범이다. 신의성실의 원칙이라든가, 사회관념·사회정의·사회적 타당성·사회적 형평 등과 같은 것이다. 이는 스위스민법의 '자기가 입법자라면 정립하였을 법규'에 해당하는 개념이다(스위스민법 제1조 제2항).

② 조리의 법원성

㉠ 민법의 규정

민법 제1조에, 법률 또는 관습법이 모두 없는 경우에는 '…조리에 의한다'고 규정함으로써 법의 흠결시에는 조리에 따라 재판하여야 한다는 오늘날 일반적으로 인정되어 있는 원칙을 명문화하였다.

㉡ 학설의 입장

조리의 법원성을 부정하는 견해는 성문법과 관습법이 없다는 이유로 법관은 재판을 거부할 수 없으므로 단순히 조리에 의하여 재판하는 것일 뿐 법원성을 인정하는 것은 아니라고 한다(곽윤직 31면, 김증한·김학동 20면, 이영준 24면, 지원림 15면 등). 반면 조리의 법원성을 인정하는 견해는 조리가 성문법과 같이 그 자체 법명제의 형식을 취하고 있지 않는 특수성이 있지만, 민법 제1조를 근거로 민법의 법원으로 인정한다(김상용 27면, 김준호 13면, 김형배 22면, 이은영 52명 등). 즉 조리의 법원성을 부정하는 것은 성문법국가에 있어서 법률의 흠결시에 조리를 법원성으로 하고 있는 기본원리(3차적 법원성)를 간과한 것이라고 본다(제1조 참조).

㉢ 판례의 태도

판례는 헌법 제103조(법관은 헌법과 법률에 의하여 그 양심에 따라 독립하여 심판한다)와 민법 제1조를 그 근거로 조리의 법원성을 인정한다. 즉 토지의 경계에 관하여 그 증거가 부족하기 때문에 객관적인 경계의 존재위치를 확정하기 어려운 경우에는 법원이 조리 등에 따라 경계를 형성·확정할 수 있다고 한다(대판 2000.9.1, 96다4002). 또한 판례는 민법 제1조에 의거 법원성을 분명히 밝히는 경우도 있다. 즉 여성은 종중의 구성원이 될 수 없다고 본 종래의 관습법에 대해, 양성평등을 기초로 하는 헌법의 정신에 위배되어 더 이상 법적효력을 가질 수 없고, 이때에는 민법 제1조에 따라 조리에 의해 보충하여야 한다고 하면서 '공동선조와 성과 본을 같이하는 후손은 성별의 구별 없이 성년이 되면 당연히 구성원이 된다'고 보는 것이 조리에 합당하다고 판결하였다(대판[전합] 2005. 7.21, 2002다1178).

③ 조리의 효력

민법 제1조에서 본 바와 같이 조리는 성문법 체계하에 있어서 보충적 효력을 갖고 있으며 이러한 조리는 현재에 이르러 신뢰보호의 원칙·비례의 원칙·평등의 원칙 등으로 나타나고 있다.

3) 판례법

① 판례법의 의의

판례법이라 함은 구체적 사건에 대한 법원의 판결을 통해서 비슷한 사건에 대한 구체적인 법칙을 정립해 가는 판례의 형태로 존재하는 법을 말한다. 즉 먼저 내린 민사재판이 나중에 이와 비슷한 사건을 재판하는 데 구속력이 있다고 보면(선판례의 구속력) 그 법원성을 인정하는 것인데, 불문법주의(영미법계)에서는 판례민법을 제1차적 법원으로 한다.

② 민법의 규정

우리 민법 제1조에는 판례민법에 관한 아무런 규정이 없으며, 또 상급심의 판단은 그 당해사건에 관하여서만 하급심을 구속하므로(법원조직법 제8조), 판례의 구속력은 제도적으로 보장되어 있지 않다. 따라서 판례의 법원성은 부정된다고 할 수 있다.

③ 판례의 구속력

㉠ 판례법은 우리 민법상 법원성을 가지고 있지 아니하다. 그러나 대법원의 판결은 '사실적 구속력'을 갖기 때문에 판례는 사실적으로 법원성이 있는 것과 같은 효력을 발생한다. 즉 재판은 본래 구체적 사건의 해결로서의 의미를 가질 뿐이지만 동종사건에 관하여 같은 재판이 반복될 개연성에 따라 사실상의 구속력을 가진다.

㉡ 최고법원으로서 대법원의 재판에서 선언된 법의 해석·적용에 관한 의견은 실제로 당해 사건은 물론 다른 사건에 대해서도 영향을 미치며, 더

나아가 대법원 자신도 선결례를 변경하기 위해서는 대법관 전원의 3분의 2 이상으로 구성되는 전원합의체의 재판이 필요하기 때문에 장래의 재판에 대해서도 심대한 영향을 미친다(법원조직법 제7조 제1항 제3호; 대판 [전합] 2005.7.21, 2002다1178 참고). 따라서 확고한 판례는 설령 법원성은 없다고 할지라도 민법 제1조의 관습법이 되어 성문법에 대한 보충적 효력을 가질 수 있는 가능성을 내포하고 있다고 본다(김준호 15면, 김형배 22면, 이영준 23면, 지원림 16면).

4) 헌법재판소의 결정

법률에 대한 헌법재판소의 위헌결정은 법원 기타 국가기관 및 지방자치단체를 기속하므로(헌법재판소법 제47조 제1항), 그 결정내용이 실질적으로 민사에 관한 것인 때에는 민법의 법원이 된다. 예컨대 민법 제764조는 소정의 타인의 명예를 훼손한 자에 대하여 법원은 손해배상에 갈음하거나 손해배상과 함께 명예회복에 적당한 처분을 명할 수 있다고 규정하는데, 여기서 '명예회복에 적당한 처분'을 사죄광고의 의미로 해석하는 한도에서는 헌법상 양심의 자유(헌법 제19조)에 위반된다는 한정위헌결정이 대표적인 것이라고 하겠다(헌재결 1991.4.1, 89헌마160). 그러나 대부분은 위헌결정을 내리는 것이 보통이다(헌재결 2005.12.22, 2003헌가5 · 6; 헌재결 2010.7.29, 2009헌가8 등).

제 3 절 민법의 기본원리

1. 근대민법의 기본원리

(1) 근대민법의 의의

① 근대민법은 개인주의 · 자유주의의 입장에서 개인을 봉건적 구속으로부터 해방하고, 개인의 인격을 존중하는 것을 그 이상으로 한다. 그리하여 개인의 자유와 평등을 강조하였으며, 이와 같은 개인의 자유와 평등의 원리는 시민사회의 성립을 위한 전제이다.

② 근대민법은 왕권이나 귀족에 대한 민권투쟁, 즉 신분적 · 계급적 사회(봉건사회)에 대한 도전으로부터 시작된 것으로서 봉건적 속박으로부터 벗어난 자유롭고 독립적인 개인을 기본적 요소로 삼는 '개인주의적 · 자유주의적

법원리'에 의하여 그 체계가 세워졌으며 인격주의를 바탕으로 하고 있다.

(2) 근대민법의 기본원칙

1) 권리능력평등의 원칙

모든 개인은 법률상 평등한 권리주체로서 인정된다. 즉 권리를 취득하고 의무를 부담함에 있어서 모든 자연인은 평등하게 취급되어야 한다는 것이다. 예컨대 국적과 신분 및 지위에 따라 권리능력의 차별이 있었던 전근대적인 불평등은 더 이상 존재할 수 없다는 원칙이다. 오늘날 국적 · 신분 · 계급 · 남녀 · 노소를 불문하고 모든 자연인은 권리의 주체가 된다.

2) 소유권절대의 원칙

소유권은 물건을 배타적으로 지배하는 권리이다. 즉 소유자는 그의 소유물을 자유로이 사용 · 수익 · 처분할 수 있는 권리를 가진다. 이는 1789년의 프랑스인권선언에서 유래한 것으로서, 소유권은 국가 또는 법 이전에 존립하는 신성불가침한 것이며, 비록 국가라 할지라도 아무런 구속 · 제약을 가할 수 없다는 원칙으로서, 소유권뿐만 아니라 모든 재산권에 관해서도 마찬가지로 생각되어야 한다는 의미에서 '사유재산권존중의 원칙'이라고도 한다.

3) 계약자유의 원칙

① 프랑스혁명으로 개인이 자기의 생활관계를 그의 자유로운 의사활동으로 승인한 데서 유래하는 것으로서 인류가 사회에서 생존해 가면서 자기의 의사에 따라 자유로이 계약을 체결하고 사법관계를 규율할 수 있는 것이면 국가는 되도록 여기에 간섭하여서는 안 된다는 것이다. 이것이 이른바 '계약자유의 원칙'이며 '사적자치의 원칙'이라고도 한다.

② 계약자유의 원칙의 내용으로는 ㉠ 계약을 체결하느냐 않느냐의 계약체결의 자유, ㉡ 계약체결의 상대방을 선택하는 상대방선택의 자유, ㉢ 계약내용을 결정하는 내용결정의 자유, ㉣ 계약의 방식을 결정하는 방식결정의 자유와 같이 네 가지를 들 수 있다. 이에 관한 자세한 내용은 계약법편에서 살펴보기로 한다.

4) 과실책임의 원칙

① 과실책임의 원칙이란 자기의 고의 또는 과실로 인한 경우에만 책임을지고, 그 이외의 경우에는 책임을 부담하지 않는다는 원칙이다. 즉 개인은 자기의 과실(고의를 포함)로 인한 행위에 대하여서만 책임을 지고, 타인의 행위

에 대하여서는 책임을 지지 않는다는 의미에서 '자기책임의 원칙'이라고 도 한다.

② 과실책임의 원칙이 인정됨으로써, 불법행위와 관련하여 자기의 행위에 대하여서만 충분한 주의를 하고 있으면 책임을 지게 될 염려가 없게 되므로 안심하고 활동할 수 있게 된다.

2. 근대민법의 수정원리

(1) 사회적 형평의 고려

1) 자본주의의 발전

개인의 자유와 평등을 강조하는 근대의 분위기가 자본주의의 비약적인 발전에 이바지하였음에도 민법의 자유주의적 경향은 법이 원치 않은 결과를 초래하였다. 즉 자본주의의 발전으로 말미암아 빈부의 격차가 심해졌고, 노사간의 대립이 격화되었다. 계약의 자유라는 이름 밑에 경제적 강자에 의한 계약의 강제가 있게 된다. 계약자유는 가진 자(사회적, 경제적 강자)의 '지배의 자유'가 되고, 가지지 않은 사회적 · 경제적 약자에 있어서는 '사회적 복종'으로 전락될 위험에 놓이게 되어 결국에 가서는 사회적 · 경제적 약자는 계약자유의 원칙하에 점점 자유를 잃게 되었다.

2) 개인주의의 팽배

자본주의 비약적 발전으로 개인주의가 팽배해짐에 따라 인간은 근대법이 상징하였던 것처럼 자유롭고 평등한 존재가 아니며, 사용자와 근로자 · 제조자와 소비자 등과 같이 경제적 · 사회적으로 불평등한 관계에 놓이게 되었다. 즉 이러한 체제하에서의 법률상 · 형식상의 평등은 실제상의 불평등을 초래하고 평등과 자유의 가능성은 공허하므로, 실질적인 평등 여 부의 필연성이 있게 되었다.

3) 무절제된 권리

가령 소유권 또는 계약과 같은 사회적 제도는 법질서 및 다른 사람의 자유나 권리와 조화되어야 하며, 개인이 권리를 가진다고 하여 이를 무제한적으로 추구한다면 사회의 평화와 질서가 좌절될 수밖에 없다. 여기서 사회적 형평과 공공복리라는 제2의 이념이 나타나는데, 이를 위하여 국가의 법질서가 이에 직접적 또는 간접적으로 개입하지 않으면 안 되게 되었다.

(2) 현대민법의 기본원리

1) 권리능력주체확대의 원칙

① 권리능력평등원칙의 문제점

모든 개인은 법률상 평등한 권리주체로서 인정된다. 즉 권리를 취득하고 의무를 부담함에 있어서 모든 자연인은 평등하게 취급되어야 한다는 것이다. 그러나 자본주의의 발달로 말미암아 사회적으로 법인의 역할이 증대됨에도 불구하고 법인에게는 권리능력이 없으므로 그에 따른 책임능력 및 불법행위책임이 문제되었다.

② 권리능력주체확대로의 전환

권리능력의 주체를 자본주의의 발달에 따른 법인의 역할증대로 인하여 범위를 확대하게 되었다. 각종 단체들이 사회적으로 많은 역할을 담당하고 있으므로, 즉 모든 자연인에게 권리능력(권리·의무가 귀속될 수 있는 지위)이 인정된다는 것이 자연인에게만 권리능력이 주어진다는 의미는 아니다. 따라서 현대민법에서는 각종 단체(사단법인, 재단법인)에 대하여는 일정한 요건이 갖추어진 경우 법인격이 주어지며, 이와 같은 법인격체들이 사회적으로 많은 역할을 담당하고 있다. 예컨대 법인에게 권리능력을 부여함으로써 경제발전에 이바지함은 물론 법인과 자연인과의 사이에 발생되는 불법행위에 대하여도 한층 보호받을 수 있게 되었다.

2) 소유권상대의 원칙

① 소유권절대원칙의 문제점

소유권절대의 원칙에 힘입어 자본주의경제가 발전하였으나, 여러 가지 폐단도 발생하였다. 예컨대 공장에서 소음과 분진을 과도하게 배출하는 경우에, 소유권의 보장이라는 이름하에 이러한 운영행위가 보호받을 수는 없을 것이다. 이로써 소유권의 행사와 일반 시민의 복지 사이에는 긴장관계가 생기게 된다. 여기서 소유권절대의 원칙에 대한 반성의 소리가 차츰 높아지고, 그 수정이 불가피하게 되었다.

② 소유권상대원칙으로의 전환

㉠ 소유권의 사회성·공공성이 인정되게 되어, 소유권은 이 범위 안에서 일정한 제약을 받게 되었다. 이는 1919년 Weimar 헌법에 유래하는 것으로서, 그 제153조 제3항에 '소유권은 의무를 부담하며, 그 행사는 공공의

이익에 좇아야 한다'고 규정하고 있다.

㉡ 우리 헌법도 제23조 제2항에서 '재산권의 행사는 공공복리에 적합하도록 하여야 한다'고 선명하였으며, 우리 민법은 이러한 헌법의 기본정신에 입각하여 소유권의 내용을 규정함에 있어서 '소유자는 법률의 범위 내에서 그 소유물을 사용·수익·처분할 권리가 있다'(제211조)고 하여, 법률로써 소유권의 한계를 제한할 수 있도록 하였다.

3) 계약공정의 원칙

① 계약자유원칙의 문제점

계약자유의 원칙하에서는 당사자가 자유로이 법률상의 권리·의무를 설정할 수 있는 것이므로 원칙적으로 국가의 간섭을 받지 아니한다. 그러나 실제에 있어서는 특히 사용주와 노동자 사이의 계약과 같은 것은 노동자의 자유로운 의사에 의하는 것이 아니고, 사용주(기업주)의 일방적인 의사에 의하여 정해진 조건 밑에 근로자는 고용되지 않으면 아니 될 상태에 있는 것이 근대자본주의 사회의 실정이었다.

② 계약공정원칙으로의 전환

국가는 이러한 폐해를 제거하고 사회공공의 복리와 국민경제의 올바른 성장·발전을 위하여 여러 가지 간섭을 하고 제약을 가하게 되었다. 예컨대 노동관계는 종래에는 단지 민법상의 고용관계계약의 규정에 의하여 규율되었는데(제655조~제663조 참조), 이 밖에 사용주에 대하여 노동자의 지위를 보호하려는 근로기준법과 노동법의 통제를 받게 되었다. 이렇게 함으로써 사용주와 노동자 사이의 고용계약의 공정을 기하려고 한 것이다.

4) 무과실책임의 원칙

① 과실책임원칙의 문제점

사람의 일상적인 생활관계에서는 고의·과실이 있는 자에 대해서만 책임을 지우는 것이 정의와 공평의 개념에 합치할 것이나, 대규모의 근대적 기업의 출현으로 위험성의 증대와 더불어 기업이윤성의 증대로 말미암아 종래의 과실책임의 원리에 의하게 된다면 부당한 결과를 초래하게 되는 경우가 허다하게 되었다. 예컨대 제조공장에서의 각종 사고, 광산업에서의 광독·광갱의 폭발 등의 경우에 행위자(사용자)의 의사를 매개하지 않는다고 하여 그에게 책임을 물을 수 없다면 근로자를 보호할 수 없을 것이다.

② 무과실책임원칙으로의 전환

㉠ 기업활동이 폭넓게 확대되면서 일반인으로서는 예견하기 어려운 위험으

로 인하여 손해를 입는 사람이 생기는가 하면, 이에 반해서 커다란 이익을 보는 기업들이 출현하게 되었다. 그 결과 과실이 없다고 해서 이러한 기업들이 책임을 부담하지 않는다는 것은 공평하지 않다는 반성의 소리가 대두된 것이다.

㉡ 과실의 유·무에 관한 판단이 객관적 기준에 의하여 결정(판단)되고 있으며, 민법 중에는 과실의 구비요건을 완화하거나(제755조, 제756조, 제759조 참조), 공작물의 소유자에게는 무과실책임(제758조 제1항)을 인정하고 있다. 더 나아가 오늘날 과실책임의 원칙을 크게 수정하거나 처음부터 이를 부정하는 특별법도 적지 않게 출현하고 있다(원자력손해배상법, 유류오염손해배상보장법, 환경정책기본법 등, 대판 2001.2.9, 99다55434).

【판 례】

* 대판 2001.2.9, 99다55434 … 사업장 등에서 발생되는 환경오염으로 인하여 피해가 발생한 경우에는 당해 사업자는 귀책사유가 없더라도 그 피해를 배상하여야 하는데, 위 환경오염에는 소음·진동으로 사람의 건강이나 환경에 피해를 주는 것도 포함되므로 피해자들의 손해에 대하여 사업자는 그 귀책사유가 없더라도 특별한 사정이 없는 한 이를 배상할 의무가 있다.

3. 우리민법의 기본원리

(1) 헌법의 기본원칙

우리 헌법은 자유민주주의에 입각하여 인간의 존엄성을 모든 법의 기본이념으로 삼고 있다(헌법 제10조 참조). 한편 '모든 국민의 재산권은 보장된다… 재산권의 행사는 공공복리에 적합하도록 하여야 한다'고 선언하고 있다(헌법 제23조 참조). 따라서 민법의 규정이 헌법에 위반되면 위헌심판에 의해 그 효력을 상실한다.

(2) 민법의 기본원칙

우리 민법은 헌법정신에 따라서 자유·평등을 그 이념으로서 강조하고, 한편으로는 그것을 공공복리의 원칙으로써 조절하고 조화하려고 한다. 즉 우리 민법은 공공복리의 원칙을 최고원리로 하여, 그 행동원리로서 신의성실의 원칙과 권리남용금지의 원칙을 첫머리에 선명하고 있다(제2조 참조).

제 4 절 민법의 해석과 효력

1. 해석의 기준

(1) 헌법의 기본이념고려

① 민법도 헌법의 이념과 정신에 부합되게 해석되어야 한다. 즉 헌법규정에 부합하지 않거나 이에 반하는 민법의 해석에 대해서는 합헌성이 인정될 수 없다. 따라서 헌법에 반하는 민법의 해석은 인정될 수 없으며(헌재결 1989.7.21, 89헌마38; 대결 2006.6.21, 2004마1148 · 1149), 헌법에 반하는 민사규범이 원천적으로 효력을 가질 수 없음은 당연하다(대판[전합] 2003.7.24, 2001다48781 참고).

② 한편 헌법의 규정은 그 체계 및 성질상 당사자의 사법적 법률관계에 직접 적용하는 것이 곤란한 경우가 많은데, 이를 이른바 '기본권의 3자적 효력의 문제'라고 한다. 따라서 헌법의 기본권규정은 민법의 여러 원칙을 매개하여 간접적으로 개인 상호간에 적용될 수 있다(대판 1999.7.27, 98다47528; 대판 2011.1.27, 2009다19864).

【판 례】 기본권의 대사인적 효력

* 대판 1999.7.27, 98다47528 … 헌법 제35조 제1항은 환경권을 기본권의 하나로 승인하고 있으므로 사법의 해석과 적용에서도 이러한 기본권이 충분히 보장되도록 배려하여야 하나, 사법적 권리인 환경권을 인정하면 그 상대방의 활동의 자유와 권리를 불가피하게 제약할 수밖에 없으므로, 사법상의 권리로서의 환경권이 인정되려면 그에 관한 명문의 법률규정이 있거나, 관계법령의 규정취지나 조리에 비추어 권리의 주체 · 대상 · 내용 · 행사방법 등이 구체적으로 정립될 수 있어야 한다.
* 대판 2011.1.27, 2009다19864 … 사적 단체를 포함하여 사회공동체 내에서 개인의 성별에 따른 불합리한 차별을 받지 아니하고 자신의 희망과 소양에 따라 사회적 · 경제적 활동을 영위하는 것은 그 인격권 실현의 본질적 부분에 해당하므로 평등권이라는 기본권의 침해도 민법 제750조의 일반규정을 통하여 사법상 보호되는 인격적 법익침해의 형태로 구체화되어 논하여질 수 있고, 그 위법성 인정을 위하여 반드시 사인간의 평등권보호에 관한 별개의 입법이 있어야만 하는 것은 아니다.

(2) 구체적 타당성과 법적 안정성

① 법률의 해석은 각각의 사안에 관하여 법규의 자의적인 해석을 방지하고 해석의 객관성을 유지하여 구체적으로 합당한 결과를 이끌어내야 한다. 즉 구체적 타당성 있는 해석을 하여야 하는 것이 법해석의 사명이다.

② 한편 구체적 타당성만을 고려하여 법률의 해석이 사람에 따라서 또는 사건에 따라서 각기 결과가 달라져서는 이른 바 법적 안정성을 해치는 결과가 되어 이 또한 용납될 수 없다. 그러므로 법의 해석에는 구체적 타당성뿐만 아니라 법적 안정성도 고려되어야 한다. 법적 안정성은 법 해석의 또 하나의 사명인 것이다.

(3) 법해석의 방법과 한계

① 법 해석은 어디까지나 법적 안정성을 해치지 않는 범위 내에서 구체적 타당성을 찾는 방향으로 이루어져야 하고, 이를 위해서는 가능한 한 원칙적으로 법률에 사용된 문언의 통상적인 의미에 충실하게 해석하는 것을 원칙으로 하면서, 법률의 입법 취지와 목적, 제정·개정의 연혁, 법질서 전체와의 조화, 다른 법령과의 관계 등을 고려하는 체계적·논리적 해석방법을 추가적으로 동원함으로써, 위와 같은 타당성 있는 법 해석의 요청에 부응하여야 한다(대판[전합] 2014.12.11, 2013므4591).

② 구체적 타당성과 법적 안정성은 쉽게 조화되지 않는다. 즉 한쪽을 존중하면 다른 쪽이 희생되는 경향이 짙다. 따라서 민법해석의 이상(理想)은 구체적 타당성과 법적 안정성을 조화시키는 데에 있다고 할 수 있다. 결과적으로 둘의 조화를 이룰 수 없는 경우에는 법적 안정성이 우선적으로 고려되어야 한다. 그 이유는 법은 획일적 성질을 가지기 때문이다.

2. 해석의 유형

법해석의 유형에는 여러 가지가 있다. 우선 해석의 구속력이 있느냐의 여부에 따라 유권해석과 학리해석으로 나누어지고, 유권해석은 입법해석·사법해석·행정해석으로, 학리해석은 문리해석과 논리해석으로 나누어 볼 수 있으며, 그 외에 민법상 전문용어의 해석이 있다.

(1) 유권해석

유권해석이라 함은 국가의 기관에 의하여 법규의 의미나 내용이 확정되는 것을 말하며, 이 해석은 구속력을 가지므로 '공권해석'이라고도 한다. 이는 다시 입법해석 · 사법해석 · 행정해석의 세 가지로 나누어진다.

1) 입법해석

입법해석은 법문 중에 법령의 용어를 해석하는 경우로서, 예컨대 민법 제98조에서 '본법에서 물건이라 함은 유체물 및 전기 기타 관리할 수 있는 자연력을 말한다'고 규정하는 것과 같다. 그런데 이는 그 자체가 독립한 법규이므로 법규해석이라고도 한다.

2) 사법해석

사법해석은 법관(법원)이 법을 적용함에 있어서 행하는 법의 해석이며, 판결의 형식으로 나타난다. 그런데 이러한 판결의 형식을 취하는 사법해석이 절대적인 권위를 가지는 것은 아니다. 그러나 대륙법계의 국가에서도 '대법원의 심판에서 판정한 법령의 해석은 당해 사건에 관한 하급심을 기속하므로'(법원조직법 제8조), 이러한 한도에 있어서는 사법적 해석도 역시 그 권위가 인정되고 있다.

3) 행정해석

행정해석은 행정관청이 법을 집행함에 있어서 내린 해석으로서, 법의 집행의 형식 또는 상급관청으로부터 회답 · 훈령 · 지령의 형식으로 나타난다. 이 또한 절대적인 권위를 갖는 것은 아니나, 상급관청의 회답이나 훈령 · 지령 등은 직속하급 관청을 구속하게 됨은 물론이다.

(2) 학리해석

학리해석이라 함은 국가의 권한 있는 기관에 의한 해석이 아니라 학리적 사고에 의한 해석을 말하며, 형식적인 권위를 갖는 유권해석도 학리해석을 기초로 하게 됨은 물론이다. 이는 다시 문리해석과 논리해석으로 나누어진다.

1) 문리해석

문리해석은 당해 법조문의 문자가 가지는 의의에 따라서 법규의 의미를 확정하는 해석을 말한다. 예컨대 주택임대차보호법 제1조에서 '국민의 주거 생활 안정을 목적으로 한다'고 규정하고 있으므로 당사자(임대인, 임차인)의 주장이 상반되는 경우 법문상 임차인에게 유리하게 해석하여야 한다.

2) 논리해석

논리해석은 법조문의 문자에만 구애되지 않고 법(민법)을 하나의 논리적 체계로 구성하여 각 조문을 유기적으로 관련시키고 입법취지·연혁 등을 고려하여 논리적으로 법규의 의미를 확정하는 해석으로 7가지로 나누어 볼 수 있다.

① 확장해석

확장해석은 법규의 내용에 포함되는 개념을 문자 자체의 뜻보다 확장해서 효력을 인정함으로써 법의 타당성을 확보하려는 해석의 한 방법이다. 예컨대 '마차(馬車)통행금지'라는 푯말이 붙어 있는 경우에 그 법문의 말(馬)을 소(牛)에까지 확대시켜서 '우마차(牛馬車)통행금지'로 해석하는 것과 같은 경우이다.

② 축소해석

축소해석은 위에서 본 확장해석의 정반대의 경우로서 법문의 자구를 그 본래의 의미보다 축소시켜 해석함으로써 법의 타당성을 확보하려는 해석의 한 방법이다. 예컨대 '동물을 잡지 말라'고 하였더라도 도심에 나타난 멧돼지 또는 전염병을 유발하는 들쥐 등은 잡아도 무방하다고 해석하는 것과 같은 경우이다. 축소해석은 법문상의 언어적 표현보다 제한하여 해석하는 것이므로 이를 제한해석이라고도 한다.

③ 반대해석

반대해석은 서로 상반되는 A·B 두 개의 사실 중의 A의 사실에 관하여서만 규정되어 있는 경우에, B에 관하여서는 법문과 반대의 결과를 인정하는 해석방법이다. 예컨대 민법 제4조에서 성년의 기준을 '사람은 19세로 성년에 이르게 된다'라고 규정한 것은, 반대(반대해석)로 19세 미만을 미성년자로 해석하는 것이다. 또한 민법 제832조에 '부부의 한편이 일상 가사에 관하여 제3자와 법률행위를 한 때에는 다른 한편은 이로 인한 채무에 대하여 연대책임이 있다'고 규정하므로, 일상 가사가 아닌 한 연대책임이 없다고 해석하는 것이다.

④ 유추해석

유추해석은 유사한 두 개의 사실 중 하나의 사실에 관하여서만 규정되어 있는 경우에 다른 사실도 이와 같은 효과를 인정하는 해석방법이다. 예컨대 민법 제154조에서 기한 있는 법률행위에 조건부권리의 침해금지에 관한 제148조와 조건부권리의 처분 등에 관한 제149조를 준용하는 것이다.

⑤ 물론해석

물론해석은 법문이 규정하는 사항에 관한 입법상의 취지로 미루어 다른 사항에 관하여는 그 성질상 한층 더 강한 이유로 타당한 경우에, 그 법문의 규정이 적용된다고 해석하는 방법이다. 예컨대 공원에 '진입금지'라는 푯말이 있는 경우 사람 혼자는 물론 사람이 반려동물과 함께 진입하는 것을 포함하고, 자전차통행금지는 물론 자동차도 통행금지라고 해석하는 것과 같다. 이는 그 성질상 확대해석과 유사성을 가지고 있다.

⑥ 연혁해석

연혁해석은 입법자의 의도·입법 당시의 여러 사정을 두루 참작하여 법규의 의미를 보완하여 법규의 진의를 밝히는 해석을 말한다. 예컨대 국민의 주거안정을 위하여 제정된 주택임대차보호법의 경우 당사자(임대인, 임차인)의 의사가 법조문의 해석상 명확하지 아니할 때에는 임차인에게 유리하게 해석한다.

⑦ 변경해석

변경해석(보정해석)은 법문의 용어에 명백한 착오나 잘못이 있어서 그것을 문리해석하게 되면 법의(法意)에 반하게 되는 경우에, 그 법문의 자구를 변경 또는 보정하여 참다운 법의에 합당하도록 해석하는 방법이다.

(3) 민법상 전문용어의 해석

1) 준용·유추

준용이란 입법기술상의 한 방법으로 법규를 제정할 때에 법률의 간결을 위하여 비슷한 사항에 관하여서는 유사한 다른 법규를 유추적용할 것을 규정한 것이다. 즉 필요한 경우에 변경을 가하여 적용한다는 것이다. 예컨대 민법 제154조에서 기한 있는 법률행위에 조건부권리의 침해금지에 관한 제148조와 조건부권리의 처분 등에 관한 제149조를 준용하는 것이다. 유의할 점은 준용과 비슷한 용어에 '유추'가 있는데, 이는 위에서 설명한 바와 같이 법해석의 한 방법이다.

2) 추정·간주

추정은 반대의 증거가 제출되면 법 규정의 적용이 배제되는 것이나, 간주는 반대증거의 제출만으로는 부족하고 증거에 의한 취소(법률행위)를 하여야만 법률적인 효과(효력)가 변경되는 것을 말한다. 우리 민법은 이 조항을 '…으로 본다'고 표현하고 있다. 예컨대 2인 이상이 동일한 재난을 당한 경우에는 동시에 사망한 것으로 추정하며(제30조 참조), 실종선고에 있어서는 간주주의를 채용하고 있는 것과 같다(제28조 참조).

3) 선의 · 악의

사회통념상 일정한 행위를 해서는 안 됨에도 불구하고 행한 경우에 '선의'란 어떤 사정을 알지 못하는 것을 말하고, '악의'란 그 사정을 알고 있는 것을 말한다. 이는 민법에서 자주 쓰이는 용어이다.

4) 당사자 · 제3자

당사자는 법률행위를 직접 하는 자로서 원칙적으로 그에 따른 효과를 받는 자를 말하며(제107조 제1항, 제108조 제1항 등), 제3자라 함은 법률행위의 당사자 이외의 모든 자를 가리키는 것이나, 때로는 그 범위가 제한된다(제107조 제2항, 제108조 제2항, 제109조 제2항 등의 제3자는 범위가 제한된다).

5) 대항하지 못한다

대항하지 못한다라 함은 법률행위의 당사자는 일정한 제3자(예컨대 선의의 제3자를 말한다)에 대하여 법률행위의 무효 또는 취소의 효력을 주장할 수 없다는 것이다. 그러나 제3자가 그 효력을 인정하는 것은 무방하다는 말이다.

3. 민법의 효력

(1) 시간적 효력

① 모든 법률은 그 효력의 발생을 소급시키지 못하는 것이 원칙이다(헌법 제13조 제1항). 즉 법률이 그 효력을 발생하기 이전의 사항에 관하여서는 적용되지 않는다. 이것을 '법률불소급의 원칙'이라고 한다. 이 원칙은 법률효력의 소급으로 인하여 사회생활의 법적 안정을 해치고 기득권을 침해하는 것을 방지하기 위한 것이다. 다만 법률의 변경(개정)에 의하여 그 행위가 범죄를 구성하지 아니하거나 형량(죄에 대한 형량 의미)이 구법보다 경한 때에는 예외적으로 소급적용이 된다(형법 제1조).

② 현행 민법은 1960년1월1일부터 시행되는 것으로 하였으므로(민법부칙 제28조) 그 이전에 생긴 사항에 대하여는 적용이 없게 되는데, 부칙 제2조 본문에 의하면 '본법은 특별한 규정이 있는 경우 외에는 본법 시행일 전의 사항에 대하여도 이를 적용한다'고 하여 소급효를 인정하고 있다. 그런데 부칙 제2조 단서에서 '그러나 이미 구법에 의하여 생긴 효력에는 영향을 미치지 아니한다'고 규정하여 실질적으로는 불소급의 원칙을 채택한 것과 같이 볼 수 있다.

(2) 사람적 효력

① 민법은 속인주의(屬人主義)를 원칙으로 하면서 속지주의(屬地主義)를 가미하고 있다. 따라서 대인고권의 효과로 거주지 여하를 막론하고 모든 한국인에게 적용되며, 또한 영토고권의 효과로서 대한민국의 영토 안에 있는 모든 사람에게 적용되는 것을 원칙으로 한다(속인주의, 속지주의). 다만 외국인에 관하여는 사람의 신분·능력에 관한 예외가 있다.

② 한편 속인주의 및 속지주의를 채택하고 있는 결과 우리 민법과 외국 민법 가운데 어느 나라의 법률을 적용하느냐에 따라 그 효과가 다를 수 있는데, 이 경우 어느 나라의 법률을 준거법으로 정할지에 관하여 국제사법이 있다. 국제사법은 재판관할, 사람, 법률행위, 물권, 채권, 친족, 상속, 어음·수표, 해상에 관한 규정을 두고 있다.

(3) 장소적 효력

① 민법은 대한민국의 모든 영역(영토, 영해, 영공)에 그 효력이 미친다. 즉 우리나라의 전 영토 내에서 발생하는 법률행위, 불법행위 및 기타 법률규정 등에 의한 행위의 형성 및 그 내용에 효력이 미친다(헌법 제3조).

② 우리 민법은 휴전선 이북에도 당연히 그 효력이 미치는 것이나 일시적 특수사정으로 인하여 그 적용이 정지되고 있을 뿐이다. 그러므로 장래 남북통일이 되는 때에도 특별히 그 지역에 민법이 시행될 것을 따로 규정하지 아니하더라도 당연히 그 효력이 미치는 것임은 두말할 나위가 없다. 그뿐만 아니라, 자국의 군함·선박·항공기가 공해 또는 타국에 있을 때에도 자국영토의 연장으로 보기 때문에 이에 민법의 효력이 미친다.

제 2 장 민법상의 권리

제 1 절 법률관계와 권리 · 의무

1. 법률관계

(1) 법률관계의 개념

인간의 생활관계를 규율하는 사회규범은 여러 가지가 있다. 즉 법규범 · 도덕 · 관습 · 종교 등이 그것이다. 그중 '법규범'에 의해 규율되는 생활관계를 가리켜 '법률관계'라고 한다(통설). 이것은 법의 힘에 의해 그 내용을 강제적으로 실현할 수 있다는 점에서 매우 중요한 의미를 가지며, 강제력이 없는 다른 사회규범(호의관계)과 구별된다.

(2) 법률관계의 내용

법률관계는 사람과 사람의 채권관계 또는 사람과 물건 기타 재화의 관계로 나타나지만, 궁극적으로 사람과 사람의 관계이다. 법률관계의 내용은 구체적으로 권리와 의무이며, 주된 권리 · 의무뿐만 아니라 부수적인 권리 · 의무도 포함한다. 특히 채권권계는 일반적으로 그 법적 원인인 계약에 의해 발생되는데, 계약은 두 개의 의사표시가 합치됨으로써 성립하는 법률행위로써 채권 · 채무의 총체이다.

2. 호의관계

(1) 호의관계의 개념

호의관계라 함은 법적으로 구속받으려는 의사 없이 행하여진 생활관계를 말한다(갑이 생일파티에 초대하고 을이 파티에 참석하는 것). 그런데 호의관계는 법적으로 규율되는 관계가 아니므로, 원칙적으로 그에 기한 법률상의 청구권이 발생하지 않는다.

(2) 법률관계와의 구별

① 법률관계(계약)는 어떤 법률효과에 향하여진 복수의 의사표시의 합치에 의하여 성립하는데 반하여, 호의관계를 발생시키는 순수한 사교적 약속에서는 약속자에게 자신을 법적으로 의무 지우려는 의사가 결여되어 있다. 그러나 개개의 경우에 당사자들이 어느 쪽을 원하였는지가 언제나 쉽게 확인될 수 있는 것은 아니다.

② 법률행위는 원칙적으로 유상행위인 반면에, 호의적 행위는 언제나 무상이다. 그러나 모든 무상행위가 호의적 행위는 아니다. 즉 증여(제554조)와 무상임치(제695조)는 무상임에도 법률관계를 구성한다. 따라서 당해 행위의 유상성이 채무관계와 호의관계의 유일한 구별표준일 수는 없다.

(3) 호의관계의 효과

① 단순한 호의관계가 존재하는 경우에 약속자에게 법적구속의사가 결여되어 있으므로, 호의적 급부를 약속받은 자에게 이행청구권이나 채무불이행을 이유로 손해배상청구권이 발생하지 않는다.

② 한편 호의관계에 의해서도 불법행위에 기한 손해배상청구권과 같이 법률의 규정에 의한 청구권이 성립하는 경우도 있다. 판례는 특히 차량의 호의동승사고에서 당사자의 인적관계, 운행의 목적 및 경위 등 구체적 사정에 비추어 가해자에게 모든 책임을 지우는 것이 불합리하다고 인정되면 민법 제2조를 근거로 가해자의 손해배상액을 경감할 수 있다고 한다(대판 1996.3.22, 95다24302; 대판 1999.2.9, 98다53141).

3. 권리와 의무

(1) 권 리

1) 권리의 개념

권리를 의사의 힘(의사의 지배라고도 한다)으로 이해하는 사뷔니(Savigny)의 의사설과 권리를 특정한 이익의 향유로 이해하는 예링(Jhering)의 이익설이 전통적으로 대립하고 있다. 두 설의 내용을 정리하여 권리를 정의하자면, 권리란 일상생활에서 '특정의 생활이익을 보호 또는 향수케 하는 수단으로서 법에 의하여 주어진 힘'을 말한다.

2) 사권으로서의 권리

① 권리를 자연인을 중심으로 이해하면 사권(私權)이라고 하는데, 사권이라 함은 사생활관계에서 특정의 생활이익을 향수할 수 있는 '특정인에게 주어진 법률상의 힘'을 말한다. 예컨대 매매계약에서 매도인의 대금지급청구권과 매수인의 목적물인도청구권 등이 그것이다.

② 사권으로서의 권리를 좀더 구체화하면 특정의 생활이익이다. 따라서 반사적 이익(예컨대 부가가치세의 실시로 인한 TV 물품세의 인하)은 포함되지 않는다. 또한 사권으로서의 권리는 법률상의 힘이다. 즉 권리는 법의 테두리 안에서만 인정되므로, 법이 없는 곳에 권리는 존재하지 않는다.

3) 권리와 구별되는 개념

① 권 한

권한이란 타인을 위하여 일정한 법률효과를 발생케 하는 행위를 할 수 있는 법률상의 자격 또는 지위를 말한다. 예컨대 대리인의 대리권 · 법인의 이사의 대표권 · 사단법인의 사원의 결의권 · 선택채권의 선택권은 이의 좋은 예이다.

② 권 능

권능이란 권리의 내용을 이루는 개개의 법률상의 힘을 말한다. 예컨대 소유권이라는 권리는 그 소유물을 사용 · 수익 · 처분할 수 있는 것을 내용으로 하는데(제211조), 이때의 각각 사용권 · 수익권 · 처분권은 소유권의 권능이 된다. 따라서 권리의 내용이 하나의 권능으로 이루어진 경우(예컨대 상계)에는 권리와 권능은 같은 것이 된다.

③ 권 원

권원이란 어떤 법률상 또는 사실상의 행위를 하는 것을 정당화하는 근거를 말한다. 예컨대 타인의 토지에 물건을 부속시킬 수 있는 것은 지상권 또는 임차권이 있기 때문이며(제256조 참조), 이 경우의 지상권과 임차권은 권원이라고 할 수 있다. 여기서 권원은 다른 사람의 부동산에 자기의 물건을 부속시켜 그 부동산을 이용할 수 있게 하는 법률상의 원인을 의미한다.

(2) 의 무

1) 의무의 개념

일정한 행위를 하여야 할(작위 의무) 또는 하지 않아야 할(부작위 의무) 법률상의 구속을 의무라고 한다. 의무는 그 내용에 따라 어떤 행위를 하여야 할 작위의무와 어떤 행위를 하지 않아야 할 부작위의무 및 타인의 일정한 행위를 감수하고 방해하지 않아야 할 수인의무(제624조 참조)로 나뉜다.

2) 권리와의 관계

일반적으로 의무는 권리의 반면으로 권리에 대응한다. 그러나 언제나 권리와 의무가 상응하는 것은 아니다. 즉 공고의무(제88조)·등기의무(제50조~제52조)·감독의무(제755조) 등과 같이 의무만 있는 경우가 있는가 하면, 취소권(제5조, 제109조, 제110조)·추인권(제130조, 제143조)·해제권(제543조 이하) 등과 같이 권리만 있고 그에 상응하는 의무는 없는 경우도 있다.

3) 의무와 구별되는 개념

① 의무와 구별되는 개념으로 '책무'(Obliegenheiten; Obligation 간접의무라고도 한다)가 있다. 즉 책무란 그것을 준수하지 않으면 그 부담자에게 법에 의한 일정한 불이익이 발생하지만, 상대방이 그것을 강제하거나 그 위반에 대하여 손해배상을 청구할 수 없는 것을 말한다.

② 책무의 대표적인 것으로 '청약자의 승낙연착에 대한 통지의무'(제528조 제2항)가 있다. 이것은 승낙자가 청약자에게 연착통지를 해 줄 것을 적극적으로 청구할 권리가 있는 것이 아니라, 청약자가 그 통지를 하지 않는 경우에는 계약이 성립한 것으로 간주되어 청약자가 불이익을 받을 뿐이라는 점에서 의무와 구별된다.

4. 권리의 종류

(1) 내용에 의한 분류

권리를 그 내용이 되는 '생활이익'을 기준으로 분류하면 재산권 · 인격권 · 가족권 · 사원권으로 나눌 수 있다.

1) 재산권

경제적 가치가 있는 이익을 목적으로 하는 것, 즉 금전으로 평가될 수 있는 권리를 총칭하여 재산권이라고 한다. 이 개념은 민법 규정의 적용에서 문제가 될 뿐만 아니라(제162조 제2항, 제210조, 제248조, 제278조, 제345조, 제406조, 제563조, 제596조 등), 민사집행법상 강제집행에 관한 규정의 적용에서도 중요하다(민사집행법 제223조 이하). 재산권에 속하는 주요한 것은 다음과 같다.

① 물 권

권리자가 물건을 직접 지배해서 이익을 얻는 배타적인 권리로서, 민법이 인정하는 물권에는 점유권 · 소유권 · 지상권 · 지역권 · 전세권 · 유치권 · 질권 · 저당권의 여덟 가지가 있고, 이들을 규율하는 것이 물권법이다. 또한 광업권 · 어업권과 같이 물건을 직접 지배하지는 않으나 독점적으로 물건을 취득할 수 있는 권리를 준물권이라고 하며, 이를 물권에 준하여 취급한다.

② 채 권

채권은 금전을 대여한 경우에 그 반환을 청구하는 것처럼, 특정인(채권자)이 다른 특정인(채무자)에 대하여 일정한 급부를 청구하는 권리로서, 이것은 계약과 법률의 규정(부당이득, 불법행위)에 의해 발생한다. 이를 세부적으로 다루는 분야가 채권법이다.

③ 지식재산권

㉠ 물건이나 일정한 급부가 아닌, 저작발명 등의 정신적 창조물을 독점적으로 이용하는 것을 내용으로 하는 권리로서, 특허권 · 실용신안권 · 디자인권 · 상표권 · 저작권 등이 이에 속한다. 이들 권리에 관하여는 각각 특별법이 마련되어 있다.

㉡ 지식재산권에 대하여 종전에는 무체재산권, 지적 소유권, 지적재산권이라는 용어를 혼용하여 사용하였으나, 2011년 지식재산 기본법(2011. 7. 20 법률 제10629호)을 제정하면서 그 용어를 '지식재산권'으로 정의하였다.

2) 인격권

① 권리의 주체와 분리할 수 없는 인격적 이익을 누리는 것을 내용으로 하는 권리이다. 예컨대 생명·신체·정신의 자유에 대한 권리를 가리키며, 그 중 정신적 자유의 권리는 명예·신용·정조·성명·초상·사생활의 보호를 포함한다.

② 인격권의 침해가 있으면 불법행위로 인한 손해배상청구권이 부여되지만(제750조), 이러한 사후구제만으로는 피해의 완전한 회복이 어려운 점에서, 절대권인 인격권 침해에 대하여 손해배상청구권 외에 사전적·예방적 구제수단으로 침해행위의 금지청구권을 인정하고 있다(대결 2005.1.17, 2003마1477).

3) 가족권

가족 간의 신분에 따르는 생활이익을 내용으로 하는 권리이다. 가족권은 일정한 신분을 전제로 법률관계가 전개되는 점에서 신분권이라고도 하며, 권리보다 의무를 강조하는 면이 짙고 원칙적으로 일신전속권이므로 양도가 불가능하다. 부양청구권(부양의무)·상속권 등이 대표적인 예이다.

4) 사원권

사단의 구성원이 그 지위에서 사단에 대하여 가지는 여러 권리·의무를 총칭하여 사원권이라고 부른다. 사원권에는 자익권(잔여재산분배청구권, 이익배당청구권 등)과 공익권(소수사원권, 결의권 등)이 있는데, 상법의 적용을 받는 회사는 자익권이, 민법의 적용을 받는 비영리법인에서는 공익권이 중심을 이룬다.

(2) 작용(효력)에 의한 분류

권리는 그에 주어진 '법률상의 힘'의 정도에 따라 다음과 같이 나눌 수 있다.

1) 지배권

① 지배권이라 함은 권리자가 당해 객체(물건 등)를 직접적으로 지배하고, 객체에 대한 권리 실현을 위하여 타인의 협력을 필요로 하지 않는 권리를 의미한다.

② 채권 이외의 권리는 모두 지배권적 성격을 갖는데, 이러한 효력은 대내적 효력과 대외적 효력을 가진다. 예컨대 전자(대내적 효력)는 물건에 대한 사용·수익·처분과 같은 타인의 도움 없이 직접적 효력을 의미하고, 후자(대외적 효력)의 경우에는 제3자가 권리자의 지배를 침해해서는 안 된다는 배타적 효력을 말한다. 즉 특허권·상표권·저작권 등과 같은 지식재산권

등의 권리침해에 대한 배제청구를 의미한다. 이러한 지배권에 대한 제3자의 침해가 있는 때에는 권리자에게 방해제거청구권과 손해배상청구권이 발생한다.

2) 청구권

① 청구권은 특정인이 다른 특정인(상대방)에 대하여 일정한 행위, 즉 작위 또는 부작위을 요구하는 권리이다. 예컨대 금전의 지급이나 물건의 인도를 청구하고, 지급·인도된 금전이나 물건을 수령하는 것과 같다. 이것은 그 청구에 응해 상대방이 급부를 하여야 비로소 만족을 얻게 되는 점에서 객체를 직접 지배하여 만족을 얻는 지배권과는 다르다.

② 청구권은 채권에서 나오는 것이 보통이지만, 다른 권리에 기초해서도 발생한다. 예컨대 물건의 점유를 침탈당한 경우에 물권에 기해 그 반환을 청구하는 것이 그러하다(제204조, 제213조). 또한 가족관계에 기해 생기는 청구권도 있다. 즉 부양청구권·부부 간의 동거청구권·상속회복청구권 등이다.

3) 형성권

① 형성권은 권리자의 일방적 의사표시에 의하여 법률관계의 변동을 가져오게 하는 권리이므로, 권리자가 현실적으로 그러한 일방적 행위를 함으로써 행사한다. 따라서 상대방의 지위를 더욱 불안하게 하는 조건·기한을 붙일 수 없을 뿐 아니라(제493조 제1항 참조), 원칙적으로 철회하지도 못한다(제542조 제2항 참조).

② 형성권에는 두 가지 유형이 있다. 하나는 권리자의 의사표시만으로 효과가 발생하는 것으로서, 법률행위의 동의권·취소권·추인권·계약해제 및 해지권·상계권 등이 그러하다(제5조, 제140조, 제143조, 제543조, 제492조 참조). 다른 하나는 재판상으로 권리를 행사하여 그 판결에 의해 효과가 발생하는 것으로서, 채권자취소권·혼인취소권·재판상 이혼권·친생부인권·재판상 파양권 등이 그러하다(제406조, 제816조, 제840조, 제846조, 제905조 참조).

4) 항변권

① 항변권은 권리자의 청구권행사에 대하여 일정한 사유에 의해 그 작용을 저지 또는 거절하는 것을 내용으로 하는 권리를 의미하는 것으로 이에는 연기적 항변권과 영구적 항변권이 있다. 즉 항변권은 상대방의 권리는 인정(승인)하면서 그 권리의 작용에 일방적인 변경을 일으키는 점에서 특수한 형성권으로 새기는 것이 보통이다(김준호 45면).

② 연기적 항변권이라 함은 상대방의 청구권행사를 막아 일시적으로 이행을

거절하는 항변권을 의미한다. 이러한 연기적 항변권은 일시적 항변권 또는 정지적 항변권이라고도 한다. 예컨대 동시이행의 항변권이 이에 해당한다. 반면 영구적 항변권은 상대방의 청구권행사를 영구적으로 저지할 수 있는 항변권을 의미하는데, 상속인이 상속으로 인하여 얻은 재산의 한도에서 피상속인의 채무를 변제하는 것으로써 상속인의 한정승인항변권이 이에 해당한다(제1028조).

제 2 절 권리의 경합과 충돌

1. 권리의 경합

(1) 의 의

권리의 경합이라 함은 하나의 생활사실에 관하여 수개의 법규가 정하는 요건을 충족하게 되므로써 동일한 목적을 가지는 수개의 권리가 발생하는 것을 말한다. 즉 권리 자체는 여러 개 발생하지만 어느 하나의 권리를 행사하는 경우 다른 권리는 소멸하게 되며(청구권의 경합), 또한 동일인(1인)에게 수개의 법 또는 법 규정의 요건이 충족되는 경우에 그 법의 특성상 한 개의 법(법규정 포함)만이 적용되고 다른 법에 의한 권리는 소멸하게 되는 것(법규의 경합)을 권리의 경합이라고 한다.

(2) 청구권의 경합

① 실체법상 인정될 수 있는 복수의 권리를 인용하고, 각각의 행사를 배제하지 않는 방안이다. 이에 따르면, 권리 자체는 여러 개 발생하지만 어느 하나의 권리를 행사하는 경우 다른 권리는 소멸하게 된다.

② 권리의 경합 중 가장 많이 논의되는 것은 채무불이행이 동시에 불법행위의 요건을 갖추는 경우라고 하겠다. 예컨대 버스기사가 운행하던 중 운전자의 과실에 의한 사고로 인하여 승객에게 손해가 발생한 경우 채무불이행에 의한 손해배상청구권과 불법행위에 의한 손해배상청구권이 발생할 수 있으나(권리의 중첩), 그 중 어느 하나의 권리(청구권)를 행사하여 배상을

받은 때에는 나머지 권리를 소멸한다.

(3) 법규의 경합

① 어느 하나의 권리규정이 다른 권리규정을 배제하는 방안으로서, 원래부터 하나의 권리만 성립하게 된다(예컨대 국가배상법 제2조와 민법 제756조). 즉 동일한 생활사실이 수개의 법규가 정하는 요건을 충족하지만, 그중의 한 법규가 다른 법규를 물리치는 것일 때에는 한 법규만이 적용되는 것을 말한다. 예컨대 공무원이 그 직무를 수행함에 있어서 고의 또는 과실로 위법하게 타인에게 손해를 준 때에는 국가 또는 공공단체의 책임에 관하여 국가배상법 제2조와 민법 제756조(사용자의 배상책임)가 경합하지만, 국가배상법의 규정이 민법 제756조를 물리쳐서 우선적으로 적용되므로, 국가배상법에 의한 손해배상청구권만이 생긴다고 하겠다(국가배상법 제8조 참조).

② 법규의 경합은 같은 민법 내에서도 법률효과를 제한하는 경우에 생길 수 있다. 예컨대 매매목적물의 일부가 계약 체결 당시에 이미 멸실된 경우에는 민법 제535조(계약체결상의 과실)가 아니라 제574조(수량부족 · 일부멸실의 경우 매도인의 담보책임의 내용)가 적용되는 것이나, 매도인의 담보책임과 착오가 경합하는 경우에 통설적 견해가 전자(매도인의 담보책임)의 법규만이 적용되는 것을 말한다(김준호 49면, 지원림 42면).

2. 권리의 충돌

(1) 의 의

하나의 객체에 대하여 수개의 권리가 존재하는 경우를 '권리의 충돌'이라고 하는데, 이에는 크게 물권과 채권의 충돌 · 물권 상호 간의 충돌 · 채권 상호 간의 충돌 세 가지가 있다.

(2) 물권과 채권의 충돌

① 동일객체에 대하여 물권과 채권이 충돌할 경우에는 물권이 우선한다. 그러나 채권이라 하더라도 부동산임차권의 보호를 위하여 이를 등기한 때에는 물권과 동일한 효력을 갖게 된다(제621조).

② 유의할 점은 국민의 주거생활과 경제생활의 안정을 기하고자 제정된 주

택・상가건물임대차보호법(1981년 법률 제3379호, 2011년 법률 제6542호)에 따르면 주거용 건물에 관한 임대차는 등기가 없는 경우에도 임대인으로부터 주택의 인도를 받고 주민등록법에 의한 주민등록을 마친 때(상가건물임대차의 경우에는 건물의 인도와 사업자등록을 마친 때에 대항력이 발생한다)에는 그 다음날부터 제3자에 대하여 효력이 있으므로(주임법 제3조 제1항), 주거(상가 포함)용 임대차에 있어서 물권은 채권(임대차)을 깨뜨리지 못한다.

(3) 물권 상호 간의 충돌

① 동일물 위에 존재하는 수개의 물권에 있어서는 법률의 규정에 의한 순위에 따르는바, 동일물 위에 소유권과 제한물권이 존재하게 되면 제한물권의 성질상 이것이 소유권에 우선한다. 예컨대 전세권이 설정되면 전세기간 동안에는 소유자가 그 목적물을 사용할 수 없는데, 이것이 바로 제한물권이 소유권에 우선하게 되는 성질이다.

② 같은 종류의 물권 상호 간에는 '선행주의 원칙'이 적용된다. 즉 소유권의 경우 동일물에 또 다른 소유권은 성립할 수 없으며, 제한물권 상호 간의 충돌이 있는 경우에는 '시간에 있어서 앞서는 자가 권리에 있어서 앞선다'는 선행주의 원칙이 지배한다(제333조, 제370조).

(4) 채권 상호 간의 충돌

① 채권은 상대권이므로, 채권 상호 간에는 '채권자평등의 원칙'에 의해, 동일채무자에 대한 수개의 채권은 그 발생원인・발생시기・채권액을 불문하고 평등하게 다루어진다. 다만 이러한 원칙이 그대로 적용되는 것은 파산의 경우와 경매에서 배당에 참가한 경우에 적용된다.

② 채권자평등의 원칙의 예외가 있는데 이를 '선행주의'라 한다. 즉 채권자 상호간에 순위가 없기 때문에 채무자는 채권자 중 누구에게 이행하든 자유이며, 그에 따라 먼저 급부를 받는 자가 만족을 얻고 다른 채권자는 그 나머지로부터 변제를 받을 수 있을 뿐이다. 이를 선행주의라 한다.

제 3 절 권리의 행사와 제한

1. 권리의 행사

(1) 권리행사의 의의

권리행사라 함은 법에 의하여 인정되어 있는 '권리의 내용을 현실화하는 과정'을 말한다. 다시 말해서 권리자가 권리를 가지고 생활상의 이익을 실제로 누리기 위해서는 그 가능성을 현실화시켜야 하는데, 이것이 권리의 행사이다. 예컨대 소유권 행사란 소유자가 소유물을 현실적으로 사용·수익하거나 처분하는 것을 말한다.

(2) 권리행사의 방법

권리의 행사방법은 권리의 내용에 따라 다르다. 즉 소유권은 물건을 사용·수익·처분함으로써 권리를 행사하고, 청구권은 상대방에 대하여 일정한 이행을 요구하거나 그 급부를 수령함으로써 권리를 행사한다. 또한 형성권은 일방적 의사표시를 함으로써 권리를 행사하고, 항변권은 청구권자의 이행청구가 있을 때에 이를 거절하는 방식으로써 권리가 행사된다.

(3) 권리의 대리행사

권리의 행사는 권리자 자신이 하는 것이 원칙이나, 예외적으로 대리인에 의하여 권리자(본인)의 권리를 행사케 할 수 있다. 그러나 권리자가 스스로 행사하지 않으면 효용이 없는 권리, 예컨대 행사상의 일신전속권(제751조, 제752조)은 타인으로 하여금 행사케 할 수 없다. 다시 말해서, 일반적인 법률행위는 권리의 대리행사가 가능하지만 사람의 신분과 관계되는 일신전속권에 관해서는 권리의 대리행사가 인정되지 아니한다.

2. 권리행사의 제한

(1) 권리의 사회성

개인의 권리는 존중되어야 하지만, 개인도 사회의 일원인 이상 권리의 행사가 타인 나아가 사회의 이익에 반하여서는 안 된다. 즉 권리를 인정하는 취지는 직접적으로 개인의 이익을 보호하기 위한 것이지만 그것이 궁극에 있어서는 사회의 평화 내지 안녕 · 질서를 위한 것이므로, 권리에는 사회성 내지 공공성이 내재한다고 하여야 할 것이다. 따라서 권리의 행사는 일정한 사회적 제약을 받기에 이르렀다.

(2) 법적 근거

우리 민법은 '권리의 행사는…신의에 좇아 성실히 하여야 한다'는 이른바 신의성실의 원칙을 규정하고(제2조 제1항), 아울러 '권리는 남용하지 못한다'는 이른바 권리남용금지의 원칙을 규정하고 있다(제2조 제2항). 이들 조항은 직접적으로는 권리행사자유의 한계를 정하는 동시에 간접적으로 권리의 사회성 · 공공성을 시인하는 것이다.

(3) 부당한 권리행사

1) 부당한 권리행사의 의의

부당한 권리행사라 함은 명목상으로는 주어져 있는 권리 또는 현존하는 유리한 법적 지위를 행사하는 것이지만 그것이 신의칙에 반하는 경우에 해당하는 것을 말한다. 신의칙에 반하는 부당한 권리행사의 중요한 적용례는 제2조 제2항에 규정된 권리남용의 경우, 자기의 선행(先行)된 행위에 반하는 행위를 하는 경우(자기모순 행위금지), 실권된 권리를 행사하는 경우를 들 수 있다. 다만 제2조 제2항의 권리남용금지의 원칙에 대하여는 독립하여 살펴보기로 한다.

2) 자기모순행위금지의 원칙

① 의 의

권리자가 그의 선행행위(先行行爲)와 모순되는 권리행사를 하는 것이 신의칙에 반하는 때에는 그러한 권리행사는 제한을 받게 된다. 즉 권리자가 그의 선행된 행위에 의하여 상대방(의무자)에게 그의 권리를 어떤 특정한 형태로 또는 전혀 행사하지 않을 것이라는 인지를 줄 만한 행위를 함으로써 상대방도 이를 신뢰하여 그에 상응하는 행위를 한 경우에 권리자는 그 전의 행위에 모순되는 권리행사를 할 수 없다(대판 2005.10.28, 2005다45827).

② 성립요건

자기모순행위금지의 원칙이 적용되어 권리자의 권리행사가 제한 또는 부인되기 위해서는 ㉠ 그와 모순관계에 있는 자신의 선행행위가 있어야 한다. 그리고 ㉡ 권리자 자신의 선행행위로 상대방에게 야기된 신뢰와 그 후의 권리행사가 실질적인 모순관계에 있어야 한다. 이 경우 선행행위 자체가 부당하거나 불법적인 것일 필요는 없다.

③ 강행규정에 위반된 경우

강행법규를 위반하여 행위한 자가 스스로 강행법규위반행위의 무효를 주장하는 경우에는 법의 목적이나 취지(강행법규 위반의 무효) 등을 고려하여 신의칙의 적용을 제한하여야 한다(통설). 한편 판례는 사립학교 경영자가 사립학교법 제28조 제2항의 규정을 위반하여 학교재산을 매도하거나 담보제공을 한 후에 스스로 그 무효를 주장하는 것은 특별한 사정이 없는 한 신의성실의 원칙에 위배되지 않는다고 판시함으로써(대판 2000.6.9, 99다70860; 대판 2007.7.27, 2005다22671) 강행법규위반의 경우에는 자기모순행위금지의 원칙을 부정(제한)하고 있다.

④ 자기모순행위의 효과

자기모순행위에 해당하는 대표적인 사례로, 소멸시효 완성 후에 시효완성의 원용을 하지 않을 것 같은 신뢰를 주었다가 후에 소멸시효를 주장하는 경우(대판 2008.9.25, 2006다18228)에 판례는 신의칙에 반한다고 한다. 또한 토지소유자가 토지를 매도하고 매수인인 건축업자는 다세대주택을 신축하여 그 분양대금으로 매매대금을 지급하기로 약정하면서 이미 신축된 건물이 제3자에게 분양된 상태에서 대지소유권이전등기가 경료되지 않았음을 이유로 대지소유자가 건축업자와의 매매계약을 해제하고 원상회복을 요구하는 경우(대판 2003.4.11, 2003다2154)에는 신의칙에 반하는 자기모순행위금지에 해당한다고 판시하였다.

3) 권리실효의 원칙

① 권리실효의 의의

권리실효의 원칙이란 권리자가 그의 권리를 장기간 행사하지 않고 있기 때문에 상대방이 이제는 그 권리의 행사가 없는 것으로 믿을 만한 정당한 사유를 가지게 되어, 새삼스럽게 그 권리를 행사한다는 것이 신의칙에 반한다고 인정되는 경우에는 그 권리의 행사는 허용되지 않는다는 원칙을 말한다.

② 권리실효의 요건

권리실효의 요건은 크게 시간적 요소와 상황적 신뢰요소를 필요로 한다. 즉 권리자가 장기간 권리를 행사하지 아니하여야 하며(시간적 요소), 권리자의 권리불행사로부터 의무자가 권리자의 권리행사가 더 이상 없을 것이라고 믿을 만한 정당한 사유(상황적 신뢰요소)를 객관적으로 인정할 수 있어야 한다(대판 2007.4.13, 2005다47236). 따라서 단순히 오랜 시간이 경과했다는 사실만으로는 어떤 권리행사가 부적법하다고 할 수는 없다(대판 2002.1.28, 2001다60019 참고).

【판 례】

* 대판 1992.1.21, 91다30118 … 징계해임처분의 효력을 다투는 분쟁에 있어서는 징계사유와 그 징계해임처분의 무효사유 및 징계해임된 근로자가 그 처분이 무효인 것을 알고도 다투지 아니할 것으로 사용자가 신뢰할 만한 다른 사정(예컨대 근로자가 퇴직금이나 해고수당 등을 수령하고 오랫동안 해고에 대하여 이의를 제기하지 않았다든지, 해고된 후 곧 다른 직장을 얻어 근무하였다는 등의 사정을 밀한다), 사용자가 다른 근로자를 대신 채용하는 등 새로운 인사체제를 구축하여 기업을 경영하고 있는지의 여부 등을 모두 참작하여 그 근로자가 새삼스럽게 징계해고처분의 효력을 다투는 것이 신의성실의 원칙에 위반하는 결과가 되는지의 여부를 가려야 할 것이다.
* 대판 2002.1.28, 2001다60019 … 실효의 원칙이 적용되기 위해서는 의무자인 상대방이 더 이상 권리자가 그 권리를 행사하지 아니할 것으로 믿을 만한 정당한 사유가 있어야 하므로 토지소유자가 그 점유자에 대하여 부당이득반환청구권을 장기간 적극적으로 행사하지 아니하였다는 사정만으로는 부당이득반환청구권이 실효의 원칙에 따라 소멸하였다고 볼 수 없다.

③ 학설의 태도

권리자가 권리를 상당히 오랜 기간 동안 행사하지 아니함으로써 상대방에 대하여 앞으로도 권리를 행사하지 않을 것이라는 신뢰를 주고 상대방이 이에 따라 행동하였는데, 그 후에 권리자가 권리의 행사를 주장하는 것은 신의칙에 반한다는 것이다. 이때에 그 권리는 소멸시효의 완성 없이도 실효된 것으로 보아야 한다. 이는 독일의 판례와 학설이 발전시킨 이론이지만, 우리 학설도 이를 인정하고 있다(곽윤직 98면, 고상룡 669면, 김상용 728면, 이영준 688면).

④ 권리실효의 효과

판례도 일반법리로서 실효 또는 실권의 법리를 신의칙에 바탕을 둔 파생

원칙으로서 인정하고 있다. 즉 권리자가 권리를 행사할 수 있음에도 불구하고 그 권리를 행사하지 아니할 것으로 상대방이 신뢰할만한 정당한 기대를 가지게 된 다음에 새삼스럽게 그 권리를 행사하는 것이 법질서 전체를 지배하는 신의성실의 원칙에 위반하는 것으로 인정되는 결과가 될 때에는, 이른바 실효의 원칙에 따라 그 권리는 부적법한 것으로(대판 2005.10.28, 2005다45827) 행사가 허용되지 않는다(대판 2004.10.28, 2004다5556; 대판 2007.4.13, 2005다47236).

【판 례】

* 대판 2007.4.13, 2005다47236 … 신의칙에 위배된다는 이유로 권리행사를 부정하기 위해서는 상대방에게 신의를 공여하였다거나 객관적으로 보아 상대방이 신의를 가짐이 정당한 상태에 있어야 하며, 이러한 상대방의 신의에 반하여 권리를 행사하는 것이 정의관념에 비추어 용인될 수 없는 정도의 상태에 이르러야 한다.

⑤ 권리실효의 적용범위

실효의 원칙은 법적 효력을 가지는 모든 권리, 즉 청구권・형성권・항소권과 같은 소송법상의 권리에 적용된다(대판 1994.11.25, 95다12234; 대판 2000.4.25, 99다34775). 그러나 소유권이나 친권과 같이 배타적・항구적 권리에는 그 권리의 본질과 배치되지 아니하는 범위 내에서만 인정하여야 할 것이다.

3. 신의성실의 원칙

(1) 서 론

1) 신의칙의 의의

① 신의성실의 원칙이라 함은 모든 사람이 사회공동생활의 일원으로서 서로 상대방의 신뢰를 헛되이 하지 않도록 성의 있게 행동하여야 한다는 원칙으로써, 이를 줄여서 '신의칙'이라고도 한다. 우리 민법은 이에 관하여 제2조 제1항에서 '권리의 행사와 의무의 이행은 신의에 좇아 성실히 하여야 한다'고 규정하고 있다.

② 신의칙은 주로 채권관계에서 중요시되지만 물권관계와 가족관계에도 적용되므로 민법 전반에 걸쳐 권리・의무의 특별한 당사자 관계에 있는 채권・채

무자에게 널리 적용되는 일반적·추상적 원칙이라고 할 수 있다(대판 2004.7.22, 2002두11233).

2) 신의칙의 연원

① 신의칙은 로마법에 그 연원을 둔다. 신의칙을 근대사법에서 최초로 규정한 입법은 프랑스민법인데, 프랑스민법 제1134조 제3항은 '계약은 신의에 맞게 이행되어야 한다'고 규정한다.

② 독일민법은 학설과 판례를 통하여 신의칙을 채권법 전체의 원칙으로 삼고 있다. 즉 계약은 거래관행을 고려하고 신의성실이 요구하는 바에 따라 해석되어야 하며(독일민법 제157조), 채무자는 거래상의 관행을 고려하여 신의성실이 요구하는 바에 따라서 급부할 의무가 있다(독일민법 제242조).

③ 한편 민법 전체를 지배하는 원칙으로 인정하고 있는 입법례로서는 스위스민법을 꼽을 수 있다(스위스민법 제2조 제1항은 권리행사와 의무이행에 있어서 모든 사람들은 신의성실에 따라서 행동하여야 한다고 규정하고 있다). 우리 현행 민법은 스위스민법을 본받아 민법의 첫머리에 규정하고 민법 전체의 최고 원리임을 선명하고 있다.

3) 신의칙의 법적성질

① 기본적 규범설

규범설의 견해는 신의칙은 민법 전반에 걸치는 기본적 법규범이라고 보는 것이다(곽윤직 93면, 김상용 116면, 김증한·김학동 65면, 이은영 77면 등). 특히 근대민법의 기본원리와 관련하여 신의칙은 공공복리의 실천원칙 내지 행동원리이다. 따라서 신의칙에 의해 소유권 절대, 계약자유, 과실책임의 원리가 수정될 수 있었다고 한다.

② 이익형량 수단설

신의칙을 이익교량의 수단이라고 이해하는 학설이다. 즉 법률관계의 당사자들은 권리와 의무를 법률관계의 내용과 목적에 적합하게 행사 또는 이행하여야 한다는 것이다. 따라서 신의칙은 권리의 행사와 의무의 이행이 상대방의 이익과 신뢰 사이에 균형을 유지하는 가운데 실현될 수 있도록 하는 하나의 원리로 본다.

③ 판례의 태도

기본적으로 규범설을 취하고 있으나(대판 2007.4.13, 2005다47236 등), 구체적 사안과 관련해서 신의칙은 여러 가지 형태의 다양한 실체적 규범을 마련해 주는 파생원칙의 일반조항으로서 상대방의 이익과 상관관계를 고려해야 한다고 함으로써(대판 2002.5.24, 2000다72572) 이익형량을 고려하는 태도를 취한다. 판례에 따르면 민법상 신의성실의 원칙이란 법률관계 당사자는 상대방의 이익을 고려하여 형평과 신의를 저버리는 내용 또는 방법으로 권리를 행사하거나 의무를 이행하여서는 안 된다는 추상적 규범을 말하는 것이고(대판 2001.7.13, 2000다5909; 대판 2004.7.22, 2002두11233), 이를 구체적인 법률관계에 적용함에 있어서는 상대방 이익과의 상관관계 및 상대방의 신뢰에 대한 타당성 등 모든 구체적인 사정을 고려하여 그 적용 여부를 결정하여야 한다(대판 1992..5.22, 91다36642; 대판 2002.5.24, 2000다72572)는 것이다.

(2) 신의칙의 기준

신의성실에 관한 일반적 기준(요건)이 없으므로, 각각의 구체적인 경우에 있어, 실질적 정의·형평을 본질로 하여 무엇이 사회적 타당성 내지 공공의 복리에 적합한가는 당해 법률행위를 기준으로 판단하는 수밖에 없다.

(3) 신의칙의 기능

1) 해석기능

신의칙은 계약 또는 법률에 의하여 발생된 권리·의무관계를 그 계약 또는 법률 규정의 취지에 맞게 구체화하는 기능을 한다. 이를 구체화기능(김준호 53면) 또는 보충기능(지원림 44면)이라고도 한다. 예컨대 채권관계의 성질에 따라 당사자 중의 일방은 신의칙상 기본적 의무뿐만 아니라 부수적 의무를 부담할 수 있다고 해석하는 것이다(통설). 판례도 고용관계에 있어서 사용자는 피용자가 노무를 제공하는 과정에서 신체·건강을 해치는 일이 없도록 인적·물적 환경을 정비하는 등 필요한 조치를 강구해야 할 신의칙상의 부수적 보호의무를 부담한다고 한다(대판 2006.9.28, 2004다44506).

2) 제한기능

신의칙은 권리나 법적 지위에 내재하는 한계를 구체화하기도 한다. 즉 법적 권리나 권능을 가진 자에 대하여 신의칙이라는 척도에 의하여 적절한 통제를 가한다. 예컨대 부당한 권리행사로서의 권리남용은 금지된다. 이 외에 자신의 선행행위와 모순된 행위에 대한 효력제한, 권리의 실효원칙 등도 신의칙의 제한적 기능의 예에서 파생된 것이다.

3) 수정기능

신의칙은 형식적인 법적 지위의 수정을 가능하게 한다. 독일민법은 이를 명문화하고 있다(독일민법 제313조). 즉 법률행위 당시에 그 전제가 된 사정에 당사자가 예상할 수 없었던 중대한 변경이 발생한 경우에 신의칙은 그 의무(법률효과)의 내용을 조정하거나 법률관계 자체를 해지·해제할 수 있다. 신의칙이 수정적 기능을 발휘하는 사정변경의 원칙에 대하여 우리 학설은 긍정적 태도를 보이고 있고(통설), 판례는 이원화(계속적계약, 일시적계약)하고 있으나 점차 사정변경의 원칙이 적용될 수 있는 가능성을 열어놓고 있다(대판 2007.3.29, 2004다31302 참고).

4) 수권기능

신의칙은 이른바 법관에 의한 법형성을 가능하게 한다. 즉 법률이나 관습법에 정함이 없는 경우, 또한 유추해석을 통해서도 타당한 결론을 얻을 수 없는 경우에는 조리의 이름으로써 이를 보충하는 법창조적 기능(수권기능)을 한다. 주의할 것은 이 기능이 법관에 대한 일반적 수권을 의미하는 것이 아니므로 보충성의 원칙에 머물러야 하는 한계가 있다.

(4) 신의칙에 관한 민법규정

① 민법의 모든 규정이 신의성실의 원칙에 직접·간접으로 지배를 받는다고 할 것인바(법규범설) 신의성실의 원칙이 우리 민법에 반영된 주요한 것은 다음과 같다. 즉 조건성취·불성취에 대한 반신의행위 규정(제150조), 상린관계규정(제215조~제244조), 사정변경의 원칙(제286조, 제628조, 제312조의2의 지료, 차임, 전세금의 증감청구권), 채권자지체의 규정(제400조 이하, 제538조), 이행보조자의 고의·과실에 대한 채무자의 책임(제391조), 계약체결상의 과실규정(제535조), 불공정한 법률행위에 관한 규정(제104조), 동시이행의 항변권(제536조) 등의 공평의 원칙에 관한 규정이 있다.

② 중대하게 신의칙에 위반되는 사유가 있는 경우에는 해지권이 발생한다는 여러 규정도 있다. 예컨대 임차인의 의사에 반하는 보존행위와 해지권(제625조)·임대인의 의사에 반하는 임차권의 양도와 전대에 따른 해지권(제629조)·차임연체와 해지권(제640조, 제641조)·노무의 내용과 해지권(제658조) 등이다.

(5) 신의칙위반의 효과

① 권리의 행사가 신의성실의 원칙에 위반하는 때에는 권리남용이 되는 것이 보통이다. 따라서 일반적으로 권리행사로서의 효과가 생기지 않는다. 또한 권리행사의 경우와 마찬가지로 의무이행에 있어서도 신의성실이 요구되며, 신의성실에 위배된 의무이행은 정당한 이행이 되지 못하고 일반적으로 의무불이행이 된다. 이처럼 신의칙에 반하는 것 또는 권리남용은

강행규정에 위반하는 것이므로, 당사자의 주장이 없더라도 법원은 직권으로 이를 판단할 수 있다(대판 1989.9.29, 88다카17181; 대판 1995.12.22, 94다42129).

② 신의칙은 급부의무 또는 명시적으로 규정된 종된 의무에 작용하여 이를 확장함으로써 부수적 의무와 이에 상응하는 권리를 발생시킨다. 또한 신의칙상의 부수적 의무(예컨대 상대방에 대한 설명의무, 통지의무 혹은 정보제공의무, 개정 독일민법은 이러한 부수적 의무를 입법화 하였음. 제311조 참조)는 계약체결과정의 단계에서 발생할 수도 있기 때문에, 계약체결자가 계약체결단계에서 이러한 의무에 위반하여 과실로 상대방에게 손해를 가한 때에는 손해배상책임을 부담한다(대판 2006.10.12, 2004다48415).

【판 례】

* 대판 2006.10.12, 2004다48515 … 부동산거래에서 거래상대방이 일정한 사정에 관한 고지를 받았더라면 그 거래를 하지 않았을 것임이 경험칙상 명백한 경우에는 신의성실의 원칙상 사전에 상대방에게 그와 같은 사정을 고지할 의무가 있다. 따라서 분양회사가 이 사건 아파트단지로부터 1km 남짓 떨어진 곳에 쓰레기매립장이 건설예정인 사실을 알면서도 이를 고지하지 아니하고 아파트를 분양한 사안에서, 위 쓰레기매립장 건설예정사실은 신의칙상 고지의무의 대상이 되므로 분양회사는 분양계약자들에게 손해배상책임을 부담한다.

4. 사정변경의 원칙

(1) 사정변경의 의의

사정변경의 원칙이란 계약체결 당시와 사정이 현저히 변경된 결과 당초에 정하여진 계약의 효과를 그대로 유지·강제하는 것이 신의·공평에 반하는 부당한 결과를 발생시킬 경우에는, 이 원칙이 적용되어 계약의 법률효과를 새로운 사정에 적합하도록 변경하거나 또는 부정하여야 한다는 원칙이다(제286조, 제312조의2).

(2) 사정변경의 적용요건

사정변경의 원칙이 적용되기 위한 요건은 크게 4가지로 요약해 볼 수 있다. ㉠ 계약의 성립에 기초가 된 객관적 사정이 그 후에 변경되었으며, ㉡ 사정변경이 당사자의 책임 있는 사유로 인한 것이 아닐 것, ㉢ 계약의 성립 당시 사정변경을 예견할 수 없었을 것, ㉣ 따라서 계약내용의 효력을 그대로 인정한다면 당사자 일방에게 신의칙상 현저히 반하는 부당한 결과를 가져올 것 등을 요한다.

(3) 학설의 태도

1) 적극설

통설에 따르면, 법률행위의 성립에 있어서 그 기초가 되었던 사정에 당사자가 예견하지 못한 또는 예견할 수 없었던 중대한 변경이 그 후에 생겨서, 당초에 약정된 행위의 결과를 그대로 요구하거나 강제한다면 심히 부당한 결과가 생기는 경우에는 당사자는 그러한 행위의 효과를 신의칙에 맞도록 적당히 변경할 것을 상대방에게 청구하거나, 변경이 불가능한 경우 계약을 해제 또는 해지할 수 있다고 한다(곽윤직 144면, 김증한 95면, 김주수 103면 등).

2) 소극설

사정변경의 원칙을 해제권의 발생 원인으로는 볼 수 없다는 견해이다. 즉 계약상의 채무이행을 요구하는 것이 객관적으로 부당하다고 판단될 정도의 사정변경이 생긴 경우에는 계약내용을 변경하는 것은 의미가 없으므로 바로 계약의 구속력을 부정하여 채무를 소멸시켜야 하기 때문이라고 한다(이은영 97면). 그러나 소극설 역시 넓은 의미에서 보면 사정변경의 원칙을 인정하는 것으로 이해된다.

(4) 사정변경의 효과

1) 일시적 계약관계

매매계약이 체결된 후에 상당한 기간이 지나고 그 시가(시장가격)가 올랐다고 하더라도 그것만으로는 그 매매계약을 해제할 만한 사정변경이 있었다고 볼 수 없다고 하면서 사정변경을 참고적으로 고려할 수는 있지만, 당해 사건에서 이를 인정할 수 없다고 판단함으로써 사정변경을 이유로 해제권을 인정하지 않는다(대판 2007.3.29, 2004다31302).

【판 례】

* 대판 2007.3.29, 2004다31302 … 계약의 성립에 기초가 되지 아니한 사정이 그 후 변경되어 일방 당사자가 계약 당시 의도한 계약목적을 달성할 수 없

게 됨으로써 손해를 입게 되었다 하더라도 특별한 사정이 없는 한 그 계약내용의 효력을 그대로 유지하는 것이 신의칙에 반한다고 볼 수도 없다.

2) 계속적 계약관계

① 해지권의 발생

보증계약과 같이 일방(보증인)이 대가를 받음이 없이 계약에 이르게 되는 경우에 있어서는 그 계약내용에 따라서 구속력의 예외를 인정하는 것이 타당하다. 판례는 이러한 사안에 대하여 일정한 경우에 신의칙에 근거하는 사정변경의 원칙을 적용하여 '보증계약의 해지권'을 인정하거나 '계속적 보증인의 책임을 제한'하고 있다(대판 1996.10.29, 95다17533 참고). 이른바 계속적 보증계약에 있어서 보증계약 성립 당시의 사정에 현저한 변경이 생긴 경우에 사정변경을 이유로 보증계약을 해지할 수 있다고 한다(대판 2003.1.24, 2000다37937 등).

② 보증인의 책임제한

주채무의 액수가 보증인이 보증 당시에 예상하였거나 예상할 수 있었던 범위를 훨씬 상회하고, 그와 같은 주채무 과다의 발생 원인을 알지 못하는 보증인에게 아무런 통보나 의사타진도 없이 채권자가 고의로 거래규모를 확대함에 연유하는 등 신의칙에 반하는 사정이 인정되는 경우에 한하여 보증인의 책임을 합리적인 범위 내에서 제한할 수 있다고 한다(대판 2001.11.13, 2001다55871 등).

【판 례】 보증계약과 사정변경

* 대판 2003.1.24, 2000다37937 … 회사의 임원(이사)이었기 때문에 부득이 회사와 은행 사이의 계속적 거래로 인한 회사의 채무에 대하여 연대보증인이 된 자가 퇴사하여 이사의 지위를 떠났다면, 위 연대보증계약 성립 당시의 사정에 현저한 변경이 생긴 경우에 해당하므로 사정변경을 이유로 위 연대보증계약을 해지할 수 있다.

5. 권리남용금지의 원칙

(1) 서 론

1) 의 의

① 권리남용이라 함은 권리가 법률상 인정되어 있는 사회적 목적에 반하여

부당하게 행사되는 것, 다시 말하면 외형상으로는 권리의 행사인 듯하나 그 권리의 본래적 사명을 벗어나 권리의 사회성·공공성에 반하므로 정당한 권리의 행사로 볼 수 없는 경우를 말한다.

② 모든 권리는 그 실현행위에 의하여 외형상 권리행사로 인정되지만 실제로는 권리의 사회적 또는 내재적 한계로 말미암아 일정한 제약을 받는다(헌법 제23조 제1항, 제2항 참조). 따라서 현행 민법은 제2조 제2항에서 '권리는 남용하지 못한다'고 규정하고 있다. 이러한 권리남용금지의 원칙은 신의성실의 원칙에 기초를 둔 구체화된 원칙이라고 할 수 있다.

【판 례】

* 대판[전합] 2008.9.18, 2007두2173 … 일단 시효완성 후에 채무자가 시효를 원용하지 아니할 것 같은 태도를 보여 권리자로 하여금 이를 신뢰한 경우에는 특별한 사정이 없는 한 채무자가 그 후 다시 소멸시효의 완성을 주장하는 것은 신의성실의 원칙에 반하여 권리남용으로서 허용될 수 없다.

2) 연혁 및 비교법

① 권리남용금지의 원칙은 신의칙의 구체적인 형태로서 로마법에서 일찍부터 원용되었다. 당시에는 가해의 악의를 가진 권리행사가 금지되어, 주관적 요소가 중시되었다(Schikane 금지원칙).

② 독일민법은 주관적 요건의 규정을 두고 있다. 즉 동법 제226조는 '권리행사는 타인에게 손해를 가할 목적만을 가질 때에는 허용되지 않는다'고 규정하고 있다. 그러나 독일민법에 있어서도 신의칙에 관한 제242조의 규정(채무자는 신의성실이 거래관행을 고려하여 요구하는 대로 급부를 실행할 의무를 부담한다)을 원용하여 권리남용의 금지는 보다 널리 해석되고 있다. 반면에 객관적 요건을 중시하는 스위스민법은 제2조 제2항에서 '권리의 명백한 남용은 법의 보호를 받지 못한다'고 규정하고 있으며, 우리 민법과 일본민법이 이를 계수하였다.

3) 권리남용의 요건

민법 제2조 제2항은 단순히 '권리는 남용하지 못한다'고 규정하여 권리남용금지의 법이론을 선언하고 있을 뿐이고, 그 요건(기준)에 관해서는 규정하는 바가 없다. 그러나 최소한도로 모든 권리의 남용에 공통되는 일반적 요건을 들어보면 다음과 같다.

① 권리의 행사라고 볼 수 있는 행위가 있어야 한다. 주의하여야 할 것은

권리의 불성실한 ‘행사’가 권리남용이 되는 것이라면 불성실한 ‘불행사’도 권리남용이 된다고 하여야 할 것이다. 이러한 불성실한 권리의 불행사의 효과로서는 그 권리가 소멸되는 것을 생각할 수 있다. 예컨대 민법 제162조 이하의 소멸시효에 관한 규정이 바로 그것이다.

② 권리가 인정되는 사회적 이유에 반하는 행위로써 권리의 행사가 정당성을 결여(缺如)하고 있어야 한다. 예컨대 신의칙 위반 · 사회질서위반 · 정당한 이익의 흠결 등과 같이 권리 본래의 사회적 목적에 부합하지 않는 행사이어야 한다(제103조 참조).

4) 학설과 판례의 태도

① 학설의 태도

㉠ 권리남용이 성립하는 데에는 주관적 요건과 객관적 요건의 구비 여부가 문제된다. 주관적 요건은 권리자가 자신에게는 존재하지 않는 정당한 이익이 없음에도 상대방을 해칠 목적으로 또는 부당한 이익을 취할 목적으로 권리를 행사하는 것을 말한다. 반면에 객관적 요건은 권리자와 상대방의 이익을 비교형량하여 그 충족 여부를 검토하는 기준이다.

㉡ 통설은 객관적 요건의 충족 여부에 의해 권리남용 여부를 판단하면 충분하고 주관적 요건은 필요하지 않다고 하면서도, 가해의 의사나 목적이 있으면 권리남용이 인정되기 때문에 주관적 요건이 권리남용 여부를 판단하는 데 완전히 배척되는 것은 역시 아니라고 한다(곽윤직 102면, 이영준 70면, 이은영 89면 참고).

② 판례의 태도

㉠ 판례는 주관적 요건에 의해 권리남용 여부를 판단한 사례(대판 1980.5.27, 80다484), 주관적 요건과 객관적 요건에 대한 검토가 모두 필요하다고 한 사례(대판 2006.11.23, 2004다44285 등), 그리고 객관적 요건에 대해서만 검토한 사례(대판 2004.9.13, 2003다64602) 등에서 볼 수 있듯이 구체적 사정을 종합적으로 고려하여 권리남용 여부를 판단하고 있다.

㉡ 한편 권리남용을 부정하지 않은 판례도 있다. 즉 토지소유자가 토지 상공에 송전선이 설치되어 있는 사정을 알면서 그 토지를 취득한 후 13년이 경과한 후 송전선의 철거를 구한 사안에서, 비록 토지를 농지로만 이용하여 왔다고 하더라도 토지소유권의 행사에 아무런 장애가 없다고 할 수 없으므로, 한전의 적절한 보상이 현재까지 없는 점에 비추어 볼 때 위 청구가 권리남용에 해당하지 않는다고 한다(대판 1996.5.14, 94다54283).

【판 례】 권리남용 인정

1. 주관적 요건

＊ 대판 1980.5.27, 80다484 … 건물철거청구에 있어서 원고의 소유 대지 위에 건립된 건물부분을 철거한다면 건물 전체가 붕괴될 위험이 있어 원고에게는 이득이 없으면서 오직 피고에게 손해만을 주기 위하여 소송에 이른 사정이 인정되는 경우에만 권리남용이 된다.

2. 주관적 · 객관적 요건

＊ 대판 2006.11.23, 2004다44285 … 권리행사가 권리남용에 해당하려면, 주관적으로 그 권리행사의 목적이 오직 상대방에게 고통을 주고 손해를 입히려는 데 있을 뿐 권리를 행사하는 사람에게 아무런 이익이 없는 경우이어야 함은 물론 객관적으로도 그 권리행사가 사회질서에 위반된다고 볼 수 있어야 하는 것이며, 비록 권리행사자가 얻는 이익보다 상대방이 입을 손해가 현저히 크다는 사정만으로는 이를 권리남용이라고 할 수 없다.

3. 객관적 요건

＊ 대판 2004.9.13, 2003다64602 … 어떤 토지의 거주자가 인접한 타인의 토지 위를 거쳐서 태양의 직사광선을 받고 있는데, 그 인접 토지의 사용권자가 건물을 건축함으로써 직사광선이 차단되는 불이익을 입게 되고, 그 일조방해의 정도가 사회통념상 일반적으로 인용하는 수인한도를 넘어서는 경우에 그 건축행위는 정당한 권리행사로서의 범위를 벗어나거나 권리남용에 이르는 행위로서 위법한 가해행위로 평가되어 일조방해로 인한 불법행위가 성립한다.

5) 권리남용의 효과

권리남용의 결과, 타인에게 손해를 주면 위법한 행위로 되어 손해배상의 책임을 지게 되거나(제750조), 또는 행사의 정지 · 장래의 예방 · 손해배상의 담보의 청구도 가능할 것이다. 민법은 권리남용금지의 원칙을 규정함에 있어서 권리남용의 요건을 정하지 않았을 뿐 아니라 그 효과에 관해서도 정하는 바가 없다. 따라서 권리남용에 따른 법률효과를 구체적으로 살펴보면 다음과 같다.

① 청구권

청구권의 행사가 권리남용이 되면 이에 법은 조력하지 않는다. 예컨대 인접지에 건립된 빌딩의 일각이 경계선을 약간 넘었을 경우에, 토지소유권의 침해를 이유로 경계를 넘은 부분의 철거를 청구하였다면 이러한 청구는 권리의 남용이 되어 청구로서의 효과가 인정되지 않는다. 다만 이 경우에 권리자에게 다소라도 손해가 있다면 그 배상청구는 인정되어야 할 것이다.

② 형성권

형성권의 행사가 권리남용이 되면 본래 발생하여야 할 효과가 발생하지 않는다. 예컨대 매매계약에 있어서 5월 1일까지 잔금을 이행하지 않으면 당연히 계약을 해제한다는 뜻의 의사표시를 한 경우에 그 다음날인 5월 2일에 채무자로부터 이행의 제공이 있고 그것을 수령하여도 채권자에게는 별다른 손해가 없는 경우에는 계약의 해제를 이유로 수령을 거절할 수 없다.

③ 친 권

친권의 남용이 심각한 때에는 그 권리를 박탈당한다. 예컨대 친권자가 본인의 동의 없이 미성년자인 본인에게 채무를 부담시킨다든가, 미성년자를 강제로 공사현장에 취업시키는 경우에는 친권이 상실된다(제924조, 제925조).

제 4 절 사권의 보호

1. 국가구제

(1) 재판제도

① 권리가 침해된 경우에 권리자는 법률이 정하는 절차에 따라 법원에 그 구제를 받을 권리가 있다(헌법 제27조). 법원은 권리자로부터 권리보호의 청구가 있은 때에는, 구체적 사건의 내용을 확정하여 이에 관한 법규의 내용을 명확히 한 후, 추상적인 법규를 대전제로 하고 구체적 사실을 소전제로 하여 법적인 판단을 내려야 한다. 이에 관하여 법원조직법(1987년 법 제3992호)·민사소송법(2002년 법 제6626호)·민사집행법(2002년 법 제6627호)·가사소송법(1990년 법 제4300호)·비송사건절차법(1991년 법 제4423호) 등이 법원의 조직과 그 절차를 규율하고 있다.

② 판결이 있었음에도 불구하고 의무자가 이에 따르지 않을 경우에는 이 판결에 기초하여 국가의 강제력에 의거, 권리의 내용을 실현시킬 수 있다

(강제집행). 또한 장래의 강제집행을 보전하거나 또는 권리관계의 현재의 위험을 방지하여 그 현황을 유지하기 위하여 가압류·가처분제도가 있다.

(2) 조정제도

① 민사에 관한 분쟁의 당사자는 법원에 '조정'을 신청하여 간이한 절차에 의해 당사자 사이의 상호 양해를 통하여 분쟁을 종결지을 수 있다. 이를 규율하는 것이 민사조정법(1990년 법 제4202호)이다. 좀 더 구체적으로 말하면, 조정은 법관 및 특수한 지식·경험이 있는 자로써 구성되는 국가기관인 조정위원회가 분쟁의 당사자 사이를 주선해서 그들의 주장을 서로 양보케 하고, 필요가 있으면 자기의 중재의사를 제안하여 당사자를 설득함으로써 그 합의에 의하여 분쟁을 조리 있는 원만한 해결로 이끄는 절차이다.

② 조정이 성립하면 재판상 화해와 동일한 효력이 있으나(민사조정법 제29조), 이것이 성립하지 않으면 소송으로 넘어가는 점에서(민사조정법 제36조), 간편하고 당사자 간에 대립을 남기지 않는 장점이 있는 반면에 재판에서와 같은 확실성은 없다는 단점이 있다. 조정에 관한 법률로 민사조정법 외에 가사소송법(1990년 법 제4300호)·노동조합 및 노동관계조정법(1997년 법 제5310호) 등이 있으며, 이들은 각각 일정한 가사사건과 노동관계사건의 조정에 관하여 규정한다.

(3) 중재제도

① 조정과 유사한 제도로 '중재'가 있다. 즉 중재절차를 규율하는 법률로 중재법(1999년 법 제6083호)이 있는 바, 중재는 당사자 간의 중재합의로 사법상의 분쟁을 법원의 재판에 의하지 아니하고 중재인의 판정에 의하여 해결하는 절차이다. 조정과의 차이점은 중재의 당사자는 중재판정에 따라야 하지만, 조정에서는 당사자가 반드시 조정의견에 따를 의무가 없다는 점에서 다르다고 하겠다. 중재는 단심이므로 분쟁을 신속하게 종결할 수 있는 장점이 있다.

② 사법상의 분쟁을 해결하기 위해 당사자 간의 합의로 중재인을 선정하여 그 판정에 따르기로 당사자와 합의한 경우, 그 분쟁사항에 관해 중재인이 내린 중재판정은 당사자 간에 있어서 법원의 확정판결과 동일한 효력을 가진다(중재법 제35조). 다만 중재합의의 당사자가 제한능력자이거나 중재합의의 대상이 아닌 분쟁을 다룬 경우에는 법원에 중재판정취소의 소를 제기하여 중재판정에 불복할 수 있다.

2. 사력구제

(1) 정당방위

① 타인의 불법행위에 대하여 자기 또는 제3자의 이익을 방위하기 위하여 부득이 타인에게 손해를 가한 자는 배상할 책임이 없다(제761조 제1항 본문). 이것이 이른바 정당방위이다. 예컨대 자기 또는 제3자의 생명을 지키기 위해 강도를 상해하는 행위를 말한다.

② 방위행위자의 행위가 정당방위의 구성요건(정당방위로 인정 되면)을 갖추면 방위행위는 위법성이 조각되어 이로 인한 불법행위책임을 지지 않는다. 그러나 방위행위로 인하여 손해를 입은 제3자는 불법행위자에 대하여 손해의 배상을 청구할 수 있다(제761조 제1항 단서).

(2) 긴급피난

① 급박한 위난을 피하기 위하여 부득이 타인에게 손해를 가한 자는, 역시 위법성이 조각되어 불법행위책임을 지지 않는다(제761조 제2항). 이것이 이른바 긴급피난이다. 예컨대 개가 목줄이 풀리면서 물려고 덤벼들거나, 강풍에 위층에서 화분이 떨어질 때 그 위험을 피하는 과정에서 이웃 상점의 유리창을 파손하고 피신하는 행위를 말한다.

② 정당방위는 위법한 침해(불법 행위)에 대한 반격인 데 대하여, 긴급피난은 '위법하지 않은 침해'에 대한 피난이라는 데 차이점이 있다.

(3) 자력구제

① 자력구제라 함은 청구권을 보전하기 위하여 국가기관의 구제를 기다릴 여유가 없는 경우에 권리자가 스스로 사력(자력)에 의하여 구제하는 행위를 말하며, '자조'라고도 한다. 이러한 자력구제는 점유자에 한해 인정된다.

② 자력구제에 관하여 민법은 점유의 침탈에 관하여서만 규정을 두고 있을 뿐이다(제209조). 즉 점유를 부당하게 침탈 또는 방해하는 행위에 대하여 이를 방위할 수 있는 점유방위권(동조 제1항)과 부당하게 침탈된 경우에 이를 탈환할 수 있는 점유탈환권(동조 제2항)을 규정하고 있다. 이것은 점유의 방해 또는 침탈이 현재 진행 중인 경우를 전제로 한다.

제 3 장 권리주체

제 1 절 총 설

1. 권리주체의 의의

권리는 일정한 이익을 누릴 수 있도록 하기 위하여 '법에 의하여 주어진 힘'이므로 이러한 이익에는 귀속주체가 필요하다. 법에 의하여 그러한 권리(법적 힘)를 향유할 수 있는 힘을 부여받은 특정인을 권리의 주체라고 한다. 여기서 말하는 특정인이라 함은 자연인뿐만 아니라 법인을 포함하는 권리주체를 총칭한다.

2. 권리주체의 종류

사법관계의 주체가 될 수 있는 자는 자연인(제3조~제30조)과 법인(제31조~제97조)이다.

(1) 자연인

자연인이라 함은 유기적인 육체와 정신을 가지고 자연적인 생활을 영위하는 사람을 말하는데, 모든 사람(자연인)은 성별 · 신앙 · 사회적 신분 또는 연령 등에 관계없이 평등하게 권리능력을 인정받는다(제3조). 이를 '권리능력평등의 원칙'이라고 한다.

(2) 법 인

사람의 집단(사단) 또는 재산의 집단(재단)으로 권리·의무의 주체가 될 수 있는 자를 법인이라고 한다. 구체적인 내용은 후술하기로 한다.

3. 민법상의 능력

(1) 능력의 개념

법률관계를 형성함에 있어서 권리·의무의 당사자로서의 능력(자격)은 크게 3가지 요건을 필요로 한다. 즉 권리·의무의 귀속주체가 될 수 있는 능력(권리능력)과 법률행위를 할 수 있는 실질적 기초인 주관적·정신적 인식능력(의사능력) 그리고 사회적 거래관계를 판단할 수 있는 객관적·일반적 인식능력(행위능력)이 그것이다. 그 외에 자기책임의 원칙에 따라 당사자에게 법률상 책임을 인식할 수 있는 정신능력(책임능력)을 필요로 하고 있다.

(2) 능력의 유형

1) 권리능력

① 권리능력이라 함은 권리주체가 될 수 있는 추상적 지위 또는 자격을 말하며, 권리능력을 가지는 자를 권리주체 또는 권리능력자라고 한다. 권리능력자는 권리를 가질 수 있는 동시에 의무를 부담할 수 있으므로(제3조), 권리능력은 동시에 의무능력이다.

② 권리능력자(권리주체)란 권리를 가질 수 있는 자격을 가지는 자를 말하는 것으로, 실제로 권리를 가지고 있는 권리자와는 다른 개념이다. 우리 민법은 현대민법의 기본이념인 '권리능력주체 확대의 원칙'에 따라 자연인뿐만 아니라 법인에 대해서도 일정한 범위에서 권리능력을 부여하고 있다(제3조, 제34조).

2) 의사능력

① 의사능력이라 함은 개개의 행위를 행함에 있어서 자기 행위의 의미나 결과를 합리적으로 판단할 수 있는 정신능력 내지 지능을 말한다. 그것은 결국 일반인이 자기 의사를 결정할 수 있는 정상적인 판단능력을 의미한다.

② 의사능력이 없다면 정상적인 판단능력이 없는 것이므로, 그 의사에 기한

법률관계의 형성은 무의미하다. 따라서 명문규정은 없지만 의사능력이 없는 자의 행위는 무효이다(통설·판례). 예컨대 유아·치매환자·반혼수상태자와 같이 의사능력이 결여된 자를 의사제한능력자라고 한다(대판 2006.3.9. 2005다57899). 특히 의사능력의 유무는 당해 구체적인 법률행위와 관련하여 개별적으로 판단되며, 의사제한능력자가 한 법률행위의 효력은 무효이다.

【판 례】

* 대판 2006.3.9, 2005다57899 … 유언공정증서를 작성할 당시에 유언자가 반혼수상태였으며 유언공정증서의 취지가 낭독된 후에도 그에 대하여 전혀 응답하는 말을 하지 아니한 채 고개만 끄덕였다면, 유언공정증서를 작성할 당시에 유언자에게는 의사능력이 없었으며 그 공정증서에 의한 유언은 유언자가 유언의 취지를 구수(口授)하고 이에 기하여 공정증서가 작성된 것으로 볼 수 없다.

3) 행위능력

① 행위능력이라 함은 의사능력을 가진 자가 법률행위를 단독으로 할 수 있는 능력을 말한다. 민법상 단순히 '능력'이라 하면 이는 행위능력을 의미하는 것이다. 우리 민법은 19세가 된 성년자에게 행위능력을 부여하고 있다(제4조, 제5조).

② 의사능력이 없는 자의 법률행위는 무효이며, 의사능력이 있더라도 행위능력이 없는 자의 법률행위는 취소할 수 있다(제5조 제2항, 제10조, 제13조). 특히 자연인의 경우에 행위능력은 제한능력자보호의 문제로 나타난다. 예컨대 미성년자와 피성년후견인 및 피한정후견인 등은 행위제한능력자이다.

4) 책임능력

① 책임능력이라 함은 법률상의 책임을 인식할 수 있는 정신능력 내지 지능을 말하며 '불법행위능력'이라고도 한다. 즉 자기 행위가 타인의 법익을 위법하게 침해한다는 것을 알기에 족한 판단능력으로써, 자기 행위가 도덕적으로 나쁜 것임을 알 뿐만 아니라 법률적으로 손해배상이라는 문제로 될 것임을 알 수 있는 '법률상의 책임을 변식(辨識)할 수 있는 지능'을 말한다.

② 자연인의 경우에 자기가 하는 행위의 법률상의 책임을 변식할 지능조차 없다면, 자기책임이라는 것은 무의미하다. 따라서 책임제한능력자는 불법행위 또는 채무불이행에 대하여 책임을 지지 않으며(제753조, 제754조), 이 경우에

는 책임제한능력자의 감독자가 책임을 진다. 한편 법인의 경우에는 그 성질상 정신적 판단능력으로서 책임능력은 문제되지 않는다.

제2절 자연인

1. 권리능력

(1) 권리능력의 일반

1) 권리능력의 의의

① 권리능력이라 함은 권리주체가 될 수 있는 지위 또는 자격을 가리키며, 이러한 권리·의무의 주체를 '인격'이라고도 한다. 민법 제3조에서 '모든 자연인은 생존한 동안' 권리능력을 갖는다고 규정하고 있다.

② 근대민법은 개인주의·자유주의의 법사상을 바탕으로 하여 사생활에 관한 법률관계를 권리중심으로 규율하기 때문에(권리의 측면에서 이해한 것이므로) 단순히 권리능력이라 부른다. 권리능력에 관한 규정은 법률질서의 기본구조에 관한 것이므로 강행규정이다. 따라서 개인의 의사로써 그 적용을 배제하는 것, 예컨대 권리능력의 제한이나 포기의 특약 등은 인정되지 않는다(제103조, 제105조 참조).

2) 권리능력의 시기

권리능력의 시기는 출생이다(제3조 참조). 즉 모든 자연인은 출생과 동시에 권리능력을 취득하게 되므로 출생의 시기가 법률상 중요한 문제가 되는바, 이에 관한 학설이 다양하다.

① 진통설

분만이 개시된 때, 즉 규칙적인 진통이 있어 태아가 태반으로부터 분리되기 시작하는 때를 출생으로 보는 설로서 분만개시설이라고도 하는데, 현행 형법하에서는 영아살해죄(형법 제251조)의 객체가 '분만 중' 또는 '분만 직후'의 영아이므로, 그 해석상 분만(진통 시작)이 개시되면 이미 형법상의 사람이 존재하게 된다는 이유에서 진통설이 통설로 되었다.

② 일부노출설

모체로부터 태아의 일부가 노출한 때를 출생으로 보는 설로서, 구형법 당시의 통설이었다.

③ 전부노출설

분만이 완성되어 태아가 모체로부터 완전히 분리되었을 때를 출생으로 보는 설로서, 독일민법과 스위스민법의 입장임과 동시에 우리나라의 통설이다(곽윤직 114면, 이영준 733면 등).

④ 독립호흡설

태아가 모체로부터 완전히 분리된 후 자기의 폐로 독립하여 호흡하게 된 때(보통은 첫 울음이 있을 때)를 출생의 시기로 보는 설로서, 구민법하에서의 소수설이었다.

(2) 태아의 권리능력

1) 태아의 의의

태아라 함은 임신 후 분만 시까지의 생명체로서, 모체에서 노출될 때까지의 생명체를 말한다. 우리 민법의 해석상 사람의 출생시기에 관하여는 전부노출설이 통설이므로(제3조 참조), 모체로부터 전부노출하기 전까지의 태아에게는 권리능력이 없다.

2) 태아보호의 필요성

자연인의 권리능력의 시기는 출생한 때(모체로부터 전부노출)이므로, 아직 출생하지 않은 태아는 권리능력을 취득하지 못한다. 이러한 전부노출설을 관철한다면 태아에게 아주 불리하게 되거나, 법감정에 맞지 않는 경우도 생길 수 있다. 예컨대 부(父)가 사망한지 하루 후에 출생한 자(子)는 상속권이 없는 것이 되어(제997조, 제1000조 참조) 태아에게 매우 불리하게 된다. 여기서 태아를 위한 보호조치의 필요성이 요구된다.

3) 태아의 보호에 관한 입법

① 일반적 보호주의

일반적 보호주의는 태아의 이익을 위하여 모든 법률관계에 있어서 일반적으로 이미 출생한 것으로 보는 주의로서, 로마법의 원칙이었고 스위스민법이 이 주의에 따르고 있다(스위스민법 제31조 제2항).

② 개별적 보호주의

개별적 보호주의는 일반적 보호주의와는 달리 주요한 법률관계에 관하여서만 개별적으로 출생한 것으로 보는 주의로서, 독일민법(제1912조, 제1923조 등)·프랑스민법(제725조, 제906조 등)이 개별적으로 태아를 보호하고 있으며 우리 민법도 이러한 주의를 취하고 있다.

4) 민법의 태아보호 규정

우리 민법은 개별적 보호주의를 취하여 주요한 법률관계에 한하여서만 태아를 이미 출생한 것으로 본다. 이에 관해서는 아래와 같다.

① 불법행위에 의한 손해배상청구

태아는 손해배상청구권에 관하여 이미 출생한 것으로 본다(제762조). 여기서 문제되는 것은 부·모의 생명침해로 인한 태아 자신의 정신적 고통에 대한 위자료청구권(제752조; 대판 1993.4.27, 93다4663은 부의 교통사고로 상해를 입은 경우에도 태아 자신의 정신적 고통에 대한 위자료청구권을 인정하였다)과 태아 자신에 대한 출생 전의 가해행위에 대하여 청구하는 것이다.

② 상 속

태아는 상속순위에 관하여는 이미 출생한 것으로 본다(제1000조 제3항). 이와 관련하여 대습상속(제1001조)과 유류분권(제1112조)에 관해서도 태아의 권리능력을 인정할 것인지가 문제될 수 있다. 학설은 이를 당연히 긍정하자는 다수설과 민법 제1000조 제3항을 유추 적용하여 태아의 권리능력을 인정하여야 한다는 소수설이 있으나, 결과적으로 태아에게 대습상속과 유류분을 인정하는 데는 차이가 없다.

③ 유 증

유증에 관해서는 상속에서의 태아의 권리능력에 관한 규정(제1000조 제3항)이 준용된다. 유증은 유언자가 사망한 때로부터 그 효력이 생기는 것이므로(제1073조 제1항), 태아는 유증자가 사망시까지 포태(胞胎)되어 있으면 되고 유언 시에 포태(임신)되어 있어야만 하는 것은 아니다.

④ 인 지

인지란 혼인 외의 출생자에 대해 생부 또는 생모가 자기의 자로서 승인하여 법률상 친생관계를 생기게 하는 단독행위이다(제855조 제1항). 그런데 부(父)는 포태중에 있는 자에 대하여도 이를 인지할 수 있다(제858조). 즉 부는 태아를 인지할 수 있지만, 태아에게는 인지청구권이 인정되지 않는다. 따라서 태아 쪽에서 적극적으로 태아의 성장에 필요한 비용을 청구할 수는 없다.

⑤ 사인증여

사인증여에 있어서 태아의 지위에 관해서 다수설은 사인증여에 유증의 규정이 준용됨으로(제562조) 사인증여에 있어서도 태아의 권리능력이 의제된다고 한다(곽윤직 76면, 고상룡 51면, 이은영 133면 등). 그러나 소수설과 판례는 사인증여의 경우 수증자(태아)의 의사표시(승낙)를 필요로 함으로 태아의 경우에 이를 긍정할 법률상의 근거가 미약하며 인정할 실익 또한 없다고 한다(김상용 142면, 이영준 736면; 대판 1982.2. 9, 81다543).

【판 례】

* 대판 1982.2.9, 81다543 … 증여는 증여자와 수증자 간의 계약으로서 수증자의 승낙이 그 요건이므로 태아에 대한 증여에 있어서도 태아의 수증행위가 필요하다. 따라서 태아의 경우 살아서 출생하면 소급하여 출생한 것과 같이 법률상 간주되는 것이므로 법정대리인에 의한 수증행위도 불가능한 것이어서 증여와 같은 쌍방행위가 아닌 손해배상청구권의 취득이나 상속 또는 유증의 경우를 유추하여 태아의 수증능력을 인정할 수 없다.

5) 태아보호의 법률적 성질

태아가 예외적으로 권리능력을 취득하는 경우에 민법의 조문은 '이미 출생한 것으로 본다'고만 하였을 뿐이므로, 그 법률적 성질에 관하여는 구체적으로 언급하고 있지 않다. 따라서 학설상 정지조건설과 해제조건설로 견해가 나누어져 있다.

① 정지조건설(인격소급설)

㉠ 태아로 있는 동안에는 아직 권리능력을 취득하지 못하나, 살아서 출생한 때에는 그의 권리능력취득의 효과가 문제의 사건이 발생한 시기에 소급하여 생긴다고 보는 견해이다(김상용 145면, 김주수 126면, 백태승 128면, 이영준 737면). 즉 태아의 출생을 정지조건으로 하여 권리능력을 인정하려는 것이 판례의 입장이다(대판 1976.9.14, 76다1365; 대판 1993.4.27, 93다4663).

㉡ 정지조건설을 인격소급설이라고 하는데, 이 설의 장점은 태아가 사산(死産)하더라도 타인에게 예기치 않은 손해를 줄 염려가 없다는 것이다. 반면에 태아가 취득 또는 상속할 재산을 출생 전에는 보존·관리할 수 없다는 단점이 있다.

【판 례】 태아의 손해배상청구권

* 대판 1993.4.27, 93다4663 … 태아도 손해배상청구권에 관하여는 이미 출생한 것으로 보는데, 부(父)가 교통사고로 상해를 입을 당시 태아가 출생하지 아니하였다고 하더라도 그 뒤에 출생한 이상 父의 부상으로 인하여 입게 될 정신적 고통에 대한 위자료를 청구할 수 있다.

② 해제조건설(제한적 인격설)

㉠ 태아는 이미 출생한 것으로 간주되어 그 개별적 사항에 있어서 제한된 권리능력을 가지며, 사산한 때에는 그 권리능력취득의 효과가 과거의 문제의 사건발생시까지 소급하여 소멸한다고 보는 견해이다. 즉 태아의 사산을 해제조건으로 하여 권리능력을 인정하려는 것이다. 이처럼 제한된 범위에서 인격이 인정된다는 의미에서 제한적 인격설이라고도 하며, 현재의 다수설이다(곽윤직 77면, 고상룡 77면, 김증한·김학동 103면, 양창수·김재형 598면, 이은영 136면).

㉡ 해제조건설에 의하면, 태아일 때에도 법정대리인에 의하여 재산관리 그 밖의 권리보전방법을 취할 수 있게 되어 태아의 권리보호가 더욱 두터운 장점이 있으나, 한편 사산의 경우에는 법정대리인의 행위가 소급하여 무효로 되기 때문에 그 상대방 또는 제3자에게 예측하지 못한 손해를 줄 수가 있다는 단점이 있다.

③ 학설에 대한 평가

㉠ 태아의 권리능력에 관해서 종래부터 위와 같은 두 설이 대립하고 있는데, 문제는 상대방 또는 제3자의 보호에 치중하느냐(정지조건) 아니면 태아 자신의 보호를 중요시하느냐(해제조건)에 있다고 할 수 있다.

㉡ 우리나라의 다수설인 해제조건설이 내세우는 이론적 근거는, 현대 의학이 발달되어 사산하는 경우보다 살아서 출생하는 경우가 압도적으로 높기 때문에 상대방이나 제3자에게 불측의 손해를 주는 경우란 아주 적을 뿐 아니라 태아를 보호하려는 민법(제762조, 제1000조)의 입법 취지에도 적합하다고 하겠다. 다만 부동산의 경우 소유권취득에 관한 등기신청 방법에 있어서 입법론적 문제점이 내재하고 있기 때문에 판례는 정지조건설을 취하는 것으로 판단된다.

(3) 외국인의 권리능력

1) 외국인의 권리능력 제한

모든 자연인은 국적 여하를 묻지 않고 평등하게 권리능력을 갖는 것이 원칙이다. 그러나 외국인의 권리능력이 제한되는 경우가 있다(외국인의 권리능력을 제한하는 법규는 강행규정이다). 따라서 대한민국의 국적을 상실한 자는 국적을 상실한 때부터 대한민국의 국민만이 향유할 수 있는 권리를 향유할 수 없으며, 이러한 권리 가운데 대한민국의 국민이었을 때 취득한 것으로서 양도 가능한 것은 그 권리와 관련된 법령이 별도로 정한 바가 없는 한 3년 내에 대한민국의 국민에게 양도하여야 한다(국적법 제18조 제1항, 제2항).

2) 권리능력 제한의 유형

① 외국인의 권리능력 부정

외국인의 권리능력이 전면적으로 부정되는 경우로, 외국인은 한국선박(선박법 제2조) 및 한국항공기의 소유권(항공법 제6조)을 취득할 수 없다.

② 상호주의에 의한 제한

㉠ 외국인의 권리능력을 부정하지는 않지만, 국토교통부장관은 대통령령으로 정하는 바에 따라 외국인의 본국법이 대한민국의 국민에게 인정하는 것과 동일한 정도로 그 권리능력을 제한할 수 있다(부동산거래 신고법 제7조). 가장 대표적인 경우가 외국인 혹은 외국법인이 토지에 관한 권리를 취득하는 경우이다. 뿐만 아니라, 국가배상법의 손해배상청구권(국가배상법 제7조)과 특허권·실용신안권·의장권·상표권 및 저작권 등의 지식재산권을 취득하는 경우에는 상호주의의 제한을 받는다.

㉡ 외국인(외국정부 포함한다)이 대한민국 안의 토지를 취득하는 계약을 체결한 경우에는 계약체결일부터 60일 이내에, 상속·경매 등 계약 외의 원인으로 토지를 취득한 경우에는 취득일로부터 6개월 내에 대통령령이 정하는 바에 따라 시장, 군수 또는 자치구의 구청장에게 신고하여야 한다(부동산거래 신고법 제8조). 다만 외국인 등이 취득하고자 하는 토지가 군사시설보호구역(군사기지 및 군사시설 보호법 제2조 제6호), 문화재보호구역(문화재보호법 제2조 제3항), 생태·경관보전지역(자연환경보전법 제2조 제12호), 야생동물 및 식물특별보호구역(야생동·식물 보호법 제27조)에 해당하는 경우에는 토지취득계약을 체결하기 전에 시장·군수 또는 구청장의 허가를 받아야 한다(부동산거래 신고법 제9조).

③ 정부의 허가에 의한 제한

어업권을 취득할 때에는 정부의 허가를 얻어야 한다. 즉 시·도지사나 시장·군수 또는 자치구의 구청장은 외국인 또는 외국법인에 대하여 대통령령이 정하는 어업의 면허 또는 허가를 하고자 할 때에는 미리 해양수산부장관과 협의하여야 한다(수산업법 제5조 제1항).

(4) 권리능력의 소멸

자연인의 권리능력은 사망으로 소멸하는 바, 그 내용을 살펴보면 다음과 같다.

1) 사망의 의의

자연인은 생존한 동안만 권리와 의무의 주체가 되므로(제3조), 사망으로 인하여 권리능력은 종료된다. 즉 사람은 사망과 동시에 권리능력을 상실하여 권리의무를 가질 수 없게 되므로, 그가 사망하는 순간에 가지고 있던 권리와 의무는 유언 또는 상속법이 정하는 바에 따라 누군가에게 돌아가게 된다.

2) 사망의 시기

① 자연인은 사망으로 인하여 권리·의무를 잃게 되는데, 이는 시점을 사망한 것으로 볼 것인가 하는 것은 상속인이 될 자와 상속분 유언의 효력 발생시기 등과 관련하여 매우 중요한 문제이다. 민법은 사람의 사망시기에 관하여 침묵하고 있는 바, 전통적 입장인 심장사설(心臟死說)은 호흡과 심장의 박동이 영구적으로 정지한 때라고 본다(통설).

② 최근에는 법의학계를 중심으로 뇌사설이 지속적으로 주장되고 있다. 뇌사설에 의하면, 뇌파가 일정기간 계속하여 정지한 때에는 비록 심장이 살아 있더라도(맥박, 혈압, 체온, 호흡이 유지되는 상태를 말한다) 사망한 것으로 본다. 물론 '장기 등 이식에 관한 법률'이 제정되어 시행되고 있지만, 이 법률에 의해 민법상 사망시점이 뇌사판정시점으로 간주되는 것은 아니다.

③ 한편 일정한 절차에 의하여 사망한 것으로 보는 실종선고나, 사망으로 추정하는 인정사망으로써는 권리능력이 근본적(종국적)으로 박탈되지 않는다. 따라서 당사자가 생존해서 돌아온 경우 일정한 절차(실종선고 취소, 인정사망 취소)에 의하여 권리능력이 회복된다.

3) 사망의 추정·간주

① 동시사망의 추정

2인 이상이 동일한 위난으로 사망, 즉 추락한 비행기나 조난당한 선박에 동승하였다가 사망한 경우에 누가 먼저 사망하고 나중에 사망하였느냐 하는 것은 상속에 영향을 미친다. 그러나 그 증명은 대단히 어렵다. 따라서 각국의 법률은 이에 관하여 추정(생존추정, 동사추정)하는 규정을 두고 있다. 현행 민법은 동사추정(同死推定)의 입법 예(독일실종법 11조; 스위스민법 32조)에 따라 2인 이상이 동일한 위난으로 사망한 경우에는 동시에 사망한 것으로 추정한다고 규정하고 있다(제30조).

② 인정사망

인정사망이라 함은 수난·재해·폭발 그 밖의 사변이 있은 때에 사망의 확증(사체의 발견·확인 등)은 없지만 사망한 것이 거의 확실하다고 생각되는 경우에 그를 조사한 관공서의 사망보고에 의하여 사망으로 인정하는 것이다. 우리 민법은 이에 관한 명문규정이 없다. 다만 '가족관계의 등록 등에 관한 법률'에서 이에 관한 규정을 두고 있을 뿐이다(가족관계의 등록 등에 관한 법률 제90조). 인정사망에 의한 가족관계등록부에의 기재는 보통의 기재에서와 마찬가지로 그 기재의 사망일에 사망한 것으로 추정될 뿐이다.

4) 실종선고

실종선고라 함은 부재자의 생사불명의 상태가 일정기간(실종기간) 계속되어 사망의 개연성이 상당히 큰 경우에 법원이 하는 선고인데, 이로써 일정 시기에 사망한 것으로 간주하는 제도이다(제27조~제29조). 이에 관한 내용은 후술하는 '부재와 실종'에서 상세하게 설명한다.

2. 행위능력

(1) 행위능력 총설

1) 행위능력의 개념

① 행위능력이란 독자적으로 법률행위를 유효하게 할 수 있는 능력을 말한다. 권리능력은 모든 자연인에게 인정되므로 젖먹이나 정신질환자도 권리능력을 가지지만, 모든 자연인이 행위능력을 가지는 것은 아니다. 즉 젖먹이라도 재산을 상속받으면 상속재산에 대한 권리자이지만, 그는 자기의 권리 또는 의무를 발생시키는 행위(예컨대 매매계약이나 임대차계약체결)를 독자적으로 하고 스스로 권리를 행사하거나 의무를 이행할 수 있는 상태에 있지 못하다.

② 행위능력이 제한되는 자를 '제한능력자'라고 하는데, 민법이 인정한 제한능력자는 연령에 의하여 일률적으로 결정되는 미성년자와 일정한 요건이 갖추어진 경우에 가정법원의 심판에 의하여 비로소 제한능력자로 되는 피성년후견인과 피한정후견인이 있다(제4조, 제9조, 제12조). 유의할 점은 법조문의 편제상 피특정후견인을 제한능력자(미성년자, 피성년후견인, 피한정후견인)와 같은 틀에서 설명하고 있으나, 특정후견의 심판이 있다고 하여 피특정후견인의 행위능력이 제한되지 않는다는 것이 일반적인 견해이므로(김형배 111면, 지원림 88면 등), 피특정후견인에 관한 규정의 위치가 적절한지 재고되어야 한다.

2) 제도적 의미

① 행위능력제도는 본질적으로 제한능력자의 이익을 보호하기 위한 것이다. 즉 제한능력자 측에 취소권을 부여함으로써 상대방의 이익·나아가 거래의 안전이 침해될 위험이 있지만, 민법은 이러한 위험을 알면서도 이를 무릅쓰고 정신적 능력이 불완전한 제한능력자를 보호하기 위하여 결단을 내린 것이다(대판 2007.11.16, 2005다71659·71666·71673). 따라서 행위능력에 관한 규정은 강행규정이다.

② 행위능력제도는 법적 거래에서 제한능력자를 보호하기 위한 것이다. 따라서 제한능력자는 법적 거래에서 손해를 보는 일이 없도록 보호되어야 한다. 예컨대 제한능력자들을 보호하기 위하여 민법은 그들이 독자적으로 법률행위를 한 경우에 취소권을 인정하여 법률행위의 구속에서 벗어날 수 있도록 하는 한편, 제한능력자를 위하여 이를 돌보아주고 대리하는 법정대리인을 두도록 하고 있다.

【판 례】

＊대판 2007.11.16, 2005다71659·71666·71637 … 행위제한능력자(구 행위무능력자)제도는 사적자치의 원칙이라는 민법의 기본이념, 특히 자기책임 원칙의 구현을 가능케 하는 도구로서 인정되는 것이고, 거래의 안전을 희생시켜서라도 제한능력자를 보호하고자 함에 근본적인 입법취지가 있다.

3) 적용범위

① 개념 자체가 보여주는 바와 같이 행위능력제도는 '법률행위'에 관한 것이다. 따라서 의사표시를 요소로 하는 법률행위에 관한 것이 아니라면 적용되지 않는다.

② 일반적으로 행위능력제도는 합리적이고 신속한 처리가 존중되는 재산상의 법률행위에 적용되고, 가족법상의 행위에 대해서는 본인의 진실한 의사가 존중되어야 함으로 그에 대한 특별규정(제801조, 제807조, 제869조, 제1061조~제1063조) 때문에 원칙적으로 행위능력제도가 적용되지 않는다.

(2) 미성년자

1) 의 의

① 미성년자라 함은 만 19세에 달하지 않은 사람을 말한다(제4조). 그리고 연령(만 19세)은 출생일을 산입하여 역(歷)에 의하여 계산한다(제158조). 미성년자

를 제한능력자로 하는 것은 각국의 민법이 일치하고 있으나, 연령에는 차이가 있어서 로마법은 25세, 프랑스민법은 21세, 스위스민법·일본민법은 20세, 우리 민법은 19세, 독일민법은 18세로 규정하고 있다.

② 한편 미성년자도 만 18세가 되면 부모의 동의를 얻어 혼인할 수 있는데(제807조, 제808조), 혼인에 의하여 성년으로 의제되므로(제826조의2) 혼인의 성립과 동시에 성년자와 같은 능력을 가진다. 물론 성년의제는 법률혼에 한하며, 혼인의 취소나 이혼 등으로 혼인이 해소된 경우에도 친권문제 등을 고려하여성년의제의 효과는 소멸하지 않는다(곽윤직 90면, 김준호 90면 등). 다만 혼인이 원래부터 무효인 경우에는(제815조), 성년의제의 효과도 생기지 않는다.

2) 법정대리인의 자격

① 친권자인 부(父) 또는 모(母)는 1차적인 법정대리인이 된다(제909조, 제911조). 즉 미성년자인 자에 대한 친권은 부모가 공동으로 행사하고 부모의 의견이 일치하지 아니하는 경우에는 당사자의 청구에 의하여 가정법원이 이를 정한다(제909조 제2항).

② 부모의 일방이 친권을 행사할 수 없을 때에는 다른 일방이 이를 행사한다(제909조 제3항). 한편 혼인 외의 자가 인지된 경우와 부모가 이혼한 경우에는 부모의 협의로 친권을 행사할 자를 정하고, 협의할 수 없거나 협의가 이루어지지 아니하는 경우에는 당사자의 청구에 의하여 가정법원이 친권자를 지정한다(제909조 제4항). 또한 부모의 협의가 미성년자의 복리에 반하거나 미성년자의 복리를 위하여 필요하다고 인정되는 경우에는 가정법원은 보정을 명하거나 직권으로 친권자를 정할 수 있고, 4촌 이내의 친족의 청구에 의하여 친권자를 다른 일방으로 변경할 수도 있다(제909조 제5항·제6항).

③ 친권자가 없거나 친권자가 법률행위의 대리권 및 재산관리권을 행사할 수 없을 때에는 2차적으로 미성년후견인이 법정대리인이 된다(제938조 제1항). 이 경우 후견인은 한 명으로 하며(제930조 제1항), 지정후견인(제931조)·선임후견인(제936조)의 순으로 된다. 한편 친권자가 대리권 및 재산관리권을 사퇴한 경우에는 지체 없이 가정법원에 미성년후견인의 선임을 청구하여야 한다(제932조 제3항).

3) 법정대리인의 권한

법정대리인은 법률행위에 관하여 본인의 능력의 불완전을 보충할 지위에 있는 바, 그 권한으로서 동의권·대리권·취소권이 있다.

① 동의권

㉠ 동의권이란 미성년자가 법률행위를 하기 전에 이에 동의하는 권한이다. 동의권행사에 관하여 친권자는 아무런 구속을 받지 않으나, 미성년후견인은 친권자가 정한 교육방법·양육방법 또는 거소를 변경하는 경우, 미성년자를 감화기관이나 교정기관에 위탁하는 경우, 친권자가 허락한 영업을 취소하거나 제한하는 것에 동의를 함에는 미성년후견감독인의 동의를 얻어야 한다(제945조, 제950조). 또한 영업에 관한 행위와 금전을 빌리는 행위, 의무만을 부담하는 행위, 부동산 또는 중요한 재산의 득실변경행위, 소송행위 및 상속에 관한 행위 등에 동의할 때에는 후견감독인의 동의를 받아야 하며, 그 동의를 받지 않은 때에는 후견감독인이 그 행위를 취소할 수 있다(제950조 제1항, 제3항).

㉡ 위의 제한을 제외하고는 동의를 하는 방법에는 아무런 제한이 없다. 따라서 친권자가 자(子)의 영업행위를 묵인하고 그 금전출납을 돕는 것과 같은 묵시의 동의도 유효하다. 동의는 미성년자에게 주는 것이 보통일 것이나 미성년자와 거래하는 상대방에게 주어도 유효하다(통설).

② 대리권

㉠ 법정대리인은 미성년자에 갈음하여 재산상의 법률행위를 할 수 있는데 이를 대리권이라 한다(제920조, 제938조, 제949조). 그러나 자녀의 행위를 목적으로 하는 채무를 발생시키는 행위, 예컨대 자녀의 이름으로 금전소비대차계약을 대리한다든가 또는 자녀가 타인에게 고용되는 근로계약을 대리함에 있어서는 본인의 동의를 요한다(제920조 단서). 더 나아가 근로기준법에서는 법정대리인은 미성년자의 근로계약을 대리할 수 없는 것으로 규정하고 있다(근로기준법 제67조 제1항). 또한 법정대리인과 미성년자의 이익이 상반되는 행위에 관해서는 대리권이 제한된다(제921조 제1항, 제951조). 예컨대 법정대리인이 타인으로부터 금전소비대차계약을 함에 있어서 독단으로 미성년자를 연대채무자로 하는 것은 무효이다.

㉡ 한편 민법은 선의의 제3자를 보호하기 위하여 부모의 일방이 단독으로 부모공동명의로 미성년자를 대리하거나 또는 미성년자의 법률행위에 동의한 때에는, 그것이 타방(부·모 일방)의 의사에 반하는 때에도 상대방이 그 사실을 모르는 선의인 경우에는 그 효력을 인정하고 있다(제920조의2). 또한 무상으로 미성년자에게 재산을 증여한 제3자가 친권자의 관리를 반대하는 의사를 표시한 경우에는 친권자는 그 재산에 관한 대리권이 배제된다(제918조 제1항, 제956조).

③ 취소권

㉠ 미성년자는 다음에 설명하게 되는(미성년자의 행위능력 9가지 참조) 특수한 행위를 제외하고

는 법정대리인의 동의를 얻어야 하는데, 이에 위반한 행위는 법정대리인이 취소할 수 있다. 즉 법정대리인은 미성년자가 독자적으로 한 법률행위를 취소할 수 있다(제140조). 유의할 점은 친권의 행사는 부모가 공동으로 하여야 하나(제909조 제2항), 취소는 친권자 각자가 단독으로 할 수 있다.

㉡ 한편 미성년자가 법률행위를 하기 전까지 법정대리인은 특정한 영업에 관하여 기존의 동의를 주었던 허락을 취소할 수 있다(제8조 제2항). 다만 친권자가 이미 허락했던 영업을 미성년후견인이 법정대리인의 자격으로서 취소 또는 제한하는 때에는 미성년후견감독인의 동의를 얻어야 한다(제945조 단서). 그 취소나 제한으로써 선의의 제3자에게 대항하지 못한다.

4) 미성년자의 행위능력

원칙적으로 미성년자는 법정대리인의 동의를 얻어서 자기 단독으로 유효한 법률행위를 할 수 있으나(제5조 제1항), 예외적으로 법정대리인의 동의 없이 미성년자가 단독으로 할 수 있는 행위(이때에 그 미성년자는 의사능력을 가지고 있어야 한다)를 열거하면 다음과 같다.

① 단순히 권리만을 얻거나 의무만을 면하는 행위

미성년자도 단순히 권리만을 얻거나 의무를 면하는 행위는 단독으로 할 수 있다(제5조 제1항 단서). 예컨대 미성년자의 친권자에 대한 부양료청구(대판 1972.7.11, 72므5 참고), 부담 없는 증여의 수락, 서면에 의하지 않는 증여에 대한 해제, 담보물권을 설정받거나 보증을 취득하는 것, 의무만을 부담하는 계약에 대한 해약, 채무면제를 받는 계약의 체결 등이 이에 속한다. 그러나 이익을 얻는 동시에 채권을 상실하는 변제의 수령이나, 경제적으로 유리하지만 의무를 부담하는 계약 등은 단독으로 할 수 없다(통설).

② 범위를 정하여 처분을 허락한 재산의 처분

법정대리인이 범위를 정하여 처분을 허락한 재산은 미성년자가 단독으로 처분할 수 있다(제6조). 여기서 '범위를 정하여 처분을 허락한 재산'이라 함은 특정의 사용목적과 관계없이 자유로이 처분(사용 · 수익을 포함한다)할 수 있는 재산의 범위를 말한다. 따라서 하숙비 · 등록금 등 사용목적을 정하여서 처분을 허락한 경우에도 그 목적에 구애되지 않고 임의로 처분할 수 있다는 것이 다수설이다(곽윤직 134면, 김기선 94면, 김용한 116면, 김증한 123면 등).

③ 허락된 특정의 영업에 관한 행위

허락된 특정의 영업에 관해서는 미성년자가 자유로이 할 수 있다(제8조). 여기서 '영업'이라 함은 영업주가 독립하여 영리를 목적으로 하는 것을 의미한다. 따라서 영리를 목적으로 하는 것이면 상업(상법 제4조, 제5조, 제46조 등)에 한하지 아니하고, 공업・농업・어업 등도 이에 포함된다. 또한 '허락'에는 특별한 방식은 없으나 영업의 종류를 특정하여야 하며, 후견인이 동의함에는 후견감독인의 동의가 있어야 하고(제950조 제1항 제1호), 그 영업이 상업일 경우에는 등기를 하여야 한다(상법 제6조).

④ 대리행위

미성년자의 행위능력의 제한은 제한능력자 본인의 보호를 위한 것이므로, 타인의 대리인으로서 법률행위를 하는 데에는 행위능력자임을 요하지 않는다(제117조). 즉 미성년자가 타인의 대리인으로서 하는 대리행위는 언제나 단독으로 유효하게 할 수 있다.

⑤ 취소행위

취소할 수 있는 법률행위는 제한능력자, 착오로 인하거나 사기・강박에 의하여 의사표시를 한 자, 그의 대리인 또는 승계인만이 취소할 수 있다(제140조). 취소할 수 있는 법률행위는 제한능력자이더라도 법정대리인의 동의 없이 단독으로 취소할 수 있다. 예컨대 제한능력자가 한 법률행위를 후에 스스로 취소하는 것이다. 한편 제한능력을 이유로 제한능력자 자신이 취소하는 경우의 취소행위는 제한능력인 상태에서 한 것임을 이유로 다시 취소할 수는 없다.

⑥ 무한책임사원자격에서 한 행위

미성년자가 법정대리인의 허락을 얻어 회사의 무한책임사원이 된 때에는 그 사원자격으로 법률행위를 함에 있어서는 단독으로 유효하게 할 수 있다(상법 제7조).

⑦ 근로계약과 임금의 청구

근로기준법은 친권자 또는 후견인이 미성년자의 근로계약을 대리할 수 없도록 규정하고 있다(근로기준법 제67조 제1항). 따라서 법정대리인의 동의를 얻어 미성년자가 스스로 근로계약을 체결할 수 있다. 또한 미성년자는 독자적으로 임금을 청구할 수 있다(동법 제68조)고 규정하고 있어서, 미성년자가 법정대리인의 동의 없이 임금청구를 할 수 있음을 명시하고 있다.

⑧ 혼인을 한 미성년자의 행위

만 18세가 된 미성년자도 혼인을 하면 성년으로 의제된다(제807조, 제826조의2). 따라서 혼인을 한 미성년자는 친권에 복종하지 않을 뿐만 아니라, 성년자와 마찬가지로 행위능력을 취득한다. 다만 다음과 같은 점을 주의하여야 한다. 즉 성년의제의 효력이 생기는 혼인은 법률혼(제812조)만을 의미하며, 혼인의 취소나 이혼 등으로 혼인이 해소된 경우에도 친권문제 등을 고려하여 성년의제의 효과는 소멸하지 않는다는 것이 통설이다(곽윤직 90면, 김준호 90면 등). 따라서 그가 성년(만 19세)이 되기 전에 재혼을 하는 경우에도 부모의 동의를 받을 필요는 없다. 다만 혼인이 원래부터 무효인 경우에는(제815조) 성년의제의 효과도 생기지 않는다.

⑨ 유언행위

민법 제1062조에서 유언에 관하여 제5조는 그 적용이 없다고 규정함으로써, 미성년자가 법정대리인의 동의를 얻어 유언을 하였더라도 그 효력은 인정되지 아니한다. 다만 제1061조에 의하여 만 17세에 달한 미성년자는 유효한 유언을 단독으로 할 수 있다(제1061조).

(3) 피성년후견인

1) 의 의

피성년후견인이란 질병·장애·노령·그 밖의 사유로 인한 정신적 제약으로 사무를 처리할 능력이 지속적으로 결여된 사람에 대하여 일정한 자의 청구에 의하여 가정법원으로부터 성년후견개시의 심판을 받은 자를 말한다(제9조 제1항).

2) 성년후견개시 요건

① 실질적 요건

질병·장애·노령·그 밖의 사유로 인한 정신적 제약으로 사무를 처리할 능력이 지속적으로 결여되어야 한다. 예컨대 식물인간상태가 지속되거나 치매에 걸린 경우가 이에 해당한다. 따라서 정신적 제약이 아닌 신체적 장애만으로는 성년후견개시의 원인이 되지 않는다.

② 형식적 요건(청구권자)

정신적 제약으로 사무를 처리할 능력이 지속적으로 결여된 자에 대하여 일정한 자의 청구가 있어야 한다. 즉 본인·배우자·4촌 이내의 친족·미성년후견인·미성년후견감독인·한정후견인·한정후견감독인·특정후견인·특정후견감독인·검사 또는 지방자치단체의 장이 가정법원에 성년후견개시의 심판을 청구하여야 한다(제9조 제1항).

3) 성년후견개시 심판

① 실질적·형식적 요건에 해당 되는 경우 가정법원은 성년후견개시의 심판을 하여야 하는데, 이때 본인의 정신 상태에 관하여 의사(Doctor)에게 감정을 시켜야 한다. 다만 본인의 정신 상태를 판단할 만한 다른 충분한 자료가 있는 때에는 그러하지 아니하다(가사소송법 제45조의3 제1항). 이 경우 본인의 의사

를 고려하여야 한다(제9조 제2항). 즉 일정한 자의 청구 없이 가정법원이 직권으로 심판하지는 못한다.

② 피성년후견인의 심판을 받은 자가 있는 경우 가정법원은 지체 없이 그 내용을 가족관계등록사무 및 후견등기사무를 처리하는 사람에게 가족관계등록부에 기록(가족관계의 등록 등에 관한 법률 제80조)할 것과 후견등기부에 등기(후견등기에 관한 법률 제20조)할 것을 촉탁하여야 한다. 후견등기사항은 성년후견자체에 관한 사항, 피성년후견인 · 성년후견인 · 성년후견감독인에 관한 사항, 취소할 수 있는 행위의 범위 등에 관한 사항 등이다(후견등기에 관한 법률 제25조). 그리고 피한정후견인 또는 피특정후견인에 대하여 성년후견개시의 심판을 할 때에는 종전의 한정후견 또는 특정후견의 종료 심판을 한다(제14조의3 제1항).

4) 피성년후견인의 행위능력

① 원 칙

㉠ 피성년후견인이 단독으로 한 법률행위는 언제든지 취소할 수 있다(제10조 제1항). 즉 피성년후견인은 사무처리능력이 지속적으로 결여되어 있는 자이므로, 설령 성년후견인의 동의가 있었더라도 취소할 수 있다. 다시 말해서 피성년후견인에게는 피한정후견인에서와 같은 민법 제13조 제4항 본문(피한정후견인의 행위와 동의)에 상응하는 규정이 없기 때문에 언제든지(동의여부와 관계없이) 취소할 수 있다고 해석되는데, 이 경우 취소권자는 피성년후견인 또는 성년후견인이다(제141조 참조).

㉡ 가족법상의 행위에 관하여 성년후견인의 동의를 받아 스스로 유효한 법률행위를 할 수 있는 경우가 있다(제802조, 제808조 제2항, 제835조, 제873조, 제902조). 특히 유언은 의사능력이 회복된 때에 한하여 독자적으로 할 수 있는 바 이 경우 의사(Doctor)가 심신회복의 상태를 유언서에 서명날인 하여야 한다(제1063조). 또한 타인의 대리행위는 의사능력이 갖추어진 경우에 한하여 피성년후견인이 단독으로 할 수 있다(제117조 참조).

② 예 외

㉠ 일용품의 구입 등 일상생활에 필요하고 그 대가가 과도하지 아니한 법률행위는 성년후견인이 취소할 수 없다(제10조 제4항). 또한 피성년후견인도 자신의 신상에 관해서는 그의 상태가 허용하는 범위에서 단독으로 결정할 수 있다(제947조의2 제1항, 제938조 제3항).

㉡ 한편 가정법원은 성년후견인이 취소할 수 없는 피성년후견인의 법률행위의 범위를 정할 수 있으며, 일정한 자(형식적요건의 청구자)의 청구에 의하여 그 범위

를 변경할 수도 있다(제10조 제2항, 제3항).

5) 법정대리인의 권한

① 성년후견인이 피성년후견인의 법정대리인이 되는데(제938조 제1항), 가정법원의 성년후견개시심판이 있는 경우에는 그 심판을 받은 사람의 성년후견인을 두어야 한다(제929조). 이 경우 성년후견인은 가정법원이 직권으로 선임하는데(제936조 제1항), 피성년후견인의 신상과 재산에 관한 모든 사정을 고려하여 여러 명을 둘 수 있으며, 법인도 성년후견인이 될 수 있다(제930조 제2항, 제3항). 또한 가정법원은 필요하다고 인정하면 직권으로 또는 피성년후견인, 친족, 성년후견인, 검사, 지방자치단체의 장의 청구에 의하여 성년후견감독인을 선임할 수 있다(제940조의4 제1항).

② 법정대리인인 성년후견인은 피성년후견인의 법률행위에 대한 동의권을 가지지 않으며, 대리권・취소권만을 가진다. 즉 미성년후견인과는 달리 피성년후견인은 성년후견인의 동의를 얻더라도 확정적으로 유효한 행위를 할 수 없기 때문에 성년후견인의 동의권은 처음부터 문제되지 않는다(신분행위의 경우 예외가 인정된다). 그 외에 미성년자의 법정대리인으로서 후견인에 관한 내용은 성년후견인에 대하여도 같다(제940조의6 제3항, 제949조의3, 제950조).

③ 후견인이 피성년후견인을 대리하여 영업 등에 관한 일정한 행위를 하는 경우 후견감독인이 있으면 그의 동의를 받아야 한다(제950조 제1항). 특히 성년후견인은 피성년후견인의 재산관리와 신상보호를 할 때 여러 사정을 고려하여 그의 복리에 부합하는 방법으로 사무를 처리하여야 하므로, 성년후견인은 피성년후견인의 복리에 반하지 아니하면 피성년후견인의 의사를 존중하여야 한다(제947조).

6) 성년후견의 종료

① 성년후견개시의 원인이 소멸된 경우에는 가정법원은 본인, 배우자, 4촌 이내의 친족, 성년후견인, 성년후견감독인, 검사 또는 지방자치단체의 장의 청구에 의하여 성년후견종료의 심판을 한다(제11조).

② 성년후견개시심판과 마찬가지로 종료심판도 필요적 요건이다. 만일 가정법원이 피성년후견인에 대하여 한정후견개시의 심판을 할 때에는 종전 성년후견의 종료심판을 한다(제14조의3 제2항).

(4) 피한정후견인

1) 의 의

피한정후견인이란 질병 · 장애 · 노령, 그 밖의 사유로 인한 정신적 제약으로 사무를 처리할 능력이 부족한 사람에 대하여 일정한 자의 청구에 의하여 가정법원으로부터 한정후견개시의 심판을 받은 사람을 말한다(제12조).

2) 한정후견개시 요건

① 실질적 요건

질병 · 장애 · 노령 · 그 밖의 사유로 인한 정신적 제약으로 사무를 처리할 능력이 부족한 경우이어야 한다(제12조)는 점에서, 그 능력이 지속적으로 결여된 상태인 피성년후견인과 구별된다. 즉 성년후견개시원인인 '지속적인 결여'보다는 정신적 제약이 경미한 상태를 말한다.

② 형식적 요건(청구권자)

정신적 제약으로 사무를 처리할 능력이 부족한 사람에 대하여 일정한 자의 청구가 있어야 한다. 즉 본인 · 배우자 · 4촌 이내의 친족 · 미성년후견인 · 미성년후견감독인 · 성년후견인 · 성년후견감독인 · 특정후견인 · 특정후견감독인 · 검사 또는 지방자치단체의 장의 청구가 있어야 한다(제12조).

3) 한정후견개시 심판

① 실질적 · 형식적 요건에 해당되는 경우 가정법원은 한정후견개시의 심판을 하여야 하는데, 이때 성년후견개시심판에서와 같이 본인의 정신 상태에 관하여 의사에게 감정을 시켜야 한다. 다만 본인의 정신 상태를 판단할만한 다른 충분한 자료가 있는 때에는 그러하지 아니하다(가사소송법 제45조의3 제1항). 이 경우 본인의 의사를 고려하여야 한다(제12조 제2항, 제9조 제2항). 즉 일정한 자의 청구 없이 가정법원이 직권으로 심판하지는 못한다.

② 피한정후견인의 심판을 받은 자가 있는 경우 가정법원은 지체 없이 그 내용을 가족관계등록사무 및 후견등기사무를 처리하는 사람에게 가족관계등록부에 기록(가족관계의 등록 등에 관한 법률 제80조)할 것과 후견등기부에 등기(후견등기에 관한 법률 제20조)할 것을 촉탁하여야 한다. 후견등기사항은 성년후견에서와 같다.

4) 피한정후견인의 능력

① 원 칙

㉠ 한정후견이 개시되면 피한정후견인의 행위능력이 제한된다. 즉 피한정후견인이 행위능력이 제한된 법률행위를 동의 없이 단독으로 하였을 경우

한정후견인은 그 법률행위를 취소할 수 있다(제13조 제4항).

㉡ 가정법원은 피한정후견인이 한정후견인의 동의를 받아야 하는 행위의 범위를 정할 수 있고, 일정한 자(형식적요건의 청구자)의 청구에 의하여 그 범위를 변경할 수 있다(제13조 제1항, 제2항).

② 예 외

㉠ 일용품의 구입 등 일상생활에 필요하고 그 대가가 과도하지 아니한 법률행위에 대하여는 한정후견인이 취소할 수 없다(제13조 제4항). 또한 타인의 대리행위, 근로계약의 체결과 임금의 청구 등도 피한정후견인이 독자적으로 할 수 있음은 물론이다(통설). 그리고 피한정후견인의 행위능력 제한은 가족법상의 행위에 미치지 않는다.

㉡ 한정후견인의 동의를 필요로 하는 행위에 대하여 피한정후견인의 이익이 침해될 염려가 있음에도 그 동의를 하지 않는 경우에, 피한정후견인은 한정후견인의 동의를 갈음하는 가정법원의 허가를 받아서 단독으로 할 수 있다(제13조 제3항).

5) 한정후견인의 권한

① 가정법원의 한정후견개시의 심판이 있는 경우에는 직권으로 그 심판을 받은 사람의 한정후견인을 두어야 한다(제959조의2, 제595조의3 제1항). 그런데 민법에서 후견인은 피후견인의 법정대리인이 된다고 하면서도(제938조 제1항), 한정후견인에 대하여는 '가정법원은 한정후견인에게 대리권을 수여하는 심판을 할 수 있다'고 규정(제959조의4 제1항)하고 있으므로, 민법 제938조 제1항(후견인은 피후견인의 법정대리인이 된다)은 미성년후견인과 성년후견인에게만 적용되는 규정이라고 본다(김준호 102면, 김형배 110면). 따라서 한정후견인은 당연한 법정대리인으로 취급하지는 않는다.

② 한정후견인은 가정법원이 민법 제13조 제1항 및 제2항에 따라 정한 범위 내의 법률행위에 관하여 동의권과 취소권을 가지며, 가정법원이 민법 제959조의4에 따라 대리권수여의 심판을 하였다면, 위 범위 내에서 한정후견인은 피한정후견인을 대리할 수 있게 된다. 그 밖에 피한정후견인의 신상경정에 관한 행위능력과 한정후견사무에 대해서는 성년후견인에 관하여 위에서 기술한 내용이 준용된다(제959조의3 제2항, 제959조의4 제2항).

③ 가정법원은 필요하다고 인정되면 직권으로 또는 피한정후견인, 친족, 한정후견인, 검사, 지방자치단체의 장의 청구에 의하여 한정후견감독인을 선임할 수 있다(제959조의5 제1항). 따라서 후견인이 피한정후견인을 대리하여 영업 등에 관한 일정한 행위를 하는 경우 후견감독인이 있으면 그의 동의

를 받아야 하며(제950조 제1항), 그 밖의 내용에 대해서는 성년후견감독인에 관해 기술한 내용이 준용된다(제959조의5 제2항).

6) 한정후견의 종료

① 한정후견개시의 원인이 소멸된 경우에는 가정법원은 본인, 배우자, 4촌 이내의 친족, 한정후견인, 한정후견감독인, 검사 또는 지방자치단체의 장의 청구에 의하여 한정후견종료의 심판을 한다(제14조). 이 경우 한정후견종료의 심판이 있으면 피한정후견인은 장래를 향하여 완전한 행위능력자가 된다.

② 가정법원은 피한정후견인에 대하여 성년후견개시의 심판을 할 때에도 종전의 한정후견의 종료심판을 하여야 한다(제14조의3 제1항).

(5) 피특정후견인

1) 의 의

피특정후견인이란 질병・장애・노령・그 밖의 사유로 인한 정신적 제약으로 일시적 후원 또는 특정한 사무에 관한 후원이 필요한 사람에 대하여 일정한 자의 청구에 의하여 가정법원으로부터 특정후견의 심판을 받은 사람을 말한다(제14조의2).

2) 특정후견의 요건

① 실질적 요건

질병・장애・노령・그 밖의 사유로 인한 정신적 제약으로 일시적 후원 또는 특정한 사무에 관한 후원이 필요한 경우이다(제14조의2 제1항). 즉 특정후견의 경우에도 정신적 제약을 그 원인으로 한다는 점에서 성년후견이나 한정후견과 본질적인 궤를 같이 하지만, 일시적 후원 또는 특정한 사무를 위한 후원의 제공을 목적으로 한다는 점에서 구별된다.

② 형식적 요건

정신적 제약으로 일시적 후원 또는 특정한 사무에 관한 후원이 필요한 자에 대하여 일정한 자의 청구가 있어야 한다. 즉 본인・배우자・4촌 이내의 친족・미성년후견인・미성년후견감독인・검사 또는 지방자치단체의 장의 청구가 있어야 한다(제14조의2 제1항). 유의할 점은 성년후견인(감독인)・한정후견인(감독인)은 청구권자가 아니다.

3) 특정후견의 심판

① 가정법원은 실질적 · 형식적 요건에 해당 되는 경우 특정후견의 심판을 하여야 하지만 본인의 의사에 반하여 할 수 없다(제14조의 2 제2항). 특정후견제도의 취지가 일시적 후원 또는 특정한 사무를 위한 후원이므로 후견의 개시와 종료를 별도로 심판할 필요는 없다.

② 피특정후견인의 심판을 받은 자가 있는 경우 가정법원은 지체 없이 그 내용을 가족관계등록사무 및 후견등기사무를 처리하는 사람에게 가족관계등록부에 기록(가족관계의 등록 등에 관한 법률 제80조)할 것과 후견등기부에 등기(후견등기에 관한 법률 제20조)할 것을 촉탁하여야 한다. 후견등기사항은 성년후견에서와 같다.

4) 피특정후견인의 행위능력

① 가정법원의 심판에 의하여 특정후견인에게 대리권이 수여되었다고 하더라도 그 범위 내의 법률행위에 관하여 피특정후견인의 행위능력이 제한된다고는 볼 수 없다(김형배 112면, 지원림 88면 등). 그 이유는 그러한 피특정후견인의 법률행위를 특정후견인이 취소할 수 있다는 법률규정이 없기 때문이다.

② 또한 피특정후견인은 행위제한능력자가 아니라, 행위능력자이기 때문에 위 특정후견인에게 동의권 · 취소권이 귀속될 여지도 없다. 따라서 피특정후견인은 가정법원에 의해 당해 행위에 대하여 후견인에게 대리권이 수여된 것 외에는 일반 행위능력자와 다를 바 없다고 하겠다.

5) 특정후견인의 권한

① 가정법원은 피특정후견인의 후원을 위하여 필요한 처분을 명할 수 있다(제959조의8). 즉 피특정후견인의 후원을 위하여 필요하다고 인정되면 가정법원은 기간이나 범위를 정하여 특정후견인에게 대리권을 수여하는 심판을 할 수 있다(제959조의11 제1항). 따라서 가정볍원의 대리권심판이 있는 경우에 한하여 특정후견인에게 대리권이 부여된다.

② 특정후견인 역시 한정후견인과 마찬가지로 가정법원의 대리권수여심판에 따라 대리권행사 유 · 무가 결정되므로 특정후견인은 피특정후견인의 당연한 법정대리인으로 취급되지는 않는다(이에 반해 성년후견인은 피성년후견인의 법정대리인이 된다). 한편 가정법원은 필요하다고 인정되면 직권으로 또는 피특정후견인, 친족, 특정후견인, 검사, 지방자치단체의 장의 청구에 의하여 특정후견감독인을 선임할 수 있는데(제959조의10 제1항), 이는 후견인이 피특정후견인을 대리하여 영업 등에 관한 일정한 행위를 하는 경우 후견감독인이 있으면 그의 동의를 받아야 하는 것을 의미한다(제950조 제1항). 그 밖의 내용에 대해서는 성년후견감

독인에 관해 기술한 내용이 준용된다(제959조의10 제2항, 제959조의12).

6) 특정후견의 종료

① 특정후견종료의 특징은 특정후견심판 당시에 특정후견의 기간 또는 사무의 범위를 정하여야 하므로(제14조의2 제3항), 그 기간이 지나거나 사무 처리의 종결에 의하여 별도의 특정후견종료의 심판 없이 특정후견도 자연히 종료한다.

② 가정법원이 피특정후견인에 대하여 성년후견개시 또는 한정후견개시의 심판을 할 때에는 종전의 특정후견의 종료심판을 하여야 한다(제14조의3 제1항, 제2항).

(6) 제한능력자의 상대방보호

1) 상대방보호의 필요성

① 제한능력자가 법정대리인의 동의 없이 단독으로 한 법률행위는 일단 유효하기는 하지만 제한능력자 본인 또는 그의 법정대리인이 일방적으로 취소할 수 있다(제5조 제2항, 제10조, 제13조, 제140조). 이 경우 그 취소는 소급효를 가지기 때문에(제414조 본문) 제한능력자와 거래한 상대방 및 제3자의 법적지위는 극히 불안정한 상태에 놓이게 된다. 그러므로 공평의 이념에 기하여 제한능력자의 상대방의 불안정상태를 구제하고, 거래안전의 이념에 기하여 일반사회의 거래관계의 불안정성을 제거함으로써, 제한능력자의 상대방을 보호할 필요가 있다.

② 우리 민법은 취소할 수 있는 법률행위의 불확정 상태를 해소하기 위하여 법정추인(제145조)제도를 두고 있을 뿐만 아니라, 취소권은 추인할 수 있는 날로부터 3년 내에 법률행위를 한 날로부터 10년 내에 행사하여야 한다고 규정함으로써 단기소멸시효제도를 두고 있다(제146조). 민법은 특히 제한능력자의 상대방을 보호하기 위하여 최고권(제15조), 철회권・거절권(제16조), 제한능력자의 속임수(제17조)를 규정하고 있다.

2) 상대방의 최고권

① 의 의

최고(催告)라 함은 어떤 자에 대하여 일정한 행위를 요구하는 것(채권자가 채무자에 대하여 이행을 독촉하는 것은 그 좋은 예이다)을 말하는데, 여기서 '최고권'이라 함은 상대방이 제한능력자 쪽에 대하여 취소 여부를 확답케 하기 위하여 최후의 통첩을 발할 수 있는 권리를 말한다. 최고는 법률의 규정에 의하여 일정한 효과가 부여되는 것으로 준법률행위(의사의 통지)이며, 최고권은 형성권의 일종이다.

② 최고의 요건

제한능력자의 상대방이 최고권을 행사하려면 1개월 이상의 기간을 정하고, 그 취소할 수 있는 행위를 적시하여 추인할 것인지 여부의 확답을 촉구하여야 한다(제15조 제1항 본문).

③ 최고의 상대방(최고를 받을 자)

㉠ 최고의 상대방은 최고를 수령할 능력이 있고(제112조 참조), 또한 추인할 수 있는 자이어야 한다. 즉 제한능력자인 본인이 능력자가 된 경우에는 본인이, 아직 능력자가 되지 못한 때에는 그의 법정대리인이 최고의 상대방이 된다(제15조 제1항, 제2항).

㉡ 원칙적으로 제한능력자에 대하여 최고를 하여도 최고의 효과는 발생하지 않는다. 그러나 법정대리인이 취소의 사실을 알고 있는 때에는 법정대리인에 의하여 효력이 발생한다(제112조 단서).

④ 최고의 법률효과

㉠ 제한능력자가 능력자로 된 뒤에 그 자가 최고를 받고 일정한 유예기간 안에 확답하지 않으면 추인한 것으로 본다(제15조 제1항 후문). 같은 취지로 제한능력자가 아직 능력자가 되지 않은 경우에는 법정대리인에게 최고를 할 수 있으며, 법정대리인이 최고를 받고 특별한 절차를 밟지 않고 단독으로 추인 여부의 확답을 할 수 있음에도 불구하고 그 유예기간 안에 확답을 하지 아니한 경우에는 추인한 것으로 간주된다(제15조 제2항).

㉡ 한편 법정대리인(후견인)이 단독으로 추인하지 못하고 특별한 절차를 밟아야 하는 경우에는 그 유예기간 안에 그 특별한 절차를 밟은 확답을 발하지 아니하면 그 행위를 취소한 것으로 본다(제15조 제3항). 여기서의 특별한 절차와 관련하여, 민법 제950조 제1항은 제한능력자의 법정대리인으로서 후견인이 일정한 행위(영업, 금전차용, 의무부담, 부동산 또는 중요한 재산에 관한 권리변동, 소송행위, 상속의 승인 등)에 대해 동의를 할 때에는 후견감독인이 있으면 그의 동의를 받아야 한다고 하고, 제2항은 후견감독인의 동의가 필요한 행위에 대하여 후견감독인이 피후견인의 이익이 침해될 우려가 있음에도 동의를 하지 아니하는 경우에는 가정법원은 후견인의 청구에 의하여 후견감독인의 동의를 갈음하는 허가를 할 수 있다고 하며, 제3항은 후견감독인의 동의가 필요한 법률행위를 후견인이 후견감독인의 동의 없이 하였을 때에는 피후견인 또는 후견감독인이 그 행위를 취소할 수 있다고 한다.

3) 상대방의 철회권과 거절권

① 철회 · 거절의 의의

철회권이라 함은 상대방이 제한능력자와 한 계약의 효력을 제한능력자 측의 추인이 있기 전까지 자신의 의사표시를 철회할 수 있는 권리를 말하며, 거절권이라 함은 상대방이 제한능력자의 단독행위의 효력을 부인(거절)하여 무효로 할 수 있는 권리이다. 이들 둘은 모두 최고권과는 달리 상대방 자신이 그 법률효과를 부인하는 것이다.

② 철회 · 거절의 요건

상대방이 가지는 철회권과 거절권은 제한능력자 쪽에서 그가 한 계약 또는 단독행위를 추인하기 전에 한하여 행사할 수 있다(제16조 제1항 본문, 제16조 제2항). 즉 계약인 경우는 철회(제16조 제1항 본문), 제한능력자의 단독행위인 경우는 거절(제16조 제2항)을 할 수 있다. 이 경우 상대방이 계약 당시에 제한능력자임을 알았을 때는 철회권은 행사할 수 없다(제16조 제1항 단서). 그러나 거절권은 의사표시의 수령 당시에 제한능력자임을 알고 있는 경우에도 행사할 수 있다. 그 이유는 제한능력자의 일방적인 의사표시만 있었을 뿐이기 때문이다.

③ 철회 · 거절의 상대방

법률행위의 철회나 거절의 의사표시는 법정대리인(후견인)뿐만 아니라 제한능력자에 대하여도 할 수 있다(제16조 제3항). 유의할 점은 본래 제한능력자는 의사표시의 수령능력이 없기 때문에 그에 대한 의사표시로써 대항하지 못하는 것이 원칙인데(제112조), 철회와 거절권의 의사표시를 규정하고 있는 민법 제16조 제3항은 이에 대한 특칙이다.

④ 철회 · 거절의 효과

의사표시를 철회하거나 거절하면 그 의사표시를 요소로 하는 계약이나 단독행위는 확정적으로 무효가 된다. 따라서 이미 이행한 급부가 있으면 부당이득이 되므로 반환하여야 한다(제741조).

4) 제한능력자의 속임수

① 속임수의 의의

제한능력자가 속임수로써 자기를 능력자로 믿게 하거나, 미성년자나 피한정후견인이 속임수로써 법정대리인의 동의가 있는 것으로 믿게 한 경우에는 그 행위를 취소할 수 없다(제17조). 한편 상대방은 사기를 이유로 법률행위를 취소할 수 있다(제110조). 이 경우 제한능력자의 고의 · 과실로 인하여 손해가 발생한 경우에는 불법행위를 이유로 손해배상을 청구할 수도 있을 것이다(제750조 참조).

② 속임수의 요건

㉠ 제한능력자가 속임수로써 자기를 능력자로 믿게 한 경우이다(제17조 제1항). 이는 모든 제한능력자에게 해당된다. 여기서 '속임수'의 의미에 관하여 판례와 소수설은 상대방에게 능력자라고 믿게 하기 위한 적극적으로 사기수단을 쓴 것을 말하고 단순히 자기가 능력자라 칭하는 것은 사술에 해당하지 않는다(고상룡 153면, 이은영 184면; 대판 1971.12.14, 71다2045). 반면에 현재의 다수설은 적극성은 필요하지 않다는 것이다(곽윤직 152면, 김용한 124면, 김증한 139면, 이영준 765면 등). 즉 속임수의 개념을 넓게 해석하여 적극적으로 부정한 기망수단을 쓰는 경우는 물론이며, 경우에 따라서는 단순한 침묵도 속임수가 될 수 있다고 본다.

㉡ 미성년자나 피한정후견인이 속임수로써 법정대리인의 동의가 있는 것으로 믿게 한 경우이다(제17조 제2항). 유의할 점은 피성년후견인의 법률행위는 원칙적(언제든지)으로 취소할 수 있으므로(제10조 제1항) 그가 속임수로써 법정대리인의 동의가 있는 것으로 믿게 하더라도 민법 제17조 제2항은 적용되지 않는다. 그러나 피성년후견인이 속임수로써 자기를 능력자로 믿게 한 때에는 민법 제17조 제1항이 적용되어 취소할 수 없다.

③ 속임수의 효과

속임수의 요건을 갖추면 제한능력자 자신뿐만 아니라 법정대리인도 그 행위를 취소할 수 없게 된다. 즉 제한능력자(미성년자와 피한정후견인)의 속임수에 상대방이 오신에 기인하여 법률행위를 한 경우에는 제한능력자 측에서 취소할 수 없다. 이 경우 상대방이 믿는데 과실유무는 취소권의 배제요건이 아니나, 제한능력자의 속임수에 관하여는 그 상대방에게 증명책임이 있다(대판 1971.12.14, 71다2045).

3. 주 소

(1) 주소의 의의

① 주소란 생활의 근거되는 곳을 말한다(제18조 제1항). '생활의 근거되는 곳'이라 함은 생활관계의 중심적 장소를 말하며, 현대사회는 특정 장소를 중심으로 사회적 활동이 행하여지고 있다. 따라서 주소는 권리 주체의 장소적 개별성을 정하는 데 있어서 중요한 역할을 담당한다.

② 주소는 민법상 장소와 관련된 당사자의 법률관계를 규율하는 기준이 된

다. 부재자관리(제22조)·실종선고(제27조 이하)·채무이행지(제467조 제2항)·상속의 개시지(제981조) 등의 법률관계에 있어서 기준이 된다. 예컨대 주소지를 중심으로 그 생사가 불분명하게 된 자에 대해서는 실종선고를 내릴 수 있다. 따라서 실종자의 권리능력상실이라는 효과와 관련해서 주소가 그 규율의 기준이 된다(대판 1990.8.14, 89누8064 참고).

【판 례】

* 대판 1990.8.14, 89누8064 … 민법 제18조 제1항은 생활의 근거되는 곳을 주소로 한다고 규정하는데, 생활의 근거가 되는 곳이란 생활관계의 중심적 장소를 말하고 이는 국내에서 생계를 같이하는 가족 및 국내에 거재하는 자산의 유무 등 생활관계의 객관적 사실에 따라 판정하여야 한다.

(2) 주소결정의 표준

1) 형식주의·실질주의

① 형식주의는 형식적 표준에 의해서 획일적으로 주소를 정하는 주의를 말한다. 예컨대 조상의 뿌리가 있는 곳을 중심으로 주소를 정하는 것을 말하는 것으로써, 법률관계를 명확하게 하는 장점이 있으나 현대인의 생활관계를 반영하지 못하는 단점이 더욱 크다고 하겠다.

② 실질주의는 생활의 실질관계에 기인하여 구체적으로 주소를 정하는 주의로서, 가족관계·재산관계로 미루어 정주(定住)의 사실이 있어야 한다. 이러한 주의는 현대인의 생활관계가 여러 곳에 산재하여 있는 현실에 비추어 볼 때 형식주의보다는 그 장점이 크다고 하겠다.

2) 주관주의·객관주의

① 주관주의는 정주의 사실이라는 객관적 요소 외에 정주의 의사라는 주관적 요소를 필요로 한다. 이러한 주의는 사람의 정주의사를 외부에서 쉽게 알 수 없다는 단점이 있다. 특히 의사제한능력자에게는 더욱 부당한 결과가 된다.

② 객관주의는 정주의 사실(객관적 요소)만으로 족하고, 정주의 의사를 필요로 하지 않는다. 이러한 주의는 주관주의와는 달리 정주사실을 외부에서 쉽게 알 수 있으므로 거래 안전을 해할 염려가 상대적으로 적다고 하겠다.

3) 단일주의 · 복수주의

① 단일주의는 주소를 오로지 한 개만을 둘 수 있다는 주의로서, 입법례에 따라서는 단일주의(단수주의)를 취하고 있는 나라도 있는데 그 대표적인 것이 스위스 민법이다(스위스민법 제23조 제2항).

② 복수주의는 동시에 두 곳 이상을 주소로 할 수 있다는 주의로서, 오늘날 사람의 생활관계의 다양성과 복잡화에 비추어 한 사람이 주소를 여러 곳에 가질 수 있으므로 복수주의가 타당한 바, 우리 민법은 복수주의를 취하고 있다(제18조 제2항).

(3) 주소와 구별해야 할 개념

1) 거 소

거소(居所)라 함은 사람과 장소와의 밀접한 정도가 주소만 못한 곳으로서, 사람이 다소의 기간 동안 계속하여 거주하는 장소를 말한다. 예컨대 본택(本宅)은 주소이지만 별장 또는 하숙지 등은 거소에 해당된다. 이러한 거소는 주소가 있지만 그 주소를 알 수 없을 때(제19조)와 외국에는 주소가 있지만 국내에 주소가 없는 경우(제20조)에 거소를 주소로 본다는 데 그 의미가 있다.

2) 등록기준지

등록기준지라 함은 개인 및 가족관계의 등록 등에 관한 법률상의 관념인 것이다(가족관계의 등록 등에 관한 법률 제4조 제1항). 예컨대 개인 및 가족의 출생 · 혼인 · 사망 등 가족관계의 발생 및 변동사항에 관한 등록과 그 증명에 관한 사항을 규정하는 준거로서 등록기준지가 결정되어야 한다(동법 제10조). 이 등록기준지는 폐지된 (구) 호적법에서의 본적지를 대체하는 것이다.

3) 주민등록지

주민등록법에 의하면 30일 이상 거주할 목적으로 일정한 장소에 주소 또는 거소를 가진 자가 등록하는 장소를 말한다(주민등록법 제6조). 주민등록지는 공법상의 개념이지만 특별한 반증이 없는 한 주소로 추정된다.

4) 가주소

가주소(假住所)라 함은 당사자가 어떤 거래상의 편의를 위하여 당사자 사이의 의사에 기인해서 일정한 장소를 선정하여 주소의 법률효과를 부여하는 것을 말한다(제21조). 따라서 가주소가 정해지더라도 본주소는 배척되지 않으므로, 가주소를 정한 때에는 당해 법률관계에 한하여 이를 주소로 본다.

5) 사무소 · 영업소

① 사람이 사무를 집행하는 장소를 사무소라 하는데, 민법은 법인에 관하여만 사무소라는 용어를 사용한다(제40조, 제49조, 제51조 등). 예컨대 법인의 주소는 그 주된 사무소의 소재지에 있는 것으로 한다(제36조).

② 수익사업을 목적으로 하는 장소를 영업소라 하는데, 상법에서 주로 쓰는 용어이다. 예컨대 상업등기는 영업소의 소재지를 관할하는 법원에 하여야 하는데 본점과 지점이 있다(상법 제34조, 제10조). 이러한 영업소는 영업에 따른 채무변제의 장소 등으로 많이 이용된다(제467조).

(4) 주소의 법률상 효과

1) 민법상의 효과

① 부재 및 실종의 표준

부재란 종래의 주소나 거소를 떠난 자가 재산관리인을 정하지 아니하거나 또는 본인의 부재중 재산관리인의 권한이 소멸한 때에는 법원은 이해관계인이나 검사의 청구에 의하여 재산관리에 관하여 필요한 처분을 명하여야 한다(제22조). 또한 실종선고는 주소를 떠난 부재자의 생사가 일정기간 분명하지 않을 때 이루어질 수 있다(제27조 제1항).

② 채무변제의 장소

특정물 인도 이외의 채무변제는 채권자의 현 주소에서 하여야 한다. 그러나 영업에 관한 채무의 변제는 채권자의 현 영업소에서 하여야 한다(제467조 제2항).

③ 상속개시지

상속은 피상속인의 주소지에서 개시된다(제998조).

2) 기타 법률상의 효과

① 어음행위의 장소

환어음 또는 수표는 지급인의 주소지에 있거나 다른 곳에 있음을 불문하고 제3자 방에서 지급할 것으로 할 수 있다(어음법 제4조; 수표법 제8조). 그러나 그 제3자는 은행이어야 한다(수표법 제8조).

② 재판관할의 표준

사람의 보통재판적은 주소에 의하여 정한다. 다만 대한민국에 주소가 없거나 주소를 알 수 없는 때에는 거소에 의하고 거소가 없거나 거소를 알 수 없는 때에는 마지막 주소에 의한다(민사소송법 제3조).

③ 귀화 및 국적회복의 요건

외국인이 귀화 허가를 받기 위하여서는 5년 이상 계속하여 대한민국에 주소가 있어야 한다(국적법 제5조 내지 제9조).

4. 부재와 실종

(1) 총 설

1) 부재와 실종의 개요

① 사람이 종래의 주소나 거소를 떠나서 쉽게 돌아올 가망이 없는 상태가 오래 계속된다면, 그의 잔류재산을 관리하고 잔존배우자 등 이해관계인을 보호하기 위하여 적절한 조치를 취할 필요가 있다.

② 민법은 1차적으로 부재자가 생존하고 있는 것으로 추정하여 부재자가 돌아오기를 기다리며 그의 잔류재산을 관리하다가(부재자의 재산관리), 2차적으로 그 부재자의 생사불명상태가 일정기간 계속되어 생존가능성이 적게 되면 일정한 절차에 따라 그가 사망한 것으로 보아 법률관계를 정리한다(실종선고).

2) 부재 · 실종제도의 취지

① 부재자제도

주소는 채무의 이행지 또는 재판관할과 관련되어 있다. 즉 부재자에게 채무이행을 청구하거나 소를 제기하고자 하는 자는 곤란을 겪게 된다. 뿐만 아니라 부재자의 재산을 방치한다면 부재자 본인을 위해서도 불리할 뿐 아니라 이해관계인도 손실을 입게 되어, 국민경제상의 이익이라는 공익에도 배치되는 결과를 가져온다. 이러한 점에서 민법은 부재자의 생존을 추정하여 그가 돌아올 때까지 부재자의 재산을 관리하는 것에 초점을 맞추어 규율하는데(제22조 내지 제26조), 이것이 바로 부재자제도이다.

② 실종선고제도

오직 사망에 의해서만 권리능력이 소멸한다는 원칙을 관철하게 되면, 부재로서 사망의 가능성이 아무리 높다고 하더라도 사망의 증명이 없는 한 부재자를 중심으로 하는 법률관계는 언제까지나 확정되지 못하게 된다. 즉 재산관계(상속)와 가족관계(잔존배우자의 재혼)가 문제된다. 이러한 점에서 민법은 부재자의 생사불명상태가 일정기간 계속되어 사망의 개연성이 높다고 인정되는 경우에, 일정한 절차에 따라 부재자를 사망한 것으로 간주하여 법률관계를 확정·종결짓는데(제27조~제29조), 이것이 바로 실종선고제도이다.

(2) 부재자의 재산관리

1) 부재자의 의의

① 부재라 함은 종래의 주소나 거소를 떠나서 쉽사리 돌아올 가망이 없는 상태를 말하며, 이러한 부재의 상태에 있는 사람을 '부재자'라고 말한다. '쉽게 돌아올 가망이 있느냐'의 유무는 여러 사정을 종합하여 판단하여야 하며, 실종선고와 달리 반드시 생사불명이어야 하는 것은 아니다(대판 1971.10.22, 71다1636).

② 민법은 부재자를 살아 있는 것으로 추정하고 그가 돌아올 것을 기다리며, 그 재산을 관리하는 제도를 둠으로써 본인 및 이해관계인의 사회경제적인 이익을 보호하고 있다.

2) 잔여재산의 관리

① 부재자 자신이 관리인을 둔 경우(위임관재인으로서 일종의 임의대리인이다)

㉠ 원 칙

관리인의 권한·관리의 방법 등은 모두 부재자와 관리인 사이의 계약, 즉 위임관계(제680조 이하)에 의하여 정하여진다(대판 1973.7.24, 72다2136). 따라서 부재자가 관리인을 선임한 경우에 가정법원은 원칙적으로 개입하지 않는다(제22조 제2항 참조). 다만 계약에 의하여 구체적인 내용을 정한 바가 없으면 민법 제118조가 적용된다. 그리고 부재자가 사망하더라도 일정시기까지 그 관계가 지속된다(제691조 참조).

㉡ 예 외

부재가가 재산관리인을 둔 경우라도 ⓐ 본인의 부재중에 재산관리인의 권한이 소멸한 경우에는 본인이 재산관인을 두지 않은 경우와 같은 조치를 취한다(제22조 제1항 후문). 또한 ⓑ 부재자의 생사가 분명하지 않게 되면 가정법원은 재산관리인, 이해관계인 또는 검사의 청구에 의하여 재산관리인을 개임(改任)할 수도 있고(제23조), 개임하지 아니하고 감독만 할 수도 있다. 이때 가정법원은 재산관리인에 대하여 재산목록의 작성과 재산보존에 필요한 처분을 명하고(제24조 제3항), 재산관리인의 권한을 넘는 행위를 허가할 수 있으며(제25조 후문), 재산관리인으로 하여금 상당한 담보를 제공하게 하거나 부재자의 재산으로 상당한 보수를 지급할 수도 있다(제26조 제3항). 즉 위와 같은 경우에 한하여 가정법원이 개입 · 간섭한다.

【판 례】 부재자가 선임한 재산관리인의 지위

* 대판 1973.7.24, 72다2136 … 부재자가 스스로 위임한 재산관리인이 있는 경우에는, 그 재산관리인의 권한은 그 위임의 내용에 따라 결정된다. 특히 그 위임관리인에게 재산처분권까지 위임된 경우에는 그 재산관리인이 그 재산을 처분하는 데 법원의 허가를 요하는 것은 아니므로 그 위임관리인이 법원의 허가를 얻지 않고 부동산을 처분하였더라도 무효라고는 볼 수 없다.

② **부재자 자신이 관리인을 두지 않은 경우**(선임관재인으로서 일종의 법정대리인이다)

㉠ 재산관리에 필요한 처분

ⓐ 가정법원은 이해관계인(부재자의 상속인 · 배우자 · 채권자 · 보증인 등 부재자의 재산의 보전에 관하여 법률상의 이해관계가 있는 자를 말한다) 및 검사의 청구에 의하여 재산관리에 필요한 처분을 명하여야 한다(제22조 제1항).

ⓑ 가정법원이 명할 수 있는 재산관리에 필요한 '처분'(사법상의 처분)으로서는 재산관리인의 선임(가사소송규칙 제41조) · 재산상황의 보고 및 잔여재산의 봉인(가사소송규칙 제44조) · 경매에 의한 재산의 매각(가사소송규칙 제49조) 등이 있으나, 이 중 가장 보편적인 방법은 관리인의 선임이다.

㉡ 선임된 관리인의 성질 · 권한

ⓐ 선임된 재산관리인은 언제든지 사임할 수 있으며, 법원도 언제든지 개임(改任)할 수 있다(가사소송규칙 제42조). 선임된 재산관리인의 법적성질은 부재자 본인의 의사에 의하여 선임되는 것이 아니므로 일종의 법정대리인이다.

ⓑ 대리권의 범위(권한)는 민법 제118조가 적용된다. 즉 권한을 정하지 않은 대리인과 마찬가지로 보존행위와 이용 및 개량행위(관리행위)에 한한다(제118조 참조). 따라서 선임된 관리인이 관리행위 이외의 행위(예컨대 재산의 처분)를 하려면 가정법원의 허가를 얻어야 하는데(제25조 전단), 그러한 허가 없이 한 처분은 무효이다(대판 1977.3.22, 76마1437). 한편 처분행위 당시에는 법원의 허락이 없었으나 그 이후에 허락을 받았다면 처분행위는 유효하다. 즉 법원의 허가는 장래의 처분행위에 대해서 뿐만 아니라 과거의 처분에 대한 추인을 위해서도 할 수 있다(대판 2000.12.26, 99다19278; 대판 2002.1.11, 2001다41971).

【판 례】 관리행위와 처분행위

* 대판 2002.1.11, 2001다41971 … 부재자재산관리인이 부재자 소유 부동산에 대한 매매계약은 부재자재산관리인의 권한을 초과하여서 체결한 것으로 법원의 허가를 받지 아니하여 무효라는 이유로 소유권이전등기절차의

이행 청구가 기각되어 확정되었다고 하더라도, 패소판결의 확정 후에 위 권한초과행위에 대하여 법원의 허가를 받게 되면 다시 위 매매계약에 기한 소유권이전등기청구의 소를 제기할 수 있다.

* 대판 2000.12.26, 99다19278 … 재산관리인의 초과행위를 허가한 법원의 결정은 그 허가받은 재산에 대한 장래의 처분행위를 위한 경우뿐만 아니라 기왕의 처분행위를 추인하는 행위를 위해서도 할 수 있다.

㉢ 선임된 관리인의 권리와 의무

ⓐ 재산관리인은 법원에 보수청구권을 갖는다(제26조 제2항). 그리고 재산관리를 위하여 지출한 필요비와 그 이자의 반환청구권과 과실 없이 받은(입은) 손해의 배상을 청구할 수 있다(제24조 제4항, 제688조 참조).

ⓑ 명문의 규정은 없으나 재산관리인은 위임에 있어서의 수임인(受任人)에 관한 규정(제681조, 제684조, 제686조, 제688조 등)이 준용된다(통설). 따라서 선량한 관리자의 주의의무가 있으며, 그 외에 재산목록의 작성(제24조 제1항)·재산보존을 위해 필요한 처분(동조 제2항)·담보의 제공(제26조 제1항)의무가 있다.

㉣ 재산관리인의 종료

부재자가 후에 재산관리인을 정한 때(제22조 제2항), 본인이 스스로 그 재산을 관리할 수 있게 된 때, 본인의 사망이 분명하게 되거나 실종선고가 있은 때(가사소송규칙 제50조)에는 본인·이해관계인의 청구에 의한 가정법원의 선임취소 결정에 의하여 선임관재인의 임무가 종료된다. 따라서 재산관리인이 본인의 사망을 알고 한 법률행위일지라도 가정법원의 재산관리인에 대한 선임 후 취소 전에 한 행위는 유효하다(대판 1991.11.26, 91다11810 등).

【판 례】

* 대판 1991.11.26, 91다11810 … 법원으로부터 재산관리인이 선임되어 있었다면 재산관리인은 그 부재자의 사망을 확인했다고 하더라도 선임결정이 취소되지 아니하는 한 계속하여 권한을 행사할 수 있다할 것이므로 재산관리인에 대한 선임결정이 취소되기 전에 재산관리인의 처분행위에 기하여 완료된 등기는 법원의 처분허가 등 모든 절차를 거쳐 적법하게 된 것으로 추정된다.

(3) 실종선고

1) 실종선고의 의의

① 실종선고라 함은 부재자의 생사불명의 상태가 영속한 경우에 일정한 조건하에 가정법원은 실종을 선고한 후, 일정한 기간(실종기간)의 경과로써 사망한 것으로 의제하는 제도를 말한다.

② 실종선고제도의 취지는 부재자의 생사불명의 상태가 장기간 계속되는 경우에 사망의 개연성은 크나 사망의 확증이 없다고 해서 이것을 방치한다면, 그 자의 법률관계(혼인관계, 상속, 채무관계)는 그대로 불확실상태에 놓이게 되어 주위의 이해관계인에게 여러 가지 불편을 주게 될 것이다. 이러한 법률적인 문제점을 없애기 위해서 인정된 것이 실종선고제도이다.

2) 실종선고의 요건

① 실질적 요건

㉠ 부재자의 생사가 불분명

생사가 분명하지 않다는 것은 생존의 증명도 사망의 증명도 할 수 없는 상태를 말한다. 이러한 생사불명은 절대적일 필요는 없고, 실종선고청구자와 법원에 불명이면 된다. 즉 그 이외의 자에게는 생사가 분명하더라도 무방하다.

㉡ 일정기간 생사불명상태

생사불명의 기간을 '실종기간'이라 하며, 우리 민법은 보통실종과 특별실종으로 나누어 그 기간을 다르게 정하고 있다.

ⓐ 보통실종의 기간은 5년이며(제27조 제1항) 그 기간계산은 생존을 증명할 수 있는 최후의 날, 예컨대 본인 또는 제3자로부터의 최후의 소식이 있은 날로부터 기산(起算)한다.

ⓑ 특별실종(전쟁실종, 선박실종, 항공실종, 위난실종)의 기간은 1년이며(제27조 제2항), 그 기산점은 각 유형에 따라 법정되어 있다. 즉 전쟁실종에 있어서는 사실상 전쟁이 중지한 때이고(정전 · 휴전 · 항복선언 등), 선박실종의 경우에는 선박이 침몰한 때, 항공실종의 경우에는 항공기가 추락한 때, 위난실종에 있어서는 위난이 종료한 때이다(제27조 제2항).

【판 례】

* 대결 2011.3.31, 2010스165 … 사망의 원인이 될 위난이라고 함은 화재 · 홍수 · 지진 · 해일 · 화산폭발 등과 같이 일반적 · 객관적으로 사람의 생명

에 명백한 위험을 야기하여 사망의 결과를 발생시킬 가능성이 현저히 높은 외부적 사태 또는 상황을 말한다.

② 형식적 요건

㉠ 이해관계인이나 검사의 실종선고청구

이해관계인이라 함은 실종선고로 인하여 권리를 취득하거나 의무를 면하게 되는 법률상의 이해관계를 가지는 자이며(배우자, 상속인, 채권자, 재산관리인), 단순히 사실상의 이해관계를 갖는 간접적인 이해관계인은 실종선고의 청구권자가 되지 못한다(대결 1986.10.10, 86스20).

㉡ 일정기간의 공시최고

법원은 일정기간 공시최고를 하여야 하며, 그 기간은 6개월 이상이다. 즉 부재자 자신 또는 부재자의 생사를 아는 자는 그 기간 안에 사실을 신고하라고 공시최고를 하여야 한다(가사소송규칙 제54조). 그리고 이 기간 안에 생존하였다는 사실의 신고가 없어야 한다.

【대 결】

* 대결 1986.10.10, 86스20 … 부재자의 자매로서 제2순위 상속인에 불과한 자는 부재자에 대한 실종선고의 여부에 따라 상속분에 차이가 생긴다고 하더라도 이는 부재자의 사망이 의제되는 시기에 따른 간접적인 영향에 불과하고, 부재자의 실종선고 자체를 원인으로 한 직접적인 결과는 아니므로 부재자에 대한 실종선고를 청구할 이해관계인이 될 수 없다.

3) 실종의 선고

① 실종선고에 관한 실질적·형식적 요건을 갖추면 부재자의 주소지를 관할하는 가정법원은 실종선고를 하여야 한다(가사소송법 제2조 제1항, 가사소송규칙 제54조). 이 선고는 필연적이다(제27조 제1항). 즉 선고할 것인가 아닌가에 관하여 법원은 재량권이 없다.

② 실종선고를 청구한 자는 재판확정일로부터 1개월 이내에 실종선고를 가족관계등록부에 기재하도록 관할관청에 신고하여야 한다(가족관계의 등록 등에 관한 법률 제95조).

4) 실종선고의 효과

① 사망의 효과가 생기는 시기

㉠ 실종선고를 받은 자는 실종기간만료시에 사망한 것으로 본다(제28조). 따라서 실종선고를 받은 자는 사망한 것으로 의제되므로 선고가 취소되지 않는 한 '생존'

등의 반증을 하여도 실종선고의 효력이 부정(부인)되지 않는다(대판 1995.2.17, 94다52751).

ⓛ 실종선고에 의하여 확정적으로 사망과 동일한 효과가 생긴다. 예컨대 보통실종의 경우, 2020년 4월 1일에 행방불명되어 2025년 4월 5일에 선고의 청구가 있고, 같은 해 12월 5일에 실종선고가 있었다고 하면, 실종선고기간은 2025년 4월 1일부로 만료하므로(제157조), 그날 하오 12시가 사망시기가 된다. 유의할 점은 실종선고가 확정됨으로써 비록 사망시기가 소급되더라도 실종선고에 따라 사망으로 보는 시기까지는 생존한 것으로 의제된다(대판 2008.6.26, 2007다11057). 따라서 실종기간만료시에 상속은 개시되고 실종자와의 혼인은 해소되어 잔존배우자의 재혼이 가능하게 된다.

【판 례】

* 대판 2008.6.26, 2007다11057 … 부재자의 재산관리인이 부재자의 대리인으로서 소를 제기하여 그 소송계속 중에 부재자에 대한 실종선고가 확정되어 그 소 제기 이전에 부재자가 사망한 것으로 간주되는 경우, 소 제기자체가 소급하여 당사자능력이 없는 사망한 자가 제기한 것으로 되지 않는다.

② 사망으로 간주되는 범위

㉠ 실종선고에 따라 사망한 것으로 간주되더라도 실종선고는 실종자의 주소를 중심으로 하는 사법상의 법률관계만을 종료시키는 것이며, 권리능력이 종국적 · 절대적으로 소멸하는 것은 아니다. 그 근거는 권리능력은 자연인이 살아 있는 한 인정되기 때문이다(제3조).

ⓛ 실종선고는 실종자의 기존의 주소를 중심으로 하는 법률관계를 종료시키는 제도이므로, 실종선고를 받은 자가 생존하여 새로운 주소에서 법률관계를 형성하거나 종래의 주소에 돌아와 새로운 법률관계를 형성하는 것에는 사망의 효과가 미치지 않는다. 또한 판례와 통설에 따르면, 실종선고가 없는 이상 부재기간과는 관계없이 부재자의 생존은 추정된다고 한다(대판 1960.9.8, 4292민상885; 이영준 779면, 김형배 112면).

5) 실종선고의 취소

① 실종선고취소의 의의

실종선고의 취소란 실종선고를 받은 자가 생존하거나, 선고에 의한 사망으로 보는 시기와 실제로 사망한 시기가 다른 경우 등과 같이 실종선고의 원인과 다른 사실이 증명된 경우에 일정한 자의 청구에 의하여 사망으로 의제된 효과를 번복·수정하는 것을 말한다. 실종선고의 취소도 가정법원의 심판절차를 밟아야만 그 효력을 주장할 수 있으며(대판 1994.9.27, 94다21542), 선고와 같이 취소에 있어서도 필연적이다.

【판 례】 실종선고의 취소

* 대판 1994.9.27, 94다21542 … 실종선고로 인하여 실종기간만료시를 기준으로 상속이 개시된 이상 만약 나중에 실종선고가 취소되어야 할 사유가 생겼다고 하더라도 실제로 실종선고가 취소되지 아니하는 한, 임의로 실종기간이 만료하여 사망한 때로 간주되는 시점과 다른 사망시점을 정하여 이미 개시된 상속을 부정하고 이와 다른 상속관계를 인정할 수는 없다.

② 실종선고취소의 요건

㉠ 실질적 요건

다음의 세 가지 요건 중 어느 하나의 증명이 있음을 요한다. ⓐ 실종자가 생존하고 있는 사실(제29조 제1항 본문), ⓑ 실종기간이 만료한 때와 다른 시기에 사망한 사실(제29조 제1항 본문), ⓒ 실종기간의 기산점 이후의 어떤 시기에 생존하고 있었던 사실이 있으면 실종선고를 취소하여야 한다.

㉡ 형식적 요건

본인·이해관계인 또는 검사의 청구가 있어야 한다(제29조 제1항 참조). 그러나 실종선고취소의 경우에는 실종선고시와는 달리 공시최고를 필요로 하지 않는다. 이러한 실종선고취소의 절차는 가사소송법과 가사소송규칙의 규정에 의한다(가사소송법 제2조 제1항; 가사소송규칙 제53조).

③ 실종선고취소의 효과

㉠ 원 칙(소급적 효력)

실종선고취소의 결정이 확정되면 처음부터 실종선고가 없었던 것과 마찬가지의 효과가 생기므로 실종선고로 생긴 법률관계는 소급적으로 무효가 된다. 따라서 취소의 이유가 ⓐ 실종자의 생존을 이유로 취소된 때에는 그의 가족관계와 재산관계는 선고 전의 상태를 회복하게 되고, ⓑ 선고에 의한 사망시기와 다른 시기에 사망하였음을 이유로 하는 경우에는 그 시기를 표준으로 하여 다시 사망에 기인한 법률관계가 확정된다.

㉡ 예 외

ⓐ 실종선고취소에 따른 소급효의 예외가 인정되기 위해서는 '실종선고 후

그 취소 전'에 한 행위이어야 하고, 그 법률 행위가 '선의'로 행하여졌어야 한다(제29조 제1항 단서). 선의의 범위에 관하여 통설(쌍방 선의설)은 계약의 경우 법문상 '행위'로 되어 있으나 그 행위는 일반적으로 매매계약·증여계약을 가리키는 것이므로 이에 관여한 쌍방이 선의이어야 한다고 본다(곽윤직 168면, 이영준 781면). 따라서 당사자 일방이 악의인 경우에는 무효가 된다.

ⓑ '재산행위'에 있어서 실종선고를 직접원인으로 하여 재산을 취득한 자(상속인, 수유자, 생명보험금수익자)는 그가 '선의'인 경우에는 그 받은 이익이 현존하는 한도, 즉 그 재산이 원형인 채로 또는 그 형태를 바꾸어 잔존하고 있는 때에는 그를 반환하면 된다. 반면에 '악의'인 경우의 재산관계는 받은 이익에 이자를 붙여서 반환하고 손해가 있으면 이를 배상하여야 한다(제29조 제2항).

ⓒ '신분행위'에서 특히 문제가 되는 것은 잔존 배우자의 재혼이다. 이 경우 당사자 쌍방이 선의이면 후혼이 유효하고 전혼은 부활하지 않는다고 한다(통설). 그러나 재혼 당사자의 일방이 악의인 경우에는 전혼은 부활하고 후혼은 중혼이 되어, 전혼에는 이혼원인이 생기고(제840조 제1호) 후혼은 혼인취소의 사유에 해당하여 법원에 그 취소를 청구할 수 있는 것으로 해석한다(통설; 제810조, 제816조 제1호, 제818조 참조). 특히 실종자에게 전혼의 유지 여부를 선택할 수 있는 기회를 줄 수 있다는 점에서 타당하다고 본다.

제 3 절 법 인

1. 법인의 설립

(1) 법인의 의의

법인이라 함은 일정한 목적을 위하여 결합한 사람의 집합체(사단법인) 또는 일정한 목적을 위하여 제공된 재산의 집합체(재단법인)로서, 권리·의무의 주체가 될 수 있는 자를 말한다. 민법은 사단법인과 재단법인의 두 종류의 법인을 인정하고, 그들의 설립·관리·소멸 및 벌칙 등에 관하여 규정하고 있다.

(2) 법인의 종류

1) 공법인과 사법인

① 공법인

㉠ 공법인이라 함은 그 설립이나 관리에 관하여 국가의 공권력이 관여하는 법인을 말한다. 통치적 작용을 담당하는 국가는 대표적인 공법인이다.

㉡ 국가 이외에 일정한 공무를 실행하기 위하여, 특히 국가에 의하여 그 존립이 인정되고 자치적 권리가 인정된 공법인을 자치단체 또는 공공단체라고 한다. 그 중 일정한 지역 및 주민을 구성요소로 하여 성립한 것을 지방자치단체라고 한다. 예컨대 서울특별시·광역시·도·시·군 등이 그것이다(지방자치에 관한 임시조치법 제2조 제1항).

② 사법인

사법인이라 함은 단체에의 가입·회비의 징수 등 그 내부의 법률관계에 국가 또는 공공단체의 강제적 권력작용이 미치지 못하는 법인을 말한다. 이러한 사법인에 관하여 규율하는 법규는 민법과 상법이 근본이다.

2) 사단법인과 재단법인

① 사단법인이라 함은 사원 2인 이상의 결합을 기초로 하여 성립하는 자율적 법인을 말한다.

② 재단법인이라 함은 일정한 목적을 위하여 출연된 재산을 요소로 하는 타율적 법인을 말한다.

3) 영리법인과 비영리법인

① 영리법인이라 함은 사원의 경제적 이익을 도모함을 궁극적 목적으로 하여 설립된 법인을 말한다.

② 비영리법인이라 함은 공익 그 밖의 영리 아닌 사업을 목적으로 하여 설립된 법인을 말한다.

4) 내국법인과 외국법인

① 내국법인과 외국법인의 구별의 표준에 관하여는 주소지설·준거법설·설립지설·설립자의 국적설 등 학설이 대립되고 있다. 그러나 준거법설이 통설이므로 결국 한국법에 준거하여 설립되고 한국 내에 주된 사무소가 있는 법인을 내국법인이라 하고, 그 이외의 법인을 외국법인이라고 한다.

② 우리 민법은 외국법인에 관하여 아무런 규정도 두지 않고, 외국회사의 활동에 관해서는 상법에 상세한 규정을 두고 있다(상법 제614조 이하).

5) 권리능력 없는 사단과 재단

① 권리능력 없는 사단

㉠ 사단법인의 설립의 과정은, ⓐ 맨 처음에 설립자(발기인)들이 법인의 설립이라는 공동의 목적으로 결합하고, 그들 사이에 여러 가지 법률관계가 생기며, ⓑ 다음에는 정관의 작성·구성원의 결성 그 밖의 법인설립을 위한 여러 가지 실질적 요건을 갖추며, ⓒ 끝으로 주무관청의 허가와 설립 등기를 함으로써 법인을 취득하게 된다.

㉡ 위의 세 단계 중 첫째 단계에 있는 것을 설립자(발기인)조합, 둘째 단계에 있는 것을 '설립 중의 법인'이라고 하는 바, 이는 사단으로서의 실체를 갖추고 있음에도 불구하고 법인격을 가지지 아니하는 사단으로서 '권리능력 없는 사단' 또는 '법인격 없는 사단'이라고 한다(종중, 동, 리).

② 권리능력 없는 재단

㉠ 권리능력 없는 사단의 경우와 마찬가지로 재단법인의 실체가 되는 재단으로서의 실질을 갖추고 있으나, 법인격을 취득하지 못한 재단을 '권리능력 없는 재단' 또는 '법인격 없는 재단'이라고 한다(예컨대 종교재단·설립 중의 재단).

㉡ 권리능력 없는 사단과 재단의 성질은 마치 자연인에 있어서의 태아와 같다. 따라서 원칙적으로 권리능력이 없으나, 예외적으로 ⓐ 소송법상의 당사자 능력(민사소송법 제52조)과 ⓑ 등기권리자 및 의무자가 될 수 있다(부동산등기법 제30조 제1항).

(3) 비영리 사단법인의 설립

1) 설립요건

① 목적의 비영리성

학술·종교·자선·기예·사교 등 영리 아닌 사업을 목적으로 하여야 한다(제32조). 구성원(사원)의 이익을 목적으로 하지 않아야 한다. 그러나 적극적으로 공익을 목적으로 할 필요는 없다.

② 설립행위

㉠ 정관의 작성

2인 이상이 정관을 작성하여야 한다(제40조). 독일민법 제56조는 비영리 사단법인의 설립자를 7인 이상으로 하고 있다. 정관작성이라는 사단법인의 설립행위는 서면에 의하는 요식행위이며, 그 실질은 장래에 성립할 사단에 법인격취득의 효과를 발생시키려는 의사표시를 요소로 하는 법률행위이다.

ⓛ 정관의 필요적 기재사항

목적 · 명칭 · 사무소의 소재지 · 자산에 관한 규정 · 이사의 임면에 관한 규정 · 사원자격의 득실에 관한 규정 · 존립시기나 해산사유를 정하는 때에는 그 시기 또는 사유 등 7가지를 비영리 사단법인의 필요적 기재사항이라 한다. 이들 중 하나라도 기재되지 않은 정관은 무효이다. 한편 필요적 기재사항 외에 사단의 근본규칙(임의적 사항)을 정할 수 있는데, 이러한 임의적 기재사항도 일단 기재되면 필요적 기재사항과 마찬가지의 효력을 가진다.

③ 주무관청의 허가

주무관청은 법인이 목적으로 하는 사업을 주관하는 행정관청이며, 법인의 목적이 둘 이상의 행정관청의 소관사항인 때에는 그들 행정관청은 모두 주무관청이므로 그들 둘의 허가를 얻어야 한다(곽윤직 199면). 허가 여부는 행정관청의 자유재량에 속하며, 비록 허가를 얻지 못하더라도 행정소송의 대상이 되지 못한다(대판 1979.12.26, 79누248).

④ 설립등기

법인은 그 주된 사무소의 소재지에서 설립등기를 함으로써 성립하므로(제33조), 설립등기는 사단법인의 성립요건이다. 이 경우의 등기는 법인의 조직이나, 내용을 등기케 하여 거래의 안전을 꾀하기 위함이다. 여기서의 등기는 허가서 도착 후 3주간 안에 하여야 한다(제53조).

2) 설립행위의 성질

법률행위로서의 사단법인의 설립행위가 어떠한 성질을 가지는 것이냐에 관하여는 학설이 대립되고 있으나, 합동행위 또는 협동행위라고 하는 것이 오늘날의 다수설이다(곽윤직 205면, 김기선 138면, 김용한 161면, 김용희 137면, 김현태 191면, 이영섭 191면). 이에 대하여 소수설은 특수한 계약이라고 한다(김증한 175면, 이은영 258면).

(4) 재단법인의 설립

1) 설립요건

① 목적의 비영리성

비영리 사단법인의 경우와 같다. 즉 학술 · 종교 · 복지 등 영리 아닌 사업을 목적으로 하여야 하나 반드시 공익을 목적으로 할 필요는 없다.

② 설립행위

재단법인의 설립자는 일정한 재산을 출연하고 정관을 작성하여야 하는데, 유언으로도 할 수 있다(제43조, 제48조). 정관작성 외에 재산을 출연하여야 하는 점이 사단법인의 설립행위와 다르다.

㉠ 재산의 출연(귀속 시기)

ⓐ 민법 제48조의 규정은 출연재산이 물권인 경우에 그 출연재산의 귀속시기가 문제된다. 즉 민법은 물권변동의 원칙으로서 공시방법의 완료를 요건으로 하고 있기 때문에(제186조) 학설이 대립하고 있다. 즉 등기 없이도 법인설립과 동시에 귀속된다고 하는 긍정설에 따르면, 제48조는 제187조의 '기타 법률의 규정'에 해당하므로 공시방법을 갖추지 않더라도 설립자의 사망 시에 출연재산은 법인에 귀속된다고 본다(고상룡 198면, 곽윤직 202면). 반면에 부정설의 경우 제48조는 제187조의 '기타 법률의 규정'에 해당하지 않으며, 법인의 성립 또는 설립자의 사망 시에 법인은 단순히 출연재산의 이전청구권을 가질 뿐이라고 한다. 따라서 출연재산이 이전되는 물권변동의 시기는 법인이 이전의 형식(공시 방법)을 갖추는 때라고 한다(이영준 815면, 이은영 267면).

ⓑ 판례는 재단법인의 설립자가 기부한 부동산은 그 법인의 설립과 동시에 그 법인에게 귀속한다(대판 1976.5.11, 75다1656 참고)고 하여 긍정설을 취하여 왔으나, 전원합의체 판결에 의하여 대내 · 대외관계를 분리하여 기존의 태도를 다음과 같이 변경하였다. 즉 출연재산은 그 법인이 성립된 때로부터 법인에 귀속된다는 민법 제48조의 규정은 출연자와 법인과의 관계를 상대적으로 결정하는 기준에 불과하다고 함으로써 출연재산이 부동산인 경우에 '출연자와 법인' 사이에는 법인의 성립 이외에 등기를 필요로 하는 것은 아니지만, '제3자에 대한 관계'에 있어서 출연행위는 법률행위이므로 출연재산의 법인에의 귀속에는 등기를 필요로 한다고 판시하였다(대판 [전합] 1979.12.11, 78다481 · 482).

㉡ 정관의 작성

비영리 사단법인의 경우와 같다. 다만 재단법인은 사람의 집합체가 아니기 때문에 사원자격의 득실에 관한 규정(제40조 제6호)은 재단법인에 있어서 필요적 기재사항이 아니다(제43조 참조).

㉢ 정관의 보충

정관을 작성함에 있어서 설립자가 필요적 기재사항 중 가장 중요한 목적과 자산만을 정하고, 그 밖의 명칭 · 사무소의 소재지 · 이사의 임면방법과 같은 비교적 가벼운 사항을 정하지 않고서 사망한 경우에 이를 보충해서 설립자의 의사를 달성케 하는 것이 바람직할 것이다. 따라서 민법은 이해관계인 또는 검사의 청구에 의하여 법원이 이들 사항을 정하여 정관을 보충하고, 이로써 법인을 성립시키는 길을 열어 주고 있다(제44조).

③ 주무관청의 허가

주무관청은 법인이 목적으로 하는 사업을 주관하는 행정관청이며, 법인의 목적이 둘 이상의 행정관청의 소관사항인 때에는 그들 행정관청은 모두 주무관청이므로 그들 둘의 허가를 얻어야 한다(곽윤직 199면). 허가 여부는 행정관청의 자유재량에 속하며, 비록 허가를 얻지 못하더라도 행정소송의 대상이 되지 못한다(대판 1979.12.26, 79누248).

④ 설립등기

법인은 그 주된 사무소의 소재지에서 설립등기를 함으로써 성립하므로(제33조), 설립등기는 재단법인의 성립요건이다. 이 경우의 등기는 법인의 조직이나, 내용을 등기케 하여 거래의 안전을 꾀하기 위함이다. 여기서의 등기는 행정관청의 허가서가 도착 후 3주간 안에 하여야 한다(제53조).

2) 설립행위의 성질

① 재단법인의 설립행위는 일정한 재산을 출연하고 서면으로 정관을 작성하여야 하는 요식행위이며, 그 실질은 재단에 법인격취득의 효과를 발생시키려는 의사표시를 요소로 하는 법률행위이다.

② 법률행위로서의 재단법인 설립행위가 어떠한 성질을 가지는 것이냐에 관하여는 설립자의 수에 따라 각기 다르게 이해되고 있다. 즉 한 사람의 설립자에 의하여 행하여지는 경우에 그것이 상대방 없는 단독행위라는 데 이설이 없다. 그러나 수인(여러 명)의 설립자가 있는 경우에 관하여는 단독행위의 경합이라고 보는 것이 다수설의 입장이다(곽윤직 205면, 김증한 191면, 김현태 176면, 이영섭 191면). 한편 소수설은 임의적 합동행위라고 본다(김기선 145면, 방순원 101면).

2. 법인의 능력

(1) 법인의 권리능력

1) 개 설

민법은 법인의 권리능력에 관하여 '법인은 법률의 규정에 좇아 정관으로 정한 목적의 범위 내'에서 권리·의무의 주체가 된다고 규정하고 있다(제34조). 따라서 법인의 권리능력은 법률의 규정과 정관으로 정한 목적의 범위 내에서 인정되거나, 다음과 같이 제한되기도 한다.

2) 권리능력의 제한

① 성질에 의한 제한

법인은 자연인과 달라 생명·신체를 목적으로 하는 인격권 같은 육체상의 자유권을 향유할 수 없다. 그러나 인격권 중에서도 육체를 전제로 하지 않는 성명권·명예권·신용권 등과 재산적 자유권은 향유할 수 있다. 또한 민법은 상속인을 자연인에 한정하고 있기 때문에(제1000조~제1004조 참조) 법인은 재산상속권을 향유할 수 없지만 법인도 포괄유증을 받음으로써 상속과 동일한 효과를 거둘 수 있다(제1078조 참조).

② 목적에 의한 제한

법인은 정관에 정한 목적의 범위 안에서 권리능력이 있다(제34조). 법인은 그 목적을 중심으로 하여 사회생활을 영위하는 목적적 존재이므로 그 권리능력의 범위도 당연히 그 목적의 범위 안에 제한됨은 물론이다.

③ 법률에 의한 제한

민법은 법인의 권리능력을 제한하는 법률의 규정으로 청산법인은 청산의 목적범위 내에서만 권리능력을 가진다고 규정하고 있다(제81조). 따라서 청산법인은 새로운 사업을 적극적으로 추진할 수 없지만, 예외적으로 청산의 직무를 수행하기 위하여 부득이한 경우에는 필요한 모든 행위를 할 수 있다(제87조 제2항).

(2) 법인의 행위능력

1) 법인자신의 행위존재 여부

① 법인의제설의 입장에 의하면 대리인인 자연인의 행위만이 존재하고, 법인은 대리인에 대한 본인으로서의 법률효과를 받는 데 지나지 않는다(Savigny). 반면에 법인실재설의 입장에 의하면 사회적·경제적 생활을 영위함에 있어서 법인의 행위라는 것이 존재하고 대표기관의 행위가 곧 법인의 행위로 인정된다(Kohler).

② 법인의 행위(법인실재설), 즉 그러면 누가 어떻게 하여 대표기관인 지위를 취득하느냐는 각 법인의 내부조직의 규정(정관)에 의하여 정하여지는 것이지만, 비영리법인에 있어서는 보통은 이사, 해산의 경우에는 청산인이다.

2) 법인의 행위능력의 범위

① 대표기관의 행위가 법인의 행위로 된다고 하여도 그것은 법인의 목적과 관계있는 것에 한정된다. 바꾸어 말하면 법인은 그 목적의 범위 안에서만 행위능력을 가진다. 예컨대 이사의 개인적 사업을 위한 행위(개인적인 이익행위)는 법인의 행위로 되지 않는다.

② 법인은 특정의 목적을 담당하고 그 목적을 중심으로 하여서만 독자적 존재가 인정되는 것이며, 또 민법 제34조는 권리능력의 범위를 규정하는 동시에 행위능력의 범위도 아울러 규정한 것이라고 해석되므로 법인의 행위능력의 범위는 언제나 권리능력의 범위와 일치한다.

(3) 법인의 불법행위능력

1) 법인의 불법행위능력의 유무

법인에게 불법행위능력이 있느냐 없느냐에 관해서는 법인본질론을 전제로 하고, 민법 제35조(법인의 불법행위 능력)의 해석상의 문제가 된다.

① 법인의제설에 의하면, 법인은 의제된 것이어서 법인에는 행위능력이 없으므로, 불법행위능력도 역시 인정되지 않는다. 따라서 민법 제35조는 이론에 반하는 편의규정, 특히 피해자를 보호하기 위하여 법인에게 배상책임을 부담케 하는 입법정책적인 특칙이라고 새긴다. 그러므로 불법행위를 인정하는 범위도 자연히 좁게 된다.

② 법인실재설에 의하면, 법인은 한 개의 조직체로서 사회생활 속에 독자적인 사회적 작용을 담당하는 실체를 가지는 것이라고 보므로 법인은 단체의사 내지 조직적 의사를 가지며 아울러 의사실현기관을 가지므로 행위능력을 가지는 동시에 불법행위능력도 당연히 가지는 것이 된다. 그러므로 제35조는 법인이 당연히 가지는 불법행위능력을 규정한 것으로 새기는 것이 우리나라의 통설이다.

2) 법인의 불법행위의 요건

① 법인의 대표기관의 행위

㉠ 법인의 대표기관은 이사(제57조) · 직무대행자(제60조의2) · 임시이사(제63조) · 특별대리인(제64조) · 청산인(제82조, 제83조)이다. 총회 및 감사도 법인의 기관이지만, 외부에 대하여 대표하는 것이 아니므로 이에 포함되지 않는다.

㉡ 한편 이사가 아니더라도 법인을 대표할 수 있는 자로서 지배인(상법 제11조),

임의대리인(제62조)이 있는데, 대표기관이 아닌 지배인이나 임의대리인의 불법행위에 대해서는 법인이 민법 제35조의 책임을 부담하는 것이 아니라 제756조에 의한 사용자책임을 부담한다(통설).

② 대표기관이 직무상 가한 손해

㉠ 대표기관의 행위가 직무행위에 해당하는지의 여부는 이른바 외형이론에 의해 판단된다(통설·판례). 판례에 의해 직무행위로 인정되는 유형은 다음과 같다. ⓐ 직무행위와 사회관념상 견련성이 있는 행위(대판 1974.5.28, 73다2014 참고), ⓑ 행위의 외형상 법인의 대표자의 직무행위라고 인정할 수 있는 것이면 법령의 규정에 위배된 것이라도 직무에 관한 행위에 해당한다(대판 2004.2.27, 2003다15280 참고).

㉡ 판례의 '외형이론'에 의하면, 행위의 외형상 대표기관의 직무행위라고 인정할 수 있는 것이면, 법인의 대표기관이 자신의 개인적(혹은 제3자) 이익을 꾀할 목적으로 대표권한을 남용하여 부정한 대표행위를 한 경우라도 직무에 관한 행위가 된다고 한다(대판 2004.3.26, 2003다34045).

【판 례】 직무행위

* 대판 2004.2.27, 2003다15280 … 토지구획정리조합의 대표자가 구획정리사업시공회사의 원활한 자금 운용 등을 위하여 시공회사의 채무를 연대보증하였으나 조합원총회 등의 결의를 거치지 아니함으로써 연대보증행위가 무효로 된 경우 민법 제35조 제1항에 의하여 조합의 불법행위책임을 인정할 수 있다.
* 대판 2004.3.26, 2003다34045 … 회사의 권리능력 범위 내에 속하는 행위이면 내부적으로 대표이사의 대표권한범위를 넘은 행위더라도 제3자의 신뢰보호를 위하여 회사의 행위로서 유효하다.

3) 법인의 불법행위의 효과

① 민법 제35조는 일반불법행위에 관한 제750조(불법행위의 능력)의 특별규정이므로 행위자의 고의 또는 과실이 있을 것과 행위자가 책임능력자일 것 등의 '주관적 요건'과 위법한 행위일 것, 손해가 발생하였을 것, 행위와 손해와의 사이에 상당인과관계가 있을 것 등의 '객관적 요건'을 갖추어야 한다. 즉 불법행위의 일반성립 요건이 갖추어지면 법인은 피해자에게 그 손해를 배상하여야 한다(제35조 제1항 전단).

② 유의할 점은 피용자의 불법행위에 관해서도 법인이 배상책임을 지게 된

다는 점이다. 물론 이 경우의 책임은 법인 자신의 불법행위책임(제35조)이 아니라 피용자의 불법행위로 인한 사용자로서의 책임(제756조 참조)을 지는 것이어서 이론상으로는 전혀 별개의 것이다. 그러나 양자는 그 사회적 기능에 있어서는 거의 다를 바 없다.

4) 기관 개인의 책임

① 법인의 불법행위가 성립하는 경우

㉠ 법인의 불법행위가 성입하지 않는 경우, 즉 법인의 불법행위가 성립하는 경우에 현실의 가해행위를 한 기관 개인도 법인과 경합하여 손해배상책임을 지는가에 관하여 민법은 이사 및 기타 대표자는 이로 인하여 자기의 손해배상책임을 면하지 못한다라고 규정하여, 명문으로 이를 긍정한다(제35조 제1항 후단).

㉡ 법인이 기관 개인의 책임에 대한 손해를 배상한 때에는 법인은 기관 개인에 대하여 구상권을 행사할 수 있다(제65조). 왜냐하면 그 대표기관이 그의 직무에 관하여 타인에게 손해를 가하여 법인으로 하여금 배상책임을 지게 하는 것은 선량한 관리자의 주의를 다하지 못한 것이기 때문이다.

② 법인의 불법행위가 성립하지 않는 경우

㉠ 대표기관의 가해행위가 법인의 '목적범위 외의 행위'로 인한 것인 때에는 오직 그 행위를 한 기관 개인만이 불법행위의 일반원칙에 따라 책임을 지게 된다.

㉡ 법인의 불법행위가 성립하지 않은 경우에도(법인의 목적범위 외의 행위를 말한다) 그 사항의 의결에 찬성하거나 그 의결을 집행한 사원, 이사 및 기타의 대표자는 그들 사이에 공동불법행위(제760조)의 성립 여부를 묻지 않고서 언제나 연대하여 배상책임을 진다(제35조 제2항). 이는 피해자를 철저하게 보호하려는 취지이다.

3. 법인의 기관

(1) 서 설

법인이 사회적 활동을 함에는 자연인에 의하여 구성되는 기관을 필요로 한다. 그 기관은 법인이라는 조직체의 구성부분이 되어 법인의 의사를 결정하고 실현하는 행위를 한다. 사단법인과 재단법인에 공통한 기관으로서는 이사(제57조) · 감사(제66조) 등이 있고, 사단법인에만 특유한 기관으로서 사원총회(제68조 이하)가 있다.

(2) 이 사

1) 의 의

이사는 대외적으로 법인을 대표하고, 대내적으로는 법인의 업무를 집행하는 대표기관 · 업무집행기관 · 상설적 필수기관이다. 즉 법인에는 반드시 이사가 있어야 하며(제57조), 사단법인 · 재단법인을 묻지 않는다.

2) 임면방법

① 이사의 임면방법(任免方法)은 정관에 정하여진 바에 따르게 된다(제40조 제5호, 제43조). 이사의 선임은 위임과 비슷한 계약으로 지위를 취득하는데, 이 선임은 묵시적으로도 할 수 있다(대판 1970.9.17, 70다1256).

② 이사의 해임과 개임은 정관의 정함에 의한다. 그러나 정관에 규정이 없으면 대리와 위임에 관한 규정을 준용한다(제127조, 제128조, 제689조). 이러한 이사의 주소 · 성명은 등기사항이며(제49조 제2항), 이 등기는 제3자에의 대항요건이다(제54조 제1항).

3) 자 격

① 이사가 될 수 있는 자는 자연인에 한하며(통설), 자격상실 · 자격정지 이상의 형을 받고 그 기간 중에 있는 자는 이사가 될 수 없다(형법 제43조 참조).

② 이사의 수(數)는 1인 이상이면 되고 그 이상의 아무런 제한이 없으며(제57조, 제58조 제2항), 정관에서 임의로 정할 수 있다(제40조, 제43조 참조).

4) 직무권한

① 법인의 대표(대외적 권한)

이사가 법인을 위하여 하는 행위는 법인의 행위로 인정되고, 따라서 그 행위의 효과는 모두 법인에게 귀속된다. 그리고 이 대표의 형식에 관하여는 대리에 관한 규정을 준용한다(제59조 제2항).

㉠ 대표권의 범위

이사는 재판상 및 재판 외에서 법인을 대표한다. 즉 대표권을 행사할 수 있는 범위는 법인의 일체의 사무에 미치는 것을 원칙으로 한다. 그리고 이사의 대표권은 단독대표(각자대표)를 원칙으로 하므로(제59조 제1항 본문), 수인의 이사가 있는 경우에도 각 이사는 단독으로 대표권을 행사한다.

㉡ 대표권의 제한

ⓐ 이사의 대표권은 제한할 수 있으나(제59조 제1항 단서), 그 제한은 반드시 정관에 기재하여야 유효하며(제41조), 등기하여야 제3자에게 대항할 수 있다(제60조). 따라서 이사의 대표권을 제한하는 규정을 정관에 기재하지 않으면 대표권에 제한이 없는 것으로 되며, 또한 등기하지 않으면 제3자의 선의·악의를 묻지 않고 대항할 수 없다(대판 1992.2.14, 91다24564; 고상룡 231면, 김용한 189면, 김증한 154면, 이영섭 208면).

ⓑ 법인과 이사의 이익이 상반되는 사항에 관하여는 이사는 대표권이 없으며, 이 경우에는 이해관계인 또는 검사의 청구에 의하여 법원이 선임하는 특별대리인이 법인을 대표한다(제64조). 한편 사단법인의 이사의 대표권은 사원총회의 결의로써 제한할 수는 있으나(제59조 제1항 단서) 대표권을 완전히 박탈할 수는 없다(대판 1958.6.26, 4290민상659).

② **법인의 사무집행(대내적 권한)**

㉠ 내부적 사무집행권

이사는 정관의 규정 및 총회의 결의에 따라 법인의 모든 내부적 사무를 집행할 권한이 있으며(제58조 제1항), 이사가 여러 명인 경우에는 그 과반수로써 결정한다(제58조 제2항).

㉡ 사무의 종류

이사가 집행할 사무로서 민법이 규정하고 있는 것은 재산목록의 작성·사원명부의 작성·사원총회의 소집·총회의사록의 작성·파산신청·청산인이 되는 일·각종 법인의 등기 등이다(제55조, 제69조, 제70조, 제76조, 제79조, 제80조).

③ 이사의 주의의무

이사는 선량한 관리자로서 충실하게 직무를 수행할 의무가 있으며(제61조), 이 의무에 위반하여 직무의 집행을 그르칠 경우에는 법인에 대하여 채무불이행책임을 부담하여야 하는데(제390조), 이사가 여러 명인 때에는 법인에 대하여 연대하여 손해배상책임을 진다(제65조).

④ **임시이사와 특별대리인**

㉠ 임시이사

이사가 없거나 결원이 있는 경우에 이로 인하여 손해가 있는 때에는 이해관계인(이사·법인의 채권자 등) 또는 검사의 청구에 의하여 법원이 선임하며(제63조), 임시이사의 권한은 지위의 한시적·임시적 특성으로 인하여 그 한계를 가지고 있으므로 설립목적의 본질적인 변경이나 정식이사 선임과 같이 '일반적인 운영'을 넘어서는 행위를 할 수 없다(대판[전합] 2007.5.17, 2006다19054). 정식이사가 선임되면 당연히 퇴임하는 법인의 일시적 대표기관이다.

㉡ 특별대리인

법인과 이사의 이익이 상반되는 행위(예컨대 법인의 재산을 이사가 매수하는 경우)에 대해서는 이해관계인 또는 검사의 청구에 의하여 법원이 선임하는 특별대리인이 법인을 대표한다(제46조). 즉 법인의 임시적 대표기관이다(대판 2003.5.27, 2002다69211).

⑤ 직무대행자

직무대행자는 법인에 관하여 이사의 직무집행을 정지하거나, 직무대행자를 선임하는 가처분을 하거나 그 변경・취소하는 경우에 그 업무를 대행하는 자를 말하는데, 이를 등기하여야 한다(제52조 의2). 이 경우 직무대행자는 업무의 범위가 제한된다. 즉 가처분명령에 다른 정함이 있는 경우와 법원의 허가를 얻은 경우를 제외하고는 법인의 통상사무에 속하지 아니한 행위를 하지 못한다(제60조 의2 제1항). 그러나 직무대행자가 이 규정에 위반하여 행위를 한 경우에 법인은 선의의 제3자에게 책임을 진다(제60조의2 제2항).

(3) 감 사

1) 의 의

감사는 법인의 재산 및 사무집행의 상태를 감독하는 법인의 임의기관이다(제66조). 민법 제66조에서 감사를 '둘 수 있다'는 말은 민법의 해석(반대해석)상 두지 않을 수도 있다는 뜻이다. 이 점은 이사의 경우와 다르다(제57조 참조). 그러나 공익법인의 경우에는 2인의 감사를 반드시 두어야 한다(공익법인의 설립・운영에 관한 법률 제5조 제1항 참조). 또한 상법상의 주식회사의 경우에는 감사가 필수기관이다(상법 제312조, 제409조). 이러한 점은 민법의 경우와 다르다고 하겠다.

2) 자 격

감사가 될 수 있는 자는 자연인에 한하며(통설), 자격상실・자격정지 이상의 형의 선고를 받고 그 형기 중에 있는 자는 감사가 될 수 없음(형법 제43조 참조)은 위에서 본 이사의 경우와 같다.

3) 선임방법

정관 또는 총회의 결의로 둘 수 있다(제66조). 감사는 법인의 대표기관이 아니므로 그 주소・성명은 등기사항이 아니다. 감사는 이사와 달리 외부에 대하여 법인을 대표하는 기관이 아니므로, 제3자의 이익에 영향을 미칠 염려가 없는 것이 보통이기 때문이다.

4) 직무권한

① 주요한 직무

민법 제67조에 열거하고 있는 감사의 직무는 다음과 같다. 법인의 재산상황을 감사·이사의 사무집행의 상황감사·재산상황 및 사무집행의 감사상황을 총회 또는 주무관청에 보고 및 이 보고를 위하여 필요한 때에 총회의 소집 등이다.

② 감사의 주의의무

감사가 주의의무나 임무를 게을리 했을 경우 법인에 대한 배상책임 등에 관하여는 명문규정이 없으나, 그 선임행위의 성질상 이사에 있어서와 마찬가지로 선량한 관리자의 주의의무가 있으며 이 의무에 위반하면 채무불이행책임을 진다(제390조 참조).

(4) 사원총회

1) 의 의

사원총회는 사단법인을 구성하는 사원 전원으로 구성되는 사단법인의 필수 최고의사결정기관이다. 이러한 사원총회는 정관의 규정에 의해서도 금지하지 못한다. 한편 재단법인에는 사원이 없으므로 사원총회가 있을 수 없으며, 재단법인의 최고의사결정은 정관에 정하여진 바에 따른다.

2) 총회의 종류

① 통상총회

㉠ 통상총회는 소집의 시기가 일정하므로 상법에서는 '정기총회'라고도 하는데(상법 제365조 제1항), 적어도 매년 1회 이상 이사가 소집하여야 한다(제69조).

㉡ 통상총회의 시기는 정관의 규정에 따른다. 그리고 정관에 규정하는 바가 없으면 총회에서 정한 때, 총회의 결정도 없으면 이사가 임의로 결정할 수 있다.

② 임시총회

㉠ 임시총회는 부정기적인 사원총회로서, 이를 소집하여야 할 경우는 이사·감사가 필요하다고 인정한 때(제67조 제4호, 제70조 제1항)와 총 사원의 5분의 1 이상으로부터 청구가 있을 때(제70조 제2항)이다. '5분의 1'이라는 정수는 정관으로 증감할 수 있으나, 이 권리를 박탈할 수는 없다(제70조 제2항).

㉡ 임시총회소집의 청구는 소수사원이 행사할 수 있는 권리로서, 이를 소수사원권이라 한다. 이사가 2주일 안에 소집절차를 취하지 않으면 법원의

허가를 얻어 사원이 소집할 수 있다(제70조 제3항).

3) 소집절차

① 총회를 소집함에는 적어도 기일의 1주일 전에 그 회의의 목적사항을 기재한 통지를 하여야 하며, 그 기간은(1주일 전) 정관으로도 단축할 수 없다. 그 밖의 사항에 관하여는 정관의 정함에 따라야 한다(제71조).

② 총회소집 통지의 방법은 회원에의 개별통지 · 신문광고 · 기관잡지에의 게재 등이 보통이나, 정관에 특별한 방법을 정해 놓은 것이 없으면 이사가 전 사원에게 알리기에 적당하다고 생각하는 방법에 의하면 될 것이다.

【판 례】 총회소집절차

* 대판 2003.9.5, 2002다17036 … 소집권한 없는 자에 의한 총회소집이라 하더라도 소집권자가 소집에 동의한 것이라면 권한 없는 자의 소집이라 할 수 없다. 하지만 그러한 총회에 소집권자가 단순히 참석하여 총회소집이나 대표자선임에 관하여 이의를 제기하지 않았다는 사실만으로 그 총회가 소집권자의 동의에 의하여 소집된 것으로 볼 수는 없으며 총회소집절차의 하자가 치유된 적법한 것이라 할 수 없다.

4) 총회의 권한

① 의결권의 범위

사원총회의 의결의 범위는 정관으로 이사, 그 밖의 임원(그 밖의 임원이라 함은 임시이사, 특별대리인, 감사 등을 가리킨다)에게 위임한 사항을 제외하고는 법인의 업무 전반에 미친다(제68조).

② 전권사항

정관의 변경(제42조) · 해산결의(제77조 제1항)는 사원총회의 전권사항이며, 이 권한은 총회의 결의에 의하여도 박탈할 수 없다.

5) 총회의 결의

① 총회의 성립

㉠ 일정한 절차에 따라 적법하게 소집되어야 하며, 총회를 성립시키는 정족수에 관하여 민법의 규정이 없으므로 정관에 특별한 정함이 없는 경우에는 2인 이상의 출석으로 성립한다는 것이 다수설이다(곽윤직 222면, 김용한 191면, 김현태 194면, 장경학 340면 등). 이에 대하여 민법 제75조 제1항을 근거로 총 사원의 과반수의 출석으로 총회가 성립한다고 하는 소수설이 있다(김증한 217면, 이영섭 213면, 황적인 117면 등).

㉡ 민법 제75조 제1항의 '사원 과반수의 출석과 출석사원의 결의권의 과반수'란 의결정족수를 정한 것이지, 의사정족수를 정한 것이 아니므로 다수설이 타당하다.

② 결의사항

정관의 규정에 특별규정이 없는 경우, '소집시에 통지한 사항'에 한하며 사회질서나 강행법규에 위반되지 않아야 한다(제72조). 이 경우 통지한 사항이란 구체적으로 적시한 사항을 의미하므로 통지내용 중 기타 사항은 어떠한 내용인지 사전에 알 수 없으므로, 토의(토론)의 대상은 될 수 있을지언정 의결사항은 아니라고 보아야 한다. 다만 정관에서 별도로 규정하고 있는 경우에는 그 규정에 의한다.

③ 결의권

의결권은 원칙적으로 평등(제73조 제1항)하며, 정관으로 변경이 가능하다(제73조 제3항). 이익상반의 경우에 관련사원은 결의권이 없다(제74조).

④ 결의의 성립

㉠ 총회의 결의는 민법 또는 정관에 다른 규정이 없으면 사원 과반수의 출석과 출석사원의 결의권의 과반수로써 한다(제75조 제1항). 다만 정관변경의 결의는 총 사원 3분의 2 이상의 동의를 요하며(제42조 제1항), 임의해산의 결의는 총 사원의 4분의 3 이상의 찬성을 요한다(제78조).

㉡ 결의권의 행사는 직접 출석하거나 혹은 서면 · 대리인에 의하여도 가능하다(제73조 제2항). 한편 이사는 의사록을 작성하여 사무소에 비치하여야 한다(제76조).

6) 사원권

① 사원권의 의의

사원은 법인의 구성요소이나 기관은 아니다. 사원권은 사원의 지위로부터 나오며, 법인의 사업에 참여할 기능을 중심으로 하는 포괄적인 권리이다. 사원자격의 득실에 관한 규정은 정관의 필요적 기재사항(제40조 제6호)이므로 사원권은 정관의 규정에 따라 취득된다.

② 사원권의 종류(공익권, 자익권, 특별권)

㉠ 공익권이란 사단법인의 관리 · 운영에 참여하는 것을 내용으로 하는 권리를 말한다. 예컨대 결의권 · 소수사원권 · 업무집행권 · 감독권 등이 이에 속한다.

㉡ 자익권이란 법인으로부터의 이익을 추구하는 것을 내용으로 하는 권리를 말한다. 예컨대 영리법인인 경우에 이익배당청구권 또는 잔여재산분재청

구권 등이 이에 속하고, 비영리법인인 경우에는 시설이용청구권 등이 이에 해당한다.

㉢ 특별권이란 정관이 특정의 사원에게 부여한 특별한 권리를 말한다. 예컨대 공로이익배당 청구권이 이에 속한다.

③ 사원권의 양도

비영리법인에서는 다른 특별한 사정이 없는 한 사원권을 양도 및 상속할 수 없다고 규정(제56조)하고 있으나, 판례는 이러한 민법 제56조를 임의규정으로 본다(대판 1997.9.26, 95다6205). 물론 영리법인에 있어서는 그 본질상 사원권을 양도 및 상속할 수 있다. 한편 사원은 사단법인에 대하여 회비납부의무 등 일정한 의무를 진다.

【판 례】 사원권의 양도 · 상속

* 대판 1997.9.26, 95다6205 … 사단법인에 있어서 사원의 지위는 양도 또는 상속될 수 없다고 규정한 민법 제56조의 규정은 강행규정이라고 할 수 없으므로, 비법인사단에서도 사원의 지위는 규약이나 관행에 의하여 양도 또는 상속될 수 있다.

4. 정관의 변경

(1) 의 의

법인의 동일성을 유지하면서 그 조직을 변경하는 것을 '정관의 변경'이라 하는데, 사단법인은 인적 결합 자체가 동일성을 상실하지 않는 한 원칙적으로 정관의 변경이 가능하다(제54조 제1항, 제49조 제2항). 이에 반하여 재단법인은 설립자가 결정한 근본원칙인 정관에 따라 운영되는 타율적 법인이므로, 이의 정관은 변경할 수 없는 것이 원칙이다(제45조).

(2) 비영리사단법인의 정관변경

1) 사원총회의 결의

총 사원 3분의 2 이상 찬성으로써 행하며(제42조 제1항 본문), 이는 사원총회의 전권사항이므로 정관의 변경에 관한 정관의 다른 규정은 무효이다. 다만 총 사원의 3분의 2

이상이라는 특별결의의 정수는 정관에서 이와 다르게 규정할 수 있다(제42조 제1항 단서).

2) 주무관청의 허가

주무관청의 허가는 정관변경의 효력요건이다(제42조 제2항). 허가는 주무관청의 자유재량행위이며, 등기사항은 등기하여야 제3자에 대항할 수 있다(제54조 제1항).

3) 변경의 한계

사단법인의 정관변경은 법인의 동일성 유지의 범위 안에서 목적의 변경이 가능하지만 사단법인의 본질에 반하는 정관변경은 무효하다(대판 1978.9.26, 78다1435). 즉 비영리법인을 영리법인으로 할 수는 없다.

(3) 재단법인의 정관변경

1) 정관에 변경방법의 규정

민법 제45조에 따라 정관변경방법을 정관에 명시한 때에 비로소 변경이 가능하다(제45조 제1항). 그러나 이것은 본래의 의미에 있어서의 정관변경은 아니며, 단순히 정관내용의 실현에 지나지 않는 것으로 보는 것이 통설이다(곽윤직 228면, 김기선 167면, 김증한 225면).

2) 현행 민법의 규정

① 현행 민법은 위에 머무르지 않고, 한 걸음 더 나아가 정관에 그 변경방법을 정하지 않은 경우에도, 재단법인의 목적달성 또는 재산의 보전을 위하여 적당한 때에는 명칭이나 사무소의 소재지와 같이 재단법인의 본질과 관계가 적은 사항은 변경할 수 있도록 하였다(제45조 제2항).

② 정관의 변경은 주무관청의 허가를 얻어야 그 효력이 생기며(제45조 제3항), 등기하지 않으면 제3자에게 대항할 수 없다(제54조 제1항, 제49조 제2항).

3) 재단법인의 목적 그 밖의 변경

재단법인의 목적을 달성할 수 없는 때에는 그 재단법인을 해산하게 되는데(제77조 제1항 참조), 사회적으로 해산시키는 것보다는 목적을 변경시켜서라도 존속·활동케 하는 것이 유익하고, 또한 설립자의 의사에도 합치하는 경우에는 주무관청의 허가를 얻어 법인의 목적을 비롯하여 정관의 규정을 변경을 할 수 있으며(제46조), 그 변경은 설립자 또는 이사가 할 수 있고 제3자에 대항하기 위하여 등기를 요한다.

5. 법인의 소멸

(1) 의 의

법인의 소멸이라 함은 자연인에 있어서의 사망과 같이 권리능력을 상실함을 말한다. 그런데 법인에는 자연인의 사망과는 달리 일정한 절차에 의하여 단계적으로 행하여지는 바, 즉 재산관계의 정리를 위하여 먼저 해산을 하고 청산절차에 들어가며 청산의 종료로 비로소 소멸한다.

(2) 해 산

해산(解散)이라 함은 법인이 본래의 적극적인 활동을 정지하고 청산절차에 들어가는 것을 말한다. 해산사유에는 사단법인·재단법인에 공통한 해산사유와 사단법인에만 인정되는 특유한 해산사유가 있다.

1) 사단·재단법인의 공통한 해산사유

① 존립기간의 만료 및 정관에 정한 사유의 발생

정관에 법인의 존속시기나 해산사유를 정한 때에는 그 시기의 도래나 그 사유의 발생으로 해산한다(제40조 제7호, 제43조). 그러나 법인의 존속을 원하는 경우에는 정관변경의 절차를 거쳐 법인을 존속시킬 수 있다.

② 법인의 목적달성 또는 달성불능

법인이 그 목적을 달성하였거나 달성할 수 없게 된 때에는 법인을 존속시킬 의미가 없으므로 해산한다(제77조 제1항). 다만 재단법인의 경우는 법인의 목적을 달성할 수 없는 때에 설립자나 이사가 주무관청의 허가를 얻어 설립의 취지를 참작하여 법인의 목적을 변경하여 법인을 존속시킬 수 있다(제46조).

③ 파 산

법인이 채무를 완제할 수 없게 된 때에는 해산된다. 즉 채무초과(소극재산이 적극재산보다 많은 것)가 된 때에는 이사는 지체 없이 파산신청을 해야 하고(제79조), 이를 게을리하면 과태료의 처분을 받는다(제97조 제4호). 한편 법인의 채권자도 파산신청을 할 수 있다(채무자 회생 및 파산에 관한 법률 제295조, 제297조).

④ 설립허가의 취소

법인이 목적 이외의 사업을 하거나, 설립허가의 조건에 위반하거나, 그 밖에 공익을 해하는 행위를 한 때에는 주무관청은 설립허가를 취소할 수 있다(제38조). 이 설립허가의 취소는 장래에 향하여 법인의 존재를 부인하는 것이므로, 취소의 소급효가 없다. 그것은 청산이 제3자의 이해관계에 미치는 영향이 크므로 그것에 대한 법원의 감독권을 강화한 것이다.

2) 사단법인의 특유한 해산사유

① 사원이 없게 된 때

사원이 1인도 없게 되면 그 법인은 해산된다. 따라서 사원이 1인밖에 남지 아니한 경우에도 정관에 다른 규정이 없으면 그 법인은 존속한다(제77조 제2항 참조). 사원이 1인인 경우에도 사원을 증원할 수 있기 때문에 구태여 법인을 소멸시킬 것까지는 없다는 이유에서 그 존속을 인정하고 있다.

② 사원총회의 해산결의

사원총회의 결의에 의하여 법인이 해산하는 것을 '임의해산'이라고 하는데, 이는 총회의 전권사항이다. 따라서 정관에서 총회의 권한을 박탈하거나 또는 이를 총회 이외의 다른 기관에 부여한다 하더라도 그와 같은 정관의 규정은 무효이다. 해산결의는 정관에 다른 규정이 없으면 총 사원(출석사원이 아님)의 4분의 3 이상의 동의를 요하는 특별결의에 의하여야 한다(제78조 본문).

(3) 청산법인

1) 청산의 의의

청산(淸算)이라 함은 해산한 법인이 완전소멸할 때까지 잔무를 처리하고 재산관계를 정리하는 절차를 말한다. 이러한 청산절차에는 두 가지가 있는데, 파산으로 해산한 경우에는 '채무자 회생 및 파산에 관한 법률'이 정하는 절차에 따라 청산하게 되며, 그 밖의 원인에 의한 해산의 경우에는 '민법'이 규정하는 청산절차에 의하게 된다.

2) 청산법인의 능력

청산법인은 '청산의 목적 범위 안'에서만 권리가 있고, 의무를 부담한다(제81조). 즉 법인으로서 원래 가지고 있던 권리능력 내지 행위능력은 청산을 목적으로 하는 것으로 바뀐다. 따라서 해산 전의 본래의 적극적인 사업을 수행할 수는 없고, 청산의 목적과 관계없는 행위는 무효이다.

3) 청산법인의 기관

① 청산인

㉠ 청산인은 청산법인의 대표기관 · 집행기관으로서, 법인에 있어서의 이사와 같은 지위를 가진다. 따라서 대외적으로는 청산법인을 대표하고(제96조, 제59조),

대내적으로는 청산사무를 집행한다(제96조, 제58조 제2항).

㉡ 청산인이 되는 자는 정관에 정한 자이고, 정관에서 정하고 있지 않으면 총회의 결의로써 선임되나, 총회가 선임하지도 않은 경우에는 해산 당시의 이사가 당연히 청산인이 된다(제82조). 그러나 법인이 해산한 때에 위에 해당하는 자가 없으면, 법원이 직권으로 또는 이해관계인이나 검사의 청구에 의하여 청산인을 선임하게 된다(제83조).

② 감사 · 사원총회

청산법인에 있어서도 감사는 계속하여 청산인의 사무를 감독하고, 사원총회도 여전히 최고의사결정기관으로서의 지위를 가진다.

4) 청산인의 직무권한

① 법인해산의 등기와 신고

청산인은 그 취임 후 3주일 안에 해산의 사유 및 연월일, 청산인의 주소 · 성명 그리고 청산인의 대표권을 제한한 때에는 그 제한 등을 주된 사무소와 분사무소의 소재지에서 등기하고(제85조 제1항), 같은 사항을 주무관청에 신고하여야 한다(제86조 제1항). 그리고 청산중에 해산등기사항에 변경이 생기면 3주일 안에 변경등기를 하여야 한다(제85조 제2항, 제52조 참조).

② 현존사무의 종결

청산인의 직무는 해산 전부터 착수된 사무를 완결하는 것을 의미하므로, 신규의 일을 시작하는 것은 허용되지 않는다. 그러나 현재사무를 종결시키기 위하여 부득이한 경우 새로 법률행위를 하는 것은 무방하다고 하겠다(제87조 제1항 제1호).

③ 채권의 추심

채권의 추심은 법인 외부의 사람에 대한 채권뿐만 아니라 사원의 회비징수와 같이 내부적인 것도 포함된다(제87조 제1항 제2호). 변제기가 도래하지 않은 채권이나 조건부채권과 같이 즉시로 추심할 수 없는 채권은 양도 · 환가처분 등 적당한 방법으로 환가하여야 할 것이다(민사집행법 제241조).

④ 채무의 변제

㉠ 채권신고의 독촉

청산인은 취임한 날로부터 2개월 안에 3회 이상의 공고로 채권자에 대하여 2개월 이상의 기간 안에 그 채권을 신고할 것을 최고하여야 한다(제88조 제1항). 그리고 이 공고에는 채권자가 기간 안에 신고하지 않으면 청산으로부터 제외된다는 것을 표시하여야 한다(제88조 제2항).

㉡ 채무변제

청산인은 위에서 말한 채권신고기간 안에는 채무를 변제하지 못한다(제90조 본문). 그 결과 채권자는 변제기가 도래한 후에도 채권신고기간이 경과할 때까지는 변제받을 수 없게 되어 법인의 이행지체가 되므로(제387조), 법인은 그러한 채권자에게는 지연손해배상을 하여야 한다(제90조 단서). 한편 채권신고기간 안에 신고하지 않은 채권자는 청산에서 제외되나, 청산인이 알고 있는 채권자에 대하여서는 비록 그가 신고하지 않았더라도 청산에서 제외하지 못하며, 반드시 변제하여야 한다(제89조 단서).

⑤ 잔여재산의 인도

㉠ 청산절차를 밟은 후에 잔여재산이 있는 경우에는 이를 귀속자에게 인도하여야 하는데(제87조 제1항 제3호), 잔여재산의 귀속자를 정관으로 지정하지 아니한 경우에는 이사 또는 청산인이 주무관청의 허가를 얻어 그 법인의 목적에 유사한 목적을 위하여 그 재산을 처분할 수 있다(제80조 제2항).

㉡ 잔여재산을 처분함에 있어서 사단법인의 경우에는 주무관청의 허가 외에 총회의 결의가 있어야 한다(제80조 제2항 단서). 위의 어느 방법으로도 처분할 수 없는 경우에는 잔여재산은 국고(국가)에 귀속한다(제80조 제3항).

⑥ 청산종결의 등기와 신고

청산이 종결되면 청산인은 3주일 안에 등기하고, 주무관청에 신고하여야 한다(제94조). 이러한 절차를 모두 마치게 되면 법인은 완전히 소멸한다.

제4장 권리객체

제1절 총 설

1. 권리객체의 의의

① 개인의 사회적 · 경제적 이익은 법률이 정하는 범위 내에서 당사자의 법률행위를 통하여 보호되며, 우리 법에서 그 이익을 실현하는 법적 수단을 권리라고 이해한다. 예컨대 불법행위에 의한 손해배상청구권이라든가 매수인의 목적물 인도청구권과 노무자의 임금청구권 등은 그 좋은 예이다.

② 모든 권리는 일정한 생활이익을 그 내용 내지 목적으로 하는 바, 이러한 내용 내지 목적의 성립을 위하여 필요한 일정한 대상을 '권리객체'라고 한다. 구체적으로 물권은 물건에 대한 지배관계를 실현하는 권리이며, 채권은 채무자의 일정한 행위를 요구하는 권리이다. 또한 지식재산권은 정신적 아이디어 및 그 산물이며, 상속권은 상속재산이 그 객체가 된다.

2. 물권 · 채권의 객체

1) 물권의 객체

권리의 객체는 각종의 권리에 따라 여러 가지가 있으나, 민법은 그 가운데에서 '물건'에 관하여서만 민법 제98조 내지 제102조에서 통칙적 규정만을 두고 있을 뿐이다. 즉 민법에서 물건이라 함은 유체물 및 전기 기타 관리할 수 있는 자연력을 말한다(제98조). 우리 민법은 이와 같이 물건을 정의한 후 부동산과 동산, 주물과 종물, 원물과 과실에 관하여 그 개념과 범위 등을 설명하고 있다.

2) 채권의 객체

채권은 채무자에게 일정한 행위를 할 것을 요구하는 권리이므로, 채권의 객체는 결국 '채무자의 행위'이다. 예컨대 A가 그의 자동차를 2,000만 원에 매도하는 계약을 체결하는 경우에, B는 A에 대하여 그 자동차 재산권의 이전청구권을 가지며, 이 채권의 목적은 자동차의 재산권을 이전해 주어야 할 A의 행위(물권적 합의+인도)를 말한다.

3. 물 건

(1) 물건의 정의

민법 제98조에서 말하는 물건이라 함은 유체물 및 전기 기타 관리할 수 있는 자연력을 말한다. 이 경우 물건은 원칙적으로 하나의 특정한 독립된 물건이어야 물권의 객체가 될 수 있다.

(2) 민법상 물건의 요건

1) 유체물 또는 관리가능한 자연력

① 유체물이라 함은 공간의 일부를 차지하고 사람의 오감에 의하여 지각할 수 있는 형태를 가지는 물질(전기, 액체, 고체)을 말하며, 민법은 유체물뿐만 아니라 무체물도 물건 속에 포함시키고 있다. 그러나 모든 무체물이 물건은 아니며 '관리할 수 있는 자연력'만이 법률상의 물건 속에 포함된다. 형법 제346조도 절도와 강도의 죄에 관하여는 '관리할 수 있는 동력'을 재물로 보고 있다. 따라서 민법이 '관리할 수 있는 자연력'을 물건의 개념 속에 포함시킨 것은 타당하다.

② 민법 제98조에서 '관리할 수 있는'이라고 규정하고 있는 바, 지배 내지 관리할 수 없는 물건은 이를 법률상 사용·수익·처분할 수 없으므로 권리의 객체가 될 수 없다. 따라서 유체물이라도 태양·달·별과 공기(대기) 같은 배타적 지배가 불가능한 것은 물건이 아니다. 그러나 해양(海洋)은 인위적 방법(행정행위)에 의하여 배타적으로 지배할 수 있으므로 그 범위에서는 권리(어업권)의 객체가 된다.

2) 배타적으로 지배가능한 물건

① 근대법은 인격을 갖는 사람에 대하여서는 물건으로서의 배타적 지배가 미침을 허용하지 않으므로 인체(사람 의몸)는 법률상의 물건이 아닐 뿐만 아니라 인체의 일부도 물건이 아니다. 그러나 신체의 일부일지라도 모발·치아·혈액 등은 이를 분리하면 물건으로 취급되며, 분리 전의 사람의 소유에 속한다.

② 시체·유골이 물건인가? 통설은 이를 특수한 물건으로 인정하고 있다. 즉 시체나 유골도 소유권의 객체가 되지만, 그 내용은 보통의 소유권과 같이 사용·수익·처분할 수 없고 오로지 매장·제사를 주재하는 자에게 귀속하며(제1008조 의3 참조), 설령 고인이 생전에 처분의 의사를 표시한 경우라 하더라도 그것이 법정유언사항은 아니므로(대판[전합] 2008.11.20, 2007다27670), 종국적으로 제사주재자는 이에 구속되지 않고 그의 의사에 따라 결정할 수 있다.

【판 례】

* 대판 2008.11.20, 2007다27670 … 사람의 유체·유골은 매장·관리·제사·공양의 대상이 될 수 있는 유체물로서, 분묘에 안치되어 있는 선조의 유체·유골은 민법 제1008조의3 소정의 제사용 재산인 분묘와 함께 그 제사주재자에게 승계되고, 피상속인의 의사를 존중해야 하는 의무는 도덕적인 것에 그치며, 제사주재자가 무조건 이에 구속되어야 하는 법률적 의무까지 부담한다고 볼 수는 없다.

3) 형태상 하나의 독립된 물건

① 물건은 원칙적으로 독립된 것이어야 하며 하나의 물건 위에 하나의 권리가 성립할 뿐이다(일물일 권주의). 다만 '건물의 일부에 전세권이 설정'되는 것과 같이 형태상 독립된 존재가 아니면서도 물건의 일부에 물권이 성립하는 예외가 있다.

② 물권의 직접적·배타적 지배성 때문에 물건은 현존하여야 하고, 또한 특정되어야 한다. 그러나 유동집합물 위의 물건에 있어서는 그 구성부분에 변화가 생겨도 특정성을 잃지 않는다(대판 2003.3.14, 2002다72385).

【판 례】 유동집합물

* 대판 2003.3.14, 2002다72385 … 유동집합물에 대한 양도담보설정계약의 경우에 담보목적물은 담보설정자의 다른 물건과 구별될 수 있도록 외부

적·객관적으로 특정되어 있어야 하고, 목적물의 특정 여부 및 목적물의 범위는 목적물의 종류·장소·수량 등에 관한 계약의 전체적 내용, 계약 당사자의 의사, 목적물 자체가 가지는 유기적 결합의 정도, 목적물의 성질, 담보물 관리와 이용방법 등 여러 가지 사정을 종합하여 구체적으로 판단하여야 한다.

(3) 물건의 강학상 분류

1) 단일물·합성물·집합물

① 단일물

단일물이라 함은 형체상 단일한 일체를 이루고 각 구성부분이 개성을 잃고 있는 물건(예컨대 책 1권, 접시 1매 등)을 말한다.

② 합성물

합성물이라 함은 각 구성부분이 개성을 잃지 않고 그들이 결합하여 단일한 형체를 이루고 있는 물건(예컨대 건물, 선박, 차량, 보석반지 등)으로서, 이는 집합물과 달라 단일물과 마찬가지로 법률상 하나의 물건으로 취급되고 각 구성부분에 별개의 권리는 성립할 수 없다.

③ 집합물

집합물이라 함은 하나하나가 단일물 또는 합성물인 다수의 물건이 합하여 경제적으로 단일한 가치를 가지고 거래상의 일체로서 다루어지는 물건(예컨대 상점에 있는 상품 전부, 공장의 시설이나 기계 전부 등)을 의미한다.

2) 융통물과 불융통물

융통물이라 함은 사법상 거래의 대상이 될 수 있는 물건(예컨대 개인 소유물)이고, 불융통물이라 함은 사법상 거래의 대상이 될 수 없는 물건(예컨대 공공건물, 마약류, 총기류 등)이다.

① 융통물

㉠ 가분물과 불가분물

가분물은 물건의 성질이나 가치를 크게 손상하지 않고 분할이 가능한 물건(예컨대 토지, 곡물, 금전 등)이고, 불가분물은 물건의 성질이나 가치를 크게 손상하지 않고는 분할이 불가능한 물건(예컨대 소, 말, 시계 등)이다. 이 같은 구별은 공유물의 분할(제269조)이라든가 다수 당사자의 채권관계(제408조 이하)에서 그 의미가 있다.

㉡ 대체물과 불대체물

대체물이라 함은 불특정물이라고도 하는데 일반거래에 있어서 그 개성이 중요시되지 않는 물건으로 단지 종류·품질·수량에 의하여 대체할 수 있는 물건(예컨대 곡물, 금전, 유류)이고, 불대체물이라 함은 특정물이라고도 하며 구체적인 거래관계에 있어서 당사자가 물건의 개성을 중요시하여 동종류의 다른 물건과 대체하지 못하게 한 물건(예컨대 골동품)이다.

㉢ 소비물과 비소비물

소비물은 물건의 성질상 그 용도에 따라 1회 사용하면 같은 용도에 다시 사용할 수 없는 물건(예컨대 곡물, 금전, 유류)이고, 비소비물은 물건의 용도에 따라 반복해서 사용·수익할 수 있는 물건(예컨대 건물, 토지, 서적 등)이다.

② 불융통물

㉠ 공용물

공용물은 관공서나 국·공립학교의 건물처럼 국가나 공공단체의 사용에 이바지하는 물건으로서 국가나 공공단체의 소유에 속하며, 국유재산법(제4조 제2항 제1호·제3호) 및 지방재정법(제72조 제2항)에서 규정한 행정재산 중에서 공용 재산과 기업용 재산의 대부분이 이에 속한다.

㉡ 공공용물

공공용물은 도로나 하천 또는 항만과 같이 일반공중의 공동사용에 제공되는 물건으로서 국유재산법(제4조 제2항 제2호) 및 지방재정법(제72조 제2항)상의 행정재산 중 공공용 재산이 이에 속하는데, 공공용물의 소유권은 반드시 국가나 공공단체의 소유가 아닌 사유재산에 속하는 경우도 있다.

제 2 절 부동산과 동산

1. 서 설

(1) 의 의

민법은 토지와 그 정착물을 부동산이라고 하고(제99조 제1항), 부동산 이외의 물건을 동산으로 규정한다(제99조 제2항). 현행민법은 제99조의 구별을 토대로 부동산과 동산에 대한 법적 취급을 달리하는데, 그것은 기본적으로 동산은 그 소재(장소)가 쉽게 변하는데 비해 부동산은 그 장소가 고정되어 있다는 성질에서 출발한다.

(2) 부동산과 동산의 차이

① 부동산은 등기를, 동산은 점유를 가지고 각각 공시방법으로 한다(제186조, 제188조). 또한 동산에 대하여는 무권리자가 처분한 때에도 일정한 요건하에 제3자가 그 소유권을 취득(선의취득)할 수 있는 것, 즉 점유에 공신력을 인정하지만(제249조), 부동산에서는 진정한 권리자를 보호하기 위하여 등기에 공신력을 인정하지 않는다.

② 취득시효에서 부동산 또는 동산에 따라 요건을 달리한다(제245조, 제246조). 또한 무주물의 귀속에 있어서도 차이가 있는 바, 무주물이 동산이면 선점의 대상이 되지만, 부동산인 경우에는 국유가 된다(제252조). 한편 유의할 점은 등기를 공시방법으로 하는 지상권·지역권·전세권·저당권은 부동산에만 성립한다.

2. 부동산

(1) 부동산의 의미

부동산이라 함은 토지 및 그 정착물을 말한다(제99조 제1항). 즉 소유권의 객체로서의 '토지'란 무한대로 전개되는 물리적 지표가 아니라 인위적으로 구분되고 토지대장에 일필의 토지로 등록된 일정범위의 지면을 말하며, '정착물'이라 함은 토지에 고정적으로 부착하여 쉽사리 이동할 수 없는 물건(예컨대 건물, 수목, 교량 등)으로서, 그러한 상태로 사용되는 것이 통상적으로 용인되는 것을 말한다.

(2) 토 지

토지란 일정한 범위의 지표면을 말한다. 즉 인위적으로 구획된 일정범위의 지면에 정당한 이익이 있는 범위에서 그 상하에 미치므로(제212조), 가령 암석이나 토사와 같은 토지의 구성부분은 물론, 지하수의 일종인 온천수도 토지의 구성부분이다(대판 1972.8.29,72다1243; 온천수는 공용수 또는 생활에 필요한 용수에 해당하지 않는다).

(3) 토지의 정착물

1) 건 물

① 토지의 정착물 중 가장 중요한 건물은 토지로부터 독립한 별개의 부동산으로 건물등기부에 의하여 공시되며(부동산등기법 제14조, 제15조), 건물의 갯수는 건물의 물리적 구조뿐만 아니라 거래관념을 고려하여 결정하여야 한다(대판 1997.7.8, 96다36517).

② 건축 중이거나 철거 중인 건물이 언제부터 또는 언제까지 독립성을 가지는지가 중요한 의미를 가진다. 즉 신축의 경우에 독립성을 가지게 되는 시점에 소유권이 원시취득되는 반면, 철거의 경우에는 독립성을 잃게 되는 시점에 소유권이 소멸한다. 판례는 독립성의 기준을 최소한의 기둥과 지붕 그리고 주벽(主壁)이 갖추어지면 건물로서의 독립성이 인정된다고 한다(대판 2001.1.26, 2000다51872; 대판 2003.5.30, 2002다21592).

【판 례】

* 대판 2003.5.30, 2002다21592 · 21608 … 신축건물이 경락대금 납부 당시 이미 지하 1층부터 지하 3층까지 기둥, 주벽 및 천장 슬라브공사가 완료된 상태이었을 뿐만 아니라 지하 1층의 일부점포가 일반에 분양되기까지 하였다면 비록 토지가 경락될 당시 신축건물의 지상부분이 골조공사만 이루어진 채 벽이나 지붕 등이 설치된 바 없더라도 지하층부분만으로도 구분소유권의 대상이 될 수 있는 구조라는 점에서, 신축건물은 경락 당시 미완성상태이기는 하지만 독립된 건물로서 요건을 갖추었다.

2) 등기된 입목

토지에 부착된 수목의 집단에 대해 그 소유자가 입목에 관한 법률에 의해 입목등기부에 소유권보존등기를 한 것을 '입목'이라 하는데, 입목은 이를 부동산으로 보고, 입목의 소유자는 토지와 분리하여 입목을 양도하거나 저당권의 목적으로 할 수 있다(입목에 관한 법률 제2조, 제3조).

3) 명인방법을 갖춘 수목

명인방법이란 수목이나 그 집단에 대한 현재 소유자가 누구라는 것을 제3자가 명백하게 인식할 수 있도록 하는 방법으로, 관습법에 의하여 인정되는 공시방법이다. 입목이 아닌 그 밖의 수목이나 수목의 집단에 대하여는 명인방법을 갖추면 토지와 독립한 부동산으로서 거래의 객체로 된다(대결 1998.10.28, 98마1817).

4) 명인방법을 갖춘 과실

미분리의 과실(과수의 열매, 엽연초, 입도)은 수목의 일부이지만, 명인방법을 갖춘 때에는 이를 토지와는 독립하여 거래할 수 있다. 미분리의 과실에 관하여 동산(곽윤직 179면, 지원림 164면)으로 볼 것인가 부동산(김용한 226면, 김준호 221면)으로 볼 것인가 학설이 대립하고 있으나, 미분리의 과실은 가까운 장래의 수확기에 독립하여 거래의 객체가 될 수 있고 또 민사집행법에서 이를 동산으로 다루고 있으므로(민사집행법 제189조 제2항 제2호 참조), 이는 최소한 부동산으로 보기는 어렵다고 본다.

5) 농작물

임차권과 같이 정당한 권원에 기하여 타인의 토지에 경작·재배한 농작물은 토지에 부합하지 않고 별개의 독립한 부동산으로 다루어진다(제256조 단서). 따라서 권원 없이 타인의 토지에서 경작한 농작물은 토지에 부합하고 독립된 부동산으로 되지 않는다고 할 것인데(제256조 본문), 판례는 농작물에 한해서는 예외를 두어 권원 없이 재배하였다고 하더라도 경작자의 소유권을 인정하고 있다. 즉 농작물의 경우에 파종시부터 수확까지의 기간이 짧고, 경작자의 부단한 관리가 필요하며, 점유의 귀속이 비교적 명백하다는 점에서 '정당한 권원 없이 나아가 위법하게 경작'한 때에도 그 농작물의 소유권은 언제나 명인방법을 갖출 필요도 없이 경작자에게 있는 것으로 본다(대판 1979.8.28, 79다784; 대판 1996.2.23, 95도2754).

3. 동 산

(1) 동산의 의미

① 동산이라 함은 부동산 이외의 물건을 말한다(제99조 제2항). 따라서 관리할 수 있는 자연력(예컨대 전기, 열기, 냉기, 향기 등)도 동산이다. 토지의 부착물이라도 정착물이 아니면 동산인 바, 쉽사리 소재를 이전할 수 있는 가식 중의 수목·판잣집·공중전화함 등은 동산에 속한다.

② 선박·자동차·항공기·건설기계 등도 동산이지만, 상법과 자동차 등 특정동산 저당법에 의해 등기·등록으로 그 권리관계를 공시하는 점에서 법률상 부동산으로 다루어지는 바, 이를 학문상 준부동산이라고 한다.

(2) 특수한 동산(금전)

① 금전은 동산이지만, 그것은 일반적으로 일정액의 가치 그 자체를 나타내는 것으로서 개성이 없으므로 동산에 관한 규정 가운데에는 금전이 적용되지 않는 것이 적지 않게 있다(예컨대 물권적 청구권, 선의취득).

② 금전은 특수한 동산이다. 예컨대 금전을 도난당한 경우에는 소유권 또는 점유권에 기한 그 금전의 반환을 청구할 수 있는 것이 아니라, 채권으로서의 부당이득반환청구 또는 불법행위로 인한 손해배상청구를 할 수 있을 뿐이다. 또한 금전은 사용대차나 임대차의 목적이 될 수 없고, 소비대차의 목적(제598조)이 될 수 있을 뿐이다.

제 3 절 주물과 종물

1. 의 의

① 주물이라 함은 다른 물건을 보조적으로 이용함이 없이 독립적으로 경제적 가치를 가지는 물건을 말하며, 종물이라 함은 경제적으로 독립적 가치를 가지지 못하는 물건으로 주물에 부속함으로써만 가치를 가지는 것을 말한다.

② 종물은 주물의 경제적 효용을 높이는 관계에 있으므로, 종물이 주물과 법률적 운명을 같이한다는 점(제100조 제2항)에서 구별의 의미가 있다. 예컨대 주유소의 건물과 주유기(대판 1995.6.29, 94다6345), 백화점 건물과 지하에 설치된 전화교환설비(대판 1993.8.13, 92다43142), 횟집과 수족관(대판 1993.2.12, 92도3234), 시계와 시곗줄 등의 관계는 주물과 종물의 관계에 있는 것이다.

2. 종물의 요건

(1) 주물상용에 공여할 것

주물의 상용(常用)에 이바지(공여)해야 한다. 즉 사회통념상 계속하여 주물의 경제적 가치를 높이는 작용을 하여야 한다. 예컨대 토지 지하에 설치된 유류저장 탱크와 건물에 설치된 주유기는 토지에 부합되거나 건물의 상용에 공여하기 위하여 부속시킨 종물로서 토지 및 건물에 대한 경매의 목적물이 된다(대결 2000.10.28, 2000마5527).

(2) 주물에 부속될 것

주물에 부속되어 있어야 한다. 즉 종물은 주물의 경제적 효용을 높이는 관계에 있으므로, 주물과 종물은 '장소'에 있어서 밀접한 관계를 지녀야 한다(곽윤직 259면; 대판 1956.5.24, 4288민상526).

(3) 독립한 물건일 것

종물은 주물의 구성부분이 아닌 독립한 물건이어야 한다. 따라서 부합물은 독립된 별개의 물건이 되지 못하고 그 구성부분을 이루는 합성물은 종물과 구별된다. 또한 종물은 독립한 물건이면 동산·부동산을 구별하지 않는다.

(4) 주물·종물이 동일소유자일 것

종물은 주물의 처분에 따라 같이 이전되므로 주물과 종물이 모두 동일한 소유자에게 속하여야 한다(제100조). 즉 종물이 제3자의 소유임에도 민법 제100조 제2항에 따라 주물과 종물이 법률적 운명을 같이한다면 제3자의 권리가 침해되므로, 주물과 종물은 동일한 소유자에 속하여야 한다. 따라서 주물과 다른 사람의 소유에 속하는 물건은 종물이 될 수 없다(대판 2008.5.8, 2007다36933·36940).

3. 종물의 효과

① 종물은 주물의 처분에 따른다(제100조 제2항). 따라서 주물인 부동산에 대하여 처분의 등기가 있으면 종물에 대해서도 그 처분의 효력이 생긴다. 즉 주물인 등기에 의하여 주물과 법률적 운명을 같이하는 종물도 공시되는 것으로 볼 것이다. 특히 주물에 저당권이 설정되면 그 저당권의 효력은 종물에도 미친다(제358조).

② 종물의 '처분'은 법률행위에 의한 권리변동뿐만 아니라 주물의 권리관계가 압류와 같은 공법상의 처분 등에 의하여 생긴 경우도 포함된다(대판 2006. 10.26, 2006다29020). 한편 민법 제100조 제2항은 강행규정이 아니므로, 당사자들이 특약으로 주물과 종물의 처분을 각각 따로 할 수 있지만(대판 2012.1.26, 2009다76546), 저당권의 경우에는 이러한 취지를 등기에 기록하여야 한다(제358조 단서, 부동산등기법 제75조 제1항).

4. 종물이론의 준용

주물 · 종물의 이론(제100조)은 권리 상호 간에도 준용된다(대판 1992.7.14, 92다527). 즉 주물 · 종물의 이론은 물건 상호 간의 관계에 관한 것이지만, 이러한 결합관계는 주된 권리와 종된 권리 간에도 유추 적용된다(통설). 예컨대 건물이 양도되면 그 건물을 위한 대지의 임차권이나 지상권도 건물의 양수인에게 이전되며(대판 1993.4.13, 92다24950; 대판 1996.4.26, 95다52864), 또한 원본채권이 양도되면 이자채권도 원본채권과 같이 양도된다.

제 4 절 원물과 과실

1. 의 의

① 어떤 물건으로부터 생기는 경제적인 수익을 과실이라 하며, 그 과실을 산출하는 물건을 원물이라 한다. 민법은 과실의 범위로 천연과실과 법정과실을 모두 인정하며(제101조), 과실이 생길 때까지 사이에 수익권자의 변

동이 생긴 경우에 그 과실의 분배에 관해 정한다(제102조).

② 천연과실이든 법정과실이든 물건이어야 하고, 또 물건인 원물로부터 생긴 것이어야 한다. 따라서 권리에 대한 과실이나(예컨대 주식배당금, 특허권의 사용료 등), 임금과 같은 노동의 대가, 원물의 사용대가로서 노무를 제공받는 것 등은 민법상의 과실이 아니라는 것이 통설이다.

2. 과실의 종류

(1) 천연과실

천연과실이란 물건의 용법에 의하여 수취하는 산출물을 말한다(제101조 제1항). '물건의 용법에 의하여'라 함은 원물의 경제적 용도에 따른다는 의미이다. 또한 '산출물'에는 과수의 열매·곡물·야채·우유·양모·가축의 새끼 등과 같은 자연적 산출물과 광물·석재·토사 등과 같은 인공적 산출물을 모두 포함한다.

(2) 법정과실

법정과실이란 물건의 사용대가로 받는 금전 그 밖의 물건(제101조 제2항)을 말한다. 예컨대 건물사용의 대가인 차임·토지사용의 대가인 지료·금전사용의 대가인 이자 등이 이에 속한다. 한편 '사용대가'는 타인에게 물건을 사용케 하고 사용 후에 원물 자체 또는 그 물건과 유사한 것(동종, 동질, 동량)을 반환하여야 할 법률관계가 있는 경우에 인정된다. 따라서 국립공원의 입장료는 수익자 부담의 원칙에 따라 국립공원의 유지·관리비용의 일부를 입장객에게 부담시키는 것에 지나지 않고, 토지의 사용대가가 아닌 점에서 민법상의 과실은 아니다(대판 2001.12.28, 2000다27749).

3. 과실의 귀속

(1) 천연과실

천연과실은 원물로부터 분리한 때에 이를 수취할 권리자에게 속한다(제102조 제1항). 이 규정은 임의규정이며, 분리는 자연적이든 인위적이든 가리지 않는다. 또한 수취할 권리자라 함은 원물의 소유자가 보통이나(제211조 참조), 민법의 개별규정에 의해 예외적으로 원물의 선의의 점유자(제201조 제1항)·목적물인도 전의 매도인(제587조)·유증에서의 수증자(제1079조) 등은 과실의 수취권을 가지는 것으로 해석한다(김준호 217면).

(2) 법정과실

① 법정과실은 수취할 권리의 존속기간 일수의 비율로 이를 취득한다(제102조 제2항). 이 규정 역시 임의규정이며, 원칙적으로 원물에 대한 부담(조세나 보험료)에 관해서도 유추적용되어야 한다. 예컨대 임대 중의 주택이 양도된 때에는 그 차임 및 조세 등은 소유권이 이전된 날을 표준으로 하여 주택의 양도인(전소유자)과 양수인 사이에 나누어진다.

② 법정과실이란 원칙적으로 정당한 권원에 기한 사용대가를 의미한다. 따라서 법률상 원인 없이 물건을 사용하여 얻은 '사용이익', 즉 타인의 토지를 무단으로 점유하여 이를 사용하거나, 임대차기간이 만료한 후에도 계속 건물을 사용하는 이익(사용이익)은 법정과실이 아니지만, 그 실질이 과실과 다르지 않는 점에서 통설과 판례는 과실에 준해서 민법 제102조와 제201조가 유추적용된다고 한다(대판 1996.1.26, 95다44290).

【판 례】

* 대판 1996.1.26, 95다44290 … 민법 제201조 제1항에 의하면 선의의 점유자는 점유물의 과실을 취득한다고 규정하고 있는 바, 건물을 사용함으로써 얻는 이득은 그 건물의 과실에 준하는 것이므로, 선의의 점유자는 비록 법률상 원인 없이 타인의 건물을 점유·사용하고 이로 말미암아 그에게 손해를 입혔다고 하더라도 그 점유·사용으로 인한 이득을 반환할 의무는 없다.

제5장 권리변동

제1절 총 설

1. 권리변동의 개념

(1) 법률관계

우리들의 사회생활관계 중에서 법률에 의하여 규율되고 있는 것을 '법률관계'라고 한다. 사람의 사생활관계인 법률관계는 끊임없이 변동하는데, 이 법률관계의 내용은 구체적으로 권리와 의무의 복합적 구성물로서 존재한다.

(2) 권리변동

권리변동에는 권리의 발생·변경·소멸의 세 경우가 있는데, 권리주체를 표준으로 보면 권리의 취득·변경·상실되는 것을 말한다. 권리변동은 주로 법률행위에 의해서 발생하나, 법률규정(제245조, 제997조)에 의하는 경우도 있다.

2. 권리변동의 모습

(1) 권리의 취득(발생)

1) 원시취득(절대적 발생)

원시취득이라 함은 타인의 권리에 기함이 없이 원시적으로 권리를 취득하는 것으로서, 즉 전(前)에 존재하지 않던 새로운 권리가 발생하는 것을 말한다.

예컨대 시효취득 · 선의취득 · 무주물선점 · 유실물습득 · 인격권 · 가족권 등은 원시적(자연적)으로 취득되는 권리이다.

2) 승계취득(상대적 발생)

승계취득이라 함은 타인의 권리에 기하여 취득되는 것으로서(예컨대 매매, 증여, 상속 등), 이전적 승계 · 설정적 승계의 두 가지가 있다.

① 이전적 승계

이전적 승계는 권리가 동일성을 유지하면서 그 주체의 변경만이 생기는 것을 말하며, 하나의 취득원인에 의하여 다수의 권리가 일괄해서 취득되는 포괄승계(예컨대 상속, 포괄유증, 회사의 합병)와 개개의 권리가 개개의 취득원인에 의하여 취득되는 특정승계(예컨대 매매)로 나누어진다.

② 설정적 승계

설정적 승계는 기존의 권리자는 자기의 권리를 그대로 보유하면서 그 권리에 기초하여 새로운 권리를 창설하여 신(新)권리자에게 취득시키는 것을 말하며, 기존 권리자의 권리는 신권리자가 취득한 권리의 범위 내에서 사용 · 수익이 제한된다(예컨대 전세권, 저당권, 지상권 등의 설정 등).

(2) 권리의 변경

권리의 변경은 권리가 그 동일성을 유지하면서 그 주체 · 내용 · 작용이 변경되는 것을 말한다.

1) 주체의 변경

주체의 변경은 권리가 승계되는 것을 말한다. 즉 권리의 이전적 승계에는 단순히 권리주체가 변경되는 것(예컨대 매매) 뿐만 아니라 공유물의 분할 · 공유자의 증감 등에 의하여 권리주체의 수가 변경되는 것을 포함한다.

2) 내용의 변경

내용의 변경에는 채무의 일부변제로 인한 채권자의 채권액 감소와 같은 수량적 변경과 건물의 인도받을 채권이 건물을 인도하지 못함으로써 손해배상채권으로 변하는 것과 같은 성질적 변경이 있다.

3) 작용의 변경

선순위권리가 소멸됨에 따라 저당권의 순위가 2번에서 1번으로 변경되는 경우 또는 미등기부동산임차권을 등기함으로써 제3자에게 대항할 수 있는 효력이 발생하는 경우(제621조 제2항)가 이에 해당된다.

(3) 권리의 상실

권리의 상실은 권리가 어떤 원인에 의하여 그 주체로부터 이탈하는 것을 말하는데, 이에는 상대적 상실과 절대적 상실로 구분된다.

1) 상대적 상실

상대적 상실은 양도인과 양수인의 의사의 합치에 의한 권리양도의 경우로서, 권리 자체는 소멸하지 않는다. 그런데 이는 이전적 승계의 경우에 전권리자(양도인)의 입장에서 본 것으로, 예컨대 매매에 있어서 매도인의 입장을 말한다.

2) 절대적 상실

절대적 상실은 의사의 합치없이 권리가 상실되는 것을 말한다. 즉 소멸시효에 의한 권리의 소멸, 목적물의 상실 또는 권리의 포기, 목적물의 멸실(화재) 등에 의한 소멸로 기존의 권리 자체가 소멸하는 경우를 말한다.

3. 권리변동의 원인

(1) 법률요건

1) 법률요건과 법률효과

민법의 규정은 일정한 '요건'이 충족되면 그에 따른 '효과'가 발생하는 것으로 정하는 방식을 취한다(민법교재에서 요건과 효과를 나누어 설명하는 것도 이러한 체재에 연유한다). 예컨대 매매계약은 매도인의 재산권이전과 매수인의 대금지급의 합의를 요건으로 하여(제563조), 재산권이전의무와 대금지급의무라는 효과가 생기는 것으로 정한다(제568조 제1항). 이러한 법률효과는 권리의 관점에서 보면 권리변동으로 나타난다. 그리고 그러한 법률효과 내지는 권리의 변동을 가져오는 요건(원인)을 법률요건이라고 한다.

2) 법률행위와 법률규정

권리의 변동을 가져오는 법률요건은 그 발생 원인에 따라 둘로 나뉜다. 하나는 당사자의 '의사표시 내지 법률행위'이고 다른 하나는 법률행위 이외의 경우로서 민법의 규정에 의하여 권리의 변동이 생기는 것으로 정한 것인데, 이를 보통 '법률의 규정'이라고 부른다. 예컨대 소멸시효·취득시효·부당이득 · 불법행위 등이며, 민법에서 정한 바에 따라 일정한 요건이 충족되면 당사자의 의사와 무관하게 권리를 취득하거나 잃게 된다.

(2) 법률사실

1) 법률요건과 법률사실

① 법률효과가 발생하는 데 필요충분조건을 모두 갖춘 것이 법률요건이다. 그리고 이러한 법률요건을 구성하는 개개의 요소를 '법률사실'이라고 한다.

② 법률요건은 하나의 법률사실로 구성될 수도 있으나(예컨대 채무면제, 유언 등), 일반적으로는 다수의 법률사실로 이루어진다(예컨대 청약의 의사표시와 승낙의 의사표시가 합치됨으로써 성립하는 계약). 학설은 법률사실의 체계를, 사람의 정신작용에 기인하는 용태(容態)와 사람의 정신작용과는 관계없이 발생하는 사건(事件)으로 분류하고 있다.

2) 법률사실의 분류

① 용태

사람의 정신작용에 기인하는 용태는 외부적 용태와 내부적 용태의 두 가지로 나누어 볼 수 있는데, 그 내용은 다음과 같다.

㉠ 외부적 용태

의사가 외부에 표현되는 용태로서의 행위를 말한다. 행위에는 작위와 부작위가 포함되나, 무의식적인 것은 행위가 아니다(김형배 47면). 이러한 행위는 다시 적법행위와 위법행위로 나눌 수 있다.

ⓐ 적법행위

적법행위는 법률질서에 적합하기 때문에 일정한 사법상의 효과를 발생하는 행위로서, 법률행위(의사표시)와 준법률행위(법률적 행위)가 있다. 즉 법률행위는 표의자가 의욕 하는 의사표시대로의 효과가 발생하는 것을 말하며(추인, 동의), 준법률행위는 의사표시가 아닌 단순한 의사와 관념만을 전달하는 표현행위(의사의 통지, 관념의 통지, 감정의 표시)와 행위자의 의도와는 관계없이 법률의 규정에 의하여 일정한 효과가 부여되는 비표현행위(유실물습득, 매장물발견, 사무관리, 채무변제)를 말한다.

ⓑ 위법행위

위법행위는 법률질서에 위반되기 때문에 행위자에게 불이익한 효과를 발생케 하는 법률사실로서, 이에는 채무불이행(제390조 이하)과 불법행위(제750조 이하)가 있다.

㉡ 내부적 용태

행위로서 외부에 나타나지 않는 내심적 의사 또는 관념을 말한다. 이는 다시 관념적 용태와 의사적 용태로 나누어진다.

ⓐ 관념적 용태

관념적 용태는 선의(제29조 제2항, 제107조 이하, 제201조 제1항 및 제2항 등)・악의(제29조 제2항, 제201조 제2항 등)・정당한 대리인이라는 신뢰(제126조)와 같이 일정한 사실 또는 의식이 있는지에 관한(일정한 사실에 대해 아느냐? 모르느냐?) 내심적인 사실이다.

ⓑ 의사적 용태

의사적 용태는 소유의 의사(제197조, 제202조, 제245조, 제246조, 제252조 등)・채무자의 의사(제469조)・사무관리인의 관리의사(제734조) 등과 같이 어느 사람이 일정한 의사를 가지는지의 내심적 과정을 의미한다.

② 사 건

㉠ 원 칙

사건이라 함은 원칙적으로 사람의 출생과 사망(제3조, 제997조)・심신상태(제9조, 제12조)・실종선고(제28조)・시간의 경과(제162조 이하, 제245조 이하)・혼동(제191조, 제507조) 등과 같이 사람의 정신작용에 기인하지 아니하는 사실로서, 법률의 규정에 의하여 일정한 법률효과를 부여하는 것을 말한다.

㉡ 예 외

사건에 있어서도 예외적으로 물건에 대한 파괴(소유권의 소멸) 혹은 과실의 분리와 같이 사람의 정신작용과 관계있는 것도 있다. 이상 설명한 법률사실의 분류를 도표로 나타내면 참고와 같다.

참고 **법률사실**

※
- (1) 용태(사람의 정신작용에 기인하는 것)
  - ① 외부적 용태(행위:작위와 부작위)
    - ㉠ 적법행위
      - ⅰ 법률행위(의사표시)
      - ⅱ 준법률행위(법률적 행위)
        - ⓐ 표현행위
          - ㉮ 의사의 통지
          - ㉯ 관념의 통지
          - ㉰ 감정의 표시
        - ⓑ 비표현행위
          - ㉮ 순수사실행위
          - ㉯ 혼합사실행위
    - ㉡ 위법행위
      - ⅰ 채무불이행
      - ⅱ 불법행위
  - ② 내부적 용태(심리상태)
    - ㉠ 관념적 용태(선의・악의)
    - ㉡ 의사적 용태(소유의 의사)
- (2) 사건(사람의 정신작용에 기인하지 않는 것)

제 2 절 법률행위

1. 법률행위의 일반

(1) 법률행위의 의의

민법은 총칙편 제5장에 법률행위의 제목으로 총칙 · 의사표시 · 대리 · 무효와 취소 · 조건과 기한에 관해 정하고 있다. 통설은 법률행위를 일정한 법률효과의 발생을 목적으로 하는 단일 또는 복수의 의사표시를 불가결의 구성요소로 하는 법률요건으로 정의한다. 이는 적법행위로서 법률요건 가운데 가장 중요한 것이다.

(2) 법률행위의 성질

1) 추상적 개념

법률행위는 실존하는 개념이 아니라 큰 틀의 추상적 개념이다. 즉 실존하는 것은 매매 · 채권양도 · 소유권양도 · 혼인 · 유언 등 개개의 행위유형이며, 이러한 행위유형 전부를 총괄하는(의사표시를 요소로 하는 공통분모가 존재한다) 추상적인 개념으로 만들어진 것이 법률행위이다. 따라서 법률행위라는 개념은 행위유형, 즉 매매와 같은 행위로 구체화되어야 비로소 실재하는 법제도로서 생명력을 가지게 된다.

2) 목적적 행위

의사표시를 요소로 하는 법률행위는 권리의 변동을 원하는 당사자의 의사 내지 목적대로 그 효과가 발생한다는 특징이 있다. 예컨대 A와 B 사이에 건물에 대한 매매계약을 체결하면 당사자가 원한 대로 건물의 소유권이 이전되는 효과가 생긴다. 이 점에서 법률행위는 당사자의 의사와는 관계없이 법률의 규정에 의해 일정한 효과가 생기는 다른 법률요건과는 다르다.

3) 의사표시의 합치

법률행위는 의사표시의 합치(청약, 승락)를 불가결의 요소로 한다. 물론 예외적으로 유언과 같이 하나의 의사표시만으로 성립하는 경우에는 그 유언이 곧바로 법률행위가 된다. 그러나 일반적으로 매매계약에 있어서와 같이 청약의 의사표시에 대응하는 승낙의 의사표시가 있으면 매매로서의 법률행위가 성립한다. 한편 청약에 대한 승낙의 의사표시가 있다고 하더라도 그 의사표시의 무효 · 취소의 사유가 있는 경우에는 법률행위에도 영향을 미친다.

(3) 사적자치와 법률행위

① 민법은 사적자치의 원칙에 터 잡고 있다. 따라서 각자는 자기의사에 따라 법률관계를 자주적으로 형성할 수 있는데, 사적자치를 실현하는 법적 수단이 법률행위이다. 즉 사적자치가 허용되는 범위 안에서 법률행위의 자유가 인정된다.

② 흔히 사적자치의 원칙과 법률행위 자유의 원칙, 나아가 계약자유의 원칙을 혼용하는데, 사적자치는 법률관계에 관한 법률행위자유만을 의미하는 것이 아니라, 그것을 포괄하는 상위개념으로 소유권의 자유, 유언의 자유 및 결사의 자유 등을 포함한다(헌재결[전합] 1991.6.3, 89헌마204).

2. 법률행위의 요건

(1) 법률행위 성립과 유효

① 법률행위가 그 본래의 법률효과를 완전하게 발생하기 위해서는 먼저 그 법률행위가 '성립'하여야 하고(성립요건의 구비), 그 다음에 성립된 법률행위가 '유효'한 것이어야 한다. 예컨대 매매는 청약과 승낙의 의사표시로 성립하지만, 그것이 사회질서에 위반하는 경우에는 무효가 된다(제103조).

② 법률행위의 성립요건은 법률행위의 효과를 주장하는 자가 이를 증명하여야 한다. 한편 법률행위가 성립하게 되면 그 효력을 발생하는 것이 원칙이므로, 그 효력요건의 부존재는 법률행위의 무효를 주장하는 자가 이를 증명하여야 한다. 이점에 성립요건과 효력요건을 규별하는 실익이 있다.

(2) 법률행위의 성립요건

① 법률행위의 실질적 유효 여부를 묻지 않고, 법률행위라고 할 수 있을 만한 최소한의 외형적 · 형식적인 요건을 성립요건이라고 하며, 이에는 일반성립요건과 특별성립요건이 있다.

② 일반성립요건은 모든 법률행위에 요구되는 성립요건으로 당사자 · 목적 · 의사표시를 가리키며, 특별성립요건은 혼인이나 입양이 성립하기 위해서는

혼인신고 또는 입양신고가 존재해야 하는 것처럼 법률의 규정에 의하여 정하여지는 각개의 법률행위에 관하여 그의 성립에 필요한 요건을 말한다.

(3) 법률행위의 효력요건

1) 일반효력요건

① 법률행위를 할 때 당사자의 권리능력·행위능력·의사능력이 적법하게 존재하여야 한다. 즉 당사자가 법률행위를 할 수 있는 능력자이어야 한다.

② 법률행위의 목적이 확정되어야 하고 그 내용이 실현될 수 있는 것이어야 한다. 또한 그 목적은 적법성과 사회적 타당성을 잃지 않아야 한다(제103조 이하 참조).

③ 의사표시에 있어서 의사와 표시가 일치하여야 하며, 그 의사표시행위가 자유로워야 한다(제107조 이하 참조). 또한 의사표시가 효력을 갖기 위해서는 원칙적으로 수령능력이 있는 상대방에게 도달하여야 한다(제111조 제1항, 제112조).

2) 특별효력요건

① 개개의 법률행위에 대하여 법률규정이나 당사자 간의 특약에 의하여 요구되는 효력요건이다. 예컨대 대리행위에 있어서 대리권의 존재(제114조 이하), 조건부·기한부 법률행위에 있어서의 조건의 성취(제147조)·기한의 도래(제152조), 유언에서 유언자의 사망(제1073조) 등이 그것이다.

② 토지거래허가구역 내의 토지를 거래하는 경우에 당사자가 얻어야 하는 관할관청(시장, 군수)의 허가(국토의 계획 및 이용에 관한 법률 제110조)와 같이 법률에 의한 특별효력요건도 있다(대판[전합] 1991. 12.24, 90다12243). 한편 농지법 제18조에서 규정하고 있는 농지취득자격증명은 농지를 취득하는 자가 그 소유권에 관한 등기를 신청할 때에 첨부하여야 할 증명서류일 뿐, 농지취득의 원인이 되는 법률행위의 효력을 발생시키는 요건은 아니다(대판 2005.1.14, 2002다37207)

3. 법률행위의 종류

(1) 단독행위·계약·합동행위

법률행위의 구성요소인 의사표시의 결합 유·무와 모습에 따른 구별이다.

1) 단독행위

단독행위란 일방적으로 행하여지는 하나의 의사표시에 의하여 성립하는 법률행위를 말하며, 이에는 상대방 있는 단독행위와 상대방 없는 단독행위로 나누어진다.

① 상대방 있는 단독행위

상대방 있는 단독행위라 함은 그 단독행위의 효력이 발생하기 위해서 의사표시가 상대방에게 도달하여야 하는 것으로서 상대방이 특정되어 있는 것을 말한다. 예컨대 동의 · 채무면제 · 취소 · 상계 · 추인 · 해제 · 해지 등이 있다.

② 상대방 없는 단독행위

상대방 없는 단독행위라 함은 그 단독행위의 의사표시를 수령할 자가 특정되어 있지 않고 의사표시가 있으면 곧 효력이 발생하는 것을 말한다. 예컨대 유언 · 소유권에 대한 포기 · 상속의 승인과 포기 · 재단법인의 설립행위 등이 있다.

2) 계 약

① 계약이란 복수의 대립되는 권리주체의 의사표시가 서로 내용적으로 합치함으로써 성립하는 법률행위이다. 계약은 의사표시가 둘(복수)이라는 점에서 단독행위와 다르고, 그 복수의 의사표시가 상호 대립하는 점에서 합동행위와 구별된다.

② 계약에는 채권계약 · 물권계약 · 준물권계약(채권양도) · 가족법상의 계약이 있으나, 좁은 의미의 계약은 그 계약에서 채권과 채무가 발생하는 채권계약만을 말한다. 우리 민법 제3편 제2장은 15개의 전형계약(유명계약)을 예시하고 있는데(제554조 내지 제733조), 사적자치의 중심을 이루는 분야이기도 하다.

3) 합동행위

합동행위란 단독행위와 계약 이외에 행위를 법률행위로 인정하는 견해로서 독일의 Kuntze(쿤체)에 의하여 주장되었다. 이러한 합동행위를 인정할 것인가에 관하여 우리의 학설은 대립한다(현재 독일에서는 합동행위의 개념을 인정하지 않는다).

① 긍정설

합동행위는 방향을 같이하는 두 개 이상의 의사표시가 합치하여 성립하는 법률행위라고 한다(고상룡 331면, 곽윤직 284면 등). 즉 계약은 대립하는 두 개 이상의 의사표시의 합치에 의하여 성립하는 데 반하여 합동행위는 방향을 같이하는 두 개 이상의 의사표시의 합치에 의하여 성립한다고 한다.

② 부정설

합동행위는 별도로 존재하는 것이 아니라 계약의 일종이라고 본다. 특히 사단법인의 설립행위는 수인이 공동으로 구성원의 변경에 영향을 받지 않는 조직체를 창설하고 표의자는 스스로 그 조직체의 구성원으로 되는 것을 내용으로 하는 계약이라고 한다(이영준 153면, 이은영 338면).

(2) 요식행위 · 불요식행위

법률행위의 요소인 의사표시의 방법에 의한 분류로서, 특별한 방식을 필요로 하느냐 하지 않느냐의 여부에 따른 구별이다. 요식행위라 함은 법률행위의 요소인 의사표시에 일정한 방식을 필요로 하는 행위를 말하며(예컨대 혼인 등의 가족법상의 행위, 법인의 설립행위, 어음행위, 수표행위), 불요식행위라 함은 일정한 방식을 요하지 아니하는 행위를 말한다.

(3) 생전행위 · 사인행위

생전행위와 사인행위의 구별은 법률효과발생의 시기에 따른 구별로서 생전행위라 함은 매매 · 증여 · 임대차 등과 같이 행위자의 사망전에 의사표시의 효력이 발생하는 행위를 말하며, 사인(사후)행위라 함은 유언 · 사인증여 등과 같이 행위자의 사망으로 인하여 효력이 발생하는 행위를 말한다.

(4) 재산행위 · 신분행위

1) 재산행위

재산관계의 변동을 목적으로 하는 행위로서, 이에는 발생하는 법률효과의 종류에 따라 채권행위 · 물권행위 · 준물권행위의 세 가지로 나누어진다.

① 채권행위

채권행위는 채권의 발생을 목적으로 하는 행위로서, 매매 · 임대차 · 증여 등이며, 이러한 채권행위는 '이행'이라는 문제를 남기는 것이 특징이다.

② 물권행위

물권행위는 물건의 변동, 즉 물권의 발생 · 변경 · 소멸을 직접의 목적으로 하는 행위로서, 예컨대 소유권의 이전 · 제한물권의 설정행위 등이 이에 해당한다.

③ 준물권행위

준물권행위는 물권 이외의 재산권의 변동을 목적으로 하는 행위이며, 채권 양도 · 채무면제 · 지식재산권의 양도 · 임차권의 양도 등이 이에 해당한다.

2) 신분행위

① 신분행위는 신분관계의 변동을 목적으로 하는 행위로 혼인 · 입양 · 유언 등이 이에 해당한다. 상속법상의 행위는 가족관계와는 간접적으로 관련되는데 지나지 않지만 일반적으로 신분행위로 이해한다(통설).

② 신분행위은 재산행위와는 달리 의사주의와 요식주의를 취한다. 민법 총칙편의 법률행위에 관한 규정은 주로 재산행위에 적용되고 신분행위에 대해서는 따로 가족법에서 특칙을 두고 있어 양자를 구별하는 실익이 있다.

(5) 출연행위 · 비출연행위

1) 출연(출재)행위

자기의 재산을 감소시키고 타인의 재산을 증가케 하는 효과를 발생시키는 행위로서, 이에는 유상행위 · 무상행위, 유인행위 · 무인행위, 민법상의 신탁행위 · 신탁법상의 신탁행위의 셋으로 나뉜다.

① 유상행위 · 무상행위

유상행위는 재산의 출연을 목적으로 하며, 법률행위 중에서 법률행위 내용의 이행이 대가(반대급부)를 수반하는 행위로서 매매 · 교환 · 임대차 · 고용 · 도급 등이 이에 해당한다. 반면에 무상행위는 재산의 출연을 목적으로 하지만 대가가 없는 행위로서 증여 · 사용대차 등을 말한다.

② 유인행위 · 무인행위

유인행위는 재산의 출연을 목적으로 하는 행위 중에서 원인이 있어야 효력이 생기는 행위를 말한다(매매계약에 의한 소유권 이전 행위). 반면에 무인행위는 원인과 절연시켜 원인이 존재하지 않더라도 독자적으로 효력이 인정되는 특별한 출연행위를 말한다(어음행위, 수표행위).

③ 민법상 신탁행위 · 신탁법상 신탁행위

㉠ 민법상 신탁행위에 있어서는 신탁재산의 소유권이 외부적으로는 수탁자에게 이전되고 내부적으로는 여전히 신탁자에게 머무는 이중적 법률관계가 형성되는 것을 말한다. 따라서 수탁자의 권리는 신탁자에 대해서는 의무 관계와 결부되어 있으나, 외부에 대하여는 수탁자가 원칙적으로 진

정한 권리자로서의 지위를 갖는다(대판 2003.9.5, 2001다32120). 예컨대 양도담보가 이에 속한다.

㉡ 신탁법상 신탁행위에 있어서는 신탁설정자(위탁자)와 신탁을 인수하는 자(수탁자)와의 특별한 신탁관계에 기하여 위탁자가 특정의 재산권을 수탁자에게 확정적으로 이전하거나 기타의 처분을 하고, 수탁자로 하여금 일정한 자(예컨대 자기 또는 제3자)의 이익을 위하여 또는 특정의 목적을 위하여 그 재산권을 관리·처분하게 하는 법률행위이다(신탁법 제1조 제2항). 즉 신탁법상 신탁행위는 신탁재산이 수탁자에게 절대적으로 이전되고 신탁설정자에게는 그 계약에 따른 이익을 받을 채권만이 발생할 뿐이다.

【판 례】 민법상 신탁행위의 법률관계

* 대판 2003.9.5, 2001다32120 … 어떤 사람이 타인을 통하여 부동산을 매수함에 있어 매수인 명의 및 소유권이전등기 명의를 그 타인 명의로 하기로 하였다면 이와 같은 매수인 및 등기명의의 신탁관계는 그들 사이의 내부적인 관계에 불과한 것이므로 특별한 사정이 없는 한 대외적으로는 그 타인을 매매 당사자로 보아야 한다.

2) 비출연행위

타인의 재산을 증가케 함이 없이 행위자만이 재산을 감소하거나(소유권의 포기) 또는 직접 재산의 증감을 일어나게 하지 않는 행위(대리권의 수여)이다.

(6) 독립행위 · 보조행위

독립행위라 함은 매매·증여 등과 같이 직접적이고도 실질적으로 법률관계의 변동을 가져오는 법률행위를 말하며, 보조행위라 함은 법률행위의 효과를 형식적으로 보충·확정하는 행위로서 미성년자의 법률행위에 대한 동의·추인 또는 무권대리인에게의 대리권수여행위 등을 말한다.

(7) 주된행위 · 종된행위

종된행위라 함은 다른 법률행위의 존재를 전제로 하여 성립하는 행위를 말하며, 그 종된행위의 전제가 되는 법률행위를 주된행위라고 한다. 예컨대 부부재산계약은 혼인의 성립을 전제하므로 혼인성립은 주된행위이고 부부재산계약은 종된행위이다. 다른 약정이 없는 한 종된행위는 주된행위와 법률상 효력(처분)을 같이한다(제430조 참조).

(8) 처분행위 · 관리행위

처분행위라 함은 직접 권리의 소멸(상실)을 목적으로 하는 행위를 말한다. 반면에 관리행위란 보존행위 및 물건이나 권리의 성질이 변하지 아니하는 범위 안에서 이용 또는 개량하는 행위를 말한다(제118조 참조).

4. 법률행위의 목적

(1) 의 의

법률행위를 하는 자가 그 행위에 의하여 발생시키려고 하는 법률효과를 법률행위의 목적 또는 내용이라고 한다. 예컨대 매매의 경우에는 매도인이 지는 재산권의 이전과 매수인이 지는 대금의 지급이 매매라는 법률행위의 목적 또는 내용이 된다. 이러한 법률행위는 목적이 존재하여야 비로소 성립하며, 또한 그 목적이 확정 · 가능 · 적법 · 사회적 타당성이 있어야 효력을 발생한다.

(2) 목적의 확정성

① 법률행위의 목적이 확정될 수 있어야 한다. 즉 목적이 전혀 불확정한 법률행위는 법률이 아무리 조력해서 법률효과를 발생시키려고 하여도 그것이 불가능하므로, 목적이 불확정한 법률행위는 무효이다.

② 법률행위의 목적이 반드시 법률행위의 '성립 당시'에 확정될 필요는 없다. 즉 유효한 법률행위로 되기 위해서는 목적이 확정되어 있거나 장차 확정될 수 있는 것이면 족하다. 이러한 목적의 확정성은 법률행위의 해석을 통해서 이루어지므로, 해석을 통하여도 그 목적을 확정할 수 없는 법률행위는 무효이다.

(3) 목적의 가능성

1) 가능 · 불능의 표준

① 목적이 실현불능인 경우에는 그 법률행위는 무효이다. 실현가능 · 불능의 표준은 사회관념에 의하여 결정된다. 따라서 물리적으로는 가능하더라도 사회관념상으로 불능이면, 이것은 불능으로 본다. 예컨대 한강에 빠뜨린 금반지를 찾는 것을 내용으로 하는 계약의 경우 물리적으로는 가능하겠지만 금반지를 찾는 것에 대해 소요되는 시간과 비용을 고려할 때 사회관념상 불능이라고 하겠다.

② 일시적인 불능이더라도 근시일(가까운 시일) 내에 가능하게 될 가망이 있으면 불능이 아니다. 즉 일시적인 불능은 불능이 아니다.

2) 불능의 분류

① 원시적 불능과 후발적 불능

원시적 불능이란 매매계약체결시에 목적물이 존재하지 않았거나 그 전에 이미 목적물이 멸실된 경우처럼 법률행위 성립 당시에 그 목적이 실현불가능인 경우를 말한다. 이러한 원시적 불능은 당연 무효이며 채무자는 신뢰이익을 이행 이익의 범위 안에서 배상하여야 한다(제535조). 반면 후발적 불능이란 법률행위 성립 당시(매매계약 체결당시)에는 실현가능하였으나 그 이행 전에 목적물이 멸실하여 불능으로 된 경우를 말한다. 이러한 후발적 불능은 계약의 이행불능의 문제(제390조)나 위험부담의 문제(제537조)를 발생시킬 뿐이고 행위 그 자체는 무효로 되지 않는다.

② 전부불능과 일부불능

법률행위목적의 전부가 불능인 경우 그 법률행위는 무효이다. 법률행위목적의 일부만이 불능인 경우에는 불능인 부분은 무효가 되며, 동시에 민법 제137조에 의하여 법률행위의 일부분이 무효인 때에는 나머지 부분도 무효로 보므로 일부무효는 전부의 무효를 초래한다. 그러나 그 무효인 부분이 없더라도 당사자가 법률행위를 하였으리라고 인정될 때는 나머지 부분은 유효이다(제137조).

③ 법률적 불능과 사실적 불능

법률적 불능이란 질권설정자의 유질계약금지와 같이 불능의 이유가 법률상 허용되지 않는 경우를 말하며(제339조), 사실적 불능은 목적물이 멸실 또는 화재로 인하여 전소되어 소멸된 것처럼 기타 자연적 · 물리적 이유에 의한 불능을 말한다.

④ 객관적 불능과 주관적 불능

객관적 불능이란 법률행위의 목적을 어느 누구도 실현할 수 없는 경우를 말하며, 주관적 불능은 해당 채무자만이 실현할 수 없는 경우의 불능을 말한다. 예컨대 주택에 대해 매매계약을 체결하였는데 그 주택이 이미 멸실한 경우에는 객관적 불능이고, 매매 당시에 그 주택이 매도인의 소유에 속하지 않은 경우(타인의 주택을 매매한 경우)에는 주관적 불능에 해당한다. 즉 주관적 불능의 경우에는 이행기까지 그 주택의 소유권을 취득하여 이전하는 것이 가능한 이상 그 매매는 유효하고(제569조), 그 이행을 못한 때에는 매매에 따른 담보책임(제570조) 또는 채무불이행책임이 발생한다.

(4) 목적의 적법성

1) 서 언

민법상 '선량한 풍속 기타 사회질서'에 관한 규정을 강행규정이라 하고, 그렇지 않은 규정을 임의규정이라고 한다(통설). 강행규정에 반하는 법률행위는 무효이므로, 법률행위의 목적이 적법하다는 것은 강행규정에 위반하지 않는다는 의미이다.

2) 사회적 타당성과의 구별

① 구별설(적법성, 타당성)

법률행위목적의 적법성과 사회적 타당성의 요건은 별개로써 법률행위가 유효하기 위해서는 그 목적이 강행규정에 위반하지 않아야 하고(적법성), 또한 선량한 풍속 기타 사회질서(사회적 타당성)에 위반해서는 안 된다고 하는 것이 다수설과 판례의 태도이다(대판 2001.5.29, 2001다1782; 대판 2007.6.14, 2007다3285; 곽윤직 295면, 지원림 195면 등).

② 동일설(적법성, 타당성)

적법성과 사회적 타당성의 요건을 동일시하는 견해에 따르면, 강행규정은 선량한 풍속 기타 사회질서의 내용을 법률로 규제한 하나의 구체적 표현에 불과하다는 것이다. 따라서 양자는 모두 사적자치의 한계를 규정하므로, 적법성 기준 이외에 사회적 타당성을 별도로 인정할 필요가 없다고 한다(김상용 385면, 이영준 178면).

③ 판례의 태도

판례는 법률의 금지에 위반하는 경우라 할지라도 그것이 선량한 풍속 기타 사회질서에 위반하지 않는 경우에는 제746조가 규정하는 불법원인에 해당하지 않는다고 함으로써(대판 2007.6.14, 2007다3285; 대판 2010.12.9, 2010다57626), 강행법규의 적법성을 사회적 타당성보다 넓은 의미로 파악하고 있다. 즉 선량한 풍속 기타 사회질서와 유관한 강행규정과 그것과는 무관한 강행규정으로 나뉘어 폭넓게 해석하고 있다.

【판 례】 적법성과 사회적 타당성 구별

* 대판 2001.5.29, 2001다1782 … 민법 제746조상의 불법원인이라 함은 법률의 금지에 위반하는 경우라 할지라도 그것이 선량한 풍속 기타 사회질서에 위반하지 않는 경우, 즉 담배사재기가 물가안정에 관한 법률에 의하여 금지되고 그 위반행위는 처벌되는 것이라고 하여도 이는 국민경제의 정책적 차원에서 일정한 제한을 가하고 위반행위를 처벌하는 것에 불과하므로 이에 위반하는 행위가 무효라고 하더라도 이것을 선량한 풍속 기타 사회질서에 반하는 행위라고 할 수 없다.
* 대판 2007.6.14, 2007다3285 … 소득세법령의 양도자와 양수자 간에 실제로 거래한 가액을 양도가액으로 하는 경우 양도소득세의 일부를 회피할 목적으로 매매계약서에 실제로 거래한 가액을 매매대금으로 기재하지 아니하고 그보다 낮은 금액을 매매대금으로 기재하였다 하여, 그것만으로 그 매매계약이 사회질서에 반하는 법률행위로서 무효로 된다고 할 수는 없다.

3) 강행규정과 임의규정

① 강행규정

강행규정은 당사자의 의사에 의하여 법률규정의 적용을 배제할 수 없는 규정, 즉 '당사자의 의사에 관계없이 적용되는 규정'을 말한다. 이러한 강행규정은 효력규정뿐 아니라 단속규정도 포함하는데 법률행위가 강행규정에 위반하여 무효가 되는 것은 효력규정을 위반한 경우이며(대판[전합] 2011.4.21, 2009다97079 등), 단속규정을 위반한 데 불과한 행위는 사법상의 효력에는 영향이 없으며, 행위자는 단속법상의 제재를 받을 뿐이다. 한편 판례는 강행규정으로써 효력규정과 단속규정을 모두 적용하는 경우도 있다(대판 2010.12.23, 2008다75119 등).

② 임의규정

임의규정은 당사자가 법률에 규정된 바와 다른 법률효과의 발생을 목적으로 법률의 규정에 관계없이 자유로이 법률행위를 할 수 있는 법률규정을 말하는데, 민법은 제105조에서 '선량한 풍속 기타 사회질서와 관계없는 규정'을 임의규정으로 규정하고 있다.

【판 례】 강행규정의 판단기준

* 대판[전합] 2011.4.21, 2009다97079 … 임대주택법 제12조에 위반하여 임대의무기간 경과 전에 임대주택을 매각하는 것은 국민주거생활의 안정을 도모하기 위하여 임대주택건설에 대한 각종 지원을 규정한 임대주택법의 입법취지를 근본적으로 훼손하는 행위로서 사법상으로도 무효라고 보아야 한다. 또한 분양전환가격 산정기준에 의한 금액을 초과한 분양전환가격으로 체결된 분양계약은 강행규정 위반이므로 초과하는 범위 내에서 무효이다.
* 대판 2010.12.23, 2008다75119 … 공인중개사 자격이 없어 중개사무소개설등록을 하지 아니한 채 부동산중개업을 한 자에게 형사적 제재를 가하는 것만으로는 부족하고, 또한 그가 체결한 중개수수료 지급약정에 의한 경제적 이익이 귀속되는 것을 방지하여야 할 필요가 있다고 할 것이고, 따라서 중개사무소 개설등록에 관한 규정들은 공인중개사 자격이 없는 자가 체결한 중개수수료 지급약정의 효력을 제한하는 이른바 강행법규에 해당한다.

4) 강행규정위반의 모습

① 직접적 위반

강행규정 자체를 직접적으로 위반하는 경우로 그 행위는 항상 무효이다(대판 2006.12.21, 2004다17054 참고). 따라서 당사자가 추인하더라도 그 행위가 유효로 되지 않는다. 예컨대 질권설정계약을 체결하면서 유질약관을 붙이는 것은 유질계약금지규정(제339조)을 직접적으로 위반하는 것이 되어 무효이다.

② 탈법행위(간접적 위반)

강행규정에 직접적으로 위반하지 않으나 강행규정이 금지하고 있는 내용을 회피수단에 의하여 실현하는 행위를 말하며, 이는 강행규정의 정신에 반하고 법률이 허용하지 않는 결과의 발생을 목적으로 하기 때문에 무효이다(통설). 예컨대 해당관청이 인·허가와 관련된 행정처리를 함에 있어서 정상적인 수수료(인지대금)를 받는 것은 유효하지만 그 외에 무상 지분의 참여 또는 사례금을 받는 것은 무효이다.

【판 례】

* 대판 2006.12.21, 2004다17054 … 국민주택기금은 국민주택건설 및 대지조성

사업을 위한 용도 외로는 이를 운용할 수 없다고 하는 구 주택건설촉진법(현 주택법)상 국민주택기금 운용제한규정은 강행규정으로서 이에 위반한 행위는 그 효력이 없다. 따라서 그에 따른 각종 약정은 국민주택기금을 그 용도 외로 사용하기로 하는 것으로서 구 주택건설촉진법에 위반되어 무효이다.

(5) 목적의 사회적 타당성

1) 의 의

① 우리 민법은 선량한 풍속 기타 사회질서에 위반한 사항을 내용으로 하는 법률행위는 무효로 한다고 규정하고 있다(제103조). 즉 법률행위의 목적이 개개의 강행법규에 위반하지 않더라도 선량한 풍속 그 밖의 사회질서에 위반하면 사회적 타당성이 없는 것으로 되어 무효로 된다.

② 선량한 풍속이란 인륜·도덕·정의를 내포하는 사회의 일반적 도덕관념을 말하며, 사회질서란 국가사회의 공공적 질서·사회생활의 평화와 질서를 유지하는 데 있어서 일반국민이 지켜야 할 일반규범을 가리키는 개념이다.

2) 민법 제103조의 요건

법률행위 자체는 사회질서에 반하지 않으나 그 '동기'가 선량한 풍속 기타 사회질서에 위반하는 경우에도(예컨대 윤락행위를 위한 주택임대차의 경우) 그 법률행위(임대차계약)를 무효로 할 것인가에 관하여 약간의 견해차이는 있으나, 결과론적으로 동기가 사회질서에 위반되는 경우에는 무효로 본다(통설).

① 동기표시설

일반적으로 법률행위를 할 때에는 동기가 표시되지 않으므로, 법률행위의 동기가 표시된 때에 한하여 그 표시된 동기는 법률행위의 내용을 이루고 반사회성 여부를 결정하는 표준이 된다. 즉 표시된 동기가 사회질서에 반하는 것이면 그 법률행위는 무효가 된다. 이 견해는 '동기의 불법'과 '동기의 착오' 문제를 동일한 기준을 가지고 취급한다(곽윤직 308면 등).

② 상대방인식설

동기에 불법이 있어도 표시되지 않았다는 이유로 그러한 법률행위를 언제나 유효하다고 하면, 민법이 반사회성을 띤 행위를 금지하는 취지는 현저히 손상될 우려가 있다고 한다. 따라서 동기가 사회질서에 반하는 경우에 그 동기가 표시된 때에는 물론이고, 표시되지 않았다 하더라도 어떠한 사정으로 상대방이 그 동기를 알았거나 알 수 있었을 때에 그 법률행위가 무효로 된다고 한다(김상용 408면 등).

③ 판례의 태도

종래 대법원의 판결은 법률행위가 선량한 풍속 기타 사회질서에 위반한 사항을 그 내용으로 한 것이 아니고, 단지 법률행위의 연유·동기 혹은 수단으로 한 것에 불과한 것은 이로써 법률행위를 무효로 할 수 없다고 하여 동기가 법률행위의 내용이 되어야 한다는 동기표시설의 태도를 취하였으나(대판 1972.10.3, 72다1271·1272), 그 후 입장을 변경하여 법률행위의 동기가 표시되거나 상대방에게 알려진 동기가 반사회질서적인 경우를 포함한다고 하여 동기표시설은 물론 상대방인식설까지도 적용함으로써 사회적 타당성의 범위를 넓게 해석하고 있다(대판 2002.12.27, 2000다47361; 대판 2005.7.28, 2005다23858).

【판 례】 동기의 불법

* 대판 2005.7.28, 2005다23858 … 보험계약자가 다수의 보험계약을 통하여 보험금을 부정취득할 목적으로 보험계약을 체결한 경우에, 민법 제103조에 의하여 무효로 되는 반사회질서행위는 법률행위의 목적이 선량한 풍속 기타 사회질서에 위반되는 경우뿐만 아니라, 그 내용 자체는 반사회질서적인 것이 아니라고 하여도 반사회질서적인 조건 또는 금전적 대가가 결부됨으로써 반사회질서적 성질을 띠게 되는 경우 및 표시되거나 상대방에게 알려진 법률행위의 동기가 반사회질서적인 경우를 포함한다.

3) 사회질서위반의 유형

① 정의의 관념에 반하는 행위

㉠ 당사자 일방이 상대방에게 공무원의 직무에 관한 사항에 관하여 특별한 청탁을 하게 하고 이에 대한 보수로 금전을 지급할 것을 내용으로 하는 약정(대판 1971.10.11, 71다1645), 행정기관에 진정서를 제출하여 상대방을 궁지에 빠뜨린 다음 이를 취하하는 조건으로 거액의 급부를 받기로 한 약정 등은 정의의 관념에 반하는 행위로서 무효이다(대판 2000.2.11, 99다56833).

㉡ 한편 전통사찰의 주지직을 거액의 금품을 대가로 양도·양수하기로 하는 약정이 있음을 알고도 이를 묵인 혹은 방조한 상태에서 한 종교법인의 주지임명행위는 민법 제103조 소정의 반사회질서의 법률행위에 해당하지 않는다고 한다(대판 2001.2.9, 99다38613).

② 부동산이중매매 행위

㉠ 부동산소유자가 자신의 부동산에 대하여 취득시효가 완성된 사실을 알고서(악의) 이를 제3자에게 처분(소유권이전 등기 완료)하여 취득시효 완성을 원인으로 한 시효취득을 주장하는 자에게 손해를 입혔다면 불법행위가 구성되며, 이 경우 부동산을 취득한 이중매수인이 부동산소유자의 이와 같은 불법행위(부동산 2중매매)에 '적극가담'한 경우 이는 사회질서에 반하는 행위로서 무효이다(대판 1995.6.30, 94다52416). 여기서 적극가담이란 이중매수인이 타인과의 매매사실을 아는 것만으로는 부족하고, 적어도 매도사실을 알고도 매도를 요청하여 매매계약에 이르러야 한다(대판 1994.3.11, 93다55289; 대판 2008.2.28, 2007다77107).

㉡ 이중매매에서는 매도인의 배임죄 성부가 문제되는데, 판례는 이중매매에 있어서 매도인이 매수인의 사무를 처리하는 자로서 배임죄의 주체가 되기 위하여는 매도인이 계약금을 받은 것만으로는 부족하고 적어도 중도금을 받는 등 매도인이 더 이상 임의로 계약을 해제할 수 없는 상태에 이르러야 한다(대판 1986.7.8, 85도1873). 한편 대물변제예약의 궁극적 목적은 차용금반환채무의 이행 확보에 있고, 채무자가 대물변제예약에 따라 부동산에 관한 소유권이전등기절차를 이행할 의무는 부수적 내용이어서 이를 가지고 배임죄에서 말하는 신임관계에 기초하여 타인의 사무에 해당한다고 볼 수는 없으므로 채무자가 대물로 변제하기로 한 부동산을 제3자에게 처분하였다고 하더라도 형법상 배임죄가 성립하는 것은 아니라고 한다(대판[전합] 2014.8.21, 2014도3363).

③ 인륜에 반하는 행위

㉠ 친자 간의 인륜이나 부부 간의 인륜에 반하는 법률행위도 무효이다. 예컨대 첩계약은 언제나 무효이다(대판 1967.10.6, 67다1134 참고). 특히 영리를 목적으로 윤락행위를 하도록 권유·유인·알선 또는 강요하거나 이에 협력하는 행위는 선량한 풍속 기타 사회질서에 위반되므로 그러한 행위를 하는 자가 영업상 관계있는 윤락행위를 하는 자에 대하여 가지는 채권은 계약의 형식에 관계없이 무효라고 한다(대판 2004.9.3, 2004다27488·27495).

㉡ 한편 불륜관계를 단절하면서 그 첩의 생활비를 지급하거나 자녀의 양육비를 지급하는 계약(첩관계 종료계약)은 유효하며(대판 1980.6.24, 80다458 참고), 또한 부정행위를 용서받는 대가로 손해를 배상함과 아울러 가정에 충실하겠다는 서약의 취지에서 처에게 부동산을 양도하되, 부부관계가 유지되는 동안에 처가 임의로 처분할 수 없다는 제한을 붙인 약정은 선량한 풍속 기타 사회질서에 위반되지 않는다고 한다(대판 1992.10.27, 92스204 참고).

④ 우월한 지위를 이용한 행위

㉠ 당사자의 일방이 그의 독점적 지위 내지 우월한 지위를 악용하여 자기 자신은 부당한 이득을 얻고, 반면에 상대방에게는 과도한 반대급부 또는 기타의 부당한 부담을 부과하는 법률행위는 반사회적인 것으로서 무효라고 할 것이다(대판 1996.4.26, 94다34432 참고).

㉡ 금전소비대차계약과 함께 이자의 약정을 하는 경우 사회통념상 허용되는 한도를 초과하여 현저하게 고율로 정하여졌다면 그 한도를 초과하는 부분의 이자약정은 대주가 그의 우월한 지위를 이용하여 부당한 이득을 얻고 차주에게는 부당한 부담을 지우는 것이므로 선량한 풍속 기타 사회질서에 위반한 사항을 내용으로 하는 법률행위로서 무효라고 볼 수 있다(대판[전합] 2007.2.15, 2004다50426).

⑤ 개인의 자유를 심히 제한하는 행위

㉠ 개인의 자유를 제한하는 의무의 강제를 통하여 얻어지는 채권자의 이익에 비하여 위약벌이 과도하게 무거운 경우에 그 약정은 사회질서에 반하는 것으로 무효가 될 수 있다(대판 1993.3.23, 92다46905). 예컨대 집합건물의 관리인에게 건물 전체 또는 상당부분의 임대권한을 위임하는 내용의 규약은 구분소유자의 소유권을 과도하게 침해 내지 제한함으로써 사회관념상 현저히 타당성을 잃은 것으로서 무효이다(대판 2009.4.9, 2009다242).

㉡ 사용자와 근로자 사이에 경업금지약정이 헌법상 보장된 근로자의 직업선택의 자유와 근로권 등을 과도하게 제한하거나 자유로운 경쟁을 지나치게 제한하는 경우에는 선량한 풍속 기타 사회질서에 반하는 법률행위로서 무효이다(대판 2010.3.11, 2009다82244). 반면에 귀국 후 일정한 기간 근무하지 않으면 해외파견소요경비를 배상한다는 사규나 약정은 근로계약기간이 아니라 경비반환채무의 면제기간을 정한 것이므로 반사회질서 또는 불공정한 행위에 해당하지 않으므로 유효하다(대판 1982.6.22, 82다카90).

⑥ 도박 등 지나치게 사행하는 행위

㉠ 지나치게 사행적인 행위는 무효이다. 예컨대 도박자금을 대여하는 계약은 무효이다(대판 1973.5.22, 72다2249). 또한 처음부터 오로지 보험사고를 가장하여 보험금을 취득할 목적으로 생명보험계약을 체결한 경우에는 보험계약을 악용하여 부정한 이득을 얻고자 하는 사행심을 조성함으로써 사회적 타당성을 일탈하였으므로 무효이다(대판 2000.2.11, 99다49064; 대판 2005.7.28, 2005다23858).

㉡ 한편 도박채무를 변제하기 위하여 채무자로부터 부동산의 처분을 위임받

은 채권자가 그 부동산을 제3자에게 매도한 경우, 그 무효는 변제약정의 이행행위에 해당하는 부분, 즉 위 부동산을 제3자에게 처분한 대금으로 도박채무의 변제에 충당한 부분에 한정된다. 따라서 부동산처분에 관한 대리권을 도박채권자에게 수여한 행위부분까지 무효라고 볼 수는 없으므로, 선의의 거래상대방이 도박채권자를 통하여 그 부동산을 매수한 행위까지 무효가 된다고 할 수는 없다(대판 1995.7.14, 94다40147 참고).

【판 례】

* 대판 2005.7.28, 2005다23858 … 보험계약자가 다수의 보험계약을 통하여 보험금을 부정취득할 목적으로 보험계약을 체결한 경우에, 보험계약을 악용하여 부정한 이득을 얻고자 하는 사행심을 조장함으로써 사회적 상당성을 일탈하게 될 뿐만 아니라, 다수의 선량한 보험가입자 등의 희생을 초래하여 보험제도의 근간을 해치게 되므로, 이와 같은 보험계약은 선량한 풍속 기타 사회질서에 반하여 무효이다.

4) 사회질서 위반행위의 효과

① 법률행위의 무효

㉠ 선량한 풍속 기타 사회질서에 반하는 사항을 내용으로 하는 법률행위는 무효이므로(제103조), 그 법률행위에 기한 이행을 청구할 수 없다. 법률행위가 사회질서에 반하여 무효인 경우에는 추인의 법리가 적용되지 않는다(대판 1973.5.22, 72다2249). 이때 그 무효는 이를 주장할 소송상의 이익이 있는 자에 한하여 주장 또는 항변할 수 있다(대판 2002.4.26, 2001다8073 · 8080 참고).

㉡ 사회질서에 반함에 따른 무효는 절대적이어서, 선의의 제3자에게도 대항할 수 있다. 가령 부동산의 이중매매가 사회질서에 반하는 경우에 그 계약은 절대적으로 무효이므로, 그 부동산을 제2매수인으로부터 다시 취득한 제3자는 설사 제2매수인이 당해 부동산의 소유권을 유효하게 취득한 것으로 믿었더라도, 이중매매계약이 유효라고 주장할 수 없다(대판 1996.10.25, 96다29151). 이 경우에 제3자는 제2매수인에 대하여 타인의 권리를 매도한 자로서의 담보책임을 물을 수 있을 뿐이다(제570조).

② 무효에 따른 법률관계

㉠ 법률행위가 사회질서에 반하여 무효인 경우에, 그 이행이 있기 전이라면 이행할 필요가 없다. 반면 이행된 급부는 부당이득이 되므로 반환되어야 한다(제741조). 그러나 법률행위가 민법 제103조에 반하여 무효인 경우에는 그 급부

가 불법원인급여가 되므로(제746조) 부당이득의 반환을 청구할 수 없다(통설, 판례).

㉡ 민법 제746조의 규정은 제103조와 표리(表裏)를 이루어 사회적 타당성이 없는 행위를 한 사람을 보호할 수 없다는 법의 이념을 실현하려는 것이므로, 불법원인의 급부자는 소유권에 의한 목적물반환청구권도 행사할 수 없다(대판[전합] 1979.11.13, 79다493; 대판 2004.9.3, 2004다27488 · 27495 등).

【판 례】 민법 제**103**조와 제**746**조의 표리관계

* 대판 2004.9.3, 2004다27488 · 27495 … 민법 제746조가 규정하는 불법원인이라 함은 그 원인되는 행위가 선량한 풍속 기타 사회질서에 위반하는 경우를 말하는 것인데, 윤락행위 및 그것을 유인 · 강요하는 행위는 선량한 풍속 기타 사회질서에 위반되므로 그 직업을 소개 · 알선한 자가 윤락행위를 할 자를 고용 · 모집함에 있어 성매매의 유인 · 강요의 수단으로 이용되는 선불금 등 명목으로 제공한 금품이나 그 밖의 재산상 이익 등은 민법 제746조의 불법원인급여에 해당하여 그 반환을 청구할 수 없다.

5) 불공정한 법률행위

① 의 의

상대방의 궁박 · 경솔 또는 무경험을 이용하여 자기의 급부에 비하여 현저하게 균형을 잃은 반대급부를 하게 함으로써 부당한 재산적 이익을 얻는 행위를 불공정한 법률행위 또는 폭리행위라고 한다(제104조).

② 불공정한 법률행위의 요건

㉠ 주관적 요건

상대방의 궁박이나 경솔 또는 무경험에 편승하거나 이를 이용한다는 인식이 있어야 한다. 즉 폭리자는 피해자에게 궁박이나 경솔 또는 무경험의 사정이 있음을 알고서 그것을 이용하려는 악의를 가지고 있어야 한다는 것이 다수설의 입장이다(곽윤직 313면, 김주수 346면, 백태승 363면 등). 판례 역시 피해 당사자가 궁박 · 경솔 또는 무경험의 상태에 있었다고 하더라도 폭리행위의 악의가 없었다면 불공정한 법률행위는 성립하지 않는다고 하여 원칙적으로 폭리자의 의도(악의)를 요구하고 있다(대판 1988.9.13, 86다카563; 대판 2002.9.4, 2000다54406).

㉡ 객관적 요건

현저한 불공정과 궁박 · 경솔 · 무경험 등으로 급부와 반대급부의 객관적 가치에 큰 차이가 있어서 이익균형상 현저하게 공정성을 상실하여야 한

다. 이 경우 당사자가 '궁박'의 상태에 있었는지의 여부는 그의 신분과 재산상태 및 그가 처한 상황의 절박성의 정도 등 제반 상황을 종합하여 구체적으로 판단하여야 한다(대판 1997.7.25, 97다15371 참고). 또한 '경솔'이란 의사를 결정할 때에 그 행위의 결과나 장래에 관하여 보통인이 베푸는 고려를 하지 않는 심적 상태이며(곽윤직 313면 등), '무경험'은 특정 영역이 아닌 일반적인 생활경험 및 지식의 결여를 말한다(대판 2002.10.22, 2002다38927 참고).

③ 폭력행위의 증명책임

㉠ 폭리행위에 대한 주장 및 증명책임은 그 무효를 주장하는 자가 불공정 법률행위를 위한 주관적·객관적 요건, 즉 그가 궁박·경솔 또는 무경험의 상태에 있었다는 사실과 상대방이 이 사실을 알고 있었다는 사실, 그리고 급부와 반대급부 간에 현저하게 불균형이 있음을 모두 주장·증명하여야 한다(대판 1970.11.24, 70다2065; 대판 1991.5.28, 90다19770).

㉡ 급부와 반대급부 사이에 현저한 불균형이 있다고 하여 곧바로 당사자의 궁박·경솔 또는 무경험에 기인하는 것으로 추정되지는 않으며(대판 1969.12.30, 69다1878), 또한 생활곤란으로 목적물을 저렴한 가격에 매각하였다 하더라도 그것만으로 그 매매가 매도인의 궁박·경솔 또는 무경험에 편승하여 이루어진 것이라고 추정되지 않는다(대판 1955.7.7, 4288민상66).

④ 불공정한 법률행위의 효력

㉠ 이행하지 않은 채무의 소멸

불공정한 법률행위는 무효이다(제104조). 따라서 당해 법률행위의 채무가 아직 이행되지 않은 경우에는 채권의 효력이 발생하지 않으므로 이행할 필요가 없다. 이 경우 추인은 인정되지 않는다(대판 1995.12.8, 95다3282; 대판 1994.6.24, 94다10900).

㉡ 이행한 급부의 반환

무효인 폭리행위에 기하여 당사자 사이에 이미 이행이 행하여진 경우, 불법원인은 폭리행위자 측에만 있으므로 폭리행위자의 상대방은 급부의 반환을 청구할 수 있다(제746조 단서). 이 경우 불법원인을 제공한 폭리행위자는 그 반환을 청구할 수 없으므로 피해자(폭리행위자의 상대방)는 반사적으로 이득을 얻게 된다(제746조 본문).

【판 례】

* 대판 1995.12.8, 95다3282 … 의료기관 또는 의사가 환자를 치료하고 그 치료비를 청구함에 있어서 그 치료행위와 그에 대한 일반의료수가 사이에

현저한 불균형이 존재하고 그와 같은 불균형이 피해 당사자의 궁박, 경솔 또는 무경험에 의하여 이루어진 경우에는 민법 제104조의 불공정한 법률행위에 해당하여 무효이므로 그 지급을 청구할 수 없다.

* 대판 1994.6.24, 94다10900 … 불공정한 법률행위로서 무효인 경우에는 추인에 의하여 그 무효인 법률행위가 유효로 될 수 없다고 할 것이므로, 같은 취지에서 법정추인 규정이 적용될 여지도 없다.

5. 법률행위의 해석

(1) 의 의

법률행위의 해석이라 함은 법률행위의 목적 내지 내용을 명확히 하는 것을 말한다. 즉 당사자가 행한 법률행위는 불명확한 경우가 많을 것이므로 여기서 의사표시를 이루는 문자나 언어상의 불명확한 것을 완전·명확하게 하여 당사자가 달성하려는 목적에 법률이 조력할 수 있는 기초를 마련하는 것이 필요하다.

(2) 해석의 대상

1) 의사설과 표시설

법률행위해석의 대상을 표의자의 내심적 효과의사에서 찾을 것인가 아니면 표시행위를 중심으로 판단할 것인가에 관한 전통적 논쟁이다.

① 의사설(내심적 의사)

법률효과의 근원은 표의자의 의사, 즉 내심적 효과의사에 있다고 본다. 따라서 비록 표시행위가 존재하더라도 그것에 상응하는 의사가 존재하지 않든지 의사형성과정에 하자가 있는 경우에, 표의자는 밖으로 표시된 것과 같은 법적 효과를 스스로 의욕하지 않았음을 증명하여 그 효과를 부인할 수 있다. 즉 표시는 내심적 의사에 대한 증거로서의 자료에 지나지 않는다는 것이다.

② 표시설(표시행위)

상대방이 표의자의 의사를 안다는 것은 표시행위에 의존하는 수밖에 없으므로 표의자의 의사는 결국 표시행위에 의하여 판단되는 표시상의 효과의사라고 본다. 따라서 표시행위에 대응하는 내심의 의사가 존재하지 않더라도, 표시행위로부터 추단되는 의사가 존재하면 그대로 법률효과를 발생케 하는 것이 합리적이라는 것이다.

2) 학설과 판례의 태도

① 학설의 입장

통설은 표시주의이론에 가까운 '절충주의'를 취한다. 즉 의사주의는 개인주의적 사회관에 철저한 태도로서 주로 개개의 표의자의 이익보호를 중심으로 하는 입장이고, 표시주의는 표의자 본인의 이익보다는 선의의 상대방의 이익이나 거래의 안전과 신속을 보다 중요시하는 입장인데, 어느 한 면만을 철저하게 관철한다는 것은 비현실적이기 때문에 절충주의를 택한다. 따라서 법률행위해석의 대상은 순수한 심리적 상태인 내심의 의사를 탐구하는 것이 아니라, '표시행위가 지니는 사회적 의미'를 밝히는 것이라고 한다(곽윤직 327면, 이은영 446면 등).

② 판례의 태도

판례도 통설과 같은 태도를 취하는 것으로 보인다. 예컨대 법률행위의 해석은 당사자가 그 표시행위에 부여한 객관적 의미를 명백하게 확정하는 것으로서 특별한 사정이 없는 한 어디까지나 당사자의 내심적 의사의 여하에 관계없이 그 서면의 기재내용에 의하여 당사자가 그 표시행위에 부여한 객관적 의미를 합리적으로 해석하여야 한다고 한다(대판 2006.9.8, 2006다24131 참고).

(3) 해석의 기준

우리 민법은 해석의 기준(표준)에 관하여 일반적 규정을 두고 있지 않으며, 개별적으로 사실인 관습(제106조)과 임의규정(제105조)만 규정하고 있다. 따라서 일반적으로는 해석의 기준으로서 당사자가 의도하는 목적 및 법률행위 당시의 제반사정 · 관습 · 임의규정 · 신의성실의 원칙 등을 제시할 수 있다(대판 2001.3.23, 2000다40858).

【판 례】

* 대판 2001.3.23, 2000다40858 … 법률행위의 해석은 당사자가 그 표시행위에 부여한 객관적인 의미를 명백하게 확정하는 것으로서 당사자가 표시한 문언에 의하여 그 객관적인 의미가 명확하게 드러나지 않는 경우에는 그 문언의 형식과 내용 그 법률행위가 이루어진 동기 및 경위, 당사자가 그 법률

행위에 의하여 달성하려는 목적과 진정한 의사, 거래의 관행 등을 종합적으로 고려하여 사회정의와 형평의 이념에 맞도록 논리와 경험의 법칙, 그리고 사회일반의 상식과 거래의 통념에 따라 합리적으로 해석하여야 한다.

1) 당사자가 의도하는 목적

① 계약서에 사용된 문자의 의미는 계약 당사자가 의도하는 목적과 계약 당시의 제반사정 등을 참작하여 합리적으로 해석하여야 한다(대판 2005.5.27, 2004다60065; 대판 2006.5.12, 2005다68301). 즉 판례가 의미하는 '당사자가 의도하는 목적'은 당사자가 그 법률행위에 의하여 달성하고자 하는 '사회적 · 경제적 목적'이다.

② 법률행위는 본래 일정한 사회적 · 경제적 목적을 자치적으로 달성하기 위한 법률상의 수단이므로, 법률행위의 해석은 무엇보다도 당사자가 달성하려는 목적을 포착하는 것이 제1의 과제이다. 예컨대 계약이 유효 · 무효의 어느 쪽으로도 해석되는 경우에는 당사자의 의도는 될 수 있는 대로 달성되도록 유효한 쪽으로 해석하여야 한다.

【판 례】

* 대판 2005.5.27, 2004다60065; 대판 2006.5.12, 2005다68301 … 당사자가 표시한 문언에 의하여 그 객관적인 의미가 명확하게 드러나지 않는 경우에는 그 문언의 내용과 그 법률행위가 이루어진 동기 및 경위, 당사자가 그 법률행위에 의하여 달성하려는 목적과 진정한 의사, 거래의 관행 등을 종합적으로 고려하여 사회정의와 형평의 이념에 맞도록 합리적으로 해석하여야 한다.

2) 사실인 관습

① 법령 중의 선량한 풍속 기타 사회질서에 관계없는 규정(임의규정)과 다른 관습이 있는 경우에 당사자의 의사가 명확하지 않은 때에는 그 관습에 의한다(제106조).

② 사실인 관습은 관습법과 명확하게 구별된다. 즉 '관습법'이란 사회의 거듭된 관행으로 생성된 사회생활규범이 사회의 법적 확신과 인식에 의하여 법적 규범으로 승인 · 강행되기에 이른 것이며 '사실인 관습'은 사회관행에 의하여 발생한 일종의 사회생활규범인 점에서는 관습법과 유사하나 일반사회의 법적 확신이나 인식에 의하여 법적 규범으로서 승인된 정도에 이르지 못한 단순한 관행으로서 당사자의 의사를 보충함에 그치는 것

이라고 한다(대판 1983.6.14, 80다3231; 대판 2004.4.23, 2000다50701).

3) 임의규정

① 당사자가 법령 중의 '선량한 풍속 기타 사회질서에 관계없는 규정'과 다른 의사를 표시한 때에는 그 의사에 의한다(제105조). 즉 당사자의 의사표시의 내용이 임의규정과 다르다면 민법상 임의규정의 내용은 배척된다(대판 2004.6.11, 2003다1601; 대판 2004.6.25, 2004다2199).

② 민법 제105조에서 법률행위의 당사자가 법령 중의 선량한 풍속 기타 사회질서에 관계없는 규정(임의규정)과 다른 의사를 표시한 때에는 그 의사에 의한다고 규정하고 있으므로, 이 규정을 반대해석하면 특별한 의사의 표시가 없는 경우 또는 의사표시가 불완전・불명료한 경우에는 임의법규를 적용한다는 것이 된다(곽윤직 323면, 김주수 316면, 김형배 79면, 이은영 437면).

【판 례】 임의규정의 역할

* 대판 2004.6.11, 2003다1601; 대판 2004.6.25, 2004다2199 … 민법 제137조는 임의규정으로서 의사자치의 원칙이 지배하는 영역에서 적용되므로 법률행위의 일부가 강행법규인 효력규정에 위반되어 무효가 되는 경우 그 부분의 무효가 나머지 부분의 유효・무효에 영향을 미치는가의 여부를 판단함에 있어서 개별 법령이 일부무효의 효력에 관한 규정을 두고 있는 경우에는 그에 따라야 하고, 그러한 규정이 없다면 원칙적으로 민법 제137조가 적용된다.

4) 신의성실의 원칙(조리)

우리 민법은 권리의 행사 및 의무의 이행에 관하여 신의성실의 원칙을 규정했을 뿐이고(제2조 제1항), 법률행위해석에 관하여는 명문규정이 없으나 당사자가 의도하는 목적・사실인 관습・임의규정의 어느 것에 의해서도 법률행위의 내용을 명확히 할 수 없는 경우에는 법률상의 행동원리인 신의성실의 원칙 또는 법의 근본이념이 되는 조리에 따라 법률행위를 해석함은 당연한 일이다(통설).

제 3 절 의사표시

1. 서 설

(1) 의사표시의 의의

① 의사표시라 함은 일정한 법률효과의 발생을 의욕하고 그것을 외부에 표시하는 행위를 말하는데, 청약에 대한 승낙을 함으로써 계약이 성립하는 것은 그 좋은 예이다. 법률행위는 한 개 또는 여러 개의 의사표시를 요소로 하여 구성되는 법률요건이므로 의사표시는 법률행위의 불가결의 요소가 되는 법률사실이다.

② 우리 민법은 의사표시라는 표제 아래에 진의 아닌 의사표시, 통정한 허위의 의사표시, 착오에 의한 의사표시, 사기 · 강박에 의한 의사표시, 그리고 의사표시의 효력발생시기에 관하여 규정하고 있다(제107조~제113조). 통설은 의사표시의 문제를 크게 의사와 표시가 일치하지 않은 의사표시(비진의표시, 통정허위표시, 착오에 의한 의사표시)와 하자 있는 의사표시(사기, 강박에 의한 의사표시)로 구분한다.

(2) 의사표시의 구성요소

1) 행위의사

행위의사란 어떠한 행위를 한다는 인식이다. 따라서 의식불명상태이거나 최면상태에서 이루어진 행위에는 행위의사가 결여되어 있으므로 표의자의 행위라고 할 수 없다(곽윤직 279면, 이영준 102면). 행위의사는 보통 표시행위에 의하여 인식된다.

2) 효과의사

효과의사란 일정한 법률효과를 원하는 의사를 말하지만, 그 내용에 관해서는 견해가 나뉜다. 효과의사를 흔히 '표시상의 효과의사'와 '내심적 효과의사'로 구별하는데, 전자는 표시행위로부터 추단되는 효과의사이며, 후자는 표의자가 가지고 있는 실제의 의사(진의, 내심의 의사)를 말한다.

3) 표시행위

의사표시가 법률효과를 발생시키기 위하여서는 먼저 타인으로 하여금 자기의 의사표시를 추단시킬 만한 행위가 수반되어야 한다. 이 의사표시로서의 가치를 가진 적극(명시적 표시행위) · 소극(침묵 · 몸짓)의 모든 외형적 행위를 표시행위라고 한다.

(3) 의사주의와 표시주의

1) 의사주의

의사표시에 있어서 표의자의 내심에 있는 진실한 효과의사(내심적인 효과의사)와 표시행위에서 추단되는 효과의사(표시상의 효과의사)가 어떤 이유로 일치하지 않는 경우가 있다. 이러한 경우에 의사주의는 '내심적 효과의사를 의사표시의 본체'로 보고 효과의사와 표시행위가 일치하지 않는 경우에는 모두 무효 또는 법률행위의 불성립으로 다루어져야 한다는 주의이다.

2) 표시주의

표시주의는 '표시행위 그 자체를 의사표시의 본체'로 보고 효과의사와 표시된 의사가 일치하지 않더라도 법률행위는 외부에 표시행위, 즉 표시된 대로의 법률효과를 인정하여야 한다는 주의이다.

3) 민법의 태도

우리 민법은 표시주의를 일반원칙으로 하면서, 예외적으로 의사주의를 가미하고 있는 '절충주의'를 취하고 있다(제107조, 제109조, 제110조 참조). 다시 말해서 내심적 효과의사와 표시행위가 서로 어긋나는 경우에 의사설이나 표시설의 어느 한쪽에 치우치지 않고, 거래안전을 해치지 않는 한도 내에서 표의자의 진의를 존중하여 사회의 일반이익과의 조화를 도모하는 태도를 취하고 있다(제107조; 곽윤직 329면).

(4) 의사표시로 의제되는 경우

1) 침 묵

① 침묵 그 자체는 법적 거래에 있어서 거절의 표시나 동의의 표시가 아니다. 그러나 침묵도 그것이 의사표시로 될 만한 특별한 사정이 있는 경우에는 의사표시로 평가될 수 있다. 민법은 제한능력자의 상대방이 추인 여부의 확답을 최고(催告)하였음에도 제한능력자측이 이에 대해 침묵한 때에는, 두 가지 경우로 나누어 그 효과를 달리 규율한다.

② 제한능력자가 능력자로 된 후에, 최고를 받고서 그 기간 내에 확답을 발송하지 않은 때에는 그 행위를 추인한 것으로 본다(제15조 제1항). 따라서 그 기간이 지난 후에 취소한다는 뜻의 회답을 발송하여도 추인한 것이 된다.

③ 제한능력자의 법정대리인이 최고를 받았으나 그 기간 내에 확답을 발송하지 않은 때에 있어서의 효과는 다시 둘로 나누어진다. 즉 법정대리인이 단독으로 추인할 수 있는 경우(친권자의 경우)에는 추인한 것으로 본다(제15조 제2항). 그러나 법정대리인이 단독으로 추인하지 못하고 특별한 절차를 밟아야 하는 경우(후견인이 제950조 제1항 각호에 열거된 행위를 추인하는 경우)에, 그 기간 내에 확답을 발송하지 않은 때에는 취소한 것으로 본다.

2) 법정추인

① 취소할 수 있는 법률행위에 관하여 추인할 수 있는 후에 일정한 사유(추단적 행위), 즉 전부 또는 일부의 이행 · 이행의 청구 · 경개 · 담보의 제공 · 양도 · 강제집행 등이 있으면 추인한 것으로 본다(제145조).

② 추단적 행위에 의한 의사표시라 함은 행위자가 이행 및 수령행위를 하면서 이것에 의하여 어떠한 법률관계의 형성을 객관적으로 표시하는 경우를 말한다(이영준 114면, 이은영 454면; 대판 2002.4.12, 2000다17834). 통상적인 의사표시를 직접적 의사표시라고 한다면, 추단적 행위에 의한 의사표시를 간접적 의사표시라고 할 수 있다. 예컨대 취소할 수 있는 매매계약을 체결한 매수인이 대금채무를 변제하는 때에는 추인의 의사표시가 있는 것으로 추단된다(제145조).

【판 례】

* 대판 2002.4.12, 2000다17834 … 매도인이 매수인에게 매매계약을 합의해제할 것을 청약하였다고 할지라도 매수인이 그 청약에 대하여 조건을 붙이거나 변경을 가하여 승낙하면 민법 제534조의 규정에 비추어 그 청약의 거절과 동시에 새로 청약한 것으로 보게 되고, 그로 인하여 종전의 매도인이 한 청약은 실효된다.

3) 의사실현에 의한 계약

청약자의 의사표시나 관습에 의하여 승낙의 통지가 필요하지 아니한 경우에는 계약은 승낙의 의사표시로 인정되는 일정한 사실이 있는 때에 성립한다(제532조). 예컨대 버스에 승차한 사람은 비록 무임승차의 목적이 있다고 하더라도 운송계약이 성립한 것으로 간주되므로 요금지불의무를 지게 된다.

4) 묵시의 계약갱신

임대차기간이 만료한 후 임차인이 임차물의 사용수익을 계속하는 경우에 임대인이 상당한 기간 내에 이의(異議)를 제기하지 아니한 때에는 종전의 임대차와 동일한 조건으로 다시 임대차 계약을 한 것으로 본다(제639조 제1항 본문).

5) 자동화된 의사표시

① 현금자동지급기에 의하여 현금을 지급하거나 자동판매기에 의해서 지하철승차권을 판매하는 행위처럼 사람의 행위가 아니라 기계설비에 의하여 의사표시가 이루어지는 경우를 말한다.

② 자동화된 기계설비에의 정보입력과 그 이용은 결국 인간의 행위에 의하여 이루어지는 것이므로 이를 이용하는 의사표시의 본질은 통상의 의사표시와 동일하다. 따라서 의사표시에 관한 민법의 규정이 적용된다.

2. 의사표시의 효력발생

(1) 의사표시의 개념

의사표시는 효력발생요건을 갖춘 때에 효력을 발생한다. 따라서 '상대방 있는 의사표시'는 표시행위가 상대방에게 도달한 때로부터 그 효력이 생기며(제111조 제1항), 이와는 달리 '상대방 없는 의사표시'는 표시행위가 완료된 때(표백주의)에 그 효력이 발생한다(통설). 한편 의사표시의 효력발생시기에 관한 기준으로 표백주의·발신주의·도달주의·요지주의가 있는데, 우리 민법은 원칙적으로 도달주의를 취하고 있으면서(제111조), 예외적으로 발신주의를 가미하고 있다(제15조, 제71조, 제131조, 제455조, 제531조).

(2) 의사표시의 입법유형

1) 표백주의

① 의사표시가 성립한 때, 즉 외형적 존재를 가지게 된 때에 효력이 생긴다고 하는 주의이다. 예컨대 표의자의 의사표시가 서면으로 행하여지는 경우에, 그 서면의 작성이 끝난 때에 효력이 생기는 것으로 하는 주의이다.

② 표백주의에 따르게 되면 상대방이 그 서면의 작성에 관하여 전혀 알지 못함에도 불구하고 곧 효력이 생긴다는 것은 너무나 표의자의 입장에 기울어진 것으로서 타당하다고 할 수 없다.

2) 발신주의

① 의사표시가 외형적 존재를 가지고 표의자의 지배를 떠나서 상대방에게 발신된 때에 효력이 생긴다는 주의이다. 예컨대 서면이 우편함에 투입(발신)되거나 공고문이 일정한 게시장에 게시된 때에 효력이 생기는 것으로 하는 주의이다.

② 발신주의는 원활하고도 신속을 요하는 거래에 적합하며, 특히 다수의 자에게 동일한 통지를 하여야 할 경우에 의사표시의 효력발생시기를 획일적으로 할 수 있는 장점이 있다. 이러한 장점에 착안하여, 상법에서는 이 발신주의를 채용하고 있는 경우가 많으며(상법 제52조, 제53조, 제67조, 제88조, 제363조 등 참조), 민법도 특별한 경우에는 발신주의를 취하고 있다(제15조, 제71조, 제131조, 제455조, 제531조 등). 그러나 이 역시 표의자에게 치중한 입법주의이다.

3) 도달주의

① 의사표시가 상대방에게 도달한 때, 즉 상대방의 지배권 내에 들어간 때에 효력이 생긴다는 주의이며, 수신주의 또는 수령주의라고도 한다. 예컨대 서면이 상대방에게 배달된 때에 효력이 생기는 것으로 하는 것이다.

② 도달주의는 쌍방 당사자의 이익을 가장 잘 조화하는 입법주의라고 할 수 있다. 민법은 뒤에서 설명하는 바와 같이 도달주의를 일반원칙으로서 취하고 있다(제111조).

4) 요지주의

① 상대방이 의사표시의 내용을 안 때에 그 의사표시는 효력을 발생한다는 것이다. 예컨대 도달한 서면을 상대방이 읽은 때를 효력발생시기로 하는 주의이다.

② 요지주의는 상대방의 보호에 치우친 것이라고 할 것이며, 또한 상대방이 요지한 시기를 증명하기 곤란한 단점이 있다. 우리 민법상 이 주의를 취하는 경우는 없다.

(3) 도달주의의 원칙

1) 도달의 의미

① 도달한 때라 함은 의사표시가 상대방의 사회적 지배권 안에 들어가 그 내용을 알 수 있는 일반적·객관적 상태가 생겼다고 인정되는 것을 말한다. 이 경우 상대방이 이를 현실적으로 수령하였거나 그 내용을 알았을

것까지 요하지는 않는다(통설).

② 도달은 상대방이 의사표시의 내용을 '알 수 있는 상태'에 있으면 족하기 때문에 상대방이 그 내용을 알지(요지) 못하였더라도 도달의 효력은 있다. 따라서 상대방이 의사표시의 내용을 확인하지 않은 채 그 수령을 거절한 경우에도 원칙적으로 상대방이 그 통지의 내용을 알 수 있는 객관적 상태에 놓여 있는 때에 의사표시가 도달된 것으로 보아야 한다(대판 2008.6.12, 2008다19973).

2) 도달의 구체적 문제

① 일반우편물의 발송

일반우편물의 경우 우편법 제31조 · 제34조, 동법시행령 제42조 · 제43조의 규정은 수탁업무의 한계를 명백히 한 것으로서, 우편물이 배달되면 국가는 배달업무를 다하였다는 것일 뿐 우편물의 송달로써 당사자가 달성하려고 하는 법률효과까지 발생하는 것은 아니므로, 위 규정에 따라 우편물이 배달되었다고 하여 언제나 '상대방 있는 의사표시'의 통지가 상대방에게 도달하였다고 볼 수는 없다(대판 1993.11.26, 93누17478).

② 등기우편물의 발송

등기우편의 방법으로 발송되었다면 반송되는 등의 특별한 사정이 없는 한 수취인에게 배달되었다고 본다(대판 1992.3.27, 91누3819 참고). 그러나 수취인(가족 포함)이 주민등록지에 실제로 거주하고 있지 아니하면서 전입신고만 해둔 경우에는 등기우편으로 발송된 납세고지서가 반송된 사실이 인정되지 않는다고 하여 납세의무자에게 송달된 것으로 볼 수 없으므로 우편물의 도달사실을 과세관청이 증명하여야 한다(대판 1998.2.13, 97누8977).

③ 내용증명우편물의 발송

최고(催告)의 표시가 기재된 내용증명우편물이 발송되고 반송되지 아니하였다면 특별한 사정이 없는 한 그 무렵에 송달(도달)되었다고 본다(대판 1997.2.25, 96다38322 참고).

④ 전자문서의 발송

이메일 등 전자문서(전자거래기본법 제2조: 정보처리시스템에 의하여 전자적 형태로 작성되어, 송신 수신 또는 저장되는 정보를 말한다)를 통한 의사표시의 도달도 도달시기의 일반이론에 따라 평가할 수밖에 없다. 즉 전자문서는 수신자(대리인 포함)가 해당 전자문서를 수신할 수 있는 정보처리시스템에 발신자가 입력한 때에 송신된 것으로 보며(전자거래기본법 제6조 제1항), 반면 수신은 수신자가 전자문서를 수신할 정보처리시스템을 지정한 경우에는 그 지정된 정보처리시스템에 입력된 때에 수신한 것으로 본다. 다만 전자문서가 지정되지 아니한 정보처리시스템에 입력된 경우에는 수신자가 이를 출력한 때 수신한 것으로 본다(전자거래기본법 제6조 제2항).

3) 도달의 효과

① 의사표시의 연착·불착

도달주의를 취하는 결과, 의사표시의 연착·불착으로 인한 불이익은 표의자에게 돌아간다.

② 의사표시의 철회

의사표시는 상대방에게 도달한 때에 그 효력이 생기므로 발신 후이더라도 도달 전에는 표의자는 그 의사표시를 임의로 철회할 수 있다.

③ 발신 후의 사정변경

도달은 이미 성립한 의사표시의 효력발생요건에 불과하고, 표백과 발신으로 이미 의사표시가 완성되어 있다. 그러므로 통지를 발송한 후 표의자가 사망하거나 제한능력자가 되더라도 의사표시의 효력에는 아무런 영향이 없다(제111조 제2항).

4) 도달주의의 예외(발신주의)

우리 민법은 5가지의 발신주의 규정을 두고 있다. 즉 제한능력자의 상대방의 최고에 대한 확답(제15조), 사원총회의 소집의 통지(제71조), 무권대리인의 상대방의 최고에 대한 확답(제131조),채권자의 채무인수에 대한 승낙의 확답(제455조), 격지자 사이의 계약에 대한 승낙의 통지(제531조) 등을 도달주의의 예외로서 규정하고 있다.

(4) 의사표시의 공시송달

1) 의 의

의사표시는 도달주의 원칙에 따라 효력이 발생하므로(제111조), 표의자가 과실 없이 의사표시의 상대방을 알지 못하거나 또는 그 상대방의 소재를 알지 못하게 되면 의사표시의 효력을 발생시킬 수가 없게 된다. 따라서 이러한 불편을 제거하기 위하여 마련된 것이 이른바 공시송달이다. 즉 이러한 경우에는 민사소송법 제195조의 공시송달의 방법에 의해 의사표시를 도달하게 할 수 있다(제113조).

2) 공시송달의 요건

의사표시는 도달에 의하여 효력을 발생하므로(제111조), 표의자가 의사표시를 수령할 상대방을 알 수 없거나 또는 그 상대방의 소재를 알지 못하여야 한다. 특히 상대방 또는 그의 소재를 알지 못한 데 대하여 표의자의 과실이 없어야 한다.

3) 공시송달의 방법

① 공시송달은 법원사무관 등이 송달할 서류를 보관하고 그 사유를 법원게시장(게시 장소)에 게시하거나, 그 밖에 대법원규칙이 정하는 방법에 따라서 하여야 한다(민사소송법 제195조).

② 공시송달절차의 '관할'에 관하여 명문규정이 없기 때문에 학설은 상대방을 알 수 없는 때에는 표의자의 주소지를 관할로 하고 상대방의 소재지를 알 수 없는 때에는 상대방의 최후의 주소지를 관할하는 지방법원을 그 관할로 한다는 것에 일치하고 있다.

4) 효력발생의 시기

① 공시송달에 의한 의사표시의 효력은 첫 번째 공시송달의 경우에는 공고와 게시한 날로부터 2주일을 경과한 때에 상대방에 도달한 것으로 한다. 다만 같은 당사자에게 그 뒤의(2차 공시) 공시송달은 실시한 다음날부터 생긴다(민사소송법 제196조 제1항).

② 외국에서 할 송달에 대한 공시송달은 게시한 날로부터 2개월이 경과하여야 효력(의사표시 효력발생)이 생기는데, 위 기간은 이를 단축할 수 없다(민사소송법 제196조 제2항, 제3항).

(5) 의사표시의 수령능력

① 민법은 제한능력자(피특정후견인의 경우에는 행위제한능력자로 보지 않는 것이 학설의 견해이다)를 일률적으로 의사표시의 수령제한능력자로 하고 있다. 따라서 수령제한능력자에 대한 의사표시는 그 도달에 따른 효력발생을 주장할 수 없다(제112조 본문). 다만 의사표시의 상대방이 제한능력자이더라도 그의 법정대리인이 도달을 안 후에는 효력발생을 주장할 수 있다(제112조 단서).

② 한편 제한능력자 중에서 미성년자와 피한정후견인는 예외적으로 일정한 경우에는 행위능력이 인정되어 법정대리인의 동의 없이 단독으로 유효한 법률행위를 할 수 있으므로(제5조 제1항 단서, 제6조, 제8조 제1항, 제117조, 제140조; 상법 제7조; 근로기준법 제65조, 제66조 등), 그 범위에서는 의사표시의 수령능력도 당연히 있다고 해석된다.

3. 의사와 표시의 불일치

(1) 진의아닌 의사표시

1) 의 의

진의아닌 의사표시라 함은 의사와 표시가 일치하지 않는다는 것을 표의자 자신이 알면서 그것을 말하지 않고서 하는 의사표시로서 '단독허위표시' · '비진의의사표시'라고도 한다. 또한 진의(내심적 효과의사)를 마음속에 보유한 행위라는 의미에서 '심리유보'라고도 한다.

2) 진의아닌 의사표시의 요건

① 의사표시가 존재하여야 한다. 즉 객관적으로 일정한 효과의사를 추단할 만한 가치 있는 행동이 있어야 한다는 것이다. 따라서 연극배우의 대사와 같이 법률관계의 발생을 의욕하지 않는 것이 분명한 경우에는 문제되지 않는다.

② 표시와 진의가 일치하지 않아야 한다. 즉 내심적 효과의사가 표시상의 효과의사와 법률상 객관적으로 부합하지 않아야 한다(대판 1997.7.25, 97다8403; 효과의사가 없어야 한다).

③ 표의자가 스스로 그 표시와 진의의 불일치를 알고 있어야 한다. 이 경우 상대방이 진의아님을 알지 못하리라고 기대하는 경우(독일민법 제116조)뿐만 아니라 상대방이 알 것이라도 기대하는 경우(독일민법 제118조)에도 적용된다.

3) 진의아닌 의사표시의 효과

① 원 칙

진의아닌 의사표시는 표시된 대로의 효과가 발생한다(제107조). 통설에 의하면 진의아닌 의사표시에서는 효과의사가 없고 표시행위만 존재하므로 의사와 표시가 일치하지 않음에도 불구하고 표시된 대로 법률효과가 발생되는 것은 우리 민법이 표시주의를 취하는 결과라고 한다. 따라서 민법 제107조의 정신은 스스로 거짓말한 자를 보호할 필요가 없다는 것이다(고상룡 399면, 곽윤직 330면, 김형배 187면, 이은영 471면).

② 예 외

㉠ 상대방이 표의자의 진의아님을 알았거나 알 수 있었을 때에는 무효이다(제107조 제1항 단서). 이 경우 상대방이 비진의표시를 알았거나 또는 알 수 있었음을 판단하는 기준시점은 형성과정 · 그 내용 · 객관적인 사정 등을 종합적으로 고려하여 판단하여야 한다(대판 1999.1.15, 98다39602).

㉡ 상대방의 악의 또는 과실의 유무는 그 표시의 무효를 주장하는 자(단독허위 표시자)가 증명하여야 한다. 민법 제107조 제1항 단서는 과실 있는 상대방을 보호할 필요가 없다는 취지의 규정이다. 또한 비진의의사표시가 예외로 무효인 경우는 이 무효로써 선의의 제3자에게 대항할 수 없다(제107조 제2항). 선의의 제3자 보호를 위한 적합한 규정이라고 본다.

4) 민법 제107조의 적용범위

① 제107조의 인정범위

진의 아닌 의사표시에 관한 민법 제107조의 규정은 계약은 물론 상대방 있는 단독행위에도 적용된다. 또한 민법 제107조 제1항 본문은 상대방 없는 단독행위에 적용된다는 것이 일치된 견해이다(통설).

② 제107조 부정범위

㉠ 표의자의 의사가 절대적으로 존중되어야 하는 가족법상의 행위(신분행위)에는 적용되지 않고, 별도의 규정이 있다(제815조 제1호).

㉡ 상법은 주식인수의 청약에 관하여 민법 제107조의 적용을 배제하고 있으므로(상법 제302조 제3항), 주식인수의 청약은 그것이 진의 아닌 의사표시이더라도 언제나 유효하다. 신주의 발행에 있어서도 마찬가지이다(상법 제425조, 제302조 제3항). 또한 공법상의 행위와 소송행위는 그 법률관계의 특수성 때문에 언제나 유효하므로 민법 제107조는 적용되지 않는다(대판 1997.12.12, 97누13962).

(2) 통정한 허위의 의사표시

1) 의 의

통정한 허위의 의사표시라 함은 표의자가 표시상대방과 합의해서 하는 진의 아닌 의사표시를 말하며, 이를 줄여 '통정허위표시' 또는 '허위표시'라고도 한다. 즉 진의아닌 허위의 의사표시를 상대방과 짜고(통정) 합의하는 경우가 이에 해당한다(대판 1972.12.26, 72다1776). 예컨대 채권자로부터 강제집행을 면하기 위하여 부동산의 소유자가 타인과 통모하여 매매를 가장함으로써 그 타인에게 소유권이전등기를 하는 허위의 법률행위(가장행위)가 전형적인 예이다.

2) 통정허위표시와 구별개념

① 은닉행위

허위표시(예컨대 매매)에 의하여 숨겨진 법률행위(예컨대 증여)를 은닉행위라고 한다. 원래 은닉행위에 있어서도 당사자의 의사의 합치가 있으므로 그 법률행위는 실제로 존재하는 것이므로 언제나 유효하다. 다만 통상의 법률행위로 인정되더라도 다른 유효요건이 더 필요한 경우에는 그 요건이 갖추어져야 한다(독일민법 제117조 제2항 참조). 따라서 허위표시인 매매가 무효이더라도 은닉행위인 증여는 유효하다.

② 신탁행위

일정한 경제적 목적을 달성하기 위하여 상대방에게 그 목적달성에 필요한 정도를 넘는 권리를 이전하고, 상대방으로 하여금 그 권리를 당사자의 경제적 목적 안에서만 행사하게 하는 행위를 신탁행위라고 한다. 예컨대 추심을 위한 채권양도(양도담보)가 전형적인 예이다. 이러한 신탁행위는 당사자 사이에 권리를 이전하려는 진의가 실제로 존재하므로 허위표시가 아니다(통설).

③ 허수아비행위

계약당사자가 전면에 나서는 것을 꺼려 다른 사람(허수아비)을 내세워 법률행위를 하되, 대내적으로 이에 따른 권리·의무를 자기에게 귀속시키는 행위를 허수아비행위라고 한다(이러한 행위는 건설회사가 건축용 토지를 매입하면서 종종 이용된다). 이는 허수아비가 법률상 당사자로서 그의 의사에 따라 대외적으로 권리를 취득하고 의무를 부담하므로(간접대리) 허위표시로 볼 것은 아니다. 이러한 허수아비행위는 부동산실명법상 문제가 되는 바, 그 내용은 민사특별법에서 언급하기로 한다.

3) 통정허위표시의 요건

① 의사표시가 존재하여야 한다. 유효한 의사표시가 존재하는 것과 같은 외관, 즉 사회통념상 의사표시가 있는 것으로 인정될 수 있으면 된다. 허위표시는 증서의 작성이나 등기·등록과 같은 외형까지 수반하는 경우가 많다.

② 진의와 표시가 일치하지 않아야 하며, 표의자가 그 불일치를 알고 있어야 한다. 따라서 표시행위에 대응하는 진정한 의사가 있으면 허위표시가 아니며(대판 1989.9.12, 88다카34117), 또한 단지 법적 효과와 경제적 목적이 상이한 신탁행위는 허위표시가 아니라고 하는데 학설이 일치하고 있다.

③ 상대방과의 통정이 있어야 한다. 통정의 존재를 인정하기 위해서는 표의자가 진의아닌 표시를 하는 것을 상대방이 알고 있는 것만으로는 부족하며, 그에 관하여 상대방과의 사이에 의사의 합치가 있어야 한다. 따라서 통정이라는 뜻은 진의가 없는 의사표시의 외형만을 서로 짜고 일치시키는 것을 말한다(대판 2001.2.23, 2000다6586; 대판 2008.6.12, 2008다7772·7789).

4) 통정허위표시의 효력

① 당사자 간의 효력

㉠ 선의의 제3자가 허위표시의 유효를 주장할 수 있는 경우에도 허위표시는 당사자 사이에서는 언제나 무효이다. 또한 누구든지 그 무효를 주장할 수 있다(대판 2003.3.28, 2002다72125 참고).

㉡ 금융기관이 동일인의 여신한도 제한을 회피하기 위하여 제3자가 금융기관과의 협의하에 자신을 주채무자로 하는 소비대차계약을 체결한 경우, 그 대출계약의 실질적인 당사자는 상호신용금고와 실질적 주채무자이므로, 금융기관과 제3자인 당사간의 법률행위는 허위표시에 해당하여 무효이다(대판 2001.2.23, 2000다65864; 대판 2008.6.12, 2008다7772 · 7789).

㉢ 통정허위표시(가장행위)에 기하여 이미 이행한 당사자의 급부는 법률상 원인이 없는 부당이득이므로 그 반환을 청구할 수 있다(제741조 참조). 이 경우에 민법 제746조(불법원인급여)가 적용되는가에 관하여 통설과 판례는 적용되지 않는다고 한다(대판 1994.4.15, 93다61307; 대판 2004.5.28, 2003다70041). 왜냐하면 허위표시 그 자체는 불법이 아니며, 또한 불법원인급여의 성질을 인정한다면 민법 제108조 제1항의 입법취지가 상실되기 때문이라고 한다(곽윤직 334면, 김주수 309면, 이은영 500면 등).

【판 례】

* 대판 2008.6.12, 2008다7772 · 7789 … 금융기관이 동일인 여신한도 제한을 회피하기 위하여 제3자가 금융기관과의 협의하에 자신을 주채무자로 하는 소비대차계약을 체결한 경우에, 그 대출계약의 실질적인 당사자는 상호신용금고와 실질적 주채무자이므로, 제3자 명의로 되어 있는 대출약정은 상호신용금고의 양해하에 그에 따른 채무부담의 의사 없이 형식적으로 이루어진 것에 불과하여, 허위표시에 해당하는 무효의 법률행위이다.
* 대판 2004.5.28, 2003다70041 … 강제집행을 면할 목적으로 부동산에 허위의 근저당권설정등기를 경료하는 행위는 선량한 풍속 기타 사회질서에 위반한 사항을 내용으로 하는 법률행위로 볼 수 없으며, 또한 강제집행을 면할 목적으로 부동산의 소유자명의를 신탁하는 것이 민법 제746호 소정의 불법원인급여에 해당한다고 볼 수 없다.

② 제3자에 대한 효력

㉠ 통정허위표시에 의한 가장행위는 원칙적으로 제3자에 대해서도 무효이다.

다만 허위표시의 무효로써 선의의 제3자에게 대항하지 못한다(제108조 제2항). 제3자의 선의는 추정되므로 제3자의 악의를 주장하는 자가 이를 증명하여야 한다(통설; 대판 2006.3.10, 2002다1321). 또한 의사표시의 존재에 관해서는 법률효과를 주장하는 표의자가 증명해야 하며, 다른 요건들은 허위표시로서 무효를 주장하는 자가 증명하여야 한다(통설).

ⓛ 통정허위표시의 무효를 가지고 대항할 수 없는 제3자란 허위표시의 당사자 및 포괄승계인 이외의 자로서 허위표시에 의하여 외형상 형성된 법률관계를 토대로 새로운 이해관계를 맺은 전득자를 말한다(통설; 대판 2006.2.9, 2005다59864).

ⓒ 선의의 제3자로부터 권리를 전득한 자는 전득시에 악의일지라도 선의의 제3자의 권리취득에 의하여 전득자의 하자가 치유되었기 때문에 권리를 취득한다(통설). 이는 악의의 전득자를 보호하지 않는다면 선의의 제3자가 불측의 손해를 입을 수 있기 때문이다.

【판 례】

* 대판 2006.3.10, 2002다1321 … 허위의 매매에 의한 매수인으로부터 부동산의 권리를 취득한 제3자는 특별한 사정이 없는 한 선의로 추정할 것이므로 허위표시를 한 부동산의 양도인이 제3자에 대하여 자신의 소유권을 주장하려면 제3자의 악의를 증명하여야 한다.
* 대판 2006.2.9, 2005다59864 … 임대차보증금반환채권을 담보하기 위하여 전세권설정등기를 경료한 후 그 전세권에 대하여 저당권이 설정된 경우 임대인과 임차인 사이에 있어서 임대차계약만이 유효하고 외형만 작출된 위 전세권설정계약이 무효라고 하더라도 그와 같은 사정을 알지 못한 제3자인 저당권자에 대하여는 그 무효를 주장할 수 없다.

5) 통정허위표시의 철회

① 통정허위표시는 무효이므로 그 철회는 논리적으로 무의미하다. 그러나 허위표시는 제3자와의 관계에서 유효한 것으로 취급될 수도 있으므로 철회의 필요성이 존재한다. 다만 철회가 있기 전에 이해관계를 맺은 선의의 제3자에 대해서는 철회를 가지고 대항할 수 없다.

② 철회 후에 이해관계를 맺은 제3자에 대해서는 허위표시의 외형(등기 혹은 채권증서)을 제거한 경우에만 대항할 수 있고, 그렇지 않은 경우에는 대항할 수 없다(통설). 따라서 허위표시의 외형이 제거된 후에 이해관계를 맺은 제3

자는 비록 허위표시의 존재에 관하여 선의이더라도 보호되지 않는다. 외관이 없는 경우까지 제3자를 보호하면서 실질적 권리자에게 불이익을 주는 것은 신뢰책임의 범위를 넘기 때문이다.

6) 민법 제108조의 적용범위

① 상대방 없는 단독행위

통정허위표시에 관한 민법 제108조의 규정은 계약은 물론 상대방 있는 단독행위(계약해제, 채무면제)에도 적용된다(통설). 그렇다면 '상대방 없는 단독행위'에도 허위표시가 성립하는가에 대하여 견해가 대립하고 있으나, 상대방 없는 단독행위의 경우에는 통정이라는 요건이 갖추어질 수 없기 때문에 제108조는 적용될 여지가 없다고 본다(곽윤직 336면, 김형배 206면, 백태승 403면 등).

② 신분행위

㉠ 혼인 혹은 입양과 같이 본인의 진의가 절대적으로 존중되는 가족법상의 신분행위에 관해서는 별도의 규정(제815조 참조)이 적용되므로, 민법 제108조의 효력은 당사자는 물론 제3자에 대한 관계에서도 언제나 무효라고 하는 점에서 학설상 다툼이 없다.

㉡ 한편 재산관계와 밀접한 관계가 있는 신분행위에 대해서는 민법 제108조의 적용을 인정할 것인가? 긍정설은 재산관계와 밀접한 관계가 있는 신분행위, 예컨대 '상속재산분할의 협의'(제1013조), '재산상속의 포기'(제1041조) 등에 관해서는 민법 제108조를 적용할 수 있다고 한다(고상룡 415면, 이영준 347면, 이은영 331면 등). 반면에 부정설은 본인의 진의를 절대적으로 존중하는 가족법상의 행위에 대해서는 그 행위가 비록 재산적 신분행위일지라도 언제나 무효라고 한다(곽윤직 336면, 백태승 403면).

③ 소송행위 및 공법행위

소송행위는 소송요건을 갖추면 단지 가장적인 성질이 있다는 이유로 무효가 되지 않는다. 또한 가장된 다툼에 의하여 판결이 선고된 경우에도 그 판결은 유효하다(통설). 마찬가지로 허위표시규정은 공법행위에도 원칙적으로 적용되지 않는다.

④ 유가증권 · 주식인수의 청약행위

유가증권에 관한 행위와 주식인수의 청약행위 등은 유가증권의 유통성을 확보하거나 거래안전에 영향을 주는 요식행위이므로 그 적용을 배제해야 한다는 것이 학설의 일반적인 견해이다(이은영 496면, 이태재 254면). 그러나 판례는 허위표시에 기하여 당사자(주체무자)가 아닌 제3자 명의로 대출약정 및 약속어음을 발행하는 행위는 통정허위표시에 해당하는 법률행위로서 무효라고 한다.(대판 1996.8.23, 96다18076).

【판 례】

* 대판 1996.8.23, 96다18076 … 동일인에 대한 대출액한도를 제한한 법률의 적용을 회피하기 위하여, 제3자를 형식상의 주채무자로 내세웠고 상호신용금고도 이를 양해하면서 제3자에 대하여는 채무자로서의 책임을 지우지 않을 의도하에 제3자명의로 대출관계서류 및 약속어음을 작성받았음을 충분히 추단할 수 있다면, 당사자는 상호신용금고와 실질적 주채무자이므로, 제3자명의로 되어 있는 대출약정 및 약속어음 발행은 상호신용금고의 양해하에 그에 따른 채무부담의사 없이 형식적으로 이루어진 것에 불과하여 통정허위표시에 해당하는 무효의 법률행위이다.

(3) 착오로 인한 의사표시

1) 의 의

착오라 함은 표시된 내용과 내심의 의사의 불일치를 표의자 자신이 알지 못하는 것을 말한다. 즉 그러한 착오를 미리 알았더라면 법률행위를 하지 않았을 의사표시를 말한다. 우리 민법은 의사표시는 법률행위의 '내용의 중요부분'에 착오가 있을 때에만 취소할 수 있다고 규정하고 있다(제109조 제1항 본문).

2) 착오의 종류

① 표시상의 착오

표시상의 착오란 표시행위 자체를 잘못하여 내심적 효과의사와 표시상의 의사에 불일치가 생기는 경우로서, 잘못 표기하거나 말하는 것을 말한다. 예컨대 매매를 위한 청약서에 사과 1상자당 50,000원이라고 적을 생각이었으나 잘못하여 5,000원이라고 적은 것과 같다.

② 내용상의 착오

내용상의 착오란 표시행위 자체에는 착오가 없으나 표시행위가 가지는 의미를 잘못 이해함으로써 발행하는 착오이다. 예컨대 US$와 홍콩$가 동일한 가치인 것으로 오신하여 매매를 위한 청약서에 100US$라고 적을 생각으로 100 홍콩$라고 적은 것과 같다.

③ 동기의 착오

㉠ 개 념

동기의 착오란 표시에 대응하는 내심의 의사가 존재하지만 그 내심의 의사를 결정할 때에 동기 또는 의사를 결정하는 과정에 착오가 있는 경우이다. 이러한 동기의 착오를 이유로 의사표시를 취소할 수 있는가? 이에 관하여 학설상 부정설과 긍정설이 대립되고 있다.

㉡ 학설의 견해

부정설은 동기의 착오를 취소할 수 있는 착오의 범주에서 배제한다. 즉 표시조차 되지 않는 표의자의 주관적인 것을 착오로 인정한다면 상대방에게 일방적으로 불리한 것이 된다고 한다(김기선 255면, 김주수 370면, 김현태 298면, 이영준 312면). 반면 긍정설은 동기의 착오도 취소할 수 있는 착오의 범주에 포함시킨다. 다만 어떤 유형의 착오이든 착오를 이유로 취소할 수 있으려면 표의자가 착오를 일으킨 것에 대해 그 상대방이 알았거나 알 수 있었을 것, 즉 인식가능성을 요구한다(고상룡 425면, 김용한 295면, 장경학 483면, 황적인 177면).

㉢ 판례의 태도

판례는 계약동기에 착오를 일으켜 계약을 체결한 사안에서, 당사자 사이에 그 동기를 계약의 내용으로 삼은 때에는 이를 이유로 당해계약을 취소할 수 있으며(대판 1984.10.23, 83다카1187 대판 2000.5.12, 2000다12259), 또한 동기가 상대방의 부정한 방법에 의하여 유발된 경우이거나(대판 1987. 7.23, 85다카2339 참고) 동기가 상대방으로부터 제공된 경우(대판 1990.7.10, 90다카7460)에는 동기가 표시되지 않았다고 하더라도 동기의 착오에 의한 의사표시는 취소될 수 있다고 한다.

【판 례】

* 대판 2000.5.12, 2000다12259 … 매매대상토지 중 20 내지 30평 가량만 도로에 편입될 것이라는 중개인의 말을 믿고 주택 신축을 위하여 토지를 매수하였고, 그러한 사정이 계약체결과정에서 현출되어 매도인도 이를 알고 있었는데, 실제로는 전체 면적의 약 30%에 해당하는 179평이 도로에 편입된 경우에 동기의 착오를 이유로 매매계약은 취소되어야 한다.
* 대판 1990.7.10, 90다카7460 … 공원휴게소 설치시행허가를 받음에 있어 담당공무원이 법규오해로 인하여 잘못 회신한 공문에 따라 동기의 착오를 일으켜 법률상 기부채납의무가 없는 휴게소부지의 16배나 되는 토지 전부와 휴게소건물을 시에 증여한 경우, 휴게소부지와 그 지상 시설물에 관한 부분을 제외한 나머지 토지에 관해서는 법률행위의 중요부분에 관한 착오가 인정된다.

④ 표시기관의 착오

표시기관의 착오란 급사(단순한 일을 하는 아르바이트생)로 하여금 구두로 상대방에게 전달하게 한다든지 또는 우체국의 전신기사(예컨대 100만원에 매도한다는 뜻을 10만원에 매도한다고 잘못 타전한 경우)로 하여금 타전케 하는 경우처럼 중개자(표시기관)에 의하여 의사표시를 하는 경우에 이러한 매개자가 표의자의 의사와 다르게 표시행위를 하는 것을 말한다(곽윤직 341면 등). 여기서 주의할 것은 '대리인'이 표시를 잘못한 경우에 그 대리인을 기준으로 유효한 법률효과를 판단하므로(제116조) 본인은 착오를 주장할 수 없다.

⑤ 법률의 착오

법률의 규정 또는 그 의의에 관하여 잘못 인식하는 것이다. 형법은 법률의 착오를 책임조각사유로 하고 있다(형법 제16조). 민법상 법률의 착오를 착오의 문제로 볼 수 있는가? 예컨대 매도인이 하자담보에 관한 책임(제580조)이 없는 줄로 믿고 매매를 한 경우에, 그 법률행위는 착오를 이유로 취소할 수 있겠느냐가 문제인 것이다. 민법 제109조는 특히 법률의 착오를 제외하고 있지 않으므로, 법률행위의 중요부분에 착오가 있는 경우에는 취소할 수 있다(대판 1981.11.10, 80다2475).

⑥ 서명 · 날인의 착오

당사자가 자신의 효과의사와 다른 내용이 기재된 문서, 즉 문서를 잘못 읽고 이에 기명날인하거나 서명하는 경우를 이른 바 기명날인 또는 서명의 착오라고 말한다. 예컨대 단순보증채무라고 알고 위 연대보증채무의 문서를 전혀 읽지 않거나 건성으로 읽어 대충 이해한 채 기명날인을 하는 경우가 이에 해당한다(대판 2005.5.27, 2004다43824). 한편 계약당사자 쌍방이 모두 착오 있는 의사표시를 한 경우, 즉 각자의 착오 내용이 다른 경우에는 각 당사자가 독립적으로 민법 제109조 제1항을 원용할 수 있다. 판례 역시 양 당사자의 취소를 인정하고 있다(대판 2005.5.27, 2004다60065; 대판 2006.11.23, 2005다13288).

3) 착오의 요건

① 의사표시의 착오존재

㉠ 우선 의사표시가 존재하고, 그 의사표시를 함에 있어서 표의자의 착오가 있어야 한다(대판 1991.1.11, 90다8992 참고). 대리인에 의한 계약체결에서 착오의 유무는 대리인을 표준으로 판단한다(제116조).

㉡ 착오가 존재하는지 여부의 판단시점은 의사표시 당시이며, 착오(동기)의 대상에는 현재의 사실뿐만 아니라 장래의 불확실한 사실도 포함된다(대판 1994.6.10, 93다24810).

② 법률행위내용의 중요부분에 착오

㉠ 법률행위의 중요부분이란 의사표시에 의하여 달성하려고 한 사실적 효과의 중요한 부분이라고 한다(곽윤직 342면 등). 중요부분에 대한 착오가 인정되기 위해서는 주관적인 요건과 객관적인 요건이 함께 고려되어야 한다(대판 2003.4.11, 2002다70884). 즉 표의자가 이러한 착오가 없었더라면 그 의사표시를 하지 않았을 것이라고 판단될 정도로 중요한 것이어야 하며(주관적 요건), 일반인도 표의자의 입장에 있었더라면 그러한 의사표시를 하지 않았을 것이라고 생각될 정도로 중요한 것이어야 한다(객관적 요건). 또한 그 착오가 의사표시에 결정적인 영향을 미쳤다는 증명은 의사표시의 취소를 주장하는 자에게 있다(대판 2008.1.17, 2007다74188).

㉡ 판례에 나타난 '법률행위내용의 중요부분'을 살펴보면 다음과 같다. 토지의 현황・경계에 관한 착오(대판 1993.9.28, 93다31634), 재건축설계용역시 건축연구소장의 건축사자격증소지에 관한 착오(대판 2003.4.11, 2002다70884), 신용보증기금에 의한 신용보증을 하는 데 기업의 신용유무(대판 2005.5.12, 2005다6228)는 중요부분의 착오이므로 취소할 수 있다고 한다. 반면에 토지면적의 부족(대판 2000.5.12, 2000다12259), 소유권귀속에 관한 착오(대판 1999.2.23, 98다47924) 등은 중요부분의 착오가 아니라고 한다.

【판 례】

* 대판 2003.4.11, 2002다70884 … 재건축아파트설계용역에서 건축사 자격이 가지는 중요성에 비추어 볼 때 건축사 자격이 없이 건축연구소를 개설한 건축학 전공 교수에게 건축사 자격이 없다는 것을 알았더라면 재건축조합뿐만 아니라 객관적으로 볼 때 일반인으로서도 이와 같은 설계용역계약을 체결하지 않았을 것으로 보이므로 재건축조합의 착오는 중요부분의 착오에 해당한다.

③ 표의자의 경과실

㉠ 표의자에게 중대한 과실이 없어야 한다. 즉 법률행위의 내용의 중요부분에 착오가 있더라도 표의자에게 중대한 과실이 있으면 취소할 수 없으므로, 취소의 요건으로 표의자의 경과실을 요한다(제109조 제1항 단서). 중대한 과실이란 표의자의 직업, 행위의 종류 및 목적 등에 비추어 일반적으로 요구되는 주의를 지나치게 결여한 것을 말한다(통설; 대판 2000.5.12, 2000다12259; 대판 2003.4.11, 2002다70884 참고).

㉡ 착오가 있다는 사실과 그것이 법률행위의 중요부분에 관한 것이라는 사

실에 대해서는 표의자가 증명책임을 지지만, 표의자에게 중과실이 있다는 것에 대한 증명책임은 의사 표시의 상대방이 부담한다(통설).

4) 착오의 효과

① 원 칙

원칙적으로 착오 있는 의사표시를 했더라도 법률행위는 일단 유효하게 성립한다. 그러나 법률행위 내용의 중요부분에 착오가 있는 경우는 이를 취소할 수 있다(제109조 제1항). 여기서 '법률행위 내용의 중요부분에 착오'가 있는 경우라 함은 의사표시에 의하여 달성하려고 한 사실적 효과(의사표시의 내용)의 중요한 부분에 착오가 있는 것을 말한다(대판 2005.5.27, 2004다43824).

【판 례】

* 대판 2005.5.27, 2004다43824 … 취소자가 신원보증 서류에 서명날인하는 것으로 잘못 알고 이행보증보험약정서를 읽어보지 않은 채 서명날인한 것일 뿐 연대보증약정을 한 사실이 없다는 주장은 위 연대보증약정을 중요부분의 착오를 이유로 취소한다는 취지로 볼 수 있다.

② 예 외

예외적으로 표의자에게 중대한 과실이 있는 경우에는 비록 내용의 중요부분에 착오가 있더라도 취소할 수 없다(제109조 제1항 단서). '중대한 과실'이라 함은 표의자의 직업·행위의 종류·목적 등에 비추어 보통으로 하여야 할 주의를 현저하게 결여하는 것을 말한다(대판 2000.5.12, 99다64995 등).

【판 례】

* 대판 2000.5.12, 99다64995 … 신용보증기금의 신용보증서를 담보로 금융채권자금을 대출하여 준 금융기관이 위 대출자금이 모두 상환되지 않았음에도 신용보증기금에게 신용보증서 담보설정 해지를 통지한 경우에, 그 해지의 의사표시는 중대한 과실에 기한 것이다.

② 신뢰이익의 배상

㉠ 독일민법은 착오를 이유로 하여 취소하는 자는 자신의 과실과 상관없이 상대방이 의사표시의 유효를 신뢰함으로써 그에게 발생된 손해(신뢰이익의 손해)를 배상하도록 규정한다(독일민법 제122조 제1항 참조).

㉡ 우리 민법은 제109조에 착오자의 신뢰이익의 배상책임을 인정하는 규정을 두고 있지 않으므로 직접 이 규정에 의거하여 어떤 배상책임을 표의자에게 묻지는 못한다. 그러나 '계약체결상의 과실책임론'의 한 유형인 민법 제535조를 유추 적용함으로써 착오에 빠진 것을 과실로 알지 못한 자(표의자)는 상대방에게 신뢰이익을 배상할 의무를 부담한다고 한다(곽윤직 345면, 김상용 502면, 이영준 374면, 이은영 533면). 그러나 판례는 취소권을 행사하는 것은 위법하지 않음을 근거로 착오취소에 있어서는 착오자의 배상책임을 부정한다(대판 1997.8.22, 97다13023 참고).

【판 례】

* 대판 1997.8.22, 97다13023 … 불법행위로 인한 손해배상책임이 성립하기 위하여는 가해자의 고의 또는 과실 이외에 행위의 위법성이 요구되므로, 전문건설공제조합이 계약보증서를 발급하면서 조합원이 수급할 공사의 실제 도급액을 확인하지 아니한 과실이 있다고 하더라도 민법 제109조에서 중과실이 없는 착오자의 착오를 이유로 한 의사표시의 취소를 허용하고 있는 이상, 그 착오를 이유로 보증계약을 취소한 것이 위법하다고 할 수는 없다.

③ 제3자에 대한 관계

착오에 의한 법률행위의 취소는 선의의 제3자에게 대항하지 못한다(제109조 제2항). 선의의 제3자에 대한 효력은 앞에서 언급한 통정허위표시의 내용과 동일하다(앞의 내용 참고).

5) 제109조의 적용범위

① 민법 제109조는 재산행위를 규율하는 규정이기 때문에 원칙적으로 모든 사법상의 의사표시에 적용되나, 일정한 경우에는 그 적용이 제한된다. 예컨대 상법상 거래안전을 위하여 회사성립 후에 주식을 인수한 자는 착오를 이유로 그 인수를 취소하지 못한다(상법 제320조 제1항).

② 가족법상의 행위에 있어서는 당사자의 의사가 절대적으로 존중되어야 한다는 점에서 민법 제109조는 적용되지 않는다는 것이 통설이다. 즉 혼인과 입양 에 관해서는 별도의 규정이 적용된다(제815조, 제816조, 제883조, 제884조). 또한 공법상의 행위 및 소송행위에도 원칙적으로 민법 제109조가 적용되지 않는다. 예컨대 착오에 빠진 상태에서 행정처분・소취하・처분금지가처분신청의 취소・상속의 포기 등을 하여도 후에 민법 제109조에 근거하여 취소할 수 없다(대판 1997.6.27, 97다6124; 등 각종 판례의 태도이다).

4. 하자 있는 의사표시

(1) 사기에 의한 의사표시

1) 의 의

표의자가 타인(상대방 또는 제3자)의 기망에 의하여 착오에 빠져서 한 의사표시를 사기에 의한 의사표시라고 한다. 이와 같은 의사표시는 내심의 의사와 표시는 일치하지만, 그 의사를 결정하는 데 있어서 타인의 부당한 간섭이 있는 경우이므로(즉 표의자의 의사형성의 동기에 하자가 있다) 이를 완전히 유효한 법률행위로 하는 것은 표의자에게 가혹한 결과를 초래하게 되어 그 효력에 일정한 제한을 가하였다.

2) 사기의 요건

① 사기자의 이중의 고의가 있어야 한다. 통설에 의하면 표의자를 기망하여 착오에 빠지게 하려는 고의(1단계 고의)와 이 착오로 인하여 의사표시를 하게 하려는 고의(2단계 고의)가 있어야 한다(고상룡 455면, 곽윤직 349면, 김주수 385면, 백태승 433면). 즉 기망행위에 의하여 표의자가 착오에 빠지고 그 착오로 인하여 의사표시를 하였어야 한다.

② 기망행위가 존재하여야 한다. 여기서 '기망행위'라 함은 적극적으로 허위의 사실을 날조하는 것뿐만 아니라 소극적으로 진실한 사실을 숨기는 것도 포함된다. 또한 경우에 따라서는 단순한 침묵이나 의견·평가의 진술 등도 기망행위가 된다(대판 2002.9.4, 2004다54406).

③ 사기가 위법하여야 한다. 즉 사기행위가 언제나 위법한 것은 아니고, 그것이 거래상 요구되는 신의칙에 반하는 것일 때에 비로소 위법한 것이 된다. 이러한 기망행위의 위법성은 개별적·구체적으로 판단되어야 한다(대판 2006.10.12, 2004다48515).

【판 례】

* 대판 2002.9.4, 2000다54406 … 리스이용자와 공급자 사이에서 미리 결정된 매매가격이 거래관념상 극히 고가로 이례적인 것이어서 리스회사에 불측의 손해를 가할 염려가 있는 특별한 사정이 있는 경우에는, 리스물건공급자는 리스회사에 그 매매가격의 내역을 고지하여 승낙을 받을 신의칙상의 주의의무를 부담하며 리스회사는 이를 고지받지 못한 경우 부작위에 의한 기망을 이유로 매매계약을 취소할 수 있다.
* 대판 2006.10.12, 2004다48515 … 부동산거래에 있어 거래상대방이 일정한

사정에 관한 고지를 받았더라면 그 거래를 하지 않았을 것임이 경험칙상 명백한 경우에는 신의칙상 그와 같은 사정을 고지할 의무가 있으며, 이러한 고지의무 위반은 부작위에 의한 기망행위에 해당하므로 분양계약을 취소할 수도 있고, 분양계약의 취소를 원하지 않을 경우 그로 인한 손해배상만을 청구할 수도 있다.

3) 사기의 효과

① 사기의 요건을 갖추게 된 의사표시(사기의 의한 의사표시요건)는 이를 취소할 수 있으나, 그 취소로 선의의 제3자에게 대항할 수 없다(제110조 제1항, 제3항). 사기의 요건은 취소를 주장하는 자가 증명하여야 한다. 바꾸어 말하면 표의자가 의사표시를 취소하지 않는 한 사기에 의한 의사표시는 유효하다. 이는 우리 민법이 표시주의를 원칙으로 하고 있는 데서 기인하는 것이다.

② 상대방 있는 의사표시에서 제3자가 사기를 행한 때에는 상대방이 사기의 사실을 알았거나 알 수 있었을 때에만 취소할 수 있다(제110조 제2항). 한편 신분행위, 즉 제3자의 사기로 인하여 혼인의 의사표시를 한 때에는 혼인의상대방이 이를 알고 있는지의 여부와 관계없이 취소할 수 있다(제816조 제3호 참조). 제3자의 범위와 관련하여 유의할 점은 대리인·중개인(쌍방의 이익을 조율함으로 어느 한편의 보조자가 아님) 등은 상대방과 동일시할 수 있는 자이므로 제3자에 해당하지 않지만, 단순한 상대방의 피용자는 제3자에 해당한다고 한다(대판 1999.2.23, 98다60828·60835).

(2) 강박에 의한 의사표시

1) 의 의

표의자가 타인(상대방 또는 제3자)의 강박행위에 의하여 공포심을 가짐으로써 행한 의사표시를 강박에 의한 의사표시라고 한다. 즉 상대방이 불법으로 어떤 불이익 또는 해악을 고지함으로 말미암아 공포를 느끼고 그 공포감(두려운 마음)에 의하여 의사표시를 한 것이어야 한다(대판 1979.1.16, 78다1968 참고).

2) 강박의 요건

① 강박자의 이중의 고의가 있어야 한다. 판례에 의하면 상대방이 표의자로 하여금 두려운 마음을 일으키게 하려는 고의(1단계 고의)와 그 두려움에 의하여 의사표시를 하게 하려는 고의(2단계 고의)가 있어야 한다(대판 2003.5.13, 2002다7370). 즉 표의자가 강박행위로 두려운 마음을 일으키고 그 두려움(恐怖)으로 인하여

의사표시를 하였어야 한다(대판 2003.5.13, 2002다73708 · 73715).

② 강박행위가 존재하여야 한다. 강박행위는 상대방(표의자)에게 두려운 마음을 일으키게 하는 행위이면 어떠한 모습의 것이든 상관없으므로, 천재지변 또는 신벌(神罰)이 있다고 통고하거나 해악을 가하겠다고 통고하더라도 모두 강박행위가 된다.

③ 강박행위가 위법하여야 한다. 따라서 정당한 권리의 행사는 비록 표의자에게 두려운 마음을 생기게 하더라도 강박이 되지 않는다. 예컨대 고소 · 고발은 정당한 행위임에 틀림없으나 이를 하겠다고 위협함으로써 불법한 이익을 얻으려고 하면 위법한 강박이 된다. 강박의 위법성 여부는 강박에 의하여 달성하려고 한 목적이 적법한지 아닌지와 강박의 수단이 그 자체로서 허용된 행위인지 아닌지를 상관적으로 고찰하여 결정하여야 한다(대판 2000.3.23, 99다64049).

【판 례】 강박행위의 판단기준

* 대판 2000.3.23, 99다64049 … 목적 또는 수단의 부당성 해악을 고지하는 강박행위가 위법하다고 하기 위해서는 당시의 거래관념과 제반사정에 비추어 해악의 고지로써 추구하는 이익이 정당하지 아니하거나, 강박의 수단으로 상대방에게 고지하는 해악의 내용이 법질서에 반하는 경우 또는 어떤 해악의 고지가 거래관념상 그 해악이 고지로써 추구하는 이익의 달성을 위한 수단으로 부적당한 경우 등에 해당하여야 할 것이다.

3) 강박의 효과

① 강박의 요건을 갖추게 된 의사표시는 이를 취소할 수 있으나, 그 취소로 선의의 제3자에게 대항할 수 없다(제110조 제1항, 제3항). 예컨대 B가 A를 강박하여 목적부동산을 취득한 후 그 부동산을 다시 선의의 제3자 C에게 전매한 경우, A는 그 의사표시를 취소할 수는 있으나 C로부터 부동산의 반환을 청구할 수 없다. 다만 A는 B로부터 강박 당함으로써 손해를 본 금액의 상환을 청구할 수 있을 뿐이다(부당이득 · 불법행위).

② 상대방 있는 의사표시에서 제3자가 강박을 행한 때에는 상대방이 강박의 사실을 알았거나 알 수 있었을 때에만 취소할 수 있다(제110조 제2항). 유의할 점은 제3자의 범위와 관련하여 대리인 · 중개인(쌍방의 이익을 조율함으로 어느 한편의 보조자가 아님) 등은 상대방과 동일시할 수 있는 자이므로 제3자에 해당하지 않지만, 단순한 상대방의 피용자는 제3자에 해당한다고 한다(대판 1999.2.23, 98다60828 · 60835). 한편 신분행위, 즉 제3자

에 의한 강박으로 인하여 혼인의 의사표시를 한 경우에는 혼인의 상대방이 강박의 사실을 알고 있었는지의 여부와 관계없이 취소할 수 있다(제816조 제3호 참조).

(3) 사기 · 강박규정의 적용범위

1) 민법 제110조의 적용

① 일반적인 법률행위에 있어서는 민법 제110조(사기, 강박)가 적용된다.

② 국가소유의 일반재산(잡종재산)을 국유재산법과 동법 시행령에 의하여 매각하는 행위는 그 성질이 사법상 행위에 지나지 아니하므로, 그 매각행위의 취소효력은 민법 제110조 제3항의 적용상 선의의 제3자에게는 미치지 않는다(대판 1970.6.30, 70다708). 따라서 선의의 제3자는 그 매각행위(매수)로 인한 국가소유의 일반 재산에 관한 소유권을 취득한다.

2) 민법 제110조의 미적용

① 가족법상의 행위에 관하여 총칙편의 사기 · 강박에 관한 규정은 적용되지 아니한다. 즉 결혼취소의 사유(제816조)와 입양취소의 사유(제884조) 등에 관하여는 별도의 규정이 적용된다.

② 소송행위 및 공법상의 행위에는 민법 제110조가 적용되지 않는다. 예컨대 소(訴) 또는 항소취하, 가처분취하, 소송상화해 등에는 적용되지 않는다는 것이 판례의 입장이다(대판 1980.5.27, 76다1828; 대판 1970.6.30, 70후7 등).

제 4 절 법률행위의 대리

1. 대리 일반론

(1) 대리제도의 의의

대리제도라 함은 본인과 일정한 관계에 있는 타인(대리인)이 본인의 이름으로 상대방과 법률행위를 하거나(능동대리) 또는 의사표시를 수령함으로써(수동대리) 본인이 직접 그 의사표시의 법률효과를 취득하는 제도를 말한다(제114조 제1항). 이와 같이 대리인이 행한 의사표시의 효과가 본인에게 미치게 하기 위해서는 대리권의 존재와 대리행위가 중요한 전제가 된다.

(2) 대리제도의 사회적 기능

1) 사적자치의 확장

현대사회는 자본주의가 고도로 발전함에 따라 거래관계가 점차 복잡화 내지 전문화되고 있을 뿐만 아니라, 기업의 전문화와 범위확대로 인하여 대자본가가 자기의 기업활동을 확대하는 데는 그를 대신하여 타인을 대리인으로 삼아 그의 의사에 기해서 직접 자기의 법률관계를 형성케 하는 것을 인정함으로써 개인의 활동영역을 확장하는 제도가 필요하다. 즉 사적자치의 확장으로서의 기능은 '거래관계'를 중심으로 하여 맺어지는 대리관계라고 할 수 있으며, 여기에 대리제도의 필요성과 사회적 작용 내지 기능이 있다.

2) 사적자치의 보충

행위제한능력자는 그 자신의 보호를 위하여 행위능력이 제한되고 있는 바, 그 능력을 보충하는 법정대리인이 필요하며 또한 행위제한능력자의 행위가 완전히(확정적, 종국적) 유효한 것으로 되기 위해서도 법정대리인이 필요하다. 즉 사적자치의 보충으로서의 기능은 일정한 '신분관계'를 중심으로 법률상 당연히 생기는 대리관계라고 할 수 있다. 이것이 또한 대리제도의 사회적 작용 중의 하나이다.

(3) 대리제도의 본질론

1) 본인행위설

Savigny에 의하여 주장된 설이며, 본인과 상대방을 본래의 행위당사자로 본다. 다시 말하면 대리인의 행위를 본인의 행위로 의제하는 견해로서, 의제된 행위에 의하여 본인이 효과를 받는다는 것을 의미한다. 즉 그 법률행위의 여러 요건을 현실의 행위자인 대리인을 표준으로 할 것이 아니라 본인을 표준으로 결정해야 한다는 것이다.

2) 대리인행위설

Jhering에 의하여 주장된 것으로, 현실의 행위자인 대리인이 행위당사자로서 법률행위는 대리인의 의사에 의하여 이루어지는 것이며, 다만 대리인은 본인의 이름으로 법률행위를 할 뿐이라고 한다. 그러나 행위의 효과는 법률의 규정에 의하여 본인에게 귀속하는 것이라고 설명한다. 즉 그 행위의 여러 요건을 본인이 아닌 대리인을 표준으로 결정한다는 견해이다.

3) 공동행위설

Dernburg에 의하여 주장된 견해로, 어떠한 법률행위를 하는 데 있어서의 본인과 대리인의 공동행위로부터 법률효과가 생긴다고 한다. 다시 말해서 본인의 대리인에 대한 의사와 대리인의 상대방에 대한 의사가 결합하여 효력을 발생케 한다는 견해이다.

4) 통설의 견해

우리나라의 통설은 대리인행위설을 취하고 있다. 이 설에 따르면 대리행위의 법률효과가 본인에게 귀속되는 이유는 대리인의 대리적 효과의사(이른바 대리의사)가 그것을 의욕하고, 나아가 민법 제114조 이하의 규정이 이러한 효과의사를 적법한 것으로 인정하여 그 효과의사대로 법률효과가 발생하도록 협력하기 때문이라고 한다. 또한 법률행위의 하자 유무를 대리인을 표준으로 하고 있는 민법 제116조 제1항은 우리 민법이 대리인행위설을 취하고 있는 실정법적 근거라고 주장한다(곽윤직 · 김재형 327면, 김증한 · 김학동 385면).

(4) 대리가 인정되는 범위

1) 법률행위

① 대리제도는 사적 자치와 관련되는 것이므로, 원칙적으로 의사표시를 요소로 하는 법률행위에 한하여 인정된다(제114조).

② 법률행위 중에서도 대리를 금지하는 법률의 규정이 있거나 법률행위의 성질상 대리가 적합하지 않은 경우에는 대리가 허용되지 않는다. 예컨대 혼인 · 입양 · 인지 · 유언과 같이 본인의 의사결정을 절대적으로 필요로 하는 신분상의 법률행위가 이에 속한다. 그러나 상법상 지배인의 포괄대리권은 원칙적으로 이를 제한할 수 없다(상법 제11조).

2) 준법률행위

준법률행위는 그 성질상 대리가 허용되지 않음이 원칙이다. 그러나 의사의 통지나 관념의 통지와 같이 의사표시와 유사한 준법률행위(표현행위)에는 의사표시규정을 유추적용하므로, 대리가 가능하다는 것이 통설이다. 한편 사실행위(비표현행위)에도 대리는 허용되지 않는다. 따라서 제3자의 협력이 있더라도 그것은 대리가 아니라 사실상의 보조행위에 불과하다.

3) 불법행위

불법행위에는 대리가 인정될 수 없다. 따라서 불법행위를 직접 한 사람이 그 책임을 질 뿐이다. 다만 대리인의 불법행위에 대하여 본인이 손해배상책임을 질 수도 있지만, 이것은 대리제도에 관한 규정(제114조 이하)이 적용되는 것이 아니라 민법 제756조에 의하여 대리인이 본인의 피용자인 경우(대리인이 본인과 고용관계인 경우) 본인의 사용자책임이 발생하는 것뿐이다.

(5) 대리와 구별되는 용어

1) 사 자

① 자신은 의사결정의 능력이 없고 오로지 본인이 완성한 의사표시를 전달하거나 표시하는 데 불과한 자를 말한다. 이에는 '전달기관으로서의 사자'(예컨대 편지를 전달하는 자)와 '표시기관으로서의 사자'(예컨대 말을 전하는 자) 둘이 있다. 이러한 사자에게 의사능력이나 행위능력이 있어야 하는 것은 아니다. 그 이유는 의사표시 또는 법률행위 요건의 충족 여부는 본인을 중심으로 하여 판단해야 할 것이고, 사자가 기준이 되는 것은 아니기 때문이다.

② 사자가 본인의 의사를 전달하지 아니하고 의도적으로 자기 자신의 의사표시를 하는 경우에는 본인과 사자 사이에는 의사표시의 전달관계가 단절되므로, 본인·사자관계는 성립할 수 없다. 그러나 이 경우에 사자가 본인의 대리인으로서의 외관을 갖추고 있을 때에는 표현대리가 성립할 수 있을 것이다. 판례는 대리인이 아니라 사실행위를 위한 사자라 하더라도 외관상 그에게 어떠한 권한이 있을 것의 표시 내지 행동이 있어 상대방이 그를 믿었고 그와 같이 믿는 데 정당한 사유가 있다면 표현대리 법리에 의하여 본인에게 책임이 있다고 한다(대판 1962.2.8, 4294민상192).

2) 대 표

① 법인의 본질을 법인실재설에 따라 설명하는 통설에 의하면, 대표기관의 행위에 의하여 직접 법인이 권리를 취득하고 의무를 부담한다는 점에서 대리와 비슷하다(제59조 제1항 참조).

② 대표(대표기관)와 대리의 구체적 차이점은 대표기관은 법인의 기관으로서 그의 행위가 법인의 행위로 평가받는 것이고, 따라서 대표는 본래의 대리에서처럼 법률행위에 국한되는 것이 아니라 사실행위와 불법행위에 관하여도 성립한다는 점에서 대리인과 크게 다르다고 한다(곽윤직 366면, 지원림 274면). 즉 대

리인과 본인은 대립적 지위에 있을 뿐만 아니라 대리권 역시 법률행위에 한하여 인정된다.

3) 간접대리

① 간접대리란 타인의 계산하에 행위자가 자기의 이름으로 법률행위를 하고 그 효과를 본인에게 이전할 의무를 부담하는 관계에 있다. 즉 법률행위의 당사자(상대방)와 효과의 당사자(본인)가 모두 간접대리와 상대방이 된다. 예컨대 상법상의 위탁매매인(상법 제101조)의 행위는 본인을 위하여서 하는 것이지만 그 효과는 일단 모두 행위자에게 귀속하고 그 다음에 본인에게 이전된다.

② 간접대리제도의 경제적 작용은 대리와 비슷한 점도 있으나, 행위자와 그 법률효과의 귀속이 분리되지 않은 점에서 대리제도의 본질을 갖추지 않고 있으므로 대리와는 구별된다.

4) 재산관리인

① 재산관리는 타인의 재산적 사무를 처리하는 것을 말하고, 이러한 사무를 처리하는 자를 재산관리인이라고 한다(위임관리인, 법정관리인, 선임관리인 등이 있다). 문제는 과연 법원에 의하여 선임된 선임관리인이 재산소유자의 대리인인가에 관하여 학설은 대립하고 있으나 판례는 대리규정의 적용을 인정한다.

② 선임관리인을 대리인이라고 하는 학설의 견해는 판례의 태도를 따르고 있다(대판 1976.12.28, 76다797). 즉 선임관리인은 통상의 대리인보다 목적물에 밀접하게 결합되어 있으며, 본인뿐만 아니라 모든 이해관계인의 이익을 위하여 본인의 재산을 관리하여야 한다는 점에서 중성적인 것은 사실이지만, 선임관리인 역시 타인의 이름으로 법률행위를 하는 자이므로 이러한 특수한 성질상 대리규정을 적용하는 것이 타당하다고 한다(김상용 553면, 이영준 447면).

【판 례】

* 대판 1976.12.28, 76다797 … 재산상속인의 존재가 분명하지 아니한 상속재산에 관한 소송에서 적법한 피고는 법원에 의해 선임된 상속재산관리인이라고 할 것이고, 이런 선임관리인은 추상적으로 재산상속인의 법정대리인이라 할 것이므로 결국 재산상속인이라 주장하는 참가인을 위하여 소송수행권을 대리행사할 수 있다.

5) 제3자를 위한 계약

① 대리에서의 대리인은 법률행위를 직접 하는 자이고 법률효과의 당사자는 본인임에 반하여, 제3자를 위한 계약(제539조)에서의 법률행위 당사자는 요약자와 낙약자(상대방)이고 제3자는 단지 법률효과의 수익자이다.

② 대리에 있어서는 법률행위의 하자 여부를 대리인을 표준으로 하는데 반하여, 제3자를 위한 계약에서는 요약자를 기준으로 판단한다. 또한 대리인은 본인으로부터 대리권을 수여받은 자이지만, 요약자는 제3자로부터 대리권을 수여받은 자가 아니라는 점 등에서 대리제도와 구별된다.

(6) 대리의 종류

1) 임의대리와 법정대리

① 임의대리는 본인의 위촉을 받아서 대리인이 되는 경우를 말하는데, 그 위촉의 형식은 보통 이른바 사무처리계약(위임, 고용, 도급, 조합 등)과 합체하고 있다.

② 법정대리는 본인의 의사에 기인하지 않고 대리인이 되는 경우로서 본인에 대하여 일정한 지위에 있는 자가 당연히 대리인이 되는 경우(친권자 제911조 및 법정후견인 제932조 등), 본인 이외의 사인(미성년자의 친권자)이 지정하는 자가 대리인이 되는 경우(지정후견인 제931조) 및 법원이 선임하는 자가 대리인이 되는 경우(선임후견인 제936조)이다.

2) 능동대리와 수동대리

① 대리행위의 모습에 의한 분류로서 능동대리라 함은 본인을 위하여 제3자에게 '의사표시를 할 수 있는 대리'를 말하며(제114조 제1항), 적극대리라고도 한다.

② 수동대리라 함은 제3자에게 적극적으로 의사표시는 하지 못하고, 다만 본인을 위하여 제3자의 '의사표시를 수령만 하는 대리'를 말하며(제114조 제2항), 소극대리라고도 한다. 양자의 구별의 실익은 현명주의의 적용 여부에 있다.

3) 유권대리와 무권대리

① 대리인이라 칭하여 행동하는 자가 정당한 대리권을 가지느냐 않느냐에 의한 분류이며, 이에는 정상적인 대리권을 가지고 있는 유권대리와 정당한 대리권이 없는 무권대리가 있다.

② 무권대리에는 좁은 의미의 무권대리와 표현대리의 둘로 나누어 그 법률효과를 달리하고 있다. 즉 무권대리행위를 확정적 무효로 하는 것이 아니라 본인의 추인여부에 의하여 대리행위의 효과가 발생될 여지를 남겨두기도 하고(좁은 의미의 무권대리), 한편으로는 대리권존재의 외관을 오신한 상대방의 신뢰를 보호

하기 위하여 본인에게 무권대리행위의 효과를 귀속시키기도 한다(표현대리).

4) 단독대리와 공동대리

① 수인의 대리인이 있는 경우에도 단독대리(각자대리)가 원칙이나(제119조 본문), 수권계약에 의해서 공동으로 대리케 할 수 있다(제119조 단서).

② 수동대리에 있어서도 공동으로 상대방의 의사표시를 수령해야 하는가에 관하여 통설은 상대방의 보호와 거래상의 편의라는 점에서 각 대리인이 단독으로 수령할 수 있다고 한다.

(7) 대리의 3면관계

① 대리관계에는 본인 · 대리인 · 상대방의 3면관계가 형성된다. 즉 대리인이 본인의 정당한 대리인이라는 관계(수권행위), 이러한 대리인이 본인을 위하여 상대방과의 사이에서 법률행위를 하는 관계(대리행위), 그리고 그 결과 상대방과 본인 사이에 권리변동이 생기는 관계(법률효과)가 대리에서 생기게 된다.

② 대리의 3면관계를 본인의 처지에서 본다면, 대리관계의 본체를 이루는 것은 본인과 대리인의 관계(대리권)라고 하여야 한다. 즉 대리행위의 결과 상대방 · 본인 사이에 권리변동이 생기는 것은 본인 · 대리인 사이에 수권행위에 의한 대리권이 있기 때문이다. 그 밖의 관계는 대리권의 실현과정(대리인과 상대방 사이의 관계) 및 결과(상대방과 본인 사이의 관계)에 지나지 않는다.

2. 대리권

(1) 대리권의 의의 및 성질

1) 대리권의 의의

대리권이라 함은 대리인이 본인의 이름(본인을 위한 것임을 표시하는 것을 말한다)으로 의사표시를 하거나 또는 수령함으로써 직접 본인에게 그 법률효과를 발생케 하는 법률상의 지위 또는 자격(법률상의 권한이라고도 한다)을 말한다(제114조 제1항). 대리권의 존재 여부는 대리인의 대리행위가 유권대리로 될 수 있는 기초를 제공한다.

2) 대리권의 성질

대리권의 법적 성질에 관하여, 연혁적으로 형성권설 · 부정설 · 자격설 등이 주장되었으나, 통설은 이른바 자격설에 기초하여 대리권은 권리가 아니라 행위능력과 같이 법률효과를 발생하게 하는 능력 또는 자격이라고 한다. 따라서 대리권은 권리가 아니라 일종의 권한이다.

(2) 대리권의 발생원인

1) 서 언

대리권의 발생원인에는 여러 가지가 있다. 첫째는 본인이 대리인에게 대리권을 수여하는 경우, 즉 대리권이 법률행위에 의하여 발생하는 경우가 있으며(임의대리), 둘째는 법률의 규정에 의하여 대리권이 주어지는 경우가 있다(법정대리). 셋째는 대리권이 없는 자에 의하여 대리행위가 행하여졌으나(무권대리) 그러한 행위가 유권대리의 외관을 갖추고 상대방이 이를 유권대리로 신뢰한 때에는 법률이 정한 일정한 요건이 충족된 경우에 발생하는 이른바 '표현대리' 등이 있다(제125조, 제126조, 제129조).

2) 법정대리권의 발생원인

① 법률의 규정에 의하여 법정대리권이 발생한다. 예컨대 본인에 대하여 일정한 지위에 있는 자가 당연히 대리인이 되는 경우로써 미성년자인 자녀에 대하여 친권을 행사하는 부 또는 모의 대리권(제911조, 제920조), 미성년후견인의 대리권(제932조), 부부의 일상가사대리권(제827조 제1항) 등이 이에 해당한다.

② 본인 이외의 특정인의 지정행위에 의해서도 법정대리권이 발생한다. 예컨대 미성년자의 부모는 유언으로 지정후견인을 지정할 수 있으며, 또한 유언자는 유언으로 지정유언집행자를 지정할 수 있다(제931조, 제1093조).

③ 법원의 선임에 의해서도 법정대리권이 발생한다. 예컨대 부재자재산 관리인(제23조, 제24조), 선임후견인(제936조), 상속재산관리인(제1023조, 제1040조, 제1044조, 제1047조, 제1053조), 유언집행자(제1096조) 등이다.

3) 임의대리권의 발생원인

① 임의대리는 본인의 수권행위로 대리권이 발생한다. '수권행위'는 위임장(특히 백지위임장)이라는 서면형식에 의하여 행하여지는 것이 보통이다. 위임장은 위임계약의 내용을 기재한 계약증서가 아니라 대리권을 수여한다는 사실을 증명하는 증거에 지나지 않는다. 따라서 구두에 의한 수권행위도 유효하다(통설).

② 대리행위가 요식행위일 때에 수권행위도 그 방식을 따라야 하는가? 통설(부정설)에 따르면, 수권행위는 불요식행위로서 민법상 특별한 방식을 요구하지 않으므로 대리하는 법률행위가 요식행위인 경우에도 수권행위가 그

방식을 따라야 할 이유는 없다고 한다(곽윤직 372면, 이은영 606면 등).

③ 수권행위의 하자, 즉 대리인이 행하는 대리행위에 있어서 의사의 흠결 혹은 사기·강박이 있는 경우에는 대리인을 기준으로 이를 판단한다(제116조 제1항 참조). 그러나 본인이 행하는 수권행위의 하자에 대해서는 의사표시에 관한 제107조 이하의 일반규정이 적용된다.

4) 수권행위의 법적성질

① 독립행위설(수권행위개념의 독자성을 긍정하는 견해)

대리관계는 기초적 법률관계(고용, 위임)로부터 독립되어 있으며, 또한 대리권의 수여를 목적으로 하는 법률행위(수권행위)는 기초적 내부관계와 독립하여 대리권의 발생만을 목적으로 하는 본인의 단독행위라고 한다(고상룡 495면, 곽윤직 370면, 김상용 557면, 이영준 460면).

② 융합계약설(수권행위개념의 독자성을 부정하는 견해)

대리권은 위임 기타의 내부적 계약관계에 의하여 직접 발생하므로 내부관계를 설정하는 계약과 별개로 수권행위라는 관념을 특별히 인정할 필요가 없다고 한다. 따라서 위임 등 내부적 계약관계의 변경이나 소멸에 따라 대리권의 내용이나 존재도 변동한다(김용한 341면).

(3) 대리권의 범위와 그 제한

1) 서 언

① 대리권을 가진 대리인의 대리행위는 유권대리이지만, 그 범위는 무한하지 않다. 즉 대리인은 대리권의 범위 내에서 본인을 위하여 대리행위를 할 수 있을 뿐이다. 대리권의 범위는 우선 법률의 규정이나 수권행위의 내용에 의하여 정해지며, 보충적으로 민법 제118조가 적용될 수 있다.

② 대리권의 범위를 넘는 대리행위는 결국 무권대리가 된다. 다만 권한을 넘은 무권대리행위를 상대방이 유권대리인 것으로 신뢰한 경우에는 표현대리(제126조)가 문제될 뿐이다.

2) 법정대리권의 범위

법정대리권의 범위는 법률의 규정에 의하여 정해진다. 한편 임의대리인이지만 지배인의 대리권범위는 당사자(본인과 대리인)의 수권행위가 아닌 법률로 규정되어 있다(상법 제11조 제1항). 이러한 법률의 규정은 강행규정이다.

3) 임의대리권의 범위

임의대리권의 범위는 일반적으로 본인의 수권행위에 의하여 정해진다. 즉 본인이 어느 범위까지 수권하였는지는 수권행위의 해석의 문제로서, 의사표시 해석의 일반원칙에 따라 결정되어야 한다(통설; 대판 1997.9.30, 97다23372 참고).

① 임의대리권을 긍정한 판례

부동산처분에 필요한 서류를 건내준 행위는 특단의 사정이 없는 한 그 부동산처분에 관한 대리권을 준 것으로 보며(대판 1959.7.2, 4291민상329), 토지매각의 대리권수여는 중도금이나 잔대금을 수령하고 소유권이전등기를 할 권한을 포함한다(대판 1994.2.8, 93다39379 참고). 이 경우 매매계약의 체결과 이행에 관하여 포괄적으로 대리권을 수여받은 대리인은 특별한 사정이 없는 한 약정된 대금지급기일을 연기해 줄 권한도 갖는다(대판 1992.4.14, 91다43107).

② 임의대리권을 부정한 판례

부동산관리인에게 인감을 보관시킨 경우라든가(대판 1982.4.13, 81다408 참고), 은행으로부터 융자를 받도록 하기 위하여 부동산의 등기부등본과 인감증명을 준 경우라 하여 부동산처분의 대리권을 주었다고 할 수 없다(대판 1962.10.11, 62다436). 또한 예금계약의 체결을 위임받은 자가 가지는 대리권에는 그 예금을 담보로 하여 대출을 받거나 이를 처분할 수 있는 대리권이 당연히 포함되어 있는 것은 아니다(대판 2002.6.14, 2000다38992).

4) 민법 제118조의 의미

대리권의 범위가 수권행위에 의해 정하여지지 않거나 명백하지 않은 경우에는, 대리인은 민법 제118조에 따라 보존행위 및 일정한 범위 내에서 이용·개량행위를 할 수 있다. 따라서 민법 제118조는 수권행위의 해석에 관한 보충규정이다(통설).

① 보존행위

보존행위란 재산의 가치를 유지·보존하는 데 필요한 일체의 행위를 말한다(제118조 제1호). 예컨대 주택의 수선, 소멸시효의 중단행위, 미등기부동산을 등기하는 행위, 부패하기 쉬운 물건의 매각 그리고 기한이 도래한 채무의 변제 등이 그 예이다. 물론 보존행위에 속하는가는 실질적으로 판단하여야 한다.

② 이용행위·개량행위

㉠ 대리행위의 목적인 물건이나 권리의 성질을 변화시키지 않는 범위 내에서만 이용행위와 개량행위를 할 수 있다(제118조 제2호). 따라서 보통예금채권을

원금보장이 되지 않는 펀드금융상품으로 변경하는 행위는 할 수 없다.

ⓛ 민법 제118조 제2항에서 말하는 이용행위라 함은 물건의 임대·금전을 이자부로 대여하는 행위 등과 같이 물건이나 권리를 사용·수익하는 행위를 말하며. 개량행위란 이자 없는 채권을 이자부로 변경(개량)하는 행위나 저당권의 부담을 해소하는 행위 등과 같이 대리행위의 목적인 물건이나 권리의 가치를 증가시키는 행위를 말한다.

5) 대리권의 제한

① 자기계약·쌍방대리의 금지

㉠ 자기계약(자기대리 라고도 함)이라 함은 A의 대리인 B가 한편으로는 A를 대리하고 다른 한편으로 자기 자신의 자격으로 자기 혼자서 A·B 사이의 계약을 체결하는 것으로써, 우리 민법은 이를 원칙적으로 금지하고 있다(제124조). 예컨대 본인 A로부터 그 소유의 부동산을 매각하는 대리권을 수여받은 대리인 B가 그 부동산의 매수인이 되는 경우를 말한다.

ⓛ 쌍방대리라 함은 대리인 B가 한편으로는 본인 A를 대리하고 다른 한편으로 상대방 C를 대리하여 자기 혼자서 A·C 쌍방의 계약을 체결하는 것을 말하는데, 쌍방대리는 역시 원칙적으로 금지된다(제124조;대결 2004.2.13, 2003마44). 예컨대 본인 A로부터 그 소유의 부동산을 매각하는 대리권을 수여받은 대리인 B가 다른 한편에서는 그 부동산의 매수인 C의 대리인으로서 혼자서 A·C 사이의 매매계약을 체결하는 경우를 말한다.

【대 결】 쌍방대리입찰의 효력

* 대결 2004.2.13, 2003마44 … 민법 제124조는 '대리인은 본인의 허락이 없으면 본인을 위하여 자기와 법률행위를 하거나 동일한 법률행위에 관하여 당사자 쌍방을 대리하지 못한다'고 규정하고 있으므로 부동산 입찰절차에서 동일 물건에 관하여 이해관계가 다른 2인 이상의 대리인이 된 경우에는 그 대리인이 한 입찰은 무효이다.

② 자기계약·쌍방대리금지의 예외

㉠ 자기계약·쌍방대리를 금지하는 이유는 본인의 이익을 보호하는 데 있으므로, 본인의 이익을 해할 염려가 없는 경우에는 이를 허용하더라도 상관없다. 그러므로 본인이 미리 자기계약·쌍방대리를 위임하거나 또는 대리권의 수여로 이를 허락하는 것은 허용된다(제124조 참조, 대판 1979.10.30, 79다425).

㉡ 채무를 이행하는 경우에도 예외적으로 자기계약과 쌍방대리가 허용된다(제124조 단서). 이는 이미 확정되어 있는 법률관계를 결제하는 데 불과하므로 당사자 간에 새로운 이해관계를 형성하지 않고 본인의 이익을 부당하게 해치지 않기 때문이라고 본다. 유의할 점은 민법 제124조(자기계약 금지, 쌍방대리 금지)에 위반한 대리행위는 무효로 되는 것이 아니라 무권대리행위로 되며, 따라서 본인은 이를 추인할 수 있다(통설; 제130조 참조).

③ 공동대리

㉠ 수인의 대리인이 있을 때에는 각자 단독대리가 원칙이나(제119조 본문), 법률 또는 수권행위에 의하여 별도로 정한 바가 있는 때에는 그에 따른다(제119조). 이처럼 수인의 대리인이 공동으로만 대리할 수 있도록 한 경우 각 대리인의 입장에서 보면 그의 대리권의 제한이 된다.

㉡ 공동대리의 제한에 위반한 1인의 단독대리는 권한을 넘은 표현대리(제126조)가 인정되는 경우가 적지 않을 것이다. 따라서 상대방이 그 단독대리행위에 관하여 대리권이 있다고 믿는데 선의이고 무과실인 경우에는 본인에게 효과가 귀속된다.

(4) 대리권의 소멸

1) 임의 · 법정대리의 공통소멸원인

① 본인의 사망

㉠ 원 칙

ⓐ 본인이 사망하면 대리권은 소멸한다(제127조 제1호). 따라서 본인의 대리인은 본인의 사망으로 당연히 상속인의 대리인이 되지는 않는다. 본인이 실종선고를 받거나(대판 1987.3.24, 85다카1151) 인정사망의 경우에도 대리권은 소멸한다.

ⓑ 법인의 경우에는 청산종결등기가 경료된 때에 자연인의 사망의 경우처럼 대리권이나 대표권이 소멸한다고 본다(고상룡 517면, 지원림 296면). 그러나 판례는 청산종결등기가 경료되더라도 청산사무가 종료되지 아니한 경우에는 청산법인으로 존속한다고 한다(대판 1980.4.8, 79다2036).

㉡ 예 외

ⓐ 특약 또는 급박한 사정이 있는 경우에는 본인이 사망하더라도 대리권은 소멸하지 않는다. 따라서 '특약이 있는 경우' 즉 민법 제127조 제1호는 강행규정이 아니므로 본인이 사망하더라도 대리권이 소멸하지 않는 것으로 약정하는 것은 가능하며(통설), 또한 '급박한 사정이 있는 경우' 즉 민법은 예외적으로 임의대리에 있어서는 그 기초가 되는 대내관계가 위임에 수

반되는 경우에 본인의 사망으로 위임관계가 종료하더라도 대리권은 그대로 존속한다(제691조).

ⓑ 다른 법률이 있는 경우, 즉 민법 이외에도 상행위의 대리권은 본인의 사망에도 불구하고 그 상속인과 대리인 사이에 여전히 대리관계가 존속한다(상법 제50조). 또한 소송대리권도 본인(소송 의뢰인)이 사망하더라도 역시 소멸하지 않는다(민사소송법 제95조 참조).

② 대리인의 사망

임의대리 · 법정대리의 어느 경우에 있어서나 대리인이 사망한 때에 그의 상속인을 대리하는 것이 부당하기 때문에 대리권이 소멸된다(제127조 제1호). 한편 대리인의 사망 후에도 대내관계의 존속을 인정하는 특수한 경우, 즉 특약이 있으면 본인의 사망에 있어서와 마찬가지로 대리권은 그대로 존속한다는 것이 다수설의 일반적인 견해이다(고상룡 579면, 곽윤직 379면 등). 반면에 대리인의 사망의 경우에는 법률행위를 하여야 할 당사자(대리인)가 사망으로 인하여 존재하지 않으므로 민법 제691조(위임종료시 긴급처리)를 이 경우에 유추적용하는 것은 타당하지 않다는 견해가 있다(이영준 493면).

③ 대리인의 성년후견개시 또는 파산

대리인이 된 자가 그 후에 피성년후견이 개시되거나 파산선고를 받게 되면 본인의 당초의 신뢰에 반하는 사정변경이 생긴 것이므로 대리권도 자동적으로 소멸하는 것으로 하고 있다(통설; 제127조 제2호). 유의할 점은 제한능력자이더라도 의사능력만 있으면 임의대리인이 될 수 있으므로(제117조), 피성년후견선고를 받은 대리인이 그 후 피한정후견 또는 피특정후견의 개시가 선고되더라도 이들은 의사능력이 있으므로 대리권이 소멸하지 않는다(제127조 참조).

2) 임의대리에 특유한 소멸원인

① 원인된 법률관계의 종료

임의대리권은 그 원인이 된 기초적 법률관계가 종료(완료)됨으로써 소멸한다(제128조 전단). 원인된 법률관계(제689조, 제690조 등)의 종료사유는 묻지 않는다. 물론 이는 임의규정이므로 특약에 의하여 대리권의 존속만을 약정할 수 있다(통설).

② 수권행위의 철회

원인이 된 법률관계가 존속하고 있더라도 본인은 대리인에게 수여했던 수권행위를 철회하여 대리권을 소멸시킬 수 있다(제128조 후단). 이 경우 철회의 상대방은 대리인 또는 대리행위의 상대방이라고 한다(독일민법 제168조 후단, 통설의 입장). 그러나 대리인에게만 철회를 한 경우에는 여전히 표현대리(제129조)의 성립이 문제될 수 있다(고상룡 520면, 이영준 494면). 이 규정도 역시 임의규정이므로 이를 부정하는 특약은 유효하다.

3) 법정대리에 특유한 소멸원인

① 사임과 임무의 종료

법정대리인인 친권자는 정당한 사유가 있을 때에는 법원(가정법원)의 허가를 얻어 친권의 일부인 법률행위의 대리권과 재산관리권을 사임할 수 있으며(제927조 제1항, 가사소송법 제2조 제1항 라류 제12호), 후견인 역시 정당한 사유가 있는 때에는 가정법원의 허가를 얻어 이를 사임할 수 있다(제939조 전문). 이 경우 그 후견인은 사임청구와 동시에 법원에 새로운 후견인의 선임을 청구하여야 한다(동조 후문). 또한 상속재산을 관리하는 관리인의 임무는 그 상속인이 상속의 승인을 한 때, 즉 임무를 종료한 때 소멸한다(제1055조 제1항).

② 자격상실선고

친권자인 부(父) 또는 모(母)가 친권을 남용하거나 현저한 비행 그 밖에 친권을 행사시킬 수 없는 중대한 사유가 있는 때에는 가정법원은 민법 제777조(8촌 이내의 혈족, 4촌 이내의 인척)의 규정에 의한 친족 또는 검사의 청구에 의하여 그 친권의 상실을 선고할 수 있으며(제924조), 법원으로부터 친권상실을 선고받은 자는 법정대리권이 상실된다.

③ 변경과 개임

가정법원은 피후견인의 복리를 위하여 후견인을 변경할 필요가 있다고 인정하면, 직권으로 또는 일정한 자의 청구(피후견인, 친족, 후견감독인, 검사, 지방자치단체장의 청구)에 의하여 후견인을 변경할 수 있다(제940조). 또한 부재자가 재산관리인을 정하였으나 그 후 부재자의 생사가 분명하지 아니한 때에는, 법원은 재산관리인·이해관계인 또는 검사의 청구에 의하여 재산관리인을 개임(改任)할 수 있다(제23조).

4) 복대리에 특유한 소멸원인

대리인과 복대리인 사이의 수권관계의 소멸로 복대리는 소멸한다. 그 밖에 복대리인은 대리인의 대리권을 전제로 하고 그에 의존하는 까닭에 모권인 대리권이 소멸하면 복대리인의 대리권도 역시 소멸하게 된다.

3. 대리행위

(1) 대리행위의 개관

대리관계에서 법률행위를 하는 자는 본인이 아니고 대리인이며, 다만 그 법률효과가 본인에게 발생(귀속)할 뿐이다(제114조 이하). 따라서 대리인이 법률행위를 할 때 그 효과가 본인에게 발생한다는 것을 표시할 필요가 있는지(현명주의), 대리인의 의사표시에 하자가 있다면 대리인과 본인 가운데 누구를 기준으로 판단할 것인지(대리행위의 하자), 그리고 행위능력이 없는 사람도 대리행위를 할 수 있는지(대리인의 행위능력)를 살펴볼 필요가 있다.

(2) 현명주의

1) 현명주의의 의의

대리인이 대리행위를 함에는 본인을 위한 것임을 표시하여(대리의사의 표시) '행위의 효과를 귀속받을 자를 상대방에게 표시'하여야 하는데, 이를 현명주의라고 한다(제114조). 즉 법률행위는 대리인이 반드시 본인을 위한 것임을 표시하여야 한다.

2) 현명의 법적성질

① 통설의 입장

통설에 따르면 대리행위의 효과가 본인에게 귀속되는 이유는 대리인의 대리적 효과의사 때문이고, 현명은 이러한 대리적 효과의사를 상대방에게 표시하는 '의사표시'라고 한다. 따라서 법률효과가 직접 본인에게 귀속하는 것은, 대리행위의 효과가 대리인의 의사표시에 기하여 주어지기 때문이라고 한다(고상룡 522면, 곽윤직 381면, 김주수 426면, 이은영 582면).

② 비판적 견해

비판적 견해에 따르면, 원래 현명주의는 상대방이 본인과 대리인 간의 내부관계를 조사해야 되는 부담을 덜기 위한 하나의 법기술에 불과하다고 한다. 따라서 현명의 법적성질은 대리적 효과의사의 표시가 아니라 단순한 의사의 통지라고 한다(김상용 587면, 이영준 497면).

3) 현명의 방식

① 비요식성

현명의 방식에는 제한이 없다. 따라서 본인을 위한 것이라는 대리의사는 표시되어야 하는데, 표시의 방식에는 아무런 제한이 없으므로 서면으로 할 수도 있고 구두로도 할 수 있으며, 또 명시적일 필요는 없고 묵시적이라도 무방하다(제115조 단서; 대판 2008.5.15, 2007다14759; 대판 2010.9.30, 2010다12241 · 12258 참고).

② 본인의 특정성

현명한다는 것은 법률행위의 타인성을 표시하면 충분하므로 반드시 본인의 이름을 밝혀야 하는 것은 아니다(김형배 263면, 이은영 584면). 즉 매매위임장을 제시하고 계약을 체결하는 것은 현명을 통해서 대리인의 법률행위가 타인(장래 확정될 본인 · 불특정의 본인)을 위하여 하는 행위임이 명백한 것이므로, 비록 그가 자신의 이름을 기재하였다고 하더라도 현명주의에 위배되지 아니한다(대판 1982.5.25, 81다1349).

【판 례】

* 대판 1982.5.25, 81다1349 … 매매위임장을 제시하고 매매계약을 체결하는 자는 특단의 사정이 없는 한 소유자를 대리하여 매매행위하는 것이라고 보아야 하고 매매계약서에 대리관계의 표시 없이 그 자신의 이름을 기재하였다고 해서 그것만으로 그 자신이 매도인으로서 타인물을 매매한 것이라고 볼 수는 없다.

4) 현명되지 않은 행위의 효력

① 원 칙

본인을 위함이 현명되지 않을 때에는 대리인 자신을 위한 의사표시로서 효력이 발생한다(제115조 본문). 즉 대리행위로서 성립되지 않음은 물론이다. 따라서 이 경우 대리인은 그의 내심의 의사와 표시가 일치하지 않음을 이유로 착오를 주장하여 자기의 책임을 면할 수 없다(통설). 민법 제115조 본문의 이러한 규정은 대리인의 착오의 주장을 금지함으로써 상대방을 보호하고, 더 나아가 거래의 안전을 꾀하려는 것이다.

② 예 외

대리행위의 '현명'은 상황에 따라서는 묵시적으로도 할 수 있는 바, 대리인으로서 행위한 것임을 상대방이 알았거나 알 수 있었을 때(제115조 단서)에는 '현명하지 않은 대리행위'라고 하더라도 보통의 대리로 취급되어 대리행위의 효력은 본인에게 발생한다(대판 2003.12.12, 2003다44059; 대판 2008.5.15, 2007다14759). 더 나아가 상법상의 상행위에서는 '기업활동의 비개인성'을 이유로 대리인이 본인을 위한 것임을 표시하지 아니하여도 그 행위는 본인에 대하여 효력이 있다(상법 제48조).

【판 례】

* 대판 2003.12.12, 2003다44059 … 일방 당사자가 대리인을 통하여 계약을 체결하는 경우에 계약의 상대방이 대리인을 통하여 본인과의 사이에 계약을 체결하려는 데 의사가 일치하였다면 대리인의 대리권 존부 문제와는 무관하게 상대방과 본인이 그 계약의 당사자라고 할 수 있다.
* 대판 2008.5.15, 2007다14759 … 대리에 있어 본인을 위한 것임을 표시하는 이른 바 현명은 반드시 명시적으로만 할 필요는 없고 묵시적으로도 할 수 있는 것이고, 나아가 현명을 하지 아니한 경우라도 여러 사정에 비추어 대리인으로서 행위한 것임을 상대방이 알 수 있었을 때에는 민법 제115조 단서의 규정에 의하여 본인에게 효력이 미친다.

(3) 대리행위의 하자

대리에 있어서 법률행위의 당사자는 본인이 아니라 대리인이므로 대리행위에 있어서 의사의 흠결 · 사기 · 강박 또는 어떤 사정을 알았거나 과실로 알지 못한 것으로 인하여 영향을 받을 경우에 그 사실의 유 · 무는 모두 대리인을 표준으로 한다(제116조 제1항). 이러한 대리행위의 하자로부터 생기는 효과(무효 · 취소)에 대하여 구체적으로 살펴보면 다음과 같다.

1) 진의아닌 의사표시

대리인의 진의아닌 의사표시는 표시된 대로 효력을 발생한다(제107조 제1항 본문). 그러나 상대방이 진의아닌 의사표시임을 알았거나 알 수 있었을 때에는 그 법률행위(대리행위)는 무효이다(제107조 제1항 단서). 수동대리인 경우에도 이에 준한다.

2) 통정한 허위의 의사표시

대리인과 상대방이 통정하여 가장행위를 한 경우에 원칙적으로 본인의 선의 · 악의를 묻지 않고 통정한 가장행위는 무효이다. 물론 본인은 제3자가 아니므로 선의이더라도 그 효력에는 영향이 없다.

3) 착오에 의한 의사표시

대리행위에 착오가 있는지, 또는 표의자(대리인)에게 중대한 과실이 있는지의 여부는 대리인을 기준으로 판단할 뿐이며(제116조 제1항), 설령 대리행위의 착오가 있다고 하더라도 대리행위를 취소할 수 있는 권리는 본인에게 있다고 해석해야 한다. 다만 대리인은 본인의 취소권에 대한 행사(취소의 의사표시)를 수권받은 경우에 한하여 취소권을 대리할 수 있을 것이다.

4) 사기 · 강박에 의한 의사표시

① 상대방의 사기 · 강박

상대방에 의하여 대리인이 사기나 강박을 당했을 경우에는 본인은 대리인을 기준으로 사기나 강박에 의한 의사표시인지의 여부를 판단하여(제116조 제1항) 이를 취소할 수 있다(제110조 제1항). 따라서 대리인이 사기나 강박을 당하지 않는 한 본인이 사기나 강박을 당했더라도 본인은 대리행위를 취소할 수 없다(통설; 대판 1967.4.18, 66다661 참고).

② 대리인의 사기 · 강박

대리인의 사기나 강박에 의하여 상대방이 의사표시를 한 경우에 상대방은 제110조 제1항에 의하여 이를 취소할 수 있다(통설; 대판 1959.6.18, 4291민상101 참고). 또한 본인이 대리행위의 상대방에게 사기나 강박의 의사표시를 한 경우에는 신의칙상 대리인이 행한 것으로 평가되어야 할 것이어서 대리인이 그 사실을 알았거나 알 수 있었는지 여부와 관계없이 상대방은 그 의사표시(법률행위)를 취소할 수 있다.

③ 제3자의 사기 · 강박

제3자의 사기나 강박에 의하여 상대방이 의사표시를 한 경우에는 대리인이나 본인이 사기나 강박행위를 알았거나 알 수 있었을 때에 한하여 상대방은 이를 취소할 수 있다(제110조 제2항 참조). 한편 제3자의 사기 · 강박에 의하여 대리인이 의사표시를 한 경우에도 상대방이 이를 알았거나 알 수 있었다면 취소할 수 있다(제110조 제2항). 이 경우 유의할 점은 대리인에게 법률행위의 취소권이 부여(수권행위)되지 않는 한 취소권은 본인에게 있다(김형배 279면 등).

(4) 대리인의 능력

1) 대리인의 행위능력

대리인은 행위능력자임을 요하지 아니한다(제117조). 민법의 규정에서 대리인이 행위능력자임을 요하지 않는 이유는 대리행위의 효과는 모두 본인에게 귀속할 뿐 대리인에게 귀속되지 않기 때문이다. 이는 수동대리에도 적용된다(통설). 다만 대리인은 법률행위를 할 수 있는 의사능력을 가지고 있어야 한다는 것이 통설의 입장이다(제117조, 제127조 제2호, 제690조 참조).

2) 법정대리인의 행위능력

민법 제117조가 법정대리에도 적용되는가? 우리 민법은 본인을 보호하기 위하여 제한능력자가 법정대리인이 되는 것을 금지하는 경우가 있다. 예컨대 후견인의 결격사유로서의 제한능력자(제937조), 피후견인의 자에 대한 후견인의 친권(제910조, 제948조), 유언집행자의 결격사유로서의 제한능력자(제1098조)가 그것이다. 다만 이러한 특별규정이 없는 경우(부재자재산 관리인 등)에 제한능력자도 법정대리인이 될 수 있는가에 관하여 법정대리인이 될 수 있다는 긍정설(곽윤직 · 김재형 348면, 김증한 · 김학동 422면, 지원림 302면)과 될 수 없다는 부정설(고상룡 520면, 김상용 565면, 김준호 344면, 백태승 485면)이 존재한다.

4. 대리의 효과

(1) 법률효과의 귀속

대리권이 있는 자가 그 권한의 범위 내에서 본인을 위한 것임을 표시하고 대리행위를 한 경우에(즉 유권대리인의 경우) 그 효과는 직접 본인에게 생긴다(제114조). 예컨대 부동산매도에 관한 대리행위에 의하여 본인은 법률효과의 귀속에 따라 매매관계의 당사자인 매도인이 되므로, 부동산매매에 따른 대금지급청구권을 갖는 동시에 소유권등기이전채무를 부담한다.

(2) 법률행위효과의 범위

대리인이 본인을 대리하여 매수인으로서 매매계약을 체결한 경우, 소유권이전청구권과 이에 부수하는 하자담보청구권, 계약불이행시의 손해배상청구권 및 해제권, 대리행위의 하자로 인한 취소권 등의 권리취득과 대금지급의무의 부담이 모두 본인에게 귀속된다. 또한 대리행위로 체결된 계약의 상대방이 본인 측의 채무불이행을 이유로 그 계약을 해제한 경우에도 원상회복의무의 주체는 본인이다(대판 2011.8.18, 2011다3087 참고).

【판 례】

* 대판 2011.8.18, 2011다3087 … 계약이 적법한 대리인에 의하여 체결된 경우에 계약상 채무의 불이행을 이유로 계약이 상대방 당사자에 의하여 유효하게 해제되었다면, 해제로 인한 원상회복의무는 대리인이 아니라 계약의 당사자인 본인이 부담한다. 이는 해제의 원인이 된 계약상 채무불이행에 관하여 대리인에게 책임 있는 사유가 있다고 하여도 다른 특별한 사정

이 없는 한 마찬가지라고 할 것이다.

(3) 불법행위 · 사실행위의 효과

불법행위 혹은 사실행위의 대리는 원래 성립할 수 없으므로 불법행위와 사실행위의 효과는 본인이 아닌 행위자, 즉 대리인에게 직접 발생한다. 다만 대리인이 사실행위, 예컨대 물건에 가공을 하거나(제259조) 발견을 한 때에는(제254조) 도급이나 고용 등의 내부적 법률관계에 의하여 본인에게 그 소유권이 귀속되는 경우가 있으나(김형배 270면), 이는 대리제도에 의한 법률행위가 아니라 도급(제664조) 또는 고용(제665조)에 의하여 발생하는 별개의 효력이라고 할 것이다

(4) 본인의 능력 여부

본인이 스스로 법률행위를 하지 않기 때문에 의사능력이나 행위능력은 필요하지 않다(제117조 참조). 다만 법률행위의 효과가 본인에게 발생(귀속)하므로 권리능력은 가지고 있어야 한다. 한편 '임의대리관계'에 있어서는 본인이 수권행위나 그 원인이 되는 기초적인 법률관계를 형성하기 위해서는 의사능력과 행위능력이 필요하다는 것이 통설의 일반적인 이론이다.

5. 복대리

(1) 복대리인의 의의 및 성질

1) 복대리인의 의의

복대리라 함은 대리인의 수권행위에 의한 또 하나의 대리를 말한다. 따라서 '복대리인'은 대리인이 자기의 이름으로 선임하여 그의 권한 안의 행위를 행하게 하는 '본인의 대리인'을 말하며(제121조 이하), 이는 언제나 임의대리인이다.

2) 복대리인의 법적성질

① 복대리인은 대리인이 자기의 이름으로 선임한 대리인이다. 유의할 점은 복대리인은 비록 대리인이 선임하였지만 '본인의 대리인'이지 대리인의 대리인은 아니다. 민법 제123조 제1항은 '복대리인은 … 본인을 대리한다'고 규정함으로써 복대리인이 본인의 대리인임을 명백히 하고 있다.

② 복대리인의 선임행위를 '복임행위'라고 하는데, 대리인이 대리권의 범위 내에서 본인을 위하여 대리권을 수여한다는 점이 복임행위의 특색이다. 따라서 복임행위의 성질은 기본적으로 본인의 대리권수여행위와 동일하다(고상룡 538면, 김상용 603면, 이영준 523면, 이은영 624면 등). 이와는 달리 복임행위는 대리인의 대리권이 존재하면서 복대리권이 새로이 발생된다는 점에서 대리권의 병존적 · 설정적 양도행위라는 견해도 있다(곽윤직 · 김재형 351면).

(2) 대리인의 복임권과 책임

1) 대리인의 복임권

대리인이 복대리인을 선임할 수 있는 권능을 '복임권'이라고 한다. 즉 복임권은 대리권과 별도로 법률의 규정에 의하여 대리인에게 부여되는 권능이다. 그런데 대리인이 임의대리인인지 아니면 법정대리인인지에 따라 복임권의 유무와 책임범위가 달라진다.

2) 임의대리인의 복임권과 책임

① 임의대리인의 복임권

임의대리인은 원칙적으로 복임권이 없다. 그러나 '본인의 승낙이 있거나' '부득이한 사유가 있는 때'에는 예외적으로 복임할 수 있다(제120조). 왜냐하면 임의대리인은 본인의 신임을 받은 자이므로 함부로 복대리인을 둔다면 본인의 신임에 어긋나기 때문이다.

② 복대리인의 선임과 책임

㉠ 임의대리인이 복대리인을 선임한 때에는 선임 · 감독에 관하여 본인에 대하여 책임이 있다(제121조 제1항). 즉 부적당한 자를 선임하거나 또는 복대리인에 대한 감독을 게을리 하여 복대리인이 본인에게 손해를 입힌 때에는 대리인이 이를 배상할 책임이 있다.

㉡ 한편 본인의 지명에 의하여 복대리인을 선임한 경우에는 책임이 경감되어 부적임 또는 불성실함을 알고 본인에 대한 통지나 그 해임을 게을리 한 때에만 책임이 있다(제121조 제2항).

3) 법정대리인의 복임권과 책임

① 법정대리인의 복임권

법정대리인은 언제든지 복임권이 있다(제122조 본문). 그 이유는 법정대리인은 본인의 신임으로 대리인이 된 것이 아니며, 또한 임의로 사임할 수 없을 뿐만 아니라 일반적으로 법정대리인의 권한이 광범위하여 그것을 전적으로 법정대리인 자신만이 꼭 처리하도록 강요한다는 것은 너무 가혹한 요구일 것이기 때문이다.

② 법정대리인의 선임과 책임

법정대리인은 언제든지 복임권을 갖는 반면에 복대리인의 행위에 관하여는 자신에게 선임·감독의 과실이 있건 없건 모든 책임을 진다(제122조 본문). 일종의 무과실책임이다. 그러나 부득이한 사유로 복대리인을 선임한 경우에는 선임·감독에 관해서만 책임이 있다(제122조 단서).

(3) 복대리인의 지위

1) 대리인에 대한 관계

복대리인은 대리인에 의하여 선임된 자이므로 대리인의 감독을 받으며, 복대리인의 대리권은 그 범위나 존립에 있어서 대리인의 대리권에 종속된다. 따라서 대리인의 대리권보다 넓을 수 없으며, 대리인의 대리권이 소멸하면 복대리권도 소멸한다. 유의할 점은 대리인의 대리권은 복대리인의 선임으로 인하여 소멸하지 않는다. 즉 복대리인을 선임한 뒤에도 대리인은 여전히 대리권을 보유한다.

2) 상대방에 대한 관계

복대리인은 그 권한 내에서 본인을 대리한다(제123조 제1항). 또한 복대리인은 본인 또는 제3자에 대하여 대리인과 동일한 권리·의무가 있으므로(제123조 제2항) 복대리인의 대리행위에 관해서는 대리의 일반원칙이 적용된다. 그러므로 복대리인은 복대리행위를 하는 데 있어서 본인을 위한다는 표시를 하여야 하며(제114조 제1항), 특히 표현대리규정도 복대리행위에 적용될 수 있다. 예컨대 본인 또는 대리인의 사망 후 복대리인이 대리행위를 한 경우에는 민법 제129조의 표현대리가 인정된다(대판 1998.5.29, 97다55317).

3) 본인에 대한 관계

복대리인은 대리인이 자신의 이름으로 선임한 자이므로 복대리인과 본인 사이에는 대외적으로 복대리인이 본인의 대리인이라는 것 외에 아무런 내부관계가 존재하지 않는다. 그런데 민법은 복대리인은 본인에 대하여 대리인과 동일한 권리·의무를 갖는다고 규정하고 있다(제123조 제2항). 이는 본인은 복대리인의 대리권행위에 대하여 대리인의 대리행위에 의하는 것과 마찬가지의 이해관계를 가지기 때문에, 제123조 제2항에 의하여 본인과 대리인 사이의 내부적 법률관계가 본인과 복대리인 간의 내부적·기초적 법률관계로 의제됨을 의미한다(통설). 예컨대 대리인이 본인에 대하여 수임인으로서의 내부관계에 있는 경우, 복대리인도 수임인으로서의 권리·의무(선관주의의무, 수령한 금전 등의 인도의무)를 가진다.

(4) 복대리인의 복임권

복대리인의 복임권에 관하여 민법상 구체적인 규정은 없으나 복대리인은 일종의 임의대리인이므로, 실제상의 필요성을 고려하여 사적 자치의 원칙상 복임행위가 인정되는 것과 마찬가지로 '본인의 승낙이 있거나 부득이한 사유'가 있는 경우 복대리인도 복임권을 갖는다고 적극적으로 해석하는 것에 학설이 일치하고 있다(통설).

(5) 복대리권의 소멸

① 복대리권도 대리권의 일종이므로, 대리권의 일반적인 소멸원인에 의하여 소멸됨은 물론이다. 즉 본인의 사망·복대리인의 사망·복대리인의 성년후견개시 또는 파산으로 복대리권이 소멸한다(제127조 참조).

② 복대리권에 특유한 소멸원인으로는 대리인과 복대리인 사이의 기초적 수권관계의 소멸·복임행위의 하자·복임행위에 대한 대리인의 대리권 철회·대리인이 가지는 대리권의 소멸 등이다(제128조 참조). 다시 말해서, 복대리인은 대리인의 대리권을 전제로 그 대리권(복대리권)의 존속과 범위가 존재함으로 그 전제가 되는 대리권이 소멸하게 되면 복대리인의 대리권도 당연히 소멸하게 된다.

6. 무권대리

(1) 서 설

1) 무권대리의 의의

① 대리행위를 통하여 본인에게 그 효과를 귀속시키기 위해서는 대리인이 대리권을 가지고 있어야 하며 그 대리권의 범위 내에서 본인의 이름으로 대리행위를 해야 한다. 따라서 대리인이 대리권 없이 대리행위를 하거나

또는 대리권이 있더라도 대리권의 범위를 일탈하여 의사표시를 한 때에는 원칙적으로 대리의 효과가 발생할 수 없다. 이를 무권대리라고 한다.

② 민법은 제125조, 제126조 및 제129조에서 표현대리에 관하여 규정하고 있으며, 제130조 이하에서 좁은 의미의 무권대리의 일반적 효력에 관하여 규정하고 있다. 민법이 제125조 이하에서 표현대리에 관하여 먼저 규정하고 있는 것은 표현대리행위의 효과가 본인에게 미친다는 측면을 고려한 데서 기인하는 것으로 생각된다.

2) 무권대리의 모습

무권대리의 유형은 처음부터 대리권이 없이 대리행위가 행하여진 '좁은 의미의 무권대리'와 대리인이라 칭하는 자의 행위에 대리권이 없음에도 불구하고 상대방으로 하여금 대리권이 있는 것으로 오신케 한 '표현대리'로 나누어 볼 수 있다.

참고 **무권대리**

* 무권대리
  - 표현대리
    - 대리권수여표시에 의한 표현대리(제125조)
    - 권한을 넘은 표현대리(제126조)
    - 대리권소멸 후의 표현대리(제129조)
  - 좁은 의미의 무권대리 (제130조 이하)
    - 계약의 무권대리
    - 단독행위의 무권대리

(2) 표현대리

1) 표현대리의 의의와 유형

① 표현대리의 의의

대리권이 없음에도 불구하고 대리권이 있는 것으로 상대방이 오신할 만한 정당한 이유가 있는 경우에는 유권대리와 거의 동일한 효과를 발생시킴으로써 외관을 신뢰한 선의·무과실의 제3자(상대방)를 보호하여 거래의 안전을 보장하자는 것이 표현대리제도이다. 판례는 '표현대리의 법리는 거래의 안전을 위하여 어떠한 외관적 사실을 야기한 데 원인을 준 자는 그 외관적 사실을 믿음에 정당한 사유가 있다고 인정되는 자에 대하여는 책임이 있다는 일반적인 권리외관이론에 그 기초를 두고 있다'고 한다(대판 1998.5.29, 97다55317).

② 표현대리의 유형

우리 민법은 세 가지의 표현대리를 인정하고 있다. 즉 대리권수여의 표시에 의한 표현대리(제125조) · 권한을 넘은 표현대리(제126조) · 대리권소멸 후의 표현대리(제129조)의 세 가지의 경우를 인정하고 있다. 판례도 민법이 규정한 유형 이외의 표현대리를 인정하지 않는다. 즉 표현대리제도는 대리제도의 신용을 유지하고 대리인과 거래하는 제3자의 이익을 보호하기 위한 것으로서 민법이 규정한 대리권수여의 표시로 인한 것, 권한유월로 인한 것, 그리고 대리권소멸 후의 것에 한한다(대판 1955.7.7, 4287민상366).

2) 표현대리의 본질(무권대리인가, 유권대리인가)

① 무권대리로 이해하는 견해

대리인에게 대리권이 없음에도 불구하고 마치 있는 것과 같은 외관이 존재하고, 또한 그러한 외관의 발생에 관하여 본인이 어느 정도의 원인을 제공하고 있는 경우에는 그 무권대리행위에 대하여 본인으로 하여금 책임을 지게 함으로써(법정책임) 그러한 외관을 신뢰한 선의 · 무과실의 제3자를 보호하고 거래안전을 보장하며, 나아가서는 대리제도의 신용을 유지하려는 것이 '표현대리제도'라고 한다. 즉 표현대리는 무권대리의 일종이라는 것이 다수설의 입장이다(곽윤직 · 김재형 390면, 김증한 · 김학동 436면, 김준호 355면, 김형배 293면, 지원림 294면 등).

② 유권대리로 이해하는 견해

대리는 수권행위의 효과이며, 이러한 수권행위는 내부적 수권행위 또는 외부적 수권행위에 의하여 이루어진다고 한다. 통상적인 유권대리에는 내부적 수권과 외부적 수권이 존재하며, 무권대리는 양자가 모두 존재하지 않는 경우를 말한다. 따라서 표현대리라 함은 내부적 수권은 존재하지 않지만, 외부적 수권은 존재하는 경우이다. 이처럼 표현대리는 외부적 수권에 의하여 본인의 책임을 인정하는 것(외부적 수권효과)이므로 무권대리의 일종이 아니라, 유권대리의 일종이라고 한다(이영준 534면).

③ 판례의 태도

초기의 판례는 대리권존재에 관한 주장 중에는 표현대리에 관한 주장도 포함된 것으로 해석하였다(대판 1964.11.30, 64다1082 참고). 즉 유권대리에는 표현대리도 포함된다고 봄으로써 표현대리의 본질을 유권대리로 이해하였으나, 그 후 표현대리에 있어서는 대리권이 없음에도 불구하고 법률이 특히 거래상대방의 보호와 거래안전의 유지를 위하여 본래 무효인 무권대리행위의 효과를 본인에게 미치게 한다고 하여, 유권대리에 관한 주장 속에 무권대리에 속하는 표현대리의 주장이 포함되어 있다고 볼 수 없다고 함으로써(대판[전합] 1983.12.13, 83다카1489; 대판 2001.3.23, 2001다1126) 판례는 표현대리의 본질을 무권대리로 이해한다.

【판 례】

* 대판 1983.3.27, 83다1489 … 유권대리는 본인이 대리인에게 수여한 대리권의 효력에 의하여 법률효과가 발생하는 반면 표현대리에 있어서는 대리권이 없음에도 불구하고 법률이 특히 거래상대방의 보호와 거래안전의 유지를 위하여 본래 무효인 무권대리행위의 효과를 본인에게 미치게 한다고 하여, 무권대리의 성질이 유권대리로 전환되는 것이 아니므로 양자의 구성요건 해당사실은 다르다고 볼 수밖에 없다. 따라서 유권대리에 관한 주장 속에 무권대리에 속하는 표현대리의 주장이 포함된다고 볼 수 없다.

3) 대리권수여의 표시에 의한 표현대리

① 의 의

본인이 제3자에 대하여 타인(대리인이라고 지칭한 자를 말하며, 실질적으로는 대리권을 수여하지 않은 자이다)에게 대리권을 수여함을 표시하였기 때문에 그 대리권의 표시범위 내에서 법률효과가 직접 본인에게 귀속되는 경우를 대리권수여의 표시에 의한 표현대리라고 하며, 한편으로는 '언질대리'라고도 한다(제125조).

② 요 건

㉠ 대리권수여의 표시가 있을 것, 즉 본인이 제3자에 대하여 어떤 자에게 대리권을 수여하였음을 표시(통지)하여야 한다. 수권표시의 방법에는 제한이 없다. 따라서 서면으로 하든 구술로 하든, 특정의 제3자에게 하든 신문광고에서와 같이 불특정의 제3자에게 하든 이를 묻지 않는다.

㉡ 표시된 대리권의 범위 내의 행위일 것, 즉 무권대리인이 그 표시(통지)에서 수여된 것으로 표시된 대리권의 범위 안의 대리행위를 하였어야 한다.

㉢ 표시된 통지를 받은 상대방과 대리행위를 하였을 것, 즉 통지를 받은 상대방과의 사이에 대리행위를 하였어야 한다.

㉣ 상대방이 선의·무과실일 것, 여기서 선의란 대리권이 있는 것으로 오신하는 것을 말하며, 무과실이란 일반인의 주의를 기울였음에도 대리권이 없음을 알지 못하는 것을 의미한다.

③ 증명책임

민법 제125조의 표현대리에 있어서 '통지를 받은 제3자'가 대리권의 부존재를 알지 못한 데에 선의·무과실이어야 하는데, 이 경우 선의·무과실의 증명책임은 누구에게 있는가? 통설은 민법 제125조의 책임을 면하려면 본인에게 상대방(제3자)의 악의·과실에 대한 증명책임이 있다고 본다.

④ 제125조의 적용범위

㉠ 법정대리

법정대리에는 민법 제125조가 적용되지 않는다는 것이 통설과 판례의 입장이다. 즉 민법 제125조는 본인이 제3자에 대하여 자기의 의사로 타인에게 대리권을 수여했다는 표시를 하는 것을 예정한 규정이기 때문에 본인의 의사와 관계없이 인정되는 법정대리에는 적용될 여지가 없다는 것이다. 결론적으로, 대리권수여의 표시에 의한 표현대리(제125조)는 임의대리에 한하여 적용된다(곽윤직 394면, 고상룡 571면 등; 대판 1955.5.12, 4287민상208 참고).

㉡ 복대리

복대리에 관해서도 민법 제125조는 적용된다는 것이 통설과 판례의 태도이다. 예컨대 A의 소유토지에 대하여 매매계약을 체결한 매수인(甲)이 C와 함께 A의 임의대리인 B에게 와서 소유권이전등기를 할 수 있는 서류를 해주면 다른 데에서 금전을 융통하여 잔대금을 갚겠다고 청함에, A의 임의대리인 B가 그들에게 등기권리증·A의 인감증명·주민등록등본·근저당권설정계약서 등의 서류를 해주자, C가(단순한 동행자) 위 토지에 대하여 홍길동(H)명의로 근저당권설정등기를 경료하였다면 홍길동은 위의 C를 B의 대리인(C를 A의 복대리로 믿는 것을 말한다)으로 믿는 데는 정당한 사유가 있다고 함으로써 대리권이 없는 복대리인(C)의 무권대리행위에 대하여 대리권수여의 표시에 의한 표현대리(제125조)를 적용할 수 있다고 보았다(대판 1979.11.27, 79다1193).

⑤ 효 과

㉠ 효력의 발생

본인이 표시한 대리권의 범위 안에서 책임을 부담한다. 다만 이로 인하여 본인이 손해를 입은 경우에는 무권대리인에 대하여 불법행위 등을 이유로 하여 손해배상을 청구할 수 있다. 한편 상대방은 본인과의 사이에 법률효과가 생기는 것을 원하지 않을 때에는 철회권을 행사하여 그 법률행위를 무효인 것으로 확정시킬 수 있다(제134조). 반면 본인은 상대방이 표현대리를 주장하거나, 무권대리 행위를 이유로 철회하기 전(前)까지 추인함으로써 완전한 유권행위로서의 효과를 생기게 할 수 있다(제130조).

㉡ 효력의 저지

본인은 표현대리인이 대리행위를 하기 전에 수권통지철회의 의사표시에 의하여 민법 제125조에 의한 표현대리의 성립을 저지할 수 있다. 이 경우 철회가 효력을 발생하려면 상대방에게 철회된 사실을 수권표시의 방법(광고 또는 특정인 등)과 동일한 방법으로 알려야 한다.

4) 권한을 넘은 표현대리

① 의 의

대리인이 법률행위를 함에 있어 대리권의 범위를 넘은 행위를 하였으나, 다소의 범위의 대리권이 있는 자의 행위이기 때문에 그 법률효과가 직접 본인에게 귀속되는 경우를 말한다. '권한 유월에 의한 표현대리' 또는 '월권대리'라고도 한다(제126조). 수여된 대리권의 범위가 불명확한 경우가 많기 때문에 표현대리유형 중 실무상 가장 많이 다투어지는 대표적인 것이다.

② 요 건

㉠ 기본대리권이 존재할 것, 즉 현실로 이루어진 대리행위에 관해서는 대리권이 없지만, 그 기초가 되는 혹은(이와 관련된) 다른 어떤 행위에 대해서는 대리권이 존재하여야 한다. 따라서 이러한 기본대리권(주로 사법상의 대리권)의 존재는 민법 제126조 표현대리의 필수적 요건이므로(통설; 대판 1984.10.10, 84다카780 참고) 전혀 대리권이 없는 자의 행위에 관하여는 권한을 넘은 표현대리가 성립할 여지는 없다.

㉡ 권한을 넘는 표현대리행위가 존재할 것, 즉 대리인이 그 권한 밖의 행위를 하였어야 한다. 이 경우 권한을 넘은 월권행위는 기본대리권과 동종 또는 유사의 법률행위일 필요는 없다(대판 1963.8.31, 63다326). 다만 행위자가 다소의 범위의 대리권을 가짐이 필요하다. 유의할 점은 기본대리권은 현재의 대리권을 말하고 과거에 가졌던 대리권을 넘는 경우에 민법 제126조가 적용되지 않지만, 민법 제129조가 개입되면 하자가 치유될 수 있다(대판 1979.3.27, 79다234 참고).

㉢ 정당한 이유가 존재할 것, 여기서 정당한 이유라 함은 상대방의 입장에서 볼 때 대리권의 부존재에 대하여 '선의이며 과실이 없는 것'을 말한다(대판 2003.4.11, 2003다7173). 이 경우 정당한 이유의 존·부는 자칭 대리인의 대리행위가 행하여질 때에 존재하는 제반 사정을 객관적으로 관찰하여 판단하여야 하는 것이지(대판 2008.1.31, 2007다74713), 당해 법률행위가 이루어지고 난 훨씬 뒤의 사정은 고려대상이 아니다(대판 2001.3.9, 2000다67884).

③ 증명책임

㉠ 본인증명책임설

민법 제126조의 선의·무과실에 관해서는 법문상 상대방에게 증명책임이 있는 것 같이 보이나, 민법 제125조의 표현대리와 다르게 다루어야 할 특별한 이유가 없으므로 본인에게 증명책임이 있다고 한다. 따라서 본인이 상대방의 악의 또는 과실 있음을 증명하여야 한다. 민법 제126조도 선의의 상대방을 보호하기 위한 거래안전에 관한 규정이기 때문이라고도 한다(김용한 378면, 김주수 465면, 장경학 593면).

㉡ 상대방증명책임설

민법 제126조는 상대방이 표현대리인에게 대리권이 있다고 믿고 있음(정당한 이유)을 요건으로 하고 있기 때문에 그 주장·증명책임은 상대방에게 있다고 한다(대판 2008.1.31, 2007다74713). 왜냐하면 여기서 증명의 대상이 되는 '정당한 이유'도 기본대리권과 함께 표현대리의 적극적 요건으로 규정하고 있기 때문이다. 따라서 그 증명책임은 표현대리를 주장(유효성)하는 상대방에게 있다고 한다(고상룡 578면, 곽윤직·김재형 361면, 김상용 604면, 이영준 639면, 이은영 642면).

④ 제126조의 적용범위

㉠ 법정대리

긍정설은 민법 제126조의 권한을 넘은 표현대리가 성립하는 데 본인의 과실이나 행위가 필요한 것은 아니므로 법정대리에도 적용된다고 한다. 따라서 법정대리인(법정후견인)의 권한이 후견감독인의 동의를 요하는 경우(제950조 참조)임에도 법정대리인이 그 동의 없이 대리행위를 한 때에도 민법 제126조를 적용하여야 한다고 본다(곽윤직·김재형 361면, 김상용 606면, 김주수 467면, 김형배 316면, 백태승 492면; 대판 1997.6.27, 97다3828 참고). 반면 부정설은 제한능력자의 법정대리에 제126조의 표현대리를 인정하면 제한능력자를 보호하려는 제도의 취지에 반한다고 한다. 만약 표현대리의 성립을 인정한다면 민법 제950조의 규정은 사문화됨으로 법정대리에 관하여는 권한을 넘은 표현대리(제126조)가 적용되지 않는다고 한다(김증한·김학동 451면, 이영준 554면, 이은영 642면).

【판 례】

* 대판 1997.6.27, 97다3828 … 민법 제126조 소정의 권한을 넘은 표현대리규정은 거래의 안전을 도모하여 거래상대방의 이익을 보호하려는 데에 그 취지가 있으므로 법정대리라고 하여 임의대리와는 달리 그 적용이 없다고 할 수 없다. 따라서 한정치산자(현, 피한정후견인)의 후견인(현, 한정후견인)이 친족회(현, 한정후견감독인)의 동의를 얻지 않고 피후견인의 부동산을 처분하는 행위를 한 경우에도 상대방이 친족회의 동의가 있다고 믿은 데에 정당한 사유가 있는 때에는 본인인 한정치산자에게 그 효력이 미친다.

㉡ 복대리

복임권이 없는 대리인에 의하여 선임된 복대리의 행위에도 민법 제126조가 적용될 수 있다(대판 1994.12.22, 94다24985; 대판 1998.3.27, 97다48982). 예컨대 임의대리인은 원칙적으로 복임권이 없으므로 복대리를 선임할 수 없으나, 대리인이 본인의 동의 없이 복대리를 선임하여 그로 하여금 상대방과 대리행위(법률행위)를 하도록 한 경우에는 권한을 넘는 표현대리(제126조)가 성립할 수 있다.

㉢ 일상가사대리

학설은 법정대리에 민법 제126조의 적용을 긍정하는 이상(다수설), 부부 상호 간의 법정대리권인 일상가사대리권에 관해서도 민법 제126조의 적용이 있다고 한다(고상룡 592면, 이영준 555면). 판례도 부부의 행위가 일상가사에 속하지 않더라도 일상가사대리권을 기본대리권으로 하여 문제의 행위에 특별수권이 주어졌다고 믿을 만한 정당한 이유가 있는 경우에 민법 제126조의 표현대리를 인정할 수 있다고 한다(대판 1970.10.30, 70다1812; 대판 1995.12.22, 94다45098). 반면에 채무자가 채권자를 자신의 집 부근으로 오게 하여 처(부인) 명의의 채무부담약정을 한 사실만으로는 일상가사대리권의 존재를 정당화할 수 있는 객관적인 사정이 있다고 할 수 없다고 하여 민법 제126조의 표현대리의 성립을 부정한 사례도 있다(대판 1997.4.8, 96다54942).

⑤ 효 과

㉠ 대리인이 그 권한 외의 법률행위(월권행위)를 한 경우에 제3자가 그 권한이 있다고 믿을 만한 정당한 이유가 있는 때에는 본인은 그 행위에 대하여 책임을 부담한다(제126조). 이로 인하여, 본인이 손해를 입은 경우에는 무권대리인에 대하여 불법행위 등을 이유로 하여 손해배상을 청구할 수 있다.

㉡ 상대방은 본인과의 사이에 법률효과가 생기는 것을 원하지 않을 때에는 철회권을 행사하여 그 행위를 완전히 무효인 것으로 확정시킬 수 있다(제134조). 한편 본인은 상대방이 표현대리를 주장하거나, 무권대리 행위를 이유로 철회하기 전까지 추인함으로써 완전한 유권대리행위로서의 효과를 생기게 할 수 있다(제130조).

5) 대리권소멸 후의 표현대리

① 의 의

대리권의 소멸 후에 대리인으로서 행위하였으나, 종전에는 대리인이었기 때문에 그 법률효과가 직접 본인에게 귀속하는 경우를 '대리권소멸 후의 표현대리'라고 한다(제129조). 즉 대리권의 소멸은 선의이며 과실 없는 제3자에게 대항할 수 없다.

② 요 건

㉠ 존재하였던 대리권이 소멸하였을 것, 즉 대리권소멸 후에 대리행위를 하였어야 한다. 다시 말해서 종전에는 대리권을 가지고 있었으나, 법률행위 당시에는 그 대리권이 소멸하고 없어야 한다. 따라서 유의할 점은 처음부터 전혀 대리권이 없는 경우에는 민법 제129조가 적용될 수 없다.

㉡ 대리인이 권한 내의 행위를 할 것, 즉 대리행위를 할 당시에 대리권은 이미 소멸하였지만, 대리행위는 과거에 갖고 있던 대리권의 범위 내에서 이루어져야 한다. 따라서 그 대리권의 범위를 넘은 행위에는 민법 제126조가 적용된다(통설, 판례).

㉢ 상대방이 선의·무과실일 것, 즉 상대방이 대리권의 소멸을 모르는 데 선의·무과실이어야 한다. 다시 말해서 대리인이 종전에는 대리권을 가지고 있었기 때문에 상대방이 아직도 그 대리권이 존속하는 것으로 믿고, 또한 그와 같이 믿는 데 과실이 없어야 한다.

③ 증명책임

㉠ 학설은 선의·무과실의 증명책임에 관하여 민법 제129조 본문과 단서의 법문상 선의의 증명책임은 상대방에게 있으며, 과실에 관해서는 이를 부인하는 본인에게 증명책임이 있다고 보는 것이 합당하다고 한다(곽윤직·김재형 362면, 김증한·김학동 453면, 김상용 612면, 이영준 643면).

㉡ 판례는 표현대리를 주장하는 자에게 무과실의 증명책임이 있다고 한 원심판결은 증명책임을 전도한 위법이 있다는 취지의 상고 이유를 배척한 점에 비추어, 결과적으로 표현대리를 주장하는 상대방에게 선의·무과실의 주장·증명책임을 지우는 것으로 보인다(대판[전합] 1983.12.13, 83다카1489).

④ 제129조의 적용범위

㉠임의·법정대리

민법 제129조는 임의대리·법정대리에 모두 적용된다는 것이 통설과 판례의 입장이다(대판 1975.1.28, 74다1199). 민법 제129조는 법정대리에도 적용이 있으므로, 예컨대 이혼 등의 사유로 부부관계가 해소된 후 일상가사 범위 안의 대리행위 혹은 그 범위를 넘은 대리행위의 경우에도 적용이 있다.

㉡복대리

복대리인의 무권대리행위에 대해서도 민법 제129조가 적용된다(통설; 대판 1998.5.29, 97다55317). 예컨대 대리인이 대리권소멸 후 복대리인을 선임하여 복대리인으로 하여금 상대방과 사이에 대리행위를 하도록 한 경우에, 상대방이 복대리인에게 적법한 대리권이 있는 것으로 믿었고 그와 같이 믿은 데 과실이 없다면 대리권소멸 후의 표현대리(제129조)가 성립할 수 있다.

⑤ 효 과

㉠ 본인은 표현대리(제129조)의 상대방에 대하여 대리권의 소멸을 대항하지 못한다. 예컨대 민법 제125조·제126조에서 '책임이 있다'고 규정함으로써 그 표현이 서로 다르지만 결국 '본인이 책임을 진다'는 뜻이다.

㉡ 유의할 점은 민법 제129조의 표현대리가 성립하는 범위를 넘는 경우, 즉 대리행위를 할 당시에 대리권은 소멸하였지만, 대리행위는 과거에 갖고 있었던 대리권의 범위 내에서 행하였어야 한다. 따라서 그 대리권의 범위가 과거의 대리권을 넘는 행위인 경우에는 민법 제126조의 권한을 넘은 표현대리가 된다(대판 1970.2.10, 69다 2141).

(3) 좁은 의미의 무권대리

1) 의 의

넓은 의미의 무권대리 중 표현대리라고 볼 수 있는 특별한 사정이 존재하지 않는 경우의 무권대리로서, 이의 특징은 상대방이 대리의 효과를 주장할 수 없다는 점이다. 좁은 의미의 무권대리행위가 계약이냐 또는 단독행위이냐에 따라 그 효과에 차이가 있는데, 민법 제130조 내지 제135조에서 이른바 '계약의 무권대리'와 제136조에서 '단독행위의 무권대리'를 규정하고 있다.

2) 계약의 무권대리

① 본인에 대한 효과

㉠ 본인의 추인

좁은 의미의 무권대리에 있어서는 본인을 희생시키면서까지 거래의 안전을 보호해야 할 필요가 없으므로, 원칙적으로 본인에 대하여서는 아무런 효력도 없다(제130조). 그러나 예외적으로 본인이 무권대리가 한 행위의 결과를 원하는 때에는 본인·상대방·무권대리인의 이익을 위하여 본인이 추인하면 계약 시에 소급하여 그 효과가 발생하는 것으로 하고 있다(제130조, 제132조, 제133조). 이 경우 제3자의 권리를 침해하지는 못한다.

㉡ 추인의 방법

추인권자는 본인이지만, 본인이 사망한 경우에 상속인 그 밖의 대리인도 추인이 가능하며, 추인은 의사표시이므로 그 요건을 갖추어야 한다. 다만 특별한 방식이 요구되지 않으므로 명시적·묵시적으로 할 수 있으며, 구두에 의해서도 가능하다(통설; 대판 2003.12.26, 2003다49542 참고). 이 경우 묵시적 추인을 인정하기 위해서는 본인이 진의에 기하여 그 행위의 결과가 자기에게 귀속된다는 것을 승인한 것으로 볼 만한 사정이 있어야 하므로(대판 2009.9.24, 2009다37831), 단순히 본인이 무권대리행위의 사실을 알고 있으면서 이의를 제기하지 않았거나 상당기간 방치하였다는 것만으로는 묵시적 추인이 되지 않는다(대판 2001.3.23, 2001다4880 참고).

ⓒ 추인의 상대방

추인은 상대방에 대하여 해야 하는 것이 원칙이고, 민법 제132조도 그러한 취지로 규정하고 있다. 본인의 추인은 상대방과의 법률관계(권리·의무)의 효력을 발생케 하는 의사표시이기 때문이다. 따라서 추인에 의하여 상대방이 취득 또는 부담하게 될 권리나 의무를 승계하여 본인과의 사이에 당사자 관계가 성립할 수 있는 자(상대방의 지위를 승계한 자를 말한다)에게 추인할 수도 있다(대판 1992.10.27, 92다19033).

ⓓ 본인의 추인거절

본인은 추인의 의사가 없음을 적극적으로 표시하여 무권대리행위를 확정적으로 무효로 할 수도 있다(제132조). 따라서 추인을 거절하면 본인은 다시 추인할 수 없다. 즉 추인을 거절함으로써 무권대리행위는 본인에 대하여 확정적 무효로 된다. 이 경우 추인최고에 대한 본인의 거절은 추인의 의사가 없음을 외부에 표시하는 것이므로 '의사의 통지'로서 준법률행위이다.

② 상대방에 대한 효과

ⓐ 상대방의 최고

무권대리행위는 본인의 추인이 있으면 효력을 발생하고, 추인이 없으면 효력이 발생하지 않는 것으로 되어, 이는 상대방의 지위를 대단히 불안정하게 하는 것이다. 따라서 무권대리행위의 상대방은 상당한 기간을 정하여 본인에게 그 추인 여부의 확답을 최고할 수 있다(제131조 전단). 이 경우 본인이 그 기간 내에 확답(추인 또는 추인거절)을 발송하지 아니한 때에는 추인을 거절한 것으로 의제되므로(제131조 후단) 무권대리행위는 무효로 평가된다. 유의할 점은 악의의 상대방(무권대리행위임을 알고 있는 상대방)도 최고할 수 있다.

ⓑ 상대방의 철회

무권대리행위의 상대방은 본인의 추인이나 추인거절이 있을 때까지 불확정적인 법률행위를 스스로 철회함으로써 확정적인 무효로 할 수 있다(제134조). 상대방의 철회가 있으면 본인은 무권대리행위를 추인할 수 없을 뿐만 아니라 상대방도 무권대리인에게 책임을 물을 수 없다(제130조, 제135조 제1항 참조). 무권대리인과 체결한 계약의 철회는 본인이나 무권대리인에 대하여 하여야 하며, 유의할 점은 선의의 상대방만이 철회할 수 있다. 따라서 악의의 상대방에게도 인정되는 최고권과는 그 성질을 달리한다(제131조 전단).

③ 무권대리인의 법적책임

㉠ 책임의 근거

민법은 상대방의 보호와 거래의 안전을 꾀하고, 아울러 대리제도의 신용을 유지하기 위하여 무권대리인에게 '상대방의 선택에 좇아 이행 또는 손해배상의 책임'을 지우고 있다(제135조). 이와 같은 책임은 무권대리인의 과실을 요건으로 하지 않는 이른바 무과실책임이라고 한다.

㉡ 책임의 요건

ⓐ 무권대리인이 본인의 추인을 얻지 못할 것, 즉 본인의 추인을 얻지 못한 때라는 것은 본인이 추인을 거절한 때라고 이해해야 한다. 그러나 본인이 명시적으로 추인을 거절하지는 않았더라도 무권대리행위에 기한 계약관계를 부인하는 적극적인 법률행위를 하여 사실상 추인의 여지가 없다면 '추인을 얻지 못한 때'라는 요건은 충족된다고 볼 것이다(대판 1965.8.24, 64다1156).

ⓑ 상대방이 계약을 철회하지 않았을 것, 즉 상대방은 무권대리인과의 법률행위를 원함으로써 그 계약을 철회하지 않아야 한다(제134조 참조).

ⓒ 상대방이 선의이고 또한 무권대리인이 행위능력자일 것, 즉 상대방이 대리인으로서 계약을 맺은 자에게 대리권이 없다는 사실을 알았거나 알 수 있었을 때 또는 대리인으로서 계약을 맺은 사람이 제한능력자일 때에는 계약의 이행 또는 손해배상의 책임을 부담하지 않는다(제135조 제2항). 따라서 상대방은 선의자이어야 하고 책임을 부담하는 무권대리인은 행위능력자이어야 한다(제135조 참조).

㉢ 책임의 내용

ⓐ 무권대리인은 상대방의 선택에 따라 계약의 이행 또는 손해배상책임을 부담한다(제135조 제1항). 이는 무권대리인의 과실을 요건으로 하지 않는 무과실책임이다. 한편 상대방의 권리는 선택채권이므로 채무이행의 급부 또는 손해배상의 급부 가운데에서 하나의 급부를 선택할 수 있다.

ⓑ 상대방이 '이행급부(이행청구)'를 선택하면 무권대리인은 본인이 대리행위에 의하여 부담하게 될 채무와 동일한 내용의 채무를 이행하여야 한다. 이 경우 무권대리인이 행한 법률행위가 대체물이 아닌 본인의 부동산(불대체물)에 대한 매매계약처럼 그가 상대방에게 현실적으로 이행할 수 없는 경우에는 이행급부의 선택은 실익이 없다.

ⓒ 상대방이 '손해배상의 청구'를 선택할 경우에 특히 문제되는 것은 손해배상의 범위(이행이익 또는 신뢰이익의 문제)이다. 즉 민법 제135조의 규정의 취지상 무권대리인은 상대방과 본인 사이에서 계약이 이행되었더라면 얻을 수 있었던

이익을 배상하여야 하므로, 이행에 갈음하는 손해(이행 이익)를 배상하여야 한다는 데 이설이 없다(고상룡 562면, 백태승 516면, 이영준 598면 등).

④ 본인과 무권대리인과의 관계

㉠ 본인이 추인하지 않는 한 그 효력이 본인에게 귀속되지 않으며, 추인한 경우는 본인을 위한 무권대리인의 사무관리(제734조 이하)가 성립한다. 따라서 본인이 추인한 경우에는 일반적인 대리의 효과(준용)가 발생한다.

㉡ 무권대리인의 고의·과실로 본인에게 손해를 가한 경우는 무권대리인에게 불법행위(제750조 이하)가 성립한다. 또한 무권대리인이 부당한 이득을 취득한 경우에는 부당이득(제741조 이하)이 되어 반환청구의 대상이 될 수도 있을 것이다(곽윤직 409면, 김형배 287면, 이은영 665면 등).

3) 단독행위의 무권대리

① 상대방 없는 단독행위

㉠ 상대방 없는 단독행위의 무권대리는 능동·수동을 묻지 않고 원칙적으로 무효이다(제136조). 즉 단독행위의 무권대리에 관한 유효성 여부를 다투기 위해서는 행위 당시에 상대방이 반드시 존재하여야 하며 또한 그 상대방이 대리권 없는 행위에 동의하여야 하므로 상대방 없는 단독행위(예컨대 유언, 재단법인설립)는 언제나 절대무효이다.

㉡ 상대방 없는 단독행위의 구체적 예를 들면, 평생을 어느 대학 앞에서 분식장사를 하면서 1억 원을 모은 할머니 A의 이름으로 B가 아무런 권한도 없으면서 A의 전 재산을 출연하여 C장학재단을 설립한다는 보도자료를 언론기관에 보낸 경우에, 장학재단설립행위에 관한 B의 무권대리행위는 언제나 무효이다.

② 상대방 있는 단독행위

㉠ 상대방 있는 단독행위(예컨대 동의, 취소, 추인, 해제)의 경우도 원칙적으로 무효이나, 예외적으로 계약의 무권대리와 동일하게 취급하는 경우가 있다. 즉 상대방이 '대리권 없는 행위에 동의하거나' 또는 '대리권을 다투지 아니한 때'에는 계약의 무권대리의 경우와 동일한 효력이 발생한다(제136조 전단).

㉡ 상대방 있는 단독행위의 구체적 예를 들면, 채무자인 A에게 5,000만 원의 금전채권을 가지고 있던 B(채권자)의 이름으로 C가 아무런 권한이 없음에도 불구하고 그 채무를 전액 면제한다는 내용증명우편을 A 앞으로 보낸 경우, 채무면제행위를 할 수 있는 대리권한이 C에게 있는지를 채무자 A가 즉시 확인요청하거나 다투지 않는 한 C의 채무면제행위는 상대방

있는 단독행위임에도 불구하고 무권대리행위(계약의 무권대리)의 효력을 지니게 된다. 따라서 무권대리 C에게 상대방(A)의 선택에 좇아 이행 또는 손해배상의 책임을 지울 수 있다.

제5절 법률행위의 무효와 취소

1. 서 설

(1) 무효와 취소의 구별

① 법은 당사자의 의사를 존중하여 법률행위의 효력을 될 수 있는 대로 발생시키려고 노력하지만, 한편 일정한 목적에서 그 효력의 발생을 저지하는 경우가 있는데, 이것이 무효와 취소의 제도이다.

② 무효란 법률요건으로서의 법률행위에 부여되어야 할 법률효과가 처음부터 전혀 발생하지 않기 때문에 그 효력이 발생하지 않는 것을 말한다. 반면에 취소란 일단 유효한 법률행위로서 효력이 발생하지만, 후에 취소(취소권자에 의한 취소권의 행사)에 의하여 법률행위가 있었던 때로 소급하여 효력을 잃게 되는 것을 말한다.

③ 통설은 법질서 전체의 이상에 비추어 개개인의 의사를 묻지 않고 당연히 효력을 인정할 수 없다고 할 만한 객관적인 이유가 있는 때에는 법률행위를 무효로 하고, 효력인정 여부를 특정인의 의사에 의하여 좌우하게 하여도 무방하다고 할 수 있는 경우는 취소로 구별한다(곽윤직 412면 등).

(2) 법률행위의 성립과 효력

법률행위의 효력에 관한 문제는 다음과 같은 여러 측면에서 검토되어야 한다.

1) 성립에 관한 문제

우선 법률행위가 성립하지 않고서는 그 효력 여부를 문제 삼을 수 없다. 예컨대 의사표시가 불합치한 때에는 법률행위 자체가 성립하지 않는다. 또한 단순히 '그렇게 합시다'라고만 하는 정도의 의사표시가 있었다면 법률행위의 내용이 확정되었다고 볼 수 없으므로 법률행위는 성립되지 않는다. 따라서 법률행위의 효력은 그 논리적 전제로서 확정된 내용을 가진 법률행위(의사합치)가 존재하여야 하는데, 이러한 '법률행위의 확정'은 법률행위의 해석을 통해서 실현될 수 있는 경우가 적지 않다.

2) 효력에 관한 문제

확정된 내용을 가지고 당사자들 사이에 법률행위가 성립하였더라도 법이 정한 유효요건(효력요건)을 갖추지 않으면 그 법률행위는 효력을 가질 수 없다. 즉 무효(제103조, 제104조, 제105조, 제107조 제1항, 제108조 등) 또는 취소(제5조 제2항, 제10조, 제13조, 제109조, 제110조 등)의 효과가 발생한다. 예컨대 공서양속에 반한 법률행위는 무효이며, 법정대리인의 동의 없는 행위제한능력자의 법률행위 및 착오에 의한 법률행위는 취소될 수 있다.

3) 성립 · 효력요건의 관계

성립요건을 갖춘 법률행위가 당사자들이 의욕한 대로의 법률효과를 발생시킬 수 있으려면 적극적으로는 당사자들의 확정된 내용의 법률행위가 있어야 하고(성립의 문제), 소극적으로는 그 효력을 부인하는 무효 · 취소의 요건에 해당하지 말아야 한다(효력의 문제).

2. 법률행위의 무효

(1) 무효의 개념

1) 무효의 의의

법률행위의 무효라 함은 법률행위가 성립시부터 법률상 당연히 효력을 발생하지 않는 것을 말한다. 즉 무효는 어느 누구의 주장도 기다리지 않고 당연히 절대적으로 효력이 없고 확정적이며, 그 무효의 효력이 시간의 경과로 부정되지 않는다.

2) 무효의 원인

① 민법상의 법률행위의 일반적 무효원인으로는, 당사자에 관한 무효원인(의사능력의 흠결), 의사표시에 관한 무효원인(제107조 제1항, 제108조 단서), 목적에 관한 무효원인(제103조, 제104조, 제151조) 등이 있다. 그 외에도 각개의 경우에 법률행위의 요건을 갖추지 못한 때의 특수한 무효원인이 있다(예컨대 제815조, 제883조, 제1060조 등).

② 특별법에 의하여 법률행위가 무효로 되기도 한다. 예컨대 토지거래허가

지역에서의 법률행위는 비록 당사자의 합의가 있다고 하더라도 관할관청의 허가를 받지 못한 경우에 그 법률행위는 무효이다(국토의 계획 및 이용에 관한 법률 제118조 제6항).

(2) 무효의 일반적 효과

1) 무효와 부당이득

① 법률행위가 무효이면 그 법률행위의 내용에 따른 효과가 발생하지 않는다. 즉 물권행위가 무효이면 물권변동은 일어나지 않고, 채권행위가 무효이면 채권은 발생하지 않는다. 따라서 무효인 행위에 기인하여 이미 이행이 된 때에는 부당이득으로 반환하여야 한다(제741조 참조).

② 법률행위가 무효됨으로 인하여 부당이득으로 반환되는 것은 수익자가 받은 목적물 자체를 반환하는 것이 원칙이지만, 원물의 반환이 불가능하거나 처음부터 노무 혹은 무형의 서비스 등을 제공받았을 때에는 그 가액으로 반환하면 된다(제747조 참조). 특히 수익자가 수익에 대한 법률상 원인이 없음을 몰랐을 경우(선의의 경우)에는 그 받은 이익이 현존하는 한도에서 반환책임을 부담하고, 악의의 경우에는 그가 받은 이익의 전부 및 그 이자 등을 반환하여야 한다(제748조).

2) 무효의 소급효

법률행위가 무효로 되면 처음부터 당연히 그 효력이 인정되지 않는다. 당사자의 주장(원용) 혹은 법원의 직권판단 등에 따라 무효로 되면 그 법률행위는 소급하여 무효로 된다. 다만 고용계약에서는 무효사유가 발생한 때부터 '장래에 향하여' 무효로 된다(통설).

(3) 무효의 종류

1) 절대적 무효와 상대적 무효

① 절대적 무효라 함은 무효인 것의 효과가 당해 행위의 당사자 사이에 있어서뿐만 아니라 누구에게나 주장할 수 있는 무효를 말하며, 의사제한능력자의 행위 · 반사회질서의 행위(제103조) · 불공정한 법률행위(제104조) 등은 이에 해당한다.

② 상대적 무효라 함은 거래의 안전을 보호하기 위하여 특정인에 대해서는 주장할 수 없는 무효로서, 진의 아닌 의사표시의 예외의 경우(제107조 제1항 단서) · 통정허위표시(제108조 제1항)가 이에 해당하며, 유의할 점은 이들은 모두 선의의

제3자에게 무효를 주장하지 못한다(제107조 제2항, 제108조 제2항).

2) 당연무효와 재판상 무효

① 당연무효라 함은 법률행위를 무효로 하기 위하여 특별한 행위나 절차를 요하지 않으며, 법률상 당연히 무효인 것을 말한다. 예컨대 절대적 무효가 이에 해당한다.

② 재판상 무효라 함은 법률행위의 무효가 원칙적으로 당연히 무효인 것이지만, 일반 제3자에게 중대한 영향을 미치게 되는 경우에는 재판에 의한 무효선고를 기다려서 비로소 무효로 되는 것을 말한다. 예컨대 회사설립의 무효(상법 제184조)·회사합병의 무효(상법 제236조)·주주총회결의의 무효(상법 제380조)·신주발행의 무효(상법 제429조)·자본감소의 무효(상법 제445조) 등은 이에 해당한다.

3) 확정무효와 유동적 무효

① 확정무효라 함은 강행법규의 위반행위로서 원칙적으로 확정적인 것이어서 본인이 추인하더라도 소급하여 유효로 되지 않는다(대판[전합] 1996. 6.17, 98다40459 참고). 따라서 무효는 '확정무효'임이 원칙이다.

② 유동적 무효라 함은 관할관청의 허가(농지취득자격증명, 토지거래허가 등)를 조건으로 하는 거래계약(대판[전합] 1996. 6.17, 98다40459) 또는 무권대리인의 행위나 무권한자의 처분행위에 관하여는 본인의 추인에 의해서 행위 시에 소급하여 유효한 것으로 할 수 있다(제133조).

【판 례】 확정무효와 유동적 무효

* 대판[전합] 1996.6.17, 98다40459 … 국토의 계획 및 이용에 관한 법률상 토지의 거래허가구역으로 지정된 구역 내의 토지거래계약은 관할 행정청의 허가를 배제 또는 잠탈하는 내용의 계약일 경우에는 확정적 무효로서 유효로 될 여지가 없으나, 이와 달리 허가를 전제조건으로 거래한 경우에는 허가를 받을 때까지는 법률상 물권적 효력은 물론 채권적 효력도 전혀 발생하지 아니하지만, 일단 허가를 받으면 그 거래계약은 소급해서 유효로 되는 유동적 무효이다.

4) 전부무효와 일부무효

① 전부무효라 함은 무효의 원인이 법률행위의 전부에 관하여 존재하는 경우를 말한다. 한편 일부무효라 함은 무효의 원인이 법률행위내용의 일부

분에만 존재하는 것으로서, 법률행위의 일부무효는 전부무효로 되는 것이 원칙(법률행위의 일체성)이나 예외적으로 무효부분이 없더라도 법률행위를 하였을 것이라고 인정될 때에는 나머지 부분은 무효가 되지 않는다(제137조).

② 일부무효에 있어서 나머지 부분만으로 법률행위를 의욕하는 당사자의 의사는 실존하는 의사가 아니라 가정적 의사이다. 즉 법률행위의 일부가 무효임을 당사자 쌍방이 법률행위의 당시에 알았더라도 역시 동일한 법률행위를 하였을 것이라는 '가정적 의사'가 기준이 된다(대판 1996.2.27, 95다38875).

【판 례】 당사자의 가정적 의사

* 대판 1996.2.27, 95다38875 … 복수의 당사자 사이에 중간생략등기의 합의를 한 경우 그 합의는 전체로서 일체성을 가지므로, 그중 한 당사자의 의사표시가 무효로 판명된 경우 나머지 당사자 사이의 합의가 유효한지의 여부는 민법 제137조에 정한 바에 따라 당사자가 그 무효부분이 없더라도 법률행위를 하였을 것이라고 인정되는지의 여부에 의하여 판정되어야 하고, 그 당사자의 의사는 실재하는 의사가 아니라 법률행위의 일부분이 무효임을 법률행위 당시에 알았다면 당사자 쌍방이 이에 대비하여 의욕하였을 가정적 의사를 말한다.

(4) 무효행위의 전환

1) 의 의

무효행위의 전환이라 함은 A라는 행위로서는 무효인 법률행위가 B라는 행위로서의 요건을 갖추고 있고 또한 당사자가 그 무효를 알았더라면 B로서의 행위를 의욕하였을 것으로 인정되는 경우에는(실제의 의사가 아닌 가정적 의사), 무효인 A행위를 B행위로서 그 효력을 인정하는 것이다(제138조). 이는 독일민법 제140조를 본받은 것이라고 하겠다.

2) 전환의 요건

① 법률행위의 무효

무효행위의 전환은 일단 성립한 법률행위가 무효인 경우에 비로소 문제되므로, 법률행위가 성립하지 않은 경우에 문제될 여지가 없다. 그렇다면 단독행위에 관해서도 이러한 전환을 인정할 수 있는가? 학설은 긍정설(이영준 626면, 지원림 363면)과 부정설(곽윤직 · 김재형 380면)로 나뉜다. 민법은 비밀증서에 의한 유언이 그 방식을 결여한 경우에는 자필증서의 방식을 갖춘 경우에 한하여 '자필증서에 의한 유언'으로서 인정한다(제1071조). 또한 연착한 승낙(제530조)과 변경을 가한 승낙(제534조)은 '새로운 청약'으로 간주하는 점에 비추어, 이를 긍정하는 것이 옳다고 본다.

② 전환의사의 존재

당사자가 그 무효를 알았더라면 다른 법률행위를 할 것을 의욕하였을 것이라고 인정되어야 한다. 이러한 전환의사는 현실의 의사일 필요가 없고, 가정적 의사로 족하다. 그런데 유의할 점은 가정적 의사는 전환의 시점이 아니라 행위시점을 기준으로 판단하여야 한다(대판 2010.3.29, 2009다50308).

【판 례】

* 대판 2010.3.29, 2009다50308 … 매매계약이 약정된 매매대금의 과다로 말미암아 민법 제104조에서 정하는 불공정한 법률행위에 해당하여 무효인 경우에도 무효행위의 전환에 관한 민법 제138조가 적용될 수 있다. 이때 당사자의 의사는 매매계약이 무효임을 계약 당시에 알았다면 의욕하였을 가정적 효과의사로서, 거래관행을 고려하여 신의성실의 원칙에 비추어 결단하였을 바를 의미한다.

③ 다른 법률행위의 요건구비

㉠ 불요식행위로의 전환, 즉 제1의 행위가 요식행위이든 불요식행위이든 상관없이 불요식행위로의 전환은 가능하다. 예컨대 방식을 결여한 약속어음이 어음으로서는 무효이나 차용증서로서의 효과를 인정하는 것은 전자(제1의 요식행위를 불요식행위로 전환)의 예이고, 지상권설정계약으로서는 무효인 것을 임대차계약으로서 유효하다고 인정하는 것은 후자(제1의 불요식행위를 다른 불요식행위로 전환하는 것)의 예이다.

㉡ 요식행위로의 전환, 즉 무효인 제1의 행위가 요식행위일 뿐 아니라 전환되는 제2의 행위도 요식행위인 경우에는 일정한 형식 그 자체를 필요로 하는 것이므로 전환은 허용되지 않음이 원칙이나(대판 2004.11.11, 2004므1484), 예외적으로 유효를 인정하는 경우도 있다. 예컨대 제1의 요식행위인 비밀증서에 의한 유언(제1069조)이 그 방식에 흠결이 있는 경우에 그 증서가 제2의 요식행위인 자필증서에 의한 유언(제1066조)으로서 적합한 때에는 후자의 것으로 유효하다(제1071조). 또한 혼인 외의 출생자를 혼인 중의 출생자로 신고한 경우에 있어서, 그 신고가 출생신고로서는 무효이지만, 인지신고(제855조 참조)로서의 효력은 인정된다(대판 1971.11.15, 71다1983).

【판 례】

* 대판 2004.11.11, 2004므1484 … 입양의 실질적 요건이 구비되어 있다고 하려면 입양의 합의, 15세 미만자에 있어서 법정대리인의 대낙, 양자는 양부모의 존속 또는 연장자가 아닐 것 등 민법 제883조 각호 소정의 입양의 무효사유가 없어야 함은 물론 감호·양육 등 양친자로서의 신분적 생활사실이 반드시 수반되어야 한다. 따라서 입양의 의사로 친생자 출생신고를 하였더라도 위 요건을 갖추지 못하는 한 입양신고로서의 효력은 발생하지 않는다.
* 대판 1971.11.15, 71다1983 … 혼인 외 출생자를 혼인 중의 출생자로 출생신고를 한 경우에는 그 출생신고는 무효이지만 인지신고로서는 효력이 있다. 또한 타인의 자를 자기의 자로서 출생신고 한 경우에도 입양의 효력은 인정된다(대판[전합] 1977.7.26, 77다492. 이 판결은 양자로 입양된 것이라고 볼 수 없다고 한 기존의 태도를 변경한 것이다).

(5) 무효행위의 추인

1) 의 의

무효인 법률행위는 추인하여도 처음부터 그 효력이 생기지 않는다. 다만 그 위가 '무효임을 알고서'(법률행위의 무효를 모르고 추인한다는 것은 추인으로서의 의미가 없기 때문이다) 당사자가 이를 추인한 때에는 새로운 법률행위를 한 것으로 간주한다(제139조). 즉 무효인 법률행위는 추인에 의하여 새로운 법률행위로서 장래에 향하여 유효하게 된다.

2) 추인의 요건

당사자는 그 법률행위가 무효임을 알고 추인하여야 하며, 추인 시에 새로운 법률행위의 유효요건이 존재하여야 한다. 따라서 추인은 새로운 법률행위를 하는 경우와 동일한 요건을 구비하여야 하므로, 새로운 행위가 요식행위이면 그 요식성을 갖추어야 한다. 그러나 법률행위가 민법 제103조(반사회질서 법률행위) 혹은 제104조(불공정한 법률행위)에 반하여 무효인 경우에는 추인하여도 유효로 되지 않는다(대판 1994.6.24, 94다10900).

3) 추인의 방식

추인은 명시적으로뿐만 아니라 묵시적인 방법으로도 가능하며(대판 1999.3.9, 89므389; 대판 2000.4.7, 99다52817), 그 추인의 의사표시는 무권리자나 그 무권리자와 법률행위를 한 상대방 어느 쪽에 하여도 무방하다고 한다(대판 2001.11.9, 2001다44291).

【판 례】

* 대판 1990.3.9, 89므389 … 15세가 된 후 망인과 자신 사이에 친생자관계가 없는 등의 사유로 입양이 무효임을 알면서도 망인이 사망할 때까지 아무런 이의를 하지 않는 경우는 묵시적으로 입양을 추인한 것으로 본다.

4) 추인의 효과

① 추인효과의 원칙

무효인 법률행위는 효력이 발생하지 않지만 당사자가 그 무효행위를 추인함으로써 새로운 법률행위가 성립한다(제139조 단서). 학설과 판례도 같은 취지이다. 즉 무효인 행위를 사후에 유효로 하는 것이 아니라 새로운 의사표시에 의하여 새로운 행위가 있는 것이 되고, 그때부터 유효하게 되는 것이므로 원칙적으로 소급효가 인정되지 않는다(대판 1983.9.27, 83므22 참고).

② 추인효과의 예외

우리 민법상 무효행위에 대한 추인은 소급효가 인정되지 않으나, 당사자들이 소급효를 가진 추인을 약정하는 것은 가능하므로 행위시에 소급시켜 추인할 수도 있다(제133조). 예컨대 무권리자의 처분행위(무권대리인의 처분행위 등)는 원칙적으로 무효지만 당사자 사이에서뿐만 아니라 제3자에 대한 관계에서도 제3자의 권리를 해치지 않는 한, 무권리자의 처분행위에 대하여 이를 추인하면 그 행위를 한 때로부터 유효한 것으로 된다(제130조, 제133조; 대판 1992.9.8, 92다15550).

3. 법률행위의 취소

(1) 서 설

1) 취소의 의의

법률행위의 취소라 함은 일단 유효하게 성립한 법률행위의 효력을 행위시에 소급하여 무효로 하는 특정인(취소권자)의 의사표시이다(제140조 내지 제142조). 즉 제한능력 또는 착오 · 사기 · 강박 등으로 법률행위가 행해졌다는 것을 이유로 유효하게 성립한 법률행위의 효력을 행위시에 소급하여 소멸시키는 특정인(취소권자)의 의사표시를 말한다. 한편 취소할 수 있는 법률행위는 추인(취소권 포기)이 있거나 또는 취소권이 소멸하면 처음부터 유효한 것으로 확정된다.

2) 취소와의 구별개념

① 철 회

철회는 법률행위 또는 의사표시의 효과가 확정적으로 발생하기 전에 행위자 자신이 그 효과의 발생을 원하지 않음을 이유로, 그 법률행위나 의사표시가 없었던 것으로 하는 일방적 행위를 말한다. 그것은 일단 효력을 발생하고 있는 법률행위의 효력을 소멸시키는 취소와는 다르다.

② 해 제

해제는 계약이 일단 유효하게 성립한 후에 당사자 일방의 의사로 그 효력을 소급적으로 소멸시키는 것을 말하는데, 이는 소급적으로 효력을 소멸시키며 형성권이라는 점에서 취소와 같다. 그러나 다음과 같은 점에서 차이가 있다. ㉠ 취소는 법률의 규정에 의하여 흠(결격사유)이 있는 행위의 효력을 소멸시키는 데 반하여, 해제는 당사자의 약정사유 또는 채무불이행으로 생긴다. 또한 ㉡ 취소의 경우에는 이미 이행한 것은 부당이득으로 반환하면 되지만, 해제의 경우에는 부당이득의 원칙에 대한 예외가 인정되어 원상회복 외에 손해배상의 문제도 생긴다(제551조 참조).

(2) 취소의 종류

1) 협의의 취소

민법은 총칙편의 제140조 이하에서 취소에 관한 일반적 규정을 두고 있는데, 이 규정들은 행위자의 제한능력(제5조, 제10조, 제13조) 또는 착오 · 사기 · 강박(제109조, 제110조)을 이유로 하는 의사표시의 취소에 한해서 적용이 있을 뿐이다.

2) 광의의 취소

민법은 협의의 취소 이외에도 여러 곳에서 취소라는 용어를 쓰고 있는 경우가 적지 않으나, 그들은 일반적 취소(행위자의 제한능력, 착오, 사기, 강박에 의한 취소)와는 다르다. 이를 구체적으로 살펴보면 아래와 같다.

① 유효한 행위의 취소

유효행위의 취소란 착오나 사기 · 강박에 의한 의사표시가 아닌 완전히 유효한 법률행위의 취소로서, 일단 의사표기가 발생하였지만 그것에 기하여 법률행위가 행하여질 때까지 그 의사표시의 효력을 장래에 대하여 소멸시키는 것을 말한다. 예컨대 법정대리인은 미성년자가 법률행위를 하기 전에는 동의와 허락을 취소할 수 있고(제7조), 영업허락에 대해 이를 취소할 수 있는 것(제8조 제2항) 등이 그 예이다.

② 가족법상 행위의 취소

가족법상의 행위도 착오나 사기 · 강박으로 인한 경우에는 일정한 방식으로 무효화할 수 있는 것이 원칙이나, 이는 민법 제109조나 제110조를 적용한 결과가 아니고, 이에 관하여는 특별규정이 있다. 예컨대 혼인의 취소(제816조) · 이혼의 취소(제838조) · 친생자부인의 취소(제852조, 제854조) · 입양의 취소(제884조) · 부양관계의 취소(제978조) 등이 있다. 유의할 점은 가족법상의 신분관계를 창설하는 혼인 또는 입양의 취소에 관하여는 그 소급효가 없으며(제824조, 제897조), 사기 · 강박에 의한 취소권은 3개월 내지 6개월의 단기간의 경과로 인하여 소멸한다(제822조, 제823조, 제839조, 제897조, 제904조). 이 경우 취소권은 소송의 절차에 따라 법원의 판결에 의하여 비로소 취소의 효력이 발생한다는 특징이 있다.

③ 공법상 행위의 취소

민법에서도 어떤 법률행위의 효과를 공법상의 행위에 의하여 소멸시키는 것을 취소라고 하는 경우가 많은데, 이를 공법상 행위의 취소라 한다. 예컨대 성년후견의 종료(제11조) · 한정후견의 종료(제14조) · 실종선고의 취소(제29조) 등이 그것이다.

④ 사해행위의 취소

채무자가 채권자를 해함을 알고 재산권을 목적으로 한 법률행위를 한 때에 채권자가 그 취소 및 원상회복을 법원에 청구할 수 있는데(제406조 제1항 본문), 이를 채권자취소권이라고 한다. 이러한 취소권의 행사는 채권자가 취소원인을 안 날로부터 1년, 법률행위를 한 날로부터 5년 내에 제기하여야 한다(제406조 제2항).

(3) 취소권

1) 취소권의 의의

법률행위의 취소는 법률행위의 효력이 처음부터 무효이었던 것으로 되는 효과를 가져오는 것을 말한다. 그러므로 법률행위를 취소할 수 있는 지위는 권리로 개념되며 이를 '취소권'이라고 한다. 이 취소권은 권리자의 일방적 의사표시에 의하여 법률관계에 변동을 일으키므로 이는 형성권의 일종이다.

2) 취소권자

① 제한능력자

제한능력자라 함은 미성년자 · 피성년후견인 · 피한정후견인 · 피특정후견인을 말하며 이들은 자기가 행한 취소할 수 있는 행위를 제한능력인 동안에도 법정대리인의 동의 없이 단독으로 취소할 수 있으며(제140조 참조), 그것은 확정적으로 효력을 발생한다.

② 하자 있는 의사표시를 한 자

하자(결격 사유) 있는 의사표시를 한 자라고 함은 착오로 인한 의사표시를 한 자 및 사기·강박에 의한 의사표시를 한 자이다(제140조 참조). 즉 일반적으로 하자 있는 의사표시는 사기나 강박에 의한 의사표시를 가리키는 것이지만, 민법 제140조에서의 하자 있는 의사표시를 한 자에는 사기나 강박에 의한 의사표시를 한 자뿐만 아니라 착오에 의한 의사표시를 한 자도 포함된다.

③ 대리인

대리인은 법정대리인과 임의대리인을 모두 포함한다(제140조, 제116조). 다만 임의대리에 있어서 대리인이 행한 행위에 취소원인이 있으면 그 취소권은 직접 본인에게 귀속되므로, 임의대리인이 취소를 하려면 본인으로부터 그 취소에 관한 수권(授權)이 있어야 하며, 취소에 관한 대리권 없이 당연히 취소할 수 있는 것이 아님을 주의해야 한다.

④ 승계인

승계인이라 함은 상속인은 물론 포괄승계인과 특정승계인을 모두 포함한다(제140조 참조). 이 경우 취소권만의 승계는 인정되지 않으나, 취소할 수 있는 행위에 의하여 취득한 권리의 승계가 있는 경우에 취소권을 갖는다. 예컨대 토지소유자가 사기를 당하여 지상권을 설정한 후에 그 토지를 양도하였다면 그 토지의 양수인은 승계인으로서 지상권에 관한 취소권을 가진다.

3) 취소의 상대방

① 상대방 있는 단독행위의 경우

계약 및 상대방 있는 단독행위의 상대방이 확정된 경우에는 그 취소는 상대방에 대한 의사표시로 하여야 한다(제142조). 따라서 상대방이 취소의 대상이 된 행위에 의하여 취득한 권리를 제3자에게 양도한 경우에도 원래의 상대방이 여전히 취소의 상대방이다. 즉 전득자는 취소의 상대방이 아니다.

② 상대방 없는 단독행위의 경우

상대방 없는 단독행위를 취소할 경우에는 누구에게 취소권을 행사하여야 하는가? 통설에 따르면, 취소는 특정인에게 할 필요는 없으므로 취소의 의사를 적당한 방법으로 외부에 객관화하면 된다고 한다(곽윤직·김재형 384면,). 그러러나 실제에서는 곤란한 경우가 많을 것이다.

③ 취소의 상대방이 다수인 경우

법률행위를 상대방 모두에게 무효로 하기 위해서는 상대방 전부에 대하여 취소의 의사표시를 하여야 하는데, 이를 취소의 불가분성이라고 한다(제547조 참조).

4) 취소의 방법

① 전부취소

취소는 전부취소가 전형적인 것이다. 취소권은 위에서 본 바와 같이 형성권이므로, 그의 행사방법은 취소권자의 상대방에 대한 일방적 의사표시에 의한다. 취소의 의사표시는 특별한 방식에 의함을 요하지 않는다(통설). 이 경우 취소의 의사표시는 '취소원인'을 나타내어야 하는가? 학설은 취소원인은 소송에서 어차피 밝혀질 것이므로 필요 없다는 견해(김용한 408면)와 상대방 보호를 위해 취소원인을 명시적으로 진술하지 않더라도 적어도 상대방이 인식할 수 있게 하여야 한다는 견해(지원림 369면)로 나뉘어 있다. 판례는 취소원인 없이도 취소의 의사표시는 유효하다고 한다(대판 2005.5.27, 2004다43824).

② 일부취소

법률행위의 일부만을 취소할 수 있는가? 민법은 일부무효에 관하여 제137조를 두어 인정하고 있으나, 일부취소에 관한 규정을 두고 있지 않은 데서 생기는 문제이다. 이를 인정하여도 전혀 부당한 결과가 생기지 않으므로, 비록 규정에는 없지만 법률행위의 일부의 취소도 인정되는 것이 타당하다(곽윤직 · 김재형 383면). 판례도 하나의 법률행위이더라도 그것이 가분성이 있거나 또는 그 목적물의 일부를 특정할 수 있는 경우에는 일부만 취소할 수 있다고 한다(대판 1999.3.26, 98다56607 참고).

【판 례】

* 대판 1999.3.26, 98다56607 … 매매계약 체결시 토지의 일정부분을 매매대상에서 제외시키는 특약을 한 경우에, 이는 매매계약의 대상토지를 특정하여 그 일정부분에 대하여 매매계약이 체결되지 않았음을 분명히 한 것으로써 그 부분에 대한 어떠한 법률행위가 이루어진 것으로는 볼 수 없으므로, 그 특약만을 기망에 의한 법률행위로서 취소할 수는 없다.

5) 취소의 효과

① 소급적 효력

㉠ 취소한 법률행위는 처음부터 무효인 것으로 본다(제141조 본문). 이를 취소의 소급효라고 한다. 따라서 일단 발생한 채무는 이행할 필요가 없게 되며, 또 사실상 이미 이행한 때에는 부당이득의 반환의무가 생긴다.

㉡ 취소의 효과는 당사자의 제한능력을 이유로 하는 취소에 있어서 절대적이지만(제5조~제8조, 제10조 참조), 착오·사기·강박에 의한 의사표시의 취소는 이를 선의의 제3자에게 대항할 수 없는 것(상대적 취소)으로 하여 거래의 안전을 고려하고 있다.

② 비소급적 효력

혼인 및 입양이 취소되는 신분관계의 경우(제824조, 제897조)라든지, 근로계약과 같은 계속적 계약관계에서는 소급효가 부인된다. 기존의 법률관계를 그대로 인정하지 않을 수 없기 때문이다. 따라서 부당이득에 관한 법률규정은 적용되지 않는다.

③ 이행급부의 반환

㉠ 원 칙

취소된 원인행위에 기초하여 급부의 실현행위가 이미 이루어진 때에는 당사자들은 이를 원상으로 회복하여야 한다. 따라서 선의의 수익자는 그가 받은 이익이 현존하는 한도에서 반환의무를 부담하며, 악의의 수익자는 그가 받은 이익과 이자를 반환하고 손해가 있으면 이를 배상해야 한다(제748조 제1항, 제2항).

㉡ 특 칙(예외)

제한능력자를 보호하기 위하여 민법은 법률행위가 취소된 경우에 제한능력자는 그 행위로 인하여 받은 이익이 현존하는 한도 내에서 반환할 책임을 진다는 특칙을 규정하고 있다(제141조 단서). 따라서 제한능력자의 경우에는 선의·악의를 묻지 않고 선의의 부당이득반환범위에 관한 규정(제748조 제1항)이 적용되는 것과 같은 결과가 된다. 그러므로 그 이익이 다른 형태로 남아 있으면 반환해야 하지만 이미 소비했거나 낭비하였더라도 그 이익이 현존하지 않으면 반환할 의무가 없다. 다만 제한능력자가 취득한 이익은 현존하는 것으로 추정하여야 하므로 제한능력자가 현존이익이 없음을 적극적으로 증명해야 한다고 본다(김형배 348면, 지원림 357면; 대판 2005.4.15, 2003다60297).

【판 례】

* 대판 2005.4.15, 2003다60297 … 부당이득의 반환과 관련하여 법률상 원인 없는 타인의 재산 또는 노무로 인하여 이익을 얻고 그로 인하여 타인에게 손해를 가한 경우 그 취득한 것이 '금전상의 이득인 때'에는 그 금전을 소비하였는지의 여부를 불문하고 현존하는 것으로 추정된다.

(4) 취소할 수 있는 행위의 추인

1) 임의추인

① 의 의

임의추인이라 함은 취소할 수 있는 법률행위에 의하여 발생한 불확정한 효력을 보충하여 취소할 수 없는 것으로 확정하는 취소권자의 단독행위이다. 민법은 추인의 유형에 관하여 무권대리행위의 추인(제130조, 제133조)·무효행위의 추인(제139조)·취소할 수 있는 행위의 추인(제143조) 등을 규정하고 있다.

② 임의추인의 요건

㉠ 추인은 벌률행위의 추인권자가 하여야 한다. 즉 취소할 수 있는 법률행위의 추인권자는 취소권자이며(제140조, 제143조), 이 경우 취소권자는 그 행위가 취소할 수 있는 것임을 알고 추인하여야 한다(대판 1997.5.30, 95다2986). 유의할 점은 취소권자가 여러 명인 경우에 1인이 추인하면 다른 취소권자는 취소할 수 없다.

㉡ 추인은 취소원인이 소멸된 후에 하여야 한다(제144조 제1항). 따라서 제한능력자는 능력자로 된 뒤에, 착오·사기·강박에 의한 의사표시를 한 자는 그 상태에서 벗어난 뒤에 추인하여야 한다. 다만 법정대리인 또는 후견인이 추인하는 경우에는 그러하지 아니한다(제144조 제2항).

③ 임의추인의 방법

추인은 상대방에 대한 일방적 의사표시로써 한다(제142조, 제143조 제2항). 추인의 의사표시는 특별한 방식에 의함을 요하지 않으므로, 명시적·묵시적으로 표시하여도 무방하다(통설).

④ 임의추인의 효과

추인이 있으면 취소할 수 없고 법률행위는 새로운 법률행위를 함이 없이 유효한 행위로 확정된다(제143조 제1항). 즉 추인이란 일단 유효하게 발생한 불확정한 효력을 확정하는 제도이다.

2) 법정추인

① 의 의

법정추인이라 함은 취소할 수 있는 행위에 관하여 사회일반이 추인이라고 인정할 만한 일정한 사실이 있는 경우에는 취소권자의 추인의사의 유무를 묻지 않고 법률상 당연히 추인이 있는 것으로 보는 것을 말한다(제145조 본문).

② 법정추인의 요건

㉠ 취소원인이 종료하였어야 한다. 즉 법률행위의 당사자가 사기 · 강박으로부터 벗어나거나, 제한능력자가 능력자로 된 것과 같이 법정추인의 사유는 추인할 수 있는 후에 발생하여야 한다(제145조 본문).

㉡ 취소권자가 이의를 유보하지 않았어야 한다(제145조 단서). 예컨대 추인하는 것이 아니라는 것을 명시해서 변제하는 경우와 같이 법률상 주어지는 법률효과(예컨대 추인으로 발생되는 효과)를 목적으로 하는 의사표시를 해서는 안 된다.

③ 법정추인의 방법

취소권자에게 추인의 의사가 있어야 할 필요가 없고, 법정추인사유가 있어야 한다. 즉 법정추인이 되기 위해서는 다음의 사실 가운데의 하나가 존재하여야 한다(제145조). 예컨대 전부 또는 일부의 이행 · 이행의 청구 · 경개 · 담보의 제공 · 취소할 수 있는 행위로 취득한 권리의 전부나 일부의 양도 · 강제집행 등이다.

④ 법정추인의 효과

법정추인의 요건과 방법을 갖춘 경우 취소할 수 있는 법률행위임에도 불구하고 이에 대하여 추인한 것으로 본다(제145조 본문). 따라서 통상의 추인과 마찬가지로 취소할 수 있는 법률행위는 유효하게 확정되고 그 이후에는 취소할 수 없게 된다.

(5) 취소권의 소멸

1) 취소권의 소멸원인

취소할 수 있는 법률행위는 취소행위(취소권행사, 취소권포기)에 의하여 효력을 잃는다. 이처럼 취소권이 소멸하면 취소할 수 있는 행위는 확정적으로 유효하게 된다. 그런데 이 취소권은 취소권의 행사와 취소권의 포기에 의하여 소멸하지만 그 밖에도 추인과 기간의 경과로 소멸하는 바, 추인(임의추인, 법정추인)에 관하여는 앞에서 살펴보았으므로 여기서는 '기간경과'에 따른 소멸만을 보기로 한다.

2) 취소권의 단기소멸

① 민법이 취소권을 단기소멸시효로 규정한 취지(이유)는 취소할 수 있는 법률행위에 의한 법률관계를 가능한 한 빨리 확정하고, 또한 상대방을 불안정한 지위에서 벗어날 수 있도록 하여 거래안전을 도모하려는 데 그 목적이 있다.

② 취소권은 '추인할 수 있는 날로부터 3년' 내에 혹은 '법률행위를 한 날로부터 10년' 내에 행사하여야 한다(제146조). 민법 제146조는 '기간 내에 행사하여야 한다'고 규정할 뿐이고, 그 기간 내에 행사하지 않을 경우 어떠한 효과가 생기는지에 관하여 분명하게 규정하고 있지는 않으나, 민법이 취소권을 단기소멸시효로 규정한 취지로 미루어 보아 두 기간 가운데 먼저 만료되는 기간에 취소권은 소멸한다(통설).

3) 취소기간의 법적성질

① 민법 제146조 규정에서 '시효'라는 표현을 사용하고 있지 않기 때문에, 제146조가 규정하고 있는 기간이 시효기간인지 아니면 제척기간인지가 문제될 수 있다. 그러나 취소권은 형성권이므로 불행사의 사실상태라든가 중단이 있을 수 없으므로 민법 제146조의 기간은 소멸시효기간이 아니라 제척기간이라고 하는 것이 통설과 판례의 입장이다(통설; 대판 1993.7.27, 92다52795 참고).

② 취소권을 행사하면 원상회복청구권이나 현존이익의 반환청구권이 생기게 되는데, 그 청구권은 언제까지 행사되어야 하는지에 관하여 학설이 나뉜다. 즉 제1설은 청구권이 취소권행사의 결과로 생기는 것이므로 취소권 행사기간 내에 행사되어야 한다는 것이다. 반면 제2설은 청구권은 취소권과는 별개의 권리이므로 취소권을 행사한 때, 즉 원상회복청구권이나 현존이익의 반환청구권이 발생한 때로부터 따로 10년(채권적 청구권)의 소멸시효에 걸린다고 한다(김준호 405면, 송덕수 255면, 대판 1992.10.13, 92다4666).

제 6 절 법률행위의 부관

1. 서 설

① 법률행위가 성립하면 곧바로 그 효력이 생기는 것이 원칙이지만(제554조, 제563조 등), 그러나 당사자는 법률행위를 하면서 그 효력의 발생 또는 소멸을 '장래의 일정한 사실'에 의존케 하는 것도 사적자치의 원칙에 따라 허용된다. 이처럼 법률행위의 효과의 발생 또는 소멸을 제한하기 위하여 법률행위에 부가되는 약관을 법률행위의 부관이라고 한다.

② 법률행위의 부관은 법률행위의 당사자들이 예견 또는 예상될 수 있는 사정의 변경에 능동적으로 대비할 수 있는 기능을 하는 제도이다. 이러한 법률행위의 부관에는 조건 · 기한 · 부담의 세 가지가 있으나, 민법은 총칙에서 조건과 기한에 관하여서는 일반적 규정(제147조~제154조)을 두고, 부담에 관해서는 채권편에서 부담부 증여(제561조)와 부담부 유증(제1088조)에 관하여 특별규정을 두고 있다.

2. 조 건

(1) 조건의 의의

조건이라 함은 법률행위의 효력의 발생 또는 소멸을 장래에 그 발생이 불확실한 사실의 성부(成否)에 의존시키는 법률행위로서 이러한 조건은 법률행위의 성립에 관한 것이 아니고, 법률효과의 발생 또는 소멸에 관한 것이다. 예컨대 운전자와 관련된 신종 자동차 보험계약과 같다. 예컨대 자동차 보험을 체결하면서 운전자가 종합보험과는 별도로 VIP보험에 가입하는 것으로서 만기시까지 사고가 없으면 일정액을 지급받지만 사고가 있을시에는 특별히 보호를 받지만 납부한 보험금을 지급하지 않는 조건을 말한다.

(2) 조건의 종류

1) 정지조건 · 해제조건

조건의 가장 기본적인 구별로서 장래의 불확실한 사실에 의해 법률행위의 효력이 발생 또는 소멸하는 데 그 차이가 있다.

① 정지조건이라 함은 법률행위의 효력발생을 장래의 발생이 불확실한 사실에 의존케 하는 조건을 말하며, 예컨대 감정평가사 자격시험에 합격하면 승용차를 사주겠다라고 하는 것과 같다.

② 해제조건이라 함은 법률행위의 효력소멸을 장래의 불확실한 사실에 의존케 하는 조건을 말한다. 즉 조건의 성취로 이미 생긴 법률행위의 효력을 소멸시키는 것으로서, 예컨대 입학 당시 1등한 학생에게 재학기간 중 장학금을 지급하기로 약정하되 그 학생이 자퇴 또는 재학기간 중 성적이 평균 B학점 이하이면 장학금 지급을 중단하겠다라고 하는 것과 같다.

2) 수의조건 · 비수의조건

조건의 성취가 당사자의 일방의 의사에 달려 있느냐 하는 구별이다.

① 수의조건이라 함은 조건의 성부가 당사자의 일방적 의사에만 의존하는 조건으로서 순수수의조건과 단순수의조건 두 가지가 있다. 순수수의조건은 내 마음이 내키면 카메라를 주겠다고 하는 것과 같이, 그 성부(成否)가 당사자의 일방의 의사에만 의존하는 조건을 말한다. 이러한 조건은 언제나 무효이다(통설). 반면 단순수의조건은 내가 미국에 여행가면 카메라를 사다 주겠다고 하는 것과 같이 조건의 성부가 당사자의 일방의 의사로 결정은 되지만, 다른 사실상태(미국여행)의 성립도 있어야만 하는 조건을 말한다. 단순수의조건은 유효한 조건이 된다.

② 비수의조건이라 함은 조건의 성부가 당사자의 일방의 의사에만 의존하지 않는 조건으로서 우성조건과 혼성조건 두 가지가 있다. 우성조건은 '내일 비가 온다면'이라는 것과 같이 조건의 성부가 당사자의 의사와는 관계가 없는 경우의 조건을 말한다. 반면 혼성조건은 '당신이 A여자와 결혼한다면'이라는 것과 같이 조건성부가 당사자 일방의 의사뿐만 아니라, 그 밖에 제3자의 의사(A의 결혼 승낙)와 결합해서 결정되는 경우의 조건을 말한다.

3) 가장조건

형식적(외형적)으로는 조건이지만 실질적으로는 조건으로서의 효력이 인정되지 못하는 것을 총칭하여 가장조건이라고 하는데, 다음의 네 가지가 이에 속한다.

① 법정조건

법률행위의 효력이 발생하기 위해 법률이 특별히 일정한 요건을 정하는 조건을 말한다. 예컨대 법인의 설립에서 주무관청의 허가(제32조), 유언에서 유언자의 사망 또는 수유자의 생존(제1073조 제1항, 제1089조 제1항) 등과 같이 법률행위의 효력이 발생하기 위하여 법률이 명문으로 요구하는 요건이 법정조건이다.

② 불법조건

선량한 풍속 기타 사회질서에 위반한 조건이 불법조건이다. 불법조건이 붙은 경우에 그 조건만이 무효인 것이 아니라 그 법률행위 전부가 무효로 된다(제151조 제1항). 그런데 이 경우는 민법 제103조에 의해서도 무효가 되는 점에서 특별한 의미는 없다.

③ 기성조건

조건이 법률행위가 성립될 당시에 이미 성립하고 있는 경우가 기성조건이다(제151조 제2항). 구체적으로 설명하면 기성조건이 정지조건이면 조건 없는 법률행위가 되어 성립과 동시에 그 효력을 발생한다. 반면 해제조건이라면 그 법률행위는 무효이다.

④ 불능조건

조건이 법률행위 당시에 이미 성취할 수 없는 것으로 확정(객관적으로 확정된경우)된 경우가 불능조건이다. 구체적으로 설명하면 불능조건이 해제조건이면 조건 없는 법률행위가 되고, 정지조건이면 그 법률행위는 무효이다(제151조 제3항).

(2) 조건을 붙일 수 없는 법률행위

사적자치의 원칙에 따라 원칙적으로 조건을 붙일 수 있으나, 사회질서 · 거래의 안전 · 법적 안정이 필요한 경우 조건을 붙이는 것이 허용되지 않는 수가 있다.

1) 공익상의 불허용

조건을 붙이는 것이 강행법규나 사회질서에 반하거나 또는 제도의 목적에 어긋나는 경우, 즉 혼인 · 인지 · 입양 · 파양 및 상속의 포기 · 승인 등 가족법상의 행위와 어음 · 수표행위 등은 이에 속한다.

2) 사익상의 불허용

상대방의 지위를 심히 불안정하게 만드는 경우로서, 예컨대 취소 · 추인 · 상계 · 해제 · 해지 등과 같은 단독행위에는 원칙적으로 조건을 붙일 수 없다. 그러나 단독행위일지라도 상대방에게 이익만을 주는 채무면제나 유증 등의 경우에는 조건을 붙일 수 있다.

(3) 조건의 성취와 불성취

민법은 일정한 경우를 조건의 성취 · 불성취로 의제하고 있다(제150조).

1) 조건의 성취로 의제되는 경우

조건의 성취로 인하여 불이익을 받을 당사자가 신의성실에 반하는 방해행위를 함으로써 상대방이 조건을 성취되지 못한 경우, 그 상대방은 조건의 성취를 주장할 수 있다(제150조 제1항).

2) 조건의 불성취로 의제되는 경우

조건의 성취로 인하여 이익을 받을 당사자가 신의성실에 반하여 조건을 성취시킨 경우, 그 상대방은 조건의 불성취를 주장할 수 있다(제150조 제2항).

(4) 조건부법률행위의 효력

1) 서 언

조건의 성부가 확정되기 전까지는 당사자의 일방은 조건의 성취로 일정한 이익을 얻게 될 기대를 가지게 되는데, 민법은 이 기대 내지 희망을 일종의 권리로서 보호하는 규정을 두고 있는바, 이 권리를 '조건부권리'라고 하며, 이른 바 기대권 또는 희망권의 일종이라고 한다.

2) 소극적 보호규정(매도인의 침해금지)

조건부권리의 의무자는 '조건의 성부가 미정인 동안에 조건의 성취로 인하여 생길 상대방의 이익을 해하지 못한다'(제148조). 예컨대 정지조건부매매계약의 목적물인 건물을 매도인이 고의 · 과실로 훼멸(훼손 멸실)하거나 또는 타인에게 매각한 때에는 조건부권리의 침해가 된다.

3) 적극적 보호규정(매수인의 권리행사)

조건부권리나 의무도 일반규정에 따라 이를 처분 · 상속 · 보존 · 담보로 할 수 있다(제149조). 예컨대 화제보험계약에 기한 장래의 보험금청구권에 대해 질권을 설정하거나, 그 권리를 양도(처분)할 수 있으며, 같은 취지에서 상속의 대상이 된다. 그리고 조건부 권리의 현상을 유지하기 위해 이를 보존할 수 있는데 부동산의 경우에는 가등기할 수 있다(부동산등기법 제88조). 또한 조건부 권리를 위해 '담보'(조건부 권리를 담보로 제공한다는 뜻이 의미가 아니다)를 설정할 것을 청구할 수 있다(제206조 참조).

3. 기 한

(1) 기한의 의의 및 종류

1) 기한의 의의

기한이라 함은 법률행위의 당사자가 그 효력의 발생·소멸 또는 채무의 이행을 장래에 발생할 것이 확실한 사실에 의존케 하는 법률행위의 부관을 말한다. 기한은 법률행위의 내용으로 당사자가 임의로 정하는 것이므로, 법정기한(시효기간, 제척기간 등)은 여기서 말하는 기한이 아니다. 기한도 장래의 사실이라는 점에서는 조건과 같으나, 그 사실이 확실하게 생기는 것인 점에서 불확실한 조건과 다르다.

2) 기한의 종류

① 시기·종기

㉠ 시기(始期)라 함은 법률행위의 효력의 발생 또는 채무이행의 시기를 장래에 발생할 것이 확실한 사실에 의존케 하는 기한으로서, 예컨대 '6월 1일부터 임대한다'고 하는 것과 같다.

㉡ 종기(終期)라 함은 사실의 법률행위의 효력의 소멸을 장래에 발생할 것이 확실한 사실에 의존케 하는 기한으로서, 예컨대 '12월 31일까지 임대한다'고 하는 것과 같다.

② 확정기한·불확정기한

㉠ 확정기한이라 함은 기한의 내용이 되는 사실의 발생시기가 확정되어 있는 기한으로서, 예컨대 '오는 6월 1일'에 분양하겠다는 것과 같다.

㉡ 불확정기한이라 함은 사실의 발생시기가 불확정한 기한으로서, 예컨대 '갑이 사망할 때' 또는 '첫눈이 내릴 때'와 같은 것이다. 그런데 이것은 불확정기한인지 또는 조건인지의 판단이 곤란할 때가 없지 않다.

(2) 기한을 붙일 수 없는 행위

1) 시기의 불허용

혼인이나 입양 등과 같이 성립과 동시에 효력이 곧 발생하여야 하는 법률행위에는 시기를 붙이지 못한다.

2) 종기의 불허용

종기를 붙일 수 없는 법률행위의 범위는 조건에 있어서와 대체로 같다. 즉 강행법규 · 사회질서 위반 및 상대방의 지위를 심히 불안정하게 만드는 단독행위의 경우(상속의 포기, 승인, 취소, 추인 등)에는 종기를 붙일 수 없다.

(3) 기한부법률행위의 효력

1) 기한도래 전의 효력

기한부권리자는 조건부권리자의 지위보다 더욱 확실한 것이므로 한층 더 강한 법의 보호를 받아야 할 것이다. 따라서 민법은 조건부권리의 침해금지에 관한 민법 제148조와 조건부권리의 처분 등에 관한 민법 제149조를 기한부권리에 준용함으로써(제154조), 그 권리의 침해를 금지하고 처분 · 상속 · 보존 · 담보를 가능케 하고 있다.

2) 기한도래 후의 효력

시기 있는 법률행위는 기한이 도래한 때로부터 효력이 발생하며(제152조 제1항), 종기 있는 법률행위는 기한도래시부터 효력을 잃게 된다(동조 제2항). 이 경우 유의할 점은 기한의 효력은 소급효가 인정되지 않으며, 당사자의 특약에 의해서도 이를 인정할 수 없다. 즉 절대적이다.

(4) 기한의 이익

1) 의 의

기한의 이익이라 함은 기한이 도래하지 않음으로 해서 당사자가 받는 이익을 말한다. 이러한 기한의 이익은 법률행위의 성질에 따라 달리 정하여진다.

2) 기한이익의 귀속자

기한의 이익은 채무자의 이익을 위한 것으로 추정된다(제153조 제1항). 이는 일반적으로 채무자가 기한의 이익을 가지는 경우가 많은 점을 고려한 것이라고 보여진다. 그러나 무상임치(제693조)처럼 채권자를 위한 경우, 무이자의 소비대차(제601조)처럼 채무자를 위한 경우, 이자 있는 소비대차처럼 채권자와 채무자 쌍방을 위한 경우가 있다.

3) 기한이익의 포기

① 기한의 이익은 포기가 가능하나, 상대방의 이익을 침해하지 못한다(제153조 제2항). 그러나 기한의 이익이 당사자의 일방만을 위하여 존재하는 경우에 그 자가 상대방에 대한 일방적 의사표시에 의하여 임의로 이를 포기할 수 있음은 의문이 없다. 예컨대 무이자로 돈을 빌린 자가 기한의 이익을 포기하고 기한 전에 변제할 수 있으며 무상으로 물건을 임치한 자가 마찬가지로 기한 전에 임치물의 반환을 청구할 수 있다.

② 기한의 이익이 당사자 쌍방을 위하여 붙여진 경우에는 상대방의 손해를 배상하고 포기할 수 있다고 하는 데 학설은 일치하고 있다. 예컨대 이자 있는 소비대차의 채무자는 이행기까지(변제시까지가 아님)의 이자를 지급하고 기한 전에 변제할 수 있다.

4) 기한이익의 상실

① 기한의 이익을 채무자에게 주는 것은, 그를 신용하여 그에게 이행의 유예를 주려는 데 있다. 그러므로 채무자에게 신용상실의 사유가 발생한 때에는 기한의 이익을 상실하게 하여 곧 변제케 하는 것이 필요하다.

② 사적자치의 원칙에 따라 당사자의 합의로 기한이익의 상실사유를 자유로이 약정할 수 있지만, 법률은 다음의 경우에 채무자는 기한의 이익을 주장하지 못하는 것으로 규정한다. 즉 채무자가 담보를 손상하거나 감소 또는 멸실케 한 때(제388조 제1호), 채무자가 담보제공의 의무를 이행하지 아니한 때(제388조 제2호), 채무자가 파산한 때(채무자회생 및 파산에 관한 법률 제425조)에는 기한의 이익을 상실한다.

5) 기한이익상실의 특약

① 기한이익상실의 특약에는 그 내용에 의해 일정한 사유가 발생하면 채권자가 별도의 청구를 하지 않더라도 당연히 기한의 이익이 상실되어 이행기가 도래하는 '정지조건부 기한이익상실의 특약'과 일정한 사유가 발생한 후 채권자의 통지나 청구 등 채권자의 의사표시행위를 기다려 비로소 이행기가 도래하는 '형성권적 기한이익상실의 특약'이 존재할 수 있다.

② 판례에 의하면 일반적으로 기한이익상실의 특약이 채권자를 위하여 둔 것인 점에 비추어 볼 때, 정지조건부 기한이익상실의 특약이라고 볼 만한 특별한 사정이 없는 한 '형성권적 기한이익상실의 특약으로 추정'하는 것이 타당하다고 한다(대판 2002.9.4, 2002다28340 등). 따라서 형성권적 기한이익상실의 특약은 채권자의 이익을 위한 것으로서 기한이익의 상실사유가 발생하였더라도 채권자로서는 나머지 전액을 일시에 청구할 것인가 또는 종래대로

할부변제를 청구할 것인가를 자유로이 선택할 수 있다.

제7절 기 간

1. 서 설

(1) 기 간

기간이라 함은 어느 시점부터 어느 시점까지의 계속된 시간을 말한다. 법률사실로서 시간은 '사건'에 속한다. 예컨대 성년 · 최고기간 · 실종기간 · 시효 등에서의 시간이 그러하다. 이러한 기간의 계산에 관한 민법규정은 보충적인 것이다. 따라서 다른 법령이나 재판상의 처분 또는 법률행위에서 당사자가 달리 정한 바가 있으면 그에 의한다(제155조).

(2) 기 일

독일민법은 기간과 기일을 모두 규정하고 있는데(독일민법 제186조 내지 제193조 참조), 이에 반해 우리 민법은 기간에 대해서만 규정하고 '기일'에 대하여는 정하고 있지 않다. 따라서 당사자가 특정의 날짜(기일)를 지정한 경우에는 문제가 없으나, 주초 · 주중 · 월말 등과 같이 정한 경우에는 정확할 필요가 있다(주초는 일요일, 주중은 수요일, 월초는 1일, 월말은 그 달의 마지막 날이다).

2. 기간의 계산방법

(1) 자연적 계산방법

① 자연적 계산방법은 기간을 아무 인위적인 가감없이 자연적 시간에 따라서 시 · 분 · 초를 단위로 시간의 흐름을 순간으로부터 순간까지 계산하는 방법이다.

② 즉시(卽時)를 기산점으로 하고(제156조), 정해진 시 · 분 · 초의 종료시가 기간의 만료점이 된다. 이 방법은 비교적 단기간의 계산에 채용하는데, 정

확하지만 번거롭다는 결함을 지니고 있다.

(2) 역법적 계산방법

역법적 계산방법은 기간을 역에 의하여 일 · 주 · 월 · 년을 단위로 계산하는 방법이다. 이 방법은 비교적 장기간의 계산에 편리하므로 많이 사용되고 있다.

1) 기산점

① 기간의 초일은 산입하지 않는 것이 원칙이다(제157조 본문). 따라서 근로자의 평균임금을 산정하여야 할 사유가 발생한 날 이전 3개월간(근로기준법 제19조 제1항)의 기산에 있어서 그 사유가 발생한 날인 초일은 산입하지 않는다(대판 1989.4.11, 87다카2901 참고).

② 기간의 초일을 산입하는 경우도 있다. 즉 기간이 오전 0시로부터 시작하는 경우에는 초일을 산입한다(제157조 단서). 따라서 공직선거 및 선거부정방지법상 '선거일 공고일로부터'의 의미는 오전 0시부터를 의미한다(대판 1989.3.10, 88수85 참고). 또한 연령계산에서도 출생일을 산입한다(제158조). 따라서 가족관계와 관련된 등록에서도 그 등록사유의 발생일로부터 등록기간이 기산된다(가족관계의 등록 등에 관한 법률 제42조 제1항).

2) 만료점

① 기간말일의 종료로써 그 기간은 만료한다(제159조). 따라서 주 · 월 · 년의 처음부터 기간을 계산하는 경우에는 그 주 · 월 · 년이 종료하는 때에 만료하지만, 처음부터 기간을 계산하지 않을 때에는 최후의 주 · 월 · 년에서 기산일에 해당하는 날의 전일로 기간은 만료한다(제160조 제2항). 한편 월 또는 년으로 정한 경우에 최후의 월에 해당일이 없는 경우에는 그 월의 말일로 기간이 만료한다(제160조 제3항).

② 기간의 말일이 토요일 또는 공휴일에 해당하는 때에는 그 기간은 그 '다음날'로 만료한다(제161조). 특히 민법 제161조는 기일에도 준용된다. 따라서 채무불변제를 정지조건으로 한 매매계약서에서 변제기가 토요일 또는 공휴일인 경우에 특약이 없는 이상 민법 제161조를 준용하여 그 변제기가 그 익일까지 연장된다(대판 1980.12.9, 80다1717 · 1718; 대판 2009.11.20, 2009두12907).

【판 례】

* 대판 2009.11.26, 2009두12907 … 기간의 계산에 있어서 당해 법령 등에 특별한 정함이 없는 한 민법의 규정에 따라야 하고, 한편 … 광업권설정 출원제한기간의 기산일인 6개월의 기간이 경과하는 마지막 날인 2008.

1.27.이 일요일이므로 그 출원제한기간은 민법 제161조에 따라 그 다음날 인 2008. 1.28.로 만료된다.

3. 기간역산의 계산방법

기간은 일시점으로부터 장래에 향하여 계산하는 경우에 관하여서만 그 계산방법을 규정하고 있으나, 일정한 기산일로부터 과거에 소급하여 계산되는 기간에도 준용된다(대판 1989.4.11, 87다카2901). 예컨대 사단법인의 사원총회소집은 발신주의(제71조 참조)에 따라 이를 1주일 전에 통지하여야 한다. 즉 총회일이 2025년 5월 10일이면 초일은 산입하지 않으므로 그 전일인 9일을 기산일로 하여 역으로 계산해서 5월 3일이 만료일이 되고, 그 날의 오전 영시에 기간이 만료한다. 따라서 늦어도 5월 2일 자정까지는 사원에게 총회소집통지가 발신되어야 하며, 도달주의이면 그때까지 그 통지가 상대방에게 도달되어야 한다.

제 6 장 소멸시효

제1절 총 설

1. 시효의 의의

(1) 시효의 의의

시효라 함은 일정한 사실상태가 일정기간(시효기간이라고 한다) 영속(계속)한 경우에, 이 상태가 진실한 권리관계와 합치하든 합치하지 않든, 그 사실상태를 그대로 권리관계로 인정하여 일정한 법률상의 효과를 부여하는 제도이다. 이러한 시효는 권리의 취득 또는 소멸을 일어나게 하는 법률요건이며, 이에는 취득시효와 소멸시효가 있다.

(2) 시효제도의 근거

1) 학설의 입장

학설(통설)은 대체로 3가지를 시효제도의 존재이유로 든다. 즉 ㉠ 법질서는 일정한 기간 동안 계속된 사실관계를 시효제도를 통하여 권리관계로 인정함으로써 사회질서를 안정시키고 제3자의 신뢰를 보호하며(사회질서의 안정과 유지), ㉡ 시효제도는 과거사실의 증명곤란성으로부터 소유자 및 채무자를 구제한다(입증곤란의 구제). 또한 ㉢ 오랫동안 자기의 권리를 행사하지 아니한 채 방치한 자는 이른바 '권리 위에 잠자는 자'로서 보호받지 못한다(권리행사 태만에 대한 제재를 말한다)는 것이 시효제도의 도입근거로 든다.

2) 판례의 태도

판례에 의하면, 시효제도의 존재이유는 영속된 사실상태를 존중하며 권리 위에 잠자는 자를 보호하지 않는다는 데 있고, 특히 소멸시효에 있어서는 후자의 의미가 강하다고 한다(대판[전합] 1992. 3.31, 91다32053 참고).

(3) 소멸시효와 취득시효

시효제도에는 소멸시효과 취득시효가 있는데, 그 개념은 다음과 같다(제162조, 제245조).

1) 소멸시효

소멸시효라 함은 권리자가 그의 권리를 행사할 수 있음에도 불구하고 일정한 기간(시효기간) 동안 그 권리를 행사하지 않는 상태가 계속한 경우에(권리의 불행사) 그 자의 권리를 소멸시켜 버리는 제도이다. 그런데 현행 민법은 총칙편에는 소멸시효에 관하여서만 규정하고(제162조 이하), 취득시효는 소유권취득의 원인으로서 물권편에 규정하고 있다(제245조 이하).

2) 취득시효

취득시효라 함은 어떤 사람이 마치 그가 권리자인 것과 같이 권리를 행사하고 있는 사실상태가 일정한 기간(시효기간) 동안 계속한 경우에, 그와 같은 권리행사라는 외관의 사실상태를 근거로 하여 그 사람이 진실로 권리자냐 아니냐를 묻지 않고서 그 자에게 권리를 취득케 하는 제도이다.

2. 소멸시효와 유사제도

(1) 제척기간

1) 의 의

제척기간이라 함은 일정한 권리에 관하여 법률이 정한 존속기간을 말하며, 이것은 권리관계를 신속하게 확정하여 제3자의 법률관계를 안정시키기 위하여 정하여진 것이다. 따라서 이 기간의 만료로 권리는 당연히 소멸되므로 '예정기간'이라고도 한다(제204조 제3항). 이러한 제척기간은 권리자의 일방적 의사표시에 의하여 법률관계의 변동을 가져오는 형성권(취소권, 해지권)에 있어서 강하게 요구된다.

2) 법적성질

권리자는 어떠한 방법으로 권리를 행사해야 제척기간의 경과에 따른 권리의 소멸을 저지할 수 있는가에 대하여 학설과 판례의 태도를 살펴보면 다음과 같다.

① 제소기간설(다수설)

제소기간설의 견해에 의하면 제척기간은 그 기간 내에 권리가 재판상 행사되어야 한다는 것이다(고상룡 666면, 김상용 724면, 백태승 543면, 이영준 686면). 예컨대 채권자취소권(제406조)이라든가 혼인취소권(제816조)·친생부인의소(제847조)·상속회복청구권(제999조) 등의 행사요건이 소(訴)제기이므로, 그 기간 내에 권리가 재판상 행사되어야 하는 제소기간(출소기간)으로 본다.

② 판례의 태도(유력설)

권리행사기간 내에 권리를 행사하면 되고 반드시 재판상 청구를 하여야만 청구권이 보전되는 것은 아니라고 한다(곽윤직·김재형 409면, 김증한·김학동 515면; 대판 2003.6.27, 2003다20190 등). 따라서 일반적인 형성권은 제척기간 내에 재판 외에서 형성권 행사의 의사표시를 하는 것으로 충분하다. 다만 권리자의 의사표시와 형성판결을 모두 필요로 하는 이른바 '형성소권'에 해당하는 채권자취소권(제406조)·혼인취소권(제816조)·친생부인권(제846조)·재산상속회복청구권(제999조) 등은 제척기간 내에 소를 제기하여야 한다.

3) 소멸시효와의 비교

① 소급효의 유무

소멸시효와 제척기간은 모두 일정한 기간의 경과에 의한 권리소멸원인이라는 공통점이 있다. 그러나 유의할 점은 제척기간은 그 기간이 만료되더라도 소급효가 인정되지 않는 반면에 소멸시효가 완성되면 그 권리는 소급하여 소멸한다(제167조).

② 권리의 소멸원인

소멸시효는 권리자가 그의 권리를 행사할 수 있음에도 불구하고 일정한 기간(시효기간) 동안 그 권리를 행사하지 않는 상태가 계속한 경우에 그 자의 권리를 소멸시키는 것이고, 제척기간은 일정한 권리에 관하여 법률이 이미 정하여 놓은 존속기간으로서 권리자가 그의 권리를 행사할 수 있었느냐의 여부와 관계없이 일정기간 동안에 권리가 행사되지 않으면 그 권리가 소멸하는 것이라는 차이점이 있다.

③ 중단제도의 유무

소멸시효는 일정한 사실상태의 계속을 요건으로 하므로 그 상태가 중절되거나 방해를 받으면 이는 중단된다(제168조 이하). 반면에, 제척기간은 그 목적이 사실 상태의 계속과는 관계없이 불확정한 권리관계를 속히 확정시키려는 제도이기 때문에 중단은 없다(통설).

④ 법원의 직권판단

소멸시효는 변론주의의 원칙상 이를 재판의 기초로 삼으려면 당사자의 주장이 있어야 법원이 이를 판단하게 되지만(통설 · 상대적 소멸설), 제척기간은 기간의 경과에 의해 권리의 소멸이 절대적인 것이므로 소송에서 당자자가 이를 주장하지 않더라도 법원이 직권으로 이를 판단(고려)하여야 한다(통설; 대판 1996. 9.20, 96다25371).

⑤ 포기 및 기간단축

소멸시효의 이익은 시효기간 경과 후에 이익의 당사자가 포기할 수 있으나(제184조 제1항 반대해석), 제척기간에는 그 기간의 경과로서 당연히 권리가 소멸하므로 포기 여부가 문제될 여지가 없다. 또한 소멸시효는 법률행위에 의하여 당사자가 그 기간을 단축 또는 경감할 수 있으나(제184조 제2항), 제척기간은 당사자가 그 기간을 자유로이 단축시킬 수 없다.

(2) 권리의 실효

① 권리의 실효와 소멸시효는 다같이 시간의 경과를 요건으로 하는 점에서 유사한 면이 있다. 그러나 소멸시효는 법률상 정해진 시간의 경과만으로 권리를 소멸시키는 것임에 비해, 권리실효는 권리를 행사하지 아니한 실효기간의 길이(기한)가 구체적 사안에 따라 다를 수 있다.

② 대법원은 1988년에 권리실효의 법리를 처음으로 인정하는 해고무효 판결(대판 1988.4.27, 87누915)을 한 후에, 특히 고용관계의 존부를 둘러싼 노동분쟁과 관련하여 이 법리를 적극 활용하고 있는데(대판 1992.1.21, 91다30118), 그 법적 근거는 민법 제2조에서 정하는 신의성실의 원칙 내지 권리남용의 금지이다.

제 2 절 소멸시효의 요건

1. 소멸시효의 대상 권리

(1) 원 칙

① 소멸시효의 대상이 되는 대표적인 권리는 채권이다(제162조 제1항). 소멸시효가 완성되기 위해서는 권리자의 권리가 소멸시효의 완성으로 소멸될 수 있는 권리이어야 하며, 일정기간 동안 그 권리를 행사하지 않아야 한다. 이는 소멸시효를 주장하는 자가 증명해야 한다.

② 어떠한 권리를 소멸시효에 걸리는 것으로 하느냐는 입법례에 따라서 반드시 같지는 않으나, 우리 민법은 채권뿐만 아니라 소유권을 제외한 그 밖의 재산권도 소멸시효에 걸리는 것으로 하고 있다(제162조 제2항). 소멸시효의 목적이 되는 권리는 재산권에 한한다.

(2) 예 외

채권적 성질을 가지고 있으면서도 '부동산소유권이전등기청구권'에 대해서는 예외적으로 소멸시효에 걸리지 않는데, 이를 살펴보면 다음과 같다.

1) 법률행위로 인한 등기청구권

부동산의 매수인이 매도인에게 가지는 소유권이전등기청구권은 매도인으로부터 목적물을 인도받아 사용·수익하고 있는 한 소멸시효에 걸리지 않는다(대판[전합] 1976. 11.6, 76다148). 한편 종래의 판례는 부동산미등기매수인이 그 부동산을 인도받은 후에, 이를 사용·수익하다가 타인에게 처분하고 그 점유를 승계하여 준 경우에는 매수인의 이전등기청구권이 소멸시효에 걸린다는 태도를 취하였으나(대판 1997.7.22, 95다17298 참고), 그 후 입장을 변경하여 매수인이 그 부동산을 처분하여 점유를 이전한 경우에도 그가 그 부동산을 스스로 계속 사용·수익 하고 있는 경우와 특별히 다를 바 없으므로 어느 경우에나 이전등기청구권의 소멸시효는 진행되지 않는다고 한다(대판[전합] 1999. 3.18, 98다32175).

2) 신탁계약의 해지

신탁자는 신탁해지를 원인으로 하여 소유권에 기해 수탁자에게 소유권이전등기를 청구할 수 있으므로, 신탁해지에 의한 등기청구권은 소멸시효의 대상이 될 수 없다(대판 1980.4.8, 80다173).

3) 취득시효에 기한 등기청구권

점유취득시효의 완성으로 인한 등기청구권은 채권적 성질을 갖지만(통설, 판례), 취득시효완성자가 점유를 상실하지 않는 한 소멸시효에 걸리지 않는다고 이해된다(대판[전합] 1999. 3.18, 98다32175). 다만 위 법률행위(점유 취취)로 인한 소유권이전등기청구권의 경우와 달리 이 경우에는 시효완성자가 점유를 상실하면 그 때부터 10년의 소멸시효에 걸린다고 하는 판례에 유의하여야 한다(대판 1995.12.5, 95다24241 등).

2. 소멸시효의 비대상 권리

(1) 소유권

① 소유권은 소멸시효에 걸리지 않는데(제162조 제2항), 이는 소유권의 절대성과 항구성에서 나오는 효과이다. 따라서 소유권에 기한 물권적 청구권도 소멸시효에 걸리지 않는다(통설). 예컨대 부동산양도담보의 경우에 피담보채무가 변제된 이후에 설정자가 행사하는 등기청구권은 소유권에 기한 물권적 청구권으로서 따로 시효소멸되는 것이 아니다(대판 1979.2.13, 78다2412 참고).

② 소유권은 소멸시효에 걸리지 않으나 어떤 사람이 마치 그가 권리자인 것과 같이 권리를 행사하고 있는 사실상태가 일정한 기간 동안 계속된 경우에, 취득시효(제245조, 제246조)에 의해서 소유권을 상실하는 결과가 초래되는 경우가 있다는 것에 주의하여야 한다.

(2) 그 밖의 재산권

① 점유권과 유치권은 점유라는 사실상태에 의존하여 인정되는 권리이므로 별도로 소멸시효의 문제가 생길 수 없다(통설). 다만 유의할 점은 유치권의 경우 채권자가 유치권을 행사하더라도 피담보채권의 소멸시효는 그와 관계없이 계속 진행한다(제326조). 따라서 채권의 소멸시효를 중단시키려면 별도로 민법 제168조 이하의 중단사유에 해당하는 행위를 하여야 한다.

② 질권과 저당권은 피담보채권이 존속하는 한, 독립하여 소멸시효에 걸리지 않는다(통설). 또한 상린관계상의 권리(제215조 이하) 및 공유물분할청구권(제268조)

역시 그 기초가 되는 법률관계가 존재하는 한, 독립하여 소멸시효의 대상이 되지 않는다(통설; 대판 1981.3.24, 80다1888 · 1989 참고).

(3) 비재산권

가족권 · 인격권 등 비재산권은 소멸시효에 걸리지 않는다(제162조 참조).

3. 권리의 불행사

(1) 의 의

권리의 불행사라 함은 법률상 권리를 행사할 수 있음에도 불구하고(법률상의 장애가 없음에도 불구하고) 이를 행사하지 않음을 말한다. 예컨대 민법 제162조의 '채권은 10년간 행사하지 아니하면 소멸시효가 완성한다'라는 규정은 이에 해당한다.

(2) 법률상 장애

법률상 장애가 존재하여 권리를 행사할 수 없는 때에는 소멸시효가 진행하지 않는다. 예컨대 정지조건의 미성취나 이행기의 미도래 등은 법률상의 장애에 해당한다(대판 2006.4.27, 2006다1381 참고). 그러나 유의할 점은 '사실상의 장애'로 해석되는 경우에는 소멸시효기간이 진행된다. 즉 권리자의 개인적 사정이나 법률지식의 부족, 권리존재의 부지 또는 채무자의 부재(대판 1982.1.19, 80다2626; 대판 2004.4.27, 2003두10763) 등은 사실상의 장애에 해당하므로 소멸시효가 진행된다. 특히 사실상 권리의 존재나 권리행사가능성을 알지 못하였고 알지 못함에 과실이 없다고 하여도 이러한 사유는 법률상 장애사유에 해당하지 않는다(대판 2004.4.27, 2003두10763).

【판 례】

* 대판 2004.4.27, 2003두10763 … 소멸시효는 객관적으로 권리가 발생하여 그 권리를 행사할 수 있는 때로부터 진행하고 그 권리를 행사할 수 없는 동안만은 진행하지 않는 바, 권리를 행사할 수 없는 경우라 함은 그 권리행사에 법률상의 장애사유, 예컨대 기간의 미도래나 조건불성취 등이 있는 경우를 말하는 것이고, 사실상 권리의 존재나 권리행사 가능성을 알지 못하였고 알지 못함에 과실이 없다고 하여도 이러한 사유는 법률상 장애

사유에 해당하지 않는다.

(3) 시효의 기산점

1) 기한을 정한 채권

① 확정기한부 채권은 확정기한이 도래한 때가 소멸시효의 기산점이다. 한편 이행기일이 도래한 후에 채권자가 채무자에 대하여 기한을 유예한 경우에는 유예시까지 진행된 시효는 포기한 것으로서, 유예한 이행기일로부터 다시 시효가 진행된다(대판 1992.12.22, 92다40211 참고).

② 기한이익의 상실의 약관이 있는 채권은 변제의 지체 또는 강제집행과 같은 기한이익의 상실사유가 발생하였을 때에 전체 채권에 대한 변제기가 도래한 것이고 이때부터 소멸시효가 진행된다(통설; 대판 2002.9.4, 2002다28430).

【판 례】

* 대판 2002.9.4, 2002다28340 … 기한이익상실의 특약이 있는 할부채무에 있어서는 1회의 불이행이 있더라도 각 할부에 대해 그 각 변제기의 도래시마다 그때부터 순차로 소멸시효가 진행하고 채권자가 특히 잔존채무 전액의 변제를 구하는 취지의 의사를 표시한 경우에 한하여 전액에 대하여 그때부터 소멸시효가 진행한다.

2) 기한을 정하지 않은 채권

① 기한을 정하지 않은 채권은 원칙적으로 그 성립시부터 소멸시효가 진행한다(통설). 따라서 계속적인 거래관계에서 발생한 채권의 경우에는 변제기에 관한 특약이 없는 한 각 외상대금채권이 발생한 때로부터 개별적으로 소멸시효가 진행하고, 계속적 거래관계가 종료한 때부터 진행하는 것이 아니다(대판 1978.3.28, 77다2463 참고).

② 보험금액청구권의 소멸시효는 원칙적으로 보험사고가 발생한 때로부터 진행한다. 다만 보험금청구권자가 과실 없이 보험사고의 발생을 알 수 없었던 사정이 있는 경우에는 보험사고의 발생을 알았거나 알 수 있었을 때로부터 보험금청구권의 소멸시효가 진행한다(대판 2001.4.27, 2000다31168; 대판 2005.12.23, 2005다59383 · 59390 등). 마찬가지로 보험금액청구권의 소멸시효기산점을 판단할 때 특별한 절차를 요구하는 때에는 그 보험사고가 무엇인지와 보험금액청구권을 행사하는 데 특별한 제한이 있는지를 우선적으로 확정하는 것이 중요한 전제가

된다(대판 2006.1.26, 2004다19104).

3) 손해배상청구권

① 채무불이행에 의한 손해배상청구권, 즉 부동산소유권이전채무의 이행불능으로 인한 손해배상청구권은 본래의 채권(소유권 이전)과는 별개의 요건에 기하여 발생하는 별도의 권리이므로 소유권이전채무가 이행불능된 때에 발생한다(곽윤직 · 김재형 420면; 양창수 · 김재형 469면). 따라서 그 소멸시효는 계약체결일이 아니라 소유권이전채무가 이행불능된 때부터 진행한다(대판 1995.6.30, 94다54269; 대판 2005.9.15, 2005다29474).

② 불법행위에 의한 손해배상청구권, 즉 소멸시효는 손해를 단순히 안 것만으로는 부족하고 그 손해가 위법행위로 인하여 발생한 것이라는 사실을 안 날로부터 진행되며, 불법행위 역시 가해행위로 인하여 현실적으로 손해의 결과가 발생한 날로부터 소멸시효가 진행한다(제776조, 대판[전합] 1979.12.26, 77다1894 · 1895 참고).

4) 조건부 권리

정지조건부 권리에서는 그 조건이 성취되어야 권리행사가 가능하므로(즉 법률상 장애가 해소되므로) 조건의 성취가 소멸시효의 기산점이다(통설). 예컨대 법무사 시험에 합격하면 승용차를 사주겠다고 약정한 경우에는 조건이 성취된 때(합격자 발표일)로부터 소멸시효가 진행한다.

5) 선택채권

무권대리인의 상대방이 무권대리인에 대하여 가지는 계약이행 또는 손해배상청구권(제135조 제1항)의 소멸시효는 상대방이 선택권을 행사할 수 있는 때부터, 즉 대리권의 증명을 하지 못하거나, 무권대리에 대한 본인의 추인을 얻지 못한 때부터 진행한다(대판 1965.8.24, 64다1156 참고).

6) 부당이득반환청구권

국가가 피고에게 지가상환금을 보상함에 있어서 금액을 과불한(초과 지급) 경우, 지가보상금의 과오불금반환청구권의 소멸시효는 피고가 정당한 범위 내의 보상금액을 초과하여 수령한 날부터 기산된다고 한다(대판 2005.1.27, 2004다50143).

7) 양도담보의 정산금청구권

양도담보설정자의 정산금청구는 처분청산의 경우에는 담보부동산이 환가되어야 비로소 그 권리를 행사할 수 있으므로 정산금청구권은 담보부동산의 환가시를 시점으로 하여 그 소멸시효가 진행된다(대판 1994.5.24, 93다44975 참고).

8) 부작위채권

부작위채권의 소멸시효는 위반행위를 한 때로부터 진행한다(제166조 제2항). 따라서 영업비밀침해행위의 금지 또는 예방을 청구할 수 있는 경우에 그 소멸시효가 진행되기 위하여는 일단 침해행위가 개시되어야 하고, 나아가 영업비밀보유자가 그 침해행위에 의하여 자기의 영업상의 이익이 침해되거나 또는 침해될 우려가 있는 사실 및 침해행위자를 알아야 한다(대판 1996.2.13, 95마594 참고).

4. 소멸시효의 기간

(1) 채권의 소멸시효기간

1) 일반채권

일반채권의 소멸시효기간은 원칙적으로 10년이다(제162조 제1항). 따라서 주식회사의 이사 또는 감사의 회사에 대한 임무해태로 인한 회사의 손해배상청구권은 일반채권이므로 10년으로 시효가 완성된다(대판 1985.6.25, 84다카1954 참고). 또한 근로자의 근로계약상 주의의무 위반으로 인한 손해배상청구권의 소멸시효기간도 10년으로 완성된다(대판 2005.11.10, 2004다22742).

2) 상사채권

① 당사자 쌍방에 대하여 모두 상행위가 되는 행위로 인한 채권뿐만 아니라 당사자 일방에 대하여만 상행위에 해당하는 행위로 인한 채권도 상법 제64조 소정의 5년의 소멸시효기간이 적용된다. 이 경우 그 상행위에는 상법 제46조 각호에 해당하는 기본적 상행위뿐만 아니라, 상인이 영업을 위하여 하는 보조적 상행위도 포함된다(대판 2006.4.27, 2006다1381).

② 상사채권, 즉 상인이 판매한 상품의 대가(상사채권)란 상품의 매매로 인한 대금 그 자체의 채권만을 말하는 것으로서, '상품의 공급 자체와 등가성 있는 청구권'에 한한다(대판 1996.1.23, 95다39854 참고). 따라서 유의할 점은 법인 상호 간의 부동산거래 또는 임대차계약에 따른 부당이득반환채권은 상품의 대가채권이 아니므로 상법 제64조가 적용되지 아니하고, 그 소멸시효기간은 민법 제162조 제1항에 따라 10년이다(대판 2012.5.10, 2012다4633 등).

3) 3년의 시효에 걸리는 채권

① 이자, 부양료, 급료, 사용료 그 밖의 1년 이내의 기간으로 정한 금전 또

는 물건의 지급을 목적으로 하는 채권(제163조 제1호)은 3년의 시효에 걸린다. 여기서 유의할 점은 '1년 이내의 기간으로 정한 채권'이란 1년 이내의 정기로 지급되는 채권(정기급부 채권)을 의미하는 것이지 변제기가 1년 이내인 채권을 말하는 것은 아니다. 예컨대 1개월 단위로 지급되는 상기건물 및 아파트 관리주체 등에서 부과하는 집합건물의 관리비채권(대판 2007.2.22, 2005다6582)과 부동산 임대료를 말한다.

② 의사, 치과의사, 한의사, 수의사, 조산사, 간호사 및 한약사의 치료·근로 및 조제에 관한 채권(제163조 제2호)은 3년의 시효에 걸린다. 유의할 점은 입원 치료를 받은 경우 특약이 없는 한 개개의 진료가 종료될 때마다 그에 대한 소멸시효가 진행한다(대판 1998.2.13, 97다47675). 따라서 장기간 입원 치료를 받은 경우라 하더라도 다른 특약이 없는 한 입원 치료 중에 환자에 대하여 치료비를 청구함(1일 또는 1주 단위 진료비청구)에 아무런 장애가 없으므로 퇴원시부터 소멸시효가 진행된다고 볼 수는 없다(대판 2001.11.9, 2001다52568).

③ 도급받은 자, 기사 그 밖의 공사의 설계 또는 감독에 종사하는 자의 공사에 관한 채권(제163조 제3호)은 도급받은 공사의 채권뿐만 아니라 그 공사에 부수되는 채권도 포함하고(대판 2009.11.12, 2008다41451; 대판 2010.11.25, 2010다56685), 또한 우수현상광고의 당선자가 광고주에 대하여 우수작으로 판정된 계획설계에 기초하여 취득하게 되는 계약상의 이행청구권은 설계에 종사하는 자가 공사에 관한 채권에 해당한다(대판 2005.1.14, 2002다57119).

④ 변호사, 변리사, 공증인, 공인회계사, 법무사, 공인노무사, 세무사, 관세사 및 감정평가사에 대한 직무상 보관한 서류의 반환을 청구하는 채권(의뢰인의 서류반환채권)과 직무에 관한 채권(변호사 등의 수임료 채권)은 당해 사건의 종료 후 3년 이내에 반환을 청구할 수 있다(제163조 제4호·제5호).

⑤ 생산자 및 상인이 판매한 생산물 및 상품의 대가청구권(제163조 제6호)은 5년의 소멸시효기간에 걸리는 것이 원칙이나(상법 제64조), 상법 제64조 단서규정에 따라 민법 제163조 제6호가 우선 적용되어 3년의 시효에 걸리게 된다.

4) 1년의 시효에 걸리는 채권

① 여관, 음식점, 대석(貸席), 오락장의 숙박료, 음식료, 대석료, 입장료, 소비물의 대가 및 체당금(남이 할 일을 대신 맡아 하고 대가로 받는 돈)의 채권(제164조 제1호)은 1년의 시효에 걸린다. 즉 숙박업소의 숙박료나 음식점의 음식료 및 오락장의 입장료 등과 같이 영업자가 공급한 소비물의 대가와 그들이 이용객의 대가를 채당지급

한 채권을 의미한다. 한편 유의할 점은 수돗물을 사용한 것에 대한 '급수료채권'은 여기에 해당하지 않고, 민법 제163조 제6호 소정의 상인이 판매한 상품의 대가로서 3년의 시효에 해당한다(대판 1974.10.22, 74다100 참고).

② 의복·침구·장구 기타 동산의 사용료의 채권(제164조 제2호)은 1년의 시효에 걸린다. 여기서 말하는 동산의 사용료채권이란 극히 단기임대로 인한 채권을 의미하며, 영업을 위하여 2개월에 걸친 중기의 임료채권은 이에 해당하지 않는다(대판 1976.9.28, 76다1839). 유의할 점은 부동산의 사용료채권은 3년의 시효에 해당한다(제163조 제1호 참조).

③ 노역인, 연극인의 임금 및 그에 공급한 물건의 대금채권(제163조 제3호)은 1년의 시효에 걸린다. 즉 목수·정원수·가수·배우 등이 갖는 임금채권을 의미하는 것으로서 근로기준법상 임금채권 및 민법 제163조 제1호상의 급료채권을 제외한 임금채권을 말한다. 그러나 여기에 해당하는 노임채권이라도 채권자와 채무자인 회사 사이에 노임채권에 대하여 준소비대차의 약정을 하였다면, 상인인 회사가 영업을 위하여 한 상행위로 추정함이 상당하므로 5년의 소멸시효에 걸린다(대판 1981.12.22, 80다1363 참고).

④ 학생 및 수업자의 교육, 의식(衣食) 및 유숙(留宿)에 관한 교주(校主), 학원주, 교사의 채권(제163조 제4호)은 1년의 시효에 걸린다. 예컨대 선생님 등이 학생들을 가르치며 발생하는 수업료·과외비 및 기숙사비가 이에 해당한다.

(2) 손해배상청구권의 소멸시효기간

① 불법행위로 인한 손해배상청구권은 피해자나 그 법정대리인이 그 손해 및 가해자를 안 날로부터 3년간, 불법행위를 한 날로부터 10년간 행사하지 않으면 소멸한다(제766조, 대판 1998.7.10, 98다7001). 이 경우 손해를 안 날이라 함은 손해 발생사실과 더불어 그 손해가 위법행위로 인한 것까지 알고 있는 날이며, 불법행위를 한 날은 가해행위로 인하여 손해가 발생한 날을 말한다.

② 불법행위로 인한 손해배상청구권의 소멸시효기간을 규정하고 있는 민법 제766조 제1항에 관하여 학설과 판례 모두 시효기간으로 본다. 다만 동조 제2항에 관하여 다수설은 제척기간으로 보는데, 판례는 이 역시 시효기간으로 본다(대판[전합] 1996.12.19, 94다22927). 동조의 표제나 법문의 표현상으로도 판례의 견해가 타당하다고 본다.

(3) 재산권의 소멸시효기간

채권 및 소유권 이외의 재산권(지상권 지역권 등)은 일반적으로 20년의 소멸시효에 걸린다(제162조 제2항).

(4) 판결채권의 소멸시효기간

1) 판결의 취지

① 민법 제165조의 규정취지는 변제기가 도래된 채권으로서 단기의 소멸시효에 걸리는 것이라도 확정판결을 받은 권리의 소멸시효는 10년으로 한다는 뜻이다. 따라서 10년보다 장기의 소멸시효를 10년으로 단축한다는 의미도 아니고, 본래 소멸시효의 대상이 아닌 권리가 확정판결을 받음으로써 10년의 소멸시효에 걸린다는 뜻도 아니다(대판 1981.3.24, 80다1888 · 1889; 대판 2009.9.24, 2009다39530 참고).

② 민법 제165조 규정은 당해 판결 등의 당사자 사이에 한하여 발생할 뿐이므로 채권자와 주채무자 이외의 '연대보증인' 사이에 있어서는 위 확정판결 등에 따른 시효기간에 대해서는 아무런 영향을 미치지 않는다. 따라서 확정판결에 의하여 주채무의 소멸시효기간이 10년으로 연장되었더라도 채권자와 연대보증인 사이의 연대보증채권의 소멸시효기간은 여전히 종전의 소멸시효기간에 따른다(대판 2006.8.24, 2004다26287 · 26294 참고).

2) 판결대상 및 소멸시효의 기산점

① 판결의 대상은 기판력 있는 확정판결을 말하고 아직 확정되지 않은 가집행선고부 판결은 해당하지 않는다(윤진수 456면 참고). 뿐만 아니라, '확정판결과 동일한 효력이 있는 것'도 포함된다(제165조 제2항). 예컨대 파산절차참가 · 재판상 화해(민사소송법 제220조), 제소전 화해(민사소송법 제385조), 민사조정법 및 가사소송법에 의한 조정(민사조정법 제29조, 가사소송법 제59조), 인낙조서(민사소송법 제220조), 확정된 지급명령(민사소송법 제474조) 등에 의해 확정된 채권도 포함된다.

② 판결에 의한 소멸시효의 기산점은 기판력이 발생한 시점부터 기산한다. 즉 재판의 확정시부터 새로운 소멸시효가 진행한다(대판 1981.3.24, 80다1888 참고).

(5) 복권당첨권의 소멸시효기간

복권당첨금은 1년 안에 행사하지 않으면 소멸한다(복권 및 복권기금법 제9조 제1항). 즉 복권의 당첨금을 받을 권리는 추첨식인쇄복권 · 추첨식전자복권 · 온라인복권 · 추첨식인쇄 및 전자결합복권의 경우에는 그 '지급개시일'로부터 1년간, 그리고 즉석식인쇄복권 · 즉석식전자복권의 경우에는 '판매기간 종료일'부터 1년간 행사하지 아니하면 소멸시효가 완성된다.

제 3 절 소멸시효의 중단과 정지

1. 소멸시효의 중단

(1) 시효중단의 의의

시효기간의 경과 중에 시효의 기초가 되는 사실상태와 상반되는 사실이 발생하면 소멸시효의 진행은 중단되고, 이미 진행한 시효기간의 효력은 전혀 무효로 되고 만다. 이와 같이 소멸시효의 진행을 방해하는 것이 이른바 '소멸시효의 중단'이다. 민법은 제168조 이하에서 소멸시효의 중단에 관해 규정하고 이를 물권인 취득시효의 중단에 준용하고 있다(제247조 제2항).

(2) 시효의 중단사유

소멸시효의 중단사유로서 민법은 상세한 규정을 두고 있으나, 결국 권리자가 권리를 주장하거나(권리자의 청구) 의무자가 상대방의 권리의 존재를 승인(의무자의 승인)하는 것이다. 시효중단 사유로 민법 제168조에서 청구, 압류 · 가압류 · 가처분, 승인과 민사집행법 제61조에서 재산명시신청을 규정하고 있다.

1) 청 구

청구라 함은 권리를 행사하는 것이다(제168조 제1호). 즉 권리자가 시효의 완성으로 이익을 얻을 자에 대하여 그의 권리내용을 주장하는 것으로서 재판상 또는 재판 외의 어느 것이든 상관이 없는데, 각각의 요건을 살펴보면 다음과 같다.

① 재판상의 청구

㉠ 재판상의 청구라 함은 법원에 소(訴)를 제기하는 것을 말한다(제170조). 이에 의하여 중단의 효력을 발생하는 시기는 즉 소장을 법원에 제출하였을 때이다(민사소송법 제265조). 예컨대 소유권에 관한 등기청구소송은 물론, 소유권침

해에 대하여 그 소유권을 기초로 하는 방해배제 및 손해배상 혹은 부당이득반환청구소송, 채권의 양수인이 채무자를 상대로 재판상의 청구도 이에 포함된다(대판 1995.10.13, 95다33047 참고).

㉡ 응소(應訴), 즉 판례는 원고의 소송에 대응하여 피고로서 응소하여 그 소송에서 적극적으로 권리를 주장하고 그것이 받아들여진 경우 재판상 청구와 동일한 시효중단 사유에 포함된 것으로 본다(대판[전합] 1993.12.21, 92다47861; 대판 2006.6.16, 2005다25632; 대판 2007.1.11, 2006다33364). 더욱이 응소행위를 한 피고에 대하여 패소판결이 확정되었더라도 그 판결에 재심사유가 있음을 이유로 재심청구를 하여 권리를 주장하고 그것이 받아들여진 경우에도 취득시효의 중단사유가 되는 재판상의 청구에 준한다고 한다(대판 1997.11.11, 96다28196).

㉢ 형사소송상은 민법상 소멸시효의 중단사유로 되지 않는다. 즉 피해자가 가해자를 고소하였거나 또는 그 고소에 기하여 형사재판이 개시되었어도 시효중단사유가 되지 못한다(대판 1999.3.12, 98다18124). 다만 소송촉진 등에 관한 특례법에 따른 '배상명령의 신청'은 민사소송상의 소제기와 동일한 효력이 있으므로 피해자의 배상명령신청은 재판상 청구에 해당하여 시효가 중단된다(소송촉진 등에 관한 특례법 제26조 제8항 참조).

㉣ 행정소송은 사권(私權)을 재판상 행사하는 것이 아니므로 시효중단사유가 되지 못한다(통설; 대판 1979.2.13, 78다1500 · 1501). 그러나 오납한 조세에 대한 부당이득반환청구권을 실현하기 위한 수단이 되는 과세처분의 취소 또는 무효확인을 구하는 소송은 비록 행정소송이라고 할지라도 조세환급을 구하는 부당이득반환청구권의 소멸시효중단사유인 재판상 청구에 해당한다(대판[전합] 1992.3.31, 91다32053).

② 파산절차참가

㉠ 파산절차에 참가하는 것도 청구의 일종으로서 시효중단사유이다. 파산절차참가란 '채무자 회생 및 파산에 관한 법률' 제447조에 따라 채권자가 파산재단의 배당에 참가하기 위하여 자기 채권을 신고하는 것을 말하는데(통설; 제171조), 그 신고에 의해 채권이 채권표에 기재되면 확정판결과 동일한 효력이 있다(채무자 회생 및 파산에 관한 법률 제460조).

㉡ 시효중단의 효력은 파산절차가 종료될 때까지 지속되고 파산절차 종료 후 소멸시효는 새로이 다시 진행된다(제178조 제2항). 유의할 점은 파산절차참가에 의하여 시효중단의 효력이 발생하였더라도 채권자가 이를 취소하거나 그 청구가 각하되면 시효중단의 효력이 없다(제171조).

③ 지급명령

㉠ 지급명령이라 함은 금전 기타 대체물이나 유가증권의 일정한 수량의 지급을 목적으로 하는 청구에 관하여 채권자의 신청에 의하여 법원이 일방적으로 내리는 이행의 명령을 말한다(민법 제171조; 민사소송법 제462조). 특히 지급명령에 있어서 채무자가 지급명령을 송달받은 날로부터 2주일 내에 이의신청을 하지 않으면 곧바로 확정판결과 같은 효력이 된다(민사소송법 제474조).

㉡ 한편 채무자가 지급명령에 대하여 이의신청을 하면 지급명령을 신청한 때 채권자가 소를 제기한 것으로 의제된다(민사소송법 제472조 제2항). 유의할 점은 지급명령신청이 각하된 경우라도 6개월 이내에 다시 소를 제기하면 민법 제170조 제2항에 의하여시효는 당초 지급명령신청이 있었던 때에 중단된 것으로 본다(대판 2011.11.10, 2011다54686).

④ 화해를 위한 소환

㉠ 화해를 위한 소환은 민사상 쟁의(다툼)의 당사자가 소를 제기하기 전(제소전 화해)에 상대방의 보통재판적 소재지의 지방법원에 화해를 신청하는 청구의 일종으로서 시효중단의 효력이 있다(민법 제173조 전단; 민사소송법 제385조). 시효중단의 시기는 상대방이 화해를 위한 소환을 받은 때가 아니라 제소전 화해의 '신청시'에 그 효력이 발생하며(통설), 화해가 성립하면 화해조서는 확정판결과 동일한 효력이 있다(민사소송법 제220조).

㉡ 시효중단의 효력이 발생하더라도 상대방이 출석하지 않거나 기타 사유로 인하여 화해가 성립하지 않는 경우(민사소송법 제387조 제2항), 그때부터 1개월 내에 소를 제기하여야 시효중단의 효력이 유지된다(제173조 전단). 또한 민사조정법에 따른 조정은 재판상 화해와 같은 효력이 있으므로, 그 조정신청에는 시효중단의 효력이 인정된다(민사조정법 제29조, 제35조 제1항).

⑤ 임의출석

임의출석이라 함은 소액사건의 처리절차에 대해 특례를 규정한 '소액사건 심판법'에 따라 당사자 쌍방이 법원에 임의로 출석하여 구두로 소를 제기하고 변론하는 방식인바(소액사건심판법 제5조 참조), 임의출석에 의하여서도 시효는 중단된다. 다만 임의출석에 의한 당사자의 화해가 성립하지 않으면 1개월 내에 소를 제기하여야 시효중단의 효력이 유지된다(제173조 후단).

⑥ 최 고

㉠ 최고(催告)라 함은 채권자가 채무자에 대하여 채무의 이행을 청구하는 재판 외의 행위를 말하는데(제174조), 그 방식은 서면에 의하든 구두에 의하든 이를 묻지 않는다. 그런데 그 중단력은 약하다.

㉡ 최고에 의하여 일단 시효중단의 효력이 발생하여도 최고를 한 후 6개월 안에 위에서 설명한 다섯 가지 청구(재판상청구, 파산절차참가, 지급명령, 화해를 위한 소환, 임의출석) 중 어느 것이나 또는 압류·가압류·가처분과 같은 보다 더 강력한 방법을 취하지 않으면 시효중단의 효력이 없다(제174조). 이 경우 6개월의 기산점은 채권자가 채무자로부터 회답을 받은 때로부터 기산하여야 한다(대판 2006.6.16, 2005다25632).

2) 압류 · 가압류 · 가처분

① 압류로 인한 시효중단

압류란 금전채권의 실행을 확보하기 위해 집행기관이 확정판결 기타의 집행권원에 기하여 채무자의 재산처분을 금지하는 강제집행을 말하는 바(민사집행법 제188조, 제223조, 제83조), 압류에 의한 시효중단의 효력은 집행신청시에 발생한다(제168조 제2호). 그러나 유의할 점은 집행의 신청이 있어도 채무자의 주소불명 등으로 집행에 착수하지 못한 때에는 시효중단의 효력이 소급하여 소멸한다(통설; 곽윤직 471면 등). 다만 일단 집행에 착수하였으나 압류할 물건 등이 없어서 집행불능의 상태가 되어도 시효중단의 효력은 유지된다는 것이 학설(통설)의 입장이다.

② 가압류로 인한 시효중단

가압류란 금전채권 또는 금전으로 환산할 수 있는 채권의 집행을 보전하기 위하여 채무자의 일반재산의 현상유지를 목적으로 하는 보전처분을 말한다(민사집행법 제276조). 한편 유의할 점은 가압류의 집행 후에 행하여진 채권자의 집행취소 신청은 소 취하에 해당하고, 사망한 사람을 피신청인으로 한 가압류신청은 그 신청에 따른 가압류결정이 내려졌다고 하여도 그 결정은 당연무효로서 그 효력이 상속인에게 미치지 않기 때문에 이러한 당연무효의 가압류는 민법 제168조 제2호에 정한 소멸시효의 중단사유에 해당하지 않는다(대판 2006.8.24, 2004다26287 · 26294).

③ 가처분으로 인한 시효중단

가처분에 의해서도 시효가 중단되는데(제168조 제2호), 그 유형에는 ㉠ 특정물에 대한 청구권을 가지는 채권자가 장래의 집행을 보전하기 위하여 채무자의 처분을 금지하고 그 보전에 필요한 조치를 취하는 것을 내용으로 하는 '다툼의 대상에 관한 가처분'(민사집행법 제300조 제1항)과 ㉡ 권리관계에 다툼이 있는 경우에 채권자의 현저한 손해를 방지하거나 기타의 사유로 잠정적으로 법률관계에 관한 임시의 조치를 하는 '임시의 지위를 정하는 가처분'(민사집행법 제300조 제2항)이 있다. 이에 따른 시효중단의 내용은 압류 및 가압류의 경우와 같다.

3) 승 인

① 승인의 의의

승인이라 함은 시효가 진행하는 도중에 시효의 이익을 받을 채무자 또는 대리인이 상대방에 대하여 그 권리가 존재함을 인정하는 의사표시를 말한다(제168조 제3호; 대판2014.1.23, 2013다61793). 따라서 제3자인 보증인 또는 물상보증인이 한 승인은 채무자에 대해 시효중단의 효력이 없다. 중단사유인 승인은 시효완성 전에만 존재할 수 있는 것이고, 완성 후에는 다만 시효이익의 포기의 문제가 될 따름이다.

② 승인하는 자의 범위

승인을 함에는 상대방의 권리에 관한 처분의 능력이나 권한 있음을 요하지 않는다(제177조). 즉 승인하는 자가 승인의 대상인 상대방의 권리를 가졌다고 가정할 때에 그가 이를 처분할 수 있는 능력이나 권한이 없더라도 승인할 수 있다. 다만 승인자에게는 그 권리를 관리할 능력이나 권한은 있어야 한다(통설). 따라서 승인자의 대리인도 비록 처분권한이 없어도 관리권한이 있으면 유효하게 승인할 수 있다(제118조 참조).

③ 승인방법과 상대방

승인하는 데는 아무런 형식이 요구되지 않는다. 따라서 승인은 묵시적으로도 가능하다(통설; 대판 1999.7.9, 99다12376 참고). 다만 묵시적인 승인의 표시는 적어도 상대방으로 하여금 채무자가 그 채무의 존재와 액수를 인식하고 있음을 그 표시를 통해 추단하게 할 수 있는 방법으로 행해져야 한다(대판 2010.4.29, 2009다99105). 이 경우 유의할 점은 승인의 상대방은 시효의 완성으로 권리를 잃게 될 자에게 행해야 한다. 따라서 피의자가 검사로부터 신문을 받는 과정에서 자신의 채무를 승인하는 진술을 하였더라도 이는 시효중단사유로서의 승인이라고 볼 수 없다(대판 1999.3.12, 98다18124 참고).

4) 재산명시신청

① 재산명시신청이라 함은 금전의 지급을 목적으로 하는 집행권원에 기초하여 강제집행을 개시할 수 있는 채권자가 집행력 있는 정본과 강제집행을 개시하는 데 필요한 문서를 첨부하여 채무자의 보통재판적이 있는 곳의 법원에 채무자의 재산명시를 신청(요구)하는 것을 말한다(민사집행법 제61조 제1항).

② 채권자가 채무자에 대한 재산명시신청을 하게 되면 소멸시효는 중단된다. 다만 그 후 6개월 안에 다시 소(訴)를 제기하거나 압류 또는 가압류·가처분 등의 방법을 속행하지 아니하는 한 소멸시효 중단의 효력은

상실한다(대판 2001.5.29, 2000다32161).

【판 례】 재산명시신청과 시효중단

* 대판 2001.5.29, 2000다32161 … 재산관계명시절차는 집행 목적물을 탐지하여 강제집행을 용이하게 하기 위한 강제집행의 준비행위와 강제집행 사이의 중간적 단계의 절차(강제집행 보조절차)에 불과하다고 볼 수밖에 없으므로, 재산관계명시결정에 의한 소멸시효 중단의 효력은 그로부터 6월 내에 다시 소를 제기하거나 압류 또는 가압류, 가처분을 하는 등 민법 제174조에 규정된 절차를 속행하지 아니하는 한 상실되는 것으로 보는 것이 옳다.

(3) 시효중단의 효력

1) 일반원칙

시효가 중단되면 그때까지 경과한 시효기간은 그 효력을 잃게 된다(제178조 제1항 전단). 이 경우 그 효력은 당사자 및 승계인 사이에서만 효력이 있다(제169조). 따라서 제3자에게는 시효중단의 효력이 미치지 못하는 것이 원칙이다(제169조). 예컨대 보험금청구권 또는 손해배상청구권을 공동상속한자 가운데 1인이 자기의 상속분을 행사하여 승소판결을 얻었더라도 다른 공동상속인의 상속분까지 시효중단의 효력이 미치는 것은 아니다(대판 2006.4.13, 2005다77305 · 77312).

【판 례】

* 대판 2006.4.13, 2005다77305 · 77312 … 상법 제724조 제2항에 의하여 피해자가 보험자에게 갖는 직접청구권과 피보험자가 보험자에 대한 보험금청구권은 별개의 청구권이므로, 피해자의 보험자에 대한 손해배상청구에 의하여 피보험자의 보험자에 대한 보험금청구권의 소멸시효가 중단되지 않는다.

2) 특 칙

① 지역권의 시효중단

점유로 인한 지역권 취득시효기간의 중단은 지역권을 행사하는 모든 공유자(지역권 공유자)에 대한 사유가 아니면 그 시효중단의 효력이 없다. 이는 '지역권의 불가분성'(제295조 제1항)에서 유래한다. 그러나 요역지가 수인의 공유인 경우에 그 1인에 의한 지역권소멸시효의 중단 또는 정지는 다른 공유자를 위하여 효력이 있다(제296조).

② 보증채무의 특칙

주채무자에 대한 시효중단은 보증인에 대하여 그 효력이 있다(제440조). 이러한 민법 제440조는 제169조에 대한 예외를 인정한 것으로, 주채무자에 대한 시효중단사유가 발생하였을 때는 그 보증인에 대한 별도의 중단조치가 이루어지지 아니하여도 동시에 시효중단의 효력이 생기도록 한 것이다(대판 2006.8.24, 2004다26287 · 26294). 반면에 주채무자에 시효중단의 사유가 없는 이상 연대보증인에 대한 시효중단의 사유가 있다고 하여 주채무까지 시효중단되었다고 할 수는 없다(대판 2002.5.17, 2000다62476 참고).

3) 새로운 시효진행

시효가 중단된 후에 그 시효의 기초가 되는 사실상태가 다시 계속되면 그때부터 '새로이' 시효기간은 진행된다(제178조 제1항 후단).

① 청구에 의한 시효중단

먼저 재판상 청구는 재판이 확정될 때까지 시효중단의 효력이 유지되고 재판이 확정되면 시효기간이 새로이 진행되며(제178조 제2항), 그 외에 파산절차의 참가는 파산절차의 종료시까지, 지급명령은 지급명령이 확정될 때까지 그리고 화해를 위한 소환 및 임의출석은 화해가 성립할 때까지 유지되나, 채무자의 이의신청 및 화해가 성립되지 아니하여 소송절차로 이행되면 그 절차가 종료할 때까지 시효중단의 효력이 유지된다. 마지막으로 최고는 6개월 이내에 재판상 청구 등의 다른 시효중단조치의 절차가 종료된 때부터 새로운 시효가 진행된다.

② 압류 · 가압류 · 가처분에 의한 시효중단

압류 등의 절차가 종료된 때부터 새로운 시효가 진행한다. 특히 가압류 및 가처분의 경우에 집행권원을 얻어 본집행으로 이행되면 가압류로 인한 시효중단은 그대로 유지되고 본집행이 종료된 때부터 새로운 시효가 진행된다.

③ 승인에 의한 시효중단

채무자에 의한 승인은 그 승인의 통지가 상대방(채권자)에게 도달한 때에 시효중단의 효력이 발생하고 그때부터 새로운 시효가 진행된다(대판 2009.7.9, 2009다14340).

2. 소멸시효의 정지

(1) 소멸시효정지의 의의

소멸시효의 정지라 함은 시효기간이 거의 완성할 무렵 권리자가 시효중단행위를 하는 것이 불가능하거나 또는 대단히 곤란한 사정이 있는 경우에, 그러한 사정이 없어질 때까지 일정기간에 한하여 시효의 완성을 유예시키는 제도를 말한다. 즉 권리의 불행사를 권리자의 태만으로 돌릴 수 없는 경우에 그것을 보호하려는 제도이다. 따라서 시효의 정지는 이미 경과한 기간이 효력을 잃지 않는 점에서 중단과 다르다.

(2) 시효정지의 사유

1) 제한능력자

소멸시효의 기간만료 전 6개월 안에 제한능력자의 법정대리인이 없는 때에는, 그가 능력자로 되거나 또는 법정대리인이 취임한 때로부터 6개월 안에는 시효가 완성하지 아니한다(제179조). 따라서 재산을 관리하는 부모(친권자) 또는 후견인에 대한 제한능력자의 권리는 그가 능력자로 되거나 후임의 법정대리인이 취임한 때로부터 6개월 안에는 소멸시효가 완성하지 아니한다(제180조 제1항).

2) 부부 간의 권리

부부 상호 간에 권리의무가 있는 경우에 혼인 중에 이를 행사한다는 것은 사실상 기대하기 어렵다. 따라서 부부 중 일방의 타방에 대한 권리는 혼인관계의 종료로부터 6개월 안에는 소멸시효가 완성하지 아니한다(제180조 제2항). 혼인관계의 종료 사유는 부부 일방의 사망·이혼·혼인의 취소 및 실종선고 등에 의하여 발생한다.

3) 상속재산에 관한 권리

상속재산에 속한 권리는 상속인의 확정·관리인의 선임 또는 파산선고가 있는 때로부터 6개월 안에는 소멸시효가 완성하지 아니한다(제181조). 예컨대 재산을 상속함에 있어 그 상속인이 없거나 불분명한 경우 또는 피상속인의 채권자가 권리행사를 하고자 하는데 상속인이 없거나 불분명한 경우 그 채권의 시효를 완성시키는 것은 문제가 있기 때문이다.

4) 천재 그 밖의 사변

천재 그 밖의 사변으로 인하여 소멸시효를 중단할 수 없을 때에는 그 사유가 종료한 때로부터 1개월 안에는 시효가 완성하지 아니한다(제182조). 여기서 '사변'이라 함은 전쟁 · 쿠테타 · 강진 · 태풍 등으로 인해 시효중단조치를 취할 수 없는 객관적인 사정을 말한다.

제 4 절 소멸시효의 효과

1. 소멸시효완성의 효과

(1) 민법의 규정

소멸시효에 관한 규정을 살펴보면 민법 제162조를 비롯하여 제163조 · 제164조 등은 모두 소멸시효가 완성한다라고만 하고 있을 뿐이고, 그 밖에 '완성한다'라는 것이 무엇을 의미하는 것인지에 관하여 명확히 설명하는 규정이 없다. 바꾸어 말하면, 소멸시효의 효과에 관하여 규정하는 바가 없으므로 결국 그것은 해석에 의하여 결정하는 수밖에 없다.

1) 절대적 소멸설

① 소멸시효의 완성으로 권리는 당연히 소멸하는 것으로 이해하는 견해이다(곽윤직 · 김재형 438면, 방순원 321면, 송덕수 531면, 이영준 420면, 이은영 778면). 다만 권리가 절대적으로 소멸한다고 하더라도 시효의 이익을 받기 위해서는 소송상 이를 항변하여야 한다.

② 절대적 소멸설의 근거는 민법의 부칙 제8조 제1항은 '…본법에 의하여… 소멸한 것으로 본다'고 정하고 있는데, 이는 민법에서 '소멸시효가 완성한다'는 의미는 결국 '소멸한다'는 뜻이라고 해석한다.

2) 상대적 소멸설

① 소멸시효의 완성으로 권리가 당연히 소멸하지는 않고, 다만 시효의 이익을 받을 자에게 권리의 소멸을 주장할 권리가 생길 뿐이라고 한다(김상용 722면, 김용한 489면, 김증한 · 김학동 544면).

② 상대적 소멸설의 근거는 우리 민법에서는 등기된 부동산물권도 타인의

취득시효에 의하여 소멸시효에 걸리게 되는 효과가 발생되는데(제245조 참조) 등기가 존재함에도 불구하고 시간의 경과만으로 등기된 물권이 소멸한다는 것은 부당하다는 것이다.

3) 판례의 태도

판례는 기본적으로 절대적 소멸설을 취하고 있다. 즉 판례는 민법상 당사자의 원용이 없어도 소멸시효가 완성되면 채무는 당연히 소멸한다. 다만 변론주의의 원칙상 소멸시효기간의 만료로 인한 권리소멸은 그 시효의 이익을 받는 자가 시효완성의 항변을 하지 않으면 그 의사에 반하여 재판할 수 없다고 한다(대판 1979.2.13, 78다2157; 대판 1980.1.29, 79다1863).

(2) 소멸시효완성의 주장

1) 소멸시효의 당사자

① 소멸시효가 완성된 경우 이를 주장할 수 있는 사람은 시효로 인하여 채무가 소멸됨으로써 '직접적인 이익을 받는 사람'에 한정되므로, 채무자에 대한 일반채권자는 자기의 채권을 보전하기 위하여 필요한 한도 내에서 채무자를 대위하여 소멸시효주장을 할 수 있을 뿐 채권자의 지위에서 독자적으로 소멸시효의 주장을 할 수 없다(대판 2012.5.10, 2011다109500).

② 판례는 소멸시효완성의 원용을 주장할 수 있는 사람을 채무자를 포함한 직접적인 이익을 받는 사람으로 한정하고 있는 바, 여기서 채무자 외에 '직접적인 이익을 받는 사람'이란 가등기담보가 설정된 부동산의 제3취득자(대판 1995.7.11, 95다12446)·물상보증인(대판 2004.1.16, 2003다30890)·사해행위취소소송의 상대방이 된 사해행위의 수익자(대판 2007.11.29, 2007다54849)·유치권이 성립된 부동산의 매수인(대판 2009.9.24, 2009다39530) 등과 같이 시효완성으로 직접적인 이익의 당사자를 말한다.

【판 례】

* 대판 2007.11.29, 2007다54849 … 사해행위취소소송의 상대방이 된 사해행위의 수익자는 사해행위가 취소되면 사해행위에 의하여 얻은 이익을 상실하게 되나, 사해행위취소권을 행사하는 채권자의 채권이 소멸하면 그와 같은 이익의 상실을 면할 수 있는 지위에 있으므로 그 채권의 소멸에 의하여 직접적인 이익을 받는 자에 해당하는 것으로 보아야 한다.
* 대판 2009.9.24, 2009다39530 … 유치권이 성립된 부동산의 매수인은 피담

보채권의 소멸시효가 완성되면 시효로 인하여 채무가 소멸되는 결과 직접적인 이익을 받는 자에 해당하므로 소멸시효의 완성을 원용할 수 있는 지위에 있다고 할 것이다.

2) 시효완성주장과 권리남용

① 권리남용이 인정된 경우

주채무자가 시효완성 전에 채권자의 권리행사나 시효중단을 불가능 또는 현저히 곤란하게 하였거나(대판 2003.7.25, 2001다60392; 대판 2008.9.11, 2006다70189), 객관적으로 채권자가 권리를 행사할 수 없는 장애사유가 있었거나, 또는 채무자가 시효완성 후에 그 시효를 원용하지 아니할 것 같은 태도를 보여 권리자로 하여금 그와 같이 신뢰하게 하는 등의 '특별한 사정'이 있는 경우에는 그 후에 채무자가 다시 소멸시효의 완성을 주장하는 것은 신의성실의 원칙에 반하여 권리남용으로서 허용될 수 없다(대판 2005.5.13, 2004다71881; 대판 2011.9.8, 2009다66969; 대판 2011.10.13, 2011다36091).

② 권리남용이 부정된 경우

상속채무를 부담하게 된 상속인의 행위가 단순히 피상속인의 사망신고 및 상속등기를 게을리 함으로써 채권자로 하여금 사망한 피상속인을 피신청인으로 하여 상속부동산에 대하여 당연무효의 가압류를 하도록 방치하고 그 가압류에 대하여 이의를 제기하지 않거나 피상속인의 사망사실을 채권자에게 알리지 않은 정도에 그치고, 그 밖에 달리 채권자의 권리행사를 저지 · 방해할 만한 행위를 하지 않았다면 상속인의 소멸시효 완성주장은 권리남용에 해당하지 않는다(대판 2006.8.24, 2004다26287 · 26294; 대판 2013.8.22, 2013다200568 등).

【판 례】 권리남용 여부

* 대판 2008.9.11, 2006다70189 … 국가공무원이 국가배상청구권에 관한 시효완성 이전에 판결문을 위조하는 등의 방법으로 국가배상청구권행사를 불가능 또는 현저히 곤란하게 만들었고, 위조된 판결문에 관한 시정조치가 이루어지기 전까지는 객관적으로 국가배상청구를 하는 것을 기대하기 어려운 장애상태가 계속되었음을 들어 국가가 소멸시효완성을 주장하는 것은 권리남용에 해당하여 허용될 수 없다.
* 대판 2013.8.22, 2013다200568 … '진실화해를 위한 과거사정리 기본법'에 따라 미망인들에 대하여 진실규명이 이루어진 날부터 3년이 지나기 전에 유족들이 국가를 상대로 미망인들 본인의 위자료만을 구하는 소를 제기하였다가 진실규명결정일부터 3년이 지난 후에야 청구취지를 변경하여 '망

인들의 배우자 등으로서 고유 위자료를 청구한 것'에 대하여 망인들 본인의 위자료만을 구하는 소는 별도로 하고 국가의 소멸시효 항변이 신의성실의 원칙에 반하는 권리남용에 해당하지 않는다.

(3) 소멸시효의 소급효

1) 주된 권리

① 소멸시효의 완성으로 권리가 소멸하는 시기는 시효기간이 만료한 때이지만, 그로 인한 권리소멸의 효과는 그 기산일에 소급하여 권리가 소멸한다(제167조).

② 소멸시효가 완성된 채권에 대한 '상계권을' 규정한 민법 제495조는 제167조에 대한 특칙으로서, 시효로 소멸하는 채권이 그 소멸시효가 완성하기 전에 상계할 수 있었던 것이면 채권자는 상계할 수 있다(제495조). 이는 당사자 쌍방이 그 채권과 채무가 서로 결재된 것으로 생각하는 것이 보통이므로, 이러한 당사자의 신뢰를 보호하기 위한 취지에서 민법 제167조의 특칙으로 마련한 규정이다.

2) 종된 권리

① 민법 제183조는 주된 권리의 소멸시효가 완성한 때에는 종속된 권리에 그 효력이 미친다고 규정한다. 여기서 '종속된 권리에 그 효력이 미친다'는 것은 종속된 권리의 소멸시효도 완성한 것으로 간주한다는 뜻이다. 예컨대 원본채권이 시효로 소멸하면 이자채권도 소멸하므로 기산일 이후의 이자를 지급할 필요가 없으며, 설령 이자채권에 대한 시효기간이 남아 있다고 하더라도 시효로 소멸한다(통설; 제183조).

② 유의할 점은 이자 또는 지연손해금은 주된 채권인 원금의 존재를 전제로 그에 대응하여 일정한 비율로 발생하는 종된 권리인데, 하나의 금전채권의 원금 중 일부가 변제된 후 나머지 원금에 대하여 소멸시효가 완성된 경우 가분채권인 금전채권의 성질상 '변제로 소멸한 원금부분'으로부터 그 변제 전에 발생한 이자 또는 지연손해금에 대하여는 소멸시효 완성의 효력이 미치지 않는다(대판 2008.3.14, 2006다2940).

【판 례】

* 대판 2008.3.14, 2006다2940 … 이자 또는 지연손해금은 주된 채권인 원금

의 존재를 전제로 그에 대응하여 일정한 비율로 발생하는 종된 권리인데, 하나의 금전채권의 원금 중 일부가 변제된 후 나머지 원금에 대하여 소멸시효가 완성된 경우 가분채권인 금전채권의 성질상 변제로 소멸한 원금 부분과 소멸시효 완성으로 소멸한 원금 부분을 구분하는 것이 가능하므로, 소멸시효 완성의 효력은 소멸시효가 완성된 원금 부분으로부터 그 완성 전에 발생한 이자 또는 지연손해금에는 미치나, 변제로 소멸한 원금부분으로부터 그 변제 전에 발생한 이자 또는 지연손해금에 대하여는 미치지 않는다(대판 2008.3.14, 2006다2940).

2. 소멸시효이익의 포기

(1) 포기의 의의

소멸시효이익의 포기라 함은 소멸시효로 인하여 발생하는 이익을 받지 않겠다는 확정적 의사표시를 말한다. 즉 이는 상대방에 대한 의사표시로 하는 이른바 상대방 있는 단독행위이다.

(2) 포기의 시기

1) 소멸시효완성 전의 포기

소멸시효의 이익은 시효기간의 완성 전에 미리 포기하지 못한다(제184조 제1항). 그 이유는 시효의 이익이란 시효기간이 완성되었을 때 비로소 발생하기 때문이다. 따라서 시효완성 전의 포기는 그 자체로서는 효력이 없지만, 시효중단사유의 하나인 채무의 '승인'으로서의 효력은 인정될 수 있다(제168조 제3호).

2) 소멸시효완성 후의 포기

소멸시효가 완성된 후에 시효이익을 포기하는 것은 허용된다(통설; 제184조 제1항 반대 해석). 예컨대 채무자가 시효완성 후에 채권자에 대한 담보권실행에 대하여 이의를 제기하지 않는다든가(묵시적 포기), 시효완성 후의 일부변제(명시적 포기)는 소멸시효이익의 포기로 해석된다(대판 2001.6.12, 2001다3580).

(3) 포기의 요건

① 시효이익의 포기는 '처분행위'이므로 포기하는 자는 처분능력과 처분권한이 있어야 한다(통설). 따라서 관리권한만 있을 뿐 처분능력과 처분권한의 요건이 필요하지 않는 시효중단의 사유인 승인과 구별된다.

② 포기가 유효하려면 포기하는 자는 시효완성의 사실을 인식하면서 하여야 한다(대판 1995.4.4, 95다3756). 그 이유는 시효이익의 포기는 시효완성에 따른 이익을 받지 않겠다는 일방적·확정적 의사표시이기 때문이다. 판례는 소멸시효이익의 포기는 가분채무의 일부에 대하여도 가능하다고 한다(대판 2012.5.10, 2011다109500).

(4) 포기의 방법

시효이익의 포기는 상대방에 대한 의사표시로써 한다. 따라서 포기 여부는 법률행위 해석의 일반원칙에 의해 정해진다. 즉 시효이익의 포기는 상대방에 대한 의사표시로 하는 이른바 상대방 있는 단독행위(처분행위)이므로, 상대방의 동의나 특별한 방식을 요하지 않는다(통설).

(5) 포기의 효과

포기로 소멸시효의 이익은 발생하지 않는다. 유의할 점은 포기의 효과는 상대적이다. 즉 포기할 수 있는 자가 다수인 경우에는 효력의 상대성원칙으로 인하여 한 사람의 포기는 다른 사람에게 영향을 미치지 않는다. 예컨대 주채무자가 시효의 이익을 포기하더라도 그 효력은 보증인에게 미치지 않으며(제433조 제2항; 대판 1991.1.29, 89다카114), 또 연대채무자 중의 한 사람이 포기하여도 다른 연대채무자의 시효이익에는 영향이 없다(제423조).

제2편

물권법

제1장 총 론

제1절 총 설

1. 물권법의 의의

① 물권법이라 함은 사람이 각종 재화에 대한 지배관계를 규율하는 사법을 의미한다. 다시 말해서 실질적 의의에 있어서의 물권법은 물권관계, 즉 사람이 재화를 직접 지배·이용하는 재산관계를 규율하는 사법의 전체를 가리키며, 형식적 의의에 있어서의 물권법이라 함은 총 9장으로 구성된 민법전의 물권편을 가리킨다.

② 우리 헌법은 사유재산제도를 채택하면서 그 내용과 한계를 법률로 정하도록 위임하고 있으므로(헌법 제23조), 어떤 재산권이 어떤 사람에게 귀속하고 또한 권리를 갖는지에 대하여 그 내용과 한계를 법률로 정할 필요가 있는 바, 민법 제2편의 물권법이 바로 그러한 법률의 대표적인 것이다.

2. 물권법의 특성

(1) 물권법의 특질

물권법은 채권법과 더불어 민법 중에서 재산법의 2대지주를 이루고 있다. 그러나 양자 사이에는 여러 가지 차이가 있는 바, 채권법과 비교할 때에 물권법은 다음과 같은 특질을 가진다.

1) 강행법규성(비자치성)

채권법은 사람과 사람 사이의 법률관계를 규율하므로, 그 성질상 사적자치가 인정되는 범위가 대단히 넓다. 따라서 그 법규는 대체로 임의규정이다. 이에 반하여 물권법은 사람의 물권에 대한 지배관계, 즉 배타성을 가지는 물권에 관하여 규정하는 것이므로(제185조의 물권법정주의) 사적자치가 허용되는 범위가 좁다. 따라서 일부 임의규정들(상린관계, 전세권의 처분, 관습상의 지상권포기 특약)을 제외하고는 대부분이 강행규정이다.

2) 고유성(특수성)

재화의 유통과정에 관한 법률관계를 규율하는 채권법은 재화의 유통이 세계적 규모로 행하여져 감에 따라 세계 공통법으로 전환해 가는 경향이 짙다. 이에 반하여 물권법은 각국의 역사적·사회적으로 특유한 관습과 전통에 바탕을 두고 있어 고유한 형태를 취하는 것이 보통이다. 우리 민법이 물권편에 규정하고 있는 전세권은 세계적으로 유례를 찾아볼 수 없는 특유한 제도이다.

(2) 로마법적 · 게르만법적 요소

1) 도입 배경

우리 민법도 독일의 물권법제도를 계수한 것이므로 물권법은 실제에 있어서 독일의 물권법이 갖고 있는 로마법적 요소와 게르만법적 요소를 우리 물권법에도 취하고 있다.

2) 로마법적 요소

우리 민법이 취하고 있는 로마법적 요소로는 소유권과 점유의 분리, 소유권의 전면성과 포괄성을 내용으로 하는 개인주의적 소유권 개념, 소유권과 제한물권의 엄격한 구별을 들 수 있다.

3) 게르만법적 요소

우리 민법상의 게르만법적 요소로는 부동산과 동산의 구별, 점유의 적법추정, 부동산 등기제도, 거래의 안전을 도모하기 위한 선의의 제3자의 권리취득을 보호하는 제도 등이 있다.

3. 물권법의 법원

(1) 성문법

① 물권을 규정하는 법률 가운데에서 가장 기본이 되는 것은 민법 제2편(물권)이며, 그 밖의 법률에도 물권법의 법원이 되는 특별법이 매우 많이 있다.

② 민법 외에 물권일반에 관한 법률로서, 부동산등기법 · 입목에 관한 법률 · 집합건물의 소유 및 관리에 관한 법률 · 주택임대차보호법 · 상가건물임대차보호법 · 가등기담보 등에 관한 법률 · 부동산실권리자 명의등기에 관한 법률 등이 있다.

(2) 관습법

1) 보충성

성문법주의 국가에서는 관습법은 보충적 · 2차적 법원으로 인정하는 것이 원칙이다. 우리 민법도 성문법주의를 취하고 있으므로, 관습법은 보충적 · 2차적 법원임을 원칙으로 하여, 민법 제1조에서 '민사에 관하여 법률에 규정이 없으면 관습법에 의하고…'라고 규정하여 이 원칙을 표현하고 있다.

2) 대등성

한편 물권법에 있어서는 민법 제185조에서 '물권은 법률 또는 관습법에 의하는 외에는 임의로 창설하지 못한다'라고 규정함으로써 관습법을 성문의 법률과 대등한 효력을 인정하고 있다(제185조). 이것은 민법 제1조에 대한 중요한 예외이다.

3) 우월성

상법 제1조에서는 '상사(商事)에 관하여 상법에 규정이 없으면 상관습법에 의하고 상관습법에도 규정이 없으면 민법에 의한다'(상법 제1조)라고 규정함으로써 상법에 있어서는 상관습법이 민법에 우선하는 우월적(변경적) 효력을 인정하고 있다. 다만 유의할 점은 민법은 일반사법인 데 반해서, 상법은 특별사법이라는 것이다.

제 2 절 물권의 본질

1. 물권의 의의

물권의 본질을 파악하는 데 있어서 먼저 물권과 채권이 어떤 점에서 구별되는지를 알아볼 필요가 있다. 물권은 재산권의 일종으로 이는 채권과 더불어 재산법의 2대지주라는 공통점을 가지고 있으나 채권과 비교하여 물권의 특징은 그의 객체인 물건을 직접 지배해서 이익을 얻는 것을 내용으로 하는 배타적 권리를 말하는데, 권리의 분류 가운데에서 특히 재산권이고 지배권이며 절대권이다.

2. 물권의 특질

(1) 재산권으로서의 물권

① 물권은 원칙적으로 특정의 독립된 물건 자체를 객체로 하여 권리를 실현하는 재산권이므로 대물권이라고 한다. 반면에 채권은 특정인의 행위를 그 객체로 하여 권리를 실현하는 재산권이므로 대인권이라고 한다. 예외적으로 재산권 자체를 객체로 하는 물권으로서 권리질권(제345조), 재산권의 준점유(제210조), 지상권 또는 전세권을 목적으로 하는 저당권(제371조) 등이 있다.

② 물권은 특정한 독립된 물건 위에만 성립되는데(특정성, 독립성), 이로부터 파생한 것이 '일물일권주의'이다. 다만 유의할 점은 소유권과 제한물권처럼 서로 내용이 다른 물권의 경우에는 하나의 물건에 같이 성립할 수 있다. 또한 저당권은 하나의 물건에 여러 개 성립할 수 있는데, 이 경우 앞의 물권(1순위 저당권)의 효력을 해치지 않는 범위에서만 뒤의 물권(2순위 저당권)이 행사될 수 있을 뿐이다.

(2) 지배권으로서의 물권

① 물권은 타인의 행위를 매개하지 않고 권리주체가 권리의 객체인 물건을

직접 지배하여 이익을 향유할 수 있는 권리이다. 여기서 물건을 '지배'한다는 것은 물건의 사용가치(지역권, 지상권, 전세권, 소유권)또는 교환가치(유치권, 질권, 저당권, 소유권)를 얻는 것인데, 가장 완전한 물권인 소유권은 양자(사용가치, 교환가치)를 모두 갖는다. 반면에 채권은 채무자의 채무이행에 의하여 비로소 물건의 지배권을 취득할 수 있는 권리이므로, 채무이행이 없는 상태에서는 채권자의 권리는 물건에 대하여 직접적으로 행사될 수 없다.

② 물권은 물건에 대한 직접적 지배를 그 내용으로 하는 것이므로, 동일물 위에 두 개의 소유권 또는 두 개의 지상권이 존재할 수 없다(일물일권주의). 이것을 물권의 '배타성'이라고 한다. 이에 반하여 채권은 사람의 행위를 청구함을 그 내용으로 하는 것이므로 배타성이 없어서 채무자에 대하여 동일내용의 채권이 동시에 여러 개 병존할 수 있다. 예컨대 물건의 이중매매로 두 사람의 매수인이 각각 소유권이전청구권을 가질 수 있다. 한편 유의할 점은 채권이더라도 예외적으로 부동산임차권은 등기함으로써 배타성을 가진다든지(제621조) 주거용 건물이나 상업용 건물에 관한 임대차의 경우에는 대항요건(목적물의 인도와 전입신고 또는 사업자등록신고)을 갖춘 경우, 등기 없이도 배타성을 가짐을 주의해야 한다(주택임대차보호법 제3조 제1항; 상가건물임대차보호법 제3조 제1항).

(3) 절대권으로서의 물권

1) 물권의 대인적 절대성의 원칙

① 물권자가 자신의 물권을 모든 사람들에게 주장할 수 있다. 즉 물권은 물건을 직접 지배하는 권리이고, 이러한 물건의 귀속질서는 누구에게나 승인되어야 하기 때문에 상대방뿐만 아니라 모든 사람에게 주장할 수 있는 점에서 필연적 절대성을 가진다. 이로부터 물권이 채권에 대하여 우선하는 효력이 인정된다.

② 물권은 어느 누구의 침해로부터도 보호된다. 즉 물권의 절대성은 물권을 가진 자의 법적 지위가 사람에 따라 나뉘어질 수 없음을 의미한다. 이로부터 물권적 청구권(제213조 이하)이 인정된다. 반면에 채권은 특정인인 채무자에게만 상대적으로 청구할 수 있는 권리에 지나지 않으므로 상대권이다.

2) 물권의 대인적 절대성의 예외

① 처분금지가처분과 같은 상대적 처분금지가 소유자에게 행하여진 경우, 소유자가 이러한 가처분에 위반하여 물건을 처분하면 취득자는 다른 모

든 사람에 대한 관계에서는 소유권을 취득하지만 처분금지자, 즉 보전처분권자에 대해서는 소유권을 취득하지 못한다(대판 1998.2.13, 97다47897).

② 부동산에 관하여 소유권이전청구권의 가등기가 설정된 경우에도 마찬가지로 소유자는 그 부동산을 유효하게 양도할 수 있으나, 가등기에 기한 본등기가 행하여지게 되면 양수인은 소유권을 취득할 수 없게 된다(부동산등기법 제91조, 부동산등기법 제92조).

③ 소유권이 신탁적으로 이전된 경우도 이에 해당된다. 예컨대 채권담보를 위하여 소유권을 이전하는 때에는 대외적으로 제3자에 대하여 양수인이 소유자이나, 양도인과 양수인 사이의 내부관계에 있어서는 양도인이 소유자이다. 따라서 양수인은 신탁(양도담보)에 의한 것이므로 진정한 소유권을 주장할 수 없다.

(4) 관념성으로서의 물권

① 근대사회 이후 물권을 권리로서 파악하는 기본적 태도는 객체인 물건에 대한 현실적 지배뿐만 아니라, '지배할 수 있다'는 관념적 지배가능성을 기초로 하고 있다. 따라서 소유권은 전세권 · 지상권 등이 설정되면 직접 지배할 수 없지만 그 기간이 종료 후 직접 지배할 수 있으므로 관념적 지배가능성은 잃지 않는다(소유권의 관념성).

② 권리의 성격상 소유권이라든가 저당권 등은 권리자의 현실적 지배의 유무와는 관계없이 인정되는 관념성을 가지고 있다. 다만 점유권은 관념적인 권리가 아니라 현실적 지배사실을 기초로 하여 구성된 특수한 물권으로 이해되고 있다.

3. 물권의 주체와 객체

(1) 물권의 주체

물권의 주체는 권리 내지 법률관계일반의 주체와 마찬가지로 자연인과 법인이다. 다만 외국인의 권리능력에 관하여 정치적 · 경제적 이유로 특별한 제한이 있는 경우가 있음을 주의하여야 한다(헌법 제6조 제2항).

(2) 물권의 객체

물권의 객체가 되기 위해서는 물건이어야 하고, 그 물건은 독립되어야 하며 현존·특정되어야 한다는 원칙과 예외가 있는데, 이를 살펴보면 다음과 같다.

1) 물권객체의 원칙

① 원칙적으로 물건이어야 한다

물건이라 함은 '유체물 및 전기 기타 관리할 수 있는 자연력'을 말한다(제98조). 따라서 유체물이라 하더라도 태양(해)과 같이 자연인에 의해 관리되지 아니하는 것은 물건이 아니다.

② 독립한 물건이어야 한다

독립한 물건이라 함은 거래상 하나의 물건으로 취급되는 물건을 말하는데, 물건의 독립성 여부는 사회통념과 거래현실(미분리 과실의 경우)을 감안하여 결정한다. 따라서 물건의 일부나 구성부분은 원칙적으로 물권의 객체가 되지 못한다. 예외적으로 건물의 일부에 대한 전세권 설정과 같이 이용상 독립성을 갖춘 경우에는 물건의 일부나 구성부분도 물권의 객체가 될 수 있음을 주의해야 한다.

③ 현존·특정되어야 한다

물권은 물건에 대한 직접적 지배를 본질적 내용으로 하기 때문에 현존·특정되어 있는 물건이 아니면 물권은 성립할 수가 없다. 즉 구체적으로 어느 물건인지를 알 수 없으면, 그 물건 위에 배타적 권리를 인정할 수 없기 때문이다.

2) 물권객체의 예외

① 채권·기타의 권리

채권·기타의 권리는 물건이 아니므로 원칙적으로 물권의 객체가 되지 못한다. 다만 지상권 또는 전세권 등을 목적으로 하는 저당권(제371조)에 있어서는 예외적으로 채권·기타의 권리가 물권의 객체가 될 수 있다.

② 하천 및 광구·어장

하천 및 광구·어장 등은 원칙적으로 물권의 객체가 되지 않는다. 그러나 이는 각각의 특별법에 의하여 일종의 물권으로 취급되고 있는데, 하천은 구역점용권(하천법 제33조 이하 참조), 광구는 광업권(광업법 제5조)의 객체가 되며, 어장은 어업권(수산업법 제15조 이하 참조)의 객체가 된다.

③ 발명 · 저작

발명 · 저작 등과 같은 지능적 창조물은 물건이 아니므로 물권의 객체가 되지 못한다. 그러나 특허권 · 저작권과 같은 지식재산권으로써 예외적으로 그 객체가 될 수 있다.

④ 집합물 · 유동집합물

물권의 배타적 지배성 때문에 물건은 원칙적으로 현존 · 특정되어 있어야 한다. 그러나 집합물 위의 물권(공장저당, 재단저당)에 있어서는 그 구성 부분에 변화가 생겨도 특정성을 잃지 않으므로, 집합물에 대해 특별법에서 등기나 등록 등의 공시를 전제로 하여 한 개의 물건으로 인정하는 경우에는 그에 따라 물권의 객체가 된다(공장 및 광업재단 저당법 제6조, 제13조, 제53조). 더 나아가 판례는 그 내용물이 수시로 변하는 유동집합물에 관하여도 그 전부를 하나의 재산권으로 보아 양도담보물권을 인정하고 있다(대판 2003.3.14, 2002다72385; 대판 2004.11.12, 2004다22858).

【판 례】 유동집합물

* 대판 2003.3.14, 2002다72385 … 유동집합물에 대한 양도담보설정계약의 경우에 담보목적물은 담보설정자의 다른 물건과 구별될 수 있도록 그 종류, 소재하는 장소 또는 수량의 지정 등의 방법에 의하여 외부적 · 객관적으로 특정되어 있어야 하고, 담보물 관리와 이용방법 등 여러 가지 사정을 종합하여 구체적으로 판단하여야 한다.

제 3 절 물권의 종류

1. 물권법정주의

(1) 의 의

① 물권법정주의란 물권의 종류와 그 내용을 민법 기타의 법률에서 제한하고, 당사자가 그 밖에 물권을 임의로 창설하는 것을 금지하는 것을 말한다.

② 우리 민법에서는 물권은 법률 또는 관습법에 의하는 외에는 임의로 창설하지 못한다고 규정하고 있는데(제185조), 이러한 원칙을 '물권법정주의' 또

는 '물권한정주의'라고 한다.

(2) 근 거

1) 거래의 원활 · 안전

물권은 배타적인 지배권이므로 제3자와의 이해관계가 큰 바, 물권의 내용이 복잡해서 제3자가 용이하게 알 수 없다면 큰 불편이 아닐 수 없다. 그리하여 물권의 유형을 단순화하여 물권거래의 원활 · 안전을 도모하기 위해서이다.

2) 공시원칙의 관철

물권은 물건에 대한 배타적인 지배권이므로 거래안전을 위하여 공시방법을 갖추어야 하는데, 이와 같은 공시원칙을 관철하기 위하여서는 물권의 종류와 내용을 획일적으로 단순화할 필요가 있는 것이다.

(3) 문제점

① 물권법정주의는 오늘날 경제적 거래관계의 진전으로 새로운 종류 · 내용의 물권에 대한 거래계의 수요가 있어도 그 특성인 획일적 정형화로 인하여, 물권변동관계의 법제도가 다양하게 변화하는 사회의 수요에 탄력적으로 적응하지 못함으로써 분쟁을 합리적으로 해결하지 못하는 문제가 발생한다.

② 민사특별법과 판례에 의해서 인정되는 관습법(예컨대 양도담보, 관습법상법정지상권)이 성문법 중심의 물권법정주의로 인한 물권이 정형화되는 경직성을 어느 정도 해결하는 역할을 하고 있으나, 궁극적으로는 이러한 결함을 시정하기 위하여 적시에 적절한 입법으로 보정(補正)되어야 할 것인 바, 입목에 관한 법률(1973. 2. 6. 법률 제2484호)은 공시방법의 개선에 의한 보정의 좋은 예이다.

(4) 내 용

1) 법률의 의미

우리 민법은 제185조에서 관습물권을 명문으로 인정하고 있는 바, 이는 우리나라의 고유한 관습물권을 존중하는 입법적 태도라는 점에서 높이 평가될 것이며, 또 관습법에 의한 새로운 물권의 창설을 인정함으로써 시대적 흐름에 부응할 수 있다는 점에서 타당하다고 하겠다.

2) 관습법(제1조)과의 관계

① 민법 제185조에 있어서 법률과 관습법과의 관계를 어떻게 이해할 것이냐에 관하여 본조의 관습법을 성문법과 대등한 효력을 인정하는 것이라고 보아, 이 점에서 민법 제185조는 제1조에 대한 예외라고 보는 대등적 효력설(김증한 22면, 김영준 20면)과, 물권법에 관습법을 인정하는 것은 물권법이 가지고 있는 강행법규성에 명백히 모순된다고 하여 민법 제185조는 보충적 효력밖에 인정하지 아니한다는 보충적 효력설(곽윤직 16면, 김상용 34면)이 대립되고 있다.

② 생각건대 민법 제185조가 '물권은 법률 또는 관습법에…'라고 규정하고 있음에 비추어 물권에 관하여는 관습법에 대하여 성문의 법률과 대등적 효력을 인정하였다고 할 것이다. 관습법의 성립요건인 법적 확신은 판례에 의하여 확인된 것이므로 물권법상의 강행규정과의 마찰은 실제로 나타나지 않는다. 예컨대 양도담보 · 관습법상의 법정지상권 등은 법률에 규정이 없는 물권이지만 소유권 · 저당권 · 지상권과 모순 없이 잘 조화되고 있다. 따라서 민법 제185조는 제1조에 대한 중대한 예외로서 대등적 효력을 인정한 것으로 이해하여야 한다.

3) 강행규정

① 민법 제185조에서 물권은 임의로 창설하지 못한다는 것은 법률 또는 관습법이 인정하지 않는 새로운 종류의 물권을 당사자들이 임의로 만들 수 없고(종류강제), 법률 또는 관습법이 인정하는 종류의 물권이라도 법률 또는 관습법이 정하는 것과 다른 내용을 부여하지 못한다(내용강제)는 것이다.

② 민법 제185조는 강행규정으로서 이 규정에 위반하는 법률행위는 무효이다. 물권법정주의에 위반하는 법률행위가 무효로 되는 경우에 채권행위 역시 무효인가에 관해서는, 물권행위를 내용으로 하는 채권행위는 언제나 무효라는 소수의 견해(이영준 21면)와, 당사자 사이에서 채권적 효력을 갖는 한도(범위)에서는 이를 부정할 이유가 없으므로 채권행위는 유효라는 다수의 견해(곽윤직 27면, 김상용 35면, 김용한 35면)가 대립한다. 이에 관하여 판례는 무효인 물권행위의 실현을 목적으로 하는 채권행위는 원칙적으로 무효라고 판시하였다(대판 1991.12.13, 91다29446).

【판 례】 민법 제**185**조의 강행규정성

* 대판 1991.12.13, 91다29446 … 대한예수교장로회의 헌법에는 대한예수교장로회 경북老會 소속의 지교회에 속한 부동산은 노회의 소유로 하고, 토지나 가옥에 관하여 분쟁이 생기면 노회가 이를 처리할 권한이 있음을 규

정하고 있으나, 물권인 부동산 소유권의 귀속 등 국가의 강행법규를 적용하여야 할 법률적 분쟁에 있어서는 이와 저촉되는 교회 헌법상의 규정이 적용될 여지가 없다.

2. 물권의 종류

(1) 민법이 인정하는 물권

민법이 인정하는 물권은 점유권 · 소유권 · 지상권 · 지역권 · 전세권 · 유치권 · 질권 · 저당권의 8종이 있는데, 이를 체계적으로 나타내면 다음과 같다.

참고 **물권의 종류**

※
- 점유권(동산 · 부동산)
- 본 권
  - 소유권(동산 · 부동산)} 사용가치 · 교환가치
  - 제한적 물권
    - 용익물권 { 지상권(부동산), 지역권(부동산), 전세권(부동산) } 사용가치
    - 담보물권 { 유치권(동산 · 부동산), 질 권(동산 · 권리), 저당권(부동산 · 권리) } 교환가치

1) 본권과 점유권

① 본권은 물건을 사실상 지배하고 있느냐의 여부와 관계없이 물건을 '지배할 수 있는 권리'이다. 반면에 점유권은 물건을 지배할 수 있는 법률상의 권원의 유무에 관계없이 현재 '사실상 지배하고 있는 상태' 그 자체를 보호하는 권리이다.

② 물건의 사용가치나 교환가치를 파악하는 것은 본권이며, 점유권은 이들 가치와는 관계가 없는 점에서 물권으로서는 특수한 것이다. 이러한 본권과 점유권은 동일물에 병존할 수 있다.

2) 소유권과 제한물권

① 소유권은 객체인 물건을 전면적으로 지배하는 권리(사용, 수익, 처분권리), 즉 물건이 갖는 사용가치와 교환가치의 전부를 지배할 수 있는 권리이다. 따라서

제한물권이 설정되더라도 소유권의 특성인 탄력성에 의하여 실질(처분권리)을 유지할 수 있다.

② 한편 제한물권은 소유권이 갖는 권능의 일부(사용가치 또는 교환가치)를 지배하는 권리이다. 따라서 제한물권이 존속하는 동안에는 소유권은 그 한도에서 제한된다.

3) 용익물권과 담보물권

① 제한물권은 다시 용익물권과 담보물권으로 나누어진다. 용익물권은 물건이 갖는 사용가치의 지배를 목적으로 하는 것으로서 지상권·지역권·전세권이 이에 속한다. 이에 반해서 담보물권은 채권담보를 위하여 물건이 가지는 교환가치의 지배를 목적으로 하는 것으로서 유치권·질권·저당권이 이에 속한다.

② 한편 법정담보물권인 유치권은 목적물의 유치를 통해 채권을 담보하는 점에서 단순한 담보물권과 다른 특색이 있으며, 용익물권으로서의 전세권은 전세금의 반환에 관해서 그 전세목적물을 담보로 한다는 점에서 담보물권의 성질도 함께 가진다(통설).

(2) 특별법이 인정하는 물권

1) 상법상의 물권

상법이 인정하는 물권으로는 상사유치권·상사질권·주식질권·선박저당권·선박채권자의 우선특권 등이 있다.

2) 특별법상의 물권

그 밖에 특별법이 인정하는 물권으로서 가등기담보권·공장저당권·공장재단저당권·광업재단저당권·자동차저당권·항공기저당권·건설기계저당권·동산담보권·채권담보권 등이 있다.

(3) 관습법이 인정하는 물권

1) 관습법상 인정되는 물권

① 판례가 인정하는 관습법상의 물권으로는 분묘기지권(대판 1994.12.23, 94다15530; 대판 1996.6.14, 96다14036), 관습법상의 법정지상권(대판 1960.9.29, 4292민상944; 대판 2000.1.18, 98다58696)과 동산양도담보가 있다. 그 외에도 미등기매수인에게 인정되는 점유보호청구권(대판 2001.12.11, 2001다45335), 경작권에 대한 점유권적 효력(대판 1981.2.24, 80다2811)을 인정하고 있다. 이에 관한 구체적인

내용은 관련 분야에서 후술하기로 한다.

② 대물변제예약형의 부동산양도담보에 관하여 종전에는 관습법상 물권으로 인정되었으나, 가등기담보법의 제정(1983. 12. 30. 법률 제3681호)으로 특별법에 의한 물권으로 변경되었다. 다만 동산의 양도담보나 보통의 부동산양도담보(정산형 양도담보)에 대해서는 종래의 관습상의 법리에 의해 규율된다.

2) 관습법상 부정되는 물권

판례가 관습법상 물권으로 인정할 수 없다고 한 사례로는 온천권(대판 1972.8.29, 72다1243), 근린공원이용권(대결 1995.5.23, 94마2218), 미등기무허가건물의 양수인의 소유권에 준한 관습상의 물권(대판 1999.3.23, 98다59118), 사도통행권(대판 2002.2.26, 2001다64165) 등이 있다.

【판 례】 관습법상의 물권부정

* 대판 1999.3.23, 98다59118 … 미등기무허가건물에 대한 소유권인정 여부. 미등기무허가건물의 양수인이라 할지라도 그 소유권이전등기를 경료받지 않은 한 건물에 대한 소유권을 취득할 수 없고, 그러한 건물의 취득자에게 소유권에 준하는 관습상의 물권이 있다고 볼 수 없다.
* 대판 2002.2.26, 2001다64165 … 관습상의 사도통행권의 인정 여부. 민법 제185조는 물권법정주의를 선언하고 있으며 이러한 물권법의 강행법규성은 이를 중요핵심으로 하고 있으므로 법률(성문법과 관습법)이 인정하지 않은 새로운 종류(사도 통행권)의 물권을 창설하는 것은 허용되지 아니한다.

제 4 절 물권의 효력

1. 서 설

물권에는 여러 종류가 있고, 각종의 물권에는 저마다의 특유한 효력이 있다. 그러나 물권은 물건에 대한 직접적 지배를 내용으로 하는 재산권이라는 공통된 성질을 가지고 있으므로 이를 바탕으로 물권에 공통되는 일반적 효력을 논할 수 있다. 일반적 효력의 내용으로는 '우선적 효력'과 '물권적 청구권'을 드는 것이 보통이다.

2. 우선적 효력

(1) 물권 상호간의 우선적 효력

① 일물일권주의에 따라 동일한 물건 위에 2개 이상의 소유권이 동시에 성립할 수 없기 때문에 이때에는 시간적으로 우선한 소유권만이 성립한다. 한편 제한물권은 병존적 양립이 가능(예컨대 동일 부동산 위에 전세권과 저당권이 존재할 수 있다)하고, 이 경우에 시간적으로 먼저 성립한 제한물권이 후에 성립한 제한물권에 우선하게 된다. 유의할 점은 소유권과 제한물권이 병존하는 경우에는 그 성질상 제한물권이 우선하므로, 소유권이 이전하더라도 그 위에 설정된 전세권·저당권 등은 소멸하지 않는다.

② 점유권은 물권이지만 우선적 효력이 없다. 즉 물권 상호간의 우선적 효력은 물권의 배타성인 사용가치와 교환가치를 지배하는 물권의 실효성을 위한 것이다. 그러나 점유권은 현재의 사실상의 지배 그 자체만은 보호할 뿐 그러한 가치(교환가치, 사용가치)를 지배하는 권리가 아니므로, 권리의 취득과 상실은 점유라는 외관과 운명을 같이하며, 권리의 우열문제도 발생하지 않는다. 또한 점유권은 본권과 병존하여 존재할 수 있고, 두 개 이상의 점유권이 직접점유와 간접점유 등으로 성격을 달리하여 병존할 수도 있다.

(2) 채권에 우선하는 효력

1) 원 칙

① 동일물에 대하여 물권과 채권이 병존하는 경우에는 그 성립시기를 불문하고 물권이 우선한다. 그 이유는 물권은 직접 지배하는 권리이지만, 채권은 배타성이 없는 단순히 급부의 이행을 청구할 수 있는 권리에 지나지 않기 때문이다.

② 우선적 효력의 실행은 강제집행이나 담보권실행에 의한 경매에서의 우선배당(민사집행법 제88조, 제145조, 제148조, 제217조, 제247조), 파산절차에 있어서 파산재단에 들어 있는 물건에 대한 소유권을 가지는 자가 그 권리를 되찾아 오는 권리인 환취권(채무자 회생 및 파산에 관한 법률 제407조)이나, 제3자가 강제집행의 목적물에 대하여 소유권이 있다고 주장하는 경우 채권자를 상대로 그 강제집행에 대한 제3자 이의의 소를 제기할 권리(민사집행법 제48조) 등으로 현실화된다.

2) 예 외

① 채권도 예외적으로 대등한 효력이 인정되는 경우가 있다. 즉 물권과 대등한 효력을 갖고 시간적 순서에 의하여 그 우열이 결정되는 경우에는 비록 채권이라 하더라도 물권과 동일한 효력이 발생한다. 예컨대 등기와 같은 공시방법을 갖춘 부동산임차권(제621조, 제622조), 주택 또는 상가건물임대차보호법에 의하여 대항력요건(인도와 전입신고 또는 사업자등록)을 갖추거나 우선배당을 위한 대항요건과 확정일자를 갖춘 주택임차권(주택임대차보호법 제3조) 및 상가임차권(상가건물 임대차보호법 제3조), 부동산물권변동을 목적으로 하는 청구권을 가등기한 경우(부동산등기법 제88조, 제91조)가 그러하다.

② 법률이 특별한 이유로 일정한 채권에 대해 물권보다 더 우선하는 효력을 인정하는 경우도 있다. 예컨대 근로기준법상의 임금채권최우선변제특권(근로기준법 제38조), 주택 또는 상가건물임대차보호법상의 소액보증금에 관한 최우선변제권(주택임대차보호법 제8조, 제12조; 상가건물임대차보호법 제14조), 상법상의 선박우선특권(상법 제777조), 세법상의 조세우선특권(국세기본법 제35조; 지방세법 제31조) 등이 그러하다. 다만 유의할 점은 조세우선특권의 경우 물권 중 전세권·질권·저당권에는 우선적 효력이 적용되지 아니한다.

3. 물권적 청구권

(1) 의 의

물권적 청구권이라 함은 물권내용의 완전한 실현이 어떤 사정으로 방해되었거나 또는 방해될 염려가 있는 경우에, 그 방해사실을 제거 또는 예방할 수 있는 입장에 있는 자에 대하여 그 방해를 제거하거나 또는 예방하여, 물권내용의 완전한 실현을 가능케 하는 데 필요한 행위를 청구할 수 있는 권리를 말하며, 이를 '물상청구권'이라고도 한다.

(2) 인정근거

① 물권의 내용을 실현하는 것이 타인의 지배에 속하는 사정으로 말미암아 방해되고 있는 때에는 물권을 가진 자라 할지라도 사력(私力)에 의하여 그 타인을 물리치고 물권의 내용을 실현하는 것은 허용되지 않는다(자력구제의 금지).

② 이 경우에 그 타인에 대하여 물권내용의 실현에 필요한 행위를 해달라고

청구할 수 없다고 하면, 물권은 전혀 유명무실한 것이 된다. 이것이 물권적 청구권을 인정하지 않을 수 없는 이론적 근거이다.

(3) 물권적 청구권의 종류

물권이 방해되는 모습에 따라서 물권적 반환청구권 · 물권적 방해제거청구권 · 물권적 방해예방청구권의 세 가지로 나누어진다. 그 외에 수거허용청구권을 인정하자는 견해가 설득력을 얻고 있다.

1) 물권적 반환청구권

반환청구권은 소유자가 도난당한 물건의 반환을 청구하는 경우와 같이 물권의 객체인 목적물이 점유의 침탈을 당하거나 그 반환이 거부되는 경우에 물권자가 그 반환을 청구해서 침탈당한 점유를 회복할 수 있는 권리이다(제204조, 제213조). 예컨대 A 소유의 토지에 B가 무단으로 건물을 신축한 경우에 A는 그 건물을 철거와 동시에 대지의 명도를 청구할 수 있는데 여기서 대지의 명도청구 부분을 말한다.

2) 물권적 방해제거청구권

방해제거청구권은 물권의 목적물이 점유의 침탈 및 반환거부 이외의 사정으로 물권내용의 실현이 방해되었을 때에 침해를 받은 물권자가 방해자에 대하여 그 방해의 제거를 청구할 수 있는 권리이다(제205조, 제214조). 예컨대 A 소유의 토지에 B가 무단으로 물건 등을 쌓아 놓아 갑의 토지소유권의 행사를 방해하 고 있는 경우에 을에게 그 물건의 제거(철거)를 청구하는 것을 말한다.

3) 물권적 방해예방청구권

방해예방청구권은 물권의 침해가 현실적으로 발생하지는 않았지만 장래에 물권내용의 실현에 대한 방해가 생길 염려가 있는 경우에 그 방해의 예방을 위하여 필요한 작위 · 부작위를 청구할 수 있는 권리이다(제206조, 제214조). 예컨대 이웃집의 공사로 집이 붕괴될 염려가 있는 경우에 충분한 방어공사나 공사의 중지를 청구하는 것을 말한다.

4) 수거허용청구권

위의 3가지 청구권 외에도 '수거허용청구권'을 인정하자는 견해(송덕수 406면, 이은영 67면)가 있다. 이러한 수거허용청구권은 점유취득이 제3자에 의한 경우와 같이 점유설정의사가 없는 점유자에 대하여 반환청구권이 갖는 이론적 문제를 해결하기 위한 것이다. 예컨대 제3자인 C가 A의 물건을 B의 토지에 놓고 간 경우 A에게 반환청구권이 인정되려면 B가 점유를 취득하여야 하는데 B에게는 점유설정의사가 없기 때문에 반환청구권이 불가능하게 되는 문제를 해결하기 위한 것으로 신의칙(송덕수 406면)이나 인지사용청구권(제216조; 이은영 67면)을 그 인정 근거로 든다.

(4) 물권적 청구권의 성질

1) 학 설

물권적 청구권의 법률적 성질에 관한 학설로는 물권적 청구권은 물권의 작용에 지나지 않으므로 물권에서 독립된 권리가 아니라는 '물권적 작용설'과 물권에서 독립된 순수한 채권이라는 '채권설' 그리고 물권적 청구권은 독립된 청구권이지만 순수한 채권이 아니므로 청구권만 독립적으로 소멸시효에 걸리지 않는다는 '절충설' 등이 있다(곽윤직 36면, 김용한 48면, 송덕수 407면, 이영준 45면).

2) 물권적 청구권의 특성(절충설 입장)

① 물권을 침해하는 모든 가능적 침해자에게 물권적 청구권은 행사될 수 있는 것이지만, 구체적으로는 특정인에 대하여 행위를 청구하는 것이 그 내용이므로, 지배권인 물권과 다르고 채권과 비슷하다.

② 물권에 의존하는 권리이므로 언제나 물권과 그 운명을 같이 하며, 물권의 이전・소멸이 있으면 그에 따라 이전・소멸한다. 따라서 물권적 청구권만을 별도로 양도하지 못한다(대판[전합] 1969.5.27, 68다725).

③ 물권은 채권보다 우선하므로 물권적 청구권은 채권적 청구권보다 우선한다. 따라서 파산재단에 속해있는 물건에 대한 소유권은 환취권에 의하여 우선적으로 보호된다(채무자 회생 및 파산에 관한 법률 제407조). 또한 물권이 있는 한 물권적 청구권은 부단히 발생하는 것이므로 단독으로 이것만이 소멸시효에 걸리지 않는다.

【판 례】 물권에의 의존성

* 대판[전합] 1969.5.27, 68다725 … 소유권을 양도함에 있어 소유권에 의하여 발생되는 물상청구권을 소유권과 분리, 소유권 없는 전 소유자에게 유보하여 제3자에게 대하여 이를 행사케 한다는 것은 소유권이 절대적 권리인 점에 비추어 허용될 수 없는 것이다.

(5) 물권적 청구권의 행사

1) 행사의 주체(청구권자)

① 물권적 청구권 행사의 주체는 물권을 가지는 자로서, 물권에 대한 지배를 침탈당한 자, 침탈 이외의 원인으로 방해당하고 있는 자, 방해당할 염려가 있는 자이다.

② 물권적 청구권자는 대외적으로 물권을 행사하는 자이어야 한다. 예를 들어 토지소유자인 이상 배타적인 사용·수익권을 포기하더라도 토지를 불법 점유한 제3자에 대하여 물권적 청구권을 행사할 수 있다. 그러나 유의할 점은 명의신탁자는 수탁자를 대위해서 수탁자의 권리를 행사할 수 있을뿐 직접 제3자에게 침해의 배제를 청구할 수 없다(대판[전합] 1979.9.25, 77다1079).

2) 행사의 상대방(피청구권자)

① 행사의 상대방은 스스로 물권의 내용실현을 방해하는 자뿐만 아니라, 자기의 지배에 속하는 사실에 의하여 물권의 방해상태를 가져오게 하는 자도 포함된다. 좀 더 구체적으로 말하면, 물권적 청구권은 물건지배를 회복하기 위하여 인정된 권리이므로 청구의 상대방의 고의·과실 등 주관적 요건을 묻지 않는다. 따라서 상대방의 점유취득이 타인의 행위에 의하는 경우(예컨대 제3자가 훔친 물건을 상대방의 집 뜰에 놓아두고 간 경우) 또는 자연력에 의하는 경우(예컨대 빨래가 바람에 날려서 상대방의 집 뜰에 날아간 경우)라도 물권적 반환청구권을 행사할 수 있다.

② 물권적 청구권의 상대방은 사실심 변론종결시점에서 현재 침해하고 있는 점유자로서, 직접점유자든 간접점유자이든 불문한다. 다만 점유보조자는 점유권이 없으므로 물권적 청구권의 상대방이 될 수 없다(대판 1991.10.11, 91누896).

3) 행사의 비용부담

방해의 모습에 따라서 목적물의 반환, 방해의 제거·예방에 드는 비용은 상대방의 부담이라고 하는 것이 다수설과 판례의 입장이다(대판 1990.5.8, 90다648; 대판 1990.5.8, 90다카3307). 그러나 유의할 점은 상대방에게 책임없는 사유(예컨대 천재와 같은 불가항력적인 것)로 인한 것인 때에는 상대방에게 청구권자가 소유물을 회복하는 자조행위를 인용할 의무를 질 뿐이다(통설).

4) 행사의 제한

물권내용의 완전한 실현이 방해된 경우라 할지라도 목적물반환청구의 경우에 상대방의 점유가 임차권·유치권·질권 또는 동시이행의 항변권 등 정당한 권원에 기인한 것인 경우(제213조 단서)에는 물권적 청구권의 행사가 제한된다.

(6) 물권적 청구권의 소멸시효

1) 부정설

침해가 계속되는 한 물권적 청구권은 중단 없이 발생하므로 소유권을 기초로 한 물권적 청구권뿐만 아니라 제한물권에 기한 물권적 청구권도 소멸시효에 걸리지 않는다고 한다(김증한·김학동 28면, 송덕수 408면, 지원림 449면).

2) 긍정설

물권적 법률관계를 안정시키는 측면에서 제한물권에 기한 물권적 청구권뿐만 아니라 소유권에 기한 물권적 청구권도 민법 제162조 제2항이 규정하는 채권 및 소유권 이외의 재산권에 해당하므로 20년의 소멸시효에 걸린다고 한다(이영준 58면).

3) 절충설

소유권에 기한 물권적 청구권은 소멸시효에 걸리지 않으나, 소유권 이외의 제한물권에 기한 물권적 청구권은 소멸시효에 걸린다고 한다(곽윤직 45면, 김용한 50면). 이는 민법 제162조 제2항 규정의 해석상 합리적이라고 생각되며, 대법원의 입장을 보면 제한물권에 관한 판결은 아직 나와 있지 않으나, 소유권에 기한 물권적 청구권에 있어서는 부정설의 입장을 취하고 있다. 즉 부동산양도담보의 경우에 있어서 피담보채무가 변제된 이후에 설정자(소유권자)가 행사하는 등기청구권은 물권적 청구권으로서 따로이 시효소멸되는 것은 아니다(대판 1993.12.21, 91다41170).

(7) 물권적 청구권과 다른 청구권과의 관계

1) 불법행위책임과의 관계

① 물권적 청구권은 물권침해의 가능성만으로도 성립(고의, 과실을 요건으로 하지 않는다)하는 반면에 불법행위는 권리 또는 법익침해의 발생 가능성만으로는 성립하지 않고 고의·과실을 요건으로 한다는 점에서 차이가 있다. 따라서 물권의 방해가 상대방의 고의 또는 과실로 인한 경우에는 물권적 청구권 외에 불법행위로 인한 손해배상청구권도 발생한다(제750조).

② 물권적 청구권과 불법행위로 인한 손해배상청구권이 동시에 존재하는 이유는 물권적 청구권은 원인 여하에 불문하고 물건에 대한 권리침해 또는 방해로부터 정당한 권리자의 보호를 목적으로 하는 데 반하여, 불법행위는 발생된 손해(고의, 과실로 인한 손해)를 금전으로 환가(換價)하여 피해자 보호를 목적으로 하고 있기 때문이다. 따라서 물권적 반환청구권에 의하여 침탈자

로부터 점유물을 반환받았다 하더라도 상대방의 고의·과실로 인한 손해배상청구권은 소멸함이 없이 별도로 존재한다.

2) 계약상의 청구권과의 관계

① 임대차계약에 의하여 타인의 물건을 점유하고 있는 임차인이 그 계약이 종료하였음에도 물건을 명도하지 않는 경우에 임대인은 임대차계약에 기인한 목적물 반환청구권과 소유권에 기인한 물권적 반환청구권을 행사할 수 있다. 다만 유의할 점은 일방의 청구에 의해 그(임대차계약 또는 소유권) 이행이 있으면 나머지 청구권은 당연히 소멸한다. 그 이유는 반환을 청구하는 두 청구권의 객체인 물건이 동일하기 때문이다.

② 계약상의 청구권에 관하여 판례는 피담보채무의 소멸(채무 변제)로 인하여 저당권이 소멸되었으나 그 말소등기 없이 저당부동산의 소유권이 이전된 경우에, 양도인인 종전의 소유자는 소유권에 기인한 물권적 청구권(저당권 말소청구)을 행사할 수 없지만 '계약상(저당권설정 계약당사자)의 권리'에 기하여 저당권등기의 말소를 청구할 수 있다고 한다(대판[전합] 1994. 1.25, 93다16338).

【판 례】

* 대판[전합] 1994.1.25, 93다16338 … 근저당권이 설정된 후에 그 부동산의 소유권이 제3자에게 이전된 경우에는 현재의 소유자가 소유권에 기하여 피담보채무의 소멸을 원인으로 그 근저당권설정등기의 말소를 청구할 수 있음은 물론이지만, 근저당권설정계약의 당사자인 종전의 소유자도 계약상 권리에 터잡아 피담보채무의 소멸을 이유로 그 근저당권설정등기의 말소를 청구할 수 있다고 할 것이다.

3) 부당이득반환청구권과의 관계

① 물권적 청구권이 성립하는 경우에는 동시에 부당이득반환청구권(제741조)과 경합하는 수도 있다. 즉 악의의 부당이득의 경우, 타인의 물건을 불법으로 점유·사용하여 이익을 얻은 악의의 수익자는 그 받은 이익에 이자를 붙여서 반환하고 손해가 있으면 이를 배상하여야 한다(제748조 제2항 참조).

② 한편 불법원인급여를 한 자는 부당이득반환청구권을 행사할 수 없는데(제746조), 이러한 경우 소유권에 기인한 물권적 반환청구권을 행사할 수 있는가? 판례는 불법원인급여에 있어서는 소유권에 의한 물권적 청구권도 행사할 수 없으므로, 그 소유권은 반사적으로 수익자인 상대방에게

귀속된다고 한다(대판[전합] 1979.11.13, 79다483).

【판 례】

* 대판[전합] 1979.11.13, 79다483 … 민법 제746조는 단지 부당이득제도만을 제한하는 것이 아니라 민법 제103조와 함께 사법의 기본이념으로서, 사회적 타당성이 없는 행위를 한 사람은 스스로 불법한 행위를 주장하여 그 복구를 소구할 수 없다는 이상을 표현한 것이므로, 그 원인행위가 법률상 무효이므로 급여한 물건의 소유권이 여전히 자기에게 있다고 소유권에 기한 반환청구도 할 수 없고, 따라서 급여한 물건의 소유권은 급여를 받은 상대방에게 귀속된다.

제 2 장 물권변동

제 1 절 총 설

1. 물권변동의 서설

(1) 물권변동의 의의

물권변동이라 함은 물권의 발생 · 변경 · 소멸을 총칭하는 것으로서, 이를 물권의 주체를 중심으로 말한다면 물권의 취득 · 변경 · 상실되는 것(물권의 득실변경)을 말한다(제186조).

(2) 물권변동의 모습

1) 물권의 발생

① 절대적 발생

물권의 절대적 발생이라 함은 전(前)에는 없었던 물권이 이 사회에 어떤 하나가 새로이 발생하는 것을 말하며, 주체를 중심으로 말한다면 원시취득에 해당한다. 예컨대 건물을 새로이 짓는 신축행위라든가, 야생의 동물을 잡는 무주물선점이 그것에 해당한다.

② 상대적 발생

물권의 상대적 발생이라 함은 어느 타인이 가지고 있는 기존의 물권이 승계되어서 어떤 주체에게 권리가 취득되는 것을 말하며, 승계취득에 해당한다. 이에는 매매 · 상속 등에 의하여 전주(前主)가 가지고 있는 물권이 그대로 승계되는 이전적 승계와 소유자로부터 지상권 · 저당권 등을 설정받는 것과 같이 소유자의 권리내용의 일부를 승계하는 설정적 승계의 둘이 있다.

2) 물권의 변경

① 객체의 변경

객체의 변경이라 함은 물건의 증감 또는 피담보채권의 이율변경 등과 같이 물권이 동일성을 유지하면서 그 내용이 수량적으로 변경되는 것을 말한다.

② 작용의 변경

작용의 변경이라 함은 선순위 저당권의 말소에 따른 후순위 저당권의 순위상승과 같이 물권이 동일성을 유지하면서 그 내용에 변화가 생기는 것을 말한다.

3) 물권의 소멸

① 절대적 소멸

절대적 소멸이라 함은 이 사회에서 기존의 물권 하나가 없어지는 것, 즉 소유물이 화재나 지진 등으로 멸실하는 것을 말한다.

② 상대적 소멸

상대적 소멸이라 함은 물권 그 자체는 그대로 존속하지만 물권이 타인에게 승계됨으로써 종래의 주체가 물권을 잃는 것, 즉 매매에 의하여 양도인이 물권(소유권)을 상실하는 것을 말한다.

(3) 물권변동의 원인

1) 법률행위에 의한 물권변동

① 법률행위에 의한 물권변동은 당사자의 의사에 의하여 일어나는 물권변동으로 사적자치를 최고원리로 하며, 민법에서 가장 중요한 의미를 갖는다. 부동산 물권변동에는 민법 제186조가, 동산 물권변동에는 민법 제188조 내지 190조가 적용된다.

② 물권의 변동은 그 원인이 되는 법률요건에 기인하여 그의 법률효과로서 발생하는 것인데, 이러한 물권변동을 일어나게 하는 법률요건으로서 법률행위(등기, 인도)가 이른바 물권행위이다.

2) 법률규정에 의한 물권변동

① 법률행위에 의하지 않는 물권변동을 가리켜 법률규정에 의한 물권변동이라고 하는데, 민법이 규정하는 물권변동의 원인으로 취득시효(제245조 이하) · 소멸시효(제162조 이하) · 혼동(제191조) · 무주물선점(제252조) · 유실물습득(제253조) · 매장물발견(제254조) · 첨부(제256조 이하) · 상속(제995조, 제1005조) 등이 있다.

② 민법 이외의 법률이 규정하는 것으로 공용징수(공익사업을 위한 토지 등의 취득 및 보상에 관한 법률 제19조 등) · 몰수(형법 제48조) · 경매(민사집행법 제135조) 등이 있으며, 그 밖에 일정한 판결(이때의 판결은 형성 판결을 의미한다)에 의해서도 물권변동이 일어난다(제187조 참조).

2. 물권의 변동과 공시

(1) 공시제도의 의의

① 물권은 특정의 물건에 대한 배타성을 가질 뿐만 아니라 점유를 수반하지 않은 관념적인 경우도 있으므로, 물권의 존재와 내용 및 그 변동을 외부에서 인식할 수 있는 표상이 없으면 물권거래의 안전을 해치게 되어 제3자에게 예기치 못한 손해를 줄 염려가 있다. 그에 따라서 물권의 전반적인 내용을 외부에서 쉽게 인식할 수 있도록 기능을 수행하는 표상을 공시방법이라 하고, 이를 통해 현상을 공시하는 제도가 공시제도이다.

② 공시제도는 어떤 물건에 대하여 물권을 취득하고자 하는 잠재적인 이해관계인에 대하여 물권에 관한 권리관계를 표시하는 것이 요구되며(공시의 원칙), 또한 그러한 공시방법을 신뢰한 자를 어떻게 보호할 것이냐(공신의 원칙)도 문제되는 바, '공시의 원칙'은 물권이 있는 곳에 공시방법이 갖추어져야 한다는 원칙인 반면, '공신의 원칙'은 공시방법이 있는 곳에 물권이 존재한다는 신뢰보호의 원칙이다.

(2) 공시의 원칙

1) 의 의

공시의 원칙이란 물권의 존재와 변동은 물권거래의 안전을 위해서 반드시 외부에서 인식할 수 있는 표상, 즉 공시방법을 갖추어야 한다는 원칙을 말한다. 이는 개개의 물권의 존재를 외부에서 인식할 수 있게 함으로써 물권의 배타성에 따른 위험으로부터 물권거래의 안전을 담보할 수 있다. 특히 물권 가운데에서도 소유권과 저당권은 현실적 지배를 요소로 하지 않는 관념적인 권리로 되어 있으므로 공시의 필요성은 더욱 절실하다.

2) 공시원칙의 실현방법

① 공시의 원칙을 관철하는 방법으로 공시방법을 갖추지 않은 물권변동의

효력을 어느 정도 부인(否認)하느냐에 따라 의사주의(대항요건주의, 불법주의이다)와 형식주의(성립요건주의, 독법주의이다)로 나뉜다.

② 의사주의는 공시방법을 갖추지 않은 물권변동의 효력을 부분적으로 부정하는 것이다. 즉 당사자간에는 물권변동의 효력이 발생하지만, 제3자에 대한 관계에 있어서는 어떠한 효력도 발생하지 않는다. 반면에 형식주의는 공시방법을 갖추지 않은 경우 당사자와 제3자 사이는 물론, 당사자 상호간에도 물권변동의 효력을 부정하는 입법주의로써 현행민법이 취하고 있는 태도이다.

3) 현행법상의 공시방법

① 부동산 물권

㉠ 부동산에 관한 물권변동은 등기를 하여 제3자가 인식할 수 있도록 하여야 하는데, 부동산물권변동은 모두 등기하여야 하는 것이 아니고 그 물권변동이 법률행위에 의한 경우에는 반드시 등기를 요한다(제186조).

㉡ 법률의 규정에 의한 물권변동인 상속 · 공용징수 · 판결 · 경매 등의 경우에는 등기를 요하지 않는다(제187조 본문). 다만 유의할 점은 등기를 하지 아니하면 이를 처분하지 못하는 것으로 하고 있으므로(제187조 단서), 목적물(물권)을 처분하기 위해서는 등기하여야 한다.

② 동산 물권

㉠ 동산물권의 변동의 경우에는 물건의 인도를 공시방법으로 한다(제188조). '인도'란 물건의 점유 이전을 말하고, '점유'란 물건을 사실상 지배하는 것을 말한다(제192조 제1항). 또한 인도에는 현실의 인도(제188조 제1항)뿐만 아니라 관념적인 인도, 즉 간이인도(제188조 제2항) · 점유개정(제189조) · 목적물반환청구권의 양도(제190조)도 포함된다.

㉡ 동산 물권변동의 공시방법인 인도의 원칙에는 몇 가지 예외가 있다. 즉 자동차 · 건설기계 · 항공기에 대한 소유권의 득실변경은 등록에 의하고(자동차관리법 제6조; 건설기계관리법 제3조; 항공법 제5조), 그에 대한 저당권의 득실변경 역시 등록에 의한다(자동차 등 특정동산 저당법 제5조). 또한 선박은 등기를 제3자에 대한 대항요건으로 한다(상법 제744조 제2항). 다만 유의할 점은 20톤 미만의 선박에 대하여는 등기를 요건으로 하지 아니하므로(상법 제745조), 이에 대하여는 민법의 규정에 따라 인도가 있을 때에 권리이전의 효력이 생긴다.

③ 그 밖의 유사제도

㉠ 그 밖에 수목의 집단 · 미분리의 과실 등에 관하여는 관습법으로 성립한

공시방법인 명인방법이 있다. 그러나 유의할 점은 수목의 집단에 대하여는 입목법에 의하여 등기할 수 있는 길이 열려 있음을 주의해야 한다(입목법 제2조).

㉡ 한편 공시의 원칙은 물권에 관해서만 인정되는 것은 아니고, 광업권 · 어업권 · 저작권(광업법 제38조; 수산업법 제19조; 저작권법 제53조) 등은 물론이며, 채권의 양도(제450조)와 혼인 · 입양신고(제812조, 제878조)와 같은 가족법상의 행위에도 인정된다.

4) 공시의 효과

공시의 효과로 권리변동의 효력과 추정력 및 공신력을 들 수 있다. 즉 권리변동의 효력은 형식주의하에서 공시의 기본적 효과이며, 부동산물권에 관하여 학설과 판례가 이른 바 등기의 추정력을 인정하고 있다(대판 2005.9.29, 2003다40651; 대판 2006.9.8, 2006다17485 등). 한편 동산에 관하여는 공신력과 추정력이 인정되고 있으며(제200조), 특히 공신력은 동산의 점유에만 인정된다(제192조).

【판 례】

* 대판 2005.9.29, 2003다4051 … 부동산등기는 현재의 진실한 권리상태를 공시하면 등기원인행위의 태양이나 과정을 다소 다르게 주장한다고 하여 이러한 주장만 가지고 그 등기의 추정력이 깨어진다고 할 수 없는 것이므로, 이를 다투는 자가 소유권이전등기가 전 등기명의인의 의사에 반하여 이루어진 것으로서 무료라는 것을 증명하여야 한다.

(3) 공신의 원칙

1) 의 의

공신의 원칙이란 일정한 공시방법을 신뢰하고 거래한 경우, 즉 물권의 존재를 추정케 하는 등기 또는 점유와 같은 외관 · 형식을 갖춘 경우에는 비록 그 표상이 서류를 위조한 원인 무효등기 또는 타인의 동산을 점유한 자가 소유자처럼 행세하여 제3자에게 매각함으로써 진실한 권리관계와 일치하지 않더라도 그 표상을 신뢰하여 물권거래를 한 자를 보호하여야 한다는 원칙을 말한다.

2) 인정근거

① 공신의 원칙은 거래의 안전과 원활이라는 현실적 필요성에 의하여 공시의 원칙을 보완하는 방법으로 발전했다(김형배 444면). 즉 공시의 원칙으로부터 권리의 추정력이 나오고, 다시 추정적 효력이 보완되어 공신의 원칙에 기인한

선의취득의 효력이 인정됨으로써 신뢰의 보호가 확보되기에 이르렀다.

② 이처럼 물권거래에 있어서 공시방법을 신뢰한 제3자를 보호하고, 거래의 신속을 위해 공시된 대로의 권리가 존재하는 것으로 다루려는 것이 공신의 원칙이다.

3) 현행법상 공신의 원칙

① 부동산 물권

㉠ 우리 민법은 진정한 권리자를 보호하기 위하여 부동산의 공시방법인 등기에 공신력을 인정하지 않고 있다. 그 이유는 등기관(登記官)에게 등기에 관한 실질적 심사권이 없는 현행 등기절차상으로는 부실등기의 가능성이 있을 뿐만 아니라 일제 강점기와 6·25전쟁 등으로 인하여, 현재 등기부상의 목적물 표시가 진실한 내용과 일치하지 않는 경우가 많을 것이므로 이에 공신력을 인정하면 혼란이 생길 염려가 있기 때문이다.

㉡ 한편 제3자 보호의 원칙에 따라 등기에 공신력을 인정하는 것과 같은 유사한 효과가 있다. 다시 말하면 부동산등기에 공신력이 인정되지 않는 결과 선의의 제3자는 불이익을 당할 수 있다는 점을 고려하여 민법은 개별적 규정을 통하여 선의의 제3자를 보호하고 있다. 예컨대 의사표시에 관한 규정(제107조 제2항, 제108조 제2항, 제109조 제2항, 제110조 제3항)과 계약해제시의 원상회복에 관한 규정(제548조 제1항 단서)을 두고 있다. 또한 부동산 실권리자 명의등기에 관한 법률 제4조 제3항(명의신탁에 따른 등기무효는 제3자에게 대항하지 못한다)과 가등기담보 등에 관한 법률 제11조(청산의무 있는 소유권을 취득한 선의의 제3자 보호) 등이 그것이다.

② 동산 물권

㉠ 동산의 점유에는 제도적으로 공신의 원칙이 인정되고 있다(제249조 이하). 그 이유는 동산은 그 거래가 빈번하므로 거래의 안전을 보호할 필요가 부동산의 경우보다 훨씬 크고, 또한 동산의 공시방법인 점유(인도)는 불완전한 방법이므로 이의 보완을 위해서도 공신력을 인정할 필요가 있기 때문이다.

㉡ 따라서 동산에 관하여는 평온·공연·선의·무과실로 점유한 자는 즉시 그 동산 위에 행사하는 권리(소유권, 질권)를 취득한다(제249조, 제343조). 다만 유의할 점은 동산이라 하더라도 도품이나 유실물에 대해서는 공신의 원칙에 대한 예외를 인정하고 있다(제250조, 제251조).

③ 그 밖의 유사제도

㉠ 공신의 원칙은 진실한 권리관계가 존재하는 것처럼 보이는 외형을 신뢰한 자를 보호하려고 하는 제도적인 하나의 표현이므로, 이러한 제도는 물권에 한하는 것이 아니고 권리관계의 존재가 추단되는 경우로서, 채권

의 준점유자에 대한 변제(제470조) · 영수증 소유자에 대한 변제(제471조) · 표현대리(제125조, 제126조, 제129조) 등에도 확장 적용되고 있다.

㉡ 민법 제250조 본문에 의하면 도품 · 유실물에 관하여는 공신력을 인정하지 않지만, 유의할 점은 동조 단서에 따라 현금 · 어음 · 수표 그 밖의 유가증권에 관하여는 예외를 인정하여 도품 · 유실물에 관하여도 강한 공신력으로써 보호되고 있다(제250조 단서; 어음법 제16조; 수표법 제21조).

4) 공신의 원칙 문제점

① 공신의 원칙에 의하여 거래의 안전(예컨대 공시를 신뢰한 제3자의 보호)이라는 동적 안전(動的安全)은 도모되지만 진정한 권리자는 권리를 상실하게 되어 정적 안전(靜的安全)을 해치게 된다. 즉 이 원칙은 거래의 안전이라는 측면에서 양수인은 보호되지만, 그 반사적으로 권리를 잃게 되는 양도인(진정한 권리자)을 어떻게 보호하느냐가 한계로 나타난다.

② 이 경우에 진정한 권리자는 자기가 권리자라고 사칭한 양도인에 대해서 불법행위에 기한 손해배상청구권(제750조) 및 부당이득반환청구권(제741조)을 행사할 수 있을 뿐이다. 그러나 이러한 청구권은 채권에 불과하므로 그 실현은 궁극적으로 양도인의 이행 여부와 자력에 의해 좌우된다. 또한 이 청구권에 의해서는 해당 물건 자체에 대한 권리의 회복이 아닌 그의 '환가가치'를 얻는 데 지나지 않으므로 물권을 보유하는 것보다는 불리할 수밖에 없다. 따라서 이 원칙을 어떤 범위에서 채택하여야 할 것인가는 신중하고도 매우 중요한 입법정책적인 문제이다.

제 2 절 물권변동의 구성요소

1. 물권행위

(1) 의 의

물권행위라 함은 물권의 변동(물권의 발생, 변경, 소멸)을 목적으로 하는 의사표시를 요소로 하는 법률행위를 말하며, '물권적 법률행위'라고도 한다. 예컨대 소유권의 이전과 지상권·저당권 등의 제한물권의 설정 등은 이에 해당한다.

(2) 종 류

1) 물권적 단독행위

물권의 포기·승역지소유자의 위기(委棄)(제299조) 등은 물권적 단독행위에 대한 예로서, 이에는 상대방이 있느냐 없느냐에 따라서 다시 둘로 나누어진다. 즉 제한물권의 포기는 상대방에 대한 의사표시와 등기를 하여야 하므로 상대방 있는 물권적 단독행위이며, 소유권의 포기는 포기의 의사표시와 등기(부동산의 경우) 또는 점유의 포기(동산의 경우)에 의하게 되는 것으로 상대방 없는 물권적 단독행위이다.

2) 물권적 합의

물권적 합의는 물권행위 중에서 가장 중요한 것으로써, 이를 '물권계약'이라고도 한다(독일 민법(Auflassung) 제873조). 우리 민법은 물권적 합의라는 용어를 쓰고 있지 않으나, 편의상 물권계약을 물권적 합의라고 부르는 것이 채권계약과의 구별을 위해서 좋을 것이다. 예컨대 소유권의 이전·지상권의 설정·저당권의 설정 등은 이에 해당한다.

3) 물권적 합동행위

물권적 합동행위라 함은 서로 대립하는 의사표시가 아닌, 즉 방향과 내용을 같이하는 2개 이상의 의사표시가 합치해서 성립하는 법률행위를 말한다. 예컨대 사단법인의 설립행위라든가, 수인의 공유자가 그 소유권을 포기 또는 증여하는 것과 같다.

(3) 방식과 내용

① 우리 민법은 물권행위에 관하여 특별한 방식을 요구하고 있지 않으므로, 모든 물권행위는 불요식행위이다. 따라서 물권행위는 무방식일뿐 아니라 그 내용에 관하여도 아무런 제한이 없다. 그러나 물권행위는 그것에 의하여 변동되는 물권이 무엇이며, 당사자가 누구라는 것은 언제나 알 수 있고, 또한 확정할 수 있어야만 한다.

② 한편 부동산등기특별조치법 제3조가 소유권이전등기에 관한 검인계약서를 요구하지만, 이는 등기신청시 제출할 서면의 하나로 요구되는 것일 뿐이므로 이를 근거로 물권행위를 요식행위(계약성립)로 볼 것은 아니다(지원림 457면 등).

(4) 적용법규

1) 총칙규정

① 물권행위도 법률행위이므로 민법총칙편의 법률행위에 관한 규정이 모두 적용된다. 즉 당사자의 권리능력과 행위능력 · 의사능력 · 대리 · 무효와 취소 등의 규정은 모두 물권행위에도 적용된다.

② 현행 민법상 물권행위에 조건이나 기한을 붙일 수 있다. 따라서 매수인의 대금완불을 정지조건으로 하는 소유권유보의 물권적 합의는 동산뿐만 아니라 부동산에 대해서도 허용된다. 이 경우 부동산은 그 조건이 등기되어야 하므로 정지조건은 가등기를 통하여 공시할 수 있다(부동산등기법 제88조).

2) 채권규정

① 물권행위는 직접 물권의 변동을 가져오고 따로 이행의 문제(채권행위)를 남기지 않는 점에서 원칙적으로 민법상의 채권편의 규정이 적용되지 않는다. 다만 물권행위 중 물권적 합의는 일종의 계약이므로, 이에 관하여는 채권편의 계약의 성립에 관한 규정(제527조~제535조)이 준용된다.

② 제3자를 위한 계약의 규정(제539조~제542조)도 물권계약이 사회질서에 반하지 않거나, 제3자의 이익을 해치지 아니하는 한 물권행위에 관하여 적용된다고 볼 수 있다. 다만 민법 제186조와 제188조 등과의 관계에서 공시방법은 직접 수익자인 제3자에게 갖추어져야 한다(곽윤직 52면, 김형배 446면).

2. 물권행위의 구성요소

(1) 서 설

물권행위의 효력으로서 물권변동은 일어난다. 그러나 물권행위, 즉 당사자의 의사표시만으로 물권변동이 일어나는 것으로 하느냐 또는 그것만으로는 곧 물권변동이 일어나지 아니하고 그 밖에 일정한 형식(예컨대 부동산물권에 관하여는 등기, 동산물권에 관하여는 인도)을 갖추어야만 비로소 효력이 생기는 것으로 할 것인가에 따라서 의사주의와 형식주의로 나누어진다.

(2) 의사주의

① 의사주의(대항요건)에 따르면 물권의 변동은 그것을 목적으로 하는 당사자의 의사표시, 즉 채권의 효력으로 소유권이 이전되며 채권은 당사자의 합의에 의하여 완성되므로, 결국 당사자들의 합의만으로 소유권이 이전된다. 이는 프랑스민법에서 채용하고 있는 것으로서 이를 불법주의라고도 한다.

② 의사주의는 공시방법을 갖추기 전에 물권변동을 인정함으로써 생기는 문제(제3자와의 관계에서 예기치 못한 손해를 야기할 수 있다)를 해결하기 위하여 동산물권변동에 관하여 공신력을 인정(프랑스민법 제1141조)하는 반면, 부동산물권변동에서는 거래의 안전을 위하여 등기를 대항요건으로 하는 바, 그 결과 대항요건으로서의 등기를 갖추기 전에는 소유권의 상대적 귀속에 따른 대내·대외관계가 분리된다.

(3) 형식주의

① 형식주의(성립요건)에 따르면 물권변동은 그것을 목적으로 하는 당사자의 의사표시와 일정한 형식, 즉 물권적 합의만으로는 일어나지 않고 그 밖에 등기·인도라는 공시방법을 갖추어야만 비로소 물권변동이 일어난다고 하는 입법주의이다. 이 주의는 독일민법에서 채용한 것이므로, 이를 독법주의라고도 한다.

② 독일민법(부동산물권변동 제873조, 동산물권변동 제929조, 제1032조)에서는 채권계약과 물권적 합의(Auflassung)를 구별하고 있으며, 그 독자성·무인성을 인정하고 거래의 동적 안전을 확보하기 위하여 동산의 점유뿐만 아니라, 부동산의 등기에도 공신력을 인정한다(독일민법 제892조, 제893조).

(4) 물권행위와 공시방법

① 우리 민법은 독일민법을 본받아서 형식주의를 취하고 있으므로 물권변동은 공시방법, 즉 등기·인도를 하여야 효력이 발생하는 것으로 규정하고 있다(제186조, 제188조). 다만 상속·공용징수·판결·경매·그 밖에 법률의 규정에 의한 부동산소유권의 취득은 등기를 요하지 않으나, 그것을 처분하려면 등기하여야 한다(제187조).

② 물권행위의 완성시기는 물권변동의 객체가 부동산인 경우에는 적어도 대금이 완납되고 등기에 필요한 서류가 양수인에게 교부되는 때이고, 동산

인 경우에는 대금이 완납되고 목적물(물건)이 구체적으로 특정되어 양도인이 점유이전의 준비를 완료한 때이다(김형배 외 447면).

참고 **의사주의와 형식주의 비교**

의사주의	형식주의
① 프랑스민법 ② 대항요건주의 ③ 물권행위의 독자성 부인 ④ 물권적 의사표시(매매계약서)만으로 물권변동의 효력 발생	① 독일민법 ② 성립요건주의 ③ 물권행위의 독자성 인정 ④ 물권적 의사표시와 공시방법을 갖추어야만 물권변동의 효력 발생

3. 물권행위의 독자성과 무인성

(1) 서 설

① 물권행위의 독자성・무인성에 관한 논의는 물권법에서 가장 중요한 이론적 줄기라고 평가된다. 즉 물권행위의 독자성은 물권행위가 그 원인행위인 채권행위와 독립한 것인지가 문제이며, 물권행위의 무인성은 물권행위가 채권행위의 무효・취소・해제 등에 의하여 영향을 받는가 하는 문제이다.

② 물권행위의 유인・무인의 문제는 물권행위의 독자성을 인정할 때에 비로소 제기될 수 있으며, 독자성을 부인하게 되면 물권행위는 당연히 유인성을 띠게 된다.

(2) 물권행위의 독자성

1) 독자성의 의의

① 물권행위의 독자성은 채권의 발생을 목적으로 하는 채권행위 외에 별도로 물권의 변동을 목적으로 하는 법률행위, 즉 물권행위의 개념을 인정할 것인가? 또한 인정한다면 그것이 채권행위와 별개의 행위로 행하여지는가 하는 것이 물권행위의 독자성의 문제이다.

② 법률행위를 '효과측면'에서 분류하면 채권행위와 물권행위로 나눌 수 있는데, 채권행위는 채권을 발생시키는 법률행위를 말하며, 물권행위는 물권의 변동을 생기게 하는 의사표시를 요소로 하여 성립하는 법률행위라

고 할 수 있다. 이러한 물권행위가 언제나 채권행위와 함께 행하여진다고 해석할 것이 아니라 물권행위가 어느 때에 행하여졌느냐는 각각의 경우에 따라 구체적으로 검토·판단되어야 하는데, 이를 물권행위의 독자성이라고 한다.

2) 독자성의 문제점

① 물권행위의 독자성에 관한 논쟁은 '물권행위라고 하는 개념 자체를 인정할 것인가'에 있지만, 물권행위의 독자성을 부정한다고 해서 물권행위의 개념을 부정하는 것도 아니다. 즉 채권행위 없이 물권변동만을 일으키는 법률행위가 존재하고(물권의 포기와 같은 단독행위), 또한 채권행위와 별도로 장래에 이행행위로서 별개의 독립한 물권행위가 행하여질 수도 있다(부동산매매에서의 등기).

② 현행민법은 물권변동에 관하여 형식주의를 채용하고 있지만 채권행위와 물권행위의 관계에 대한 명문규정을 두고 있지 않다. 따라서 우리 학계(학설)는 물권행위의 독자성을 인정하는 다수설(김용한 85면, 김준호 530면, 김증한·김학동 45면, 김형배 449면, 이영준 78면 등)과 부정하는 소수설(곽윤직 46면, 김상용 112면, 지원림 561면 등)이 대립하고 있다.

3) 독자성 인정설

① 연혁상의 이유

우리 민법은 물권변동에 관하여 등기와 인도를 성립요건 내지 효력발생요건으로 하는 형식주의를 취하고 있기 때문에 형식주의의 본원지인 독일민법에 따라 물권행위의 독자성을 인정하는 것이 타당하다.

② 민법규정의 근거

민법 제186조는 부동산에 관한 법률행위를 규정하고 있고, 민법 제188조는 동산에 관한 물권양도를 규정하고 있는데, 여기서 법률행위(제186조에 의한 부동산등기)와 양도(제188조에 의한 동산의 인도)는 처분행위로서 물권행위를 말한다. 특히 부동산매매에 있어서는 채권행위(계약금)와 물권행위(등기인도)가 별개로 행하여지는 것이 거래관행이라고 할 수 있는 바, 이러한 규정의 취지를 살펴볼 때 민법은 물권행위를 채권행위와 구별되는 독립된 법률행위로 규정하고 있는 것이다.

③ 무인성 인정의 전제

거래의 안전을 위하여는 물권행위의 무인성을 인정할 필요가 있다. 그런데 물권행위의 무인성을 인정하려면 그 전제로서 독자성을 인정하여야 한다. 즉 이론체계상 물권행위의 독자성을 인정하는 학설(다수설)은 채권행위와 물권행위는 별개의 독립된 행위로 본다.

4) 독자성 부정설

① 명문규정의 부재

우리 민법이 물권변동에 관하여 형식주의를 취하고 있기는 하지만 물권행위의 독자성을 인정한다는 명문규정이 없다. 특히 독일민법의 Auflassung(부동산소유이전합의 또는 부동산의 양도)에 해당할 만한 직접적인 규정이 없다.

② 거래의 실제상 이유

거래의 실제에 있어서 매매계약(채권행위)과 등기와의 중간에 물권행위라고 볼 만한 행위를 의식적으로 하는 일은 없다. 특히 현행법(부동산등기특별조치법 제3조)상 검인계약서를 등기원인 서면으로 이용하게 됨으로써 매도증서는 더 이상 필요 없게 되었다. 또한 등기의 기재를 보면 채권행위(예컨대 매매계약)만이 등기원인으로 기재될 뿐이고, 물권행위는 전혀 등기부상 나타나지 않는다.

③ 무인성 부정의 전제

물권행위의 무인성을 인정하여야 할 필요성이 없으므로 물권행위의 독자성을 인정할 실익이 없다. 즉 물권행위의 독자성을 부정하는 학설(소수설)은 채권행위와 물권행위를 별개의 독립된 행위로 보지 않는다.

5) 민법 및 판례의 태도

① 민법의 해석

우리 민법은 물권변동에 관하여 형식주의를 취하지만 독일민법과 달리 물권행위의 독자성(예컨대 Auflassung)을 명문화하고 있지는 않다. 그러나 민법 제186조는 부동산에 관한 법률행위를 규정하고 있고 민법 제188조는 동산에 관한 물권양도를 규정하고 있는데, 여기서 채권행위(매매계약)와 별도로 법률행위(제186조에 의한 부동산의 등기)와 양도(제188조에 의한 동산의 인도)는 처분행위로서 물권행위에 해당한다고 할 것이다.

② 판례의 태도

㉠ 판례는 '물권적 계약'이라든가, '물권적 합의'라는 용어를 종종 사용하면서 물권행위의 개념을 인정한다. 즉 소유권이전등기에 있어서 담보목적(양도담보)으로 소유권을 이전하기로 한 합의를 물권적 계약이라고 지칭하고 있는데(대판 1964.11.24, 64다851 · 852), 이는 판례가 채권행위 외에 물권행위의 개념상 독자성을 인정한 것이라고 해석된다(이은영 136면).

㉡ 한편 우리의 법제가 물권행위의 독자성과 무인성을 인정하고 있지 않은 점과 민법 제548조 제1항 단서가 거래안정을 위한 특별규정이란 점을 생각할 때 계약이 해제되면 그 계약의 이행으로 변동이 생겼던 물권은 당연히 그 계약이 없었던 원상태로 복귀한다(대판 1977.5.24, 75다1394)고 함으로써, 원칙

적으로 물권행위의 독자성을 부정하는 것으로 해석한다(김준호 530, 김형배 449면, 지원림 461면).

6) 독자성에 대한 평가

① 우리 민법이 물권변동에 있어서 형식주의(성립요건주의)를 채택하고 있다고 하여 당연히 독자성이 인정된다고 말할 수는 없다. 그렇다고 하여 공시가 물권적 합의와 병행해서 행하여질 때에만 효력이 발생하는 것은 더욱 아니다. 다시 말해서 물권행위는 이론적으로나 실제적으로 공시와는 별도로 공시 전에 또는 공시와 함께 행하여질 수 있으므로, 성립요건주의를 규정한 민법 제186조와 제188조 제1항은 물권행위의 독자성을 인정한 것으로 해석된다.

② 결과적으로 형식주의를 취하고 있는 현행 민법에 있어서는 등기와 인도를 하여야만 물권변동의 효력이 발생하므로, 물권행위의 독자성을 인정하든 부정하든 그 효력이 발생하는 시기에는 아무런 영향이 없다(제186조, 제188조).

(3) 물권행위의 무인성

1) 무인성의 의의

물권행위의 독자성에 관한 논쟁에 이어 물권행위의 무인성을 인정할 것인지에 관하여 견해가 대립한다. 물권행위의 무인성의 핵심은 채권행위의 이행으로 물권행위가 행하여진 경우에 원인행위인 채권행위가 부존재하거나 무효·취소 또는 해제 등으로 실효되더라도 물권행위 자체가 유효한 때에는 그 물권행위는 영향을 받지 않고 유효한 것을 말한다.

2) 무인성의 문제점

① 물권행위는 그 법적 원인이 채권행위의 이행으로서 행하여지는 원인행위와 결합될 수 있다. 즉 물권행위는 그 원인이 되는 채권행위의 이행으로서 행하여지는 것이 보통인데, 이때의 물권행위가 그 법률행위 자체의 요건을 갖추는 것만으로는 완전한 효력을 발생시키지 못하고 그 원인행위인 채권행위의 유효한 성립을 전제로 하는 것을 물권행위의 '유인성'이라고 한다. 반면에 원인행위가 효력을 발생하지 못하거나 발생된 효력이 상실되더라도 물권행위의 효력이 아무런 영향을 받지 않는 것을 물권행위의 '무인성'이라고 한다.

② 우리 민법의 해석상 물권행위의 독자성을 인정하는 학설은 물권행위의 무인성 또는 상대적 무인성을 인정하는 견해(김증한·김학동 55면, 김용한 91면, 최식 78면)와 물권행

위의 독자성을 부정하는 학설은 물권행위의 무인성도 부정하는 견해(곽윤직 49면, 김상용 120면, 이영준 80면, 지원림 463면)가 대립하고 있다. 유의할 점은 물권행위의 독자성을 인정하면서 동시에 유인성을 인정하는 경우도 있으며(김준호 533면, 김형배 451면, 이은영 148면), 특히 우리 학계의 무인론은 모두 상대적 무인론으로 이해된다.

3) 물권행위의 무인론(상대적 무인론)

① 물권행위의 성질

물권행위는 채권행위와는 별개 독립의 행위이므로 그 유효성 여부도 따로 정하여야 한다. 다만 물권행위에도 조건 또는 기한을 붙일 수 있으므로 당사자가 특히 원인행위인 채권행위의 유효를 물권행위의 조건으로 한다는 특약을 한 경우에는 유인성을 띠게 된다. 즉 상대적 무인이 된다.

② 거래안전의 보장

물권적 법률관계는 모든 사람에 대하여 명백한 것을 그 이상(理想)으로 하는 바, 당사자 사이에서만 효력을 가지는 원인행위의 유효성 여부에 의하여 제3자에게 영향을 주는 것은 타당하지 않다. 다만 반사회질서 또는 불공정으로 인한 무효 등의 경우에는 유인성을 띠게 되므로 상대적 무인이 된다.

③ 등기효력의 보완

무인성을 인정함으로써 부동산등기에 공신력을 주고 있지 않는 민법의 결함을 보충하여 거래의 안전을 보호할 수 있다. 또한 등기공무원이 심사할 범위를 물권행위에 제한함으로써 물권거래를 간편하게 할 수 있다.

4) 물권행위의 유인론

① 당사자의 의사존중

일반적으로 모든 출연행위는 반드시 일정한 법률원인에 기인하여 행하여지며, 그 원인 또는 출연의 목적이 법률상 존재하지 않는 경우에는 출연행위도 효력을 발생하지 않는다고 하는 것이 당사자의 의사에 합치하는 것이라고 한다.

② 정당한 이익의 보호

법률상의 다툼을 감소시킨다는 의미에 있어서의 법적 확실성(거래에 따른 법적 안정성)보다도 정당한 이익을 보호한다는 것이 더 높이 평가되어야 한다고 한다. 뿐만 아니라, 무인성은 법적 다툼을 줄인다는 미명하에 악의의 제3자도 보호하게 되는 모순된 결과를 초래한다.

③ 거래안전의 유지

물권행위의 독자성이 인정된다 하더라도 물권행위의 주된 기능은 채권행위에 의하여 정하여진 의무를 실현하는 데 있으므로 채권행위가 불성립·무효·취소되면 물권행위도 이와 운명을 같이하게 하는 것이 거래안전을 위하여 합리적이다.

5) 민법 및 판례의 태도

① 민법의 해석

물권 행위의 무인성을 긍정하면 채권행위의 효력에 관계없이 물권행위는 유효하게 되어 이를 기초로 거래한 제3자는 선의·악의를 불문하고 보호된다. 반면 유인성을 인정하면 물권행위도 무효가 되므로 이를 기초로 거래한 제3자는 선의·악의를 불문하고 보호되지 못한다. 따라서 우리 민법은 이때에도 거래의 안전을 위하여 선의의 제3자보호의 규정을 두고 있다(무효에 관한 제107조 제2항, 제108조 제2항; 취소에 관한 제109조 제2항, 제110조 제3항; 해제에 관한 제548조 제1항 단서 등이 있다).

② 판례의 태도

판례는 일관되게 물권행위의 유인성이론에 입각하고 있다. 예컨대 매매계약이 해제되면 말소등기를 하지 않았어도 소유권은 당연히 매도인에게 복귀한다고 본다(대판 1977.5.24, 75다1394). 또한 교환계약이 해제되면 목적물은 당연히 원고에게 원상회복된다고 판시하고 있다(대판 1966.3.22, 65다2593). 그리고 임야의 소유권자는 입목매매계약의 해제에 의하여 입목소유권을 당연히 회복한다고 한다(대판 1974.6.11, 74다524).

【판 례】

* 대판 1977.5.24, 75다1394 … 계약에 따른 채무의 이행으로 이미 등기나 인도를 한 경우에 그 원인행위인 채권계약이 해제됨으로써 원상회복될 때에, 우리의 법제가 물권행위의 독자성과 무인성을 인정하고 있지 않은 점과 민법 제548조 제1항 단서가 거래안정을 위한 특별규정이라는 점을 생각할 때에 계약이 해제되면 그 계약의 이행으로 변동이 생겼던 물권은 당연히 그 계약이 없었던 원상태로 복귀한다.

6) 무인성에 대한 평가

① 생각건대 결론적으로 유인성이론이 타당하다고 본다. 더욱이 상대적 무인성을 취하고 있는 현행 민법의 규정(제107조 제2항, 제108조 제2항, 제109조 제2항, 제110조 제3항)이 거래상의

안전을 해칠 염려가 없다. 오히려 순수한 무인성이론을 따를 경우 악의의 상대방까지 보호받게 되는 부당한 결과가 발생할 수 있다.

② 무인성을 인정할 경우 채무자와 채권자의 관계를 복잡하게 만들거나 그 균형을 깰 수 있다는 문제가 존재하게 된다. 예컨대 무인주의를 취하면 매매가 무효인 경우에도 매도인은 부당이득반환청구권만을 가지므로, 매수인이 인도를 받은 후 파산하게 되면 매도인은 그 물건이 자신의 물건이라고 주장하면서 파산재단으로부터 분리를 청구할 수 없다(예컨대 일종의 환취권을 행사할 수 없다). 단지 매도인은 공동채권자의 한 사람으로서 파산재단에 대하여 그 채권액의 비율에 따른 금전채권을 갖게 될 뿐이다. 이와 같은 결과는 매도인에 대하여 부당함과 동시에 그 균형을 상실한 것이라고 아니할 수 없다.

제 3 절 부동산물권의 변동

1. 서 설

법률행위에 의한 부동산물권의 변동에 대하여 민법 제186조가 적용되므로 법률행위와 등기가 있어야 물권변동이 일어난다. 한편 법률의 규정에 의한 부동산물권변동은 등기를 요하지 않지만, 그 처분을 하려면 먼저 등기를 하여야만 한다(제187조). 이 중 법률행위(물권적 법률행위)에 대하여는 위에서 설명한 바와 같으며, 여기서는 공시방법인 등기에 관해서 자세히 살펴보기로 한다.

2. 부동산등기

(1) 등기의 의의

① 부동산등기라 함은 국가기관인 등기소에 근무하는 등기관이 법정절차에 따라 전산정보처리조직을 이용하여 등기부에 부동산에 관한 등기사항을 기록하는 것 또는 기록된 등기정보자료 그 자체인 등기기록을 말한다(부동산등기법 제11조). 따라서 법률요건을 충족시킬 수 있는 법률사실이라는 측면에서 보면 '사실

행위'에 해당한다.

② 등기는 부동산물권변동의 성립요건이며, 등기부는 물적 편성주의에 따라 편성된다. 그리고 부동산등기에 관한 법령으로서는 민법(물권편)의 부동산물권변동에 관한 규정(제186조, 제187조) 외에 이에 관한 특별법령이 있는데, 그 주요한 것은 부동산등기법(1960년 법률 제536호 제정) · 부동산등기특별조치법(1990년 법률 제4244호 제정)과 부동산등기규칙(1969년, 대법원 규칙 제360호 제정) 그리고 부동산 실권리자명의 등기에 관한 법률(1995년 법률 제4944호) 등이 대표적인 것이다.

(2) 등기의 종류

1) 등기의 대상(기능)에 의한 분류

① 사실의 등기

사실의 등기는 그 등기용지가 어느 부동산에 관한 것인지를 특정하기 위해 부동산의 상황(토지의 소재지, 지번, 지목, 면적 등 건물의 소재지, 종류, 구조, 면적 등)을 표시하는 등기로서, 등기부의 표제부에 하는 표제부 등기를 말한다.

② 권리의 등기

권리의 등기는 갑구 · 을구란에 부동산의 권리관계를 기록하는 등기로서, 부동산에 관한 물권의 변동은 권리의 등기에 관해서만 인정된다. 이러한 권리의 등기는 다시 소유권보존등기와 권리변동등기로 나뉘며, 민법 제186조가 의미하는 소정의 '등기'는 권리의 등기를 말한다.

㉠ 소유권보존등기

보존등기는 미등기의 부동산에 관하여 처음으로 행하여지는 소유권보존등기를 말한다. 이러한 보존등기는 우리나라가 등기강제의 원칙을 채용하고 있지 않기 때문에, 건물의 신축 · 토지의 매립 등을 통해서 새로 생긴 부동산에 대해 등기부를 편성하려면 그 소유자가 보존등기를 신청하여야 한다. 한편 유의할 점은 미등기 부동산이 이전된 경우 보존등기신청자는 대장상 최초의 소유자이다(대판 2009.10.15, 2009다48633).

㉡ 권리변동등기

권리변동의 등기는 소유권의 보존등기를 기초로 하여 그 이후의 권리변동에 관하여 행하여지는 등기로서, 소유권의 이전이나 제한물권의 설정 등의 경우에 하는 등기가 그것이다.

【판 례】 보존등기

* 대판 2009.10.15, 2009다48633 … 토지대장등본상 소유권이전등록을 받은 자는 자기 앞으로 바로 보존등기를 신청할 수는 없으며, 대장상 최초의 소유명의인 앞으로 보존등기를 한 다음 이전등기를 하여야 한다. 다만 미등기 토지에 관한 토지대장에 소유권을 이전받은 자는 등재되어 있으나 최초의 소유자는 등재되어 있지 않은 경우, 토지대장상 소유권이전등록을 받은 자는 국가를 상대로 토지소유권확인청구를 할 확인의 이익이 있다.

2) 등기의 내용에 의한 분류

① 기입등기

기입등기는 새로운 실체법상의 등기원인에 기인하여 어떠한 사항(내용)을 등기부에 새로이 기입하는 등기를 말한다. 예컨대 소유권보존등기·소유권이전등기·저당권설정등기 등이 이에 속한다.

② 변경등기

변경등기는 등기가 경료된 후에 등기와 실체관계와의 불일치가 있게 된 때, 즉 부동산소유자의 성명이나 주소가 변경되거나 저당권의 피담보채권액이 변경된 경우와 같이 후발적으로 불일치가 생긴 경우에 그 불일치를 시정하기 위하여 하는 등기를 말한다(부동산등기법 제35조, 제41조). 한편 권리변경의 등기에 관하여 등기상 이해관계 있는 제3자가 있는 경우에는 신청서에 그 승낙서를 첨부하여야만 한다(부동산등기법 제52조 제5호).

③ 경정등기

경정등기는 신청인 또는 등기관의 착오로 처음부터 등기가 잘못 기록된 경우(원시적 불일치)에 이를 시정하는 등기를 말한다. 이 경우 등기관은 등기의 '착오 또는 빠진 부분'이 등기관의 잘못(등기 공무원이 소유자의 주소를 잘못 기재한 때)으로 인한 것임을 발견한 경우에는 지체없이 그 등기를 직권으로 경정하여야 하며, 또한 경정등기의 사실을 등기권리자와 등기의무자에게 통지하여야 한다(부동산등기법 제32조).

【판 례】 경정등기의 허용 여부

* 대판[전합] 1975.4.22, 74다2188 … 등기의 표시상의 착오 또는 오류가 중대하여 그 실질관계와 동일성 혹은 유사성조차 인정할 수 없는 경우에는 경정등기를 허용할 수 없다고 보아야 할 것이다. 그러나 부동산에 대하여 따로 보존등기가 존재하지 아니하거나 등기의 형식상으로 보아 예측할 수 없는 손해를 미칠 우려가 있는 이해관계인이 없는 경우에는 당해 오류 있는 등기

의 경정을 허용하여 그 경정된 등기를 유효하다고 보아야 한다.

④ 말소등기

말소등기는 어떤 사실・권리관계에 관한 기존등기의 전부를 말소하는 등기를 말하는 것으로서(부동산등기법 제55조 등) 기존 등기의 일부만을 보정하는 변경등기와 구별된다. 예컨대 법인의 해산, 피담보채권의 변제에 의한 저당권의 소멸이 있게 된 때 행해지는 등기이다. 이 경우 유의할 점은 등기의 말소를 신청하는 경우에 등기상 이해관계 있는 제3자가 있을 때에는 제3자의 승낙이 있어야 한다(부동산등기법 제57조; 대판 2007.4.27, 2005다43753).

⑤ 회복등기

회복등기는 기존 등기의 일부 또는 전부가 부적법하게 소멸한 경우(부적법한 저당권의 말소, 부적법한 등기부의 손상)에 이를 말소 전으로 회복함으로써 말소당시로 소급하여 말소가 없었던 것과 같은 효과가 생기게 하는 등기를 말한다(부동산등기법 제17조). 다만 말소등기의 회복을 신청하는 경우에 등기상 이해관계 있는 제3자 있을 때에는 승낙이 있어야 한다(부동산등기법 제59조). 따라서 등기가 부적법하게 말소된 것이 아니라 어떤 이유이건 당사자가 자발적으로 말소등기를 한 경우에는 말소회복등기를 할 수 없다(대판 2001.2.23, 2000다63974).

⑥ 멸실등기

멸실등기는 부동산의 전부가 멸실하여 존재하지 않게 된 경우에 행하여지는 등기로서(부동산등기법 제39조, 제43조), 표제부의 기록을 지우고 그 등기용지를 폐쇄하는 방법으로 한다. 유의할 점은 부동산의 일부가 멸실된 경우에 행하여지는 것은 멸실등기가 아니라 변경등기라는 점이다.

3) 등기의 형식(방식)에 의한 분류

① 주등기(독립등기)

주등기 또는 독립등기라 함은 표시란에 등기할 때에는 표시번호란에, 갑구・을구에 등기할 때에는 순위번호란에 각각 기존의 등기의 표시번호나 순위번호에 이어지는 독립한 번호를 붙여서 하는 보통의 등기이다.

② 부기등기

부기등기는 기존의 등기에 이어지는 독립한 번호를 갖지 않으며 기존의 특정등기(당해 부기등기에 대한 주등기)의 번호를 그대로 사용하고 그 번호(주등기의 번호)의 아래쪽에 '부기 몇 호'라는 부기호수를 기록하여 행하는 등기로서(부동산등기법 제52조 참조),

어떤 등기로 하여금 기존등기(주등기)의 순위 및 효력을 그대로 갖게 할 필요가 있는 경우에 하는 것이 부기등기이다(부동산등기법 제5조).

4) 등기의 효력에 의한 분류

① 종국등기

종국등기는 등기의 본래의 효력, 즉 물권변동의 효력을 발생케 하는 본래의 등기이다. 이러한 종국등기의 종류는 위의 내용에 의한 분류에서 살펴본 등기(기입등기 내지 멸실등기 참고) 등이 해당한다.

② 예비등기

㉠ 예비등기는 가등기를 말한다. 종전에는 가등기와 더불어 예고등기가 있었다(구, 부동산등기법 제4조). 이는 본래 등기의 공신력이 인정되지 아니하는 법제에서 거래의 안전을 보호하기 위하여 인정되는 제도이나, 이로 인하여 등기명의인이 거래상 받는 불이익이 크고 강제집행방해의 목적으로 소를 제기하여 예고등기가 행하여지는 사례가 있는 등 그 폐해가 커 부동산등기법 개정에 의하여 폐지되었다.

㉡ 예비등기로서의 가등기는 부동산물권 및 그에 준하는 권리(임차권)의 설정·이전·변경·소멸의 청구권을 보전하기 위해 예비로 하는 등기이다. 가등기가 '담보가등기'인지 '순위보전을 위한 가등기'인지의 여부는 등기부상 형식적으로 기재된 등기원인에 의할 것이 아니라 실제상 어떠한 목적으로 한 것인지를 실질적으로 판단하여야 한다(대결 2003.10.6, 2003마1438).

【판 례】 강제경매시 가등기권리의 내용

* 대결 2003.10.6, 2003마1438 … 가등기가 등기부상 최선순위이고 권리의 내용이 담보인지 또는 순위보전인지 알 수 없는 경우, 법원은 경매절차를 중지할 것이 아니라 경락(매수)인에게 그 부담이 인수될 수 있다는 취지를 입찰물건명세서에 기재한 후 경매절차를 진행하여야 한다.

(3) 등기사무와 등기절차

1) 등기의 사무

① 등기소와 등기관

㉠ 등기소가 등기를 담당한다. 즉 등기사무를 담당하는 주체는 국가기관인 '등기소'이고, 등기사무는 부동산의 소재지를 관할하는 지방법원, 동 지원

및 등기소에서 담당한다(부동산등기법 제7조 제1항).

㉡ 등기관은 등기사무를 처리한다. 즉 등기사무는 지방법원, 동 지원과 등기소에 근무하는 법원서기관·등기사무관·등기주사·등기주사보 중에서 지방법원장이 지정한 자가 그 업무를 처리하는데(부동산등기법 제11조 제1항), 이를 '등기관'이라고 한다. 이때 등기관은 전산정보처리조직을 이용하여 등기부에 등기사항을 기록하는 방식으로 등기사무를 처리하여야 한다(부동산등기법 제11조 제2항).

② 대장과 등기부

㉠ 대장은 과세자료 등으로 사용된다. 즉 국가가 과세나 징세 등을 위하여 부동산의 상황을 명확하게 파악하고 관리하는 공적 장부가 대장이다. 이러한 대장에는 지적공부로서 토지대장과 임야대장(공간정보의 구축 및 관리 등에 관한 법률 제71조 제1항), 건물공부에 관한 것으로서 건축물대장(건축법 제38조)이 있다.

㉡ 등기부는 부동산에 관하여 등기정보자료를 편성한 것이다. 즉 부동산에 관한 권리관계를 기록하는 등기부에는 1필의 토지 또는 1동의 건물에 대하여 1개의 등기기록을 사용하여 편성한다(부동산등기법 제15조 제1항). 이러한 등기기록에는 표제부·갑구·을구를 둔다(부동산등기법 제15조 제2항).

㉢ 대장과 등기부는 상호의존·협력관계에 있다. 즉 부동산의 물적 상황 내지 동일성에 관한 사항(표시란에 기재상항)에 관하여는 등기가 대장의 기록을 따르게 되며(부동산등기법 제29조 제11호), 반면 권리 그 자체의 변동에 관하여는 대장이 등기부의 기록을 따른다(부동산등기법 제62조).

③ 등기사항

㉠ 등기되어야 할 물건은 부동산으로서, 그 대표적인 것은 토지·건물 및 입목이다(부동산등기법 제14조; 입목법 제3조). 즉 등기되어야 할 권리는 원칙적으로 부동산물권이다. 그러나 모든 부동산물권이 등기되어야 하는 것은 아니며, 등기되어야 할 부동산물권은 소유권·지상권·지역권·전세권·저당권의 5종이다(부동산등기법 제3조 참조).

㉡ 부동산물권 중 점유권과 유치권·질권은 제외되는 반면 권리질권은 인정된다. 유의할 점은 부동산물권은 아니지만 임차권·채권담보권·부동산환매권 등은 등기를 할 수 있다(민법 제592조, 제621조; 부동산등기법 제3조, 제53조).

2) 등기의 절차

① 등기의 신청자

등기는 법률에 다른 규정이 있는 경우 외에는 당사자의 신청 또는 관공서의 촉탁에 따라 행하여지는데(부동산등기법 제22조 제1항), 등기신청의 '당사자'와 관련하여 부동산등기법은 다음과 같은 내용을 정하고 있다.

㉠ 공동신청

등기는 등기권리자와 등기의무자의 공동신청에 의하여서 행하여짐을 기본적인 요건으로 하는데(부동산등기법 제23조 제1항) 이를 '공동신청주의'라고 한다. 공동신청주의는 등기로 불이익을 받게 될 자를 등기신청에 참가시킴으로써 등기의 진정성을 보장하기 위한 것이다.

㉡ 단독신청

공동신청의 예외로서, 등기의 진정을 보장할 수 있거나 또는 등기의 성질상 등기의무자가 있을 수 없는 경우에는 등기권리자에 의한 단독신청이 인정된다(부동산등기법 제23조 제2항 내지 제6항 참조). 즉 소유권보존등기 또는 소유권보존등기의 말소등기, 상속등기 · 법인의 합병 등 포괄승계에 따른 등기, 판결에 의한 등기, 부동산의 표시의 변경이나 경정의 등기, 등기명의인표시의 변경이나 경정의 등기 및 멸실등기(부동산등기법 제39조, 제43조)가 이에 해당한다.

㉢ 대리 · 대위신청

등기신청은 대리인에 의하여서도 할 수 있다(부동산등기법 제24조 제1항). 대리인에 의한 등기행위는 공법상의 사실행위에 불과하므로, 자기계약 · 쌍방대리의 금지는 등기신청에는 그 적용이 없으므로 대리인이 쌍방을 대리하여 단독으로 등기신청을 하여도 무방하다(곽윤직 68면, 김준호 565면). 또한 민법 제404조의 규정에 의하여 채권자는 채무자가 가지는 권리(제3자에 대한 등기청구권)에 기해 채무자를 대위하여 등기를 신청할 수 있는데, 이때에는 대위원인을 증명하는 서면을 첨부하여야 한다(부동산등기법 제28조).

② 등기신청의 방법

등기신청을 할 때에는 등기소에 출석하여 신청정보 및 첨부정보를 적은 서면을 제출하는 방법(방문신청) 또는 전산정보처리조직을 이용하여 신청정보 및 첨부정보를 보내는 방법(전자신청)으로 한다(부동산등기법 제24조 제1항).

③ 등기신청의 자료

㉠ 신청정보

등기를 신청하는 경우에는 ⓐ 부동산의 표시에 관한 사항, ⓑ 신청인의 성명 · 주소 및 주민등록번호에 관한 사항, ⓒ 등기원인과 그 연월일, ⓓ 등기의 목적, ⓔ 등기필정보, ⓕ 대리인에 의하여 신청하는 경우에는 그 성명과 주소 등을 등기소에 제공하여야 한다(부동산등기규칙 제43조).

㉡ 첨부정보

등기를 신청하는 경우에는 신청정보와 함께 첨부정보를 등기소에 제공하여야 하는데(부동산등기 규칙 제46조), 첨부정보는 다음과 같다. ⓐ 등기원인을 증명하는 정보, ⓑ 등기원인에 대하여 제3자의 허락·동의 또는 승낙이 필요할 때에는 이를 증명하는 정보 또는 대항할 수 있는 재판의 정보, ⓒ 신청인이 법인인 경우에는 그 대표자의 자격을 증명하는 정보, ⓓ 대리인에 의하여 등기를 신청할 경우에는 그 권한을 증명하는 정보, ⓔ 등기권리자의 주소 및 주민등록번호를 증명하는 정보, ⓕ 소유권이전등기를 신청하는 경우에는 등기의무자의 주소를 증명하는 정보, ⓖ 소유권이전등기를 신청하는 경우에 토지대장·임야대장·건축물대장 정보나 그 밖에 부동산의 표시를 증명하는 정보 등을 말한다.

④ 등기신청과 심사권한

㉠ 등기신청이 있으면 등기관은 등기절차의 적법성 여부를 심사한다(통설 판례). 즉 등기신청에 대한 심사에는, 등기절차상의 적법 여부만을 심사하는 형식적 심사주의와 그 외에 실질상의 이유 내지 원인의 존부와 효력까지지도 심사하는 실질적 심사주의가 있다.

㉡ 부동산등기법 제29조는 등기관이 등기신청을 부적법한 것으로서 각하하여야 할 경우를 한정적으로 정하고 있을 뿐만 아니라, 그 방법도 서면심사를 원칙으로 하고 있다. 따라서 등기관은 등기신청에 대한 형식적 심사권만이 있다는 것이 학설과 판례의 입장이다(김준호 567면, 지원림 505면; 대결 2002.10.28, 2001마1235).

⑤ 등기실행과 이의신청

㉠ 등기신청에 대하여 심사한 결과 부동산등기법 제29조 소정의 사유가 없으면, 즉 적법하다고 인정되면 등기관은 전산정보처리조직을 이용하여 등기사항을 기록한다. 또한 등기를 마치면 등기관은 새로운 권리관계에 관한 등기필정보를 작성하여 등기권리자에게 통지하여야 하고(부동산등기법 제50조), 대장을 소관하는 행정관청과 과세관청에 통지하여야 한다(부동산등기법 제62조, 제63조).

㉡ 등기관의 결정 또는 처분에 이의가 있는 자는 관할 지방법원에 이의신청을 할 수 있다(부동산등기법 제100조 이하). 등기관은 이의가 '이유 없다'고 인정하면 3일 이내에 의견서를 첨부하여 관할 지방법원에 보내야 한다(부동산등기법 제101조, 제103조). 이 경우 관할 지방법원은 이유를 붙여 결정을 하여야 하며, 반면 이의가 '이유 있다'고 인정하면 등기관에게 그에 해당하는 처분을 명함과 아울러 이의신청인과 등기상의 이해관계인에게 알려야 한다(부동산등기법 제100조 이하). 그리고

부당한 처분으로 손해를 입은 자는 국가를 상대로 손해배상을 청구할 수 있다(국가배상법 제2조 참조).

(4) 등기청구권

1) 의 의

① 등기는 그 진정을 담보하기 위하여 등기권리자와 등기의무자가 공동으로 신청하는 것이 원칙이므로(부동산등기법 제23조 제1항), 등기권리자 또는 등기의무자의 일방이 등기신청을 하려고 하는데, 타방이 이에 협력하지 않을 때에 이에 협력할 것을 청구하는 권리가 등기청구권이다(대판 2001.2.9, 2000다60708).

② 등기청구권은 타방 당사자에 대하여 등기신청에 협력할 것을 청구하는 사법상의 권리로서, 국가기관인 등기관에 대하여 등기를 신청하는 공법상의 권리인 등기신청권과는 구별된다.

【판 례】 등기청구권의 근거

* 대판 2001.2.9, 2000다60708 … 부동산등기법 제23조 제4항에서 판결에 의한 등기를 승소한 등기권리자 및 등기의무자도 단독으로 신청할 수 있게 한 것은 등기의무자가 등기를 이전해주지 않아 등기권리자가 불이익을 받는 것과 마찬가지로, 등기의무자가 자기 명의로 있어서는 안 될 등기가 자기 명의로 있으므로 인하여 사회생활상 또는 법상 불이익을 입을 우려가 있는 경우에 등기권리자를 상대로 등기를 인수받아 갈 것을 소구하고, 그 판결로써 강제할 수 있도록 한 것이다.

2) 등기청구권의 문제

등기청구권이 채권적 청구권인 것인가 아니면 물권적 청구권인 것인가에 관해서는 견해가 대립하고 있다. 이 논의는 소멸시효와 관련하여 매우 중요한 의미를 갖는다. 즉 등기청구권을 채권적 청구권으로 보면 10년의 소멸시효에 걸리며 또한 그 양도는 채권양도 방법(제449조~제452조)에 의하여야 한다. 반면에 물권적 청구권으로 보면 소멸시효에 걸리지 않을 뿐만 아니라, 등기청구권의 양도는 물권양도로서 특별한 제한 없이 자유롭게 이루어질 수 있다. 따라서 등기청구권의 법적 성질이 무엇이냐에 따라 당사자들간의 법률관계가 달라지게 된다.

3) 발생원인과 성질

등기청구권이 발생하는 원인과 그 성질에 관하여 민법은 아무런 규정도 두지 않고, 학설·판례에 맡겨두고 있는 바, 그것이 어떤 발생원인을 가지며 또한 어떠한 성질(채권적 성질, 물권적 성질)을 가지는 지는 소멸시효와 관련하여 실천적 의미를 가지므로 매우 중요하다고 하겠다. 따라서 아래에서는 등기청구권의 발생원인을 유형화하여 그 법적성질을 살펴보기로 한다.

① 법률행위에 의한 물권변동의 경우

㉠ 학설은 등기청구권의 법적성질에 관하여 크게 물권적 기대권을 근거로 하는 물권적 청구권설(김용한 141면, 김증한 76면)과 채권행위 또는 물권적 합의를 근거로 하는 채권적 청구권설(곽윤직 157면, 김준호 569면, 김증한·김학동 98면, 이영준 189면 등)로 나뉜다. 채권적 청구권의 견해는 등기청구권은 물권변동의 또 다른 요건인 등기라는 공시제도와 관련된 권리로서 등기의무자에 대한 등기권리자의 상대적 권리이므로 채권적 청구권이라고 본다.

㉡ 판례는 등기청구권을 채권행위로부터 발생하는 채권적 청구권으로 보면서도 부동산의 매수인이 매도인에게 가지는 소유권이전등기청구권은 매도인으로부터 목적물을 인도받아 사용·수익하고 있으면 소멸시효에 걸리지 않는다(대판[전합] 1976.11.6, 76다148)고 하며, 또한 매수인이 그 점유를 전득자에게 승계하여 준 경우에도 매수인이 그 부동산을 스스로 계속 사용·수익만 하고 있는 경우와 특별히 다를 바가 없으므로 소유권이전등기청구권의 소멸시효는 진행되지 않는다고 한다(대판[전합] 1999.3.18, 98다32175). 나아가 매수인이 다른 사람에게 인도하여 간접점유를 하더라도 소멸시효가 진행되지 않는다고 한다(대판 1988.9.27, 86다카2634).

【판 례】 등기청구청구권의 소멸시효

* 대판[전합] 1999.3.18, 98다23175 … 부동산 매수인이 그 부동산을 인도받은 이상 이를 사용·수익하다가 그 부동산에 대한 보다 적극적인 권리 행사의 일환으로 다른 사람에게 처분하고 그 점유를 승계하여 준 경우에도 그 이전등기청구권의 행사 여부에 관하여 그가 그 부동산을 스스로 사용·수익만 하고 있는 경우와 특별히 다를 바 없으므로 위 두 어느 경우에나 이전등기청구권의 소멸시효는 진행되지 않는다고 보아야 한다.

② 실체관계와 등기가 일치하지 않는 경우

㉠ 학설과 판례는 실체관계가 없는 부동산소유권이전에 따른 등기의 말소와 회복에 관한 등기청구권은 진정한 권리자의 물권적 청구권으로서의 성질을 가지며, 소멸시효에 걸리지 않는다고 한다(곽윤직 106면, 지원림 509면; 대판 1964.11.24,64, 다851). 즉 무

권리자에 의한 소유권 이전의 경우 또는 증여나 매매가 무효·취소되는 경우와 같이 실체적 권리관계와 등기가 일치하지 않기 때문에 등기의 말소와 회복을 위한 등기청구권은 물권의 효력으로서 발생하는 일종의 물권적 청구권이므로 소멸시효에 걸리지 않는다.

㉡ 법률행위에 의하지 않는 물권변동, 즉 법정지상권(제305조, 제366조; 입목법 제6조; 가등기담보법 제10조)·법정저당권(제649조) 등에 있어서와 같이 등기절차상 단독신청의 길이 열려져 있지 아니한 경우 등기청구권이 인정되는데, 그 등기청구권의 법적 성질은 법률의 규정에 의하여 취득한 물권으로부터 발생하는 일종의 물권적 청구권으로서 소멸시효에 걸리지 않는다(김형배 외 475면).

③ 시효로 인한 물권취득의 경우

㉠ 학설은 부동산점유취득시효의 경우에 민법 제245조 제1항이라는 법률의 규정에 의하여 발생하는 채권적 청구권이라는 견해(곽윤직 160면, 이영준 196면)와 취득시효가 완성함으로써 점유자는 물권적 기대권을 취득하고 그 효력으로 등기청구권이 발생하므로, 이는 사실상 소유권이 있음을 근거로 하는 물권적 청구권이라는 견해(김증한·김학동 99면, 송덕수 451면)로 나뉜다.

㉡ 판례는 취득시효완성으로 취득하는 소유권이전등기청구권은 채권적 청구권이라고 한다(대판 1970.9.29, 70다1875; 대판 1996.3.8, 95다34866). 다만 시효로 인한 물권취득(시효취득)에 기한 등기청구권을 채권적 청구권으로 보고 있으면서도, 점유가 계속되는 한 시효취득으로 인한 등기청구권은 시효로 소멸하지 않고 그 후 점유를 상실하였다고 하더라도 이를 시효이익의 포기로 볼 수 있는 경우가 아닌 한 바로 소멸하지 않으며(대판 1989.4.25, 88다카3618), 10년간 이를 행사하지 않을 때 비로소 시효로 소멸한다고 한다(대판 1995.12.5, 95다24241).

④ 부동산임차권과 부동산환매권의 경우

㉠ 부동산임차권의 경우에 그 등기청구권의 발생원인에 관하여 법률의 규정(제621조)에 의하여 발생한다는 견해(곽윤직 199면)와 그 임대차계약에 당연히 등기청구권에 관한 약정이 포함되어 있으므로 법률행위에 의하여 발생한다는 견해(이영준 190면)가 있으나, 등기청구권의 성질이 채권적 청구권이라는 데는 일치하고 있다(통설).

㉡ 부동산환매권의 경우, 즉 민법은 매매의 목적물이 부동산인 경우에 매매등기와 동시에 환매권의 보류를 등기한 때에는 제3자에 대하여 그 효력이 생긴다고 규정하고 있다(제592조). 따라서 등기청구권은 환매권 유보에 관한 당사자 사이의 계약에 의하여 발생하고, 그 성질은 채권적 청구권이다(통설).

4) 등기청구권의 행사

① 등기청구권은 상대방에 대한 의사표시로 행사할 수 있으며, 이에 응하지 않을 때에는 의사표시에 갈음하는 판결로써 행사할 수 있다(제389조 제2항 전단). 또한 등기청구권은 채권자대위권의 객체가 될 수 있으므로(대판 2007.5.10, 2006다82788), 채권자가 채무자(본래의 등기 청구권자)를 대위하여 등기청구권을 행사할 수 있다.

② 일반적으로 등기청구권을 행사하는 주체는 등기권리자이다. 다만 등기의무자가 자기 명의로 있어서는 안 될 등기가 본인(매도인)의 명의로 있으므로 인하여, 사회생활상 또는 법률상 불이익을 입을 우려가 있는 경우에는 등기의무자도 등기권리자를 상대로 행사할 수 있다(대판 2001.2.9, 2000다60708).

5) 등기청구권의 양도

① 매매 등 법률행위로 인한 등기청구권을 양도할 수 있는가? 판례는 매매로 인한 소유권이전등기청구권은 특별한 사정이 없는 한 그 권리의 성질상 양도가 제한되고 그 양도에 채무자의 승낙이나 동의를 요한다고 한다(대판 2005.3.10, 2004다67653).

② 유의할 점은 중간생략등기청구권에 의한 효력은 채무자(3자간 합의)의 승낙(동의)을 요하지만, 이미 완료된 중간생략등기의 효력을 인정함에 있어서 원칙적으로는 3자간의 합의를 요하면서도 그 등기가 실체관계에 부합하는 경우 또는 당사자 사이에 적법한 원인행위가 성립된 경우에는 설령 그러한 합의(3자간 합의)없이 이루어진 중간생략등기의 효력을 전적으로 부정하지 않는다(대판 1980.2.12, 79다2104; 대판 2005.9.29, 2003다40651).

(5) 등기의 효력

등기의 효력은 크게 유효한 등기를 전제로 인정되는 효력(본등기 효력)과 등기의 유효 · 무효와는 관계없이 어떤 등기가 존재한다는 사실 자체만으로 인정되는 효력(추정적 효력), 그리고 청구권보전을 위한 효력(가등기 효력)으로 나누어 볼 수 있다.

1) 본등기의 효력

① 권리변동적 효력(창설적 효력)

㉠ 권리변동적 효력이란 민법 제186조에 '부동산에 관한 법률행위로 인한 물권의 득실변경은 등기하여야 그 효력이 생긴다'고 규정되어 있는 바와 같이, 등기는 물권변동을 일으키는 효력을 갖는데 이를 창설적 효력이라고도 한다.

㉡ 등기신청은 등기신청정보가 전산정보처리조직에 저장된 때부터 효력이 발생한다. 따라서 유의할 점은 등기관이 등기를 마치면 권리변동적 효력을 포함하여 등기의 효력은 접수한 때부터 소급하여 발생한다(부동산등기법 제6조).

② 순위확정적 효력

동일한 부동산에 관하여 등기된 두 개 이상의 권리가 경합하는 경우에 그 상호간의 순위는 등기의 선후에 의한다(부동산등기법 제4조). 즉 등기순서는 등기기록 중 같은 구에서 한 등기에 관하여는 순위번호에 의하여, 다른 구에서 한 등기에 관하여는 접수번호에 의하여 정하여진다. 다만 부기등기의 순위는 주등기의 순위에 의한다(부동산등기법 제5조).

③ 대항적 효력

제한물권(지상권, 전세권, 저당권)과 부동산환매권 그리고 부동산임차권 등에 관해서는 권리변동 외에 보증금·존속기간·지료 등을 등기할 수 있는데, 이들을 등기하면 제3자에 대하여 대항적 효력이 발생한다(부동산등기법 제53조, 제72조, 제74조 등).

2) 추정적 효력

① 의 의

등기의 추정력이란 등기가 있는 곳에 실체적 권리가 존재하는 것으로 추정되는 효력이다(통설). 즉 민법은 등기의 추정력을 인정하는 명문규정이 없음에도 불구하고 학설과 판례는, 등기는 기록된 바와 같은 실질적인 권리관계가 존재할 것이라는 추정을 일으키는 효력이 있다고 본다. 따라서 등기가 일단 절차를 갖추어 등기정보가 기록되어 있는 이상은 그 유효·무효를 묻지 않고, 등기절차상의 형식적인 '권리의 추정력'이 있다고 한다(대판 1979.6.26, 79다741).

② 추정의 범위

㉠ 물적 범위

부동산의 표시에 관한 '사실의 등기'는 대장에 기초하는 것이고, 대장은 당사자의 공동신청이 아닌 직권으로 작성되는 것인 점에서 등기의 추정력은 '권리의 등기'에 한하여 인정된다. 따라서 법률상 권리추정으로 이해하는 한 등기절차가 적법하게 행하여지는 것으로 추정된다(대판 1995.4.28, 94다23524).

㉡ 인적 범위

부동산에 소유권이전등기가 마쳐져 있는 경우 그 등기명의자는 전 소유자뿐만 아니라 제3자에 대해서도 적법한 등기원인에 의하여 소유권을 취득한 것으로 추정된다(대판 2004.9.24, 2004다27273). 한편 유의할 점은 부실등기임이 명백한 경우, 사망자 명의의 등기신청의 경우, 매매계약서가 진정하지 않은 것으로 증명된 경우 등에는 적법추정이 깨어진다(대판 1998.9.22, 98다29568; 대판 1997.11.28, 95다51991).

③ 추정의 효과

㉠ 추정의 기본적인 효과는 증명책임과 관련된다. 즉 등기의 추정력에 의하여 등기된 권리가 존재하는 것으로 추정되므로, 이와 양립할 수 없는 사실을 주장하는 자(다투는자)가 그 사실에 대한 반대증거를 주장·증명하여야 한다(대판 2000.3.10, 99다65462 참고).

㉡ 추정력의 부수적 효과로서, 등기부상 명의인과 매도인이 동일인인 경우에 그를 소유자로 믿고 그 부동산을 매수한 자는 원칙적으로 과실 없는 점유자로 된다(대판 1982.5.11, 80다2881). 즉 부동산 매수인의 점유도 무과실로 추정된다.

3) 가등기의 효력

① 의 의

가등기는 본등기를 할 수 있는 요건을 갖추지 못한 때에 미리 그 순위를 보전하기 위한 수단으로 하는 등기를 말하는데(부동산등기법 제88조), 가등기에는 '청구권보전의 가등기'와 채권담보의 목적으로 경료된 '담보가등기'의 두 가지가 있다. 후자(담보가등기)는 제5장 제6절 '가등기 담보 등에 관한 법률'에서 언급하기로 하고, 여기서는 청구권보전을 위한 가등기에 관하여 본등기 전의 효력과 본등기 후의 효력으로 나누어 설명하기로 한다.

② 가등기의 요건

가등기를 신청할 수 있는 요건은 ㉠ 부동산물권과 이에 준하는 권리의 설정·이전·변경·소멸의 청구권을 보전하려고 할 때, ㉡ 보전할 청구권이 시기부 또는 정지조건부인 때, ㉢ 청구권이 예약완결권의 행사로 장래에 있어서 확정될 것인 때에 가등기를 할 수 있다(부동산등기법 제88조).

③ 가등기의 방법

가등기도 가등기권리자와 가등기의무자가 공동으로 신청하는 것이 원칙이지만, 예외적으로 가등기의무자의 승낙서 또는 법원의 가처분명령의 정본을 첨부하여 가등기권리자가 단독으로 등기를 신청할 수 있다(부동산등기법 제89조 참조). 한편 가등기의 말소는 가등기명의인이 단독으로 할 수 있다(부동산등기법 제93조 제1항).

④ 본등기 전의 효력

㉠ 판례의 입장은 가등기 후에 본등기가 없는 한 가등기 자체로서는 아무런 실체법상의 효력이 없다고 한다. 즉 가등기만으로는 물권변동의 효력은 발생하지 않는다. 따라서 가등기가 본등기의 요건을 구비하고 있어도 가등기권리자는 본등기가 없는 한 가등기설정자의 처분행위를 저지할 수

없으므로 제3취득자의 소유권등기의 말소를 청구할 수 없고(대결 2010.3.19, 2008다1883), 또한 중복된 소유권보존등기가 무효이더라도 가등기권리자는 그 말소를 청구할 권리가 없다고 한다(대판 2001.3.23, 2000다51285).

㉡ 가등기가 있다고 해서 소유권이전등기를 청구할 어떤 법률관계가 추정되는 것은 아니다(대판 1979.5.22, 79다239). 그러나 가등기가 가등기권리자의 의사에 의하지 아니하고 위법하게 말소된 경우 가등기명의인은 가등기가 말소될 당시의 소유자를 등기의무자로 하여 가등기의 회복등기를 청구할 수 있고, 이 경우 그 가등기가 가졌던 순위보전의 효력을 상실하지 않는다(대판 2009.10.15, 2006다43903).

㉢ 한편 부동산의 강제경매절차에서 경매목적부동산이 낙찰된 경우에도 소유권이전등기청구권의 순위보전을 위한 가등기는 그보다 선순위의 담보권이나 가압류가 없는 이상 담보목적의 가등기와 달리 말소되지 않고 매수인(낙찰인)에게 인수된다(대결 2003.10.6, 2003마1438).

【판 례】 가등기의 효력

* 대판 2001.3.23, 2000다51285 … 가등기는 부동산등기법 제6조 제2항의 규정에 의하여 그 본등기시에 본등기의 순위를 가등기의 순위에 의하도록 하는 순위보전적 효력만이 있을 뿐이고, 가등기만으로는 아무런 실체법상 효력을 갖지 아니하고, 그 본등기를 명하는 판결이 확정된 경우라도 본등기를 경료하기까지는 마찬가지이므로, 중복된 소유권보존등기가 무효이더라도 가등기권리자는 그 말소를 청구할 권리가 없다.

【판 례】 경매와 가등기

* 대결 2003.10.6, 2003마1438 … 경매에 있어서 가등기의 경우 담보가등기는 순서와 관계없이 모두 말소되지만, 순위보전을 위한 가등기의 경우 최선순위인 경우에는 말소되지 않는다. 다만 그 가등기 이전에 선순위의 담보권 또는 가압류권자의 권리행사에 의하여 경매가 실행되면 순위보전을 위한 가등기도 말소된다.

⑤ 본등기 후의 효력

㉠ 가등기를 한 후에 본등기를 하게 되면 '본등기의 순위는 가등기의 순위에 의한다'라고 부동산등기법에 규정하고 있는데(부동산등기법 제91조), 이를 순위보전의 효력이라고 한다. 다시 말해서 가등기보다 후순위의 다른 등기는

그 가등기에 기인하여 행하여진 본등기보다 먼저 행하여진 것이라도 가등기에 의한 본등기가 행하여지면 본등기보다 후순위등기로 되거나 실효(失效)되는 것이다(대판 1982.6.22, 81다1298).

㉡ 가등기된 부동산이 제3자에게 양도된 경우 가등기권리자는 절차상 누구를 상대로 본등기를 청구하여야 하는지가 문제되는 바, 판례는 가등기권리자는 현재의 등기명의인이 아닌 매도인(가등기 당시 등기명의인)에게 본등기를 청구하여야 한다고 한다(대결[전합] 1962.12.24, 4294민재항675). 유의할 점은 순위보전적 효력에 의해 물권변동이 발생하는 것일 뿐, 물권변동의 시기는 본등기를 한 때에 발생한다.

㉢ 가등기된 부동산 소유권을 이전받은 제3의 취득자가 그 부동산에 필요비나 유익비를 지출한 후 가등기에 의한 본등기가 행해짐으로써, 가등기 이후의 저촉되는 등기로 직권말소를 당한 소유권이전등기명의인(제3의 취득자)과 본등기명의인(승계인 포함)과의 법률관계는 결과적으로 타인의 물건에 대하여 제3자가 그 점유기간 내에 비용을 지출한 것이 된다(대판 1966.10.26, 76다2079).

⑥ 가등기의 말소

가등기의 말소는 가등기명의인이 단독으로 신청할 수 있고, 등기의무자 또는 가등기에 관하여 등기상 이해관계에 있는 자도 가등기명의인의 승낙을 받아 단독으로 가등기의 말소를 청구할 수 있다(부동산등기법 제93조).

4) 등기효력에 대한 평가

① 등 기

등기가 진실한 권리관계에 부합하지 않더라도 그 등기를 진실한 것으로 믿은 경우에 이를 보호하는 것이 등기의 공신력이다(독일민법 제892조). 그러나 우리 민법은 등기의 공신력을 인정하지 않는다. 이러한 민법의 태도는 부동산 거래에 관하여 여러 사정(일제강점기와 6 · 25전쟁 등으로 인한 문서관리상의 문제점)을 고려, 동적 안전(거래의 안전)보다는 정적 안전(진정한 권리자)에 가치를 부여한 것으로 해석된다. 그 결과 실체관계에 부합하지 않는 등기는 무효이며, 이를 토대로 한 등기도 모두 무효가 된다. 물론 민법상 선의의 제3자 보호규정이 있지만, 이는 등기의 공신력과는 다른 것이다.

② 가등기

가등기를 한 후 나중에 본등기를 할 때에는 그 등기순위는 가등기의 순위에 의하는데(부동산등기법 제91조), 가등기가 그 자체만으로는 물권변동의 효력이 없다고 하면서도 가등기에 기해서 본등기를 청구할 수 있다고 하려면 가등기는 가등기인 채로 어떠한 실체법적인 효력이 있는 것이고, 그 효력이 바로 청구권보전의 효력이라고 한다(곽윤직 168면, 김상용 216면). 따라서 본등기 전(前) 단계의 가등기로서 실체법적 효력을 부여하기 위해서는 '가등기 이후에 이루어진 목적물에 대한 처분은 그 가등기에 의하여 보전되는 권리를 침해하는 한도에서 효력이 없다'고 민법상 조문으로 규정되어야 한다.

3. 법률행위에 의한 부동산물권변동

(1) 의 의

① 부동산물권이 변동하기 위해서는 원칙적으로 법률행위와 등기가 있어야 한다. 즉 민법 제186조는 부동산에 관한 법률행위로 인한 물권의 득실변경은 등기하여야 그 효력이 생긴다고 규정함으로써 법률행위에 의한 부동산물권변동에 관하여 이른 바 형식주의를 채용하고 있다.

② 민법 제186조의 원칙이 적용되는 것은 부동산물권에 관한 득실변경(취득·변경 상실(소멸))이며, 그 권리의 변동에 등기가 요구되는 부동산물권은 소유권·지상권·지역권·전세권·저당권의 5종이다. 다만 권리질권도 등기할 수 있음에 주의해야 한다(부동산등기법 제3조 제6호).

(2) 등기의 유효요건

1) 등기의 형식적요건

① 등기기록의 존재

등기는 등기부에 등기관이 일정한 사항을 기록함으로써 성립하는데, 등기가 유효하려면 먼저 등기기록이 존재하여야 한다(대판 1994.4.15, 93다46353). 따라서 유의할 점은 등기신청을 하였더라도 어떤 이유로든 그 등기기록이 되지 않은 이상 등기가 된 것으로 되지는 않는다. 이 경우 등기와 부동산의 동일성 내지 유사성 여부의 판단은 토지는 지번과 지목·지적에 의하고 건물은 지번과 건평·구조·건축시기를 중심으로 종합적으로 판단하여야 한다(대판 2001.3.23, 2000다51285).

② 관할등기소에의 신청

등기가 유효하기 위해서는 부동산 소재지의 관할등기소에서 등기가 행해졌어야 한다. 즉 관할위반의 등기는 무효이며, 또한 등기법상 등기할 수 없는 것이 명백한 사항에 대한 등기도 무효이다(부동산등기법 제29조 참조). 따라서 관할 위반등기는 등기공무원에 의하여 직권말소대상이다(부동산등기법 제58조).

③ 1부동산 1등기기록원칙

㉠ 등기부는 1부동산 1등기기록주위에 의하여 물적으로 편성된다(부동산등기법 제15조). 그런데 동일 부동산에 관하여 절차상의 잘못으로 이중으로 중복등기가 된 때에 그 효력이 문제되는데, 학설은 크게 절차법설과 실체법설로 나뉜다. 즉 먼저 한 보존등기가 유효하고, 뒤에 한 보존등기는 1부동산 1등기주의에 반하므로 형식적 요건을 갖추지 못한 무효등기라는 절차법설(김기선 106면)과 중복등기가 된 상태에서 어느 쪽이 유효한지는 실체적 권리관계를 따져서 결정해야 한다는 실체법설(곽윤직 85면, 이영준 112면)이 있다.

㉡ 판례는 동일 부동산에 관하여 이중으로 중복하여 등기가 된 경우, 즉 '동일인'명의로 중복등기가 경료된 경우에는 일관되게 절차법설(제1의 등기만이 유효하다는 설)을 취하여 제1등기가 유효하고 제2등기는 그것이 실체관계의 부합 여부를 가릴 것 없이 무효라고 한다(대판 1983.12.13, 83다카743; 대판 1998.9.22, 98다23393). 한편 등기명의인을 '달리한' 중복등기에 관해서는 종래 판례는 절차법설(대판 1975.10.7, 75다1602)과 실체법설에 가까운 견해를 취하여(대판[전합] 1978.12.26, 77다2427), 혼재하던 중 1990년 전원합의체판결에서 원칙적으로 제1등기가 원인무효가 아닌 한 제2등기는 무효라고 하는 절차법적 절충설(제1등기가 실체적요건을 갖추지 못한 경우 제2등기가 유효하다)을 취하였으며, 이후 현재에 이르고 있다(대판[전합] 1990.11.27, 87다카2961; 대판 2007.5.10, 2007다3612). 이는 제2등기가 취득시효에 의한 원시취득이라도 마찬가지라고 한다(대판 2011.7.14, 2010다107064).

2) 등기의 실체적 요건

① 시간적 불합치

㉠ 법률행위에 의한 부동산물권변동에는 물권적 합의와 등기라는 두 요건이 필요하다. 그런데 이러한 물권적 합의와 등기는 동시에 이루어지기도 하지만, 일반적으로는 물권행위와 등기와의 사이에는 시간적 간격이 있게 마련이다. 예컨대 처분자가 물권행위를 할 때에는 처분권이 있었으나, 등기를 할 때에는 처분권이 없다면 그 등기는 무효라고 해야 할 것이다(통설). 따라서 시간적 불합치가 발생한 경우 아래와 같이 처리하여야 한다.

㉡ 시간적 불합치로 인하여 문제되는 대표적인 것은 ⓐ 등기신청시 당사자가 제한능력자가 된 경우, 등기신청은 공법상의 행위이지만 그 목적은 사법상 권리의 변동에 있으므로 사법상의 행위에 준하여 법정대리인을 통해 등기신청을 하여야 한다. ⓑ 물권적 합의(매매계약)와 등기 중간에 당사자가 사망

한 경우, 물권적 합의의 효력에는 영향이 없으므로(제111조 제2항) 상속등기 후 상대방에게 이전할 것이 아니라 상속인 자격으로 직접 등기의무자가 되어 공동신청할 수 있는데, 이를 '상속인에 의한 등기'라고 한다(부동산등기법 제27조).

② 내용적 불합치

㉠ 물권적 합의와 등기가 '질적으로 불합치'하는 경우 그 등기는 무효이다. 즉 물권행위와 등기가 그 권리의 종류나 내용에 있어서 부합되어야 물권의 변동이 일어나는 것이므로, 만약 이들이 서로 부합되지 않는다면 물권변동은 일어나지 않는다(통설). 예컨대 A토지를 매매하였는데 B토지의 소유권이 이전된 경우 그 등기는 무효이며(대판 1967.12.19, 67다1250; 대판 1993.10.26, 93다2629), 저당권설정의 합의를 하였는데 전세권설정등기가 된 경우에도 무효이다.

㉡ 물권적 합의와 등기가 '양적으로 불합치'하는 경우에는 다음과 같이 처리된다. 즉 등기된 양이 물권적 합의의 양보다 클 때에는 물권적 합의의 한도 내에서 효력이 있다(대판 1970.9.17, 70다1250). 반면 등기의 양이 물권적 합의의 양보다 적을 때에는 일부무효에 관한 제137조 단서가 적용되어 등기기록의 한도에서 효력을 인정해야 한다는 것이 일반적 견해이다(김준호 542면, 김형배 외 487면).

(3) 등기에 관한 특수문제

1) 중간생략등기

① 의 의

중간생략등기라 함은 부동산이 전전 이전된 경우에 그 변동의 중간과정의 전부 또는 일부에 관하여 등기할 것을 생략하고 등기명의인인 최초의 양도인으로부터 직접 최후의 취득자에게 등기가 행하여지는 것이다. 예컨대 어느 부동산 물권이 최초의 양도인 A로부터 중간취득자 B에게, 다시 B로부터 최종 취득자 C에게 전전(轉傳)이전된 경우 그 중간취득자 B의 등기(중간등기)를 생략해서 최초의 양도인 A로부터 최후의 취득자 C에게로 행하여진 등기가 이에 해당한다.

② 문제점

㉠ 부동산등기특별조치법은 계약서에 검인신청인을 표시하여 검인을 받은 계약서를 등기원인서면으로 사용해야 하고, 매수인란과 계약년·월·일을 백지로 한 계약서의 사용은 허용되지 않는다고 규정함으로써 당사자간의 중간생략등기를 못하도록 하고 있다(부동산등기특별조치법 제2조 제2항, 제3조, 제4조). 그러나 실제로 부동산거래에 있어서는 계약서의 재작성을 통해 검인(거래신고필증)을 받

음으로써 탈법행위를 할 가능성은 여전히 존재한다.

㉡ 현행 민법(제186조)은 물권변동에 관하여 형식주의를 채용하고 있기 때문에 위의 경우(중간생략등기) 미등기 상태에서 B와 C 사이의 매매는 B가 타인 A의 소유권을 C에게 처분하는 것이 되고, C는 A로부터 소유권취득을 위한 물권행위가 없었으므로 A·C 사이의 소유권이전등기는 결국 원인 없는 등기로서 무효로 되고 만다.

③ 학설의 태도(유효성 여부)

㉠ 위와 같은 중간생략등기는 구민법 이래 이는 진실한 권리관계를 공시하기 때문에 유효라고 하였으나, 현행 민법하에서는 이의 효력을 인정할 것이냐에 관하여 유효설과 무효설로 크게 대립하고 있다.

㉡ 유효설(다수설)은 물권행위의 독자성을 부정하는 전제하에, A·B 사이에 부동산의 매매가 있고, 다시 B·C 사이에 그 부동산을 전매하는 채권행위가 있게 되면 A·C 사이에 채권행위가 있었던 것으로 다루어지기 때문에 C는 A에 대하여 등기에 협력할 것을 요구할 수 있게 되고, 이에 의거하여 A로부터 C에로의 이전등기를 함으로써(3자 합의에 의한 중간생략등기) 소유권은 유효하게 이전된다고 한다(곽윤직 134면, 김용한·김학동 91면, 이영준 126면). 더 나아가 중간취득자의 동의나 3자합의가 없더라도 중간생략등기는 유효하다는 견해도 있다(곽윤직 134면).

㉢ 무효설은 형식주의에 있어서는 등기가 부동산물권변동의 효력발생요건으로 되어 있으며, 등기 없이는 부동산물권은 이전되지 않는 만큼 중간생략등기의 문제는 애당초부터 생길 여지가 없다는 이유로 중간생략등기를 무효라고 한다(장경학 231면).

④ 중간생략등기청구권

㉠ 법률행위에 의한 중간생략등기청구권

최종양수인이 중간자를 거치지 않고 곧바로 최초양도인에게 직접 소유권이전등기를 요구할 수 있느냐가 문제이다. 판례는 최초양도인·중간자·최종양수인의 합의가 없으면 최종양수인은 최초양도인에 대하여 직접 소유권이전등기를 청구할 수 없다고 한다(대판 2005.3.10 2004다6735). 이처럼 대부분의 판례들은 3자 간의 합의가 없음을 이유로 하여 중간생략의 등기청구권을 부정하고 있다(대판 1994.5.24, 93다47738; 대판 1997.5.16, 97다485).

㉡ 취득시효에 의한 중간생략등기청구권

취득시효기간 만료 당시의 점유자로부터 점유를 승계한 현 점유자가 전 점유자의 취득시효 완성의 효과를 주장하여 직접 자기에게 소유권이전등기를 청구할 수 있는가? 판례는 전 점유자에 대한 권리를 보전하기 위하여 전 점유자의 소유자에 대한 소유권이전등기청구권을 대위행사할 수 있을 뿐, 전 점유자의 취득시효 완성의 효과를 주장하여 직접 자기에게 소유권이전등기를 청구할 권원은 없다고 한다(대판[전합] 1995.3.28, 93다47745).

⑤ 판례의 태도

㉠ 판례는 일관되게 중간생략등기의 유효성을 인정하고 있다. 그 근거로 중간자 전원의 합의를 요한다고 함으로써 3자합의설과 같은 태도를 취한다(대판 1978.11.28, 78다1818; 대판2005.3.10, 2004다6735). 다만 그러한 합의가 없이 등기가 있었다 하여도 그 등기가 실체관계에 부합하는 경우(대판 1980.2.12, 79다2104), 또는 당사자 사이에 적법한 원인행위가 성립되어 중간생략등기가 이루어진 경우(대판 2005.9.29, 2003다40651) 등에는 등기의 효력을 전적으로 부인하지 않는다.

㉡ 부동산등기특별조치법에서는 미등기전매를 형사처벌하도록 되어 있으나(동법 제8조), 판례는 미등기전매가 순차적으로 매도한 당사자 사이에 중간생략등기합의에 관한 사법상의 효력까지 무효로 한다는 취지는 아니라고 하여 여전히 중간생략등기의 유효성을 인정하고 있다(대판 1993.1.26, 92다39112). 한편 국토의 계획 및 이용에 관한 법률상 토지거래허가구역 안에 있는 토지에 관하여는 비록 당사자(3자간 합의) 간의 합의가 있었다고 하더라도 중간생략등기의 효력을 인정하지 않고 있다(대판 1997.11.11, 97다33218 등).

【판 례】

* 대판 2005.4.29, 2003다66431 … 중간생략등기의 합의가 있은 후에 최초매도인과 중간매수인 간에 매매대금을 인상하는 약정이 체결된 경우, 최초매도인은 인상된 매매대금이 지급되지 않았음을 이유로 최종매수인 명의로의 소유권이전등기의무의 이행을 거절할 수 있다.

* 대판 1997.11.11, 97다33218 … 토지허가거래구역 내의 토지거래허가 없이 소유자인 최초 매도인으로부터 중간 매수인에게 다시 최종매수인에게 순차적로 매도되었다면 각 매매계약의 당사자는 각각의 토지거래허가를 받아야 하는 바, 위 당사자들이 중간생략등기의 합의를 하고 최종 매수인이 자신과 최초 매도인을 매매 당사자로 하는 토지거래허가를 받아 자신 앞으로 소유권이전등기를 경료하였다고 하더라도 이는 적법한 토지거래허가 없이 경료된 등기로서 무효이다.

2) 실제와 다른 등기원인에 의한 등기

① 등기부에는 반드시 등기원인을 기록하도록 되어 있다(부동산등기법 제48조). 그러나 실제 거래에서는 세금관계 또는 등기절차의 번거로움 등으로 실제의 등기원인과 다르게 표시하여 등기를 신청하는 경우가 종종 있는 바, 판례는 등기신청서의 기록사항이 등기원인을 증명하는 서면과 부합하지 아니하더라도 당사자 사이의 실체관계와 부합함을 들어 그 유효성을 인정하고 있다.

② 판례는 증여를 매매로 가장한 경우에 가장행위로서 매매는 무효이더라도 은닉행위로서의 증여는 유효인 바, 부동산등기는 현실의 권리관계에 부합하는 한 그 권리취득의 경위나 방법 등이 사실과 다르더라도 그 등기의 효력에는 아무런 영향이 없다고 한다(대판 1980.7.24, 80다1005). 따라서 신청서대로 등기가 경료된 경우에 등기관은 직권으로 말소할 수 없다(대판 2005.3.10, 2004다6735). 이 경우 등기원인을 허위로 기록하였으므로 3년 이하의 징역이나 1억 원 이하의 벌금과 아울러 과태료가 부과된다(부동산등기특별조치법 제6조, 제8조, 제11조).

3) 진정명의 회복을 원인으로 하는 등기

① 등기의 원인이 되는 법률행위의 무효나 취소로 물권이 복귀되려면 부동산등기법상 이미 이루어진 이전등기를 말소하여 원상회복절차를 밟아야 한다. 그러나 이는 경제적 비용을 증가시키고 절차적으로 불편을 초래한다. 따라서 판례는 진정명의 회복을 원인으로 하는 소유권이전등기절차의 이행을 직접 청구할 수 있다고 한다(대판[전합] 1990. 11.27, 89다12398).

② 말소등기청구소송의 '기판력'은 진정명의 회복을 위한 소유권이전등기청구소송에 영향을 미친다. 판례는 두 소송 모두 그 소송물은 실질상으로 동일한 것으로 보아야 하고, 따라서 소유권이전등기말소청구소송에서 패소확정판결을 받았다면 그 기판력은 그 후 제기한 진정명의 회복을 원인으로 한 소유권이전등기청구소송에도 미친다고 함으로써 사실상 동일한 소송물로 취급한다(대판[전합] 2001. 9.20, 99다37894).

4) 무효등기의 유용

① 어떤 등기가 행해져 있으나 그것이 실체적 권리관계에 부합하지 않는 것이어서 무효로 된 후에 그 등기에 부합하는 실체적 관계가 있으면 '그때부터' 등기는 유효한 것으로 볼 수 있다(통설). 예컨대 가장매매를 원인으로 한 소유권이전등기는 그 매매가 무효이므로(통정허위표시) 등기도 무효가 되나, 후에 적법한 매매가 이루어졌다면 그때부터 부당한 결과를 낳지 않

으므로 유용할 수 있을 것이다(대판 1986.12.9, 86다카76 참고).

② 무효등기의 유용, 즉 처음에는 물권행위에 부합하는 유효한 등기였지만 후에 실체관계를 잃게 되어 무효로 되었으나, 다시 그 후에 처음의 등기와 내용이 비슷한 별개의 실체관계가 생긴 경우에는 무효로 된 등기를 그 이후에 별개의 실체관계의 공시방법으로 이용하는 것은 가능하다. 판례도 무효등기의 유용 전에 새로운 이해관계를 가지게 된 제3자가 없어 제3자의 이익을 해치는 일이 없는 한 유효성을 인정하고 있다(대판 1970.12.24, 70다1630).

4. 법률규정에 의한 부동산물권변동

(1) 의 의

민법 제187조는 상속 · 공용징수 · 판결 · 경매 · 기타 법률의 규정에 의한 부동산에 관한 물권의 취득은 등기를 요하지 아니한다. 그러나 등기를 하지 아니하면 이를 처분하지 못한다고 규정하고 있다. 즉 법률의 규정에 의한 부동산물권의 변동은 등기가 없이도 그 효력이 생긴다는 원칙을 선명한 것이다.

(2) 근거 및 문제점

1) 근 거

민법이 이처럼 법률의 규정(제187조)에 의한 부동산물권변동에 관하여 등기를 요하지 않는 예외를 인정하는 이유는 피상속인의 사망과 동시에 상속등기를 하는 것이 물리적으로 불가능하며, 국가기관의 행위(공용징수, 판결, 경매)이고, 또한 법률이 정책적 이유 등으로 민법이 물권변동에 관하여 형식주의를 채용한 결과(고정화)로 생길 수 있는 법률관계의 공백상태를 방지하기 위해서이다.

2) 문제점

민법 제187조가 적용되는 경우의 문제점은 등기 없이도 물권변동이 생기므로 그 등기를 하지 않고 방치하는 동안에 필연적으로 실체법상의 권리와 등기부상의 권리가 불일치하는 결과가 발생하게 됨으로써 등기의 외관을 신뢰한 선의의 제3자에게 불측의 손해를 줄 수 있다. 예컨대 법정지상권자는 등기 없이도 지상권을 주장할 수 있는 바(제305조, 제366조), 그 존재를 모르고 토지를 취득한 제3자는 지상권의 부담을 안게 되는 문제점이 발생한다.

(3) 적용범위

민법 제187조가 규정되는 범위는 크게 상속, 공용징수, 판결, 경매, 그리고 기타 법률의 규정에 의한 경우이며, 그 내용은 다음과 같다.

1) 상 속

부동산물권변동이 일어나는 시기는 피상속인이 사망하는 순간이다(제997조). 따라서 포괄유증(제1078조)과 회사의 합병(상법 제235조, 제269조)도 상속과 동일하므로 등기 없이도 물권변동이 있게 된다(대판 2011.8.25, 2010다44002). 유의할 점은 '특정유증'의 경우에는 포괄유증과는 달리 유증을 받은 자가 유증의 이행을 청구할 수 있는 채권만을 취득할 뿐이므로 진정한 등기명의의 회복을 원인으로 한 소유권이전등기를 청구할 수는 없다(대판 2003.5.27, 2000다73445).

2) 공용징수

공용징수란 공익사업을 위하여 국민의 특정재산권을 법률의 힘에 의해서 강제적으로 취득하는 것을 말한다(택지개발촉진법 제12조; 도로법 제48조 등). 수용절차에 있어서 공용징수는 기업자와 토지소유자의 협의에 의한 협의수용(공익사업을 위한 토지 등의 취득 및 보상에 관한 법률 제29조)과 그러한 협의가 성립하지 않은 경우에 토지수용위원회의 재결로 성립하는 재결수용(공익사업을 위한 토지 등의 취득 및 보상에 관한 법률 제30조)이 있다.

3) 판 결

판결의 확정으로 권리변동이 일어나는 것은 사해행위취소의 판결(제406조)이나 상속재산분할판결(제1013조 제2항) 등과 같은 형성판결뿐이다(대판 1965.8.17, 64다1721). 따라서 매매를 원인으로 한 이행판결이나 소유권의 확인을 구하는 확인판결이 있더라도 소유권이전등기 경료시까지는 부동산소유권을 취득할 수 없다. 유의할 점은 민사소송법 제220조에 의해 화해조서가 작성된 경우 그 내용이 당사자의 법률관계의 형성에 관한 것일 때에는 그 조서도 형성판결의 효과로서 민법 제187조에 포함된다(대판 1964.9.8, 64다165).

4) 경 매

경매에는 사인(私人) 사이에서 행하여지는 사경매와 국가기관이 행하는 공경매가 있다. 민법 제187조에서 말하는 경매는 공경매를 의미하며, 여기에는 민사집행법의 집행절차에 의한 경매와 국세징수법에 의한 경매가 있다. 경매로 인한 소유권취득시기에 관하여 전자에 있어서는 경매 매수인이 매각대금을 완납한 때(민사집행법 제135조, 제268조), 후자에 있어서는 매수인이 매수대금을 납부한 때(국세징수법 제77조)라고 규정함으로, 결국 소유권을 취득하는 시기는 대금을 모두 납부한 때 소유권을 취득한다.

5) 기타 법률의 규정

① 기타 법률의 규정에 의한 물권변동이 일어나는 주요한 것으로서는 신축건물의 소유권취득(대판 1965.4.6, 65다113; 대판 2006.5.12, 2005다68783), 법정지상권의 취득(제305조, 제366조), 관습법상의 법정지상권의 취득(대판 1969.4.22, 68다2248), 법정저당권의 취득(제649조), 분배농지의 상환완료에 의한 소유권취득(대판 1970.9.22, 70다1227), 법정대위에 의한 저당권의 이전(제482조, 제368조) 등을 들 수 있다.

② 법률의 규정에 의한 부동산물권변동은 등기를 요하지 않는다는 원칙에는 하나의 예외가 있다. 즉 민법 제245조 제1항은 '일정기간 부동산을 점유한 자는 등기함으로써 그 소유권을 취득한다'고 규정하고 있으며, 이 규정을 제한물권의 취득에 관하여 준용하고 있다(제248조). 따라서 시효로 인한 부동산소유권은 법률의 규정에 의한 것임에도 불구하고 등기하여야 비로소 취득됨으로, 이는 제187조의 예외에 해당한다.

【판 례】

* 대판 1965.4.6, 65다113 … 건물을 신축하여 소유권을 취득한 경우에는 원시취득에 해당하므로 등기 없이도 그 소유권을 누구에게나 주장할 수 있다.
* 대판 2006.5.12, 2005다68783 … 건축주의 사정으로 건축공사가 중단된 미완성의 건물을 인도받아 나머지 공사를 하게 된 경우에는, 그 공사의 중단 시점에 이미 사회통념상 독립한 건물이라고 볼 수 있는 정도의 형태나 구조를 갖춘 경우가 아닌 한 이를 인도받아서 자기의 비용과 노력으로 완공한 자가 그 건물의 원시취득자가 된다.

제 4 절 동산물권의 변동

1. 서 설

부동산물권변동에서와 마찬가지로 동산물권변동도 법률행위에 의한 물권변동과 법률규정에 의한 물권변동으로 나눌 수 있다. 그런데 민법은 물권법 총칙에서 법률행위에 의한 물권변동만을 규정하고 있고, 법률규정에 의한 물권변동은 소유권에서 규정하고 있다. 또한 법률행위에 의한 동산물권변동 중 양수인이 무권리자로부터 목적물을 양도받은 경우 민법은 동산의 점유에 공신력을 부여하고 있다. 따라서 이하에서는 법률행위에 의한 동산물권의 변동을 권리자로부터의 취득과 무권리자로부터의 취득으로 나누어 살펴보기로 한다.

2. 권리자로부터의 취득

(1) 원 칙(형식주의)

민법은 동산물권의 변동에 관하여서도 형식주의를 채용하고 있으며, 민법 제188조 제1항에 '동산에 관한 물권의 양도는 그 동산을 인도하여야 효력이 생긴다'고 규정하고 있다. 즉 법률행위와 함께 공시방법으로서 인도가 있어야 동산물권의 변동이 일어난다.

(2) 인 도

1) 인도의 의의

동산물권의 양도는 인도하여야 그 효력이 발생한다. 인도는 물권변동의 구성요소로서 물건의 사실상의 지배를 이전하는 것(점유의 이전)을 말하는데, 현실의 인도(제188조 제1항)뿐만 아니라 간이인도·점유개정·목적물반환청구권의 양도와 같은 의사표시만으로써 하는 이른바 관념적인 인도도 인도로서 인정하고 있다(제188조 제2항, 제189조, 제190조). 이처럼 인도가 공시방법으로서 완전하지 못하므로, 민법은 동산물권의 변동에 대하여 공신력(선의취득)을 인정하여 거래의 안전을 도모하고 있다.

2) 인도의 종류

① 현실의 인도

인도의 원칙적인 방법인 현실의 인도는 사회관념상 물건이 동일성을 유지하면서 양도인이 동산에 대한 사실상의 지배를 양수인에게 현실로 이전하는 것을 말한다(제188조 제1항). 다시 말해서, 현실의 인도가 있었다고 하려면 양도인은 물건에 대한 지배를 완전히 종결하는 반면에 양수인은 '목적물에 대한 지배를 계속적으로 확고하게 취득'하여야 한다. 이 경우 사실상의 지배의 이전이 있는가의 판단 여부는 사회통념에 따라 정하여야 한다(대판 2003.2.11, 2000다66454).

【판 례】

* 대판 2003.2.11, 2000다66454 … 물건의 인도가 이루어졌는지의 여부는 사회관념상 목적물에 대한 양도인의 사실상 지배인 점유가 동일성을 유지하면서 양수인의 지배로 이전되었다고 평가할 수 있는지의 여부에 달려 있는 것인 바, 현실의 인도가 있었다고 하려면 양도인은 물건에 대한 지배를 완전히 종결하는 반면, 양수인은 목적물에 대한 지배를 계속적으로 확고하게 취득하여야 한다.

② 간이인도

양수인이 이미 그 동산을 점유한 때에는 당사자의 의사표시(물권적 합의)만으로 소유권이전의 효력이 생기는 것을 말한다(제188조 제2항). 예컨대 B가 A로부터 차용(사용대차)하고 있었던 물건을 당사자의 계약에 의하여 B가 매수하는 경우와 같이, B(양수인)의 점유가 타주점유에서 자주점유로 바뀌는 것을 간이인도라고 한다. 이러한 간이인도를 민법상 인정하는 취지는 일단 B가 그 동산을 소유자 A에게 반환하고, 다시 A로부터 현실의 인도를 받는 번거로움을 피하기 위해서이다.

③ 점유개정

㉠ 의 의

점유개정이란 동산에 관한 물권을 양도한 후에도 '당사자의 계약'으로 양도인이 그 동산의 점유를 계속하는 때에는 양수인이 인도받은 것으로 한다(제189조). 즉 당사자가 점유매개관계를 설정하여 양수인에게 간접점유를 취득시키고 스스로는 양수인의 점유매개자로서 점유를 계속하는 것을 말한다. 이러한 점유개정은 무용(불필요한)의 절차를 생략하고, 동산의 양도담보를 가능케 한다는 점에서 의미가 있다.

㉡ 성립요건

ⓐ 점유개정 당시 양도인이 물건을 자주점유하고 있었어야 한다. 즉 점유개정에 의하여 양도인의 점유가 자주점유에서 타주점유로 변경된다.

ⓑ 양도인과 양수인 사이에 소유권이전에 관한 합의가 있어야 한다. 이 합의는 법률행위(계약)이므로, 행위능력과 대리에 관한 규정은 물론 조건이나 기한을 붙일 수 있다.

ⓒ 소유권이전의 합의 외에 점유매개관계가 있어야 한다. 즉 양도인과 양수인 사이에 임대차 등과 같이 간접점유를 발생시키는 계약이 있어야 한다.

㉢ 효 과

ⓐ 양도인은 점유를 계속하므로 직접점유권(타주 점유권)의 효력을 주장할 수 있다. 다만 양수인과의 소유권이전에 관한 합의 때문에 일정기간 후 양수인에 대하여 반환의무를 부담한다.

ⓑ 판례는 동산소유자가 점유개정에 의한 '이중양도' 즉 양도인이 점유개정으로 계속 물건을 점유하면서 다시 제3자에게 점유개정에 의하여 이중으로 양도한 경우, 양수인들 사이에 먼저 현실의 인도를 받은 자가 소유권을 취득한다(대판 1975.1.28, 74다1564; 대판 1989.10.24, 88다카26802). 따라서 나머지 양수인은 선의취득에 의해서도 소유권을 취득할 수 없다(대판 2004.10.28, 2003다30463; 대판 2005.2.18, 2004다37430).

ⓒ 점유개정에 의한 이중양도담보, 즉 동산에 대하여 점유개정의 방법으로 양도담보를 설정한 후에는 비록 양도담보권자(양도담보권 설정자 포함)가 그 동산에 대한 점유를 상실하였다고 하더라도 그 양도담보의 효력에는 아무런 영향이 없으므로, 뒤의 양도담보권자에 대하여 배타적으로 자기의 담보권을 주장할 수 있다(대판 2000.6.23, 99다65066; 대판 2005.2.18, 2004다37430).

【판 례】

* 대판 2005.2.18, 2004다37430 … 금전채무를 담보하기 위하여 채무자가 그 소유의 동산을 채권자에게 양도하되 점유개정의 방법으로 인도하고 채무자가 이를 계속 점유하기로 약정한 경우, 특별한 사정이 없는 한 현실의 인도가 아닌 점유개정의 방법으로는 선의취득이 인정되지 아니하므로 결국 뒤의 채권자는 적법하게 양도담보권을 취득할 수 없다.

④ 목적물반환청구권의 양도

양도인이 제3자의 점유를 매개로 목적물을 간접점유하고 있던 중 그 제3자가 점유하고 있는 동산을 양도한 경우에는, 양도인이 제3자에 대한 반환청구권을 양수인에게 양도함으로써 동산의 인도에 갈음하는 것이다. 예컨대 A가 C에게 임대한 동산을 B에게 양도하는 경우에 B도 계속하여 C에게 임대하려고 하는 때에는 양도인 A가 직접점유자 C에 대하여 가지는 목적물반환청구권을 양수인 B에게 양도하면 인도한 것과 마찬가지의 효력이 있다(제190조).

3) 인도와 관련된 문제

① 등기·등록으로 공시되는 동산

선박은 등기가 그 공시방법이며, 선박에 관한 권리의 변동은 등기를 하여야만 제3자에게 대항할 수 있다(상법 제743조). 자동차·건설기계·항공기의 소유권의 득실변경은 등록하여야 그 효력이 있다(자동차관리법 제6조; 건설기계관리법 제3조; 항공법 제5조).

② 부동산등기에 의하여 공시되는 동산

부동산의 종물인 동산은 주물인 부동산이 처분되면 그 효과를 받음이 원칙이다(제100조 제2항). 예컨대 건물의 이전등기가 있으면 그 건물에 부속된 종물인 동산의 양도에 관하여는 따로 인도를 요하지 않는다고 할 것이다.

3. 무권리자로부터의 취득

(1) 서 설

1) 선의취득의 의의

민법은 부동산등기의 공신력은 인정하지 않고 있지만 '동산의 점유에는 공신력을 인정'하고 있다. 그 결과 동산물권은 무권리자로부터도 유효하게 취득될 수 있는데 이를 '선의취득'(무권리자로부터의 취득)이라고 한다. 즉 어떤 동산을 점유하고 있는 자를 권리자로 믿고 평온·공연·선의·무과실로 거래한 경우에는 비록 그 양도인이 정당한 권리자가 아니더라도 양수인에게 그 동산에 대한 소유권 또는 질권의 취득을 인정하는 제도이다(제249조).

2) 인정근거

동산물권변동에 관하여 공신력을 인정하는 이유는 동산의 거래는 부동산거래에 비하여 빈번하게 행하여지는데, 매번 거래를 할 때마다 양수인이 양도인과 그 전(前) 권리자의 소유권의 유무와 계속성을 확인해야 한다면 거래의 안전과 신속을 기할 수 없으므로, 거래의 안전과 신속을 위하여 권리외관을 신뢰한 자를 보호할 필요가 있다는 점에서 찾을 수 있다(곽윤직 215면, 김상용 217면; 대판 1998.6.12, 98다6800).

(2) 동산의 선의취득

1) 선의취득의 요건

선의취득의 대상이 되는 것은 동산이며, 이와 관련하여 유의할 것은 다음과 같다.

① 선의취득의 대상이 되는 목적물

㉠ 부동산의 종물은 선의취득의 대상이 된다. 즉 부동산의 소유자에 의하여 부동산과 함께 그 부동산소유자(매도인)에게 속하지 않는 종물인 동산이 처분된 경우에는 동산을 무권리자로부터 매수한 것과 다를 바 없으므로 당연히 선의취득이 적용된다(김증한 297면, 장경학 550면).

㉡ 부동산등기에 의하여 간접적으로 공시되는 물건(동산)은 선의취득의 대상이 된다. 즉 공장저당권의 효력이 미치는 공장에 비치된 기계 등은 그 공장에서 분리되어 제3취득자에게 인도된 후에도 저당권의 효력이 미치지만, 분리된 각개의 동산은 선의취득의 목적이 된다(공장 및 광업재단 저당법 제7조). 또한 동산・채권담보법에 따라 법인 등은 동산담보등기를 할 수 있는바, 동산담보권이 설정된 담보목적물에 대하여 소유권・질권을 취득하는 경우에는 선의취득에 관한 민법 제249조 내지 제251조의 규정이 준용된다(동산・채권 등의 담보에 관한 법률 제32조).

② 선의취득의 대상이 되지 않는 목적물

㉠ 동산이라 하더라도 등기・등록으로 공시되는 동산은 선의취득의 대상이 되지 않는다. 즉 등기된 선박(상법 제743조)・등록된 자동차・등록된 건설기계・등록된 항공기는 동산이지만 부동산과 마찬가지로 다루어지므로(자동차 등 특정동산 저당법 제3조 참조), 선의취득의 적용을 받지 않는다.

㉡ 지시증권・무기명채권 그 밖의 유가증권은 가치를 나타내는 것으로써 유통성이 클 뿐만 아니라 그에 관한 특별한 규정(제514조, 제524조)이 별도로 있으므로, 그에 따른 선의취득이 인정될 뿐 민법상 동산의 선의취득에 관한 규정(제249조 이하)이 적용되지 아니한다(상법 제65조, 제359조; 어음법 제16조 제2항; 수표법 제21조).

㉢ 공물(公物)은 국가 또는 공공단체의 재산이므로 선의취득(제249조)의 목적물이 될 수 없다. 또한 국유문화재처럼 법률상 양도 및 사권설정이 금지된 경우나 아편・아편흡식기구, 음란한 문서・도서 기타의 물건, 위조・변조한 통화와 그 종류물 등과 같이 소유 또는 소지가 금지되는 것은 선의취득의 대상이 되지 못한다(민법 제255조; 형법 제198조, 제207조, 제243조).

2) 양도인에 관한 요건

① 양도인이 목적물의 점유자

㉠ 선의취득은 양도인의 점유에 공신력을 주는 제도이므로, 명문규정은 없으나 양도인이 목적물의 점유자이어야 한다. 여기서 점유라 함은 직접점유이든 간접점유이든 혹은 자주점유이든 타주점유이든 상관이 없다(통설).

㉡ 점유보조자는 점유권이 인정되지 않지만, 외관상으로는 동산을 사실상

지배하고 있는 자이기 때문에 그가 처분한 경우에도 취득자의 선의취득이 인정된다는 것이 학설과 판례의 입장이다(곽윤직 180면, 이영준 262면; 대판 1991.3.22, 91다70 참고).

② 양도인이 무권리자

㉠ 양도인은 무권리자이어야 한다. 즉 양도인이 동산의 소유권 또는 처분권한이 없는 자를 말한다. 예컨대 소유자로서 동산을 처분한 자가 실제로는 임차인 또는 수치인에 불과한 경우라든가, 타인의 동산을 자기 이름으로 처분할 권한을 가졌다고 자처하는 자(질권자, 집행관, 위탁매매인 등)가 실제로는 그러한 처분권한이 없는 경우가 해당된다(통설).

㉡ 대리인이 대리권을 가지고 있으나 처분한 물건이 본인의 소유에 속하지 않는 경우에는 선의취득의 적용이 된다. 이 경우에 대리인이 타인의 물건을 처분함으로써 발생된 책임의 효과는 본인에게도 미친다(김형배 517면, 지원림 525면).

3) 양수인에 관한 요건

① 양수인이 선의·무과실

㉠ 선의라 함은 양도인이 무권리자이었음을 알지 못한 것을 말하고, 무과실이라 함은 알지 못한 것에 대하여 과실이 없음을 말한다. 양수인은 물권행위시는 물론 인도시에도 선의·무과실이어야 한다(대판 1991.3.22, 91다70).

㉡ 일반적으로 점유자는 선의로 평온·공연하게 점유하는 것으로 추정된다(제197조 제1항). 반면에 무과실에 관하여는 추정규정이 없으므로 선의취득자에게 무과실에 관한 증명책임이 있다는 것이 판례의 입장이다(대판 1981.12.22, 80다2910).

② 양수인이 점유를 취득

㉠ 선의의 점유취득은 현실의 인도에 의한 경우뿐만 아니라, 간이인도·목적물반환청구권의 양도에 의한 취득이라도 무방하다(대판 1999.1.26, 97다48906).

㉡ 목적물의 점유를 양도인이 계속하는 점유개정(제189조)의 경우에는 그 물건에 대한 지배가 아직 진정한 소유자로부터 벗어난 것이 아니기 때문에 선의취득을 부정하는 것이 판례의 입장이다(대판 1978.1.17, 77다1872). 즉 점유개정은 관념적인 점유이전방법 중에서 가장 불명확한 것이라는 점과, 외부에서 거래행위의 존재를 전혀 인식할 수 없다는 점에서 선의취득을 부정한다.

【판 례】

* 대판 1999.1.26, 97다48906 … 양도인이 소유자로부터 보관을 위탁받은 동산을 제3자에게 보관시킨 경우에 양도인이 그 제3자에 대한 반환청구권을 양수인에게 양도하고 지명채권 양도의 대항요건을 갖추었을 때에는 동산

의 선의취득에 필요한 점유의 취득 요건을 충족한다.

4) 거래행위에 관한 요건

① 거래행위에 의한 점유승계

선의취득은 거래의 안전을 보호하기 위하여 인정된 제도이므로 그 대상으로서 동산물권에 관한 거래행위가 존재하여야 한다. 여기서 거래라 함은 매매, 질권설정, 변제를 위한 급부, 소비대차의 이행으로서의 급부 등과 같은 동산의 소유권과 질권에 관한 처분행위를 말한다. 한편 판례는 공경매도 선의취득이 인정된다고 한다(대판 1998.6.12, 98다6800).

② 유효한 거래행위의 존재

선의취득의 제도적 취지가 거래의 안전을 보호하는 데 있으므로, 그 대상으로서의 거래행위가 완전히 유효할 것을 전제로 한다. 따라서 물권취득의 거래행위가 무효 또는 취소로 인하여 효력을 잃게 되는 때에는 선의취득은 적용되지 않는다. 그러나 유의할 점은 이러한 완전한 효력이 없는 거래행위를 한 자로부터 다시 양도받은 자(선의의 제3의 전득자를 말함)에 관하여는 선의취득이 성립함을 주의하여야 한다.

5) 선의취득의 효과

① 취득자는 거래행위에서 목적으로 삼았던 '동산물권'을 즉시 취득한다. 이때의 물권은 소유권(제249조)과 동산질권(제343조)에 한한다. 즉 양수인이 '소유권'을 선의취득하면 진정한 소유자의 소유권은 소멸하고, '질권'을 선의취득하면 진정한 소유자는 자기 소유물에 대하여 질권설정자(예컨대 물상보증인의 경우)의 지위에 서게 된다.

② 선의취득에 의한 동산물권의 취득은 원시취득이다. 그것은 처분자인 양도인에게는 권리가 없음에도 불구하고, 법률의 규정에 의하여 권리를 취득하는 것이기 때문이다. 따라서 취득자는 진실한 권리자인 원권리자(진정한 소유자)에 대하여 부당이득반환의 의무를 부담하지 않는다.

③ 선의취득의 효과는 확정적이다. 즉 선의취득자가 다시 악의의 제3자에게 양도하더라도 제3자는 소유권을 취득한다. 이러한 선의취득은 법률의 규정에 의해 인정되는 것이므로, 선의취득자가 임의로 효과를 거부할 수는 없다(대판 1998.6.12, 98다6800). 따라서 제3의 선의취득자가 진정한 권리자에게 동산을 반환하고 양도인에 대해 담보책임을 물을 수는 없다.

6) 도품 · 유실물에 관한 특칙

① 의 의

민법 제249조에 의한 동산의 선의취득에 대하여 민법 제250조는 그러한 동산이 도품이나 유실물인 때에는 피해자 또는 유실자는 일정기간(도난, 유실된 날로부터 2년) 내에 그 목적물의 반환을 청구할 수 있도록 규정하고 있다.

② 특칙의 적용범위

㉠ 민법 제250조가 적용되는 것은 도품 또는 유실물에 한한다. 여기서 도품이라 함은 절도 또는 강도에 의하여 점유자의 의사에 반해서 그의 점유를 박탈당한 물건이고, 유실물은 점유자의 의사에 의하지 않고 그의 점유를 이탈한 물건으로서 도품이 아닌 것을 말한다.

㉡ 도품 · 유실물에 관한 특칙의 적용을 받는 것은 동산에 한하고, 유통성을 확보할 필요성이 큰 금전이나 유가증권에 관하여는 적용이 배제되고 있다(제250조 단서, 제514조, 제524조 등 참조). 이는 유통성 확보의 필요성이 특별히 요구되는 객체의 경우에 '점유 있는 곳에 소유권도 있다'는 명언의 취지를 우리 민법이 반영한 것이라고 볼 수 있다.

③ 특칙의 내용

㉠ 도품 또는 유실물의 반환청구권자는 도난의 피해자 또는 유실자이며, 반환청구기간은 2년간이다(제250조). 이 경우 반환청구권자는 대부분의 경우에 원소유자이겠지만, 수치인 · 임차인 등의 직접 점유자도 포함된다. 유의할 점으로 유실물은 법률이 정한 바에 의하여 공고한 후, 6개월 내에 그 소유자가 권리를 주장하지 아니하면 습득자가 그 소유권을 취득한다(제253조).

㉡ 피해자 또는 유실자가 반환을 청구할 수 있는 2년 동안 도품 또는 유실물의 소유권은 반환청구를 당함을 해제조건으로 하여 선의취득자에게 속한다는 것이 통설이다. 민법 제250조에 의한 회복은 무상임을 원칙으로 하지만, 선의취득자가 도품이나 유실물을 경매 · 공개시장(점포) 또는 동종류의 물건을 판매하는 상인에게서 취득한 경우에는 선의취득자가 지급한 대가를 변상하고 그 물건의 반환을 청구하여야 한다(제251조).

제 5 절 지상물에 관한 물권변동

1. 서 설

① 토지와 그 지상물인 건물을 대상으로 하는 물권변동의 공시방법은 등기이고, 부동산등기법이 이를 규율한다. 그런데 건물 이외에도 독립된 물권을 설정할 수 있는 지상물의 대표적인 것이 수목과 미분리과실이다. 이와 같은 수목이나 미분리과실은 원래 토지의 구성부분이지만 때로는 독립한 거래의 객체(부동산)로 될 수 있는데, 수목이나 미분리과실이 토지와 별개의 물건으로 취급되기 위해서는 공시방법을 갖추어야 한다.

② 이러한 공시방법에는 '입목에 관한 법률'에 의한 입목등기와 수목의 집단, 입도, 미분리과실 등에 관한 관습법상의 '명인방법'이 있다. 입목에 관한 법률에 의하여 등기할 수 있는 것은 일정한 수목으로 한정된다(입목에 관한 법률 제2조 제2항; 동법시행령 제1조). 따라서 입목 이외의 기타 수목의 집단을 위한 공시방법은 관습법상의 명의방법이 이용되고 있다.

2. 입목에 관한 물권변동

(1) 입목의 정의

토지에 부착된 수목의 집단으로서 특히 그 소유자가 '입목에 관한 법률'에 의한 소유권보존등기를 한 수목의 집단을 '입목'이라고 하며(입목에 관한 법률 제2조 제1항), 등기한 때부터 입목은 토지로부터 분리된 독립한 부동산이 된다. 이 법률이 적용될 수 있는 대상은 1필의 토지 또는 1필의 토지의 일부분에 생립하고 있는 입목등록원부에 등록된 수종의 수목으로 한다(입목에 관한 법률 제8조 제1항; 동법시행령 제1조).

(2) 입목등기의 대상

수목의 집단이라고 해서 모든 수목이 등기의 대상이 될 수 있는 것은 아니며, 소유권보존등기를 받을 수 있는 수목의 집단은 시·군에 비치되는 입목등록원부에 등록된 수종에 한하여(입목에 관한 법률 제8조 이하) 입목소유자가 서면에 의하여 단독으로 신청할 수 있다.

⑶ 입목의 물권변동

입목에 관하여 인정되는 물권은 소유권과 저당권뿐이다. 즉 입목등기부에 소유권보존등기를 한 입목은 이를 부동산으로 보고, 입목의 소유자는 토지와 분리하여 입목을 양도(매매, 증여)하거나 저당권의 목적으로 할 수 있다. 또한 토지 소유권 또는 지상권 처분의 효력은 입목에 미치지 않는다(입목에 관한 법률 제3조). 이러한 입목물권변동의 효력에 관하여는 특별규정을 두고 있지 않으므로 이에 대한 부동산물권의 취득은 민법 제186조와 제187조를 준용하게 된다.

⑷ 입목과 법정지상권

입목소유자와 입목이 부착하고 있는 토지의 소유자가 경매 그 밖의 사유로 각각 다르게 되는 경우에는 토지소유자는 입목소유자에게 지상권을 설정한 것으로 간주되고, 지료는 당사자의 약정에 의한다(입목에 관한 법률 제6조). 이에 관하여는 법정지상권의 법리가 준용된다고 할 것이다.

3. 기타 지상물에 관한 물권변동

⑴ 개 관

입목에 관한 법률에 의하여 소유권보존등기를 할 수 있는 입목을 제외한, 그 밖에 수목의 집단·미분리의 과실·입도·엽연초·인삼·농작물 등 각종의 지상물은 명인방법이라는 관습법상의 공시방법을 갖춤으로써 이를 독립한 물권으로 거래의 객체로 삼을 수 있다.

⑵ 명인방법

1) 명인방법의 의의

명인방법이란 건물 외에 지상물(수목의 집단, 미분리의 과실)을 토지와 분리하지 않은 채 토지소유권으로부터 독립해서 거래객체로 이용되는 관습법상의 공시방법으로, 그 지상물의 소유자가 누구인지를 외부의 제3자에게 명백하게 인식시키는 공시방법을 말한다.

2) 명인방법의 요건

미분리의 과실의 경우에는 논·밭의 주위에 새끼줄을 둘러치고 소유자의 성명을 묵서한 목찰을 세워야 한다(대판 1976.4.27, 76다72). 또한 입목의 경우에는 입목에 새끼줄을 치고 요소에 소유자를 표시하거나, 임야의 여러 곳에 '입산금지 소유자 아무개'라는 푯말을 써서 붙인 경우에는 입목 소유권취득의 명인방법으로써의 요건을 충족한다고 한다(대판 1967.12.18, 66다2382 등). 이처럼 명인방법은 현재의 소유자가 누구라는 것이 명시되어야 하므로, 수목의 표피에 흰 페인트칠을 하고 그 위에 일련번호를 붙인 것만으로는 명인방법을 갖춘 것으로 볼 수 없다고 한다(대판 1990.2.13, 89다23022).

3) 명인방법에 의한 물권

명인방법에 의해 공시되는 물권은 소유권의 이전 또는 유보에 한한다. 즉 명인방법은 등기와 같은 완전한 공시방법이 되지 못하고 매우 단순한 공시방법에 불과하다. 그러므로 물권변동의 내용이나 과정을 공시할 수는 없다. 따라서 명인방법에 의하여 공시될 수 있는 지상물에 관한 물권은 소유권에 한하고, 저당권 등과 같은 제한물권에는 허용되지 않는다.

4) 명인방법의 효과

민법은 형식주의를 취하기 때문에, 명인방법을 갖추어야만 물권변동이 생긴다. 이 경우 유의할 점은 지상물을 이중으로 양도한 경우에는 명인방법을 먼저 갖춘 자가 그 소유권을 취득한다. 또한 명인방법은 계속 존속되고 있어야 하므로, 퇴색되거나 훼손된 경우에는 다시 명인방법을 하여야 한다.

제 6 절 물권의 소멸

1. 서 설

물권의 소멸원인에는 모든 물권에 공통되는 것과 각종 물권에 특유한 것이 있는데, 후자(물권의 특유한 소멸원인)는 제3장(기본적 물권) 이하에서 자세히 살펴보기로 하고 여기서는 모든 물권에 공통적인 소멸원인으로서는 목적물의 멸실·소멸시효·물권의 포기·혼동·공용징수·몰수 등이 있으나, 이 중 주요한 것만을 설명하기로 한다.

2. 목적물의 멸실

① 물권의 객체인 물건이 멸실하면 물권도 당연히 소멸한다. 그러나 물건이 멸실하더라도 멸실물의 물질적 변형물이나 가치변형물에 물권의 효력이 미치는 경우가 있으므로 엄격하게 말한다면 이는 절대적인 것이 아니다. 예컨대 건물의 저당권은 붕괴된 목재라고 하는 물질적 변형물에 그 효력이 미칠 뿐만 아니라, 보험에 가입된 건물이 화재로 소실된 경우 목적물의 가치변형물인 화재보험금에도 미친다. 이것을 물상대위라고 한다(제342조, 제370조).

② 물건의 일부가 멸실되었더라도 그 물건의 동일성이 유지되어 있는 한 물권은 존속한다. 이 경우 물건이 멸실되었는지의 여부, 일부멸실인지의 여부, 동일성이 유지되는지의 여부 등은 모두 사회통념에 의하여 결정하여야 한다(대판 2000.12.8, 99다11687; 대판 1992.9.25, 92다24677).

【판 례】 목적물의 멸실여부

＊대판 2000.12.8, 99다11687 · 대판 1992.9.25, 92다24677 … 포락(浦落)이란 토지가 바닷물이나 적용 하천에 무너지고 떨어져 그 원상복구가 불가능한 상태에 이르렀을 때를 말하는데, 원상회복의 불가능 여부는 포락 당시를 기준으로 토지가격과 복구비용 및 경제적 가치 등을 비교하여 토지가액보다 복구공사비가 더 많이 들게 되는 것과 같은 경우에는 특별한 사정이 없는 한 사회통념상 그 원상복구가 불가능하게 되었다고 볼 것이며, 그 후 포락된 토지가 다시 성토되어도 종전의 소유자가 다시 소유권을 취득할 수는 없다.

3. 소멸시효

(1) 소멸시효의 대상

① 소유권 이외의 물권은 20년간 행사하지 않으면 시효에 걸려 소멸한다(제162조 제2항). 즉 소유권은 소멸시효에 걸리지 아니하나, 타인이 취득시효로

이를 취득한 때에는 소멸하는 결과가 발생된다(제245조 제1항 참조).

② 점유권 · 유치권은 점유가 존속의 요건이 되므로 소멸시효에 걸릴 여지가 없으며, 담보물권은 피담보채권이 존속하는 한 그것만이 단독으로 소멸시효에 걸리지 않는다. 결국 소멸시효에 걸리는 물권은 지상권 · 지역권 · 전세권뿐이다. 다만 전세권의 경우 10년을 넘지 못하고, 갱신을 하더라도 전체적으로 20년을 넘지 못하므로(제312조) 20년의 소멸시효에 걸리는 일은 생기지 않는다.

(2) 소멸시효의 효과

소멸시효의 완성으로 물권이 소멸하기 위해서는 시효완성 이외에 등기를 필요로 하는지에 관하여 학설이 대립한다.

1) 상대적 소멸설

소멸시효가 완성되어도 권리는 당연히 소멸하지 않고 수익자에게 시효의 완성으로 인한 권리소멸을 주장할 수 있는 권리가 생길 뿐이라고 전제하고, 그 권리가 부동산에 관한 것인 때에는 말소등기를 한 때에 비로소 권리가 소멸한다고 한다(김상용 251면, 김용한 127면, 김증한 175면).

2) 절대적 소멸설

민법의 문언상 시효기간이 완성되면 권리는 절대적으로 소멸하므로 등기의 말소를 기다리지 않고 그 효력이 생긴다고 한다(곽윤직 123면, 김형배 529면 등; 대판 1966.1.31, 65다2445). 즉 소멸시효가 완성되면 법률의 규정에 의하여 그 등기 없이 물권이 당연히 소멸한다(제187조). 다만 소멸시효의 완성은 직권조사사항이 아니라 당사자의 주장을 기다려 물권소멸의 법률효과가 발생하는 것이다.

4. 물권의 포기

(1) 포기의 방식

부동산물권의 포기에 관하여 학설이 그 소멸시기를 두고 대립한다. 즉 물권의 포기에 대한 의사표시는 일종의 형성권의 행사로서 말소등기 없이 소멸의 효과가 발생한다는 견해(이영준 273면, 이은영 167면)가 있으나, 다수설은 민법 제186조의 해석에 따라 부동산물권의 포기는 등기를 하여야 효력이 발생한다고 한다(곽윤직 187면, 김상용 252면, 김용한 100면, 김증한 174면).

(2) 포기의 제한

물권의 포기는 물권자가 자유로이 할 수 있지만, 그 포기로 인해 제3자의 이익을 해치는 경우에는 그 제3자의 동의가 필요하다. 민법은 특히 지상권 또는 전세권이 저당권의 목적이 된 경우에 그 지상권 또는 전세권자는 저당권자의 동의 없이 포기할 수 없다고 규정함으로써, 포기를 제한하고 있다(제371조 제2항).

(3) 포기의 효력

① 소유권을 포기하면, 동산인 경우에는 무주물이 되어 그 목적물의 선점자(새로운 점유자)가 소유권을 취득하게 되고, 부동산인 경우에는 국유(국가 소유)가 된다(제252조). 한편 제한물권을 포기하면 물권은 그 제한이 없었던 원상태로 복귀한다.

② 부동산물권의 포기는 등기하여야 효력이 발생하며(제186조), 물권의 포기는 물권을 소멸시킬 것을 목적으로 하는 물권적 단독행위이다.

5. 혼 동

(1) 혼동의 의미

혼동이라 함은 서로 대립하는 두 개의 법률상의 지위가 동일인에게 귀속되는 것을 말한다. 이러한 경우 이들 두 개의 지위를 병존시키는 것은 무의미하므로 그 일방은 타방에 흡수되어 소멸하는 것이 원칙이고, 특별한 경우에만 소멸하지 않는 것으로 하고 있다(제191조, 제507조).

(2) 소유권과 제한물권의 혼동

1) 혼동의 원칙

동일한 물건에 대한 소유권과 제한물권이 동일인에게 귀속되는 경우에는 그 제한물권은 소멸하는 것이 원칙이다(제191조 제1항 본문). 예컨대 지상권자가 소유권을 매수하거나 또는 저당권자가 그 부동산을 매수하여 소유권을 취득한 경우 등이다.

2) 혼동의 예외

① 혼동에 의하여 제한물권이 소멸하는 것이 원칙이나 그 제한물권이 제3자의 권리의 목적이 된 때에는 소멸하지 않는다(제191조 제1항 단서; 대판 1998.7.10, 98다18643). 예컨대 A가 B 소유의 토지 위에 지상권을 가지고 있고, 그 지상권이 제3자 C의 저당권의 목적으로 되어 있는 경우에는, A가 그 토지의 소유권을 취득하더라도 A의 지상권은 소멸하지 않는다. 만일 이때에 소멸을 인정한다면 제3자 C에게 부당한 손해를 주게 되기 때문이다.

② 본인의 이익을 위하여 필요한 경우에도 혼동으로 그 물권은 소멸하지 않는다(대판 2001.5.15, 2000다12693). 예컨대 A가 B 소유의 토지 위에 저당권을 갖고 있고 제3자 C가 같은 토지 위에 후순위의 저당권을 갖고 있는 경우 A가 그 토지 소유권을 취득하더라도 A의 저당권은 혼동으로 소멸하지 않는다. 이 경우 만일 A의 저당권이 소멸한다면 후순위의 C가 선순위로 올라서게 되어 부당하게 유리한 지위를 차지하여 A의 이익을 해치기 때문이다(대판 1998.7.10, 98다18643).

【판 례】

* 대판 1998.7.10, 98다18643 … 어떤 물건에 대한 소유권과 다른 물권이 동일한 사람에게 귀속된 경우 그 제한물권은 소멸이 원칙이지만, 본인 또는 제3자의 이익을 위하여 그 제한물권을 존속시킬 필요가 인정되는 경우에는 민법 제191조 제1항 단서의 해석에 의하여 혼동으로 소멸하지 않는다.
* 대판 2001.5.15, 2000다12693 … 부동산에 대한 소유권과 임차권이 동일인에게 귀속하게 되는 경우 임차권은 혼동에 의하여 소멸하는 것이 원칙이지만, 그 임차권이 대항요건을 갖추고 있고 또한 그 대항요건을 갖춘 후에 저당권이 설정된 때에는 혼동으로 인한 물권소멸원칙의 예외 규정인 민법 제191조 제1항 단서를 준용하여 임차권은 소멸하지 않는다.

(3) 혼동으로 소멸하지 않는 권리

① 점유권과 소유권 그 밖의 본권인 물권과는 본래 양립(병존)할 수 있는 것이므로 점유권에 관하여는 혼동의 원칙이 적용되지 않는다(제191조 제3항).

② 광업권도 토지소유권과는 별개의 물권이므로 혼동으로 인하여 소멸하지 않는다(공장 및 광업재단 저당법 제53조).

(4) 혼동의 효과

① 혼동으로 인한 물권소멸의 효과는 절대적이다. 따라서 혼동으로 소멸한 물권관계는 취소하지 못한다. 그러나 유의할 점은 혼동을 생기게 한 원인이 부존재하거나, 원인행위가 무효·취소·해제 등으로 효력을 상실하는 때에는 그로 인하여 소멸한 물권은 혼동으로 인하여 소멸하기 전으로 부활한다. 이 과정에서 이해관계가 있는 제3자는 부활에 따른 등기절차에 승낙할 의무가 있다(대판 1971.8.31, 71다1386).

② 혼동은 법률규정에 의한 물권변동이므로 법률행위(당사자의 의사합치)에 의한 물권변동과는 달리 등기나 인도를 요하지 않는다(제187조 참조).

【판 례】

* 대판 1971.8.31, 71다1386 … 근저당권자가 소유권을 취득하면 그 근저당권은 소멸하지만, 그 뒤 소유권취득이 무효인 것이 밝혀지면 소멸하였던 근저당권은 당연히 부활하고 이 부활과정에서 등기부상 이해관계가 있는 자는 위 근저당권 말소등기의 회복등기절차를 이행함에 있어서 이를 승낙할 의무가 있다.

제 3 장 기본적 물권

제 1 절 점유권

1. 서 설

(1) 점유제도

1) 점유제도의 의의

점유제도란 물건을 사실상 지배하고 있는 경우에 그 지배를 정당화시켜 주는 법률상의 권리(본권)가 있느냐 없느냐를 묻지 않고 그 '사실상의 지배상태(점유)'에 대하여 여러 가지의 법률효과를 주고 있는 민법상의 제도를 말한다. 물건을 사실상 지배하고 있는 점유의 유형에는 크게 소유자로서 가지고 있는 경우(소유자로서의 점유), 다른 사람으로부터 빌려서 가지고 있는 경우(임차인으로서의 점유), 타인으로부터 그 보관을 부탁받아 가지고 있는 경우(수치인으로서의 점유), 남의 물건을 훔쳐서 가지고 있는 경우(절도인으로서의 점유), 남이 잃어버린 물건을 습득해서 가지고 있는 경우(습득자로서의 점유) 등과 같이 다섯 가지가 있다.

2) 점유제도의 연혁

현대 민법의 점유제도는 로마법의 포셋시오(Possessio)와 게르만법의 게베레(Gewere)에 연유한다. 즉 로마법은 사실적 지배를 법률적 지배(소유권)와 분리하고 소유로부터 절연된 사실적 지배로서의 점유(즉 물건에 대한 사실적 지배를 법률적 권리와 무관하게 그 지배 사실만을 포착하여 이해함)를 Possessio라고 하는데, 여기에서 점유보호청구권(제204조 내지 제206조), 선의점유자의 과실수취권(제201조), 비용상환청구권(제203조), 본권의 소와 점유의 소 구별(제208조)등의 효과가 발생한다. 반면 게르만법은 사실성을 외부적 표현으로 보고 권리와의 관련하에서 파악하는 점유(즉 물건에 대한 사실적 지배를 권리의 표현형식으로 보고 권리와의 관련 하에 관찰함)를 Gewere라고 하는데, 그로부터 권리의 추정력(제200조), 점유자의 자력구제(제209조), 선의취득(제249조), 동산물권의 공시(제188조), 간접점유제도(제194조) 등의 효과가 발생한다.

3) 점유제도의 목적

① 우리 민법상의 점유권이 로마법과 게르만법의 점유제도를 모두 승계한 것으로 보는 이상, 그것은 본권과는 분리된 점유 자체에 대해 평가를 하면서 한편으로는 본권의 외형으로서 그 평가를 하는 것이다.

② 점유제도는 점유자가 현재 점유하고 있는 점유상태를 계속 유지함으로써 얻게 되는 이익의 법적 보호를 통하여 사회질서를 유지하며(Possessio), 한편으로 동산에 관해서는 점유하고 있으면 소유권이 있다는 추정력을 인정함으로써 거래의 신속성(Gewere)을 꾀하기 위하여 채용된 제도라 할 수 있다.

(2) 점유권

1) 점유권의 의의

점유권이란 물건에 대한 사실상의 지배에 부여되는 법적 지위를 말한다. 즉 점유라는 사실을 법률요건으로 하여 인정되는 일종의 물권이다. 이러한 점유권에 기하여 구체적으로 점유보호청구권(제204조 이하), 점유자의 적법한 권리보유의 추정(제200조) 등의 법률효과가 발생한다.

2) 점유권의 특성

점유권도 물권의 일종이지만 일반적인 물권과 다르다. 즉 점유권은 어디까지나 물건에 대한 지배관계를 일단 적법한 것으로 보는 일시적인 권리에 지나지 않는 것이라는 데에 그 특성이 있다. 또한 사실적 지배가 있으면 점유보호청구권을 비롯한 여러 가지 법률효과가 발생한다는 점에서 포괄적이다.

2. 점 유

(1) 점유의 개념

1) 점유의 성립

민법 제192조 제1항은 '물건을 사실상 지배하는 자는 점유권이 있다'고 규정하고 있다. 그러나 사실상의 지배라 하여 그 물건에 대하여 직접 실력이 미친다는 것과 반드시 일치하지는 않는다. 즉 물건에 대하여 직접 실력을 미치고 있으면서도 점유가 인정되지 않는 경우(제195조)가 있는가 하면, 직접 실력을 미치고 있지 않으면서도 점유가 인정되는 경우(제194조)가 있다. 이와 같이 점유의 성립이 가시적인 사실(직접적인 실력행사)로부터 분리된 현상을 가리켜 점유의 관념화라고 하며, 이로부터 점유보호청구권이 발생된다.

2) 사실상의 지배

① 의 의

사실상의 지배라 함은 사회통념상 물건이 어떤 사람의 지배 안에 있다고 인정되는 객관적인 관계를 말한다(대판 2001.1.16, 98다20110). 즉 물건을 물리적·현실적으로 지배하는 것만을 의미하는 것이 아니고, 물건과 사람과의 공간적·시간적 관계 및 타인지배의 배제가능성 등을 고려하여 사회통념에 따라 합목적적으로 판단하여야 한다(대판 2009.9.24, 2009다39530).

② 사실적 지배의 요소

㉠ 공간적 지배관계

사실상의 지배가 있기 위해서는 사람의 물건에 대한 공간적 지배관계가 있어야 한다. 이러한 공간적 지배관계는 물리적인 지배력을 미칠 수 있는 가능성, 타인의 인식가능성, 타인지배의 배제가능성 등을 고려하여 인정된다(대판 1991.3.12, 90다77507; 대판 2001.1.16, 98다20110).

㉡ 시간적 지배관계

사실적 지배관계는 어느 정도의 계속성을 요한다(곽윤직 246면, 이영준 327면). 따라서 옆 사람으로부터 잠시 볼펜이나 지우개를 빌려 사용하는 경우 등과 같이 일시적으로 물건을 가지고 있는 때에는 사실상의 지배가 성립하지 않는다.

㉢ 본권과의 관계

사실상의 점유는 본권관계와 무관하게 성립하는 것이다(예컨대 도둑에게도 점유가 인정될 수 있다). 그러나 본권의 유무는 사회통념상 사실상의 지배가 있느냐를 판단하는 데 중요한 표준이 될 수 있다. 또한 지배의 계속성이나 본권을 가지고 있는 점유자는 타인의 지배를 배제할 수 있는 가능성을 갖는다.

3) 점유설정의사

① 주관주의

주관주의에 의한 점유라 함은 소지(所持)의 의사, 즉 사실상의 지배(소지)

이외에 어떤 일정한 의사인 주관적 요소를 필요로 한다는 설이다. 프랑스민법은 소유자의사설(Savigny)을 취하고 있다(프랑스민법 제228조, 제229조).

② 객관주의

객관주의에 의한 점유라 함은 사실상의 지배, 즉 소지만으로 족하고 특별한 점유의사를 필요로 하지 않는다는 설이다(Jhering). 독일의 다수설과 판례는 객관주의를 취하면서 점유설정의사를 요한다고 한다(Jauering/Jauering BGB, 11. Aufl, II 1 c zu §854).

③ 통설과 판례

점유에는 일정한 점유의사를 필요로 하지는 않지만 적어도 사실적 지배관계를 가지려는 의사, 즉 '점유설정의사'는 필요하다는 것이 통설과 판례의 입장이다(곽윤직 141면, 이영준 287면; 대판 1973.2.13, 72다2450 등). 우리 민법은 제192조 제1항에서 물건을 사실상 지배하는 자는 점유권이 있다고 규정하여 객관주의를 취하고 있다.

(2) 점유보조자

1) 의 의

가사상의 가정부라든가, 영업상의 점원 및 그 밖에 이와 유사한 관계에 의하여 타인의 지시를 받아 물건에 대한 사실상의 지배를 하는 때에 그 타인(지시하는 자)만이 점유자가 되고 이에 물건을 사실상 지배하고 있지만 점유자가 되지 못하는 자를 '점유보조자'라고 한다(제195조).

2) 점유보조자의 요건

① 점유보조자가 타인을 위하여 물건에 대한 사실상의 지배를 행사하고 있어야 한다. 이 경우 점유보조자에게는 점유주를 위하여 사실상 지배한다는 의사가 필요하지 않으며, 또한 점유주가 소유권을 가지고 있는지의 여부를 불문한다.

② 점유주와 점유보조자 사이에 점유보조의 관계가 존재하여야 한다. 즉 점유보조관계는 점유자의 지시에 따라야 하므로 사회적 의미에 있어서 명령·복종의 종속관계를 전제로 한다.

3) 점유보조관계의 유무

① 배우자

혼인생활에 있어서의 남녀평등을 표방하고 있는 현행 민법하에서는 본질적으로 부부 사이의 명령·복종관계를 인정할 수 없다. 따라서 공동점유 내지 단독점유를 인정할 수는 있어도, 부부의 일방은 타방의 점유보조자라고 할 수 없다. 다만 특단의 사정이 있는 경우, 즉 처(妻)가 부(夫)의 점포에서 부를 보조하는 경우에는 부의 점포·기타 시설 및 상품에 대한 부의 점유보조자가 된다고 보아야 한다.

② 법인의 기관

법인의 대표기관이 직무수행과 관련하여 물건을 점유한 때에는 법인의 점유로 되며, 대표기관이 법인의 점유보조자가 되는 것은 아니다(곽윤직 201면, 이영준 300면; 대판 1972.9.26, 72다1448). 한편 대표기관 이외의 기관(감사)이 직무를 수행함에 있어서 물건을 사실상 점유하는 경우에도 법인 자체의 점유로서 인정할 수 없고, 법인을 점유자로 하는 점유보조자의 관계로서 이해하는 것이 학설과 판례의 입장이다(김용한 189면, 이영준 300면; 대판 1965.2.16, 64다1513).

③ 공무원·근로자

점유보조관계가 성립하려면 점유보조자가 점유자의 지시에 따라야 할 관계에 있어야 한다. 즉 사회적 의미에 있어서의 명령·복종의 관계를 전제로 한다. 이러한 점에서 공무원은 공법상의 법률관계에 의하여(대판 1995.2.14, 94다28994·2903), 근로자는 사법상의 법률관계에 의하여 사회적 종속관계에 있다고 하겠다. 따라서 공무원과 근로자는 각 법률관계의 측면에서 점유보조자라고 할 수 있다(통설).

【판 례】

* 대판 1995.2.14, 94다28994·29003 … 고속국도법의 각 규정에 의하면 한국도로공사는 법규에 따라 국토교통부(구 건설부)장관이 정하는 범위 내에서 국토교통부장관을 대행하는 것에 불과하여 독립한 점유주체로 될 수 없고, 국토교통부장관을 기관으로 하는 대한민국의 점유보조자에 불과하다.

4) 점유보조의 효과

① 점유보조자는 물건에 대한 사실상의 지배를 하고 있으나 점유자가 아니므로, 점유권에 관한 일반적인 보호가 주어지지는 않는다. 즉 점유보조자는 점유방해자에 대하여 점유보호청구권을 행사할 수 없으며(대판 1976.9.28, 76다1588), 상대방의 소유물반환청구소송의 성질을 가지는 퇴거청구의 독립한 상대방이 될 수 없다(대판 2001.4.27, 2001다13983). 다만 점유주의 점유를 보호하기 위하여 자력구제권(제209조)을 행사할 수 있다고 하는 것이 통설이다.

② 민법 제195조의 점유보조관계는 점유보조자가 물건에 대한 사실적 지배

를 하는 경우뿐만 아니라, 새로운 물건을 취득 또는 기존의 물건을 상실하는 경우에도 적용된다(통설). 한편 점유보조관계는 사회적 종속관계의 종료에 의하여 소멸되는데, 그 관계의 종료는 점유보조자만의 의사표시로 소멸되는 것은 아니며, 외부에서 명백하게 인식될 수 있는 것이어야 한다(김형배 533면, 지원림 540면).

③ 점유취득시의 선의 및 악의에 대해서 점유보조자와 점유주 중 누구를 기준으로 하여 판단할 것인가가 문제된다. 점유에 관한 선의·악의는 점유자의 과실수취권, 점유물의 멸실·훼손에 대한 책임의 범위 등에 있어서 그 판단기준이 되는 바, 원칙적으로 점유주가 선의이어야 한다. 다만 유의할 점은 점유주가 선의이고 점유보조자가 악의이면 점유보조자의 악의는 점유주의 불이익으로 돌아간다(제116조, 제756조 등의 유추적용). 그 이유는 점유보조자의 악의에 의한 이익이 점유주에게 귀속되기 때문이다.

【판 례】

* 대판 1976.9.28, 76다1588 … 점유보조자는 점유물방해제거의 가처분신청을 할 수 없으며, 따라서 농지를 분배받아 점유·경작하고 있는 자의 동거가족은 점유물반환청구권을 가지지 아니하므로, 그가 신청한 점유물방해금지가처분신청의 피보전권리를 인정할 수 없다.

(3) 간접점유

1) 의 의

① 간접점유라 함은 본인의 물건(동산, 부동산)을 지상권·전세권·질권·사용대차·임대차·임치 그 밖에 관계로 타인으로 하여금 물건을 점유하게 한 자는 간접으로 점유권이 있는데(제194조), 이처럼 타인의 점유를 매개로 하는 점유를 '간접점유'라고 한다.

② 민법이 간접점유를 규정하여 간접점유자에게 점유권을 인정하는 이유는 타인을 매개로 하여 물건에 대한 사실상의 지배를 행사하고 있는 자에게도 법적 보호를 해야 할 가치가 있다는 것이다.

2) 간접점유의 성립요건

① 특정인의 직접점유 존재

여기서 '특정인'이라 함은 이른바 점유매개자를 의미하며, 간접점유자와 일정한 법률관계에서는 직접점유자이다. 유의할 점은 간접점유에 있어서는 점유매개자도 점유를 가지고 간접점유자도 점유를 가지므로, 동일물에 대하여 점유가 이중으로 성립한다(제207조 참조).

② 특정인과의 점유매개관계 존재

직접점유자의 점유권은 간접점유자로부터 전래한 것이므로, 일정기간 경과 후(점유매개 관계종료) 간접점유자는 점유매개자에 대하여 반환청구권을 가져야 한다. 한편 유의할 점은 점유매개관계는 반드시 유효한 법률관계를 기초로 함을 요하지 않는다. 예컨대 무권리자가 타인에게 물건을 대여한 경우에 그 임대차계약은 무효이지만 점유매개관계는 성립하는 것과 같다. 점유란 원래 법률관계보다도 사실관계를 더 중시하는 것이기 때문이다.

3) 간접점유의 효과

① 간접점유자도 점유권을 가진다. 따라서 직접점유자가 그 점유를 침탈당하거나 방해당하고 있는 경우에는 간접점유자도 점유보호청구권을 가진다(제207조 제1항).

② 유의할 점은 간접점유자는 침탈자에 대하여 자기에게 반환할 것을 청구하지는 못하고, 직접점유자에게 반환할 것을 청구할 수 있을 뿐이다. 그러나 예외적으로 직접점유자가 물건의 반환을 받을 수 없거나 또는 반환받기를 원하지 않는 때에는 자기(간접 점유자)에게 반환할 것을 청구할 수 있다(제207조 제2항).

4) 간접점유자의 자력구제권

① 간접점유자는 직접점유자에 대한 제3자의 침해가 있더라도 자력구제권은 인정되지 않는다(제209조). 즉 간접점유자는 점유자인지의 여부를 판단(식별)하기가 곤란하므로 법원에 의하여 실현되는 점유보호청구권만을 인정하는 것이 타당하다.

② 간접점유자는 직접점유자에 대한 관계에 있어서 점유보호청구권이나 자력구제권을 행사할 수 없고, 다만 간접점유의 기초가 되는 법률관계(즉 점유 매개관계)나 또는 물권에 기인한 청구권을 행사할 수 있을 뿐이다. 한편 직접점유자는 간접점유자에 대하여 간접점유의 기초가 되는 법률관계에서 발생하는 청구권을 행사할 수 있을 뿐만 아니라 점유보호청구권과 자력구제권도 행사할 수 있다.

(4) 점유의 종류

1) 자주점유 · 타주점유

① 소유의 의사를 가지고 하는 점유를 '자주점유'라 하고, 자주점유 이외의 점유를 '타주점유'라고 한다. 여기서 소유의 의사란 물건에 대하여 소유자가 할 수 있는 것과 같은 배타적 지배를 사실상 행사하려는 의사, 즉 사실상 소유할 의사로 족하다(대판[전합] 2000.3.16, 97다37661 참고).

② 소유의 의사의 유무는 점유취득의 원인이 된 사실, 즉 권원의 성질에 의하여 객관적으로 정하여진다(대판 2001.5.29, 2001다5913). 따라서 매수인 · 도인(盜人) 등은 언제나 소유의 의사를 가지는 자주점유자이고, 이에 반하여 지상권자 · 전세권자 · 질권자 · 임차인 · 수치인 등은 언제나 그러한 의사가 없는 타주점유자이다.

③ 권원의 성질상 자주점유인지 타주점유인지가 불분명할 경우에 점유자는 소유의 의사로 점유(자주점유)한 것으로 추정된다(제197조 제1항). 유의할 점은 악의의 무단점유의 경우에도 종전의 판례는 자주점유를 인정하여 왔으나(대판 1996.1.26, 95다863 · 870), 판례는 입장을 변경하여 악의의 무단점유의 경우 자주점유의 추정을 부정하고 있다(대판 2003.8.22, 2001다23225; 대판 2012.5.10, 2011다52017).

【판 례】

* 대판 2003.8.22, 2001다23225 · 23232 … 점유자가 점유 개시 당시에 소유권 취득의 원인이 될 수 있는 법률행위 기타 법률요건이 없이 그와 같은 법률요건이 없다는 사실을 잘 알면서 타인 소유의 부동산을 무단점유한 것임이 증명된 경우, 특별한 사정이 없는 한 점유자는 타인의 소유권을 배척하고 점유할 의사를 갖고 있지 않다고 보아야 할 것이므로 이로써 소유의 의사가 있는 점유라는 추정은 깨어졌다.
* 대판 2012.5.10, 2011다52017 … 지방자치단체나 국가가 적법한 공공용 재산의 취득절차를 밟는 등 토지를 점유할 수 있는 일정한 권원 없이 사유토지를 도로부지에 편입시킨 경우에는 소유의 의사가 있는 점유라는 추정은 깨어진다.

2) 선의점유 · 악의점유

① 점유할 권리, 즉 본권이 없음에도 불구하고 그것이 있다고 오신하여 하는 점유를 '선의점유'라 하고, 이에 반하여 본권이 없음을 알거나 또는

그 유무에 의심을 가지면서 하는 점유를 '악의점유'라 한다.

② 본권의 유무에 대하여 의심을 갖는 것을 악의로 해석하는 취득시효(제245조), 과실수취권(제201조), 선의취득(제249조) 등에 있어서도 선의점유는 강력한 보호(소유권 취득)가 인정되므로 선의의 인정범위를 엄격히 해석해야 하기 때문이다(제201조, 제202조, 제245조, 제249조).

3) 과실점유 · 무과실점유

① 이것은 선의점유에 대한 재구별이다. 즉 본권이 없음에도 불구하고 있다고 오신하는 데에 과실이 없으면 '과실없는 점유'이고, 과실이 있으면 '과실있는 점유'이다.

② 과실의 유 · 무는 취득시효와 선의취득에 영향을 미치며, 무과실은 추정되지 않는다는 것이 통설이다(제197조 참조). 따라서 무과실은 주장하는 자에게 그 증명책임이 있다.

4) 평온점유 · 공연점유

평온점유라 함은 점유자가 그 점유를 취득 또는 보유함에 있어 법률이 허용할 수 없는 강폭행위(强暴行爲)를 쓰지 않는 것을 말하고, 공연점유는 남몰래 숨어서 하지 않는 점유를 말한다. 점유자의 점유는 평온 · 공연한 것으로 추정된다(제197조 제1항; 대판 1994.12.9, 94다25025). 이러한 평온 · 공연의 여부는 취득시효와 선의취득 등에 영향을 미친다.

【판 례】 평온 · 공연의 점유

* 대판 1994.12.9, 94다25025 … 점유자는 소유의 의사로 평온 및 공연하게 점유하는 것으로 추정되고, 평온한 점유란 점유자가 그 점유를 취득하는데 법률상 용인될 수 없는 강폭행위를 쓰지 아니한 점유이고, 공연한 점유는 은비의 점유가 아닌 점유를 말하므로, 그 점유가 불법이라고 주장하는 자로부터 이의를 받거나 법률적인 분쟁이 있었다고 하더라도 그러한 사실만으로 곧 그 점유가 평온 · 공연성을 상실한다고 할 수 없다.

3. 점유권의 취득과 소멸

(1) 직접점유권의 취득

1) 원시취득

점유권은 점유라는 사실로 성립하며, 점유가 성립하면 점유권이 취득된다. 즉 어떤 물건이 어떤 사람의 사실상의 지배범위 내로 들어가는 것으로써, 무주물선점(제252조)·유실물습득(제253조)·매장물발견(제254조)·절취 등에 의해 점유권이 취득되는데, 이러한 점유권의 취득은 원시취득이다.

2) 승계취득(점유권의 양도)

① 포괄승계

점유를 일괄적으로 승계하는 것으로서, 민법이 규정하는 것은 상속이 있다(제193조). 즉 피상속인이 가졌던 점유권이 상속으로 인하여 당연히 상속인에게 포괄적으로 승계된다. 따라서 상속이 그 물건에 대한 사실상의 지배를 취득하기 전이라도 상속재산의 침해에 대하여 점유보호청구권을 행사할 수 있다.

② 특정승계

점유권의 양도(매매)는 당사자의 합의와 점유물의 인도로써 그 효력이 생긴다(제196조). 양도의 방법으로서는 현실의 인도(제196조 제1항) 외에 양도의 합의만으로 점유를 이전하는 관념상의 인도방법인 간이인도(제188조 제2항)에 의해서도 점유권을 양도할 수 있다.

(2) 간접점유권의 취득

1) 간접점유의 설정

직접점유자였던 자가 일정한 행위(권원)로 인하여 간접점유자로 되는 것을 말한다. 예컨대 소유자가 그 소유물을 임대하면 임차인은 직접점유자가 되고, 소유자는 간접점유자가 된다(제194조).

2) 점유개정의 약정

목적물의 점유권을 양도 후 양도인이 계속하여 점유하는 경우(점유개정), 양도인은 직접점유자가 되고, 양수인이 간접점유자가 된다.

3) 간접점유권의 양도

임대차계약에 따라 간접점유권자(소유자, 양도인)가 가진 목적물반환청구권을 양도한 경우에 그 반환청구권의 양수인은 간접점유를 취득하게 된다(제190조 참조).

(3) 점유승계의 효과

① 점유의 승계인은 일면에 있어서는 전주(前主)의 점유를 승계하는 것이라고 볼 수도 있고, 한편으로는 승계인 자신이 새로운 점유를 시작한 것이라고 볼 수도 있다. 따라서 승계인은 자기의 점유만을 주장할 수도 있고, 자기의 점유와 전주의 점유를 아울러 주장할 수도 있다(제199조 제1항). 다만 전 점유자의 점유를 아울러 주장하는 경우에는 그 하자도 승계한다(동조 제2항).

② 이와 같이 점유의 분리 · 합병의 주장은 취득시효의 기산점과 관련하여 중요한 의미를 갖는다. 예컨대 A가 악의의 점유를 5년간 계속한 후 B가 그 점유를 승계하여 선의로 5년간 점유하였다면, B는 민법 제246조 제1항에 의거하여 동산소유권의 점유취득시효를 주장할 수도 있고, 동시에 동조 제2항에 의거 자기의 점유만을 주장하여 5년의 선의취득에 의한 점유를 주장할 수도 있다.

(4) 점유권의 소멸

① 점유권은 점유의 상실이 있을 때 소멸한다. 즉 직접점유에 있어서는 목적물에 대한 사실상의 지배를 상실함으로써 소멸한다(제192조 제2항). 사실상의 지배가 상실되었는지의 여부는 거래관념에 따라 결정된다. 즉 점유자의 자유의사에 의한 소멸(점유물의 포기와 양도)과 점유자의 자유의사에 의하지 않은 소멸(점유물의 절도와 유실)이 있다. 한편 타인의 침탈에 의하여 일시 점유를 잃더라도 1년 내에 점유물반환청구권을 행사하여 그 점유를 회수하면 점유는 계속된 것이 된다(제192조 제2항 단서).

② 간접점유에 있어서는 직접점유자가 점유를 상실하거나 또는 직접점유자가 점유물을 횡령함으로써 점유매개자로서의 역할이 단절되는 경우에 점유권이 소멸한다. 유의할 점은 점유매개관계의 단절이 아니라 전세권의 존속기간만료와 같이 점유매개관계의 종료는 그 자체만으로 간접점유권이 소멸하지 않는다.

4. 점유권의 효력

(1) 총 설

점유권의 내용은 목적물에 대한 사실상의 지배이고 그 목적물에 대한 종국적인 권리(본권)는 아니지만, 민법은 이것을 일종의 물권으로 하여 점유의 추정적 효력(제197조 이하) · 점유자와 회복자의 관계(제201조 이하) · 점유보호청구권(제204조 이하) · 점유자의 자력구제(제209조) 등에 있어서 일정한 법률효과를 부여하고 있다.

(2) 점유의 추정적 효력

1) 자주점유의 추정

① 점유자는 소유의 의사로 선의 · 평온 및 공연하게 점유한 것으로 추정한다(제197조 제1항). 이처럼 점유자는 소유의 의사로 점유(자주점유)한 것으로 추정되므로, 점유가 타주점유라는 데 대한 증명책임은 상대방에게 있다.

② 한편 선의의 점유에 관하여 과실이 없었다는 점에 관하여는 점유자가 이를 증명하여야 하며(통설; 대판 2006.1.26, 2005다36045), 선의의 점유자라 하더라도 본권에 관한 소에 패소한 때에는 그 소가 제기된 때로부터 악의의 점유자로 본다(제197조 제2항).

2) 점유계속의 추정

전후양시(前後兩時)에 점유한 사실이 있는 때에는 그 점유는 계속한 것으로 추정한다(제198조). 이러한 점유계속의 추정은 동일인이 전후 양 시점에 점유한 것이 증명된 때에만 적용되는 것은 아니고, 양 시점의 점유자가 다른 경우에도 점유승계(제199조)가 증명되는 한 점유계속은 추정된다(대판 1996.9.20, 96다24279 · 24286). 따라서 점유취득을 저지하려는 자가 양 시점 사이에 점유상실이 있었다는 사실을 증명하여야 한다.

3) 권리적법의 추정

① 점유자가 점유물에 대하여 행사하는 권리는 적법하게 보유한 것으로 추정한다(제200조). 따라서 권리의 추정에 의하여 소유자로서 점유하는 자는 정당한 소유자로 추정되며, 유치권자로 점유하는 자는 적법하게 유치권을 가지는 것으로 추정된다. 이것은 사실상의 지배를 일단 정당한 것으로 보호하고자 하는 점유제도의 핵심을 이루는 것이다.

② 점유에 대한 권리의 추정은 동산에 관해서만 적용되고, 부동산에 대해서

는 적용되지 않는다(통설). 즉 부동산에 관하여는 등기에 추정력이 인정됨으로 민법 제200조가 적용되지는 않는다. 따라서 등기명의인과 점유자가 불일치하는 경우에는 등기명의인이 적법한 권리자로 추정된다(대판 1982.4.13, 81다780).

(3) 점유자와 회복자의 관계

1) 의 의

본권 없이 타인의 물건을 점유하는 자는 본권을 가진 자가 반환청구권을 행사하면 점유물을 본권을 가진 자에게 반환하여야 한다. 이 경우에 점유자와 회복자 사이에는 과실취득반환문제 외에 목적물의 멸실·훼손에 따른 책임문제와 지출비용의 상환문제 등이 수반된다(제201조 내지 제203조).

2) 점유자의 과실취득

① 선의점유자의 과실취득권

㉠ 선의의 점유자는 점유물의 과실을 취득할 권리가 있다(제201조 제1항). 일반적으로 선의란 어떤 사실을 알지 못하는 상태를 말하는데, 여기서의 '선의'란 실제로 과실을 수취할 수 있는 본권을 갖고 있지 않음에도 불구하고 과실을 수취할 수 있는 권리(소유권, 지상권, 전세권, 임차권 등)를 가지고 있다고 오신하고, 그러한 오신에 정당한 근거가 있는 점유자를 말한다(대판 2000.3.10, 99다63350). 다시 말해서 실제로 없는 권리를 존재하는 것으로 적극적으로 믿는 것을 말한다.

㉡ 선의취득되는 과실은 천연과실과 법정과실을 모두 포함한다. 선의의 여부를 정하는 시기는 천연과실에 있어서는 원물로부터 분리할 때(제102조 제1항 참조)이지만, 법정과실에 관하여는 선의가 존속한 일수의 비율로 취득한다(제102조 제2항 참조).

㉢ 판례는 과실의 범위를 넓게 해석하여 선의의 점유자는 비록 법률상 원인 없이 물건을 점유하여 사용함으로써 취득하게 되는 이익, 이른 바 사용이익도 과실에 준한다고 한다(대판 1996.1.26, 95다44290). 또한 계약이 무효·취소되거나 해제된 경우에도 민법 제748조 제1항의 특칙으로서 민법 제201조 제1항의 적용을 긍정한다(대판 1993.5.14, 92다45025).

【판 례】

* 대판 1996.1.26, 95다44290 … 토지를 사용함으로써 얻은 이득은 그 토지로 인한 과실과 동시할 것이므로, 민법 제201조 제1항에 의하여 선의의 점유자는 비록 법률상 원인 없이 타인의 토지를 점유·사용하고 이로 말미암아 그에게 손해를 입혔다 하더라도 그 점유·사용으로 인한 이득을

그 타인에게 반환할 의무는 없다.

② 악의점유자의 과실반환의무

㉠ 악의의 점유자는 수취한 과실을 반환하여야 한다(제201조 제2항 참조). 폭력 또는 은비에 의한 점유자도 마찬가지이다(제201조 제3항). 또한 선의의 점유자라도 본권에 관한 소송에서 패소한 때에는 그 소의 제기시부터 악의의 점유자로 간주된다(제197조 제2항).

㉡ 악의의 수익자의 반환범위와 관련하여 민법 제201조 제2항은 민법 제748조 2항(받은이익, 이자, 손해배상)의 특칙인가? 학설은 물권규정이 우선 적용되므로 특칙으로 본다(김형배 562면 등). 그러나 판례는 부당이득의 특칙이라든가 물권규정의 우선적 용을 배제하고 민법 제201조 제2항의 구체적 내용은 민법 제748조 제2항에 따라 받은 이익에 이자를 가산하여 반환하여야 하며, 이자의 이행지체로 인한 지연손해금도 지급하여야 한다는 태도를 취하고 있다(대판 2003.11.14, 2001다61869).

【판 례】

* 대판 2003.11.24, 2001다61869 … 한국전력공사가 권원 없이 타인 소유 토지의 상공에 송전선을 설치함으로써 토지를 사용·수익한 경우에, 악의수익자가 반환하여야 할 범위는 민법 제748조 제2항에 따라 정하여지는 결과 그는 받은 이익에 이자를 붙여 반환하여야 하며, 위 이자의 이행지체로 인한 지연손해금도 지급하여야 한다.

3) 점유물의 멸실·훼손에 대한 책임

① 점유물이 점유자의 책임 있는 사유(고의 또는 과실)로 인하여 멸실 또는 훼손된 때에는 불법행위가 되므로(제750조 이하), 그 손해를 배상하여야 한다. 여기서 '멸실'이라고 함은 물건의 물리적 멸실뿐만 아니라 제3자에게 양도하여 그 반환이 불능하게 된 경우도 포함한다. 또한 '훼손'이란 물리적인 완전성을 해치는 경우뿐만 아니라 통상적인 관리·수리행위를 하지 않아 그 물건의 가치를 하락시키는 일체의 행위를 말한다.

② 점유자의 점유가 선의의 자주점유일 경우에는 이익이 현존하는 한도에서 배상을 하면 되나, 악의의 자주점유일 경우에는 그 손해의 전부를 배상하여야 한다. 그리고 소유의 의사가 없는 '타주점유'(예컨대 임차인, 수치인 등의 점유를 말한다.)일 경우에는 선의·악의를 불문하고 모두 손해의 전부를 배상하여야 한다(제202조).

4) 점유자의 비용상환청구권

① 필요비의 청구

㉠ 필요비라 함은 물건을 통상 사용함에 있어 적합한 상태로 보존하고 관리하는데 지출되는 비용을 말한다. 점유자는 선의·악의 또는 소유의 의사 유무를 묻지 않고서 물건을 적합한 상태로 보존하고 관리하는 데 지출되는 비용, 즉 필요비의 상환을 청구할 수 있다(제203조 제1항 본문 참조).

㉡ 필요비는 다시 통상의 필요비와 특별한 필요비로 나뉜다. 통상의 필요비란 평상적인 보존에 필요한 비용으로 예를 들면 보존비·수리비·조세·공과금 등이며, 특별한 필요비는 태풍·지진 등으로 주택이 피해를 입은 경우에 수선하는 데 든 비용을 말한다. 통상의 필요비는 점유자가 과실을 취득한 때에는 그 상환을 청구하지 못한다(제203조 제1항 단서).

② 유익비의 청구

㉠ 점유자는 점유물을 개량이나 물건의 가치를 증가시키기 위하여 지출한 금액 그 밖의 유익비에 관하여 그의 선의·악의를 묻지 않고 그 가액의 증가가 현존하는 경우에 한하여 회복자의 선택에 좇아 그 지출금액이나 증가액의 상환을 청구할 수 있다(제203조 제2항; 대판 2002. 11.22, 2001다40381).

㉡ 점유자는 유익비(필요비 포함)에 대하여 물건의 회복자가 지체하는 경우 유치권을 행사할 수 있다(제230조 제1항; 대판 2011. 12.13, 2009다5162). 한편 점유자에 의한 유익비상환청구권이 행사된 경우에 법원은 회복자의 청구에 의하여 상당한 상환기간을 허용(허여)할 수 있다(제203조 제3항). 즉 비용상환청구권은 선택채권으로써 상환기간의 유예가 허용된다.

(4) 점유보호청구권

1) 의 의

점유보호청구권이라 함은 점유의 침해가 있는 경우에, 본권의 유무를 묻지 않고 점유자가 그 침해의 배제를 청구할 수 있는 권리를 말한다. 즉 물권을 사실상 지배하고 있는 점유자는 일단 정당한 것으로 보호받게 되는데(제200조), 점유보호청구권을 인정하는 이유는 점유는 물건에 대한 사실상의 지배이지만 자력구제가 원칙적으로 금지됨에 따라 사회질서를 유지하고 점유자를 보호할 필요가 있기 때문이다.

2) 법적성질

점유보호청구권은 점유권의 침해에 대하여 그 배제를 청구하는 물권적 청구권이다(통설). 그러나 본권에 기한 물권적 청구권은 권리의 내용을 실현하는 것인데 반하여 점유보호청구권은 사실상의 지배 상태의 유지 내지 회복을 실현하려는 데 그 목적이 있다.

3) 점유보호청구권의 당사자

점유보호청구권의 주체는 점유자인데(제204조, 제206조), 직접점유자뿐만 아니라 간접점유자도 이 청구권은 행사할 수 있다(제207조). 그러나 점유보조자(예컨대 점원)는 점유권이 인정되지 않으므로 점유보호청구권의 주체가 될 수 없다(제195조 참조). 다만 점유주를 위한 자력구제는 가능하다. 한편 점유보호청구권의 상대방은 타인의 물건을 현재 점유하고 있는 자(제204조), 방해하고 있는 자(제205조), 방해할 염려가 있는 자이다(제206조).

4) 점유보호청구권의 내용

점유보호청구권은 물권적 청구권의 일종이며 다음의 3가지가 있다.

① 점유물반환청구권

㉠ 점유물을 침탈당한 경우에 그 물건의 반환을 청구하는 권리이다. 즉 점유자의 의사에 기하지 않고서 사실적 지배를 빼앗기는 것을 말한다. 따라서 사기에 의하여 점유를 이전하거나(대판 1992.2.28, 91다17443), 빨래가 바람에 날려 이웃집으로 넘어간 경우에는 점유물반환청구를 행사할 수 없다(대판 1993.3.9, 92다5300 참고).

㉡ 반환청구의 상대방은 침탈자 또는 그 포괄승계인이 원칙이며, 침탈자의 특정승계인에 대하여서는 그 자가 침탈의 사실을 알고 있는 경우에만 청구할 수 있다(제204조 제1항, 제2항). 그리고 이 권리는 침탈을 당한 날로부터 1년 내에 행사하여야 한다(제204조 제3항).

② 점유물방해제거청구권

㉠ 점유침탈 이외의 방법으로 점유를 방해당하고 있는 경우에 그 방해의 제거를 청구하는 권리이다. 방해자뿐만 아니라 방해상태가 그 지배권 내에 있다고 생각되는 자에 대하여서도 행사할 수 있다(예컨대 폭풍으로 인하여 이웃집 나무가 쓰러져 넘어온 경우).

㉡ 방해제거청구권은 방해자의 고의·과실 등의 귀책사유는 필요로 하지 않지만, 손해배상청구는 그 성질이 불법행위이므로 방해자의 고의·과실이 있어야 한다. 방해제거 및 손해배상의 청구는 방해가 끝난 날로부터 1년이 지나면 행사하지 못하며, 또한 침해가 공사에 의하여 생긴 때에는 공사 착

수 후 1년이 지나거나 공사가 완성된 후에는 행사하지 못한다(제205조).

③ 점유물방해예방청구권

㉠ 점유의 방해를 받을 염려가 있는 경우에 그 예방(즉 원인의 제거)을 청구하는 권리이다. 예컨대 나무가 넘어질 염려가 있다거나, 축대가 무너질 염려가 있을 때이다. 그 존부는 구체적 사정하에서 일반사회통념에 따라 객관적으로 판단된 방해의 염려가 있어야 한다(대판 1987.6.9, 86다카2942).

㉡ 방해예방청구권은 방해의 예방 또는 손해배상의 담보를 청구하는 것을 내용으로 하며(선택적 청구), 손해배상의 담보는 장래의 발생에 대비하여 미리 제공케 하는 것이므로 상대방의 고의·과실을 필요로 하지 않는다. 여기서 방해의 예방은 방해원인을 제거하여 방지하는 조치로서 작위 또는 부작위를 가리지 않는다. 또한 권리의 행사기간에는 제한이 없다. 다만 방해의 염려가 공사로 생긴 때에는 공사착수 후 1년 이내에 또는 공사의 완성 전에 한하여 행사할 수 있다(제206조 제2항).

5) 점유의 소와 본권의 소

① 점유의 소와 본권의 소(소송)

점유보호청구권에 기인한 소송을 '점유의 소'라고 하는 데 대하여, 소유권·전세권·임차권 등의 점유할 수 있는 권리에 기인한 소송을 '본권의 소'라고 한다. 예컨대 A가 점유하고 있던 그의 소유물을 B가 빼앗은 경우에, A는 점유권에 기인한 반환청구의 소송을 제기할 수 있고, 또한 본권인 소유권에 기인한 반환청구의 소송을 제기할 수도 있다. 앞의 것을 점유의 소라 하고, 뒤의 것을 본권의 소라고 한다.

② 양자의 관계

점유의 소송과 본권의 소송은 서로 영향을 미치지 아니하며, 또한 점유권에 기인한 소는 본권에 관한 이유로 재판하지 못한다(제208조). 즉 점유권에 기인한 소와 본권에 기인한 소는 동일한 이익을 목적으로 하지만, 제도의 목적이 상이하기 때문에 서로 영향을 미치지 아니하므로 두 소송을 동시에 제기할 수도 있고 따로따로 제기할 수도 있다. 또한 한 쪽에서 패소하더라도 다른 소송을 제기할 수 있으며, 한 쪽의 소권이 소멸하여도 다른 쪽의 소권에는 아무런 영향이 없다.

(5) 자력구제권

1) 자력구제의 의의

자력구제라 함은 사인(私人)이 자기의 권리를 보호하기 위하여 자신이 직접 실력을 행사하는 자기보호수단이다. 즉 국가의 협력에 의하지 않고 자력으로써 권리의 내용을 실현하는 것을 말하며, 이는 원칙적으로 금지하고 있다. 그러나 정당한 권리자를 구제하기 위하여 민법이 예외적으로 자력방위권과 자력탈환권을 인정하고 있다.

2) 자력방위 · 자력탈환

자력방위라 함은 점유를 부당히 침탈 또는 방해하는 행위에 대하여 자력으로 이를 방위할 수 있는 권리를 말한다(제209조 제1항). 이 권리는 점유의 침탈이 현재 진행중인 경우에만 행사할 수 있다. 한편 자력탈환은 점유를 침탈당한 경우에 자력으로써 그것을 탈환할 수 있는 권리를 말한다(제209조 제2항). 즉 목적물이 동산인 때에는 현장에서 또는 가해자를 추적하여 그것을 탈환할 수 있으며, 부동산인 때에는 침탈 후 '즉시' 가해자를 배제하여 이를 탈환할 수 있다(제209조 제2항 전단). 이 권리는 사회통념상 시간적 제한이 있다. 따라서 침탈의 사실을 상당한 기간이 경과한 후에 알았다면 자력탈환권은 행사할 수 없을 것이고(대판 1993.3.26, 91다14116), 점유물반환청구권을 행사할 수 있을 뿐이다.

4) 과잉자구 · 오상자구

과잉자구라 함은 위법성이 조각되는 범위를 넘어서 자력구제를 하는 것이고, 오상자구란 위법성의 조각에 필요한 요건이 없음에도 불구하고 이를 있다고 오신하여 자력구제를 하는 것을 말하는 바, 이들은 모두 민법 제209조의 자력구제에 해당하지 않는 것으로 된다.

5) 자력구제 · 정당방위

자력구제는 급박 · 부당한 침해에 대하여 점유권을 방위하는 행위뿐 아니라, 이미 완료한 침해에 대하여 그 점유의 회복도 포함하고 있으나, 일반적으로 정당방위는 급박 · 부당한 침해에 대하여만 인정된다는 점에서 양자는 구별된다. 좀 더 정확히 말하면, 정당방위는 현재의 급박한 침해의 구제를 위한 것인 데 반하여, 자력구제는 현재의 급박한 침해뿐 아니라 과거의 침해에 대한 구제도 포함한다는 데에 차이가 있다.

5. 준점유

(1) 의 의

민법은 물건이 아닌 '재산권을 사실상 행사'하는 경우에 이를 준점유라 하여 점유권에 관한 규정을 준용하고 있다(제210조). 이처럼 준점유는 물건 이외의 이익에 대해서도 사실상의 재배가 존재하고 사회가 그 외형을 신뢰하는 경우에는 그러한 점유에도 보호를 목적으로 인정된 것이 준점유이며, 준점유는 점유의 개념을 확장한 것이라고 할 수 있다.

(2) 요 건

① 준점유의 객체는 재산권이다. 그런데 점유를 수반하는 재산권(소유권, 지상권)에 대해서는 준점유가 성립할 여지가 없으므로, 준점유의 객체는 점유를 수반하지 않는 권리(채권, 저당권, 지식재산권 등)에 한하게 된다.

② 준점유가 성립하기 위해서는 재산권을 '사실상 행사'하여야 한다. 즉 점유를 수반하지 않는 재산권이 사실상 어떤 사람에게 귀속되는 것과 같은 외관이 존재하여야 한다. 예컨대 채권증서를 소지하거나 예금증서와 인장을 소지하고 있으면 채권의 준점유가 있게 된다 할 것이다(대판 1985.12.24, 85다카880).

【판 례】

* 대판 1985.12.24, 85다카880 … 채권의 준점유자라고 하려면 채권의 사실상 귀속자와 같은 외형을 갖추어야 하므로, 예금채권의 준점유자는 예금통장과 그에 찍힌 인영과 같은 인장을 소지하여야 한다.

(3) 효 력

① 준점유에는 점유의 규정이 준용되므로(제210조), 권리의 적법추정 · 과실의 수취 · 비용의 상환 · 점유보호청구권 등의 효력이 발생한다.

② 특히 채권의 준점유자에 관하여는 변제자를 보호하기 위하여 민법 제470조에서 따로 특별규정을 둠으로써 실제에 있어서 중요한 작용을 한다. 즉 채무자가 채권의 준점유자에 대하여 선의이며 과실없이 변제한 때에는 그 변제는 유효하다.

제2절 소유권

1. 서 설

(1) 소유권의 의의

소유권이라 함은 법률의 범위 안에서 그 소유물을 사용·수익·처분할 수 있는 권리를 말한다(제211조). 좀 더 구체적으로 설명하자면 사용·수익이란 물건의 사용가치를 파악하는 것을 의미하며, 처분이란 물건의 교환가치를 파악하는 것을 의미한다. 이러한 소유권은 본질적으로 물건을 전면적으로 지배한다는 점에서, 물건이 갖는 가치의 일부만을 지배하는 제한물권과 구별된다.

(2) 소유권의 법적성질(특징)

1) 관념성

권리의 성격상 소유권은 권리자의 현실적 지배의 유무와는 관계없이 인정되기 때문에 소유권의 물권성인 물건의 직접 지배는 관념적인 것에 지나지 않는다. 즉 소유권은 현실적 지배와 단절된 관념적 지배권이다.

2) 절대성

소유권이 침해되는 경우에는 소유자는 물권적 청구권에 의하여 보호를 받게 된다(제213조, 제214조 참조). 이 경우의 물권적 청구권은 모든 자에 대하여 그 침해의 배제를 주장할 수 있기 때문에 소유권은 절대성을 가진다고 한다.

3) 전면성

소유권의 내용인 물적 지배의 권능(權能)은 물건의 이용이나 과실의 수취와 같은 사용가치와 양도·담보권의 설정·소비 등과 같은 교환가치의 전부에 미친다.

4) 혼일성

소유권은 사용·수익·처분 등의 모든 권능이 융화되어 이루어진 권리이다. 이를 혼일성이라고 하는데, 이러한 소유권의 혼일성으로 말미암아 소유권과 제한물권이 동일인에게 귀속하면 제한물권이 혼동에 의하여 소멸하게 된다.

5) 탄력성

소유권은 지상권 그 밖의 제한물권에 의한 제한을 받으면 공허한 소유권이 되어버리지만(사용, 수익이 제한을 받음), 그것이 해소되면 곧 본래의 원만한 상태로 되돌아간다. 이것을 소유권의 탄력성이라고 한다.

6) 항구성

소유권 자체의 존립에 관하여는 존속기간의 제한도 없으며, 또한 소멸시효에도 걸리지 않는다(제162조 제2항). 이것을 소유권의 항구성이라고 한다.

(3) 소유권의 객체

소유권의 객체는 물건에 한하는데, 그 물건에는 유체물 이외에 전기 기타 관리할 수 있는 자연력도 포함된다(제98조). 따라서 채권과 같은 권리(사람에 대한 대인적 권리)에 대해서는 소유권이 성립될 수 없다. 뿐만 아니라 공법에 의하여 성립하는 재산적 지위, 기업체와 같은 물건과 관리의 집합에 대해서도 소유권은 인정되지 않는다(김형배 564면).

2. 소유권의 내용과 제한

(1) 소유권의 내용

① 소유권의 내용에 관하여, 민법은 '소유자는 법률의 범위 내에서 그 소유물을 사용・수익・처분할 권리가 있다'고 규정하고 있다(제211조).

② 사용・수익이라 함은 목적물을 사용하거나 목적물로부터 생기는 과실을 수취하는 것을 말하며(사용가치), 처분이란 물건의 교환가치를 실현하는 것으로서 물건의 소비・파괴 등의 사실적 처분과 저당권・양도담보설정 등의 법률적 처분(처분가치, 담보가치)을 가리킨다.

(2) 소유권의 제한

1) 소유권 제한의 근거

① 근대법의 초기에는 소유권은 절대불가침인 것으로 생각되었으나, 현대사회에서는 소유권의 사회성 내지 공공성이 강조되고 있다. 우리 민법도

소유권은 법률의 범위 내에서만 허용된다고 규정(제211조 참조)함으로써 소유권이 사회성·공공성에 의해 제한될 수 있음을 의미한다.

② 우리 헌법도 모든 국민의 재산권은 이를 보장하되 그 내용과 한계는 법률로써 정하고, 재산권의 행사는 공공복리에 적합하도록 하여야 하며, 공공필요에 의하여 법률로써 재산권을 수용·사용·제한할 수 있다고 규정하여(헌법 제23조) 소유권의 제한을 선언하고 있다.

2) 소유권 제한의 모습

① 사법적 제한

먼저 민법상의 제한으로는 상린관계에 의한 제한(제216조 내지 제244조), 정당방위 또는 긴급피난에 의한 제한(제761조)이 있고, 그 밖에 특별법상의 제한으로 주택·상가건물 임대차보호법, 집합건물의 소유 및 관리에 관한 법률, 부동산실권리자명의 등기에 관한 법률 등에 의한 제한이 있다.

② 공법적 제한

㉠ 소유 자체를 제한하는 경우가 있다. 가장 강력하게 소유권을 제한하는 대표적인 것으로 농지법을 들 수 있다. 동법에 의하면 자기의 농업경영에 이용하거나 이용할 사람만이 농지를 소유할 수 있으며(농지법 제6조), 그 외의 경우에는 농지를 소유함에 있어서 소유상한의 제한을 받는다(동법 제7조). 예컨대 주말·체험영농을 하려는 자는 총 1천m^2 미만을 소유할 수 있으며, 농업경영을 하지 아니하는 자가 상속으로 농지를 취득하는 경우에는 1만m^2로 제한된다.

㉡ 거래를 제한하는 경우가 있다. 즉 당사자 간의 계약에 대해 국가가 관여하는 경우가 있는데 그 예로서 투기적인 거래가 우려되는 지역에 대한 토지거래허가제(국토의 계획 및 이용에 관한 법률 제117조 이하 참조), 농지의 취득에 필요한 농지취득자격증명제(농지법 제8조), 학교법인의 기본재산을 처분하는 경우에는 관할관청의 허가(사립학교법 제28조) 등을 받아야 한다.

㉢ 사용이나 처분의 권능이 제한되는 경우가 있다. 즉 공공복리를 위한 특별법인 공익사업을 위한 토지 등의 취득 및 보상에 관한 법률(제2조), 도로법(제48조, 제49조) 등에 의하여 사용이나 처분이 제한되는 경우이다.

3. 부동산소유권의 범위

(1) 토지소유권의 상하의 범위

① 토지의 소유권은 정당한 이익이 있는 범위 안에서 토지의 상하(즉 공중과 지하 범위)에 미친다(제212조 참조). 따라서 토사·암석 따위의 토지의 구성부분에 토지소유권의 효력이 미치며, 토지로부터 독립성을 갖지 못한 부속물에도 그 효력이 미친다.

② 다만 지하의 미채굴의 광물에 대해서는 국가에 채굴취득권이 유보되어 있기 때문에 미채굴의 광물은 법률상 토지의 구성부분이 되지 않고 광업권이라는 별개의 배타적인 권리의 목적이 된다(광업법 제2조, 제3조).

(2) 토지소유권의 경계확정

① 토지소유권의 경계는 현실의 경계와 관계없이 지적공부상의 경계에 의하여 확정된다(대판 2000.10.24, 99다44090). 그러나 지적공부에 등록된 토지의 경계가 기술적인 착오로 말미암아 진실한 경계선과 다르게 작성되었다면 토지의 경계는 지적도에 의하지 않고 실제의 경계에 의한다(대판 2005.5.26, 98다15446).

② 한편 토지에 인접한 토지소유자(이해 관계인) 등이 그 토지의 실제의 경계선을 지적공부상의 경계선에 일치시키기로 합의하였다면 적어도 그때부터는 지적공부상의 경계에 의하여 그 토지의 공간적 범위가 특정된다(대판 2006.9.22, 2006다24971).

4. 상린관계

(1) 서 설

1) 상린관계의 의의

원래 토지는 연속되어 있으나, 인위적으로 그 지표에 선을 그어 구별한다. 따라서 토지소유자 각자가 자기의 소유권을 주장하고 행사하는 경우에 인접하고 있는 토지의 소유권과 충돌문제가 발생할 수 있다. 여기서 인접하고 있는 토지의 소유자 상호 간의 이용을 조절하기 위하여, 민법 제216조 내지 제244조가 그들 상호 간의 법률관계를 규정하고 있는데 이를 상린관계라고 한다. 상린관계는 구체적으로 토지소유권의 확장 또는 축소의 형태로 나타난다.

2) 상린관계의 적용범위

상린관계에 관한 민법 제216조 내지 제244조의 규정은 소유권에 관한 것이지만, 인접하는 토지소유자 상호 간의 '이용'을 조절하는 것이므로 소유권을 기초로 하지 않는 부동산이용관계, 즉 지상권 및 전세권에 준용된다(제290조, 제319조). 나아가 준용규정이 없지만 토지의 임대차에 대해서도 유추적용되어야 할 것이다.

3) 상린관계규정의 법적성격

상린관계에 관한 규정이 임의규정(이영준 412면)인가 아니면 강행규정(곽윤직 240면)인가에 대하여 다툼이 있다. 상린관계가 인접하는 토지의 소유자 상호 간의 이용을 조절하기 위하여 소유권의 내용 자체를 규율하는 것이라는 점을 고려한다면, 원칙적으로 강행규정이지만 구체적으로는 당사자 간의 특약으로 달리 정하는 것이 허용된다고 하겠다(제242조, 제244조; 김증한 · 김학동 266면). 판례는 상린관계규정 전반에 관해 아직 밝혀진 것이 없으나, 민법 제242조와 제244조를 임의규정으로 본다(대판 1962.11.1, 62다567; 대판 1982.10.26, 80다1634).

【판 례】

* 대판 1982.10.26, 80다1634 … 지하시설을 하는 경우에 있어서 경계로부터 두어야 할 거리에 관한 사항 등을 규정한 민법 제244조는 강행규정이라고 볼 수 없으므로 이와 다른 내용의 당사자 간의 특약을 무효라고 할 수 없다.

(2) 인지사용청구권

① 토지소유자는 경계나 그 근방에서 담 또는 건물을 축조하거나 수선하기 위하여 필요한 범위 내에서 이웃 토지의 사용을 청구할 수 있다(제216조 제1항 본문). 즉 인지(隣地)의 토지소유자는 당연히 사용권을 갖는 것이 아니라 사용청구를 할 수 있을 뿐이다. 따라서 이웃 사람의 승낙이 없으면 승낙에 갈음하는 판결을 구해야 한다(제389조 제2항 참조. 곽윤직 244면, 이영준 425면). 여기서 이웃 사람이란 현재 그 주거를 이용하고 있는 소유자, 전세권자 또는 임차인 등을 가리킨다.

② 또한 인지의 주거에 들어가려면 이웃 사람의 승낙이 있어야 한다(제216조 제1항 단서). 이웃 사람은 '주거출입'을 거절할 수 있으며, 이 경우에는 판결이 승낙에 갈음할 수 없다(통설). 이상의 두 경우에 있어서 이웃 사람이 그로 인한 손해를 입었다면, 그 보상을 청구할 수 있다(제216조 제2항). 공평의 원칙에 기한 것이다.

(3) 생활방해의 금지

① 생활방해와 환경권

㉠ 토지의 이용으로 인하여 생긴 매연·열기체·액체·음향·진동 기타 이와 유사한 것으로 이웃 토지의 사용을 방해하거나 이웃 거주자의 생활에 고통을 주는 것을 생활방해(Immission)라고 한다. 이러한 생활방해는 이웃 토지의 소유권을 침해하는 것이므로, 민법 제217조 제1항이 이를 금지한다.

㉡ 헌법 제35조 제1항은 환경권을 기본권의 하나로 승인하고 있으므로, 사법의 해석과 적용에 있어서도 고려되어야 한다. 따라서 사법상의 권리로서의 환경권이 인정되려면 그에 관한 내용·행사방법 등이 명문의 법률규정으로 정립될 수 있어야 한다(대결 1995.5.23, 94마2218). 한편 판례는 환경권에 기하여 직접 방해배제청구권을 인정하지 않지만 수인한도를 넘어선 침해에 대해서는 소유권에 기하여 건물의 건축금지 등 방해의 제거 또는 예방을 청구할 수 있다고 한다(대판 1999.7.27, 98다47528).

② 생활방해의 요건

㉠ 생활방해의 원인으로 민법 제217조가 구체적으로 열거하고 있는 것들 외에, 부가적으로 들고 있는 '기타 이와 유사한 것'이 무엇을 의미하는가에 관하여 견해의 대립이 있으나, 가령 가스·악취·먼지·방사광선 등이 이에 속함에는 의문이 없다. 방해를 일으키는 방법은 공기 또는 대지를 통하여 자연적으로 전파·방산(放散)되는 것이어야 한다.

㉡ 위의 간섭으로 이웃 토지의 사용을 방해하거나 이웃 거주자의 생활에 고통을 주어야 하는데, 이러한 방해를 일으키는 토지와 방해를 받는 토지가 반드시 경계를 접하고 있어야 하는 것은 아니다.

③ 한계로서 수인한도

㉠ 공동생활에서 어느 정도의 생활방해는 불가피하다. 따라서 민법 제217조 제2항은 생활방해가 그 토지의 통상의 용도에 적당한 것이라면, 이웃 토지의 거주자는 이를 인용할 의무가 있다고 규정한다. 즉 생활방해가 수인한도(受忍限度) 내의 것이라면 위법성이 없다.

㉡ 수인한도는 토지의 통상의 용도와 밀접하게 관련되는데, 생활방해가 수인한도 내의 것이라는 점에 대한 증명책임은 가해자가 진다. 또한 통상의 용도에 적당한 것인지 여부는 객관적인 사항을 종합적으로 판단하여야 한다(대판 1999.7.27, 98다47528; 대판 2010.6.24, 2008다23729).

【판 례】

* 대판 1999.7.27, 98다47528 … 침해가 사회통념상 일반적으로 수인할 정도를 넘어서는지 여부는 피해의 성질 및 정도, 피해이익의 공공성, 가해행위의 태양, 가해행위의 공공성, 가해자의 방지조치, 인·허가관계 등 공법상 기준에의 적합 여부, 지역성, 토지이용의 선후관계 등 모든 사정을 종합적으로 고려하여 판단하여야 한다.
* 대판 2010.6.24, 2008다23729 … 가해건물의 신축으로 인하여 일조피해를 받게 되는 건물이 이미 다른 기존 건물에 의하여 일조방해를 받고 있는 경우 종전의 원인에 의한 일조방해와 신축건물에 의한 일조방해가 겹치는 정도, 신축건물에 의하여 발생하는 일조방해시간이 전체 일조방해시간 중 차지하는 비율, 기존건물과 신축건물 중 어느 것이 일조방해시간이 더 긴 것인지 등을 종합적으로 고려하여 신축건물에 의한 일조방해가 수인한도를 넘었는지 여부를 판단하여야 한다.

④ 생활방해의 효과

수인한도를 넘는 생활방해가 있는 경우에 토지소유자는 이웃 토지의 소유자의 생활방해를 방지하기 위한 적당한 조치를 할 의무를 부담하므로(대판 1997.10.28, 95다15599), 이웃 토지의 소유자가 그 방해자에 대하여 방해제거청구권을 행사할 수 있고, 나아가 방해예방을 청구할 수도 있다고 할 것이다. 판례도 건물의 신축 등으로 생활이익이 침해된 경우에 '방해의 제거 및 예방'을 청구할 수 있다고 한다(대판 2010.6.24, 2008다23729).

【판 례】

* 대판 1997.10.28, 95다15599 … 주거지역과 인접하여 종합병원을 신축하는 경우 병원 장례식장에서 나는 곡성, 구급차소리 등의 소음이나 일반인들이 직접 보기를 꺼려하는 중상자, 장례운구 장면 등이 인근 주거지역주민에게 고통을 주지 않도록 조치를 취할 의무가 있다.

(4) 수도 등의 시설권

① 토지소유자는 타인의 토지를 통과하지 않으면 필요한 수도, 소수관(疏水管), 가스관, 전선 등을 시설할 수 없거나 과다한 비용을 요하는 경우에, 타인의 토지를 통과하여 이를 시설할 수 있다(제218조 제1항 본문; 대판 2003.8.19, 2002다53469). 다만 수

도나 전기 등에 관하여는 공익사업을 위한 토지 등의 취득 및 보상에 관한 법률에 기한 공법적 제한이 가능하기 때문에(동법 제4조 제2호), 민법 제218조가 적용될 여지가 크지 않다. 그리고 '통과'는 공중·지표 또는 지하로 지나가는 것을 모두 포함하며, 두 토지가 경계를 접하고 있어야 하는 것은 아니다. 시설권의 행사는 손해가 가장 적은 장소와 방법을 선택하여야 하며, 손해를 주었다면 토지소유자에게 그 손해를 보상하여야 한다(제218조 제1항).

② 시설을 한 후 사정의 변경이 있으면 다른 토지의 소유자(시설통과지의 소유자)는 시설자에 대하여 그 시설의 변경을 청구할 수 있고, 이러한 경우에 그 비용은 토지소유자가 부담한다. 여기서 '사정의 변경'이 있는지 여부는 객관적으로 판단되어야 한다. 그리고 변경비용을 부담하는 토지소유자는 시설자를 의미한다(대판 1982.5.25, 81다123).

(5) 주위토지통행권

① **일반적 통행권**(일반이론)

㉠ 주위토지통행권의 의의

어느 토지와 공로(公路) 사이에 그 토지의 용도에 필요한 통로가 없어 주위의 토지를 통행하거나 통로를 개설하지 않고는 공로에 출입할 수 없는 경우 또는 공로에 통하려면 과다한 비용을 요하는 경우에, 주위의 토지를 통하여 공로로 출입할 수 있는 권리를 주위토지통행권이라고 한다(제219조 제1항 본문; 대판 2005.7.14, 2003다18661).

【판 례】

* 대판 2005.7.14. 2003다18661 … 통상 주위토지통행권에 관한 분쟁은 통행권자와 피통행지의 소유자 사이에 발생하나, 피통행지의 소유자 이외의 제3자가 일정한 지위나 이해관계에서 통행권을 부인하고 그 행사를 방해할 때에는 그 제3자를 상대로 통행권의 확인 및 방해금지청구를 하는 것이 통행권자의 지위나 권리를 보전하는 데에 유효·적절한 수단이 될 수 있다.

㉡ 주위토지통행권의 요건

ⓐ 공로에 출입할 수 없는 경우라 함은 그 토지와 공로 사이에 통로가 전혀 없는 경우뿐만 아니라, 이미 기존의 통로가 있더라도 그것이 토지의 용도에 필요한 통로로 기능하지 못하는 경우도 포함한다(대판 2003.8.19, 2002다53469).

ⓑ 유의할 점은 주위토지통행권은 현재의 토지의 용법에 따른 이용의 범위에서 인정되는 것이며, 장래의 이용상황을 미리 보장하는 것이 아니라는 점이다(대판 1996.11.29, 96다33433). 그리고 토지의 용도에 필요한 통로가 있는 경우에, 이 통로를 이용하는 것보다 편리하다는 이유만으로 다른 장소로 통행할 권리가 인정되지 않는다(대판 1995.6.13, 95다1088).

㉢ 주위토지통행권의 내용

ⓐ 주위토지통행권은 공로와의 사이에 그 용도에 필요한 통로가 없는 토지의 이용이라는 공익목적을 위하여 피통행지 소유자의 손해를 무릅쓰고 특별히 인정되는 것이므로, 어느 정도를 필요한 범위로 볼 것인가는 개개의 경우에 사회통념에 따라 쌍방 토지의 지형적·위치적 형상 및 이용관계, 부근의 지리상황, 상린지 이용자의 이해득실 기타 제반사정을 기초로 판단하여야 한다(대판 2002.5.31, 2002다9202; 대판 2005.7.13, 2003다18661).

ⓑ 통행지소유자는 원칙적으로 통행권자의 통행을 수인할 소극적 의무를 부담할 뿐이며 통로개설 등의 적극적인 작위의무를 부담하지는 않는다(대판 2006.10.26, 2005다30993). 다만 통행권이 제대로 기능하기 위하여, 필요한 경우에 통행권자는 당초에 적법하게 설치된 담장의 철거를 청구할 수도 있다(대판 2006.6.2, 2005다70144). 그런데 주위토지통행권이 통행지에 대한 통행지소유자의 점유를 배제할 권능까지 포함하는 것은 아니다.

ⓒ 주위토지의 통행권이 인정되더라도, 통행으로 인하여 타인의 토지에 대한 손해가 가장 적은 장소와 방법을 선택하여야 하며(제219조 제1항 단서), 그 통행권을 행사함에 있어서 타인의 주거의 자유와 평온 및 안전을 침해하여서는 안 된다(대판 2005.7.13, 2003다18611; 대판 2009.6.11, 2008다75300). 또한 통행권이 발생한 후에 그 토지에 접하 공로가 개설됨으로써 통행권을 인정할 필요가 없어지면 그 통행권은 소멸한다. 한편 주위토지의 현황이나 사용방법이 달라지는 등의 사정변경이 발생한 경우에는 통행로의 변경을 청구할 수 있다(대판 2004.5.13, 2004다10268).

【판 례】

* 대판 2005.7.13, 2003다18661 · 대판 2009.6.11, 2008다75300 … 아파트단지 내 기존통행로는 아스팔트가 포장되어 있어 차량통행로로 사용되고 있기는 하지만 아파트 주민들의 전체 주거공간이므로, 공로로 통할 수 있는 인접한 녹지가 있는 이상 통행로개설비용이 들더라도 인접녹지를 통하여 공로로 나가는 것이 아파트단지 내의 주거의 평온과 안전에 대한 침해를 최소화한다는 이유로, 위 단지 내의 기존통행로에 대한 주위토지통행권을 인정한 원심판결을 파기하였다.
* 대판 2004.5.13, 2004다10268 … 주위토지통행권은 통행을 위한 지역권과

는 달리 통행로가 항상 특정한 장소로 고정되어 있는 것은 아니고, 주위토지의 현황이나 사용방법이 달라졌을 때에는 주위토지통행권자는 주위토지소유자를 위하여 보다 손해가 적은 다른 장소로 옮겨 통행할 수밖에 없는 경우도 있으므로, 일단 확정판결이나 화해조서 등에 의하여 특정의 구체적 구역이 위 요건에 맞는 통행로로 인정되었더라도 그 이후 그 전제가 되는 포위된 토지나 주위토지 등의 현황이나 구체적 이용상황에 변동이 생긴 경우에는 민법 제219조의 입법취지나 신의성실의 원칙 등에 비추어 구체적 상황에 맞게 통행로를 변경할 수 있다.

② 분할 · 일부양도로 인한 무상통행권

㉠ 무상통행권의 의의

원래 통로 없는 토지가 아니었지만 분할 또는 일부양도로 통로 없는 토지로 된 경우에, 그 토지의 소유자는 분할 또는 양도된 다른 토지를 통행할 수 있을 뿐이고, 타인의 토지를 통행할 권리를 가지지 않는다. 즉 그 토지소유자는 다른 분할자 또는 양수인의 토지를 통행할 수 있을 뿐이고, 이러한 경우에 보상의무가 인정되지 않는다(제220조).

㉡ 무상통행권의 내용

토지가 분할되어 모두 동시에 양도된 경우에도 그 양수인들 사이에 무상통행권이 인정된다고 할 것이지만, 판례는 민법 제220조가 직접분할자 또는 일부양도의 당사자들 사이에만 적용된다고 하여 부정적인 입장을 취한다(대판 2002.5.31, 2002다9202). 그런데 토지의 일부양도에는 1필의 토지의 일부가 양도된 경우뿐만 아니라 '일단'으로 되어 있던 동일인 소유의 수필의 토지 중 일부가 양도된 경우도 포함된다고 한다(대판 1995.2.10, 94다45869; 대판 2005.3.10, 2004다65589).

【판 례】 무상주위통행권의 효력범위

* 대판 2002.5.31, 2002다9202 … 무상주위통행권에 관한 민법 제220조의 규정은 토지의 직접분할자 또는 일부양도의 당사자 사이에만 적용되고 포위된 토지 또는 피통행지의 특정승계인에게는 적용되지 않는 바, 이러한 법리는 분할자 또는 일부양도의 당사자가 무상주위통행권에 기하여 이미 통로를 개설해 놓은 다음 특정승계가 이루어진 경우라 하더라도 마찬가지라 할 것이다.

【판 례】 무상주위토지통행권

* 대판 2005.3.10, 2004다65589 · 65596 … 동일인 소유의 토지의 일부가 양도되어 공로에 통하지 못하는 토지가 생긴 경우에 포위된 토지를 위한 주위토지통행권은 일부양도 전의 양도인 소유의 종전토지에 대하여만 생기고 다른 사람 소유의 토지에 대하여는 인정되지 아니하며, 또 무상의 주위토지통행권이 발생하는 토지의 일부양도라 함은 1필의 토지의 일부가 양도된 경우뿐만 아니라 일단으로 되어 있던 동일인 소유의 수필의 토지 중 일부가 양도된 경우도 포함된다.

(6) 물의 상린관계

① 자연적 배수

㉠ 물이 높은 곳에서 낮은 곳으로 자연히 흐르는 경우에 낮은 곳의 토지의 소유자는 이것을 인용할 의무가 있다. 이 경우 인용의무라 함은 소극적으로 높은 곳의 토지로부터 자연히 흘러오는 물을 막지 못한다는 것뿐이지, 적극적으로 그 소통을 유지할 의무를 부담하는 것은 아니다. 그리고 자연히 흘러내리는 물이 저지의 소유자에게 필요한 것인 경우에 높은 곳의 토지의 소유자는 자기의 정당한 사용범위를 넘어 흘러내리는 물을 막지 못한다(제221조 제2항).

㉡ 자연히 흘러내리는 물이 낮은 곳의 토지에서 막힌 경우에 높은 곳의 토지의 소유자는 자비로 소통에 필요한 공사를 하여야 하지만, 이와 다른 관습이 있으면 그에 의한다(제221조, 제224조). 한편 낮은 곳의 토지소유자도 자연히 흘러오는 물에 대한 승수의무가 있으므로(제221조 제1항), 자신의 토지를 성토하여 지반고를 높이거나 제방을 쌓았기 때문에 종전에 높은 곳으로부터 흘러오는 우수의 흐름을 막아서는 안 된다(대판 2008.7.24, 2007다50663).

【판 례】

* 대판 2008.7.24, 2007다50663 … 제221조 제1항 소정의 '자연히 흘러오는 물'이라 함은 지상으로 분출되는 물이 아닌 우수도 여기에 포함되고, 낮은 곳의 토지소유자가 자신의 토지에 성토하여 지반고를 높이거나 제방을 쌓았기 때문에 종전에 높은 곳으로부터 자연히 흘러오는 우수의 흐름을 막게 되었다면, 이는 같은 항 소정의 승수의무를 위반한 것이다.

② 인공적 배수

㉠ 원 칙

물을 인공적 시설에 의하여 타인의 토지에 버리는 것은 원칙적으로 허용되지 않는다. 따라서 낙숫물(지붕처마에서 떨어지는 물)이 이웃 토지에 떨어지는 경우에 직접 떨어지지 않도록 적당한 시설을 하여야 한다(제225조). 또한 토지소유자가 저수·배수 또는 인수를 하기 위하여 설치한 공작물이 파손 또는 폐색(閉塞)으로 인하여 다른 토지에 손해를 가하거나 가할 염려가 있는 경우에 다른 토지의 소유자는 공작물설치자의 비용으로 그 공작물의 보수, 폐색의 소통 또는 예방에 필요한 조처를 청구할 수 있다(제223조, 제224조).

㉡ 예 외

높은 곳의 토지의 소유자는 침수지를 말리기 위하여 또는 가용(家用)이나 농·공업용의 여수(餘水)를 소통하기 위하여, 공로 또는 하수도에 이르기까지 낮은 곳의 토지에 물을 통과시킬 수 있다(제226조). 이 경우 토지소유자는 그 소유지의 물을 소통시키기 위하여 높은 곳의 토지 또는 낮은 곳의 토지의 소유자가 설치한 공작물을 사용할 수 있다(제227조; 대판 2003. 4.11, 2000다11645).

③ 여수급여청구권

토지소유자는 과다한 비용이나 노력을 요하지 않고는 가용이나 토지이용에 필요한 물을 얻기 곤란한 경우에 이웃 토지의 소유자에게 여수의 급여를 청구할 수 있으며, 그 손해를 보상하여야 함은 물론이다(제228조). 이 청구권에 불응하면 일반적으로 권리남용으로 될 수 있다(김형배 582면, 이영준 434면).

④ 유수의 이용권

㉠ 수유지(水流地)가 개인 소유권인 경우

구거(溝渠) 기타 수유(水流)의 양쪽 언덕(양안)의 토지가 동일인의 소유에 속하는 경우에 토지소유자가 수로 및 수유의 폭을 변경할 수 있다. 그러나 하류에서는 자연의 수로와 일치하도록 하여야 한다. 반면 양안(兩岸)의 토지가 동일인에게 속하지 않는 경우에는 한쪽 언덕의 토지소유자가 그 수로나 수류의 폭을 변경하지 못한다. 위의 두 경우에 그와 다른 관습이 있으면 그에 의한다(제229조).

㉡ 수유지(水流地)가 공유하천에 속한 경우

공유하천의 연안에서 농·공업을 경영하는 자는 이에 이용하기 위하여 타인의 용수(用水)를 방해하지 않는 범위 내에서 필요한 인수(引水)를 할 수 있고, 그러한 인수를 위하여 필요한 공작물을 설치할 수 있다

(제231조). 다만 이러한 인수나 공작물로 인하여 하류 연안의 용수권을 방해하면, 그 하류 연안의 용수권자는 방해의 제거 및 손해의 배상을 청구할 수 있다(제232조). 또한 공유하천용수권자가 수로 기타 공작물을 양도하면, 그 특별승계인은 전주(前主)의 용수에 관한 권리의무를 승계한다(제233조).

⑤ 지하수용수권

㉠ 상린자는 그 공용에 속하는 원천(源泉)이나 수도를 각 수요의 정도에 따라 타인의 용수를 방해하지 않는 범위 안에서 각각 인수(引水)할 권리를 가진다(제235조). 이러한 용수권은 장기간의 관행에 의하여 성립하는 수도 있고, 원천지 소유자와의 계약에 의하여 성립하기도 한다.

㉡ 필요한 용도나 수익이 있는 원천 또는 수도가 타인의 건축 기타 공사로 인하여 단수나 감수(減水) 기타 용도에 장해가 생긴 경우에 용수권자는 손해배상을 청구할 수 있고, 특히 그 공사로 인하여 '음료수 기타 생활상 필요한 용수'에 장해가 발생하면 원상회복을 청구할 수 있다(제236조; 대판 1998.4.28, 97다48913).

【판 례】

* 대판 1998.4.28, 97다48913 … 어느 토지소유자가 새로이 지하수개발공사를 시행하여 설치한 취수공 등을 통하여 지하수를 취수함으로 말미암아 그 이전부터 인근토지 내의 원천에서 나오는 지하수를 이용하고 있는 인근토지 소유자의 음료수 기타 생활상 필요한 용수에 장해가 생기거나 그 장해의 염려가 있는 때에는, 생활용수 방해를 정당화하는 사유가 없는 한 인근토지소유자는 그 생활용수 방해의 제거(원상회복)나 예방을 청구할 수 있다.

(7) 경계에 관한 상린관계

① 경계표 및 담에 관한 법률관계

㉠ 서로 인접하고 있는 토지의 소유자는 다른 관습이 없는 한 공동비용으로 통상의 경계표나 담을 설치할 수 있다(제237조). 따라서 어느 한쪽 토지의 소유자가 담의 설치에 협력할 것을 청구하면, 다른 토지의 소유자는 이에 응하여야 한다. 한편 인지소유자는 자기의 비용으로 담의 재료를 통상의 것보다 양호한 것으로 하거나 높이를 통상보다 높게 할 수 있고, 방화벽 기타 특수시설을 할 수 있다(제238조).

㉡ 경계에 설치된 경계표・담・구거 등의 소유관계를 계약에 의하여 정할 수 있으나, 민법은 상린자의 공유로 추정한다. 그러나 그것이 어느 한쪽

토지의 소유자의 단독비용으로 설치되었다면 비용지출자의 소유로 되며, 담이 건물의 일부인 경우에 건물소유자의 소유에 속한다(제239조).

② 수지(樹枝)·목근(木根)의 제거

인접지의 수목의 가지가 경계를 넘은 경우에 그 소유자에 대하여 나무(수목) 가지의 제거를 청구할 수 있고, 상대방이 이에 응하지 않으면 청구자 자신이 제거할 수 있다. 한편 인접지의 수목의 뿌리가 경계를 넘은 경우에는 상린자가 이를 임의로 제거할 수 있다(제240조). 제거한 가지나 뿌리는 제거한 자의 소유에 속한다.

(8) 공작물설치에 관한 상린관계

① 토지의 심굴금지

토지의 소유자는 이웃 토지의 지반이 붕괴할 정도로 자기의 토지를 깊이 파서는 안 된다. 다만 충분한 방어공사를 한다면 그렇지 않다(제241조). 그런데 소유권에 기한 물권적 청구에 의해서도 동일한 효과를 거둘 수 있으므로, 동조는 주의적 규정에 불과하다는 것이 다수설의 입장이다.

② 건물 축조시 경계의무

㉠ 건물을 축조하는 경우에 특별한 관습이 있는 경우를 제외하고, 경계선으로부터 반미터(50cm) 이상의 거리를 두어야 한다. 이를 위반하는 자에 대하여 건물의 변경이나 철거를 청구할 수 있지만, 건축에 착수한 후 1년이 경과하거나 건물이 완성된 후에는 철거청구를 할 수 없고 손해배상을 청구할 수 있을 뿐이다(제242조).

㉡ 건축의 착수라 함은 인접지의 소유자가 객관적으로 건축공사가 개시되었음을 인식할 수 있는 상태에 이른 것을 말하고, 건물이 완성되었다고 하기 위하여는 사회통념상 독립한 건물로 인정될 수 있는 정도로 건축된 것을 말한다(대판 2011.7.28, 2010다108883).

③ 차면시설의무

경계로부터 2미터 이내의 거리에서 이웃 주택의 내부를 관망할 수 있는 창이나 마루를 설치하는 경우에 적당한 차면시설을 하여야 한다(제243조).

④ 지하시설 등에 대한 제한

우물을 파거나 용수·하수 또는 오물 등을 저치할 지하시설을 하는 경우에 경계로부터 2미터 이상의 거리를 두어야 하며, 저수지·구거 또는 지하실 공사를 하는 경우에 경계로부터 그 깊이의 절반 이상의 거리를 두어야 한다. 그리고 이러한 공사를 함에는 토사가 붕괴되거나 하수 또는 오액(汚液)이 이웃에 흐르지 않도록 적당한 조치를 하여야 한다(제244조).

5. 소유권의 취득

(1) 서 설

소유권의 취득에는 크게 법률행위에 의한 취득과 법률의 규정에 의한 취득 두 가지가 있는데, 그 중 소유권의 취득원인으로서 가장 중요한 것은 법률행위이며, 그 밖에 상속·토지수용에 의해서도 소유권이 취득되나 민법은 제245조 이하에서 취득시효·선의취득·선점·습득·발견·부합·혼화·가공 등의 특수한 소유권의 취득원인에 관하여 규정하고 있는바, 그 내용을 살펴보면 다음과 같다.

(2) 취득시효

1) 의 의

취득시효는 어떤 사람이 마치 그가 권리자인 것과 같이 권리를 행사하고 있는 사실상태가 일정한 기간(시효기간) 동안 계속된 경우에, 그와 같은 권리행사라는 외관의 사실상태를 근거로 하여 그 사람이 진실한 권리자이냐 아니냐를 묻지 않고서 처음부터(점유당시) 그 자가 권리자이었던 것으로 인정하는 제도이다.

2) 존재이유

취득시효제도는 일정한 기간 계속된 사실관계를 권리관계로 인정함으로써 법질서를 안정시키는 데 궁극적인 존재의 의의가 있다. 그 외에도 소유관계의 증거보전상 증명곤란에 대한 구제라든가, 권리행사의 태만에 대한 제재 등을 그 존재의 이유로 드는 것이 학자들의 일반적인 견해이다.

3) 법적성질

취득시효로 인한 권리의 취득이 원시취득인가 또는 승계취득인가에 대하여 다수설(곽윤직 194면, 지원림 611면)과 판례(대판 2004.9.24, 2004다31463)는 취득시효에 의한 부동산소유권 취득은 당사자의 의사의 합치가 아닌 법률의 규정에 의한 물권변동이므로 전 소유자의 권리와 의사는 중요시될 이유가 없다고 하여 원시취득이라고 하는 반면에, 소수설은 다수설과 같이 이론구성(원시취득)을 하게 되면 전소유자에게 존재하였던 것을 부정하는 것이 되므로 승계취득이라고 주장한다(김형배 625면, 이영준 487면).

4) 취득시효의 대상

① 자기소유의 부동산인 경우

㉠ 부동산에 관하여 적법・유효한 등기를 마치고 소유권을 취득한 사람이 자기 소유의 부동산을 점유하는 경우에는 특별한 사정이 없는 한 사실상태를 권리관계로 높여 보호할 필요가 없을 뿐만 아니라 소유권에 대한 증명의 곤란을 구제할 필요가 없으므로, 그러한 점유는 취득시효의 기초가 되는 점유라고 할 수 없다(대판 2016.10.27, 2016다224596). 또한 토지소유자가 특정 토지의 일부분을 타인에게 매도하면서 등기부상으로는 전체 토지의 '일부 지분'에 관한 소유권이전등기를 경료해 준 후, 매도 대상에서 제외된 나머지 특정부분을 계속 점유하는 경우(대판 2001.4.13, 99다62036)라든가 상호명의신탁에서 배타적 사용・수익의 대상인 특정부분의 경우(대판 2009.10.15, 2007다89632) 또는 종전 토지에 대한 환지예정지를 점유하는 경우(대판 2002.9.4, 2000다22083; 대판 2003.3.25, 2002다72781)에는 자기의 소유의 토지를 점유하는 것이어서 취득시효의 기초가 되는 점유라고 할 수 없다.

㉡ 한편 시효로 인한 부동산소유권의 취득은 '원시취득'으로서 취득시효의 요건을 갖추면 등기청구권을 취득하는 것이지 타인의 소유권을 승계취득하는 것이 아니므로, 취득시효의 대상이 반드시 타인의 소유물이어야 하거나 그 타인이 특정되어 있을 필요는 없다. 따라서 자기의 소유물에 대해서도 취득시효를 인정할 수 있다(대판 2001.7.13, 2001다17572). 유의할 점은 이 판결은 B가 A로부터 매수한 토지에 관하여 C와 명의신탁약정을 맺고 A와 매수인명의를 수탁자 C앞으로 소유권이전등기가 경료 되었으나 B가 토지를 인도받아 점유 사용하여 온 사안에 관한 것으로, 대외적으로 제3자에게 소유권을 주장할 수 없는 B의 입장에서 자기 소유물에 대한 취득시효를 인정한 특별한 경우라고 하겠다.

【판 례】 자기소유의 부동산

* 대판 2016.10.27, 2016다224596 … 부동산에 관하여 적법・유효한 등기를 마치고 소유권을 취득한 사람이 자기소유의 부동산을 점유하는 경우에는 특별한 사정이 없는 한 사실상태를 권리관계로 높여 보호할 필요가 없고, 부동산의 소유명의자는 부동산에 대한 소유권을 적법하게 보유하는 것으

로 추정되어 소유권에 대한 증명의 곤란을 구제할 필요도 없으므로 그러한 점유는 취득시효의 기초가 되는 점유라고 할 수 없다.

【판 례】 부동산의 타인성 여부

* 대판 2001.7.13, 2001다17572 … 취득시효가 누구의 소유이냐는 덮어놓고 사실상태를 권리상태로 높이려는 데 그 존재이유가 있는 점에서 보면 물건의 타인성은 별 문제가 되지 못함을 알 수 있으며, 점유로 인한 부동산의 취득기간을 규정한 민법 제245조가 '타인의 물건인 점'을 규정에서 빼놓은 법의도 같은 취지라고 이해할 수 있다.

【판 례】 환지점유계속의 여부

* 대판 2003.3.25, 2002다72781 … 환지처분이 있는 경우에는 비록 특정 점유 부분이 환지예정지나 환지확정된 토지 내에 위치하게 되었다고 하더라도 특단의 사정이 없는 한 종전토지의 특정 부분의 점유자가 환지예정지 지정 이전에도 환지예정지나 환지된 토지상의 당해 특정 부분을 점유하였다고 볼 수 없다.

② 1필의 토지의 일부분인 경우

1필의 토지의 일부가 취득시효의 대상이 되는가에 관하여 학설·판례는 이를 인정하고 있다(대판 1989.4.25, 88다카9494). 다만 토지의 일부분에 대한 시효취득을 인정하기 위해서는 취득시효자가 점유해 온 부분이 다른 부분과 구분되어 그의 점유에 속했었다는 것을 인식하기에 충분한 객관적 징표가 계속 존재하여야 한다(대판 1997.3.11, 96다37428). 유의할 점은 취득시효가 인정된다 하더라도 이에 관한 소유권을 취득하기 위해서는 분필등기를 하여야 한다.

【판 례】

* 대판 1997.3.11, 96다37428 … 한 필지로 된 토지의 일부에 대해서도 취득시효가 가능하지만, 이러한 부분의 취득시효를 인정하기 위해서는 그 부분이 다른 부분과 구분되어 취득시효자의 점유에 속한다는 것을 인식하기에 족한 객관적 징표가 계속하여 존재할 것을 요한다.

③ 국유의 부동산인 경우

국유재산은 그 용도에 따라 국가 또는 공공단체에 의해 직접 행정목적에 공용되는 재산인 행정재산(공용재산 · 공공용재산 · 기업용재산 · 보존용재산)과 행정목적에 사용되지 않는 재산으로서 그 경제적 가치에 의하여 수익목적으로 사용되는 일반재산(행정재산 이외의 대부, 매각, 교환가능 재산 등)으로 구분되는데(국유재산법 제6조), 행정재산은 관계법령에 의하여 용도폐지되지 않는 한 원칙적으로 시효취득의 대상이 되지 않는다(국유재산법 제7조 제2항; 대판2010.11.25, 2010다58957). 따라서 특별한 사정(용도폐지)이 없는 한 일반재산에 한해서 취득시효의 대상이 인정된다고 하겠다(국유재산법 제7조 제2항 반대해석; 헌재결 1991.5.13, 89헌가97). 여기서 유의할 점은 일반재산에 대한 취득시효가 완성된 후 일반재산이 행정재산으로 된 경우에는 취득시효완성을 원인으로 소유권이전등기를 청구할 수 없다(대판 1997.11.14, 96다10782). 이 경우 일반재산인지의 여부에 대한 증명책임은 시효이익을 주장하는 측에 있다(대판 2009.12.10, 2006다19177; 대판 2010.11.25, 2010다10782).

【판 례】

* 대판 2010.11.25, 2010다58957 … 행정재산이 기능을 상실하여 본래의 용도에 제공되지 않는 상태에 있다고 하더라도 관계법령에 의하여 용도폐지가 되지 아니한 이상 당연히 취득시효의 대상이 되는 일반재산이 되는 것은 아니고, 용도폐지의 의사표지는 묵시적으로 가능하나 행정재산이 본래의 용도에 제공되지 않는 상태에 있다는 사정만으로는 묵시적인 용도폐지의 의사표시가 있다고 볼 수도 없다.

(3) 부동산소유권의 취득시효

1) 취득시효의 근거

현행 민법은 부동산소유권의 취득시효제도로서 '점유취득시효'와 '등기부취득시효'라는 제도를 모두 인정하고 있으며(제245조 이하), 이는 우리 민법의 특색이라 하겠다.

2) 점유취득시효의 요건

① 요건의 개념

점유취득시효의 요건으로서 점유는 소유의 의사로 하는 자주점유여야 하고, 그 점유가 평온 · 공연하게 20년간 점유하였어야 한다(제245조 제1항). 이 경우 점유는 직접점유뿐만 아니라 간접점유도 포함되는 바, 이를 살펴보면 다음과 같다.

② 소유의 의사가 있을 것

㉠ 점유취득시효 요건으로서의 점유는 소유의 의사로 하는 점유, 즉 자주점유이어야 한다. 자주점유에 대한 판단은 권원의 성질에 의하여 객관적으로 정하여지며, 권원의 성질이 불분명한 경우에는 자주점유로 추정된다(제197조 제1항). 유의할 점은 자주점유로 인정되는 한 직접점유뿐만 아니라 간접점유도 점유취득시효의 요건으로서 인정된다(대판 1995.2.10, 94다28468; 대판 1998.2.24, 97다49053).

㉡ 한편 자주점유가 깨어지는 경우도 있다. 즉 악의의 무단점유의 경우에 자주점유의 추정은 부정된다고 하겠다(대판[전합] 1997.8.21, 95다28635; 대판 2000.3.24, 99다56765). 예컨대 점유자가 성질상 소유의 의사가 없는 것으로 보이는 권원에 바탕을 두고 점유를 취득한 사실이 증명되었거나(지상권, 지역권 또는 임차권에 의한 점유), 점유자가 진정한 소유자라면 통상 취하지 아니할 태도를 나타내거나 또는 소유자라면 당연히 취했을 것으로 보이는 행동을 취하지 아니한 경우 등 외형적·객관적으로 보아 점유자가 타인의 소유권을 배척하고 점유할 의사를 갖고 있지 아니하였던 것이라고 볼 만한 사정이 증명된 때에는 자주점유가 깨어진다(대판 2000.3.24, 99다56765).

【판 례】

* 대판 2000.3.24, 99다56765 … 토지점유자가 점유기간 동안 여러차례 부동산 소유권이전등기 등에 관한 특별조치법이 시행됨에 따라 등기의 기회가 있었음에도 불구하고 소유권이전등기를 하지 않았고 오히려 소유자가 같은 법에 의하여 소유권등기를 마친 후에도 별다를 이의를 하지 않은 경우, 외형적·객관적으로 보아 점유자가 타인의 소유권을 배척하고 점유할 의사가 있지 않은 것으로 볼 여지가 있다고 하여 자주점유의 추정을 부정하였다.

③ 평온·공연한 점유일 것

㉠ 점유는 평온·공연한 소유의 의사로 하는 점유이면 충분하고 선의·무과실은 그 요건이 아니다. 여기서 평온한 점유라 함은 강박이나 폭행을 쓰지 아니한 점유이며, 공연한 점유는 은비(숨어서 몰래)에 의한 점유가 아닌 것을 말한다.

㉡ 점유에는 추정력이 있으므로 점유자는 특별한 사정이 없는 한 평온·공연하게 점유하는 것으로 추정된다(제197조 제1항). 따라서 취득시효를 부정하는

자가 평온·공연한 점유가 아님을 증명하여야 하며(대판 1986.2.25, 85다카1891), 점유물의 소유권을 둘러싸고 당사자 사이에 법률상의 분쟁이 있었다고 하더라도 그러한 사실만으로 곧 그 점유의 평온·공연성이 상실된다고 할 수 없다(대판[전합] 1982.9.28, 81사9; 대판 1994.12.9, 94다25025).

④ 20년간 점유하였을 것

㉠ 등기부상 소유명의자가 동일한 경우, 즉 취득시효의 대상인 부동산에 대한 소유명의자가 동일하고 그 변동이 없는 경우는 물론, 등기부상 소유명의자가 동일한 가운데 점유승계가 이루어진 경우에도 점유자는 임의의 시점을 점유개시의 기산점으로 삼을 수 있다는 것이 판례의 일관된 입장이다(대판 1998.5.12, 97다8496; 대판 2015.9.10, 2014다68884). 유의할 점은 등기부상 소유자의 동일성 여부는 시효취득완성 시점으로 결정한다.

【판 례】

* 대판 2015.9.10, 2014다68884 … 취득시효기간 중 점유부동산의 등기명의자에 대하여 '채무자 회생 및 파산에 관한 법률'(구, 회사정리법)에 따른 정리절차가 개시되어 관리인이 선임된 사실이 있다고 하더라도 점유자가 취득시효완성을 주장하는 시점에서 정리절차가 이미 종료된 상태라면 그 사정은 취득시효기간 중 점유부동산에 관하여 등기명의자가 변경된 것에 해당하지 아니하므로, 점유자는 임의의 시점을 취득시효의 기산점으로 삼아 취득시효완성을 주장할 수 있다.

㉡ 등기부상 소유명의자의 변동이 있는 경우, 즉 소유명의가 변동된 경우(제3자가 그 목적부동산을 취득한 경우를 포함한다)에는 소송자료에 의하여 인정되는 바에 따라 취득시효의 기초가 되는 점유가 개시된 시점이 기산점이 되고, 점유취득시효에 의한 소유권을 주장하는 자는 기산점을 임의로 선택할 수 없다(대판 1995.5.23, 94다39987; 대판 1999.2.12, 98다40688). 그 이유는 제3자의 법적 지위가 취득시효자에 의하여 좌우되게 되어 부당하기 때문이다. 따라서 이러한 기산점(점유개시 시점)을 기초로 취득시효가 일단 완성된 이후 제3취득자가 소유권이전 등기를 마친 경우에 취득시효자는 그 제3취득자에 대하여 취득시효로 대항할 수 없다(대판 1998.4.10, 97다56495 등). 유의할 점은 취득시효기간 중 제3자가 소유권이전등기를 경료하였고 그 후에 취득시효기간이 완료되었다면 그 제3취득자에 대하여 대항할 수 있다(대판[전합] 2009.7.16. 2007다15172·15189).

【판 례】

* 대판 2006.10.12, 2006다44753 … 구분소유적 공유관계에 있는 토지 중 공유자 1인의 특정구분소유부분에 관한 점유취득시효가 완성된 경우에, 다른 공유자의 특정구분소유부분이 다른 사람에게 양도되고 그에 따라 토지 전체의 공유지분에 관한 지분이전등기가 경료 되었다면, 대외적 관계에서는 점유취득시효가 완성된 특정구분소유부분 중 다른 공유자 명의의 지분에 관하여 소유명의자가 변동된 경우에 해당하므로, 점유자는 취득시효의 기산점을 임의로 선택하여 주장할 수 없다.

【판 례】

* 대판 2009.7.16, 2007다15172 · 15189 … 취득시효기간이 경과하기 전에 등기부상의 소유명의자가 변경된다고 하더라도 그 사유만으로는 점유자의 종래의 사실상태의 계속을 파괴하는 것이라고 볼 수 없어 취득시효를 중단할 사유가 되지 못하므로, 새로운 소유명의자는 취득시효완성 당시 권리의무 변동의 당사자로서 취득시효완성으로 인한 불이익을 받게 된다 할 것이어서 취득시효자는 그 소유명의자에게 시효취득을 주장할 수 있다.

⑤ 등기를 하였을 것

㉠ 점유취득시효에 의하여 부동산의 소유권을 최종적으로 취득하기 위해서는 등기를 하여야 한다(제245조 제1항). 유의할 점은 취득시효로 인한 소유권의 취득을 원시취득이라고 하는 것이 다수설과 판례(대판 2004.9.24, 2004다31463)의 입장이므로 그 등기는 성질상 보존등기를 하여야 할 것이지만, 실무상 '이전등기'의 형식에 의한다. 따라서 시효를 완성한 점유자와 소유자의 공동신청으로 하여야 하는데, 소유자의 등기신청은 판결로 갈음할 수 있다(부동산등기법 제23조 제4항). 이처럼 등기의 종류를 이전등기의 형식을 취하는 근본적인 원인은 현행 부동산등기법상 보존등기를 할 수 있는 경우가 법적으로 제한되어 있을 뿐만 아니라(부동산등기법 제65조, 제66조), 보존등기를 하게 되면 종전의 권리관계(이해관계 있는 제3자)가 단절된다는 문제점이 있기 때문이다.

㉡ 취득시효에 의한 소유권취득은 법률행위에 의한 것이 아니므로 원칙적으로 등기를 요하지 않지만(제187조), 그에 대한 예외로 민법 제245조 제1항은 등기를 하여야 소유권을 취득하도록 규정한다. 즉 점유취득시효의 완성으로 '채권적'인 등기청구권이 발생함으로 취득시효에 의한 등기청구권의 성질은 채권적 성질을 갖는다(대판 2004.9.24, 2004다31463). 따라서 등기청구권은 원칙적으로

소멸시효의 대상이 된다고 할 것이지만, 판례는 취득시효자가 목적물을 계속 점유하고 있는 한 소멸시효에 걸리지 않는다고 한다(대판 1996.3.8, 95다34866). 다시 말하면 이미 취득한 소유권이전등기청구권은 점유를 상실한 경우에도 곧 소멸하는 것이 아니라 그 점유자가 점유를 상실한 때로부터 10년간 등기청구권을 행사하지 아니한 때 비로소 소멸시효가 완성한다. 유의할 점은 점유취득시효완성 당시의 소유권보존등기 또는 이전등기가 무효라면 취득시효를 원인으로 하는 등기청구의 상대방은 등기부상의 무효등기명의인이 아니라 진정한 소유권자 이다(대판 2005.5.26, 2002다43417).

【판 례】

* 대판 1996.3.8, 95다34866 … 취득시효의 완성으로 인한 소유권이전등기청구권은 그 토지에 대한 점유가 계속되는 한 소멸하지 아니하고, 다만 그 후 점유를 상실하였다면 소멸시효가 진행되는 바, 그 점유를 상실한 때로부터 10년간 등기청구권을 행사하지 아니하면 소멸시효가 완성한다.

【판 례】

* 대판 2005.5.26, 2002다43417 … 점유취득시효완성을 원인으로 한 소유권이전등기청구는 시효완성 당시의 소유자를 상대로 해야 하므로 시효완성 당시의 소유권보존등기 또는 이전등기가 무효라면 원칙적으로 그 등기명의인은 시효취득을 원인으로 한 소유권이전등기청구의 상대방이 될 수 없고, 이때 시효를 완성한 점유자는 소유자를 대위하여 위 무효등기의 말소를 청구하고 다시 위 소유자를 상대로 취득시효완성을 이유로 한 소유권이전등기를 청구해야 한다.

3) 등기부취득시효의 요건

① 요건의 개념

등기부취득시효의 요건으로 점유취득시효의 요건인 평온·공연한 자주점유에 덧붙여 점유의 '선의·무과실'이 요구된다(제245조 제2항). 즉 등기부취득시효의 특징은 선의·무과실인 바, 이를 살펴보면 다음과 같다.

② 선의·무과실의 점유일 것

㉠ 등기부취득시효에 있어서는 선의·무과실의 점유를 요건으로 한다. 예컨대 정당한 절차에 의하지 않은 부동산등기를 하고서 이를 점유하고 있는 자는 선의라고 할 수 없고, 또한 등기부상 소유명의자가 아닌 자(중간생략등기에 있어서 중간 매도인)

로부터 부동산을 매수하여 점유하고 있는 자는 일단 과실 있는 점유자라고 할 수 있다(대판 1964.10.20, 64다445).

㉡ 점유자의 선의 · 무과실은 점유개시시에만 있으면 되고, 시효기간 동안 계속되어야 하는 것은 아니다(대판 1983.10.11, 83다카531). 민법 제197조 제1항의 규정에 따라 점유의 선의는 추정되는 반면에 무과실은 추정되지 않으므로 이는 점유자가 증명(증명책임)하여야 한다(대판 2017.12.13, 2016다248424). 유의할 점은 국가가 국유재산으로 등기하는 경우에도 무과실 책임이 요구된다고 할 것이므로 국가에게 무과실 증명책임이 있다고 하겠다(대판 2008.10.23, 2008다45057; 대판 2016.8.24, 2016다220679).

【판 례】

* 대판 2008.10.23, 2008다45057; 대판 2016.8.24, 2016다220679 … 소유자가 따로 있음을 알 수 있는 부동산에 대하여 국가가 국유재산법 제8조에 의한 무주부동산 공고절차를 거쳐 국유재산으로 등기를 마치고 점유를 개시하였다면, 그 점유의 개시에 있어 자기의 소유라고 믿는데 과실이 있다고 할 것이다.

③ 10년간 점유를 계속하였을 것

㉠ 등기부취득시효의 경우 점유는 10년간 계속되어야 한다. 이 경우 유의할 점은 소유자로 등기된 기간과 점유기간이 때를 같이하여 다같이 10년이어야 한다는 것이 판례의 입장이었으나(대판 1985.1.29, 83다카1730), 그 이후 등기부취득 시효자, 즉 현재 등기부상의 소유권자 명의뿐만 아니라 앞 등기명의까지 합쳐 10년간 소유자로 등기되어 점유하고 있으면 충분하다고 하여 종래의 태도를 변경하였다(대판[전합] 1989.12.26, 87다카2176).

㉡ 점유는 원칙적으로 등기와 부합하는 점유이어야 하지만 양자(점유, 등기)가 일치하지 않더라도 점유하는 한도에서 등기부취득시효가 인정될 수 있다. 예컨대 1필지가 단독소유로 등기되어 있으나 그 중 특정의 일부만을 점유한 경우에 그 범위에서 등기부취득시효가 인정될 수 있다(대판 2015.2.12, 2013다215515).

【판 례】

* 대판 2015.2.12, 2013다215515 … 공유자 중 1인이 1필지 토지 중 특정부분만을 점유하여 왔다면 민법 제245조 제2항이 정한 '부동산의 소유자로 등기한 자'와 '그 부동산을 점유한 때'라는 등기부취득시효의 요건 중 점유

한 특정부분을 제외한 나머지 부분에 관하여는 부동산의 점유라는 요건을 갖추지 못하였으므로, 결국 그 특정부분의 공유지분의 범위 내에서만 등기부취득시효가 완성되었다고 보아야 한다.

④ 10년간 소유권등기가 있을 것

㉠ 등기부취득시효의 요건으로 점유와 더불어 10년간 소유자로 등기가 되어 있어야 한다. 이 경우 유의할 점은 소유자로 등기한 자라 함은 적법·유효한 등기를 마친 자일 필요는 없고 무효의 등기를 마친 자라도 상관없다(대판 1998.1.20, 96다48527). 다만 등기명의인을 달리하여 소유권보존등기가 2중으로 경료된 경우 먼저 이루어진 소유권보존등기가 원인무효가 아니어서 뒤에 된 소유권보존등기가 무효로 되는 때에는(절차 법설), 그에(뒤에 기록된 소유권등기) 터잡은 소유권이전등기를 근거로 하여서는 등기부취득시효의 완성을 주장할 수 없다(대판[전합] 1996.10.17, 96다12511; 대판 2011.7.14, 2010다107064).

【판 례】

* 대판 2011.7.14, 2010다107064 … 선행 보존등기가 원인무효가 아니어서 후행 보존등기가 무효인 경우 후에 보존등기에 기하여 소유권이전등기를 마친 사람이 그 부동산을 20년간 소유의 의사로 평온·공연하게 점유하여 시효가 완성되었더라도 후행 보존등기나 그에 기하여 이루어진 소유권이전등기가 실체관계에 부합한다는 이유로 유효로 될 수는 없다.

㉡ 상속에 의한 취득시효, 즉 상속의 경우에 있어서 피상속인의 명의로 등기가 되어 있다면 설령 아직 상속등기가 이루어지지 않은 상태라고 하여도 상속인은 등기부취득시효를 주장할 수 있다(대판 1989.12.26, 89다카6140). 또한 등기부취득시효를 주장하는 당사자가 부(父)의 사망으로 토지에 대한 점유권을 상속에 의하여 취득한 것이라면 상속인은 민법 제245조 제2항에 의한 등기부취득시효를 주장할 수 있다. 다만 이 경우 피상속인의 점유가 과실이 없었음을 상속인이 주장 증명하여야 한다(대판 1995.2.10, 94다22651).

【판 례】

* 대판 1995.2.10, 94다22651 … 등기부시효취득을 주장하는 당사자가 부(父)의 사망으로 토지에 대한 점유권을 상속에 의하여 취득한 것이라면, 특별한 사정이 없는 한 그 당사자는 새로운 권원에 의하여 그 점유를 개시한 것이라고 볼 수는 없어서 결국 그 당사자는 그의 부가 그 토지에 대한 점

유를 게시한 때에 과실이 없었음을 주장 증명해야 한다.

참고 **부동산의 점유취득시효와 등기부취득시효 비교**

점유취득시효(제245조 제1항)	등기부취득시효(제245조 제2항)
① 물권편에 규정한다.	① 좌동
② 뒤에 등기를 하여야 한다.	② 먼저 소유권자로 등기되어 있어야 한다.
③ 선의임을 요하지 않는다.	③ 선의의 점유라야 한다.
④ 20년의 장기시효기간	④ 10년의 단기시효기간
⑤ 평온·공연의 점유이어야 한다.	⑤ 좌동
⑥ 자주점유가 추정된다.	⑥ 좌동
⑦ 무과실임을 요하지 않는다.	⑦ 무과실의 증명을 하여야 한다.

(4) 동산소유권의 취득시효

① 10년간 소유의 의사로 평온·공연하게 동산을 점유한 자는 그 소유권을 취득한다(제246조 제1항). 유의할 점은 동산의 점유가 선의·무과실인 경우에는 5년이 경과함으로써 그 소유권을 취득한다(제246조 제2항).

② 민법상 점유의 선의는 추정되므로 이를 다투는 자가 악의를 증명하여야 한다(제197조 제1항). 반면에 무과실은 추정되지 않으므로 이는 점유자가 증명하여야 한다(대판 1983.10.11, 83다카831).

참고 **동산의 점유취득시효와 선의취득시효 비교**

점유취득시효(제246조 제1항)	선의취득시효(제246조 제2항)
① 물권편에 규정한다.	① 좌동
② 선의임을 요하지 않는다.	② 선의의 점유이어야 한다.
③ 10년의 장기시효기간	③ 5년의 단기시효기간
④ 평온·공연의 점유이어야 한다.	④ 좌동
⑤ 자주점유가 추정된다.	⑤ 좌동
⑥ 무과실임을 요하지 않는다.	⑥ 무과실의 증명을 하여야 한다.

(5) 소유권 이외의 재산권의 취득시효

1) 소유권 이외의 물권

① 부동산물권(지상권, 지역권)에 대해서는 부동산소유권의 취득시효의 규정이 적용된다. 즉 일반취득시효의 요건을 구비한 때에는 시효기간이 20년이고, 등기

부취득시효의 요건을 구비한 때에는 10년이다(제245조). 이러한 취득시효의 대상이 되는 대표적인 것은, 장사 등에 관한 법률개정 이전의 시효취득한 분묘기지권(대판 1995.2.28, 94다37912)과 지상권(대판 1994.10.14, 94다9849), 지역권(계속되고 표현된것)등이 있다.

② 동산물권(질권)에 대해서는 동산소유권의 취득시효의 규정이 적용되는데 일반취득시효의 요건을 구비한 때에는 10년이고, 점유자의 점유가 선의・무과실인 단기취득시효의 요건을 구비한 때에는 5년이다(제246조). 예컨대 어떤 사정으로 점유하게 된 타인의 동산을 그 타인에 대한 채권을 담보하기 위하여 계속 점유하는 경우를 말한다.

2) 권리에 관한 재산권

기타 취득시효의 대상이 되는 권리는 재산권이어야 하고, 점유 또는 준점유를 수반하는 권리이어야 한다. 따라서 재산권이 아닌 부양청구권은 취득시효의 대상이 되지 못하는 반면, 지식재산권의 대표적인 상표권・저작권・특허권 등의 무체재산권은 시효취득의 대상이 된다.

(6) 취득시효의 효과

1) 취득시효의 일반적 효력

취득시효의 요건을 갖추면 점유자는 권리를 취득한다. 다만 부동산점유취득시효의 경우 등기를 하여야 소유권을 취득한다(제245조 제1항). 이러한 취지에서 취득시효의 대상이 미등기부동산인 경우 취득시효기간의 완성만으로 등기 없이 점유자가 소유권을 취득한다고 볼 수는 없다고 하겠다(대판 2006.9.28, 2006다22074).

2) 취득시효의 소급적 효력

① 취득시효로 인한 권리취득의 효력은 점유를 개시한 때에 소급한다(제247조 제1항). 따라서 시효기간 중에 취득시효자가 수취한 과실은 정당한 소유자로서 취득한 것으로 보아야 하고, 시효기간 중에 취득시효자가 행한 임대 기타의 처분은 유효한 것으로 된다.

② 한편 소급효가 모든 관계에서 관철되는 것은 아니다. 즉 시효기간 중 또는 시효완성 후라 하더라도 그 시효를 원인으로 하는 등기가 완료되기 전에 원소유자가 어떤 처분을 하였거나 기타 법률행위를 한 경우에 이는 무효로 되는 것이 아니며(대판 2006.5.12 2005다75910), 또한 원소유자가 공익사업을 위한 토지 등의 취득 및 보상에 관한 법률 등에 의하여 보상을 받은 경우에는 취득시효자에게 반환할 의무가 없다(대판 1991.2.26, 90누5375).

【판 례】

* 대판 1991.2.26, 90누5375 … 취득시효에 있어서 부동산취득시효의 소급효는 제3자와의 관계에서까지 인정되는 것은 아니라고 한다. 즉 시효가 완성된 후 시효를 원인으로 한 등기가 완료되기 전에 제3자에게 소유권이 이전되거나 압류된 경우에 취득시효자는 제3자에게 대항할 수 없다.

3) 시효완성 후 등기 전의 법률관계

① 취득시효완성 이전에 부동산양도

소유자가 취득시효완성 이전에 제3자에게 부동산을 양도한 경우에는 시효취득자는 그 취득시효기간이 완성될 당시의 등기명의자에 대하여 그 소유권취득을 주장할 수 있다(대판 1989.4.11, 88다카5843). 그 이유는 제3자 앞으로의 소유권등기이전 자체가 취득시효의 중단을 가져오는 사유가 아니기 때문이다(제247조 제2항, 제168조 참조).

② 취득시효완성 후에 부동산양도

㉠ 소유자가 취득시효완성 후에 제3자에게 부동산을 양도한 경우에 시효취득사실을 알고 있는 등기명의자가 고의로 취득시효대상이 되는 부동산을 제3자에게 처분한 경우 불법행위가 성립한다. 이 경우 제3자가 불법행위에 적극적으로 가담하였다면 이는 사회질서에 반하는 행위로서 무효가 된다(대판 1993.2.9, 92다47892; 대판 1998.4.10, 97다65495).

㉡ 한편 점유자의 권리취득을 방해하려고 하는 등의 특별한 사정이 없는 한, 점유자명의로 소유권이전등기가 마쳐지기 전까지 원소유자는 소유자로서 그 토지에 관한 적법한 권리를 행사할 수 있다. 즉 그 토지를 제3자에게 처분하거나 제한물권의 설정 등 소유자로서의 권리를 행사할 수 있다(대판 2006.5.12, 2005다75910 참고).

【판 례】

* 대판 2006.5.12, 2005다75910 … 시효취득자가 원소유자에 의하여 그 토지에 설정된 근저당권의 피담보채무를 변제하는 것은 그 자신의 이익을 위한 행위라 할 것이니, 위 변제액 상당에 대하여 원소유자에게 대위변제를 이유로 구상권을 행사하거나 부당이득을 이유로 그 반환청구권을 행사할 수는 없다.

③ 취득시효완성 후에 토지수용

㉠ 취득시효가 완성된 토지가 수용됨으로써 취득시효완성을 원인으로 하는 소유권이전등기의무가 이행불능된 경우 시효취득자(점유자)는 대상청구권(代償請求權)을 행사하여 등기명의자가 지급받은 수용보상금을 반환청구할 수 있는가? 판례는 그 이행불능 전(토지가 수용되기 전단계)에 권리의 주장이나 행사가 없는 경우에는 대상청구권을 행사할 수 없다고 한다(대판 1996.12.10, 94다43825).

㉡ 따라서 대상청구권을 행사하기 위해서는 민법에 규정은 없으나, 판례의 입장을 정리해 보면 그 이행불능 전에 등기명의자에 대하여 점유로 인한 취득시효기간이 만료되었음을 이유로 그 권리를 주장하였거나, 그 취득기간 만료를 원인으로 한 등기청구권을 행사한 경우에 한하여 토지수용보상금에 대한 대상청구권을 행사할 수 있다(대판 1995.12.22, 95다38080).

4) 취득시효의 중단 · 정지

① 소멸시효의 '중단'에 관한 규정은 취득시효에도 준용된다(제247조 제2항). 따라서 시효중단의 사유와 효력은 소멸시효에 있어서와 같다(대판 1997.4.25, 96다46484 참조). 즉 청구 · 압류나 가압류 또는 가처분 · 승인은 취득시효의 중단사유가 된다.

② 소멸시효의 '정지'에 관한 규정의 준용에 관해서는 민법상 규정을 두고 있지 않지만, 취득시효에 대해서만 이를 배척하여야 할 특별한 이유가 없으므로 시효정지제도의 취지에 비추어 소멸시효의 정지에 관한 규정을 유추적용하여 취득시효의 정지를 인정하여야 한다(통설).

5) 취득시효이익의 포기

① 민법은 소멸시효와는 달리 취득시효이익의 포기에 관한 규정을 두고 있지 않다. 이에 관하여 소멸시효이익의 포기에 관한 민법 제184조 제1항을 유추적용하여 이를 미리 포기하지는 못하나 시효가 완성된 후 포기하는 것은 가능하다고 본다(이영준 479면). 이 경우 시효이익의 포기 당사자는 시효취득자와 취득시효 완성 당시의 진정한 소유자이므로, 시효이익의 포기는 특별한 사정이 없는 한 시효취득자가 취득시효 완성 당시의 진정한 소유자에 대하여 하여야 그 효력이 발생한다(대판 2009.12.23, 2006다19177).

② 취득시효이익의 포기에 관한 판례의 입장은 취득시효완성 후 상대방의 소유를 인정하고 상대방과 합의하여 소(訴)를 취하하는 경우(대판 1973.9.29, 73다762 등)에 취득시효이익의 포기가 있는 것으로 인정한다. 또한 취득시효완성 후에 그 사실을 모르고 당해 토지에 관하여 어떠한 권리도 주장하지 않기

로 하는 각서를 작성한 후, 다시 이에 반하여 취득시효를 주장하는 것은 특별한 사정이 없는 한 신의칙상 허용되지 않는다고 한다(대판 1998.5.22, 96다24101).

(7) 선점 · 습득 · 발견

1) 무주물선점

① 의 의

무주물선점이라 함은 무주의 동산을 소유의 의사로 점유한 자가 그 소유권을 가지는 것을 말한다(제252조). 선점은 준법률행위 중 사실행위에 속하며, 소유권의 원시적 취득방법의 하나이다.

② 요 건

㉠ 무주물일 것

무주물이란 현재 소유자가 없는 물건(야생동물, 고대유물)을 말한다. 또한 사육하는 야생동물도 다시 야생으로 돌아가면 무주물로 된다(제252조 제3항). 반면 유의할 점은 물건의 성질이나 상태 등에 비추어 과거에 누군가의 소유에 속했었고 현재에도 그 상속인의 소유에 속한다고 사회통념상 인정되는 물건은 무주물이 아니라 매장물이다(통설).

㉡ 동산일 것

선점의 대상은 동산에 한한다. 즉 무주의 부동산은 국고로 귀속되기 때문에 선점의 대상이 되지 않는다(제252조 제2항).

㉢ 소유의사로 선점할 것

선점이란 소유의 의사로 점유하는 것을 말하는데, 선점에 의한 취득은 점유보조자나 간접점유자를 통해서도 할 수 있지만(사냥꾼을 고용하여 동물을 포획하는 것), 완전한 점유를 취득하여야 한다. 즉 사냥꾼이 사살한 야생동물의 위치를 모른다면 선점을 인정할 수 없다고 하겠다.

③ 효 과

선점에 의하여 점유자는 무주물의 소유권을 원시취득한다. 다만 동산이라 하더라도 학술·기예 또는 고고의 중요한 자료가 되는 동산에 관하여는 개인의 선점에 의한 소유권의 취득을 인정하지 않으며, 언제나 국유가 된다(제255조 제1항). 이 경우 무주물선점자는 문화재의 국유소유에 관한 민법 제255조 제2항을 유추적용하여 국가에 대하여 적당한 보상을 청구할 수 있다(제255조 제2항 참조).

2) 유실물습득

① 의 의

유실물이라 함은 점유자의 의사에 기하지 않고서 그의 점유를 떠난 물건으로써, 유실물은 유실물법이 정하는 바에 의하여 공고한 후 6개월 내에 소유자가 권리를 주장하지 아니하면 습득자가 그 소유권을 취득한다(제253조; 유실물법 제1조).

② 요 건

㉠ 유실물일 것

유실물이란 점유자의 의사에 기하지 않고 그 점유를 떠난 물건으로서 도품(훔친 물건)이 아닌 것을 말한다. 습득자가 그 물건의 유실물임을 알아야 하는 것은 아니며, 객관적으로 유실물이면 된다. 그 밖에 유실물법은 범죄자가 놓고 간 것으로 인정되는 물건 등도 유실물에 준하여 처리한다(유실물법 제11조, 제12조).

㉡ 습득하고 6개월간 공고할 것

습득이란 유실물에 대한 점유를 취득하는 것을 말하며, 선점에서와 달리 소유의 의사를 요하지 않는다. 또한 유실물법이 정하는 바에 의하여 공고 후 6개월 내에 그 소유자가 권리를 주장하지 않아야 한다(제253조).

③ 효 과

㉠ 습득자는 위의 요건이 갖추어지면 유실물에 대한 소유권을 취득한다. 다만 유실물이 학술·기예 또는 고고의 중요한 자료가 되는 물건인 때에는 국유로 된다(제255조 제1항). 유의할 점은 유실물의 소유권은 습득자가 습득 후 7일 이내에 습득물을 경찰서에 제출하지 않거나(유실물법 제9조), 그 권리를 취득한 날로부터 3개월 이내에 수취하지 아니할 때에는 그 소유권을 상실한다. 이 경우 유실물의 소유권은 국고에 귀속된다(유실물법 제14조, 제15조).

㉡ 유실물 소유자가 일정기간 내에 유실물을 찾아가는 경우 유실물 가액의 100분의 5 내지 20의 범위 안에서 습득자에게 보상금을 지급하여야 한다. 이 경우 습득자의 보상금청구기간은 유실자가 유실물을 찾아간 후 1개월 내에 보상금청구권을 행사하여야 한다(유실물법 제4조, 제6조).

3) 매장물발견

① 의 의

매장물이라 함은 토지 그 밖의 물건에 매장되었다가 발견된 물건으로서, 유실물법에 의하여 공고한 후 1년 안에 그 소유자가 권리를 주장하지 아니하면 발견자가 그 소유권을 취득하게 되는데, 이것을 매장물 발견이라고 한다(제254조).

② 요 건

㉠ 매장물일 것

매장물이란 토지 그 밖의 물건에 매장되어 그 소유권이 누구에게 속하는지를 판별할 수 없는 물건을 말한다. 매장물은 동산이 보통이지만, 지하에 매몰된 건물의 발굴 등과 같이 반드시 동산에만 한정되는 것은 아니다(통설).

㉡ 발견하고 1년간 공고할 것

발견이란 매장물의 존재를 구체적·객관적으로 인식하는 것으로서, 점유의 취득을 요하지 않는다. 또한 유실물법이 정하는 바에 의하여 공고 후 1년 내에 그 소유자가 권리를 주장하지 않아야 한다.

③ 효 과

발견자는 위의 요건이 갖추어지면 매장물의 소유권을 취득한다. 다만 타인의 토지 기타 물건으로부터 발견한 매장물은 그 토지 기타 물건의 소유자와 발견자가 각각 2분의 1씩 취득한다(제254조 단서). 그러나 발견한 매장물이 학술·기예·고고의 중요한 자료가 되는 것인 때에는 국유로 되며(제255조 제1항), 발견자와 매장물의 소유자는 국가에 대하여 적당한 보상을 청구할 수 있다(제255조 제2항).

(8) 첨부에 의한 취득

1) 서 설

① 의 의

부합·혼화·가공을 총칭하여 '첨부'라고 한다. 이들은 어떤 물건에 타인의 물건 또는 노력이 결합하여 사회관념상 그 분리가 불가능하거나 분리에 과다한 비용이 드는 경우에 그 물건을 어느 한 사람의 소유에 속하게 한다는 점에서 공통점을 가지고 있기 때문에 이들 세 가지를 총칭하여 첨부라고 한다.

② 인정이유

첨부를 소유권취득의 원인으로서 인정하는 이유는, 다른 소유자에게 속하는 두 개 이상의 물건이 결합하여 사회관념상 분리되는 것이 불가능하게 된 경우(부합, 혼화) 또는 물건과 이에 가하여진 노력이 결합하여 사회관념상 그 분리가 불가능하게 된 경우(가공)에 있어서, 이를 원상회복하는 것이 물리적으로는 가능하더라도 사회경제상 불합리하거나 비경제적이므로, 원상회복을 방지함으로써 한 사람의 소유에 귀속시키고자 하는 데 그 취지가 있다.

2) 부 합

민법은 '부동산에의 부합'(제256조)과 '동산 간의 부합'(제257조)의 두 가지를 규정하고 있다.

① 부동산에의 부합

㉠ 부합되는 물건, 즉 부합의 주물이 부동산이어야 한다. 토지・건물의 어느 것이라도 좋다. 반면 부합되는 물건이 동산에 한하느냐에 관하여 학설은 나뉘지만, 판례는 부동산 간의 부합도 가능하다는 입장이다(대판 1991.4.12, 90다11967).

㉡ 부동산의 소유자는 원칙적으로 부합한 동산의 소유권을 취득한다(제256조 본문). 이는 법률의 규정에 의한 취득이다. 그러나 부합한 물건이 타인의 지상권・임차권 등의 권원에 의하여 부속된 것인 때에는 부동산소유자의 소유가 되지 않고, 그것을 부속시킨 자의 소유로 남는다(제256조 단서; 대판 2012.1.12, 2009다76546 등).

② 동산 간의 부합

㉠ 각각 다른 소유자에게 속하는 수개의 동산이 결합하여 훼손하지 않으면 분리할 수 없거나, 그 분리에 과다한 비용을 필요로 하게 되어야 한다(제257조). 예컨대 어선에 발동기가 장치된 경우이다.

㉡ 부합한 동산 사이에 주종을 구별할 수 있는 때에는 주된 동산의 소유자가 합성물의 소유권을 취득한다(제257조 전단).

③ 부합에 관한 판례의 태도

㉠ 건물의 부합

토지와 건물은 별개의 부동산이므로, 건물이 토지에 부합하는 일은 없다. 즉 타인소유의 건물에 증・개축 부분은 기존건물의 소유자에게 귀속되는 것이 원칙이나(제256조 본문), 건물의 임차인이 건물소유자의 동의를 얻어 증・개축한 경우에는 권원에 의한 것이라고 할 수 있으므로 증・개축 부분의 유권은 임차인에게 귀속된다(제256조 단서; 대판 2012 1.26, 2009다76546 등). 다만 증・개축한 자의 소유로 되기 위해서는 그 부분이 구조상의 독립성과 이용상의 독립성을 갖추어야 한다(대판 1999.7.27, 99다14518). 따라서 유의할 점은 권원에 의한 것이라도 그것이 구조상・이용상 독립성을 갖추지 못하여 그 부동산과 일체를 이루는 구성부분이 된 때에는 부합이 성립하여 부동산의 소유자에게 귀속된다(대판 2008.5.8, 2007다36933・36940).

㉡ 수목의 부합

수목이 토지에 부합하는 경우에도 건물의 부합의 경우와 같다. 예컨대 권원없이 타인의 토지에 수목을 심은 경우에 그 수목은 토지에 부합한다(대판 1971.12.28, 71다2313). 다만 정당한 권원에 기하여 수목을 심은 경우에는 수목을 심은 자에게 소유권이 있다(대판 1991.4.12, 90다20220).

㉢ 농작물의 부합

각종 농작물은 토지의 일부로서 토지에 부합함이 원칙이다. 다만 정당한 권원에 의하여 경작된 농작물은 토지에 부합하지 않고 토지로부터 독립한 별개의 부동산으로 취급된다(제256조 단서). 그러나 판례는 권원 없이 타인의 토지에 농작물을 심은 경우에도 경작자의 소유로 인정하고 있다(대판 1979.8.28, 79다784).

3) 혼 화

소유자가 다른 동산과 동산이 융합하여 식별할 수 없게 된 때에는 동산 간의 부합에 관한 규정을 준용하는데, 이를 혼화라고 한다(제258조). 이에는 '고형물의 혼화'(곡물, 금전)와 '유동물의 혼화'(과즙, 기름)의 두 종류가 있으며 그 효과는 동산 간의 부합의 경우와 같다(제258조, 제257조).

4) 가 공

① 가공물의 귀속

㉠ 타인의 동산에 인간의 노동을 가하여 새로운 물건을 만들어 내는 것을 가공이라 하는데 가공물의 소유권은 원칙적으로 원재료의 소유자에게 속한다(제259조 제1항 본문). 예외로서 가공으로 인한 가액의 증가가 원재료의 가액보다 현저히 다액인 때에는 그 가공물은 가공자의 소유로 된다(제259조 제1항 단서). 이 경우 가공자의 소유권은 자동적으로 이전되며, 인도를 요하지 않는다. 다만 이 경우 원재료에 대한 부당이득의 문제가 발생되므로 이에 대한 배상책임(동종·동질의 현물반환, 현금에 의한 가액반환)이 발생한다(제741조).

㉡ 근로관계에 기하여 생산된 생산물의 소유권 귀속에 관하여는 가공에 관한 민법규정의 적용이 배제된다. 다시 말해서 처음부터 사용자를 위하여 일정한 생산계획에 따라 창조적 노동력을 제공할 것을 계약의 내용으로 하는 근로계약관계에 있어서는 가공물의 소유권에 관한 민법 제259조가 적용되지 않는다. 다만 근로자의 발명에 관해서는 정신적 재산권의 보호와 관련하여 사용자와 근로자 사이의 특약 또는 특별법으로 이를 규율할 수 있다(발명진흥법 제10조).

② 가공의 증명책임

가공으로 인한 소유권취득의 증명책임은 우리 민법이 재료주의를 취하고 있기 때문에 가공에 의한 소유권취득을 주장하는 자가 부담한다(제259조 본문). 이 경우에 가공자는 가공하였다는 사실뿐 아니라 가공으로 인하여 재료의 가액보다 가공물의 가액이 현저히 증가하였다는 사실까지 증명하여야 한다(김형배 634면, 이영준 515면).

6. 소유권에 기인한 물권적 청구권

(1) 서 설

물권내용의 완전한 실현이 어떤 사정으로 인하여 방해되고 있는 경우에 물권의 일반적 효력으로서 그 방해의 제거를 요구하는 이른바 물권적 청구권이 발생하게 된다. 민법은 소유권에 관하여 소유물반환청구권·소유물방해제거청구권·소유물방해예방청구권의 세 가지를 인정하고 있으며(제213조, 제214조), 이를 각종의 물권에 준용하고 있다(제290조, 제301조, 제319조, 제370조).

(2) 소유물반환청구권

민법은 '소유자는 법률상 정당한 이유 없이 그 소유에 속하는 물건을 점유한 자에 대하여 반환을 청구할 수 있다'라고 규정하고 있다(제213조). 즉 소유자는 소유물반환청구권을 갖는다.

1) 요 건

① 소유물반환청구권의 주체(원고)는 점유를 상실한 '소유자'이다. 따라서 매매계약 후 아직 등기를 갖추지 않은 부동산 매수인은 소유자가 아니므로 소유물반환청구권을 행사할 수 없다. 한편 청구권의 상대방은 '점유자'이다. 즉 현재 물건을 점유함으로써 소유자의 점유를 방해하고 있는 자이어야 하므로, 점유침탈자라도 현재 그 물건에 대한 점유를 상실한 때에는 청구의 상대방이 되지 않는다(대판 1970.9.29, 70다1508).

② 소유자가 소유물반환청구권을 행사하기 위해서는 점유자가 그 물건을 '점유할 권리가 없어야' 한다. 따라서 점유자가 그 물건을 점유할 권리를 가진 때에는 반환을 거부할 수 있다(제213조 단서). 예컨대 유효한 매매계약에 기하여 부동산을 인도받아 점유하고 있는 매수인으로부터 다시 이를 매수한자 또는 임대차하여 사용하는 자에게는 소유명의자가 부동산 소유권

에 기하여 물권적 청구권을 행사하거나 부당이득반환청구를 할 수 없다(대판 2001.12.11, 2001다45355).

③ 상대방이 점유를 취득함에 있어서 고의 · 과실 등의 귀책사유가 있음을 요하지 않는다. 따라서 상대방 자신이 점유를 취득한 것이 아닌 경우라도 상관없다. 예컨대 상대방의 점유취득이 타인의 행위에 의한 것이든(도둑이 훔친 물건을 상대방 집에 놓고 간 경우), 자연력에 의한 것이든(물건이 바람에 날려 상대방의 마당에 떨어진 경우) 상관이 없다.

2) 내 용

① 소유물반환청구권의 내용은 소유물의 반환, 즉 피침탈자인 소유자 자신에게 목적물의 점유를 이전할 것을 청구하는 것이다.

② 청구권자는 상대방에게 자기(상대방) 비용으로 목적물을 반환토록 청구할 수 있다. 다만 상대방에게 책임 없는 사유(천재지변과 같은 불가항력적인 것)로 인한 것인 때에는 상대방은 청구권자가 소유물을 회복하는 자조행위를 인용할 의무를 부담할 뿐이다(통설).

③ 상대방이 목적물을 멸실 · 훼손함으로써 소유자에게 손해를 입혔을 경우, 이에 관하여 우리 민법은 아무런 규정을 두고 있지 않으나, 해석상 점유에 관한 규정(제201조~제203조)과 부당이득(제741조 이하) · 불법행위(제750조 이하)의 규정에 의해야 할 것이다(곽윤직 357면, 김상용 411면, 김용한 312면, 김형배 621면).

(3) 소유물방해제거청구권

민법은 '소유자는 소유권을 방해하는 자에 대하여 방해의 제거를 청구할 수 있다'고 규정하고 있다(제214조 전단). 즉 소유자는 소유물방해제거청구권을 갖는다.

1) 요 건

① 소유물반환청구권과 대체로 같다. 즉 청구권의 주체(원고)는 소유권자이고, 그 소유권의 내용의 실현이 점유의 상실 이외의 사실에 의하여 방해받고 있는 자이다. 예컨대 원고 명의로 소유권등기가 되어 있는 것을 허위(통정허위표시)로 표시변경등기를 한 경우에 원고가 그 등기명의인을 상대로 등기의 말소를 구하는 것도 그 일환이다(대판 2008.12.11, 2008다1859).

② 청구권의 상대방(피고)은 점유침탈 이외의 방법으로 현재 소유권의 방해상태를 지배하고 있는 자이다(대판 1966.1.31, 65다218). 따라서 과거에 방해를 발생케 한 자이더라도 현재 그 방해상태를 지배하고 있지 않은 자(예컨대 상대방의 토지소유권을 방해하는 건물을

(타인에게 양도한 자)는 이 청구권의 상대방이 되지 않는다.

③ 상대방이 방해를 일으키는 데 있어서 고의·과실이 있음을 필요로 하지 않는다. 따라서 그 방해가 자연적으로 생긴 경우나(예컨대 소나무가 바람으로 인지에 넘어진 경우) 제3자의 행위로 생긴 경우(예컨대 어떤 토지의 전 소유자가 토사를 채취했기 때문에 인지가 붕괴한 경우)에도 그 방해물을 소유하는 자는 이 청구권의 상대방이 된다.

2) 내 용

① 방해의 제거를 청구하는 것이다. 방해의 제거라 함은 방해결과의 제거가 아니라, 불법건물의 철거청구나 허위등기의 말소청구를 구하는 것과 같이 현재 계속되고 있는 방해의 원인을 제거하는 것이다(대판 2003.3.28, 2003다5917; 대판 2008.12.11, 2008다1859).

② 소유권에 기한 방해제거청구권에 대하여 판례는 소유자의 토지나 건물 위에 직접적으로 방해하는 것뿐만 아니라(대판 2008.12.11, 2008다1859), 간접적인 방해가 실질적으로 침해되는 결과를 초래한 경우에도 청구할 수 있다고 한다(대판 2010.12.9, 2010다59783). 그 외에 방해제거의 비용부담문제는 소유물반환청구권의 경우와 동일하게 이해하면 된다.

【판 례】

* 대판 2010.12.9, 2010다59783 … 토지소유자가 자신 소유의 토지 위에 공작물을 설치한 행위가 인근 건물의 소유자에 대한 관계에서 권리남용에 해당하고, 그로 인하여 인근 건물소유자의 건물 사용·수익에 실질적으로 침해되는 결과를 초래하였다면, 인근 건물소유자는 건물소유권에 기한 방해제거청구권을 행사하여 토지소유자를 상대로 그 공작물의 철거를 구할 수 있다.

(4) 소유물방해예방청구권

민법은 '소유자는 소유권을 방해할 염려가 있는 행위를 하는 자에 대하여 그 예방이나 손해배상의 담보를 청구할 수 있다'고 규정하고 있다(제214조 후단). 즉 소유자는 소유물방해예방청구권을 갖는다.

1) 요 건

① 청구권의 주체(원고)는 방해받을 염려가 있는 소유물의 소유자이다. 한편 그 청구권의 상대방(피고)은 장차 소유권을 방해하는 행위를 할 염려가 있는 자이다.

② 상대방이 소유권을 방해할 염려가 있어야 한다. 여기서 어떠한 경우에 방해의 염려가 있다고 인정할 것이냐는 각 경우에 따라 이 제도의 목적에 비추어 사회통념에 의하여 객관적으로 결정하여야 할 것이다(대판 1995.9.15, 95다23378).

【판 례】

* 대판 1995.9.15, 95다23378 … 인접대지 위에 건축 중인 아파트가 24층까지 완공되는 경우, 대학의 교육 및 연구활동이 방해받게 되고, 그 방해가 사회통념상 일반적으로 수인할 정도를 넘어선다고 인정되는 한 그것이 민법 제217조 제1항 소정의 매연, 열기체, 액체, 음향, 진동 기타 유사한 것에 해당하는지의 여부를 떠나 그 소유권에 기하여 그 방해의 제거나 예방을 청구할 수 있다.

2) 내 용

① 방해의 예방이나 손해배상의 담보를 청구하는 것이다. 방해의 예방청구라 함은 방해의 원인을 제거하여 방해를 미연에 방지할 수 있는 모든 적절한 조치를 청구하는 것을 말한다. 이 경우 예방청구는 주로 상대방의 부작위(예컨대 침해를 일으킬 염려가 있는 공사를 하지 않는 것 등)를 청구하는 경우가 많겠지만, 적당한 작위(예컨대 붕괴의 염려가 있는 축대의 받침공사를 하는 것 등)를 청구하는 수도 있다.

② 손해배상의 담보청구는 장래 손해가 발생할 경우에 대비하여 예정배상금을 미리 제공하도록 하는 것이다. 소유자는 방해의 예방청구나 손해배상의 담보청구 중 하나만을 선택하여 청구할 수 있다. 그 외에 방해예방의 비용부담문제는 소유물반환청구권의 경우와 동일하게 이해하면 된다.

7. 공동소유

(1) 서 설

1) 공동소유의 의의

공동소유라 함은 하나의 물건을 2인 이상의 다수인이 공동으로 소유하는 형태를 말한다. 민법은 공동소유의 주체인 사람의 결합관계 유형에 따라 '공유・합유・총유'의 세 가지를 하나의 절(제3절 공동소유: 제262조~제277조) 속에 통일적으로 규정하고 있으며, 이를 소유권 이외의 재산권(제278조; 준공동소유)에도 준용하고 있다.

2) 공동소유의 연혁

개인주의적 법원리에 입각하고 있는 근대법은 합유나 총유를 민법에서 통일적으로 규율하는 것에 대해 부정적이다. 독일은 공유만을 통일적으로 규정할 뿐이고(독일민법 제1008조, 제1011조), 합유에 관해서는 관련부분에 개별적으로 규정하며(독일민법 제718조 이하, 제1437조 이하, 제2032조 이하)총유에 관해서는 아무런 정함이 없다. 일본은 공유에 대해서만 통일적인 규정을 두고 있을 뿐이다(일본민법 제250조~제264조). 이처럼 외국의 입법례와 달리 우리 민법은 공동소유라는 하나의 절 속에 공유·합유·총유 3가지를 모두 규정하고 있는 특색이 있다.

3) 공동소유의 특질

① 공 유

공유는 공동의 목적이 없이 우연히 결합된 것으로서, 지분을 중심으로 거의 독립된 소유권과 마찬가지로 다루어지는 개인주의적인 소유형태이다.

② 합 유

합유는 일정한 사업 등 공동의 목적을 위하여 결합하였으나 그 결합체가 단체로서의 성질을 가지지 못하고, 구성원의 개성이 강하여 지분은 인정되나 지분의 처분 등에 일정한 제한을 받는 '조합'의 소유형태이다.

③ 총 유

총유는 법인이 아닌 사단으로 결합된 것으로서, 총유지분이라는 개념이 인정되지 아니하는 매우 단체주의적인 소유형태이다.

(2) 공 유

1) 공유의 의의

공유란 공유자 사이에는 아무런 인적결합관계 내지 단체적 통제가 없는 가장 개인주의적인 색채가 농후한 공동소유형태이다. 즉 한 개의 소유권이 수인에게 분량적으로 분할되어 귀속하는 형태를 말한다(제262조). 따라서 공유의 지분은 성질과 효력에 있어서 소유권과 동일하지만, 단지 소유의 비율을 나타낼 뿐이다.

2) 공유의 성질

공유의 성질에 관하여는 한 개의 소유권을 양적으로 나누어서 수인에게 속하게 하는 것이므로 공유물을 나누는 데도 소유자의 수와 지분의 비율에 따른다는 '양적 분할설'이 통설(곽윤직 238면, 김기선 249면, 방순원 152면, 김형배 641면)과 판례(대판 1964.12.15, 64다824; 대판 1991.11.12, 91다27228)의 입장이다.

3) 공유관계의 성립

공유는 법률행위 또는 법률의 규정에 의하여 성립한다.

① 법률행위에 의한 성립

㉠ 하나의 물건을 수인이 공동의 소유로 한다는 뜻의 의사의 합치에 의하여 공유는 성립한다. 예컨대 갑·을 사이에서 물건을 공유하려는 합의가 있는 때 또는 하나의 물건을 수인이 양수하기로 계약하는 때와 같다.

㉡ 공유자는 그 물건이 부동산인 때에는 공유등기와 공유지분의 등기를 하여야하는데, 공유등기는 공유의 필요요건이다(부동산등기법 제48조 제4항). 유의할 점은 공유지분의 등기는 반드시 필요요건은 아니므로 등기를 하지 아니한 때에는 그 지분은 균등한 것으로 추정된다. 따라서 공유지분등기를 하지 않은 경우에는 실제의 지분비율(공유자간에 지분비율이 다른 경우)을 가지고 제3자에게 대항할 수 없게 된다(제262조 제2항 참조; 대판 2001.3.9, 98다51169).

② 법률의 규정에 의한 성립

법률의 규정에 의하여 공유관계가 성립하는 주요한 것으로는 수인이 공동으로 무주물 선점(제252조), 타인의 토지 속에서의 매장물 발견(제254조 단서), 주종을 구별할 수 없는 동산의 부합물(제257조 후단), 구분소유에 있어서의 공유부분(제215조 제1항), 경계에 설치된 경계표·담·구거(제239조) 등이 있다. 다만 유의할 점은 민법 제215조와 제239조 있어서는 분할청구권이 인정되지 않는다(제268조 제3항).

4) 공유의 지분

① 지분의 비율

공유에 있어서 공유자가 목적물에 대하여 가지는 소유의 비율을 지분이라고 한다. 이러한 지분의 비율은 법률의 규정(제254조 단서, 제257조, 제258조, 제1009조) 또는 공유자의 의사에 의하여 정하여지나, 그것이 분명하지 아니한 때에는 균등한 것으로 추정한다(제262조 제2항).

② 지분의 분할과 처분

지분은 소유권의 분량적 일부분에 지나지 않는 것이지만, 마치 그 성질은 하나의 소유권과 같으므로 목적물을 사용·수익·처분하는 권능을 가지게 된다. 따라서 각 공유자는 공유물 전부를 지분의 비율에 따라 사용·수익할 수 있다(제263조). 또한 공유자는 원칙적으로 언제든지 공유물의 분할을 청구할 수 있으며(제268조), 그 지분을 자유로이 처분할 수도 있다(제263조).

③ 지분의 탄력성

지분은 하나의 독립된 소유권과 같은 성질을 가지므로 탄력성이 있다.

즉 공유는 동일물 위에 단독소유권과 같은 성질을 가지는 지분이 존재하는 것이므로, 서로 제한하는 지분의 하나가 소멸하면 다른 지분은 그 범위 내에서 단독소유권으로 접근하게 되는데, 이를 '지분의 탄력성'이라고 한다. 따라서 공유자가 그 지분을 포기하거나, 상속인 없이 사망한 때에는 그 지분은 다른 공유자에게 각 지분의 비율로 귀속한다(제267조).

5) 공유자 사이의 공유관계

① 공유물을 처분하거나 변경하는 데는 공유자 전원의 동의가 있어야 한다(제264조). 즉 공유물은 동시에 다른 공유자의 지분의 객체가 되어 있으므로 공유자 중 한 사람이 그 공유물을 자유로이 처분할 수 없다. 그러므로 공유물의 처분을 위하여서는 공유자 전원의 동의를 요한다.

② 공유물의 보존은 공유자 전원의 이익이 되므로, 각 공유자가 단독으로 보존행위를 할 수 있다(제265조 단서). 따라서 다른 공유자 또는 제3자가 공유물에 대하여 침해하는 때에는 각 공유자는 단독으로 공유물 전부에 대한 방해의 제거를 청구할 수 있다(대판 1970.3.24, 70다133; 대판 1993.5.11, 92다52870). 판례는 방해배제 및 반환청구를 보존행위로 본다. 한편 유의할 점은 공유물의 이용·개량 등과 같은 관리행위는 각 공유자의 지분의 과반수로써 결정한다(제265조 본문).

③ 공유물의 관리부담, 즉 공유물의 관리비용 그 밖의 의무는 각 공유자가 그 지분의 비율로 이를 부담한다(제266조 제1항). 따라서 공유자가 이러한 의무를 1년 이상 지체한 때에는 다른 공유자는 상당한 가액으로 그 의무를 지체한 자의 지분을 매수할 수 있다(제266조 제2항). 한편 공유자가 공유물의 관리에 관하여 제3자와의 사이에 계약에 기하여 제3자가 지출한 관리비용의 상환의무는 일차적으로 당해 계약서상의 해석으로 정하여진다(대판 2009.11.12, 2009다54034·54041).

6) 특수한 공유관계

① 특수한 공유등기로써 상호명의신탁등기가 있는 바, 부동산의 위치와 면적을 특정하여 2인 이상이 구분소유하기로 당사자가 약정하고 등기는 그 소유자가 지분으로 공유하는 것처럼 등기함으로써 구분소유적 공유관계가 성립하는 것을 말한다(대판 1994.2.8, 93다42986).

② 공유관계의 원칙에 따르면 공유지분은 공유물 전부에 효력이 미치고, 공유자가 특정부분을 배타적으로 사용할 수 없다. 즉 이 원칙에 따르면 구분소유적 공유자는 계약에서 의도한 특정부분을 배타적으로 사용할 수 없게 된다. 이러한 문제점을 해결하기 위해서 판례는 소위 '상호명의신

탁'이라는 방식으로 해결하고 있다.

7) 공유의 소멸

① 일반적 소멸원인

㉠ 공유관계는 여러 가지의 원인으로 소멸하는데, 그 주요한 것으로는 지분의 집중 · 공유물의 멸실 · 제3자에의 양도 · 공용징수 등을 들 수 있다.

㉡ 그중 공유지분이 집중되는 대표적인 예로 ⓐ 공유자 중 한 사람이 다른 공유자의 지분을 전부 양수한 경우, ⓑ 민법 제266조 제2항(공유자의 의무위반)에 의하여 한 사람의 공유자가 다른 공유자의 지분을 전부 매수한 경우, ⓒ 공유자의 1인을 제외한 전원이 그 지분을 포기하거나 상속인이 없이 사망한 경우 등이다.

② 공유물의 분할에 의한 소멸

㉠ 분할청구의 자유

공유는 합유나 총유와는 달리 공유자 사이에 어떤 인적 결합관계가 있는 것이 아니다. 따라서 공유자 중의 누구라도 공유관계의 소멸을 희망하는 경우에는 언제든지 자유로이 그 분할을 청구할 수 있다(제268조 제1항 본문).

㉡ 분할의 제한

ⓐ 법률행위에 의한 제한. 즉 공유자는 5년 내의 기간으로 분할하지 아니할 것을 약정할 수 있다. 이 기간은 갱신할 수 있으나 역시 5년을 넘지 못한다(제268조). 한편 부동산에 관한 분할금지의 약정은 부기등기하여야 한다(부동산등기법 제67조 제1항 후단, 제52조 제8호).

ⓑ 법률규정에 의한 제한. 즉 건물을 구분소유하는 경우의 공유부분, 경계에 설치된 경계표 · 담 · 구거 등에 대하여는 분할이 인정되지 아니한다(제268조 제3항).

ⓒ 구분소유적 공유관계(상호명의 등기신탁). 이는 진정한 공유관계가 아니므로 공유물 분할청구를 할 수 없고 명의신탁해지를 원인으로 한 지분이전등기를 청구하여 분할하는 형식을 취하여야 한다(대판 1996.2.23, 95다8430; 대판 2010.5.27, 2006다84171).

(3) 합 유

1) 합유의 의의

합유란 수인이 조합체를 이루어 물건을 소유하는 공동소유의 형태를 말한다(제271조 제1항). 여기서 '조합체'란 수인이 동일한 목적으로 결합되어 있으나, 구성원의 개념성이 강하여 아직 단체(법인 또는 법인격 없는 사단)로서의 체제를 갖추지 못한 수인의 결합체를 의미한다.

2) 합유의 성질

① 공유와 총유의 중간적 형태가 합유이다. 즉 합유는 공유에 비하면 단체적 색채가 강하나, 총유에 비할 때에는 구성원의 개성이 뚜렷하다는 차이가 있다. 이러한 의미에서 공유와 총유의 중간형태라고 할 수 있다.

② 합유의 구성원은 특정의 공동목적을 위하여 인적 결합관계를 가지고 있어서 약하기는 하지만 단체적 통제를 받으므로, 합유재산에 관한 각자의 지분의 분할·양도는 결합관계가 종료할 때까지 제한된다(제703조 이하).

3) 합유의 성립

① 합유관계는 법률의 규정 또는 당사자 간의 계약(약정)에 의하여 성립한다(제271조 제1항 전단). 현행법상 법률의 규정으로 합유관계가 성립하는 것은 민법상의 조합재산(제704조)과 신탁법상의 수탁자가 수인 있는 경우의 신탁재산(신탁법 제45조)의 두 경우이며, 부동산을 합유하는 때에는 등기하여야 한다(부동산등기법 제44조).

② 민법상의 조합계약이란 2인 이상이 상호출자하여 공동으로 사업을 경영할 것을 목적으로 하여야 한다. 즉 '특정한 사업을 공동경영'하는 약정이 있는 것에 한하여 조합계약이라고 할 수 있으므로 단순히 공동의 목적을 도모한다는 것만으로는 조합의 성립요건을 갖추지 못하였다고 할 것이다(대판 2010.10.25, 2010다51369).

4) 합유관계

① 합유지분

합유에 있어서도 지분이 존재한다. 다만 합유지분은 조합관계에서 생기는 각 합유자의 권리·의무의 총체이므로, 즉 조합체의 일원으로서의 지위를 가리킨다(김증한·김학동 329면).

② 합유지분의 처분·분할

합유물에 대한 지분의 처분은 합유자 전원의 동의가 필요하며(제273조 제1항), 또한 합유자는 결합관계가 종료할 때까지 합유물의 분할을 청구하지 못한다(제273조 제2항). 즉 조합원에게도 합유지분이 인정되지만, 조합이 가지는 공동목적의 달성을 위해 지분의 처분과 분할청구가 제한되거나 금지되는 점에서 공유나 총유와 다르다.

③ 합유물의 보존·처분

합유물의 보존행위는 각 합유자가 단독으로 할 수 있으나, 합유물을 처분 또는 변경(관리행위)하는 데에는 합유자 전원의 동의가 있어야 한다(제272조).

5) 합유의 종료

① 합유의 종료원인

㉠ 합유물의 분할은 원칙적으로 금지되어 있으므로, 합유관계가 종료하는 원인은 합유물을 제3자에게 양도함으로써 조합재산이 없게 되는 때와 조합체의 해산이 있게 되는 때이다(제274조 제1항). 다만 해산만으로 곧 종료하는 것은 아니고, 청산절차가 완료된 때에 종료하는 것으로 해석된다.

㉡ 한편 합유자가 사망한 경우 합유지분은 상속되는가? 이 경우 조합원의 지위는 일신전속적이므로(대판 1981.7.28, 81다145) 조합원의 지분은 상속인에게 상속되지 않고, 해당부동산은 잔존 합유자들의 합유지분으로 귀속된다(대판 1996.12.10, 96다23238 등). 이 경우 잔존 합유자가 1인인 경우에는 단독소유로 된다. 유의할 점은 민법은 합유자의 사망을 조합원탈퇴사유로 규정(제717조)함과 더불어 그 탈퇴조합원의 지분에 대한 계산은 탈퇴(사망) 당시의 조합재산 상태에 의하여 현금으로 반환할 수 있다고 함으로써 지분환급을 규정하고 있다(제719조).

② 합유지분의 분할

조합체의 해산으로 합유관계를 종료하게 되면 합유물을 분할하게 되는데, 그 분할에는 공유물의 분할에 관한 규정이 준용된다(제274조 제2항). 즉 조합이 해산된 때에는 청산절차에 따라 합유물을 분할하여 각 조합원에게 분배할 수 있다(곽윤직 300면, 이영준 583면).

(4) 총 유

1) 총유의 의의

총유라 함은 법인이 아닌 사단의 사원이 집합체로서 물건을 소유하는 형태를 말한다(제275조 제1항). 전근대적인 제도라고 할 수 있는 총유에 있어서는 단체가 목적물의 관리·처분권능을 가지고, 단체의 구성원들은 일정한 범위 안에서 각자의 사용·수익기능이 인정될 뿐이며, 각자의 지분이 없다.

2) 총유의 성질

단체의 구성원이 가지는 사용·수익기능은 단체의 구성원이라는 자격을 가지고 있는 한 인정되는 것으로서, 이를 타인에게 양도하거나 또는 상속의 목적으로 하지 못한다. 이와 같이 총유는 공유와는 아주 대조적인 단체주의적 공동소유의 형태이다.

3) 총유의 성립

① 총유의 주체는 '법인격 없는 사단'으로서 그 모습이 다양하다. 예컨대 종중재산 · 교회재산 · 촌락단체의 재산 등이나 동창회 · 학회 · 정당 등이다.

② 부동산의 총유는 이를 등기하여야 하며, 등기는 사단의 명의로 그 대표자 또는 관리인이 이를 신청한다(부동산등기법 제26조).

4) 총유관계

① 총유물의 관리 및 처분은 사원총회의 결의로써 한다(제276조 제1항). 한편 총유물의 사용 · 수익은 정관 그 밖의 규약에 좇아 각 사원이 할 수 있다(제276조 제2항).

② 총유물에 관한 사원의 권리 · 의무는 사원의 지위를 취득 · 상실함으로써 당연히 취득 · 상실된다(제277조). 총유물에 관한 사원의 권리로서 중요한 것은 총유물의 관리 · 처분에 참여할 수 있는 것과 총유물을 사용 · 수익하는 것이다. 따라서 공유나 합유와는 달리 각자의 지분이 없다.

③ 각 사원이 총유물에 관한 보존행위를 단독으로 할 수 있는가에 관하여 민법에는 규정이 없다. 과거의 판례는 각 사원이 총회의 결의를 얻어 단독으로 보존행위를 할 수 있다고 하였으나(대판 1994.10.25, 94다28437), 그 후 입장을 변경하여 사단이 그 명의로 사원총회의 결의를 거쳐서 하거나 또는 그 구성원 전원이 당사자가 되어 필수적 공동소송의 형태로 할 수 있을 뿐, 그 사단의 각 구성원은 설령 그가 사단의 대표자라거나 사원총회의 결의를 거쳤다 하더라도 보존행위를 할 수 없다고 한다(대판[전합] 2005.9.15, 2004다44971; 대판 2010.2.11, 2009다83650).

(5) 준공동소유

1) 의 의

소유권 이외의 재산권(지상권, 지역권, 전세권, 저당권)을 2인 이상의 다수인이 공동으로 소유하는 것을 '준공동소유'라 하며, 이에 관해서는 공동소유에 관한 규정이 준용된다(제278조 본문). 공동소유에 공유 · 합유 · 총유의 세 가지 형태가 있는 것과 같이 준공동소유에도 준공유 · 준합유 · 준총유의 세 가지가 있다.

2) 준공동소유의 대상

① 소유권 이외의 물권

준공동소유가 인정되는 것으로는 지상권 · 지역권 · 전세권 · 저당권과 같은 민법상의 물권이 있다.

② 채 권

채권에 대하여도 준공동소유가 인정되는가에 관하여, 학설에 따라 약간의 견해 차이는 있으나 채권 역시 준공동소유가 인정된다는 데 이설이 없다(곽윤직 304면, 김증한 · 김학동 338면, 이영준 595면 등).

③ 기타 재산권

준공동소유가 인정되는 기타의 재산권으로 상법상의 재산권인 주식의 공유(상법 제333조)와 공동저작물의 저작인격권(저작권법 제15조) · 특허권의 공유(특허법 제99조) · 광업권의 공유(광업법 제34조) 등의 재산권이 있다.

참고 **공유 · 합유 · 총유의 비교**

구분 \ 형태	공 유	합 유	총 유
연원	로마법상 인정되었던 소유형태	중세 게르만법의 촌락공동체	중세 게르만법의 상속공동체
색채	개인주의적인 색채가 농후하다.	공유와 총유의 중간에 위치한다.	단체주의적인 색채가 농후하다.
지분(지분권)	공유지분 (제262조 제1항)	합유지분 (제271조 제1항)	없음
지분의 처분	자유 (제263조 전단)	전원의 동의 (제273조 제1항)	지분이 없으므로 처분도 없음
목적물의 변경 · 처분	전원의 동의 (제264조)	전원의 동의 (제272조 본문)	사원총회의 결의 (제276조 제1항)
목적물의 사용 · 수익	지분의 비율에 따라 공유물 전부를 사용 · 수익(제263조 후단)	합유물 전부에 미침 (제271조 제1항 후단)	정관 그 밖의 규약에 좇아서(제276조 제2항)
분할의 청구	① 자유 (제268조 제1항 본문) ② 금지특약 (제268조 제1항 단서)	불가(제273조 제2항)	지분이 없으므로 분할도 없음
종료사유	① 공유물의 양도 ② 분할	① 조합체의 해산 ② 합유물의 양도 (제274조 제1항)	총유물의 양도

제 3 절 부동산실명법

1. 서 설

(1) 명의신탁의 정의

명의신탁에 관하여 민법은 아무런 규정을 두고 있지 않으나, 판례는 명의신탁이란 '신탁자가 소유권을 보유하여 이를 관리 · 수익하면서, 공부상의 소유 명의만을 수탁자로 하여 두는 것'이라고 한다(대판 1965.5.18, 65다312). 다시 말하면 부동산 취득에 관한 소유권 및 그 밖의 물권(전세권, 저당권 등)을 사실상 취득하는 자(진정한 소유자)가 타인(수탁자)과 약정하여 그 진정한 소유자가 아닌 자를 대외적으로 마치 소유자인 것처럼 공부상 표시해 놓는 것을 말한다(부동산실명법 제2조).

(2) 부동산실명법 제정목적

1) 법률의 제정배경

① 1990년 8월 1일 부동산등기특별조치법을 제정하여 탈세 · 탈법 · 투기목적의 명의신탁등기신청을 금지하고(구, 부동산등기특별조치법 제7조), 위와 같은 목적의 명의신탁등기를 신청한 자에 대하여는 3년 이하의 징역 또는 1억 원 이하의 벌금에 처하도록 하였다(부동산등기특별조치법 제8조).

② 부동산등기특별조치법에 의한 명의신탁금지규정이 효력규정인가 단속규정인가에 관하여 대법원은 '위와 같은 규정에 의하여 명의신탁약정 자체가 금지된다고는 해석할 수 없으므로 그와 같은 명의신탁약정이 그 사법적 법률행위의 효력까지 부인되는 것은 아니다'라고 하여 단순한 단속규정으로 판시하였다(대판 1993.8.13, 92다42651 등). 따라서 부동산등기특별조치법에 의한 명의신탁규제의 실효성이 없게 되자 '부동산 실권리자명의 등기에 관한 법률'(이하 「부동산실명법」이라 하며, 그 행위를 「명의신탁약정」이라 한다)이 1995년 제정되었으며, 이러한 부동산실명법의 제정으로 부동산등기특별조치법 제7조는 삭제되었다.

2) 법률의 제정목적

기존 판례에 의하여 형성된 명의신탁의 법리(구, 부동산등기특별조치법 제7조를 효력규정이 아닌 단속규정으로 판시)가 주로 조세를 포탈하거나 토지에 관한 각종 공법적 규제(농지법 제8조에 의한 농지취득자격증명 등)를 피하기 하여 이용되는 등 폐해가 발생하자 부동산실명법을 제정하게 되었으며, 이러한 부동산실명법은 부동산에 관한 소유권, 기타 물권을 실체적 권리관계에 부합하도록 실권리자 명의로 등기하게 함으로써 부동산 등기제도를 악용한 투기·탈세·탈법행위 등 반사회적 행위를 방지하고 부동산거래의 정상화와 부동산가격의 안정을 도모하여 '국민경제의 발전에 이바지함을 목적'으로 하고 있다(부동산실명법 제1조).

3) 법률의 위헌성여부

부동산실명법에 의한 명의신탁약정은 무효로 한다는 동법 제4조를 비롯하여 각종 제재와 벌칙에 관한 규정 등이 헌법 제119조 제1항의 자본주의적 시장경제질서 및 제10조의 행복추구권에 내제된 사적자치의 원칙에 위배되는가에 대하여 논란이 많았으나, 헌법재판소의 합헌결정 이후 부동산실명법의 존재는 더욱 확고하게 정립되었다(헌재결 2001.5.31, 99헌가18 등).

【판 례】

* 헌재결 2001.5.31, 99헌가18·2001헌바2 … 명의신탁의 효력과 관련된 규정들은 헌법 제37조 제2항의 질서유지 또는 공공복리를 위하여 필요한 조항으로서, 헌법 제119조 제1항의 자본주의적 시장경제질서 내지 제10조의 행복추구권에 내재된 사적자치의 원칙 및 재산권 보장의 원칙의 본질을 침해하였다고 볼 수 없다. 또한 부동산실명법에 의하여 달성되는 공익에 비하여 제한받는 기본권의 정도가 과다하다고 볼 수 없으므로 각 법조항은 헌법 제37조 제2항의 과잉금지의 원칙에도 위반된다고 할 수 없다.

(3) 부동산실명법과의 구별

1) 민법상의 신탁관계

① 민법해석학에 있어서는 채권담보와 같이 일정한 경제적 목적을 달성하기 위하여 당사자의 일방이 상대방에게 그 목적달성에 필요한 한도 이상의 권리(소유권)를 이전하는 것을 신탁관계라고 한다. 예컨대 채권담보를 위하여 재산권을 양도하거나 채권추심을 위하여 그 채권을 양도하는 경우에 이를 신탁자와 수탁자 사이의 신탁관계가 설정되는 것으로 해석하고 있다.

② 민법상의 신탁관계(예컨대 양도담보)는 이중적인 법률관계를 형성하고 있다. 즉 대외적으로는 소유권이 수탁자(양도담보권자)에게 이전되지만, 대내적인 법률관계에 있어서 담보권이므로 수탁자는 제3자에게 정당한 이유없이 처분하지

않아야 할 의무를 부담한다.

2) 신탁법상의 신탁행위

① 신탁법상의 신탁이라 함은 위탁자(신탁설정자)가 특정한 재산권을 수탁자(신탁재산을 인수하는 자, 예컨대 한국자산관리공사)에게 이전하거나 기타의 처분을 하고, 수탁자로 하여금 일정한 자(수익자)의 이익을 위하여 또는 특정의 목적을 위하여 그 재산권을 관리·처분하는 법률관계를 말한다(신탁법 제1조 제2항; 대판 1994.10.14, 93다62119).

② 신탁의 목적물이 부동산과 같이 등기하여야 할 재산권인 경우에는 그 등기를 함으로써 제3자에게 대항할 수 있다(부동산등기법 제81조 이하). 따라서 신탁법에 의한 신탁관계는 '위탁자가 수탁자에게 재산권을 이전하고' 자기 또는 제3자를 위하여 재산을 관리(관리신탁) 또는 채권의 담보(담보신탁) 등의 목적을 수행하도록 하는 것이다. 즉 신탁법상의 신탁행위는 신탁재산이 수탁자에게 '절대적으로 이전'된다. 다만 신탁재산설정자에게는 그 계약에 따른 이익을 받을 채권만이 발생할 뿐이다.

【판 례】 신탁법상의 법률효과

* 대판 1994.10.14, 93다62119 … 수탁자 앞으로 소유권이전등기를 마치게 되면 대내외적으로 소유권이 수탁자에게 완전히 이전되고, 신탁의 해지 등 신탁 종료의 사유가 발생하더라도 수탁자가 신탁재산의 귀속권리자인 수익자나 위탁자 등에게 새로이 목적부동산의 소유권 등 신탁재산을 이전할 의무를 부담하게 될 뿐, 신탁재산이 수익자나 위탁자 등에게 당연히 복귀되거나 승계된다고 할 수 없다.

2. 명의신탁약정 및 적용범위

(1) 명의신탁약정

1) 약정의 의의

부동산실명법에 의한 명의신탁약정이라 함은 부동산에 관한 소유권, 기타 물권을 보유한 자 또는 사실상 취득하거나 취득하려고 하는 자가 타인과의 사이에서 대내적으로 실권리자가 부동산에 관한 물권을 보유하거나 보유하기로 하고 대외적으로 그에 관한 등기(가등기를 포함한다)는 그 타인의 명의로 하기로 당사자(신탁자, 수탁자)가 약정하는 것을 말한다. 이 경우 위임 · 위탁매매의 형식에 의하거나 추인에 의한 경우를 포함한다(부동산실명법 제2조 제1호).

2) 약정의 당사자

부동산에 관한 물권을 '보유한 자'는 상속 등 법률의 규정에 의하여 물권을 취득한 자 또는 소유자로 등기한 자 등이며, '사실상 취득하거나 취득하려고 하는 자'는 명의신탁약정 전후로 매매계약에 의하여 소유권자 등으로 등기할 위치에 있으나 아직 등기하지 않은 자를 가리키는 것이다. 따라서 계약에 의한 취득이든 또는 원시취득 및 법률에 의한 취득 중 어느 경우이든지 실권리자가 타인의 명의로 등기하는 경우에는 명의신탁에 해당된다.

(2) 적용범위

1) 적용의 대상

① 본등기

㉠ 부동산실명법위반의 규제대상은 부동산소유권뿐만 아니라 기타 전세권 · 저당권 · 지상권 등 부동산물권을 타인의 명의로 본등기하는 경우이다(부동산실명법 제1조, 제2조). 다만 부동산 매매대금의 지급을 담보하기 위하여 당사자 간의 합의에 의하여 소유권이전등기를 매수인에게 경료하지 않은 상태에서 목적부동산 위에 근저당권자를 매수인이 지정하는 제3자로, 매도인을 채무자로 하여 근저당권을 설정하는 경우에 그 근저당권설정등기는 부동산실명법의 취지에 반하지 않기 때문에 유효하다고 한다(대판 2001.3.15, 99다48948).

㉡ 재산의 관리를 위임한다는 약정을 하고서 권리를 이전하는 형식을 취한다 할지라도 신탁법상의 신탁임을 등기부에 기재하지 않은 경우에는 그 위임약정을 부동산실명법상의 명의신탁약정으로 본다.

【판 례】 채권자와 근저당권자가 다른 경우

* 대판[전합] 2001.3.15, 99다48948 … 근저당권은 채권담보를 위한 것이므로 원칙적으로 채권자와 근저당권자는 동일인이 되어야 하지만, 제3자를 근저당권 명의인으로 하는 근저당권을 설정하는 경우 그 점에 대하여 채권자와 채무자 및 제3자 사이에 합의가 있고, 채권양도, 제3자를 위한 계약, 불가분적 채권관계의 형성 등 방법으로 채권이 그 제3자에게 실질적으로 귀속되었다고 볼 수 있는 특별한 사정이 있는 경우에는 제3자 명의의 근저당권설정등기도 유효하다고 보아야 할 것이고, 또한 부동산을 매수한

자가 소유권이전등기를 마치지 아니한 상태에서 매도인인 소유자의 승낙 아래 매수 부동산을 타인에게 담보로 제공하면서 당사자 사이의 합의로 편의상 매수인 대신 등기부상 소유자인 매도인을 채무자로 하여 마친 근저당권설정등기는 실제 채무자인 매수인의 근저당권자에 대한 채무를 담보하는 것으로서 유효하다.

② 가등기

명의신탁약정에는 본등기를 하는 경우뿐만 아니라 담보목적의 가등기를 하는 경우에도 포함된다(대판 2002.12.24, 2002다50484). 따라서 타인명의를 빌려 가등기를 하는 경우, 즉 신탁자가 가등기명의만을 신탁할 의사로 가등기를 하였다고 하더라도 그러한 명의신탁약정은 효력이 없다(대판 2010.12.23, 2009다97024 · 97031 등).

2) 적용의 특례

다음의 경우에는 나름대로의 고유의 경제적 기능을 가지고, 명의신탁과 달리 등기부상에 실권리자가 나타나기 때문에 악용의 소지가 없다는 점에서 부동산실명법에 의해 금지되는 명의신탁약정의 범위에서 제외된다(부동산실명법 제2조 제1호 단서).

① 채권담보등기

채무의 변제를 담보하기 위해 그 뜻을 기록한 서류를 등기관에게 제출한 후, 채권자가 부동산에 관한 물권을 이전받거나(양도담보) 가등기하는 경우(가등기담보)에는 부동산실명법의 규제대상에서 배제된다(부동산실명법 제2조 제1호 가). 이 경우 그 뜻의 서면을 등기관에게 제출하여야 한다.

② 신탁등기

신탁법 또는 신탁업법에 의한 신탁재산인 사실을 등기한 경우, 즉 한국자산관리공사에 부동산을 신탁한 경우에는 부동산실명법의 규제대상에서 배제된다(부동산실명법 제2조 제1호 다).

③ 상호명의신탁

부동산의 위치와 면적을 특정하여 배타적으로 사용하기 위하여 2인 이상이 구분소유하기로 하는 약정을 하고 그 구분소유자의 공유로 등기하는 경우에는 부동산실명법이 규제하려고 하는 대상에 해당하지 않는다(부동산실명법 제2조 제1호 나). 이러한 상호명의신탁이 성립하는 경우 공유자는 내부관계에 있어서는 특정 부분에 한하여 소유권을 취득하고 이를 배타적으로 사용 · 수익할 수 있지만, 외부관계에 있어서는 1필지 전체에 관하여 공유관계가 성립하고 공유자로서 권리만을 주장할 수 있을 뿐이다(대판 1994.2.28, 93다42986).

④ 종중재산등기

종중재산의 명의신탁에 대하여는 조세포탈, 강제집행의 면탈 또는 법령상 제한의 회피를 목적으로 하지 않는 경우에는 특례를 인정하여 명의신탁약정의 효력, 과징금, 이행강제금, 벌칙 및 기존 명의신탁의 실명등기 의무 위반시의 효력 규정의 적용을 배제한다(부동산실명법 제8조).

⑤ 배우자명의등기

배우자 간의 명의신탁의 경우에는 혼인중은 물론 혼인하기 전에 남남으로서 명의신탁관계에 있다가 서로 혼인(법률혼만을 말한다. 대판 1999.5.14, 99두35 참조)한 경우에도 동법의 특례적용을 받아 그 명의신탁약정은 유효하게 된다(대판 2002.10.28, 2001마1235).

3. 명의신탁약정의 유형 및 효력

(1) 명의신탁약정의 유형

1) 등기명의신탁

등기명의신탁은 명의신탁자가 소유하던 부동산을 명의수탁자의 명의로 가장매매·증여 등의 방법으로 등기를 이전하는 2자 간 명의신탁과, 명의신탁자가 원소유자(매도인)로부터 부동산을 매수하면서 명의수탁자의 명의를 빌려 등기하기로 약정하는 3자 간의 명의신탁이 있다.

① 2자 간 명의신탁

2자 간 명의신탁이란 신탁자의 명의로 되어 있는 부동산의 등기를 명의신탁약정에 의하여 수탁자에게 이전등기한 경우를 말한다. 다시 말하면 신탁자 A의 명의로 되어 있는 부동산의 등기를 실체관계가 없음에도 명의신탁약정에 의하여 수탁자 B에게 이전 등기하는 것을 말한다. 또한 매수인이 매도인에게 매매대금의 지급을 완료했거나 또는 당사자의 어느 한쪽만이 채무를 부담하기로 당사자가 합의(명의신탁약정)하여 부동산소유권이전등기를 3년 이상 하지 아니하고 계속적으로 매도인 명의로 유지하고 있는 경우에도 2자 간 명의신탁에 해당한다(부동산실명법 제10조 제1항).

참고 **2자간 명의신탁**

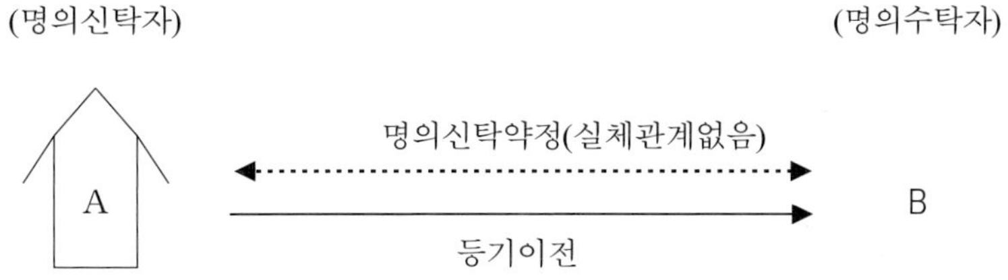

② 3자 간 명의신탁

3자 간 명의신탁이란 명의신탁자가 매도인으로부터 부동산 매입계약을 체결한 후 신탁자의 명의가 아닌 수탁자의 명의로 이전등기를 하는 경우이다(대판 2002.2.22, 2001도6209; 대판 2010.10.28, 2010다52799). 다시 말하면 매도인 A와 매수인 B가 부동산 매매계약을 체결하면서 매수인의 명의가 아닌 제3자 C에게 등기를 이전하는 것을 말한다.

참고 **3자간 명의신탁**

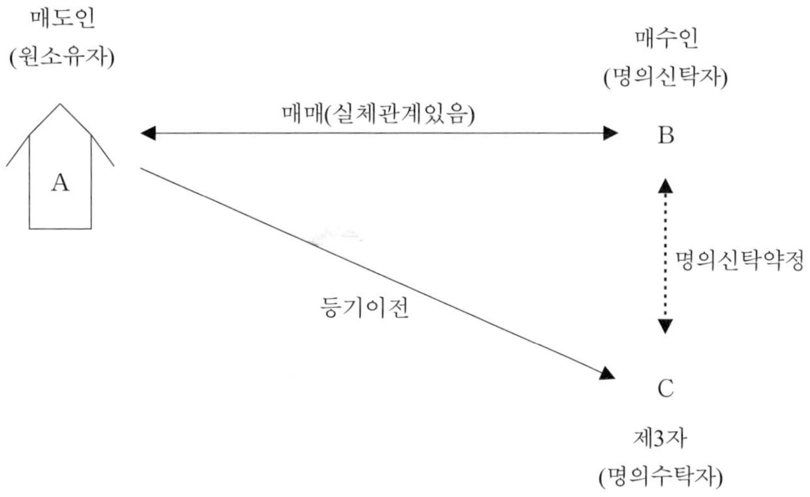

【판 례】

* 대판 2010.10.28, 2010다52799 … 3자간 명의신탁인지 아니면 계약명의신탁인지의 구별은 계약당사자가 누구인가를 확정하는 문제로 귀결되는 바, 계약명의자인 명의수탁자가 아니라 명의신탁자에게 계약에 따른 법률효과를 직접 귀속시킬 의도로 계약을 체결한 사정이 인정된다면 명의신탁자가 계약당사자라고 할 것이므로, 이 경우의 명의신탁관계는 3자간 명의신탁으로 보아야한다.

2) 계약명의신탁

계약명의신탁은 수탁자가 매매의 당사자로서 매매계약을 체결하고 직접 수탁자 본인에게 이전등기를 마친 경우이다. 다시 말해서 명의신탁자(B)와 명의수탁자(C) 간에 당사자의 지위에 관한 명의신탁을 약정하고, 명의수탁자가 매도인(A)과 직접 매매계약을 체결한 후 수탁자명의로 소유권이전등기를 함으로써 이루어지는 명의신탁이다(대결 2013.10.7, 2013스133 참고). 이 경우 명의신탁자는 수탁자에게 자금을 대주고 부동산에 관한 실질적인 권리를 취득하게 한다.

참고 계약명의신탁

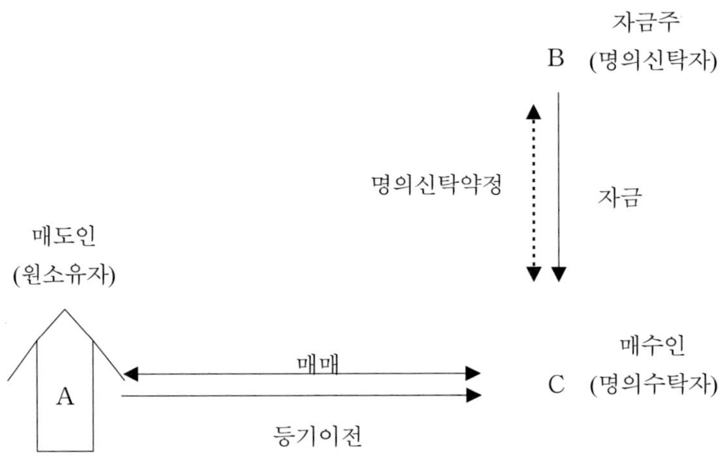

【판 례】

* 대결 2013.10.7, 2013스133 … 타인을 통하여 부동산을 매수함에 있어 매수인명의를 그 타인 명의로 하였다면 이때의 명의신탁관계는 내부적인 관계에 불과하므로, 설령 계약의 상대방인 매도인이 알고 있었다고 하더라도 명의신탁자에게 계약에 따른 법률효과를 직접 귀속시킬 의도로 계약을 체결하였다는 특별한 사정이 인정되지 아니하는 한, 그 명의신탁관계는 계약명의신탁에 해당한다고 함이 원칙이다.

(2) 명의신탁약정의 효력

1) 실권리자명의 등기의무

① 누구든지 부동산에 관한 물권을 명의신탁약정에 의하여 명의수탁자의 명의로 등기하여서는 안 된다(부동산실명법 제3조 제1항). 따라서 이에 위반한 자는 그에 상응

하는 징역(5년 이하 내지 3년 이하) 또는 벌금(2억 이하 내지 1억 원 이하)의 벌칙을 받게 된다(부동산실명법 제7조).

② 한편 채무의 변제를 담보하기 위하여 채권자가 부동산에 관한 물권을 이전받는 경우(양도담보)에는 채무자·채권금액 및 채무변제를 위한 담보라는 뜻이 기재된 서면을 등기신청서와 함께 등기관에게 제출하여야 한다(부동산실명법 제3조 제2항). 다만 가등기시에는 이러한 서면을 제출할 필요가 없다.

2) 명의신탁약정의 일반적 효력

① 명의신탁약정은 무효로 한다(부동산실명법 제4조 제1항). 따라서 명의신탁약정에 따라 행하여진 등기에 의한 부동산에 관한 물권변동도 무효가 된다. 다만 명의수탁자가 계약의 일방당사자가 되고 그 상대방은 명의신탁약정이 있다는 사실을 모른 경우(계약명의신탁)에는 명의신탁약정은 무효이나, 부동산물권변동의 효력은 유효하다(부동산실명법 제4조 제2항).

② 명의신탁약정의 무효는 제3자에게 대항하지 못한다(부동산실명법 제4조 제3항). 여기서 말하는 제3자란 명의수탁자가 물권자임을 기초로 그와의 사이에 새로운 이해관계를 맺은 사람을 말함으로 명의수탁자가 아닌 제3자와 사이에 이해관계를 맺은 전득자는 제3자에 해당하지 않는다(대판 2005.11.10, 2005다34667·34674). 따라서 수탁자가 수탁재산을 처분하는 경우에 제3자가 선의이든 악의이든 상관없이 유효하게 그 부동산 물권을 취득한다. 또한 명의신탁이 해지되었음에도 등기명의가 회복되지 않았다면 신탁자는 소유권을 가지고 제3자에게 대항할 수 없다.

③ 부동산실명법이 비록 투기·탈세·탈법행위 등 반사회적 행위를 방지하기 위한 것이지만, 명의신탁약정에 기하여 등기이전이 이루어진 경우에는 불법원인급여에 해당하지 않는다(대판 2003.11.27, 2003다41722). 따라서 신탁자는 수탁자에게 부당이득반환청구권을 행사하여 신탁재산을 반환받을 수 있다.

【판 례】 명의신탁약정과 불법원인급여

* 대판 2003.11.27, 2003다41722 … 부동산실명법이 비록 투기·탈세·탈법행위 등 반사회적 행위를 방지하는 것 등을 목적으로 제정되었다고 하더라도, 동법이 제재하려는 명의신탁약정은 그 자체로 선량한 풍속 기타 사회질서에 위반하는 경우에 해당한다고는 단정할 수 없기 때문에 무효인 명의신탁약정에 기하여 타인 명의의 등기가 마쳐졌다는 이유만으로 그것이 당연히 불법원인급여에 해당한다고는 볼 수 없다.

3) 명의신탁약정의 유형별 효력

① 등기명의신탁의 효력

㉠ 2자 간의 명의신탁

신탁자 A의 명의로 되어 있는 부동산의 등기를 명의신탁약정에 의하여 수탁자 B에게 이전등기하는 것으로써 명의신탁약정 및 소유권이전 등기는 무효이다. 즉 명의신탁자는 계약관계가 무효이므로 '계약해지'에 기한 소유권이전등기를 청구할 수 없고(대판 1991.1.26, 98다1027 등), 수탁자를 상대로 소유권에 기한 방해배제청구권을 행사하여 수탁자 명의의 등기를 구하거나 진정명의회복을 원인으로 하는 소유권이전등기를 구할 수 있다(대판 2002.9.6, 2002다35157). 이 경우 제3자가 부동산을 매입하여 이전등기를 완료한 경우에 신탁자는 그 부동산에 대한 소유권을 상실한다(부동산실명법 제4조 제3항).

㉡ 3자 간의 명의신탁

매도인 A와 명의신탁자 B가 부동산을 거래하면서 명의수탁자인 C에게 소유권이전등기하는 것으로써 B와 C 사이의 명의신탁약정은 무효이고, A에서 C로의 등기는 효력이 없다. 이 경우 B(명의신탁자)가 자기소유로 이전등기를 하고자 하는 경우에 직접 명의수탁자 C를 상대로 부당이득반환을 원인으로 한(의한) 소유권이전등기를 청구할 수 없으므로(대판 2008.11.27 2008다55290 · 55306) A에서 C로의 등기를 말소함과 아울러 A에게 소유권이전을 청구할 수 있다(대판 2002.11.22 2002다11496 참고). 유의할 점은 매도인인 A에서 수탁자 C로의 이전등기가 무효라 할지라도 명의수탁자가 제3자에게 매각하는 경우에 제3자인 D로의 이전등기는 유효하다(부동산실명법 제4조 제3항).

② 계약명의신탁의 효력

㉠ 매도인 A가 수탁자인 C와 거래하고 매매당사자인 수탁자 C에게 등기를 이전한 경우로써 B(자금주이자 명의신탁자)와 C 사이의 명의신탁약정은 무효이나 A에서 C로의 이전등기는 유효하므로 명의수탁자 C가 완전히 유효한 부동산 물권을 취득하게 된다(부동산실명법 제4조 제2항 참조; 대판 2010.11.11, 2008도7451).

㉡ 계약명의신탁의 경우, 매도인이 선의인 경우에는 예외적으로 그 수탁자의 등기명의는 유효한 것으로 처리된다(부동산실명법 제4조 제2항 단서; 대판 2000.3.24, 98도4347 참고). 이 경우 명의신탁자는 수탁자에 대하여 부동산의 부당이득반환을 청구할 수 있을 것이다. 유의할 점은 당해 부동산 자체의 반환을 청구할 수 있는 것이 아니라 명의신탁자로부터 제공받은 매수자금을 청구할 수 있을 뿐이다(대판 2005.1.28, 2002다66922). 한편 계약명의신탁의 경우 명의신탁자 B가 실권리자 명의로 등기를 회복

할 수 없기 때문에 이행강제금은 부과되지 않는다. 다만 부동산실명법을 위반하였으므로 명의신탁자 B에게 과징금 및 처벌(벌금)이 부과되며(부동산실명법 제5조, 제7조 참조), 또한 명의수탁자 C는 벌칙만이 부과된다(부동산실명법 제7조 제2항).

【판 례】 부당이득대상

* 대판 2005.1.28, 2002다66922 … 계약명의신탁약정이 부동산 실권리자명의 등기에 관한 법률 시행 후인 경우에는 명의신탁자는 애초부터 당해 부동산의 소유권을 취득할 수 없었으므로 위 명의신탁약정의 무효로 인하여 명의신탁자가 입은 손해는 당해 부동산 자체가 아니라 명의수탁자에게 제공한 매수자금이라 할 것이고, 따라서 명의수탁자는 당해 부동산 자체가 아니라 명의신탁자로부터 제공받은 매수자금을 부당이득하였다 할 것이다.

③ 경매상 명의신탁의 효력

㉠ 경매절차에서 실질적으로 자금을 제공한 자가 타인명의로 매각허가결정을 받은 경우, 그 경매절차에서 매수인의 지위에 서게 되는 사람은 어디까지나 그 명의인이므로 경매 목적부동산의 소유권은 매수대금을 실질적으로 부담한 사람이 누구인가와 상관없이 그 명의인이 취득한다. 즉 경매절차에서 매각허가(낙찰, 경락)는 유효하므로 명의수탁자(낙찰명의인, 경락명의인)는 소유권을 취득한다(대판 2005.4.29, 2005다664).

㉡ 부동산경매절차에서 매수대금의 실질적 부담자와 명의인 간에 명의신탁관계가 성립한 경우에, 그들 사이에 매수대금의 실질적 부담자의 지시에 따라 부동산의 소유명의를 이전하거나 그 처분대금을 반환하기로 약정하였다고 하더라도 이는 명의신탁약정을 전제로 명의신탁 부동산 자체 또는 그 처분대금의 반환을 구하는 범주에 속하는 것이어서 당사자 사이의 명의신탁약정은 무효이다(대판 2006.11.9, 2006다35117). 따라서 이행강제금과 과징금 및 처벌 등에 관하여는 계약명의신탁의 내용이 준용된다고 하겠다.

【판 례】 경매와 명의신탁

* 대판 2005.4.29, 2005다664 … 부동산경매절차에서 부동산을 매수하려는 사람이 매수대금을 자신이 부담하면서 다른 사람의 명의로 매각허가결정을 받기로 그 다른 사람과 약정함에 따라 매각허가가 이루어진 경우 그 경매절차에서 매수인의 지위에 서게 되는 사람은 어디까지나 그 명의인이므로 경매 목적부동산의 소유권은 매수대금을 실질적으로 부담한 사람이 누구인

가와 상관없이 그 명의인이 취득한다고 할 것이고, 이 경우 매수대금을 부담한 사람과 이름을 빌려 준 사람 사이에는 명의신탁관계가 성립한다.

4. 명의신탁약정에 대한 제재

(1) 과징금

1) 과징금의 대상

① 과징금의 범위

과징금의 범위는 ㉠ 부동산실명법의 금지규정을 위반한 기간, ㉡ 조세를 포탈하거나 법령에 의한 제한을 회피할 목적으로 하였는지의 여부, ㉢ 부동산등기특별조치법 제11조의 규정에 의한 과태료가 부과되었는지 여부 등을 종합적으로 고려하여 당해 부동산가액의 100분의 30에 해당하는 금액의 범위 안에서 과징금을 부과한다(부동산실명법 제5조, 제10조 제2항, 제14조 제3항).

② 과징금의 대상자

부동산실명법위반에 따른 과징금의 대상자는 ㉠ 실권리자 명의 등기의무를 위반한 명의신탁자(부동산실명법 제5조 제1항 제1호), ㉡ 부동산의 소유권이전을 내용으로 한 계약을 체결한 자로서 등기신청을 할 수 있는 때로부터 3년 이내에 소유권이전 등기를 신청하지 않은 등기권리자(부동산실명법 제10조 제1항), ㉢ 기존 양도담보권자가 법 시행일로부터 1년 이내에 채무자·채권금액 및 채무변제를 위한 담보라는 뜻의 서면을 등기기관에게 제출하지 않은 때 그리고 양도담보권의 실채무자가 아닌 자를 채무자로 등기하도록 한 실질적인 채무자(부동산실명법 제14조 제1항·제2항) 등이 이에 해당한다.

2) 과징금의 산정방법

① 과징금의 금액은 부동산평가액에 따른 과징금 부과율과 의무위반 경과기간을 기준으로 하는 과징금 부과율을 합한 부과율에 그 부동산평가액을 곱하여 산정한다. 다만 조세포탈 또는 법령상 제한을 회피할 목적이 아닌 경우에는 100분의 50을 경감할 수 있다(부동산실명법 시행령 제4조의4). 예컨대 명의신탁 부동산의 평가액이 10억 원이고 의무위반기간이 1년 이상 경과한 경우 부동산평가액 10억 원×(10%+10%)=2억 원의 과징금이 부과된다.

② 과징금 산정에 의하여 그 과징금을 부과할 수 있는 기간은 5년이며, 그 기산일은 명의신탁의 등기가 해소된 때이다(대판 2006.1.13, 2004두2776). 즉 과징금의 부

과기간은 명의신탁약정에 의한 등기시가 아니라 실직적인 소유자 및 권리자로 등기된 시점부터 기산한다.

【판 례】 과징금 부과기간 및 기산일

* 대판 2006.1.13, 2004두2776 … 부동산 실권리자명의 등기에 관한 법률 제5조 제7항, 같은 법 시행령 제3조 제5항, 구 지방세법 제30조의4 제1항, 지방세법 시행령 제14조의2 제1항 등의 관련 법령에 비추어 보면, 부동산 실권리자명의 등기에 관한 법률 제5조 제1항에 따른 과징금 부과의 제척기간은 5년이고 그 기산일은 명의신탁의 등기가 해소된 때이다.

참고 **부동산평가액기준 과징금 부과율**

부동산 평가액	과징금 부과율
5억 원 이하	5%
5억 원 초과~30억 원 이하	10%
30억 원 초과	15%

참고 **의무위반 경과기간기준 과징금 부과율**

의무위반 경과기간	과징금 부과율
1년 이하	5%
1년 초과~2년 이하	10%
2년 초과	15%

3) 과징금 납부방법

① 과징금의 물납

㉠ 부동산실명법 제5조 제4항에 의거 대통령령으로 정하는 1천만 원(부동산실명법 시행령 제4조의2) 이상의 과징금을 부과받은 자는 그 초과하는 금액의 범위 내에서 물납신청서를 작성하여 과징금 납부기한 30일 이전까지 부동산의 소재지를 관할하는 특별자치도지사 · 특별자치시장 · 시장 · 군수 또는 구청장에게 제출하여야 한다(부동산실명법 시행령 제4조 제1항 · 제2항).

㉡ 물납신청서를 제출받은 특별자치도지사 · 특별자치시장 · 시장 · 군수 또는 구청장은 그 신청서를 받은 날로부터 15일 이내에 신청인에게 그 허가 여부를 서면으로 통지하여야 한다. 한편 물납을 신청한 부동산의 수납가격이 과징금의 금액을 초과하거나 그 부동산이 관리 · 처분상 물납받기가

심히 곤란한 경우에는 그 물납의 청구를 거부할 수 있다(부동산실명법 시행령 제4조 제3항 · 제4항).

② 과징금의 분할납부

㉠ 특별자치도지사 · 특별자치시장 · 시장 · 군수 또는 구청장은 부동산실명법 제5조 제1항에 따른 과징금을 부과받은 자가 과징금의 금액이 대통령령으로 정하는 기준을 초과하는 경우로서 과징금의 전액을 일시에 납부하기가 어렵다고 인정할 때(재해 또는 도난 등으로 재산에 현저한 손실을 입은 경우, 사업 여건의 악화로 사업이 중대한 위기에 처한 경우, 과징금을 일시에 내면 자금 사정에 현저한 어려움이 예상되는 경우, 과징금 납부 의무자 또는 동거 가족이 질병이나 중상해로 장기 치료가 필요한 경우)에는 그 납부기한을 연장하거나 분할 납부하게 할 수 있다. 이 경우 납부기한의 연장 및 분할은 1년 이내에서 3회로 제한되며(부동산실명법 시행령 제4조의2), 필요하다고 인정할 때에는 대통령령으로 정하는 바에 따라 담보를 제공하게 할 수 있다(부동산실명법 제5조의2 제1항).

㉡ 과징금 납부의무자가 부동산실명법 제5조 제1항에 따른 과징금 납부기한의 연장 또는 분할 납부를 신청하려는 경우에는 과징금 납부를 통지받은 날부터 30일 이내에 특별자치도지사 · 특별자치시장 · 시장 · 군수 또는 구청장에게 신청하여야 한다(부동산실명법 제5조의2 제2항). 한편 부동산실명법 제5조 제1항에 따라 납부기한이 연장되거나 분할 납부가 허용된 과징금 납부의무자가 그 납부기한 내에 납부하지 아니한 때와 관할관청의 담보의 변경 · 그 밖에 담보 보전에 필요한 요구를 이행하지 아니한 때, 그리고 경매개시 · 파산선고 · 국세 또는 지방세의 체납처분을 받은 때에는 그 납부기한의 연장 또는 분할 납부 결정을 취소하고 일시에 징수할 수 있다(부동산실명법 제5조의2 제3항).

(2) 이행강제금

① 과징금을 부과받은 자는 지체 없이 당해 부동산에 관한 물권을 자신의 명의로 등기하여야 한다(부동산실명법 제6조 제1항). 이를 위반하였을 경우에는 과징금부과일로부터 1년이 경과한 때에 당해 부동산평가액의 100분의 10에 해당하는 금액이 부과되고, 그 후 실명등기를 하지 않음으로써 다시 1년이 경과한 때에는 부동산평가액의 100분의 20에 해당하는 금액을 각각 이행강제금으로 부과한다(부동산실명법 제6조 제2항).

② 유의할 점은 계약명의신탁의 경우에는 이행강제금이 부과되지 않는다. 다만 자신의 명의로 등기할 수 없는 정당한 사유가 있는 경우에는 그 사유가 소멸된 후 지체없이 신탁자 자신의 명의로 등기하여야 한다. 따라서 그 사유가 소멸한 때로부터 위와 같은 이행강제금이 부과된다(부동산실명법 제4조 제2항 단서, 제6조 제1항 단서).

(3) 벌 금

① 실명등기의무를 위반한 명의신탁자, 양도담보사실의 기재의무를 위반한 채권자 및 등기관에 대한 제출서면에 채무자를 허위로 기재하여 제출하게한 실채무자(실질적인 채무자)는 5년 이하의 징역 또는 2억 원 이하의 벌금에 처한다(부동산실명법 제7조 제1항). 또한 장기미등기자, 즉 실명등기의무를 위반한 자로서 3년 이내에 소유권등기를 신청하지 아니한 등기권리자 역시 5년 이하의 징역 또는 2억원 이하의 벌금에 처한다(부동산실명법 제10조 제5항).

② 부동산실명법 제3조 제1항을 위반한 명의수탁자는 3년 이하의 징역 또는 1억 원 이하의 벌금에 처한다(부동산실명법 제7조 제2항). 즉 명의수탁자는 신탁자와 달리 과징금이나 이행강제금의 처벌은 받지 아니하나 벌금은 받는다.

(4) 실명등기전환위반에 대한 제재

1) 실명등기전환위반에 대한 원칙

부동산실명법이 시행되기 전에 명의신탁약정에 의하여 부동산에 관한 물권을 명의수탁자의 명의로 등기하거나, 하도록 한 명의신탁자는 동법 시행일부터 1년 이내에 실명등기하여야 한다(부동산실명법 제11조 제1항). 이를 위반한 경우에는 부동산실명법 시행 후 명의신탁한 경우와 동일하게 등기의 효력과 명의신탁약정의 효력이 상실되며, 또한 명의신탁자에게 과징금과 이행강제금을 부과한다(부동산실명법 제12조 제1항).

2) 실명등기전환위반에 대한 예외

① 공용징수 · 판결 · 경매 · 기타 법률의 규정에 의하여 명의수탁자로부터 제3자에게 부동산에 관한 물권이 이전된 경우(상속에 의한 경우는 제외한다)와 종교단체, 향교 등이 조세포탈 · 강제집행의 면탈을 목적으로 하지 아니하고 명의신탁한 경우에는 실명등기로 전환하지 않아도 된다(부동산실명법 제11조 제1항 단서).

② 기존의 명의신탁자가 유예기간 이내에 다른 법률의 규정에 의하여 부동산의 소재지를 관할하는 특별자치도지사 · 특별자치시장 · 시장 · 군수 또는 구청장에게 매각을 위탁하거나 한국자산관리공사에 매각을 의뢰한 경우에는 실명등기를 한 것으로 보아 제재를 받지 아니한다. 다만 매각의뢰를 철회한 경우에는 그러하지 아니하다(부동산실명법 제11조 제2항 제2호).

제 4 절 집합건물법

1. 서　설

(1) 법의 제정목적

토지이용의 고도화 · 입체화라는 사회적 요청 때문에 아파트 · 연립주택 · 주상복합 · 상가건물 등의 공용주택 및 상가건물이 일반화되고, 그 결과 민법 제215조만에 의해서는 집합건물의 생활에 따른 복잡한 법률관계를 합리적으로 규율할 수 없게 되자 집합건물 내에서의 공동생활을 합리적으로 규율하고 권리관계를 명확히 해서 집합건물에 입주한 구분소유자를 보호하고(분양자로부터 수분양자보호), 또한 그들의 공동생활의 이해를 조절하기 위하여 1984년 '집합건물의 소유 및 관리에 관한 법률'(이하 「집합건물법」이라 한다)을 제정하게 된 것이다.

(2) 구분소유의 성립

1) 구분소유의 독립성

① 구분소유로 되기 위해서는 1동의 건물(상가건물 포함) 중 구조상 구분된 수개의 부분이 독립한 건물로서 이용될 수 있을 때, 즉 '구조상의 독립성'과 '이용상의 독립성'을 갖추고 있는 경우 그 각 부분은 집합건물법이 정하는 바에 따라 각각 소유권의 목적으로 할 수 있다(집합건물법 제1조). 다시 말해서 공시의 요청에 따른 구조상의 독립성은 전유부분이 구조적으로 구획되어 있음을 요하고, 사회적 요청에 응한 이용상의 독립성은 각각의 전유부분이 독립적으로 이용될 수 있음을 요한다(대결 2008.9.11, 2008마696).

② 민법 및 집합건물법에서는 건물과 그 부속물 중 공용부분을 공유로 추정하며, 그에 대한 부담과 수익은 각자의 전유부분의 면적의 비율에 따라 공용부분의 관리비용과 그 밖의 의무를 부담하며 공용부분에서 생기는 이익을 취득한다(집합건물법 제12조, 제17조; 민법 제215조). 또한 공용부분에 대한 공유에 대하여는 분할청구를 할 수 없도록 하였다(민법 제268조 제3항).

【판 례】

* 대결 2008.9.11, 2008마696 … 구분소유권의 객체는 그 이용상황 내지 이

용형태에 따라 구조상의 독립성 판단의 엄격성에 차이가 있을 수 있으나, 구조상의 독립성은 주로 소유권의 목적(등기)이 되는 객체에 대한 물적지배의 범위를 명확히 할 필요성 때문에 요구된다고 할 것이므로 구조상의 구분에 구분소유권의 객체범위를 확정할 수 없는 경우에는 구조상의 독립성이 있다고 할 수 없다. 따라서 이러한 등기에 기초하여 경매절차가 진행되어 이를 낙찰받았다고 하더라도 그 등기는 그 차체로 무효이므로 낙찰자는 그 소유권을 취득할 수 없다.

2) 구분행위와 등기

① 1동의 건물 중 구분된 각 부분이 구조상·이용상 독립성을 가지고 있는 경우에 구분소유권을 취득하기 위하여 구분소유를 설정하려는 소유자의 의사가 있어야 하고, 그에 덧붙여 구분소유의 등기가 있어야 하는데(부동산등기법 제40조 제2항~제4항), 원칙적으로 건물 전체가 완성되어 당해 건물에 관한 건축물대장에 구분건물로 등록된 시점에 구분소유가 성립한다(대판 2006.11.9, 2004다67691).

② 소유자가 기존건물에 증축을 한 경우에도 증축부분이 구조상·이용상 독립성을 갖추었다는 사유만으로 당연히 구분소유권이 성립된다고 할 수 없고, 소유자의 구분행위가 있어야 비로소 구분소유권이 성립한다. 따라서 소유자가 기존의 건물로서 증축으로 인한 건물표시변경등기를 경료하였다면 이를 구분건물로 하지 않고 그 전체를 1동의 건물로 하려는 의사로 보아야 한다(지원림 577면).

(3) 분양자의 담보책임

1) 담보책임의 내용

집합건물을 건축하여 분양한 자는 매수인(수분양자)인 구분소유자에 대하여 담보책임을 부담하는데(대판 2009.1.30, 2008다12507), 이 경우 수급인의 담보책임에 관한 민법 제667조 및 제668조가 준용된다(집합건물법 제9조 제1항). 다만 이 책임은 건물의 건축상의 하자에 관한 것으로, 집합건물법 제20조가 있다고 하여 대지부분의 권리상의 하자에까지 적용되는 것은 아니다(대판 2002.11.8, 99다58136).

2) 담보책임의 당사자

하자담보책임의 당사자는 원칙적으로 분양자와 수분양자(현재의 소유자)이다. 즉 하자담보책임을 물을 수 있는 자는 집합건물 양도 당시 양도인이 이를 행사하기 위하여 유보하였다는 등의 특별한 사정이 없는 한 현재의 집합건물의 소유자이고(대판 2012.9.13, 2009다23160), 그 상대방은 특별한 사정이 없는 한 집합건물의 분양자이다(대판 2011.12.8, 2009다25111).

【판 례】

* 대판 2011.12.8, 2009다25111 … 집합건물의 시공사는 그가 분양계약에도 참여하여 분양대상인 구분건물에 대하여 분양에 따른 소유권이전의무를 부담하는 분양계약의 일방당사자로 해석된다는 등 특별한 사정이 없는 한 집합건물법 제9조에 의한 하자담보책임을 부담하는 것으로 볼 수 없다.

3) 담보책임의 존속기간

① 집합건물법 제9조에 의한 책임은 분양계약에 기한 책임이 아니라 집합건물의 분양자가 집합건물의 현재 구분소유자에 대하여 부담하는 법정책임인데, 이에 기한 손해배상청구권(민법 제162조 제1항에 따른 10년)은 제척기간으로 본다(대판[전합] 2012.3.22, 2010다28840 등). 이 경우 하자담보책임기간의 기산점은 건축 후 최초의 인도가 있는 때부터 10년이며, 집합건물인 임대아파트를 건축하였다가 분양전환을 한 경우에도 같다(대판 2012.5.10, 2011다66610).

② 집합건물법 제9조에 따른 담보책임에 관한 구분소유자의 권리는 건축법 제2조 제1항 제7호에 따른 건물의 주요구조부 및 지반공사의 하자의 경우에는 10년, 그 외의 하자에 경우 하자의 중대성 · 내구연한 · 교체가능성 등을 고려하여 5년의 범위에서 대통령령으로 정하는 기간에 행사하여 한다(집합건물법 제9조의2 제1항). 이러한 권리행사기간의 기산일은 주택법 제49조에 따른 사용검사일, 즉 집합물 전부에 대하여 임시사용승인을 받은 경우에는 그 임시사용승인일을 말하고, 분할 사용검사나 동별 사용검사를 받은 경우에는 분할사용검사일 또는 동별 사용검사일을 말한다(집합건물법 제9조의2 제1항).

2. 구분소유의 객체

(1) 전유부분의 객체

1) 전유부분의 독립성

건물구분소유의 전유부분이라 함은 1동의 건물의 1부분이 구분소유의 객체

(대상)로 되기 위해서는 그 건물 부분이 구조상·이용상 구분된 수개의 부분이 독립한 건물로서 사용될 수 있는 것을 말한다(집합건물법 제1조, 제1조의2; 대판 2012.5.24, 2012다105 등). 즉 건물의 일부분이 구조상으로 구분되어 있어야 하며(구조상의 독립성), 그것이 독립하여 건물로서의 효용성이 있어야 한다(이용상의 독립성).

【판 례】

* 대판 2012.5.24, 2012다105 … 집합건물의 소유 및 관리에 관한 법률 제1조와 제1조의2가 1동의 건물이 일정한 요건을 갖춘 경우 이용상 구분된 소유권의 목적으로 할 수 있도록 하고 있는 바, 구분점포의 번호·종류·구조·위치·면적은 특별한 사정이 없는 한 건축물대장의 등록 및 그에 근거한 등기에 의해 특정된다. 따라서 매매당사자가 공부와 상이한 것을 모르는 상태에서 점포로서 이용현황대로 위치 및 면적을 매매목적물의 그것으로 알고 매매하였다고 해서 그것을 특정하여 매매한 것이라고 볼 수 없다.

2) 상가전유부분의 특징

① 상가건물의 전유부분으로 되기 위해서는 경계표지 및 건물번호표지에 관하여 필요한 사항을 대통령령으로 정하는데, 그 내용은 ㉠ 구분점포의 용도가 건축법 제2조 제2항 제6호의 판매 및 영업시설일 것, ㉡ 경계를 명확하게 식별할 수 있는 표지를 바닥에 견고하게 설치할 것, ㉢ 구분점포별로 부여된 건물번호표지를 견고하게 부착할 것 등을 요건으로 하고 있다(대판 2012.5.24, 2012다105 참고).

② 상가건물의 지하주차장이 건축법규에 따른 부속주차장으로 설치되기는 하였으나, 분양계약상의 특약에 의하여 구분소유자들의 동의하에 공용 부분에서 제외되어 따로 분양된 경우에는 구분소유의 대상이 될 수 있다(대판 1995.12.26, 94다44675).

【판 례】

* 대판 1995.12.26, 94다44675 … 집합건물인 상가건물의 지하주차장이 그 건물을 신축함에 있어서 건축법규에 따른 부속주차장으로 설치되기는 하였으나, 분양계약상의 특약에 의하여 그 건물을 분양받은 구분소유자들의 동의하에 공용부분에서 제외되어 따로 분양되었고, 그 구조상으로나 이용상으로도 상가건물의 지상 및 지하실의 점포, 기관실 등과는 독립된 것이라면, 이와 분리하여 구분소유의 대상이 될 수 있다.

(2) 공용부분의 객체

1) 공용부분의 의의

공용부분이란 다수의 구분소유자가 공동으로 이용하는 부분으로, 건물 중 전유부분을 제외한 부분을 말한다. 이러한 공용부분은 그 성질 및 구조상 당연히 공용부분으로 되는 것(법정공용부분)과 규약에 의하여 공용부분으로 되는 것(규약공용부분)으로 나눌 수 있다. 즉 공용부분은 법정공용부분과 규약공용부분으로 나뉜다.

2) 공용부분의 종류

① 법정공용부분

법정공용부분은 그 성질 및 구조상 당연한 공용부분으로서, 1동의 건물 중 전유부분 이외의 건물부분(계단, 복도, 외벽, 승강기, 지하실 등)과 전유부분에 속하지 않는 건물의 부속물(전기, 배선, 저수탱크, 소화시설 등)을 말한다. 이러한 부분은 등기를 요하지 않는다.

② 규약공용부분

㉠ 규약공용부분은 구조상으로는 전유부분이지만 규약에 의하여 공용부분으로 된 것을 말한다. 예컨대 관리사무실·집회실·대피소·공동창고 등이 이에 속한다(대판 1995.3.3, 94다4691).

㉡ 법정공용부분(구조상 공용부분)은 등기사항이 아니지만 규약상의 공용부분은 그 취지를 등기하여야 한다(집합건물법 제3조 제4항). 그 이유는 규약상의 공용부분은 물리적으로 독립한 건물이어서 별도로 거래의 목적이 될 수 있으므로 이를 공시하지 않으면 제3자에게 예견치 못한 손해를 줄 염려가 있기 때문에 공용부분이라는 취지를 등기하여야 한다.

【판 례】

* 대판 1995.3.3, 94다4691 … 아파트 지하실이 건축 당시부터 건축물관리대장상 그 지상의 주택부분과는 별도의 용도나 목적으로 건축되었다고 볼 특별한 사정이 엿보이지 않는다면, 그 지하실이 주택 또는 상가 등의 용도로 사용하기에 충분한 높이와 환기시설 등을 갖추고 있다는 등의 사실만으로는 구분소유의 목적이 될 수 없고, 공동사용의 목적을 위한 창고·대피소 등으로 사용하기 위하여 건축된 구분소유자 전원의 공용에 제공되는 건물의 부분으로서 그들의 공유에 속하는 것으로 봄이 타당하다.

3. 구분소유의 법률관계

(1) 구분소유자의 권리 · 의무

1) 대지사용권

① 대지사용권의 의의

일반적으로 건물을 소유하려면 대지의 이용이 필연적이므로 건물의 일부를 소유하는 자도 대지 전체를 이용한다고 하여야 한다. 그러므로 구분소유자는 누구나 대지 전체에 관하여 이용할 권리를 가지고 있어야만 한다. 이를 대지사용권이라고 하는데, 대지에는 법정대지(1동의 건물이 소재하는 토지)와 규약대지(규약상 건물의 대지로 된 도로, 주차장, 정원, 부속건물의 대지)로 구분된다.

② 대지사용권의 분리처분제한

㉠ 분리처분제한의 목적

구분소유권자의 대지사용권은 전유부분의 처분에 따르도록 함으로써 양자가 분리되는 것을 최대한 억제하여 대지사용권 없는 구분소유권의 발생을 방지함으로써 집합건물에 관한 법률관계의 안정과 합리적 규율을 도모하려는 데 있다(대판 2006.3.10, 2004다742).

㉡ 대지사용권의 일체성

ⓐ 건물과 대지 사이에는 이용상 필연적 관련이 있기 때문에 구분소유권과 대지사용권의 분리처분을 금지하여 그 일체화를 꾀하고 있다. 즉 구분소유자의 대지사용권은 그가 가지는 전유부분의 처분에 따르게 하고, 원칙적으로 전유부분과 분리해서 대지사용권만을 처분할 수 없게 하였다(집합건물법 제20조; 부동산등기법 제61조 제3항). 규약에 특별한 규정이 없는 한 전유부분과 분리하여 대지사용권을 처분할 수 없는 것이 원칙이다(집합건물법 제20조 제2항).

ⓑ 집합건물의 전유부분과 함께 대지지분을 취득하기 위한 실질적 요건을 모두 갖추었지만 대지지분에 대한 등기를 아직 마치지 못한 경우, 즉 구분건물을 신축한 자가 대지사용권을 가지고 있는 경우에 대지권에 관한 등기를 하지 아니하고 구분건물에 관하여서만 소유권이전등기를 경료한 때에는 현재의 구분소유자와 공동으로 대지사용권에 관한 이전등기를 신청할 수 있다(부동산등기법 제60조; 대판 2008.9.11, 2007다45777 등).

【판 례】

* 대판 2008.9.11, 2007다45777 … 집합건물의 건축자가 그 대지를 매수하였으나 아직 소유권이전등기를 마치지 아니하였다 하여도 매매계약의 이행

으로 대지를 인도받아 그 지상에 집합건물을 건축하였다면 매매계약의 효력으로서 전유부분의 소유를 위하여 그 대지를 점유·사용할 권리가 생긴 것이고, 이러한 경우 사용권은 단순한 점유권과는 차원을 달리하는 본권으로서 집합건물의 소유 및 관리에 관한 법률 제2조 제6호에 정한 구분소유자가 건물의 대지에 대하여 가지는 권리인 대지사용권에 해당한다.

2) 전유부분에 대한 권리·의무

① 집합건물의 일반적 권리·의무

㉠ 소유권자와 동일한 권리·의무

구분소유자의 전유부분(구분소유권의 목적인 건물부분; 집합건물법 제2조 제3호)에 대한 권리·의무는 보통의 소유권과 다를 바 없다. 다만 전유부분이 상하좌우로 밀접하게 연결되어 있기 때문에 그 관리에 일정한 제한이 가해지고 있다. 즉 구분소유자는 건물의 보존에 해로운 행위, 그 밖에 건물의 관리 및 사용에 관하여 구분소유자의 공동의 이익에 반하는 행위를 하여서는 안 된다(집합건물법 제5조 제1항). 따라서 목적물의 훼손은 물론 정당한 이유없이 목적 이외의 사용이 금지된다.

㉡ 다른 구분소유자의 전유부분의 사용권

구분소유자는 그 전유부분 또는 공용부분을 보존하거나 개량하기 위하여 필요한 범위 안에서 다른 구분소유자의 전유부분 또는 자기의 공유에 속하지 않은 공용부분을 사용할 수 있으며, 이 경우 다른 구분소유자가 손해를 입은 때에는 이를 보상하여야 한다(집합건물법 제5조 제3항). 이는 민법 제216조의 인지사용청구권(隣地使用請求權)과 동일한 취지의 것이다.

㉢ 점유권(구분소유자가 아닌 자)에의 준용

위의 ㉠ 내지 ㉡의 경우(동법 제5조 제1항 내지 제3항)는 전유부분을 점유하는 자로서 구분소유자가 아닌 자(구분소유자의 승낙을 받아 전유부분을 점유하는 자)에게 이를 준용한다(집합건물법 제5조 제4항).

② 집합건물에서의 영업제한의무

㉠ 영업제한규약제정의 범위

분양계약서 또는 집합건물법 제28조의 관리단규약 등에서 업종제한조항을 두는 경우에 업종변경을 절대적으로 금지할 것인가 아니면 일정한 범위에서 변경을 허용할 것인가는 사적자치의 원칙에 따라 당사자가 그 범위를 자유롭게 정할 수 있고, 업종변경의 허·부, 범위 및 절차 등은 분양계약서 또는 관리단규약 등의 합리적 해석을 통하여 판단한다(대판 2005.11.10, 2003다45396).

㉡ 임차인의 영업제한의무

분양회사가 수분양자에게 특정영업을 정하여 분양한 경우에는 기본적으로 각 구분소유자에게 그 업종을 독점적으로 운영하도록 보장하는 의미가 내포되어 있으므로, 소유권을 분양받은 수분양자들이나 구분소유권자들 스스로의 합의가 아닌 임차인과 제3자 사이의 합의에 기하여 특정 영업의 종류를 변경할 수는 없다(대판 2005.11.10, 2003다45396).

㉢ 분양회사의 경업금지의무

상가 분양회사가 수분양자에게 특정영업을 정하여 분양한 이유는 수분양자에게 그 업종을 독점적으로 운영하도록 보장함으로써 이를 통하여 분양을 활성화하기 위한 것이고, 수분양자들 역시 지정품목이 보장된다는 전제 아래 분양회사와 계약을 체결한 것이므로, 지정업종에 관한 경업금지의무는 수분양자들에게만 적용되는 것이 아니라 분양회사에도 적용된다(대결 2006.7.4, 2006마164 · 165).

3) 공용부분에 대한 권리 · 의무

① 공용부분의 사용

㉠ 공용부분은 원칙적으로 구분소유자 전원의 공유에 속한다(집합건물법 제10조 제1항 본문). 그러나 일부의 구분소유자만의 공유에 제공되는 것이 명백한 경우에는 그들만의 공유에 속한다(민법 제215조 제1항; 집합건물법 제10조 제1항 단서). 이 경우 각 공유자는 공용부분을 그 용도에 따라 사용할 수 있으나(집합건물법 제11조), 공용부분에 대한 지분을 가지고 그 부분에 대한 분할청구는 할 수 없다(민법 제268조 제3항).

㉡ 구분소유자의 공용부분에 대한 지분은 그가 가지는 전유부분의 처분에 종속된다. 따라서 공유지분권은 전유부분의 처분에 수반하므로, 그 지분권만을 분리해서 처분하지 못한다(집합건물법 제13조).

② 공용부분의 변경

㉠ 공용부분의 변경에 관한 사항은 구분소유자 및 의결권의 각 3분의 2 이상의 다수에 의한 집회결의로써 결정한다. 예컨대 공용대지에 견고한 철골조립식 주차장을 설치하는 행위는 공용부분의 변경에 해당함으로 관리단집회의 결의가 있어야 한다(대판 2011.3.24, 2010다58133 등). 다만 공용부분의 개량을 위한 것으로서 과다한 비용이 드는 것이 아닐 때에는 통상의 집회결의로써 결정할 수 있다(집합건물법 제15조 제1항).

㉡ 공용부분을 변경하는 경우에 그 공용부분의 변경으로 인하여 다른 구분소유자의 권리에 특별한 영향을 미칠 때에는 그 구분소유자의 승낙을 얻

어야 한다(집합건물법 제15조 제2항).

【판 례】

* 대판 2011.3.24, 2010다58133 … 집합건물의 공용대지상에 견고한 철골조 립식 주차장을 설치하는 것이 집합건물의 대지를 '관리하는 행위'인지 '변경하는 행위'인지 문제된 사안에서, 그러한 주차장을 설치하여 운영하는 내용의 계약은 집합건물 대지의 변경에 관한 것에 해당하므로 그에 관한 사항은 집합건물의 소유 및 관리에 관한 법률 제15조 제1항이 정하는 것에 따라 관리단집회의 결의로써 결정하여야 한다.

③ 공용부분의 관리

㉠ 공용부분의 관리에 관한 사항은 공용부분의 개량에 과다한 비용이 드는 경우를 제외하고는 통상의 집회결의로써 결정하며, 이러한 공용부분에 대한 보존행위는 각 공유자가 할 수 있다(집합건물법 제16조 제1항). 따라서 공용부분의 불법점유자를 상대로 물권적 청구나 부당이득반환청구 등을 할 수 있다(대판 2003.6.24, 2003다17774).

㉡ 관리단은 규약에 달리 정한 바가 없으면 관리단집회의 결의에 따라 공용부분, 즉 건물과 대지 또는 부속시설의 교체 및 보수를 위한 수선계획을 수립하여 '수선적립금'을 징수하고 적립할 수 있다. 다만 다른 법률에 따라 장기수선을 위한 계획이 수립되어 충당금 또는 적립금이 징수·적립된 경우에는 그러하지 아니하다(집합건물법 제17조의2).

④ 공용부분의 부담·수익

㉠ 공용부분의 부담 및 수익은 원칙적으로 지분의 비율로 나누어진다. 따라서 각 공유자는 규약에 다른 정함이 없는 한 그 지분의 비율(전유부분의 면적비율)에 따라 공용부분의 관리비용, 그 밖의 의무를 부담하며 공용부분에서 생기는 수익을 취득한다(집합건물법 제17조).

㉡ 집합건물의 공용부분은 전체공유자의 이익에 공여하는 것이므로 공유자가 공용부분에 관하여 다른 공유자에 대하여 가지는 채권은 그 특별승계인에 대하여도 행사할 수 있다(집합건물법 제18조). 예컨대 A의 전유부분에 대한 소유권을 B가 승계(특별승계)한 경우, 전(前) 소유자 A가 연체한 관리비채권을 특별승계인 B에게도 행사할 수 있다(대판[전합] 2001.9.20, 2001다8677).

【판 례】

* 대판[전합] 2001.9.20, 2001다8677 … 집합건물의 공용부분은 전체 공유자의 이익에 공여하는 것이어서 공동으로 유지·관리해야 하고, 그에 대한 적정한 유지·관리를 도모하기 위하여 소요되는 경비에 대한 공유자 간의 채권은 이를 특히 보장할 필요가 있어 공유자의 특별승계인에게 그 승계의사의 유무에 관계없이 청구할 수 있도록 집합건물법 제18조에서 특별규정을 두고 있는 바, 위 관리규약은 유효하다고 할 것이므로 아파트의 특별승계인은 전 입주자의 체납관리비 중 공용부분에 관하여는 이를 승계하여야 한다고 봄이 타당하다.

(2) 의무위반에 대한 효과

1) 행위정지의 청구

① 구분소유자나 점유자(구분소유자가 아닌 자)가 공동이익에 반하는 행위(집합건물법 제5조 제1항)를 하거나 또는 그러한 행위를 할 염려가 있는 경우에, 관리인 또는 관리단집회의 결의에 의하여 지정된 구분소유자로 하여금 그러한 행위의 정지, 그 행위의 결과를 제거, 경우에 따라서는 그 행위의 예방을 위하여 필요한 조치를 취할 것을 청구할 수 있다(집합건물법 제43조 제1항, 제3항; 대판 2011.4.28, 2011다12163).

② 청구권자가 위와 같은 행위에 따른 소송을 제기하고자 하는 경우에는 관리단집회의 결의가 있어야 한다(집합건물법 제5조 제2항).

【판 례】

* 대판 2011.4.28, 2011다12163 … 건물 1층 외벽이 건물의 안전이나 외관을 유지하기 위하여 필요한 부분으로서 구조상 구분소유자 전원의 공용에 제공되고 있으므로 1층 외벽 바깥쪽 면은 건물의 공용부분에 해당하고, 그곳에 간판을 설치하여 배타적으로 점유·사용한 것은 집합건물의 소유 및 관리에 관한 법률 제5조 제1항에서 정한 구분소유자 공동의 이익에 어긋나는 행위에 해당함으로 구분소유자로서 공용지분권자는 공용부분에 대한 보존행위로서 단독으로 간판의 철거를 청구할 수 있다.

2) 사용금지의 청구

① 공동이익에 반하는 행위로 인하여 공동생활상의 장해가 현저하기 때문에 행위의 정지, 결과의 제거 또는 예방의 조치를 위한 청구만으로는 목적

을 달성할 수 없는 심히 곤란한 경우에는 상당한 기간 동안 문제된 구분소유자의 전유부분에 대한 사용금지를 청구할 수 있는데, 이러한 조치는 강력한 방법이므로, 이는 반드시 소(訴)에 의하여야 한다(집합건물법 제44조 제1항).

② 사용금지에 대한 결의는 구분소유자 및 결의권의 각 4분의 3 이상의 다수에 의하여 결정하며, 그 결의에 있어서는 미리 당해 구분소유자에게 변명의 기회를 주어야 한다(집합건물법 제44조 제2항, 제3항).

3) 구분소유권의 경매청구

① 구분소유자가 공동이익에 반하는 행위를 하거나, 용도 외로 사용하거나, 내부의 증축이나 개축, 그 밖에 관리규약에 정한 의무위반 등으로 인하여 공동생활의 유지가 현저하게 어렵게 된 경우에는 그 구분소유자에 속하는 전유부분과 대지사용권의 경매를 명할 것을 법원에 청구할 수 있다(집합건물법 제45조 제1항).

② 경매청구는 구분소유자 및 결의권의 각 4분의 3 이상의 다수에 의한 관리단집회의 결의(집합건물법 제45조 제2항)와 더불어 공동의 이익에 반하는 행위를 한 결과 공동생활의 유지가 심히 곤란하게 되었어야 한다(대판 2009.12.24, 2009다41779). 또한 그 결의에 있어서는 미리 당해 구분소유자에게 변명의 기회를 주어야 한다(집합건물법 제45조 제3항).

③ 경매청구에 따라 경매를 명한 재판이 확정된 때에는 그 재판확정일로부터 6개월 이내에 그 청구를 한 자는 경매를 신청할 수 있으며, 이 경우 당해 구분소유자는 매수인이 되지 못한다(집합건물법 제45조 제4항, 제5항).

【판 례】

* 대판 2009.12.24, 2009다41779 … 구분소유자의 전유부분 및 대지사용권에 대한 경매청구권이 발생하려면 집합건물의 소유 및 관리에 관한 법률 제45조 제2항에서 정하는 구분소유자 및 의결권의 4분의 3 이상의 다수에 의한 관리단집회 결의가 있는 것만으로는 부족하고, 건물의 보존에 해로운 행위 기타 건물의 관리 및 사용에 관하여 구분소유자의 공동의 이익에 반하는 행위를 한 결과 공동생활의 유지가 심히 곤란하게 되었어야 한다.

4) 점유자에 대한 인도청구

① 점유자(전유부분의 전세권자나 임차인)에게 구분소유자의 경우와 같은 경매사유(집합건물법 제45조 제1항)가 있는 경우에는 관리인 또는 관리단집회의 결의에 의하여 지정된 구분소유자는 그 전유부분을 목적으로 하는 계약을 해제하고, 그 인도를 청

구할 수 있다(집합건물법 제46조 제1항).

② 인도청구는 구분소유자 및 결의권의 각 4분의 3 이상의 다수에 의하여 결정하며, 그 결의에 있어서는 미리 당해 구분점유자에게 변명의 기회를 주어야 한다(집합건물법 제46조 제2항, 제44조 제2항, 제3항). 또한 ①에 따라 전유부분을 인도받은 자는 지체 없이 그 전유부분을 점유할 권원(權原)이 있는 자에게 인도하여야 한다(집합건물법 제46조 제1항).

4. 관리단 및 집회

(1) 관리단과 관리인

1) 관리단의 설립

① 관리단의 구성

건물에 대하여 구분소유관계가 성립되면 건물 및 그 대지와 부속시설의 관리를 위하여 구분소유자 전원으로 구성되는 관리단이 설립되며, 한편 일부 공용부분이 있는 경우 그 일부의 구분소유자는 규약에 의하여 그 공용부분의 관리에 관한 사업의 시행을 목적으로 관리단을 구성할 수 있다(집합건물법 제23조). 즉 관리단의 구성원은 구분소유자이므로 전유부분의 임차인이나 전세권자는 관리단의 구성원이 될 수 없다(집합건물법 제23조 제1항 참조).

② 관리단구성원의 범위

관리단은 특별한 조직행위가 없더라도 구분소유관계가 존재하면 당연히 성립한다(대판 2005.11.10, 2003다45496 등). 따라서 미분양(대금지급완료후 소유권이전등기전)된 전유부분의 구분소유자도 그 관리단의 구성원이 될 수 있지만(대판 2002.12.27, 2002다45284; 대결 2005.12.16, 2004마515), 상가의 구분소유자 일부만이 주주가 되어 설립한 주식회사는 그 상가를 관리하였다고 하더라도 건물의 관리단으로 볼 수 없다(대판 2002.10.11, 2002다43851).

【판 례】

* 대결 2005.12.16, 2004마515 … 수분양자로서 분양대금을 완납하였음에도 분양자측의 사정으로 소유권이전등기를 경료받지 못한 경우와 같은 특별한 사정이 있는 경우에는 이러한 수분양자도 구분소유자에 준하는 것으로 보아 관리단의 구성원이 되어 의결권을 행사할 수 있다. 다만 상가의 업종제한에 관한 상가번영회칙의 재·개정에 있어 의결권을 행사한 자 중

일부가 구분소유권의 미취득자 및 분양대금을 완납하지 않은 수분양자인 경우에, 이들이 상가의 구분소유자로부터 관리단규약 설정에 관한 적법한 권한을 위임받았다고 볼 수 없는 한 의결정족수에 미달한 위 회칙은 관리단규약으로서의 효력이 없다.

2) 관리인

① 관리인의 선임 · 해임

관리단의 사무는 집합건물법 또는 규약으로 관리인에게 위임한 사항 외에는 구분소유자 전원으로 구성된 관리단집회의 의결에 의하여 행한다(집합건물법 제31조). 구분소유자가 10인 이상일 때에는 관리단집회의 결의로써 반드시 관리인을 선임 · 해임하여야 하는데(집합건물법 제24조 제1항, 제2항; 대판 2006.12.8, 2006다33340), 선임된 관리인이 관리단을 대표한다(집합건물법 제25조 제1항). 이 경우 구분소권의 수가 50 이상인 건물에 관리인으로 선임된 경우에는 대통령령으로 정하는 바에 따라 소관청에 신고하여야 한다. 다만 관리인 신고와 관련하여 다른 법률에 특별한 규정이 있는 경우에는 그러하지 아니한다(집합건물법 제24조 제6항).

② 임시관리인의 선임

관리인이 없거나 정당한 관리인이 선임되지 못한 경우에는 구분소유자(그의 승낙을 받아 전유부분을 점유한자 포함) · 분양자 등 이해관계인은 법원에 임시관리인의 선임을 청구할 수 있다. 이 경우 임시관리인의 임기는 선임된 날로부터 2년의 범위에서 관리인이 선임될 때까지로 한다(집합건물법 제24조의2).

③ 관리인의 권한 · 의무

㉠ 관리인은 다음과 같은 행위를 할 권한과 의무를 가진다(집합건물법 제25조 제1항, 제26조).

ⓐ 공용부분의 보존행위, ⓑ 공용부분의 관리 및 변경에 관한 관리단집회 결의를 집행하는 행위, ⓒ 공용부분의 관리비용 등 관리단의 사무의 집행을 위한 분담금과 비용을 각 구분소유자에게 청구 · 수령하는 행위 및 그 금액을 관리하는 행위, ⓓ 관리단의 사업집행에 관련하여 관리단을 대표하여 행하는 재판상 또는 재판 외의 행위, ⓔ 소음 · 진동 · 악취 등을 유발하여 공동생활의 평온을 해치는 행위의 중지요청 및 관련 분쟁에 대한 조정권고 등 필요한 조치를 하는 행위, ⓕ 그 밖에 규약에 정하여진 행위, ⓖ 매년 1회 일정한 시기에 구분소유자(그의 승낙을 받아 전유부분을 점유한자를 포함한다)에 대한 그 사무에 관한 보고 등을 하여야 한다.

㉡ 구분소유권의 수가 150 이상인 대통령령으로 정하는 건물의 관리인은 '주

식회사의 외부감사에 관한 법률'에 따른 감사인의 회계감사를 매년 1회 이상 받아야 한다. 다만 관리단집회에서 구분소유자의 3분의 2 이상이 회계감사를 받지 아니하기로 결의한 연도에는 그러하지 아니한다(집합건물법 제26조의2 제1항). 또한 구부소유권의 수가 50 이상 150개 미만 건물의 관리인은 구분소유자(그의 승낙을 받아 전유부분을 점유한자를 포함)의 5분의 1 이상이 연서하여 요구한 경우에는 감사인의 회계감사를 받아야 한다. 이 경우 구분소유자의 승낙을 받아 전유부분을 점유하는 자가 구분소유자를 대신하여 연서할 수 있다(집합건물법 제26조의2 제3항).

③ 관리단채무와 구분소유자의 책임

㉠ 관리단이 그의 재산으로 채무를 완제할 수 없는 때에는 구분소유자는 그 지분의 비율에 따라 관리단의 채무를 변제할 책임을 진다. 다만 규약으로써 그 부담비율을 달리 정한 바가 있으면 그에 의한다(집합건물법 제27조 제1항).

㉡ 구분소유자의 특별승계인(새로운 양수인)은 승계 전에 발생한 관리단의 채무에 관하여 책임을 진다(집합건물법 제27조 제2항). 즉 판례는 구분소유자의 체납관리비의 승계에 관한 관리규약은 특별승계인의 승인이 없는 한 무효이지만 공유부분관리비에 관한 부분은 유효하다는 입장이다(대판[전합] 2001.9.20, 2001다8677).

【판 례】

* 대판[전합] 2001.9.20, 2001다8677 … 아파트의 관리규약에서 체납관리비채권 전체에 대하여 입주자의 지위를 승계한 자에 대하여도 행사할 수 있도록 규정하고 있다 하더라도, 이는 관리규약이 구분소유자 이외의 자의 권리를 해치지 못한다는 집합건물의 소유 및 관리에 관한 법률 제28조 제3항의 규정의 한계를 벗어나는 것이고, 개인의 기본권을 침해하는 사항은 법률로 특별히 정하지 않는 한 사적자치의 원칙에 반한다는 점 등을 고려하면, 특별승계인이 그 관리규약을 명시적·묵시적으로 승인하지 않는 이상 그 효력이 없다. 다만 집합건물의 공용부분은 전체 공유자의 이익에 공여하는 것이어서 공동으로 유지·관리해야 하고 그 소요되는 경비에 대한 공유자간의 채권은 이를 특히 보장할 필요가 있어 동법 제18조에서 특별규정을 두고 있는 바, 아파트의 특별승계인은 전 입주자의 체납관리비 중 공용부분에 관하여는 이를 승계하여야 한다고 봄이 타당하다.

3) 관리 규약

① 구분소유자 전원의 규약

건물과 대지 및 부속시설의 관리 또는 사용에 관한 구분소유자 상호 간의 사항 중 집합건물법에서 규정하지 아니한 사항은 관리단집회에서 구분소유자 및 의결권의 각 4분의 3 이상의 찬성에 의하여 규약으로써 정할 수 있다(집합건물법 제28조 제1항, 제29조 제1항). 그러나 이와 같은 관리단집회의 결의로써 구분소유자 이외의 자의 권리를 침해하지 못한다(집합건물법 제28조 제3항).

② 일부공용부분에 관한 규약

일부 공용부분에 관한 사항으로서 구분소유자 전원의 이해에 관계가 없는 사항은 구분소유자 전원의 규약에 따로 정하지 아니하는 한 이것을 공용하는 구분소유자의 규약으로써 정할 수 있으나, 이로써 그 구분소유자 이외의 자의 권리를 침해하지 못한다(집합건물법 제28조 제2항, 제3항).

③ 관리규약의 변경 · 폐지

㉠ 관리단집회에서 구분소유자 및 결의권의 각 4분의 3 이상의 찬성으로써 규약을 변경 · 폐지할 수 있다(집합건물법 제29조 제1항). 이 경우에 규약의 설정 · 변경 및 폐지가 일부의 구분소유자의 권리에 특별한 영향을 미칠 때에는 그 구분소유자의 승낙을 얻어야 한다.

㉡ 일부 공용부분에 관한 사항(권원의 이해관계가 없는 사항)으로써 구분소유자 전원의 규약을 설정 · 변경 및 폐지할 때에는 당해 일부 공용부분을 공유하는 구분소유자의 4분의 1을 초과하는 자 또는 의결권의 4분의 1을 초과하는 자가 반대하는 경우에는 이를 행할 수 없다(집합건물법 제29조 제2항).

④ 관리규약의 보관 및 열람

관리인 또는 구분소유자나 그 대리인으로서 건물을 사용하고 있는 자 중 관리단집회의 결의로써 지정된 1인이 관리규약을 보관하여야 한다(집합건물법 제30조 제1항 · 제2항). 한편 이해관계인은 관리규약을 보관하는 자에 대하여 그 규약의 열람을 청구하거나 자기비용으로 등본의 교부를 청구할 수 있다(집합건물법 제30조 제3항).

(2) 관리단 집회

1) 집회의 종류

① 정기관리단집회

정기관리단집회는 매년 1회 일정한 시기에 관리인이 소집하는 집회를 말한다. 즉 관리인은 매년 회계연도 종료 후 3개월 이내에 정기관리단집회를 소집하여야 한다(집합건물법 제32조).

② 임시관리단집회

㉠ 임시관리단집회는 부정기적인 집회로서, 관리인이 필요하다고 인정한 때와 구분소유자로서 의결권의 5분의 1 이상을 가진 자로부터 청구가 있는 때에 관리인은 관리단집회를 소집하여야 한다(집합건물법 제33조 제1항, 제2항). 이 경우 관리인이 청구가 있은 후 1주일 이내에 청구일로부터 2주일 이내의 날을 관리단집회일로 하는 소집통지절차를 밟지 아니한 때에는 소집 청구한 구분소유자는 관리단집회를 소집할 수 있다(집합건물법 제33조 제3항).

㉡ 관리인이 없는 때에는 구분소유자 및 의결권의 5분의 1 이상을 가진 자가 소집할 수 있다. 이 경우 5분의 1이라는 정수는 규약으로써 달리 정할 수 있다(집합건물법 제33조 4항).

2) 집회소집통지

① 소집통지의 기간

㉠ 관리단집회를 소집하고자 할 때에는 관리단집회의 1주일 전에 회의의 목적사항(의사일정)을 명시하여 각 구분소유자에게 통지하여야 하는데, 다만 이 기간은 규약으로써 달리 정할 수 있다(집합건물법 제34조 제1항). 통지는 구분소유자가 관리인에게 따로 통지장소를 제출하였으면 그 장소로 발송하고, 제출하지 아니하였으면 구분소유자가 소유하는 전유부분이 있는 장소로 발송한다(집합건물법 제34조 제3항).

㉡ 한편 관리단집회는 구분소유자 전원의 동의가 있는 때에는 소집절차를 거치지 아니하고 소집할 수 있다(집합건물법 제35조). 따라서 이 경우에는 소집통지의 기간제한 없이 곧바로 관리단집회를 소집할 수 있다.

② 소집통지의 내용

㉠ 건물 내에 주소를 가지는 구분소유자 또는 통지장소를 제출하지 아니한 구분소유자에 대한 통지는 건물 내의 적당한 장소에 게시함으로써 소집통지에 갈음할 수 있으며, 이 경우 통지는 게시한 때에 도달한 것으로 본다(집합건물법 제34조 제4항).

㉡ 소집통지를 함에 있어서 회의의 목적사항이 공용부분의 변경(집합건물법 제15조 제1항), 규약의 설정 · 변경 · 폐지(집합건물법 제29조 제1항), 재건축(집합건물법 제47조 제1항), 건물의 일부멸실의 경우 그 복구(집합건물법 제50조 제4항)를 위한 사항인 때에는 그 통지에 그 의안 및 계획의 내용을 기재하여야 한다(집합건물법 제34조 제5항).

3) 집회의 결의

① 결의사항과 의결권

㉠ 관리단집회는 규약으로써 특별히 정하는 바가 없으면 소집 통고시에 통지한 사항에 관하여서만 결의할 수 있으며(집합건물법 제36조 제1항, 제2항), 각 구분소유자의 의결권은 규약에 특별한 규정이 없는 경우에는 그 지분의 비율에 의한다. 다만 전유부분이 수인의 공유에 속하는 경우에는 공유자는 관리단집회에서 의결권을 행사할 1인을 정한다(집합건물법 제37조 제1항, 제2항).

㉡ 전유부분을 점유하는 자(전세권자, 임차인 등)는 구분소유자의 승낙을 얻어 집회의 목적사항에 관하여 이해관계가 있는 경우에는 집회에 출석하여 의견을 진술할 수 있다(집합건물법 제40조 제1항).

② 의장선출 및 의결방법

㉠ 규약에 특별한 규정이 없거나 관리단집회에서 다른 결의가 없으면 관리인 또는 집회를 소집한 구분소유자 중 연장자가 관리단집회의 의장이 된다(집합건물법 제39조 제1항).

㉡ 관리단집회의 의사는 집합건물법 또는 규약에 특별한 규정이 없는 경우에는 구분소유자 및 의결권의 각 과반수로써 의결한다(집합건물법 제38조 제1항). 이 경우 의결권의 행사는 서면 또는 대리인에 의하여 행사할 수 있다(집합건물법 제38조 제2항, 제41조).

③ 의사록의 작성 및 의결효력

㉠ 관리단집회의 의사에 관하여는 의사록을 작성하고, 이에는 의사의 경과와 그 결과를 기재하고 의장과 구분소유자 2인 이상이 서명날인 하여야 한다(집합건물법 제39조 제2항, 제3항).

㉡ 관리단집회의 결의의 내용은 구분소유자의 특별승계인에 대하여 효력이 있다(집합건물법 제42조 제1항). 한편 점유자는 구분소유자가 건물이나 대지 또는 부속시설의 사용과 관련하여 관리단집회의 결의에 따라 부담하는 의무와 동일한 의무를 진다(집합건물법 제42조 제2항).

5. 재건축 및 벌칙

(1) 재건축 및 복구

1) 재건축의 결의

① 재건축의 의의

건물을 건축한 후 상당한 기간이 경과되어 건물이 훼손 또는 일부가 멸실되거나 그 밖의 사정에 의하여 건물의 가격에 비하여 과다한 수선복구비나 관리비용이 소요되는 경우 또는 부근 토지의 이용상황의 변화나 그 밖의 사정에 의하여 건물을 재건축하면 그에 소요되는 비용에 비하여 현저한 효용의 증가가 있게 되는 경우, 관리단집회는 그 건물을 철거하여 그 대지를 구분소유권의 목적이 될 신건물의 대지로 이용할 것을 결의할 수 있다(집합건물법 제47조 제1항 본문). 다만 재건축의 내용이 단지(團地) 안의 다른 건물(단지 내의 상가 건물)의 구분소유자에게 특별한 영향을 미칠 때에는 그 구분소유자의 승낙을 얻어야 한다(집합건물법 제47조 제1항 단서).

② 재건축결의의 요건

재건축의 결의는 구분소유자 및 결의권의 각 5분의 4(80%) 이상의 찬성으로써 의결하며, 다음의 사항을 정하여야 한다(집합건물법 제47조 제2항, 제3항). ㉠ 신건물의 설계의 개요, ㉡ 건물의 철거 및 신건물의 건축에 소요되는 비용 개산액(概算額) 및 비용의 분담에 관한 사항, ㉢ 신건물의 구분소유권의 귀속에 관한 사항 등을 정하여야 한다.

2) 구분소유권 등의 매도청구 등

① 재건축에의 참가 여부의 최고

㉠ 재건축의 결의가 있는 때에는 집회를 소집한 자는 지체 없이 그 결의에 찬성하지 아니한 구분소유자(그의 승계인을 포함한다)에 대하여 그 결의내용에 따른 재건축에의 참가 여부를 회답할 것을 서면으로 최고하여야 하며(집합건물법 제48조 제1항), 재건축의 결의에 찬성 또는 결의의 내용에 따른 재건축에 참가할 뜻을 회답한 각 구분소유자 및 구분소유권 또는 대지사용권을 매수한 각 매수지정자(이들의 승계인을 포함한다)는 재건축의 결의내용에 따른 재건축에 합의한 것으로 본다(집합건물법 제49조).

㉡ 위의 내용에 대한 최고를 받은 구분소유자는 최고수령일(催告受領日)로부터 2개월 이내에 회답하여야 한다. 이 기간 안에 회답하지 아니한 경

우에는 그 구분소유자는 재건축에 참가하지 아니한다는 뜻을 회답한 것으로 본다(집합건물법 제48조 제2항 · 제3항).

② 구분소유권 등의 매도청구

집합건물법 제48조 제2항의 기간이 경과한 때에는 재건축의 결의에 찬성한 각 구분소유자, 재건축의 결의내용에 따른 재건축에 참가할 뜻을 회답한 각 구분소유자(그의 승계인을 포함한다) 또는 이들 전원의 합의에 의하여 구분소유권 및 대지사용권을 매수하도록 지정된 자(이하 「매수지정자」라 한다)는 위 기간만료일로부터 2개월 이내에 재건축에 참가하지 아니한다는 뜻을 회답한 구분소유자(그의 승계인을 포함한다)에 대하여 구분소유권 및 대지사용권을 시가(시장가격)에 따라 매도할 것을 청구할 수 있다(집합건물법 제48조 제4항 전단). 이는 재건축의 결의가 있은 후에 그 구분소유자로부터 대지사용권만을 취득한 자의 대지사용권에 대하여도 같다(집합건물법 제48조 제4항 후단).

③ 구분소유권의 재매도청구

재건축의 결의일로부터 2년 이내에 건물철거의 공사가 착수되지 아니한 경우 구분소유권 또는 대지사용권을 매도한 자는 이 기간의 만료일부터 6개월 이내에 매수인이 지급한 대금에 상당한 금액을 그 구분소유권 또는 대지사용권을 가지고 있는 자에게 제공하고 이들의 권리를 재매도(再賣渡)할 것을 청구할 수 있다. 다만 건물철거의 공사가 착수되지 아니한 것에 관하여 상당한 이유가 있는 때에는 그러하지 아니한다(집합건물법 제48조 제6항).

3) 복구의 결의

① 건물가격의 2분의 1 이하가 멸실된 경우

건물가격의 2분의 1 이하에 상당하는 건물부분이 멸실되었을 때에는 각 구분소유자는 멸실한 공용부분과 자기의 전유부분을 복구할 수 있다. 다만 공유부분에 대한 복구를 착수하기 전에 구분소유자 및 결의권 5분의 4 이상의 다수에 의한 재건축에 대한 결의나 공용부분의 복구에 대한 결의가 있는 경우에는 그러하지 아니한다(집합건물법 제50조 제1항).

② 건물가격의 2분의 1 이상이 멸실된 경우

건물가격의 2분의 1이 초과하는 건물부분이 멸실된 경우 관리단집회는 구분소유자 및 의결권의 각 5분의 4 이상의 다수에 의한 결의에 의하여 멸실한 공용부분을 복구할 것을 결의할 수 있다(집합건물법 제50조 제4항). 위의 복구결의가 있을 때, 즉 복구결의에 찬성하지 아니한 자는 그 복구결의에 찬성한 구분소유자에 대하여 건물 및 대지에 관한 권리를 시가(시장가격)에 따라 매수할 것을 청구할 수 있다(집합건물법 제50조 제6항).

③ 복구자의 비용상환청구

공용부분을 복구한 자는 다른 구분소유자에 대하여 전유부분의 지분비율에 따라 복구에 소요된 비용의 상환을 청구할 수 있다(집합건물법 제50조 제2항).

(2) 벌칙 및 분쟁조정위원회

1) 벌 금

① 집합건물법 제1조의2 제1항에서 정한 경계표지 또는 건물번호표지를 손괴, 이동 또는 제거하거나 그 밖의 방법으로 경계를 인식불능하게 한 사람은 3년 이하의 징역 또는 1,000만 원 이하의 벌금에 처한다(집합건물법 제65조 제1항).

② 건축사 또는 측량기술자가 집합건물법 제56조 제2항에서 정한 평면도에 측량성과를 사실과 다르게 기재한 때에는 2년 이하의 징역 또는 500만 원 이하의 벌금에 처한다(집합건물법 제65조 제2항).

2) 과태료

① 집합건물법 제26조의2 규정에 의하여 구분소유의 수가 50 또는 150 이상인 관리인이 회계감사를 받지 아니하거나 부정한 방법으로 받은 경우 및 회계감사를 방해하는 경우에는 500만원 이하의 과태료를 부과한다(집합건물법 제66조 제1항).

② 집합건물법 제26조2에 따른 회계감사 결과를 보고하지 아니하거나 거짓으로 보고한 경우와 집합건물법 제59조의 규정에 의하여 소관청은 담당 공무원으로 하여금 사실여부를 조사케 할 수 있는데, 이 경우 조사를 거부·방해하거나 기피한 사람에게는 300만 원 이하의 과태료를 부과한다. 또한 문서를 제시하지 아니하거나 허위의 문서를 제시한 자 또는 질문에 대하여 진술하지 아니하거나 허위의 진술을 한 사람도 같은 과태료를 부과한다(집합건물법 제66조 제2항).

③ 다음의 사항에 해당하는 경우에는 그 행위를 한 관리인, 의장 및 규약 의사록 또는 서면을 보관할 사람에게는 200만 원 이하의 과태료를 부과한다(집합건물법 제66조 제3항). 즉 ㉠ 구분소유자에게 거짓 보고를 한 경우, ㉡ 의사록 또는 서면을 보관하지 아니한 경우, ㉢ 정당한 이유 없이 서류의 열람이나 등본의 발급청구를 거부한 경우, ㉣ 의사록에 적어야 할 사항을 적지 아니하거나 거짓으로 적은 때에는 200만 원 이하의 과태료가 부과된다.

3) 집합건물분쟁조정위원회

① 분쟁조정위원회의 구성

집합건물법의 적용을 받는 건물과 관련된 분쟁을 심의·조정하기 위하여 특별시, 광역시, 특별자치시·도에 집합건물분쟁조정위원회를 두며, 그 위원은 위원장 1명과 부위원장 1명을 포함한 10명 이내로 구성한다(집합건물법 제52조의2, 제52조의3 참조).

② 분쟁조정신청과 통지

㉠ 분쟁조정위원회는 당사자 일방으로부터 분쟁의 조정신청을 받은 경우에는 지체 없이 그 신청내용을 상대방에게 통지하여야 하며, 그 통지 받은 상대방은 통지 받은 날로부터 7일 이내에 조정에 응할 것인지에 관한 의사표시를 조정위원회에 통지하여야 한다(집합건물법 제52조의5 제1항, 제2항).

㉡ 한편 분쟁의 조정신청을 받은 분쟁조정위원회는 분쟁의 성질 등 조정에 적합하지 아니한 사유가 있다고 인정하는 경우에는 해당 조정의 불개시 결정을 할 수 있으며, 이 경우 조정의 불개시 결정과 그 사유를 당사자에게 통보하여야 한다(집합건물법 제52조의5 제3항).

③ 분쟁조정절차와 요구

㉠ 분쟁조정위원회는 조정신청을 받으면 지체 없이 조정 절차를 개시하여야 하며, 조정을 위하여 필요하다고 인정하는 경우 분쟁당사자·분쟁 관련 이해관계인 또는 참고인에게 출석하여 진술하게 하거나 조정에 필요한 자료나 물건 등을 제출하도록 요구할 수 있다(집합건물법 제52조의7). 이러한 분쟁조정은 신청을 받은 날로부터 60일 이내에 그 절차를 마쳐야 하지만 필요한 경우 30일의 범위 내에서 한 차례만 연장할 수 있다(집합건물법 제52조의6 제1항, 제2항).

㉡ 분쟁조정위원회는 조정절차를 마쳤을 때에 조정안을 작성하여 지체 없이 각 당사자에게 제시하여야 하며, 조정안을 제시받은 당사자는 제시받은 날부터 14일 이내에 조정안의 수락 여부를 조정위원에 통보하여야 한다. 이 경우 당사자가 그 기간 내에 조정안에 대한 수락 여부를 통보하지 아니한 경우에는 조정안을 수락한 것으로 본다(집합건물법 제52조의6 제3항, 제4항, 제5항).

④ 분쟁조정심사 대상

㉠ 분쟁조정위원회는 분쟁당사자의 신청에 따라 그 대상을 심의·조정한다(집합건물법 제52조의2 제2항). 즉 집합건물법의 적용을 받는 건물의 하자에 관한 분쟁, 다만 '공동주택관리법' 제36조·제37조에 따른 공동주택의 담보책임 및 하자보수 등과 관련된 분쟁은 제외한다.

㉡ 분쟁조정위원회의 심의·조정 대상을 구체적으로 살펴보면 다음과 같다. 즉 관리인·관리위원이 선임 및 해임 또는 관리단·관리위원회의 구성

및 운명에 관한 분쟁, 공용부분의 보존 · 관리 또는 변경에 관한 분쟁, 관리비 징수 · 관리 및 사용에 관한 분쟁, 규약의 제정 · 개정에 관한 분쟁, 재건축과 관련된 분쟁, 소음 · 진동 · 악취 등 공동생활과 관련된 분쟁 등이 심의 · 조정 대상이다.

제 4 장 용익물권

제 1 절 지상권

1. 서 설

(1) 지상권의 의의

지상권이라 함은 타인의 토지 위에 건물 그 밖의 공작물이나 수목을 소유하기 위하여 그 토지를 사용하는 물권을 말한다(제279조). 즉 지상권은 '타인의 토지'에 대한 권리이다. 이처럼 타인의 토지를 사용함에도 불구하고 토지사용의 대가인 지료의 지급은 지상권의 요소가 아니다(제279조 참조).

(2) 지상권의 법적성질

1) 물 권

지상권은 물권으로서 당연히 양도성과 상속성을 가진다. 즉 판례는 토지소유자의 의사에 반하더라도 양도할 수 있다고 한다(대판 1991.11.8, 90다15716).

2) 타물권

지상권은 타인의 토지에 대한 권리이다. 따라서 지상권과 토지소유권이 동일인에게 귀속되면, 지상권은 혼동(混同)으로 소멸한다. 유의할 점은 지상권의 객체인 토지는 1필지의 전부뿐만 아니라 그 일부라도 무방하며(부동산등기법 제69조), 지표 내지 지상·지하의 공간을 구분하여 지상권의 목적으로 할 수도 있다(제289조의2).

3) 용익물권

지상권은 용익물권, 즉 타인의 토지를 독점적으로 사용하는 권리이다. 그리고 토지를 점유할 수 있는 권리를 포함하며, 상린관계에 관한 규정이 준용된다(제290조). 우리 민법상의 지상권은 타인의 토지 위에서 건물 뿐만 아니라 공작물이나 수목의 소유를 목적으로 한다는 점에서(제279조), 건물의 소유를 그 핵심적 내용으로 하는 유럽 각국의 여러 입법례와 구별되는 특유한 것이다.

4) 지료지급

지상권자가 토지사용의 대가로 지료를 지급하는 것이 보통이지만, 지료의 지급은 지상권의 성립요건이 아니다. 따라서 지상권설정계약에서 지료에 관한 약정이 없다면, 무상의 지상권을 설정하기로 한 것으로 인정된다(대판 1999.9.3, 99다24874). 다만 유의할 점은 법정지상권의 경우에는 당연히 지료지급의무가 발생한다(가등기담보법 제10조).

(3) 지상권과 임차권의 비교

지상권에 의하여 달성하려는 목적은 임차권에 의해서도 달성할 수 있다. 따라서 임차권과 지상권 중 어느 것을 선택할 것인지는 토지소유자와 토지이용자 사이의 약정에 의하여 결정될 것이지만, 지상권에 따른 토지소유권에 대한 제한 때문에 임대차가 많이 이용되고 있는 바, 지상권과 임차권의 차이점을 간략히 살펴보면 다음과 같다.

1) 객체와 성질

지상물을 소유하기 위하여 타인의 물건을 사용할 수 있는 권원으로 지상권 외에 임차권이 있다.(제618조 이하) 그러나 지상권은 배타적으로 직접 토지(부동산)를 지배할 수 있는 물권인 데 반하여, 임차권은 임대인에 대하여 동산 · 부동산(건물 · 토지)을 사용 · 수익하게 할 것을 청구할 수 있는 채권이다.

2) 대항력

지상권은 제3자에 대하여 대항할 수 있으나, 임차권은 채권이므로 당연히 제3자에 대한 대항력이 있는 것은 아니다. 물론 부동산임차권은 등기를 하면 그때부터 제3자에 대항할 수 있으나(제621조 제2항), 임대인은 등기하지 않는다는 약정을 할 수 있으므로(제621조 제1항 참조) 등기를 하지 못하는 것이 보통이다.

3) 권리의 양도 · 임대

지상권은 양도 · 임대할 수 있고(제282조), 지상권 위에 저당권도 설정할 수 있다(제371조). 이에 반하여 임차권은 임대인의 동의 없이 양도 · 전대하지 못하는 것이 원칙이다(제629조).

4) 존속기간

존속기간에 관하여 지상권과 임차권 모두 최장기간의 제한은 없으며, 최단기간의 제한은 지상권에만 있다. 한편 존속기간을 약정하지 않는 경우, 지상권에 있어서는 토지의 사용목적에 따라 30년 · 15년 · 5년으로 된다(제281조). 반면 임차권에 있어서 당사자는 언제든지 계약해지의 통고를 할 수 있고, 일정기간이 경과하면 해지의 효력이 생긴다(제635조).

5) 지료 · 차임

지상권에 있어서 지료는 지상권의 성립요소가 아니지만(제279조 참조), 임대차에 있어서 차임은 임대차 성립의 필요적 요소이다(제618조). 또한 지상권에 있어서는 지상권자가 2년 이상의 지료지급을 연체한 때에만 그 소멸청구를 할 수 있으나(제287조), 임대차에 있어서는 임차인의 차임연체액이 2회의 차임액에 달하면 해지통고를 할 수 있다(제640조, 제641조).

2. 지상권의 취득

(1) 법률행위에 의한 취득

① 지상권의 취득은 토지소유자와 지상권을 설정해서 그 토지를 이용하고자 하는 자 사이의 설정계약에 의하여 성립하는 것이 원칙이다. 그 밖에 토지소유자가 유언으로 지상권을 취득시키거나 지상권자로부터 지상권을 양수하는 경우에도 수유자 또는 양수인은 지상권을 승계취득하지만, 모두 등기를 하여야 지상권 취득의 효력이 생긴다(제186조).

② 법률행위(설정계약)에 의하여 지상권을 설정할 경우 지상권설정자와 그 지상물의 소유권자가 반드시 일치하여야 하는 것은 아니다. 또한 지상권설정 시에 그 지상권이 미치는 토지의 범위와 그 설정 당시 매매되는 지상물의 범위를 다르게 하는 것도 가능하다(대판 2006.6.15, 2006다1626 · 6133).

(2) 법률규정에 의한 취득

1) 취득원인

상속 · 판결 · 경매 · 공용징수 · 취득시효 그 밖에 법률의 규정에 의하여 지상권이 취득될 수 있다. 이때에는 부동산물권변동의 일반원칙에 따라 등기를 요하지 않으나(제187조), 다만 이들 중 취득시효로 인한 지상권취득(대판 1994.10.14, 94다9848)은 등기함으로써 효력이 생긴다(제248조).

2) 법정지상권

① 법정지상권의 의의

법정지상권이라 함은 동일인에게 속하고 있던 토지와 지상건물 중 어느 하나가 인도되거나 설정된 저당권의 실행경매로 말미암아 그 소유자를 달리하게 된 경우에 건물의 소유자를 위하여 등기(지상권등기) 없이도 대지에 대한 지상권의 성립을 인정하는 것을 말한다(제305조, 제366조).

② 법정지상권의 법적성질

법정지상권을 규정하고 있는 민법 제305조와 제366조가 강행규정인가? 학설과 판례는 동조의 취지가 가치권과 이용권의 조절을 위한 공익상의 이유로 지상권의 설정을 강제하는 강행규정이므로, 그 적용을 배제하는 당사자의 특약은 무효라고 한다(통설; 대판 1988.10.25, 87다카1564).

③ 법정지상권의 모습

㉠ 민법 제305조의 경우

대지와 건물이 동일소유자에 속한 경우에, 건물에만 전세권을 설정한 후 그 대지소유권만이 양도되었을 때에 그 대지소유권의 특별승계인은 전세권설정자(건물소유자)에 대하여 지상권을 설정한 것으로 본다(제305조 제1항 본문).

㉡ 민법 제366조의 경우

토지와 건물이 동일소유자에게 속한 경우에 어느 한 쪽에만 저당권이 설정된 후 그 저당권의 실행으로 저당물이 경매됨으로써 토지와 그 지상건물이 다른 소유자에게 속한 경우, 토지소유자는 건물소유자에 대하여 지상권을 설정한 것으로 본다(제366조 본문).

【판 례】 제**366**조 법정지상권성립

* 대판 2001.3.13, 2000다48517 · 48531 … 민법 제366조에 의한 법정지상권이 성립하기 위해서는 저당권설정 당시 저당권의 목적이 되는 토지 위에 건물이 존재하여야 하는데, 그 건물이 멸실되거나 철거된 후 재건축 · 신축한 경우에도 법정지상권이 성립하며, 이 경우 신건물과 구건물 사이에 동일성이 있거나 소유자가 동일할 것을 요하는 것은 아니라 할 것이지만, 그 법정지상권의 내용인 존속기간 · 범위 등은 구건물을 기준으로 하여야 할 것이다.

㉢ 입목법 제6조의 경우

토지와 입목이 동일소유자에 속하고 있는 경우에, 경매 그 밖에 사유로 토지와 입목이 각각 다른 소유자에게 속하게 된 때에도 토지소유자는 입목소유자에 대하여 지상권을 설정한 것으로 본다(입목법 제6조 제1항).

㉣ 가등기담보법 제10조의 경우

토지 및 그 지상의 건물이 동일소유자에게 속하는 경우에 그 토지 또는 건물에 대하여 담보권의 실행을 통해서 소유권을 취득하거나 담보가등기에 기인한 본등기가 행하여진 경우에는 그 건물의 소유를 목적으로 그 토지 위에 지상권이 설정된 것으로 보며, 그 존속기간 및 지료는 당사자의 청구에 의하여 법원이 정한다(가등기담보법 제10조).

④ 법정지상권의 성립시기

토지와 그 지상건물이 경매로 인해 서로 다른 소유자에게 속한 때에 법정지상권은 성립한다. 따라서 경매에 있어서 매수인이 매각대금을 완납한 때에 성립하게 되며(민사집행법 제135조), 법정지상권은 민법 제187조에서 말하는 '법률의 규정'에 의한 물권의 취득으로서 등기를 필요로 하지 아니한다(대판[전합] 1965.9.23, 65다1222). 다만 법정지상권자가 이를 등기하지 아니하면 그 지상권을 처분할 수 없다(대판 1980.9.9, 78다52 참고).

⑤ 법정지상권의 소멸

법정지상권은 지상권자가 2년 이상의 지료지급의무를 게을리한(해태) 경우 토지소유자의 소멸청구, 지상권자에 의한 포기 및 당사자 사이의 계약에 의하여 소멸한다(제287조).

3. 지상권의 존속기간

(1) 존속기간을 정하는 경우

1) 최장기간

① 민법은 다음과 같이 지상권의 존속기간에 관하여 최단기간을 정하고 있을 뿐 최장기간에 관하여는 규정하는 바가 없다. 그러면 이는 지상권의 존속기간을 영구무한으로 정할 수 있다는 것인가에 관하여 긍정설(김상용 476면, 장경학 58면)과 부정설(곽윤직 413면, 김증한·김학동 281면, 이영준 617면)이 대립하고 있으나 부정설이 이론상 타당하다. 그 이유는 소유권이 전면적 지배권으로 탄력성을 가지고 있으며, 제한

물권으로서의 지상권은 일면적 지배권으로서 그 내용과 기간에 있어서 한정된 것이어야 하기 때문이다.

② 한편 판례는 지표면상의 지상권과는 달리 구분지상권(공중, 지하)에 한하여 영구적인 지상권을 인정하고 있다(대판 2001.5.29, 99다66410). 즉 대지의 소유권을 전면적으로 제한하지 아니하는 지하철통행 또는 송전선의 통과 등과 같은 구분지상권은 그 기간을 영구적으로 할 수 있다.

【판 례】 영구적 구분지상권

* 대판 2001.5.29, 99다66410 … 존속기간이 영구인 지상권을 인정할 실제의 필요성도 있는 구분지상권의 경우에는 존속기간이 영구라고 할지라도 대지의 소유권을 전면적으로 제한하지 아니한다는 점 등에 비추어 보면, 지상권의 존속기간을 영구로 약정하는 것도 허용된다.

2) 최단기간

① 지상권의 존속기간을 약정하는 경우에는 그 기간은 다음의 연한(年限)보다 단축하지 못한다(제280조 제1항). 즉 석조 · 석회조 · 연와조 또는 이와 비슷한 견고한 건물이나 수목의 소유를 목적으로 하는 때에는 30년, 그 밖에 건물의 소유를 목적으로 하는 때에는 15년이며 그리고 건물 이외의 공작물의 소유를 목적으로 하는 때에는 5년이다.

② 위의 경우에 설정행위로 각 기간보다 짧은 기간을 정한 때에는 그 존속기간은 위의 최단기간까지 연장된다(제280조 제2항). 또한 견고한 건물인지 여부는 그 건물이 가지고 있는 물리적 · 화학적 외력 또는 화재에 대한 저항력 및 건물해체의 난이도 등을 종합적하여 판단하여야 한다(대판 2003.10.10, 2003다33165).

(2) 존속기간을 정하지 아니한 경우

① 지상권의 존속기간을 정하지 아니한 경우에는 그 지상물의 종류와 구조에 따라 민법 제280조에 정한 최단존속기간으로 한다(제281조 제1항).

② 지상권설정 당시에 공작물의 종류와 구조를 정하지 아니한 때에는 견고하지 않는 건물의 소유를 목적으로 한 것으로 보아 그 존속기간을 15년으로 한다(제281조 제2항). 즉 민법 제281조 제2항은 당사자가 지상권설정의 합의를 하면서 그 존속기간과 지상물의 종류 · 구조를 정하지 않은 경우에 적용된다. 따라서 유의할 점은 비록 무허가 또는 미등기건물이라 하더라도 그 건물의

종류와 구조가 확정되어 있는 경우에는 민법 제281조 제2항이 적용되지 않고 이러한 경우에는 동조 제1항에 의하여 존속기간이 정해진다(대판 1988.4.12, 87다카2404).

(3) 계약갱신과 존속기간

1) 계약의 갱신

① 의 의

계약의 갱신이란 기간만료로 소멸하게 될 지상권을 다시 존속시키기로 하는 당사자 사이의 합의로서, 갱신의 합의는 반드시 기간만료 후에 하여야 하는 것은 아니다. 그러나 당사자가 갱신계약을 체결하지 않은 경우에도 지상권 소멸 당시에 지상물이 현존하고 있다면, 지상권자는 일방적으로 계약의 갱신을 청구할 수 있다(제283조 제1항). 이를 갱신청구권이라고 한다.

② 갱신청구권의 요건

㉠ 당사자 사이에 유효한 지상권이 존재하고 있었어야 한다. 따라서 지상권자의 계약 위반으로 설정자가 계약을 해지하거나 또는 지료연체로 인한 지상권 소멸청구(제287조), 즉 지상권자의 채무불이행으로 인한 지상권이 소멸한 경우에는 갱신청구권이 발생하지 않는다(대판 1972.12.26, 72다2085).

㉡ 지상권이 존속기간의 만료로 소멸하였어야 한다(대판 1993.6.29, 93다10781). 즉 존속기간의 만료 외의 사유로 인한 소멸의 경우에는 성질상 갱신이란 문제가 발생하지 않으며, 지상권의 존속기간이 만료할 당시 토지 위에 공작물이 현존하여야 한다.

③ 갱신청구권의 행사시기

지상권자의 갱신청구권이 생기는 시기는 존속기간의 만료로 인하여 지상권이 소멸한 때이다. 그리고 지상권이 소멸한 후 갱신청구권을 행사할 수 있는 기간은 지상권의 존속기간만료 후 지체 없이 행사해야 한다(통설).

④ 갱신청구권의 효과

㉠ 지상권자의 갱신청구로 곧 계약갱신의 효과가 발생하지는 않으며, 지상권설정자가 갱신청구에 응하여 청구자와 계약을 체결함으로써 갱신의 효과가 생긴다. 이 경우 지상권설정자는 갱신청구에 응할 수도 있고 거절할 수도 있지만, 갱신을 거절하면 지상권자는 지상물의 매수를 청구할 수 있다(제283조 제2항).

㉡ 지상권자의 갱신청구에 대하여 토지소유자가 갱신에 불응할 경우 지상권

자가 지상물매수청구권을 행사하게 되므로 토지소유자는 이를 갱신하여야 하는 부담을 갖게 된다. 따라서 매수청구권은 지상권설정자의 계약갱신을 간접적으로 강제하는 권리로서의 성질을 가지게 된다(곽윤직 228면, 이영준 619면).

2) 계약갱신과 존속기간

① 당사자가 계약을 갱신하는 경우에 지상권의 존속기간은 갱신한 날로부터 민법 제280조의 단기존속기간보다 단축하지 못한다(제284조). 유의할 점은 만약 갱신계약으로 동조 제1항의 최단기간보다 단기로 정한 때에는 제280조 제1항의 기간까지 연장된다(제280조 제2항 참조).

② 민법 제284조는 '갱신한 날로부터' 존속기간을 기산하는 것처럼 표현하고 있지만 갱신제도의 취지상 종전 지상권의 존속기간이 만료한 날부터 기산하는 것으로 볼 것이다(김준호 793면). 또한 갱신계약시에 존속기간 그 밖의 사항에 관하여 특별히 약정한 바가 없으면 갱신된 계약의 내용은 종전의 계약과 동일한 것으로 추정하여야 한다(곽윤직 229면, 이영준 620면).

4. 지상권의 효력

(1) 지상권자의 토지사용권

1) 토지사용권의 내용

지상권자는 설정계약에서 정한 목적의 범위 내에서 타인의 토지를 사용할 권리가 있다(제279조). 이와 같이 지상권은 목적에 의한 제한(부동산등기법 제69조 지상권의 등기사항)을 받으므로 토지에 영구적인 손해를 일으키는 변경을 가할 수 없다.

2) 상린관계규정의 준용

지상권은 토지를 이용하는 권리이므로 인접하는 토지와의 이용의 조절을 꾀하는 상린관계의 규정은 당연히 지상권자와 다른 지상권자와의 사이에 또는 지상권자와 인접소유자와의 사이에 준용된다(제290조).

3) 점유권과 물권적 청구권

지상권은 토지를 사용하는 물권이므로 당연히 토지를 '점유할 권리'를 포함한다. 따라서 지상권의 내용의 실현이 방해된 때에는 소유권에 있어서와 마찬가지로 반환청구권 · 방해제거청구권 · 방해예방청구권의 세 가지(물권적 청구권)가 모두 인정된다(제290조, 제213조, 제214조). 이러한 물권적 청구권은 지상권설정자에 대해서도 행사할 수 있다(대판 1974.11.12, 74다1150).

(2) 지상권의 처분

① 물권인 지상권은 당연히 양도성을 가진다. 즉 지상권자는 지상권을 양도하거나, 지상권의 존속기간 안에서 그 토지를 임대할 수 있다(제282조). 민법 제282조의 규정은 강행규정이므로, 이에 위반하여 지상권자에게 불리한 약정은 무효이다(제289조).

② 지상권을 담보로 제공할 수도 있다. 대표적인 예로 민법 제371조 제1항은 지상권 위에 저당권을 설정할 수 있음을 명시하고 있다. 그 이유는 지상권은 타인의 토지 위에 공작물의 축조 또는 수목의 식재를 목적으로 함으로, 그 기간이 상당히 장기간 계속된다. 따라서 민법 제371조 제1항은 지상권자의 투하자본회수의 수단을 확보하려는데 근본취지가 있다고 하겠다.

(3) 지료지급의무

1) 지료청구권

① 지료의 지급은 지상권의 성립요소가 아니므로(제279조 참조), 지료에 관한 약정이 없으면 무상의 지상권을 설정한 것으로 본다(대판 1999.9.3, 99다24874). 따라서 당사자가 지료의 지급을 약정한 때에만 지상권자는 지료지급의무를 부담하는데, 지료액 및 지급시기에 관한 약정은 등기하여야 제3자에게 대항할 수 있다(대판 1996.4.26, 95다52864; 대판 2009.9.24, 2007두7505).

② 법정지상권의 경우에 지료액에 관하여 당사자 사이에 합의가 이루어지지 아니하는 경우 당사자의 청구에 의하여 법원이 지료를 정한다(제305조 제1항 단서, 제366조 단서). 법원에 의한 지료의 결정은 당사자의 지료결정청구에 의하여 형성소송인 지료결정판결로 이루어져야 제3자에게도 그 효력이 미친다(대판 2003.12.26, 2002다61934). 따라서 법정지상권의 경우에는 당연히 지료지급 의무가 있다.

2) 권리의 이전과 지료청구

① 토지소유권의 이전

토지소유권이 이전되면 지료채권도 이에 수반하여 이전되므로, 지료의 등기 유무를 불문하고 신 소유자는 지상권자에게 지료를 청구할 수 있다

(통설). 한편 유의할 점은 지상권자의 지료지급연체가 토지소유권의 양도 전후에 걸쳐 이루어진 경우 설령 양도인(전 토지 소유자)에 대하여 2년 이상의 지료를 연체하더라도 양수인(신 토지 소유자)에 대하여 2년 이상이 아니라면 양수인은 지상권의 소멸을 청구할 수 없다(대판 2001.3.13, 99다17142).

【판 례】

* 대판 2001.3.13, 99다17142 … 민법 제287조가 지상권소멸청구권을 부여하고 있는 이유는 지상권자가 그 권리의 목적이 된 토지의 특정한 소유자에 대하여 2년분 이상의 지료를 지불하지 아니한 경우에 인정되는 것이며, 지상권자의 지료지급연체가 토지소유권의 양도 전후에 걸쳐 이루어진 경우 토지양수인에 대한 연체기간이 2년이 되지 않는다면 양수인은 지상권 소멸청구를 할 수 없다.

② 지상권의 이전

지상권이 양도된 경우 지료에 관한 사항의 등기가 없으면 전 지상권자가 지료를 체납한 경우라고 하더라도 그 지료체납의 효과(지상권 소멸청구)를 신 지상권자에게 대항할 수 없다. 바꾸어 말해서 지료 및 그 지급시기에 관한 약정이 등기된 경우에는 그 약정은 신 지상권자에게는 물론 제3자에 대하여도 물권적 효력을 가진다(부동산등기법 제69조).

3) 지료증감청구권

① 지료액은 당사자의 약정에 의하여 정하여짐이 원칙인데, 지상권의 존속기간은 상당히 장기간인 점을 고려하여 민법 제268조는 지료증감청구권을 규정하고 있는데 이 규정은 사정변경의 원칙을 입법화한 것이다. 즉 지료의 액수가 토지에 대한 조세 그 밖의 부담금의 증감이나 지가의 변동으로 상당성을 잃게 되는 때에는 양 당사자는 지료의 증감을 청구할 수 있다(제286조).

② 증감청구에 대하여 상대방이 다투는 경우에는 법원의 결정에 따르게 될 것이다. 증감이 인정되면 그 증감청구를 한 때로 소급하여 효력이 생긴다. 그러나 결정될 때까지는 종래의 지료액으로 지급하여도 지료의 체납이 되지 않는다고 하여야 한다(통설).

4) 지료체납의 효과

① 지상권자가 2년 이상의 지료를 지급하지 아니한 때에는 지상권설정자는 지상권의 소멸을 청구할 수 있다(제287조). 즉 체납된 지료의 금액이 통산하여 2년분 이상이어야 하는데, 이 규정 역시 편면적 강행규정이다(제289조).

② 지상권자가 2년 이상의 지료를 연체하는 때에는 토지소유자로 하여금 지상권의 소멸을 청구할 수 있도록 함으로써 토지소유자의 이익을 보호하려는 취지에 기한 것이다.

5. 지상권의 소멸

(1) 지상권의 소멸사유

1) 물권 일반의 소멸사유

물권으로서 지상권은 물권 일반의 소멸사유인 토지의 멸실 · 존속기간의 만료 · 혼동 · 지상권에 우선하는 저당권의 실행으로 인한 경매 · 토지의 수용 등으로 소멸한다.

2) 지상권에 특유한 소멸사유

① 지상권설정자의 소멸청구

㉠ 정해진 기간에 지료를 지급하여야 하는 지상권자가 2년 이상의 지료를 지급하지 않은 때에는 지상권설정자는 지상권의 소멸을 청구할 수 있다(제287조). 유의할 점은 이러한 지료연체에 따른 소멸청구는 지상권이 저당권의 목적인 때 또는 그 토지에 있는 건물 · 수목이 저당권의 목적이 된 때에는 저당권자에게 통지한 후 상당한 기간이 경과함으로써 그 효력이 생긴다(제288조).

㉡ 소멸청구권의 법적성질에 관하여 견해가 대립한다. 즉 지상권설정자의 일방적 의사표시에 의해 이루어지는 형성권이라고 하는 다수설(김증한 · 김상용 488면, 김학동 378면, 장경학 562면)과 채권적 청구권이라고 보는 소수설(곽윤직 232면)이 있다. 다만 다수설은 형성권이지만 제186조의 원칙에 따라 등기(말소등기)를 하여야 비로소 소멸의 효과가 발생한다고 한다.

② 지상권의 포기

㉠ 지상권자는 언제든지 자유로이 지상권을 포기할 수 있음이 원칙이다. 그

러나 지상권이 저당권의 목적인 때에는 저당권자의 동의없이 포기하지 못한다(제371조 제2항).

ⓛ 한편 정기적으로 지료를 지급하는 경우, 즉 지상권자의 지상권 포기로 인하여 토지소유자에게 손해가 생길 때에는 그 손해를 배상하여야 한다(제153조 제2항 참조).

3) 약정소멸사유

지상권의 소멸사유를 당사자가 약정한 경우에는 그러한 약정사유가 발생하면 지상권은 소멸한다. 그러나 유의할 점은 약정사유가 존속기간의 단축·지료연체로 인한 소멸청구기간의 단축 등과 같이 법률의 규정에 위반하여 지상권자에게 불리한 소멸사유의 약정인 경우에는 그 효력이 없다(제289조 참조).

(2) 지상권소멸의 효과

1) 지상물수거권

① 지상권자는 지상권이 소멸한 때에 건물 그 밖의 공작물이나 수목을 지체없이 수거하여 토지를 원상으로 회복하여야 한다(제285조 제1항). 이처럼 법문은 지상권자의 의무로 규정하고 있지만, 이것은 지상권자가 토지에 투하한 자본을 회수하는 전형적인 방법이라는 점에서 의무이자 동시에 권리라고 새겨야 한다.

② 지상물의 수거는 지상권이 소멸한 후 지체 없이 행하여야 하고, 수거를 위하여 필요한 기간 동안 토지의 사용을 계속할 수 있다. 한편 유의할 점은 물이 고이는 토지에 배수시설을 한 경우처럼 사실상 수거가 불가능하다면 원상회복 의무가 없고, 시공으로 인하여 토지의 객관적 가치가 증가되었다면 오히려 유익비의 상환을 청구할 수 있다.

2) 지상물매수청구권

① 지상권설정자의 매수청구권

㉠ 지상권설정자는 지상권소멸 후 상당한 가액을 제공하여 지상물의 매수를 청구할 수 있다(제285조 제2항). 즉 지상권자가 토지의 공작물이나 수목을 수거하면 일반적으로 그 가치가 감소되며 지상권자에게 또는 사회경제상으로 불이익한 결과가 되므로 지상권설정자(토지 소유자)가 상당한 가액으로 지상물의 매수를 청구하는 때에는 지상권자는 정당한 이유 없이 이를 거절할 수 없다.

ⓛ 매수청구권은 형성권(곽윤직 233면, 이영준 631면)이기 때문에 매수청구권이 행사되면 매매

계약이 성립하게 되어 지상권자는 채무(소유권 이전의무)에 반하는 행위를 할 수 없다. 다만 지상권자는 정당한 이유(지상물의 부당한 평가)가 있는 경우에는 지상물매매계약의 성립을 부인할 수 있다.

② 지상권자의 매수청구권

㉠ 지상권자도 일정한 경우에는 토지소유자에 대하여 지상물매수청구권을 가진다(제283조 제2항). 즉 기간만료 후 지상물이 현존함에도 갱신이 거절된 경우에는 지상권자도 지상권설정자(토지 소유자)에 대하여 지상물매수청구권을 행사할 수 있다.

㉡ 다만 지상권자의 차임연체와 같은 귀책사유로 약정소멸사유가 발생한 경우 지상권자는 토지소유권자에 대하여 지상물의 매수를 청구할 수 없다(대판 1997.4.8, 96다54249).

3) 비용상환청구권

① 토지의 임차인은 토지에 들인 필요비와 유익비의 상환을 청구할 수 있다(제626조). 그러나 지상권에 관해서는 이러한 규정이 없다. 임대인은 '목적물의 사용 · 수익에 필요한 상태를 유지할 의무'가 있지만, 지상권설정자에게는 이와 같은 의무가 있는 것이 아니라 지상권자의 토지사용을 용인할 소극적 의무만을 부담하기 때문에 임대차에 관한 민법 제626조를지상권에 곧바로 유추적용 할 수는 없다(통설).

② 따라서 지상권자가 토지에 비용을 지출한 경우에 필요비의 상환을 청구하지 못한다. 다만 유익비를 지출한 경우에는 부당이득의 문제가 발생할 수 있으므로 지상권 소멸시에 그 가액의 증가가 현존한 때에 한하여 그 지출한 금액이나 현존하는 증가액 중 어느 하나를 토지소유자에게 청구할 수 있다고 할 것이다(제626조 제2항, 제741조 참조).

6. 강행규정성

① 지상권에 관한 민법 제280조 내지 제287조, 즉 지상권의 존속, 지상권의 양도 및 임대, 갱신청구권 및 지상물매수청구권, 지료증감청구권, 지상권소멸청구권에 관한 규정은 편면적 강행규정으로서, 이에 위반하는 계약으로 지상권자에게 불리한 것은 그 효력이 없다(제289조).

② 위 규정에 위반하는 계약을 맺은 때에도 여러 사정에 비추어 그것이 지상권자에게 불리하지 않은 경우에는 그 약정대로 효력이 생긴다.

7. 특수지상권

(1) 구분지상권

1) 의 의

구분지상권이라 함은 토지의 지상 또는 지하의 공간에 상하의 범위를 정하여 건물 그 밖의 공작물을 소유하기 위한 지상권이다(제289조의2 제1항). 즉 상하의 범위가 정해진 토지를 목적으로 하는 지상권을 구분지상권이라고 한다. 이러한 구분지상권은 기술의 발달과 경제적 필요에 따라 토지이용의 입체화가 가능해짐으로써 현실화된 권리이다.

2) 구분지상권의 특성

① 일반지상권은 토지의 상하 전부에 미치지만, 구분지상권의 경우에는 토지의 지하 또는 지상(지상의 경우에도 구분층에 한한다)에 한하여 그 효력이 미친다. 따라서 일반지상권은 토지 소유자의 토지이용이 전면적으로 배제되지만, 구분지상권에서는 그 부분(지하 또는 지상, 지상의 특정부분)에 한하여 토지소유자의 이용을 배제할 뿐이다.

② 일반지상권은 공작물 외에 수목의 소유를 위하여 설정될 수 있지만, 구분지상권은 건물 기타 공작물의 소유를 위해서만 설정될 수 있다. 즉 수목의 소유를 목적으로 하는 구분지상권을 설정할 수 없다(제289조의2 제1항 전단).

3) 구분지상권의 설정

① 구분지상권의 객체는 토지의 지하 또는 지상의 특정부분이므로, 이를 특정하기 위하여 토지의 상하의 범위를 등기하여야 한다(부동산등기법 제69조; 부동산등기규칙 제126조 제2항).

② 구분지상권을 설정함에 있어서 그 객체인 토지 위에 배타성 있는 용익권을 침해해서는 안 된다. 따라서 용익물권 또는 대항력 있는 임차권이 있는 경우에, 그 권리자 및 그 권리를 목적으로 하는 권리(지상권, 전세권을 목적으로 하는 저당권)를 가진 자 전원의 승낙이 있어야 한다(제289조의2 제2항). 이러한 승낙이 없으면 구분지상권설정등기가 있더라도 그 등기는 무효이다.

4) 구분지상권의 효과

① 지상권규정 준용의 효력

구분지상권은 그 효력이 미치는 범위에서 보통의 지상권과 차이가 있을 뿐 질적인 차이가 있는 것이 아니므로, 민법 제279조(수목의 소유를 위한 지상권)를 제외한 지상권에 관한 규정은 구분지상권에도 준용된다(제290조 제2항). 또한 구분지상권의 지료는 당사자간의 합의 또는 법원에 의하여 결정된다.

② 구분지상권의 특유한 효력

구분지상권자는 설정행위에서 정한 범위에서만 토지를 사용할 권리가 있고, 구분지상권이 미치지 못하는 토지부분에 대하여는 토지소유자가 사용권을 가지게 된다. 다만 설정행위로써 구분지상권의 행사를 위하여 토지소유자의 토지의 사용을 제한하는 특약을 할 수 있으며, 등기하면 제3자에게 대항할 수 있다(부동산등기법 제69조 제5호). 예컨대 지하구조물설치를 위한 구분지상권을 설정한 경우 토지소유자가 지상에 건축을 하지 아니하기로 하는 특약을 말한다.

(2) 분묘기지권

1) 의 의

분묘기지권이란 타인의 토지에 분묘를 설치한 자가 그 분묘를 소유하기 위하여 분묘의 기지 부분과 분묘의 수호 및 제사에 필요한 범위 내에서 분묘의 기지 주위의 공지를 포함한 지역의 타인 소유의 토지를 사용하는 것을 내용으로 하는 지상권 유사의 관습상의 물권이다(대판 2007.6.28, 2005다44114).

2) 분묘기지권의 성립요건

① 타인의 토지에 분묘를 설치하였어야 한다. 즉 토지소유자의 승낙을 얻어 그 토지에 분묘를 설치하였어야 한다(장사 등에 관한 법률 제27조 제3항 참조).

② 분묘로서의 요건을 갖추어야 한다. 즉 그 내부에 시신이 안장되어 있어야 하고, 그렇지 않은 이른바 가묘(假墓)의 경우에는 분묘기지권이 성립하지 않는다(대판 1976.10.26, 76다1359 · 1360). 또한 공시방법으로 등기를 요하지 않는다.

③ 분묘의 존재를 알 수 있도록 봉분이 설치되어 있어야 한다. 따라서 평장(平葬)이나 암장(暗葬)의 경우에는 분묘기지권이 성립하지 않는다(대판 1991.10.25, 91다18040).

3) 분묘기지권의 취득

① 토지소유자의 승낙을 받은 경우, 즉 당사자 사이에 분묘설치에 관한 합의만이 있고 토지이용에 관한 구체적인 계약이 없는 경우에도 분묘기지권이 생긴다(대판 2000.9.26, 99다14006).

② 분묘기지권의 시효취득, 즉 타인소유의 토지에 그의 승낙 없이 설치한 때에는 20년간 평온 · 공연하게 그 분묘의 기지를 점유함으로써 분묘기지권을 시효취득한다는 것이 종래의 입장이었으나(대판 1996.6.14, 96다14036; 대판 2011.11.10, 2011다63017 · 63024),

유의할 점은 '장사 등에 관한 법률'의 개정으로 인하여 2001년 1월 이후 타인소유의 토지에 그의 승낙 없이 분묘를 설치한 자는 토지의 사용권 기타 분묘의 보존을 위한 관리를 주장할 수 없다(장사 등에 관한 법률 제27조 제3항; 곽윤직 239면).

③ 자기 소유의 토지에 분묘를 설치하였다가 철거특약 없이 그 토지소유권을 이전한 경우에는 분묘를 수호하고 봉제사하는데 필요한 범위 내에서 분묘기지권이 인정된다(대판 1967.10.12, 67다1920). 그러나 기존의 분묘 외에 새로운 분묘를 설치할 권능이 포함되어 있지는 않다(대판 2001.8.21, 2001다28367).

【판 례】

* 대판 2007.6.14, 2005다44114 … 분묘의 수호관리나 봉제사에 대하여 현실적으로 또는 관습상 종손이 그 권리를 가지고 있다면 그 권리는 종손에게 전속하는 것이고 종손이 아닌 후손이나 종중에서 관여할 수는 없으나, 공동선조의 후손들로 구성된 종중이 선조 분묘를 수호관리하여 왔다면 분묘의 수호관리권 내지 분묘기지권은 종중에 귀속된다 할 것이어서, 그 분묘 등의 훼손행위가 있었다면 종중은 불법행위를 원인으로 한 손해배상청구를 할 수 있다.

4) 분묘기지권자와 기간

① 시효취득에 의한 분묘기지권을 취득하는 자는 종손이 원칙이다. 즉 분묘기지권의 시효취득 주장은 종손만이 할 수 있다(대판 1996.6.14, 96다14036). 다만 공동선조의 후손들로 구성된 종중이 선조 분묘를 수호관리하여 왔다면 분묘의 수호관리권 내지 분묘기지권은 종중에 귀속되며, 이 권리는 권리자가 분묘를 수호하고 그 분묘가 존속하고 있는 동안 존속하며, 상속될 수 있으나 양도될 수는 없다(대판 2007.6.28, 2005다44114).

② 분묘기지권을 취득한자의 존속기간, 즉 적법하게 설치된 분묘의 존속기간은 30년으로 하며, 1회 연장할 수 있으나 그 기간은 30년으로 한다(장사 등에 관한 법률 제19조 제2항). 다만 장사 등에 관한 법률 제19조 제2항에도 불구하고 시·도지사 또는 시장·군수·구청장은 관할 구역 안의 묘지 수급을 위하여 필요하다고 인정되면 '조례'로 정하는 바에 따라 5년 이상 30년 미만의 기간 안에서 분묘 설치기간의 연장 또는 기간을 단축할 수 있다(장사 등에 관한 법률 제19조 제4항).

5) 분묘기지에 대한 지료

① 분묘기지의 사용의 대가로 지료가 지급되어야 하는가에 관하여 이를 획일

적으로 다룰 것이 아니라 각각의 경우를 나누어 결정하는 것이 바람직하다. 즉 토지 소유자의 승낙을 얻어 분묘를 설치한 경우에는 지료에 관한 약정이 있으면 그에 따르고, 약정이 없으면 무상으로 보며, 분묘기지권을 시효취득하는 경우에는 지료의 지급이 지상권의 요소가 아니라는 점에서 무상이다.(대판 1995.2.28, 94다37912). 유의할 점은 시효취득에 의한 분묘기지권을 취득하였더라도 토지소유자가 분묘기지에 관한 지료를 청구하면 분묘기지권자는 그 청구 받은 날로부터 지료를 지급할 의무가 있다(대판[전합] 2017.1.19, 2013다17292).

② 자기 토지 내에 분묘를 가지고 있던 자가 그 토지를 처분하여 분묘기지권을 취득하게 되는 경우에는 민법 제366조 단서를 적용하여 당사자가 협의하여 결정하고, 협의가 이루어지지 않으면 법원이 이를 결정한다(곽윤직 241면, 김준호 804면, 김형배 682면).

【판 례】

* 대판[전합] 2017.1.19, 2013다17292 … 장사 등에 관한 법률 시행일 이전에 타인의 토지에 분묘를 설치한 다음 20년간 평온·공연하게 그 분묘의 기지를 점유함으로써 분묘기지권을 시효로 취득하였더라도, 분묘기지권자는 토지소유자가 분묘기지에 관한 지료를 청구하면 그 청구한 날부터의 지료를 지급할 의무가 있다고 보아야 한다.

(3) 관습법상의 법정지상권

1) 의 의

관습법상의 법정지상권이라 함은 토지와 건물이 동일인의 소유에 속하였다가 매매 그 밖의 원인으로 각각 그 소유자를 달리하게 된 경우에, 그 건물을 철거한다는 특약이 없으면 토지를 계속 사용하게 하려는 것이 당사자의 의사라고 보아 건물소유자가 당연히 취득하게 되는 지상권이다.

2) 인정근거

우리 법제에서는 토지와 건물을 별개의 부동산으로 취급하고 있기 때문에 건물과 그 대지 중 어느 하나가 매매 그 밖의 사유로 인하여 그 소유자를 달리한 때에는 다른 특별한 사정이 없는 한 건물소유자로 하여금 대지에 지상권을 취득한 것으로 봄으로써 그 건물로서의 가치를 유지하게 하려는 데에 관습법상의 법정지상권을 인정하는 근거를 찾을 수 있을 것이다(대판 1968.8.30, 68다1929 참조).

3) 성립요건

① 토지와 건물이 동일인 소유

토지와 건물이 처분 당시에 동일한 소유자에게 속하고 있어야 한다. 이 경우 건물로서의 요건을 갖추고 있는 이상 무허가나 미등기건물도 상관없다(대판 1988.4.12, 87다2404). 즉 토지와 건물이 동일한 소유자의 소유에 속하였다가 그 건물 또는 토지가 매매 기타의 원인으로 인하여 양자(토지와 건물)의 소유자가 각각 다르게 될 때에, 그 건물을 철거한다는 특별한 사정이 없는 한 건물소유자는 토지소유자에 대하여 그 건물을 위한 관습상의 지상권을 취득하게 되고, 그 건물은 반드시 등기가 되어 있어야만 하는 것이 아니고 무허가 건물이라도 상관이 없다(대판 1991.8.13, 91다16631).

② 매매 기타의 원인에 의한 소유자 분리

토지와 건물 중의 어느 하나가 매매 기타의 원인으로 처분되어 그 소유자가 각각 다르게 되어야 한다. 소유자가 다르게 되는 원인에는 크게 두 가지가 있다. 즉 ㉠ 당사자의 의사에 의한 경우로서 매매와 증여, ㉡ 당사자의 의사에 의하지 않은 것으로서 강제경매와 국세징수법에 의한 공매 등에 의해 소유자가 다르게 되는 경우이다(대판 1970.9.29, 70다1454; 대판 1967.11.28, 67다1831).

③ 건물철거 특약의 부존재

당사자 사이에 건물을 철거한다는 특약이 없어야 한다. 그러한 특약이 없다는 것은 건물소유자로 하여금 계속 토지를 사용케 한다는 묵시적 합의가 있다고 해석할 수 있는 전제가 되기 때문이다. 따라서 건물철거에 대한 특별한 사정의 존재는 그러한 사정의 존재를 주장하는 자가 증명책임을 진다(대판 1988.9.27, 87다카279). 한편 유의할 점은 토지와 건물의 소유자가 토지만을 타인에게 증여한 후 구 건물을 철거하되 그 지상에 자신의 이름으로 다시 신축하기로 합의한 경우에도 관습상 법정지상권이 인정된다(대판 2000.1.10, 98다58696 · 58702).

4) 등 기

관습법상의 법정지상권은 관습법에 의하여 당연히 성립하는 것이므로 민법 제187조에 의하여 등기를 요하지 않는다(대판 1972.7.25, 72다893). 그러나 그 관습법상 법정지산권을 제3자에게 양도하기 위하여는 민법 제187조 단서에 의하여 등기를 하여야 한다. 다시 말해서 제3자가 관습법상의 법정지상권을 전득하려면, 먼저 건물소유자가 그의 법정지상권의 등기를 하고 난 다음에 이 지상권의 이전등기를 하여야 한다(대판 1968.7.31, 67다1759).

5) 효 과

① 관습법상 법정지상권은 관습법에 의해 당연히 성립하는 것을 제외하고는 보통의 지상권과 다를 것이 없다. 따라서 민법의 지상권에 관한 규정이 준용된다.

② 관습법상의 법정지상권의 존속기간에 있어서는 그 기간을 약정하지 아니한 것으로 봄으로, 민법 제281조의 규정에 의하여 그 존속기간이 정하여 진다(대판 1968.8.30, 68다1029). 그리고 토지의 사용에 있어서는 그 건물의 유지 및 사용에 필요한 범위에 대하여 효력이 미치며(대판 1974.2.12, 73다353), 지료에 관한 구체적인 내용은 당사자의 협의에 의할 것이지만, 협의가 이루어지지 아니하면 당사자의 청구에 의하여 법원이 정하도록 규정한 민법 제366조 단서가 준용된다(대판 1996.2.13, 95누11023).

제 2 절 지역권

1. 서 설

(1) 의 의

① 지역권이란 일정한 목적(주로 통행·인수)을 위하여 타인의 토지(승역지라 함)를 자기 토지(요역지라 함)의 편익에 이용하는 부동산 용익물권의 일종이다(제291조). 예컨대 A의 토지소유자가 B의 토지소유를 통행하거나 또는 B의 토지를 거쳐 인수(引水)를 함으로써 A의 토지의 이용가치를 높이는 것과 같다.

② 지역권은 타인의 토지를 자기 토지의 편익에 이용하는 권리로써 요역지와 승역지의 두 토지 사이의 관계로서 무상이든 유상이든 상관없으며, 두 토지가 반드시 인접되어 있음을 요하지도 않는다.

(2) 지역권의 법적성질

1) 비배타성(공용성)

지역권의 토지사용 목적은 상린관계 중의 강행규정에 반하지 않는 한 어떠한 내용으로도 할 수 있고, 또한 지역권이 설정되더라도 지역권에 의하여 승역지 소유권의 용익권능이 전면적으로 배제되는 것은 아니다. 즉 A가 B 소유의 토지 위에 통행지역권을 설정하여도, B는 A의 통행을 방해하지 않는 범위 내에서 그 토지를 통행할 수 있다.

2) 부종성

지역권은 토지의 편익을 위하여 존재하는 종된 권리이므로, 요역지를 떠나서 독립하여 존재할 수 없다. 따라서 지역권은 부종성에 의하여 요역지의 소유권이 이전되면 지역권도 당연히 함께 이전된다. 또한 지역권은 요역지에 대한 소유권 이외의 권리의 목적이 된다(제292조 제1항). 즉 요역지에 저당권이 설정되면 그 효력은 지역권에도 미친다. 따라서 저당권의 실행으로 요역지가 경락되면 경락인은 지역권을 취득한다.

3) 불가분성

지역권은 불가분성이 있다. 즉 공유자의 1인이 지역권을 취득한 때에는 다른 공유자도 이를 취득한다(제295조 제1항). 따라서 점유로 인한 지역권의 취득시효의 중단은 지역권을 행사하는 모든 공유자에 대하여 하지 않으면 그 효력이 없다(제295조 제2항). 한편 지역권이 그 성질상 토지의 일부분에만 존재하는 경우에 지역권은 그 일부분만을 위하여 또는 그 일부분에만 존속한다(제293조 제2항 단서).

(3) 지역권의 존속기간

1) 영구적 지역권

민법은 지역권의 존속기간에 관하여 아무런 규정을 두고 있지 않으나, 지역권은 본래 영구의 것으로 설정된 것이라고 보아야 한다. 즉 지역권이 본래 영구적인 것으로 설정되었던 로마법 이래의 연혁과 소유권을 제한하는 정도가 매우 낮고 그 제한하는 범위 안에서도 소유자의 이용을 전적으로 빼앗는 것이 아니라는 것 등을 이유로 학설과 판례는 영구적인 지역권의 설정을 인정하는 데 대체적으로 일치하고 있다(통설; 대판 1980. 1.29, 79다1704).

2) 존속기간약정의 등기

존속기간에 관한 당사자 사이의 약정이 유효함은 물론이다. 그러나 유의할 점은 부동산등기법상 존속기간은 등기사항이 아니므로 등기할 방법이 존재하지 않는다(부동산등기법 제70조 참조). 따라서 지역권의 존속기간에 관한 등기는 지역권의 존립 자체를 나타내주는 것이므로, 부동산등기법의 개정을 통해 등기할 수 있는 방안이 마련되어야 할 것으로 보인다.

(4) 지역권의 종류

1) 작위지역권과 부작위지역권

지역권 행사의 내용에 의한 분류이다. 즉 작위지역권은 요역지의 소유자가 인수를 위해 승역지에 용수로를 개설하는 것과 같이 적극적인 행위를 목적으로 하는 지역권이다. 반면 부작위지역권은 승역지상에 요역지의 조망권(관망지역권)을 방해하는 건축을 하지 않는 것과 같이 승역지의 소유자가 일정한 행위를 하지 않을 것을 목적으로 하는 지역권을 말한다.

2) 계속지역권과 불계속지역권

지역권의 행사가 시간적으로 계속되는가에 의한 구별이다. 즉 계속지역권은 통로의 개설이나 송전선의 부설 등과 같이(시설설치) 중단 없이 권리의 내용이 계속 실현되는 지역권이다. 반면 불계속지역권은 통로를 개설치 않는 통행지역권과 같이 한시적으로 지역권을 행사할 때마다 지역권자의 행위를 요하는 지역권을 말한다. 양자의 구별실익은 지역권의 시효취득에 차이가 있다(제294조).

3) 표현지역권과 불표현지역권

지역권 행사의 형태에 의한 구별이다. 즉 표현지역권은 통로의 개설이나 송수관의 부설과 같이 권리내용의 실현을 외부에서 인식할 수 있는 지역권이다. 반면 불표현지역권은 조망방해 건축금지 지역권과 같이 권리내용의 실현을 외부에서 인식할 수 없는 지역권을 말한다. 이 역시 지역권의 시효취득에서 구별실익이 있다(제294조).

2. 지역권의 취득

(1) 일반적 취득

지역권은 법률행위인 설정계약과 등기에 의하여 취득되는 경우가 가장 보편적이나, 그 밖의 유언 · 양도 · 상속 등에 의해서도 취득된다. 다만 지역권의 양도는 부종성으로 인하여 요역지의 소유권 또는 사용권의 이전에 수반하여서만 가능하다(제292조 제1항).

(2) 설정계약과 등기

① 지역권은 설정계약과 등기에 의해 취득된다(제186조). 그 등기는 승역지의 등기용지에 지역권의 등기를 하고 지역권의 수반성을 제도적으로 실현하기 위해 요역지의 등기기록에도 지역권의 내용을 직권으로 기록한다(부동산등기법 제70조, 제71조).

② 요역지는 1필의 토지이어야 하며, 토지의 일부에 대해서는 지역권을 설정할 수 없다. 그러나 승역지는 1필의 토지의 일부에 대하여 설정할 수 있다(부동산등기법 제70조). 한편 지역권설정계약은 요역지소유자와 승역지소유자 사이에 체결되는 것이 보통이지만, 지역권은 양 토지이용의 조절을 목적으로 하는 것이므로 지상권자 · 전세권자 · 대항력 있는 임차인도 존속기간 내에서 지역권을 설정할 수 있다(통설).

(3) 시효취득

1) 시효취득의 인정범위

① 시효취득에 의해서도 지역권이 취득되는데, 시효취득되는 지역권은 '계속되고 표현된 것'에 한하여 인정된다(제294조, 제245조). 즉 계속되거나 표현된 것의 어느 하나가 아니라 양자를 다 갖추어야 한다(예컨대 통행지역권과 용수지역권). 민법 제294조가 계속 · 표현지역권에 한해 인정한 이유는, 불계속지역권은 승역지로서는 손해가 적은 관계로 승역지의 소유자가 이를 인용하는 것이 보통이며, 또 불표현지역권은 외부로부터 인식될 수 없으므로 승역지의 소유자가 이에 대하여 권리를 주장하지 않는 것이 보통인데, 이러한 경우까지 시효에 의한 지역권의 취득을 인정하는 것은 오히려 시효제도의 취지에 반한다고 볼 수 있기 때문이다.

② 판례는 '계속 · 표현'의 개념(인정범위)을 좁게 해석하는 태도를 보이고 있다. 예컨대 통행지역권에 관하여 요역지의 소유자가 승역지상에 통로를 개설하 여 승역지를 '항시 사용'하고 있다는 객관적인 상태가 민법 제245조에 규정된 기간 동안 계속된 사실이 있어야 한다고 본다(대판 1995.6.13, 95다1088). 또한 그 통로개설이 요역지 소유자에 의하여 행하여져야 한다고 한다(대판 1993.5.11, 91다46861).

2) 시효취득과 등기

① 지역권을 시효취득하더라도 기간의 경과만으로 바로 지역권을 취득하는 것이 아니라 시효취득을 원인으로 한 지역권설정등기청구권을 취득할 뿐이고, 그 등기를 마침으로써 비로소 지역권을 취득하게 된다(제245조 제1항). 따

라서 지역권의 시효취득기간이 만료하였으나 그 등기를 하지 않은 사이에 승역지가 제3자에게 처분되어 소유권이전등기가 마쳐지면, 제3자에게 지역권의 시효취득을 주장할 수 없다(대판 1990.10.30, 90다카20395).

② 한편 지역권에 관해서도 점유취득시효 외에 등기부취득시효가 인정될 수 있다. 예컨대 지역권설정등기를 마치고 지역권행사의 의사로 평온·공연하게 선의이며 과실 없이 10년간 지역권을 행사한 때에는 설정행위에 무효 또는 취소의 사유가 있더라도 지역권을 시효취득한다.

3. 지역권의 효력

(1) 지역권자의 권한

1) 지역권의 내용적 제한

① 지역권자는 그 목적의 범위 안에서 승역지를 사용할 수 있다(제291조). 그러나 지역권의 행사는 승역지의 이익을 존중하여 지역권의 목적을 달성하는데 필요한 범위 안에서 승역지소유자에게 가장 손해가 적은 방법으로 해야 한다.

② 용수지역권에서 승역지의 수량(水量)이 요역지와 승역지의 수요에 부족한 경우에, 그 수요 정도에 의하여 먼저 가용(家用)에 우선적으로 공급하고 나머지가 있으면 다른 용도에 공급하여야 한다(제297조 제1항 본문). 이처럼 물은 사람의 일상생활에 필요한 것이기 때문에 민법 제297조는 지역권 중 '용수지역권'에 관해 따로 특칙을 정하고 있다.

③ 승역지의 소유자는 지역권의 행사를 방해하지 않는 범위 내에서 지역권자가 지역권의 행사를 위하여 승역지에 설치한 공작물을 사용할 수 있다. 이 경우 그 수익 정도의 비율로 공작물의 설치·보존의 비용을 부담하여야 한다(제300조).

2) 지역권의 배타성

지역권은 물권이므로 먼저 성립한 지역권이 후에 성립하는 지역권보다 우선한다. 따라서 승역지에 수개의 용수지역권이 설정된 때에는 후순위의 지역권자는 선순위의 지역권자의 용수를 방해하지 못한다(제297조 제2항).

(2) 승역지소유자의 의무

1) 기본적 의무

승역지소유자의 기본적 의무는 요역지의 편익에 이용되는 범위에서 지역권자의 행위를 인용하고 일정한 이용을 하지 않을 부작위 또는 작위의무를 부담하는 것이다.

2) 부수적 의무

계약에 의하여 승역지소유자가 자기의 비용으로 지역권의 행사를 위하여 공작물의 설치 또는 수선의 의무를 부담한 때에는 승역지소유자의 특별승계인도 의무를 부담한다(제298조). 이 경우에 특정승계인에 대항하기 위하여서는 등기하여야 한다(부동산등기법 제70조).

(3) 지역권과 물권적 청구권

지역권도 일정한 범위에서 승역지를 지배하는 물권이므로 그 지배가 방해당하는 때에 물권적 청구권이 당연히 생긴다. 그러나 지역권이 점유를 수반하는 것이 아니므로 반환청구권은 인정되지 아니하며, 방해제거청구권과 방해예방청구권만이 생긴다(제301조, 제214조).

4. 지역권의 소멸

(1) 일반적 소멸사유

지역권은 물권일반의 소멸사유인 요역지 또는 승역지의 멸실 · 지역권자의 포기 · 혼동 · 존속기간의 만료 · 약정소멸사유의 발생 · 요역지의 수용 등에 의해 소멸한다. 그 밖에 특별히 문제되는 것으로 승역지의 시효취득에 의한 소멸과 지역권의 소멸시효가 있는 바, 이는 아래와 같다.

(2) 승역지의 시효취득

승역지의 시효취득, 즉 승역지가 제3자에 의하여 시효취득되는 경우에는 지역권이 소멸하는 것이 원칙이다. 그러나 시효취득하려는 승역지점유자가 지역권의 존재를 인용하면서 점유를 계속한 경우와 같이 취득시효가 진행되는 동안 지역권자가 그의 권리를 계속 행사하는 경우에는 지역권이 소멸하지 않는다(통설).

(3) 지역권의 소멸시효

① 지역권은 20년간 행사하지 않으면 소멸시효가 완성된다(제162조 제2항). 시효기간의 기산점은 불계속지역권에서 권리를 최후로 행사한 때, 계속지역권에서는 그 행사를 방해하는 사실이 생긴 때이다.

② 한편 요역지가 공유인 경우에, 소멸시효는 모든 공유자에 대하여 시효가 완성되어야 그 효력이 생긴다(제296조). 유의할 점은 지역권자가 지역권의 내용 중 일부만을 행사하는 경우에는 나머지 불행사부분에 한하여 지역권이 소멸시효에 걸린다(통설). 예컨대 5미터 폭의 통행지역권을 가지는 자가 3미터만 통행한 경우 나머지 2미터 부분의 지역권은 소멸시효에 걸린다.

5. 특수지역권

(1) 의 의

특수지역권이란 어느 지역의 주민이 집합체의 관계로 각자가 타인의 일정한 토지(주로 산림이나 초원)에서 초목·토사의 채취 및 동물의 방목 그 밖의 수익을 공동으로 하는 권리를 말한다(제302조). 이 권리는 자연경제시대의 촌락생활에 있어서 다수의 촌락민이 공동으로 타인의 산림·초원 등을 이용하는 것으로, 토지수익권을 준총유하는 관계를 입법화한 것이다.

(2) 법적성질

1) 인역권의 총유성

특수지역권은 지역권과 유사한 점이 있으나 지역권에 있어서는 편익을 받는 대상이 토지 자체인 데 대하여, 특수지역권에 있어서는 일정한 지역의 주민이 편익을 받는다는 점에서 인역권(人役權)에 가깝다고 하겠다(통설). 또한 지역주민이 집합체의 관계로서 타인의 토지에 대하여 토지소유권 이외의 수익권을 가지므로 특수지역권은 토지수익권의 준총유에 해당한다.

2) 비양도성 · 비상속성

물권은 원래 양도성 · 상속성을 그 본체로 하지만 특수지역권은 인역권의 성질을 가지고 있으므로 양도성 · 상속성이 없다. 따라서 개개의 주민은 그 주민의 지위를 취득 · 상실함으로써 특수지역권도 자동적으로 취득 · 상실한다(제278조, 제277조). 그러므로 주민의 지위와 분리하여 특수지역권만을 양도하는 것도 허용되지 않는다.

3) 적용법규

특수지역권상 발생하는 토지소유권과의 이용 · 조절에 관하여 민법은 지역권의 규정을 준용하고(제302조), 권리가 주민에게 총유적으로 귀속하는 관계에 관해서는 총유의 규정을 준용한다(제278조). 그러나 민법의 규정과 다른 관습이 있으면 관습이 우선한다(제302조). 이처럼 특수지역권의 성질이 인역권인데도 지역권의 규정을 준용하는 이유는, 우리 민법에는 인역권에 관한 규정이 없을 뿐 아니라, 소유권의 이용을 조절하는 원리는 지역권과 인역권에 공통되기 때문이다(김준호 820면).

4) 취득과 소멸

특수지역권의 취득은 대체로 관습법에 의할 경우가 많을 것이나, 계약에 의해서도 가능하다. 관습법에 의한 취득은 등기 없이도 효력을 발생하지만, 계약에 의한 취득은 등기를 하여야 그 효력이 생긴다(제186조). 한편 특수지역권이 소멸하는 대표적인 것은 목적토지가 멸실되거나 목적토지로부터 수익이 불능인 경우이다. 또한 지역주민 전체의 의사(주민총회의 결의)나, 목적토지 소유자와의 협의에 의하여 특수지역권이 소멸될 수도 있다.

제 3 절 전세권

1. 서 설

(1) 의의 및 기능

1) 의 의

① 전세권이라 함은 전세금을 지급하고 타인의 부동산을 점유하여 그 부동산의 용도에 좇아 사용·수익하는 용익물권으로서, 전세권이 소멸하면 그 부동산 전부에 대하여 후순위권리자가 그 밖의 채권자보다 전세금의 우선변제를 받을 것을 내용으로 하는 권리이다(제303조 제1항).

② 이것은 원래 채권관계로서 관행되어 온 이른바 '전세'를 1958년 민법의 제한물권으로서 새로이 창설된 것이며, 외국의 입법례에서는 찾아볼 수 없는 우리나라의 특유한 제도이다.

2) 기 능

전세제도는 목적물의 임대차와 전세금의 이자부 소비대차가 결합한 법기술적 제도로서 이해될 수 있다. 이는 타인의 부동산을 사용·수익(용익적 기능)할 수 있게 하는 법률적 수단으로서 사회적으로 중요한 작용을 할 뿐만 아니라 부동산담보의 기능도 겸하고 있다. 그러나 전세제도의 주된 기능은 부동산의 사용·수익이라는 용익물권성에 있으며, 전세금반환의 확보를 위한 담보물권성은 부수적인 것이다.

(2) 법적성질

1) 타물권

전세권은 '타인의 부동산'을 목적으로 하는 제한물권이다. 즉 목적물은 부동산(토지와 건물)이지만, 농경지는 전세권의 목적이 될 수 없다(제303조 제2항). 유의할 점은 전세권의 객체인 부동산은 반드시 1필의 토지 또는 1동의 건물이어야 할 필요는 없고 그 일부라도 무방하다. 다만 전세권의 목적이 부동산의 일부인 때에는 등기신청에 그 도면을 첨부하여야 한다(부동산등기법 제72조 제1항).

2) 용익물권

전세권은 타인의 부동산을 점유하여 그 용도에 좇아 사용·수익하는 용익물권이므로 목적 부동산을 점유할 권리를 포함하며, 상린관계의 규정이 준용된다(제319조). 또한 전세권은 민법 제256조 단서 소정의 권원에 해당하기 때문에 전세권자가 토지에 부속시킨 건물 기타 공작물이나 수목 등은 토지에 부합되지 않고 매수청구권이 생긴다.

3) 담보물권성

전세권자는 전세금에 관하여 우선변제권을 갖는다. 즉 전세권자는 부동산 전부에 관하여 후순위권리자 기타 채권자보다 전세금의 우선변제를 받을 권리가 있고(제303조 제1항), 전세권설정자가 전세금의 반환을 지체한 때에는 전세권의 목적물을 경매청구할 수 있다(제318조). 그러므로 이러한 범위에서 전세권은 담보물권적인 성질을 가진다. 다시 말하면 전세권이 존속하는 동안에는 용익물권이지만, 전세권이 소멸함으로써 전세금반환채권이 발생하면 이를 담보하기 위하여 담보물권으로서 존속한다. 따라서 이 한도에서는 전세권설정등기도 그대로 유지된다(대판 2005.3.25, 2003다35659).

(3) 전세권과 채권적 전세

① 타인의 부동산을 사용·수익하기 위하여 전세권 외에 채권적 전세를 이용할 수 있는데, 채권적 전세와 전세권은 전세금 또는 보증금이 목적물의 사용대가인 점과 증감청구권, 부속물매수청구권이 인정된다는 점에서 공통점이 있다.

② 한편 전세권은 물권인 반면 채권적 전세권은 채권으로 그 본질이 상이하므로, 채권적 전세에 대하여 임대차에 관한 규정이 적용된다. 따라서 채권적 전세에서는 원칙적으로 대항력이 인정되지 않으며, 설정자의 동의 없이는 양도할 수 없다(제629조). 다만 주택·상가건물 임대차보호법의 적용을 받는 채권적 전세는 동법이 적용됨으로 대항력을 가진다.

2. 전세권의 취득

(1) 취득사유

전세권은 부동산소유자와 전세권을 취득하고자 하는 자 사이의 설정계약(전세금 포함)과 등기에 의하여 취득되는 것이 보통이지만(제186조 참조), 그 밖의 전세권의 양도 및 상속에 의하여서도 취득될 수 있다.

(2) 설정계약에 의한 취득

1) 등 기

전세권은 부동산소유자와 전세권취득자 사이의 전세권의 설정을 목적으로 하는 물권적 합의와 등기에 의하여 성립하고 취득된다. 그러나 목적부동산의 인도는 전세권의 성립요건은 아니다(대판 1995.2.10, 94다18508). 따라서 목적물을 인도하기 전이라 하더라도 등기가 있으면 전세권은 취득된다. 또한 전세권자와 전세권설정자 및 제3자 사이에 합의가 있으면 채권담보 등을 위하여 그 전세권자의 명의를 제3자로 등기하는 것도 가능하다(대판 2005.5.25, 2003다12311).

2) 전세금

① 전세금의 지급과 반환

㉠ 전세권은 '전세금의 지급'을 성립요소로 한다(제303조 제1항). 즉 전세금의 지급은 전세권의 절대적 요소이므로 당사자의 물권적 합의와 등기 이외에 약정된 전세금의 수수가 있을 때 비로소 전세권이 성립한다(통설). 한편 전세금의 지급은 전세권의 요소이지만 전세금의 지급이 반드시 현실적으로 수수되어야만 하는 것은 아니고 기존의 채권으로 전세금의 지급에 갈음할 수도 있다(대판 1995.2.10, 94다18508).

㉡ 전세권에 있어서 전세금은 전세권자가 전세권설정자에게 교부하는 금전(금전에 한하고 그 밖에 대체물을 포함하지 않는다)이며, 전세권이 소멸하는 때에는 목적물의 인도 및 전세권설정등기의 말소에 필요한 서류의 교부와 동시에 전세금을 반환받게 된다(제317조, 제318조).

② 전세금의 등기

전세금은 등기하여야 한다(부동산등기법 제72조 제1항). 즉 등기된 금액에 한하여 제3자에게 대항할 수 있으며, 당사자 사이에 전세금을 지급하지 않는다는 특약이 있는 경우 이는 무효이고 전세권은 성립하지 않는다. 다만 무효행위의 전환이론(제138조)에 따라 전세권 대신에 지상권 혹은 사용대차로 인정될 수 있다.

③ 전세금증감청구권

㉠ 전세금이 목적부동산에 관한 조세·공과금 그 밖의 부담의 증감이나 경제사정의 변동으로 인하여 상당하지 아니하게 된 때에는 당사자는 장래

에 대하여 그 증감을 청구할 수 있다(제312조 의2 본문).

㉡ 전세금의 증액청구는 대통령령이 정하는 기준에 따른 비율을 초과하지 못하며(제312조 의2 단서), 그 전세금은 등기하여야 제3자에게 대항할 수 있다. 전세금 증감청구권에 대하여 당사자의 합의가 요구되는 청구권이라고 하는 견해(곽윤직 262면)가 있으나, 민법 제312조의2 규정은 경제사정의 변동 등과 같은 계약 외적인 여건의 변화에 따라 전세금이 상당하지 않게 된 경우에 이를 시정할 수 있도록 신설된 조항이라는 점을 고려할 때, 형성권(김형배 698면, 이영준 680면, 지원림 708면)이라고 보는 것이 타당할 것이다.

④ 전세금의 성질

㉠ 전세금은 목적부동산을 사용하는 대가(사용 대가)로서의 성질을 갖는다. 따라서 차임 또는 지료와 같이 목적물의 사용·수익하는 대가로 별도로(따로) 지급할 필요가 없다. 동시에 전세권설정자도 사용대가를 일정한 기간을 두고 정기적으로 추심하는 대신에 전세금의 이자를 가지고 차임이나 지료에 충당한다.

㉡ 전세금은 담보로서의 성질도 가진다. 따라서 전세권자의 귀책사유로 목적물의 전부 또는 일부가 훼손 또는 멸실됨으로써 손해가 발생한 때에는 전세권자는 전세금을 가지고 손해배상의 책임을 부담하게 한다(제315조). 한편 학설(통설)은 전세목적물 이외에 손해가 발생한 경우에도 전세금반환청구권과 상계할 수 있으므로 전세금은 전세권자의 모든 채무를 담보하는 것으로 해석하고 있으나, 판례는 민법 제315조 소정의 전세권설정자의 전세권자에 대한 손해배상채권 외에 다른 채권까지 담보한다고 볼 수 없다고 한다(대판 2008.3.13, 2006다29372).

3) 전세권의 당사자

① 전세목적물에 관한 소유권이 양도된 경우 전세권관계가 종전 소유자인 양도인과 전세권자 사이에 지속되는 것인지, 혹은 전세권자와 새로운 소유자인 양수인 사이에 동일한 내용으로 존속되는지에 관하여 민법에 명문의 규정이 없다.

② 판례는 전세목적물의 소유권이 이전된 경우 민법이 전세권 관계로부터 생기는 법률관계의 당사자로 규정하고 있는 전세권설정자 또는 소유자는 모두 목적물의 소유권을 취득한 신 소유자(전세목적물의 양수인을 말한다)로 새길 수밖에 없다고 하여, 구 소유자는 전세권설정자의 지위를 상실하여 전세금반환의무를 면하게 된다고 한다(대판 2000.6.9, 99다15122; 대판 2006.5.11, 2006다6072). 따라서 전세목적물의 소

유권이 양도된 경우 새로운 소유자(양수인)가 계속해서 전세권설정자의 지위를 승계한 것으로 된다.

3. 전세권의 존속기간

(1) 설정행위로 정하는 경우

1) 최장기간

① 전세권의 존속기간은 당사자가 전세권설정행위에 의하여 임의로 정할 수 있으나, 목적물이 토지·건물을 불문하고 그 기간은 10년을 넘지 못한다(제312조 제1항 전단). 만약 그 약정기간이 10년을 넘는 경우에는 10년으로 단축된다(제312조 제1항 후단).

② 전세권이 약정존속기간의 만료로 소멸하는 때에는 설정계약을 갱신할 수 있다(제312조 제2항 전단). 그러나 그 기간은 역시 갱신한 날로부터 10년을 넘지 못한다(제312조 제2항 후단).

2) 최단기간

① 토지전세권에 관한 최단존속기간을 제한하는 규정은 없으나, 건물에 대한 전세권의 존속기간을 1년 미만으로 정한 때에는 이를 1년으로 한다(제312조 제2항).

② 민법이 건물의 전세기간을 1년으로 한 것은, 주택임대차(주택임대차보호법 1981년 제정)의 경우 1년의 임대차기간이 보장되는 것으로 규정한 것과 보조를 같이하기 위해 1984년 개정 당시 신설한 내용이다. 그런데 그 후 주택임대차보호법이 개정(1989년 2차 개정)되면서 1년에서 2년으로 연장되었기 때문에 다시 불균형이 생기게 되었는 바, 민법 제312조 제2항 역시 최단존속기간을 2년으로 개정하는 것이 요구된다고 하겠다.

(2) 존속기간의 약정이 없는 경우

① 전세권을 설정하면서 그 존속기간을 정하지 않은 때에는 각 당사자는 언제든지 상대방에 대하여 전세권의 소멸을 통고할 수 있고, 상대방이 이 통고를 받은 날로부터 6개월이 경과하면 전세권은 소멸한다(제313조).

② 민법 제313조에 따라 전세권이 소멸하는 경우, 말소등기를 하여야 소멸의 효과가 생기는가? 소수설은 말소등기를 하지 않아도 소멸통고 후 6개월이 지나면 전세권은 당연히 소멸한다고 하는(이영준 685면) 반면 다수설은 소멸통고

후 6개월이 경과한 때에 전세권등기말소청구권이 생기고, 그 등기가 이루어진 때에 비로소 전세권이 소멸하게 된다고 한다(곽윤직 260면, 김용한 432면, 김증한 · 김학동 417면).

(3) 건물전세권의 법정갱신

① 건물의 전세권설정자가 전세권의 존속기간만료 전 6개월부터 1개월까지 사이에 전세권자에 대하여 갱신거절의 통지 또는 조건을 변경하지 아니하면 갱신하지 아니한다는 뜻의 통지를 하지 아니한 경우에는 그 기간이 만료된 때에 전(前) 전세권과 동일한 조건으로 다시 전세권을 설정한 것으로 본다(제312조 제4항). 이러한 법정갱신은 법률의 규정에 의한 전세권의 존속기간의 변경이므로 갱신의 등기 없이도 효력이 발생하나, 전세권을 처분하려면 등기를 요한다(대판 1989.7.11, 88다카2029; 대판 2010.3.25, 2009다35743).

② 전세권이 묵시적으로 법정갱신된 경우, 그 존속기간은 정함이 없는 것으로 본다. 따라서 당사자는 언제든지 전세권의 소멸을 상대방에게 통고할 수 있으며(제312조 제4항) 상대방은 그 통고를 받은 날로부터 6개월이 경과함으로써 전세권은 소멸된다.

【판 례】

* 대판 2010.3.25, 2009다35743 … 전세권의 법정갱신은 법률의 규정에 의한 부동산에 관한 물권의 변동이므로 전세권갱신에 관한 등기를 필요로 하지 아니하고 전세권자는 그 등기 없이도 전세권설정자나 그 목적물을 취득한 제3자에 대하여 그 권리를 주장할 수 있다.

4. 전세권의 효력

(1) 전세권자의 사용 · 수익권

1) 내 용

① 전세권자는 목적부동산을 점유하여 그 부동산의 용도에 좇아 사용 · 수익할 권리를 가진다(제303조 제1항). 따라서 전세권설정자의 권리는 그 한도에서 제한되므로 스스로 사용하지 못함은 물론이며, 또한 전세권자의 목적부동산에 대한 사용 · 수익을 방해하여서는 아니되는 소극적인 인용의무가 있다. 한편 민법은 전세권자는 목적물의 현상을 유지하고 그 통상의 관

리에 속한 수선을 하여야 할 의무를 부담하게 한다(제309조).

② 전세권이 토지를 '점유할 권리'를 포함하므로, 전세권의 내용의 실현이 방해된 때에는 물권적 청구권이 생기게 됨은 당연하다(제319조). 토지 전세권은 물론이며, 건물의 전세권에 있어서도 필요한 범위 안에서 토지이용권이 있으므로, 인접하는 토지와의 이용의 조절을 꾀하는 '상린관계의 규정'이 당연히 전세권자와 인접소유자 및 지상권자와의 사이에 준용된다(제319조).

2) 전세권의 효력범위

① 토지의 경우, 즉 전세권의 목적이 토지인 경우에는 특별한 문제가 없으며, 토지의 종물이 있는 경우에는 종물에도 그 효력이 미친다.

② 건물의 경우, 즉 전세권의 목적이 건물인 경우에는 토지와 건물을 별개의 물건으로 취급하는 우리 법제에 있어서는 특수한 문제가 있다. 예컨대 건물에 대해서만 전세권이 설정된 경우에는 전세권자가 그 건물을 용도에 좇아 사용·수익하려면 대지는 물론 그 부근의 토지까지도 이를 이용하지 않으면 안 되는 것이 보통이다. 이러한 전제하에 민법은 건물전세권의 효력은 그 토지 위의 지상권 또는 임차권에 미칠 것을 규정하고 있다(제304조 제1항). 따라서 전세권자는 마치 그가 지상권자 또는 임차인과 같이 그 토지를 사용할 수 있다. 더 나아가 전세권설정자는 전세권자의 동의 없이 그 지상권 또는 임차권을 소멸케 하는 행위를 하지 못한다(제304조 제2항).

(2) 전세권의 처분

1) 처분의 자유와 제한

① 투하자본을 회수하기 위하여 전세권자는 전세권을 처분할 수 있다. 즉 전세권을 타인에게 양도하거나 담보로 제공할 수 있고, 그 존속기간 내에서 그 목적물을 타인에게 전전세(轉傳貰) 또는 임대할 수 있다(제306조 본문).

② 한편 전세권의 처분은 당사자가 설정행위로 이를 금지할 수 있다(제306조 단서). 이 금지 특약은 등기를 하여야만 제3자에게 대항할 수 있으며(부동산등기법 제72조 제1항), 그 특약에 위반하여 처분한 때에는 '설정계약에 의하여 정하여진 용법'에 의해 사용·수익하지 않은 것이 되어 전세권설정자는 전세권의 소멸청구를 할 수 있다(제311조 제1항).

2) 전세권의 양도

① 전세권자는 전세권을 제3자에게 양도할 수 있다. 전세권양도의 합의가

있고 등기를 하여야 그 효력이 발생한다(전세권자 변경의 부기등기; 부동산등기법 제52조 제5호). 이 경우 전세권설정자의 동의나 그에 대한 양도통지를 요하지 않는다. 전세권양도의 원인행위는 매매에 한정되지 않고 증여라도 상관없다.

② 전세권의 양수인은 전세권설정자에 대하여 양도인과 동일한 권리의무를 가진다. 즉 양수인이 양도인의 전세권자로서의 법적 지위를 총체적으로 인수한다. 따라서 전세금반환채권과 분리하여 전세권만을 양도할 수는 없으며(대판 2002.8.23, 2001다69122), 양수인은 전세권이 소멸된 후에 등기된 전세금의 반환을 전세권설정자에 대하여 청구할 권리를 취득한다.

3) 전세권의 담보제공

전세권자는 전세권을 타인에게 담보로 제공할 수도 있다(제306조). 즉 타인에게 담보제공이라 함은 전세권을 목적으로 저당권의 설정을 의미한다(제371조 제1항). 이 경우 저당권을 실행하면 매수인은 전세권을 취득하게 된다. 그러나 유의할 점은 전세권설정자는 양도를 제한할 수 있듯이 담보제공을 설정행위로써 금지할 수 있다(제306조 단서).

4) 전세권의 임대

전세권자는 반대의 특약이 없는 한 전세권의 존속기간의 범위 내에서 자신의 전세물을 타인에게 임대할 수도 있다(제306조). 이 경우의 요건 및 효과는 모두 임대차에 준용한다. 다만 유의할 점은 설정자의 승낙을 요하지 아니하므로 임대로 인하여 발생된 손해의 책임은 비록 그것이 불가항력적인 것이라도 전세권자에게 귀속된다(제308조). 그런 의미에서 전세권자의 책임은 가중된다고 하겠다.

(3) 전전세권

① 전전세의 의의

전전세(轉傳貰)라 함은 전세권자의 전세권을 그대로 존속・유지하면서 그 존속기간 내에서 전세목적물의 일부 또는 전부에 대하여 제3자에게 다시 전세권을 설정해 주는 것을 말한다(제306조).

② 전전세의 성립요건

㉠ 전전세권도 물권이므로 그의 설정은 역시 부동산물권변동의 일반원칙에 따라 설정행위와 등기에 의하여야 한다(제186조 참조). 이 경우 전전세설정계약의 당사자는 원전세권자와 전전세권자이다. 다만 전전세권의 존속기간은

원전세권의 기간 내에 있어야 한다(제306조 본문). 이는 전전세권이 원전세권을 그 기초로 하기 때문이다.

㉡ 전세금의 지급은 전세권의 성립요소이므로, 전전세에 있어서도 반드시 전세금의 지급을 요한다(통설). 이 경우 전세금의 범위에 관하여 학설이 나뉘는 바, 전전세권이 원전세권을 기초로 하기 때문 전전세금 역시 원전세금의 범위를 초과할 수 없다는 것이 다수설인 반면(곽윤직 264면, 김준호 388면, 김형배 707면, 이영준 692면), 소수설은 법률에 전전세금을 제한하는 규정이 없으므로 이는 근거가 없는 제한이라고 한다(김증한 · 김학동 426면).

③ 전전세의 효과

㉠ 전전세권이 설정되더라도 원전세권은 소멸하지 않으나, 전세권자는 전전세권에 의하여 제한되는 한도에서 스스로 목적부동산을 사용 · 수익하지 못한다. 이 경우 전전세권이 설정되면 전세권의 행사는 정지(제한)되지만, 전세권은 그대로 유지된다. 따라서 전세권자는 전전세하지 않았더라면 면할 수 있었을 불가항력으로 인한 손해에 대하여서도 그 책임을 부담한다(제308조).

㉡ 전전세권은 원전세권의 존재를 기초로 하여 성립한 것이므로, 전세권이 소멸하면 전전세권도 소멸한다. 전전세권이 소멸한 때에는 전전세권자는 원전세권자에 대하여 목적부동산의 인도 및 전전세권설정등기의 말소에 필요한 서류의 교부와 동시에 전전세금의 반환을 청구할 수 있다(제317조 참조).

㉢ 원전세권자가 전세금의 반환을 지체한 때에는 전전세권자도 민사집행법에 의한 경매절차에 따라 목적물의 경매를 청구할 수 있다(제318조 참조). 그러나 유의할 점은 전전세권자의 경매권은 전세권자의 경매권을 기초로 하는 것이므로 전전세권의 존속기간이 원전세권의 존속기간보다 먼저 만료하더라도 원전세권의 존속기간이 만료하기 전에는 전전세권자는 경매권을 행사할 수 없다.

5. 전세권의 소멸

(1) 전세권의 소멸사유

전세권은 물권일반의 소멸원인인 목적부동산의 멸실 · 존속기간의 만료 · 혼동 · 전세권에 우선하는 저당권의 실행에 의한 경매 · 토지수용 등에 의하여 소멸한다. 그 밖에 전세권의 특유한 소멸원인인 전세권설정자의 소멸청구(약정소멸 사유발생)·전세권의 소멸통고·전세권의 포기 등에 의하여 소멸하는 바, 그 내용(특유한 소멸원인)을 살펴보면 다음과 같다.

1) 전세권의 소멸청구

전세권자가 설정계약 또는 목적부동산의 성질에 의하여 정하여진 용법으로 이를 사용·수익하지 않은 경우에는 전세권설정자는 약정소멸사유 발생에 의한 전세권의 소멸을 청구할 수 있다(제311조 제1항). 예컨대 오피스텔을 주거용으로 전세권설정계약을 한 후 영업용으로 전용(불법 사용)하는 것은 목적물의 성질에 의하여 정하여진 용법으로 사용·수익하지 않은 것이다.

2) 전세권의 소멸통고

전세권의 존속기간을 약정하지 않은 경우에는 각 당사자는 언제든지 상대방에 대하여 전세권의 소멸을 통고할 수 있고, 상대방이 이 통고를 받은 날로부터 6개월이 경과하면 전세권은 소멸한다(제313조). 다만 건물에 대한 전세권은 1년 미만으로 할 수 없으므로 존속기간을 약정하지 않은 경우라 할지라도 1년으로 의제된다(제312조 제2항).

3) 목적부동산의 멸실

① 목적물이 전부멸실된 경우

전세권의 목적부동산의 전부가 멸실한 때에는 전세권은 소멸한다. 이 점에 있어서는 목적부동산의 멸실 원인이 불가항력으로 인한 것이든(제314조 제1항), 또는 전세권자에게 책임 있는 사유로 인한 것이든 차이가 없다. 다만 유의할 점은 목적부동산이 전세권자에게 책임 있는 사유로 멸실된 경우에는 손해배상책임이 있다(제315조 제1항).

② 목적물이 일부멸실된 경우

㉠ 목적부동산의 일부멸실이 '전세권자에게 책임 있는 사유'로 인한 경우에는 전세권설정자가 목적부동산의 일부멸실을 초래한 전세권을 존속시키는 것을 원하지 않는 경우에는 소멸청구와 아울러 손해배상을 청구할 수 있다(제315조). 그러나 전세권설정자가 잔존부분에 대한 전세권의 존속을 원하여 소멸청구를 하지 않는 경우에는 전세권자가 스스로 전세권을 소멸시킬 수 없다.

㉡ 전세권의 목적물의 일부가 '불가항력으로 멸실한 때'에 그 잔존부분만으로 전세권의 목적을 달성할 수 없는 경우에는 전세권자는 설정자에 대하여

전세권 전부의 소멸을 통고하고 전세금의 반환을 청구할 수 있다(제314조 제2항). 한편 불가항력으로 목적부동산의 일부가 멸실되었으나 그 부분이 중대하지 않은 경우에 전세권자는 멸실된 부분에 해당하는 정도의 전세금의 감액만을 청구하고 그 전세권을 계속해서 존속시킬 수 있을 것이다.

4) 전세권의 포기

① 전세권의 존속기간을 약정하고 있더라도 전세권자는 자유로이 그의 전세권을 포기할 수 있다(통설). 그러나 전세권을 목적으로 저당권이 설정된 경우와 같이 전세권이 제3자의 권리의 목적인 때에는 포기할 수 없다(제371조 제2항 참조). 이 경우 전세권의 포기는 물권적 단독행위이므로, 포기에 의한 전세권의 소멸은 포기의 의사표시와 등기로써 그 효력을 발생하게 된다(제186조 참조).

② 전세권의 포기가 전세금반환청구권까지 포함한 것이라고 인정할 만한 특별한 사정이 없는 한, 전세권의 포기가 있더라도 전세금의 반환은 청구할 수 있다고 본다(곽윤직 365면, 이영준 700면). 이 경우 전세권자는 전세권설정자에 대한 기한의 이익을 침해하는 것이므로, 그 이익침해에 대한 손해를 배상하여야 한다.

(2) 전세권소멸의 효과

1) 동시이행

① 전세권이 소멸하면 전세권자는 목적부동산의 인도와 전세권설정등기의 말소에 필요한 서류를 교부하여야 하며, 반면에 전세권설정자는 전세금을 반환하여야 한다(제317조). 따라서 전세권자가 그 목적물을 인도하였다고 하더라도 전세권의 말소등기에 필요한 서류를 교부하지 않은 경우 전세권설정자는 전세금의 반환을 거부할 수 있고, 특별한 사정이 없는 한 그가 전세금에 대한 이자상당액의 이득을 취했더라도 부당이득이 되지 않는다(대판 2002.2.5, 2001다62091).

② 전세권이 기간만료로 종료된 경우 전세권은 전세권설정등기의 말소등기 없이도 당연히 소멸한다. 따라서 저당권의 목적물인 전세권이 기간만료로 소멸하면 저당권도 당연히 소멸하는 것이다. 그러므로 전세권을 목적으로 한 저당권자는 전세권의 목적물인 부동산의 소유자에게 더 이상 저당권을 주장할 수 없다. 이 경우 유의할 점은 전세권설정자는 전세금반환채권에 대한 제3자의 압류 등이 없는 한 전세권자에 대하여만 전세금

반환의무를 부담한다(대판 1999.9.17, 98다31301 참고).

2) 전세금의 우선변제권

① 전세권자의 우선적 지위

㉠ 전세권설정자가 전세금의 반환을 지체한 때에는 전세권자는 민사집행법에 의한 경매절차에 따라 목적물의 경매를 청구할 수 있다(제318조). 이 경우 전세권자는 목적부동산의 전부에 대하여 후순위권리자 그 밖의 일반채권자보다 전세금의 우선변제를 받을 권리가 있다(제303조 제1항 후단).

㉡ 전세권이 저당권과 경합하는 경우(민사집행법 제94조, 제145조)에 배당순위자는 설정등기의 순위에 의하여 정하여진다(민사집행법 제91조). 다만 뒤에 설정된 저당권에 의한 경매의 경우에는 먼저 설정된 전세권은 소멸하지 않는다. 또한 전세권설정자가 파산하면 전세권자는 별제권을 갖는다(채무자회생 및 파산에 관한 법률 제411조).

② 경매청구의 범위

㉠ 목적물의 일부에 대한 전세권이 있는 경우에 전세권자는 그 목적물 전부에 관해서 경매청구를 할 수 있는가?에 대하여 학설상 견해가 대립하고 있다. 즉 다수설은 부동산의 일부를 목적으로 하는 전세권자에게 그 부동산 전부에 대한 경매청구권을 인정하는 것은 전세권설정자에게 지나친 불이익을 강요하는 것이라고 하여 부정하고 있으나(곽윤직 486면, 김형배 734면, 장경학 626면), 소수설은 부동산 전부에 대한 경매청구를 인정하고 있다(김상용 562면, 이영준 696면). 이에 관하여 대법원의 결정은 전세권의 목적물이 아닌 나머지 부분에 대하여는 경매신청권이 없는 것으로 본다(대결 1992.3.10, 91마256; 대결 2001.7.2, 2001마212).

㉡ 전세권설정자의 일반재산에 대한 배당참여, 즉 전세권자가 우선변제권을 행사하지 않고 먼저 전세권설정자의 일반재산에 대하여 일반채권자로 배당에 참여할 수 있는가에 대하여 일반채권자의 보호를 위해 부정하는 것이 통설의 입장이다(곽윤직 359면, 김상용 546면, 김형배 734면, 이영준 697면). 다만 전세권자가 그의 우선변제권을 행사하였으나 그 배당으로 전세금을 완전히 변제받지 못한 경우에는 전세권설정자의 일반재산에 대하여 강제집행을 하거나 타인의 집행에 배당가입을 할 수 있다(제340조 참조).

【판 례】

* 대결 2001.7.2, 2001마212 … 건물의 일부에 대한 전세권이 설정되어 있는 경우, 전세권의 목적물이 아닌 나머지 건물 전부에 대하여는 우선변제권은 별론으로 하고 경매신청권이 없는 바, 설령 전세권의 목적 부분이 독

립한 소유권의 객체로 분할할 수 없어 그 부분만의 경매신청이 불가능하더라도 건물 전체를 경매신청할 수 없다.

3) 부속물매수청구권

① 전세권설정자의 청구권

전세권의 목적부동산에 부속시킨 물건 또는 지상물을 수거하면 일반적으로 그 가치가 감소하며, 전세권자에게 있어서나 또는 사회경제상으로도 불이익한 결과가 되는 경우가 있다. 이 경우 전세권설정자가 부속물의 매수를 청구하는 때에 전세권자는 정당한 이유 없이 이를 거절할 수 없다(제316조 제1항 단서).

② 전세권자의 청구권

일정한 경우에는 전세권자도 전세권설정자에 대하여 부속물의 매수를 청구할 수 있다. 즉 설정자의 동의를 얻어서 부속시킨 때와 그 부속물을 설정자로부터 매수한 것인 때에는 전세권자도 전세권설정자에 대하여 그 부속물에 대한 매수청구권을 행사할 수 있다(제316조 제2항).

4) 비용상환청구권

① 전세권자는 목적물의 현상을 유지하고 그 통상의 관리에 속한 수선을 하여야 할 의무가 있으므로 필요비의 상환을 청구할 수 없으나(제309조), 유익비에 관하여는 그 가액의 증가가 현존하는 경우에 한하여 설정자의 선택에 좇아 그 지출액이나 증가액의 상환을 청구할 수 있다(제310조 제1항). 이러한 경우 법원은 부동산소유자의 청구에 의하여 상당한 기간을 허용할 수 있다.

② 한편 유익비상환청구권을 미리 포기하는 약정은 유효하다. 따라서 전세권설정 당시에 전세권자가 전세권소멸시에 목적물을 원상복구하기로 약정한 때에는 유익비상환청구권을 포기한 것으로 해석된다(대판 1974.3.12, 73다1814 · 1815).

제 5 장 담보물권

제 1 절 유치권

1. 서 설

(1) 유치권의 의의

유치권이라 함은 타인의 물건이나 유가증권을 점유한 자가 그 물건이나 유가증권에 '관하여 생긴 채권'이 변제기에 있는 경우에 변제를 받을 때까지 그 물건이나 유가증권을 유치하여 채무자의 변제를 간접적으로 강제하는 법정담보물권을 말한다(제320조 제1항). 예컨대 타인의 물건을 수선한 자가 그 수선대금을 받을 때까지 또는 임차인이 임차물에 가한 필요비의 상환을 받을 때까지(제626조 참조), 그 물건을 유치할 수 있는 것으로 이는 '공평의 원칙'에 기한 것이다.

(2) 유치권과 동시이행항변권

1) 공통점

① 채권·채무의 견련관계

유치권과 동시이행의 항변권은 공평의 원칙에 기하여 이행거절권능을 부여한다는 점과 성립요건으로 견련관계와 채권변제기의 경과를 요건으로 한다는 점에서 공통점을 갖는다. 그리고 이러한 요건이 갖추어지면 권리가 당연히 발생하는 것 및 당사자 사이의 특약으로 발생을 저지시킬 수 있는 점에서 동일하다.

② 소송상의 효력

상대방의 이행청구에 대하여 권리를 행사하면 원고패소의 판결을 할 것이 아니라, 피고에 대하여 원고의 급부와 상환으로 급부할 뜻을 명하는 상환급부판결(일부승소판결)이 내려진다는 점에서 유사하다.

2) 차이점

① 발생의 원인

유치권에서는 하나의 물건에 관하여 채권의 '변제를 받을 때까지' 인도거절권을 내용으로 하는 반면, 동시이행의 항변권은 쌍무계약상의 채권의 이행을 그 목적으로 상대방이 채무의 이행을 '제공할 때까지' 일체의 채무이행을 거절할 수 있는 권리이다.

② 대항력의 대상

유치권은 물권이기 때문에 절대적·배타적 효력이 있으므로 채무자뿐만 아니라, 목적물의 양수인·경락인 등에 대하여도 이것을 주장할 수 있다. 반면 동시이행의 항변권은 채권이기 때문에 채권관계의 당사자(특정채권자)에 대하여 상대적 효력을 가질 뿐이다.

③ 사용수익의 유·무

유치권자는 유치물에 대하여 선량한 관리자의 주의의무를 부담하므로(제324조 제1항), 채무자의 승낙 없이 목적물을 사용·대여 또는 담보제공을 할 수 없다(제324조 제2항 본문). 반면 동시이행의 항변권에 있어서는 불특정물인 경우 자유로이 사용·수익·처분이 가능하고, 특정물인 경우에는 선량한 관리자의 주의의무를 부담한다(제374조).

④ 경매권의 유·무

유치권에는 불가분성이 있으므로 유치권자는 채권의 전부를 변제받을 때까지 유치물의 전부에 대해서 그 권리를 행사할 수 있고(제321조) 경매권도 행사할 수 있다(제322조). 반면 동시이행의 항변권은 상대방이 일부의 제공을 한 경우에 미제공의 부분에 대해서만 그 권리를 행사할 수 있는 경우가 있을 뿐이며 경매권이 인정되지 않는다.

⑤ 소멸원인의 유·무

유치권은 유치권자의 채권담보를 목적으로 하는 것이므로 채무자가 유치물의 가격에 상당한 담보를 제공하고 유치권의 소멸을 청구할 수 있다(제327조). 이에 반하여 동시이행의 항변권에는 이런 특수한 소멸원인은 없다.

(3) 유치권의 법적성질

1) 법정성

유치권은 일정한 요건이 갖추어지면 법률상 당연히 성립하는 법정담보물권인 점에서 원칙적으로 약정담보물권인 질권·저당권과 다르다. 즉 당사자의 합의로 유치권을 생기게 하지는 못한다.

2) 담보물권성

담보물권으로서 유치권은 채권의 변제를 받을 때까지 목적물을 유치하는 유치적 권능을 가질 뿐 우선변제적 권능을 가지지 않는다. 다만 유치물로부터 생기는 과실에 대해서는 우선변제권을 행사할 수 있다(제323조).

3) 담보물권의 통유성

① 유치권은 부종성과 수반성이 있다. 즉 유치권은 담보물권의 일종으로서, 목적물과 채권 사이의 견련관계를 요건으로 하므로 채권이 발생하지 않거나 소멸하는 때에는 유치권도 소멸하는 부종성이 있다. 또한 유치권은 특정의 채권을 담보하는 것이므로, 그 채권의 이전이 있으면 유치권도 당연히 이전되는 수반성을 갖는다.

② 유치권에서도 불가분성이 인정된다(제321조). 즉 유치물은 그 각 부분으로써 피담보채권의 전부를 담보함으로 채권전부의 변제를 받을 때까지 유치물 전부에 대하여 그 권리를 행사할 수 있다. 이와 같은 유치권의 불가분성은 그 목적물이 분할가능하거나 수개의 물건인 경우에도 적용된다.

③ 유치권에는 물상대위성은 없다. 즉 유치권은 채권담보를 위해 목적물을 유치하는 것이 본체적 권리이므로 목적물의 교환가치를 목적으로 하는 것은 아니다. 따라서 유치권자는 경매청구권을 갖지만, 그 매각대금으로부터 우선변제를 받을 권능을 가지지는 않으므로 물상대위성을 인정할 여지가 없다.

2. 유치권의 성립

유치권이 성립하기 위해서는 타인의 물건 또는 유자증권을 점유한자가 적법한 점유, 즉 불법행위로 인한 점유가 아니어야 한다(제320조). 이러한 유치권의 성립요건은 크게 네 가지로 요약해 볼 수 있다.

(1) 유치권의 목적물과 점유

1) 타인의 물건 · 유가증권

유치권은 타인의 물건이나 유가증권을 점유하여야 한다(제328조). 그 목적물은 동산 · 부동산을 가리지 않으며, 부동산인 때에도 등기를 요하지 않으며(제187조), 또한 유가증권인 경우에도 배서를 필요로 하지 않는다.

2) 점유의 계속성 유지

① 유치권은 당연히 점유가 필요하고 그 점유는 계속되어야 한다. 따라서 유치권자가 목적물의 점유를 잃으면 유치권은 소멸한다(제328조). 그러나 점유가 일시적으로 침탈(점유상실)되었더라도 점유보호청구권에 기하여 침탈된 점유를 다시 회복한 경우에는 유치권을 그대로 유지한다고 본다(제192조 제2항 단서).

② 유치권자의 점유는 직접점유 뿐만 아니라 간접점유도 포함 된다(곽윤직 287면; 대결 2002.11.27, 2002마3516). 다만 '채무자의 직접점유를 매개로 한 간접점유'는 채무자가 자기를 위하여 점유한다는 의사표시만으로 간접점유가 소멸하고, 그 결과 유치권도 소멸한다는 점 및 민법 제332조(설정자에 의한 대리점유 금지)의 정신에 반하게 된다는 점에서 인정되지 않는다고 보아야 한다(이영준 763면; 대판 2008.4.11, 2007다27236).

【판 례】

* 대판 2008.4.11, 2007다27236 … 유치권의 성립요건이자 존속요건인 유치권자의 점유는 직접점유이든 간접점유이든 관계가 없으나, 다만 유치권은 목적물을 유치함으로써 채무자의 변제를 간접적으로 강제하는 것을 본체적 효력으로 하는 권리인 점 등에 비추어, 그 직접점유자가 채무자인 경우에는 유치권의 요건으로서의 점유에 해당하지 않는다.

3) 점유의 적법성 존재

① 점유가 불법행위로 인한 경우에 유치권은 성립하지 않는다(제320조 제2항). 불법행위에 의하여 점유를 취득한 자에게까지 유치권을 인정하여 그의 채권을 보호할 필요나 이유가 없기 때문이다. 예컨대 타인의 물건을 훔치거나 횡령한 자가 그 물건을 수선하였더라도 수선대금채권을 위한 유치권은 성립하지 않으며, 또한 권원 없이 타인의 물건을 점유하는 자는 그 물건에 관하여 필요비나 유익비를 지출하였더라도 유치권이 성립하지 않는다.

② 처음에는 권원에 의하여 점유를 개시하였더라도 후에 권원이 소멸(기간만료에 의한

(보증금 반환의 경우)한 경우에는 유치권의 성립이 인정되지 않는다. 예컨대 건물임차인이 임대차계약의 해제 · 해지 후에도 계속 건물을 점유하고 그 기간 동안에 필요비나 유익비를 지출하더라도 그 비용상환청구권에 관해서는 유치권이 성립되지 않는다(김형배 728면; 대판 1967.1.24, 66다2144).

(2) 채권과 목적물의 견련성

채권이 유치권의 목적물에 '관하여 생긴 것'이어야 한다(제320조 제1항). 즉 채권과 목적물과의 사이에 견련관계가 있어야 한다. 유치권발생의 요건으로 목적물에 '관하여 생긴 것'이 구체적으로 무엇을 의미하느냐에 대하여 판례는 목적물 자체뿐만 아니라 동일한 법률관계나 사실관계로부터 발생한 경우도 포함된다고 본다(대판 2007.9.7, 2005다16942).

【판 례】

* 대판 2007.9.7, 2005다16942 … 민법 제320조 제1항에서 '그 물건에 관하여 생긴 채권'은 유치권 제도 본래의 취지인 공평의 원칙에 특별히 반하지 않는 한 채권이 목적물 자체로부터 발생한 경우는 물론 채권이 목적물의 반환청구권과 동일한 법률관계나 사실관계로부터 발생한 경우도 포함한다.

(3) 채권변제기의 도래

채권이 변제기에 있어야 한다(제320조 제1항). 즉 채권의 변제기가 도래하고 있지 아니한 동안은 유치권은 발생하지 않는다. 이를 인정할 경우에는 변제기 전의 채무의 이행을 강제하는 결과가 되기 때문이다. 따라서 유의할 점은 유익비 상환 청구에 대하여 채무자가 법원으로부터 기한을 허여받은 경우에는 채권자는 유치권을 잃게 된다(제203조 제3항).

(4) 유치권 배제특약의 부존재

① 유치권은 법정담보물권이지만 그것은 채권자의 채권의 담보를 위한 수단에 지나지 않으므로 채권자가 그러한 이익을 미리 포기하는 것, 즉 당사자 간의 약정으로 유치권의 성립을 배제하기로 하는 것은 유효하다(통설).

② 따라서 유치권이 성립하기 위해서는 당사자 사이에 유치권의 발생을 배

제하는 특약을 하지 않았어야 한다. 즉 무상으로 유치물을 수선해주기로 당사자가 약정한 경우에는 목적물에 대한 수선이 완료되었다고 하더라도 유치권은 발생하지 아니한다.

3. 유치권의 효력

(1) 유치권자의 권리

1) 목적물을 유치할 권리

① 목적물의 점유계속과 사용

유치권자는 그의 채권 전부를 변제받을 때까지 목적물을 유치할 수 있다(제320조 제1항). 즉 유치권은 목적물의 인도를 거절하는 것을 본체로 하고, 사용은 그 권능에 포함되지 않는다. 다만 유치물의 '보존'에 필요한 범위 내에서 사용이 가능하다(제324조 제2항 단서). 그렇다면 부동산에 대해 유치권을 행사하는 경우에 어떠한 방법으로 유치하여야 하는가? 통설과 판례는 목적물에 대한 종전의 점유상태를 변경하여 따로 보관을 위한 특별조치를 취한다는 것이 현실에 맞지 않는다는 이유로, 종전의 점유(전세권, 임차권 등에 의한 사용)를 계속할 수 있는 것으로 해석한다. 다만 그 사용으로 인해 얻은 실질적 이익(수익)은 부당이득으로서 반환하여야 한다(대판 2009.9.24, 2009다40684; 대판 2009.12.24, 2009다32324).

【판 례】

* 대판 2009.9.24, 2009다40684 … 공사대금채권에 기하여 유치권을 행사하는 자가 스스로 유치물인 주택에 거주하며 사용하는 것은 특별한 사정이 없는 한 유치물인 주택의 보존에 도움이 되는 행위로서 유치물의 보존에 필요한 사용에 해당한다고 할 것이나, 유치권자가 유치물의 보존에 필요한 사용을 한 경우에도 특별한 사정이 없는 한 차임에 상당한 이득을 소유자에게 반환할 의무가 있다.

② 유치권주장의 범위

유치권은 물권이기 때문에 유치권자는 채무자뿐만 아니라 모든 사람, 즉 양수인 또는 부동산 강제경매나 부동산담보권의 실행을 위한 경매에 의한 매수인(경락인)에 대해서도 채권의 변제가 있을 때까지 목적물의 인도를 거절할 수 있다(민사집행법 제91조 제5항). 그러므로 유치물이 제3자의 소유가 된 때에는 그 채권의 청구는 채무자에게 할 수밖에 없지만, 유치권의 행사는 새로운 소유자인 제3자에 대하여도 행사할 수 있다. 다만 유의할 점은 목적물에 대한 압류의 효력이 발생한 이후에 그 목적물을 유치한 자는 경매절차의 매수인에게 대항할 수 없다(대판 2005.8.19, 2005다22688; 대판 2011.10.13, 2011다55214).

【판 례】

* 대판 2005.8.19, 2005다22688 … 채무자 소유의 건물 등 부동산에 강제경매개시결정의 기입등기가 경료되어 압류의 효력이 발생한 이후에 채무자가 위 부동산에 관한 공사대금 채권자에게 그 점유를 이전함으로써 그로 하여금 유치권을 취득하게 한 경우, 압류의 처분금지효에 저촉되므로 점유자로서는 위 유치권을 내세워 그 부동산에 관한 경매절차의 매수인에게 대항할 수 없다.
* 대판 2011.10.13, 2011다55214 … 채무자 소유의 건물에 증·개축 등 공사를 도급받은 수급인이 경매개시결정의 기입등기가 마쳐지기 전에 채무자에게서 건물의 점유를 이전받았다 하더라도 경매개시결정의 기입등기가 마쳐져 압류의 효력이 발생한 후에 공사를 완공하여 공사대금채권을 취득함으로써 그때 비로소 유치권이 성립한 경우에는, 수급인은 유치권을 내세워 경매절차의 매수인에게 대항할 수 없다.

③ 유치권행사의 효과

소유자의 목적물인도의 소(訴)에 대하여, 점유자인 유치권자(피고)가 유치권을 행사해서 목적물의 인도를 거절하느냐의 여부는 그의 자유이다. 한편 피고(유치권자)가 유치권을 주장하는 경우, 유치권이 물권인 점에 비추어 이론적으로 원고 패소의 판결을 하여야 할 것이지만, 소송경제상 채무의 변제와 상환으로 물건을 인도하라는 뜻의 상환급부판결(원고일부 승소판결)을 하는 것이 효과적이다(곽윤직 289면; 대판2011.12.13, 2009다5162).

2) 경매와 간이변제충당

① 경매권

㉠ 유치권자는 채권의 변제를 받기 위하여 담보권의 실행을 위한 경매절차에 따라 유치물을 경매할 수 있다(제322조; 민사집행법 제274조 제1항). 따라서 부동산유치권의 경우에는 담보권의 존재를 증명하는 서류를 제출하여야 한다(민사집행법 제264조 제1항).

㉡ 한편 유치권을 위한 경매절차 진행 중에 강제경매 또는 담보권실행을 위한 경매절차가 개시된 경우에는 이를(유치권의 경매절차) 정지하고, 채권자(담보권자를 포함한다)를 위한 강제경매절차를 계속하여 진행한다(민사집행법 제274조 제2항). 다만 그 강제경매가 취소되면 유치권에 의한 경매절차를 계속하여 진행하여야 한다(민사집행법 제279조 제3항).

② 간이변제충당

㉠ 의 의

경매에는 복잡한 절차와 과다한 비용이 소요되므로, 언제나 경매에 의할 것을 요구하는 것은 소액의 채권을 담보하기 위한 유치권자에게 불리한 경우가 많을 것이다. 그러므로 민법은 일정한 요건 아래 유치물로써 직접 채권의 변제에 충당할 수 있는 길을 열어놓고 있는데 이를 간이변제충당이라고 한다(제322조 제2항).

㉡ 요 건

유치권자는 정당한 이유가 있는 경우에 유치물로 직접변제에 충당할 것을 법원에 청구할 수 있다. 예컨대 목적물의 가치가 적어서 경매에 부치는 것이 부적당한 경우, 채무자에게 미리 통지하고(제322조 제2항) 감정인의 평가에 의하여 유치물로 직접변제에 충당할 것을 법원에 청구하여야 한다. 따라서 이 통지를 하지 않고 간이변제충당을 신청한 때에 법원은 각하할 것이지만, 이를 간과하고 재판으로 허가한 때에는 채무자는 불복의 신청을 할 수 있다(비송사건절차법 제59조).

㉢ 효 과

법원이 간이변제충당을 허가하는 결정을 하면 유치권자는 유치물의 소유권을 취득한다. 그 취득은 승계취득이지만, 법률의 규정에 의한 물권변동에 속한다(제187조). 따라서 부동산인 경우에도 등기를 요하지 않는다. 또한 그 평가액이 채권액을 초과하는 경우에는 초과부분을 채무자에게 상환하여야 하고, 반대로 평가액이 채권액에 미달하는 때에는 채무자가 그 부족액을 채권자(유치권자)에게 변제하여야 한다.

③ 우선변제권

유치권에 의한 경매는 유치권자의 채권을 위한 '환가'에 그 목적이 있는 것이므로, 배당절차에서 유치권자는 다른 담보물권자와 달리 우선변제권을 갖지 못한다. 그러나 유의할 점은 경매에 의한 매수인은 목적물을 인도받으려면 유치권자에게 변제하여야 하므로(민사집행법 제91조 제5항; 대판 1996.8.23, 95다8713), 실제로는 우선변제권이 있는 것과 같은 효과가 발생한다.

3) 과실수취권

① 의 의

유치권자는 유치물의 과실을 수취하여 다른 채권자보다 먼저 그 채권의 변제에 충당할 수 있다(제323조 제1항 본문). 유치권자의 과실수취권은 선량한 관리자로써 그 유치물의 점유·보존에 따른 노무에 대한 보수로서 그러한 수취권을 인정하는 것이 공평할 뿐만 아니라, 수취한 과실을 채권의 변제에 충당하여도 채무자의 이익을 해하지 않기 때문이다.

② 과 실

과실이라고 함은 천연과실뿐 아니라 법정과실 모두를 포함한다. 다만 법정과실은 채무자의 동의를 얻어 목적물을 사용·대여한 경우를 '전제조건'으로 한다. 예컨대 유치권자가 종전과 같이 목적물을 임차하거나 또는 소유자의 동의를 얻어 임대(전대차)하여 받은 차임은 법정과실이다.

③ 효 과

유치권자는 수취한 과실을 먼저 채권의 이자에 충당하고 나머지가 있는 때에는 원본에 충당한다. 과실이 금전이 아닌 경우에는 이를 경매하여 금전으로 환가한 뒤 위와 같이 충당하여야 한다(제323조 제1항 단서; 민사집행법 제274조 제1항). 그러나 간이변제충당이 인정되는 점에 비추어 반드시 경매에 의할 것은 아니다.

4) 유치물사용권

① 승낙에 의한 사용

유치권자는 채무자의 승낙이 있는 때에는 유치물의 사용·대여 또는 담보로 제공할 수 있다(제324조 제2항 본문). 민법 제324조 제2항에서 규정하고 있는 '채무자의 승낙'이라 함은 목적물의 소유자를 전제로 한 것이라고 할 것이다. 따라서 소유자와 채무자가 동일인이 아닌 때에는 승낙을 할 수 있는 자는 소유자뿐이라고 해야 한다(김준호 884면, 김형배 733면).

② 보존에 필요한 사용

유치권자는 유치물의 보존에 필요한 범위 안에서 채무자의 승낙이 없이도 목적물을 사용할 수 있다(제324조 제2항 단서). 예컨대 부동산임차인이 그 비용상환청구권에 관한 유치권을 행사하기 위하여 종전대로 그 부동산을 사용하는 것은 선관의무로써 보존에 필요한 사용이라고 할 수 있다.

③ 사용이익의 반환

유치권자가 보존에 필요한 사용에 의하여 얻은 이익(사용수익)은 부당이득으로 보아 채무자에게 반환하여야 한다는 것이 다수설(곽윤직 288면, 김용한 482면)과 판례의 입장이다(대판 2009.9.24, 2009다40684; 대판 2009.12.24, 2009다32324). 반면 이는 유치물에서 생긴 과실과 동일시할 것이고 민법 제323조(유치권자의 과실수취권)를 유추적용함으로써 채권의 변제에 충당할 수 있다는 견해도 있다(이영준 728면, 지원림 739면).

5) 비용상환청구권

① 의 의

유치권자가 유치물에 관하여 필요비를 지출한 때에는 소유자에게 그 상환을 청구할 수 있다(제325조 제1항). 이는 유치권자가 지출한 비용에 관하여 그의 손실로 소유자에게 부당한 이득을 줄 필요가 없기 때문에 유치권자의 권리로 인정한 것이다.

② 당사자

비용상환청구권자는 유치권자에 한한다. 반면 청구의 상대방은 유치물의 소유자라는 것이 일반적인 견해이다(곽윤직 291면, 김형배 884면, 지원림 739명). 즉 유치권자의 비용의 지출로 종국적으로 이득을 얻는 자는 소유자라는 점과 유치권에 관한 다른 규정에서는 '채무자'라고 표현하면서도(제324조, 제327조) 민법 제325조 제1항에서는 '소유자'라고 표현한 점에 비추어, 채무자와 소유자가 다른 경우에 그 청구의 상대방은 소유자라고 해석된다.

③ 유익비

유치권자가 유치물에 관하여 유익비를 지출한 때에는 그 가액의 증가가 현존한 경우에 한하여, 유치물소유자의 선택에 좇아 그 지출한 금액이나 증가액의 상환을 청구할 수 있다(제325조 제2항 본문). 이 경우 법원은 소유자의 청구에 의하여 상당한 상환기간을 허여할 수 있으며(제325조 제2항 단서), 이때에는 유익비에 관하여 유치권을 행사할 수 없게 된다.

(2) 유치권자의 의무

1) 선관주의의무

유치권자는 선량한 관리자의 주의로써 유치물을 점유하여야 한다(제324조 제1항). 따라서 유치권자가 법률의 규정에 의하여 부여된 선관주의의무에 위반하여 채무자 또는 소유자에게 손해를 입힌 경우에는 채무불이행 또는 불법행위로 인한 손해배상책임을 부담한다(제390조, 제750조).

2) 유치물의 사용금지

유치권자는 채무자의 승낙 없이는 유치물의 사용·대여 또는 담보제공을 하지 못한다(제324조 제2항 본문). 따라서 소유자의 동의 없이 유치권자로부터 유치권의 목적물을 임차한 자의 점유는 경매에서의 매수인(경낙인)에게 대항할 수 있는 권원에 기한 것이라고 볼 수 없다(대결 2002.11.27, 2002마3516).

3) 의무위반의 효과

유치권자가 위의 선관의무와 사용금지에 위반한 때에는 채무자는 유치권의 소멸을 청구할 수 있다(제324조 제3항). 이 소멸청구권은 일종의 형성권이므로, 소유권자의 유치권자에 대한 일방적 의사표시에 의하여 유치권소멸의 효과를 발생케 하는 단독물권행위이다(통설). 따라서 유치권자의 위무위반에 따른 채무자(또는 소유자)의 유치권소멸청구가 있으면 유치권은 장래에 대하여 소멸한다.

4. 유치권의 소멸

(1) 일반적 소멸사유

① 유치권도 물권이므로 물권의 일반적 소멸사유인 목적물의 멸실·혼동·포기·토지수용 등으로 유치권은 소멸한다. 그 밖에 유치권은 담보물권이므로 담보물권의 공통적 소멸사유인 피담보채권의 소멸에 의해서도 소멸한다.

② 유의할 점은 채권자가 유치권을 행사하더라도 피담보채권의 소멸시효는 그와 관계없이 계속 진행한다(제326조). 따라서 유치권을 행사하고 있는 채권자가 자신의 채권의 소멸시효를 중단시키려면 별도로 민법 제168조 이하의 중단사유에 해당하는 행위를 하여야 한다.

(2) 유치권 특유의 소멸사유

1) 채무자의 소멸청구

유치권자가 그의 선량한 관리자로서의 주의의무와 유치물의 사용·대여·담보제공을 하지 않을 의무를 위반한 경우에는 채무자의 소멸청구로 유치권은 소멸한다(제324조 참조).

2) 다른 담보의 제공

① 채무자는 상당한 담보를 제공하여 유치권의 소멸을 청구할 수 있다(제327조;

(대판 2001.12.11, 2001마59866 참고). 이는 유치권이 공평의 원칙에 기한 것이기 때문이다. 또한 민법 제327조가 '채무자'라고만 규정하고 있으나, 해석상 소유자도 포함된다(통설).

② 제공하는 담보가 상당한지 여부는 그 담보의 가치가 채권의 담보로서 상당한지, 담보력을 저하시키지는 않는지 등을 종합적으로 판단하여 채권액 상당의 가치가 있는 담보를 제공하면 족하므로, 유치물에 관하여 이해관계를 가지는 채무자 또는 소유자는 상당한 담보가 제공되어 있는 이상 유치권소멸청구를 할 수 있다(대판 2001.12.11, 2001마59866).

【판 례】

* 대판 2001.12.11, 2001다59866 … 담보가 상당한가의 여부는 그 담보의 가치가 채권의 담보로서 상당한가, 태양에 있어 유치물에 의하였던 담보력을 저하시키지는 아니한가 하는 점을 종합적으로 판단하여 채권액 상당의 가치가 있는 담보를 제공하면 족하다고 할 것이고, 당해 유치물에 관하여 이해관계를 가지고 있는 자인 채무자나 유치물의 소유자는 상당한 담보가 제공되어 있는 이상 유치권 소멸 청구의 의사표시를 할 수 있다.

3) 점유의 상실

① 점유는 유치권의 존속요건이므로, 유치권자가 점유를 상실하면 유치권도 당연히 소멸한다(제328조). 그런데 유치권은 간접점유도 포함되며, 점유를 일시적으로 침탈당한 경우에도 점유물반환청구권에 의하여 점유를 회복한 때에는 유치권도 처음부터 소멸하지 않았던 것이 된다(제192조 제2항 단서 참조).

② 유치권자가 소유자의 승낙 없이 목적물을 임대 또는 담보로 제공한 경우에도 점유는 계속되고 있으므로, 그러한 사실이 있는 것만으로 곧 유치권이 소멸하는 것은 아니다(제324조 제3항 참조). 이 경우에는 채무자가 소멸청구를 할 때에 비로소 소멸된다는 점을 주의해야 한다.

제2절 질 권

1. 서 설

(1) 의 의

질권이라 함은 채권자가 그의 채권을 담보하기 위하여 채무자 또는 제3자인 물상보증인으로부터 받은 동산 또는 재산권을 채무의 변제가 있을 때까지 유치함으로써 채무자를 간접적으로 강제하는 동시에 변제가 없는 경우에는 그 목적물로부터 우선적으로 변제받는 것을 내용으로 하는 약정담보물권을 말한다(제329조, 제345조).

(2) 다른 담보물권과의 비교

1) 유치권과의 비교

① 질권은 유치적 효력을 가진다는 점에서 유치권과 동일하나, 질권은 당사자 사이의 계약에 의하여 성립하는 약정담보물권이라는 점에서 법정담보물권인 유치권과 구별된다.

② 유치권은 법률의 규정에 의하여 발생하는 법정담보물권으로서, 법률상 우선변제권은 없고 단지 목적물을 유치함으로써 사실상 우선변제의 목적을 달성할 수 있는 반면, 질권은 원칙적으로 당사자의 의사에 기하여 성립하는 약정담보물권이고 목적물을 환가한 대금으로부터 채권의 우선변제를 받을 권능이 주어져 있다.

2) 저당권과의 비교

① 질권과 저당권은 모두 원칙적으로 당사자 사이의 계약에 의하여 성립하는 약정담보물권이라는 점에서 동일하나, 법률적인 작용과 관련하여 질권에서는 유치적 효력과 우선변제적 효력이 모두 인정되는 반면, 저당권에서는 우선변제적 효력만 인정된다. 즉 저당권에는 유치(점유)적 효력이 없다.

② 질권은 피담보채권의 범위에 대한 제한이 없는 반면(제334조), 저당권에서는 피담보채권의 범위가 한정된다. 그 이유는 질권의 경우에 1개의 물건에 대하여 1개의 질권이 성립할 뿐이어서 후순위 질권자의 보호가 문제되지 않는 반면, 저당권에서는 한 개의 부동산에 수개의 저당권이 설정될 수

있어서 후순위권리자의 보호가 필요하기 때문이다.

③ 공시방법으로 질권은 목적물의 인도가 그 요건인 반면(제330조), 저당권에서는 등기 또는 등록을 그 요건으로 한다. 따라서 질권에 있어서는 설정자로부터 목적물의 점유를 빼앗음으로써 그 이용을 금지하는데 반하여, 저당권은 목적물을 설정자의 수중에 그대로 남겨둠으로써 그 이용을 계속할 수 있다.

(3) 질권의 종류

1) 질권의 개념

① 질권은 적용 법규에 따라 직접 민법의 규정이 적용되는 '민사질'과 상행위로 생긴 채권을 담보하기 위해서 설정되는 '상사질'로 분류된다. 민사질과 달리 상사질권의 경우 유질계약금지에 관한 민법 제339조의 적용이 없다(상법 제59조). 한편 민사질은 성립원인에 따라 약정질권과 법정질권(제648조, 제650조)으로 나누어지는데, 약정질권이 원칙적인 모습이다.

② 질권의 내용에 따라 '점유질'과 '수익질'로 나뉜다. 점유질은 질권자가 단순히 질물을 점유할 권리만 가질 뿐이므로, 원칙적으로 질물을 사용·수익하지 못한다. 반면 수익질은 점유할 권리뿐만 아니라 사용·수익권도 가지는 질권이다. 현행민법은 점유질만을 규정하고 있다.

2) 민법상 질권

① 동산질권

동산질권은 양도할 수 있는 '동산'을 목적으로 하고(제331조), 그 인도(점유)를 공시 방법으로 한다. 다만 질권의 유치적 효력을 실현하기 위해 점유개정의 방식은 허용되지 않는다(제332조). 또한 질권자는 채권의 변제를 받을 때까지 질물을 유치할 수 있고(제335조), 채권의 변제를 받기 위해 경매 등의 절차를 통해 우선변제를 받을 수 있다(제529조, 제338조).

② 권리질권

권리질권은 양도할 수 있는 '재산권'을 목적으로 하는데(제345조, 제355조), 그 대상이 물건이 아닌 권리라는 점에서 그 권리의 양도를 공시방법으로 한다(제346조). 유의할 점은 권리질권에서도 증서의 점유를 통해 유치적 효력이 인정되기는 하지만(제335조, 제355조) 동산질권에서처럼 물건의 사용가치를 빼앗아 변제를 심리적으로 강제하는 것과는 차이가 있다.

(4) 질권의 법적성질

1) 약정담보물권

질권은 약정담보물권이다. 즉 질권은 목적물의 교환가치를 직접적·배타적으로 지배하는 담보물권이며, 저당권과 더불어 당사자 사이의 계약에 의하여 성립하는 약정담보물권이 원칙이다(법정질권 제외).

2) 담보물권의 권능

① 유치적 권능

질권은 채권의 담보로서 채무자 또는 제3자로부터 인도받은 물건을 점유(유치)하는 권리로서, 유치적 효력을 통해 피담보채권의 변제가 있을 때까지 목적물을 유치하여 채무자에게 심리적 압박을 가함으로써 간접적으로 그 채무의 변제를 강제하는 작용을 한다. 다만 권리질권에서는 이러한 유치적 효력이 사실상 문제되지 않는다.

② 우선변제적 권능

채무자의 채무불이행이 있으면, 질권자는 목적물의 매각대금으로부터 우선변제를 받을 권능이 있다. 즉 질권자는 담보물을 경매하여 그 대금으로부터 우선변제를 받을 수 있으며(제339조 참조), 채권질권에 있어서는 객체인 채권을 추심하여 변제에 충당할 수 있다(제353조).

③ 담보물권의 통유성

질권은 담보물권이므로 담보물권의 일반적 성질, 즉 부종성·수반성·불가분성·물상대위성이 있다. 다만 제3자인 물상보증인이 설정한 질권은 그의 동의가 없는 한 수반되지 않는다(통설).

2. 동산질권

(1) 동산질권의 성립

1) 질권설정계약

① 당사자

㉠ 질권설정계약의 당사자는 동산질권을 취득하는 질권자와 동산질권을 설정하는 질권설정자이다. 이 경우 질권자는 피담보채권의 채권자에 한한다.

㉡ 질권설정자는 피담보채권의 채무자인 것이 보통이나 제3자(물상보증인)도 가

능하다(제329조). 유의할 점은 물상보증인은 담보로 제공한 동산의 한도에서 책임을 질 뿐, 피담보채권의 채무를 부담하지는 않는다.

② 질권의 선의취득

㉠ 질권의 설정은 일종의 처분행위이므로, 질권설정자는 원칙적으로 목적물의 소유자인 것이 일반적이나 소유자가 아니더라도 목적물의 처분권(예컨대 대리권)을 가지고 있어야 한다. 그런데 민법은 동산소유권의 선의취득에 관한 규정(제249조 내지 제251조)을 동산질권에 준용한다(제343조). 따라서 질권설정자에게 목적물에 관한 처분권이 없는 경우에도 제3자가 위 동산을 평온·공연·선의·무과실로 입질받은 때에는 유효하게 질권을 취득한다(제343조; 대판 1981.12.22, 80다2910 참고).

㉡ 질권의 선의취득이 인정되는 경우, 목적물의 소유자는 비록 질권설정자는 아니지만 그의 소유물 위에 질권의 부담을 안게 되는 점에서 물상보증인과 그 지위가 유사하므로, 그 소유자에게는 물상보증인의 구상권에 관한 제341조가 적용된다고 한다(곽윤직 298면). 즉 소유자는 질권설정자에게 손해배상청구권이 발생한다.

2) 동산질권의 목적물

① 목적물의 양도성

질권은 양도할 수 없는 물건(총기류, 마약류)을 목적으로 하지 못한다(제331조). 그 이유는 양도성이 있어야 교환가치를 실현할 수 있고 이를 전제로 우선변제권이 실현될 수 있기 때문이다. 또한 양도가 가능하다면 독립한 물건이 아니라도 질권의 목적으로 할 수 있다(공유지분).

② 기타법률에 의해 금지되는 동산

양도할 수 있는 물건이라도 민사집행법(민사집행법 제195조)이나 기타의 법률의 규정에 의하여 압류가 금지된 동산은 입질이 금지된다. 예컨대 동산이지만 선박(20톤 미만)·자동차·항공기·건설기계 등처럼 등록원부가 마련된 것은 특별법에 의해 질권이 아닌 저당권의 몫이 된다(자동차 등 특정동산 저당법 제3조). 이는 질권자에게 목적물을 유치시키는 것을 방지함으로써 권리자가 스스로 사용·수익하도록 하기 위한 것이다.

3) 법정질권

① 의 의

질권은 원칙적으로 당사자 사이의 약정에 의하여 성립하는 약정담보물권이지만, 예외적으로 법률의 규정에 의하여 당연히 질권이 성립하는 경우 있다. 즉 토지임대인의 법정질권(제648조)과 건물 기타 공작물의 임대인의 법정질권(제650조)이 이에 속한다.

② 성립요건

㉠ 피담보채권이 존재하여야 하는데, 법정질권의 피담보채권은 '임대차에 관한 채권'이다. 예컨대 차임 및 임대차에 기하여 임대인이 가지게 되는 손해배상채권 등이다.

㉡ 채권자가 목적물을 '압류'하여야 한다. 법정질권의 목적물은 임차인 소유에 속하는 임대목적물에 부속하거나 그 사용의 편익에 공용한 동산과 그 과실이다.

③ 효 과

법정질권의 효과는 계약에 의하여 성립하는 약정질권과 동일한 효력을 가진다. 따라서 법정질권에는 동산질권에 관한 규정이 준용되어야 한다(통설).

(2) 동산질권의 효력

1) 효력이 미치는 범위

① 목적물의 범위

㉠ 동산질권은 설정계약에 의하여 질권의 목적물로서 질권자에게 인도된 물건 전부에 그 효력이 미친다(제358조). 또한 다른 특약이 없는 한 그 종물이 인도된 경우에 한하여 질권의 효력이 종물에도 미친다(제100조 제2항 참조).

㉡ 유치권자의 과실수취권에 관한 규정은 동산질권에 준용된다. 따라서 질권자는 질물에서 생기는 천연과실을 수취하여 다른 채권자보다 먼저 자기의 채권의 변제에 충당할 수 있다(제323조, 제343조). 한편 법정과실에 있어서는 소유자의 승낙이 있으면 질권자는 질물을 사용하거나 또는 임대할 수 있다(제324조 제2항, 제343조).

② 피담보채권의 범위

㉠ 동산질권에서의 피담보채권의 범위를 민법 제334조가 규정하고 있다. 즉 원본, 이자, 위약금, 질권실행의 비용, 질물보존의 비용 및 채무불이행 또는 질물의 하자로 인한 손해배상의 채권을 담보한다. 이러한 범위는 당사자의 특약으로 변경될 수 있다(제334조 단서).

㉡ 동산질권은 불가분성을 가지고 있으므로, 질권자는 위에서 언급한 피담보채권의 전부의 변제를 받을 때까지 질물 전부에 관하여 질권을 행사할 수 있다(제321조 참조).

2) 유치적 효력

① 대항력

㉠ 질권의 유치적 효력은 유치권의 유치적 효력과 동일하게 누구에 대해서도 주장할 수 있는 물권적 효력이다. 따라서 다른 일반채권자가 질물을 경매한 경우에도 질권자는 경락인에 대하여 변제를 받을 때까지 그 목적물의 인도를 거절할 수 있다(민사집행법 제191조 참조).

㉡ 한편 질권자의 유치적 효력은 질권자보다 우선권 있는 채권자에게 대항할 수 없다. 따라서 우선권 있는 채권자(지방세법 제31조; 국세징수법 제5조에 의한 조세채권자 등)에 의한 경매의 경우에는 유치권에서처럼 집행관에 대하여 질물의 인도를 거절하지 못하고 배당에 참가할 수 있을 뿐이다(제335조 단서).

② 질권자의 점유

㉠ 질권자가 목적물을 유치할 권리를 가지므로, 질권은 점유를 정당하게 하는 권원이다(제213조 단서).

㉡ 질권자가 목적물을 유치할 수 있는 권리를 가지므로 유치권의 규정이 준용된다(제343조). 따라서 유치권자의 과실수취권(제323조), 목적물의 사용권(제323조), 비용상환청구권(제325조)에 관한 규정들이 준용된다.

3) 우선변제적 효력

① 질권자의 순위

㉠ 동산질권자는 질물로부터 다른 채권자보다 먼저 자기채권의 우선변제를 받을 권리가 있다(제329조). 그러나 질권자의 이 우선변제권은 그 순위에 따른 상대적인 것이다. 즉 동일한 동산에 수개의 질권이 설정된 때에는 그 순위는 질권설정의 선후에 의한다(제333조; 간접점유자의 질권).

㉡ 한편 질권자의 우선변제권은 일정한 경우 제한된다. 즉 우선특권을 갖는 선박채권자(상법 제872조, 제861조 이하), 질권에 우선하는 조세채권을 갖는 국가(국세징수법 제5조) 등에 대해서는 목적물의 매각대금에서 우선변제권을 갖지 못한다. 질권설정자가 파산한 경우에는 파산절차를 밟지 않고 질권자는 별제권에 의하여 우선변제를 받을 수 있다(채무자 회생 및 파산에 관한 법률 제411조).

② 우선변제권의 행사

㉠ 경매신청

질권자는 채권의 변제를 받기 위하여 질물을 경매할 수 있다(제338조 제1항). 그 절차는 민사집행법에 의해 행하여지고(민사집행법 제272조, 제271조), 그 매각(매도)대금으로부터 권리순위에 따라 우선변제를 받는다. 한편 잔액이 있는 때에는 질권설정자에게 반환하고, 부족한 때에는 민사집행법의 규정에 따라 집행권원을 얻어 채무자의 일반재산에 대하여 강제집행을 할 수 있다(제340조 제1항).

㉡ 간이변제충당

질권자는 정당한 이유가 있는 때에는 감정인의 평가에 의하여 질물로 직접 변제에 충당할 것을 법원에 청구할 수 있다(제338조 제2항). 이 경우 질권자는 그 사실을 미리 채무자 및 질권설정자에게 통지하여야 한다. 질권자의 간이변제충당권은 유치권자의 간이변제충당권과 동일하다.

㉢ 배당참가

질권자가 스스로 경매를 신청하기 전에 다른 채권자의 경매청구 기타 현금화절차가 있는 경우에도 질권자는 그 대가로부터 순위에 따라 우선변제를 받는다(민사집행법 제272조, 제271조; 채무자 회생 및 파산에 관한 법률 제411조).

4) 유질계약의 금지

① 유질의 의의

질권자와 설정자 간의 계약으로 변제에 갈음하여 질물의 소유권을 취득하거나 질권자가 법률에서 정한 방법에 의하지 않고 달리 처분할 수 있게 하는 것을 유질계약이라고 한다. 민법은 '변제기 전'의 유질계약을 금지하고 있는데(제339조), 그 이유는 궁박한 상태에 있는 채무자가 소액의 채무 때문에 고가의 질물을 잃을 우려, 즉 채권자의 폭리행위에 의하여 채무자가 희생되는 것을 막기 위한 것이다.

② 유질의 요건

㉠ 유질계약이 '변제기 전'에 체결된 것이어야 한다. 따라서 변제기 후에 유질계약을 맺은 때에는 채무자의 자유의사에 의한 것으로 볼 것이기 때문에 유효하다.

㉡ 채무변제에 갈음하여 질권자에게 질물의 소유권을 취득하게 하거나, 법률에 정한 방법(경매, 간이변제충당)에 의하지 아니하고 질물을 처분할 것(질권자의 임의처분)을 약정한 것이어야 한다.

③ 유질의 효과

㉠ 민법 제339조에 위반하여 체결된 유질계약은 그 위반의 한도에서 무효이다. 다만 유질계약이 무효라고 해서 질권계약 자체가 무효로 되는 것은 아니다(통설). 따라서 질권자는 본래의 질권실행방법에 의하여 질물을 처분하여야 한다. 또한 제3자가 질권자로부터 질물을 매수하여 선의취득의 요건을 갖춘 경우에는 반환청구를 할 수 없다.

㉡ 상행위에 의하여 생긴 채권을 담보하기 위하여 설정된 질권은 유효하다(상법 제59조). 또한 채무의 변제기 후에 하는 유질계약(제339조 반대해석)은 유효하다(통설). 이때에는 채무자의 궁박을 이용한 특별한 사정이 없기 때문이며, 변제기 후의 유질은 일종의 대물변제에 해당한다고 하겠다.

(3) 질권자의 전질

1) 의 의

전질(轉質)이란 질권자가 채권의 담보로서 인도받아 유치하고 있던 질물을 이용하여, 그 위에 다시 '자신의 제3자에 대한 채무를 위한 질권을 설정하는 것'을 말한다. 민법 제336조는 질권자는 그 권리의 범위 내에서 자기의 책임으로 질물을 전질할 수 있다고 규정함으로써 전질권을 인정하고 있다.

2) 책임전질

책임전질은 질권자가 질권설정자의 승낙을 얻지 아니하고 오로지 자기의 책임으로 행하는 전질을 말한다(제336조).

① 성립요건

㉠ 전질도 질권의 일종이므로 원질권자와 전질권자의 물권적 합의와 질물의 인도가 있어야 한다.

㉡ 전질권은 원질권의 범위 내이어야 한다(제336조 전단). 따라서 전질권의 피담보채권액과 존속기간은 원질권의 피담보채권액과 기간을 초과하지 못한다.

② 대항요건

책임전질은 원질권설정자의 승낙을 요하지 않으나, 원질권자가 채무자에게 전질의 사실을 통지하지 않으면 전질을 가지고 채무자·보증인·질권설정자 및 그 승계인에게 대항하지 못한다(제337조 제1항, 제450조 참조).

③ 효 과

㉠ 전질권자는 자기 채권을 변제받을 때까지 질물을 유치할 수 있으며, 원질권과 전질권의 피담보채권이 모두 변제기에 있으면 직접 원질권을 실행하여 자기 채권을 우선변제받을 수 있다. 이 경우 질물의 매각대금은 우선 전질권자의 채권에 충당되고, 나머지가 있으면 원질권의 채권에 충당된다(통설).

㉡ 전질의 의하여 원질권자(전질권 설정자)의 책임이 가중된다. 즉 질권자는 전질을 하지 아니하였으면 면할 수 있는 불가항력으로 인한 손해에 대하여도 책

임을 부담한다(제336조 2문). 한편 유의할 점은 전질의 요건(성립요건, 대항요건)을 갖춘 경우에 채무자 역시 원질권을 소멸케 하는 변제행위를 할 수 없다(제337조 제2항). 따라서 채무자가 원질권자에게 변제하더라도 전질권자에 대하여 질물의 반환을 청구할 수 없다.

3) 승낙전질

① 의 의

승낙전질은 질권자가 질물소유자의 승낙을 얻어 그 질물 위에 다시 질권을 성립시키는 것이다(제343조, 제324조 제2항). 승낙전질권은 원질권과 전혀 별개로서 독립적으로 설정되는 것이므로, 그 법적 성질은 질물의 재입질이라고 할 것이다(통설).

② 성립요건

㉠ 질물소유자의 승낙이 있어야 한다. 즉 책임전질과는 달리 질물소유자의 승낙을 요하며, 승낙 없이 전질하면 질권의 소멸을 청구할 수 있다(제343조, 제324조). 그러나 책임전질의 요건을 갖춘 경우에는 그러하지 아니하다.

㉡ 승낙전질은 원질권자의 질권이나 피담보채권과는 무관하므로 원질권의 범위에 의한 제한이 없다. 또한 민법 제337조가 적용되지 않으므로 채무자에게 통지할 필요도 없다.

③ 효 과

㉠ 책임전질에서와 같이 질물에 관한 질권자의 책임이 가중되지 않는다. 즉 불가항력에 의한 손해배상책임을 부담하지 않는다(통설).

㉡ 승낙전질은 원질권과는 무관한 전질로서, 원질권설정자는 자기의 채무를 원질권자에게 변제해서 질권을 소멸시킬 수 있다. 그러나 원질권자의 질권이 소멸하여도, 전질권자의 질권에는 영향을 미치지 않는다. 따라서 전질권자는 계속 질물을 점유하고 유치할 수 있다.

(4) 질권침해에 대한 구제

1) 물권적청구권

동산질권은 목적물의 점유를 요소로 하는 물권적 권리이다. 따라서 동산질권에 대한 침해가 있는 경우에는 점유권에 기한 물권적 청구권이 인정된다(제204조 내지 제206조). 반면 질권자가 질물을 유실하거나 또는 제3자의 사기에 의해 질물을 인도해 준 경우에는 그것이 점유의 침탈에는 해당하지 않아 점유권에 기한 반환청구는 할 수 없다(통설).

2) 질물훼손의 효과

① 질권설정자가 질물을 훼손한 경우에는 기한의 이익이 상실된다(제388조 제1항). 따라서 질권자는 피담보채권의 즉시 이행을 청구할 수 있다. 이때 잔존물이 있으면 질권을 실행할 수 있으며, 손해배상을 청구할 수도 있다.

② 제3자가 질물을 훼손한 때에는 불법행위로 인한 손해배상청구권이 발생한다(제750조). 이 경우 질권자가 청구하는 손해배상액은 피담보채권액을 한도로 하며, 배상을 청구할 수 있는 시기는 침해행위가 있는 때이다.

(5) 질권자의 의무

1) 보관의무

동산질권자는 목적물을 보관할 의무가 있으며, 이에 관해서는 유치권의 규정이 준용된다(제343조, 제324조). 즉 질권자는 선량한 관리자의 주의로 질물을 점유하여야 하고, 설정자의 승낙 없이 질물의 사용·대여·담보제공을 하지 못한다. 질권자가 이러한 의무에 위반한 때에는 설정자는 질권의 소멸을 청구할 수 있다.

2) 목적물반환의무

① 질권이 소멸한 때(채무변제)에는 질물을 질권설정자에게 반환하여야 한다. 이 의무는 질권설정계약의 효력으로부터 발생하는 것이다.

② 목적물로부터 우선변제권을 가지는 질권의 성질상 채무의 변제와 목적물의 반환은 동시이행의 관계에 있지 않으므로, 채무의 변제가 선행되어야 한다. 따라서 설정자가 질물의 반환을 청구(訴)할 때에는 유치권에서와 같이 상환으로 반환(상환급 부판결)할 것이 아니라 원고 패소의 판결을 하여야 한다(통설).

(6) 동산질권의 소멸

1) 소멸사유

① 질권은 물권 및 담보물권의 소멸원인에 의해 소멸한다(목적물의 멸실, 피담보채권의 소멸). 한편 질권에 특유한 소멸원인으로서(제330조, 제332조), 질권자가 목적물을 설정자에게 반환하거나, 질권자가 선관의무를 위반한 경우에 설정자의 소멸청구에 의해 소멸한다(제343조, 제324조 제3항).

② 유치권에서의 유치권행사는 채권의 소멸시효의 진행에 영향을 미치지 않는 것으로 규정한다(제326조). 질권에는 이와 같은 규정을 준용하고 있지 않은데, 질권에서 목적물을 점유(유치)하고 있더라도 이것이 채권을 행사한 것으로 되지 않는 것은 유치권의 경우와 다를 바 없으므로, 통설은 질권에서도 민법 제326조를 준용하는 것으로 해석한다.

2) 소멸효과

질권자는 피담보채권이 전부 변제될 때까지 질물에 대하여 그 권능을 행사할 수 있으나, 질권이 소멸한 때에는 질권자는 목적물을 설정자에게 반환하여야 한다.

3. 권리질권

(1) 총 설

1) 권리질권의 의의

권리질권이란 동산 이외의 재산권을 목적으로 하는 질권을 말한다(제345조 본문). 질권은 본래 유체물을 중심으로 하여 발달한 것이지만, 재산권도 담보로서의 가치를 가지는 것으로 부각되면서 환가에 의하여 우선변제를 받을 수 있는 것이면 동산질권과는 별도로 권리질권을 인정하게 되었다.

2) 권리질권의 대상

① 원 칙

권리질권의 목적이 될 수 있는 권리는 양도성 있는 재산권이다. 즉 질권은 그 대상을 환가함으로써 피담보채권의 우선변제를 받는 데 그 목적이 있으므로, 권리질권의 목적은 재산권으로서 양도성이 있는 것에 한한다(제345조 본문, 제331조). 따라서 인격권 · 친족권 · 상속권 등은 양도성이 없으므로 권리질권의 목적으로 될 수 없다.

② 예 외

양도성 있는 재산권이라 하더라도 부동산의 사용 · 수익을 목적으로 하는 지상권 · 전세권 · 부동산임차권 등은 질권의 목적으로 할 수 없다(제345조 단서). 민법은 특히 지상권 또는 전세권은 질권이 아닌 저당권의 목적이 되는 것으로 규정하고 있다(제371조). 나아가 부동산에 준해 취급되는 광업권 · 어업권·공장재단권 등도 제외된다(광업법 제13조; 수산업법 제15조 제3항; 공장 및 광업재단 저당법 제10조). 결국 권리질권의 목적으로서 주요한 것은 채권과 주식 및 지식재산권인데, 민법에서 규율하는 것은 채권에 관한 것이다.

3) 권리질권의 설정방법

민법 제346조는 '권리질권의 설정은 법률에 다른 규정이 없으면 그 권리의 양도에 의한 방법에 의하여야 한다'고 하여 권리질권의 설정방법을 규정한다. 이는 권리질권을 설정한 것 그 자체가 곧 권리양도는 아니지만, 나중에 질권의 목적인 권리를 현금화하게 되면 권리의 조건부 이전과 유사하므로, 질권설정의 방법도 권리양도의 방법에 의하도록 규정한 것이다.

(2) 채권질권

1) 서 설

권리질권 중에 채권을 목적으로 하는 질권을 채권질권이라고 한다. 채권질권은 권리질권 중 가장 일반적이고 중요한 것으로서 민법의 권리질권에 관한 규정은 주로 채권 위에 성립하는 이른 바 채권질권에 관한 것이다.

2) 채권질권의 대상

① 원 칙

채권질권의 목적이 될 수 있는 것은 양도성 있는 채권이다. 채권은 원칙적으로 양도성을 가지므로 권리질권의 목적이 될 수 있다. 예컨대 조건부·기한부 채권, 장래의 채권(장래의 보험금청구권), 금전채권, 물건인도채권도 채권질권의 목적이 될 수 있다. 또한 채권은 질권자 자신에 대한 것이라도 무방하다. 즉 자신의 정기예금채권이나 보험금청구권에 대하여 은행이나 보험회사가 대출채권의 담보로 질권을 취득하는 것이다.

② 예 외

채권이라도 양도할 수 없는 것은 질권의 목적이 되지 못한다. 즉 채권의 성질상 양도할 수 없는 것이 있다. 예컨대 연금청구권과 같이 법률상 담보제공이 금지된 채권(공무원연금법 제32조; 군인연금법 제7조 등), 부양청구권과 같이 법률상 처분이 금지된 채권(제979조), 성질상 양도성이 없는 채권(부작위채권, 일신전속적인 채권 등), 양도금지특약이 있는 채권(제449조 제2항) 등은 채권질권의 목적이 되지 못한다.

3) 권리질권의 설정방법

채권질권이 성립하기 위하여 질권설정의 합의와 공시방법이 갖추어져야 한다. 즉 채권질권의 일반적인 설정방법은 채권양도에 관한 방법에 의하여 하는데(제346조), 민법 제347조는 채권을 질권의 목적으로 하는 경우에 채권증서가 있으면 그 증서(예컨대 예금증서 · 보험증권 · 차용증서 등)를 질권자에게 교부하여야 질권설정의 효력이 생기는 것으로 규정하고 있다(제347조). 한편 유의할 점은 무기명채권이나 지시채권과 같은 증권적 채권의 양도는 그 증권자체를 통해 이루어진다는 특칙(무기명채권은 교부, 지시채권은 배서 · 교부)이 따로 있다.

4) 채권의 공시방법

① 지명채권

지명채권의 입질은 당사자의 합의와 지명채권을 교부함으로써 효력이 발생한다(제346조, 제347조). 또한 지명채권의 입질을 가지고 제3채무자에게 대항하기 위해서는 질권의 설정을 통지하거나 또는 제3채무자가 이를 승낙하여야 하고, 그 이외의 자에게 대항하기 위해서는 이 통지나 승낙은 확정일자 있는 증서로써 하여야 한다(제349조, 제450조).

② 지시채권

지시채권의 입질은 증서에 배서하여 질권자에게 교부하여야 효력이 생긴다(제350조, 제508조). 즉 증권의 교부에 의하여 질권설정자로부터 지시채권을 처분할 권한을 빼앗는 동시에 질권의 성립을 공시하는 것이다.

③ 무기명채권

무기명채권의 입질은 증서를 질권자에게 교부함으로써 효력이 생긴다(제351조, 제523조). 예컨대 각종 상품권 · 철도승차권 등은 모두 증서의 교부에 의하여 질권설정의 효력이 발생한다.

④ 기명사채

기명사채는 지명채권의 일종이므로 지명채권에 준하여 취급된다. 즉 기명사채의 입질은 당사자간의 질권설정에 관한 합의와 기명사채의 교부로써 효력이 발생한다(제346조, 제347조). 그러나 상법은 특칙을 두어 질권자의 성명과 주소를 사채원부에 기재하고 채권에 성명을 기재하지 않으면 이로써 회사 기타의 제3자에게 대항하지 못하는 것으로 규정하고 있다(상법 제479조).

⑤ 저당권부채권

저당권부채권은 저당권등기에 질권을 설정하였다는 부기등기를 하여야만 질권의 효력이 저당권에도 미친다(제348조; 부동산등기법 제76조 제1항). 따라서 이러한 부기등기가 없으면 질권자는 저당권에 의하여 담보되지 않는 채권에 관해서만 질권을 가지는것으로 된다(통설).

5) 채권질권의 효력

① 효력의 범위

㉠ 피담보채권의 범위

피담보채권의 범위는 동산질권에서와 같으며, 동산질권이 가지고 있는 불가분성이라든가 물상대위성 역시 준용된다(제321조, 제342조, 제343조, 제355조). 따라서 채권질권의 피담보채권의 범위는 동산질권에 관한 민법 제334조와 제321조가 준용되는 바(제355조), 원본・이자・위약금・질권실행의 비용・질물보존의 비용 및 채무불이행 또는 질물의 하자로 인한 손해배상의 채권을 담보하며, 이러한 범위는 당사자의 특약으로 변경할 수 있다. 또한 채권질권 역시 불가분성을 가지고 있으므로, 질권자는 피담보채권의 전부의 변제를 받을 때까지 질물 전부에 관하여 질권을 행사할 수 있다.

㉡ 효력이 미치는 범위

채권질권은 입질된 원본채권 및 그 이자채권과 지연손해금 등과 같이 부대채권에도 효력이 미친다(대판 2005.2.25, 2003다40668). 따라서 질권자는 원본채권과 동일한 조건으로 이를 직접 추심하여 우선변제에 충당할 수 있다(제353조 제1항, 제2항, 제343조, 제323조 참조). 다만 유의할 점은 입질채권이 저당권부 채권인 경우에는 저당권의 등기에 질권의 부기등기를 하여야 저당권에 대하여 질권의 효력이 미치게 된다.

【판 례】 채권질권의 효력범위와 그 실행방법

* 대판 2005.2.25, 2003다40668 … 질권의 목적이 된 채권이 금전채권인 때에는 질권자는 자기채권의 한도에서 질권의 목적이 된 채권을 직접 청구할 수 있고, 채권질권의 효력은 질권의 목적이 된 채권의 지연손해금 등과 같은 부대채권에도 미치므로 채권질권자는 질권의 목적이 된 채권과 그에 대한 지연손해금채권을 피담보채권의 범위에 속하는 자기채권액에 대한 부분에 한하여 직접 추심하여 자기채권의 변제에 충당할 수 있다.

② 유치적 효력

㉠ 채권질권의 유치

채권질권에 관하여도 동산질권의 유치적 효력의 규정이 유추・적용된다(제335조, 제355조). 그러므로 채권질권자는 교부받은 채권증서를 점유하고, 피담보채권의 전부의 변제를 받을 때까지 이를 유치할 수 있다.

㉡ 질권설정자에 대한 구속력

채권질권자는 채권의 추심권능과 환가권능을 가지므로(제353조, 제354조), 채권질권의 설정자 및 제3채무자는 채권질권자의 위 권능을 해치(방해)는 행위를 하지 못한다. 따라서 질권설정자는 질권자의 동의없이 질권의 목적이 된 권리를 소멸케 하거나 질권자의 이익을 해치는 변경을 할 수 없다(제352조). 여기서 질권의 목적이 되는 채권을 소멸시킨다고 하는 것은 채권의 추심·면제·상계 기타 입질된 채권을 소멸케 하는 행위를 말한다(대판 2005.12.22, 2003다55059). 그리고 채권을 변경한다고 하는 것은 경개, 변제기의 연장, 이율의 감소 등을 함으로써 질권자의 이익을 해하는 것을 말한다.

㉢ 채권질권의 전질

채권질권자도 전질(轉質)할 수 있음은 당연하다. 권리질권(채권질권)의 성립과 효과는 동산질권에 관한 책임전질과 승낙전질의 규정이 준용된다(제336조, 제337조, 제355조).

③ 우선변제적 효력

㉠ 서 언

민법은 입질채권의 실행방법으로 '채권의 직접청구'(제353조)와 '민사집행법이 정하는 집행방법'(제354조) 두 가지를 인정한다. 여러 개의 채권질권이 경합하는 경우에는 설정의 선후에 따라 우선권의 순위가 정하여진다(제333조, 제355조).

㉡ 채권의 직접청구

질권자는 질권의 목적인 채권을 직접청구할 수 있다(제353조 제1항). 여기서 입질채권이 금전채권인 경우에는 질권자는 자기채권의 한도에서 직접 청구하고, 이를 변제에 충당할 수 있다(제353조 제2항). 반면에 입질채권이 금전 이외의 유체물의 급부를 목적으로 하는 경우, 예컨대 채권이 동산인도청구권인 경우에는 질권자는 그 변제를 받은 물건에 대하여 질권을 행사할 수 있다(제353조 제4항). 한편 유의할 점은 입질채권의 변제기가 질권자의 채권의 변제기보다 먼저 도래한 때에는, 질권자는 직접 청구를 하지 못한다. 이 때에는 질권자는 제3채무자에 대하여 그 변제금액의 공탁을 청구할 수 있고, 질권은 이 공탁금 위에 존속한다(제353조 제3항).

㉢ 민사집행법에 의한 집행

질권자는 전술한 채권의 직접청구에 의하지 않고 '민사집행법에 정한 집행방법'에 의하여서도 질권을 실행할 수 있는데(제354조), 그의 집행방법은 채권의 추심·전부(轉付) 및 환가이다(민사집행법 제223조~제250조, 제273조 이하). 어느 것이든 질권의 실행으로서 하는 집행이므로, 판결 그 밖에 집행권원을 필요로 하지 않고, 질권의 존재를 증명하는 서류의 제출만으로 실행된다(민사집행법 제273조 제1항).

④ 채권질권의 유질

채권질권에 관하여도 유질계약금지의 규정(제339조)이 준용된다. 그러나 금전채권의 입질에 있어서는 피담보채권액의 한도 내에서 변제에 갈음하여 입질채권을 질권자에게 이전할 것을 미리 약속하는 것은 상관없다(통설).

제3절 저당권

1. 서 설

(1) 저당권의 의의

① 저당권이라 함은 저당권자는 채무자 또는 제3자(물상보증인)가 담보물(부동산)의 점유를 이전하지 아니하고 채무의 담보로 제공한 부동산에 대하여 변제기에 변제가 없음을 조건으로 다른 채권자보다 자기채권의 우선변제를 받을 것을 내용으로 하는 담보물권을 말한다(제356조).

② 저당권의 특색은 설정자가 종전대로 목적물을 사용·수익하면서 담보에 제공할 수 있는 반면, 채권자는 저당물의 소유권이나 점유를 이전받아 이를 보관하는 비용을 부담하지 않은 채 저당목적물의 교환가치만을 파악하여, 피담보채무의 변제가 없으면 목적물을 경매하여 그 대금으로부터 우선변제를 받을 수 있다는 것이다.

(2) 근대적 저당권의 특질

1) 공시의 원칙

저당권의 존재는 반드시 등기·등록 등에 의하여 공시될 것이 엄격히 요구된다는 원칙이다. 즉 저당권은 점유를 수반하지 않는 바(무점유질), 등기 없이도 저당권에 대세적 효력을 인정한다면 거래의 안전을 해칠 염려가 있기 때문이다. 우리 민법은 이 원칙을 따르고 있다. 다만 예외적으로 법정저당권이 인정되기도 한다(제649조).

2) 특정의 원칙

저당권은 1개 또는 수개의 특정·현존하는 목적물 위에만 성립할 수 있다는 원칙이다. 이는 담보물권의 물질적 기초를 확정함으로써 저당권에 의하여 파악되는 가치에 대해서 객관성을 확보함과 동시에 채무자의 전 재산 위에 인정되는 일반저당권을 배척하기 위한 것이다. 우리 민법도 이 원칙을 지키고 있다. 이러한 특정의 원칙에 의하여 피담보채권액이나 저당목적물은 항상 특정되어 등기된다(부동산등기법 제74조 내지 제77조).

3) 순위확정의 원칙

순위확정의 원칙에는 2가지 측면이 있다. 즉 저당권의 순위는 등기의 선후에 의하여 결정되고, 먼저 등기된 저당권은 후에 등기된 저당권에 의하여 그 순위가 내려가지 않는다는 원칙(순위보전적 효력)과, 다른 한편으로는 한 번 주어진 저당권의 순위는 선순위 저당권이 소멸하여도 그 순위가 상승하지 않는다는 원칙(순위불변적 효력)이다. 우리 민법은 두 번째(순위불변적 효력) 내용은 채택하고 있지 않다. 따라서 1번 저당권이 소멸하면, 2번 저당권은 그 순위가 자동적으로 올라가서 1번 저당권으로 된다(순위승진의 원칙).

4) 유통성확보의 원칙

저당권의 교환가치를 우선적으로 파악하여 이를 금융거래시장에서 유통되도록 하기 위해서는 공신의 원칙과 저당권의 증권화가 필요하다. 그러나 우리 민법은 등기부에 공신력을 인정하지 않으며, 또한 증권화도 인정하지 않으므로 저당권의 유통성은 확보되어 있지 않다. 다만 '자산유동화에 관한 법률'과 '주택저당채권유동화회사법'에 의하여 저당권에 의하여 담보되는 채권을 기초로 증권을 발행하는 방법을 통하여 채권을 유동화하고 있다.

(3) 저당권의 법적성질

1) 저당권의 특질

① 저당권은 당사자 사이의 합의에 의하여 성립하는 이른 바 약정담보물권이다. 이 점에서 질권(약정담보물권)과 그 성질이 같고, 유치권(법정담보물권)과 다르다. 또한 저당권은 목적물의 점유를 저당권설정자로부터 박탈하지 않는다. 따라서 등기·등록에 의해 공시가 불가능한 재산권은 저당권의 목적

이 될 수 없다. 즉 유치적 효력을 갖지 않는다.

② 물권으로서 저당권은 우선변제적 효력에 의하여 목적물의 교환가치를 직접적・배타적으로 지배한다. 즉 저당권은 목적물의 경매에 의하여 실현되는 교환가치로부터 일반채권자 또는 후순위 권리자에 앞서서 우선변제를 받는 것을 그 본체로 하는 권리이다. 이 점에서 질권과 같고, 유치권과 다르다.

2) 담보물권의 통유성

① 저당권은 타물권이다. 따라서 우리 민법은 소유자저당권을 인정하지 않는다. 다만 예외적으로 자기소유의 물건이나 권리 위에 저당권이 성립하는 것은 '혼동의 예외'로서 인정될 수 있을 뿐이다.

② 채권에 부종한다. 즉 저당권은 특정채권의 담보를 그 목적으로 한다. 따라서 피담보채권의 변제 또는 소멸시효 그 밖의 사유로 소멸하면 저당권도 소멸한다(제369조).

③ 피담보채권에 수반한다. 즉 피담보채권이 상속・양도 등으로 그의 동일성을 잃지 않고서 승계되는 때에는 저당권도 이에 따라서 승계된다.

④ 불가분성이 있다. 즉 저당권자는 채권 전부의 변제를 받을 때까지 저당목적물 전부에 대하여 그 권리를 행사할 수 있다(제321조, 제370조).

⑤ 물상대위성이 있다. 즉 저당권은 목적물의 교환가치를 목적으로 하는 것이므로, 본래 목적물뿐만 아니라 그 목적물의 멸실・공용징수 등으로 인하여 저당권설정자가 받은 금전 기타물건에 대하여도 효력을 미친다(제342조, 제370조).

2. 저당권의 성립

(1) 저당권설정유형

현행법상 저당권이 성립하는 유형으로서는 당사자 사이의 저당권설정계약에 의하는 경우(제186조 참조)와 민법 제666조에 의하여 부동산공사수급인에게 인정되는 저당권설정청구권의 행사에 의한 성립의 경우, 민법 제649조의 규정에 의하여 일정한 요건하에 법률상 당연히 성립하는 임차지상의 건물에 대한 법정저당권의 경우 등 세 가지가 있다.

(2) 저당권설정계약

1) 계약의 당사자

당사자는 저당권을 취득하는 '저당권자'와 목적물인 부동산 위의 저당권을 설정하는 '저당권설정자'이다.

① 저당권자

저당권자는 원칙적으로 피담보채권의 채권자에 한한다(대판 1986.1.21, 84다카681). 다만 저당권자인 채권자와 채무자 및 제3자의 합의가 있고 제3자에게 채권이 실질적으로 귀속되었다고 볼 수 있는 특별한 사정(예컨대 채권양도, 불가분적 채권관계의 형성, 제3자를 위한 계약 등)이 있다면 제3자의 명의로 근저당권등기를 하는 것도 가능하다(대판[전합] 2001.3.15, 99다48948).

② 저당권설정자

㉠ 저당권설정자는 피담보채권의 채무자인 것이 보통이지만, 물상보증인과 같은 제3자라도 무방하다(제356조). 저당권설정계약은 일종의 처분행위에 해당하므로, 저당권설정자는 목적물에 관하여 이를 처분할 권리나 권한(대리권, 관리권 등)을 가지고 있어야 한다. 따라서 파산선고를 받은 자, 압류 또는 가압류를 당한 자, 처분금지의 가처분을 받은 자 등은 저당권을 설정할 수 없다.

㉡ 저당권설정계약상의 채무자 아닌 제3자를 채무자로 한 저당권설정등기는 저당권의 부종성에 비추어 원칙적으로 무효이다(대판 1981.9.8, 80다1468). 그러나 유의할 점은 이러한 경우에도 채권양도, 제3자를 위한 계약, 불가분적 채권관계 등으로 실질적인 채권관계가 존재하고 당사자 사이의 의사의 합치가 있으면 유효성을 인정할 수 있다(대판 2007.1.11., 2006다50055; 대판 2011.1.13, 2010다69940).

【판 례】 부동산실명법위반 여부

* 대판[전합] 2001.3.15, 99다48948 … 매매잔대금 채무를 지고 있는 부동산 매수인이 매도인과의 사이에 소유권이전등기를 매수인에게 경료하지 않은 상태에서 그 부동산을 담보로 하여 대출받는 돈으로 매매잔대금을 지급하기로 약정하는 한편, 매매잔대금의 지급을 담보하기 위하여 매도인이 지정하는 제3자 사이의 합의 아래 근저당권자를 제3자로 하고 채무자를 매도인으로 하기 위하여 매도인이 제3자로부터 매매잔대금 상당액을 차용하는 내용의 차용금증서를 작성·교부한 경우, 이에 관하여 대법원 다수의견은 부동산실명법의 취지나 담보물권의 부종성에 반하지 않기 때문에 매도인·매수인·제3자의 합의를 조건으로 제한적으로 유효하다고 한다(통설은 반대견해의 입장에 따르고 있다).

* 대판 2007.1.11, 2006다50055 … 채권자가 채무자와의 사이에 근저당권설정계약을 체결하였으나 그 계약에 기한 근저당권설정등기가 채권자가 아닌 제3자의 명의로 경료되고 그 후 다시 채권자가 위 근저당권설정등기에 대한 부기등기의 방법으로 위 근저당권을 이전받았다면 특별한 사정이 없는 한 그때부터 위 근저당권설정등기는 실체관계에 부합하는 유효한 등기로 볼 수 있다.

* 대판 2011.1.13, 2010다69440 … 저당권자는 피담보채권의 채권자이어야 한다. 다만 제3자를 근저당권 명의인으로 하는 근저당권을 설정하는 경우 그 점에 대하여 채권자와 채무자 및 제3자 사이에 합의가 있고, 채권양도, 제3자를 위한 계약, 불가분적 채권관계의 형성 등의 방법으로 채권이 그 제3자에게 실질적으로 귀속되었다고 볼 수 있는 특별한 사정이 있는 경우에는 제3자 명의의 근저당권설정등기도 유효하다.

2) 저당권의 설정등기

① 설정등기

저당권은 저당권설정계약 이외에 등기를 하여야 성립한다(제186조). 즉 저당권 설정의 등기는 저당권의 성립요건이다. 그리고 동일목적물 위에 성립한 저당권과 다른 물권(예컨대 전세권 등)의 우열관계는 등기의 선후에 의하여 결정된다.

② 등기의 내용

등기사항은 기본적으로 채권액·채무자·변제기·이자 등이다. 그 외에 발생시기와 지급시기, 원본 또는 이자의 지급장소, 저당권의 효력범위에 관한 약정이 있는 경우에는 그 약정, 채권이 조건부인 때에 그 조건의 내용이다(부동산등기법 제75조 제1항). 그리고 저당권설정등기의 비용은 수익자부담의 원칙에 의하여 비용을 부담하여야 하므로 당사자의 특별한 약정이 없는 한 저당권설정에 따른 등기비용은 채권자가 부담하여야 한다(대판 1982.4.13, 81다531 참고).

③ 저당권등기의 불법말소

저당권설정등기가 불법으로 말소되거나 또는 탈루된 경우에 저당권은 소멸하게 되는가? 판례는 등기가 불법말소되거나 탈루된 경우 저당권이 소멸하는 것은 아니며(다수설; 대판 1968.8.30, 68다1187), 다만 저당목적물이 경매로 매각된 경우에는 그 한도에서 저당권등기는 회복될 수 없다고 한다(대판 1998.10.2, 98다27197). 이러한 경우 유의할 점은 저당권자는 배당이의의 소를 제기하거나 경매절차에서 실제로 배당받은 자의 배당금 한도 내에서 그 저당권설정등기가 말소되지 아니하였더라면 배당받았을 금액을 부당이득반환청구로서 구할 수 있을 뿐이다(대판 2002.10.22, 2000다29678).

④ 무효저당권등기의 유용

피담보채권의 소멸로 효력을 잃고 무효가 된 저당권의 등기가 말소되지 않고 그대로 남아 있는 경우에, 당사자 사이의 약정으로 이 무효로 된 등기를 다른 저당권을 위한 등기로서 이용하여도 이를 유효한 것으로 다룰 수 있는가? 이는 무효인 저당권등기의 유용에 관한 문제이다. 판례는 등기가 무효로 된 후 당사자가 그 무효등기를 유용하기로 합의할 때까지의 사이에 등기부상 '이해관계 있는 제3자'가 나타나지 않는 한 유효하다고 보고 있다(통설; 대판 2002.12.6, 2001다2846 등). 이 경우 이해관계 있는 제3자의 범위와 관련해서 대항력요건을 갖춘 주택·상가임차인의 경우도 포함된다고 해석해야 할 것이다.

3) 저당권의 객체

① 민법이 인정하는 저당권의 객체

저당권은 목적물에 대한 점유없이 그 교환가치만을 파악하는 물권이기 때문에 목적물이 등기·등록 등의 공시방법을 갖출 수 있는 것에 한해서 이를 저당권의 객체로 삼을 수 있다. 민법이 인정하는 저당권의 객체는 부동산소유권과 지상권·전세권이다(제356조, 제371조 제1항).

② 민법 이외의 법률상 저당권의 객체

민법 이외의 각종 법에서 인정하고 있는 저당권의 객체는 등기된 선박(상법 제787조; 선박등기법 제3조), 광업권(광업법 제11조), 어업권(수산업법 제18조), 댐사용권(댐건설 및 주변지역지원 등에 관한 법률 제24조), 공장재단·광업재단(공장 및 광업재단 저당법 제10조, 제52조), 자동차·항공기·건설기계·소형선박(자동차 등 특정 동산 저당법 제3조), 입목등기가 이루어진 입목(입목에 관한 법률 제3조) 등이다.

③ 저당권의 목적물 중 객체의 일부

㉠ 1필의 토지의 일부

일필(一筆)의 토지가 1개의 저당권의 목적이 된다. 따라서 1필의 토지의 일부에는 저당권을 설정할 수 없다. 다만 1필의 토지의 일부를 분할하여 분필등기를 한 후 그에 관하여 저당권을 설정할 수 있다(부동산등기법 제35조). 한편 공유자의 지분을 목적으로 하는 저당권도 가능하다.

㉡ 1동의 건물의 일부

저당권은 일동(一棟)의 건물에 설정할 수 있을 뿐이고 그것이 구분소유권의 목적으로 되는 경우를 제외하고는 원칙적으로 저당권의 목적이 될 수 없다. 또한 부속건물은 등기절차에 있어서 주된 건물과 함께 1개의 건물로 등기하도록 되어 있으므로, 독립하여 저당권설정등기를 함에 있어서는 분할(분할등기)에 의한 독립등기를 요한다(부동산등기법 제40조 제1항, 제41조 제1항).

4) 저당권의 피담보채권

① 피담보채권의 모습

저당권의 피담보채권은 금전채권인 경우가 보통이지만, 금전 이외의 급부를 목적으로 하는 채권도 가능하다. 그 채무를 이행하지 않는 때에는 종국에 금전채권(손해배상채권)으로 귀결되기 때문이다(제373조, 제394조). 다만 피담보채권은 등기사항이므로 그 가액을 금전으로 산정하여 이를 등기하여야 하며(부동산등기법 제75조, 제77조), 채권의 실제가액이 등기된 가액을 넘더라도 등기된 가액의 한도에서만 우선변제권을 주장할 수 있다(대판 1980.9.18, 80다75 등).

② 수개의 채권 또는 채권의 일부

㉠ 수개의 채권 또는 채권의 일부도 저당권의 피담보채권으로 될 수 있다. 즉 채무자가 다른 수개의 채권을 위하여 물상보증인이 1개의 저당권을 설정할 수 있고, 채권의 일부만을 저당권의 피담보채권으로 할 수도 있다.

㉡ 채권자가 다른 수개의 독립적인 채권도 1개의 저당권의 피담보채권으로 될 수 있는데, 채권자가 다르면 각 수인의 채권자가 저당권을 준공유한다. 이때 준공유자들은 채권액의 비율에 따라 우선변제를 받을 수 있지만, 그와 달리 공유지분을 약정하여 등기할 수도 있다(대판 2008.3.13, 2006다31887).

③ 피담보채권에의 부종성

㉠ 채권이 무효·취소

피담보채권이 무효인 경우에는 저당권도 그 효력이 발생하지 않는다. 따라서 공서양속에 반하는 계약에 의해서 발생한 채권을 담보하는 저당권은 무효이다. 다만 피담보채권의 일부가 무효인 경우에는 나머지 채권에 관하여는 저당권은 그 범위 내에서 유효하다(대판 1970.9.17, 70다1250 참고). 또한 피담보채권을 발생케 한 계약이 취소된 경우에는 채권이 소급하여 존재하지 않은 것으로 되므로 저당권도 소급하여 효력을 잃는다.

㉡ 장래에 발생할 채권

저당권의 실행 당시에 채권과 저당권이 함께 존재하면 저당권의 부종성은 충족되는 것이므로 장래에 발생할 특정의 채권을 위해서 저당권을 설정할 수 있다는데 학설과 판례가 일치하고 있다(곽윤직 331면, 이영준 804면; 대판 1993.5.25, 93다6362). 특히 우리 민법은 이를 명문으로 규정하고 있는 바, 장래 증감변동하는 불특정다수의 채권을 일정한 한도까지 담보하는 저당권을 '근저당'이라고 한다(제357조).

㉢ 피담보채권의 변경·소멸

피담보채권 자체 또는 그 수액(금액)은 합의에 의하여 변경될 수 있는데, 등기부상 이해관계 있는 자가 있으면 그의 승낙을 받아 부기등기를 하여야 한다(부동산등기법 제52조 참조). 또한 피담보채권의 변제 기타의 사유로 소멸한 때에는 저당권은 이에 상응하여 당연히 소멸하는 것이 원칙이다. 따라서 압류나 전부명령을 받아 저당권 이전(移轉)의 부기등기를 경료했다고 하더라도 그 전에 피담보채권이 소멸된 이상 그 부기등기는 효력이 없다(대판 2002.9.24, 2002다27910).

(3) 부동산공사수급인의 저당권청구

① 부동산공사의 수급인이 공사를 완료하면 도급인(부동산 소유자)은 그 보수를지급하여야 하는데(제665조), 이때에 수급인은 그 보수에 관한 채권을 담보하기 위하여 그 부동산을 목적으로 하는 저당권의 설정을 청구할 수 있는 권리가 있다(제666조).

② 공사수급인의 청구권 행사로 당연히 저당권이 성립하는 것이 아니고, 도급인이 청구에 응하여 등기를 함으로써 비로소 저당권이 성립한다(통설). 따라서 도급인이 등기에 협력하지 않을 경우 수급인은 보수에 대한 채권을 담보하기 위하여 유치권을 행사할 수 있다(제320조 참조).

(4) 토지임대인의 법정저당권

① 저당권은 약정담보물권으로서 당사자 사이의 합의와 등기에 의하여 성립하는 것이 원칙이지만, 예외적으로 법률상 당연히 성립하는 경우가 있는데, 이를 '법정저당권'이라고 한다.

② 민법이 인정하는 유일한 경우로서 '임차지상의 건물에 대한 법정저당권'이 있다(제649조). 예컨대 토지임대인이 변제기를 경과한 최후 2년의 차임채권에 의하여 그 지상에 있는 임차인소유의 건물을 압류한 때 법정저당권이 성립한다. 그리고 그 성립시기는 압류결정의 기입등기가 경료된 때와 압류결정이 임차인에게 송달(도달)된 때 중 앞선 시기이다(민사집행법 제83조 제4항).

3. 저당권의 효력

(1) 저당권의 효력범위

1) 민법 제360조의 취지

민법 제360조는 이해관계 있는 자들이 예기치 못한 손해를 입지 않도록 하기 위하여 피담보채권의 범위를 제한한다. 따라서 저당권에 의하여 담보되는 채권의 범위는 질권보다 좁다. 즉 저당권에는 후순위 저당권자가 있는 경우가 많으며, 제3자가 이해관계를 가지는 수가 많기 때문에 저당권의 효력이 미치는 피담보채권의 범위를 다소 좁게 제한할 필요가 있기 때문이다. 민법이 규정하는 피담보채권의 범위는 다음과 같다(제360조).

2) 피담보채권의 범위

① 원 본

원본채권의 전액이 피담보채권으로 되는 것이 보통이지만, 원본의 일부가 피담보채권이 되는 것도 가능하다. 이 경우 담보되는 원본의 액수・변제기・지급장소는 이를 등기하여야 한다(부동산등기법 제75조 제1항). 한편 유의할 점은 피담보채권이 금전채권이 아닌 경우에는 미리 그 채권의 가액을 금전으로 평가해서 이 평가액을 등기하여야 한다(부동산등기법 제77조).

② 이자・위약금

이자에 관한 특약이 있는 경우에는 이율발생시기・지급시기 및 지급장소는 이를 등기하여야만 이자(복리이자를 포함한다)의 우선변제권을 갖는다(부동산등기법 제75조 제1항). 또한 위약금에 관한 특약이 있는 경우에는 그것이 손해배상의 예정이든, 위약벌이든, 언제나 등기를 하여야만 저당권에 의하여 담보된다(통설).

③ 손해배상청구권

채무불이행으로 인한 손해배상, 즉 지연배상은 원본의 이행기일이 경과한 후의 1년분에 한한다(제360조 단서). 지연배상의 범위를 원본의 이행기일이 경과한 후의 1년까지로 제한한 이유는 그 기간을 무제한으로 인정한다면 후순위저당권자를 비롯하여 다른 채권자의 이익을 침해하게 되기 때문이다. 유의할 점은 이러한 지연배상(지연이자)은 원본채무의 불이행으로 법률상 당연히 발생하므로 그 등기는 필요로 하지 않는다.

④ 저당권실행비용

부동산감정평가비용・경매신청등록세 등과 같은 저당권실행 비용에 관하여는 민법에 규정하는 바가 없으나, 이는 등기하지 않아도 당연히 피담보 채권으로서의 효력이 미친다. 왜냐하면 경매절차가 완결한 경우에는 자연히 그 비용은 저당권에 의하여 담보되는 것이기 때문이다(민사집행법 제53조 제1항).

3) 목적물의 범위

① 서 언

저당권의 효력이 미치는 범위는 목적물의 소유권이 미치는 범위와 대체로 일치하는 것이 원칙이지만, 약정담보물권이므로 당사자의 의사에 의하여 그 범위를 확장 또는 축소하는 것이 인정된다.

② 부합물

㉠ 원칙적으로 저당권의 효력은 저당부동산에 부합된 물건에 미친다(제358조 본문). 부합의 시기는 문제되지 않는다. 따라서 저당권설정 당시에 부합된 것이든 그 후에 부합된 것이든 부합물에 대하여 저당권의 효력이 미친다(대판 2002.10.25, 2000다63110).

【판 례】

* 대판 2002.10.25, 2000다63110 … 건물의 증축 부분이 기존건물에 부합하여 기존건물과 분리하여서는 별개의 독립물로서의 효용을 갖지 못하는 이상 기존건물에 대한 근저당권은 민법 제358조에 의하여 부합된 증축 부분에도 효력이 미치는 것이므로 기존건물에 대한 경매목적물로 평가되지 아니하였다고 할지라도 경락인은 부합된 증축 부분의 소유권을 취득한다.

㉡ 예외적으로 저당권은 약정담보물권이므로 당사자는 설정행위(계약)로 그 효력이 부합물에 미치지 않는 것으로 약정할 수도 있다(제538조 단서). 그러나 이 약정은 등기를 하여야만 제3자에게 대항할 수 있다(부동산등기법 제75조 제1항). 또한 타인이 권원(權原)에 의하여 부속시킨 것은 부합물이 아니다(제256조 단서). 예컨대 지상권자·전세권자 또는 부동산임차인이 행한 식목 또는 건물 기타의 공작물 등은 이들 부동산사용권자의 소유에 속하므로, 저당권의 효력은 이에 미치지 않는다.

② 종 물

저당권의 효력은 저당부동산의 종물에도 미친다(제358조 본문). 예컨대 공장토지에 설치된 폐수처리시설 또는 주유소건물에 설치된 주유기 등이 종물에 해당한다(대판 1997.10.10, 97다3750 등). 또한 종물에 준하는 '종된 권리'에도 민법 제

358조 본문을 유추적용하여 저당권의 효력이 미친다. 즉 건물의 소유를 목적으로 하는 지상권이 있는 건물에 대한 저당권은 그 지상권에도 미치므로, 건물에 대한 경매시 경락인은 건물 소유권과 함께 지상권을 민법 제187조에 따라 등기 없이도 취득한다(대판 1996.4.26, 95다52864).

③ 과 실

저당권은 목적물의 수익권을 설정자에게 남겨두는 것이므로, 그 효력은 원칙적으로 과실, 즉 천연과실과 법정과실에는 미치지 않는다(김준호 929면, 김형배 787면). 그러나 예외적으로 저당부동산에 대한 압류가 있은 후에 저당권설정자가 그 부동산으로부터 수취한 과실 또는 수취할 수 있는 과실에 대하여는 저당권의 효력이 미친다(제359조 본문). 이 경우 유의할 점은 저당권자가 그 부동산에 대한 소유권·지상권·전세권을 취득한 제3자에 대하여 압류한 사실을 통지한 후가 아니면 이로써 과실부분에 대하여 대항하지 못한다(제359조 단서).

④ 저당토지 위의 건물

건물은 토지와 별개의 부동산이므로, 토지를 목적으로 하는 저당권의 효력이 그 토지 위의 건물에 미치지 않음은 물론이다(제358조 단서). 그러나 토지저당권자의 입장에서 그 지상에 건물이 있어 경매의 실행에 어려움이 있는 점을 고려하여, 민법은 토지를 목적으로 저당권을 설정한 후 그 설정자가 저당토지 위에 건물을 축조한 때에는 저당권자는 토지와 함께 그 건물에 대하여도 경매를 청구할 수 있다고 규정하고 있다(제365조 본문). 다만 이 경우 그 건물의 경매대가에 대하여는 우선변제를 받을 권리는 없다(제365조 단서).

⑤ 물상대위

설정자가 받을 목적물의 변형물에도 저당권의 효력이 미친다(제342조, 제370조). 목적물에 갈음하는 변형물로서 저당권자가 추급(追及)할 수 있는 것은 저당목적물의 멸실·훼손 또는 공용징수로 인하여 저당권설정자가 받을 금전 그 밖에 물건이다. 예컨대 저당권설정자가 그 목적물로부터 받을 보험금·손해배상금·토지수용의 보상금 등에도 저당권의 효력이 미친다.

(2) 우선변제적 효력

1) 의 의

채무자가 변제기에 변제하지 않으면 저당권자는 저당목적물을 일정한 절차에 따라 매각·환가하여, 그 대금으로부터 다른 채권자에 우선하여 변제를 받을 수 있는데(제356조), 이를 우선변제적 효력이라고 한다. 이것이 저당권에 있어서 본체적 효력인 우선변제권이다.

2) 피담보채권의 변제방법

저당권자는 저당권의 실행을 통하여 자기의 채권을 변제받을 수 있을 뿐만 아니라, 단순히 일반채권자의 자격에서 다른 일반채권자와 동순위로 그의 채권을 변제받을 수도 있다.

① 저당권에 의한 우선변제

㉠ 저당권자 자신이 저당권을 실행하여 우선변제를 받는 것이 가장 전형적인 방법이다. 또한 변제할 정당한 이익이 있는 자가 채무자를 위하여 채권의 일부를 대위변제할 경우에도 채권자는 일부 대위변제자에 대하여 우선변제권이 있다(대판 2009.11.26, 2009다57545 · 57552).

㉡ 한편 저당부동산에 대하여 일반채권자가 강제집행을 하거나, 저당부동산의 전세권자가 경매를 신청하는 경우, 또는 후순위저당권자가 저당권을 실행하는 경우에 저당권자는 이를 막을 수 없다. 이 경우 저당권자는 자기가 가지는 우선순위에 따라 매각대금으로부터 우선변제를 받을 수 있을 뿐이다(민사집행법 제268조, 제91조 제2항, 제145조).

② 단순채권자로서 강제집행

㉠ 저당부동산의 매각대금으로부터 우선변제를 받았으나, 피담보채권이 완전히 변제되지 않은 경우에는 저당권자의 피담보채권 중 변제받지 못한 잔액채권은 무담보의 채권으로 남는다. 따라서 법원으로부터 집행권원을 얻어 스스로 강제집행을 할 수 있다.

㉡ 저당권자는 자신의 저당권을 실행함이 없이 먼저 채무자의 일반재산에 대하여 일반채권자로서 집행할 수 있으나, 민법 제370조에 의하여 준용되는 제340조의 제한을 받는다. 즉 저당권자가 우선변제권을 행사하지 못하도록 다른 채권자는 저당권자에게 배당금액의 공탁을 청구할 수 있다(제340조, 제370조)

3) 우선변제의 순위

① 일반채권자에 대한 관계

저당권자는 일반채권자에 대해서 언제나 우선한다. 다만 유의할 점은 저당권설정등기일보다 먼저 주택 또는 상가건물임대차보호법상 일정한 요건(대항요건)과 임대차계약서에 확정일자를 갖춘 임차인은 그의 보증금의 반환에 관하여 저당권에 우선하며, 더 나아가 소액임차인 경우 그 소액보증금 중 일정액에 관하여는 임차인은 언제나 저당권자에 우선한다.

② 국세 등에 대한 관계

저당물의 소유자가 체납하고 있는 국세는 그 법정기일(신고납부방식은 신고일, 납세고지서방식은 발송일) 전에 설정된 저당권에 우선해서 징수하지 못한다. 즉 국세 및 지방세와 저당권의 우선순위는 국세 및 지방세의 법정기일과 저당권의 설정등기의 선후에 의한다(국세기본법 제35조 제1항 제3호; 헌재결 1990.9.3, 89헌가95; 헌재결 1991.11.25, 91헌가6). 한편 유의할 점은 '그 재산(저당물 자체)에 부과된 국세(상속세·증여세 등)와 가산금'은 그 법정기일 전에 설정된 저당권에 대하여도 언제나 우선한다(국세기본법 제35조 제1항 제3호 괄호 참조). 여기서 말하는 '그 재산에 대하여 부과된 국세'라 함은 오로지 당해 재산을 소유하고 있는 것 자체에 담세력을 인정하여 부과되는 국세만을 의미한다(대판[전합] 1999.3.18, 96다23184; 대판 2002.6.14, 2000다49534; 대판 2003.1.10, 2001다44376).

③ 임금 등에 대한 관계

근로관계가 소멸한 경우에, 최종 3월분의 임금과 최종 3년분의 퇴직금 및 재해보상금에 대한 채권은 사용자의 총재산에 대하여 저당권에 의하여 담보된 채권(조세·공과금 등을 포함)에 우선한다(근로기준법 제38조 제2항; 근로자퇴직급여보장법 제11조 제1항). 이러한 임금우선특권은 배당요구의 종기까지 배당요구를 한 경우에 한하여 배당받을 수 있고(민사집행법제268조, 제88조 참조), 적법한 배당요구를 하지 않았다면 배당을 받을 수 없다(대판 2002.12.10, 2002다48399).

④ 제한물권과의 관계

동일한 부동산에 대하여 전세권과 저당권이 설정된 경우에 그 우선변제의 순위는 등기의 선후에 의하여 결정된다(제340조, 제370조; 민사집행법 제91조). 또한 동일한 부동산 위에 수개의 저당권이 경합하는 경우에도 각 저당권의 순위는 설정등기의 선후에 의하여 우선변제의 순위가 결정된다(제340조, 제370조). 따라서 선순위 저당권자가 변제받고 남은 잔액에 대해서만 후순위 저당권자가 우선변제권을 행사할 수 있다.

(3) 저당권의 실행

1) 서 언

저당권의 실행이라 함은 그 목적물로부터 우선변제를 받기 위하여 저당권자가 저당목적물을 환가하여 그 대금으로부터 피담보채권의 변제를 받는 것을 말한다. 저당권 실행방법은 원칙적으로 민사집행법에 의하여야 하지만, 이른바 유저당계약에 의해 사적으로 실행되기도 하는 바, 그 내용을 살펴보면 다음과 같다.

2) 민사집행법에 의한 저당권실행

① 담보권실행의 규율

저당권을 실행하는 통상의 절차는 민사집행법 제3편 '담보권의 실행 등을 위한 경매'의 규정(민사집행법 제264조 이하)에 의거하여 행하여진다. 통상의 강제경매는 경매신청시 집행권원이 반드시 요구되나(민사집행법 제80조), 담보권의 실행을 위한 경매에 있어서는 집행권원이 요구되지 않는다(민사집행법 제264조).

② 저당권실행의 요건

㉠ 저당권의 존재

유효한 채권과 저당권이 실질적으로 존재하여야 한다. 저당권의 존재는 경매신청시에 이를 증명하는 서류(저당권이 승계된 경우에는 그 승계를 증명하는 서류)를 첨부하여 소명하여야 한다(민사집행법 제264조). 따라서 저당권이 존재하지 않는 경우에 그 경매절차는 위법이기 때문에 이의·항고의 방법에 의하여 정지·취소되어야 한다.

㉡ 피담보채권의 존재

저당권을 실행함에 있어서는 피담보채권이 존재하여야 한다. 따라서 저당권의 원인이 강행법규에 위반되어 무효인 경우에는 그 효력이 없다. 다만 피담보채권의 일부가 무효라 하더라도 저당권의 불가분성의 원칙에 의하여 저당권을 실행하는 데는 아무런 방해가 되지 않는다.

㉢ 채무이행의 지체

피담보채권은 그 이행기가 도래하고 있어야 한다. 즉 채무자가 이행지체에 있어야 한다. 따라서 이행기가 아직 도래하지 않은 때에 저당권자가 경매를 신청하면, 그 신청은 위법한 것으로 각하되어야 한다(대결 1968.4.24, 68마330). 다만 유의할 점은 이행기가 도래하기 전에 매각절차가 개시되었더라도 매가허가결정이 확정될 때까지 기한이 도래하면 그 하자는 치유된 것으로 본다(통설).

③ 경매의 절차

경매는 다음과 같은 절차에 의해 실행된다. 즉 경매의 신청 ⇒ 경매개시결정과 등기 및 채무자에게 송달(압류효력의 발생) ⇒ 배당요구종기결정 및 매각기일결정공고와 현황조사(부동산 감정평가 등) ⇒ 매각 및 매각허가결정 ⇒ 매수인의 매각대금납부(소유권취득시기) ⇒ 매각대금의 배당 순으로 진행되는 바, 그 내용을 살펴보면 다음과 같다.

㉠ 경매신청

저당권의 실행은 일정한 사항을 기재한 경매신청서를 경매법원에 제출함으로써 시작된다(민사집행법 제79조, 제268조). 이 경우 경매신청인은 당사자능력·소송능력을 구비하여야 한다.

㉡ 경매개시결정

집행법원은 경매신청이 적법하다고 인정되면 경매개시결정을 하여야 한다. 법원은 경매개시결정과 동시에 그 부동산의 압류를 명하여야 하며, 관할등기소에 경매신청의 기입등기를 촉탁한다(민사집행법 제83조, 제94조). 이 경우 채무자에게 경매개시결정이 송달된 때 또는 개시결정이 등기된 때에 목적물에 대한 압류의 효력이 생긴다(민사집행법 제83조 제4항, 제94조). 한편 경매개시결정에 대하여 이해관계인은 저당권의 부존재 또는 소멸하였다는 것을 이의신청할 수 있다(민사집행법 제83조 제4항, 제94조).

㉢ 부동산의 현황조사

법원은 경매개시결정을 한 후 지체없이 집행관에게 부동산의 현상, 점유관계, 차임 또는 보증금의 액수와 그 밖의 현황에 관하여 조사할 것을 명하여야 한다(민사집행법 제85조).

㉣ 매각기일결정공고와 통지

법원은 감정인에게 부동산을 평가하게 하고 그 평가액을 참작하여 최저매각가격을 정한 후(민사집행법 제97조 제1항), 그 가격(금액)으로 압류채권자의 채권에 우선하는 부동산의 모든 부담과 절차비용을 변제하고도 남을 것이 있다고 인정되는 등의 사유가 있는 때에는 직권으로 매각기일과 매각결정기일을 정하여 공고하고, 이를 이해관계인에게 통지하여야 한다(민사집행법 제104조).

㉤ 경매절차의 정지와 취소

경매절차의 진행 중 이해관계인의 이의신청에 따른 저당권의 부존재 또는 소멸을 증명하는 문서의 제출이 있거나, 기타 일정한 사유가 있는 때에는 경매법원은 경매절차를 정지 또는 취소하여야 한다(민사집행법 제266조, 제96조 참조).

㉥ 매각허가여부의 결정

법원은 매각결정기일에 출석한 이해관계인의 진술을 들은 후 이의신청이 없으면 선고로서 매각허가 여부를 결정한다(민사집행법 제120조, 제121조, 제126조). 매각허가결정이 확정되면 법원은 대금의 지급기한을 정하여 이를 매수인과 차순위매수신고인에게 통지하여야 하며, 매수인이 대금지급기한까지 정해진 절차에 따라 매각대금을 지급하면 법원사무관 등은 매각허가결정의 등본을 첨부하여 매수인의 소유권등기를 관할등기소에 촉탁하여야 한다(민사집행법 제142조 제2항, 제144조 제1항).

㉦ 매각대금의 배당

매수인이 대금을 완납한 때에는 법원은 배당기일을 정하여 이해관계인과 배당을 요구한 채권자에게 이를 통지하는 등의 배당절차를 밟아야 한다(민사집행법 제146조, 제145조). 이 경우 매각대금으로부터 배당받는 순서는 일반적으로 다음과 같다 i) 경매비용(제360조), ii) 근로자의 최종 3월분의 임금과 최종 3년간의 퇴직금 및 재해보상금(근로기준법 제38조 제2항), iii) 제3취득자가 목적물에 지출 한 필요비 및 유익비(제367조), iv) 주택(상가건물)임대차보호법상의 소액보증금 중 일정액(동법 제8조, 제12조), v) 저당목적재산 자체에 부과된 국세·지방세(국세기본법 제35조 제1항; 지방세법 제31조 제2항 제3호), vi) 일반채권의 순서로 배당받는다(대판 2005.10.13, 2004다26799 참고).

④ 재매각(재경매)

㉠ 매수인이 대금지급기한 또는 민사집행법 제142조 제4항에서 다시 정한 기한까지 그 의무를 완전히 이행하지 아니하였고, 차순위매수신고인이 없는 때에는 법원은 직권으로 부동산의 재매각을 명하여야 한다. 이 경우 종전에 정한 최저매각가격 그 밖의 매각조건은 재매각절차에도 적용된다(민사집행법 제138조 제1항, 제2항).

㉡ 법원은 매수인이 재매각일의 3일 이전까지, 매각대금과 그 지급기한이 지난 뒤부터 지급일까지의 대금에 대한 대법원규칙이 정하는 이율에 따른 지연이자와 절차비용을 지급한 때에는 재매각절차를 취소하여야 한다. 이 경우 차순위매수신고인이 매각허가결정을 받았던 때에는 위 금액을 먼저 지급한 사람이(경낙매수인 또는 차순위매수신고인) 매매목적물의 권리를 취득한다(민사집행법 제138조 제3항). 한편 유의할 점은 재매각절차에서는 전매수인(재매각 바로 전의 낙찰인)은 매수신청을 할 수 없을 뿐만 아니라 매수신청을 위한 보증금의 반환을 청구하지도 못한다(동조 제4항).

⑤ 매각의 효과

㉠ 매수인의 권리취득

매수인은 매각대금을 완납한 때에 매각의 저당목적물의 소유권을 취득한다(민사집행법 제135조). 이는 제187조에 의한 물권변동이므로 등기를 요하지 않지만, 법원이 등기를 촉탁한다(민사집행법 제268조, 제144조). 다만 저당권이 처음부터 존재(실채)하지 않은 경우에는 매수인은 소유권을 취득하지 못한다. 예컨대 위 조문에 의하여 설정된 저당권의 실행으로 경매가 진행된 경우에 대해서까지 공신력을 인정하는 것은 부당하기 때문이다.

㉡ 다른 권리에 대한 효과

경매목적물에 있는 권리와 매수인의 관계는 최선순위 저당권설정등기일을 기준으로 결정된다. 따라서 담보권실행으로 인하여 저당부동산 위에 존재하던 다른 저당권은 순위에 관계없이 모두 소멸한다(소제주의; 민사집행법 제268조, 제91조 제2항). 유의할 점은 저당권실행에 의한 매각(경매)이 이루어진 경우라고 하더라도 최선순위 저당권설정등기일 전에 대항력을 갖춘 용익권이나 유치권자는 유치적 효력을 잃지 않으므로, 매수인은 용익권자 또는 유치권자에게 그 담보로 하는 채권을 변제할 책임이 있다(민사집행법 제91조 제5항).

⑥ 경매절차의 하자

㉠ 경매절차상의 하자에 대하여 항고 또는 이의를 신청하여 다툴 수 있으나, 매각허가결정이 확정된 후에는 그 하자가 치유되어 더 이상 다툴 수 없다(대판 2010.7.23, 2008다247도 참고).

㉡ 저당권이 유효하게 성립하였으나 그 후 변제 등으로 피담보채권이 소멸하고 그 결과 저당권이 소멸한 경우에, 경매절차가 진행되는 도중에 하자가 발생하거나 발견되면 경매절차를 정지하거나 취소하여야 하지만(민사집행법 제266조), 그 절차에 따라 이미 매수인이 매각대금을 완납한 후에는 채무자가 매수인의 소유권취득을 다투지 못한다(민사집행법 제267조).

3) 유저당계약에 의한 저당권실행

① 유저당계약의 의의

저당권설정계약을 체결하면서 당사자의 특약으로, 저당채무의 불이행이 있는 경우에 저당목적물의 소유권을 저당권자가 취득하는 것으로 하거나 또는 경매에 의하지 않는 임의의 방법으로 저당목적물을 제3자에게 처분 내지 환가하여도 좋다는 내용의 계약을 '유저당계약'이라고 한다.

② 유저당계약의 유효성

민법은 질권에 대해서는 유질계약의 효력을 부인하면서(제339조) 저당권에 대해서는 아무런 규정을 두고 있지 않을 뿐만 아니라, 특히 유질계약금지규정을 준용하고 있지도 않다. 따라서 유저당계약에 관한 유효성 여부에 관하여 논의가 있으나, 개개의 유저당을 검토하여 채무자의 궁박을 이용한 폭리행위가 되는지의 여부에 따라 유・무효의 효력을 정하는 것이 타당할 것이다(곽윤직 345면, 김준호 938면, 김형배 798면, 지원림 780면).

③ 유저당계약의 유형

㉠ 대물변제의 예약

유저당의 목적을 위하여 저당권을 설정하면서 아울러 피담보채권의 불이행이 있는 경우에는 저당부동산의 소유권을 저당권자에게 이전한다는 합의를 하고 이에 관하여 가등기를 하거나 또는 이전등기에 필요한 서류를 미리 교부케 하는 것을 말한다. 이때에 당사자는 저당권을 설정하는 동시에 저당부동산에 관하여 대물변제의 예약을 한 것이다.

ⓛ 임의환가의 약정

임의환가의 약정은 저당부동산의 환가를 민사집행법에 의한 경매가 아닌 임의의 방법(제3자에의 매각)으로 실시하여 청산하기로 한 약정을 말한다. 임의환가특약을 한 때에는 저당권자는 미리 자기 앞으로 소유권이전등기를 하고 목적물을 인도받은 후 저당채무의 불이행이 있으면 변제에 갈음하여 제3자에게 처분해서 피담보채권에 충당하고 남은 금액을 저당권설정자에게 반환하여야 한다(통설).

4) 저당권과 용익관계

① 서 언

저당권은 설정자가 목적물을 점유하여 사용・수익하고 저당권자는 단지 교환가치만을 파악하는 것을 내용으로 한다. 따라서 저당권이 설정된 후에도 설정자의 목적물에 대한 이용권능은 아무 제한을 받지 않는다. 한편 저당권이 설정된 후에 제3자가 취득한 용익권에 관하여는 저당권의 실행(경매)이 있게 되면 그 매수인에 대하여 대항할 수 없으므로 목적물을 그에게 인도하여야 한다.

② 저당토지 위의 건물일괄경매권

㉠ 일괄경매의 의의

민법 제365조는 토지를 목적으로 하는 저당권이 설정된 후, 설정자가 그 토지에 건물을 축조한 때에는 저당권자는 토지와 함께 그 건물에 대하여도 경매를 청구할 수 있고 하여 일괄경매청구권을 인정하고 있는데, 이는 민법 제366조에서와 같은 법정지상권을 인정하지 않는 데 그 의의가 있다.

ⓛ 일괄경매의 요건

ⓐ 저당권설정 당시에 지상에 건물이 없을 것, 즉 저당권설정 후에 저당토지 위에 건물이 신축된 경우에 한하여 민법 제365조가 적용된다. 그러나 저당권설정 당시에 건물의 존재가 예측되고, 사회・경제적 관점에서 그 가치의 유지를 도모할 정도로 건물의 축조가 진행되어 있는 경우에는 일괄경매권이 인정되지 않는다(대결 1987.4.28, 83다카2856).

ⓑ 저당권설정자가 축조하고 소유하는 건물일 것, 즉 토지소유자인 저당권설정자가 축조하여 소유하고 있는 건물이어야 한다(대결 1994.1.24, 93마1736). 또한 저당권설정자로부터 저당토지에 대한 용익권을 설정받은 자가 그 토지에 건물을 축조한 경우라도 그 후 저당권설정자가 그 건물의 소유권을 취득한 경우에는 저당권자는 토지와 함께 그 건물에 대하여 일괄경매를 청구

할 수 있다(대판 2003.4.11, 2003다3850). 한편 유의할 점은 저당권설정자가 건물축조 후 매개시결정 전에 이를 제3자에게 양도한 경우에는 일괄경매청구권은 성립하지 않는다(대결 1999.4.20, 99마146 참고).

㉢ 일괄경매권의 행사

ⓐ 민법 제365조는 '경매할 수 있다'고 규정하고 있으므로 토지만을 경매할 것인가, 토지・건물을 일괄하여 경매할 것인가는 저당권자의 권한이지 의무가 아니므로 자유로이 선택할 수 있다. 판례 역시 일괄경매권의 행사가 권리남용에 해당한다는 특별한 사정이 없는 한, 자신의 자유로운 의사에 따라 선택할 수 있다고 한다(대판 1977.4.26, 77다77).

ⓑ 토지만을 경매하여 그 대금으로부터 충분히 피담보채권의 변제를 받을 수 있다 하더라도 토지・건물의 일괄경매는 허용되며, 과잉경매로 되지 않는다(대결 1961.3.20, 4294민재항50). 또한 토지에 대하여 경매를 신청한 후에도 경매기일 공고시까지는 일괄경매로 변경하여 진행할 수 있다(대결 2001.6.13, 2001마1632).

【판 례】

* 대결 2001.6.13, 2001마1632 … 토지의 저당권자가 토지에 대하여 경매를 신청한 후에도 그 토지상의 건물에 대하여 토지에 관한 경매기일 공고시까지는 일괄경매의 추가신청을 할 수 있고, 이 경우에 집행법원은 두 개의 경매사건을 병합하여 일괄경매절차를 진행함이 상당하다.

㉣ 일괄경매의 효력

일괄경매를 하는 경우에도 저당권의 우선변제적 효력은 건물에 관하여는 미치지 않으므로 저당권자가 우선변제를 받는 범위는 토지의 경매대금에 한정된다(제365조 단서; 대판 2012.3.15, 2011다54587). 건물의 경매대금에 대해서는 일반 채권자의 지위에서 배당을 받을 수 있을 뿐이다. 이 경우 유의할 점은 토지와 건물을 동일인에게 경락시켜 건물을 유지케 하려는 것이 민법 제365조(일괄경매)의 취지이므로 토지와 건물은 동일인에게 매각되어야 한다.

【판 례】

* 대결 2012.3.15, 2012다54587마1632 … 토지와 신축건물에 대하여 민법 제365조에 의하여 일괄매각이 이루어졌다면 일괄매각대금 중 토지에 안분할 매각대금은 법정지상권 등 이용제한이 없는 상태의 토지로 평가하여 산정하여야 하며, 토지의 저당권자가 건물의 매각대금에서 배당을 받으려면 민사집행법 제268조, 제88조의 규정에 의한 적법한 배당요구를 하여야 한다.

④ 제3취득자의 지위

㉠ 의 의

저당권은 목적물에 대한 점유를 빼앗는 것이 아니므로 저당권설정자는 목적물을 자유로이 사용·이익할 수 있음은 물론, 이를 양도하거나 지상권·전세권을 설정할 수도 있는 바, 이때 저당권이 설정된 후에 저당목적물을 양도받은 양수인 또는 그 저당부동산 위에 지상권이나 전세권을 취득한 자를 제3취득자라고 한다(제364조).

㉡ 경매인(경매의 매수인)의 자격

채무자는 강제경매 또는 담보권실행경매절차에서 매수신고인이 될 수 없다(민사집행규칙 제59조, 제202조). 그러나 저당부동산을 취득한 자(제3취득자)는 경매의 매수인이 될 수 있다(제363조 제2항). 그 이유는 제3취득자의 지위는 채무자의 채무변제 여하에 따라 그 존속에 영향을 받게 되어 매우 불안정하므로 이러한 제3취득자의 지위를 보호하기 위하여 민법은 저당물의 소유권을 취득한 제3자는 경매인(경매의 매수인)이 될 수 있도록 하고 있다.

㉢ 제3취득자의 변제권

저당부동산에 대하여 소유권, 지상권 또는 전세권을 취득한 제3자는 저당권자에게 그 부동산으로 담보된 채권을 변제하고 저당권의 소멸을 청구 할 수 있다(제364조). 따라서 저당부동산의 제3취득자는 채무자의 의사에 반해서도 채무를 변제할 수 있는 변제권을 갖는다(제469조 제2항 참조). 다만 그 변제시기는 변제기한이 도래된 경우에 한한다(곽윤직 354면; 대판 1979. 8.21, 79다873).

㉣ 제3취득자의 변제효과

제3취득자의 변제가 있으면 저당권은 부종성으로 인해 '당연히' 소멸한다(통설). 이 경우 판례는 제3취득자의 지위를 물상보증인과 유사한 것으로 보아, 물상보증인의 채무자에 대해 구상권을 가지는 것과 동일한 것으로 본다(제341조; 대판 1997. 7.25, 97다8403). 유의할 점은 제3취득자가 저당목적물을 양수함에 있어 자신(제3취득자)의 피담보채권을 공제한 나머지 대금으로 매수한 경우에는 채무자에 대한 관계에서 채무를 인수한 것이 되어 자기의 채무를 변제한 것이 되므로, 채무자에 대한 구상권은 생기지 않는다(대판 1974.12.10, 74다1419).

㉤ 제3취득자의 비용상환청구권

저당물의 제3취득자가 그 부동산의 보존·개량을 위하여 필요비 또는 유익비를 지출한 때에는 민법 제203조 제1항 및 제2항의 규정(점유자의 상환청구권)에 의하여 저당물의 매각대금에서 우선상환을 받을 수 있다(제367조).

5) 저당권침해에 대한 구제

① 저당권침해의 유형과 특수성

㉠ 저당권침해란 저당권자의 담보를 위태롭게 하는 것을 말한다. 예컨대 저당권의 목적물을 멸실 또는 훼손하는 것은 목적물의 교환가치를 감소케 하는 것이므로 저당권의 침해가 된다. 저당권은 목적물의 점유・이용을 목적으로 하지 않는 이른바 가치권이므로 이의 침해에 대한 구제문제는 다른 물권에 대한 침해와는 좀 특이한 면이 있다.

㉡ 저당권의 침해는 크게 두 가지 유형이 있는 바, 그 목적물을 침해하는 경우와 저당권 자체를 침해하는 경우가 있다. 예컨대 목적물을 침해하는 모습으로서는 목적물을 멸실・훼손하는 경우이고, 저당권 자체를 침해하는 경우는 피담보채권의 변제없이 부당하게 저당권등기를 말소하는 것과 같은 것이다.

② 침해에 대한 구제방법

㉠ 물권적 청구권

저당권자는 물권적 청구권을 행사하여 저당권을 보호할 수 있다. 즉 저당권자는 그의 저당권을 방해하는 제3자에 대하여 방해의 제거를 청구할 수 있고(대판 2006.1.27, 2003다58454), 저당권을 방해할 염려 있는 행위를 하는 자에 대하여는 그 예방이나 손해배상의 담보를 청구할 수 있다(제214조, 제370조). 유의할 점은 저당권자는 목적물반환청구권을 갖지 못한다. 즉 저당권자는 목적물을 점유할 권리를 갖지 않으므로 스스로 목적물반환을 청구할 자격이 없기 때문이다. 민법도 반환청구권에 관한 제213조는 저당권에 준용하지 않고 있다(제370조).

㉡ 유해등기의 말소청구권

유해등기의 말소청구권이라 함은 법률상으로는 무효이더라도 사실상 저당권의 행사에 장해가 될 수 있는 등기가 존재하는 경우 저당권자는 그 말소를 청구할 수 있다. 예컨대 이미 변제되어 있음에도 불구하고 선순위의 저당권등기가 아직 말소되지 않고 있는 경우 저당권자는 그 방해제거를 위하여 유해등기의 말소를 청구할 수 있다.

㉢ 손해배상청구권

저당권의 침해가 있는 경우에는 저당권자는 불법행위로 인한 손해배상을 청구할 수 있다(제750조 참조). 손해배상청구권이 발생하는 것은 목적물의 침해로 저당권자가 채권의 완전한 만족을 얻을 수 없게 되는 때이며(대판 2008.1.17, 2006다586), 그 행사의 시기는 저당권의 실행을 기다릴 필요없이 그 이전이라도 불법행위 후 곧 가능하다는 것이 통설이다(곽윤직 477면, 김증한 429면, 이영준 849면, 최식 416면 등).

【판 례】

* 대판 2008.1.17, 2006다586 … 손해배상청구는 제3자가 저당물을 멸실·훼손시킨 경우에 행사하는 것이 보통이지만 저당물의 소유자(저당권설정자)도 침해자로 될 수 있는 바, 물상보증인이 저당권의 목적인 토지 위에 포장도로 개설공사를 시행하여 일반 공중이 사용하는 도로로 제공함으로써 그 교환가치를 감소시킨 경우에, 물상보증인(소유자)은 공사시공자와 함께 저당권자에 대한 공동불법행위 책임을 부담한다.

㉣ 담보물보충청구권

저당권설정자의 책임 있는 사유로 인하여 저당물의 가액이 현저하게 감소된 때에는 저당권자는 저당권설정자에 대하여 그 원상회복 또는 상당한 담보제공을 청구함으로써 그 저당물의 가치를 원상회복 시킬 수 있다(제362조).

㉤ 즉시변제청구권

저당권의 침해가 저당권설정자(채무자)의 책임 있는 사유, 즉 채무자가 담보물을 손상·감소 또는 멸실한 경우에는 채무자는 기한의 이익을 상실하므로(제388조 제1호), 저당권자(채권자)는 즉시 변제를 청구할 수 있다. 이 경우 채무자가 즉시변제청구에 응하지 아니할 때에는 채권자는 곧 저당권을 실행할 수 있게 된다.

4. 저당권의 처분 및 소멸

(1) 저당권의 처분

1) 서 언

저당권자는 원칙적으로 저당채무의 변제 또는 저당권의 실행에 의하여 만족을 얻지만, 피담보채권의 변제기 전에 자금이 급히 필요한 경우에는 투하자본을 회수하기 위하여 저당권을 처분할 수 있다. 저당권자가 저당권을 처분하는 방법으로 저당권을 양도하거나 입질하는 방법이 있다.

2) 저당권부채권의 양도

① 일체양도

저당권을 양도하는 경우, '물권적 합의' 즉 양도의 물권적 합의는 저당권의 양도인과 양수인 사이에 있으면 족하고, 그 외에 채무자나 물상보증인 사이에까지 양도합의가 있어야 하는 것은 아니다(대판 2005.6.10, 2002다15412 · 15429). 다만 저당권은 그 담보한 채권과 분리하여 타인에게 양도하지 못하므로, 피담보채권과 일체로만 처분할 수 있다. 따라서 채권의 양도에 관해서는 채권양도에 관한 규정이 적용되고, 저당권의 양도에 관해서는 그 등기를 하여야 효력이 생긴다(대판 2003.10.10, 2001다77888).

② 일부양도

피담보채권의 일부가 양도(이전)된 경우에는 그 양도액을 기록하여 등기하여야 한다(부동산등기법 제79조). 이 경우 양 채권자는 그 채권액을 지분으로 하여 저당권을 준공유한다. 이는 저당권의 불가분성에 따른 결과이다.

③ 대항요건

저당권부채권의 양도는 저당권의 양도뿐만 아니라 채권양도도 포함되므로 채권양도에 관한 규정(제449조~제452조)이 적용된다. 따라서 저당권부채권의 양도에 있어서 채무자 기타 제3자에게 대항하기 위하여는 양도인이 채무자에게 통지하거나 채무자가 승낙하여야 한다(제450조 제1항). 한편 채무자 이외의 제3자에게 대항하기 위해서는 통지나 승낙은 확정일자 있는 증서에 의하여야 한다(제450조 제2항).

3) 저당권부채권의 입질

① 입질의 개념

저당권은 그 부종성에 의하여 피담보채권과 분리하여 타인에게 담보로 제공하지 못하므로 저당권부채권의 입질만이 가능하다. 즉 저당권에 의해 담보된 채권을 다른 채권의 담보로 제공하는 것을 저당권부채권의 입질이라고 한다.

② 입질의 요건

저당권부채권의 입질은 일종의 채권의 입질과 저당권의 입질이 결합된 형태로서만 행해질 수 있다. 따라서 그 입질에 따른 각각의 요건을 갖추어야 하는 바, 채권의 입질에 관하여는 지명채권에 대한 질권의 대항요건을 정한 규정이 적용되고(제349조), 저당권의 입질에 관하여는 그 저당권등기에 질권의 부기등기를 하여야 그 효력이 저당권에 미친다(제348조).

③ 입질의 효과

저당권부채권이 입질되면 질권자는 입질된 채권의 추심권을 가지게 되는 바(제353조), 입질채권이 변제되지 않으면 저당권을 실행할 수 있다. 한편 입질된 채권의 채권자(저당권에 대한 질권을 설정한자)는 저당권부채권이 질권부채권액을 초과하는 경우에도 그 차액을 추심할 수 없다. 왜냐하며 불가분성에 의하여 질권은 입질채권 전액을 구속하기 때문이다.

(2) 저당권의 소멸

1) 일반적 소멸사유

물권에 공통하는 소멸사유와 담보물권에 공통하는 소멸사유인 목적물의 멸실・저당권의 포기・혼동 및 경매・제3취득자의 변제 등에 의하여 저당권은 소멸한다.

2) 피담보채권의 소멸

저당권으로 담보한 채권이 시효가 완성(소멸시효)되거나 기타 사유로 인하여 소멸하면 저당권도 당연히 소멸한다(제369조). 그 외에 지상권이나 전세권이 소멸하면 지상권 또는 전세권을 목적으로 하는 저당권도 소멸한다(대판 1999.9.17, 98다31301; 말소등기는 필요하지 않는다). 한편 지상권 또는 전세권을 목적으로 저당권을 설정한 자는 저당권자의 동의없이 지상권 또는 전세권을 소멸(포기)하게 하는 행위를 하지 못한다(제371조 제2항). 지상권 또는 전세권이 소멸하면, 그것을 목적으로 하는 저당권도 소멸하기 때문이다.

5. 특수저당권

(1) 공동저당권

1) 서 설

① 공동저당권의 의의

공동저당권이라 함은 동일한 채권의 담보로서 수개의 부동산(예컨대 여러 개의 토지, 토지와 그 지상건물 등) 위에 설정된 저당권을 말하는 것으로서 '총괄저당'이라고도 한다(제368조). 이러한 공동저당은 '채무자의 입장'에서 여러 개의 저당물이 갖는 담보가치를 묶어 고액의 피담보채무를 담보로 할 수 있다는 점이, '채권자의 입장'에서는 담보물의 멸실이나 경제사정의 변동 등으로 인한 담보가치의 하락이라는 위험을 분산시킬 수 있다는 점이 장점으로 작용하여 그 활용도가 매우 높다.

② 공동저당의 특수성

㉠ 공동저당은 ⓐ 각 저당물마다 별개의 저당권이 성립하며(저당권의 독립성), ⓑ 각 저당권은 그 피담보채권으로 공시된 채권액 전부를 담보하므로, 피담보채권이 중첩적으로 담보된다(피담보채권의 중첩성). ⓒ 또한 공동저당에서 그를 구성하는 복수의 저당권이 각각 피담보채권 전부를 담보하고, 피담보채권의 각 부분은 복수의 저당권 전부에 의하여 담보된다(공동저당의 연대성)는 특수성을 가진다.

㉡ 공동저당의 특수성으로 인하여 목적물의 소유자나 이 목적물에 관하여 후순위담보권을 가지는 자는 공동저당권자의 자의적인 판단에 의하여 불리하게 될 수 있으므로, 민법은 이해관계인들 간의 공평을 도모하기 위하여 공동저당부동산의 경매대가에 비례하여 각 저당물의 책임분담액을 정하고, 그 책임분담액을 넘는 잉여가치에 대하여 설정된 차순위저당권자를 보호하고 있다(제368조 참조).

2) 공동저당권의 성립

① 설정계약

㉠ 당사자의 설정계약에 의하여 하나의 채권담보로서 수개의 부동산 위에 저당권이 설정되면 공동저당권이 성립한다. 유의할 점은 이러한 공동저당은 시기를 달리하여 설정되는 경우도 있고, 수개의 목적물의 소유자 내지 수개의 저당권의 순위를 달리하여 설정되는 경우도 있다.

㉡ 공동저당권을 설정함에 있어 갑(甲)이 1억 5천만 원의 채권으로 A(1억 5천만 원), B(1억 원), C(5천만 원) 3개의 부동산 위에 1번 공동저당권을 취득하고, 을(乙)이 A부동산에 7천 5백만 원, 병(丙)이 B부동산에 5천만 원, 정(丁)이 C부동산에 2천 5백만 원의 채권으로 각각 2번 저당권을 취득하는 것이 대표적 사례라고 할 수 있다.

② 공동저당 등기

㉠ 각 부동산에 관하여 저당권설정의 등기를 요한다. 이 경우 각 저당권의 등기에 있어서 다른 부동산과 함께 1개의 채권의 공동담보로 되어 있다는 것을 아울러 기록하여야 한다(부동산등기법 제78조 제1항).

㉡ 공동저당부동산이 5개 이상일 경우에는 절차의 번거로움을 피하기 위하여 등기신청시에 '공동담보목록'을 작성하여 공동저당관계를 공시하며, 이

는 등기기록의 일부로 간주된다(부동산등기법 제78조 제2항, 제3항). 그러나 유의할 점은 공동저당관계의 등기는 공동저당권의 성립요건이나 대항요건이라고 할 수 없으므로, 수 개의 저당권 사이에 공동저당관계의 등기를 마쳤는지 여부와 관계없이 공동저당관계가 성립한다(대판 2010.12.23, 2008다57746). 즉 공동담보목록을 작성하지 아니하더라도 공동저당권은 성립한다.

3) 공동저당권의 효력

① 공동저당권의 실행

공동저당권의 실행절차는 원칙적으로 보통저당권에서와 다르지 않지만 채권자의 실행선택권이 인정된다. 즉 공동저당권자는 복수의 저당권 전부를 동시에 실행(동시배당)하거나 일부만을 실행(이시배당)할 수 있고, 일부만을 실행하는 경우에도 그 매각대금으로부터 피담보채권의 전액을 변제받을 수 있다.

② 동시배당의 경우(부담의 안분)

㉠ 공동저당권을 실행함에 있어 '동시배당'의 목적은 공동저당권자의 실행선택권과 우선변제권을 침해하지 않는 범위 내에서 각 부동산의 책임을 '비례안분'시킴으로써 각 부동산상의 소유자와 후순위저당권자 기타의 채권자의 이해관계를 조절하고자 하는 것이다(대판 2006.10.27, 2005다14502). 그런데 '선순위권리자'가 있으면 각 부동산별로 매각대금에서 그의 피담보채권액(당해 부동산이 부담할 경매비용 포함)을 공제하여 경매대가를 정하고(대판 2003.9.5, 2001다66291) 이를 기준으로 각 공동저당의 책임분담을 결정할 것이다.

㉡ 공동저당권의 목적물 전부를 경매하여 그 대가(對價)를 동시에 배당하는 경우에는, 각 부동산의 경매대가에 비례하여 그 채권의 분담을 정한다(제368조 제1항). 위 설정계약의 사례에서 갑(甲)의 1억 5천만 원 채권에 대하여 목적부동산 A에서 7천 5백만 원, B에서 5천만 원, C에서 2천 5백만 원을 각각 분담한다. 그 결과 2번 저당권자 을(乙)·병(丙)·정(丁)도 목적부동산인 A·B·C의 경매 대가의 잔액에서 각각 채권의 만족을 얻을 수 있다.

③ 이시배당의 경우(후순위저당권자의 대위)

㉠ 대위의 의의

민법 제368조 제2항 2문(후문) 소정의 대위는 선순위저당권자의 미실행 저당권이 이미 경매된 부동산의 후순위저당권자에게 법률상 당연히 이전하는 것을 의미한다(통설). 즉 피담보채권의 이전과는 무관하게 저당권만 이전되므로, 이는 저당권의 부종성에 대한 예외라고 할 수 있다.

㉡ 대위의 요건

후순위저당권자의 '대위'가 인정되기 위한 조건으로 ⓐ 공동저당물 중 일부의 경매대가가 먼저 배당되었을 것, ⓑ 공동저당권자가 일부의 경매대가로부터 그 부동산의 책임부담액을 초과하는 배당을 받았을 것, ⓒ 그로 인하여 후순위저당권자가 동시배당에 비하여 불이익을 받았을 것 등의 요건이 갖추어져야 한다.

㉢ 대위권의 범위

후순위저당권자는 공동저당부동산을 동시에 경매하여 배당하였더라면 공동저당권자가 다른 부동산에서 변제받을 수 있었던 금액의 한도 내에서 공동저당권자에 대위하여 그 저당권을 실행할 수 있다(제368조 제2항 2문). 다시 말해서 동시배당이 이루어졌더라면 선순위저당권자가 다른 부동산의 경매대가에서 배당받을 수 있는 금액, 즉 각 부동산의 책임분담액 한도 내에서 후순위저당권자의 배당상 불이익액을 초과할 수 없다.

㉣ 대위권의 발생시기

대위권은 배당이의소송의 확정 등 그 배당표가 확정되는 것을 기다려 그때에 비로소 발생하는 것이 아니라, 배당기일에 그 배당표에 따라 배당이 실시되어 배당기일이 종료되었을 때, 다시 말해서 선순위저당권자가 배당에서 실질적으로 채권을 완제받은 때에 발생한다(대판 2006.5.25, 2003다18401).

㉤ 대위의 방법

ⓐ 대위에 의하여 공동저당권자의 저당권은 후순위저당권자에게 이전한다. 유의할 점은 대위에 의한 저당권의 이전은 법률의 규정에 의한 물권변동이므로, 등기 없이도 저당권이전의 효력이 발생한다(제187조). 다만 등기(부기등기)를 하지 않은 경우 새로운 이해관계있는 제3자에게 대항하지 못한다(대판 2011.8.18, 2011다30666·30673). 또한 등기관이 대위등기를 할 때에는 매각부동산, 매각대금, 선순위저당권자가 변제받은 금액을 기록하여야 한다(부동산등기법 제80조).

ⓑ 위의 사례(동시배당사례)에서 A의 부동산만이 경매된 경우 갑(甲)은 그 채권 전부를 받을 수 있으나, 그 부동산의 후순위 저당권자 을(乙)은 자기의 채권을 변제받지 못하는 결과가 초래된다. 따라서 후순위권리자를 보호하기 위하여 민법은 을에게 갑을 대위하여 B와 C부동산에 대하여 각각 5천만 원과 2천 5백만 원 한도에서 저당권을 행사할 수 있는 길을 열어주고 있다(제368조 제2항 2문; 그 한도에서 B·C 부동산에 관하여는 을이 병이나 정보다는 우선한다).

【판 례】

* 대판 2011.8.18, 2011다30666 · 30673 … 후순위저당권자명의로 대위의 부기등기를 하지 않고 있는 동안에 공동저당권자의 저당권설정등기가 말소되고, 그 후 제3자를 위한 새로운 저당권설정등기가 된 경우에는 새로운 저당권자에게 대항할 수 없다.

④ 물상보증인과의 관계

㉠ 공동저당의 목적물의 전부 또는 일부가 물상보증인의 소유에 속하는 경우에 그 부동산이 경매되면 물상보증인은 채무자에 대하여 구상권을 취득하고 채권자를 대위하여 다른 공동저당부동산 위에 공동저당권을 취득하게 된다(제481조, 제482조). 그런데 문제는 '물상보증인에 의한 변제자의 대위'(제481조)와 '공동저당권의 후순위저당권자의 대위'(제368조 제2항 후단) 사이에 이해관계의 충돌이 생긴다는 점이다.

㉡ 공동저당의 목적인 채무자 소유의 토지와 물상보증인의 토지 중 채무자 소유의 토지가 먼저 경매된 경우, 그 토지상의 후순위저당권자는 민법 제368조 제2항 2문(후순위자의 대위변제권)에 의하여 물상보증인 소유의 부동산에 저당권을 행사할 수 없다(대결 1995.6.13, 95마500; 대판 1996.3.8, 95다36596). 그러나 물상보증인의 부동산에 대하여 먼저 경매가 실행된 경우, 물상보증인의 부동산에 후순위저당권을 가진 자를 물상보증인보다 우선시켜 보호하고 있다(대판 1994.5.10, 93다25417; 대판 2001.6.1, 2001다21854). 즉 물상보증인이 채무자의 부동산에 대하여 갖는 1번 저당권자의 변제자대위권(제481조)보다 후순위저당권자의 물상대위권(제342조, 제370조)을 우선적으로 보호한다.

【판 례】

* 대결 1995.6.13, 95마500; 대판 1996.3.8, 95다36596 … 공동저당의 목적인 채무자 소유의 A토지와 물상보증인 소유의 B토지 중 채무자 소유의 A토지에 대하여 먼저 경매가 이루어져, 그 경매대금의 교부에 의하여 1번 공동저당권자가 변제를 받더라도 채무자 소유의 A토지에 대한 후순위저당권자는 민법 제368조 제2항 후단에 의하여 1번 공동저당권자를 대위하여 물상보증인 소유의 부동산에 저당권을 행사할 수는 없다.
* 대판 1994.5.10, 93다25417 … 물상보증인 소유의 B토지에 대하여 후순위저당권자는 물상보증인이 변제자대위(제481조)에 의하여 취득한 위의 1번 저당권을 물상대위하여 우선변제를 받을 수 있다. 따라서 물상보증인 소유의 부동산이 먼저 경매된 경우에 있어서는 민법 제386조 제2항 후단이 후

순위저당권자의 보호를 기하고 있는 취지를 고려하여 물상보증인에게 이전한 1번 저당권은 위 후순위저당권자의 피담보채권을 담보하는 것으로 되어, 후순위저당권자는 마치 1번 저당권상에 민법 제370조·제342조의 규정에 의하여 물상대위를 하는 것과 같이 그 순위에 따라 물상보증인이 취득한 1번 저당권에 우선하여 변제를 받을 수 있다.

(2) 근저당

1) 서 설

① 근저당의 의의

근저당이라 함은 당좌대월계약·어음할인계약·상인간의 계속적 공급계약 등에 기하여 계속적 거래관계로부터 생기는 불특정채권을 장래의 결산기에 일정한 한도, 즉 채권최고액의 범위 내에서 담보하려고 하는 저당권을 말한다(제357조).

② 근저당권의 특질

㉠ 근저당권의 특징은 피담보채권의 불확정성에 있다. 즉 피담보채권이 장래 증감변동하는 것을 예정하고 있는 점과 채권의 결산기에 있어서의 총액을 담보하는 점에 있다. 이러한 점은 통상의 저당권과 다르다.

㉡ 근저당권의 또 하나 특징은 부종성이 요구되지 않는다는 점이다. 즉 근저당권에 있어서는 피담보채권이 증감변동하여 일정한 액수로 고정되어 있지 않다. 따라서 채무액이 일시 존재하지 않더라도 저당권은 소멸하지 않으며, 기간 내에 다시 채무가 발생하면 저당권은 동일성을 유지하면서 그 채권을 담보한다. 이것은 곧 부종성의 예외를 의미한다. 우리 민법은 저당권의 부종성을 완화하여 이를 명문으로 인정하고 있다(제357조 제1항 2문).

2) 근저당권의 성립

① 설정계약

㉠ 근저당설정계약의 당사자는 근저당권자와 근저당권설정자이다. 이 경우 근저당권자는 피담보채권의 채권자이나, 근저당권설정자는 채무자일 수도 있고 물상보증인일 수도 있다.

㉡ 근저당권설정계약에는 담보할 채권의 최고액과 피담보채권의 범위를 결정하는 기준을 정하여야 한다. 또한 피담보채권액이 장래에 구체적으로 확정될 것이므로, 그 채권의 발생의 기초가 되는 계속적 법률관계, 즉 기본계약(당좌대월계약, 어음할인계약)을 명백히 정하여야 한다. 기본계약에 결산기가 있는

경우에는 그에 의하여 근저당권의 존속기간이 정하여진다.

② 설정등기

㉠ 근저당권이 등기의 원인(근저당권 설정계약)임과 채권의 최고액은 반드시 등기하여야 한다(부동산등기법 제75조 제2항). 이는 제3자의 예기치 않는 손해를 방지하기 위함이다. 그리고 최고액으로 되는 것은 채권원본의 한도액이 아니라, 이자와 손해배상금도 포함하는 원리금의 한도액이므로(제357조 제2항) 이자의 등기를 별도로 할 필요는 없다.

㉡ 근저당권의 존속기간이나 기존거래관계의 결산기에 관한 약정은 필요적 등기사항이 아니므로(부동산등기법 제75조 제2항), 이러한 약정을 등기하지 않았더라도 근저당권의 등기는 유효하다.

3) 근저당권의 효력

① 최고액

㉠ 최고액이란 근저당권에 의하여 담보되는 한도액, 즉 담보목적물로부터 우선변제를 받을 수 있는 최고한도액을 의미한다. 따라서 피담보채권액이 최고액을 넘는 때에는 그 최고액까지만 우선변제를 받을 수 있고, 그 초과부분은 근저당권에 의하여 담보되지 아니한다(대판 2005.4.29, 2005다3137).

㉡ 한편 근저당권자의 채권의 총액이 채권최고액을 초과하는 경우, 근저당권자와 그 채무자 겸 근저당권설정자 사이에서는 채권최고액과 지연손해금 및 집행비용 등 그 채권 일부의 변제가 있더라도 채권 전액의 변제가 있을 때까지 근저당권의 효력이 잔존채무에 미친다(대판2010.5.13, 2010다3681).

② 민법 제360조의 적용

㉠ 근저당권의 효력이 미치는 피담보채권의 범위는 우선적으로 근저당권설정계약에 의하여 결정되지만, 그 계약에 정함이 없으면 민법 제360조가 적용된다. 따라서 원본, 이자, 위약금, 채무불이행으로 인한 손해배상, 저당권의 실행비용 등이 채권최고액의 범위 내에서 담보된다(대판 2001.10.12, 2000다59081; 대판 2009.12.10, 2008다72318).

㉡ 특히 민법 제357조 제2항은 '채무의 이자는 최고액 중에 산입한 것으로 본다'고 규정하고 있으므로 지연이자 내지 지연배상은 1년분에 한정하지 아니하고 채권최고액에 포함되는 이상 모두 담보된다.

4) 근저당권의 실행

① 채무자 또는 제3취득자 등은 근저당권을 소멸시키기 위하여 먼저 피담보채권이 확정된 후 그 채권을 변제하여야 한다. 이때의 변제는 경매신청

이 있은 후라도 매각 전이라면 가능하다.

② 근저당권자는 피담보채권이 확정되고 확정된 피담보채권이 변제기가 도래하면, 근저당권을 실행하여 최고액까지 피담보채권의 우선변제를 받을 수 있다. 이때 근저당권의 실행 절차는 보통저당권의 실행절차에 의하게 된다. 한편 다른 채권자가 근저당권의 목적물에 관하여 경매를 신청하면 근저당권자는 매수인이 매각대금을 완납할 때를 기준으로 하여 그때까지 생긴 채권에 대해 최고액의 한도에서 우선변제 받을 수 있다(대판 1999.9.21, 99다26085).

5) 근저당권의 소멸

① 근저당권자가 경매를 신청하면 경매신청시에 근저당권의 피담보채권액이 확정되고, 그 이후부터는 근저당권은 부종성을 갖게 되어 보통의 저당권과 같은 취급을 받게 되어 소멸한다. 즉 근저당권은 피담보채권의 발생 가능성이 확정적으로 없게 된 때에 소멸한다(대판 1968.2.20, 67다2543).

② 채무자는 피담보채권이 확정되기 전이라도 채권이 변제 등으로 소멸케하거나 또는 거래의 계속을 원하지 않는 경우에는 근저당권설정계약을 해지하고 설정등기의 말소를 청구할 수 있다. 이 경우 근저당권의 물상보증인은 민법 제357조에서 말하는 채권의 최고액만을 변제하면 근저당권설정등기의 말소청구를 할 수 있다. 즉 물상보증인은 채권최고액을 초과하는 부분의 채권액까지 변제할 의무가 있는 것은 아니다(대판 2002.5.24, 2002다7176). 또한 경매부동산의 제3취득자는 피담보채권의 최고액과 경매비용을 변제공탁하고 근저당권의 소멸을 청구할 수 있다(대판 1974.12.10, 74다998 참고).

(3) 포괄근저당

1) 의 의

포괄근저당이란 기본계약(당좌대월계약, 어음할인계약)을 특정하지 않고서 채권자가 채무자에 대하여 '현재 및 장래에 발생할 일체의 채권'을 일정한 한도(최고액)까지 담보하는 것을 내용으로 하는 근저당권이 포괄근저당이다. 이는 특히 은행과 반복·계속되는 다양한 거래마다 별도의 근저당권을 설정하는 번거로움을 피하기 위하여 금융거래에서 주로 활용되고 있는 제도이다.

2) 유효성 여부

① 학 설

㉠ 포괄근저당의 유효성에 관하여 학설은 대체로 긍정하고 있다. 다만 포괄

근저당은 피담보채권의 범위가 무한히 확대될 수 있다는 점에서, 단순유효설과 한정적 유효설이 대립하고 있다.

㉡ 단순유효설은 피담보채권의 발생원인을 묻지 않고 최고액의 범위 내에서 장래의 일정한 시기에 특정될 수 있는 것이면 포괄근저당의 피담보채권으로 될 수 있다는 견해이다(김용한 590면, 김증한·김학동 569면). 반면 제한적 유효설은 피담보채권의 발생가능성을 사실적·객관적으로 특정할 수 있는 정도의 기초적인 관계가 있는 경우에 한해서 제한적으로 피담보채권에 포함시킨다는 견해이다(곽윤직 373면, 김상용 764면, 이영준 886면).

② 판 례

판례는 포괄근저당권의 유효성을 인정하는데(대판 2001.1.19, 2000다44911; 대판 2003.3.14, 2003다2109), 근저당권설정계약서는 처분문서로서 그 성립에 진정성이 인정되면, 반증이 없는 한 그 기재내용에 의하여 그 의사표시의 존재 및 내용을 인정한다거나, 또는 피담보채권에 관한 포괄적 기재는 예문에 불과함으로 당사자 사이의 여러 사정을 고려해서 피담보채무를 인정하여야 한다고 하는 바, 그 인정범위를 분명하게 밝히지는 않고 있지만, 적어도 단순유효설을 따르는 것으로 해석하기는 어려울 것이다(곽윤직 373면, 지원림 80면).

(4) 특별법에 의한 저당권

1) 입목저당권

① 입목법에 의하여 1필의 토지 또는 1필의 토지의 일부에 생육하는 수목의 집단은 동법에 의하여 소유권보존등기를 할 수 있고, 그 등기를 거친 수목의 집단을 '입목'이라 한다(입목법 제2조).

② 입목은 토지와 별도로 독립한 하나의 부동산으로 보게 되며, 토지와 분리해서 양도 및 저당의 목적이 될 수 있다(입목법 제3조). 이러한 입목을 목적으로 하여 설정된 저당권을 '입목저당권'이라 한다. 유의할 점은 입목에 대하여 저당권을 설정하기 위해서는 먼저 그 입목을 산림보험에 가입시켜야 한다(입목법 제22조).

2) 재단저당권

① 재단저당권제도는 기업경영을 위한 토지·건물·기계·기구 그 밖의 물적 설비 및 그 기업에 관한 면허·특허 그 밖에 권리 등을 일괄하여 하나의 재단을 구성하고, 그 위에 저당권을 설정하는 것을 인정하는 제도

로서, 공장 및 광업재단저당권이 있다(공장 및 광업 재단 저당법 제1조, 제2조).

② 공장재단이라 함은 공장에 속하는 일정한 기업용 재산으로 구성되는 일단의 기업재산으로 '공장재단등기부'에 소유권보존등기를 함으로써, 1개의 부동산으로 본다(공장 및 광업재단 저당법 제2조 제2호, 제10조~제13조). 또한 광업재단이란 광업권, 토지와 공작물 기타 광업에 관하여 광업권자에 속하는 것의 전부 또는 일부로써 구성되는 것으로 '광업재단등기부'에 소유권보존등기를 함으로써, 1개의 부동산으로 본다(공장 및 광업재단 저당법 제2조 제3호, 제52조, 제53조). 이를 저당권의 목적으로 할 수 있다(공장 및 광업재단 저당법 제3조, 제11조, 제52조).

3) 동산저당권

① 동산은 원칙적으로 질권의 목적이 될 수 있을 뿐이고, 저당권의 목적으로는 되지 못한다. 그러나 동산에 질권을 설정하면 점유를 이전하여야 하므로, 그 사용가치가 사장(死藏)되어 사회경제적으로 매우 비효율적일 뿐만 아니라 이를 담보로 생산자금을 융자하는 것은 불가능하다. 이러한 단점을 보완하기 위한 방법으로서 동산 중에서도 등기·등록이라는 공시방법이 갖추어져 있는 동산에 관하여 저당권의 설정을 인정하고 있는데 이것이 이른바 '동산저당'이다.

② 현행법상 저당권의 목적으로 되는 동산은, 자동차·항공기·건설기계·소형선박(자동차 등 특정동산 저당법 제3조), 선박(상법 제787조; 선박등기법 제3조) 등이 있다. 물론 그 외에 국제적인 금융거래가 활발해 짐에 따른 수요에 대처하기 위하여 '동산·채권 등의 담보에 관한 법률'이 제정(2010. 6. 10, 법률 제10366호)되었는데 이에 관하여는 제3편 채권총론(제1장 제4절)에서 구체적으로 다루기로 한다.

제 4 절 양도담보

1. 서 설

(1) 의 의

양도담보라 함은 채권담보의 목적으로 물건의 소유권(기타 재산권을 포함)을 채권자에게 이전하고, 채무자가 채무를 이행하지 아니한 경우에 그 목적물로부터 우선변제를 받게 되지만, 채무를 이행하는 경우에는 목적물을 다시 원소유자에게 반환함으로써 채권을 담보하는 비전형담보제도이다. 양도담보는 관습법상 인정되어 오던 것인데, 1983년 '가등기담보 등에 관한 법률'(이하 가등기담보법이라 약칭함)이 제정됨으로써 이에 규율을 받게 되었다(가등기담보법 제2조 제1호).

(2) 양도담보의 유형

양도담보는 일반적으로 넓은 의미(매매의 형식)와 좁은 의미(소비대차의 형식)의 양도담보 두 가지 유형으로 나누어 볼 수 있다.

1) 매매의 형식

매매의 형식을 취하여 수신자(융자를 받는 자)는 여신자(융자를 하는 자)에게 담보의 목적물을 매각하되 환매의 특약 또는 재매매의 예약에 의하여 담보의 목적을 달성하는 경우로서 여신자는 대금의 반환청구권을 가지지 못하고, 다만 수신자만이 일정한 기간 안에 매매대금을 반환하고 그 목적물을 회수할 수 있도록 하는 것이다. 이것을 '넓은 의미의 양도담보'라고 한다.

2) 소비대차의 형식

소비대차 의한 양도담보로써 신용의 수수를 금전소비대차의 형식으로 존속시키되 여신자(융자를 하는 자)는 채무의 변제를 청구할 권리를 가지고 수신자(융자를 받는 자)가 이에 응하지 않을 때에는 그 목적물에 의하여 만족을 얻게 되는 것이다. 이것을 '좁은 의미의 양도담보'(양도저당)라고 한다.

(3) 동산 · 부동산양도담보 비교

동산양도담보와 부동산양도담보는 당사자가 담보계약에서 합의하는 내용에는 유사한 점이 많지만, 그 법적 구성에는 큰 차이가 있다.

1) 법적 규율

양자는 법적 규율에 큰 차이가 있다. 즉 부동산양도담보에는 가등기담보법이 적용되므로 그 법적 효과가 비교적 명확하다. 이 법의 규정 중 특히 '담보물의 소유권은 청산금의 지급시기에 채무자로부터 채권자에게 이전한다'는 취지의 규정(가등기담보법 제4조 제2항)은 그 법적 성질을 담보물권의 일종으로 파악하게 하는 결정적 요인이 된다. 반면에 동산양도담보는 법률에 의해 규율되지 않고 관습법에 의해 규율되므로 그 법적효과가 불분명하므로 학설과 판례의 해석에 맡겨져 있다.

2) 공시방법

양자는 공시방법과 권리상실위험에 큰 차이가 있다. 즉 부동산양도담보가 성립하기 위해서는 담보계약 외에 소유권이전등기를 해야 한다. 그러므로 채권자는 외관상 소유자인 것처럼 보이며, 이러한 외관으로 인하여 충분히 공시될 뿐 아니라 채권자가 제3자에게 담보물을 무단으로 처분하더라도 제3자는 소유권을 취득하게 된다(가등기담보법 제11조). 그 결과 채무자의 소유권상실의 위험이 매우 높다. 반면에 동산양도담보에서는 동산물권의 공시방법인 인도를 점유개정에 의하므로 외부에서 이를 인식할 수 없다. 채무자가 점유를 계속하고 그가 제3자에게 양도해서 소유권을 취득케 할 가능성이 높으므로 채권자의 권리상실의 위험이 높다. 관습상 담보물에 소유권이전의 표찰을 한다는 공시방법이 이용되기도 한다.

3) 경매권과 우선변제권

양자는 경매권과 우선변제권의 인정여부에 차이가 있다. 즉 부동산양도담보에서는 양도담보권자가 소유권을 취득하지 않는 대신 저당권과 같은 경매권과 우선변제권이 인정되므로 일반채권자보다 우월적 지위를 갖는다(가등기담보법 제12조, 제13조). 반면에 동산의 경우에는 당사자의 합의에 의해 부여된 처분권한 외에 경매권과 우선변제권이 함께 인정되는지는 분명하지 않다.

(4) 양도담보의 사회적 기능

1) 순기능

동산양도담보의 경우 동산을 계속 점유·사용하면서 이를 저당권화하여 기업 등의 금융에 편리하게 이용될 수 있을뿐 아니라, 공시방법이 없는 재산권의 경우 양도담보 이외에는 담보방법이 마땅치 않으며, 더욱이 우선변제절차가 간편하다는 점 등에서 질권·저당권·가등기담보권이 설정될 수 있는 재산보다 폭넓게 활용되어 왔다.

2) 역기능

양도담보에는 많은 위험이 따른다. 즉 부동산양도담보는 소유권을 이전하는 형식을 취하는 것이므로 채권자의 불성의나 배신 등으로 채무자가 목적물의 소유권을 잃게 될 우려가 있다.

2. 법률적 구성

(1) 양도담보의 법적구성

1) 신탁적 양도설

신탁적 양도설에 의하면, 양도담보권자는 목적물에 대하여 완전한 소유권(또는 기타의 재산권)을 취득하지만, 그 권리의 행사에 있어서는 양도담보설정자에 대하여 담보목적을 넘어서 행사하지 않을 채권적 의무를 부담하게 되고, 변제기에 이르러 채무불이행이 있으면 채권자가 그 목적물로부터 우선변제를 받게 된다는 것으로 '신탁적 소유권이전설'이라고도 한다. 신탁적 양도설은 가등기담보법이 제정되기 이전 판례의 입장이었다(대판 1969.3.25, 69다112; 대판 1994.8.26, 93다44735).

2) 담보물권설

담보물권설에 의하면, 양도담보에 의하여 채권자는 진정한 소유권을 취득한 것이 아니라 양도담보권이라는 제한물권을 취득하는 데 불과하므로, 담보설정 이후에도 설정자가 계속해서 목적물의 소유권을 보유하게 된다(대판 1993.11.23, 93다4083; 대판 1998.4.10, 97다4005)고 하는 견해이다(곽윤직 408면, 김증한 · 김학동 598면, 지원림 851면 등). 즉 가등기담보법 제4조 제2항은 소유권이전등기를 하고 있는 경우에는 청산기간경과 후 청산금을 지급하여야만 소유권을 취득한다는 것을 명문으로 규정하고 있다. 따라서 비록 외형적으로는 권리이전의 형식을 취하더라도 채권자는 일정의 담보권을 가질 뿐이고, 설정자에게는 소유권에서 이 양도담보권을 뺀 권리가 잔존 · 귀속하는 것으로 구성해야 한다(가등기담보법이 제정된 후 다수설의 입장이다).

3) 판례의 태도

판례는 신탁적 양도설을 취해왔으나, 가등기담보법의 제정 후 악의의 제3자는 소유권을 취득할 수 없게 되어 종전의 입장을 수정하였다. 즉 부동산에 관하여 가등기담보법 시행 이후 판례는 담보물권설을 취하는 것으로 해석된다(대판 1998.4.10, 97다4005 참고). 다만 유의할 점은 동산양도담보의 경우에는 가등기담보법 시행 전이나 후에도 여전히 신탁적 소유권이전설의 입장이다(대판2001.1.5, 2000다4768).

【판 례】 양도담보의 성질

* 대판 1998.4.10, 97다4005 … 부동산에 관하여 정산절차를 예정한 양도담보 약정이 이루어졌다면 채권자는 채무의 변제기 후 반드시 담보권 실행을 위한 정산절차를 거쳐야만 하는 것이고, 채무자로서는 채권자가 그 정

산절차를 마치기 전에는 채무를 변제하고 부동산에 대한 채권자 명의의 소유권이전등기의 말소를 구할 수 있다. 이는 양도담보 약정 당시 당해 부동산의 시가(시장가격)가 채권 원리금에 미달한다 하더라도 마찬가지이다.

(2) 양도담보와 환매의 비교

1) 같은 점(공통점)

① 양도담보와 환매는 양도인이 양수인에게 부동산 소유권을 이전해 주지만, 양도인에게 돈이 마련되면 그 부동산을 되찾을 수 있다는 점에서 공통점을 갖는다.

② 자금이 필요한 부동산소유자가 그 소유권을 양도해 주는 형식을 통해 자금을 마련한다는 점에서 양자는 경제적 기능을 같이한다.

2) 다른 점(차이점)

① 양도담보에서 등기부상 양수인은 담보물권(양도담보)을 취득할 뿐인 반면에 환매에서는 양수인은 진정한 매수인으로서 부동산의 소유권을 취득하는 동시에 매도인에 대하여 담보책임(제569조~제584조)을 물을 수 있다.

② 양도담보에 대하여는 가등기담보법이 적용되는데(가등기보호법 제2조 제1호) 반하여, 환매에 관해서는 민법 제590조 내지 제595조가 적용된다. 또한 양도담보권자는 피담보채무의 변제기가 경과한 때로부터 10년이 경과하기 전(前)까지 채무를 변제하고 등기말소를 청구할 수 있다. 이에 반하여 환매에서는 부동산의 환매기간은 약정에 의해 정해지며, 그 기간은 5년을넘지 못한다(제591조 제1항·제2항).

3. 양도담보의 설정

(1) 양도담보설정계약

1) 설정계약과 피담보채권

① 양도담보는 채권자와 채무자 혹은 제3자(물상보증인) 사이에서 설정계약에 의하여 성립하는 낙성·불요식 계약이다. 양도담보에 의하여 담보되는 피담보채권은 금전채권이 보통이지만, 반드시 금전채권에 한정되지 않는다.

② 한편 피담보채권의 처분이 있음에도 담보권이 따르지 않는 특별한 사정이 있는 경우에는 채권양수인은 담보권이 없는 무담보의 채권을 양수한 것이 되고 채권의 처분에 따르지 않은 담보권은 소멸한다(대판 2004.4.28, 2003다61542).

2) 목적물

양도담보의 목적물은 보통 동산이나 부동산이지만, 양도할 수 있는 재산권이면 채권·주식 등 무엇이든 상관없다. 나아가 일정한 점포 내의 상품이나 원자재와 같이 증감변동하는 상품의 일체도 특정될 수 있다면 집합물 전체를 목적으로 하는 양도담보의 목적으로 될 수 있으며, 미등기부동산도 마찬가지이다.

(2) 공시방법

1) 동산의 경우

목적물이 동산인 경우에는 인도가 있어야 한다(제188조). 그러나 인도의 방법에는 특별한 제한이 없으므로 점유개정의 방법(관습상 양도담보권이 설정되었다는 표찰)에 의하더라도 상관이 없다(대판 2000.6.23, 99다65066참고). 따라서 양도담보권자가 담보물권을 취득했다는 것을 동산의 공시방법인 점유에 의해서는 외부에서 쉽게 알 수 없는 것이 일반적이다.

2) 부동산인 경우

목적물이 부동산인 때에 양도담보가 효력을 갖기 위해서는 등기라는 공시방법을 갖추어야 한다. 등기할 때 양도담보계약을 등기원인으로 기록하여야 정확한 등기가 될 것이지만, 매매라고 기록되었더라도 실질이 양도담보인 때에는 양도담보를 위한 소유권이전으로 본다(대판 1989.9.12, 88다카71). 부동산실명법은 '담보목적의 소유권이전등기'의 길을 열어주고 있다(부동산실명법 제3조 제2항).

【판 례】

* 대판 1989.9.12, 88다카71 … 채무자가 채권의 담보를 위하여 채권자에게 부동산에 대한 소유권이전등기 소요서류와 인감도장을 교부하는 것은 특별한 사정이 없는 한 담보의 목적으로 소유권이전등기를 하거나 변제기까지 피담보채무를 변제하지 않을 때 이를 처분하여 그 변제에 충당하거나 정산할 것을 허용하는 의사가 포함되어 있는 것이고, 또 이를 대외적으로 표시하는 것이라고 볼 수 있다.

3) 채권의 경우

양도담보의 목적물이 채권 기타 재산권인 경우에는 그 권리의 이전에 필요한 공시방법(예컨대 채무자에 대한 통지 또는 승낙)을 갖추어야 한다(제450조, 제451조 참조).

(3) 유동집합물의 양도담보

1) 집합물담보의 의의

물권의 객체는 하나의 독립한 물건임이 원칙이지만(일물일권주의), 거래계에서는 여러 개의 물건을 하나로 묶어서 거래의 객체로 삼는 관습이 있다. 예컨대 특정목장에 있는 소, 특정점포에 있는 상품, 특정공장에 있는 자재 등이 양도담보의 객체가 된다. 양도담보의 객체인 동산이 여러 개 모여서 하나의 거래단위를 구성하는 경우에 그 전체를 묶어서 하나의 집합물로 보고, 이에 대한 하나의 양도담보권을 인정하는 경우를 가리켜 '집합물양도담보'라고 한다.

2) 유동집합물의 담보

양도담보권은 '구성분자가 증감변동하는 집합물'을 객체로 삼을 수 있는데, 이 경우를 유동집합물에 대한 양도담보 또는 유동담보라고 부른다. 판례는 '집합물을 구성하는 개개의 물건이 변동되거나 변형되더라도 한 개의 물건으로서 동일성을 잃지 않으므로 양도담보권의 효력은 항상 현재의 집합물 위에 미친다'고 하여 유동집합물에 대한 담보권을 인정하고 있다(대판 1990.12.26, 88다카20224; 대판 1995.9.10., 96다25463 등).

【판 례】 유동집합물의 양도담보

* 대판 1990.12.26, 88다카20224 … 집합물에 대한 양도담보권설정계약이 이루어지면 그 집합물을 구성하는 개개의 물건이 변동되거나 변형되더라도 한 개의 물건으로서 동일성을 잃지 않으므로 그 후 설정자가 그 집합물을 이루는 개개의 물건을 반입하더라도 그때마다 별도의 양도담보권설정계약을 맺거나 점유개정의 표시를 해야 하는 것은 아니다.
* 대판 1995.9.10, 96다25463 … 돈사에 있는 돼지 680두에 대한 양도담보에서 종류 · 장소 또는 수량지정 등의 방법에 의하여 특정되어 있으면 돼지의 용도에 따라 출하처분하고, 담보권자의 압류집행시에 남아 있는 돼지에 대하여만 양도담보권의 효력을 인정하는 '집합물에 대한 양도담보'의 설정계약은 가능하다.

4. 양도담보의 효력

(1) 대내적 효력

1) 양도담보의 효력이 미치는 범위

① 피담보채권의 범위

피담보채권의 범위는 저당권의 범위와 같다(가등기담보법 제3조 제2항에 의하여 저당권의 피담보채권의 범위에 관한 민법 제360조가 적용되기 때문이다). 따라서 원본 · 이자 · 위약금 · 채무불이행으로 인한 손해배상 · 양도담보의 실행비용이 피담보채권에 포함된다(제360조 본문). 이 경우 채무불이행으로 인한 손해배상(지연 배상)은 원본의 이행기를 경과한 1년분에 한한다(제360조 단서). 다만 유의할 점은 이해관계인을 제외한 양도담보권자(채권자)와 채무자 사이의 관계(내부 관계)에서는 1년 초과의 지연배상금도 채무액에 산정된다(대판 1992.5.12, 90다8855).

【판 례】 지연배상

* 대판 1992.5.12, 90다8855 … 저당권의 피담보채무의 범위에 관하여 민법 제360조가 지연배상에 대하여는 원본의 이행기일을 경과한 후의 1년분에 한하여 저당권을 행사할 수 있다고 규정하는 것은 저당권자의 제3자에 대한 관계에서의 제한이므로 채무자(또는 저당권 설정자)가 저당권자에 대하여 이를 가지고 대항할 수는 없다.

② 목적물의 범위

목적물에 부합된 물건이나 종물에 대하여도 양도담보의 효력이 미친다. 또한 양도담보도 일종의 담보물권이므로, 당연히 물상대위성을 가진다. 따라서 민법 제342조가 유추적용된다. 그러나 형식상으로는 목적물의 소유권이 양도담보권자에게 귀속하고 있기 때문에 민법 제342조 후단은 적용되지 않는다.

2) 우선변제를 받을 권리

① 양도담보권실행의 요건

양도담보권자가 담보권을 실행하기 위하여는 피담보채권에 관하여 이행지체가 있어야 한다(제603조 제2항, 제635조 참조). 양도담보의 목적물은 피담보채권 전액을 담보하는 것이기 때문에, 그 일부의 변제가 있더라도 채권자는 잔액에 관하여 양도담보권을 행사할 수 있다.

② 양도담보권실행의 통지

피담보채권의 변제기가 도래한 후에 통지 당시의 목적부동산의 평가액과 민법 제360조(피담보채권 액의 범위)의 규정에 의한 채권액을 통지하여야 한다(가등기담보법 제3조 제2항 1문). 만일에 목적물의 평가액이 피담보채권액에 미달하는 때에는 청산금이 없다는 뜻을 통지하여야 한다(가등기담보법 제3조 제1항 2문). 여기서 '청산금'이라 함은 목적물의 가액에서 채권액을 공제한 것을 말한다(가등기담보법 제4조 제1항 참조).

③ 청산금의 지급과 소유권취득

양도담보권자의 통지가 상대방에 도달한 날로부터 2개월의 유예기간(청산기간)을 인정하고 있다. 이 청산기간이 경과되기까지는 양도담보권자는 담보목적물의 소유권을 취득할 수 없다. 즉 양도담보권자가 담보목적물에 관한 소유권을 취득하는 것은 청산기간이 경과함으로써 청산금액이 확정되고 그 금액이 채무자 등에게 지급된 때이다(가등기담보법 제4조 제2항).

④ 채무액지급과 소유권취득의 저지

채무자 등은 채무의 변제기가 경과된 후라 할지라도 채권자가 그 담보권을 실행하여 정산(청산)을 하기 전까지 그 채무액(반환시까지의 이자와 손해금액을 포함한다)을 지급함으로써 그 채권담보의 목적으로 경료된 소유권이전등기의 말소를 청구할 수 있다(가등기담보법 제11조 본문; 대판 2005.7.15, 2003다46963). 다만 유의할 점은 그 채무의 변제기가 경과한 때로부터 10년이 경과하거나, 선의의 제3자가 소유권을 취득한 때에는 채무자에게 주어진 소유권이전등기의 말소청구권이 인정되지 아니한다(가등기담보법 제11조 단서). 그리고 양도담보에 있어서 채무자에게 청산금을 지급하기 이전에 채권자의 소유권취득을 인정하는 계약은 무효이다(가등기담보법 제4조 제4항 본문).

3) 양도담보권자의 의무

양도담보권자는 담보의 목적을 넘어서 행사해서는 안 될 의무를 진다. 따라서 채무의 변제기 전에 목적물을 처분하면 일종의 신탁의무의 위반이 되고, 채무불이행의 책임을 지게 된다(제390조 참조).

(2) 대외적 효력

1) 변제기도래 전의 효력

① 양도담보권자(채권자)의 처분의 효력

가등기담보법에 의하면 양도담보권자는 채무자 등에게 청산금을 지급할 때까지는 형식상으로는 소유자이더라도 담보권자에 지나지 않는다. 따라서 제3자가 선의인 경우에만 유효하게 소유권을 취득한다(가등기담보법 제11조 단서).

② 설정자의 처분의 효력

설정자가 양도담보에 제공한 목적물을 다시 제3자에게 처분한 경우에 양도담보권자와 제3자의 취득의 효력은 일반원칙에 따라 먼저 성립한 물권이 나중에 성립한 물권보다 우선한다. 그런데 담보목적물이 부동산인 경우에 양도담보권자의 소유로 등기되어 있으므로 현실적으로 담보제공자(담보권 설정자)의 처분이 불가능하다. 다만 동산의 경우에는 제3자가 선의취득의 요건을 갖추고 있으면 소유권을 취득하게 된다(제249조).

2) 일반채권자와의 관계

① 설정자와 양도담보권자의 일반채권자

양도담보권자의 채권자가 담보목적물에 대하여 강제집행을 한 경우에는 양도담보설정자는 이에 대하여 이의(민사집행법 제48조)를 주장할 수 있다.

② 양도담보권자와 설정자의 일반채권자

동산의 양도담보에 있어서 목적물을 설정자가 점유하고 있으면 일반채권자는 이에 대하여 집행할 수 있다. 한편 설정자가 목적물을 점유하고 있는 동안에 파산하게 되면 양도담보권자는 파산재단에 대하여 환취권을 가지지 못하고, 다만 별제권을 가질뿐이다(통설).

3) 제3자에 의한 침해

① 양도담보권자는 제3자의 침해가 있는 경우 물권적청구권을 행사할 수 있다. 즉 양도담보의 목적물을 제3자가 불법점유하거나 그 밖에 불법한 침해를 하는 경우에 양도담보권자는 소유권에 기인한 물권적청구권을 행사할 수 있다(대판 1988.4.25, 87다카2696 · 2697).

② 설정자가 목적물을 점유하고 있는 경우에는 그 설정자는 점유권에 기인한 보호청구권을 행사할 수 있다. 또한 제3자가 목적물을 불법하게 침해하거나 훼멸(훼손, 멸실)한 때에는 양도담보권자와 설정자는 모두 손해배상청구권이 있다.

【판 례】 물권적 청구권

* 대판 1988.4.25, 87다카2696 … 부동산의 양도담보권설정자는 그 부동산의 등기명의가 양도담보권자 앞으로 되어 있다 할지라도 그 부동산의 불법점유자인 제3자에 대하여는 그 실질적 소유자임을 주장하여 불법점유의 상

태의 배제권을 행사할 수 있다.

5. 양도담보의 소멸

(1) 피담보채권의 소멸

1) 채무의 변제

① 채무가 변제되면 피담보채무는 소멸하고, 따라서 양도담보도 소멸한다. 따라서 동산의 경우에는 채권의 소멸로써 소유권은 당연히 복귀된다.

② 부동산의 경우 가등기담보법과 관련하여 다음과 같은 문제가 있다. 양도담보권자가 채무자에게 청산금을 지급함으로써 소유권을 취득하는 때에는 청산금의 지급으로써 당연히 양도담보는 소멸한다(가등기담보법 제4조 제2항). 이 경우 소유권이전등기가 이미 경료되어 있기 때문에 등기에 관해서는 특별히 문제될 것이 없다. 그러나 양도담보권자가 설정자에게 청산금을 지급하기 전에 담보목적으로 이전 등기한 소유권을 처분하여 선의의 제3자가 그 소유권을 취득한 때에는 말소를 청구할 수 없다(가등기담보법 제11조 단서).

2) 소멸시효의 완성과 대위변제

피담보채권이 소멸시효 완성으로 소멸하면 양도담보권도 당연히 소멸한다. 또한 보증인이나 양도담보의 제3취득자가 대위변제를 하게 되면 역시 이는 소멸한다.

(2) 목적물의 멸실 · 훼손

양도담보의 목적물이 멸실 · 훼손하면 그 한도 안에서 양도담보도 소멸한다. 그러나 피담보채권이 소멸하는 것은 아니다.

제 5 절 가등기담보법

1. 서 설

(1) 의의 및 목적

1) 가등기담보법의 의의

가등기담보라 함은 금전소비대차에 의한 채권을 담보할 목적으로 채권자와 채무자 또는 제3자(물상보증인)의 부동산을 목적물로 하는 대물변제의 예약이나 매매의 예약을 체결하고 이행기에 채무자의 채무변제가 없는 경우에 채권자가 이를 조건으로 하여 예약완결권을 행사함으로써 장래에 발생할 소유권이전 청구권을 보전하기 위한 방법으로 담보목적물의 소유권을 채권자에게 이전할 것을 가등기에 의하여 공시하는 담보제도를 말한다(통설; 곽윤직 383면).

2) 가등기담보법의 목적

① 금전채권의 담보로서 부동산에 대한 대물변제의 예약을 하고 이를 보전하기 위하여 그 부동산에 가등기를 하는 것으로서 비금융권에서 상당히 많이 활용되었고, 그 담보권실행과정에서 폭리를 취하는 등의 여러 문제가 발생하였다. 특히 채권자로부터 청산금을 실제로 받는 것이 보장되지 않았다. 이러한 문제들을 종합적으로 규율하기 위하여 특별법으로 가등기담보 등에 관한 법률(이하 「가등기 담보법」이라 한다)이 제정된 것이다(1983.12.30, 법률 제3681호).

② 가등기담보법은 차용물의 반환에 관하여 차주(금전을 빌리는 자)가 차용물(금전)에 갈음하여 다른 재산권을 이전할 것을 예약(대물반환의 예약)함에 있어서 그 재산의 예약 당시의 가액이 차용액 및 이에 붙인 이자의 합산액을 초과하는 경우에 이에 따른 담보계약과 그 담보의 목적으로 경료된 가등기 또는 소유권이전등기의 효력을 정함을 목적으로 한다(가등기담보법 제1조).

3) 가등기담보권의 법적성질

① 가등기담보법은 가등기담보권의 물권성에 관하여 명문의 규정을 두고 있지 않다. 그러나 가등기담보권자에게 목적 부동산의 경매청구권·우선변제권 등을 인정하고, 또한 가등기담보권자가 이들 권리를 행사함에 있어서 가등기담보권을 저당권으로 보고 있다(가등기담보법 제12조). 따라서 통설은 가등기담보권도 특수저당권으로 이해하고 있으며, 담보물권이 공통적으로 가

지는 부종성 · 수반성 · 불가분성 · 물상대위성과 같은 여러 가지 성질을 갖는다고 본다(통설; 곽윤직 386 · 387면).

② 가등기담보는 채권자(가등기 담보권자)가 목적 부동산의 소유권을 취득하는 것 자체에 그 목적이 있는 것이 아니라, 그 부동산이 지닌 금전적 가치에 의하여 자기 채권의 배타적 만족을 얻는다는 데에 있다. 따라서 가등기담보계약이 취하는 형식에 관계없이 채무불이행이 있으면 채권자는 목적 부동산의 소유권을 청산절차에 의하여 취득하게 되거나 또는 이를 매각하여 환가처분 등을 통해 채권을 변제받게 된다.

(2) 가등기담보법의 적용범위

1) 적용대상

① 가등기담보법은 민법 제607조 및 제608조의 규정을 기초로 삼으면서, 이것과 결부된 소비대차계약체결과 관련한 대물반환의 예약이 있어야 한다(대판 2006.8.24, 2005다61140). 따라서 채권의 변제기가 경과한 후에 대물변제의 약정을 한 경우에는 가등기담보법이 적용되지 않는다.

② 가등기담보권설정의 대상이 될 수 있는 권리는 부동산소유권과 그 외의 등기 · 등록할 수 있는 권리(질권, 저당권 및 전세권을 제외한다)이다(가등기담보법 제18조). 즉 광업권 · 어업권 · 공장재단권 · 광업재단권 · 산업재산권(특허법, 실용신안법, 디자인보호법, 상표법) 및 선박 · 자동차 · 건설기계 · 항공기 등에 대해서도 가등기담보법을 준용한다.

【판 례】

* 대판 2006.8.24, 2005다61140 … 가등기담보법은 재산권 이전의 예약에 의한 가등기담보에 있어서 재산의 예약 당시의 가액이 차용액 및 이에 붙인 이자의 합산액을 초과하는 경우에 적용되는 바, 재산권 이전의 예약 당시 재산에 대하여 선순위근저당권이 설정되어 있는 경우에는 재산의 가액에서 피담보채무액을 공제한 나머지 가액이 차용액 및 이에 붙인 이자의 합산액을 초과하는 경우에만 적용된다.

2) 적용의 예외

① 가등기담보법의 적용을 받는 채권은 금전소비대차계약에 의하여 발생된 채권이다. 따라서 소비대차 이외의 사유로 생긴 채권, 즉 상품대금채권 · 부당이득반환채권 · 불법행위에 의하여 발생한 채권 등은 이 법의 적용을

받지 않는다고 하는 것이 판례의 일관된 입장이다(대판 2001.3.23, 2000다29356 · 29363 등). 이에 반해 비전형담보를 이원적으로 규율하는 것이 합리적이지 않다는 이유로, 소비대차를 원인으로 발생한 채권이 아닌 경우에도 동법에 준해 통일적으로 적용해야 한다는 견해가 있다(곽윤직 388면, 김형배 841면).

② 소비대차에 관한 채권이라 하더라도 대물변제예약의 약정이 없는 때에는 가등기담보법이 적용되지 아니하며, 또한 당사자 사이에 대물변제의 예약이 있다고 하더라도 그 채권담보의 목적으로 가등기 또는 소유권이전등기가 되지 않은 경우에는 가등기담보법이 적용되지 않는다.

【판 례】

* 대판 2001.3.23, 2000다29356 · 29363 … 가등기담보 등에 관한 법률에 의하여 적용을 받는 채권은 소비대차 이외의 사유로 생긴 채권, 즉 매매대금이나 공사대금이 지급의 담보로서, 또는 물품대금이 반환채무의 담보로서 각각 가등기 내지 소유권이전등기를 한 경우에는 가등기담보법이 적용되지 않는다.

2. 가등기담보의 설정과 이전

(1) 가등기담보권의 설정

1) 가등기담보계약

① 계약의 당사자

설정계약의 당사자는 피담보채권의 채권자와 채무자인 것이 보통이다. 그러나 담보제공자는 채무자에 한하지 않고 제3자(물상보증인)이더라도 무방하며, 제3자 명의의 가등기담보도 가능하다. 다시 말해서 채권자 아닌 제3자의 명의로 가등기를 하는 데 대하여 채권자와 채무자 및 제3자 사이에 합의가 있었고, 나아가 제3자에게 그 채권이 실질적으로 귀속되었다고 볼 수 있는 특별한 사정이 있는 경우에는 그 제3자 명의의 가등기도 유효하다(대판 2002.12.24, 2002다50484).

② 계약의 요건

㉠ 피담보채권의 존재

피담보채권이 가등기담보계약의 내용으로 포함되어야 한다. 이 경우 가등기담보계약은 금전소비대차계약 또는 준소비대차계약에 의한 채권을 담보할 목적으로 체결되어야 하는 바, 이와 달리 상품대금채권·공사대금채권 등은 가등기담보법의 입법목적에 비추어 포함되지 않는다는 것이 판례의 입장이다(대판 2002.12.24, 2002다50484; 대판 2004.4.27, 2003다29968).

㉡ 재산권이전약정의 존재

가등기담보계약에는 그 목적이 채권담보에 있다는 점 및 피담보채무의 불이행시 그 채무의 변제에 갈음하여 일정한 재산권을 채권자 앞으로 이전하기로 하는 '대물변제의 예약'을 하거나, 피담보채무액 상당을 매매대금으로 하여 채무자 또는 제3자가 소유하는 부동산 등을 채권자가 매수하기로 하는 '매매의 예약'을 하는 것이 포함되어야 한다(대판 1996.12.23, 96다39387·39394). 나아가 대물변제의 예약 또는 매매의 예약 당시에 그 재산권의 가액이 차용액 및 이자의 합산액을 초과하여야 한다(가등기담보법 제1조 참조; 대판 1993.10.26. 93다27611).

2) 가등기

① 가등기 성립

가등기담보권은 그 공시방법으로서 가등기 또는 가등록을 갖추어야 한다. 즉 당사자 사이에 가등기담보계약을 체결하고, 채권자 앞으로 가등기를 함으로써 설정된다. 따라서 가등기담보계약이 있었으나 가등기를 경료하지 않은 경우에는 가등기담보법이 적용되지 않는다(통설).

② 가등기의 판단

미등기의 부동산에 대해서는 그 상태로 가등기를 경료할 방법이 없어서 가등기담보권을 설정할 수 없지만, 미등기부동산에 관하여 후에 채권자 명의로 소유권보존등기를 경료한 경우에 그 사유(피담보권 존재이유)가 소비대차 또는 준소비대차에 기한 것이라면 가등기담보법이 적용될 수 있다고 본다(지원림 828면).

(2) 가등기담보권의 이전

1) 가등기담보권의 양도성

가등기담보권은 양도성을 가진다. 그런데 가등기담보권도 담보물권이므로, 담보물권의 수반성(제361조 참조)에 따라 피담보채권과 함께 양도할 수 있을 뿐이고 피담보채권과 분리하여 양도할 수 없다(통설).

2) 가등기담보권의 이전방법

① 담보물권의 일종인 가등기담보권을 이전하기 위하여 양도인과 양수인 사

이의 합의와 등기가 있어야 한다(민법 제186조). 이 경우 가등기담보권의 이전에 관한 등기는 부기등기의 형식에 의한다(부동산등기법 제52조 제2호).

② 가등기담보권의 이전에 관한 합의는 권리의 양도뿐만 아니라 피담보채권의 양도를 포함한다. 따라서 피담보채권의 양도와 관련하여 채권양도에 관한 규정(민법 제449조, 제450조 등)을 따라야 한다.

3. 가등기담보의 유형

(1) 가등기담보의 설정유형

1) 대물변제형 가등기담보

채권의 담보를 위하여 채무자 또는 제3자(물상 보증인)소유의 부동산을 목적으로 하는 대물변제의 예약을 하고, 채무자의 채무불이행시 채권자가 이에 의한 소유권이전청구권을 보전하기 위한 가등기를 행함으로써 담보하는 제도를 말한다. 예컨대 금전소비대차를 하면서 변제기에 원리금(원금과 이자)을 갚지 않을 때에는 채무자 또는 제3자(물상 보증인)의 부동산 소유권을 채권자에게 이전할 것을 미리 약정하고, 이 약정으로 채권자가 가지게 되는 장래의 소유권이전청구권을 보전하기 위하여 가등기를 하면 채권이 담보되게 된다.

2) 매매예약형 가등기담보

부동산매매예약을 체결하고 상당한 기간이 경과한 후에나 비로소 잔금과 동시에 소유권이전이 요구되는 경우에 매수인은 채권(계약금, 중도금)을 확보하기 위하여 목적부동산에 대한 소유권이전청구권보존의 가등기를 행함으로써 기(이미) 지급된 매매대금(계약금, 중도금)을 담보하는 제도를 말한다. 예컨대 부동산을 매각하는 매매예약을 하고 그 매매대금에 관하여는 이를 차금상당액(借金相當額)으로 해 둔다. 그리고 매수인(채권자)은 매매예약으로 가지게 되는 장래의 소유권이전청구권을 보전하기 위하여 가등기를 한다.

(2) 가등기담보의 실행유형

1) 처분청산형

채무자의 채무불이행이 있는 경우에 채권자가 직접 그 목적물의 소유권을 취득하지 않고 담보권의 실행으로 목적물을 제3자에게 환가(換價)처분하여 그 대금으로부터 후순위채권자보다 우선하여 변제를 받고, 나머지가 있으면 이를 채무자에게 반환하는 담보형태를 말한다. 예컨대 경매에 의한 목적물의 처분방식이 그 대표적인 경우라고 하겠다.

2) 귀속청산형

채무자의 채무불이행이 있는 경우에 채권자가 가등기담보법이 규정하는 청산절차를 거쳐서 가등기에 기한 본등기를 함으로써 목적물의 소유권을 취득하여 채권의 만족을 얻는 담보형태를 말한다. 이 경우 주의할 것은 소유권을 채권자에게 귀속하되 목적물을 적정히 평가하여 채권원리금을 초과하는 차액을 채무자에게 반환하여야 한다. 이를 취득청산형이라고도 한다.

3) 비청산귀속형

채무자의 채무불이행이 있는 경우에 채권자가 가등기담보법이 규정하는 청산절차 없이 목적물의 소유권을 당연히 채권자에게 확정적으로 귀속하게 하는 담보형태를 말한다. 이러한 담보형태는 우리 법 체제상 인정되지 않지만 현실적(실제적)으로는 금전소비대차가 급박한 사람들의 심리를 이용(악용)하여 불법적으로 시행되고 있는 실정이다.

4. 가등기담보의 효력

(1) 일반적 효력

1) 피담보채권의 범위

① 가등기담보에 의하여 담보되는 피담보채권의 범위에 관하여는 저당권의 피담보채권에 관한 민법 제360조의 규정이 적용된다(가등기담보법 제3조 제2항). 따라서 피담보채권은 원본・이자・위약금・채무불이행으로 인한 손해배상 및 가등기담보권의 실행비용을 포함한다. 그러나 여기서 유의할 점은 채무불이행으로 인한 손해배상(예컨대 지연이자)의 경우 원본의 이행기를 경과한 후의 1년분에 한한다는 점이다.

② 가등기담보채권자는 그의 권리를 보전하기 위하여 가등기담보채무자가 부담하고 있는 제3자에 대한 선순위 가등기담보채무를 대위변제한 경우의 구상권을 갖는다. 즉 가등기담보권자가 가등기담보권을 실행하기 전에 그의 계약상의 권리를 보전하기 위하여 가등기담보채무자의 제3자에 대한 '선순

위'의 가등기담보채무를 대위변제하여 구상권이 발생하였다면, 특별한 사정이 없는 한 이 구상권도 가등기담보계약에 의하여 담보된다(대판 2002.6.11, 99다41657).

2) 목적물의 범위

① 서 언

가등기담보권의 효력이 미치는 목적물의 범위에 관하여는 설정계약에 의하여 정해진다. 그리고 저당권에서와 마찬가지로 불가분성과 물상대위성이 인정되며(민법 제21조, 제342조, 제370조), 설정계약이나 법률에 달리 정함이 없는 한 부합물·종물 등에 관해서도 민법 제358조의 저당권에 관한 규정이 적용되어 가등기담보권의 효력이 미친다.

② 대내적 효력

㉠ 가등기담보권설정자는 원칙적으로 가등기담보권의 실행이 있기까지(담보권 실행전) 소유자로서 담보목적물을 사용·수익할 수 있고, 또한 제3자에게 용익권을 설정하여 사용·수익하게 할 수 있다. 이 경우 조세나 공과금은 당연히 설정자가 부담한다(김형배 843면, 지원림 830면).

㉡ 가등기담보권설정자가 담보목적물의 가치를 감소시킨 경우에, 가등기담보권자는 방해의 제거 또는 예방을 청구할 수 있다. 따라서 그 침해로 인하여 피담보채권의 완전한 만족을 얻을 수 없게 되는 손해가 발생하면 그 손해를 청구할 수 있다. 나아가 가등기담보권설정자는 기한의 이익을 상실한다(민법 제388조).

③ 대외적 효력

㉠ 가등기담보권자는 담보권의 실행에 앞서 투하자본을 회수하는 방법으로 그 권리를 제3자에게 양도할 수 있으며, 또한 목적부동산에 대하여 다른 채권자의 경매신청에 따른 경매개시결정이 있으면 가등기담보권자는 그 경매절차에서 우선변제권을 가진다(가등기담보법 제13조 전문). 이 경우 그 순위에 관하여 담보가등기권리를 저당권으로 보고 담보가등기가 경료된 때 저당권의 설정등기가 행하여진 것으로 본다(가등기담보법 제13조 후문). 따라서 새로운 약정으로 기존 가등기담보권에 피담보채권을 추가하거나 내용을 변경·확장하는 방식으로 이해관계 있는 제3자의 이익을 침해하지는 못한다(대판 2011.7.14, 2011다28090).

㉡ 가등기담보권은 국세기본법·국세징수법·지방세법·채무자 회생 및 파산에 관한 법률의 적용에 있어서 이를 저당권으로 본다(가등기담보법 제17조 제3항). 가등기담보권설정자가 파산한 경우에 가등기담보권자는 별제권을 가지며, 가등기담보권설정자에 대하여 회생정리절차가 개시된 경우에는 가등기담보

권은 회생담보권으로 본다(가등기담보법 제17조 제1항; 채무자 회생 및 파산에 관한 법률 제141조).

【판 례】

* 대판 2011.7.14, 2011다28090 … 가등기담보권설정 후에 후순위권리자나 제3취득자 등 이해관계 있는 제3자가 생긴 상태에서 새로운 약정으로 기존 가등기담보권에 피담보채권을 추가하거나 피담보채권의 내용을 변경·확장하는 경우에는 이해관계 있는 제3자의 이익을 침해하게 되므로, 이러한 경우에는 피담보채권으로 추가·확장한 부분은 이해관계 있는 제3자에 대한 관계에서는 우선변제권 있는 피담보채권에 포함되지 않는다.

(2) 가등기담보권의 실행

1) 담보권실행의 의의

가등기담보권의 실행이라 함은 채무자가 변제기에 피담보채권을 변제하지 않는 경우에 가등기담보권자가 스스로 발의하여 주도적으로 담보물을 평가하고 그 담보물의 소유권을 취득하거나(귀속청산형), 경매를 청구하여 그 대금으로부터 피담보채권의 만족을 얻는 것을 말한다(처분청산형). 따라서 다른 약정이 없는 한 담보가등기권리자는 두 실행방법 중 하나를 선택할 수 있다.

2) 담보권실행의 요건

① 채무불이행과 예약완결권행사

가등기담보권실행의 기본적 요건은 채무자의 채무불이행이 있고 피담보채권의 채권자가 예약완결권을 행사하여야 한다. 즉 변제기가 도래(경과)하였음에도 불구하고 채무자가 채무의 내용에 따른 이행을 하지 않은 경우에 채권자는 채무자에 대하여 담보권실행의 통지 및 청산절차를 거쳐서 목적물의 소유권을 취득하게 된다.

② 담보권의 공적 실행

공적실행의 경우, 즉 담보가등기가 경료된 부동산에 대하여 청산금을 지급하기 전에 이해관계 있는 제3자의 청구에 의한 경매개시결정이 있는 경우에, 담보가등기권리자는 그 가등기에 기한 본등기를 청구할 수 없다(가등기담보법 제14조). 따라서 경매신청(이해관계 있는 제3자)이 청산금지급 전에 이루어진 경우 사적실행이 배제되며, 다만 그 부동산의 매각에서 우선변제받을 권리가 있을 뿐이다(대결 2010.11.9, 2010마1322).

③ 담보권의 사적 실행

사적실행의 경우, 즉 가등기권리자가 스스로 발의하여 주도적으로 담보물을 평가하고 그 담보물의 소유권을 취득하는 경우에 있어서도 채권자가 청산금을 지급하기 이전에 본등기와 담보목적물의 인도를 받기로 하거나, 청산기간이나 동시이행관계를 인정하지 아니하는 '처분청산형'의 담보권 실행은 가등기담보법상 허용되지 않는다(대판 2002.12.10, 2002다42001).

3) 권리취득에 의한 사적 실행

① 담보실행통지

㉠ 통지사항 및 범위

ⓐ 채권자는 채무자가 변제기에 변제를 하지 않은 경우, 통지 당시의 목적부동산의 가액에서 민법 제360조에서 규정하고 있는 피담보채권액(채권의 원금, 이자, 위약금, 채무불이행으로 인한 손해배상)을 공제한 '청산금'의 평가액을 채무자・물상보증인・가등기담보물의 제3취득자에게 통지하여야 한다(가등기담보법 제3조 전문). 한편 평가한 결과 청산금이 없다고 인정되는 경우에는 그 뜻을 통지하여야 한다(가등기담보법 제3조 제1항 2문).

ⓑ 채무자가 2개 이상의 부동산을 공동담보로 설정한 경우에 채권자는 자기가 담보권실행을 하려는 부동산의 가액으로 채권(채권과 그 비용) 얼마를 변제시킨다는 것을 명시하여야 한다(가등기담보법 제3조 제2항). 또한 담보부동산에 선순위의 담보권이 있을 때에는 그 채권액을 계산함에 있어 그 피담보채권을 포함시킨다(가등기담보법 제4조 제1항).

㉡ 통지의 상대방 및 방법

ⓐ 가등기담보권 실행통지의 상대방은 채무자와 담보가등기 부동산의 물상보증인 및 담보가등기 후 소유권을 취득한 제3자 모두에게 하여야 한다(대판 2002.4.23, 2001다81856). 채권자의 담보권실행통지의 방법에는 아무런 제한이 없으나(대판 2001.8.24, 2000다15661), 일단 통지하고 나면 그가 통지한 청산금의 수액에 관하여 이를 다툴 수 없다(가등기담보법 제9조).

ⓑ 가등기담보권 실행통지가 채무자 등에게 도달한 때에는 채권자는 지체 없이 후순위권리자 또는 담보가등기 후에 등기한 제3자(대항력 있는 임차권자를 포함한다)에게도 그 통지의 사실, 내용 및 도달일과 채권액을 통지하여야 대항력을 갖는다(가등기담보법 제6조).

② 청 산

㉠ 청산기간

ⓐ 청산기간은 채권자의 통지가 채무자 등에게 도달된 날로부터 2개월이 경과하여야 한다(가등기담보법 제3조 제1항). 이러한 청산기간은 채무자(물상보증인, 제3취득자) 등에게 피담보채무를 변제하여 가등기담보권을 소멸시킴으로써 담보부동산의 소유

권 상실을 방지할 수 있는 기회를 부여하고, 아울러 이해관계자들 사이에 이해관계를 조정하기 위한 것이다.

ⓑ 청산기간에 관한 가등기담보법 제3조 제1항에 반하는 특약으로 채무자 등에게 불리한 것은 그 효력이 없다(가등기담보법 제4조 제4항 본문). 다만 청산기간이 경과한 후에 행하여진 특약으로서 제3자의 권리를 해하지 아니하는 한, 채무자 등에게 불리한 무청산특약(청산 내지 정산을 하지 않는다는 특약)을 하는 것은 유효함을 주의하여야 한다(가등기담보법 제4조 제4항 단서).

㉡ 청산금의 지급

ⓐ 가등기담보권자(채권자)는 피담보채권의 범위 내에서만 목적물의 가치를 취득할 수 있는 것이므로 청산금은 채무자에게 지급하여야 한다. 즉 채권자는 차용액과 이자의 합산액을 초과하는 청산금을 채무자 등에게 반드시 지급하여야 한다(가등기담보법 제4조 제1항).

ⓑ 청산금과 관련하여, 가등기담보권자(채권자)의 본등기경료 또는 인도 당시 채무자가 청산금액에 대하여 더 이상 다투지 아니할 의사이었다고 보일 정도라면 청산금에 대하여 묵시적으로 동의한 것으로 인정할 수 있다(대판 2008.4.11, 2005다36618). 한편 청산금의 청구권자는 설정자(채무자) 또는 제3취득자와 후순위권리자이다(가등기담보법 제4조 제1항, 제5조 제1항). 그 밖에 담보가등기 후에 성립한 대항력 있는 임차권자도 청산금의 범위 내에서 보증금의 반환을 청구할 수 있다(가등기담보법 제5조 제5항).

【판 례】

* 대판 2008.4.11, 2005다36618 … 채무자는 채권자가 통지한 청산금액에 대한 의사표시는 명시적 뿐만 아니라 묵시적으로도 가능하다. 따라서 그 청산통지 당시 채무자의 연령·직업·궁박의 정도 등 여러 사정을 종합적으로 고려하여, 본등기경료 내지 인도 당시 채무자가 청산금액에 대하여 더 이상 다투지 아니할 의사였다고 보일 정도라면 청산금에 대하여 묵시적으로 동의한 것으로 인정할 수 있다.

③ 소유권의 취득

㉠ 청산금지급과 본등기청구

가등기담보권자가 위와 같이 실행통지와 청산을 거쳐 담보가등기에 기하여 본등기를 하게 되면 목적물에 대한 소유권을 취득하게 되는데, 이 경우 청산금의 지급과 담보목적부동산의 소유권이전등기 또는 인도 간에는 동시이행의 관계에 선다(가등기담보법 제4조 제2항, 제3항). 따라서 특별한 사정이 없는 한 청산기간이 경과되었다고 하더라도 청산금을 채무자에게 지급하지 아니하면 소유권을 취득할 수 없다.

㉡ 법정지상권의 설정

동일한 소유자에게 속하던 토지와 지상건물 중 어느 하나에 대하여 가등기담보권의 사적실행에 의하여 본등기가 행하여짐으로써 토지와 건물의 소유자가 각각 다르게 된 경우에 건물의 소유자로 된 자에게 건물의 소유를 목적으로 그 토지 위에 법정지상권이 설정된 것으로 본다. 이 경우 존속기간 및 지료는 당사자의 청구에 의하여 법원이 정한다.

4) 경매에 의한 공적 실행

① 가등기담보권자는 위에서 본 권리취득에 의한 사적실행을 하지 아니하고, 목적부동산의 경매를 청구하여 그의 권리를 실행할 수도 있다. 즉 경매에 의한 매각대금의 배당절차에서 피담보채권의 만족을 얻을 수 있다(가등기담보법 제12조 제1항 1문).

② 경매에 의한 가등기담보권을 공적으로 실행하는 경우에는 가등기담보권을 저당권으로 보므로(가등기담보법 제12조 제1항 2문), 가등기담보권자는 민사집행법 제264조 이하의 규정에 따라 담보권실행절차에 의하여 담보가등기권리를 실행하게 된다. 다시 말하면 담보가등기가 경료된 때에는 법률상 마치 저당권설정등기가 있는 경우와 같이 담보권의 실행방법이 허용된다.

(3) 후순위권리자의 보호

1) 후순위권리자와의 법률관계

① 담보권 실행통지사실 등의 통지

㉠ 가등기담보권 사실(실행 사실)통지가 채무자 등에게 도달한 때에는 채권자는 지체 없이 후순위권리자(담보가등기한 후에 등기한 저당권자, 전세권자, 담보가등기 권리자)에게 그 통지의 사실, 내용 및 그 도달일을 통지하여야 한다(가등기담보법 제6조 제1항). 통지는 통지를 받을 자의 '등기부상의 주소'로 발송함으로써 효력이 생긴다(가등기담보법 제6조 제3항 본문).

㉡ 담보가등기 후에 등기한 권리가 위와 같이 우선변제권을 가지는 자가 아니고, 예컨대 대항력이 있는 임차권을 가지고 있는 자인 경우에는 채권자는 지체 없이 그 통지사실과 채권액을 통지하여야 한다(가등기담보법 제6조 제2항). 그러나 대항력 있는 임차권자에게는 그 '목적부동산의 소재지'로 발송하여야 한다(가등기담보법 제6조 제3항 단서).

② 통지의 효력과 처분권의 제한

㉠ 채권자가 청산기간 경과 전에 채무자 등에게 청산금을 지급한 경우에는 이로써 후순위권리자에게 대항하지 못한다(가등기담보법 제7조 제2항). 또한 채권자가 후순위권리자에게 통지를 하지 아니한 때에는 설령 청산기간이 경과한 후에 채무자 등에게 청산금을 지급하여도 이를 가지고 그들에게 대항하지 못한다.

㉡ 채무자가 청산기간 경과 전에 한 청산금에 관한 권리를 양도하거나 처분한 경우에는 이로써 후순위권리자에게 대항하지 못한다(가등기담보법 제7조 제1항).

2) 후순위권리자의 권리행사

① 청산금에 대한 권리행사

㉠ 권리행사의 시기 및 범위

후순위권리자의 권리행사의 시기는 담보가등기권리자가 채무자 등에게 청산금을 지급하기 전이어야 한다. 이 경우 담보가등기권리자는 후순위권리자의 청산금 지급요구가 있는 경우에 청산금의 범위 안에서 담보된 피담보채권을 그(후순위권리자)에게 지급하여야 한다(가등기담보법 제5조 제1항).

㉡ 권리행사의 방법 및 순위

후순위권리자의 권리행사의 방법은 피담보채권의 범위 안에서 그 채권의 명세와 증서를 채권자에게 제시·교부하여야 한다(가등기담보법 제5조 제2항). 한편 후순위권리자가 수인(數人)인 경우에는 그 후순위권리가 등기된 순위에 따른다.

㉢ 청산금의 지급 및 저지효과

채권자가 위의 명세와 증서를 받고 후순위권리자에게 청산금을 지급한 때에는 그 범위 안에서 청산금의 지급채무는 소멸한다(가등기담보법 제5조 제3항). 한편 청산금 지급과 관련된 권리행사를 저지하려는 후순위관리자 및 이해관계인은 청산금을 압류 또는 가압류하여야 한다(가등기담보법 제5조 제4항).

② 후순위권리자의 경매청구권

㉠ 후순위권리자는 청산금액이 평가액을 초과한다는 주장을 하지 못하므로 가등기담보법은 평가액에 불만이 있는 후순위권리자를 위하여 경매청구권을 인정하고 있다. 즉 후순위권리자는 청산기간 내에 한하여 그 피담보채권의 변제기 도래 전이라도 목적 부동산의 경매를 청구할 수 있다(가등기담보법 제12조 제2항).

㉡ 물론 후순위권리자도 자신(후순위권리자)의 채권에 대한 변제기 후에는 당연히 경매를 청구할 수 있으나 청산금을 지급하기 전이어야 한다.

③ 임차권자의 동시이행의 항변권

담보가등기 후에 대항력 있는 임차권(등기된 임차권, 주택임차권, 상가임차권)을 취득한 자에게는 청산금의 범위 내에서 목적물 인도의무와 임차보증금반환의무 간에 동시이행의 항변권을 인정하여 임차인을 보호한다(가등기담보법 第5조 第5항).

(4) 담보가등기권리자의 보호

1) 담보가등기권리자의 청산금 공탁

① 청산금의 공탁 및 효과

청산금채권이 이해관계인 등의 신청에 의하여 압류 또는 가압류된 경우, 채권자는 청산기간이 경과한 후 이에 해당하는 청산금을 채무이행지를 관할하는 지방법원 또는 지원에 공탁하여 그 범위 내에서 청산금지급 의무를 면할 수 있다(가등기담보법 第8조 第1항). 청산금을 공탁한 경우에는 채무자 및 압류·가압류채권자에게 지체 없이 공탁의 통지를 하여야 한다(가등기담보법 第8조 第4항).

② 공탁금의 회수청구

채권자는 일단 청산금을 공탁한 후에는 공탁금의 회수를 청구할 수 없다. 그러나 공탁을 하기 전에 이미 이해관계인에 의하여 경매절차가 진행되었을 때에는 예외이다(가등기담보법 第8조 第3항). 즉 목적 부동산에 대한 경매개시의 결정으로 채권자가 그 소유권을 취득할 수 없게 된 때에는 예외적으로 공탁금의 회수를 청구할 수 있다.

2) 담보가등기권리자의 우선변제청구권

① 담보가등기권리자 이외의 자의 신청에 의한 경매개시결정이 있으면 법원은 가등기권리자에 대하여 그 내용 및 채권의 존부·원인·수액(數額) 등을 법원에 신청할 것을 상당한 기간을 정하여 최고하여야 한다(가등기담보법 第16조 第1항). 이 경우 최고를 받은 가등기권리자는 신고하여야만 매각대금을 받거나 변제금을 받을 수 있다. 따라서 경매절차에서의 배당참가 이외의 방법으로 채권의 만족을 받을 수는 없다(가등기담보법 第16조 第2항).

② 유의할 점은 후순위담보권자가 그의 경매청구권을 행사하여 경매절차가 개시되었다면, 그 전에 이미 착수된 가등기담보권자에 의한 담보권실행(권리취득)과의 관계에 있어서 어느 쪽이 우선하느냐가 문제된다. 이에 관하여 가등기담보법은 후순위담보권자에 의한 경매신청이 가등기담보권자가 청산금을 지급하기 전에 행하여진 때에는, 가등기담보권자는 그 가등기

에 기한 본등기를 청구하지 못한다라고 규정하고 있다(가등기담보법 제14조). 따라서 이 경우 가등기담보권자는 그 후순위담보권자의 신청으로 개시된 경매절차에서 우선변제를 받을 수 있을 뿐이다.

3) 파산 등의 경우의 담보가등기

① 목적 부동산이 파산재단에 속하는 경우에는 채무자 회생 및 파산에 관한 법률 중 저당권에 관한 규정을 적용한다. 따라서 목적 부동산이 파산재단에 속하는 경우에 가등기담보권이 설정되어 있다면 저당권의 규정이 준용되어 가등기담보권도 별제권을 갖게 되므로 파산절차에 의하지 아니하고 별도로 담보권을 실행하여 우선변제를 받을 수 있는 권리가 보장된다(가등기담보법 제17조 제1항, 제2항).

② 한편 담보가등기는 앞의 대외적 효력에서 설명한 바와 같이 국세징수법 · 국세기본법 · 지방세법 · 채무자 회생 및 파산에 관한 법률의 적용에 있어서 이를 저당권으로 본다(가등기담보법 제17조 제3항). 따라서 시간의 선후에 의하여 우선변제권이 결정된다.

5. 가등기담보의 소멸

(1) 일반적인 소멸원인

가등기담보도 담보권의 일종이므로, 가등기담보권의 실행으로 만족을 얻어 소멸한 경우(채권자로의 소유권 이전, 경매실행), 목적물의 멸실, 피담보채권의 시효소멸(대판 2007.3.15, 2006다12701) 등의 원인으로 소멸하게 되면 가등기담보권도 당연히 소멸한다.

【판 례】

* 대판 2007.3.15, 2006다12701 … 담보가등기를 경료한 토지를 인도받아 점유할 경우 담보가등기의 피담보채권의 소멸시효가 중단되는 것은 아니므로 담보가등기의 피담보채권이 시효로 소멸한 이상 위 담보가등기 및 그에 기한 소유권이전등기는 결국 말소되어야 할 운명의 것이다.

(2) 가등기담보의 특유한 소멸원인

1) 채무자 등의 가등기말소청구

① 채무자 등은 청산금채권을 변제받을 때까지 그 채무액(반환시까지의 이자와 손해액을 포함한다)을 채권자에게 지급(변제)하고 그 채권담보의 목적으로 경료된 담보가등기 또는 소유권 이전등기의 말소를 청구할 수 있다(가등기담보법 제11조 본문; 대판 1987.6.9, 86다카2435). 또한 청산금이 없는 때에도 채무자 등은 채권자가 가등기에 기하여 본등기를 경료하기 전까지는 채권자에게 채권액에 상당하는 금액을 지급하고 가등기를 말소할 수 있다.

② 한편 채무자 등의 말소청구권은 다음의 경우에는 소멸한다. 즉 채무자의 변제기로부터 10년이 경과하거나 또는 선의의 제3자가 소유권을 취득한 때에는 그 채무액을 지급하더라도 소유권이전등기의 말소를 청구할 수 없다(가등기담보법 제11조 단서). 이는 부동산거래의 안전을 도모하기 위하여 채권자 명의의 본등기에 선의의 제3자에 대한 공신력을 부여하는 특례로 이해되어야 한다. 이 경우 위법한 처분행위를 한 채권자는 채무자가 입은 손해를 배상하여야 한다(대판 2010.8.26, 2010다27458).

【판 례】

* 대판 2010.8.26, 2010다27458 … 채권자가 가등기담보법에 정해진 청산절차 없이 그 담보목적부동산을 처분하여 선의의 제3자가 소유권을 취득함으로써 채무자가 그 채권담보의 목적으로 마친 소유권이전등기의 말소를 청구할 수 없게 되었다면, 채권자는 위법한 담보목적부동산 처분으로 인하여 채무자가 입은 손해를 배상할 책임이 있다.

2) 경매 등에 의한 목적물매각

담보가등기가 경료된 부동산에 대하여 다른 권리자(선순위권리자의 경매실행)에 의하여 경매 등이 행하여진 때에는 담보가등기권리는 그 부동산의 매각에 의하여 소멸한다. 즉 담보가등기권리자는 그 가등기에 기인한 본등기를 청구할 수 없다(가등기담보법 제14조, 제15조). 이 경우 담보가등기권리자는 배당에 참가하여 채권(우선변제청구)의 만족을 얻을 수 있다.

3) 채무불이행에 의한 본등기

담보가등기권리도 채권의 담보를 목적으로 하는 담보권의 일종이므로, 채무자의 채무불이행이 있는 경우 채권자가 담보권실행에 따른 청산금을 채무자에게 지급하고 가등기에 기인한 본등기를 함으로써 담보가등기는 소멸한다 (가등기담보법 제4조 제1항 참조).

제3편

채권총론

제 1 장 채권서론

제 1 절 채권법의 의의

1. 총 설

(1) 채권법의 개념

① 채권법은 채권자와 채무자 사이에 채권관계를 그 규율대상으로 하는 사법의 일부를 말한다. 여기서 채권관계란 채권자가 채무자에 대하여 급부를 청구할 수 있는 권리를 가지게 되는 법률관계를 말한다. 이 관계로부터 채권자의 권리(채권)가 나오고, 채권자에게 급부하여야 할 채무자의 의무(채무)가 이에 대응한다.

② 채권관계를 크게 채권의 목적(특정물채권, 종류채권, 금전채권, 이자채권, 선택채권, 임의채권) · 채권의 효력(채무불이행, 채권자지체, 책임재산의 보전, 제3자에 의한 채권침해) · 채권의 이전(채권양도, 채무인수) · 다수당사자의 채권관계(분할채권, 불가분채권, 연대채무, 보증채무) 그리고 채권의 소멸(변제, 대물변제, 공탁, 상계, 경개, 면제, 혼동)등으로 나누어 살펴볼 수 있다.

(2) 채권총론의 구성

민법은 채권관계의 발생 · 효력 · 소멸의 순서로 규율하지 아니하고, 효력 · 소멸 등에 관한 일반적 규정들을 앞에 그리고 각종의 채권관계와 발생원인에 관한 규정들을 뒤에 구성하였다. 즉 각종 계약의 발생유형(증여, 매매, 임대차 등)과 사무관리 · 부당이득 · 불법행위를 '채권각론'으로 구성하고, 각 원인에 의해 발생된 채권관계에 공통되는 문제들에 관한 규정을 '채권총론'으로 편성하고 있다.

2. 채권법의 사회적작용

(1) 자본주의와 채권법

채권은 자본주의가 발전함에 따라 물권과 채권이 상호관련 하에 작용하게 되면서 물권의 채권화 · 채권의 물권화가 일반적인 현상으로 되었다. 즉 어떤 물건의 소유권자가 스스로 그 물건을 사용 · 수익하지 아니하고 이를 타인에게 이용케 하여 그 대가지급의 청구라는 채권을 취득하는 것을 통해 물권의 채권화가 실현되고 있다.

(2) 채권의 물권화

상대방에 대한 청구권능으로서의 채권은 사회정책적 필요에 의해 일정한 요건하에서 상대방뿐만 아니라 제3자에게도 대항할 수 있는 물권화된 권리로 강화되었다. 즉 등기된 임차권은 물론 대항력을 갖춘 주택 · 상가건물임차권은 제3자에 대해서도 대항력을 갖는다.

(3) 채권의 우월화

채권은 재화를 현재 직접 이용 · 지배하는 물권관계에 도달하기 위한 수단으로서 생성된 것이 나타면서 물권관계에 대한 보조적 관계에서 벗어나 주도적 지위를 차지하게 되었다. 즉 금융기관이 기업의 부동산과 생산시설을 담보로 저당권을 설정하면서 금융대출(채권)을 발생시킴으로써 경제적인 측면(채권의 우월화)을 주도하고 있다.

3. 채권법의 특성

(1) 임의법규성

당사자의 의사를 근거로 형성되는 채권관계에 있어서는 그 의사에 의해 채권관계의 종류 및 성립과 내용이 자유롭게 결정되므로, 물권에서와 달리 내용상의 획일성이나 정형성을 필요로 하지 않는다. 다만 채권양도의 방법 및 그 효력의 제3자에 대한 관계에서와 같이 채권양도의 거래안전을 위하여 채권법의 임의법규성이 제한되기도 한다(제450조).

(2) 국제성 · 보편성

물권법이 그 나라의 역사적 · 지역적인 특색을 지니는 것과 달리, 채권법은 자유로운 거래를 규율하므로 보편적 · 국제적 특성을 지닌다. 특히 국제거래의 발전과 상품거래의 합리성의 요청에 따라 우리나라에서도 동산물품에 관한 UN협약인 국제물품매매계약에 관한 국제연합협약이 2005년부터 시행되고 있다.

(3) 신의칙의 지배

채권관계에서는 계약의 교섭이나 계약상 권리의 행사 또는 의무의 이행에 있어 계약 당사자 사이의 신뢰관계가 중요하다. 따라서 채권관계는 장래의 급부를 목적으로 하는 법률관계로서 채권자는 채무자가 임의로 이행할 것을 신뢰할 수 있어야 하고 채무자는 채권자에게 채무를 성실하게 이행하여야 한다. 즉 채권관계는 채권자와 채무자 사이의 신의와 성실을 바탕으로 하는 법률관계이다.

제 2 절 채권관계의 특성

1. 채권관계

(1) 채권관계의 내용

채권관계의 내용은 그 발생원인(계약, 법률규정)에 의해 결정된다. 즉 채권관계는 채권자와 채무자 간의 채권법적 권리와 의무인 주된 급부의무와 그에 다른 부수적 주의의무의 실현을 내용으로 하는 법률관계이다. 따라서 채권관계는 특정한 채권자와 채무자간의 법률관계라는 점에서 '특별구속관계'이며, 채권자와 채무자가 급부목적의 실현을 위해 상호신의와 성실을 다해야하는 유기적 관계이다.

(2) 호의관계와 구별

채권관계는 채권자의 이행청구라는 권리와 채무자의 이행의무는 법률관계로서 법적 구속력을 지니고 있는 반면, 호의관계는 일반시민들의 생활관계에서 발생하므로 각 당사자는 상대방에게 약속한 것을 실현해야 할 법적 의무를 부담하지 않는다. 따라서 채권관계가 법적 생활영역에 속하는 것이라면, 호의관계는 법외적 생활영역에 속하는 것이다. 유의할 것은 법적채무가 아니더라도 사회생활상 요구되는 주의의무를 위반했을 시에 불법행위책임을 부담하는 경우가 있는 바, 호의동승(불법행위에 기한 손해배상청구권발생)이 그 좋은 예이다.

2. 채권의 목적과 성질

(1) 채권의 목적

채권의 목적은 채무자의 특정한 행위(급부)로서, 채무자의 행위를 청구하는 권리에 있다. 즉 채권은 채무자의 행위를 매개로 하여 비로소 이익을 향유할 수 있다는 점에서 간접적인 권리인데 반하여, 물권은 목적물의 지배관계에 있어서 타인(채무자)의 행위를 매개하지 않고 직접 생활이익을 향유할 수 있는 권리이다. 예컨대 소유권이 목적물에 대한 직접적·전면적 지배를 소유자에게 부여하고 있는 권리라면, 그러한 소유권의 취득을 목적으로 하는 채권은 채무자의 행위를 매개로 하여 목적물에 대한 배타적 지배권의 취득에 도달케 하는 권리라고 할 수 있다.

(2) 채권과 청구권

채권은 채권법상의 순수한 청구권인 반면, 청구권이란 특정인이 특정인에게 일정한 행위를 요구할 수 있는 권능으로서 채권적 청구권, 물권적 청구권, 가족법상의 청구권을 포괄하여 사용되는 권리이다. 따라서 그 청구권이 기초하는 권리 내지 법률관계에 따라 각 청구권의 내용과 효력이 다르게 결정된다는 점에서 청구권 상호간에도 구별된다.

(3) 채권의 일반성질

1) 다양성

채권은 발생원인에 따라 그 종류와 성질이 다양하게 결정된다. 즉 이전형 계약이나 사무관리 · 부당이득 · 불법행위에 의해 금전 또는 물건의 인도를 요구하는 채권, 노무제공형 계약에 의하여 타인에 대한 작위 · 부작위를 요구할 수 있는 채권, 대차형 계약에 의해 타인에 대하여 물건의 이용을 요구하는 채권 등으로 구분된다.

2) 상대성

채권은 채무자인 특정인에 대해서만 그 급부를 청구할 수 있는 권리라는 점에서 상대권 또는 대인권이라고 할 수 있다. 즉 채권은 특정한 상대방(채무자)에 대해서만 효력을 갖는 청구권에 지나지 않으므로, 모든 사람과의 관계에서 지배적 효력을 지니는 물권과 구별된다.

3) 평등성

채권의 상대성으로 인하여 동일 채무자에게 동일한 내용의 채무가 복수적으로 발생할 수 있다(부동산 이중매매). 이 경우 채권은 그 발생원인, 발생시기의 선후, 대가의 다소 등과 관계없이 평등한 효력을 가진다. 따라서 특정 채권자는 채무자의 의사에 반하여 우선적으로 변제를 받거나 또는 목적물을 강제집행할 수 없음이 원칙이다. 다만 부동산임차권이 대항력을 갖춘 경우에는 다른 채권과의 평등성이 깨진다(민법 제621조, 주임법 제3조, 상임법 제3조).

3. 채무의 내용

(1) 주된 급무의무

1) 주된의무의 개념

주된 급부의무란 채권관계에 있어서 채권자의 주된 채권에 대응하는 급부의무로서, 주된 급부의무의 내용은 계약에 의하여 정해지며 그 계약 중심을 이루는 채무이다. 예컨대 매매관계(매매계약)에 있어서의 매도인의 재산권이전의무를 말한다.

2) 급부의무위반의 효과

주된 급부의무의 위반에 대하여 채무자의 귀책사유가 있을 때에는 손해배상책임이 발생한다(제390조 참조). 즉 급부의무가 지체된 경우에는 지연배상을 하여야 하며, 급부의무의 내용을 위반하거나(대판 2005.7.14, 2004다67011 등). 급부의무 자체가 실현불가능하게 된 경우에는 계약해제와 더불어 손해배상책임을 부담한다.

【판 례】

* 대판 2005.7.14, 2004다67011 … 상가의 일부 층을 먼저 분양하면서 그 수분양자에게 장차 나머지 상가의 분양에 있어 상가 내 기존 업종과 중복되지 않는 업종을 지정하여 기존 수분양자의 영업권을 보호하겠다고 약정한 경우 그 약정의무는 분양계약의 주된 채무라고 할 수 있다.

(2) 부수적 의무

1) 부수의무의 개념

부수적 의무란 주된 급부의무의 내용을 성공적으로 실현하기 위해 수반되는 준비·지원·주의해야 하는 채무자의 의무로서, 계약의 유형을 결정짓는 의무는 아니다. 이러한 부수적 의무는 개개의 채권관계의 성질과 그 계약이 이행되는 제반사정에 따라 신의칙에 의하여 발생되는 것이 보통이다.

2) 부수의무위반의 효과

부수적 의무위반시에 발생되는 법률효과는 그 불이행의 유형에 따라 달라질 수 있다. 대개의 경우 부수적 의무의 이행은 그것 자체로서 고유한 목적을 지니고 있지 않으므로, 부수적 의무만의 이행을 소구(訴求)하거나 불이행을 이유로 계약을 해제할 수는 없다(대판 2005.11.25, 2005다53705·53712). 그러나 유의할 점은 부수적 의무가 계약의 전제조건이 되어 있는 경우에는 그 위반을 이유로 계약을 해제할 수 있다고 본다(대판 2001.11.13, 2001다20394·20400 참고).

【판 례】

* 대판 2001.11.13, 2001다20394·20400 … 전대차계약을 체결한 후 중도금 수수시에 비로소 전차보증금반환채무를 담보하기 위하여 전대인이 그 소유 부동산에 근저당권을 설정하여 주기로 약정한 경우에는 전대인의 근저당권설정의무는 전대차계약의 주된 채무가 아니다.

(3) 보호의무

1) 보호의무의 개념

보호의무(안전배려 의무)는 계약의 채권관계에서 발생하는 본래의 급부의무와는 달리 상대방의 생명 · 신체 · 재산 · 기타의 법익을 침해하지 않을 의무를 말한다. 즉 급무의무는 재산의 이전 · 증가 또는 노동력의 공급 등 그 '이행'을 통하여 실현되는 의무이지만, 보호의무는 법익침해에 대한 위험의 방지 · 보호와 같이 침해예방을 통하여 준수되는 의무이다. 따라서 보호의무는 채무자의 보호의무위반으로 발생된 손해에 대해서 손해배상책임을 진다는 데에 그 실질적인 의의가 있다.

2) 보호의무위반의 효과

채무자가 그의 귀책사유로 보호의무에 위반하여 채권자에게 손해를 발생케 한 경우에 채권자는 당해 계약관계의 부수적 의무위반(채무 불이행)을 이유로 그 손해에 대한 배상을 청구할 수 있다(제2조, 제390조). 유의할 점은 보호의무위반으로 인한 손해배상은 주된 채무의 위반으로 인한 효과(손해배상청구, 해제, 해지 등)와는 별도로 부가적으로 인정되는 채무이며(대판 2006.9.28, 2004다44506), 보호의무가 채권관계의 내용으로 인정되는 한 이행보조자의 보호의무위반에 대하여도 채무자는 그 책임을 부담하여야 한다(제301조 참조).

【판 례】

* 대판 2006.9.28, 2004다44506 … 보호의무위반을 이류로 사용자에게 손해배상책임을 인정하기 위해서는 특별한 사정이 없는한 그 사고가 피용자의 업무와 관련성을 가지고 있을 뿐만 아니라 그 사고가 통상적으로 발생할 수 있다는 것이 예측될 수 있는 것이어야 하고, 그 예측가능성은 사고가 발생한 때와 장소 및 경위 등 여러 사정을 종합적으로 고려하여 판단하여야 한다.

제3절 채권담보의 설정

1. 채권담보의 의의

(1) 담보제도의 의의

① 채권은 그 발생의 원인이나 발생시기 선후 및 금액의 다소에도 불구하고 평등하게 취급되는 것이 법원칙(채권자평등의 원칙)이다. 따라서 어떤 채권이 발생할 때 그 채무자의 재산이 충분하더라도, 그 후에 재산이 감소하거나 새로운 채권이 발생하여 채권의 완전한 만족을 위해 채무자의 재산이 부족해지는 수가 있다. 이때 보다 확실하게 채권의 만족을 위한 수단으로 인정된 것이 담보제도이다. 이러한 방법으로 인적담보와 물적담보제도가 있다.

② 약정채권관계(계약) 또는 법정채권관계(법률규정)에 근거한 채권은 채권자가 채무자에 대하여 일정한 행위(급부)를 요구하는 것을 내용으로 하는 권리로서, 채무자가 자진하여 채무의 내용에 좇은 이행을 하지 않는 경우 채권자는 국가기관(법원)의 권리승인과 협력에 의해 채무내용의 실현을 강제할 수 있다(제389조; 민사집행법 제257조~제259조, 제260조, 제261조).

(2) 채권의 인적담보

1) 인적담보의 의의

인적담보라 함은 채무자의 채무불이행시 채권자가 강제집행하여 변제받을 수 있는 책임재산의 범위를 채무자뿐만 아니라 채무자 이외의 제3자의 일반재산에까지 확장함으로써 채권을 강화하는 수단을 말한다. 즉 인적담보를 설정하는 이유는 채무자가 변제자력이 없게 되는 경우에도 다른 채무자(보증채무자)의 변제자력으로 채권의 만족을 얻는 데 있다.

2) 인적담보의 장 · 단점

① 인적담보의 장점

인적담보는 책임재산이 추가됨으로써 책임재산의 총액이 증대하여 지급불능의 위험이 분산됨에 따라 채권의 만족을 얻을 수 없는 위험성도 상대적으로 축소되는 장점이 있다. 또한 물적담보에 비하여 당사자 사이의 의사합치만으로 설정될 수 있다는 편리성을 가진다.

② 인적담보의 단점

인적담보는 연대채무자나 보증인의 일반재산에 의한 추상적 이행의무를 담보로 하는 것이고, 특정재산의 교환가치를 확보하여 이를 담보로 하는 것이 아니기 때문에 인적담보제공자의 향후 재산 상태에 따라 채권의 만족이 좌우되는 단점이 있다. 즉 담보주체의 장래 신용상태를 현재의 시점에서 파악하므로 채권의 만족 여부가 불확실하다.

3) 인적담보의 유형

① 보증채무

㉠ 보증채무라 함은 주된 채무자가 그 채무를 이행하지 아니하는 경우는 물론 일부만 이행한 경우에 보충적으로 보증인이 이행하여야 하는 채무를 말한다(제428조 이하). 이 경우 수인의 보증인이 각자의 행위로 보증채무를 부담한 경우에는 특별한 의사표시가 없으면 균등한 비율(분별의 이익)로 부담한다(제408조, 제439조). 또한 보증채무는 주채무자가 변제하지 않는 경우에 비로소 변제하여야 하는 것이므로(보충성), 채권자로부터 이행의 청구가 있는 경우 먼저 주체무자에게 청구하라고 하는 최고의 항변권과 주채무자의 재산에 집행하라고 하는 검색의 항변권을 가진다(제437조 본문). 이러한 보증채무는 인적 담보로서 가장 효력이 약하다.

㉡ 보증인의 최고의 항변권 또는 검색의 항변권에도 불구하고 채권자가 자기의 권한을 게을리하여 채무자로부터 채권의 일부 또는 전부를 변제받지 못한 경우에는, 채권자가 해태(게을리)하지 아니하였다면 변제받았을 한도에서 보증인은 그 의무를 면한다(제438조).

② 연대채무

㉠ 연대채무(연대보증)라 함은 수인의 채무자가 채무 전부를 각자 이행할 의무가 있고 채무자 1인의 이행으로 다른 채무자도 그 의무를 면하는 채무를 말한다. 즉 보증채무와 같은 보충성이 없는 채무를 연대보증(채무)이라고 한다. 따라서 연대채무에는 피담보채권의 존부와 운명을 같이하는 부종성은 있으나 보충성이 없으므로 최고·검색의 항변권이 인정되지 않는다(제437조 단서).

㉡ 연대보증인 또는 연대채무자가 수인(여러 명)인 경우에 채권자에 대하여는 분별의 이익을 갖지 아니하나, 연대보증인들 상호 간에는 분별의 이익이 있으므로 특별한 사정이 없는한 부담부분은 균등한 것으로 추정한다(제424조 참조; 대판 1993.5.27, 93다4656).

【판 례】

* 대판 1993.5.27, 93다4656 … 수인의 보증인이 있는 경우에는 보증인 상호 간에 연대의 특약이 없었더라도 채권자에 대하여는 분별의 이익을 갖지 못하고 각자의 채무전액을 변제하여야 하고, 다만 연대보증인들 상호 간의 내부관계에 있어서는 일정한 부담부분이 있고 그 부담부분의 비율에 관하여는 특약이 없는 한 각자 평등한 비율로 부담한다.

(3) 채권의 물적담보

1) 물적담보의 의의

① 물적담보는 어느 특정채권자가 채무자 또는 제3자의 소유에 속하는 특정재산의 가치로부터 후순위 채권자 및 일반채권자보다 우선하여 변제받도록 함으로써 채권의 만족을 보장 내지 강화하는 담보제도를 말한다.

② 물적담보를 가진 채권자는 채무자의 채무불이행시 집행권원에 집행문을 부여받은 이른바 '집행력 있는 정본(민사집행법 제28조 제1항)' 없이 담보권의 존재를 증명하는 서류만으로 담보물에 대한 강제집행절차를 밟아 채권의 만족을 얻을 수 있다(민사집행법 제264조). 또한 담보권설정 후 그 목적물의 소유권이 제3자에게 이전되더라도 담보물권의 추급력에 기하여 강제매각절차를 취할 수 있다.

2) 물적담보의 장 · 단점

① 물적담보의 장점

물적담보제도는 채권자가 채무자 또는 제3자 소유의 특정재산의 객관적 교환가치를 현재의 시점에서 포착하여 물권을 설정하고 권리순위에 따라 독점적으로 채권의 만족을 확보하기 때문에 담보가치가 객관적일 뿐만 아니라, 담보물의 교환가치가 급락하지 않는 장점이 있다.

② 물적담보의 단점

물적담보는 그 설정의 절차가 복잡하여 시간과 비용이 많이 들며, 물적담보의 목적물을 가지지 못한 자 또는 자기를 위하여 물적담보를 제공할 자를 구할 수 없는 자에 의해서는 이용될 수 없다는 단점이 있다.

3) 물적담보의 유형

① 제한물권의 법리

㉠ 약정담보물권

약정담보물권은 당사자 사이의 약정으로 성립하는 담보물권이다. 예컨대 채무가 변제될 때까지 목적물을 유치하고 변제가 없을 때에 물건에 관하여 우선변제를 받는 질권(제329조)과 전세권(제303조 전세권은 담보물권성도 있다), 목적물의 인도를 받지 않고 그 물건 위에 우선변제권을 확보하는 저당권(제356조)이 있다.

㉡ 법정담보물권

법정담보물권은 일정한 요건이 충족되는 경우 당사자의 의사표시와 무관하게 법률의 규정에 의하여 당연히 성립하는 담보물권이다. 예컨대 타인의 물건에 관하여 생긴 채권의 변제를 받을 때까지 이것을 유치하는 유치권(제320조 이하)과 토지 또는 건물임대인이 일정한 채권(차임 연체)에 의하여 그 임차지상의 채무자의 일정한 재산(동산, 부동산)을 압류함으로써 우선변제를 받는 법정질권(제648조, 제650조) 및 법정저당권(제649조)이 있다.

② 소유권이전의 법리

㉠ 양도담보

양도담보는 목적물의 소유권을 외부적으로는 채권자에게 이전하되, 내부적으로는 채권자는 담보의 목적을 넘어서 이용하지 않을 채무를 부담하는 것으로서 판례법상 인정된 담보제도이다.

㉡ 환매 · 재매매예약

환매와 재매매의 예약은 민법의 채권편에 규정되어 있는 것으로서, 매매계약과 동시에 또는 그 후에 특약으로 일정기간 내에 환매(재매매 예약 포함)대금을 지급하고 목적물(부동산)을 다시 찾아올 수 있는데(제590조~595조, 제650조 참조), 이를 통틀어서 매도담보라고 일컫는다. 이를 이용해서 담보의 목적을 달성할 수 있다.

㉢ 대물변제예약

채권편에서 개별적으로 규정되어 있는 대물변제(제466조)와 매매예약(제564조)이라는 두 제도가 결합한 것이 대물변제의 예약이며, 소비대차의 당사자 사이에서 채무자 소유의 특정재산(부동산)에 관하여 이 대물변제의 예약을 하면, 금전소비대차상의 채권을 담보하는 목적을 이룰 수 있게 된다(제607조, 제608조).

㉣ 가등기담보

가등기담보는 이행기에 채무의 변제가 없는 경우에 이를 조건으로 하여 담보목적물의 소유권을 채권자에게 이전할 것을 예약하고, 이 권리를 가등기에 의하여 공시하는 것으로서 '가등기담보 등에 관한 법률'에서 인정하는 제도이다.

4) 채권의 물상보증

① 물상보증은 제3자가 타인의 채무를 담보하기 위하여, 자신의 특정재산에

채권자를 권리자로 하는 담보권을 설정하는 것이며, 이때 담보를 제공하는 제3자를 물상보증인이라고 한다.

② 물상보증인은 채무자가 채무를 임의로 이행하지 않는 경우, 담보권자로서 채권자가 물상보증인이 담보로 제공한 특정재산을 강제매각하여 그 매각대금으로부터 채권변제에 충당하는 것을 용인할 의무를 부담한다. 유의할 점은 채권자가 물상보증인이 담보로 제공한 특정재산으로부터 채권전액을 변제받지 못하더라도, 그 외의 다른 일반재산에 대하여 강제집행을 하지 못한다(대판 2005.4.29, 2005다3137 참고). 이처럼 물적 유한책임이 물상보증의 특질이다.

2. 채권담보의 성질

(1) 부종성

① 부종성이라 함은 담보물권이 피담보채권의 존부와 운명을 같이하는 것을 말한다. 즉 담보물권은 채권의 담보를 목적으로 하는 권리이므로, 담보되어야 할 채권(피담보 채권)이 변제 등으로 소멸하면 담보물권도 소멸한다.

② 피담보채권의 존재를 전제로 하여서만 담보물권은 존재할 수 있게 되는 성질을 '담보물권의 부종성'이라고 한다. 예컨대 유치권 기타의 법정담보물권에 있어서는 특정의 채권이 존재하는 경우에 법률상 당연히 그 채권을 보호하려는 것이므로 부종성은 엄격하게 적용된다. 그러나 질권과 저당권은 신용의 수수를 매개하는 것이므로 그 적용이 다소 완화된다. 즉 채권이 현존하지 않더라도 장래에 성립하게 될 경우에는 그러한 장래의 채권을 담보하기 위하여 담보물권의 설정이 인정된다(예컨대 근저당권).

(2) 수반성

① 피담보채권이 그 동일성을 유지하면서 이전(양도)되면 당연히 담보물권도 채권에 따라서 이전하는 성질을 담보물권의 수반성이라고 한다(제361조 참조). 이것은 담보물권의 부종성으로부터 자연히 생기는 성질이다. 저당권이 이전된 경우에는 수반성의 공시방법으로 부기등기를 하여야 한다(제348조 참조).

② 법정담보물권은 특정의 채권을 우선적으로 보호하려는 것이므로 구체적으로 채권자가 누구이냐를 문제삼지 않으며, 채권의 이전에 따라서 이전하게 됨은 당연하다. 그러나 약정담보물권은 당사자 사이의 계약으로 채

권의 경제적 가치를 늘어나게 하는 것이므로, 채권과 함께 이전해서 계속 그 채권의 경제적 가치를 유지케 하는 것이다.

(3) 물상대위성

① 담보물권은 목적물의 멸실·훼손·공용징수 등에 의하여 채무자가 받게 될 금전 그 밖의 물권에 그 효력을 미친다. 예컨대 건물이 전소되어 소멸되었으나 화재보험에 가입되어 있었다면 그 보험금에 담보물권의 효력이 영향을 미치게 되는데, 이것을 물상대위성이라고 한다(제342조, 제370조).

② 담보물권은 목적물의 실체(목적물 자체)를 목적으로 하는 권리가 아니라 주로 그의 교환가치를 취득하는 것을 목적으로 하는 권리이므로, 비록 그 목적물이 멸실 또는 훼손되더라도 그 교환가치를 대표하는 목적물 위에 존속하는 것으로 하는 것이 담보물권의 본질에 적합할 것이다. 따라서 교환가치의 취득을 목적으로 하지 않는 유치권에 있어서는 물상대위의 원칙이 적용되지 못한다.

(4) 불가분성

① 담보물권은 원칙적으로 피담보채권의 전부를 변제받을 때까지 그 목적물 전부 위에 그 효력을 미친다. 따라서 피담보채권의 일부가 변제·상계·경개·면제·혼동 등으로 인하여 소멸되더라도 남은 금액이 있는 한 그 목적물의 전부가 담보물권의 구속에서 벗어나는 것이 아니다.

② 또한 담보물이 공유자 사이에 분할된 경우에도 담보권자는 분할된 각 부분 위에 채권액 전부에 관하여 담보권을 행사할 수 있는데 이것을 담보물권의 불가분성이라고 한다. 민법은 유치권에 관하여 규정을 두고(제321조), 질권과 저당권에 이 규정을 준용한다(제343조, 제370조).

3. 채권담보의 효력

제한물권으로서의 담보물권의 효력은 그 종류에 따라 각기 특유한 것이 있으나, 공통되는 담보효력으로서 다음과 같은 것이 있다.

(1) 우선변제적 효력

질권과 저당권에 인정되는 효력으로서, 채권의 변제를 받지 못한 때에 채권자가 목적물을 환가해서 다른 채권자보다 우선하여 변제받을 수 있는 우선변제적효력이 있다. 이는 담보물권으로서의 가장 본질적인 효력이다. 다만 유치권은 이러한 효력을 가지지 않는다.

(2) 추급적 효력

담보권자가 담보물권을 설정한 후 그 담보물의 소유권이 제3자에게 이전된 경우에도 신소유자인 제3자에 대하여 담보권의 효력이 미치는 것을 담보물권의 추급력이라고 한다. 담보물권 중 질권이나 저당권과 같은 약정담보물권의 경우는 그 성질상 당연히 추급력이 있다.

(3) 유치적 효력

채권담보를 위하여 목적물을 채권자의 수중에 유치(점유를 계속하고 인도를 거절하는 것)케 해서 채무자에게 심리적인 압박을 줌으로써 채무의 변제를 간접적으로 촉구하는 효력이다. 유치권과 질권에는 이 효력이 있으나, 저당권은 현실적인 인도가 없으므로 유치적 효력이 없다.

(4) 수익적 효력

채권자가 목적물로부터 수익으로 변제에 충당하는 것이다. 현행 민법이 인정하는 담보물권에는 이에 속하는 것은 없다. 다만 전세권은 용익물권인 동시에 담보물권으로서의 성질도 있다고 새기는 견해에 의하면, 전세권은 이 수익적 효력이 있는 담보물권으로 볼 수도 있을 것이다.

4. 채권담보의 순위

① 담보물권은 그 채권의 범위에서 목적물의 교환가치를 지배하는 것이므로 목적물의 잔여가치가 있는 때에는 다른 채권자가 같은 종류의 담보물권을 설정할 수 있다. 다만 이들 간에는 '순위'가 있어서 먼저 성립한 담보

물권이 후에 성립한 것에 우선한다.

② 민법은 질권에서 '그 순위는 설정의 선후에 의한다'고 규정하고 이를 저당권에 준용한다(제333조, 제370조). 한편 담보물권을 채권의 담보를 위한 수단으로서 구성하고 있기 때문에 선순위 담보물권이라도 채권의 변제가 있으면 부종성에 의해 소멸하는 결과, 차순위 담보물권이 선순위로 올라가는 '순위의 승진'이 이루어진다.

5. 채권담보의 실행

① 민사집행에는 크게 강제집행(민사집행법 제2편 제24~제263조)과 담보권실행을 위한 경매(민사집행법 제3편 제264조~제275조), 민법이나 상법 또는 그 밖의 법률의 규정에 의한 경매가 있다. 강제집행은 금전채권이나 금전채권 이외의 채권에 기초하여 이루어지므로 확정된 종국판결이나 가집행의 선고가 있는 종국판결을 기초로 집행문 있는 판결정본이 있어야 할 수 있다(민사집행법 제24조, 제28조, 제30조). 반면 담보권실행을 위한 경매(임의경매)는 저당권 · 질권 · 전세권 · 유치권 등의 물권에 기하여 이루어지며, 이러한 임의경매는 강제경매에 관한 규정이 준용된다(민사집행법 제268조, 제272조, 제273조 제3항, 제275조).

② 저당권이나 질권 · 전세권에 기한 경매는 우선변제권을 실현하기 위한(채권만족을 얻기 위한) 경매인 반면, 유치권에 의한 경매 및 민법이나 상법 또는 그 밖의 법률에 의한 경매는 환가의 수단으로서 이루어지는 경매이다.

제 4 절 동산 · 채권담보법

1. 서 설

(1) 의의 및 목적

1) 동산 · 채권담보의 의의

동산 · 채권 등의 담보에 관한 법률(이하 「동산 · 채권담보법」이라 한다)에서의 담보약정이란 양도담보 등의 명목을 묻지 아니하고 동법에 따라 동산 · 채권을 담보로 제공하기로 하는 약정을 말한다. 즉 '동산담보권'은 담보약정에 따라 동산(여러 개의 동산 또는 장래에 취득할 동산을 포함한다)을 목적으로 등기한 담보권을 말하며, '채권담보권'은 담보약정에 따라 금전의 지급을 목적으로 하는 지명채권(여러 개의 채권 또는 장래에 발생할 채권을 포함한다)을 목적으로 등기한 담보권을 말한다.

2) 동산 · 채권담보법의 제정목적

① 동산 · 채권 · 지식재산권을 목적으로 하는 담보권과 그 등기 또는 등록에 관한 사항을 규정하여 자금조달을 원활하게 하고 거래의 안전을 도모하며 국민경제의 건전한 발전에 이바지함을 목적으로 한다(동산 · 채권담보법 제1조).

② 기존의 동산담보에 의하면 질권은 점유질원칙(민법 제330조, 제332조) 때문에 질권설정자의 입장에서는 질물을 활용할 수가 없고, 질권자의 입장에서도 질물의 점유로 인하여 불필요한 비용이 소요되는 단점을 가지고 있다. 따라서 동산 · 채권담보법은 기존에 부동산담보를 중심으로 대출을 하는 관행이 형성되어 부동산자산이 부족한 중소기업 등이 자금조달에 어려움을 겪고 있으며, 지식재산권은 법률상 제약으로 공동담보나 근담보로 제공되지 못하고 있는 단점을 보완하기 위하여 새로운 담보제도 신설을 통하여 중소기업 등이 동산 · 채권 등을 담보로 자금을 조달받을 수 있도록 하기 위하여 제정되었다(2010년 6월 10일 법률 제10366호).

(2) 동산 · 채권담보법의 특징

1) 담보등기부의 인적편성

담보등기라는 새로운 공시방법(인적편성주의)을 도입한 것이 동산 · 채권담보법에 따른 담보제도 개혁의 핵심이라고 할 수 있다. 여기서 담보등기란 동산 · 채권을 담보로 제공하기 위하여 이루어진 등기를 말하고, 담보등기부는 전산정보처리조직에 의하여 입력 · 처리된 등기사항에 관한 전산정보자료를 담보권설정자별로 저장한 보조기억장치를 말하는 것으로써 동산담보등기부와 채권담보등기부로 구분한다(동산 · 채권담보법 제2조 제7호 · 제8호). 이러한 담보등기부는 물적편성주의를 따르고 있는 부동산등기(부동산등기법 제15조 참조)와 달리 각 등기부를 담보권설정자 별로 구분하여 작성하는 인적편성주의를 채택하고 있는데(동산 · 채권담보법 제47조), 이는 동산이나 채권의 특정이 불가능하거나 어렵기 때문이다.

2) 기존 질권 · 양도담보제도와 선택적 활용

동산 · 채권담보법에 따른 새로운 등기담보권에 의하여 기존에 활용되던 질권이나 양도담보가 폐지되지 않을 뿐만 아니라 어느 한 쪽에 우선적 지위를 부여하지도 않는다. 따라서 당사자들의 선택에 따라 기존의 질권이나 양도담보를 선택할 수도 있고, 또는 새로운 등기담보권(동산 · 채권 담보권 설정)을 설정할 수도 있다.

(3) 동산 · 채권담보법의 적용범위

1) 인적적용범위의 제한

동산 · 채권담보법은 인적 적용범위를 제한한다. 즉 동산 · 채권을 담보로 제공하는 경우에는 법인(상사법인, 민사법인, 특례법에 따른 법인, 외국법인을 말한다) 또는 상업등기법에 따라 상호등기를 한 사람으로 한정한다(동산 · 채권담보법 제2조 제5호 단서). 유의할 점은 담보권설정자의 상호등기가 말소된 경우에도 이미 설정된 등기담보권의 효력에는 영향을 미치지 않는다(동산 · 채권담보법 제4조).

2) 지식재산담보권의 인정

동산 · 채권담보법은 지식재산권자가 동일한 채권을 담보하기 위하여 2개 이상의 지식재산권을 담보로 제공하는 경우에 특허원부 등 그 지식재산권을 등록하는 공적장부에 동법에 따른 담보권을 등록할 수 있는 특례를 마련하고 있다(동산 · 채권담보법 제58조 이하 참조). 따라서 지식재산권에 대한 공동담보와 근담보가 가능하게 되었다.

2. 동산담보권

(1) 동산담보권의 성립

1) 동산담보권의 대상

① 동산담보권의 대상은 당연히 동산이다. 다만 선박등기법에 따라 등기된 선박, 자동차 등 '특정동산 저당법'에 따라 등록된 건설기계 · 자동차 · 항공기 · 소형선박, '공장 및 광업재단 저당법'에 따라 등기된 기업재산 등은 동산 · 채권담보법에 의한 등기담보권을 설정할 수 없고, 나아가 양도할 수 없는 동산의 경우에도 같다(동산 · 채권담보법 제3조, 제33조; 민법 제331조 참조).

② 집합동산에 대하여 담보권을 설정하는 것은 양도담보에서와 마찬가지로

가능하며, 설정자가 장래 취득할 동산에 대해서도 특정이 가능하면 담보권을 설정할 수 있다(동산·채권담보법 제3조 제2항). 이처럼 장래 취득할 동산에 대한 담보권은 설정자가 소유권을 취득하여 특정가능한 상태에 두는 때에 비로소 성립한다.

2) 담보약정과 담보등기

① 담보약정, 즉 동산담보권이 성립하기 위하여 채권자와 목적동산의 소유자인 채무자 또는 제3자(물상보증인) 사이에 담보약정이 있어야 한다(동산·채권담보법 제2조 제1호, 제2호). 그 약정은 담보권설정에 따른 채권·채무를 발생시키는 채권계약으로 보통 물권적 합의를 포함하며, 피담보채권의 발생을 위한 금전소비대차계약에 종된 계약이다.

② 담보등기, 즉 동산담보권이 성립하기 위해서는 반드시 등기하여야 한다(동산·채권담보법 제2조 제2호, 제7조 제1항). 이 경우 담보등기에 대하여 특별한 규정이 없는 경우에 그 성질에 반하지 않는 범위 내에서 부동산등기법을 준용한다(동산·채권담보법 제57조). 한편 동산담보권의 설정은 처분행위이므로, 설정자는 목적동산에 대한 처분권을 보유하고 있어야 한다.

(2) 동산담보권의 효력

1) 동산담보권의 성질

동산담보권은 채무자 또는 제3자가 제공한 담보목적물에 대하여 다른 채권자보다 자기 채권을 우선변제받는 것을 내용으로 하는 담보물권이다(동산·채권담보법 제8조). 따라서 동산담보권은 담보물권의 통유성인 부종성(동산·채권담보법 제33조)·수반성(동산·채권담보법 제13조)·불가분성(동산·채권담보법 제9조)·물상대위성(동산·채권담보법 제14조)을 가진다.

2) 동산담보권자의 지위

① 담보권자는 담보목적물에 대하여 전자적 식별에 필요한 표지를 부착할 수 있다. 즉 담보목적인 동산의 목적 상황에 대하여 이해관계를 가지는 담보권자는 목적물에 대하여 현황조사를 할 수 있으며, 그 현황을 조사하기 위하여 약정에 따라 전자적으로 식별할 수 있는 표지를 부착하는 등 필요한 조치를 할 수 있다(동산·채권담보법 제17조 제1항).

② 동산담보권자는 담보권을 방해하는 자에게 방해제거청구권을 행사할 수 있다. 즉 담보권을 방해 또는 방해할 염려가 있는 자에게 방해제거 및 방해의 예방이나 손해배상의 담보를 청구할 수 있다(동산·채권담보법 제20조). 예컨대

설정자 또는 제3자가 담보목적인 집합동산을 지속적으로 반출하는 행위가 이에 해당한다고 할 수 있다. 다만 그 행위가 적법한 경우, 즉 담보약정에서 담보목적인 원자제의 가공 및 반출을 허용하는 것이었던 경우에는 방해제거청구를 할 수 없음은 당연하다 할 것이다.

③ 동산담보권자는 우선변제를 받을 수 있다. 즉 담보목적동산에 대하여 설정자의 채권자가 압류하여 강제집행을 하는 경우, 담보권자는 배당요구의 소송(민사집행법 제217조)을 통하여 우선변제를 받을 수 있으며, 나아가 담보권자는 회생절차에서 회생담보권자로서 파산절차에서는 별제권자로 취급된다(채무자 회생 및 파산에 관한 법률 제141조 제1항, 제411조).

3) 동산담보권의 효력범위

① 피담보채권의 범위

㉠ 동산담보권은 원본뿐만 아니라 그 이자, 위약금, 담보권 실행의 비용, 담보목적물의 보존비용 및 채무불이행 등으로 인한 손해배상채권도 포함된다(동산·채권담보법 제12조). 다만 유의할 점은 저당권에서와 같은 지연배상의 제한은 없다(동산·채권담보법 제12조; 민법 제360조). 그러나 이는 임의규정이므로 피담보채권의 범위에 관하여 설정행위로 다른 담보약정이 있으면 그에 따른다(동산·채권담보법 제12조 단서).

㉡ 동산담보권에서도 근저당권에서와 같이 동산근담보권을 설정할 수 있다(동산·채권담보법 제5조). 즉 동산담보권은 그 담보할 채무의 최고액만을 정하고 채무의 확정을 장래에 보류하여 설정할 수 있는데, 그 채무가 확정될 때까지 채무의 소멸 또는 이전은 이미 설정된 담보권에 영향을 미치지 않으며, 채무의 이자는 채권최고액 중에 포함된 것으로 본다.

② 목적물의 범위

㉠ 동산담보권의 효력은 담보목적물에 부합된 물건과 종물에 미치지만, 법률에 다른 규정이 있거나 설정행위에 다른 약정이 있으면 그에 따른다(동산·채권담보법 제10조). 다만 설정행위로 다른 약정이 있는 경우 이를 등기하여야 한다. 또한 담보목적물에 대한 압류 또는 담보권자의 담보권 실행으로서 담보목적물의 인도청구가 있은 후에 담보권설정자가 그 담보목적물로부터 수취한 과실 또는 수취할 수 있는 과실에 미친다(동산·채권담보법 제11조).

㉡ 동산담보권은 물상대위도 인정된다. 즉 담보목적물의 매각, 임대, 멸실·훼손 또는 공용징수 등으로 인하여 담보권설정자가 받을 금전이나 그 밖의 물건에 대하여도 행사할 수 있다. 이 경우 그 지급 또는 인도 전에 압류하여야 한다(동산·채권담보법 제14조). 유의할 점은 민법 제342조와 달리 담보목적

물의 멸실·훼손·공용징수 외에 매각 또는 임대의 경우에까지 물상대위를 인정한 점이다. 이는 담보권자는 목적물을 인도하기 전에 압류함으로써 담보권설정자가 동산을 제3자에게 매각하여 그 제3자가 선의취득하는 경우를 대비한 것으로 해석된다.

③ 우선변제적 효력

동일한 동산에 수개의 동산담보권의 순위는 등기의 순서에 따르며, 동일한 동산에 관하여 담보등기부의 등기와 인도(간이인도, 점유개정, 목적물반환청구권의 양도를 포함한다)가 행해진 경우에 그에 따른 권리 사이의 순위는 법률에 다른 규정이 없으면 그 선후에 따른다(동산·채권담보법 제7조 제2항, 제3항).

(3) 동산담보권의 실행

1) 서 언

① 동산담보권의 실행은 원칙적으로 경매에 의하지만 예외적으로 사적실행, 즉 귀속청산과 처분청산이 허용된다(동산·채권담보법 제21조, 제22조). 다만 사적실행을 하기 위해서는 정당한 이유가 있어야 하고, 선순위권리자가 있으면 그의 동의를 받아야 한다(동산·채권담보법 제21조 제2항).

② 동산담보권자는 담보목적물로부터 변제를 받지 못한 채권이 있는 경우에만 채무자의 다른 재산으로부터 변제를 받을 수 있다(동산·채권담보법 제15조 제1항). 한편 담보목적물로 변제 받는 경우, 다른 채권자는 담보권자에게 그 배당금의 공탁을 청구할 수 있다. 다만 담보목적물보다 먼저 다른 재산을 대상으로 하여 배당이 실시되는 경우에는 그렇지 아니하다(동산·채권담보법 제15조 제2항).

2) 담보권의 사적실행

① 동산담보권의 사적실행을 위해서는 선행적으로 정당한 이유가 있어야 하고, 또한 선순위권리자가 있으면 그의 동의를 받아야 한다. 사적실행을 함에 있어서 유의할 점은 '귀속청산'의 경우에 청산금을 지급하기 전 또는 청산금이 없으면 통지 후 1개월이 지나기 전, '처분청산'의 경우에는 담보권자가 제3자와 매매계약을 체결하기 전에 담보목적물에 대하여 경매가 개시되면 동산담보권자는 사적실행을 중지하여야 한다(동산·채권담보법 제23조 제5항). 한편 담보권의 실행을 중지함으로써 담보권자에게 손해가 발생되는 경우에 채무자 등은 그 손해를 배상하여야 한다(동산·채권담보법 제28조).

② 동산담보권자는 담보목적물의 평가액 또는 매각대금(이하 '매각대금'이라 한다)에서 그

채권액을 뺀 금액(이하 '청산금'이라 한다)을 채무자 등에게 지급하여야 하는데, 담보목적물에 선순위의 동산담보권 등이 있으면 그 채권액을 계산할 때 선순위의 동산담보권 등에 의하여 담보된 채권액을 포함한다(동산·채권담보법 제23조 제3항). 그리고 귀속청산의 경우에 청산금을 채무자 등에게 지급한 때에 담보목적물의 소유권을 취득한다(동산·채권담보법 제23조 제4항).

③ 담보목적물의 매각대금 등이 압류되거나 가압류된 경우 또는 담보목적물의 매각대금 등에 관하여 권리를 주장하는 자가 있는 경우에 동산담보권자는 그 전부 또는 일부를 담보권설정자의 법인등기 또는 상호등기를 관할하는 법원에 공탁할 수 있다. 이 경우 담보권자는 공탁사실을 즉시 담보권자가 알고 있는 이해관계인과 담보목적물의 매각대금 등을 압류 또는 가압류하거나 그에 관하여 권리를 주장하는 자에게 통지하여야 한다(동산·채권담보법 제27조 제1항).

3) 공동담보

① 동일한 채권의 담보를 위하여 여러 개의 담보목적물에 동산담보권을 설정할 수 있다(동산 채권담보법 제29조 제1항). 공동동산담보권이 설정된 경우의 법률관계에 관하여 동산·채권담보법 제29조는 민법 제368조의 공동저당에서와 같은 법리를 따른다. 즉 '동시배당'의 경우에는 분담을 안분하고, '이시배당'의 경우에는 후순위 권리자의 대위를 인정한다.

② 공동담보권이 설정된 경우에 공동저당의 법리는 사적실행의 경우에도 준용되는데, 각 담보목적물의 매각대금을 정할 수 없다면 담보권자의 통지에 명시된 각 담보목적물의 평가액 또는 매각대금에 비례하여 그 채권의 분담을 정한다(동산·채권담보법 제29조 제3항).

4) 물상보증인의 지위

피담보채무를 이행할 정당한 이익을 가지는 물상보증인이 채무를 변제하거나 담보권의 실행으로 담보목적물의 소유권을 잃은 경우에 보증채무의 규정에 따라 채무자에 대한 구상권을 가지고(동산·채권담보법 제26조). 그 한도에서 채무자에 대하여 채권자가 가지는 권한을 대위한다(민법 제481조).

5) 제3취득자의 지위

담보목적물의 제3취득자 역시 물상보증인의 지위와 같은 담보책임을 부담하며, 그에 따라 채무자(매도인)에 대한 구상권 및 채권자 대위권을 행사할 수 있다. 다만 제3자가 선의취득하는 경우에는 그러하지 아니하다(동산·채권담보법 제32조). 또한 담보목적물의 제3취득자가 그 담보목적물의 보존·개량을 위하여 필요비나 유익비를 지출한 경우에 담보권자가 담보목적물을 실행하여 취득한 대가에서 우선하여 상환받을 수 있다(동산·채권담보법 제16조, 민법 제203조).

(4) 동산담보권의 소멸

① 담보물권 일반의 소멸사유, 즉 피담보채무의 소멸, 목적물의 멸실 등으로 동산담보권이 소멸된다. 또한 채권·동산담보법에 의하여 담보권의 존속기간을 규정하고 있는 바(동산·채권담보법 제49조 제1항), 원칙적으로 5년을 초과할 수 없다(상사채권의 소멸시효 기간을 고려한 것이다). 다만 5년을 초과하지 않는 기간으로 이를 갱신할 수 있는데, 설정자와 담보권자가 그 만료 전에 존손기간을 연장하는 취지와 연장 후의 존속기간 등을 기록한 연장등기를 신청하여야 한다(동산·채권담보법 제49조 제2항, 제3항).

② 동산담보권이 설정된 담보목적물에 대하여 민법 제249조 내지 제251조의 준용에 의하여 소유권이나 질권의 선의취득이 인정된다(동산·채권담보법 제32조). 이와 관련하여 문제되는 것은 담보등기부를 확인하지 않은 양수인의 과실을 인정할 것인지 여부인데, 원칙적으로 부정적으로 본다(지원림 846면). 그 이유는 집합동산을 목적으로 하는 동산담보권에서 담보약정이 정하는 바에 따라 설정자의 '정상적인 영업의 일환'으로 담보목적물이 반출되어 양도된 경우에 양수인이 담보권의 존재를 쉽게 알 수 없을 뿐만 아니라, 설령 그 담보권의 존재를 알고 있더라도 담보권은 소멸한다고 해석(정상적인 영업활동)하여야 하기 때문이다.

3. 채권담보권

(1) 채권담보권의 성립

1) 채권담보권의 대상

① 채권담보의 대상은 금전의 지급을 목적으로 하는 지명채권이다(동산·채권담보법 제34조 제1항). 즉 금전채권에 대해서만 채권담보권이 성립할 수 있다. 한편 여러 개의 채권(채무자가 특정되었는지 여부를 묻지 않고 장래에 발생할 채권을 포함한다)이더라도 채권의 종류, 발생원인, 발생연월일을 정하거나 그 밖에 이와 유사한 방법으로 특정할 수 있는 경우에는 이를 목적으로 하여 채권담보권을 설정할 수 있다(동산·채권담보법 제34조 제2항).

② 양도할 수 없는 채권에 대해서는 등기담보권을 설정할 수 없는 바(동산·채권

(담보법 제37조 제1항 ; 민법 제331조), 양도금지특약이 붙은 채권은 채권담보의 대상이 될 수 없다. 다만 이때에도 담보권자가 선의이고 중대한 과실이 없다면 채권담보권의 대상이 된다. 이 경우 양도금지특약의 존재 및 제3자의 악의에 대한 증명책임은 양도금지를 주장하여 양수인에게 대항하려는 자(채무자)가 진다는 것이 판례의 입장이다(대판 2003.1.24, 2000다5336 · 5343).

2) 담보약정과 담보등기

① 채권담보권도 동산담보권에서와 마찬가지로 담보약정과 담보등기가 필요하다. 다만 채권담보권의 등기는 동산담보권에서와 달리 성립요건이 아니라 대항요건이다(동산 · 채권담보법 제35조 제1항).

② 지명채권과 관련하여서는 선의취득이 인정되지 않으므로, 설정자가 타인(제3자 또는 제3채권자)의 채권을 위하여 담보권을 설정하더라도 당연히 그 효력이 발생할 수 없다.

(2) 채권담보의 효력

1) 채권담보의 성질 및 효력범위

① 채권담보권은 담보물권의 통유성을 가진다(동산 · 채권담보법 제37조). 따라서 채권담보권은 동산담보권에서와 마찬가지로 부종성 · 수반성 · 불가분성 · 물상대위성을 가진다.

② 채권담보권의 효력이 미치는 범위에 관하여 동산담보권에 관한 규정들이 준용된다(동산 · 채권담보법 제37조).

2) 대항요건

① 당사자의 약정에 따른 채권담보권의 득실변경은 담보등기부에 등기한 때에 지명채권의 채무자(이하 '제3채무자'라고 한다) 외의 제3자에게 대항할 수 있는데(동산 · 채권담보법 제35조 제1항), 여기서의 제3자는 일반적인 보통의 채권양도에서와 동일하다.

② 담보권자 또는 설정자는 제3채무자에게 등기사항전부증명서를 인도하는 방법으로 그 사실을 통지하거나, 제3채무자가 이를 승낙하지 아니하면 제3채무자에게 대항하지 못한다(동산 · 채권담보법 제35조 제2항). 이는 담보권등기의 사실을 알지 못하는 제3채무자의 이중변제의 위험을 방지하기 위한 조치이다.

③ 동일한 채권에 관하여 양립할 수 없는 이해관계인들이 모두 제3자에 대한 대항요건을 갖춘 경우, 즉 동일한 채권에 관하여 담보등기부의 등기와 통지 또는 승낙이 있는 경우에 담보권자 또는 담보의 목적인 채권의

양수인은 법률에 다른 규정이 없으면 제3채무자 외의 제3자에게 등기와 그 통지의 도달 또는 승낙의 선후에 따라 그 권리를 주장할 수 있다(동산·채권담보법 제35조 제3항). 그리고 등기일자와 도달일자가 동일하다면 안분비례하여 배당되어야 할 것이다(대판[전합] 1994.4.26, 93다24223 참고).

(3) 채권담보권의 실행

1) 담보권실행 방법

채권담보권의 실행은 직접청구에 의한 실행과 민사집행법에서 정한 집행방법으로 실행할 수 있다(동산·채권담보법 제37조). 그 밖의 점들은 동산담보권에 관한 규정이 준용된다.

2) 담보권실행 효력

담보권자는 피담보채권의 한도에서 채권담보권의 목적이 된 채권을 직접 청구할 수 있다. 그런데 채권담보권의 목적이 된 채권이 피담보채권보다 먼저 변제기에 이른 경우에 담보권자는 제3채무자에게 그 변제금액의 공탁을 청구할 수 있고, 제3채무자가 변제금액을 공탁한 후에는 채권담보권은 그 공탁금에 존재한다(동산·채권담보법 제36조).

4. 지식재산권에 대한 특례

(1) 지식재산권담보권 등록

동산·채권담보법은 지식재산권자가 약정에 따라 동일한 채권을 담보하기 위하여 2개 이상의 지식재산권을 약정에 의하여 담보로 제공하는 경우에 지식재산권담보권의 득실변경을 특허원부·저작권등록부 등 그 지식재산권을 등록하는 공적 장부에 등록할 수 있도록 하였다(동산·채권담보법 제58조).

(2) 지식재산권담보등록의 효력

① 약정에 따른 지식재산권담보권의 득실변경은 이를 등록한 때 그 지식재산권에 대한 질권의 득실변경을 등록한 것과 동일한 효력을 부여한다.
② 담보권자는 지식재산권을 규율하는 개별 법률에 따라 담보권을 행사할

수 있다(동산·채권담보법 제60조). 한편 동일한 지식재산권에 관하여 동산·채권담보법에 따른 담보권 등록과 그 지식재산권을 규율하는 개별 법률에 따른 질권 등록이 이루어진 경우에 그 순위는 법률에 다른 규정이 없으면 그 선후에 따라 효력이 발생한다(동산·채권담보법 제59조).

제 2 장 채권의 목적

제 1 절 특정물채권

1. 특정물채권의 의의

① 특정물채권이라 함은 특정물의 인도를 목적으로 하는 채권을 말한다. 여기서 특정물이란 구체적인 거래에서 당사자가 특정의 물건을 지정하여 다른 물건으로 대체하는 것을 허용하지 않는 물건을 말한다. 반면 불특정물이란 동종 · 동질 · 동량의 것이면 어느 것이라도 무방한 물건을 말한다.

② 물건은 일반거래관념을 기준으로 대체물과 불대체물로도 구분하는데, 그 구분의 핵심은 물건이 가지고 있는 개성여부이다. 즉 대체물은 물건의 개성이 중요하지 않아 동종 · 동질 · 동량의 물건으로 대체하여도 급부의 동일성이 바뀌지 않는 물건이고, 불대체물은 당해 물건의 개성을 중시하여 대체성이 없는 물건이다.

2. 채무자의 특정물보존의무

(1) 채무자의 선관의무

① 특정물의 인도가 채권의 목적인 때에는 채무자는 그 물건을 인도하기까지 선량한 관리자의 주의로 보존하여야 한다(제374조). 여기서 선량한 관리자의 주의란 채무자의 직업, 지위 등에 비추어 거래상 일반적으로 요구되는 주의를 말한다.

② 채무자의 선관의무는 특정물인도채권이 성립한 때에 발생하고 물건을 인도하기까지 존속한다. 여기서 물건의 '인도하기까지'란 인도하여야 할 시기인 이행기가 아니라 실제로 물건을 인도하는, 즉 현실적으로 목적물을 인도하는 때를 말한다(대판 1991.10.25, 91다22605 참고). 다만 채무자가 이행기에 이행을 지체하고 있는 때에는 책임이 가중되어 과실이 없는 경우에까지 책임을 부담하고(제392조), 반면 채권자가 수령을 지체하는 때에는 채무자는 고의 또는 중과실이 없는 한 불이행으로 인한 모든 책임을 부담하지 않는다(제401조; 대판 2001.1.19, 2005다57351).

【판 례】

* 대판 2001.1.19, 2000다57351 … 임차건물의 전기배선의 이상이나 원인불명의 화제로 소실되어 임차물 반환채무가 이행불능이 된 경우 임차인은 그에 따른 책임을 면하기 위해서는 그 건물의 보존에 관하여 선량한 관리자의 주의의무를 다하였음을 스스로 증명하여야 한다.

(2) 특정물의 훼손 · 멸실

① 채무자가 선관주의의무를 게을리하여 목적물을 훼손 또는 멸실케 한 경우에는 손해배상의무를 부담한다. 그러나 채무자가 선관의무를 다하였음에도 불구하고 목적물이 멸실 · 훼손된 경우에 채무자는 손해배상의무를 부담하지 아니한다(제390조). 이 경우 선관의무를 다하였다는 사실은 채무자가 증명하여야 한다(통설).

② 채무자의 선관주의의무 범위는 구체적 사안에 따라 다르다고 하겠다. 예컨대 보수없이 임치를 받은 자는 임치물을 자기재산과 동일한 주의로 보관하여야 하고(제695조), 친권자가 그 자(자녀)에 대한 법률행위의 대리권 또는 재산관리권을 행사함에는 자기의 재산에 관한 행위와 동일한 주의를 하여야 한다(제922조). 즉 민법 제695조 · 제922조에 있어서 선관주의의무 범위는 추상적 과실에 비하여 주의의무의 정도가 경감된다는 점에서 구체적 과실이라고 한다.

3. 특정물의 현상인도의무

(1) 특정물의 현상인도

① 특정물의 인도가 채권의 목적인 때에는 채무자는 이행기의 현상대로 그 물건을 인도하여야 하고(제462조), 채무의 성질 또는 당사자의 의사표시로 변제장소를 정하지 아니한 때에는 특정물의 인도는 채권성립당시에 그 물건이 있던 장소에서 하여야 한다(제467조 제1항).

② 민법 제462조의 이행기란 변제기가 아니라 실제로 이행을 하는 때를 말한다. 유의할 점은 특정물은 대체할 수 없기 때문에 목적물의 변질이나 훼손이 있더라도 동일성을 유지할 수 있는 한 이행기의 현존하는 상태로 인도하면 된다. 다만 이 경우 변질·훼손된 목적물의 인도에 따른 손해배상책임이 발생한다고 하겠다.

(2) 과실의 인도

특정물인도채무자에게 과실수취권이 있는 경우에는 채무자가 이행기까지의 과실을 수취할 수 있고, 이행기 이후의 과실은 채권자에게 인도하여야 하는 것이 원칙이다. 다만 민법 제587조는 매매계약 있은 후에도 인도하지 아니한 목적물로부터 생긴 과실은 매도인에게 속한다는 특칙을 두고 있는데, 이는 매수인이 이행기 이후에도 목적물의 대금을 지급하지 아니하고 있는 것을 전제로 하는 것이다.

제 2 절 종류채권

1. 종류채권의 의의

종류채권이라 함은 인도해야 할 목적물이 종류와 수량에 의해서 정해진 급부채권을 말한다. 즉 채권성립 당시에 구체적으로 어느 물건을 인도할 것인가가 특정되어 있지 않다는 점에서 그 특색이 있다. 다시 말해서 당사자의 의사에 의해 구체적으로 확정된 목적물의 인도를 목적으로 하는 특정물채권과는 달리 종류채권의 목적물인 종류물은 목적물의 개성이 중요시되지 않으며, 다만 일정 종류에 속하는 물건을 일정량으로 나타낼 수 있으면 된다.

2. 종류채권의 특정

(1) 목적물의 품질

채권의 목적을 종류로만 지정한 경우에 법률행위의 성질이나 당사자의 의사에 의하여 품질을 정할 수 없는 때에는 채무자는 중등품질의 물건으로 이행하여야 한다(제375조 제1항). 여기서 '중등품질'에 해당하는지의 여부는 거래상의 일반관념에 따라 결정된다(통설). 따라서 유의할 점은 중등품질 이상의 목적물을 급부한 경우(고급물건을 급부함으로써 환가·처분이 곤란한 경우)에도 구체적 거래의 목적에 따라서는 채무의 내용에 좇은 이행이 되지 않을 수 있다.

(2) 종류채권의 특정

① 종류채권에서는 강제이행의 실현을 위하여도 채권의 목적물을 특정하여야 하는데, 민법 제375조 제2항은 그 특정의 방법과 시기에 대하여 규정하고 있다. 즉 채권의 목적을 종류로만 지정한 경우에 법률행위의 성질이나 당사자의 의사에 의하여 품질을 정할 수 없는 때에는 채무자는 중등품질의 물건으로 이행하여야 하고, 이 경우에 채무자가 이행에 필요한 행위를 완료하거나 채권자의 동의를 얻어 이행할 물건을 지정한 때에는 그때로부터 그 지정된 물건을 채권의 목적물로 한다(제375조).

② 종류채권에서의 특정은 채무자가 이행에 필요한 행위를 완료하거나 채권자의 동의를 얻어 이행할 물건을 지정하는 방법으로 할 수 있고, 그 외에 당사자의 합의로 특정의 방법을 민법 제375조와 달리 정할 수도 있는데 이를 구체적으로 살펴보면 다음과 같다.

㉠ 채무자가 이행에 필요한 행위를 완료한 때

채무자가 이행의 제공을 한 때에 '특정'이 되는데, 변제의 장소에 따라서 내용이 달라진다. 즉 지참채무에서 변제의 제공은 채권자의 주소에서 채무내용에 좇은 현실제공으로 하여야 하고(제460조, 제467조), 추심채무에서는 변제준비의 완료를 통지하고 그 수령을 최고하는 방식으로 특정을 하여야 하는데(제460조 단서), 종류채무는 지참채무가 원칙이다.

ⓛ 채권자의 동의를 얻어 이행할 물건을 지정한 때
당사자간의 계약으로 당사자의 일방이나 제3자에게 지정권을 주게되면 지정권자의 지정에 의하여 특정이 되는데, 민법 제375조 제2항은 당사자간의 계약으로 채무자에게 지정권을 준 경우를 규정한 것이다. 한편 지정권자인 채무자가 지정권을 행사하지 않는 경우 판례(대판 2003.3.28, 2000다24856)는 지정권자로 된 채무자가 이행할 물건을 지정하지 아니하는 경우에는 선택채권의 선택권 이전에 관한 민법 제381조를 준용하여 채권의 기한이 도래한 후 채권자가 상당한 기간을 정하여 지정권이 있는 채무자에게 그 지정을 최고하여도 채무자가 이행할 물건을 지정하지 아니하면 지정권이 채권자에게 이전한다고 하였다.

3. 종류채권특정의 효과

(1) 선관주의의무

① 종류물이 특정되기 전에는 비록 채무자가 소유하는 그 종류의 물건이 전부 멸실하여도 거래계에 그 종류의 물건이 존재하는 한 이를 급부할 의무를 부담한다.

② 종류채권의 목적물이 특정되면 그때부터 그 특정된 물건이 채권의 목적물로 되므로 특정물채권으로 전환되는 것이고(제375조 제2항), 채무자는 특정물의 보존에 따른 선관의무를 부담함으로 이행기의 현상대로 그 물건을 인도하여야 한다(제374조, 제462조). 다만 채무자의 선관의무위반으로 채무불이행책임을 부담하는 것은 별개의 문제이다.

(2) 채무자의 변경권한

목적물이 특정된 후에는 특정된 물건만을 인도해야 하고 당사자 사이의 합의가 없는 한 목적물을 변경하지 못하는 것이 원칙이다. 그러나 종류채권의 경우에는 종류물의 개성이 중요시되지 않고 특정은 단지 목적물을 확정하기 위한 수단에 지나지 않으므로, 특정 이후에 채무자가 동종·동량의 다른 물건을 인도하는 것이 채권자에게 불이익을 주지 않는 한 채무불이행이라고 볼 수는 없다(통설). 그러므로 종류채무자에게는 특정 이후에도 이행할 목적물을 변경할 수 있는 '변경권한'이 인정된다. 다만 목적물의 변경에 대해 채권자가 반대의사를 명확히 표시하는 경우에는 신의칙상 채무자의 변경권한은 인정되지 않는다.

(3) 특정목적물하자의 법적효과

하자 있는 목적물의 제공은 채무의 내용에 좇은 이행이라고 할 수 없으므로, 하자 있는 목적물을 제공하면 종류채권의 특정의 효과가 발생하지 않는다(제581조 참조).

제 3 절 금전채권

1. 금전채권의 의의

금전채권이라 함은 일정액의 금전의 급부를 목적으로 하는 채권을 말한다. 즉 금전채권에서는 금전 자체의 개성보다는 일정한 가치(금액)에 중점을 두는 것이며, 일종의 종류채권이지만 목적물의 특정이 없으므로 금전 자체가 소멸하여도 이행불능이 되지 않는다.

2. 금전채권의 종류

금전채권은 통상 금액채권을 말하지만 민법은 그 외에 금종채권(제376조)과 외화채권(제377조)에 관하여 규정한다.

(1) 금종채권

금종채권은 일정한 종류의 통화(금전)로 지급하기로 정한 금전채권을 말하는데, 상대적 금종채권과 절대적 금종채권이 있다.

1) 상대적 금종채권

상대적 금종채권은 일정한 종류의 통화를 가지고 일정 금액을 급부하는 채권을 의미한다. 예컨대 5만 원 권으로 1천만 원을 지급해야 하는 채권으로써 일정 통화가치의 급부를 본질로 하므로, 그 특종의 통화(화폐)가 변제기에 강제통용력을 상실한 때에는 통용력이 있는 다른 통화로 변제하여야 한다(제376조).

2) 절대적 금종채권

절대적 금종채권은 당사자가 절대적으로 일정 종류의 금전을 급부할 것을 목적으로 하는 채권이다. 예컨대 수집을 목적으로 2025년에 발행한 5만 원 권 5매에 대하여 체결한 매매계약에 의하여 발생한 채권으로써 순수한 종류채권의 일종이므로, 특정 종류의 통화가 강제통용력을 지니는가와 무관하게 그 통화가 존재할 경우에는 그 통화로 급부하면 되고 그 통화가 존재하지 않으면 급부불능의 문제가 발생한다.

(2) 외화채권

1) 외화채권의 의의

외화채권이란 다른 나라의 통화로 지급하기로 정한 금전채권을 말하고, 이에 관하여 민법 제377조는 채권의 목적이 다른 나라 통화로 지급할 것인 경우에는 채무자는 자기가 선택한 그 나라의 각 종류의 통화로 변제할 수 있고, 채권의 목적이 어느 종류의 다른 나라 통화로 지급할 것인 경우에 그 통화가 변제기에 강제통용력을 잃은 때에는 그 나라의 다른 통화로 변제하여야 한다고 규정한다.

2) 대용급부권

대용급부권이란 외화채권의 경우에 채무자가 우리나라 통화로 변제할 수 있는 권리를 말한다. 즉 민법 제378조에서 채권액이 다른 나라 통화로 지정된 때에는 채무자는 지급할 때에 있어서의 이행지의 환금시가에 의하여 우리나라 통화로 변제할 수 있다고 규정하고 있다. 한편 민법 제378조는 채무자의 대용급부권만을 규정하고 있으나, 채권자도 대용급부를 청구할 권리가 있다고 본다(대판[전합] 1991. 3.12, 90다2147).

3) 대용금환산

환산시기, 즉 민법 제378조 소정 '지급할 때'에 관하여 판례는 환산시기라 함은 이행기가 아니라 현실이행시의 외국환시세에 의하여 환산한 우리나라 통화로 변제하여야 한다고 풀이함이 상당하므로 채권자가 위와 같은 외화채권을 대용급부의 권리를 행사하여 우리나라 통화로 환산하여 청구하는 경우에도 채무자가 현실로 이행할 때에 가장 가까운 사실심변론종결 당시의 외국환시세를 우리나라 통화로 환산하는 기준시로 삼아야 한다고 한다(대판 2012.10.25, 2009다77754).

【판 례】

* 대판 2012.10.25, 2009다77754 … 채권액이 외국통화로 지정된 금전채권인 외화채권을 우리나라 통화로 변제함에 있어서 환산시기는 이행기가 아니라 현실이행시의 외국환시세에 의하여 환산한 우리나라 통화로 변제하여야 한다고 풀이함이 상당하므로, 법원이 채무자에게 그 이행을 명함에 있어서 채무자가 현실로 이행할 때에 가장 가까운 사실심변론종결 당시의 외국환시세를 우리나라 통화로 환산하는 기준시로 삼아야 한다.

3. 금전채권의 특정

(1) 금전채무불이행에 관한 특칙

민법 제397조는 금전채무불이행의 손해배상액은 법정이율에 의하나 법령의 제한에 위반하지 아니한 당사자의 약정이율이 있으면 그 이율에 의하고, 위 손해배상에 관하여는 채권자는 손해의 증명을 요하지 아니하고 채무자는 과실없음을 항변하지 못한다고 규정한다. 유의할 점은 채권자가 손해의 증명을 할 필요가 없을 뿐, 손해배상을 구할 때에 지연이자 상당의 손해가 발생하였다는 취지의 주장을 하지 않은 경우까지 지연이자 부분만큼의 손해를 인용해줄 수는 없다(대판 2000.2.11, 99다49644).

【판 례】

* 대판 2000.2.11, 99다49644 … 금전채무불이행에 관한 특칙을 규정한 민법 제397조는 그 이행지체가 있으면 지연이자 부분만큼의 손해가 있는 것으로 의제하려는 데에 취지가 있으므로 채권자로서는 그만큼의 손해가 있었다는 것을 증명할 필요가 없을 뿐이지, 그렇다고 하더라도 채권자가 금전채무의 불이행을 원인으로 손해배상을 구할 때에 지연이자 상당의 손해가 발생하였다는 취지의 주장을 하지 않은 경우까지 지연이자 부분만큼의 손

해를 인용해줄 수는 없다.

(2) 사정변경원칙의 적용여부

매매계약을 맺은 때와 그 잔대금을 지급할 때와의 사이에 오랜 시일이 지나서 그 동안에 화폐가치의 변동이 극심하였던 탓으로 매수인이 애초에 계약할 당시의 금액표시대로 잔대금을 제공한다면 그동안에 앙등한 매매목적물의 가격에 비하여 그것이 현저하게 균형을 잃은 이행이 되는 경우라 할지라도 민법상 매도인으로 하여금 사정변경의 원리를 내세워서 그 매매계약을 해제할 수 있는 권리는 생기지 않는다(대판 1963.9.12, 63다452 등).

제 4 절 이자채권

1. 이자채권의 의의

이자채권이라 함은 유효한 원본채권의 성립을 전제로 이자의 급부를 목적으로 하는 채권을 말한다. 이자는 이율(약정이율, 법정이율)에 의하여 산정되는 것으로서 금전 기타의 대체물이므로 이자채권은 일종의 종류채권이다. 민법 제379조는 이자있는 채권의 이율은 다른 법률의 규정이나 당사자의 약정이 없으면 연 5분(%)으로 한다고 규정하며, 이자제한법 제2조 제1항은 금전대차에 관한 계약상의 최고이자율은 연 25퍼센트를 초과하지 아니하는 범위 안에서 대통령령(20%)으로 정한다고 규정한다(이자제한법 제2조 제1항의 최고이율에 관한 규정). 그리고 금전채무불이행의 손해배상액은 법정이율에 의하나 법령의 제한에 위반하지 아니한 약정이율이 있으면 그 이율에 의한다(제397조 제1항).

2. 이자채권의 종류와 이자계산

(1) 이자채권의 종류(기본적 이자채권 지분적 이자채권)

① 이자채권에는 채무자가 변제기까지 지급해야 하는 기본적 이자채권과 기

본적 이자채무의 이행으로서 변제기에 도래한 각 변제기의 이자를 지급해야 하는 지분적 이자채권이 있다. 예를 들어 1억 원의 원금에 대하여 연 2할의 이율로 매월 이자를 지급하기로 약정한 경우에, 채무자가 연 2할의 이자를 지급해야 하는 채무를 기본적 이자채무라 하고, 이 채무의 이행으로서 변제기에 도래한 매월의 이자를 지급해야 하는 채무를 지분적 이자채무라고 한다.

② 기본적 이자채권은 원본채권과 발생 · 처분 · 소멸에 있어서 운명을 같이 함으로 종속성을 갖는다. 반면 이미 변제기에 도달한 지분적 이자채권은 원본채권에 대하여 강한 독립성을 갖는다. 즉 원래 이자채권은 원본채권에 대하여 종속성을 갖고 있으나, 이미 변제기에 도달한 이자채권은 원본채권과 분리하여 양도할 수 있고 어느 정도 독립성을 갖게 되는 것이므로 원본채권이 양도된 경우 이미 변제기에 도달한 이자채권은 원본채권의 양도 당시 그 이자채권도 양도한다는 의사표시가 별도로 없는 한 당연히 양도되지는 않는다(대판 1989.3.28, 88다카12803).

(2) 이자의 계산

① 민법 제600조는 이자계산의 시기에 관하여, 이자있는 소비대차는 차주가 목적물의 인도를 받은 때로부터 이자를 계산하여야 하며 차주가 그 책임있는 사유로 수령을 지체할 때에는 대주가 이행을 제공한 때로부터 이자를 계산하여야 한다고 규정한다. 한편 이자계산의 종기는 원본의 사용기간 내에서 원본을 반환한 때이며, 채권자지체 중에는 이자있는 채권이라도 채무자는 이자를 지급할 의무가 없다(제402조).

② 이자지급의 시기에 관하여 달리 약정이 없으면 후불로 지급하는 것으로 해석할 것이다.

(3) 복리의 약정

복리(複利)란 이자의 이자로서 변제기에 도래한 이자를 원본에 산입하여 이를 원본의 일부로서 이자를 붙이는 것을 말한다. 복리에는 약정복리와 법정복리(상법 제76조)가 있다. 즉 이자가 변제기에 도래한 후 이자의 지급이 없는 경우에 이를 원본에 산입하기로 약정하는 경우와 이자가 발생하기 이전에 미리 복리약정을 하는 경우가 있다. 이러한 복리에 관하여 민법상의 규정은 없으나 해석상 그 유효성이 인정되고 있다.

3. 이자의 제한

(1) 이자제한법

1) 이자제한법의 적용범위

이자제한법은 이자의 적정한 최고한도를 정함으로써 국민경제생활의 안정과 경제정의의 실현을 목적으로 제정되었으며(이자제한법 제1조), 이러한 이자제한법은 다른 법률에 따라 인가 · 허가 · 등록을 마친 금융업 및 대부업과 '대부업 등의 등록 및 금융이용자 보호에 관한 법률' 제9조의4에 따른 미등록 대부업자에 대하여는 이 법을 적용하지 아니한다(이자제한법 제7조).

2) 이자의 최고한도

① 금전대차에 관한 계약상의 최고이자율은 연 25퍼센트를 초과하지 아니하는 범위 안에서 대통령령(20%)으로 정하고, 최고이자율은 약정한 때의 이자율을 말하며, 계약상의 이자로서 위 최고이자율을 초과하는 부분은 무효로 한다(대부업법 제2조 제1항 · 제3항). 유의할 점은 채무자가 최고이자율을 초과하는 이자를 임의로 지급한 경우에는 초과 지급된 이자 상당금액은 원본에 충당되고 원본이 소멸한 때에는 그 반환을 청구할 수 있다(대판[전합] 2007.2.15, 2004다50426). 다만 대차원금이 10만 원 미만인 대차의 이자에 관하여는 위 최고이자율을 적용하지 아니한다(이자제한법 제2조 제4항, 제5항).

② 예금 · 할인금 · 수수료 · 공제금 · 체당금(替當金), 그 밖의 명칭에도 불구하고 금전의 대차와 관련하여 채권자가 받은 것은 이를 이자로 간주하고, 채무자가 금전대차와 관련하여 금전지급의무를 부담하기로 약정하는 경우 발생원인 · 근거법령 및 거래상 일반원칙 등에 비추어 그 의무가 원래 채권자가 부담하여야 할 성질인 때에는 이를 이자로 본다(이자제한법 제4조).

③ 이자에 대하여 다시 이자를 지급하기로 하는 복리약정은 이자제한법에서 정한 최고이자율(25%)을 초과하는 부분에 해당하는 금액에 대하여는 무효로 하며(이자제한법 제5조), 법원은 당사자가 금전을 목적으로 한 채무의 불이행에 관하여 예정한 배상액을 부당하다고 인정한 때에는 상당한 액까지 이를 감액할 수 있다(이자제한법 제6조).

【판 례】

* 대판[전합] 2007.2.15, 2004다50426 … 대주가 사회통념상 허용되는 한도를

초과하여 이율의 이자를 약정하여 지급받은 것은 그의 우월한 지위를 이용하여 부당한 이득을 얻고 차주에게 과도한 부담을 지우는 것으로서 그 불법의 원인이 수익자인 대주에게만 있거나 또는 적어도 대주의 불법성이 차주의 불법성에 비하여 현저히 크다고 할 것이어서 차주는 그 이자의 반환을 청구할 수 있다.

3) 이자의 사전공제

선이자를 사전공제한 경우에는 그 공제액이 채무자가 실제 수령한 금액을 원본으로 하여 이자제한법에서 정한 최고이자율에 따라 계산한 금액을 초과하는 때에는 그 초과부분은 원본에 충당한 것으로 본다(이자제한법 제3조).

(2) 대부업법

1) 대부업법의 목적

대부업 등의 등록 및 금융이자보호에 관한 법률(이하 「대부업법」이라 한다)은 대부업·대부중개업의 등록 및 감독에 필요한 사항을 정하고 대부업자와 여신금융기관의 불법적 채권추심행위 및 이자율 등을 규제함으로써 대부업의 건전한 발전을 도모하는 한편 금융이용자를 보호하기 위한 것이다(대부업법 제1조).

2) 이자의 최고한도

① 대부업자가 개인이나 중소기업기본법 제2조에서 정하는 소규모 법인에 대부를 하는 경우 그 이자율은 연 100분의 27.9퍼센트 이하의 범위에서 대통령령으로 정하는 율(20%)을 초과할 수 없다(대부업법 제8조 제1항, 대부업법시행령 제5조 제1항). 또한 이자율을 산정할 때에는 사례금, 할인금, 수수료, 공제금, 연체이자, 체당금(替當金) 등 그 명칭이 무엇이든 대부와 관련하여 대부업자가 받는 것은 모두 이자로 본다(대부업법 제8조 제2항).

② 대부업자가 위 이자율의 범위를 위반하여 대부계약을 체결한 경우 그 초과하는 부분에 대한 이자계약은 무효로 하고, 채무자가 대부업자에게 위 이자율의 범위를 초과하는 이자를 지급한 경우 그 초과 지급된 이자 상당금액은 원본(元本)에 충당되며 원본에 충당되고 남은 금액이 있으면 그 반환을 청구할 수 있다(대부업법 제8조 제3항, 제4항; 대판[전합] 2007.2.15, 2004다50426).

3) 이자의 사전공제

대부업자가 선이자를 사전에 공제하는 경우에는 그 공제액을 제외하고 채무자가 실제로 받은 금액을 원본으로 하여 위 이자율을 산정한다(대부업법 제8조 제5항). 즉 선이자를 공제한 경우에는 '이자제한법'과 '대부업법' 모두 실제로 받은 금액을 기준으로 하여 이자를 산정한다.

제 5 절 선택채권

1. 선택채권의 의의

선택채권이라 함은 수개의 서로 다른 급부 중에서 선택에 의하여 어느 급부가 채권의 목적으로 정해지는 채권을 말한다. 즉 선택채권에 있어서 수개의 급부는 서로 다른 급부이면 족하고, 선택에 의하여 급부가 특정될 때까지 이행할 수 있는 것이면 된다. 따라서 선택채권은 선택이 있기 전까지는 채권의 목적이 확정되지 않은 것이므로 이행할 수도 없고 강제집행을 하지도 못한다.

2. 선택채권의 발생원인

선택채권은 당사자의 법률행위 또는 법률의 규정에 의하여 발생하는데, 법률의 규정에 의해 선택채권이 발생하는 경우로 무권대리인의 상대방에 대한 책임(제135조 제1항), 점유자의 유익비반환청구권(제203조 제2항), 유치권자의 유익비상환청구권(제325조 제2항), 보증인에게 사전배상을 한 주채무자의 보증인에 대한 면책청구권(제443조), 임차인의 유익비상환청구권(제626조 제2항) 등이 있다.

3. 선택채권의 특정

선택채권의 특정이란 선택채권의 목적인 수 개의 급부가 그 중 하나의 급부로 확정되는 것을 말하고, 그 특정에는 선택권행사에 의한 특정과 불능에 의한 특정이 있다.

(1) 선택권행사에 의한 특정

1) 선택권과 선택권자

선택권은 선택권자가 선택채권의 목적인 수 개의 급부 중에서 하나의 급부를 일방적 의사표시로서 선정할 수 있는 권리로서 일종의 형성권이다. 민법 제380조는 채권의 목적이 수 개의 행위 중에서 선택에 좇아 확정될 경우에 다른 법률의 규정이나 당사자의 약정이 없으면 선택권은 채무자에게 있다고 함으로써 원칙적으로 채무자가 선택권자임을 규정하고 있다.

2) 선택권의 이전

① 당사자 일방이 선택권을 가지는 경우

선택권행사의 기간이 있는 경우에 선택권자가 그 기간 내에 선택권을 행사하지 아니하는 때에는 상대방은 상당한 기간을 정하여 그 선택을 최고할 수 있고 선택권자가 그 기간 내에 선택하지 아니하면 선택권은 상대방에게 있으며, 한편 선택권행사의 기간이 없는 경우에 채권의 기한이 도래한 후 상대방이 상당한 기간을 정하여 그 선택을 최고하여도 선택권자가 그 기간 내에 선택하지 아니할 때에도 선택권은 기간이 있는 경우와 마찬가지로 상대방에게 이전된다(제381조).

② 제3자가 선택권을 가지는 경우

선택권을 선택할 제3자가 선택할 수 없는 경우에는 선택권은 채무자에게 있고, 제3자가 선택하지 아니하는 경우에는 채권자나 채무자는 상당한 기간을 정하여 그 선택을 제3자에게 최고할 수 있고 그 기간 내에 선택하지 아니하면 선택권은 채무자에게 있다(제384조).

3) 선택권의 행사

① 당사자 일방이 선택권을 가지는 경우

채권자 또는 채무자가 선택권을 선택하는 경우에는 그 선택은 상대방에 대한 의사표시로 하고, 선택의 의사표시는 상대방의 동의가 없으면 철회하지 못한다(제382조). 그러나 선택권자가 선택의 의사표시를 한 뒤라도 상대방의 방해행위 등으로 선택의 목적을 달성할 수 없는 경우와 같이 특별한 사정이 있으면 상대방의 동의 없이도 의사표시를 철회하고 새로운 선택을 할 수 있다(대판 1972.7.11, 70다877).

② 제3자가 선택권을 가지는 경우

선택권을 제3자가 선택하는 경우에는 그 선택은 채무자 및 채권자에 대한 의사표시로 하고, 선택의 의사표시는 채권자 및 채무자의 동의가 없으면 철회하지 못한다(제383조).

4) 선택권행사의 효과

① 선택권을 행사하면 그에 의하여 채무자가 이행하여야 할 급부가 한 개의 급부로 특정되는 것이지만, 선택채권에서 급부의 종류에 따라 선택에 의하여 특정물채권이나 종류채권 또는 금전채권으로 될 수 있다.

② 선택의 소급효
선택의 효력은 그 채권이 발생한 때에 소급하는 것이나 제3자의 권리를 침해하지 못한다(제386조). 그러나 선택에 의해 소급효를 인정하더라도 채권성립시에 채권의 목적이 특정되는 것에 불과할 뿐 채권으로서의 성질이 변하는 것은 아니므로 제3자의 권리를 해할 경우는 없다.

(2) 급부불능에 의한 특정

1) 원시적 불능

채권의 목적으로 선택할 수 개의 행위 중에 채권관계의 성립과 이전, 즉 선택할 수개(여러개)의 행위 중에 처음부터 불능한 것이 있으면 채권의 목적은 잔존하는 급부에 대하여 존재한다(제385조 제1항).

2) 후발적 불능

선택채권이 채권자의 귀책사유로 급부불능이 된 경우에 채무자는 불능이 된 급부를 선택하여 이행책임을 면할 수 있고(제385조 제2항), 반면 채무자의 귀책사유로 급부불능이 된 경우에는 선택채권은 잔존하는 급부에 한정된다(동조 제1항). 유의할 점은 이 경우 민법 제385조 제1항이 적용되지 않으므로 채권자는 이와는 별도로 채무자에게 채무불이행책임을 물을 수 있다(제385조 제2항 참조).

제6절 임의채권

1. 임의채권의 의의

임의채권이라 함은 채권의 목적은 하나의 급부에 특정되어 있으나 채권자 또는 채무자가 다른 급부로써 본래의 급부에 갈음할 수 있는 권리(대용권, 보충권)를 갖는 채권을 말한다. 이때 유의할 점은 '본래의 급부에 갈음하는 다른 급부'는 확정된 내용의 것이어야 한다.

2. 임의채권의 성질

① 임의채권에 있어서 본래의 급부는 이미 특정되어 있는 생태이고 본래의 급부에 갈음하는 급부는 보충적 지위를 지닐 뿐이므로, 처음부터 수개의 급부가 선택적으로 채권의 목적이 되는 선택채권과는 다르다. 따라서 임의채권의 경우 본래의 급부가 감축되는 경우에는 대응하는 급부도 감축된다.

② 임의채권은 본래의 급부가 원시적 불능으로 소멸하거나 채무자에게 귀책사유 없는 사정으로 급부불능이 된 경우에는 채권은 성립하지 않거나 소멸한다. 이 점에서 급부불능의 경우에 채권이 잔존하는 급부에 한정되는 선택채권과 구별된다.

3. 임의채권의 성립

임의채권은 법률행위, 즉 당사자의 약정에 의하여 성립하는 것이 일반적이지만, 외화채권에서 채무자의 우리나라 통화로의 대용급부권, 명예훼손에서 손해배상에 갈음하여 명예회복에 적당한 처분을 청구할 수 있는 것 등과 같이 법률의 규정에 의하여 발생하는 경우도 있다(제378조, 제764조).

4. 대용권행사와 급부확정

(1) 채권자가 대용권을 가지는 경우

채권자가 대용청구의 의사표시를 함으로써 급부의 목적물은 대용급부로 확정된다. 따라서 그 시점 이후부터는 본래의 급부가 멸실하더라도 채무자의 대용급부의무에는 영향이 미치지 않는다.

(2) 채무자가 대용권을 가지는 경우

대용급부가 현실로 행해지지 않는 한 채무자의 대용급부에 대한 의사표시만으로는 대용급부의 목적물로 확정되지 않는다. 따라서 채무자가 대용급부를 현실로 이행하기 전까지는 대용급부의 이행이 불능이 되었다고 하더라도 채무자는 본래의 급부의무를 면할 수 없다.

제 3 장 채권의 효력

제 1 절 채권의 기본적 효력

1. 서 설

채권의 효력은 채권에 따른 급부의 내용을 실현하기 위한 채권자의 능력이나 권한을 의미한다. 좀더 구체적으로 말하면 채권은 상대권으로서 채권자는 채무자에 대하여만 급부를 청구할 수 있을 뿐이고 채무자도 채권자에 대하여만 급부를 이행할 의무를 부담할 뿐이다. 이러한 채권은 기본적으로 청구력과 급부보유력 및 강제력을 갖는다.

2. 채권의 효력

(1) 채권의 대내적 효력

1) 청구력과 급부보유력

채권의 내용은 채권자의 청구에 응해서 채무자가 채무의 내용에 좇은 급부를 이행함으로써 실현된다. 따라서 채권의 본래적 내용의 실현은 채권자가 채무자에게 급부를 청구하는 것(청구력)과 채무자가 이행한 급부를 수령하여 이를 적법하게 보유함(급부보유력)으로써 달성된다.

2) 강제이행과 손해배상청구

강제이행이란 채권자의 이행청구에 응하여 채무자가 임의로 이행하지 않는 경우에 채권의 실현을 위해서 채권자에게 주어진 이행강제수단을 말하는데

(제389조), 강제이행의 방법으로 '직접강제 · 대체집행 · 간접강제'가 있다. 채무이행이 제대로 이루어지지 않는 경우에 채권자는 강제이행의 수단 외에 채무불이행에 따른 손해배상도 청구할 수 있다(제389조 제4항).

(2) 채권의 대외적 효력

재산적 가치의 가능성으로서의 채권이 당사자(채무자, 보증인) 이외의 제3자에 의해 실질적으로 침해되는 경우가 있는데, 이에 대하여 채권자에게 주어질 수 있는 손해배상청구권 · 방해배제청구권 등과 같이 법적 보호를 의미한다.

3. 강제력이 없는 채권

(1) 자연채무

1) 자연채무의 의의

자연채무란 소구력과 집행력이 모두 없는 것을 말한다. 따라서 채무로 성립하지만 채무자가 임의로 이행하지 않으면 채권자가 그 이행을 소로써 구하지 못하므로 채무자의 일반재산에 대하여 강제집행도 할 수 없는 채무를 말한다. 즉 약혼에 기한 혼인체결의무는 그 좋은 예이다.

2) 자연채무의 발생유형

① 도의상 임의로 지급할 것을 약정한 경우

채권자가 소구하지 않겠다고 약속하고, 채무자는 도의상 임의로 지급하겠다고 약속한 경우에 계약자유의 원칙상 자연채무가 성립할 수 있다.

② 채권자가 패소판결을 받은 경우

채권이 실체법상 존재하지만 소송수행상의 잘못 등으로 패소판결이 확정되었다면 소송법상 채권은 존재하지 않게 된다. 그러나 채무자가 채권자에게 변제하였다면 그 반환을 청구할 수는 없으므로 순수한 의미의 자연채무가 존재하게 된다.

③ 승소 후 채권자가 소를 취하한 경우

채권자가 승소 후 소(訴)를 취하한 경우에 승소판결을 받은 채권 그 자체가 소멸하지는 않지만, 더 이상 소구력이 없는 채권이 된다는 점에서(민사소송법 제267조 제2항) 자연채무의 관념이 인정된 된다고 하겠다.

(2) 채무와 책임

1) 채무없는 책임

물상보증인 또는 저당부동산의 제3취득자는 채무없이 책임만을 부담하는데, 그들(보증인, 물상보증인 또는 저당부동산의 제3취득자)의 입장에서는 채무의 주체와 책임의 주체가 분리되어 책임만을 부담하는 것이 된다.

2) 책임없는 채무

책임없는 채무라 함은 당사자 간에 강제집행을 하지 않기로 하는 합의를 한 경우이다. 이러한 부집행합의에 위반하여 채권자가 강제집행을 하는 경우 채무자의 구제방법에 관하여 판례는 부집행의 합의는 실체상의 청구의 실현에 관련하여 이루어지는 사법상의 채권계약이라고 봄이 상당하고, 이것에 위반하는 집행은 실체상 부당한 집행이라고 할 수 있으므로 민사집행법 제44조가 유추적용 내지 준용되어 청구이의의 사유가 된다고 한다(대판 1996.7.26, 95다19072).

3) 유한책임

① 금액 유한책임

합자회사의 유한책임사원은 그 출자가액에서 이미 이행한 부분을 공제한 가액을 한도로 하여 회사채무를 변제할 책임이 있는 것(상법 제279조 제1항), 주주의 책임은 그가 가진 주식의 인수가액을 한도로 하는 것(상법 제331조), 유한회사의 사원의 책임은 상법에 다른 규정이 있는 경우 외에는 그 출자금액을 한도로 하는 것(상법 제553조) 등이 그 예이다.

② 물적 유한책임

채무자의 책임이 채무자의 일정한 재산에 한정되는 결과 그 일정한 재산에 대하여만 채권자가 강제집행을 할 수 있는 경우이다. 단순상속과는 달리, 상속인은 상속으로 인하여 취득할 재산의 한도에서 피상속인의 채무와 유증을 변제할 것을 조건으로 상속을 승인(한정승인)할 수 있는데(제1028조), 한정승인에 의하여 상속인은 상속받은 재산의 한도에서만 책임을 진다(대판 2003.11.14, 2003다30968).

제 2 절 채무불이행

1. 서 설

(1) 채무불이행의 의의

채무불이행이라 함은 채무자가 채무의 내용에 좇은 이행을 하지 아니하는 것을 말한다. 채무불이행이 있으면 채권자는 강제이행을 청구할 수 있고(제389조) 손해배상을 청구할 수도 있다(제390조). 또한 채권이 계약에 의해 발생한 것이라면 그 계약이 해제권 또는 해지권이 발생하기도 한다(제544조 이하).

(2) 채무불이행의 성립요건

채무불이행이란 채무자가 채무의 내용에 좇은 이행을 하지 않는 것으로써 법이 허용하지 않는 것으로 평가되는 위법행위이므로, 채무불이행이 성립하기 위하여는 채무자의 고의 또는 과실로 채무를 불이행한 것이 위법하다고 평가되어야 한다.

1) 채무자의 귀책사유(고의·과실)

① 과실책임의 원칙

형사책임과는 달리 민사상 채무불이행책임에서는 고의와 과실 사이에 차이를 두지 않으므로, 채무불이행책임은 과실책임이 원칙이다. 따라서 채무불이행에 관하여 채무자에게 고의 또는 과실이 있어야 한다. 여기서 '고의'란 행위의 결과 및 위법성을 인식·용인하는 것이고, 과실은 행위자가 자기에게 요구되는 주의를 태만히 함으로써 행위의 결과를 인식하지 못한 것을 말한다.

② 이행보조자의 고의·과실

이행보조자란 채무자의 법정대리인 또는 채무자의 의사 관여 아래 채무이행행위에 속하는 활동을 하는 사람을 말한다(대판 2011.5.26, 2011다1330). 민법 제391조는 이행보조자의 고의·과실을 채무자의 고의·과실로 간주하는데, 이행보조자는 법률의 규정이나 채무자의 의사관여에 의해 된 것이고 채무자는 이행보조자를 통하여 자기의 행위영역을 확대한 것이므로 이행보조자의 과실은 신의성실의 원칙상 채무자의 과실로 보는 것이 공평한 것이다.

2) 위법성의 존재

채무불이행은 위법하다고 평가되어야 한다. 예컨대 채무불이행에 있어서 확정된 채무의 내용에 좇은 이행이 행하여지지 아니하였다면 그 자체가 바로 위법한 것으로 평가되는 것이다. 다만 그 이행하지 아니한 것이 위법성을 조각할 만한 행위에 해당하게 되는 특별한 사정이 있는 때에는 채무불이행이 성립하지 않는 경우도 있을 수 있다(대판 2002.12.27, 2000다47361). 따라서 채무자가 채무불이행 책임을 부담하지 않으려면 그에게 위법성조각사유(유치권, 동시이행항변권 등)가 있어야 한다.

3) 면책특약의 약정

① 면책특약이란 당사자 사이에 장래 채무불이행이 있더라도 책임을 지지 않기로 미리 하는 약정을 말한다. 그러나 고의나 중과실로 인한 경우에도 면책된다는 약정은 민법 제390조에 반하는 것으로 보아야 하지만, 채무불이행이 발생한 후에 한 면책특약은 고의나 중과실에 의한 것을 면책하더라도 이는 권리의 포기로서 유효하다.

② 한편 약관의 규제에 관한 법률 제7조 제1호에 의하면, 계약 당사자의 책임에 관하여 정하고 있는 약관의 내용 중 사업자나 이행 보조자 또는 피고용자의 고의 또는 중대한 과실로 인한 법률상의 책임을 배제하는 조항은 무효로 한다.

4) 채무불이행의 증명책임

① 민법 제390조는 채무자의 고의나 과실로 채무의 내용에 좇은 이행을 하지 아니한 때에는 채권자는 손해배상을 청구할 수 있다고 규정하므로, 채무불이행에 따른 손해배상청구권의 요건은 ㉠ 채무자의 채무가 존재하고 ㉡ 채무자의 고의 또는 과실로 ㉢ 그 채무의 불이행이 있으며 ㉣ 그로 인하여(채무불이행과 손해 사이의 상당인과관계) 채권자에게 손해가 발생할 것 등이다.

② 채권자는 위 ㉠ 및 ㉢~㉣를 증명하여야 하고, 채무자는 ㉡의 요건이 존재하지 않음을 증명하여야 한다. 즉 채무자는 자기에게 과실없음을 증명하여야 한다. 판례도 임차건물이 그 건물로부터 발생한 화재로 소실된 경우에 있어서 그 화재의 발생원인이 불명인 때에도 임차인이 그 책임을 면하려면 그 임차건물의 보존에 관하여 선량한 관리자의 주의의무를 다하였음을 증명하여야 한다고 본다(대판 1994.10.14, 94다38182). 다만 그 이행불능이 임대인의 의무 위반에 원인이 있음이 밝혀진 경우에까지 임차인이 별도로 목적물보존의무를 다하였음을 주장·증명하여야만 그 책임을 면할 수 있는 것은 아니라고 한다(대판 2009.5.28, 2009다13170).

2. 채무불이행의 유형

민법은 채무불이행의 유형으로 이행지체와 이행불능을 예정하고 있지만, 그 외에도 불완전 이행 또는 이행거절 역시 채무불이행의 한 유형으로 검토한다. 판례도 숙박계약의 특수성을 고려하여 신의칙상 인정되는 부수적인 의무로서 숙박업자가 이를 위반하여 고객의 생명·신체를 침해하여 손해를 입힌 경우 불완전이행으로 인한 채무불이행책임을 부담한다고 하였다(대판 1994.1.28, 93다43590).

(1) 이행지체

1) 이행지체의 의의

이행지체이라 함은 이행기에 있는 채무의 이행이 가능함에도 채무자가 자신의 귀책사유로 채무의 내용에 좇은 이행을 하지 않는 것을 말한다(제387조).

2) 이행지체의 유형

① 확정기한부 채무

채무의 이행기한이 확정된 채무는 원칙적으로 기한이 도래한 때에 지체책임이 있다. 즉 민법 제387조 제1항 1문은 채무이행의 확정한 기한이 있는 경우에는 채무자는 기한이 도래한 때로부터 지체책임이 있다고 한다. 예외적으로, 증권적채권(지시채권 및 무기명채권)은 기한이 도래한 후에 소지인이 증서를 제시하여 이행을 청구한 때(제517조, 제524조), 추심채무(이행에 먼저 채권자의 협력을 필요로 하는 경우)는 추심행위를 받은 때, 쌍무계약에서는 상대방의 이행제공을 받고서도 자기채무의 이행을 하지 않은 때(제536조)에 각각 이행지체가 된다.

② 불확정기한부 채무

채무이행의 불확정한 기한이 있는 경우에는 채무자는 기한이 도래함을 안 때로부터 지체책임이 있다(제387조 제1항 2문). 따라서 불확정기한부 채무는 원칙적으로 채무자가 기한도래를 안 때에 이행지체가 되는 것이지만, 당사자가 불확정한 사실이 발생한 때를 이행기한으로 정한 경우에는 그 사실이 발생한 때(협의가 불가능하게 된 때를 의미한다.)는 물론 그 사실의 발생이 불가능하게 된 때에도 그 이행 기한은 도래한 것으로 보아야 한다(대판 2007.5.10, 2005다67353).

③ 기한의 정함이 없는 채무

㉠ 원 칙

채무이행의 기한이 없는 경우에는 채무자는 이행청구를 받은 때로부터 지체책임이 있다(제387조 제2항). 판례에 의하면, 법률의 규정에 의한 부당이득반환의무는 이행기한의 정함이 없는 채무이므로 그 채무자는 이행청구를 받은 때에 비로소 지체책임을 지며(대판 2010.1.28, 2009다24187), 또한 이행기의 정함이 없는 채권을 양수한 채권양수인이 채무자를 상대로 그 이행을 구하는 소를 제기하고 소송계속 중에 채무자에 대한 채권양도통지가 이루어진 경우 채무자는 채권양도통지가 도달한 다음 날부터 이행지체의 책임을 진다(대판 2014.4.10, 2012다29557).

㉡ 예 외

반환시기의 약정이 없는 소비대차는 차주가 대주로부터 상당한 기한을 정한 최고를 받고 그 상당기간이 경과한 때에 이행지체가 되고(제603조), 불법행위에 기한 손해배상채무는 채권성립과 동시에 그 날부터 채권자의 청구가 없더라도 이행기가 도래한 것이 되어 이행지체가 된다(대판 1975.5.27, 74다1393). 따라서 불법행위 시와 변론종결 시 사이에 장기간의 세월이 경과됨으로써 상당한 변동(통화가치)이 생긴 때에는 예외적으로 불법행위로 인한 위자료배상채무의 지연손해금은 그 위자료 산정의 기준시인 사실심 변론종결 당일로부터 발생한다고 보아야 한다(대판 2011.1.13, 2009다103950).

④ 기한이익을 상실한 채무

기한의 이익상실이란 민법 제388조에서 규정하는 바에 따라 채무자가 담보를 손상 · 감소 · 멸실하게 한 때, 또는 채무자가 담보제공의 의무를 이행하지 아니한 때에는 그로부터 그 이익을 상실케 하는 것이다. 유의할 점은 이러한 기한의 이익 상실은 그 사유의 발생만으로 이행지체가 되는 것은 아니다. 즉 채권자는 본래 이행기에 청구할 수도 있고 또는 사유발생일 이후에 바로 청구할 수도 있다. 따라서 기한이익의 상실 채무는 이행의 청구를 받은 때로부터 지체책임이 있다.

3) 이행지체의 효과

① 강제이행

이행지체의 경우 채무자의 이행이 가능한 것이므로 채권자는 채무자에 대하여 본래 급부의 이행을 청구할 수 있는 바, 채무자의 채무가 부작위를 목적으로 한 경우에 채무자가 이에 위반한 때에는 채무자의 비용으로써 그 위반한 것을 제각(除却)하고 장래에 대한 적당한 처분을 법원에 청구할 수 있다(제389조 제3항). 또한 채무자가 임의로 이행하지 않으면 채권자는 강제이행을 법원에 청구할 수도 있는데, 이때 강제이행은 손해배상청구에 영향을 미치지 않는다(제389조 제1항, 제4항).

② 손해배상

채권자는 이행지체로 인하여 입은 손해에 대하여 손해배상을 청구할 수 있다(제390조). 즉 채무자가 채무의 이행을 지체한 경우에 채권자가 상당한 기간을 정하여 이행을 최고하여도 그 기간 내에 이행하지 아니하거나, 지체된 후의 채무이행이 채권자에게 이익이 없는 때에는 채권자는 수령을 거절하고 이행에 갈음한 손해배상을 청구할 수 있다(제395조). 한편 채무자가 이행지체에 대한 책임을 면하려면 그 지체원인이 사업자의 지배영역 밖에서 발생한 사건으로, 통상의 수단을 다하였어도 이를 방지하는 것이 불가능하였음을 채무자가 증명하여야 한다(대판 2007.8.23, 2005다59475).

【판 례】

* 대판 2007.8.23, 2005다59475 … 주택공급사업자가 입주지연이 불가항력이었음을 이유로 그로 인한 지체상금 지급책임을 면하려면 입주지연의 원인이 그 사업자의 지배영역 밖에서 발생한 사건으로 그 사업자자 통상의 수단을 다하였어도 이를 방지하는 것이 불가능하였음이 인정되어야 한다.

③ 계약의 해제

채권·채무가 계약에 의하여 발생한 경우에는 이행지체가 있으면 일정한 요건에 따라서 계약을 해제할 수 있다(제544조, 제545조). 즉 당사자일방이 그 채무를 이행하지 아니하는 때에는 상대방은 상당한 기간을 정하여 그 이행을 최고하고 그 기간 내에 이행하지 아니한 때에는 계약을 해제할 수 있으나, 이 경우 채무자가 미리 이행하지 아니할 의사를 표시한 경우에는 최고를 요하지 아니한다(제544조).

(2) 이행불능

1) 이행불능의 의의

이행불능은 원시적 불능과 후발적 불능, 즉 그 발생시점에 따라서 계약성립시에 이미 급부가 불능인 원시적 불능과 채권관계성립 후에 비로소 급부가 불능이 된 후발적 불능으로 구별되는데, 특히 이행불능이라 함은 채권계약이 성립한 후에 채무자의 귀책사유로 이행이 불가능하게 된 경우를 말한다(제546조).

2) 이행불능의 유형

① 원시적 불능과 후발적 불능

법률행위 성립시 기준으로 한 불능의 분류로서 원시적 불능인 법률행위는 무효인 반면, 후발적 불능인 법률행위는 그것만으로 무효는 아니고 그 불능에 대하여 채무자의 귀책사유가 있으면 채무불이행책임(제390조)이 된다. 특히 후발적 불능을 판단함에 있어서 매매계약 후 지나친 담보권 설정으로 무자력이 된 경우와 같이 사회생활상의 경험칙이라든가 또는 거래상의 관념에 비추어 채권자가 채무자의 이행을 더 이상 기대할 수 없는 경우에도 인정된다(대판 2003.1.24, 2000다22850; 대판 2015.8.27, 2013다28247). 다만 채무자의 귀책사유가 없으면 쌍무계약에서의 위험부담(제537조, 제538조)의 문제로 된다.

【판 례】

* 대판 2003.1.24, 2000다22850 … 분양계약에 따른 건물의 소유권이전의무를 부담하는 채무자가 목적 건물에 설정된 70억원의 저당권설정등기와 수개의 압류 또는 가압류등기를 모두 말소하여 소유권이전등기절차를 이행해 줄 수 없는 무자력의 상태에 있는 경우에는 이행불능으로 본다.

② 객관적 불능과 주관적 불능

객관적 불능은 채무자뿐만 아니라 제3자도 법률행위의 목적을 실현할 수 없는 것으로서 그 법률행위를 무효로 하는 것인 반면, 주관적 불능이란 당해 채무자만이 법률행위의 목적을 실현할 수 없는 것으로서 원시적·주관적 불능이더라도 법률행위는 유효하다. 따라서 채무자의 귀책사유에 의하여 이행불능이 되면 채무불이행책임(제390조)이 발생하고 귀책사유가 없는 경우에는 매도인의 담보책임(제570조)의 문제로 된다.

③ 전부불능과 일부불능

급부가 가분인 경우에 그 급부가 전부불능인지 아니면 일부가 불능인지에 따른 구분으로써 민법 제137조에 의하면 법률행위의 일부분이 무효인 때에는 그 전부를 무효로 함이 원칙이나, 그 무효부분이 없더라도 법률행위를 하였을 것이라고 인정될 때에는 나머지 부분은 무효가 되지 아니한다. 한편 급부가 불가분적인 경우에는 일부불능은 곧 전부불능을 초래한다.

④ 법률적 불능과 사실적 불능

부동산질권설정계약처럼 법률상 허용되지 않는(질권은 동산과 권리에만 성립) 불능을 법률적 불능이라 하고, 그 외에 불능의 사유가 물리적·자연적 사유에 의한 불능을 사실적 불능이라고 한다.

3) 이행불능의 효과

① 손해배상(전보 배상)

채무자의 귀책사유로 인한 이행불능으로 인하여 채권자에게 손해가 생긴 경우에, 채권자는 채무자에 대하여 손해배상청구권을 갖는다(제390조). 전부불능의 경우 손해배상청구권은 본래의 채무가 동일성을 유지한 채 본래 급부에 갈음하는 것이므로 전보배상청구권이며, 이행불능으로 인한 손해액은 그 이행불능 당시의 목적물의 시가(시장 가격) 상당액이다(대판 2005.9.15, 2005다29474).

② 계약의 해제

민법 제546조에 의하면, 채무자의 책임있는 사유(지체 사유)로 이행이 불능하게 된 때에는 채권자는 계약을 해제할 수 있다. 이때 채권자는 이행기를 기다리지 않아도 되고 또한 이행최고를 할 필요도 없으며, 쌍무계약에서는 자기채무의 이행제공 없이도 계약을 해제할 수 있다. 한편 채무자는 이행지체중의 급부불능에 대해서 지체에 대한 귀책사유가 있는 한, 불능에 대해서는 귀책사유가 없더라도 책임을 부담함으로(제392조 본문) 이러한 경우에도 채권자는 계약을 해제할 수 있다.

③ 대상청구권

㉠ 대상청구권의 의의

대상청구권이라 함은 이행불능을 발생케 한 것과 동일한 원인에 의하여 채무자가 본래의 급부의무를 면하면서 그 대상이 되는 이익을 취득한 경우에 채권자가 채무자에 대하여 그 대상 또는 대상청구권의 이전 또는 양도를 청구할 수 있는 권리를 말하는데, 이는 민법에 규정은 없으나 공평의 원리에 기하여 판례에 의하여 인정되고 있다(대판 1992.5.12, 92다4581).

㉡ 대상청구권의 성립요건

대상청구권이 성립하려면 급무의무가 존재하고, 그 급부의 후발적 불능이 있으며, 그 후발적 불능으로 인하여 채무자가 채권의 목적물에 관하여 대상을 취득하였어야 한다. 여기서의 대상에는 채무자가 급부목적물이 제3자에 의해 침해 또는 수용된 경우에 얻은 손해배상금, 보상금 등과 같이 '급부목적물로부터 얻은 이익'과 급부목적물을 제3자에게 양도하여 채무자가 얻은 양도수익금 또는 그 양도수익금청구권 등과 같이 '법률행위에 의해 얻은 이익'이 있다.

ⓒ 대상청구권의 효과

대상청구권은 채권적 청구권으로서 10년의 소멸시효에 걸리며(대판 2002.2.8, 99다23901), 또한 대상청구권은 행사를 하여야만 그로 인한 효력이 발생한다. 이러한 대상청구권의 행사는 대상의 상환(또는 양도)이나 대상청구권의 양도를 청구함으로써 실행되는데, 이 경우 반드시 상대방에 대한 통지를 하여야 한다. 대상청구권을 행사한 경우에 채무자의 상환범위는 채권자가 이행불능으로 인하여 입은 손해를 한도로 한다(대판 2012.6.28, 2010다1431 등).

(3) 불완전이행

1) 불완전이행의 의의

불완전이행이라 함은 채무자가 이행을 하였으나 그것이 채무의 내용에 좇은 것이 아닌 불완전한 경우로서 급무목적물이나 급부행위에 하자가 있는 것을 말하며, 이를 적극적 채권침해라고도 한다. 불완전 이행에 관하여 민법에 명시적 규정은 없으나 민법 제390조(채무불이행과 손해배상)를 근거로 인정하는 것이 통설이다.

2) 불완전이행의 유형

① 불완전한 채무이행

불완전한 채무이행의 대표적인 예를 들자면 사과 100상자 매매하였으나 90상자를 인도한 경우 또는 사과 100상자 매매하였고 100상자를 인도하였으나 10상자가 썩거나 상품가치가 없는 경우 등을 말한다. 이 경우 채권자는 완전한 이행의 창구 또는 대금감액청구권을 행사할 수 있다.

② 불완전이행과 부가적 손해

불완전이행에 따른 부가적 손해의 대표적인 예로 사료를 공급받았는데 독성있는 사료여서 그 사료를 먹은 동물이 폐사한 경우나 광고모델계약을 체결한 연예인이 광고기간 중 자신의 품위를 손상시킴으로써 광고주에게 손해를 발생하게 한 경우이다(대판 2009.5.28, 2006다32354).

【판 례】

＊대판 2003.5.28, 2006다32354 … 건설회사와 광고모델계약을 체결하면서

자신의 사회적・도덕적 명예를 훼손하지 않기로 하는 품위유지약정을 한 유명 연예인이 자신의 멍들고 부은 얼굴과 충돌이 일어난 현장을 촬영하도록 하여 일반인들에게 널리 공개되도록 한 행위는, 광고모델계약에서 정한 품위유지약정을 위반한 것으로서 광고주인 아파트 건설회사에게 채무불이행으로 인한 손해배상책임을 진다.

③ 불완전이행의 효과

통상 불완전이행의 효과로서는 채무불이행으로 인한 완전이행청구권(추완청구권)과 손해배상청구권이 발생한다고 보아야 하고, 해제권은 계약의 목적달성이 불가능한 경우에 한하여 인정할 것이다. 따라서 채무이행이 불완전한 경우에는 이행이 가능한 부분은 이행지체로 되고 이행이 불가능한 부분은 이행불능으로 되며, 부가적 손해를 가한 경우에는 채무불이행에 기한 손해배상책임(제390조)의 문제로 되지만 그 손해는 보통 특별손해(제393조)라고 할 것이다. 한편 불완전 이행이 불법행위의 요건을 충족하면 불법행위에 기한 손해배상청구권과 경합한다(제750조).

(4) 이행거절

1) 이행거절의 의의

이행거절이라 함은 채무자가 채무의 이행이 가능함에도 자기 채무를 이행할 의사가 없음을 채권자에게 종국적으로 표시하여 채권자로 하여금 채무의 이행을 더 이상 기대할 수 없게 하는 것을 말한다.

2) 이행최고의 불필요

민법 제544조 단서는 채무자가 자기의 채무에 관하여 미리 이행하지 아니할 의사를 표시한 경우 채권자는 최고를 요하지 아니하고 그 계약을 해제할 수 있다고 규정하는데, 여기서 '미리'란 이행기 도래 후 최고 전을 말한다.

3) 이행거절의 효과

① 채권자는 자기채무의 이행제공이나 최고 없이도 계약을 해제할 수 있다. 예컨대 쌍무계약인 부동산 매매계약에 있어 매수인이 이행기일을 도과한 후에 이르러 매도인에 대하여 계약상 의무 없는 과다한 채무의 이행을 요구하고 있는 경우에는 매도인으로서는 매수인이 이미 자신의 채무를 이행할 의사가 없음을 표시한 것으로 보고 자기 채무의 이행제공이나 최

고 없이도 계약을 해제할 수 있다(대판 1992.9.14, 92다9463).

② 이행기 후에 채무자의 이행거절이 있으면 채권자는 자기채무의 이행제공이나 최고없이도 계약을 해제할 수 있다. 예컨대 채무불이행에 의한 계약해제에서 미리 이행하지 아니할 의사를 표시한 경우로서 이른바 '이행거절'로 인한 계약해제의 경우에는 상대방의 최고 및 동시이행관계에 있는 자기 채무의 이행제공을 요하지 아니하므로 이행지체 시의 계약해제와 비교할 때 계약해제의 요건(이행 최고)이 완화된다(대판 2011.2.10, 2010다77385).

4) 이행거절의 철회

쌍무계약에 있어서 계약당사자의 일방은 상대방이 채무를 이행하지 아니할 의사를 명백히 표시한 경우에는 최고나 자기 채무의 이행제공 없이 그 계약을 적법하게 해제할 수 있으나, 유의할 점은 그 이행거절의 의사표시가 적법하게 철회된 경우 상대방으로서는 ㉠ 자기 채무의 이행을 제공하고 ㉡ 상당한 기간을 정하여 이행을 최고한 후가 아니면 채무불이행을 이유로 계약을 해제할 수 없다(대판 2003.2.26, 2000다40995).

3. 채무불이행에 대한 구제

(1) 강제이행과 손해배상

채무불이행에 대한 구제방법으로서 민법은 강제이행(제389조)과 손해배상(제390조)을 예정하고 있다. 유의할 점은 채무자의 채무불이행에 따른 구제방법으로서의 강제이행은 손해배상의 청구에 영향을 미치지 아니한다(제398조 제4항). 따라서 채권자는 강제이행의 실현과는 별도로 손해배상청구권을 행사할 수 있는 바, 이에 관한 내용은 아래에서 구체적으로 살펴보기로 한다.

(2) 강제이행

1) 강제이행의 의의

강제이행이라 함은 채무이행이 가능함에도 채무자가 임의로 이행하지 않는 경우에 채권자가 확정판결 등과 같이 집행권원에 기하여 이행을 강제함으로써 채권의 만족을 얻는 것을 말하는데, 채무의 내용에 따라 강제이행의 방법이 다르다.

2) 강제이행의 절차

채권자가 강제이행을 하기 위하여는 집행권원을 얻은 다음 집행문을 부여받아(집행력있는 정본) 강제집행을 신청하면 집행기관이 강제집행을 실시하는데, 그 내용을 살펴보면 다음과 같다.

① 집행권원

집행권원이란 채권자가 채무자에 대해 가지는 급부청구권의 존재와 내용을 공적으로 증명하는 것으로서 확정된 종국판결이 대표적 예이다. 민사집행법 제24조는 '강제집행은 확정된 종국판결이나 가집행의 선고가 있는 종국판결에 기초하여 한다'고 규정하고 있다.

② 집행문

집행문이란 판결정본의 끝에 '이 정본은 피고 아무개 또는 원고 아무개에 대한 강제집행을 실시하기 위하여 원고 아무개 또는 피고 아무개에게 준다'라고 적고 법원사무관 등(제1심법원의 법원서기관 법원사무관 법원주사 또는 법원주사보를 말하고, 다만 소송기록이 상급심에 있는 때에는 그 법원의 법원사무관 등이다)이 기명날인한 것을 말한다(민사집행법 제29조). 강제집행은 집행문이 있는 판결정본이 있어야만 할 수 있다(민사집행법 제28조).

③ 집행기관

집행기관에는 집행관, 집행법원, 제1심법원(수소법원)이 있으며 강제집행의 방법에 따라 집행기관이 달라지는데, 물건의 인도집행은 집행관(민사집행법 제257조, 제258조)이, 부동산의 강제집행은 집행법원(부동산소재지의 지방법원; 민사집행법 제79조)이, 대체집행과 간접강제는 제1심법원(민사집행법 제260조, 제261조)이 각각의 집행기관이 된다.

3) 강제이행의 방법

① 직접강제

㉠ 직접강제란 국가기관의 힘에 이해서 채무자의 의사여하에 불문하고 채권의 내용을 실현하는 것을 말한다(민사집행법 제257조). 예컨대 채무자의 채무불이행 시 법원의 판결을 얻어 채무자의 재산을 압류하고 이를 처분하여 일정금액을 마련해서 채권자가 만족을 얻는 경우이다.

㉡ 동산인도나 부동산인도 또는 금전지급과 같은 주는(지급) 채무에 대하여는 직접강제(제389조 제1항 본문)를 하게 된다. 즉 그 물건을 채무자가 점유 중이면 집행관이 채무자의 점유를 빼앗아 채권자에 인도(민사집행법 제257조, 258조)하고, 그 물건을 제3자가 점유 중이면 채무자의 제3자에 대한 인도청구권을 채권자에게 넘겨주게 되는데(민사집행법 제259조), 물건소재지 지방법원(민사집행법 제224조 제2항 단서)을 관할로 한다.

② 대체집행(대체적 작위의무)

㉠ 대체집행이란 채무자가 해야 할 급부를 채무자에 갈음하여 채권자가 실현하고 이에 대한 비용을 채무자에게 추심하는 강제이행의 방법이다(민사집행법 제260조). 예컨대 불법시설물을 철거해야 할 채무에 있어서 채권자가 스스로 인부를 고용하여 철거하고, 그 비용을 채무자에게 추심하는 것이다.

㉡ 건물철거나 물품운송 등과 같은 대체적 작위채무에 대하여는 대체집행을 법원에 청구할 수 있다(제389조 제2항 후단; 민사집행법 제260조). 대체집행에 관하여 구체적으로는 민사집행법 제260조에서 규정하고 있으며, 그 내용과 핵심은 채무자의 비용으로 제3자에게 그 대체적 작위채무를 하게 할 것을 청구하는 것이다.

③ 간접강제(불대체적 작위의무)

㉠ 간접강제란 손해배상의 지급을 명하거나 벌금·압류 등의 수단에 의하여 채무자에게 심리적 압박을 가함으로써 채무자가 급부내용을 실현하도록 강제하는 방법이다(민사집행법 제261조, 대판 2003.10.24, 2003다36331). 이 경우 간접강제 배상금은 채무자로부터 추심된 후 국고로 귀속되는 것이 아니라, 채권자에게 지급하여 채무자의 작위의무 불이행으로 인한 손해의 전보에 충당된다(대판 2014.7.24, 2012다49933).

㉡ 증권서명의무나 주식명의개서의무 또는 방송출연·집필의무 및 정정보도문게시의무(대결 1986.3.11, 86마24) 등과 같은 불대체적 작위채무의 강제이행방법에 대하여 민법에는 규정이 없으나 간접강제를 하게 되는데 민사집행법 제261조에 의하면 채무의 성질이 간접강제를 할 수 있는 경우에 제1심 법원은 채권자의 신청에 따라 간접강제를 명하는 결정을 한다. 한편 명예훼손의 경우 명예회복에 적당한 처분(제764조)을 할 수 있는데 여기에 사죄광고는 포함되지 않는다.

(3) 손해배상

1) 서 설

① 손해배상의 의의

손해배상이라 함은 채무자가 귀책사유로 채무불이행을 한 경우에 그로 인하여 채권자가 입은 손해를 배상하는 제도를 말한다(제390조). 민법은 이행지체의 경우에는 지연배상 또는 전보배상을, 이행불능의 효과로 전보배상을, 계약해제의 효과로 손해배상을 규정하고 있다.

② 손해배상의 개념

㉠ 손해의 개념

손해란 법적으로 보호할 가치있는 이익(법익)에 대한 침해로 생긴 불이익으로서, 자발적 손실인 비용과는 구별된다. 손해의 개념에 관하여, 통설은 차액설(추상적 손해설)의 입장이고, 판례도 불법행위로 인한 재산상 손해는 위법한 가해행위로 인하여 발생한 재산상 불이익, 즉 그 위법행위가 없었더라면 존재하였을 재산 상태와 그 위법행위가 가해진 현재의 재산 상태의 차이를 말하는 것이하고 한다(대판 2001.11.30, 2001다16432 등).

【판 례】

* 대판 2001.11.30, 2001다16432 … 토지매매가 매수인의 귀책사유로 해제되는 경우에 매도인이 입은 통상손해는 매도인이 당초의 매매계약에 의하여 취득할 것으로 예상되었던 매매대금과 제3자와 사이에 매매계약에 의하여 취득하게 되는 매매대금과의 차액에 당초의 매매대금의 취득예정 시기로부터 뒤의 매매대금을 취득할 때까지 당초 매매대금 대한 법정이율에 의한 이자 상당액을 합한 금액이 통상손해가 된다.

㉡ 배상의 개념

손해의 '배상'이란 채무자의 채무불이행으로 인해 발생한 손해를 피해자(채권자)이외의 자가 전보하는 것을 말한다(제390조 이하). 따라서 토지수용에 따른 보상금을 지급하는 행위와 같이 적법한 원인으로 생긴 손실(손해)을 전보하는 보상과는 구별된다(제216조 제2항, 제228조 등).

2) 손해배상의 범위

① 민법 제393조의 취지

손해배상의 범위에 관하여 민법 제393조는 채무불이행으로 인한 손해배상은 통상의 손해를 그 한도로 하고, 특별한 사정으로 인한 손해는 채무자가 그 사정을 알았거나 알 수 있었을 때에 한하여 배상의 책임이 있다고 규정하고 있다. 즉 민법 제393조 제1항은 상당인과관계의 원칙(객관적 상당인과관계)에 기한 배상의 범위를 통상손해로 규정한 것이고, 제2항은 예외적으로 채무자의 예견가능성을 전제로 배상의 범위를 특별손해로 규정한 것이라고 한다(통설).

② 상당인과관계론의 해석

불법행위에 기한 손해배상 사건에 있어서 피해자가 입은 손해가 자연력과 가해자의 과실행위가 경합되어 발생된 경우, 피해자가 입은 손해가 통상의 손해와는 달리 특수한 자연적 조건 아래 발생한 것이라 하더라도 가해자가 그와 같은 자연적 조건이나 그에 따른 위험의 정도를 미리 예상할 수 있었고 또 과도한 노력이나 비용을 들이지 아니하고도 적절한 조치를 취하여 자연적 조건에 따른 위험의 발생을 사전에 예방할 수 있었다면, 손해배상의 범위를 정함에 있어서 자연력의 기여분을 인정하여 가해자의 배상범위를 제한할 것은 아니다(대판 2003.6.27, 2001다734 등).

③ 통상손해와 특별손해

㉠ 통상손해

통상손해란 채무자의 채무불이행이 있으면 일반적으로 발생하는 손해를 말하고, 채무자의 예견가능성과 관계없이 채무자가 손해 전부를 배상하여야 한다(제393조 제1항). 채무불이행으로 인한 손해배상에 있어 통상손해인지 특별손해인지 여부는 여러 사정을 종합하여 당사자들이 그러한 손해의 발생을 어느 만큼 용이하게 예견할 수 있었느냐가 관건이라 할 것인바, 당사자들이 일반적·객관적으로 당연히 그 채무불이행으로부터 발생하리라고 예상하였어야 할 손해이면 통상손해의 범위 내에 포함되고, 그러한 정도까지 예상되는 것이 아니라면 특별손해로 보아야 한다(대판 2005.9.15, 2005다29474).

㉡ 특별손해

특별손해란 채무자의 채무불이행으로 인하여 일반적으로 발생하는 손해가 아니라 어느 채권자에게만 있는 특별한 사정으로 인하여 발생하는 손해를 말하고, 이러한 특별손해에 대하여 채무자는 원칙적으로 배상책임을 지지 않지만 그 특별한 사정을 채무자가 알았거나 알 수 있었을 경우(예견가능성)에는 배상책임을 부담한다(제393조 제2항; 대판 2008.6.26, 2006다84874 등).

【판 례】

* 대판 2005.9.15, 2005다29474 … 채무자의 부동산에 관한 소유권이전등기의무가 이행불능으로 된 경우 그 손해배상액은 원칙적으로 이행불능 당시의 목적물의 시가(시장가격)에 의하여야 하고(통상손해), 그 후 목적물의 시가(시장가격)가 등귀하였다고 하더라도 그로 인한 손해는 특별한 사정에 의한 것이어서 채무자가 이행불능당시 그와 같은 특별한 사정을 알았거나 알 수 있었을 경우에 한하여(특별손해) 그 등귀한 가격에 의한 손해배상을 청구할 수 있다고 할 것이다.

【판 례】

* 대판 2008.6.26, 2006다84874 … 토지에 대한 부당한 가압류의 집행으로 인하여 그 지상에 건물을 신축하는 내용의 공사도급계약이 해제됨으로 인한 손해는 특별손해라고 할 것이므로, 가압류채권자가 토지에 대한 가압류집행이 그 지상 건물 공사도급계약의 해제사유가 된다는 특별한 사정을 알았거나 알 수 있었을 때에 한하여 배상의 책임이 있다.

3) 손해배상액의 산정

① 손해배상액의 산정방법

㉠ 이행불능

이행불능으로 인한 전보배상은 이행불능 당시의 시가(시장가격) 상당액을 표준으로 해여야 한다(대판 2007.9.20, 2005다63337 등). 따라서 매도인의 매매목적물에 관한 소유권이전등기 의무가 이행불능이 됨으로 말미암아 매수인이 입는 손해액은 원칙적으로 그 이행불능이 될 당시의 목적물의 시가(시장가격) 상당액이고, 그 이후 목적물의 가격이 상승(폭등)하였다 하여도 그로 인한 손해는 특별한 사정으로 인한 것이어서 매도인이 이행불능 당시 그와 같은 특수한 사정을 알았거나 알 수 있었을 때에 한하여 그 상승한 가격에 의한 손해배상을 청구할 수 있다(대판 2005.9.15, 2005다29747).

㉡ 이행지체

이행지체로 인한 전보배상의 청구는 특별한 사정이 없는 한 전보배상을 청구하는 채권자는 채무자에게 상당한 기간을 정하여 그 본래의 의무를 최고하고 그 이행이 없는 경우에 그 본래의무의 이행에 대신하여 전보배상을 청구할 수 있고, 그 전보배상에 있어서의 손해배상액산정의 표준시기는 원칙적으로 최고하였던 '상당한 기간'이 경과한 당시의 시가(시장가격)에 의하여야 한다(대판 2008.5.15, 2007다37721).

㉢ 이행거절

채무자의 이행거절로 인한 채무불이행에서의 손해액 산정은 채무자가 이행거절의 의사를 명백히 표시하여 최고 없이 계약의 해제나 손해배상을 청구할 수 있는 경우에는 그 이행거절 당시의 급부목적물의 시가(시장가격)를 표준으로 해야 한다(대판 2007.9.20, 2005다63337).

② 과실상계와 손익상계

㉠ 과실상계

과실상계란 채무불이행(제396조) 또는 불법행위(제763조)로 인한 손해배상책임에 있어서 채권자 또는 피해자에게 손해의 발생 및 확대에 기여한 과실이 있는 경우에 이를 참작하여 채무자 또는 가해자의 손해배상책임을 감면하는 제도이다. 이는 손해의 공평·타당한 분담을 실현하는 손해분담의 조정적 기능을 한다(대판 2000.11.24, 2000다28718 등). 반면 예외적으로 고의에 의한 채무불이행으로서 채무자가 계약체결당시, 채권자가 계약내용의 중요 부분에 관하여 착오에 빠진 사실을 이용하여 이익을 취득하게 되는 경우에는 채권자의 과실에 터잡은 채무자의 과실상계 주장은 허용되지 않는다(대판 2014.7.24, 2010다58315).

【판 례】

* 대판 2000.11.24, 2000다28718; 대판 2014.7.24, 2010다58315 … 민법상 과실상계제도는 채권자가 신의칙상 요구되는 주의를 다하지 아니한 경우 공평의 원칙에 따라 손해배상액을 산정함에 있어서 채권자의 그와 같은 부주의를 참작하려는 것이고(대판 2000.11.24, 2000다28718), 예외적으로 고의에 의한 채무불이행으로서 채무자가 계약체결당시 채권자가 계약내용의 중요 부분에 관하여 착오에 빠진 사실을 알면서도 이용하여 계약을 체결하고 그 결과 채무자가 부당한 이익을 취득하게 되는 경우에는 채권자의 과실에 터잡은 채무자의 과실상계 주장을 허용하여서는 안 될 것이다(대판 2014.7.24, 2010다58315).

㉡ 손익상계

손익상계란 두 개의 대립하는 채권을 전제로하는 일반적인 '상계'와는 달리 채무불이행이라는 동일한 원인에 의하여 채권자가 손해와 함께 이익을 얻은 경우에 그 이익을 공제하여 배상액을 산정하는 것을 말한다. 민법에는 규정이 없으나 공평의 원칙에 기하여 채무불이행 또는 불법행위로 인한 손해배상에 있어서 채무자가 채무를 이행하였더라면 채권자도 지출하였을 비용을 미리 공제하는 것이다(대판 2011.4.28, 2009다98652). 국가배상법 시행령 제6조나 학교안전사고 예방 및 보상에 관한 법률 시행령 제20조에서는 손익상계를 규정하고 있다.

㉢ 과실·손익의 적용방법

채무불이행이나 불법행위 등이 채권자 또는 피해자에게 손해를 생기게 하는 동시에 이익을 가져다 준 경우에는 공평의 관념상 그 이익은 당사자의 주장을 기다리지 아니하고 손해를 산정함에 있어서 공제되어야만 하는 것이다(대판 2002.5.10, 2000다37296). 예컨대 불법행위 또는 채무불이행에 관하여 채권자에게 과실이 있고 채권자가 그로 인하여 이익을 받은 경우에 손해배상액을 산정함에 있어서는 과실상계를 한 다음 손익상계를 하여야 한다(대판 2008.5.15, 2007다37721).

③ 금전채무불이행의 특칙

㉠ 민법 제397조에 의하면 '금전채무불이행의 손해배상액은 법정이율에 의하는 것이나 법령의 제한에 위반하지 아니한 약정이율이 있으면 그 이율에 의한다'고 규정하고 있다. 유의할 점은 민법 제397조 제1항 단서규정은 약정이율이 법정이율 이상인 경우에만 적용되고, 약정이율이 법정이율보다 낮은 경우에는 그 본문으로 돌아가 법정이율에 의하여 지연손해금을 정할 것이다(대판 2009.12.24, 2009다85342).

㉡ 한편 손해배상액은 법정이율이나 약정이율에 의하지만, 법률에 다른 규정이 있거나(제685조, 제705조, 제905조) 당사자가 실손해배상특약을 하였거나 또는 당사자가 미리 손해배상액의 예정을 한 경우(제398조)에는 그에 의한다.

4) 손해배상액의 예정

① 의 의

손해배상액예정이라 함은 당사자가 장래 채무불이행이 있게 되면 일정한 금액을 손해배상액으로 하기로 미리 약정하는 것을 말하는데, 위약금의 약정은 손해배상액의 예정으로 추정한다(제398조). 손해배상액예정의 목적은 손해의 발생사실과 손해액에 대한 입증의 곤란을 덜고 분쟁의 발생을 미리 방지하여 법률관계를 쉽게 해결할 뿐 아니라 채무자에게 심리적 경고를 함으로써 채무의 이행을 확보하려는 것이다.

② 구별개념

㉠ 위약벌

위약벌이란 채무이행을 확보하고 강제하기 위한 목적에서 행하여지는데 당사자가 장래의 채무불이행에 대비하여 채권자가 손해배상과는 별도로 몰수하기로 약정한 위약금으로서, 손해배상액예정을 규정하고 있는 민법 제398조를 유추적용하여 감액할 수는 없고, 다만 그 의무의 강제에 의하여 얻어지는 채권자의 이익에 비하여 약정된 벌이 과도하게 무거울 때에는 그 일부 또는 전부가 공서양속에 반하여 무효로 될 수 있을 뿐이다(대판 2005.10.13, 2005다26277).

㉡ 해약금

민법 제565조 제1항은 매매의 당사자일방이 계약당시에 금전 기타 물건을 계약금·보증금 등의 명목으로 상대방에게 교부한 때에는 당사자 간에 다른 약정이 없는 한 당사자의 일방이 이행에 착수할 때까지 교부자는 이를 포기하고 수령자는 그 배액을 상환하여 매매계약을 해제할 수 있다고 규정한다. 즉 계약금의 성질상 허용되지 않는 경우를 제외하고는 매매 기타 유상계약에서 계약금은 해약금으로 추정된다(제565조, 제567조).

㉢ 배상액의 합의

배상액의 합의란 불법행위 또는 채무불이행이 있은 뒤에 당사자 사이에 배상액을 약정하는 것을 말하며, 배상액의 합의가 있으면 그 후에 합의한 금액 이상의 손해가 발생하였다고 하더라도 다시 그 추가배상을 청구할 수 없는 것이 원칙이다. 다만 그 합의가 손해발생의 원인인 사고 후 얼마 지나지 아니하여 손해의 범위를 정확히 확인하기 어려운 상황에서 이루어진 것이고, 당사자가 후발손해를 예상하였더라면 사회통념상 그 합의금액으로는 화해하지 않았을 것이라고 보는 것이 상당할 만큼 그 손해가 중대한 것일 때에는 당사자의 의사가 이러한 손해에 대해서까지 그 배상청구권을 포기한 것이라고 볼 수 없으므로 다시 그 배상을 청구할 수 있다고 보아야 한다(대판 1991.4.9, 90다16078).

③ 적용범위

민법상 일반적인 법률행위와 관련하여 당사자가 자유로이 손해배상액의 예정을 할 수 있지만(대판 2006.1.27, 2005다52078), 근로기준법 제20조에 의해 사용자는 근로계약불이행에 대한 위약금 또는 손해배상액의 예정을 할 수 없다. 또한 약관규제법에 의해 고객에게 부당하게 과중한 지연손해금 등의 손해배상의무나 위약벌 등을 부담시키는 약관조항은 무효로 된다(대판 2009.8.20, 2009다20475).

④ 요 건

손해배상의 예정은 채무불이행이 있기 전에 체결한 약정이어야 하고(제398조 제1항), 당사자가 금전이 아닌 것으로써 손해의 배상에 충당할 것을 예정한 경우라도 무방하다(제398조 제5항). 여기서 '손해배상의 예정액'이란 문언상 배상비율 자체를 말하는 것이 아니라 그 비율에 따라 계산한 예정배상액의 총액을 의미한다(대판 2000.7.28, 99다38637).

⑤ 효 과

㉠ 예정배상액청구

손해배상액예정에 따른 채권자는 채무불이행사실 및 그 예정계약의 존재와 내용을 증명하면 손해의 발생과 그 금액을 별도로 증명할 필요 없이 예정된 배상액을 청구할 수 있다. 유의할 점은 통상의 손해뿐만 아니라 특별한 사정으로 인한 손해에 관하여도 예정된 배상액만을 청구할 수 있고 특약이 없는 한 예정액을 초과한 배상액을 청구할 수는 없다(대판 2007.12.27, 2006다9408 등).

㉡ 법원의 재량감액

손해배상의 예정액이 부당히 과다한 경우에는 법원은 적당히 감액할 수는 있지만 증액할 수는 없다(제398조 제2항). 여기서의 재량감액은 손해배상액의 예정 자체는 유효한 것을 전제로 하지만 법원이 손해배상의 예정액이 부당하게 과다하다고 하여 감액을 한 경우 손해배상액의 예정에 관한 약정 중 감액부분에 해당하는 부분은 처음부터 무효이다(대판 2004.12.10, 2002다73852).

5) 손해배상자의 대위

① 의 의

손해배상자의 대위란 채권자가 채무불이행으로 인한 물건 또는 권리의 가액 전부를 손해배상으로 받은 때에 채무자가 그 물건 또는 권리에 대하여 당연히 채권자를 대위하는 제도를 말한다(제399조).

② 요 건

채무자(또는 가해자)는 채권의 목적인 물건 또는 권리의 가액 전부를 배상하여야 한다. 따라서 일부만 배상한 경우에는 손해배상자대위가 인정되지 않는다. 또한 일부대위도 인정되지 않는다.

③ 효 과

㉠ 법률상 당연 이전

채권자가 손해배상액 전부를 배상받은 경우에는 그 채권의 목적인 물건 또는 권리가 법률상 당연히 채권자로부러 배상자(채무자 또는 가해자)에게 이전된다. 따라서 물건 또는 권리의 이전에 필요한 요건(등기, 인도, 채권양도 통지나 승낙)을 구비할 필요없이 그 권리가 채무자에게 이전되는 것이다(대판 1977.7.12, 76다408). 즉 민법상 손해배상자의 대위의 취지는 채권자가 채권의 목적이 되는 물건 또는 권리의 가격 전부를 손해배상으로 받아 그 만족을 얻었을 때에는 그 물건 또는 권리에 관한 권리는 법률상 당연히 채무자에게 이전되는 것이다.

㉡ 보험금청구권의 대위

보험가입된 건물을 임차인이 과실로 멸실시킨 경우 임차인이 임대인에게 손해배상을 하면 임대인이 보험자에 대해 가지는 보험금청구권을 손해배상자대위로서 임차인이 취득·행사할 수 있는가? 임차인이 보험이익을 받을 이유가 없다는 점에서 부정할 것이다(통설). 그러나 반대로 보험자가 임대인(보험가입자)에게 보험금을 지급하면 그 한도 내에서 임대인이 임차인에 대해 가지는 손해배상청구권을 보험자가 대위한다(상법 제682조).

제 3 절 채권자지체

1. 서 설

(1) 의 의

채권자지체 또는 수령지체란 채무자가 채무내용에 좇은 이행의 제공을 하였으나 채권자가 수령 등 이행의 완료에 필요한 협력을 하지 않은 경우에 채권자가 수령 등 지체에 따라 일정한 책임을 부담하는 제도이다. 즉 채무의 이행이 채무자의 행위에 의해서뿐만 아니라 채권자의 행위에 의해서도(채권자의 협력필요) 장애받을 수 있다. 대부분의 경우에 채무자는 채권자의 협력 없이 자기의 급부를 실현할 수 없기 때문이다.

(2) 근 거

① 채권자지체에 관하여 민법 제400조 이하에서 채권자지체와 채무자의 책임 및 채권자의 책임에 관하여 구체적인 규정(제400조~제403조)을 두고 있으며, 한편 민법 538조 제1항 2문은 채권자의 수령지체중에 당사자 쌍방의 책임 없는 사유로 이행할 수 없게 된 때에는 채무자는 상대방의 이행을 청구할 수 있다고 규정한다.

② 민법은 채권자지체(제400조 이하)는 채권의 효력에서, 변제의 제공(제460조 이하)은 채

권의 소멸에서 규정한다. 그러나 채권자지체는 채무자의 이행제공(변제제공)을 전제로 한다는 점에서 양자는 하나의 효과로 다룰 수 있다.

(3) 법적성질

① 채권자지체의 성립에 있어서 채권자의 귀책사유가 필요한가에 대하여 채무불이행설, 법정책임설, 절충설의 견해가 대립하고 있다. 즉 채무불이행설은 채무이행을 위하여 채권자와 채무자가 공동으로 협력해야할 의무를 부담한다는 견해인 반면 법정책임설은 채권자는 권리만 가질 뿐 의무는 없으나 채권자지체가 공평의 사상 내지 신의성실의 원칙에 입각하여 채권자에게 일정한 불이익을 주는 것이라고 한다. 한편 절충설은 기본적으로 채권자에게 수령의무를 인정하지 않고, 다만 도급·임치의 경우 부수적 주의의무나 신의칙상 채권자의 수취의무가 있다고 한다.

② 한편 판례에 의하면 채권자는 채무자의 채무이행의 제공을 수령하여야 할 의무가 있고, 만약 채권자가 위 의무에 위배하여 그 수령을 지체한 경우에는 그 이후에 있어서의 불가항력에 대한 이행불능에 대하여도 채권자에게 책임이 있다고 해석함이 신의성실의 원칙상 타당하다고 함으로써 채무불이행설에 입각하여 판시하였다.(대판 1958.5.8, 4290민상372).

2. 채권자지체의 요건

(1) 채권자의 수령협력필요

채권자지체가 성립하기 위해서는 채무의 이행에 관하여 채권자의 수령 또는 협력을 필요로 하여야 한다. 따라서 부작위채무와 같이 채무자의 이행행위만으로 이행이 완료되는 경우에는 채권자지체가 발생하지 않는다.

(2) 채무내용에 좇은 이행제공

이행의 제공이 채무의 내용에 좇은 것인가의 여부는 이행의 목적물·장소와 시기 등과 관련해서 종합적으로 판단하여야 한다. 특히 제공된 목적물의 하자와 관련해서 그것이 종류물채권(대체할 수 있는 물건)인 경우에는 하자있는 종류물의 제공은 이행의 제공이 될 수 없고 오히려 채무불이행이 되기 때문이다(김형배 961면).

(3) 채권자의 수령거절 또는 불능

채권자가 이행의 제공을 수령하지 않거나 수령할 수 없어야 한다. 이 경우 채무불이행설에서는 수령지체 또는 수령불능에 대한 채권자의 귀책사유가 있어야 한다고 하지만, 법정책임설과 절충설에서는 객관적으로 수령지체나 수령불능이 존재하는 것만으로 충분하다고 한다.

3. 채권자지체의 효과

(1) 채무불이행책임의 면제

1) 원 칙

변제의 제공은 그 때로부터 채무불이행의 책임을 면하게 하므로(제461조) 채권자지체가 있으면 채무자는 그때부터 채무불이행책임을 면한다. 따라서 채권자지체 중에는 채무자는 고의 또는 중대한 과실이 없으면 불이행으로 인한 모든 책임이 없으므로(제401조), 채권자지체 중에는 이자있는 채권이라도 그것이 약정이자이든 법정이자이든 불문하고 채무자는 이자를 지급할 의무가 없다(제402조).

2) 예 외

한편 채권자지체는 채무자를 급부의무로부터 완전히 해방시켜주지는 못한다. 즉 채권자는 그의 수령지체가 있었다고 하여 쌍무계약상 발생하는 동시이행의 항변권을 영구히 상실하지는 않는다(대판 2014.4.20, 2010다11323).

【판 례】

* 대판 2014.4.20, 2010다11323) … 부동산에 대한 소유권이전등기의무에 관하여 채무자가 일단 그 이행제공을 하여 채권자가 수령지체에 빠지게 되었더다고 하더라도 그 후 채무자가 목적 부동산을 제3자에게 양도하여 그 채무이행이 불능하게 되었다면, 채무자는 다른 특별한 사정이 없는 한 민법 제401조, 제390조에 기하여 상대방에 대하여 이행불능으로 인한 손해배상채무를 부담한다.

(2) 증가된 비용부담

채권자지체로 인하여 그 목적물의 보관비용 또는 변제의 비용이 증가된 때에는 그 증가액은 채권자의 부담으로 한다(제403조). 또한 채권자의 귀책사유로 급부의 수령을 거절하는 경우에 이는 채권자의 귀책적인 수령의무 위반으로서 채무불이행으로 되고, 따라서 채무불이행의 일반적 효과인 계약해제권과 손해배상청구권이 발생한다고 하겠다.

(3) 쌍무계약상 위험이전

채권자의 수령지체 중에 당사자 쌍방의 책임없는 사유로 이행할 수 없게 된 때에, 채무자의 급무의무는 소멸하지만 채권자의 반대급부의무는 소멸하지 않는다. 따라서 채무자는 상대방의 이행을 청구할 수 있다(제538조 제1항 2문). 예를 들어 매도인이 주택인도채무에 관해 이행제공을 하였는데 매수인의 수령지체 중에 옆집에 불이 나서 멸실(소실)된 경우 매도인은 주택인도채무를 면하면서 매수인에 대하여 매매대금청구를 할 수 있다.

4. 채권자지체의 종료

채권자지체의 종료는 채권자지체 중에 채무자의 귀책사유로 이행불능이 된 때 내지 채권자가 채권자지체 중의 모든 효과를 승인하여 수령에 필요한 준비를 하고 수령의 의사표시를 한 때에 종료한다. 그 외에 채권자의 채무면제 또는 상계 · 채무자의 공탁 등으로 채권이 소멸하면 채권자지체도 소멸한다.

제 4 절 책임재산의 보전

1. 서 설

(1) 책임재산보전의 의미

채무자가 채무를 이행하지 않는 경우 채권자가 자신의 사력(私力)으로 채무자의 재산을 탈취함으로써 채권의 내용을 실현하는 것은 원칙적으로 허용되지 않는다. 따라서 채권자는 확정판결 등의 집행권원을 얻은 후 집행법원의 조력을 받아 채무자의 일반재산에 대하여 압류・환가・배당의 절차를 통하여 그의 채권을 실현시키는데 책임재산보전제도의 의미가 있다고 하겠다.

(2) 책임재산보전의 법적근거

민법은 일정한 경우에 채권자에 대하여 채무자의 일반재산을 보전할 수 있는 권한을 부여함으로써 일반재산의 유지 및 회복을 도모할 수 있는 권리를 부여하고 있는데, 채권자대위권과 채권자취소권이 그것이다(제404조, 제406조).

(3) 채권자대위권과 채권자취소권

① 채권자대위권은 채무자가 자신의 일반재산의 유지・확보를 도모하지 않는 경우에 채권자가 채무자를 대위(代位)하여 채무자의 권리를 행사함으로써 책임재산을 유지하는 권리이다(제404조).

② 채권자취소권은 채무자가 적극적으로 책임재산을 감소시키는 사해(詐害)행위를 행한 경우에 채권자가 그 사해행위의 효력을 다툼으로써 책임재산의 유지・확보를 도모하는 권리이다(제406조).

2. 채권자대위권

(1) 의의 및 기능

1) 채권자대위권의 의의

채권자대위권이라 함은 채권자가 자기의 채권을 보전하기 위하여 채무자의 권리를 행사하는 것을 말한다. 즉 채권자가 자기의 채권을 보전하기 위하여 채권자의 이름으로 채무자가 제3채무자에 대하여 가지는 권리를 대신 행사할 수 있는 권리이다(제404조).

2) 채권자대위권의 기능

채권자대위권은 채무자의 책임재산을 보전하는 제도로서 강제집행을 준비하는 기능을 한다. 왜냐하면 채권자대위권은 재판상의 절차인 집행권원을 요하지 않을 뿐 아니라, 그 요건과 절차가 간편하므로 권리의 대상이 청구권에 한하지 않고 형성권이나 보존행위 등 강제집행을 할 수 없는 것에도 행사할 수 있기 때문이다. 그리고 피보전채권이 비금전채권인 경우 그 보전을 위하여 활용되는데, 이 경우에는 채무자의 무자력을 요하지 않기 때문이다.

(2) 채권자대위권의 요건

피보전채권(채권자측 요건)의 이행기가 도래하고 보전의 필요성이 있어야 하며, 피대위채권(채무자측 요건)은 행사상의 일신전속권이 아니어야 하고 채무자가 자신의 권리를 행사하지 않고 있어야 한다. 이를 구체적으로 살펴보면 다음과 같다.

1) 피보전채권의 요건

① 채권존재와 이행기도래

채권자가 채무자의 제3자에 대한 권리를 대위행사하기 위해서는 채무자에 대한 채권자의 채권이 유효하게 존재하고 그 이행기가 도래되어야 한다. 즉 피보전채권은 채권의 특성(확정성, 가능성, 적법성, 타당성)을 갖춘 채권으로서(대판 2008.10.23, 2008다37223) 이행기가 도래하면 되고(제404조 제2항 본문), 피대위채권보다 먼저 성립되어 있을 필요는 없다. 그러나 예외적으로 법원의 허가를 얻은 경우(제404조 제2항 본문)이거나 보전행위(제404조 제2항 단서)인 때에는 피보전채권의 이행기가 도래하기 전이라도 채권자대위권을 행사할 수 있다.

【판 례】

* 대판 2008.10.23, 2008다37223 … 채권자가 채무자를 상대로 소유권이전등기절차 이행의 소를 제기하여 패소판결을 받게 되면 채권자는 채무자의 제3자에 대한 권리를 행사하는 채권자대위소송에서 그 확정판결의 기판력으로 말미암아 더 이상 채무자에 대하여 동일한 청구원인으로 소유권이전등기를 할 수 없으므로 그러한 권리를 보전하기 위한 채권자대위소송은 그 요건을 갖추지 못하여 부적법한 것으로 각하되어야 한다.

② 보전필요성의 존재

㉠ 금전채권

금전채권인 피보전채권의 보전의 필요성이란 채무자의 무자력(변제자력이 없는 것이 아니라 소극재산이 적극재산보다 많다는 것)인 때를 말하는데, 피보전채권은 원칙적으로 금전채권 또는 금전채권은 아니지만 그 불이행으로 인해 손해배상채권으로 변한 경우여야 한다(대판 1963.4.25, 63다122).

㉡ 비금전채권

채권자가 채무자의 제3자에 대한 특정의 채권을 행사함으로써 채권자의 채무자에 대한 특정채권을 보전할 수 있는 경우에는 채무자의 무자력을 필요로 하지 않는다. 예컨대 채권자는 자기의 채무자에 대한 부동산의 소유권이전등기청구권(특정채권)을 보전하기 위하여 채무자가 방치하고 있는 그 부동산에 관한 특정권리를 대위하여 행사할 수 있다(대판 2007.12.28, 2005다38843).

【판 례】

* 대판 2007.12.28, 2005다38843 … 채무자가 제3자에게 여객자동차운송사업면허만을 양도한 계약이 무효인 경우에 채권자는 채권자대위권의 행사로서 면허권자 명의변경을 구할 법률상의 이익이 있다.

2) 피대위채권의 요건

① 비일신전속권

피대위채권은 행사상의 일신전속권이 아니어야 한다. 왜냐하면 채권자가 채무자의 제3자에 대한 권리를 행사하여도 무방하고 그 대위행사로서 채무자의 책임재산을 보전하는 것이어야 하기 때문이다. 따라서 행사상 일신전속권인 유류분반환청구권은 유류분권리자에게 그 권리행사의 확정적 의사가 있다고 인정되는 경우가 아니라면 채권자대위권의 목적이 될 수 없다(대판 2010.5.27, 2009다93992).

② 채무자의 권리불행사

채권자대위권의 행사는 채무자가 권리를 행사할 수 있음에도 불구하고 자신의 권리를 행사하지 않고 있으면 족하다. 이 경우 채무자의 귀책사유를 요하지 않을 뿐만 아니라 채무자가 대위행사에 반대하는 경우에도 채권자대위권을 행사할 수 있다. 그러나 채무자가 자신의 권리를 행사한 경우에는 그 행사가 채권자에게 유·불리한가에 관계없이, 즉 채무자가 제3자에 대한 권리를 재판상 행사하여 패소판결을 받은 다음에는 채권자는 채무자를 대위하여 권리를 행사할 수 없다(대판 2009.3.12, 2008다65839).

(3) 채권자대위권의 행사

1) 대위권행사의 방법

① 원 칙

채권자대위권은 채권자의 고유권리라 하여도 이는 채무자가 제3채무자에 대하여 가지고 있는 권리를 채권자가 대위하여 행사하는 데 불과하므로, 채권자가 대위권을 행사한 경우에 제3채무자에 대하여 채무자에게 일정한 급부행위를 하라고 청구하는 것이 원칙이다(대판 1966.9.27, 66다1149).

② 예 외

변제의 수령을 요하는 경우(피대위채권이 금전 기타 물건의 급부를 목적으로 하는 채권)에는 채권자대위권을 행사하는 채권자가 제3채무자에게 직접 채권자인 자기에게 인도할 것을 청구할 수 있다(대판 1962.1.2, 4294민상195). 이때 유의할 점은 채권자가 제3채무자로부터 직접 수령한 것은 원칙적으로 채무자에게 인도하여야 하지만, 채권자는 그 수령한 것이 채권자의 채무자에 대한 채권과 동종의 것이면서 상계적상에 있으면 상계(제492조 이하)함으로써 사실상 우선변제를 받을 수 있다(통설).

2) 대위권행사의 범위

① 채권자대위권은 채권보전에 필요한 범위에 한정되어야 한다. 따라서 채무자의 재산을 처분하는 행위(채무면제, 권리포기)라면 허용될 수 없고 또한 채무자의 권리 중 어느 하나만을 행사함으로써 채권보전의 목적을 달성할 수 있다면 채무자의 다른 권리에 대한 대위행사도 허용될 수 없다.

② 채권자가 채무자의 제3채무자에 대한 어느 하나의 금전채권을 대위행사

하는 경우 그 금전채권이 채권자의 채무자에 대한 채권액보다 많은 경우라도, 그 금전채권 전부에 대해 대위행사할 수 있다.

3) 대위권행사의 통지

① 채권자가 채권자대위권행사의 통지를 채무자에게 하면 그 통지를 받은 채무자는 그 권리를 처분하여도 이로써 채권자에게 대항하지 못한다(제405조). 즉 채권자대위권행사의 통지를 받은 채무자의 처분행위를 허용한다면, 채권자의 대위권행사를 방해하는 것이 되기 때문에 대위권행사의 통지를 받은 채무자의 처분행위를 금지하는 것이다. 더 나아가 판례는 채권자에 의한 통지가 없었으나 채무자가 채권자의 대위권행사의 사실을 알게 된 때에는 채권자에 의한 통지가 있었던 것과 동일하게 취급되므로, 채무자는 그 권리의 처분을 가지고 채권자에게 대항할 수 없다고 한다(대판 1996.4.12, 95다54167 등).

② 채권자대위권의 행사가 민법 제404조 제2항 본문 소정의 채권자의 채권 이행기 전에 법원의 허가를 얻어 대위권을 행사한 경우나 제404조 제2항 단서 소정의 보존행위인 경우에는 채무자에 대한 통지를 요하지 않는다. 왜냐하면 채무자에 대한 대위권행사의 통지를 규정한 것은 채무자의 이익을 보호하기 위한 것이므로 통지하지 않더라도 채무자에게 불리하지 않은 경우에는 통지할 필요가 없기 때문이다.

(4) 채권자대위권의 효과

1) 효과귀속과 시효중단

채권자대위권행사의 효과는 채무자에게 직접 귀속되며, 채무자의 제3채무자에 대한 권리에 대하여 시효중단의 효과가 생긴다(제168조 제1호 참조; 대판 2011.10.13, 2010다80930). 또한 채권자가 대위권행사의 사실을 채무자에게 통지한 경우에는 채권자의 채무자에 대한 권리에도 시효중단의 효과가 생긴다.

2) 대위권행사와 비용상환청구

채권자가 대위권행사과정에서 비용을 지출한 경우에 채권자는 민법 제688조를 유추적용하여 채무자에게 그 비용의 상환을 청구할 수 있다(대판 1996.8.21, 96그8 참고). 또한 변제수령을 요하는 채무에서 채권자가 목적물을 대위수령하여 보관비용을 지출한 경우에는 유치권(제320조)이 성립할 수 있다.

3) 제3채무자의 법적지위

① 제3채무자는 채권자대위권행사의 통지 후 채무자의 처분행위로 인하여

제3채무자가 가지게 된 항변으로는 채권자에게 대항하지 못한다. 그러나 대위권행사의 통지 후라도 채무자의 처분행위에 해당되지 않는 것, 즉 대위권행사 후 제3채무자가 채무자에게 변제하고 채무자가 수령한 경우에는 제3채무자가 항변할 수 있다.

② 제3채무자는 채무자가 채권자에 대하여 가지는 항변을 원용할 수는 없으므로, 제3채무자가 채권자의 채무자에 대한 채권이 소멸시효완성되었음을 원용할 수 없다(대판 1992.11.10, 92다35899).

4) 대위소송판결의 효과

① 채권자대위권을 재판상 행사한 경우에 그 판결의 효력이 채무자에게도 미치는지 여부이다. 판례는 채권자가 채권자대위권을 행사하는 방법으로 제3채무자를 상대로 소송을 제기하고 판결을 받은 경우에는 어떠한 사유로 인하였든 적어도 채무자가 채권자 대위권에 의한 소송이 제기된 사실을 알았을 경우에는 그 판결의 효력은 채무자에게 미친다고 하였다(대판[전합] 1975.5.13, 74다1664). 한편 통설은 한걸음 더 나아가 채무자가 채권자대위소송의 사실을 알았는지 여부를 묻지 않고 그 판결의 효력이 채무자에게 미친다고 한다.

② 한편 채권자가 채권자대위권을 행사하는 방법으로 제3채무자를 상대로 소송을 제기하였다가 채무자를 대위할 피보전채권이 인정되지 않는다는 이유로 소각하(訴却下) 판결을 받아 확정된 경우 그 판결의 기판력이 채권자가 채무자를 상대로 피보전채권의 이행을 구하는 소송에 영향을 미치는 것은 아니다(대판 2014.1.23, 2011다108095).

3. 채권자취소권

(1) 의의 및 기능

1) 채권자취소권의 의의

채권자취소권이라 함은 채무자가 채권자를 해함을 알고 재산권을 목적으로 하는 법률행위를 함으로써 무자력이 되어 채권자의 채권의 만족을 줄 수 없는 경우에 채권자가 그 법률행위의 취소 및 원상회복을 법원에 소로써 청구할 수 있는 권리이다(제406조). 즉 일정한 요건 하에 채권자가 그 법률행위를 취소하고 채무자로부터 일탈된 재산을 회복할 수 있는 권리이다(대판 2005.8.25, 2005다14595).

2) 채권자취소권의 기능

① 채권자취소권은 채무자의 책임재산의 보전을 위한 것이라는 점에서는 채권자대위권과 같은 가치 또는 기능을 갖는다. 유의할 점은 채권자대위권은 민법 제404조와 제405조에 근거한 것으로서 재판상 또는 재판 외의 방법으로 행사할 수 있음에 반하여(제404조, 제405조), 채권자취소권은 반드시 소(訴)로써만 행사하여야 한다(제406조, 제407조).

② 채권자취소권은 실체법상 권리이지만 그 행사방법은 반드시 재판상 행사(소송)로써 하여야 한다. 즉 채권자취소권은 민법 제406조 제1항에서 취소 및 원상회복을 법원에 청구할 수 있다고 규정하고 있으므로 형성의 소와 이행의 소의 결합(형성권과 채권적 청구권의 결합)이라고 할 것이다.

(2) 채권자취소권의 요건

채권자취소권을 행사하기 위하여는, 객관적 요건으로 채권자의 금전채권을 해하기 위하여 채무자가 재산권을 목적으로 하는 사해행위를 할 것과 주관적 요건으로 채무자 및 수익자(또는 전득자)가 채권자를 해함을 알았을 것을 요한다.

1) 객관적 요건

① 금전채권의 존재

취소채권자의 채권은 그 발생원인은 묻지 않지만 금전채권이어야 한다. 금전채권이라면 인적담보가 있는 채권이더라도 채권자는 채권 전액에 대하여 취소권을 행사할 수 있고, 물적담보가 설정되어 있는 채권이라면 당해 채무액이 그 부동산의 가액 및 채권최고액을 초과하는 경우에는 그 담보물로부터 우선변제받을 액을 공제한 나머지 채권액에 대하여만 채권자취소권이 인정된다(대판 2002.11.8, 2002다41589). 그러나 금전채권이라고 하더라도 채무자에 대한 채권 보전이 아니라 제3자에 대한 채권 만족을 위하여 사해행위취소의 효력을 주장할 수는 없다(대판 2010.5.27, 2007다40802).

② 채권의 성립시기

취소채권자의 채권은 원칙적으로는 사해행위 이전에 성립·존재하고 있으면 족하고, 사해행위 당시에 이행기에 있어야 하는 것은 아니므로 조건부·기한부 채권도 취소채권자의 채권이 될 수 있다(대판 2011.12.8, 2011다55542). 예외적으로 취소채권자의 채권이 사해행위 이전에 성립된 것이 아니라고 하더라도, 가까운 장래에 그 법률관계에 기하여 채권이 성립되리라는 점에 대한 고도의 개연성이 있으며, 실제로 가까운 장래에 그 개연성이 현실화되어 채권이 성립된 경우에는 그 채권도 채권자취소권의 피보전채권이 될 수 있다(대판 1995.11.28, 95다27905; 대판 2002.11.8, 2002다42957).

③ 채무자의 사해행위

사해행위란 채무자가 채권자를 해함을 알고 재산권을 목적으로 한 법률행위를 말하므로 채무자가 한 법률행위이면 족하고 그 법률행위가 반드시 유효하게 성립한 것임을 요하지는 않는다. 따라서 신분상의 행위(혼인, 이혼, 입양 등)는 직접 재산권을 목적으로 하는 법률행위가 아니므로 사해행위가 될 수 없다. 한편 유의할 점은 공법상의 허가권을 양도하는 행위가 사해행위로서 채권자취소권의 대상이 되기 위해서는 그 허가권을 행정관정의 허가 없이 자유로이 양도할 수 있는 독립한 재산적 가치를 가지고 있어야 한다(대판 2010.4.29, 2009다106734).

④ 채권자를 '해'하는 법률행위

사해행위란 채무자의 일반재산(책임재산)을 감소시켜 채권자에게 충분한 변제를 할 수 없는 재산상태를 만드는 것을 의미한다. 즉 책임재산의 감소행위로 인하여 일반채권자들을 위한 공동담보의 부족상태가 비로소 유발되는 것은 물론, 이미 부족한 상태가 더 심화되는 경우를 포함한다(대판 2014.3.27, 2013다107818).

【판 례】

* 대판 2014.3.27, 2013다107818 … 채무초과의 상태에 있는 채무자가 여러 채권자 중 일부에게만 채무의 이행과 관련하여 그 채무의 본래 목적이 아닌 다른 재산을 양도하는 행위는, 채무자가 특정 채권자에게 채무 본지에 따른 변제를 하는 경우와는 달리 원칙적으로 다른 채권자들에 대한 관계에서 사해행위가 될 수 있고, 다만 이러한 경우에도 그 행위가 궁극적으로 일반변제자를 해하는 행위로 볼 수 없는 경우에는 사해행위의 성립이 부정될 수 있다.

2) 주관적 요건

① 채무자의 사해의사존재

㉠ 채무자의 사해의사는 적극적 의욕이 아니라 책임재산에 감소가 발생한다는 단순한 인식만으로 충분하다(통설). 결국 사해의사란 공동담보 부족에 의하여 채권자가 채권변제를 받기 어렵게 될 위험이 생긴다는 사실을 인식하는 것이며, 이러한 인식은 일반 채권자에 대한 관계에서 있으면 족하므로 특정

의 채권자를 해한다는 인식이 있어야 하는 것은 아니다(대판 2009.3.26, 2007다63102). 이때 채무자의 악의 유·무는 채권자가 증명해야 하지만, 채무자가 유일한 재산을 양도하는 경우에는 악의가 추정된다(대판 2007.7.26, 2007다29119).

㉡ 채무자의 사해의사 여부는 원칙적으로 사해행위 당시의 사정을 기준으로 하여야 할 것이지만, 사해행위라고 주장되는 행위 이후이 채무자의 변제 노력과 채권자의 태도 등도 간접사실로 삼아서 판단할 수 있다(대판 2003.12.12, 2001다57884).

【판 례】

* 대판 2007.7.26, 2007다29119 … 채무자가 자기의 유일한 부동산을 매각하여 소비하기 쉬운 금전으로 바꾸거나 타인에게 무상으로 이전하여 주는 행위는 특별한 사정이 없는 한 채권자에 대하여 사해행위가 된다고 볼 것이므로 채무자의 사해의 의사는 추정된다.

② 수익자·전득자의 악의

㉠ 수익자·전득자의 악의란 사해행위시 또는 전득시에 채권자를 해한다는 사실을 알고 있었던 것을 의미한다. 따라서 수익자·전득자는 자신이 악의 없음(선의 주장)을 증명하여야 하며(대판 2007.7.12, 2007다18218), 수익자의 선의는 채무자와 거래 전반의 사정과 객관적이고도 납득할 만한 증거자료 등에 의하여야 하고 채무자의 일방적인 진술이나 제3자의 추측에 불과한 진술 등에만 터잡아 그 사해행위 당시 수익자가 선의였다고 단정하여서는 안 된다(대판 2015.6.11, 2014다237192).

【판 례】

* 대판 2007.7.12, 2007다18218 … 사해행위취소소송에 있어서 채무자의 악의의 점에 대하여는 그 취소를 주장하는 채권자에게 증명책임이 있으나, 수익자 또는 전득자가 악의라는 점에 관하여는 증명책임이 채권자에게 있는 것이 아니고 수익자 또는 전득자 자신에게 선의라는 사실을 증명할 책임이 있다.

㉡ 전득자의 악의의 대상은 수익자와 전득자 사이의 전득행위가 채권자를 해하게 됨을 인식하는 것을 말하는 것이 아니라 채무자와 수익자 사이의 법률행위가 채권자를 해하게 됨을 인식하는 것을 말한다. 또한 채무자 또는 수익자가 대리행위에 의하는 경우에 대리인이 한 법률행위는 그 대

리인을 기준으로 한다(대판 2006.9.8, 2006다22661).

(3) 채권자취소권의 행사

1) 취소권행사 방법

① 재판상 행사

채권자취소권은 채권자가 자기의 이름으로 행사하는 것이지만, 재판상으로만 행사하여야 한다(제406조). 이 경우 사해행위취소청구와 원상회복청구를 동시에 할 수도 있고, 사해행위의 취소만을 먼저 청구한 다음 원상회복을 나중에 청구할 수도 있다. 다만 원상회복의 전제가 되는 사해행위의 취소가 없는 이상 원상회복청구권은 인정되지 않으므로 사해행위의 취소를 구함이 없이 원상회복만을 구할 수는 없다(대판 2008.12.11, 2007다69162).

② 제소기간

채권자취소의 소는 채권자가 취소원인을 안 날로부터 1년, 법률행위 있은 날로부터 5년 내에 제기하여야 한다(제406조 제2항). 이는 제척기간이므로 직권조사사항이다(대판 1996.5.14, 95다50875). 여기서 채권자가 채권자취소권의 요건을 안 날이라 함은 채무자가 채권자를 해함을 알면서 사해행위를 하였다는 사실을 알게 된 날을 의미하는 것일 뿐, 그렇다고 하여 채권자가 수익자나 전득자의 악의까지 알아야 하는 것은 아니다(대판 2012.1.12, 2011다82384).

2) 사해행위취소소송과 상대방

① 원고적격 및 피고적격

원고는 채권자이고 피고는 수익자 또는 전득자이며, 채무자는 피고로 삼을 수 없다(대판 1991.8.13, 91다13717). 왜냐하면 채권자 취소권에 있어서 채무자가 한 사해행위의 취소는 절대적인 취소가 아니라 악의의 수익자 또는 악의의 전득자에 대한 관계에 있어서만 상대적으로 취소하는 것이기 때문이다(대판 2004.8.30, 2004다21923).

② 수익자와 전득자가 모두 악의

채권자는 피고를 선택할 수 있으므로 수익자 또는 전득자를 선택하여 피고로 할 수도 있고, 수익자와 전득자를 모두 피고로 할 수도 있다. 이 경우 수익자를 피고로 한 경우에는 재산의 반환에 갈음하여 가액배상을 구할 수 있고, 이때 가액배상은 자신의 채권액을 초과하여 구할 수는 없다(대판 2008.11.13, 2006다1442). 한편 전득자를 피고로 한 경우 취소의 대상은 채무자와 수익자 사이의 법률행위일 뿐이고 수익자와 전득자 사이의 법률해위는 아니며, 전득자로부터 직접 채무자 앞으로 재산회복을 구할 수 있다(대판 2004.8.30, 2004다21923).

③ 수익자는 악의이나 전득자가 선의

수익자만을 피고로 하여야 하고 수익자에 대하여 가액배상을 청구하거나 전득자에게 영향을 미치지 않는 한도에서 재산반환을 청구할 수 있다.(대판 2001.2.9, 2000다57139), 이때 가액배상은 자신의 채권액을 초과하여 구할 수는 없다.

④ 악의 수익자만 존재하는 경우

수익자를 피고로 하여 재산반환을 청구할 수 있다. 이때 유의할 점은 채권자는 사해행위의 취소로 인한 원상회복 방법으로 수익자 명의의 등기의 말소를 구하는 대신 수익자를 상대로 채무자 앞으로 직접 소유권이전등기절차를 이행할 것을 구할 수도 있다(대판 2000.2.25, 99다53704).

3) 취소권행사의 범위

① 취소의 범위

사해행위 당시를 표준으로 하여 채권자취소권을 행사하는 채권자의 채권액을 기준으로 하므로 사해행위 이후에 발생한 채권액은 가산하지 않는다. 따라서 사해행위의 목적물이 가분이면 취소채권자의 채권액의 범위에서 일부취소를 하여야 한다(대판 2001.12.11, 2001다64547). 다만 다른 채권자가 배당요구를 할 것이 명백하거나 목적물이 불가분인 경우와 같이 특별한 사정이 있는 경우에는 취소채권자의 채권액을 넘어서까지도 취소를 구할 수 있다(대판 1997.9.9, 97다10864).

② 원상회복의 범위

㉠ 원물반환의 원칙

채권자취소권은 사해행위의 취소 및 원상회복을 청구하는 것이므로(제406조) 원칙적으로는 원물반환을 명할 것이지만, 원물반환이 불가능하거나 현저히 곤란한 경우에는 가액배상을 명할 수 있다(대판 2009.6.11, 2007다4004). 유의할 점은 원물인 부동산을 반환할 경우 그 사용이익은 반환하지 않아도 된다는 것이 판례의 입장이다(대판 2008.12.11, 2007다69162).

【판 례】

* 대판 2009.6.11, 2007다4004 … 원물반환이 불가능하거나 현저히 곤란한 경우란, 원물반환이 단순히 절대적·물리적으로 불능인 경우가 아니라 사회생활상의 경험법칙 또는 거래상의 관념에 비추어 채권자가 수익자나 전득자로부터 이행의 실현을 기대할 수 없는 경우를 말한다.

ⓛ 가액배상만 허용

일정한 경우에는 가액배상만 허용된다. 즉 수 개의 저당권이 설정되어 있는 부동산에 관하여 사해행위가 이루어진 후 일부 저당권설정등기가 말소된 경우에 사해행위의 취소에 따른 원상회복은 가액배상의 방법에 의할 수밖에 없을 것이고, 그 경우 배상하여야 할 가액은 사해행위 취소시인 사실심 변론종결시를 기준으로 하여 그 부동산의 가액에서 말소된 저당권의 피담보채권액과 말소되지 아니한 저당권의 피담보채권액을 모두 공제하여 산정하여야 한다(대판 1998.2.13, 97다6711).

(4) 채권자취소권의 효과

1) 기판력의 범위

사해행위취소판결의 기판력은 그 취소권을 행사한 채권자와 그 상대방인 수익자 또는 전득자와의 상대적인 관계에서만 미칠 뿐 그 소송에 참가하지 아니한 채무자 또는 채무자와 수익자 사이의 법률관계에는 미치지 아니한다(대판 1988.2.23, 87다카1989).

2) 채무자에 대한 효과

채무자에게는 아무런 영향을 미치지 아니한다. 즉 채권자취소권의 상대방인 수익자 또는 전득자가 사해행위의 취소로 인한 원상회복에 갈음하는 가액배상을 하여야 할 의무를 부담한다고 하더라도 이는 채권자에 대한 관계에서 생기는 법률효과에 불과하고 채무자와 사이에서 그 취소로 인한 법률관계가 형성되는 것은 아니고, 그 취소의 효력이 소급하여 채무자의 책임재산으로 회복되는 것도 아니다(대판 2006.8.24, 2004다23110).

3) 채권자에 대한 효과

① 채권자취소권의 행사에 의한 취소와 원상회복은 모든 채권자의 이익을 위하여 그 효력이 있으므로(제407조 참조), 채권자를 보호(집행권원에 의한 강제집행을 의미)하기 위하여 사해행위의 목적물은 채무자에게 반환되어야 한다. 한편 사해행위 목적물이 금전이거나 사해행위취소로 인한 원상회복으로서 가액배상을 명하는 경우 취소채권자는 직접 자기(채권자)에게 가액배상금을 지급할 것을 청구할 수 있다(대판 2008.4.24, 2007다84352; 대판 2008.11.13, 2006다1442). 이 경우 취소채권자가 수령한 것은 다시 채무자에게 인도되어야 하는 것이 원칙이지만, 그것이 채권자의 채무자에 대한 채권과 동종의 것이고 상계적상에 있으면 취소채권자가 상계를 함으로써 사실상 우선변제를 받을 수 있다.

② 사해행위 이후에 채권을 취득한 채권자에 대해서는 민법 제407조에 정한 사해행위취소와 원상회복의 효력을 받는 채권자에 포함되지 아니한다(대판 2009.6.23, 2009다18502). 따라서 회복된 재산의 강제집행절차에서 사해행위 이후에 채권을 취득한 자의 채권은 배당에서 제외되어야 한다.

4) 수익자 · 전득자에 대한 효과

수익자 또는 전득자는 그 재산의 명의를 채무자 앞으로 회복시킬 의무를 부담하는데, 다만 이는 채권자의 강제집행을 위한 수단에 불과하다. 따라서 채무자와의 관계에서는 그 재산에 대한 권리는 여전히 수익자 또는 전득자에게 속하는 것이므로 채권자가 강제집행을 하여 만족을 얻은 부분에 대하여는 수익자 또는 전득자가 채무자에 대하여 부당이득반환을 청구할 수 있다.

제 5 절 제3자에 의한 채권침해

1. 서 설

① 제3자에 의한 채권침해라 함은 채권도 법률이 보호하는 권리인 이상 일반인은 정당한 이유 없이는 이를 침해치 못할 법률상 의무가 있는데 채권자와 채무자가 아닌 제3자가 정당한 이유 없이 채권의 목적실현에 의한 침해를 한 경우에 제3자에 의한 채권침해를 인정하고 그것이 불법행위(제750조)가 성립하는 것을 말한다(통설).

② 판례도 채권은 특정인에 대하여 특정행위를 청구하는 권리임으로 채권자는 채무자에 대하여서만 그 권리의 목적인 행위를 청구할 수 있고 제3자에 대하여 이를 청구하지 못하는 것은 물론 제3자도 정당한 이유 없이 이를 침해한 때에는 채권자에 대한 불법행위가 성립된다고 한다(대판 1953.2.21, 52다129).

2. 제3자의 채권침해의 요건

(1) 제3자의 고의 · 과실

제3자에 의한 채권침해는 불법행위(제750조)가 성립되므로, 제3자가 고의 · 과실로 인한 위법행위로 채권자에게 손해를 가할 것을 요한다. 판례는 제3자의 채권침해를 엄격히 해석하는 바, 제3자가 채무자와 적극 공모하였다거나 또는 제3자가 기망 · 협박 등 사회상규에 반하는 수단을 사용하거나 채권자를 해할 의사로 채무자와 계약을 체결하였다는 등의 특별한 사정이 있는 경우에 한하여 제3자의 고의 · 과실 및 위법성을 인정한다(대판 2001.5.8, 99다38699). 즉 제3자가 채권자를 해한다는 사정을 알면서도 법규에 위반하거나 선량한 풍속 또는 사회질서에 위반하는 등 위법한 행위를 함으로써 채권자의 이익을 침해하였음이 인정되어야 불법행위가 성립하는 것으로 해석하고 있다.

(2) 채권침해의 위법성

거래에 있어서의 자유경쟁의 원칙은 법질서가 허용하는 범위 내에서의 공정하고 건전한 경쟁을 전제로 하는 것이므로, 여기서 채권침해의 위법성은 침해되는 채권의 내용, 침해행위의 모습, 침해자의 고의 내지 침해의 유무 등을 참작하여 구체적 · 개별적으로 판단하되, 거래의 자유 보장의 필요성, 경제 · 사회정책적 요인을 포함한 공공의 이익과 당사자 사이의 이익균형 등을 종합적으로 고려하여 신중히 판단하여야 한다(대판 2011.6.9, 2009다52304).

3. 제3자의 채권침해의 효과

(1) 손해배상청구권

채권자는 제3자에 대하여 손해배상청구권을 가진다(제750조).

1) 이중계약의 체결

제3자에 의한 채권침해가 불법행위를 구성할 수는 있으나 제3자의 채권침해가 반드시 언제나 불법행위가 되는 것은 아니고 채권침해의 모습에 따라 그 성립 여부를 구체적으로 검토하여여 한다. 판례는 독립한 경제주체(채무자, 채권자)

간의 경쟁적 계약관계에 있어서는 단순히 제3자가 채무자와 채권자 간의 계약내용을 알면서 채무자와 채권자 간에 체결된 계약에 위반되는 내용의 계약을 체결한 것만으로는 제3자의 고의·과실 및 위법성을 인정하기에 부족하다고 한다(대판 2001.5.8, 99다38699).

2) 부동산의 이중매매

부동산의 이중매매를 사회질서에 반하는 법률행위로서 무효라고 하기 위해서는 양수인(제2의 매수인)이 양도인의 배임행위를 아는 것만으로는 부족하고, 나아가 배임행위를 유인·교사하거나 이에 협력하는 등 적극 가담하는 경우 그 이중매매는 반사회적 법률행위로서 무효가 된다. 이때 제3자인 제2매수인이 제1매수인의 매도인에 대한 소유권이전등기청구권을 위법하게 침해한 것이 되므로 불법행위가 성립된다(대판 2009.9.10, 2009다34481).

(2) 방해배제청구권

채권자는 정당한 이유없는 제3자의 행위로 인하여 채무의 이행이 방해될 우려가 있을 때에는 자신의 완전한 채권행사를 위하여 그 제3자에 대하여 방해행위의 배제를 청구할 수 있다(대판 1953.2.21, 52다129).

제 4 장 다수당사자의 채권관계

제1절 총 설

1. 채권관계의 내용

① 다수당사자의 채권관계라 함은 하나의 급부(하나의 채권·채무)를 중심으로 채권자나 채무자의 일방 또는 쌍방이 2인 이상인 채권관계를 총칭하는 개념이다. 즉 동일한 내용의 급부를 목적으로 하는 채권관계가 채권자 또는 채무자의 수만큼 다수로 존재하는 채권관계이다.

② 우리 민법은 다수당사자의 채권관계의 유형을 분할채권관계(제408조)·불가분채권관계(제409조)·연대채무(제413조 이하) 및 보증채무(제428조 이하)의 4종류를 규정하고 있다.

2. 담보적 기능

다수당사자의 채권관계는 실질적으로 인적담보로서의 기능을 한다. 즉 분할채권을 제외하면 다수당자자의 채권관계는 다수당사자의 책임재산을 총집결시킴으로써 채권의 담보력을 강화하는 제도이므로 인적담보로서의 기능을 하고 있다. 이러한 기능은 보증채무에서 현저하게 드러나지만, 불가분채무나 연대채무에도 채무자 각자가 자기 고유의 부담부분 외에 채권자에 대하여 다른 채무자의 부담부분에 대해서도 채무를 부담함으로써 인적담보의 기능을 실현한다.

3. 채권 · 채무의 소유형태

① '다수당사자의 채권관계'는 하나의 동일한 급부를 목적으로 하지만, 채권자 또는 채무자의 수만큼의 다수의 채권관계가 성립한다. 반변 '채권 · 채무의 준공동소유'는 하나의 채권 또는 채무가 일체를 이루어 복수의 주체에게 공동으로 귀속하는 경우이므로 단수(한 개)의 채권관계가 성립하는 것이다.

② 학설은 다수당사자의 채권관계에 관한 규정(제408조 이하)은 공동소유에 관한 규정(제262조 이하)의 특칙으로 이해한다(통설). 따라서 수인에게 채권 · 채무가 발생하는 경우에는 당사자가 이를 채권 · 채무의 공동귀속관계로 한다는 특약이 없는 한 그 법률관계는 다수당사자의 채권관계 중의 어느 한 유형에 속하는 것으로 본다(김형배 1016면, 지원림 1173면).

제 2 절 분할채권관계

1. 서 설

분할채권관계라 함은 하나의 가분급부에 대하여 수인의 채권자나 채무자가 존재하는 경우에 특별한 의사표시가 없으면 각 채권자 또는 각 채무자가 균등한 비율로 권리를 가지거나 의무를 부담하는 다수당사자의 채권관계를 말한다(제408조). 민법 제408조는 수인의 보증인이 각자의 행위로 보증채무를 부담한 경우에도 적용하며(제439조), 이러한 다수당사자의 채권관계는 분할채권관계를 원칙으로 한다(대판 1992.10.27, 90다13628).

2. 분할채권

(1) 분할채권의 성립

1) 분할채권의 성립요건

분할채권이 성립하려면 우선 가분급부에 대하여 수인의 채권자가 있어야 하며 당사자 사이에 분할채권의 성립을 배제하는 의사표시가 없어야 한다. 분할채권에 있어서 가분급부란 급부의 성질상 본질을 훼손하지 않고 수 개의 급부로 나눌 수 있는 것(금전급부)을 말한다.

2) 분할채권의 성립여부

① 공유지분에 따른 차임상당의 부당이득반환청구권

대지공유자의 공유지분에 따른 임료상당청구권은 각자의 지분에 따른 비율의 한도에서만 행사할 수 있고 다른 공유자의 지분에 대하여는 청구권이 없다(대판 1977.9.13, 77다1366). 또한 같은 취지에서 토지공유자는 특별한 사정이 없는 한 그 지분에 대응하는 비율의 범위 내에서만 그 차임상당의 부당이득금반환의 청구권을 행사할 수 있다(대판 1979.1.30, 78다2088).

② 공동당사자로서 소송대리위임에 따른 보수금지급채무

변호사에게 공동당사자로서 소송대리를 위임한 소송사건의 결과에 따라 경제적 이익을 불가분적으로 향유하게 되거나 패소할 경우 소송 상대방에 대하여 부진정연대관계의 채무를 부담하게 된다 하더라도, 이러한 사정만으로 곧바로 공동당사자들의 변호사에 대한 소송대리위임에 따른 보수금지급채무가 연대 또는 불가분채무에 해당하는 것으로 단정할 수 없다(대판 1993.2.12, 92다42941).

③ 공유건물의 공동임대인이 부담하는 보증금반환채무

건물의 공유자가 공동으로 건물을 임대하고 보증금을 수령한 경우, 특별한 사정이 없는 한 그 임대는 각자 공유지분을 임대한 것이 아니고 임대목적물을 다수의 당사자로서 공동으로 임대한 것이므로 그 보증금 반환채무는 성질상 불가분채무에 해당된다고 보아야 한다(대판 1998.12.8, 98다43137).

④ 공동으로 법률상 원인 없이 취득한 부당이득반환채무

여러 사람이 공동으로 법률상 원인 없이 타인의 재산을 사용한 경우의 부당이득 반환채무는 특별한 사정이 없는 한 불가분적 이득의 반환으로서 불가분채무이고, 그 불가분채무는 각 채무자가 채무 전부에 대하여 이행할 의무가 있으며, 1인의 채무이행으로 다른 채무자도 그 의무를 면하게 된다(대판 2001.12.11, 2000다13948). 다만 이 경우 1인의 채무자가 부당이득금을 변제한 경우에는 다른 공동부담이득채무자에 대하여 구상권을 행사할 수 있다.

(2) 분할채권의 효력

1) 대외적 효력

분할채권에서 각 채권자는 자기부분만의 채권을 가질 뿐이므로 1인의 채권자가 자기채권 이상의 변제를 받았다면 채무자에 대한 관계에서 부당이득이 될 뿐이다. 그리고 분할되는 채권의 비율은 특별한 의사표시가 없으면 각 채권자가 균등한 비율로 권리를 가진다(제408조). 유의할 점은 분할채권이 1개의 쌍무계약으로부터 발생한 경우에는 그 채권전부와 그 반대급부가 동시이행의 관계가 된다(제536조).

2) 대내적 효력

민법 제408조는 대외적 효력만을 규정할 뿐이고 대내적 효력에 대하여는 규정하고 있지 않으나, 특별한 약정이 없는 한 분할채권자 상호간의 내부관계에서도 분할채권의 비율은 균등한 것으로 해석하여야 할 것이다(통설). 따라서 채권자들 사이에서 원칙적으로 분급관계는 발생하지 않는다고 보아야 한다. 다만 내부관계에서 그 비율이 균등하지 않음에도 상대방이 알지 못하여 균등한 것으로 다루어지는 경우라면 자기채권 이상의 변제를 받은 채권자는 다른 채권자에게 분급함이 공평할 것이다.

3) 1인의 채권자에게 생긴 사유의 효력

분할채권관계에 있어서 각 채권자는 독립된 채권관계를 갖는다. 따라서 1인의 채권자에 대하여 생긴 사유(채무불이행, 경개, 면제, 혼동, 소멸시효완성 등)는 다른 채권자에게 영향을 미치지 않는다.

3. 분할채무

(1) 분할채무의 성립

1) 원 칙

분할채무가 성립하려면 '가분급부'에 대하여 수인의 채무자가 있어야 하며 당사자 사이에 분할채무의 성립을 배제하는 의사표시가 없어야 한다. 여기서 가분급부란 급부의 성질상 본질을 훼손하지 않고 수 개의 급부로 나눌 수 있는 것을 말하고 금전급부가 그 예이다.

2) 예 외

① 사용대차나 임대차에 있어서 수인이 공동하여 물건을 차용한 때에는 연대하여 그 의무를 부담하며(제616조, 제654조, 제616조), 부부의 일방이 일상의 가사에 관하여 제3자와 법률행위를 한 때에는 다른 일방은 이로 인한 채무에 대하여 연대책임이 있다(제832조).

② 공동불법행위에서 수인이 공동의 불법행위로 타인에게 손해를 가한 때나 공동 아닌 수인의 행위중 어느 자의 행위가 그 손해를 가한 것인지를 알 수 없는 때에는 그 수인은 연대하여 그 손해를 배상할 책임이 있다(제760조).

(2) 분할채무의 효력

1) 대외적 효력

① 분할채무에서 각 채무자는 자기부분만의 채무를 부담할 뿐이므로 1인의 채무자가 자기채무 이상의 변제를 하였다면 타인채무의 변제가 될 뿐이다. 그리고 분할되는 채무의 비율은 특별한 의사표시가 없으면 각 채무자가 균등한 비율로 의무를 부담한다(제408조).

② 한편 분할채무가 1개의 쌍무계약으로부터 발생한 경우에는 그 채무전부와 그 반대급부가 동시이행의 관계가 된다(제536조). 유의할 점은 해지권 또는 해제권의 불가분성에 의하여 당사자의 일방 또는 쌍방이 수인인 경우에는 계약의 해지나 해제는 그 전원으로부터 또는 전원에 대하여 하여야 하고, 해지나 해제의 권리가 당사자 1인에 대하여 소멸한 때에는 다른 당사자에 대하여도 소멸한다(제547조).

2) 대내적 효력

민법에서는 분할채무관계의 대내적 효력에 대하여는 규정하고 있지 않으나 특별한 약정이 없는 한 내부관계에서도 분할채무의 비율은 균등한 것으로 해석하여야 할 것이다(통설). 다만 내부관계에서 그 비율이 균등하지 않음에도 상대방이 알지 못하여 균등한 것으로 다루어지는 경우라면 자기채무 이상의 변제를 한 채무자는 다른 채무자에게 구상할 수 있다고 봄이 공평할 것이다.

3) 1인의 채무자에게 생긴 사유의 효력

분할채권관계에 있어서 각 채무자는 독립된 채무관계를 갖는다. 따라서 1인의 채무자에 대하여 생긴 사유(채무불이행, 경개, 면제, 혼동, 소멸시효완성 등)는 다른 채무자에게 영향을 미치지 않는다.

제 3 절 불가분채권관계

1. 서 설

① 불가분채권관계라 함은 하나의 불가분급부에 대하여 수인의 채권자 또는 채무자가 각각 채권을 가지거나 채무를 부담하는 다수당사자의 채권관계를 말한다(제409조). 즉 불가분채권관계에 있어서 유의할 점은 급부의 불가분성(성질상의 불가분급부, 의사표시상 불가분급부)으로 인하여 각 불가분채권자는 일부의 급부를 청구할 수 없고, 불가분채무자 역시 일부의 이행을 할 수 없다는 것이다.

② 한편 불가분급부가 가분급부로 변경되면 분할채권관계로 변경된다(제412조). 즉 불가분채권이나 불가분채무가 가분채권 또는 가분채무로 변경된 때에는 각 채권자는 자기부분만의 이행을 청구할 권리가 있고 각 채무자는 자기부담부분만을 이행할 의무가 있다.

2. 불가분채권

(1) 불가분채권의 성립

불가분채권은 채권의 목적이 수인이 공동소유권을 양도하는 경우와 같이 그 성질상 또는 당사자의 의사표시(당사자 특약)에 의하여 불가분인 경우에는 그 채권의 채권자가 수인인 때에 성립한다(제409조).

(2) 불가분채권의 효력

1) 대외적 효력

불가분채권이 성립하면 각 채권자는 단독으로 모든 채권자를 위하여 이행을 청구할 수 있고 채무자는 모든 채권자를 위하여 각 채권자에게 이행할 수 있다(제409조).

2) 대내적 효력

민법은 불가분채권자 상호간의 대내적 관계에 대하여 규정하고 있지 않으나, 채권의 전부를 변제받은 불가분채권자는 다른 불가분채권자에게 대내관계의 비율에 따라 그의 이익을 분급(分給)할 것이고 그 비율에 관하여 특약이 없으면 균등한 것으로 추정할 것이다.

3) 1인의 불가분채권자에 대한 효력

① 절대적 효력

각 채권자는 모든 채권자를 위하여 이행을 청구할 수 있고 채무자는 모든 채권자를 위하여 각 채권자에게 이행할 수 있으므로, 이러한 '청구와 이행'에 의하여 모든 채권자에게 효력이 있는 사항은 다른 채권자에게도 그 효력이 미친다(제410조 제1항). 따라서 불가분채권자 1인의 청구에 의한 시효중단이나 이행지체의 효과, 불가분채무자 1인이 불가분채권자에 대하여 한 변제나 변제의 제공 또는 채권자지체의 효과는 다른 채권자에게도 효력이 있다.

② 상대적 효력

불가분채권자 중 1인의 행위나 1인에 관한 사항은 다른 채권자에게 효력이 없다(제410조 제1항). 따라서 1인의 불가분채권자와 채무자 사이에 된 경개나 면제 또는 혼동이나 상계 내지 대물변제나 시효완성의 효과는 상대적 효력이 있을 뿐이다. 그런데 유의할 점은 1인의 채권자와 채무자 사이에 경개나 면제는 다른 채권자에게 효력을 미치지 못하지만, 전부의 이행(변제)을 받은 다른 채권자는 그 1인의 채권자(경개 또는 면제한 채권자)가 경개・면제에 의하여 권리를 잃지 않았더라면 분급받았을 이익을 채무자에게 상환하여야 한다.

3. 불가분채무

(1) 불가분채무의 성립

불가분채무는 채권의 목적이 그 성질 또는 당사자의 의사표시에 의하여 불가분인 경우에 그 채무의 채무자가 수인인 때에 성립한다(제409조). 예컨대 공유건물의 공동임대인(공동전세권자를 포함한다)이 부담하는 보증금반환채무(대판 1998.12.8, 98다43137 등)・수인이 공동으로 법률상 원인 없이 타인의 재산을 사용한 경우의 부당이득반환채무(대판 2001.12.11, 2000다13948)・공동상속인들의 건물철거의무(대판 1980.6.24, 80다756; 대판 1969.7.22, 69다609) 등이 불가분채무의 좋은 예이다.

(2) 불가분채무의 효력

1) 대외적 효력

불가분채무의 대외적 효력에 대하여는 연대채무에 관한 제413조와 제414조가 준용된다(제411조). 따라서 수인의 불가분채무자는 채무의 전부를 각자 이행할 의무가 있고 불가분채무자 1인의 전부이행으로 다른 불가분채무자도 그 의무를 면하게 된다(제413조). 또한 불가분채권자는 어느 불가분채무자에 대하여 동시나 순차로 모든 불가분채무자에 대하여 채무 전부의 이행을 청구할 수 있다(제414조).

2) 대내적 효력

불가분채무자 상호간의 대내적 관계에 대하여는 연대채무에 관한 민법 제424조 내지 제427조가 준용된다(제411조). 따라서 수인의 불가분채무자 중 1인이 채무를 변제한 경우에는 그 1인은 다른 불가분채무자의 부담부분에 대하여 구상권을 행사할 수 있다(제425조).

3) 1인의 불가분채무자에 대한 효력

① 절대적 효력

불가분채무자 1인은 다른 모든 불가분채무자를 위하여 채무의 전부를 변제할 수 있다. 따라서 그에 따른 채무의 소멸과 채권자지체(제411조, 제422조)의 효과는 다른 불가분채무자에 대하여도 효력이 있으며, 공탁이나 대물변제도 마찬가지라고 할 것이다.

② 상대적 효력

절대적 효력이 있는 사유(이행, 변제) 이외의 사유는 다른 불가분채무자에 효력이 없다. 따라서 경개·상계·면제·혼동 및 시효완성 등의 사유는 불가분채무자 1인에게 생기더라도 다른 불가분채무자에 대하여는 효력이 없고, 또한 어느 불가분채무자에 대한 법률행위의 무효나 취소의 원인은 다른 불가분채무자의 채무에 영향을 미치지 아니한다.

제4절 연대채무

1. 서 설

(1) 연대채무의 의의

연대채무라 함은 하나의 급부에 대하여 수인의 채무자가 채무 전부를 각자 이행할 의무가 있고 채무자 1인의 이행으로 다른 채무자도 그 의무를 면하게 되는 때의 채무를 말한다(제413조). 연대채무는 수인이 하나의 동일한 내용에 대한 채무이지만, 그 채무가 각자에 대한 독립한 채무로 구성되어 있다는 점에서 보면 채권자의 입장에서는 채권담보의 기능을 하는 셈이다.

(2) 연대채무의 법적성질

연대채무는 수인의 채무자가 부담하는 각 채무가 독립성이 있음과 동시에 연대성을 가진다.

1) 각 채무의 독립성

연대채무에서 각 채무는 그 급부실현의 방법으로 채무자의 수만큼 독립한 채무가 있는 것이다. 즉 각 채무자의 채무는 전부의 급부를 이행하는 것을 본질로 하는 것이지만, 채무자의 채무 사이에는 각각 독립되어 있다는 것이다. 따라서 채무자 각자의 채무는 독립한 것이기 때문에 어느 1인의 연대채무자에 대한 법률행위의 무효나 취소의 원인은 다른 연대채무자의 채무에 영향을 미치지 아니한다(제415조).

2) 각 채무의 연대성

연대채무는 하나의 급부실현이라는 공동의 목적을 위하여 수인의 채무자가 결합되어 있다는 점(주관적 공동관계)에서 연대성을 가진다. 따라서 어느 채무자 1인에게 생긴 사유 중 일정범위(이행청구의 효과, 경개, 상계, 면제, 혼동, 소멸시효완성, 채권자지체의 효과)에서는 다른 채무자에게 영향을 미치고, 채무자 간의 부담부분이 있어서 자기의 출재로 공동면책을 하게 되면 다른 채무자에 대하여 구상권을 행사할 수 있다(제424조~제427조).

2. 연대채무의 성립

(1) 법률행위에 의한 연대채무

① 법률행위에 의한 연대채무의 성립은 계약자유의 원칙에 따라서 채무자 수인이 동시에 채권자와의 계약으로 또는 채무자 수인이 순차로 채권자와의 별개의 계약으로 연대채무를 성립시킬 수도 있다.

② 법률행위에 의한 경우 연대채무가 어느 경우에 성립하는 것인지는 법률행위의 해석문제이지만 민법상 다수당사자의 채권관계는 원칙적으로 분할채권관계이므로 당사자의 약정에 기하여 특히 연대채무로 하는 경우에 한하여 연대채무관계가 된다고 볼 것이다.

(2) 법률규정에 의한 연대채무

① 공동의 사무 내지 사업에 관여하는 경우 법률의 규정에 의해 연대채무가 발생한다. 즉 법인의 목적범위 외의 행위로 인하여 타인에게 손해를 가한 때에는 그 사항의 의결에 찬성하거나 그 의결을 집행한 사원, 이사 및 기타 대표자가 연대하여 배상하여야 한다(제35조 제2항).

② 사용대차나 임대차에서 수인이 공동하여 물건을 차용한 때에는 연대하여 그 의무를 부담한다(제616조, 제654조). 또한 부부의 일상가사로 인한 채무의 연대책임(제832조)은 법률의 규정에 의한 연대책임의 대표적인 좋은 예이다.

3. 연대채무의 효과

(1) 대외적 효과

1) 채권자의 청구자유

연대채무가 갖는 각 채무의 독립성으로 인하여, 채권자는 어느 연대채무자에 대하여 또는 동시나 순차로 모든 연대채무자에 대하여 채무의 전부나 일부의 이행을 청구할 수 있다(제414조).

2) 연대채무자의 파산

채무자 회생 및 파산에 관한 법률 제428조는 여럿의 채무자가 각각 전부의 채무를 이행하여야 하는 경우 그 채무자의 전원 또는 일부가 파산선고를 받은 때에는 채권자는 파산선고시에 가진 채권의 전액에 관하여 각 파산재단에 대하여 파산채권자로서 권리를 행사할 수 있다고 규정한다.

(2) 대내적 효과

1) 출재채무자의 구상권

① 출재채무자의 구상권이란 어느 연대채무자가 변제 기타 자기의 출재로 공동면책이 된 때에 다른 연대채무자의 부담부분에 대하여 그 상환을 구할 수 있는 권리를 말하고, 그 구상권은 면책된 날 이후의 법정이자 및 피할 수 없는 비용 기타 손해배상을 포함한다(제425조).

② 구상권이 성립하려면 연대채무자의 자신의 변제 기타 출재가 있어야 한다. 예컨대 변제나 대물변제 내지 공탁이나 상계 또는 경개의 경우는 출재라고 할 수 있으므로 구상권이 성립하지만, 채무의 면제나 시효완성은 출재라고 보기 어려우므로 구상권이 생기지 않는다.

2) 구상권의 성립요건

① 공동면책

공동면책이란 연대채무자 1인이 모든 채무자를 위하여 채무전부를 소멸케하거나 채무를 감소케 하는 것을 말한다. 즉 연대채무에서는 반드시 공동면책이 있어야만 구상권이 성립한다는 점에서, 사전구상권(제442조)이 인정되는 수탁보증채무와 구별된다.

② 공동면책의 통지

㉠ 어느 연대채무자가 다른 연대채무자에게 '사전통지'하지 아니하고 변제 기타 자기의 출재로 공동면책이 된 경우에 다른 연대채무자가 채권자에게 대항할 수 있는 사유(동시이행항변권, 기한의 이익, 원인행위의 무효나 취소 등)가 있었을 때에는 그 부담부분에 한하여 이 사유로 면책행위를 한 연대채무자에게 대항할 수 있고 그 대항사유가 상계인 때에는 상계로 소멸할 채권은 그 연대채무자에게 이전된다(제426조 제1항).

㉡ 또한 공동면책되었음을 다른 연대채무자에게 통지하지 아니한 경우에 다른 연대채무자가 선의로 채권자에게 변제 기타 유상의 면책행위를 한 때에는 그 연대채무자는 자기의 면책행위의 유효를 주장할 수 있다(제426조 제2항).

3) 구상권행사의 범위

① 원칙적으로 출재액 전부가 구상권의 범위에 포함된다. 즉 연대채무자는 전부의 급부의무를 부담하지만 그 변제는 다른 채무자의 부담부분에 대하여는 타인의 채무변제가 되고, 변제를 한 연대채무자는 변제할 정당한 이익이 있는 자로서 변제로 당연히 채권자를 대위하여(제481조) 구상권의 범위에서는 채권자의 채권 및 그 담보에 관한 권리를 행사할 수 있다(제462조).

② 연대채무자 중 1인이 출재액 전부를 변제한 경우, 즉 연대채무자중에 상환할 자력이 없는 자가 있는 때에는 그 채무자의 부담부분은 구상권자 및 다른 자력이 있는 채무자가 그 부담부분에 비례하여 분담하나, 구상권자에게 과실이 있는 때에는 다른 연대채무자에 대하여 분담을 청구하지 못한다(제427조 제1항). 상환할 자력이 없는 채무자의 부담부분을 분담할 다른 채무자가 채권자로부터 연대의 면제를 받은 때에는 그 채무자의 분담할 부분은 채권자의 부담으로 한다(제427조 제2항).

(3) 1인의 연대채무자에 대한 효과

1인의 연대채무자에게 생긴 사유는, 다른 연대채무자에게 효력이 있는 경우(절대적 효력)와 그렇지 않은 경우(상대적 효력)가 있다.

1) 절대적 효력이 있는 사유

① 이행청구

㉠ 어느 연대채무자에 대한 이행청구는 다른 연대채무자에게도 효력이 있으므로(제416조), 이행청구에 따른 이행지체(제387조 제2항)와 시효의 중단(제168조 제1호)도 절대적 효력이 있다.

㉡ 이행청구에 있어서 유의할 점은 민법 제416조는 연대채무자의 채무가 모두 이행기가 도래하였음을 전제로 한 것이므로 연대채무자 중에 아직 이행기가 도래하지 않은 연대채무자에 대하여는 그 효력이 없으며(상대적 효력), 확정기한부채무의 경우에는 이행기 경과로 이행지체가 된다(제387조 제1항 1문).

② 경개 · 상계

㉠ 연대채무의 경개, 즉 어느 연대채무자와 채권자간에 채무의 경개가 있는 때에는 채권은 모든 연대채무자의 이익을 위하여 소멸한다(제417조). 이 경우 경개계약을 한 연대채무자는 자기의 출재로 공동면책을 이룬 것이므로 다른 연대채무자의 부담부분에 대하여 구상권을 행사할 수 있다(제425조).

㉡ 연대채무의 상계, 즉 어느 연대채무자가 채권자에 대하여 채권이 있는 경우에 그 채무자가 상계한 때에는 채권은 모든 연대채무자의 이익을 위하여 소멸한다(제418조 제1항). 유의할 점은 상계할 채권이 있는 연대채무자가 상계하지 아니한 때에는 그 채무자의 부담부분에 한하여 다른 연대채무자가 상계할 수 있다(제418조 제2항).

③ 면제 · 혼동

㉠ 연대채무의 면제, 즉 어느 연대채무자에 대한 채무면제는 그 채무자의 부담부분에 한하여 다른 연대채무자의 이익을 위하여 효력이 있다(제419조). 민법 제419조는 임의규정이라고 할 것이므로 채권자가 의사표시 등으로 위 규정의 적용을 배제하여 어느 한 연대채무자에 대하여서만 채무면제를 할 수 있다(대판 1992.6.25, 91다37553).

㉡ 연대채무의 혼동, 즉 어느 연대채무자와 채권자 간에 혼동이 있는 때에는 그 채무자의 부담부분에 한하여 다른 연대채무자도 의무를 면하는데(제420조), 이는 구상의 순환을 피하기 위한 혼동의 절대적 효력이다.

④ 소멸시효

어느 연대채무자에 대하여 소멸시효가 완성한 때에는 그 부담부분에 한하여 다른 연대채무자도 의무를 면하는데(제421조), 이는 구상관계의 편의를 고려한 규정으로서 소멸시효의 절대적 효력이다.

⑤ 채권자지체

어느 연대채무자에 대한 채권자의 지체는 다른 연대채무자에게도 효력이 있다(제422조). 즉 변제제공과 그 수령에 의하여 변제가 되면 절대적 효력이 있는 것과 마찬가지로 채권자지체의 경우에도 절대적 효력을 인정하는 것이 타당하기 때문이다. 따라서 변제제공에 의한 효과(제461조), 채권자지체책임(제401조~제403조, 제538조 제1항 2문)이 다른 연대채무자에 대하여도 미친다.

2) 상대적 효력만 있는 사유

① 민법 제423조(효력의 상대성)는 제416조 내지 제422조의 사항 외에는 어느 연대채무자에 관한 사항은 다른 연대채무자에게 효력이 없다고 규정함으로써, 연대채무에서 각 채무가 갖는 독립성에 기초하여 연대채무자 1인에게 생긴 사유는 원칙적으로 다른 연대채무자에게 효력이 미치지 않는 효력의 상대성원칙을 선언하고 있다.

② 민법 제423조는 강행규정은 아니다. 효력의 상대성원칙에 따르면 어느 연대채무자에 대한 '이행청구 이외의 사유'인 ㉠ 승인이나 압류 또는 가

압류나 가처분에 의한 시효중단이나 시효정지는 다른 채무자에게 효력이 없고, ㉡ 판결에 의한 시효기간의 연장이나 시효이익 역시 상대적 효력만 있으며, ㉢ 채권양도의 통지나 확정판결도 다른 채무자에게 효력이 없다.

4. 부진정연대채무

(1) 서 설

1) 부진정연대채무의 의의

부진정연대채무라 함은 수인의 채무자 사이에 채무를 공동으로 부담한다는 주관적 공동관계는 없지만 채무의 발생원인과 성질을 고려하여 채무의 이행확보 내지 채권의 효력을 강화하기 위한 경우에 인정되는 것이라고 이해될 수 있다(통설, 판례). 따라서 부진정연대채무는 대외적 관계에 대한 단순연대채무와 본질적으로 다른 제도라고 볼 수는 없을 것이다.

2) 연대채무와의 구별

연대채무는 연대채무자 간에 내부적으로 채무를 분담하여 부담한다는 주관적 공동관계가 있기 때문에 어느 연대채무자가 채무 전부를 이행하면 다른 연대채무자에 대하여 구상권을 행사할 수 있다. 반면 부진정연대채무는 부진정연대채무자 간에 주관적 공동관계가 없기 때문에 어느 부진정연대채무자가 채무 전부를 이행하더라도 다른 부진정연대채무자에 대하여 구상권을 행사할 수 없음이 원칙이다.

(2) 부진정연대채무의 성립

1) 법인(기관)의 부진정연대채무

법인(기관)의 부진정연대채무가 성립하는 경우로는 법인의 불법행위에 기한 책임과 대표기관 개인의 배상책임(제35조 제1항)과 법인의 목적범위외의 행위로 타인에게 가한 손해에 대한 대표기관의 책임(제35조 제2항) 그리고 임무를 해태한 이사의 연대책임(제65조)이 있다.

2) 그 밖의 부진정연대채무

그 밖의 부진정연대채무가 성립하는 경우로써 책임무능력자의 불법행위에 대한 감독의무자와 대리감독자의 배상의무(제755조) · 피용자의 불법행위로 인한 배상의무와 사용자 및 감독의무자의 배상의무(제756조) · 동물의 가해행위에 대한 점유자와 보관자의 배상의무(제759조) · 공동불법행위자의 배상의무(제760조) 등이 있다.

(3) 부진정연대채무의 효력

1) 대외적 효력

연대채무의 대외적 효력에 관한 민법 제414조(각 연대채무자에 대한 이행청구)를 유추적용할 것이므로, 채권자는 어느 부진정연대채무자 가운데 1인에게 채무의 전부나 일부의 이행을 청구하거나, 아니면 모든 부진정연대채무자에 대하여 동시에 또는 순차로 채무의 전부나 일부의 이행을 청구할 수도 있다.

2) 대내적 효력

① 대내적 효력의 원칙과 예외

부진정연대채무자 사이에는 채무를 공동으로 부담한다는 주관적 공동관계가 없기 때문에(즉 부담부분이 없다) 그들 사이에 구상관계가 발행하지 않는 것이 원칙이다. 유의할 점은 예외적으로 법인이 배상책임을 지면 대표기관의 임무해태를 이유로 손해배상을 청구할 수 있으며(제65조), 사용자가 배상책임을 지면 불법행위자인 피용자에 대한 구상권을 행사할 수 있다(제756조 제3항). 또한 보험금액을 지급한 보험자는 손해를 가한 제3자에 대한 피보험자의 손해배상청구권을 취득한다(상법 제682조).

② 부진정연대채무와 부담부분

이른바 부진정연대채무의 관계에 있는 복수의 책임주체 내부관계에 있어서는 형평의 원칙상 일정한 부담부분이 있을 수도 있으며, 이 경우 그 부담부분은 각자의 고의 및 과실의 정도에 따라 정하여지는 것으로서 부진정연대채무자 중 1인이 자기의 부담부분 이상을 변제하여 공동의 면책을 얻게 하였을 때에는 다른 부진정연대채무자에게 그 부담부분의 비율에 따라 구상권을 행사할 수 있다.

3) 1인의 채무자에게 생긴 사유의 효력

부진정연대채무자 상호간에 있어서 채권의 목적을 달성시키는 변제와 같은 사유는 채무자 전원에 대하여 절대적 효력을 발생하지만 그 밖의 사유는 상대적 효력을 발생하는 데에 그치는 것이다(대판 2006.1.27, 2005다19378).

① 절대적 효력

㉠ 급부를 실현시키는 '변제와 대물변제 및 공탁과 상계'는 절대적 효력이 있다. 판례도 부진정연대채무자 중 1인이 자신의 채권자에 대한 반대채권으로 상계를 한 경우에도 채권은 변제·대물변제 또는 공탁이 행하여진 경우와 동일하게 현실적으로 만족을 얻어 그 목적을 달성하는 것이므로, 그 상계로 인한 채무소멸의 효력은 소멸한 채무 전액에 관하여 다른 부진정연대채무자에 대하여도 미친다고 본다(대판[전합] 2010. 9.16, 2008다97218).

㉡ 부진정연대채무자 중 '소액 채무자가 자신의 채무 중 일부를 변제한 경우' 변제된 금액은 소액 채무자가 다액 채무자와 공동으로 부담하는 부분에 관하여 민법의 변제충당 일반원칙에 따라 지연손해금, 원본의 순서로 변제에 충당되고 이로써 공동 부담 부분의 채무 중 지연손해금과 일부 원금채무가 변제로 소멸하게 되며 부진정연대채무자 상호 간에 채권의 목적을 달성시키는 변제와 같은 사유는 채무자 전원에게 절대적 효력이 있으므로 이로써 다액 채무자의 채무도 지연손해금과 원금이 같은 범위에서 소멸하게 된다(대판 2012.2.9, 2009다72094).

② 상대적 효력

이행청구·경개·면제·혼동·소멸시효·채권자지체 등은 부진정연대채무에서는 상대적 효력만 있다. 판례도 피해자(손해배상 청구권자)가 채무자 중의 1인에 대하여 손해배상에 관한 권리를 포기하거나 채무를 면제하는 의사표시를 하였다 하더라도 다른 채무자에 대하여 그 효력이 미친다고 볼 수는 없다 할 것이고, 이러한 법리는 채무자들 사이의 내부관계에 있어 1인이 피해자로부터 합의에 의하여 손해배상채무의 일부를 면제받고도 사후에 면제받은 채무액을 자신의 출재로 변제한 다른 채무자에 대하여 다시 그 부담 부분에 따라 구상의무를 부담하게 된다 하여 달리 볼 것은 아니라고 한다(대판 2006.1.27, 2005다19378).

제 5 절 보증채무

1. 서 설

(1) 보증채무의 의의

① 보증채무라 함은 채권자와 보증인 사이에 체결된 보증계약에 의하여 성립하는 채무로서, 주채무자가 그 채무를 이행하지 않는 경우에 보증인이 이를 보충적으로 이행하여야 하는 채무를 말한다(제428조). 이러한 보증채무는 물적 담보와 함께 채권의 담보수단을 하는 기능을 하지만 물적 담보와는 달리 보증인의 일반재산이 강제집행의 대상이 된다는 점에서 인적 담보라고 한다.

② 보증채무는 하나의 급부에 대하여 주채무자와 보증인 각자가 독립된 채무를 부담한다는 점에서는 주채무와의 관계에서 독립성을 가지지만, 주채무의 이행을 담보하기 위한 목적에서 주채무자가 이행하지 않는 채무를 이행할 의무를 부담한다는 점에서는 주채무와의 관계에서 부종성을 갖는다. 따라서 유의할 점은 보증채무의 본질은 부종성에 있기 때문에 독립성은 부종성에 저촉되지 않는 한도에서만 제한적으로 인정되는 것이다.

(2) 보증채무의 법적성질

1) 보증채무의 독립성

① 보증채무는 제한적이기는 하나 주채무와는 별개의 독립된 채무이다. 따라서 주채무가 상사채무이고 보증채무가 민사채무라고 한다면 보증채무의 소멸시효기간에 대하여는 상법이 아니라 민법이 적용되는 것이고, 또한 보증채무에 대하여만 별도로 손해배상액을 예정할 수도 있다.

② 한편 보증채무는 주채무와는 독립된 채무이기는 하지만 하나의 급부에 대하여 주채무와 보증채무가 존재하는 것이기 때문에 내용상으로는 주채무와 동일한 급부를 목적으로 한다. 즉 주채무는 보증인이 이행할 수 있는 대체적 급부이어야 하고, 만약 부대체적 급부를 목적으로 하는 주채무라면 보증채무는 주채무의 불이행으로 인한 손해배상채무를 보증한 것으로 보아야 한다는 것이 통설이다.

2) 보증채무의 부종성

보증채무는 주채무자가 채무이행을 하지 않는 경우에 주채무의 이행을 담보하는 것을 목적으로 한다는 점에서 주채무의 성립·내용·이전·소멸상의 부종성을 갖는바, 그 내용을 살펴보면 다음과 같다.

① 성립·소멸상의 부종성

보증채무는 주채무의 성립과 소멸에 종속하므로 주채무가 무효나 취소 또는 소멸되면 보증채무도 무효가 되어 소멸한다. 따라서 보증채무자가 주채무를 소멸시키는 행위는 주채무의 존재를 전제로 하므로, 보증인의 출연행위 당시에는 주채무가 유효하게 존속하고 있었다 하더라도 그 후 주계약이 해제되어 소급적으로 소멸하는 경우에는 보증인은 변제를 수령한 채권자를 상대로 이미 이행한 급부를 부당이득으로 반환청구할 수 있다(대판 2004.12.24, 2004다20265).

② 내용상의 부종성

보증채무는 내용상으로도 주채무에 종속하므로, 보증인의 부담이 주채무의 목적이나 형태보다 중한 때에는 주채무의 한도로 감축되고(제430조), 보증인은 주채무자의 항변으로 채권자에게 대항할 수 있으며 주채무자의 항변포기는 보증인에게 효력이 없다(제433조). 또한 주채무자에 대한 시효의 중단은 보증인에 대하여 그 효력이 있다(제440조).

③ 이전상의 부종성

보증채무는 주채무에 대한 부종성 또는 수반성이 있어서 주채무자에 대한 채권이 이전되면 당사자 사이에 별도의 특약이 없는 한 보증인에 대한 채권도 함께 이전한다. 유의할 점은 이 경우 채권양도의 대항요건도 주된채권의 이전에 관하여 구비하면 족하고, 별도로 보증채권에 관하여 대항요건을 갖출 필요는 없다(대판 2002.9.10, 2002다21509).

3) 보증채무의 수반성

채무인수에 따른 수반성에 있어서 제3자가 주채무를 인수하는 경우에 보증인이 동의하지 않으면 보증채무는 소멸한다(제459조). 또한 보증한도액이 정해진 계속적 보증계약의 경우 보증인이 사망하였다 하더라도 특별한 사정이 없는 한 상속인들이 보증인의 지위를 승계한다고 보아야 할 것이나, 보증기간과 보증한도액의 정함이 없는 계속적 보증계약의 경우에는 보증인이 사망하면 보증인의 지위가 상속인에게 상속된다고 할 수 없고 기왕에 발생된 보증채무만이 상속된다(대판 2001.6.12, 2000다47187; 대판 2003.12.26, 2003다30784).

4) 보증채무의 보충성

주채무자가 1차적으로 급부의무를 지고 보증인은 주채무자가 이행을 하지 아니한 때에 2차적으로 이행의무를 부담한다. 이러한 보충성에 기하여 보증인은 최고・검색의 항변권을 갖는다(제437조). 즉 채권자가 보증인에게 채무의 이행을 청구한 때에는 보증인은 주채무자의 변제자력이 있는 사실 및 그 집행이 용이할 것을 증명하여 먼저 주채무자에게 청구할 것과 그 재산에 대하여 집행할 것을 항변할 수 있다.

2. 보증채무의 성립

(1) 보증계약

1) 보증계약의 당사자

보증계약은 채권자와 보증인 사이에 체결되는 무상・편무・낙성계약이므로, 보증인과 주채무자간의 법률관계는 원칙적으로 보증계약의 효력에 영향을 미치지 않는다.

2) 정보제공의무

① 민법 제436조의2에 의하면 채권자는 보증계약을 체결할 때나 보증계약을 갱신할 때에 보증계약의 체결 여부 또는 그 내용에 영향을 미칠 수 있는 주채무자의 채무 관련 신용정보를 보유하고 있거나 알고 있는 경우에는 보증인에게 그 정보를 알려야 한다.

② 채권자는 보증계약을 체결한 후에도 주채무자가 원본・이자・위약금・손해배상 또는 그 밖에 주채무에 종속한 채무를 3개월 이상 이행하지 아니하는 경우나, 주채무자가 이행기에 이행할 수 없음을 미리 안 경우 또는 주채무자의 채무 관련 신용정보에 중대한 변화가 생겼음을 알게 된 경우에는 지체 없이 보증인에게 그 사실을 알려야 할 뿐만 아니라(제436조의2 제2항), 채권자는 보증인의 청구가 있으면 주채무의 내용 및 그 이행 여부를 알려야 한다(제436조의2 제3항).

3) 보증의 방식

민법 제428조의2에 의하면 보증은 그 의사가 보증인의 기명날인 또는 서명이 있는 서면으로 표시되어야 효력이 발생한다. 따라서 보증의 의사가 전자적 형태로 표시된 경우에는 효력이 없으며(제428조의2 제1항), 또한 보증채무를 보증인에게 불리하게 변경하는 경우에도 보증의 효력은 발생하지 않는다(제428조의2 제2항; 대판 2001.1.21, 97다1013 참고). 그리고 보증인이 보증채무를 이미 이행한 경우에는 그 한도에서 방식의 하자를 이유로 보증의 무효를 주장할 수 없다(제428조의2 제3항).

【판 례】

* 대판 2000.1.21, 97다1013 … 보증계약이 성립한 후에 보증인이 알지도 못하는 사이에 주채무의 목적이나 형태가 변경되었다면, 즉 주채무의 부담내용이 축소·감경된 경우에는 보증인은 축소·감경된 주채무의 내용에 따라 보증책임을 질 것이지만, 확장·가중된 경우에는 보증인은 그와 같이 확장·가중된 주채무의 내용에 따른 보증책임은 지지 아니하고 변경되기 전의 주채무의 내용에 따른 보증책임만을 진다.

(2) 주채무에 대한 요건

① 원칙적으로 보증채무의 부종성으로 인하여 먼저 주채무가 유효하게 성립하고 존재하여야 하며, 주채무가 무효 또는 취소로 인하여 소멸하면 보증채무도 소멸한다.

② 보증은 장래의 채무에 대하여도 할 수 있다(제428조 제2항). 따라서 불특정 다수의 채무를 장래에 결산기를 정하는 방식으로 담보하는 계속적 보증도 유효할 뿐만 아니라, 조건부채무에 대한 보증도 가능하다. 유의할 점은 장래의 채무에 대한 보증채무는 보증계약체결시가 아니라 장래 그 채무가 성립한 때에 성립하는 것이다.

③ 보증은 불확정한 다수의 채무에 대해서도 할 수 있는데 이 경우 보증하는 채무의 최고액을 서면으로 특정하여야 하고, 채무의 최고액을 서면(보증인의 기명날인, 서명이 있는 서면)으로 특정하지 아니한 보증계약은 효력이 없다(제428조의3).

(3) 보증인의 조건

① 원칙적으로 보증인이 될 수 있는 자격에 대한 제한은 없다. 그러나 당사자의 약정이나 법률의 규정(제206조 제1항, 제214조 등) 또는 법원의 명령으로 채무자가 보증인을 세울 의무가 있는 경우에는 그 보증인은 행위능력 및 변제자력이 있는 자로 하여야 한다. 따라서 보증인이 변제자력이 없게 된 때에는 채

권자는 보증인의 변경을 청구할 수 있으나, 다만 채권자가 보증인을 지명한 경우에는 그러하지 아니하다(제431조).

② 민법 제431조 보증인의 조건은 보증계약의 성립요건은 아니므로, 그 조건을 충족하지 못한 보증인과 채권자 사이의 보증계약이라도 유효하게 성립한다. 다만 채무자가 보증인을 세울 의무를 이행하지 못한 것이기 때문에 기한의 이익을 상실하게 될 뿐이다(제388조 제2호).

(4) 보증채무의 범위

① 보증계약에서 보증채무의 범위를 정하지 않은 때, 즉 채권자와 보증인 사이에 특별한 의사표시가 없는 때의 보증채무는 주채무의 이자·위약금·손해배상 기타 주채무에 종속한 채무를 포함한다(제429조 제1항; 대판 2002.5.10, 2000다18578).

② 보증채무는 주채무와는 별개의 채무이기 때문에 보증채무 자체의 이행지체로 인한 지연손해금은 보증한도액과는 별도로 부담한다. 이 경우 보증채무의 연체이율에 관하여 특별한 약정이 없는 경우라면 그 거래행위의 성질에 따라 상법 또는 민법에서 정한 법정이율에 따라야 하며, 주채무에 관하여 약정된 연체이율이 당연히 여기에 적용되는 것은 아니지만 '특별한 약정이 있다면' 이에 따라야 한다(대판 2014.3.13, 2013다205693).

(5) 보증채무의 모습

보증인의 부담이 주채무의 목적이나 형태보다 중한 때에는 주채무의 한도로 감축한다(제430조; 대판 2000.1.21, 97다1013). 따라서 보증채무의 변제기가 주채무의 변제기보다 먼저 도래하는 경우 또는 주채무는 조건부임에 반하여 보증채무는 무조건인 경우에는 주채무의 한도로 감축되고, 주채무가 무이자소비대차임에 반하여 보증채무는 이자부소비대차인 경우에도 주채무의 한도로 감축된다.

【판 례】

* 대판 2000.1.21, 97다1013 … 보증계약이 성립한 후에 보증인이 알지도 못하는 사이에 주채무의 목적이나 형태가 변경되었다면 그 변경으로 인하여 주채무의 실질적 동일성이 상실된 경우에는 당초의 주채무는 경개로 인하여 소멸하였다고 보아야 할 것이므로 보증채무도 당연히 소멸한다. 한편 주채무의 실질적 동일성이 상실되지 아니하고 동시에 주채무의 부담 내용이 축소·감경된 경우에는 보증인은 축소·감경된 주채무의 내용에 따라 보증

책임을 질 것이지만, 확장·가중된 경우에는 보증인은 그와 같이 확장·가중된 주채무의 내용에 따른 보증책임은 지지 아니하고 변경되기 전의 주채무의 내용에 따른 보증책임만을 진다.

3. 보증채무의 효력

(1) 대외적 효력(보증인의 권리)

1) 주채무자의 항변에 대한 대항권

① 보증인은 주채무자의 항변으로 채권자에게 대항할 수 있고, 주채무자의 항변포기는 보증인에게 효력이 없다(제433조). 또한 주채무자가 기한의 이익을 포기하거나 소멸시효완성의 이익을 포기하더라도 보증인은 기한의 이익(변제기의 미도래)이나 주채무의 소멸시효완성을 채권자에게 주장할 수 있다.

② 보증채무에 대한 소멸시효가 중단되는 등의 사유로 완성되지 아니하였다고 하더라도 '주채무에 대한 소멸시효가 완성된 경우'에는 그 시효완성 사실로써 주채무가 당연히 소멸되므로 보증채무의 부종성에 따라 보증채무 역시 당연히 소멸된다(대판 2012.7.12, 2010다51192).

2) 주채무자의 채권에 의한 상계권

① 보증인은 주채무자의 채권에 의한 상계로 채권자에게 대항할 수 있다(제434조). 즉 취소권·해제권 등의 경우와는 달리 보증인은 주채무자의 상계권을 행사할 수 있다. 이처럼 보증인에게 주채무자의 상계권행사를 인정하는 이유는 보증인을 보호하고 법률관계를 간편하게 처리하기 위한 것이라고 한다(곽윤직 257면, 김형배 1050면).

② 또한 주채무자가 파산한 경우에 보증인이 주채무자의 채권자에 대한 채권으로 상계할 수 있는지와 관련하여 '채무자회생 및 파산에 관한 법률' 제416조는 파산채권자가 파산선고 당시 채무자에 대하여 채무를 부담하는 때에는 파산절차에 의하지 아니하고 상계할 수 있다고 규정한다. 이는 주채무자가 취소권·해제권 또는 해지권을 가지고 있는 한 주채무는 불확정한 것이기 때문에 확정될 때까지 보증인은 연기적 항변을 할 수 있다는 데 근거한 것이다.

3) 채무이행거절권

① 주채무자가 채권자에 대하여 취소권 또는 해제권이나 해지권이 있는 동안은 보증인은 채권자에 대하여 채무의 이행을 거절할 수 있다(제435조). 이는 주채무자가 취소권·해제권 또는 해지권을 가지고 있는 한 주채무의 존속은 유동적(불확정적)인 것이기 때문에 확정될 때까지 보증인은 연기적 항변을 할 수 있다는 데에 근거한 것이다.

② 보증인이 채무이행에 관한 거절권을 행사함에 있어서 유의할 점은 주채무자의 형성권인 취소권·해제권 또는 해지권은 주채무자만이 행사할 수 있으므로 보증인은 이와 같은 권리들을 직접 행사할 수는 없다는 것이다(제140조 참조).

4) 최고·검색의 항변권

① 항변권의 의의

채권자가 보증인에게 채무의 이행을 청구한 때에는 보증인은 주채무자의 변제자력이 있는 사실 및 그 집행이 용이할 것을 증명하여 먼저 주채무자에게 청구할 것과 그 재산에 대하여 집행할 것을 항변할 수 있으나 보증인이 주채무자와 연대하여 채무를 부담한 때에는 그러하지 아니하다(제437조).

② 항변권의 행사요건

보증인이 최고·검색의 항변권을 행사하려면 '주채무자의 변제자력이 있는 사실 및 그 집행이 용이할 것을 증명'하여야 한다(제437조 본문). 여기서 주채무자의 변제자력은 채무전액을 변제할 자력이 있어야만 하는 것은 아니고 채무를 변제하는 데 상당한 정도의 자력이면 족하다(통설).

③ 항변권의 행사효과

채권자는 먼저 주채무자에게 청구하고 또한 그의 재산에 대하여 집행을 하여야 하며, 그 집행 후 변제를 받지 못한 부분에 한하여 보증인이 책임을 지게 된다. 유의할 점은 보증인의 최고·검색의 항변에도 불구하고 채권자의 해태(게을리함)로 인하여 주채무자로부터 전부나 일부의 변제를 받지 못한 경우에는 채권자가 게을리하지 아니하였으면 변제받았을 한도에서 보증인은 그 의무를 면한다(제438조).

(2) 대내적 효력(보증인의 구상권)

1) 구상권행사의 근거

보증인의 구상권이라 함은 보증채무를 이행한 보증인이 주채무자에 대하여 구상(청구)하는 권리로서(대판 2003.11.14, 2003다37730), 보증인은 채권자에 대한 관계에서는 자기채무의 이행이지만 주채무자에 대한 관계에서는 타인의 채무변제이기 때문에 인정되는 권리이다. 민법은 수탁보증인의 구상권(제441조)과 부탁없는 보증인의 구상권(제444조) 등에 관하여 규정하고 있다.

2) 수탁보증인의 구상권

① 사후구상권(원칙)

㉠ 주채무자의 부탁으로 보증인이 된 자가 과실없이 변제 기타의 출재로 주채무를 소멸하게 한 때에는 주채무자에 대하여 구상권이 있는데 이를 수탁보증인의 사후구상권이라고 하는데, 이 사후구상권은 면책된 날 이후의 법정이자 및 피할 수 없는 비용 기타 손해배상을 포함한다(제441조).

㉡ 사후구상권이 성립하기 위하여는 수탁보증인의 변제 기타 출재에 과실이 없어야 하고, 그 출재로 인하여 주채무의 전부 또는 일부가 소멸되어야 한다.

② 사전구상권(예외)

㉠ 주채무자의 부탁으로 보증인이 된 자는 보증인이 과실 없이 채권자에게 변제할 재판을 받은 때, 주채무자가 파산선고를 받은 경우에 채권자가 파산재단에 가입하지 아니한 때, 채무의 이행기가 확정되지 아니하고 그 최장기도 확정할 수 없는 경우에 보증계약 후 5년을 경과한 때나 채무의 이행기가 도래한 때에는 주채무자에 대하여 미리 구상권을 행사할 수 있는데, 이를 수탁보증인의 사전구상권이라고 한다(제442조 제1항).

㉡ 사전구상권의 범위에는 채무의 원본과 면책된 날 이후의 법정이자 및 피할 수 없는 비용 기타 손해배상을 포함한다(제441조 제2항). 여기서 유의할 점은 면책비용에 대한 법정이자나 채무의 원본에 대한 장래 도래할 이행기까지의 이자 등을 청구하는 것은 사전구상권의 성질상 허용될 수 없다(대판 2005.11.25, 2004다66834).

3) 부탁 없는 보증인의 구상권

① 주채무자의 부탁은 없었지만 그의(주채무자) 의사에 반하지 않고 보증인이 된 경우, 즉 주채무자의 부탁 없이 보증인이 된 자가 변제 기타 자기의 출재로 주채무를 소멸하게 한 때에는 주채무자는 그 당시(면책행위를 한때)에 이익을 받은 한도에서 배상하여야 한다(제444조 제1항).

② 주채무자의 의사에 반하여 보증인이 된 경우, 즉 주채무자의 의사에 반하여 보증인이 된 자가 변제 기타 자기의 출재로 주채무를 소멸하게 한

때에는 주채무자는 구상권을 청구받은 때를 기준으로 현존하는 이익의 한도에서 배상하여야 한다(제444조 제2항). 유의할 점은 이 경우에 주채무자가 구상한 날 이전에 상계원인이 있음을 주장한 때에는 그 상계로 소멸할 채권은 보증인에게 이전된다(제444조 제3항).

4) 통지의무와 구상권의 제한

① 면책행위에 대한 보증인의 사전·사후의 통지의무는 모든 보증인이 부담한다. 사전통지의무, 즉 보증인이 주채무자에게 통지하지 아니하고 변제 기타 자기의 출재로 주채무를 소멸하게 한 경우에 주채무자가 채권자에게 대항할 수 있는 사유가 있었을 때에는 이 사유로 보증인에게 대항할 수 있고 그 대항사유가 상계인 때에는 상계로 소멸할 채권은 보증인에게 이전된다(제445조 제1항).

② 사후통지의무, 즉 보증인이 변제 기타 자기의 출재로 면책되었음을 주채무자에게 통지하지 아니한 경우에 주채무자가 선의로 채권자에게 변제 기타 유상의 면책행위를 한 때에는 주채무자는 자기의 면책행위의 유효를 주장할 수 있다(제445조 제2항). 따라서 보증인이 면책행위를 하였음을 주채무자에게 통지하지 아니한 경우에도 주채무자의 면책행위는 유효하고, 보증인은 채권자에 대하여 부당이득반환청구를 할 수 있을 뿐이다.

5) 다수당사자간의 구상관계

① 수인의 주채무자와 구상관계

㉠ 수인의 주채무자 전원을 위하여 보증한 경우, 민법에 규정은 없으나 구상권은 주채무의 성질에 따를 것이다. 따라서 주채무가 분할채무이면 구상권도 각 채무자에 대하여 분할채무가 되고, 주채무가 불가분채무 또는 연대채무이면 구상권도 각 채무자에 대하여 불가분채무 또는 연대채무가 된다고 볼 것이다.

㉡ 수인의 주채무자 중 1인을 위하여 보증한 경우, 주채무가 분할채무라면 보증인은 그 주채무자의 부담부분에 대하여만 구상할 수 있을 것이고(통설), 어느 연대채무자나 불가분채무자를 위하여 보증인이 된 자는 다른 연대채무자나 불가분채무자에 대하여 그 부담부분에 한하여 구상권이 있다(제447조).

② 공동보증인간의 구상관계

㉠ 분별의 이익이 있는 경우, 수인의 보증인이 있는 경우에 어느 보증인이 자기의 부담부분을 넘은 변제를 한 때에는 주채무자의 부탁없는 보증인

의 변제와 유사하므로 민법 제444조의 규정을 준용한다(제448조 제1항). 따라서 다른 보증채무자는 그 당시에 이익을 받은 한도에서 배상하여야 한다.

㉡ 분별의 이익이 없는 경우, 공동보증인들의 관계가 연대채무자들의 관계와 유사하므로 공동보증인 중에서 어느 보증인이 자기의 부담부분을 넘은 변제를 한 때에는 연대채무의 구상권에 관한 민법 제425조 내지 제427조의 규정을 준용한다(제448조 제2항). 따라서 채무를 변제한 보증인은 다른 공동보증인의 부담부분에 대하여 구상권을 행사할 수 있다.

6) 보증인의 변제자대위권

보증인은 변제할 정당한 이익이 있는 자이므로 그 변제로 당연히 채권자를 대위하고(제481조) 구상권의 범위에서 채권자가 가지는 채권 및 그 담보에 관한 권리를 행사할 수 있다(제482조).

(3) 주채무자 · 보증인에게 생긴 사유의 효력

보증채무의 부종성에 기하여 주채무자에게 생긴 사유는 보증인에게도 그 효력이 미치는 것이 원칙(절대적 효력)인 반면, 보증인에게 생긴 사유는 주채무자에게 그 효력이 없다(상대적 효력).

1) 주채무자에게 생긴 사유의 효력

① 주채무의 시효중단

주채무자에 대한 시효의 중단은 보증인에 대하여 그 효력이 있으나(제440조), 주채무자에 대한 시효의 정지는 보증인에게 그 효력이 없다(제169조). 민법 제440조는 제169조의 예외규정으로서 채권자보호 내지 채권담보의 확보를 위한 것이다(대판 2005.10.27, 2005다35554).

【판 례】

* 대판 2005.10.27, 2005다35554 … 주채무자에 대한 시효중단의 사유가 발생하였을 때는 그 보증인에 대한 별도의 중단조치가 이루어지지 아니하여도 동시에 시효중단의 효력이 생기도록 한 것이므로, 그 시효중단사유가 압류 · 가압류 및 가처분이라고 하더라도 이를 보증인에게 통지하여야 비로소 시효중단의 효력이 발생하는 것은 아니다.

② 주채무의 사후변경

보증계약이 성립한 후에 보증인이 알지 못하는 사이에 주채무의 목적이나 형태가 변경되었다면 그 변경으로 인하여 주채무의 실질적 동일성이 상실된 경우에는 당초의 주채무는 경개로 인하여 소멸하였다고 보아야 할 것이므로 보증채무도 당연히 소멸한다. 한편 그 변경이 주채무의 동일성을 상실하지 않은 경우에는 보증채무는 소멸하지 않는다(대판 2000.1.21, 97다1013 참고).

【판 례】

* 대판 2000.1.21, 97다1013 … 주채무의 사후변경으로 인하여 주채무의 실질적 동일성이 상실되지 아니하고 동시에 주채무의 부담 내용이 축소・감경된 경우에는 보증인은 그와 같이 축소・감경된 주채무의 내용에 따라 보증책임을 질 것이지만, 그 변경으로 인하여 주채무의 부담내용이 확장・가중된 경우에는 보증인은 그와 같이 확장・가중된 주채무의 내용에 따른 보증책임은 지지 아니하고, 다만 변경되기 전의 주채무의 내용에 따른 보증책임만을 진다.

2) 보증인에게 생긴 사유의 효력

보증인에게 생긴 사유는 변제・대물변제 및 공탁과 상계와 같이 채권을 만족시키는 사유 외에는 주채무자에게 그 효력이 없다(상대적 효력). 따라서 보증채무에 대한 소멸시효가 중단되었다고 하더라도 이로써 주채무에 대한 소멸시효가 중단되는 것은 아니다. 다만 주채무가 소멸시효 완성으로 소멸된 경우에는 보증채무도 그 채무 자체의 시효중단에도 불구하고 부종성에 따라 당연히 소멸된다(대판 2002.5.14, 2000다62476).

4. 특수한 보증채무

(1) 연대보증

1) 연대보증의 의의

연대보증이라 함은 보증인이 채권자와의 보증계약에서 주채무자와 연대하여 채무를 부담하기로 하는 보증채무를 말한다. 상법 제57조 제2항은 보증인이 있는 경우에 그 보증이 상행위이거나 주채무가 상행위로 인한 것인 때에는 주채무자와 보증인은 연대하여 변제할 책임이 있다고 규정한다.

2) 보통보증과의 구별

보통의 보증과 달리 연대보증은 보충성이 인정되지 않으므로 연대보증인은 최고·검색의 항변권을 갖지 못한다. 또한 유의할 점은 연대보증인이 수인인 경우에도 공동보증에서의 분별의 이익을 갖지 못하고 각자 주채무 전액을지급(변제)하여야 한다.

(2) 공동보증

1) 공동보증의 의의

공동보증이라 함은 동일한 주채무에 대하여 수인이 보증채무를 부담하는 것을 말한다. 이 경우 수인이 하나의 계약으로 동시에 보증을 한 경우나 수인이 별도의 계약으로 각각 보증을 한 경우에도 공동보증이 된다. 유의할 점은 수인이 주채무 전부에 대하여 보증한 경우뿐만 아니라 수인 중에서 1인이 주채무의 일부에 대하여만 보증을 한 때에도 공통부분에 대하여는 공동보증이 된다.

2) 분별의 이익

① 공동보증에서 분별의 이익이란 수인이 하나의 계약이든 별도의 계약이든지 간에 보증인이 된 경우에 특별한 의사표시가 없으면 각 보증인이 주채무를 균등한 비율로 분할한 부분에 대하여만 보증채무를 부담하는 것을 말한다. 따라서 원칙적으로 공동보증의 경우에 공동보증인에게 분별의 이익이 있는 것이다(제408조, 제439조).

② 분별의 이익의 예외, 즉 주채무가 성질상 또는 당사자의 의사표시에 의하여 불가분적 급부를 목적으로 하는 경우이거나, 연대보증 또는 보증연대의 경우에는 공동보증인에게 분별의 이익이 없고 보증인 각자가 주채무 전부에 대한 보증책임을 부담한다.

3) 공동보증인간의 구상권

① 분별의 이익이 있는 때, 즉 수인의 보증인이 있는 경우에 어느 보증인이 자기의 부담부분을 넘은 변제를 한 때에는 민법 제444조(부탁없는 보증인의 구상권)의 규정을 준용한다(제448조 제1항). 따라서 어느 보증인이 자기의 출재(出財)로 변제하여 채무의 일부 또는 전부를 소멸케 한 경우에는 다른 보증채무자는 그 당시에 이익을 받은 한도에서 배상하여야 한다.

② 분별의 이익이 없는 때, 즉 주채무가 불가분이거나 각 보증인이 상호연대로 또는 주채무자와 연대로 채무를 부담한 경우에 어느 보증인이 자기의 부담부분을 넘은 변제를 한 때에는 민법 제425조(출재채무자의 구상권) 내지 제427조(상환무자력자의 부담부분)의 규정을 준용한다(제448조 제2항). 따라서 채무를 변제한 보증인은 다른 보증인의 부담부분에 대하여 구상권을 행사할 수 있으며, 공동보증인 중에 상환할 자력이 없는 자(무자력자)가 있는 때에는 그 채무의 부담부분은 구상권자 및 다른 자력이 있는 보증채무자가 그 부분을 비례하여 분담한다.

(3) 계속적 보증

계속적 보증이라 함은 계속적 채권관계에서 생기는 불확정한 채무를 보증하는 것을 말하고 근보증(신용보증)과 신원보증이 있는 바, 그 내용은 다음과 같다.

1) 근보증

① 근보증의 의의

근보증이라 함은 특히 은행거래(당좌대월계약, 신용카드거래), 도매상과 소매상 사이의 계속적 공급계약 등 일정한 계속적 거래관계로부터 발생하는 불확정한 일체의 채무를 보증하는 계약을 말하는데, 이를 '신용보증'이라고도 한다.

② 보증책임의 제한

㉠ 신의칙에 기한 보증책임의 제한, 즉 보증인의 부담으로 돌아갈 주채무의 액수가 보증인이 보증 당시에 예상하였거나 예상할 수 있었던 범위를 훨씬 상회하고, 그 같은 주채무 과다 발생의 원인이 채권자가 주채무자의 자산상태가 현저히 악화된 사실을 익히 알거나 중대한 과실로 알지 못한 탓으로 이를 알지 못하는 보증인에게 아무런 통보나 의사타진도 없이 고의로 거래규모를 확대함에 비롯되는 등 신의칙에 반하는 사정이 인정되는 경우에 한하여 보증인의 책임을 합리적인 범위 내로 제한할 수 있다(대판 2005.10.27, 2005다35554 · 35561). 유의할 점은 '특정채무'를 보증하는 일반보증의 경우에는 원칙적으로 보증책임이 제한되지 않지만 채권자의 권리행사가 신의칙에 비추어 용납할 수 없는 성질의 것인 때에 한하여 극히 예외적으로 인정될 수 있다(대판 2007.1.25, 2006다25257).

【판 례】

* 대판 2007.1.25, 2006다25257 … 특정채무를 보증하는 일반보증의 경우에도 채권자의 권리행사가 신의칙에 비추어 용납할 수 없는 성질의 것인 때에는 보증인의 책임을 제한하는 것이 예외적으로 허용될 수 있을 것이나, 신의칙과 같은 일반원칙에 의하여 보증인의 책임을 제한하는 것은 자칫 잘못하면 사적자치의 원칙이나 법적 안정성에 대한 중대한 위협이 될 수 있으므로 신중을 기하여 극히 예외적으로 인정하여야 한다.

㉡ 사정변경에 기한 보증책임의 제한, 즉 회사의 임원이나 직원의 지위에 있기 때문에 회사의 요구로 부득이 회사와 제3자 사이의 계속적 거래로 인한 회사의 채무에 대하여 보증인이 된 자가 그 후 퇴사하여 임원이나 직원의 지위를 떠난 때 포괄근보증이나 한정근보증의 채무액이 불확정적이고 계속적인 거래로 인한 채무에 대하여 보증계약(보증채무)을 해지할 수 있다(대판 2003.1.24, 2000다37937). 반면 회사의 이사로 재직하면서 보증 당시 그 채무가 특정되어 있는 확정채무에 대하여 보증을 한 후 이사직을 사임하였다 하더라도 사정변경을 이유로 보증계약을 해지할 수 없는 것이다(대판 1994.12.27, 94다46008).

【판 례】

* 대판 2003,1.24, 2000다37937 … 계속적 보증계약을 해지할 만한 상당한 이유가 있는지의 여부는 보증을 하게 된 경위, 주체무자와 보증인간의 관계 및 보증계약의 내용, 주체무자의 신뢰상실 여부와 보증인의 지위변화 등 제반 사정을 종합적으로 고려하여 판단하여야 한다.

㉢ 비상속성에 기한 보증책임의 제한, 즉 계속적 신용보증은 책임범위가 넓고 주채무자와 보증인 상호간의 강한 신뢰관계를 바탕으로 하는 일신전속적 채무로서의 성질을 가지므로, 특별한 사정이 없는 한 보증인이 사망한 경우에 기본적 보증채무는 상속되지 않는다(통설). 그러나 유의할 점은 보증인이 사망하기 전에 채무가 이미 구체화·개별화되어 보통의 일반보증채무가 된 것은 상속성을 가진다(대판 2003.12.26, 2003다30784).

【판 례】

* 대판 2003.12.26, 2003다30784 … 보증한도액이 정해진 계속적 보증계약의 경우 보증인이 사망하였다 하더라도 특별한 사정이 없는 한 상속인들이

보증인의 지위를 승계한다고 보아야 할 것이나, 보증기간과 보증한도액의 정함이 없는 계속적 보증계약의 경우에는 보증인이 사망하면 보증인의 지위가 상속인에게 상속된다고 할 수 없고 다만, 기왕에 발생된 보증채무만이 상속된다.

2) 신원보증

① 신원보증의 의의

신원보증계약이라 함은 피용자가 업무를 수행하는 과정에서 그에게 책임 있는 사유로 사용자에게 손해를 입힌 경우에 그 손해를 배상할 채무를 부담할 것을 약정하는 계약을 말한다(신원보증법 제2조). 신원보증에 대하여는 '신원보증법'에서 규율하는데, 동법의 규정에 반하는 특약으로서 어떠한 명칭이나 내용으로든지 신원보증인에게 불리한 것은 효력이 없다(신원보증법 제8조).

② 신원보증계약의 내용

㉠ 신원보증의 존속기간

기간을 정하지 아니한 신원보증계약은 그 성립일부터 2년을 초과하지 못하는데 이보다 장기간으로 정한 경우에는 그 기간을 2년으로 단축된다(신원보증법 제3조 제1항, 제2항). 또한 신원보증계약은 갱신할 수 있지만 그 기간은 갱신한 날부터 2년을 초과하지 못한다(신원보증법 제3조 제3항). 한편 사용자가 근로자(피용자)에게 퇴직금을 지급한 경우 신원보증계약의 존속기간도 당연히 종료된다(대판 2000.3.14, 99다68676).

【판 례】

* 대판 2000.3.14, 99다68676 … 사용자가 근로자에게 퇴직금을 지급한 경우에는 특별한 사정이 없는 한 사용자와 신원보증인 사이의 신원보증계약은 사용자와 근로자 사이의 근로관계가 퇴직금의 지급 후에도 계속되는지 여부와 관계없이 당연히 해지되어 효력을 상실한다.

㉡ 사용자의 통지의무

사용자는 '피용자가 업무상 부적격자이거나 불성실한 행적이 있어 이로 인하여 신원보증인의 책임을 야기할 우려가 있음을 안 경우' 또는 '피용자의 업무 또는 업무수행의 장소를 변경함으로써 신원보증인의 책임이 가중되거나 업무 감독이 곤란하게 될 경우'에는 지체 없이 신원보증인에게 통지하여야 한다(신원보증법 제4조 제1항). 따라서 사용자가 고의 또는 중과실로 그 통지의무를 게을리하여 신원보증인이 신원보증법 제5조에 따른 해지권을 행사하지 못한 경우 신원보증인은 그로 인하여 발생한 손해의 한도에서 의무를 면한다(신원보증법 제4조 제2항).

㉢ 신원보증인의 계약해지권

신원보증인은 사용자로부터 신용보증법 제4조 제1항의 통지를 받거나 신용보증인이 스스로 동법 제4조 제1항 각 호의 어느 하나에 해당하는 사유가 있음을 알게 된 경우, 또는 피용자의 고의 · 과실로 인한 행위로 발생한 손해를 신원보증인이 배상한 경우에는 계약을 해지할 수 있다(신원보증법 제5조).

㉣ 신원보증인의 책임

신원보증인은 피용자의 고의 또는 중과실로 인한 행위로 발생한 손해를 배상할 책임이 있다(신원보증법 제6조 제1항). 이 경우 신원보증인이 2명 이상인 경우에는 특별한 의사표시가 없으면 각 신원보증인은 같은 비율로 의무를 부담한다(신원보증법 제6조 제2항). 법원은 신원보증인의 손해배상액을 산정하는 경우 피용자의 감독에 관한 사용자의 과실 유무, 신원보증을 하게 된 사유 및 주의를 한 정도, 피용자의 업무 또는 신원의 변화, 그 밖의 사정을 종합적으로 고려하여야 한다(신원보증법 제6조 제3항). 한편 신원보증계약은 신원보증인의 사망으로 종료된다(신원보증법 제7조).

(4) 손해담보계약

1) 손해담보계약의 의의

손해담보계약에 관하여 민법의 규정은 없으나, 당사자의 일방이 상대방에 대하여 일정한 사항으로부터 생길 수 있는 손해를 전보할 것을 목적으로 하는 계약이다(통설).

2) 손해담보계약의 법적성질

손해담보계약은 무상 · 편무 · 불요식계약이 원칙이지만, 보험계약과 같이 쌍무 · 유상계약에 의하여 성립하는 경우도 있다.

3) 손해담보계약상의 담보책임

당사자 일방이 부담하는 채무는 손해담보계약에서 정해지지만 그 채무는 주채무의 존재를 전제하지 않으며, 담보자는 독립해서 전보책임을 부담한다. 유의할 점은 손해담보계약상의 책임은 채무자의 귀책사유를 요건으로 하는 채무불이행책임으로서의 손해배상책임이 아니라 손해담보계약에 따른 계약내용을 실현하는 이행책임이다(대판 2002.5.24, 2000다72572). 따라서 손해담보계약에는 부종성과 보충성 및 최고·검색의 항변권이 인정되지 않는다.

【판 례】

* 대판 2002.5.24, 2000다72572 … 손해담보계약상 담보의무자의 책임은 손해배상책임이 아니라 이행책임이므로, 민법 제396조의 과실상계 규정이 준용될 수 없음은 물론 과실상계의 법리를 유추적용하여 그 담보책임을 감경할 수도 없는 것이 원칙이다. 다만 담보권리자의 고의·과실로 손해가 야기되는 등의 구체적인 사정에 비추어 담보권리자의 권리 행사가 신의칙 또는 형평의 원칙에 반하는 경우에는 그 권리 행사의 전부 또는 일부가 제한 될 수 있다.

5. 보증인보호를 위한 특별법

(1) 법의 재정목적

보증인보호를 위한 특별법(이하 「보증인보호법」이라 한다)은 보증에 관하여 민법에 대한 특례를 규정함으로써 아무런 대가 없이 호의(好意)로 이루어지는 보증으로 인한 보증인의 경제적·정신적 피해를 방지하고, 금전채무에 대한 합리적인 보증계약 관행을 확립함으로써 신용사회 정착에 이바지함을 목적으로 한다(보증인보호법 제1조).

(2) 보증계약의 범위

① 보증인보호법에서 정하는 보증계약이라 함은 그 형식이나 명칭에 관계없이 채무자가 채권자에 대한 금전채무를 이행하지 아니하는 경우에 보증인이 그 채무를 이행하기로 하는 채권자와 보증인 사이의 계약을 말한다(보증인보호법 제2조 제2호).

② 보증인보호법상 보증인이란 민법 제429조 제1항에 따른 보증채무(이하 '보증채무'라 한다), 즉 주채무의 이자·위약금·손해배상·기타 주채무에 존속하는 채무를 부담하는 자를 말하는데, 보증인보호법 제2조 제1호 각 목에서 정하는 경우를 제외한다(보증인보호법 제2조 제1호). 예컨대 '신용보증기금법'에 따른 기업이 영위하는 사업과 관련된 타인의 채무에 대하여 보증채무를 부담하는 경우 또는 '국세기본법'에 따른 기업의 경영을 사실상 지배하는 자 및 그 배우자, 직계 존속

· 비속 등 특수한 관계에 있는 자가 기업과 경제적 이익을 공유하거나 기업의 경영에 직접 · 간접적으로 영향을 미치면서 그 기업의 채무에 대하여 보증채무를 부담하는 경우에는 보증인보호법에 의하여 보호되지 않는다.

(3) 보증계약의 효력

① 보증계약을 체결할 때에는 보증채무의 최고액(最高額)을 서면으로 특정하여야 하고, 보증기간을 갱신할 때에도 보증채무의 최고액을 서면으로 특정하여야만 그 효력이 있다(보증인보호법 제4조). 따라서 보증인보호법에 위반하는 약정으로서 보증인에게 불리한 것은 효력이 없다(보증인보호법 제11조).

② 근보증과 채무최고액의 서면특정, 즉 보증은 채권자와 주채무자 사이의 특정한 계속적 거래계약이나 그 밖의 일정한 종류의 거래로부터 발생하는 채무 또는 특정한 원인에 기하여 계속적으로 발생하는 채무에 대하여도 할 수 있는데, 이 경우 그 보증하는 채무의 최고액을 서면으로 특정하지 아니하면 보증계약은 효력이 없다(보증인보호법 제6조).

(4) 채권자의 통지의무와 보증인의 책임제한

① 채권자는 주채무자가 원본 · 이자 그 밖의 채무를 3개월 이상 이행하지 아니하는 경우 또는 주채무자가 이행기에 이행할 수 없음을 미리 안 경우에는 지체 없이 보증인에게 그 사실을 알려야 한다(보증인보호법 제5조 제1항). 이 경우 채권자로서 보증계약을 체결한 '금융기관'은 주채무자가 원본 · 이자 그 밖의 채무를 1개월 이상 이행하지 아니하는 경우에는 지체 없이 그 사실을 보증인에게 알려야 한다(보증인보호법 제5조 제2항).

② 채권자는 보증인의 청구가 있으면 주채무의 내용 및 그 이행 여부를 보증인에게 알려주어야 하고, 만약 위와 같은 통지의무를 채권자가 위반한 경우에는 보증인은 그로 인하여 손해를 입은 한도에서 채무를 면한다(보증인보호법 제5조 제4항).

(5) 보증기간과 주채무의 변제기연장

① 보증기간의 약정이 없는 때에는 그 기간을 3년으로 본다(보증인보호법 제7조 제1항). 보증기간은 갱신할 수 있는데 이 경우 보증기간의 약정이 없는 때에는 계약체결시의 보증기간을 그 기간으로 본다(보증인보호법 제7조 제2항). 이처럼 간주되는 보증기간은 계약을 체결하거나 갱신하는 때에 채권자가 보증인에게 고지

하여야 한다(보증인보호법 제7조 제3항).

② 한편 보증계약 체결 후 채권자가 보증인의 승낙 없이 채무자에 대하여 변제기를 연장하여 준 경우에는 채권자나 채무자는 보증인에게 그 사실을 알려주어야 하고, 한편 이 경우 보증인은 즉시 보증채무를 이행할 수 있다(보증인보호법 제7조 제4항).

(6) 금융기관보증계약의 특칙

① 금융기관이 채권자로서 보증계약을 체결할 때에는 '신용정보의 이용 및 보호에 관한 법률'에 따라 종합신용정보집중기관으로부터 제공받은 채무자의 채무관련 신용정보를 보증인에게 제시하고 그 서면에 보증인의 기명날인이나 서명을 받아야 하고, 보증기간을 갱신할 때에도 또한 같다(보증인보호법 제8조 제1항).

② 금융기관이 채무자의 채무관련 신용정보를 보증인에게 제시할 때에는 채무자의 동의를 받아야 하고 보증인에게 채무관련 신용정보를 제시하지 아니한 경우에는 보증인은 금융기관에 대하여 보증계약 체결 당시 채무자의 채무관련 신용정보를 제시하여 줄 것을 요구할 수 있다(보증인보호법 제8조 제2항, 제3항).

③ 금융기관이 채무관련 신용정보의 제시요구를 받은 날부터 7일 이내에 그 요구에 응하지 아니하는 경우에는 보증인은 그 사실을 안 날부터 1개월 이내에 보증계약의 해지를 통고할 수 있고, 이 경우 금융기관이 해지통고를 받은 날부터 1개월이 경과하면 해지의 효력이 생긴다(보증인보호법 제8조 제4항).

제5장 채권양도와 채무인수

제1절 채권양도

1. 서 설

(1) 채권양도의 개념

1) 채권양도의 의의

채권양도라 함은 채권자와 양수인 간의 계약으로 채권자의 채권이 동일성을 유지하면서 양수인에게 이전하는 것을 말하는데, 이는 채권자의 변경에 해당된다. 이것은 채권이 재산권이라는 점에서 원칙적으로 양도할 수 있다는 것이다(제449조 제1항 본문). 민법이 정하는 채권양도는 계약에 의해 특정채권을 이전하는 것으로서, 피상속인의 모든 채권이 상속인에게 포괄이전되는 상속과 다르다.

2) 채권이전의 원인

채권이전의 원인은 다양한데 법률행위(채권양도), 법률의 규정(제399조, 제1005조), 전부명령(민사집행법 제229조), 주된 채권의 이전에 따른 종된 채권의 이전(이자채권, 보증채권) 등이 있다.

3) 채권의 동일성

① 채권양도는 채권이 동일성을 유지하면서 양수인에게 이전된다. 따라서 채권에 종된 권리(이자채권, 위약금채권, 보증채권 등)도 원칙적으로 종된 권리의 수반성에 기하여 양수인에게 이전되는 것이므로, 별도로 종된 권리에 대한 양도행위는 필요 없다. 채권이 동일성을 유지하게 되기 때문에 채권에 관한 각종의 항변(동시이행항변권, 상계항변)도 그대로 존속하므로 채무자는 양도인에 대하여 가지는 사유로써 양수인에게 대항할 수 있다(제451조 제2항 참조).

② 양도대상 채권에 담보물권이 존재하는 경우에는 채권양도 이외에 그 담보물권의 이전에 필요한 요건을 따로이 갖추어야 한다. 따라서 점유를 공시방법으로 하는 유치권과 질권의 경우 점유를 이전하여야 하며(제320조, 제329조), 등기를 공시방법으로 하는 저당권과 같은 경우에는 저당권이전의 등기를 하여야만(제186조) 그 담보물권도 채권양도에 수반하여 양수인에게 이전된다.

(2) 채권양도의 법적성질

채권양도는 양도인과 양수인간의 법률행위에 의하여 채권이 양수인에게 종국적으로 이전되는 법률행위로서 별도의 이행의 문제를 남기지 않는 처분행위(준물권행위)에 속한다.

1) 법률행위

양도인과 양수인이 채권양도의 당사자이기 때문에 채무자는 채권양도의 당사자가 아니므로 채권양도의 금지에 관하여 채권자와 채무자 사이에 합의가 없는 한 채무자의 의사에 반한 채권양도도 유효하다. 또한 채권양도는 법률행위이므로 조건과 기한을 붙일 수 있으며 그 경우에는 조건인 사실이 성취되거나 기한이 도래한 때에 그 효력이 발생한다.

2) 처분행위

채권양도는 처분행위이므로 양도인이 처분권한이 있어야 한다. 따라서 존재하지 않는 채권의 양도나 처분권한 없는 자가 한 채권양도 또는 다른 조합원의 동의 없이 조합원이 한 조합채권의 양도(제272조, 제704조; 대판 1975.9.9, 74다1893 참조)는 무효이다. 한편 채권자이지만 파산한 때 또는 채권이 압류된 때에는 채권을 양도할 수 없다(민사집행법 227조; 대판 2001.5.8, 99다38699).

(3) 채권의 양도담보

채권의 양도담보라 함은 채권의 담보를 목적으로 채권을 담보권자에게 양도하는 형태이다. 즉 담보를 목적으로 채권을 양수인에게 이전하는 신탁적 양도이기 때문에 대외적으로는 양수인이 채권자의 지위를 취득하게 됨으로, 그 채권을 행사하거나 양도·처분할 수 있다. 다만 대내적으로 양수인은 양도인과의 관계에서 담보목적을 벗어나서 채권을 행사하지 않아야 할 신탁계약상의 의무를 부담한다.

2. 지명채권의 양도

(1) 지명채권의 양도성

1) 지명채권의 개념

지명채권이라 함은 특정인을 채권자로 하는 채권으로서 채권의 성립·양도를 위해서 증서의 작성이나 교부를 필요로 하지 않는 채권을 말한다. 따라서 그에 관한 증서는 증거방법에 불과하다. 다만 채권증서가 있는 경우에 변제자가 채무전부를 변제한 때에는 채권증서의 반환을 청구할 수 있으며 이는 채권이 변제 이외의 사유로 전부소멸한 때에도 같다(제475조).

2) 지명채권의 양도성

지명채권은 원칙적으로 양도할 수 있는데(제449조 제1항 본문), 지명채권의 양도가 유효하려면 양도대상인 채권이 존재하고 특정되어야 한다. 왜냐하면 지명채권양도는 준물권행위 또는 처분행위이기 때문이다. 따라서 조건부채권·기한부채권·종류채권이나 선택채권·채권의 일부 등도 특정할 수 있으므로 양도는 가능하다.

(2) 지명채권의 양도제한

민법 제449조는 지명채권은 양도할 수 있음이 원칙이지만(제449조 제1항 본문), 채권의 성질상 양도를 허용하지 아니하는 경우(제449조 제1항 단서)와 당사자가 반대의 의사를 표시한 경우(동조 제2항)에는 양도하지 못한다고 규정한다. 그 외에도 법률의 규정에 의해 양도가 제한되는 경우가 있다.

1) 채권의 성질상 양도허용의 제한

① 임대차 등

사용대차(제610조 제2항)·임대차(제629조 제1항)·고용(제657조 제1항)·위임(제682조 제1항)에서는 채무자의 승낙이 없으면 채권을 양도할 수 없지만, 채무자의 승낙없이 한 양도가 무효로 되는 것이 아니라 채권의 양수인이 채무자에게 그 채권을 주장할 수 없게 되고 채무자는 그 계약을 해지할 수 있다(제610조 제3항, 제629조 제2항, 제657조 제3항).

② 등기청구권

소유권이전등기청구권을 매수인으로부터 양도받은 양수인은 매도인이 그 양도에 대하여 동의하지 않고 있다면 그 매도인에 대하여 채권양도를 원인으로 하여 소유권이전등기절차의 이행을 청구할 수 없고, 따라서 매매로 인한 소유권이전등기청구권은 특별한 사정이 없는 이상 그 권리의 성질상 양도가 제한되고 그 양도에 채무자의 승낙이나 동의를 요한다고 할 것이므로 통상의 채권양도와 달리 양도인의 채무자에 대한 통지만으로는 채무자에 대한 대항력이 생기지 않으며 반드시 채무자의 동의나 승낙을 받아야 대항력이 생긴다(대판 2005.3.10, 2004다67653).

③ 전세금반환채권

전세권은 전세금을 지급하고 타인의 부동산을 그 용도에 따라 사용·수익하는 권리로서 전세금의 지급이 없으면 전세권은 성립하지 아니하는 등으로 전세금은 전세권과 분리될 수 없는 요소이므로(제303조) 전세금반환채권만을 전세권과 분리하여 확정적으로 양도하는 것은 허용되지 않는 것이며, 다만 전세권 존속 중에는 장래에 그 전세권이 소멸하는 경우에 전세금 반환채권이 발생하는 것을 조건으로 그 장래의 조건부 채권을 양도할 수 있을 뿐이라 할 것이다(대판 2002.8.23, 2001다69122).

2) 당사자의 반대의사표시에 의한 제한

① 당사자의 반대의사표시

채권은 당사자가 반대의사를 표시한 경우에는 양도하지 못하나, 그 의사표시로써 선의의 제3자에게 대항하지 못한다. 즉 계약 또는 유언에 의해 채권의 양도를 금지 또는 제한을 할 수 있으며 채권성립 후에도 가능하다. 여기서 선의의 제3자란 그에 대하여 무과실일 필요는 없으나 중과실은 없어야 하는데, 이때 제3자의 악의 내지 중과실은 채권양도금지의 특약으로 양수인에게 대항하려는 자가 주장·증명하여야 한다(대판 2003.12.12, 2003다44370).

② 양도금지특약과 압류·전부명령

당사자 사이에 양도금지의 특약이 있는 채권이라도 압류 및 전부명령에 의하여 이전할 수 있다. 즉 양도금지의 특약이 있는 사실에 관하여 압류채권자가 선의인가 악의인가는 전부명령의 효력에 영향을 미치지 못하는 것인바, 이와 같이 양도금지특약부 채권에 대한 전부명령이 유효한 이상 그 전부채권자로부터 다시 그 채권을 양수한 자가 그 특약의 존재를 알았거나 중대한 과실로 알지 못하였다고 하더라도 채무자는 위 특약을 근거로 삼아 채권양도의 무효를 주장할 수 없다(대판 2003.12.11, 2001다3771; 대판 1976.10.29, 76다1623).

3) 법률의 규정에 의한 제한

① 법률상 양도가 금지되는 채권에는 약혼해제로 인한 위자료청구권(제806조 제3항)·

이혼으로 인한 위자료청구권(제843조) · 파양으로 인한 위자료청구권(제908조) · 부양청구권(제979조) · 근로기준법 제86조에 기한 보상청구권(요양, 휴업, 장해 보상) · 국가배상법 제4조에 기한 신체침해로 인한 국가배상청구권 · 형사보상법 제22조에 기한 형사보상청구권 등이 있다.

② 특별법상 양도금지채권은 압류하지 못하고 압류하더라도 무효이다(대판 2014.1.23, 2013다71180). 즉 민사집행법은 제245조에서 퇴직연금의 성질을 갖은 급여채권은 2분의1에 해당하는 금액만 압류하지 못하는 것으로 규정하고 있으나 '근로자퇴직급여보장법'상 양도금지규정과의 사이에 일반법과 특별법의 관계에 있으므로, 근로자퇴직급여보장법상 퇴직연금채권은 그 전액에 관하여 압류가 금지된다.

【판 례】

* 대판 2014.1.23, 2013다71180 … 민사집행법은 제245조 제1항 제4호에서 퇴직연금 그 밖에 이와 비슷한 성질을 갖은 급여채권은 2분의1에 해당하는 금액만 압류하지 못하는 것으로 규정하고 있으나, 이는 '근로자퇴직급여보장법'상 양도금지규정과의 사이에 일반법과 특별법의 관계에 있으므로, 근로자퇴직급여보장법상 퇴직연금채권은 그 전액에 관하여 압류가 금지된다고 보아야한다.

(3) 지명채권양도의 대항요건

1) 대항요건주의

① 지명채권의 양도에서 대항요건주의라 함은 당사자간에는 채권양도계약만으로 채권양도의 효력이 있지만 이를 채무자 또는 제3자에게 대항하기 위하여는 통지나 승낙을 요구하는 것을 말한다. 이는 채권양도의 사실을 모르고 그 채권에 이해관계를 가진 제3자는 불측의 피해를 당할 수 있으므로, 이러한 채무자와 제3자를 보호하기 위한 것인데 프랑스 · 일본 및 우리민법의 태도이다. 한편 독일민법은 채권양도계약만으로 당사자 이외에 채무자 및 제3자에게도 양도의 효력이 생긴다. 다만 채권양도의 사실을 모르는 선의의 채무자 또는 제3자를 보호하는 선의보호주의를 취하고 있다.

② 민법 제450조는 '지명채권양도의 대항요건'으로 제1항은 채무자의 이중변제를 막기 위하여 양수인의 채권행사요건(채권자의 통지, 채무자의 승낙)을 정하고 있는 '채무자 및 제3자에 대한 대항요건'이므로 채무자가 채권자와의 특약으로 대

항요건이 필요없는 것으로 정할 수 있는 반면, 제2항은 채권의 이중양도에서 채권귀속의 기준을 정하고 있는 것으로서 제1항 소정 양수인의 채권행사요건인 채권자의 통지 또는 채무자의 승낙 이외에도 확정일자있는 증서에 의한 통지 또는 승낙을 추가로 '제3자에 대한 대항요건'으로 규정한 것이므로 강행규정이다(대판[전합] 1994.4.26, 93다24223).

【판 례】

* 대판[전합] 1994.4.26, 93다24223 … 채권의 이중양도에 있어서 채권존속의 기준은 확정일자 있는 양도통지가 채무자에게 도달한 일시 또는 확정일자 있는 승낙의 일시의 선후에 의하여 결정하여야 할 것이다.

2) 채무자에 대한 대항요건

① 대항요건의 방법

㉠ 지명채권의 양도는 양도인이 채무자에게 통지하거나 채무자가 승낙하지 아니하면 채무자 기타 제3자에게 대항하지 못한다(제450조 제1항). 이 경우 채무자의 통지나 승낙은 어느 하나로 족하고 그 방식에 제한이 없다. 채권양수인으로서는 양도인이 채무자에게 채권양도통지를 하거나 채무자가 이를 승낙하여야 채무자에게 채권양수를 주장(대항)할 수 있는 것이며 그 증명은 양수인이 사실심에서 하여야 할 책임이 있다(대판 1990.11.27, 90다카27662).

㉡ 통지나 승낙이 없는 경우에는 양수인이 채무자에게 채무이행을 청구하더라도 채무자가 대항할 수 있지만, 채무자는 대항할 수 있는 이익을 포기하고 양수인에게 변제한 경우 이는 유효한 채무변제이다. 그렇지만 유의할 점은 채무자의 승낙이나 채무자에 대한 통지를 갖추지 않은 채권양수인의 채권청구라도 소멸시효중단의 효과는 인정된다(대판 2005.11.10, 2005다41818).

② 채무자에 대한 통지

㉠ 통지의 법적성질

채무자에 대한 채권양도의 통지는 양도인이 채무자에게 채권양도의 사실을 알리는 행위로서 관념의 통지인데, 그 통지는 일방행위이므로 조건이나 기한을 붙일 수는 없다.

㉡ 통지의 당사자

채권양도의 통지권자는 양도인이고 통지의 상대방은 채무자이다. 민법 제450조에 의한 채권양도통지는 양도인이 채무자에게 하여야 하지만, 채권의 양수인도 양도인으로부터 채권양도통지 권한을 위임받아 대리인으로서 그 통지를 할 수 있다(대판 2004.2.13, 2003다43490).

㉢ 통지의 시기(사전통지의 효력)

채권양도의 통지는 원칙적으로 채권양도와 함께 또는 그 이후에 하는 것이다. 따라서 채권양도가 있기 전에 미리 하는 사전 통지는 채무자로 하여금 양도의 시기를 확정할 수 없는 불안한 상태에 있게 하는 결과가 되어 원칙적으로 허용될 수 없다(대판 2000.4.11, 2000다2627). 유의할 점은 채권양도의 사전통지를 금지하는 이유는 채무자를 보호하기 위하여 요구되는 것이므로 사전통지가 있더라도 채무자에게 법적으로 아무런 불안정한 상황이 발생하지 않는 경우에까지 그 효력을 부인할 것은 아니다(대판 2010.2.11, 2009다90740).

㉣ 통지의 효력

양도인이 양도통지를 한 경우 채무자는 그 통지를 받은 때까지(통지를 받기전) 양도인에 대하여 생긴 사유로써 양수인에게 대항할 수 있다(제451조 제2항). 즉 채무자는 통지를 받기 전까지 양도인에 대하여 생긴 사유(채무의 불성립이나 무효 또는 취소 내지 해제, 동시이행항변권, 기한의 유예, 위험부담 등)로써 양수인에게 대항할 수 있으므로, 통지 당시에 채무자가 양도인에 대하여 반대채권을 가지고 있는 경우에는 상계적상의 요건(반대채권의 이행기가 양도된 채권의 이행기 전에 도래)을 갖추면 양수인의 양수금채권과 상계할 수 있다(대판 2003.5.30, 2003다13512).

【판 례】

* 대판 2003.5.30, 2003다13512 … 기존채무의 지급을 위하여 수표를 교부받은 채권자가 그 수표와 분리하여 기존 원인채권만을 제3자에게 양도한 경우, 그 채권양도통지 후에 수표금의 지급이 이루어지더라도 그 사유로써 그 기존채무의 소멸을 주장할 수 있다.

㉤ 통지의 철회

양도인이 채무자에게 채권양도를 통지한 때에는 그 채권양도의 통지는 양수인의 동의가 없으면 철회하지 못한다(제452조 제2항). 즉 양도인이 채무자에게 채권양도의 통지를 한 때에는 양도하지 않았거나 양도가 유효·무효인 경우를 불문하고 양도인은 양수인의 동의를 얻어야만 그 통지를 철회할 수 있다. 따라서 양수인의 동의없이 채권양도의 통지를 철회하더라도 양도인은 그 통지의 철회로서 양수인에게 대항할 수 없게 된다(대판 2012.11.29, 2011다17953).

③ 채무자의 승낙

㉠ 승낙의 법적성질

지명채권양도에서 채무자의 승낙이란 채무자가 채권양도의 사실을 승인하는 행위로서 관념의 통지인데, 채무자에 대한 채권양도의 통지와는 달리 '조건이나 기한'을 붙일 수 있음은 물론이고 이의를 유보하고 승낙할 수도 있다. 이 경우 유의할 점은 승낙권자는 채무자이고 승낙의 상대방은 통지와는 달리 양도인 또는 양수인 모두가 될 수 있다(대판 2011.6.30, 2011다8614).

㉡ 승낙의 시기(사전 승낙의 효력)

채권양도에 대한 채무자의 승낙은 채무자를 보호하기 위한 것이므로 채권양도에 관한 채무자에 대한 사전통지가 원칙적으로 허용되지 않는 것과는 달리 채무자가 채권양도 이전에 그 승낙에 의하여 보호받을 이익을 포기하는 것은 허용된다. 이처럼 '사전승인'이 있는 때에는 채권양도 이후에 채무자에 대한 별도의 통지나 승낙이 없더라도 양수인은 채무자에 대하여 채권을 행사할 수 있다(대판 1987.3.24, 86다카908).

㉢ 승낙의 방법

승낙은 양도인 또는 양수인에 대한 의사표시로서 하며, 대리인에 의하여도 승낙할 수 있다(대판 2013.6.28, 2011다83110). 이 경우 유의할 점은 민법 제451조 제1항에서 채무자가 단순승낙으로 대항할 수 없는 양수인이란 중과실이 없는 선의이어야 한다(대판 1999.8.20, 99다18039). 즉 채권양도에 대하여 이의를 유보하지 아니하고 승낙 하였더라도 양수인이 악의 또는 중과실이 있는 경우, 양수인에게 승낙 당시 이미 상계를 할 수 있는 원인이 있었던 경우에는 아직 상계적상에 있지 않았더라도 그 후에 상계적상이 생기면 채무자는 양수인에 대하여 그 상계로 대항할 수 있다.

【판 례】

* 대판 1999.8.20, 99다18039 …채권의 양도에 대하여 이의를 보류하지 아니하고 승낙을 하였더라도 양수인이 악의 또는 중과실의 경우에 해당하는 한 채무자의 승낙 당시까지 양도인에 대하여 생긴 사유로써도 양수인에게 대항할 수 있으므로 승낙 당시 이미 상계를 할 수 있는 원인이 있었던 경우에는 아직 상계적상에 있지 아니하였다 하더라도 그 후에 상계적상이 생기면 채무자는 양수인에 대하여 상계로 대항할 수 있다고 한다.

3) 제3자에 대한 대항요건

① 대항의 의미

㉠ 채무자 이외의 제3자에게 '대항한다는 것'은 동일채권에 관하여 양립할 수 없는 법률상의 지위를 취득한 자에 우선하여 제3자가 취득한 지위를 무효로 하며, 그 우선하는 효과는 채무자에게도 미쳐 채무자는 우선한 양수인만을 진실한 채권자로 인정하지 않으면 안 된다는 의미이다.

㉡ 민법 제450조 제2항 소정의 제3자에 대한 대항요건은 양도된 채권이 존속하는 동안에 그 채권에 관하여 양수인의 지위와 양립할 수 없는 법률상의 지위를 취득한 제3자가 있는 경우에 적용되는 것이므로, 채권의 변제 또는 면제 등의 사유로 소멸한 후에는 확정일자 있는 증서에 의한 대항요건을 갖추어 채권을 양수하였더라도 우선할 수 없다(대판 2003.10.24, 2003다37426; 대판 2010.10.28, 2010다57213).

【판 례】

* 대판 2010.10.28, 2010다57213 … 채무자가 압류 또는 가압류의 대상인 채권을 양도하고 확정일자 있는 통지 등에 의한 채권양도의 대항요건을 갖추었다면, 그 후 채무자의 다른 채권자가 그 양도된 채권에 대하여 압류 또는 가압류를 하더라도 그 압류 또는 가압류 당시에 피압류채권은 이미 존재하지 않는 것과 같아 압류 또는 가압류로서의 효력이 없고, 따라서 그 다른 채권자는 압류 등에 따른 집행절차에 참여할 수 없다.

② 확정일자증서에 의한 통지 · 승낙

채권의 양도를 제3자에게 대항하기 위하여는 통지행위 또는 승낙행위 자체를 '확정일자 있는 증서'로 하여야 한다. 여기서 확정일자라 함은 증서에 대하여 그 작성한 일자에 관한 완전한 증거가 될 수 있다고 법률상 인정되는 일자로서 당사자가 나중에 변경하는 것이 불가능한 확정된 일자를 말한다(대판 2000.4.11, 2000다2627). 그리고 확정일자 있는 증서(공무소에서 사문서에 어느 사항을 증명하고 기입한 일자 내지 공증인 또는 법원서기의 확정일자 인이 있는 사문서상의 작성일자가 이에 해당된다)란 그와 같이 당사자의 변경이 불가능한 일자가 있는 증서로서 민법 부칙제3조 소정의 증서를 말한다(대판 2008.9.11, 2008다38400).

③ 제3자의 범위

㉠ 민법 제450조 제2항 소정의 채권양도의 대항요건의 흠결의 경우 '채권을 주장할 수 없는 채무자 이외의 제3자'란 양도된 채권 자체에 관하여 양수인의 지위와 양립할 수 없는 법률상 지위를 취득한 자에 한다. 따라서 채권의 양수인이 민법 제450조 제2항 소정의 제3자에 대하여 자신이 채

권자라고 주장하기 위하여는 채권양도의 통지나 승낙이 확정일자 있는 증서에 의한 것이어야 한다.

ⓛ 민법 제450조 제2항에서 대항하지 못하는 제3자의 구체적 범위를 살펴보면 다음과 같다. 즉 채권의 이중양수인이나 채권의 질권자 및 채권을 (가)압류한 양도인의 채권자 또는 양도인이 파산한 때의 파산채권자 등은 제3자에 해당되지만, 채권양도에 의하여 간접적으로 영향을 받은 채무자의 채권자는 제3자에 속하지 않으며 이들에 대하여는 확정일자 있는 증서에 의하지 않아도 대항할 수 있다(다수설의 견해; 지원림 1242면). 따라서 선순위의 근저당권부채권을 양수한 채권자보다 후순위의 근저당권자는 채권양도의 대항요건을 갖추지 아니한 경우 대항할 수 없는 제3자에 포함되지 않는다(대판 2005.6.23, 2004다29279).

3. 증권적 채권의 양도

(1) 증권적 채권의 의의

증권적 채권이라 함은 채권이 증권으로 화체되어 채권의 성립·존속·행사·양도 등이 그 증권과 운명을 같이하는 채권으로서 유통성의 확보와 거래의 안전을 위한 제도이므로 증권적 채권은 양도성을 본질로 한다. 예컨대 지시채권·무기명채권·지명소지인출급채권·면책증서 등이 대표적인 예이다.

(2) 지시채권

1) 지시채권의 의의

지시채권이라 함은 특정인 또는 그가 지시하는 자에게 변제하여야 하는 증권적 채권으로서, 어음·수표·화물상환증·창고증권·선하증권 등이 이에 속한다. 이러한 채권들은 상법 등의 적용을 받기 때문에 민법이 적용되는 경우는 거의 없다는 점에 주의하여야 한다.

2) 지시채권의 양도

① 양도의 방식

지시채권은 그 증서에 배서하여 양수인에게 교부하는 방식으로 양도할 수 있다(제508조). 즉 증서의 배서·교부는 지시채권양도의 성립요건 내지 효력발생요건이다(김형배 1100면, 지원림 1246면).

② 배서의 방식

㉠ 배서란 증서 또는 그 보충지에 그 뜻을 기재하고 배서인이 서명 또는 기명날인하는 '정식배서'가 원칙이다(제510조 제1항). 그러나 피배서인을 지정하지 아니하고 할 수 있으며 또 배서인의 서명 또는 기명날인만으로 할 수도 있는데 이를 '약식배서'라고 한다(제510조 제2항).

㉡ 약식배서의 경우 증서의 소지인은 자기나 타인의 명칭을 피배서인으로 기재할 수 있고, 약식으로 또는 타인을 피배서인으로 표시하여 다시 증서에 배서할 수도 있으며, 피배서인을 기재하지 아니하고 배서없이 증서를 제3자에게 교부하여 양도할 수 있다(제511조). 또한 약식배서와 같은 효력이 있는 배서로서 증권의 소지인에게 지급해야 할 뜻을 기재하는 '소지인출급배서'가 있다(제512조).

③ 배서의 효력

㉠ 민법은 배서의 효력으로 권리이전적 효력과 자격수여적 효력만을 인정하며 담보적 효력은 없다(제508조, 제513조). 즉 어음법 및 수표법상 배서인으로 하여금 양수인(피배서인) 기타 자기의 후자 전원에 대하여 지급을 담보시키는 담보적 효력(어음법15조 제1항, 수표법 제18조 제1항)은 인정하지 않는다.

㉡ 권리이전적 효력이란 증서에 배서하여 양수인에게 교부함으로써 지시채권이 피배서인에게 이전되는 배서의 기본적인 효력을 의미한다(제508조). 한편 자격수여적 효력은 형식적으로 배서의 연속이 있으면 그에 대응하는 권리이전이 실제로 있었던 것으로 추정하여 증서의 점유자를 그 적법한 소지인(권리자)으로 본다(제513조 제1항 전문). 이 경우 최후의 배서가 약식배서인 경우에도 증서의 점유자를 적법한 소지인으로 보며(제513조 제1항 후문), 약식배서 다음에 다른 배서가 있으면 그 배서인은 약식배서로 증서를 취득한 것으로 본다(제513조 제2항). 그리고 삭제 등으로 기재가 말소된 배서는 배서의 연속에 관하여 그 기재가 없었던 것으로 본다(제513조 제3항).

3) 양수인의 보호

① 선의취득

배서의 연속이 있는 지시채권증서를 취득하는 자는 적법한 소지인으로 간주된다(제513조). 따라서 증서의 적법한 소지인에 대하여 그 반환을 청구하지 못한다. 그러나 소지인이 취득한 때에 그 양도인에게 권리없음을 알았거나 중대한 과실로 알지 못한 때에는 그러하지 아니하다(제514조).

② 인적항변의 제한

지시채권의 채무자는 소지인의 전자에 대한 인적관계의 항변으로 소지인에게 대항하지 못한다. 그러나 소지인이 그 채무자를 해함을 알고 지시채권을 취득한 때에는 그러하지 아니하다(제515조).

4) 채무자의 보호

채무자는 배서의 연속여부를 조사할 의무가 있으며 배서인의 서명 또는 날인의 진위나 소지인의 진위를 조사할 권리는 있으나 의무는 없다. 그러나 채무자가 변제하는 때에 그 소지인이 권리자가 아님을 알았거나 중대한 과실로 알지 못한 때에는 그 변제는 무효로 한다(제518조 단서).

5) 지시채권의 변제

① 변제의 장소

지시채권증서에 변제장소를 정하지 아니한 때에는 채무자의 현영업소를 변제장소로 하고, 영업소가 없는 때에는 현주소를 변제장소로 한다(제516조). 한편 증서에 변제기한이 있는 경우에도 그 기한이 도래한 후에 소지인이 증서를 제시하여 이행을 청구한 때로부터 채무자는 지체책임이 있다(제517조).

② 증서와 변제

채무자는 증서와 교환하여서만 변제할 의무가 있다(제519조). 즉 채무자는 변제하는 때에 소지인에 대하여 증서에 영수를 증명하는 기재를 할 것을 청구할 수 있으며 일부변제의 경우에 채무자의 청구가 있으면 채권자는 증서에 그 뜻 을 기재하여야 한다(제520조).

③ 증서의 멸실과 공시최고

멸실한 증서나 소지인의 점유를 이탈한 지시채권 증서는 공시최고의 절차에 의하여 무효로 할 수 있다(제521조). 한편 증서의 멸실·점유이탈에 의한 공시최고의 신청이 있는 때에는 법원이 판결(공시최고에 의한 무효선고의 절차) 전이라도 채무자로 하여금 채무의 목적물을 공탁하게 할 수 있고 소지인이 상당한 담보를 제공하면 변제하게 할 수 있다(제522조).

(3) 무기명채권

① 무기명채권이라 함은 특정의 채권자의 이름을 기재하지 않고 그 증권의 정당한 소지인에게 변제하여야 하는 증권적 채권을 말한다. 예컨대 무기명사채·상품권·승차권·극장입장권 등이 그 좋은 예이다.

② 무기명채권은 지시채권과 달리 특정 채권자가 증서면에 기재·표시되어 있지 않다는 점에서 배서를 요하지 않고 양수인에게 그 증서를 교부함으로써 양도의 효력이 생긴다(제523조). 그 밖에 제524조에 의하여 배서를 제외한 지시채권의 양도에 관한 규정(제514조~제522조)이 준용된다.

(4) 지명소지인출급채권

① 지명소지인출급채권이라 함은 증서에 기재된 특정인 또는 증서의 소지인에게 변제하여야 하는 증권적 채권을 말한다. 즉 증서에 특정한 채권자를 지명하는 한편 그 증서소지인에 대해서도 변제할 수 있다는 뜻을 기재한 채권이다.

② 지명소지인출급채권은 증서소지인이 증서상의 권리를 행사할 수 있다는 점에서 무기명채권과 다를 바가 없으므로 무기명채권과 동일한 효력을 가진다(제525조). 따라서 증서의 교부만으로 양도의 효력이 생긴다.

(5) 면책증서

① 면책증서라 함은 채무자가 증서의 소지인에게 선의로 변제하면 소지인이 정당한 권리자가 아닌 경우에도 면책되는 효력이 있는 증서를 말한다. 예컨대 음식점의 신발보관표·휴대물예치증·철도수화물상환증 등이 그 좋은 예이다. 면책증서는 증권적 채권은 아니므로 이 증서로서 권리를 양도할 수는 없고, 권리자의 권리행사에 반드시 증서의 제시를 필요로 하는 것은 아니며 증서를 분실한 경우에도 권리자임을 증명하면 그 권리를 행사할 수 있다(김형배 1103면).

② 면책증서는 그 증서가 발행된 경우의 채권은 통상의 지명채권에 지나지 않으나, 그 성질상 채권의 증명이 증서에 의존하는 정도가 강하기 때문에 증서의 소지인에게 변제하면 채무자는 면책된다. 따라서 민법은 지시채권에 관한 규정 중 일부 규정을 면책증서에 준용한다(제526조).

제 2 절 채무인수

1. 서 설

(1) 채무인수의 의의

① 채무인수라 함은 채무의 동일성을 유지하면서 채무를 채무자로부터 인수인(제3자)에게 이전시키는 계약으로서 이행의 문제를 남기진 않는다. 즉 채무인수계약이 성립하면 채무자는 채무를 면하면서 인수인이 동일한 채무를지는 것으로서, 민법은 이러한 '면책적 채무인수'를 규정하고 있다(제453조 제1항 본문).

② 채무인수는 채무자가 변경되지만 종전 채무의 동일성이 유지된다는 점에서 채무자의 변경으로 인하여 종전 채무가 소멸하는 경우와 구별된다. 또한 상속(제1005조)이나 포괄유증(제1078조) 또는 합병(상법 제235조)에 의해서도 채무가 이전되지만, 이는 법률의 규정에 의한 것이고 계약에 의한 것은 아니라는 점에서 계약에 의한 채무이전인 채무인수와 구별된다.

(2) 채무인수의 법적성질

1) 법률행위의 해석

① 채무인수는 낙성 · 불요식의 계약인데, 당사자의 법률행위가 채무인수인지 여부는 의사해석을 통하여 결정할 것인데 그 의사해석의 결과 종전의 채무가 소멸하는 것이라면 경개로, 반면 종전의 채무가 소멸하지 않고 동일성을 유지하면서 인수인에게 이전되는 것이라면 채무인수로 볼 것이다.

② 채무인수의 효력이 생기기 위하여 채권자의 승낙을 요하는 것은 면책적 채무인수의 경우에 한하는바, 채무인수가 면책적인가 아니면 충첩(병존)적인가 하는 것은 채무인수계약에 나타난 당사자의사의 해석에 관한 문제이다(대판 1998.11.24, 98다33765). 다만 채무인수가 면책적인지 아니면 중첩적인지 분명하지 않은 경우, 채권의 실질적 가치에 변동을 초래하는 면책적 채무인수는 채권자의 이익에 반하기 때문에 원칙적으로 중첩적 채무인수로 본다(대판 2002.9.24, 2002다36228).

【판 례】

* 대판 2002.9.24, 2002다36228 … 채무인수가 면책적인지 아니면 병존적인지 분명하지 아니하면 원칙적으로 병존적 채무인수로 볼 것이다. 즉 채무인수가 면책적인가 중첩적인가 하는 것은 채무인수계약에 나타난 당사자 의사의 해석에 관한 문제이고 채무인수에 있어서 면책적 인수인지, 중첩적 인수 인지가 분명하지 아니한 때에는 이를 중첩적으로 인수한 것으로 볼 것이다.

2) 처분행위

채무인수는 채권자의 입장에서 보면 종전의 채무자에 대한 채권을 처분한 것이 되기 때문에, 즉 채무인수가 성립하면 채무자는 채무를 면하면서 그 채무가 동일성을 유지하면서 인수인에게 이전되고 이행의 문제를 남기지 않기 때문에 처분행위이다. 민법에 의하면 채권자와 인수인에 의한 채무인수계약은 성립시에 효력이 생기고(채권자와의 계약; 제453조 제1항 본문), 채무자와 인수인에 의한 채무인수계약은 채권자의 승낙에 의하여 효력이 생긴다(채무자와의 계약; 제454조 제1항).

3) 독자성과 무인성

채무인수의 독자성이란 채무인수를 하게 된 원인된 법률관계와 채무의 이전 자체를 목적으로 하는 채무인수계약은 구별된다는 것이고, 채무인수의 무인성이란 채무인수와 채무인수의 원인된 법률관계는 당사자가 다른 별개의 법률행위이므로 채무인수는 채무인수의 원인된 법률관계로부터 영향을 받지 않는다는 것이다.

2. 채무인수의 요건

(1) 채무의 이전성

1) 채무이전의 원칙

민법 제469조가 제3자의 채무변제를 규정하고 있듯이 채무는 반드시 채무자에 의해서만 변제되어야 하는 것은 아니므로 원칙적으로 채무는 제3자가 인수할 수 있다. 그리고 채무는 유효하게 성립되고 존속하고 있으면 조건부나 기한부채무라도 무방하고 장래의 채무라도 인수할 수 있다. 다만 채무의 성질이나 당사자의 의사표시로서 채무인수(제3자 변제)가 제한될 수는 있다(제469조 제1항 2문).

2) 채무이전의 제한

① 채무의 성질상 제한

㉠ 채무의 성질이 인수를 허용하지 아니하는 때에는 제3자가 채무인수를 할 수 없다(제453조 제1항 단서). 즉 채무자가 변경되면 급부의 내용이 전혀 달라지는 부대체적 작위채무(유명화가의 그림 완성채무)나, 특정의 채무자와 사이에 결제되어야 하는 채무(상법 제72조 상호계산에 산입된 채무)는 제3자가 인수할 수 없다.

㉡ 한편 노무제공의무(제657조 제2항)나 수임인의 의무(제682조 제1항) 또는 임치인의 보관의무(제701조)와 같이 채무자가 변경되면 채무이행에 현저한 차이가 생기는 채무는 채권자의 동의가 있는 때에 한하여 채무인수가 허용될 뿐이다.

② 당사자의 의사표시에 의한 제한

㉠ 민법 제469조 제1항 단서는 당사자의 의사표시로 제3자의 변제를 금지할 수 있음을 규정하고, 민법 제501조는 채무자의 변경에 의한 경개는 채권자와 신채무자간의 계약으로 할 수 있으나, 구채무자의 의사에 반하여 하지 못하도록 규정하고 있다.

㉡ 채권양도와는 달리 채무인수의 금지에 관하여 민법에 규정은 없다. 따라서 당사자가 합의로 채무인수를 금지할 수는 있지만 그 합의로 선의의 인수인에게 대항하지 못한다. 한편 유의할 점은 채무인수금지의 특약에 반하여 채무자와 제3자가 채무인수계약을 하고 채권자가 이를 승낙하면 그 행위의 무효가 치유되어 채무인수의 효과가 생긴다(통설).

(2) 채무인수계약의 당사자

1) 채권자와 제3자에 의한 채무인수

① 제3자는 채권자와의 계약으로 채무를 인수하여 채무자의 채무를 면하게 할 수 있는데(제453조 제1항 본문), 이 경우 채무자의 동의를 요하지 않는다.

② 연대채무자 1인의 채무를 제3자가 인수하는 경우에는 다른 연대채무자 전원의 동의를 얻어야 할 것이다. 한편 유의할 점은 이해관계 없는 제3자는 채무자의 의사에 반하여 채무를 인수하지 못하지만(제453조 제2항), 이해관계 있는 제3자(보증인, 물상보증인, 담보물의 제3취득자)는 채무자의 의사에 반하여도 채무인수를 할 수 있다.

2) 채무자와 제3자에 의한 채무인수

① 제3자가 채무자와의 계약으로 채무를 인수한 경우에는 채권자의 승낙에

의하여 그 효력이 생기는데(제454조 제1항), 이때 채권자의 승낙 또는 거절의 상대방은 채무자나 제3자이다(제454조 제2항). 그러나 채권자가 채무자와 제3자 사이의 채무인수에 대하여 승낙하지 않거나 거절한 경우에도, 채무자와 제3자 사이의 채무인수는 그 채무인수로서의 효력은 없지만 '이행인수'로서의 효력은 있다.

② 채무자와 제3자에 의한 채무인수계약을 한 경우에 제3자나 채무자는 상당한 기간을 정하여 승낙여부의 확답을 채권자에게 최고할 수 있고, 채권자가 그 기간 내에 확답을 발송하지 아니한 때에는 채무자와 제3자간의 채무인수계약을 거절한 것으로 본다(제455조).

(3) 채무인수의 철회 · 변경

제3자와 채무자간의 계약에 의한 채무인수는 채권자의 승낙이 있을 때까지 당사자는 이를 철회하거나 변경할 수 있다(제456조). 또한 같은 취지에서 채권자가 채무자의 최고에 따른 승낙적격기간 내에 그 승낙을 거절하거나 확답을 발송하지 아니한 때에도 당사자(채무자, 제3자)는 채무인수계약을 철회(변경)할 수 있다.

(4) 채무인수승낙의 소급효

채권자의 채무인수에 대한 승낙은 다른 의사표시가 없으면 채무를 인수한 때에 소급하여 그 효력이 생기며, 인수인은 전(前)채무자의 항변할 수 있는 사유로 채권자에게 대항할 수 있다(제457조, 제458조). 그러나 제3자의 권리를 침해하지 못한다(제457조 단서). 여기서 제3자란 채무인수계약 후 채권자의 승낙이 있기 전까지 종전의 채무자에 대하여 이해관계를 가진 자를 말한다. 예컨대 채권자대위권을 행사하여 채무자의 재산을 압류한 채권자에 대한 채권자가 그 좋은 예이다.

3. 채무인수의 효과

(1) 채권자와 채무자

① 면책적 채무인수에 의해 채무는 그 동일성을 유지하면서 채무자로부터

인수인에게 이전한다. 이로써 채무자(전채무자)는 채무를 면하고 인수인(신채무자)이 그 채무를 부담한다.

② 채무인수의 시기와 관련하여 채권자・채무자・인수인을 당사자로 하는 채무인수의 경우에는 계약의 성립과 동시에 채무가 신채무자에게 인수되고 전(前)채무자는 그 채무를 면한다.

(2) 채무자와 인수인

① 인수인은 채무자의 채무를 면하게 할 의무를 부담한다. 이 경우 인수인이 채권자에게 변제 기타 출연을 한 경우에 채무자에 대한 구상권의 유무와 범위는 인수인과 채무자 사이의 내부관계에 따라 결정된다.

② 채무자와 인수인을 당사자로 하는 채무인수의 경우에는 그 계약의 효력은 채권자의 승낙이 있어야 발생한다(제454조 제1항). 다만 채권자의 승낙은 특별한 의사표시가 없으면 채무를 인수한 때에 소급하여 그 효력이 생긴다(제457조 본문). 그러나 소급효로 제3자의 권리를 침해하지 못한다(제457조 단서).

(3) 채권자와 인수인

1) 동일성의 유지

채무인수로 채무가 동일성을 유지한 채 인수인에게 이전하므로, 그 채무에 종속되는 채무(변제기 미도래의 이자채무, 위약금 등)도 함께 이전되고 인수채무의 본래 성질(불가분채무, 연대채무 등)도 그대로 유지될 뿐만 아니라 소멸시효기간 역시 본래 채무의 소멸시효기간이 적용된다(대판 1999.7.9, 99다12376). 따라서 채권자는 인수인에 대하여 채권을 행사할 수 있다.

【판 례】

* 대판 1999.7.9, 99다12376 … 면책적 채무인수가 있은 경우, 인수채무의 소멸시효기간은 채무인수와 동시에 이루어진 소멸시효 중단사유 등은 채무승인에 따라 채무인수일로부터 새로이 진행된다.

2) 인수인의 대항력

인수인은 전(前)채무자의 항변할 수 있는 사유(불성립, 무효, 취소, 동시이행항변권 등)로 채권자에게 대항할 수 있다(제458조). 그러나 인수인은 채무자의 특정채무만을 인수한 것에 불과하다면 그 계약의 취소권이나 해제권은 계약당사자의 지위에 기한 권리이기 때문에 이를 행사할 수 없고, 전채무자가 채권자에 대하여 가지는 반대채권은 채무자(전채무자)의 권리에 속하는 것이기 때문에 그 반대채권으로는 상계하지 못한다.

(4) 채무인수와 보증 · 담보관계

① 면책적 채무인수에 의하여 종래의 채무가 소멸하는 것은 아니므로 종래의 채무를 담보하는 저당권 등이 당연히 소멸하지는 않는다(대판 1996.10.11, 96다27476). 한편 제3자가 전채무자의 채무에 대한 보증을 하거나 물상보증인이 된 경우에는 채무인수로 제3자의 보증 또는 물상보증은 소멸한다(제459조 본문). 그러나 보증인 또는 물상보증인인 제3자가 채무인수에 동의한 경우에는 그러하지 아니하다(제459조 단서; 대판 2000.12.26, 2000다56204).

② '채무자 스스로 담보물을 제공하는 경우'에는 민법상 명문의 규정은 없으나 인수계약이 '채권자와 인수인' 사이에서 체결된 경우에는 담보관계가 소멸되는 것으로 보며 '채무자과 인수인' 사이에 체결된 경우에는 민법 제459조 단서를 유추적용하여 채무자가 동의한 것이라고 해석되어 담보관계도 존속한다고 보는 것이 타당할 것이다(통설).

③ 법정담보물권인 유치권 · 법정질권 · 법정저당권 등은 특정채무의 보전을 위하여 법률상 당연히 성립하는 것이므로 채무인수에 따른 영향을 받지 않고 계속하여 존속한다.

4. 채무인수와 구별개념

(1) 병존(중첩)적 채무인수

병존적 채무인수라 함은 종래의 채무자의 채무를 면제시키지 아니하고 인수인이 채무자와 병존(중첩)으로 채무를 부담하는 계약이다(대판 2000.12.8, 99다37856). 이러한 병존적 채무인수는 면책적 채무인수와 달리 기존채무자와 채권자 사이의 채권관계에는 아무런 변화가 없으므로 처분행위가 아니다. 따라서 기존채무자에 대한 채권자의 채권에 어떠한 변경을 주지 않는 채권행위 내지 의무부담행위의 성질을 갖는다.

【판 례】

* 대판 2000.12.8, 99다37856 … 책임보험에서 상법 제724조 제2항의 규정에 의하여 인정되는 피해자의 보험금 직접청구권의 법적성질은 보험자가 피보험자의 피해자에 대한 손해배상채무를 병존적으로 인수한 것으로서 피해자가 보험자에 대하여 가지는 손해배상청구권인 점에 비추어, 보험자가 피보험자에게 보험금을 지불하지 아니하고 직접 피해자에게 그 손해를 보상하였다면 이는 보험자가 병존적으로 인수하여 부담하는 피해자에 대한 자신의 손해배상채무를 변제할 의사로 한 것이라고 볼 것이다.

(2) 이행인수

이행인수라 함은 인수인이 채무자에 대해 채무자의 채무를 이행할 것을 약정하는 채무자 · 인수인 사이의 계약을 말한다(대판 2004.7.9, 2004다13083). 즉 채무인수와 달리 이행인수인은 채무자가 부담하는 채무를 제3자로서 채권자에게 이행할 의무를 채무자에 대하여 부담하지만, 채권자는 인수인에 대하여 채무의 이행을 청구할 권리를 가지지 않는다. 다만 채권자는 채권자대위권에 의하여 채무자의 인수인에 대한 청구권을 대위행사 할 수 있다(대판 2009.6.11, 2008다75072).

【판 례】

* 대판 2004.7.9, 2004다13083 … 부동산매매계약과 함께 부동산의 매수인이 매매목적물에 관한 근저당권의 피담보채무, 임대차보증금반환채무를 넘겨받으면서 그 채무액을 매매대금에서 공제하기로 하는 계약은 이행인수라 할 것이다.

(3) 계약인수

계약인수라 함은 계약에 의하여 당사자 일방이 계약당사자로서의 지위를 승계(이전)하는 것을 목적으로 계약을 말한다. 즉 고용계약에서의 사용자의 지위를 포괄적으로 제3자에게 이전하면서 자신은 계약관계로부터 탈퇴하고, 그 지위를 제3자가 당사자의 지위를 승계하는 것을 목적으로 하는 계약이다. 이는 민법상 명문의 규정은 없으나 계약자유의 원칙상 당연히 인정된다(대판 1982.10.26, 82다카508 참고). 또한 임차권의 양도를 다수설은 처분행위로서 채권의 양도로 보지만, 임차권 양도 역시 계약인수를 의미한다(김형배 1112면, 지원림 1253면).

제 6 장 채권의 소멸

제 1 절 채권소멸의 개관

1. 서 설

① 당사자 간의 약정이나 법률규정에 의하여 발생된 채권을 소멸시키는 가장 일반적인 원인은 '채무의 내용에 좇은 변제(이행)'이다(제390조). 민법은 채권의 본래적 소멸원인인 변제 이외에 대물변제 · 공탁 · 상계 · 경개 · 면제 · 혼동을 채권의 소멸원인으로 규정하고 있다.

② 채권도 일종의 권리이므로 '권리일반의 소멸원인'에 의하여 소멸한다. 즉 정지조건의 불성취 · 해제조건의 성취 · 소멸시효의 완성 · 권리존속기간의 만료 등에 의하여 당연히 소멸한다. 이 외에 채권이 채무자의 귀책사유 없는 급부불능에 의해서도 소멸하는데(제537조 참조), 이는 채무자에게 더 이상 급부의 이행을 기대할 수 없기 때문이다.

2. 채권소멸의 문제

① 채권은 채무자의 급부행위에 의하여 계약의 목적에 부합하는 결과가 발생함으로써 정상적으로 소멸한다. 즉 채무자의 채무의 내용에 좇은 급부의 실현과 이에 대한 채권자의 수령으로 채권의 목적이 달성됨으로써 소멸하는 경우가 보통이다.

② 한편 채무자의 급부행위와 관계없이 우연한 사유 또는 채권자 자신의 행위에 의하여 급부의 목적이 달성된 경우에는 채무자의 반대급부청구권의

존속 여부가 문제된다. 먼저 채권자 자신의 행위에 의하여 급부결과가 실현된 경우, 즉 건물의 철거를 타인에게 의뢰한 자가 채무자에 의한 채무이행이 있기 전에 스스로 건물을 철거한 경우에는 공평의 관념상 채무자의 반대급부청구권은 상실하지 않는다(김형배 1117면). 그러나 계약상의 목적도달이 양 당사자의 책임 없는 사유로 불가능하게 된 경우, 즉 교통사고현장에 의사가 도착하기 전에 환자가 사망한 경우에는 원칙적으로 반대급부청구권이 소멸한다(제537조 참조). 다만 이 경우에도 채무자가 이행을 위해 지출한 비용은 채권자가 부담하는 것이 공평의 관념에 부합할 것이다.

3. 채권소멸의 효과

(1) 채권소멸의 원칙

채권이 소멸하면 채권자는 채권증서를 반환해야 하며(제475조), 일단 소멸된 채권은 당사자의 계약(합의)에 의하더라도 부활될 수 없다. 이는 채무에 수반되는 보증인이나 물상보증인에게 뜻하지 않은 불측의 손해를 줄 염려가 있기 때문이다. 유의할 점은 개별적 채권이 소멸하더라도 유기적 채권관계가 완전히 소멸되는 것은 아니다. 예컨대 매매계약에 있어서 매수인이 목적물을 인도받아 매도인에 대한 채권이 소멸했다고 하더라도, 매수인이 대금지급을 하지 않고 있는 한 그 매매관계는 소멸하지 않는다고 하겠다.

(2) 채권소멸의 예외

채무자가 아닌 제3자가 변제한 경우, 즉 변제한 제3자의 채무자에 대한 구상권을 보호하기 위하여 채권자가 채무자에 대하여 가지는 채권 및 그에 관한 담보권을 제3자가 변제자대위의 법리에 의하여 행사할 수 있다(제480조, 제482조). 따라서 이 경우에는 제3자와 채무자 사이에 채권이 존속하는 것으로 의제되는 결과가 되는 것이다.

제 2 절 변 제

1. 서 설

(1) 변제의 의의

① 변제라 함은 채무의 내용인 급부가 실현됨(급부결과의 실현)으로써 채권이 만족을 얻어 소멸하는 것을 말하는데, 이를 채무자가 채무의 내용인 급부를 실현하는 측면에서는 채무의 이행이라고 하므로 변제와 채무이행은 사실상 같은 내용을 담고 있는 것이다.

② 변제가 되기 위하여는 급부결과가 실현되어야 하는 것이고, 이행행위(급부행위)는 변제에 선행하는 것이므로 채무자 단독으로 급부결과를 실현할 수 있는 경우(부작위채무나 의사표시를 할 채무 등)에는 채무자의 이행행위(급부행위)만으로 변제가 되지만, 채권자의 수령 등 협력을 요하는 채무인 경우(금전채무에서 금전의 수령, 물건인도채무에서 물건의 수령 등)에는 채권자의 수령 등 협력이 있을 때에 변제가 되는 것인바, 이행행위(급부행위)가 있더라도 급부결과가 실현되지 않으면 변제의 효과(채권의 소멸)가 발생하지 않는 경우가 생기는 것이다.

(2) 변제의 법적성질

① 변제의 법적성질, 즉 변제로 채권이 소멸하는 것을 두고 법률행위설과 사실행위설의 논쟁이 있었으나, 통설은 변제를 사실행위로 본다. 따라서 채무내용에 따른 변제를 하면 채무의 변제로서 한 것으로 추정되므로 이를 다툴 경우에는 채권자가 증명책임을 부담하고, 채무자가 동일한 채권자에 대하여 같은 종류를 목적으로 한 수 개의 채무를 부담하는 경우에 그 전부를 변제하지 못하면 채무자(변제자)는 그 당시 어느 채무를 지정하여 변제에 충당할수 있다(제476조 이하).

② 변제는 사실행위이므로 그 자체를 제한능력 또는 의사표시의 흠결을 이유로 취소할 수 없을 뿐만 아니라 그 자체를 대리할 수도 없다. 유의할 점은 금전채무를 지는 채무자가 채권자에게 같은 금액을 증여하더라도 그것은 증여의 결과이지 변제는 아니다. 또한 변제의 원인과 변제 자체는 구별되는데, 채무자가 채무없음을 모르고 변제하면 그 반환을 청구할 수 있다(제742조 참조).

2. 변제의 제공

(1) 변제제공의 의의

① 변제의 제공이라 함은 채무내용에 좇아 급부의 이행행위(급부행위)를 현실로 제공하는 것을 말한다. 즉 채무자의 이행만으로 급부의 결과가 실현되는 경우(부작위채무, 의사표시를 할 채무 등)에는 채무자가 채무내용에 따라 급부의 이행행위를 현실로 제공하면 변제제공을 한 것이 된다.

② 변제의 제공이 문제되는 것은 변제(급부의 실현)에 채권자의 수령 등 협력을 요하는 경우인 바, 민법은 변제제공의 방법(제460조)과 변제제공의 효과(제461조)에 대하여 규정한다.

(2) 변제제공의 방법

1) 현실제공

① 현실의 제공이란 채무내용에 좇아서 채무자로서 하여야 할 행위를 완료하여 채권자의 협력만 있으면 급부를 실현할 수 있는 상태를 만드는 것으로서, 여기서 채무내용에 좇은 현실제공인지 여부는 구체적인 채무내용에 따라 달라지게 된다.

② 금전채무에서 일부의 제공이나 금전 아닌 어음의 제공은 채무내용에 좇은 현실의 제공이 아니므로 채권자는 수령을 거절할 수 있다. 또한 부동산매매에서 매도인의 채무는 특별한 사정이 없는 한 제한이나 부담이 없는 소유권이전 및 인도의무를 지는 것이므로 매매목적 부동산에 지상권이나 저당권 또는 가압류등기가 되어 있는 경우에는 그 지상권이나 저당권 또는 가압류등기의 말소에 필요한 서류도 갖추어서 변제의 제공을 하여야 한다(대판 1991.9.10, 91다6368; 대판 1965.9.7, 65다1367 등).

2) 구두제공의 필요

① 구두의 제공이란 채권자가 미리 변제받기를 거절한 경우나 채무이행에 채권자의 선행적인 행위를 요하는 경우에 채무자가 채권자에게 변제준비의 완료를 통지하고 그 수령을 최고하는 방식으로 하는 변제의 제공을 말한다(제460조 단서).

② 채무의 성질상 현실의 제공을 해야 하는 경우에도 채권자가 미리 수령을 거절한다면, 공평의 관념상 채무자의 구두제공만으로 변제의 제공이 있

다고 할 수 있다. 예컨대 채권자가 이유 없이 수령기일을 연기하거나 계약해제를 주장하는 경우 또는 채권자가 반대급부의 이행을 거절하는 것은 묵시적으로 미리 변제받기를 거절한 것으로 볼 수 있다.

③ 한편 채무이행에 채권자의 선행적인 행위를 요하는 경우(채권자가 미리 공급하는 재료에 채무자가 가공하여야 할 채무)에 먼저 채권자의 협력이 없으면 채무자가 변제제공을 할 수 없기 때문에 구두제공만으로 채권자를 수령지체에 빠뜨릴 수 있다. 다만 채무자의 구두제공에 응하여 채권자가 협력을 하게 되면 채무자는 다시 현실의 제공을 하여야 한다.

3) 구두제공 불필요

회귀적 분할채무(지료지급채무, 차임지급채무, 월부금지급채무 등)에서 채무자가 1회분의 이행제공을 하였음에도 불구하고 채권자가 수령을 거절하여 수령지체(채권자 지체)에 놓인 경우(제401조 참조)와 채권자가 변제를 수령하지 않을 의사가 명백하여 장래에도 수령가능성이 전혀 없는 경우에는 구두제공조차 필요없는 것으로 볼 것이다(대판 2001.5.8, 2001다6053). 이 경우 구두제공을 하지 않았다고 하더라도 신의칙상 채무불이행책임을 부담하지 않는 것으로 볼 것이다(대판 1976.11.9, 76다2218).

【판 례】

* 대판 2001.5.8, 2001다6053 … 매수인이 소유권이전등기를 넘겨받을 의사가 없음을 미리 표시한 것으로 볼 수 있는 객관적인 명백한 사정이 있고 매수인이 이를 번복할 가능성이 있다고 볼 만한 다른 특별한 사정이 없는 한, 이러한 경우까지 매도인에게 매수인을 이행지체에 빠뜨리기 위하여 구두제공의 방법으로라도 자기의 반대채무를 이행제공할 것을 요구할 것은 아니다.

(3) 변제제공의 효과

1) 채무자에 대한 효과

채무내용에 좇은 변제의 제공으로 채무자는 그때로부터 채무불이행의 책임을 면하게 된다. 따라서 채무불이행을 전제로 한 손해배상이나 위약금 또는 담보권실행이나 계약해제 등이 발생하지 않는다. 다만 여기서 채무불이행책임이란 '이행지체책임'에 한정된다. 왜냐하면 변제제공 전에 이미 생긴 채무불이행으로 인한 손해배상책임은 변제제공으로 소멸되는 것이 아니기 때문이다.

2) 채권자에 대한 효과

① 채무내용에 좇은 변제의 제공이 있음에도 채권자가 이를 수령하지 않거나 수령할 수 없는 경우, 채권자는 채권자지체책임을 부담한다(제400조). 따라서 채권자지체 중에는 채무자는 고의 또는 중대한 과실이 없으면 불이행으로 인한 모든 책임이 없고(제401조), 설령 이자있는 채권이라도 채무자는 그 지체기간의 이자를 지급할 의무가 없다(제402조).

② 채권자지체로 인하여 그 목적물의 보관 또는 변제의 비용이 증가된 때에는 그 증가액은 채권자가 부담한다(제403조). 유의할 점은 쌍무계약에서 채권자의 수령지체중에 당사자 쌍방의 책임없는 사유로 이행할 수 없게 된 때에는 채무자는 상대방의 이행을 청구할 수 있다(제538조 제1항 2문).

3) 동시이행의 항변권

쌍무계약에서 당사자 일방은 동시이행항변권(제536조)을 가지므로 이행기 후라도 당사자일방의 이행의 제공이 없는 한 상대방은 자기채무의 이행제공을 하지 않더라도 채무불이행책임을 부담하지 않는다. 다만 당사자일방이 이행의 제공을 하면 상대방은 동시이행항변권을 상실하고 그 이후에는 수령지체가 되면서 자기채무에 관하여 이행지체책임을 부담하게 된다.

3. 변제의 내용

(1) 변제자

1) 채무자

채무자는 변제를 하여야할 의무를 지고 있을 뿐만 아니라 변제를 할 수 있는 권한을 가지고 있다. 이러한 채무를 이행함에 있어서 채무자의 의사 또는 법률의 규정에 의해 변제의 권한이 주어진 대리인·부재자재산관리인 등을 통해서 채무를 변제할 수도 있다. 이처럼 변제권한이 주어진 자가 이행과정에서 채권자에게 손해를 야기하였을 경우에는 채무자가 책임을 부담한다.

2) 제3자의 변제

① 제3자변제의 원칙

㉠ 채권이 채무자에 의해서만 실현될 수 있는 것이 아닌 한 제3자의 변제를 허용하더라도 채권은 만족되는 것이므로 원칙적으로 채무의 변제는 제3

자도 할 수 있다(제469조 제1항 본문).

㉡ 제3자의 변제는 타인의 채무를 자기의 이름으로 하는 변제를 말한다. 이 경우 채무자의 부탁으로 제3자가 변제한 경우에는 위임(제680조)에 해당되고, 채무자의 부탁없이 제3자가 변제한 경우에는 사무관리(제734조)에 해당된다. 한편 유의할 점은 만약 타인의 채무를 자기의 채무로 잘못 알고 제3자가 변제한 경우에는 부당이득반환을 청구할 수 있을 뿐(제745조) 제3자의 변제가 성립하는 것은 아니다.

② 제3자변제의 제한

㉠ 제3자라도 채무의 성질 또는 당사자의 의사표시로 제3자의 변제를 허용하지 아니하는 때에는 변제할 수 없다(제469조 제1항 단서). 또한 제3자 중에서 이해관계없는 제3자는 채무자의 의사에 반하여 변제하지 못한다(제469조 제2항). 이에 위반된 제3자의 변제는 무효이다.

㉡ 학자가 강연할 채무나 유명화가가 그림을 그리는 채무는 오로지 그자에 의하여야만 채무내용에 좇은 변제가 될 수 있는 것이므로, 이러한 채무는 제3자의 변제가 허용되지 않는다. 반면 노무의 제공채무(고용)나 수임인의 위임사무처리채무(위임)는 원칙적으로는 제3자의 변제가 허용되지 않지만 채권자의 동의가 있으면 제3자의 변제가 허용된다(제657조 제2항, 제682조 제1항).

③ 제3자의 변제의 효과

제3자의 변제로 채권은 소멸한다. 그러나 제3자가 채무자에 대하여 그 변제에 관하여 구상권을 가지는 경우에는 채권자의 채권은 원채권자에 대한 관계에서만 상대적으로 소멸할 뿐이므로 채권자의 채무자에 대한 채권과 그 채권의 담보권은 변제자(제3자)에게 이전된다(제482조 제1항). 따라서 채무자의 부탁으로 제3자가 변제하면 위임사무처리비용상환청구권(제688조)에 의하여, 채무자의 부탁없이 제3자가 변제하면 사무관리에 기한 비용상환청구권(제739조)에 의하여 채무자에 대하여 구상권을 가지게 된다.

(2) 변제수령자

1) 변제수령권자

① 변제는 변제수령권한이 있는 자에게 변제하여야 채권이 소멸한다. 따라서 변제수령권한이 없는 자에 대한 변제는 원칙적으로 무효이지만 그 변제로 채권자가 이익을 받은 한도에서는 효력이 있다(제472조).

② 한편 진정한 채권자가 아니면서 외관상 수령권한이 있는 자를 표현수령

권자(제470조, 제471조)라고 하는데, 민법은 이에 대한 선의무과실의 변제는 효력이 있는 것으로 규정하고 있다. 채권의 유통을 보장하기 위하여 증권적 채권의 증서소지인에게 변제한 경우 변제자는 악의 또는 중대한 과실이 없는 한 보호된다(제514조, 제518조, 제524조, 제525조).

2) 채권자

① 채권자는 원칙적으로 변제수령권한이 있지만 예외가 있다. 즉 채권자가 채권을 입질하여 대항요건을 갖춘 경우에는 질권자만이 변제수령권한이 있다(제349조, 제352조~제355조).

② 채권자에 대하여 법원이 파산선고를 한 때에는 파산재단을 관리 및 처분하는 권한은 파산관재인에게 속하므로(채무자 회생 및 파산에 관한 법률 제384조) 파산관재인만이 변제수령권한이 있다. 다만 파산선고의 공고 전에는 그 사실을 알지 못한 것으로 추정하고, 공고 후에는 그 사실을 안 것으로 추정한다(채무자 회생 및 파산에 관한 법률 제333조, 제334조).

3) 채권의 준점유자

① 채권의 준점유자(표현수령권자)란 진정한 채권자는 아니지만 채권을 사실상 행사하는 자로서 거래관념상 진정한 채권자라고 믿게 할 만한 외관을 갖춘 자를 말하고, 반드시 채권증서를 소지하여야 하는 것은 아니다. 즉 변제자의 입장에서 볼 때 일반의 거래관념상 채권을 행사할 정당한 권한을 가진 것으로 믿을 만한 외관을 가지는 사람을 말한다(대판 2004.4.23, 2004다5389).

② 채권의 준점유자에 대한 변제가 효력이 있기 위하여는 변제수령자가 채권의 준점유자이어야 하고, 변제자는 선의이며 무과실이어야 한다(제470조). 따라서 은행(변제자)은 예금청구자에게 숙련된 은행원으로 하여금 예금수령의 권한이 있는지를 직무수행상 필요로 하는 충분한 주의 다하지 못한 경우에는 그 예금지급으로서 채권의 준점유자에 대한 변제로서의 면책을 주장할 수 없다(대판 2013.1.24, 2012다91224).

【판 례】

* 대판 2004.4.23, 2004다5389 … 판례는 예금주의 대리인이라고 주장하는 자가 예금주의 통장과 인감을 소지하고 예금반환청구를 한 경우, 은행이 예금청구서에 나타난 인영과 비밀번호를 신고된 것과 대조 확인하는 외에 주민등록증을 통하여 예금주와 청구인의 호주가 동일인이라는 점까지 확인하여 예금을 지급하였다면 이는 채권의 준점유자에 대한 변제로서 유효

하다.

* 대판 2013.1.24, 2012다91224 … 은행은 예금청구자에게 예금수령의 권한이 있는지를 판별하기 위해 예금청구서의 인영과 은행에 신고하여 예금통자에 찍힌 임감을 대조 확인할 때에는 숙련된 은행원으로 하여금 그 직무수행상 필요로 하는 충분한 주의를 다하여 인감을 대조하도록 하여야 할 것이고, 그러한 주의의무를 다하지 못하여 예금수령의 권한이 없는 자에게 예금을 지급하였다면 은행으로서는 그 예금지급으로서 채권의 준점유자에 대한 변제로서의 면책을 주장할 수 없다.

4) 영수증소지자

① 민법 제471조는 영수증을 소지한 자에 대한 변제는 그 소지자가 변제를 받을 권한이 없는 경우에도 효력이 있으나, 변제자가 그 권한없음을 알았거나 알 수 있었을 경우에는 그러하지 아니하다고 규정한다. 이는 영수증소지자(표현수령권자)는 통상 채권자로부터 변제수령권한을 부여받은 것으로 인식되고 그 자에 대한 변제는 그 성질상 간이하고 신속한 처리를 필요로 하는 것이므로 선의·무과실의 변제자를 보호하기 위하여 둔 규정이다.

② 변제자의 악의 또는 과실은 변제의 무효를 주장하는 진정한 채권자가 증명(입증)하여야 하고, 반면 진정한 영수증이라는 점은 변제자가 증명하여야 한다. 유의할 점은 여기서의 영수증은 진정한 영수증이어야 하고 영수증이 진정한 이상 그 소지의 경위는 묻지 않으므로, 만약 위조된 영수증의 소지인에 대하여 변제자가 선의 무과실로 변제하더라도 민법 제471조(영수증소지자에 대한 변제)가 적용되지 않고, 다만 변제자가 위조된 영수증소지자의 외관을 신뢰할 수 밖에 없는 상황인 경우라고 한다면 민법 제470조(채권의 준점유자에 대한 변제)가 적용될 수는 있다.

5) 권한없는 자에 대한 변제

① 변제수령권한이 있는 자에 대한 변제만이 유효한 변제가 된다. 따라서 변제수령권한이 없는 자에 대한 변제는 무효이지만, 민법 제472조에 의하면 그 무효인 변제라도 채권자가 이익을 받은 한도에서는 효력이 있다.

② 민법 제472조에서 말하는 '채권자가 이익을 받은' 경우라 함은 변제의 수령자가 진정한 채권자에게 변제로 받은 급부의 일부 또는 전부를 전달한 경우는 물론이고, 무권한자의 변제수령을 채권자가 사후에 추인한 때와

같이 무권한자의 변제수령을 채권자의 이익으로 돌릴 만한 실질적 관련성이 인정되는 경우도 포함된다(대판 2012.10.25, 2010다32214).

(3) 변제의 목적물

1) 민법의 규정

채무는 변제의 내용에 좇은 급부를 하여야 하는데 민법은 물건의 인도채무에 관하여 변제의 목적물에 대한 규정을 두고 있다. 즉 민법은 특정물의 인도채무에 있어서 특정물의 현상인도(제462조), 변제로서의 타인물건의 인도(제463조), 양도능력 없는 소유자의 물건인도(제464조)에 관하여 규정하고 있다.

2) 특정물의 인도채무

① 특정물의 인도가 채권의 목적인 때에는 채무자는 이행기의 현상대로 그 물건을 인도하여야 한다(제462조). 여기서의 '이행기'란 실제로 이행하는 때를 말한다. 채무자가 이행기의 현상대로 인도하면 채권자는 수령을 거절할 수 없고 만약 수령을 거절하면 채권자지체가 되는 반면, 채무자는 유효한 변제제공을 한 것이므로 특정물인도채무에 관하여는 채무불이행책임을 면한다.

② 특정물의 변질이나 훼손이 있더라도 그 상태로 인도하면 유효한 변제가 되어 채권은 소멸한다. 그러나 이행기의 현상대로 인도한 특정물의 변질이나 훼손에 채무자의 귀책사유가 있다면 채무불이행으로 인한 손해배상책임이 발생한다(제390조). 왜냐하면 특정물인도채무에서는 채무자는 그 물건을 인도하기까지 선관주의의무를 부담하기 때문이다(제374조).

3) 변제로서의 타인물건의 인도

① 채무의 변제로 타인의 물건을 인도한 경우에 채무자는 다시 유효한 변제를 하지 아니하면 그 물건의 반환을 청구하지 못한다(제463조). 여기서 채권자가 인도받은 물건의 반환을 거절할 수 있는 것은 채무자에 대한 관계에서만 인정되는 것이고, 그 물건의 소유자의 반환청구에 대하여는 특별한 사정(선의취득)이 없는 한 민법 제463조에 의하여는 거절할 수 없다 (대판 1993.6.8, 93다14998).

② 한편 채권자가 변제로 받은 타인의 물건을 선의로 소비하거나 타인에게 양도한 때에는 그 변제는 효력이 있다(제465조 제1항). 그러나 유의할 점은 이와 같은 변제의 효과는 채권자와 채무자의 상대적인 관계에서만 발생하는 것일 뿐이므로 그 물건의 소유자는 채권자에 대하여 부당이득반환청구권

이나 소유물반환청구권을 행사할 수 있는 바, 만약 채권자가 그 물건의 소유자로부터 배상청구를 받은 때에는 채권자는 채무자에 대하여 구상권을 행사할 수 있다(제465조 제2항).

4) 양도능력없는 소유자의 물건인도

민법은 양도할 능력없는 소유자가 채무의 변제로 물건을 인도한 경우에는 그 변제가 취소된 때에도 다시 유효한 변제를 하지 아니하면 그 물건의 반환을 청구하지 못한다고 규정한다(제464조). 한편 채권자가 변제로서 양도할 능력없는 소유자로부터 받은 물건을 선의로 소비하거나 타인에게 양도한 때에는 그 변제는 효력이 있다(제465조 제1항). 즉 이 경우 변제로서의 타인의 물건을 인도한 것과 동일한 효과가 발생한다(제465조 제2항).

(4) 변제의 장소와 시기

1) 변제의 장소

변제의 장소는 채무의 성질 또는 당사자의 의사표시로 변제장소를 정하지 아니한 때에는 특정물의 인도는 채권성립 당시에 그 물건이 있던 장소에서 하여야 한다(제467조 제1항). 한편 특정물인도 이외의 채무변제는 채권자의 현주소에서 하여야 하는데(제467조 제2항 본문), 영업에 관한 채무의 변제는 채권자의 현영업소에서 하여야 한다(제467조 제2항 단서). 그리고 매매의 목적물의 인도와 동시에 대금을 지급할 경우에는 그 목적물(물건)의 인도장소에서 이를 지급하여야 한다(제586조).

2) 변제의 시기

변제는 변제기에 하는 것이 원칙이다. 그러나 당사자의 특별한 의사표시가 없으면 변제기전이라도 채무자는 변제할 수 있는데(제468조 본문), 변제기 전의 변제로 인하여 상대방이 손해를 입은 경우에는 그 손해를 배상하여야 한다(제468조 단서). 이는 기한의 이익은 포기할 수 있지만 상대방의 이익을 해하지 못하고(제153조 제2항 단서) 채권자도 기한의 이익을 갖는 경우가 있기 때문이다. 한편 변제기에 있지 않은 채무를 변제하더라도 그 반환을 청구할 수 없다(제743조 본문). 그러나 채무자가 착오로 인하여 변제한 때에는 채권자는 이로 인하여 얻은 이득을 반환하여야 한다(제743조 단서).

(5) 변제의 비용과 증거

1) 변제의 비용

① 변제비용(운송비, 통지료 등)은 다른 의사표시가 없으면 채무자의 부담으로 하는 것이나, 채권자의 주소이전 기타의 행위로 인하여 변제비용이 증가된 때에는 그 증가액은 채권자의 부담으로 한다(제473조). 또한 채권자지체로 인하여 그 목적물의 보관 또는 변제의 비용이 증가된 때에도 그 증가액은 채권자의 부담으로 한다(제403조).

② 매매계약에 관한 비용은 당사자쌍방이 균분하여 부담한다(제566조). 한편 담보권자가 담보권을 확보하기 위하여 지출한 비용(저당권 설정비용)은 당사자 사이에 특약이 없는 한 담보권자가 부담하며, 반면에 채무변제에 따른 담보권소멸을 위한 저당권말소비용은 채무자가 부담한다(대판 1987.6.9, 79다19778 참고).

2) 변제의 증거

① 영수증(발급)청구권

영수증청구권은 적극적으로 변제사실을 증명할 수 있도록 함으로써 이중변제를 방지하기 위한 것이다. 여기서 영수증이란 변제수령의 사실을 증명하는 문서로서, 변제자는 변제를 받는 자에게 영수증을 청구할 수 있는데(제474조), 채권증서반환청구권과는 달리 일부변제라도 영수증을 청구할 수 있고 변제와 영수증의 교부는 동시이행관계이다.

② 채권증서반환청구권

채권증서가 있는 경우에 변제자가 채무 전부를 변제한 때에는 채권증서의 반환을 청구할 수 있고 채권이 변제 이외의 사유로 전부 소멸한 때(상계, 경개, 면제 등)에도 채권증서의 반환을 청구할 수 있다(제475조). 따라서 채무의 일부를 변제한 경우에는 영수증을 청구할 수는 있지만 채권증서의 반환을 청구할 수는 없고 단지 채권증서에 일부변제의 뜻을 기재하여 줄 것을 청구할 수는 있을 것이다.

4. 변제의 효과

(1) 변제충당

1) 변제충당의 개념

① 변제충당이라 함은 동일한 채권자에 대하여 같은 종류를 목적으로 하는 수 개의 채무를 부담한 경우에 변제의 제공이 그 수 개의 채무 전부를 소멸하게 하지 못할 때에 어느 채무의 변제에 충당할 것인가를 정하는 것을 말한다. 민법은 변제충당의 순서와 방법(제476조, 제477조, 제479조)을 규정하고 있다.

② 변제충당의 순서는 일차적으로 당사자 사이의 자유로운 합의(약정변제충당)에 의하여 정할 수 있으나 당사자 사이의 약정(합의약정)이 없는 경우에는 당사자 일방(변제자, 채무자)이 지정하는 지정변제충당(제476조 제2항)에 의하고 일방의 지정도 없는 경우에는 법정변제충당(제477조)에 의하여 결정된다.

2) 약정변제충당

① 의 의

약정변제충당이라 함은 변제자와 변제수령자 사이의 계약에 의한 약정으로 변제충당방법을 정한 때에는 그 방법이 어떤 것이든 유효한 것을 말한다(대판 2013.9.12, 2012다118044). 즉 변제충당에 관한 민법 제476조 내지 제479조의 규정은 임의규정이므로 변제자(채무자)와 변제수령자(채권자)는 약정에 의하여 위 각 규정을 배제하고 제공된 급부를 어느 채무에 어떤 방법으로 충당할 것인가를 결정할 수 있다(대판 2004.3.25, 2001다53349).

【판 례】

* 대판 2013.9.12, 2012다118044 … 변제자와 변제수령자는 변제로 소멸한 채무에 관한 보증인 등 이해관계 있는 제3자의 이익을 해하지 않는 이상 이미 급부를 마친 뒤에도 기존의 충당방법을 배제하고 제공공된 급부를 어느 채무에 어떤 방법으로 다시 충당할 것인가를 약정할 수 있다.
* 대판 2004.3.25, 2001다53349 … 미리 변제충당에 관한 별도의 약정이 있는 경우에는 채무자가 변제를 하면서 위 약정과 달리 특정 채무의 변제에 우선적으로 충당한다고 지정하더라도 그에 대하여 채권자가 명시적 또는 묵시적으로 동의하지 않는 한 그 지정은 효력이 없어 채무자가 지정한 채무가 변제되어 소멸하는 것은 아니다.

② 약정변제충당의 제한

담보권의 실행 등을 위한 경매에서는 약정에 의한 변제충당은 허용될 수 없고, 민법 제477조의 규정에 의한 법정변제충당의 방법에 따라 충당을 하여야 한다(대판 1996.5.10, 95다55504).

3) 지정변제충당

① 의 의

지정변제충당이라 함은 채무자가 동일한 채권자에 대하여 같은 종류를 목적으로 한 수 개의 채무를 부담한 경우에 변제의 제공이 그 채무전부를 소멸하게 하지 못하는 때에 지정권자가 그 당시 어느 채무를 지정하여 변제에 충당할 의사를 상대방에 대하여 표시하는 것을 말한다(제476조).

② 지정권자와 지정방법

우선적인 지정권자는 변제자이고(제476조 제1항), 변제자가 지정권을 행사하지 않는 때에는 2차로 변제받는 자(변제수령자)가 채무를 변제 받을 당시 어느 채무를 지정하여 변제에 충당할 수 있다. 이 경우 변제자가 즉시 이의를 제기한 때에는 그 충당의 효력은 상실하며(제476조 제2항), 그 변제는 법정변제충당에 의하여 처리한다(통설). 한편 변제충당의 지정방법은 지정권자가 변제하는 당시 상대방에 대한 의사표시로써 한다(제476조 제3항).

4) 법정변제충당

① 의 의

법정변제충당이라 함은 당사자 사이에 변제충당에 관한 합의가 없거나 당사자가 변제에 충당할 채무를 지정하지 아니한 때에는 민법 제477조의 규정에 따라 충당하는 것을 말한다.

② 법정변제충당의 순서

채무 중에 이행기가 도래한 것과 도래하지 아니한 것이 있는 경우 이행기가 도래한 채무의 변제에 충당하고(제477조 제1호), 채무전부의 이행기가 도래하였거나 도래하지 아니한 때에는 채무자에게 변제이익이 많은 채무의 변제에 우선적으로 충당한다(제477조 제2호). 또한 채무자에 대한 변제이익이 같으면 이행기가 먼저 도래한 채무나 먼저 도래할 채무의 변제에 충당한다(제477조 제3호).

5) 채무변제충당의 순서

① 민법 제479조에 의하면 채무자가 1개 또는 수 개의 채무의 비용 및 이자를 지급할 경우에 변제자가 그 전부를 소멸하게 하지 못한 급여를 한 때

에는 비용, 이자, 원본의 순서로 변제에 충당하여야 하고, 이와 다른 지정변제충당은 허용되지 않는다. 즉 제479조에는 법정변제충당에 관한 제477조는 준용되지만(제479조 제2항), 지정변제충당에 관한 제476조는 적용되지 않는다. 다만 당사자의 합의로 민법 제479조의 순서와 다른 충당을 정할 수는 있다.

② 채무자가 수 개의 채무의 비용 및 이자를 지급할 경우, 즉 채무자가 수 개의 채무를 부담하면서 수 개의 채무 모두에 대하여 비용(변제비용, 계약비용, 경매비용을 포함한다)과 이자(지연이자를 포함한다)가 있는 경우에는 각 채무의 모든 비용→모든 이자→원본의 순서로 충당한다.

(2) 변제자대위

1) 변제자대위의 의의

변제자대위 또는 대위변제라 함은 제3자 등이 변제로 인하여 채무자에 대하여 구상권을 가지는 경우에 그 구상권의 범위에서 종전의 채권자가 채무자에 대하여 가지는 채권 및 그 담보에 관한 권리를 행사할 수 있는 것을 말한다(제482조). 즉 제3자 등이 채권을 변제하면 그 채권은 소멸하는 것이지만 변제자는 채무자에 대한 구상권을 가지게 되므로, 그 구상권의 확보를 위하여 종전 채권자의 채권 및 그 담보에 관한 권리를 행사할 수 있도록 한 것이 변제자대위권이다.

2) 변제자대위의 법적성질

변제자는 채무자에 대한 구상권과 변제자대위에 기하여 채권자의 채무자에 대한 채권 및 그 담보에 관한 권리를 모두 가지고(청구권의 경합) 양자는 서로 다른 별개의 권리이다. 따라서 대위변제자와 채권자간에 대위권행사에 관한 특약을 하거나 대위변제자와 채무자 간에 구상권행사에 관한 특약을 하더라도 그 각각의 특약은 구상권을 행사하거나 대위권을 행사하는 경우에는 상호간에 적용이 없게 된다(대판 2009.2.26, 2005다32418).

【판 례】

* 대판 2009.2.26, 2005다32418 … 채무를 변제할 이익이 있는 자가 채무를 대위변제한 경우에 구상권과 변제자 대위권은 그 원본·변제기·이자·지연손해금의 유무 등에 있어서 그 내용이 다른 별개의 권리이므로, 대위변제자와 채무자 사이에 구상금에 관한 지연손해금 약정이 있더라도 이

약정은 구상금을 청구하는 경우에 적용될 뿐 변제자대위권을 행사하는 경우에는 적용될 수 없다.

3) 변제자대위의 요건

① 채권자의 승낙 또는 변제할 정당한 이익이 있는 제3자일 것

㉠ 임의대위, 즉채무자를 위하여 변제한 자는 변제와 동시에 채권자의 승낙을 얻어 채권자를 대위할 수 있다(제480조 제1항). 유의할 점은 임의대위의 경우에는 채무자보호를 위하여 채권양도에 관한 민법 제450조 내지 제452조의 규정을 준용하므로(제480조 제2항), 그 대항요건으로 채권자가 그 대위를 채무자에게 통지하거나 채무자가 그 대위를 승낙하여야 한다(제450조 제1항). 이 경우 채무자 이외의 제3자에 대하여 채권자의 권리를 행사하기 위하여는 그 통지나 승낙을 확정일자 있는 증서로 하여야 한다(제450조 제2항).

㉡ 법정대위, 즉 채무를 변제할 정당한 이익이 있는 자는 그 변제로 당연히 채권자를 대위할 수 있다(제481조). 임의대위와는 달리 채권자의 승낙이 필요 없을 뿐만 아니라 채무자 또는 제3자에 대한 대항요건도 필요하지 않다. 여기서 '변제할 정당한 이익이 있는 자'란 변제함으로써 당연히 대위의 보호를 받아야 할 법률상의 이익을 가지는 자로서(대결 2012.7.16, 2009마461), 불가분채무자·연대채무자·보증인·물상보증인·담보물의 제3취득자 등을 말한다.

【판 례】

* 대결 2012.7.16, 2009마461 … 채무자와의 이행인수약정을 한 이행인수인은 그 약정에 따른 이행을 하지 않으면 채무자에 대하여 채무불이행책임을 부담하게 되므로 변제할 정당한 이익이 있는 자이다.

② 변제 기타 출재로 채무자의 채무를 면하게 할 것

㉠ 변제자가 변제 기타 출재로 채무자의 채무를 면하게 하면 족하므로, 제3자가 공탁 기타 자기의 출재로 채무자의 채무를 면하게 한 경우에도 변제자대위가 인정된다(제486조).

㉡ 채권의 일부에 대하여 대위변제가 있는 때에는 대위자는 그 변제한 가액에 비례하여 채권자와 함께 그 권리를 행사한다(제483조). 또한 물상보증인이 담보권의 실행으로 담보물의 소유권을 잃은 경우(제341조, 제355조, 제370조)에도 변제자대위가 인정된다(제341조, 제370조).

③ 변제자가 채무자에 대하여 구상권을 가질 것

㉠ 주채무자의 부탁으로 보증인이 된 자가 과실없이 변제 기타의 출재로 주채무를 소멸하게 한 때에는 주채무자에 대하여 구상권이 있다(제441조 이하). 또한 불가분채무자 · 연대채무자가 변제한 경우 등과 같이 즉 어느 불가분채무자가 변제 기타 자기의 출재로 공동면책이 된 때에는 다른 불가분채무자의 부담부분에 대하여 구상권을 행사할 수 있다(제411조, 제425조).

㉡ 저당권이 설정된 부동산을 매도담보로 취득한 제3취득자의 경우, 판례는 물상보증인이 채무를 변제하거나 담보권의 실행으로 소유권을 잃은 때에는 보증채무를 이행한 보증인과 마찬가지로 채무자로부터 담보부동산을 취득한 제3자에 대해 구상권의 범위 내에서 출재한 전액에 대해 채권자를 대위할 수 있는 반면, 채무자로부터 담보부동산을 취득한 제3취득자는 채무를 변제하거나 담보권의 실행으로 소유권을 잃더라도 물상보증인에 대해 채권자를 대위할 수 없다고 한다(대판[전합] 2014.12.18, 2011다50233).

【판 례】

* 대판[전합] 2014.12.18, 2011다50233 … 물상보증인과 채무자로부터 담보부동산을 취득한 제3자 상호 간에 각 부동산의 가액에 비례해 채권자를 대위할 수 있다고 본다면, 본래는 출재한 전액에 관해 채권자를 대위할 수 있었던 물상보증인이 채무자가 담보부동산을 제3자에게 양도했다는 우연한 사정으로 이제는 각 부동산의 가액에 비례해서만 대위하게 되는 반면, 당초 채무 전액에 대한 담보권의 부담을 각오하고 담보부동산을 취득한 제3자는 뜻하지 않은 이득을 얻게 되는 부당한 결과가 초래된다.

4) 변제자대위의 효과

① 대위변제자와 채무자의 관계

㉠ 채권에 관한 권리

변제자대위의 요건을 충족하면 구상할 수 있는 채권에 관한 권리를 행사할 수 있다. 여기서 '채권에 관한 권리'에는 변제받은 채권자의 채권뿐만 아니라 손해배상청구권이나 채권자대위권 또는 채권자취소권도 포함된다. 그러나 채권자가 계약당사자의 지위에서 가지는 취소권이나 채무불이행을 원인으로 하는 계약의 해지권 또는 해제권은 대위변제자에게 이전되지 않고 채권자만이 할 수 있다.

㉡ 채권담보에 관한 권리

변제자대위의 요건을 충족하면 구상할 수 있는 담보에 관한 권리를 행사할 수 있다. 여기서 말하는 '담보에 관한 권리'에는 질권 · 저당권이나 보증인에 대한 권리 등과 같이 전형적인 물적 · 인적 담보뿐만 아니라, 채권자와 채무자 사이에 채무의 이행을 확보하기 위한 특약이 있는 경우에 그 특약에 기하여 채권자가 가지게 되는 권리도 포함된다(대판 1997.11.14, 95다11009).

② 법정대위자 상호간의 관계

㉠ 보증인과 제3취득자

보증인은 미리 전세권이나 저당권의 등기에 그 대위를 부기하지 아니하면 전세물이나 저당물에 권리를 취득한 제3자에 대하여 채권자를 대위하지 못하고, 제3취득자는 보증인에 대하여 채권자를 대위하지 못한다(제482조 제2항 제1호, 제2호). 다시 말하면 보증인은 일정 조건을 충족하여 제3취득자에 대하여 채권자를 대위하지만, 제3취득자는 보증인에 대하여 채권자를 대위하지 못한다(대판[전합] 2014.12.18, 2011다50233 참고). 한편 유의할 점은 제3취득자 상호간, 즉 제3취득자 중의 1인은 각 부동산의 가액에 비례하여 다른 제3취득자에 대하여 채권자를 대위하는 바(제482조 제2항 제3호), 이는 물상보증인 상호간에도 준용된다(제482조 제2항 제4호).

㉡ 물상보증인과 보증인

자기의 재산을 타인의 채무의 담보로 제공한 자(물상보증인)와 보증인 간에는 그 인원수에 비례하여 채권자를 대위한다. 그러나 자기의 재산을 타인의 채무의 담보로 제공한 자가 수인인 때에는 보증인의 부담부분을 제외하고 그 잔액에 대하여 각 재산의 가액에 비례하여 대위한다(제482조 제2항 제5호 본문; 대판 2010.6.10, 2007다61113). 이 경우에 그 재산이 부동산인 때에는 물상보증인의 부동산에 대한 그 대위의 부기등기를 하여야만 물상보증인으로부터 그 부동산을 취득한 제3취득자에 대하여 채권자를 대위할 수 있다(제482조 제2항 제5호 후문).

【판 례】

* 대판 2010.6.10, 2007다61113 … 민법 제482조 제2항 제5호 규정 취지는 동일한 채무에 대하여 보증인 또는 물상보증인이 여럿 있고 이 중에서 보증인과 물상보증인의 지위를 겸하는 자가 포함되어 있는 경우에도 동일하게 참작되어야 한다. 따라서 보증인과 물상보증인이 여럿 있는 경우 어느 누구라도 위와 같은 방식으로 산정한 각자의 부담 부분을 넘는 대위변제 등을 하지 않으면 다른 보증인과 물상보증인을 상대로 채권자의 권리를

대위할 수 없다.

③ 대위변제자와 채권자의 관계

㉠ 전부대위인 경우

채권 전부의 대위변제를 받은 채권자는 그 채권에 관한 증서 및 점유한 담보물을 대위자에게 교부하여야 한다(제484조 제1항). 이 경우 채권자는 대위변제의 담보물이 부동산이라면 대위의 부기등기에 협력하여야 하고 임의대위라면 대위의 통지를 할 의무를 부담한다(대판 2002.7.26, 2001다53927).

㉡ 일부대위인 경우

채권의 일부에 대하여 대위변제가 있는 때에는 대위자는 그 변제한 가액에 비례하여 채권자와 함께 그 권리를 행사한다(제483조 제1항). 한편 채무불이행을 원인으로 하는 계약의 해지 또는 해제는 채권자만이 할 수 있고 채권자는 대위자에게 그 변제한 가액과 이자를 상환하여야 한다(제483조 제2항). 이 경우 유의할 점은 채권의 일부에 대한 대위변제가 있는 때에는 채권자는 채권증서에 그 대위를 기입하고 자기가 점유한 담보물의 보존에 관하여 대위자의 감독을 받아야 한다(제484조 제2항).

④ 채권자의 담보상실과 법정대위자의 면책

㉠ 민법 제481조에 의하여 법정대위자가 있는 경우에 채권자의 고의나 과실로 담보가 상실되거나 감소된 때에는 대위할 자(물상보증인, 연대채무자)는 그 상실 또는 감소로 인하여 상환을 받을 수 없는 한도에서 그 책임을 면한다(제485조). 여기서 채권자란 당초의 채권자이거나 장래 대위로 인하여 채권자가 되는 자를 모두 말한다(대판 2012.6.14, 2010다11651).

㉡ 법정대위자가 물상보증인 또는 담보물의 제3취득자인 경우에는 각각 그 책임을 확정적으로 면한다(제485조 참조). 그리고 채권자의 고의나 과실로 담보가 상실 또는 감소한 경우 민법 제485조에 의하여 법정대위자가 면책되는지 여부 및 면책되는 범위는 담보가 상실 또는 감소한 시점을 표준시점으로 하여 판단하여야 한다(대판 2008.12.11, 2007다66590).

5. 대물변제

(1) 대물변제의 의의

대물변제라 함은 채무자가 채권자의 승낙을 얻어 본래의 채무이행에 갈음하여 다른 급여를 하는 것으로서, 변제와 같은 효력이 있다는 것을 말한다(제466조). 대물변제는 본래의 채무에 갈음하여 다른 급여를 현실적으로 하는 때에 성립되는 요물계약이므로, 다른 급여가 부동산의 소유권이전인 때에는 등기를 완료하여야만 대물변제가 성립되어 기존채무가 소멸된다.

(2) 구별개념

1) 대물변제의 예약

대물변제의 예약이란 채권자와 채무자가 본래의 급부에 갈음하여 대물변제를 할 것을 이행기 전에 미리 약정하는 것이다. 대물변제의 예약은 주로 담보의 목적으로 활용되는 것으로, 채권자는 채무자에 대하여 본래의 급부를 청구하거나 대물변제예약에 기하여 본래의 급부에 갈음한 대물급부를 청구할 수도 있다.

2) 대물반환의 예약

대물반환의 예약이란 소비대차에 관하여 차주(채무자)가 차용물의 반환에 갈음하여 다른 재산권을 이전할 것을 예약하는 것이다. 이러한 대물반환예약은 예약당시의 가액이 차용액 및 이에 붙인 이자의 합산액을 넘지 못하고, 만약 이를 위반한 당사자의 약정으로서 차주에 불리한 것은 환매 기타 여하한 명목이라도 그 효력이 없다(제607조, 제608조).

(3) 대물변제의 요건

1) 기존채권의 존재

대물변제는 본래의 채무를 소멸시키기 위해 대물급부를 실행한다는 점에서 기존의 채권이 존재하여야 한다. 즉 본래의 채무이행에 갈음하여 다른 급여를 현실(현실적 실행)로 하여야 함으로 채무에 대응하는 채권이 존재하지 않음에도 불구하고 대물변제가 행해진 경우에는 그 급부는 비채변제가 되며(제742조), 기본적이 채권이 무효 또는 취소된 경우에는 대물변제도 무효이다(대판 1991.11.12, 91다9503 참고).

2) 채권자의 승낙

채권자는 다른 급부를 수령할 의무가 없기 때문에 대물변제에는 채권자의 승낙이 필요하다(제466조). 따라서 채권자의 승낙을 얻어 대물변제계약이 성립되면 그것과 동시에 현실급여가 반드시 수반되어야 하는 것은 아니므로, 대물변제계약이 성립된 이상 아직 이에 수반한 소유권이전등기가 채권자 앞으로 이루어지지 아니하였다고 할지라도 채권자로서는 대물변제계약의 채권적 효력으로써 채무자에 대하여 대물변제계약을 원인으로 하는 소유권이전등기 절차 이행을 청구할 수 있다(대판 1974.6.25, 73다1819).

3) 채무이행에 갈음하여 다른 급여제공

① 여기서의 '다른 급여'는 양도가 금지된 것이 아닌한 그 종류에 제한이 없고 본래의 급부와 같은 가치를 가져야하는 것도 아니지만, 변제의 결과를 현실적으로 실현하는 것(즉 채무소멸의 결과를 가져오는 것)이어야 하므로 다른 급여가 부동산소유권의 이전인 때에는 그 부동산에 관한 물권변동의 효력이 발생하는 등기를 경료하여야만 채무소멸의 효력을 발생하는 것이다(대판 2003.5.16, 2001다27470).

② 채무자가 채권자에게 채무변제에 '갈음하여' 다른 채권을 양도하기로 한 경우에는 대체급부로서 채권을 양도한 양도인은 양도 당시 양도대상인 채권의 존재에 대해서는 담보책임을 지지만 당사자 사이에 별도의 약정이 있다는 등 특별한 사정이 없는 한 그 채무자의 변제자력까지 담보하는 것은 아니다(대판 2013.5.9, 2012다40998).

(4) 대물변제의 효과

1) 변제와 동일한 효력

① 대물변제의 효력이 발생하면 본래의 채권은 소멸하고 그에 부수된 권리(담보권, 보증채권)도 소멸하며 대물급부와 본래 급부 사이의 가치 차이가 있더라도 청산되어야 하는 것은 아니다.

② 대물변제는 변제와 같은 효력이 있는 것이므로 성질이 허용하는 한 변제에 관한 규정은 적용되어야 할 것이므로 제3자와 채권자 사이의 대물변제합의에 의한 제3자변제(제469조)도 가능하고 변제기전의 대물변제(제468조)도 가능할 것이다.

2) 담보책임의 효력

① 대물변제는 변제와 같은 효력이 있다(제466조). 따라서 급부된 목적물에 하

자가 있는 경우에는 민법 제567조에 의해 매도인의 담보책임에 관한 규정이 준용된다(통설).

② 대물변제계약은 본래의 급부에 갈음하여 새로운 급부를 실현함으로써 기존채무를 소멸시키는 유상계약이기 때문에 담보책임을 부담한다. 다만 본래의 급부에 관한 원인이 증여와 같이 무상계약인 경우에는 제567조(매도인의 담보책임)는 적용이 없다고 하겠다.

제 3 절 공 탁

1. 서 설

(1) 공탁의 의의

1) 변제공탁

① 민법 제487조 이하에서 규정하는 공탁은 채무에 관한 '변제공탁'을 말한다. 즉 변제공탁이라 함은 채권자가 변제를 받지 아니하거나 받을 수 없는 때 또는 변제가자 과실없이 채권자를 알 수 없는 때에 변제자가 채권자를 위하여 변제의 목적물을 공탁하여 그 채무를 면하는 제도를 말한다.

② 변제공탁은 채권자의 협력없이도 채무자가 채무를 면하게 하는 채권소멸원인이다. 민법은 변제공탁의 요건과 방법 및 효과를 규정하고, 공탁법은 공탁절차를 규정한다.

2) 공탁의 용도

① 공탁 그 자체는 민법 제487조와 같이 채무를 면하기 위한 목적에서 사용되는 것이 가장 일반적인 것이나, 그 외에 입질채권의 변제기가 질권자의 채권의 변제기보다 먼저 도래한 때에 질권자는 제3채무자에 대하여 그 변제금액의 공탁을 청구할 수 있다(제353조 제3항).

② 공탁제도는 강제집행의 목적물을 공탁하여 그 목적물의 관리와 교부를 공탁절차에 따르게 할 목적으로 사용되기도 하며(집행공탁－민사집행법 제248조), 매매목적물의 보관에 관하여 이용되기도 한다(상법 제70조).

(2) 공탁의 법적성질

1) 공법관계설

공탁은 국가기관인 공탁소를 중심으로 공탁법의 규정에 따라 그 절차가 실현되기 때문에 공법관계이며, 그러한 관계가 형성될 때에 비로소 민법상의 채무는 그 목적을 달성하고 소멸되는 것이라고 한다(이은영 741면; 대결 1972.5.15, 72마401참고).

2) 사법관계설

변제공탁제도는 채무자가 채무의 목적물을 공탁소에 공탁함으로써 채무를 면하게 하는 변제자를 위한 제도이므로 비록 그 공탁이 국가의 후견적 관여하에 이루어진다고 하더라도 본질적으로는 사인간의 법률관계를 조정하기 위한 것이라고 한다(김형배 1166면; 대판[전합] 1997.10.16, 96다11747). 즉 민법 제487조 이하의 규정은 채권자와 채무자 사이의 법률관계에 대하여 공탁이 미치는 사법상의 효력만을 규율하고 있는 데 지나지 않는다는 것이다.

3) 공 · 사법관계설

공탁은 공법적인면과 사법적인면을 함께 지니고 있다고 한다. 따라서 공법적 측면에 대해서는 공탁법이 규율되며, 사법적인 측면에 대해서는 공탁자의 신청에 의하여 공탁소가 공탁물을 승낙 · 수령함으로써 성립하는 민법상의 제3자를 위한 임치계약으로 규율된다고 한다(곽윤직 370면).

2. 공탁의 요건

(1) 공탁의 원인존재

변제공탁의 원인에는 수령거절(채권자가 변제를 받지 않는 경우) 또는 수령불능(채권자가 변제를 받을 수 없는 경우)과 변제자가 과실없이 채권자를 알 수 없는 경우가 있다. 이 경우 공탁원인에 대한 증명책임은 공탁자가 부담한다(대판 2008.10.23, 2007다35596).

【판 례】

* 대판 2008.10.23, 2007다35596 … 공탁은 공탁자가 자기의 책임과 판단 하에 하는 것으로서 공탁자는 누구에게 변제하여야 할 것인지를 판단하여 변제공탁이 민법 제487조 전단의 '수령불능을 원인으로 한 변제공탁'인지,

같은 조 후단의 '상대적 불확지 변제공탁'인지 아니면 두 가지 모두 가지고 있는지 여부는 공탁서의 법조항란의 기재와 공탁원인사실란의 기재 등에 비추어 객관적으로 판단해야 한다.

1) 채권자가 변제를 받지 아니하거나 받을 수 없는 때

① 변제자가 변제제공을 하였으나 채권자가 수령을 거절한 경우에는 채권자의 귀책사유를 묻지 않고 공탁할 수 있다(제487조 1문).

② 채권자가 미리 변제의 수령을 거절한 경우에는 채무자는 이행의 제공을 하지 않고 바로 변제공탁할 수 있다(대판 1994.8.26, 93다42276). 또한 채권자의 수령불능인 경우에도 이행의 제공을 하지 않고 바로 변제공탁할 수 있다.

2) 변제자가 과실없이 채권자를 알 수 없는 경우

① 민법 제487조의 '변제자가 과실없이 채권자를 알 수 없는 경우'라 함은 객관적으로 채권자 또는 변제수령권자가 존재하고 있으나 채무자가 선량한 관리자의 주의를 다하여도 채권자가 누구인지를 알 수 없는 경우를 말한다(대판 2005.5.26, 2003다12311). 예컨대 예금계약의 출연자와 예금명의자가 서로 다르고 양자 모두 예금채권에 관한 권리를 적극 주장하고 있는 경우로서 금융기관이 선량한 관리자로서의 주의의무를 다하여도 어느 쪽이 진정한 예금주인지에 관하여 사실상 혹은 법률상 의문이 제기될 여지가 충분히 있다고 인정되는 때에는 채무자인 금융기관으로서는 민법 제487조 후단의 채권자 불확지(不確知)를 원인으로 하여 변제공탁을 할 수 있다(대판 2004.11.11, 2004다37737).

② 매매계약의 중도금 지급기일을 앞두고 사망한 매도인에게 상속인들이 여러 명이 있고 그중에는 출가하였다가 자식만 남기고 사망한 딸도 있는 등 매수인으로서는 매도인의 공동상속인들이나 그 상속인들의 상속지분을 구체적으로 알기 어려운 경우에는 매수인이 중도금 지급기일에 사망한 매도인을 피공탁자로 하여 중도금의 변제공탁을 한 것은 민법 제487조 채권자 불확지를 원인으로 하는 변제공탁에 해당하여 유효하다(대판 1991.5.28, 91다3055).

(2) 공탁의 목적물

공탁하려는 물건이 공탁에 적합한 것이어야 하며, 변제의 목적물이 공탁의 목적물로 되는 것이 원칙이다(제487조 참조). 따라서 물건이면 동산이든 부동산이든 공탁할 수 있다. 그러나 변제의 목적물이 동물(소, 돼지, 개, 양 등)의 인도와 같이 공탁에 적당하지 아니하거나, 멸실·훼손 또는 부패할 염려가 있거나 공탁에 과다한 비용을 요하는 경우에는 변제자는 법원의 허가를 얻어 그 물건을 경매하거나 시가(시장 가격)로 방매하여 대금을 공탁(자조 매각)할 수 있다(제490조).

(3) 공탁의 내용

① 공탁에 의해서 채무가 소멸되는 효과가 발생하므로 공탁의 내용은 채무의 내용에 좇은 것이어야 한다. 즉 채무자가 공탁원인이 있어서 공탁에 의하여 그 채무를 면하려면 채무액 전부를 공탁하여야 한다. 따라서 일부의 공탁(조건부공탁을 포함한다)은 그 채무를 변제함에 있어서 일부의 제공이 유효한 제공이라고 시인될 수 있는 특별한 사정이 있는 경우를 제외하고는 채권자가 이를 수락하지 아니하는 한 그에 상응하는 공탁의 효력이 발생하지 않는다(대판 2008.7.10, 2008다10051; 대판 2009.10.29, 2008다51359).

② 한편 채무자가 채권자의 상대의무이행과 동시에 변제할 경우에는 채권자는 그 의무이행을 하지 아니하면 공탁물을 수령하지 못한다(제491조). 따라서 채무자가 채권자에 대하여 동시이행항변권을 가지는 때에는 채권자의 반대급부의 제공을 공탁물수령의 조건으로 할 수는 있으나, 채권자의 본래의 청구권에 선이행 또는 동시이행의 항변권이 붙어 있지 않는 경우에 채무자가 채권자의 어떤 행위의 이행을 조건으로 공탁하였다면 그 공탁은 채권자의 승낙이 없는 한 무효이다(대판 1970.9.22, 70다1061).

(4) 공탁의 절차

1) 공탁의 당사자

① 공탁의 당사자는 공탁자와 공탁소이다. 여기서 공탁자란 변제자를 말하며, 공탁소는 공탁을 받는 자로서 채무이행지의 공탁소인데(제488조 제1항), 공탁소에 관하여 법률에 특별한 규정이 없으면 법원은 변제자의 청구에 의하여 공탁소를 지정하고 공탁물보관자를 선임하여야 한다(제488조 제2항).

② 공탁소는 공탁의 당사자로서 공탁자에 대하여 보관의무를 부담하고 채권자에 대하여는 공탁물의 교부의무를 지는 공탁사무를 진행하는 국가기관이며, 공탁소에서 공탁사무를 취급하는 공탁관은 지방법원장이 지정하는 지방법원 서기관 등이다(공탁법 제2조).

2) 공탁의 세부절차

① 공탁을 하려는 자는 공탁서 2통을 공탁관에게 제출하여야 한다(공탁규칙 제20조). 공탁자의 공탁이 인정될 경우 공탁관은 공탁서를 채무자에게 교부하고, 공탁자는 공탁물보관자에게 공탁물을 납입한다(공탁규칙 제26조).

② 공탁물보관자로부터 공탁물납입사실을 통지받은 공탁관은 공탁통지서를 채권자, 즉 피공탁자에게 발송하여야 한다(공탁규칙 제29조). 따라서 민법 제488조 제3항은 공탁자가 공탁사실을 채권자에게 통지하여야 한다고 규정하고 있으나, 실제로는 공탁관을 통행서 채권자에게 통지되는 것이다.

③ 한편 공탁관의 처분에 대한 불복(이의신청)이 있는 때에는 공탁법이 정한 바에 따라 이의신청과 항고를 할 수 있고, 공탁법이 정한 절차에 의하여 공탁금지급청구를 하지 아니하고 직접 민사소송으로써 국가를 상대로 공탁금지급청구를 할 수는 없다(대판 2013.7.25, 2012다204815).

3. 공탁의 효과

(1) 채무의 소멸

① 공탁에 의하여 변제가 있었던 것처럼 채무는 소멸한다(제487조). 즉 변제공탁은 채권자에 대한 공탁통지나 채권자의 수익의 의사표시 또는 채권자가 공탁물출급청구를 하였는지와는 관계없이 변제공탁을 한 때에 채무소멸의 효과가 발생한다.

② 변제공탁에 의한 채무소멸의 시기는 공탁공무원의 수탁처분과 공탁물보관자가 공탁물을 수령한 때에 그 효력이 발생하여 채무소멸의 효과를 가져오는 것이고, 그 후 공탁물 출급청구권에 대하여 가압류 집행이 되더라도 변제의 효력에 영향을 미치지 아니한다(대판 2011.12.13, 2011다11580).

(2) 공탁물회수청구권

① 민법 제489조는 공탁이 행해진 후에도 채권자가 공탁을 승인 또는 공탁소에 대하여 공탁물을 받기를 통고하거나 공탁유효의 판결이 확정되기까지는 변제자는 공탁물을 회수할 수 있다(제489조). 이 경우에 민법은 공탁하지 아니한 것으로 본다고 규정하기 때문에 공탁자의 공탁물회수청구권

이 존속하는 동안은 공탁의 효력이 불확정한 상태에 놓여 있게 된다. 이에 공탁에 대한 채무소멸의 효력발생에 관해서 회수권의 소멸을 조건으로 하는 해제조건설과 정지조건설이 대립하고 있다.

② 변제공탁자가 공탁물회수청구권의 행사에 의하여 공탁물을 회수한 경우에는 공탁하지 아니한 것으로 보아 채권소멸의 효력은 소급하여 없어지는 것이다(대판 2014.5.29, 2013다212295). 이와 같이 판례와 다수설은 공탁물회수에 관하여 해제조건을 취하면서 채권소멸의 효력을 소급적으로 소멸시키는 공탁물의 회수에는 공탁자에 의하여 이루어진 경우뿐만 아니라, 제3자가 공탁자에게 대하여 가지는 별도 채권의 집행권원으로써 공탁자의 공탁물회수청구권에 대하여 압류 및 추심명령을 받아 그 집행으로 공탁물을 회수한 경우도 포함된다고 한다.

(3) 공탁물출급청구권

① 변제공탁으로 채권자는 공탁소에 대하여 공탁물출급청구권을 취득하고 이를 행사함으로써 공탁물을 수령하게 되는데, 공탁물출급청구권자는 피공탁자 또는 그 승계인이다. 유의할 점은 피공탁자는 공탁서의 기재에 의하여 형식적으로 결정되므로 실체법상의 채권자라고 하더라도 피공탁자로 지정되어 있지 않으면 공탁물출급청구권을 행사할 수 없다(대판 2006.8.25, 2005다67476).

② 공탁자가 착오로 공탁한 때 또는 공탁의 원인이 소멸한 때에는 공탁자가 공탁물을 회수할 수 있을 뿐 피공탁자의 공탁물출급청구권은 존재하지 않는다. 따라서 이러한 경우 공탁자가 공탁물을 회수하기 전에 위 공탁물출급청구권에 대한 전부명령을 받아 공탁물을 수령한 자는 법률상 원인 없이 공탁물을 수령한 것이 되어 공탁자에 대하여 부당이득반환의무를 부담한다(대판 2008.9.25, 2008다34668).

4. 공탁물의 회수

(1) 공탁물회수권의 의의

공탁물회수권이라 함은 공탁자가 채권자의 공탁승인 또는 채권자의 공탁소에 대한 공탁물수령통고나 공탁유효판결의 확정전까지 공탁물을 회수할 수 있는 권리를 말한다(제489조). 이러한 공탁물회수권의 법적성질은 형성권이고 재산권이므로 양도 또는 압류·전부명령의 객체가 된다(대판 2014.5.29, 2013다212296). 한편 유의할 점은 민법 제489조의 공탁물회수권 이외에 공탁법 제9조는 착오로 공탁을 한 경우나 공탁의 원인이 소멸한 경우에도 공탁물을 회수할 수 있다고 규정한다.

【판 례】

* 대판 2014.5.29, 2013다212296 … 변제공탁이 적법한 때에 변제의 효력이 발생하나 공탁물회수권을 행사한 경우 채권소멸의 효력이 소급되는 바, 이와 같이 채권소멸의 효력을 소급적으로 소멸시키는 공탁물의 회수에는 공탁자에 의한 경우뿐만 아니라, 제3자가 공탁자에게 가지는 별도 채권의 집행권원으로써 공탁자의 공탁물회수청구권에 대하여 압류 및 추심명령을 받아 그 집행으로 공탁물을 회수한 경우에도 포함된다.

(2) 공탁물회수권의 요건

① 공탁물회수권에 의하여 공탁자가 그 공탁물을 회수하기 위해서는 채권자가 공탁을 승인하기 전 또는 공탁소에 대하여 공탁물을 받기를 통고하기 전이거나 공탁유효의 판결이 확정되기 전(제489조)뿐만 아니라 착오로 공탁을 한 경우나 공탁의 원인이 소멸한 경우이다(공탁법 제9조).

② 채권자의 승인은 채무자 또는 공탁소에 대한 의사표시로 하고 공탁물수령의 통고는 공탁소에 대하여 하며, 공탁유효의 판결은 반드시 확인판결에 한하지는 않는다.

(3) 공탁물회수권의 효과

① 공탁자가 공탁물회수권을 행사하여 공탁물을 회수하면 공탁하지 아니한 것으로 보기 때문에(제489조 제1항 단서), 채무는 처음부터 소멸하지 않은 것이 된다. 즉 공탁물회수로 인하여 이전(종전)의 법률관계가 다시 부활하며 공탁의 효과가 공탁한 때로 소급하여 소멸하는 것이다.

② 공탁물회수권의 효과가 제한되는 경우, 즉 채권자가 공탁을 승인한 경우와 공탁이 유효하다는 판결이 확정된 경우(제489조 제1항 전문) 등은 물론 공탁으로 인하여 질권 또는 저당권이 소멸한 경우에도 공탁물회수권에 의한 공탁물을 회수할 수 없다(제489조 제2항).

제4절 상 계

1. 서 설

(1) 상계의 의의

① 상계(상계 적상)라 함은 채권자와 채무자가 서로 같은 종류를 목적으로 한 채무를 부담한 경우에 상계가 금지되지 않는 한 그 쌍방(채권자, 채무자)의 채무의 이행기가 도래한 때에 각 채무자가 상대방에 대한 의사표시로서 대등액에 관하여 채무를 소멸하게 하는 것을 말한다(제492조).

② 상계는 채무자의 의사표시만으로 행해지는 단독행위이다. 따라서 상계를 하는 채무자의 채권자에 대한 채권을 '자동채권'이라 하고, 그에 대하여 채권자가 채무자에 대하여 가지는 채권을 '수동채권'이라고 한다.

(2) 상계의 기능

1) 채권결제의 간이화 기능

상계제도의 기능은 서로 대립하는 채권 · 채무를 간이한 방법에 의하여 결제함으로써 양자의 채권 · 채무 관계를 원활하고 공평하게 처리함에 있다(대판 2006.7.28, 2004다54633). 따라서 우선 상계는 상계하는 채권자가 공적 집행방법인 강제집행에 의하지 않고 일방적 의사표시에 의하여 그의 채권을 실현하는 사적 집행수단으로서 채권결제의 간이화기능에 이바지한다. 즉 상계를 통하여 당사자들은 대등액의 범위에서 서로 현실적으로 급부를 주고받아야 함에 따른 비용과 위험을 피할 수 있다.

2) 상계의 담보적 기능

은행에서 예금을 담보로 대출하는 경우, 즉 채권자인 은행이 채무자에게 대출을 할 때 채무자의 예금채권이 있다면, 채무자가 대출금반환채무를 이행하지 않는 경우에 대출금반환채권(자동채권)과 예금채권(수동채권)을 대등액에서 상계함으로써 우선변제를 받을 수 있는 담보적 기능을 수행한다(대판 2003.7.8, 2002다64551).

(3) 상계계약

① 계약자유의 원칙상 당사자의 계약에 의해서도 상계의 목적을 달성할 수

있다. 즉 상법상 상인 사이에 일정기간의 거래에 의해 발생하는 채권·채무의 총액에 대해서 청산을 목적으로 하는 '상호계산'(상법 제72조)이 대표적인 바. 이러한 상계계약의 내용은 일방 당사자의 의사표시에 의해 두 채권이 소멸하는 상계와는 달리 '당사자 합의'에 의해 결정된다.

② 민법이 정하고 있는 상계의 요건(상계적상, 상계금지)에 관한 규정은 상법상의 '상호계상' 즉 상계계약에는 적용되지 않는다. 또한 상계계약에는 조건·기한을 붙일 수도 있으므로, 장래 일정한 사유가 발생한 경우에 당사자 사이에 서로 대립하는 채권에 관하여 상계한다는 것을 내용으로 하는 합의(상계예약) 역시 유효하다(김형배 1176면).

2. 상계의 요건

채무자가 상계하기 위하여는 '상계적상'이 있어야 하는데, 그 요건을 구체적으로 살펴보면 다음과 같다.

(1) 쌍방의 채권이 서로 대립하고 있을 것

1) 자동채권

자동채권은 원칙적으로 채무자가 채권자에 대하여 가지는 채권으로서 상계자(채무자) 자신이 채권자(피상계자)에 대하여 가지는 채권이어야 한다. 한편 예외적으로 연대채무·보증채무의 경우에는 상계할 채권이 있는 연대채무자·연대보증인이 상계하지 아니한 때에는 그 채무자의 부담부분에 한하여 다른 연대채무자(연대보증인)가 상계할 수 있다(제418조, 제434조). 또한 양도인이 양도통지만을 한 때에는 그 통지를 받은 때가지 양도인(채권자)에 대하여 생긴 사유로 양수인(제3자)에게 대항할 수 있으므로, 채권양도의 경우에는 제3자에 대한 상계자 자신의 채권으로써 상계할 수 있다(제426조, 제445조, 제451조).

2) 수동채권

수동채권은 채권자가 채무자에 대하여 가지는 채권이어야 하므로, 채무자(피상계자)가 제3자에 대해 가지는 채권과는 상계하지 못한다(대판 2011.4.28, 2010다101394). 따라서 제3자는 채무자를 위하여 변제는 할 수 있으나 제3채무자의 채권자에 대한 채권으로 채권자의 채무자에 대한 채권과 상계할 수는 없으며, 또한 채권자의 채권자도 자기가 채권자에 대해 가지는 채권으로 채권자가 제3자에 대해 가지는 채권과 상계할 수 없다.

【판 례】

* 대판 2011.4.28, 2010다101394 … 상계제도의 취지는 서로 대립하는 두 당사자 사이의 채권·채무를 간이한 방법으로 원활하고 공평하게 처리하려는 데 있으므로, 수동채권으로 될 수 있는 채권은 상대방이 상계자에 대하여 가지는 채권이어야 하고, 상대방이 제3자에 대하여 가지는 채권과는 상계할 수 없다.

(2) 쌍방채권의 목적이 같은 종류일 것

쌍방 채권의 목적이 같은 종류여야 한다는 것은 서로 같은 종류를 목적으로 한 채무를 부담한 경우이어야 하는 것이므로(제492조 제1항 본문), 금전채권 등과 같이 종류채권에 한한다. 판례도 확정된 벌금채권 역시 다른 금전채권들과 본질적으로 다를바 없으로 이를 자동채권으로 하여 국가가 사인의 국가에 대한 채권과 대등액에서 상계할 수 있다고 하였다(대판 2004.4.27, 2003다37891). 그렇다고 하여 채권액이 동일할 필요는 없으며 쌍방 채권의 이행지가 다르더라도 상계할 수 있다(제494조).

(3) 쌍방채권이 변제기가 도래할 것

민법 제492조 법문상에서는 쌍방의 채권 모두가 변제기에 있어야 하는 것을 요건으로 하지만, 이 경우 수동채권과 자동채권을 달리 해석하여야 한다. 즉 채권자(상계자)는 스스로 자기의 기한의 이익을 포기하고 변제기 전이라도 변제할 수 있으므로(제468조 본문), 반드시 수동채권의 변제기가 도래할 필요는 없다. 다만 자동채권의 경우에는 변제기 도래가 상계적상의 요건이라고 할 수 있다.

(4) 쌍방채권이 상계가 허용될 것

채권자·채무자 상호간에 현실적으로 이행(변제)하지 않으면 채권의 목적을 달성할 수 없는 채무, 즉 부작위채무 또는 자동채권에 항변권이 붙은 경우에는 성질상 상계할 수 없다(제492조 제1항 단서). 반면 수동채권에 항변권이 붙은 경우 또는 쌍방 채권이 상호간에 동시이행항변권을 갖는 경우에는 상계할 수 있다

(대판 2006.7.28, 2004다54633). 예를 들어 수급인의 담보책임에 기한 손해배상채무와 도급인의 보수지급채무(제667조 제3항)는 각각 상계할 수 있다.

3. 상계의 금지

(1) 상계금지의 의의

당사자자가 의사자유의 원칙상 상계를 금지할 수 있음은 당연하다(제492조 제2항 본문). 그러나 현실적인 변제를 받게 할 특별한 사정이 있는 수동채권에 대하서는 상계에 의한 변제가 '법률상 금지'된다(제496조~ 제498조).

(2) 당사자의사표지에 의한 금지

당사자는 상계를 반대하는 의사표시를 함으로써 이를 금지할 수 있다(제492조 제2항 본문). 그러나 상계금지의 의사표시는 선의의 제3자에게 대항하지 못한다(제492조 제2항 단서).

(3) 법률에 의한 금지

1) 고의의 불법행위채권

① 채무가 고의의 불법행위로 인한 것인 때에는 그 채무자는 상계로 채권자에게 대항하지 못한다(제496조). 민법 제496조의 취지는 고의의 불법행위로 인한 피해자가 가해자의 상계권 행사로 인하여 현실의 변제를 받을 수 없는 결과가 됨은 사회적 정의관념에 맞지 아니하므로 고의에 의한 불법행위의 발생을 방지함과 아울러 고의의 불법행위로 인한 피해자에게 현실의 변제를 받게 하려는 데 있다(대판 2002.1.26, 2001다52506).

② 한편 '채권양도가 사해행위'에 해당하는 경우 불법행위로 인한 손해배상채권의 채무자가 채권양도인에 대한 '별도의 채권자 지위'에서 채권양수인에게 채권자취소권을 행사하여 채권양도의 취소를 구함과 아울러 취소에 따른 원상회복 방법으로 직접 자신 앞으로 가액배상의 지급을 구하는 것 자체는 민법 제496조에 반하지 않으므로 허용된다(대판 2011.6.10, 2011다8980; 대판 2017.2.15, 2014다19776).

【판 례】

* 대판 2017.2.15, 2014다19776 … 민법 제496조는 고의의 불법행위로 인한 손해배상채권을 수동채권으로 한 상계에 관한 것이고 고의의 채무불이행으로 인한 손해배상채권에는 적용되지 않는다. 다만 고의에 의한 행위가 불법행위를 구성함과 동시에 채무불이행을 구성하여 불법행위로 인한 손해배상채권과 채무불이행으로 인한 손해배상채권이 경합하는 경우에는 이 규정을 유추적용할 필요가 있다.

2) 압류금지의 채권

① 채권이 압류하지 못할 것인 때에는 그 채무자는 그 채권을 수동채권으로 하여 상계하지 못한다(제497조; 대판2009.12.10, 2007다30171). 여기서 말하는 압류금지채권이란 법령에 규정된 부양료·구호사업비나 제3자의 도움으로 계속 받는 수입·봉급·퇴직연금 그 밖에 이와 비슷한 성질을 가진 급여채권의 2분의 1에 해당하는 금액을 말한다. 그러나 채권자가 압류금지채권을 자동채권으로 하여 상계할 수는 있다(대판[전합] 2010.5.20, 2011다90760).

② 특별법상 상계금지채권, 즉 일정한 목적과 당사자의 이익을 보호하기 위하여 각종 특별법에서 상계를 금지하고 있는 바, 근로기준법상의 임금 및 근로자의 재해보상청구권·공무원연금법 및 사립학교교직원연금법상의 각종 급여를 받을 채권·국민건강보험법상의 보험급여를 받을 권리·형사보상청구권 등이 이에 해당한다.

【판 례】

* 대판 2009.12.10, 2007다30171 … 양도 또는 대위되는 채권이 원래 압류가 금지되는 것이어서 그 채권의 존재가 채무자의 자동채권에 대한 담보로서 기능할 여지가 없고 따라서 그 담보적 기능에 대한 채무자의 합리적 기대가 있다고도 할 수 없으므로, 그 채권이 양도되거나 대위의 요건이 구비된 이후에 있어서도 여전히 이를 수동채권으로 한 상계로써 채권양수인 또는 대위채권자에게 대항할 수 없다.
* 대판 2010.5.20, 2007다90760 … 민사집행법 제246 제1항 제5호는 근로자인 채무자의 생활보장이라는 공익적·사회정책적 이유에서 퇴직금 그 밖에 이와 비슷한 성질을 가진 급여채권의 2분의 1에 해당하는 금액을 압류금지채권으로 규정하고 있고, 민법 제497조는 압류금지채권의 채무자는 상계로 채권자에게 대항하지 못한다고 규정하고 있으므로, 사용자가 자동

채권으로 근로자의 퇴직금채권을 상계하는 것은 퇴직금채권의 2분의 1을 초과하는 부분에 해당하는 금액에 관하여만 허용된다.

3) 지급금지의 채권

지급을 금지하는 명령을 받은 제3채무자는 지급명령이 있은 후에 취득한 채권에 의한 상계로 그 명령을 신청한 채권자에게 대항하지 못한다(제498조). 지급금지명령을 받은 채권이란 그 채권에 압류 또는 가압류가 있는 경우로서 압류나 가압류의 효력을 유지하기 위한 취지이다. 따라서 압류나 가압류가 있기 이전에 제3채무자가 채무자에 대하여 채권을 가지고 있을 때에는 상계할 수 있다(대판[전합] 2012.2.16, 2011다45521 참고).

【판 례】

* 대판[전합] 2012.2.16, 2011다45521 … 채권압류명령 또는 채권가압류명령을 받은 제3채무자가 압류채무자에 대한 반대채권을 가지고 있는 경우에 상계로써 압류채권자에게 대항하기 위하여는, 압류의 효력 발생 당시에 대립하는 양 채권이 상계적상에 있거나, 그 당시 반대채권(자동채권)의 변제기가 도래하지 아니한 경우에는 그것이 피압류채권(수동채권)의 변제기와 동시에 또는 그보다 먼저 도래하여야 한다.

4) 질권이 설정된 채권

질권의 목적이 된 채권에 대해서는 질권자가 직접 청구할 수 있을 뿐이고(제353조 제1항) 질권설정자는 그 채권을 처분할 수 없으므로(제352조), 지급금지채권의 상계금지에 관한 민법 제498조를 유추적용한다는 것이 통설이다. 따라서 질권설정의 통지를 받은 제3채무자는 그 통지 이후에 취득한 채권에 의한 상계로서 질권자에게 대항하지 못한다.

4. 상계권의 행사방법

(1) 상계권의 행사

1) 상계의 의사표시

① 상계는 변제기(이행시기)가 도래한 채권을 가진 당사자 일방이 상대방에 대한

의사표시로 하고, 이 의사표시에는 조건 또는 기한을 붙이지 못한다(제493조 제1항). 즉 상계는 채무자의 단독행위이므로 상대방에 대한 의사표시로 하도록 한 것이고(대판 2000.9.8, 99다6524 참고), 조건(기한)의 불확정으로 인한 상대방 지위의 불안을 막기 위하여 조건부상계를 금지한 것이다.

② 한편 당사자의 의사표시가 없는 한 상계적상이 현존하는 것만으로 상계되지 않음이 원칙이나, 별도로 상계의 의사를 표시하지 않더라도 당연히 공제되는 경우가 있다. 예컨대 부동산 임대차에 있어서 차임채무·목적물의 멸실 또는 훼손 등으로 인한 손해배상채무의 상당액은 임대차관계의 종료 후 목적물이 반환될 때에 특별한 사정이 없는 한 별도의 의사표시 없이 보증금에서 당연히 공제(상계)된다(대판 2004.12.23, 2004다56554; 대판 2010.7.8, 2010다9697 등).

【판 례】

* 대판 2010.7.8, 2010다9697 … 공사도급계약에서 도급인이 지급한 선급금은 선급공사대금의 성질을 가지므로 선급금을 지급한 후 그 계약이 해제 또는 해지되면 특별한 사정이 없는 한 별도의 상계의 의사표시 없이도 기성고에 해당하는 공사대금 중 미지급액은 당연히 선급금으로 충당된다.

2) 소송상의 상계

① 소송에서 상계의 항변은 수동채권의 존재가 확정되는 것을 전제로 하여 행하여지는 일종의 예비적 항변이다. 따라서 당해 소송절차진행 중 당사자 사이에 조정이 성립됨으로써 수동채권의 존재에 관한 법원의 실질적인 판단이 이루어지지 아니한 경우에는 그 소송절차에서 행하여진 소송상 상계항변의 사법상 효력도 발생하지 않는다(대판 2013.3.28, 2011다3329).

② 상계항변을 먼저 한 후 수동채권의 소멸시효가 완성되었다는 항변을 하였다면 수동채권의 시효이익을 포기하려는 효과의사가 있었다고 단정할 수 없다(대판 2013.2.28, 2011다21556 참고). 또한 상계의 묵시적 의사표시, 즉 민사소송절차에서 권리의 발생·변경·소멸이라는 법률효과는 변론주의의 원칙이 적용되는 바, 비록 상계의 의사표시가 묵시적으로 가능하다고 하더라도 다른 의사와 구분되는 상계의사를 확인하지 않은 채 이를 인정할 수는 없다(대판 2009.10.29, 2008다51359).

【판 례】

* 대판 2013.3.28, 2011다3329 … 당사자가 소송상 상계항변으로 달성하려는

목적 · 분쟁해결수단인 조정의 성격 등에 비추어 볼 때, 당해 소송절차 진행 중 당사자 사이에 조정이 성립됨으로서 수동채권의 존재에 관한 법원의 실질적인 판단이 이루어지지 아니한 경우에는 그 소송절차에서 행하여진 소송상 상계항변의 사법상 효과도 발생하지 않는다.

(2) 상계권의 남용

① 상계의 요건을 갖추었다고 하더라도 상계를 하는 것이 신의성실의 원칙에 위반하여 권리의 남용에 해당하는 경우라면 상계권을 행사할 수 없다. 다만 일반적인 권리남용의 경우에는 객관적 요건 이외에 주관적 요건까지 필요로 하는 것이나 '상계권의 남용'에 있어서는 주관적 요건을 필요로 하지 않는다(대판 2003.4.11, 2002다59481).

② 담보적 기능을 공시하는 방법이 없어서 채권의 존재를 신뢰한 선의의 제3자의 보호가 필요하고, 그 결과 자동채권의 채권자의 상계의 담보적 기능에 대한 과도한 기대가 제한될 수 있다. 즉 상계가능성에 대한 당사자의 합리적 기대는 보호되지만, 상계의 대상이 되는 채권이나 채무를 취득하게 된 목적 · 경위 · 상계권행사의 구체적 사정 등에 비추어 그 기대가 법적으로 보호받을 수 없는 것이라면 상계권의 행사가 권리남용으로 된다(대판 2003.4.11, 2002다59481).

【판 례】

* 대판 2003.4.11, 2002다59481 … 상계제도가 서로 대립하는 채권 · 채무를 간이한 방법에 의하여 결제함으로써 양자의 채권채무관계를 원활하고 공평하게 처리함을 목적으로 하고 있고, 상계채권을 행사하려고 하는 자에 대하여는 수동채권의 존재가 사실상 자동채권에 대한 담보로서의 기능을 하는 것이어서 그 담보적 기능에 대한 당사자의 합리적 거래가 법적으로 보호받을 만한 가치가 있음에 근거하는 것이므로 당사자가 상계의 대상이 되는 채권이나 채무를 취득하게 된 목적과 경위, 상계권을 행사함에 이른 구체적 · 개별적 사정에 비추어 상계제도의 목적이나 기능을 일탈하고 법적으로 보호받을 만한 가치가 없는 경우에는 그 상계권의 행사는 신의칙에 반하거나 상계에 관한 권리를 남용하는 것으로서 허용되지 않는다고 함이 상당하고, 상계권 행사를 제한하는 취지에 비추어 볼 때 일반적 권리남용의 경우에 요구되는 주관적 요건을 필요로 하는 것은 아니다.

5. 상계의 효과

(1) 채권대등액의 소멸

① 상계의 의사표시는 각 채무가 상계할 수 있는 때에 대등액에 관하여 소멸한 것으로 본다(제493조 제2항; 대판 2013.11.14, 2013다46023). 여기서 상계효과의 소급시기인 '각 채무가 상계할 수 있는 때'란 양 채권이 모두 변제기가 도래한 경우와 수동채권의 변제기가 도래하지 아니하였다고 하더라도 기한의 이익을 포기할 수 있는 경우를 포함한다(대판 2011.7.28, 2010다70018). 한편 상계충당을 함에 있어서 피상계자가 여러 개의 상계적상에 있는 수동채권을 가지는데 자동채권이 그 전부를 소멸시키기에 부족하다면, 변제충당에 관한 규정(제476조~제479조)을 준용하여 상계에 의하여 소멸될 수동채권을 결정한다(대판 2014.12.11, 2011다77290).

② 채무자의 손해배상액을 위한 상계충당, 즉 불법행위 또는 채무불이행에 따른 채무자의 손해배상액을 산정할 때에 손해부담의 공평을 기하기 위하여 채무자의 책임을 제한할 필요가 있고, 채무자가 채권자에 대하여 가지는 반대채권으로 상계항변을 하는 경우에는 그 책임제한을 한 후의 손해배상액과 상계하여 소멸시켜야 한다(대판 2015.3.20, 2012다107662).

【판 례】

* 대판 2013.11.14, 2013다46023 … 상계의 의사표시가 있는 경우 그 채무는 상계적상 시에 소급하여 대등액에서 소멸한 것으로 보게 되므로, 상계에 의한 양 채권의 차액계산 또는 상계충당은 상계적상의 시점을 기준으로 하게 된다. 따라서 그 시점 이전에 수동채권의 변제기가 이미 도래하여 지체가 발생한 경우에는 상계적상 시점까지의 수동채권의 지연손해금을 계산한 다음 자동채권으로 그 지연손해금을 먼저 소각하고 잔액을 가지고 원본을 소각하여야 한다.

【판 례】

* 대판 2014.12.11, 2011다77290 … 여러 개의 자동채권으로 한 상계항변이 이유 있고 수동채권의 원리금이 자동채권의 원리금 합계에 미치지 못하는 경우에는 최소한 상계충당이 지정충당에 의하게 되는지 법정충당에 의하게 되는지 여부를 밝히고 지정충당이되는 경우라면 어느 자통채권이 우선 충당되는지를 특정하여야 할 것이다.

(2) 상계의 소급효

① 상계의 의사표시에 의하여 각 채무는 '상계할 수 있었던 때'로 소급하여 대등액에 관하여 소멸한 것으로 본다(제493조 제2항). 즉 상계의 소급효로 인하여 상계적상 이후에는 이행지체책임을 부담하지 않고 이자도 발생하지 않는다. 유의할 점은 이러한 상계의 소급효는 상계의 요건을 갖춘 것을 전제로 하여 상계를 한 때에 생기는 것이므로 상계이전에 이미 발생한 변제・대물변제 또는 계약의 해제・해지 등이 있었다면(상계적상으로 소멸된다) 그 효과까지 뒤집는 것은 아니다(대판 2013.11.14, 2013다46023 참고).

② 지연손해금의 상계충당, 즉 상계적상의 시점 이전에 수동채권의 변제기가 이미 도래하여 지체가 발생한 경우에 상계충당의 방법에 관하여 판례는 채무는 상계적상시에 소급하여 대등액에 관하여 소멸한 것으로 보게 되므로 상계에 의한 양 채권의 차액계산 또는 상계충당은 상계적상의 시점을 기준으로 하고, 그 시점 이전에 수동채권의 변제기가 이미 도래하여 지체가 발생한 경우에는 상계적상 시점까지의 수동채권의 약정이자 및 지연손해금을 계산한 다음 자동채권으로써 먼저 수동채권의 약정이자 및 지연손해금을 소각하고 잔액을 가지고 원본을 소각하여야 한다고 한다(대판 2005.7.8, 2005다8125).

제 5 절 기타 채권의 소멸원인

1. 경 개

(1) 경개의 의의

경개라 함은 당사자가 채무의 중요부분을 변경하는 계약을 함으로써 구채무의 소멸과 동시에 신채무를 성립시키기로 하는 당사자 간의 계약을 말한다(제500조). 여기서 구채무의 소멸과 신채무의 성립은 상호 의존관계에 있으므로 구채무가 원인의 불법 등으로 무효이어서 성립하지 않으면 신채무도 성립할 수 없으므로 경개는 무효이고, 반대로 신채무가 성립하지 않으면 구채무도 소멸하지 않는 것이다(대판 2003.2.11, 2002다62333).

【판 례】

* 대판 2003.2.11, 2002다62333 … 경개는 신채권을 성립시키고 구채권을 소멸시키는 처분행위로서 신채권이 성립되면 그 효과는 완결되고 경개계약 자체의 이행의 문제는 발생할 여지가 없으므로 성립된 신채무의 불이행을 이유로 경개계약을 해제할 수는 없다.

(2) 경개의 종류

경개에는 채무의 중요부분(내용)을 변경하는 경개(제500조)와 채무자변경으로 인한 경개(제501조) 및 채권자변경으로 인한 경개(제502조)가 있다.

1) 중요부분변경의 경우

① 채권자와 채무자의 합의로 채무의 내용을 다른 급부로 변경하는 것을 말한다(대판 2004.9.3, 2002다37405). 예컨대 부동산매매계약에 있어서 1억원의 대금지급채무를 부담(구채무)하는 채무자가 쌍방 당사자의 계약으로 급부할 목적물의 내용이 승용차 지급으로 변경되는 것을 말한다.

② 기존채무와 관련하여 새로운 약정을 체결한 경우에 그 약정이 경개에 해당하는지 아니면 단순한 기존채무의 변제기나 변제방법 등을 변경한 것인지는 당사자의 의사에 의하여 결정되고, 만약 당사자의 의사가 명백하지 않을 때에는 당사자가 그 약정에 의하여 달성하려고 하는 목적과 진정한 의사 등을 종합적으로 고찰하여 사회정의와 형평의 이념에 맞도록 합리적으로 해석하여야 한다(대판[전합] 2019.10.23, 2012다46170).

【판 례】

* 대판 2004.9.3, 2002다37405 … 피고의 선박소유자에 대한 선박구매조건부 '나용선계약'(선박 이외의 선장과 선원・장비・소모품 등에 대한 모든 책임을 부담하는 계약)상의 채무를 보증한 원고가 선박소유자와 청산합의를 하면서 보증계약에 기한 기존채무를 소멸시키고 원고의 자회사가 선박소유자와 새로이 체결하는 선박구매조건부 나용선계약상의 채무를 보증하기로 한 경우에는 경개계약에 해당한다.

2) 채무자변경의 경우

채무자를 변경하는 경개에 있어서는 채권자와 신채무자가 계약의 당사자이다. 그러나 채무자를 변경하는 경개는 채권자·구채무자·신채무자인 3당사자의 합의로 채무자를 변경해야 하므로, 구채무자의 의사에 반하여 채무자변경의 경개를 하지는 못한다(제501조 단서).

3) 채권자변경의 경우

채권자를 변경하는 경개는 신채권자·구채권자와 채무자가 '3면계약', 즉 채무자도 반드시 계약 당사자가 되어야 한다는 점에서 채권양도와 구별된다(대판 1996.7.9, 96다16612 참고). 또한 채무자변경과는 달리 채권자변경의 경개는 확정일자 있는 증서로 체결되지 않으면 이로써 제3자에게 대항하지 못한다(제502조). 이러한 경개에는 채권양도에 관한 민법 제451조 제1항이 준용된다(제503조).

【판 례】

* 대판 1996.7.9, 96다16612 … 기존 채권이 제3자에게 이전된 경우 이를 채권의 양도로 볼 것인가 또는 경개로 볼 것인가는 일차적으로 당사자의 의사에 의하여 결정되고, 만약 당사자의 의사가 명백하지 아니할 때에는 특별한 사정이 없는 한 동일성을 상실함으로써 채권자가 담보를 잃고 채무자가 항변권을 잃게 되는 것과 같이 스스로 불이익을 초래하는 의사를 표시하였다고는 볼 수 없으므로 일반적으로 채권의 양도로 볼 것이라고 한다.

(3) 경개의 요건

경개계약이 성립하기 위하여는 구채무가 유효하게 존재하고 그 구채무의 중요부분을 변경함으로써 그와 동시에 구채무의 소멸에 대신하여 신채무가 성립하는 것이어야 한다.

1) 구채무의 유효한 존재

경개는 구채무가 유효하게 존재하는 것을 요건으로 하므로 구채무가 무효인 경우에는 경개계약도 무효가 된다. 그러나 유의할 점은 구채무의 발생원인인 법률행위에 취소원인이 있음에도 불구하고 당사자가 이의를 보류하지 아니한 채 경개를 하면 법정추인(제145조 제3호)으로 간주되어 경개는 유효하게 된다.

2) 채무의 중요부분의 변경

경개는 당사자가 채무의 중요한 부분을 변경하는 계약을 함으로써 성립하는 것이다(제500조). 여기서 '중요한 부분'이란 채무의 동일성을 구성하는 부분을 의미하는 것으로 채무의 발생원인 · 채권의 목적 · 채권자 · 채무자가 이에 속하며, 채무의 중요부분을 변경한 경우에도 당사자의 경개의사가 명백하지 않으면 경개라고 해석할 수 없다(대판 1996.7.9, 96다16612 참고).

3) 신채무의 유효한 성립

경개계약으로 구채무의 소멸에 대신하여 신채무가 유효하게 성립하여야 하므로, 신채무가 성립하지 아니하면 구채무도 소멸하지 않는다(대판 2007.11.15, 2005다31316). 따라서 민법 제504조는 경개로 인한 신채무가 원인의 불법 또는 당사자가 알지 못한 사유로 인하여 성립되지 아니하거나 취소된 때에는 구채무는 소멸되지 아니한다고 명문으로 규정하고 있다.

【판 례】

* 대판 2007.11.15, 2005다31316 … 경개계약은 구채무를 소멸시키고 신채무를 성립시키는 처분행위로서 구채무의 소멸은 신채무의 성립에 의존하므로, 민법 제504조의 규정에 따라 경개로 인한 신채무가 원인의 불법 또는 당사자가 알지 못한 사유로 인하여 성립하지 아니하거나 취소된 때에는 구채무는 소멸하지 않는 것이며, 특히 경개계약에 조건이 붙어 있는 이른바 조건부 경개의 경우에는 구채무의 소멸과 신채무의 성립 자체가 그 조건의 성취 여부에 걸려 있게 되는 것이다.

(4) 경개의 효과

1) 구채무의 소멸

경개계약에 의하여 구채무가 소멸하므로 그에 종속된 권리(담보권, 보증채무)도 소멸하는 것이 원칙이다. 그러나 경개의 당사자는 구채무의 담보를 그 목적의 한도에서 신채무의 담보로 할 수 있고, 다만 제3자가 제공한 담보라면 그의 승낙을 얻어야 한다(제505조).

2) 신채무의 성립

신채무는 구채무와는 별개의 것이므로 구채무에 붙어 있던 항변권이 신채무에는 수반되지 않는 것이 원칙이다. 그러나 채권자를 변경하는 경개에 관하여 채무자가 이의를 유보(보류)하고 경개계약(또는 승낙)을 하면 채무자는 구채무에 관한 항변사유로써 채권자에게 대항할 수 있다(제503조).

3) 경개계약의 해제

경개계약은 신채권을 성립시키고 구체권을 소멸시키는 처분행위로서 신채권이 성립되면 그 효과는 완결되고 경개계약 자체의 이행의 문제는 발생할 여지가 없다(대판 1980.11.11, 80다2050 참고). 따라서 신채무의 불이행은 경개계약의 불이행이 아니므로 이를 이유로 경개계약을 해제할 수 없다(통설). 그러나 합의해제나 경개계약 당시 해제권을 유보한 경우에는 적어도 당사자간에는 경개계약을 해제하여 구채무를 부활시킬 수 있다(대판 2003.2.11, 2002다62333).

2. 면 제

(1) 면제의 의의

면제라 함은 채권자가 채무자에 대한 일방적 의사표시로서 채무를 소멸시키는 처분행위(상대방 있는 단독행위이다), 즉 채권자의 일방적인 채권의 포기행위를 말한다. 우리 민법은 면제를 단독행위로 규정하지만, 계약자유의 원칙상 면제계약도 허용되고(대판 1998.10.13, 98다17046), 조건부나 기한부의 면제도 가능할 뿐만 아니라 일부면제도 허용된다.

(2) 면제의 요건

1) 명시적 의사표시

① 채권의 처분권한이 있는 채권자가 채무자에 대하여 채무를 면제하는 일방적 의사표시를 하여야 한다(제506조). 따라서 처분권한있는 채권자이어야 하므로 단지 채권추심권한만 있는 자의 면제는 무효이다. 이러한 면제는 채무자에 대한 의사표시로 하면 족하고 특별한 방식을 요하지는 않는다.

② 면제는 채무를 면제하는 것이므로 현재 채무 자체가 존재하지 않는 채무에 대한 면제는 허용되지 않는다. 그러나 조건부채무나 기한부채무는 조건성취 이전이나 기한도래 이전이라고 하더라도 채무 자체는 존재하는 것이므로 면제할 수 있다.

2) 묵시적 의사표시

채권자의 행위가 면제인지 여부의 판단은 반드시 명시적인 의사표시만에 의하여야 하는 것은 아니고 채권자의 어떠한 행위 내지 의사표시의 해석에 의하여 그

것이 채무의 면제라고 볼 수 있는 경우에도 이를 인정하여야 할 것이기는 하나, 당해 권리관계의 내용에 따라 이에 관한 채권자의 행위 내지 의사표시의 해석을 엄격히 하여 그 적용 여부를 결정하여야 한다(대판[전합] 2007.2.15, 2004다50426; 대판 2008.5.15, 2008다3671). 따라서 피의자신문조서는 검사가 피의자를 신문하여 진술을 기재한 조서로서 그 작성형식은 어디까지나 검사를 상대로 이루어지는 것이므로, 그 진술기재 가운데 채무면제의 의사가 표시되어 있다고 하더라도 그 부분이 곧바로 채무면제의 처분문서에 해당한다고 보기 어렵다(대판 1998.10.13, 98다17046).

(3) 면제의 효과

① 면제에 의하여 채권이 소멸하므로 그 채권에 종속하는 담보권 또는 보증채무 등과 같은 권리도 소멸한다. 그렇지만 채권자는 면제로 인하여 그 채권에 관하여 정당한 이익을 가진 제3자에게는 대항하지 못한다(제506조).

② 한편 채권이 질권의 목적이 된 경우에는 채권자의 처분권한이 제한되므로 그 면제는 질권자에 대한 관계에서는 무효이므로 질권자에게 대항하지 못한다(제352조). 또한 채권이 압류의 목적이 된 경우에도 그 채권의 면제로써 압류채권자에게 대항하지 못한다.

3. 혼 동

(1) 혼동의 의의

혼동이라 함은 채권과 채무가 동일한 주체에게 귀속한 사실에 의하여 채권이 소멸하는 것을 말한다(제507조). 이처럼 민법 제507조가 혼동을 채권소멸사유로 인정하는 것은 자신 스스로에 대한 채권의 보유 내지 그 이행은 무의미하기 때문에 채권·채무의 소멸을 인정함으로써 그 후의 권리의무 관계를 간소화하려는 데 그 목적이 있다(대판 1995.5.12, 93다48373).

【판 례】

* 대판 1995.5.12, 93다48373 … 민법 제507조가 혼동을 채권의 소멸사유로 인정하고 있는 것은 채권과 채무가 동일한 주체에 귀속한 때에 채권과 채무의 존속을 인정하여서는 안 될 적극적인 이유가 있어서가 아니고 그러

한 경우에 채권과 채무의 존속을 인정하는 것이 별다른 의미를 가지지 않기 때문에 채권·채무의 소멸을 인정함으로써 그 후의 권리의무 관계를 간소화하려는 데 그 목적이 있는 것이다.

(2) 혼동의 종류

① 민법은 물권의 혼동(제191조)과 채권의 혼동(제507조)을 규정하고 있다. 물권의 혼동은 동일한 물건에 대한 소유권과 다른 물권이 동일한 사람에게 귀속한 때에 그 다른 물권이 소멸하는 것이다. 반면 채권의 혼동은 채권과 채무가 동일한 주체에게 귀속함으로써 채권이 소멸하는 것이다(대판 2007.2.22, 2004다59546).

② 한편 채권이 물권자에 귀속함으로써 혼동으로 채권이 소멸하는 경우도 있다. 즉 소유권(물권)과 대항력 있는 임차권(채권)이 동일인에게 귀속된 경우에 임차권은 혼동으로 소멸한다(대판 2001.5.15, 2000다12693).

(3) 혼동의 효과

1) 원 칙

혼동에 의하여 채권은 소멸하는 것이 원칙이다. 따라서 혼동이 생기면 그 사실만으로 채권은 소멸하므로 그 채권에 종속된 권리도 소멸한다.

2) 예 외

① 채권의 압류 뒤에 혼동이 생긴 경우, 즉 혼동되는 채권이 제3자의 권리의 목적인 때에는 혼동이라는 사실이 발생하더라도 채권이 소멸하지 않는다(제507조 단서).

② 한정승인에 의한 상속, 즉 한정승인은 상속인의 재산과 피상속인의 재산을 분리하는 제도이므로 상속인이 한정승인을 한 때에는 피상속인에 대한 상속인의 재산상 권리의무는 소멸하지 아니한다(제1031조). 마찬가지로 재산분리의 명령이 있는 때에는 피상속인에 대한 상속인의 재산상 권리의무는 소멸하지 아니한다(제1050조).

제4편

채권각론

제1장 계약총론

제1절 계약법의 일반론

1. 계약의 의의

① 사법상의 계약이란 계약당사자가 자발적 의사에 기해 상대방에 대한 법적의무를 지는 사인(私人)간의 결속관계이다. 대다수의 법률관계가 계약이라는 당사자 간의 자발적인 인적 결속의 형태로 구성되므로 우리 사회에서 계약은 필수불가결한 사회생활의 도구이다.

② 계약은 넓은 의미에서 2인 이상의 계약당사자 사이의 포괄적인 법률관계로서 채권·채무의 발생을 목적으로 하는 물권적 합의, 사무관리, 부당이득, 불법행위 등을 모두 포함하는 개념이다. 그러나 채권을 발생시키는 원인 가운데 가장 중요한 것이 법률행위에 의하여 채권·채무를 발생시키는 물권적 합의인데, 이를 일반적으로 계약이라고 한다.

2. 계약의 사회적 작용

① 오늘날 계약은 중세 봉건사회가 무너지고 근대 시민사회가 성립하면서 도입된 것으로서, 개인의 생활은 대부분 계약과 연결되어 있다. 즉 주택을 매매하기도 하고, 임대차하기도 하며, 음식물이나 의류를 구입하고, 병원에 가서 치료를 받는 것(위임) 등이 그러하다. 오늘날 널리 또 밀접하게 사람의 사회생활을 법률관계로 연결시켜 주는 제도가 다름 아닌 계약이다.

② 시장경제체제 아래에서는 상품유통과 신용을 필수적 과정으로 파악하며,

시장경제를 바탕으로 하는 사회에서는 상품의 매매계약과 고용계약을 필수적 전제로 한다. 뿐만 아니라 타인의 토지 및 건물 등을 생산수단으로 이용하기 위하여 임대차계약을 체결하거나 자본을 조달하기 위한 방법으로 금전소비대차계약을 활용한다. 이와 같이 현대산업사회에 있어서의 생활관계는 법률과 관련지어지지 아니한 것이 거의 없으며, 또한 그 중 많은 경우가 계약관계로 이루어져 있다.

3. 채권의 발생원인

(1) 법률행위에 의한 채권발생

1) 단독행위

① 단독행위로 채권관계가 발생하는 경우는 대단히 드물다. 즉 민법상 단독행위에 의해 채권이 발생할 수 있는 경우로는 상속편에서 정하는 유언이 있다. 특정유증(포괄유증은 제외)의 경우에는 수증자가 유언자의 상속인에 대해 유증의 이행을 청구할 수 있는 채권을 취득하는 점에서 그러하다(제1079조). 다만 수증자는 유언자의 사망 후에 언제든지 유증을 승인하거나 포기할 수 있다(제1074조).

② 총칙편에서 정하는 '재단법인의 설립행위'에 대하여 민법 제48조와 관련하여 물권변동에서 형식주의를 정하는 민법 제186조와 제188조를 원칙규정으로 보아 재단법인이 그 설립자에 대해 재산출연의 이행을 청구할 수 있는 채권을 취득하는 것으로 해석하고 있다(곽윤직 3면 등).

2) 계 약

① 채권과 채무는 두 당사자 간에 의사의 합치(법률행위)에 의하여 생기는 권리·의무관계인데, 여기에는 법률행위에 의해 채권이 발생하는 가장 전형적인 것이 계약이다. 이러한 계약은 당사자의 의사가 합치됨으로써 성립하며, 채권·채무의 내용을 형성하는 자유를 의미한다.

② 채권각론에서는 사회에서 이루어지는 수많은 계약 가운데 빈번히 이용되는 15가지의 계약을 유형화하여 각각의 규정을 두고 있으며, 이를 전형계약이라 부른다. 민법상 계약에 관한 규정은 원칙적으로 임의규정이므로, 당사자가 전형계약을 맺는다 하더라도 민법의 규정과는 다른 내용을

정하는 것도 원칙적으로 자유이다. 채권을 발생시키는 원인가운데 가장 중요한 것이 계약이기 때문에, 민법의 채권각론의 주요한 내용을 이루는 것이 계약법이다.

3) 합동행위

채권과 채무에서는 일반적으로 두 당사자가 서로 대립 내지 교환적인 관계에 있다. 반면 합동행위의 대표적인 사단법인의 설립행위는 사단의 성질상 둘 이상의 의사표시가 필요하지만, 그것이 사단의 설립이라는 공동의 목적을 위한 것으로서 평행적 · 구심적으로 행해 있다는 점에서, 설립자간에 채권 · 채무가 발생하는 것으로 보기는 어렵다(통설).

(2) 법률규정에 의한 채권발생

1) 사무관리

사무관리는 법률상 의무 없이 타인을 위하여 그의 사무를 처리하는 행위이다. 민법은 이러한 사무관리을 적법행위로 인정하고 관리자에게 비용의 상환과 손해의 배상을 청구할 수 있는 권리를 인정하는 한편, 적절한 관리를 계속해야 할 의무를 부담시킨다.

2) 부당이득

부당이득은 법률상 원인 없이 부당하게 재산적 이득을 얻고, 이로 말미암아 타인에게 손실을 준 자에 대하여 그 이득을 반환하게 할 의무를 부담시키는 제도이다. 따라서 법률상의 원인 없이 타인의 재산 또는 노무로 인하여 이득을 얻고, 이로 인하여 타인에게 손해를 가한 자는 그 이득을 반환해야 할 법률상의 의무를 부담한다(제741조).

3) 불법행위

불법행위는 가해자의 고의 또는 과실 있는 위법한 행위로 인하여 타인에게 손해가 발생한 경우, 가해자로 하여금 피해자에게 손해를 배상할 의무를 부담시키는 제도이다. 불법행위는 법률행위가 아니라는 점에서 사무관리 및 부당이득과 그 성질이 같으나, 타인의 법익을 침해한 위법행위라는 점에서 그(사무관리, 부당이득)와 다르다.

4. 계약자유와 그 한계

(1) 계약자유의 원칙

1) 의 의

① 계약자유의 원칙이라 함은 모든 개인은 독립된 자율적 인격을 가진 권리주체로서 사회생활을 함에 있어 각자 자기의 의사에 따라 자유로이 계약을 체결할 수 있으며(헌재결 2003.5.15, 2001헌바98), 국가는 이에 간섭하지 않고 그 계약의 내용이 실현될 수 있도록 협력한다는 원칙을 말한다.

② 계약자유의 원칙은 전근대 사회의 신분적 예속으로부터 개인을 해방시켜 개인의 자유로운 활동을 보장하였다는 의미에서 '사적자치의 원칙' 또는 '법률행위자유의 원칙'이라고도 하는데, 권리능력 평등의 원칙 · 소유권절대의 원칙 · 과실책임의 원칙과 더불어 근대민법의 4대원칙을 이루고 있다.

2) 내 용

계약자유의 원칙은 근대의 개인주의 내지 자유주의 사조의 반영으로서, 전근대 즉 중세 봉건사회의 신분적 예속으로부터 개인을 해방시켜 개인의 자유로운 활동을 보장하였다. 이와 같은 계약자유의 원칙은 다음의 네 가지를 그 내용으로 한다.

① 계약체결의 자유

계약체결 여부에 관하여 외부로부터 강제를 당하지 않을 자유를 의미한다(헌재결 2003.5.15, 2001헌바98). 계약은 보통 청약과 승낙에 의하여 성립하는 것이므로 체결의 자유는 청약의 자유와 승낙의 자유로 나누어 이해할 수 있다. 다시 말하면 계약당사자는 청약의 의사표시를 할 자유를 가질 뿐만 아니라, 상대방의 청약에 대한 승낙의 의사표시의 자유도 가진다.

② 상대방선택의 자유

계약을 체결할 경우에 누구를 계약의 상대방으로 선택할 것이냐도 자유이다. 다시 말하면 계약당사자는 어느 특정인을 계약의 상대방으로 할 것을 강요받지 아니한다. 즉 계약당사자는 자기가 원하는 상대방과 계약을 체결할 수 있다.

③ 내용결정의 자유

계약을 체결할 경우에 그 계약내용을 어떻게 정할 것인가는 당사자 자신이 스스로 결정한다. 이러한 내용결정의 자유는 계약의 자유 중에서 가장 중요한 부분이다. 계약의 내용에는 채무자의 급부행위의 내용, 목적물의 종류 · 수량범위 · 대가 · 이행기일 · 이행지 · 애프터서비스는 물론 위약금 · 손해배상액의 예정 등이 포함된다(대판 1991.7.12, 90다8343).

④ 방식결정의 자유

계약은 원칙적으로 의사내용의 합치(합의)만으로 성립하고, 특정의 방식을 강요당하지 않는다. 중세에 이르기까지는 계약이 재판상의 보호를 받으려면 일정한 증서를 필요로 하는 법제가 적지 않았다. 하지만 오늘날에는 의사표시의 합치 자체가 법적 구속력의 근거로서 이해되고 있으므로, 반드시 방식에 구속되지는 않는다. 물론 계약증서는 재판상 유력한 증거가 될 수 있다.

【판 례】

* 헌재결 2003.5.15, 2001헌바98 … 사적자치권은 행복추구권에 함축된 일반적 행동자유권의 하나로서 법률행위의 영역에서는 계약의 자유로 나타난다. 계약자유란 계약의 체결 · 상대방 · 내용 · 방식 등을 자신이 자기의사로 결정하는 자유뿐만 아니라, 원치 않으면 계약을 체결하지 않을 자유를 말한다.

(2) 계약자유원칙의 제한

1) 제한의 필요성

① 소비자의 보호

㉠ 소비자(일반국민)들은 기업주가 제공하는 거래조건하에서 생활필수품과 기타 상품 또는 서비스 등의 소비생활을 위하여 구입 · 활용하고 있다. 그런데 물품을 제조 · 수입 · 판매하거나 서비스(용역)를 제공하는 사업자와 소비자 사이의 계약에서도 실질적인 평등은 보장되고 있지 않다.

㉡ 사업자는 계약의 자유라는 시민법원리를 배경으로 소비자와의 관계에서 그의 경제적 우위를 활용하여 유리한 조건하에 계약을 체결하게 되며, 약자인 소비자는 계약조건이 불리하더라도 이를 그대로 받아들일 수밖에 없다. 여기서 소비자를 보호해야 할 사회적 요청이 대두되었다. 예컨대 소비자보호시책의 종합적 추진을 위하여 소비자보호법(1986.12.31, 법률 3921호)과, 소비자와의 공정한 거래를 확보하기 위하여 독점규제 및 공정거래에 관한 법률(1990.1.13, 법률 4198호) 등이 제정되었다.

② 경제적 약자의 보호

㉠ 계약당사자 사이에서 경제적 힘의 우열에 따라 경제적 약자는 경제적 강자의 힘에 눌려 의사결정의 자유를 실현할 수 없는 경우가 발생한다. 예컨대 주택임대차에 있어서 주택의 공급이 사회적 수요에 미치지 못하는 상황일 때에 임차인의 지위는 대등한 교섭관계가 성립하기 어려워진다. 따라서 경제적 약자인 주택임차인의 보호(지위 강화)를 위하여 마련된 것이 주택임대차보호법(1981.3.5, 법률 제3379호)이다. 또한 같은 취지에서 근로자의 보호를 위하여 노동조합 및 노동관계법(1997.3.13, 법률 제5310호)이 제정되었다.

㉡ 결국 생활필수품의 독점과 부(재화)의 편재로 사회적 강자와 사회적 약자의 구별이 뚜렷해짐으로써 계약자유는 사회적 강자인 기업에게는 '명령의 자유', 그리고 사회적 약자인 소비자나 이용자에게는 '계약을 통한 복종'으로 전락할 위험에 놓이게 되어 그 제한이 불가피하게 되었다. 독일의 법철학자 라드부르흐(Radburch)는 이를 가리켜 '계약자유의 법이념이 사회적 무산자에게는 복종이라는 법적 현실로 나타나게 되었다'고 지적하였다.

2) 제한의 내용

① 계약체결의 자유에 대한 제한

㉠ 계약체결을 위한 청약을 받은 사람은 원칙적으로 승낙의 자유를 가진다. 그러나 공익적 독점기업(예컨대 철도·버스 등의 운송기관, 수도·전기·가스 등의 특정기업)과 공공적 직무(예컨대 공증인, 집행관 등) 및 공익적 직무(예컨대 의사, 약사 등)에 대해서는 각각의 특별법에 의하여 계약체결(승낙)이 강제되거나, 정당한 이유 없이 직무의 집행을 거절할 수 없다는 공법적 의무가 있다(공증인법 제4조; 집행관법 제11조; 의료법 제16조; 약사법 제22조).

㉡ 사법적 제한이 부과되는 경우도 있다. 먼저 민법은 특정한 법률관계와 관련해서 법률이 정한 일정한 이유 없이는 승낙을 거절하지 못하도록 정한 경우가 있다(제285조 제2항, 제316조 제1항 단서; 대판 2003.4,11, 2001다53059). 여기서 더 나아가 민법은 임대차관계에서 임차인과 전차인에게 임대인에 대한 부속물매수청구권을 인정하고 있다(제647조). 따라서 임차인이 매수청구권(청약의 의사표시)을 행사함으로써 법률관계는 확정되는데(확정적으로 계약이 체결), 이 경우에는 정당한 이유 없이는 승낙을 거절하지 못하는 경우보다 의사표시의 상대방은 더 강한 제한을 받는다.

【판 례】

* 대판 2003.4.11, 2001다53059 … 교섭단체에서 계약이 확실하게 체결되리라는 정당한 기대 내지 신뢰를 부여하여 상대방이 그 신뢰에 따라 행동하

였음에도 상당한 이유 없이 계약의 체결을 거부하여 손해를 입혔다면 이는 신의성실의 원칙에 비추어 볼 때 계약자유원칙의 한계를 넘는 위반한 행위로서 불법행위를 구성한다.

② 상대방선택의 자유에 대한 제한

㉠ 직접 청약이나 승낙의 자유가 제한되지는 않더라도 특정상대방과의 사이에 계약을 배척할 수 없거나 이를 받아들여야 할 경우가 있다. 예컨대 노동조합 및 노동관계조정법 제81조 제2호는 '근로자가 어느 노동조합에 가입하지 아니할 것 또는 탈퇴할 것을 고용조건으로 하거나 특정한 노동조합의 조합원이 될 것을 고용조건으로 하는 행위'를 부당노동행위로서 규제하고 있다. 이 조항은 조직근로자의 보호 내지 단결권의 보호(헌법 제33조 제1항 참조)를 위하여 마련된 것이다. 그런 의미에서 사용자에게 상대방선택의 자유가 제한된다.

㉡ 노동조합은 사용자와의 단체협약에 의하여 노동조합의 조합원 이외는 채용할 수 없도록 협정을 체결할 수 있다. 또한 국가유공자 예우 및 지원에 관한 법률에 의하면 사용자는 국가가 명하는 취업보호대상자를 채용할 의무를 부담하므로(국가유공자 예우 및 지원에 관한 법률 제31조 이하), 그러한 한도에서 사용자의 상대방선택의 자유는 제한된다.

③ 내용결정의 자유에 대한 제한

㉠ 자본주의경제의 발전과 더불어 출현한 대기업은 대량생산 및 대량소비가 일반화된 상품에 대하여 다수의 소비자를 상대로 획일적 거래를 하고 있다. 그 결과 계약의 내용은 정형화되고, 기업주 또는 사업주에 의하여 일방적으로 정해지는데, 이러한 계약을 '부합계약'이라고 한다. 따라서 우리나라에서는 1986년에 약관규제에 관한 법률(1986.12.31, 법률 제3922호)을 제정하여 약관조항의 무효·시정·권고를 통하여 약관조항의 효력과 내용을 직접 규제하고 있다.

㉡ 경제적으로 우열관계에 놓여있는 당사자 사이의 계약에서는 약자에게 불리한 조항이 부과되는 것이 보통이다. 이때 약자에게 불리한 조항은 그 효력이 부인(부정)되는 경우가 있다. 예컨대 단체협약의 기준에 미달하는 근로계약의 내용은 효력이 없으며(노동조합 및 노동관계조정법 제33조 제1항), 주택임대차보호법에 위반하여 2년 미만으로 정한 임대차기간에 관한 약정도 효력이 부인된다(주택임대차보호법 제4조 제1항).

④ 방식결정의 자유에 대한 제한

㉠ 법률관계의 명확성을 기하기 위하여 서면의 작성이 요구되는 경우가 있다. 예컨대 법인을 설립할 때는 일정한 사항을 기재한 정관을 작성하여야 한다(제40조, 제43조). 정관작성은 법인설립행위로서의 법률행위라고 할 수 있다. 마찬가지로 민법은 유언에 대해서도 일정한 방식(자필증서, 녹음, 공정증서, 비밀증서, 구수증서)을 규정하고 있다(제1060조, 제1065조 이하). 또한 노동조합과 사용자 사이에 체결되는 단체협약은 서면으로 작성되어야 하며, 당사자 쌍방은 이에 서명·날인하여야 한다(노동조합 및 노동관계조정법 제31조 제1항).

㉡ 현행 민법상 채권계약에 관하여 특별한 방식을 요구하는 경우는 없다. 다만 해석하는 입장에 따라 민법 제555조에 의한 증여계약을 특별한 방식을 요구하는 계약으로 볼 수도 있으나, 이는 잘못된 해석방법이다. 즉 민법 제555조의 서면에 의하지 않은 증여계약의 해제란 증여가 반드시 서면에 의해서만 성립할 수 있음을 의미하는 것은 아니다. 또한 서면에 의하지 않은 증여라 하더라도 이미 해당 채무가 이행된 경우에 각 당사자는 계약을 해제할 수 없다(제558조 참조).

제 2 절 계약과 제 원칙

1. 계약과 신의성실의 원칙

(1) 의 의

① 계약은 의사표시의 합치에 의하여 성립하는 것이므로 권리·의무를 구성부분으로 하는 채권관계의 내용도 당사자의 의사표시에 의하여 결정된다. 그러나 계약관계가 구체적으로 진행되는 과정에서 계약의 내용이 명료하지 않은 경우가 있을 뿐 아니라, 어떤 의무의 이행이나 권리의 행사가 그 계약관계에 적합한 것인지 확실하지 않은 경우도 있다. 이러한 경우 신의칙은 계약관계를 구체적 사정에 적합하게 조정하는 것을 그 기본적 기능으로 하므로 원칙적으로 계약관계의 내용을 구체화하거나 수정·보완·제한하는 작용을 한다.

② 우리 민법 제2조 제1항은 '권리의 행사와 의무의 이행은 신의에 좇아 성실히 하여야 한다'고 규정하고 있다. 이 규정은 민법 전반에 적용되는 원칙규정으로서 특히 채권법 가운데 계약법 영역에서 구체화 기능을 담당하는 의의를 가진다.

(2) 계약의 성립과 신의칙

1) 원시적 불능과 신뢰이익

민법 제535조(계약체결 상의과실)는 목적의 불능을 알고 계약을 체결한 자는 상대방에게 신뢰이익을 배상해야 한다고 규정하고 있다. 통설에 의하면 급부의 불능을 알고 계약을 체결한 자는 신의칙상 상대방이 계약의 유효를 믿음으로써 입은 손해를 배상할 의무가 있다고 한다. 급부실현의 불가능을 알면서 계약을 체결한 자는 계약의 유효를 믿은 상대방의 손해발생에 대하여 귀책사유가 있는 것이므로, 계약이 성립되지 않더라도 손해를 배상하는 것이 신의칙상 합당하다는 것이다. 다시 말하면 민법 제535조는 계약의 유효함을 신뢰한 상대방에 대하여 신의칙에 기한 배상책임을 인정한 규정이라고 한다(김형배 1210면).

2) 계약체결상의 과실과의 관계

① 신의칙은 현존하는 계약관계에 있는 당사자 사이에서 권리의 행사 및 의무의 이행과 관련해서 인정되는 추상적 규범이다. 따라서 아직 계약관계가 성립하지 않은 단계에서 신의칙에 위반하여 어떤 권리나 의무의 성립을 인정한다면, 이는 원래의 신의칙의 적용범위를 넘는 것이라고 할 수도 있다.

② 우리 민법은 독일민법 제311조를 본받아 민법 제535조에서 계약의 목적이 원시적으로 달성될 수 없는 경우에 신뢰이익의 배상책임을 정함으로써 계약상의 신의칙을 적용하고 있다. 즉 오늘날 계약이 성립될 수 없거나 성립하기 전 단계에서 발생한 손해의 배상책임은 보통 신의칙을 기반으로 한 계약체결상의 과실이론에 의하여 처리되고 있다.

(3) 계약의 존속과 신의칙

1) 계약해석의 기준

① 유효하게 성립된 계약은 그 계약의 취지에 적합하게 실현되지 않으면 안된다. 그런데 계약의 내용이 이행과 관련해서 불명확한 경우에는 신의칙

에 따라 구체화되어야 한다. 독일민법은 신의칙이 계약해석의 기준이 된다는 것을 명문으로 규정하고 있으나(독일민법 제157조), 우리 민법에서는 이러한 규정이 없다.

② 신의칙에 의하여 계약관계를 해석할 때는 계약의 목적, 계약이 체결된 장소(지방), 당사자의 직업과 신분, 관습 등이 종합적·합리적으로 고려되어야 한다(대판 1986.1.28, 85다카1626 등). 이 경우 사실인 관습이 있을 때는 민법 제106조에 의하여 계약관계가 구체화된다. 따라서 민법 제106조는 신의칙을 구체적으로 실현하는 규정이라고 이해할 수 있을 것이다.

【판 례】

* 대판 1986.1.28, 85다카1626 … 신용카드회원에 대한 연대보증인의 책임에 관하여 '회원이 계약을 위반하였을 경우 연대보증인은 회원과 연대하여 책임을 진다'는 규정이 있다 하더라도 피보증인인 신용카드회원의 월간 카드이용한도액에 제한이 있는 경우에는 연대보증인은 그 한도액에 한정하여 보증한 것으로 보는 것이 신의칙상 타당하다.
* 대판 1971.9.28, 71다1607 … 부동산매매계약서에 매수자가 대금지급기일에 대금전액을 지급하지 않을 경우에는 계약은 무효가 되고 계약금의 반환청구를 할 수 없다는 취지의 조항이 있다고 하여도 이는 계약해제권과 이에 따른 손해배상의 약정에 관한 조항에 불과하고 이 조항이 있음으로써 대금채무의 이행지체가 있으면 곧 계약이 무효가 된다고 할 수 없다.

2) 권리행사와 의무이행

계약으로부터 발생된 권리와 의무도 신의칙에 따라 그 범위가 정해진다. 예컨대 고용계약의 경우 노무제공의 장소 및 시설과 관련하여 노무자를 생명·신체 등에 대한 위험으로부터 보호해야 할 안전배려의무를 사용자에게 신의칙을 기초로 부과하는 것이 타당하다(김형배 69면). 판례는 계속적 보증의 경우 신의칙에 따라 보증인의 책임을 합리적인 범위 내에서 제한할 수 있음을 인정하고 있다(대판 1986.2.25, 85다카892; 대판 1991.12.24, 91다9091).

(4) 계약의 종료와 신의칙

계약의 종료에 대해서 신의칙이 문제되는 것은 특히 계속적 계약관계와 신뢰를 바탕으로 하는 위임 및 보증계약의 경우이다. 예컨대 임차인이 임대인의 동의 없이 무단전대를 한 때는 임대인은 민법의 규정(제629조 제2항)에 의하여 임대차계약을 해지할 수 있으나, 이 때에도 임차인의 보호를 위하여 신뢰관계가 파괴된 경우에 한해서 해지권이 행사될 수 있다고 해석된다(대판 1993.4.27, 92다45308). 또한 상호 간의 신뢰를 전제로 하는 위임·보증관계에 대해서도 신의칙이 원용된다(대판 1990.2.27, 89다카1381).

【판 례】

* 대판 1990.2.27, 89다카1381 … 회사의 임원이나 직원의 지위에 있기 때문에 회사의 요구로 보증인이 된 자가 그 후 회사로부터 퇴사하여 임원이나 직원의 자리를 떠난 때에는 보증계약성립 당시의 사정에 현저한 변경이 생긴 경우에 해당하므로 보증계약을 해지할 수 있다고 보아야 하며, 특히 위 계속적 보증계약에서 보증기간을 정하였다고 하더라고 그것이 퇴사 후에도 보증 채무를 부담키로 특약한 취지라고 인정되지 않는 한 위와 같은 해지권의 발생에 영향이 없다.

2. 사정변경의 원칙

(1) 의 의

① 계약이 성립할 때에 그 기초로 삼았던 사정이나 환경이 그 후 변경됨으로써 처음에 정한 계약내용을 그대로 유지·강제하는 것이 신의칙상 부당한 결과를 가져오는 경우가 있다. 이러한 경우에 계약내용을 변경 또는 수정하거나 계약관계의 해제를 인정하여 구체적 사안에 적합하게 계약관계를 정리하는 것이 사정변경의 원칙이다.

② 우리 민법은 개별적 계약관계에 대하여 신의칙에 기초한 사정변경으로 인한 계약의 변경 또는 소멸 등을 인정하고 있으나(제286조, 제627조, 제628조 등 참조), 사정변경의 원칙에 관한 일반적인 규정을 두고 있지는 않다. 사정변경의 원칙을 일반원칙으로서 인정할 것이냐에 대해서 다수의 학자들(곽윤직 112면, 김기선 92면, 김상용 141면, 김증한 93면)은 이 원칙을 인정하는 데 반하여, 판례는 2원화하고 있는 입장이다. 즉 일시적 계약(부동산 매매계약)에서는 부정적인 입장을 보이고 있으나(대판 1974.4.30, 73다1465; 대판 1991.2.26, 90다19664), 계속적 계약의 경우에는 판례가 사정변경에 따른 해지권을 부분적으로 인정하고 있다(대판 2000.3.10, 99다61750; 대판 1998.6.26, 98다11826).

(2) 판례의 태도

1) 일시적 계약관계

① 부동산매매계약이 체결된 후에 9년이 지나고 그 목적물의 시가(시장가격)가 올랐다고 하더라도 그것만으로는 그 매매계약을 해제할 만한 사정변경이 있었다고 볼 수 없다고 하면서 사정변경을 고려하면서도, 다만 당해 사건에서 이를 인정할 수 없다고 한다(대판 1991.2.26, 90다19664).

② 계약의 성립에 기초가 되지 아니한 사정이 그 후 변경되어 일방 당사자가 계약 당시 의도한 계약목적을 달성할 수 없게 됨으로써 손해를 입게 되었다 하더라도, 일시적 계약(매매)에 있어서 특별한 사정이 없는 한 그 계약내용의 효력을 그대로 유지하는 것이 신의칙에 반한다고 볼 수도 없다고 한다(대판 2007.3.29, 2004다31302).

2) 계속적 계약관계

① 임대차계약에 있어서 차임을 증액하지 않는다는 특약이 있더라도 그 약정(계약상 특약) 후 그 특약을 유지시키는 것이 신의칙에 반한다고 인정될 정도의 사정변경이 있다고 보여지는 경우에는 형평의 원칙상 임대인에게 차임증액청구를 인정하여야 한다(대판 1996.11.12, 96다34061).

② 회사의 임원(이사)이였기 때문에 회사의 요구에 따라 부득이 회사의 채무에 대하여 연대보증인이 된 자가 그 후 회사로부터 퇴사한 경우에는 사정변경을 이유로 위 연대보증계약을 해지할 수 있다(대판 2003.1.24, 2000다37937 등).

(3) 사정변경의 요건

1) 계약의 전제가 된 사정이 변경

계약체결의 전제가 되었던 사정이 변경되어야 한다. 여기서 사정이라 함은 적어도 당사자 중의 일방이 계약체결의 전제로 삼았던 것으로서, 그러한 사정이 전제되지 않았다면 객관적으로 계약당사자가 계약을 체결하지 않았거나 달리 체결했을 정도로 중요한 것이어야 한다. 따라서 단순한 개인적 사정의 변경은 이에 속하지 않는다.

2) 예견 불가능한 사유 발생

사정의 변경은 당사자가 예견할 수 없었던 것이어야 한다. 왜냐하면 예견할 수 있었던 것이라면 그 당사자는 계약을 체결하지 않거나, 그에 대비할 기회를 가졌을 것이기 때문이다. 예컨대 계약이 체결된 후에 갑작스러운 감염병 발생으로 인하여 인플레이션이 발생하고 이행기가 도래하였다면 보통 인플레이션에 대한 예견가능성이 부정될 수 있으나, 이미 인플레이션이 발생·진행되는 가운데 계약을 체결하였다면 예견가능성이 긍정되어야 할 것이다.

3) 당사자의 책임없는 사유 발생

사정변경이 당사자의 책임으로 돌릴 수 없는 사유에 의하여 발생한 것이어야 한다. 이것은 신의성실의 원칙상 당연하다. 예컨대 당사자의 책임으로 돌릴 수 있는 사유로 인하여 자산상태가 악화된 경우에 사정변경의 원칙을 적용할 수 없음은 말할 것도 없다. 따라서 예견불가능한 사유로 사정변경이 발생하였으나 당사자 일방의 이행지체 중에 발생된 경우에는 그 당사자가 사정변경을 주장할 수 없을 것이다. 왜냐하면 이행지체는 그 당사자의 책임으로 돌릴 수 있는 귀책사유에 해당되기 때문이다.

4) 계약내용의 유지·강행이 불평등

사정변경의 결과 당초의 계약의 내용을 그대로 유지·강제하는 것이 형평 내지 등가성의 관념에 반하여야 한다. 즉 급부와 반대급부가 현저한 불균형 상태에 서게 될 때에 이를 그대로 관철시킨다는 것은 결국 신의칙에 반할 것이다. 예컨대 부동산의 매매에서 이행기 전에 인플레이션으로 인하여 목적물의 가격이 몇 배 상승한 경우에는 사정변경의 원칙을 적용할 수 있을 것이다(통설). 그러나 판례는 부동산매매계약(일시적 계약)에 있어서 인플레이션에 의한 사정변경의 원칙을 부정하고 있다(대판 1991.2.26, 90다19664; 대판 2007.3.29, 2004다31302).

【판 례】

* 대판 2007.3.29, 2004다31302 … 계약의 성립에 기초가 되지 아니한 사정이 계약성립 후 변경되어 일방 당사자가 계약 당시 의도한 계약목적을 달성할 수 없게 됨으로써 손해를 입게 되었다 하더라도 특별한 사정이 없는 한 그 계약내용의 효력을 그대로 유지하는 것이 신의칙에 반한다고 볼 수 없다.

(4) 사정변경의 효과

1) 계약내용의 수정

① 사정변경이 곧 급부불능을 의미하는 것은 아니기 때문에 사정의 변경이 생겼다고 하여 곧바로 계약 자체가 무효가 되거나 종료되는 것은 아니

다. 따라서 어느 경우나 채무자가 급부의무로부터 즉시 해방되지는 않는다. 다시 말해서 사정변경의 원칙을 적용하는 때에도 변화된 상황에 맞추어 계약관계를 조정·유지하는 노력이 선행되어야 한다.

② 위에서 설명한 요건을 갖춘 사정변경이 발생한 때에는 당사자 사이에 조정에 관한 약정이 없더라도 일차적으로 변경된 상황에 합당하게 계약관계는 수정될 수 있는 것으로 해석된다(김형배 75면). 이 경우에 계약당사자들이 변경된 상황을 제대로 인식했었더라면 그에 적합한 합의를 했을 것이라고 생각되는 '가정적 당사자 의사'가 계약조정의 기준이 될 수 있다. 또한 계약이 수정된 때에는 변경된 급부에 대하여 이행의 소를 제기할 수 있다고 해석하는 것이 타당할 것이다.

2) 계약관계의 해제·해지

① 사정변경의 발생에 따른 계약관계의 수정이 불가능하거나 일방 당사자에게 수정이 기대불가능한 경우에는 해제권 또는 해지권이 주어져야 한다. 또한 해제권 또는 해지권이 인정될 수 있는 경우는 적어도 계약당사자가 그러한 사정변경의 발생을 알았더라면 어떠한 형태로든 계약을 체결하지 않았을 정도로 사정변경이 현저한 것이어야 한다. 이 경우 계속적 채권관계에서는 해지권이 발생할 뿐이라고 새겨야 할 것이다.

② 원칙적으로 계약관계의 수정만을 요구할 수 있는 경우에는 해제·해지권이 인정되지 않는다. 다만 상대방 당사자가 계약조정의 교섭에 응하지 않음으로써 수정이 불가능하게 된다면 신의칙상 해제권 또는 해지권이 인정되어야 할 것이다.

제 3 절 계약의 종류

1. 서 설

(1) 계약의 다양성

① 자유시장경제체제를 원칙으로 하는 사회구조하에서는 개인의 복잡한 사회생활 관계가 계약의 자유(내용 형성의 자유)를 통하여 이루어지기 때문에 계약의

내용은 매우 다양하다. 따라서 어떠한 내용으로 계약을 체결하든, 그것은 원칙적으로 계약당사자의 자유로운 합의에 의하여 처리된다. 다만 계약의 내용이 공서양속(제103조)에 반한다거나, 불공정한 법률행위(제104조)에 해당되거나, 또는 강행법규(제185조, 제591조)에 위반된 경우에는 당사자가 어떠한 종류의 계약을 체결하더라도 그 계약은 무효이다.

② 계약은 양 당사자의 의사표시의 합치에 의하여 이루어진다. 따라서 계약의 종류와 내용도 의사표시의 내용에 의하여 확정된다. 다만 의사표시가 불충분하거나 불확실한 때에는 선량한 풍속 및 사회질서에 반하지 아니하는 한 1차적으로 '사실인 관습'에 의하여 그 내용이 보충되고(제106조), 사실인 관습에 따른 해석으로 해결할 수 없을 때에는 2차적으로 민법의 규정과 관습법의 적용에 의하여 보충된다. 그리고 민법의 규정이나 관습법마저 존재하지 않을 때에는 그 내용은 '조리'에 의하여 보충된다.

(2) 구성요소

① 계약은 적어도 두 개 이상의 의사표시에 의하여 이루어진다. 즉 이 두 개의 의사표시는 계약에 의하여 추구되는 권리·의무의 발생 및 그 효과와 내용상 합치되어야 한다.

② 계약당사자의 권리·의무의 내용과 실현방법을 정확하게 파악하는 데에는 계약의 종류와 성질결정(Qualifikation)이 중요한 기능을 담당한다. 즉 계약의 종류는 매매계약에 있어서 매도인의 재산권이전의무라든가 주된 채무의 내용을 결정하며, 임대차계약에서는 임대인의 임대물을 사용·수익시킬 의무 등에 의하여 정해진다. 따라서 채권계약에서는 주채무 및 반대급부의무에 관한 의사표시를 명확하게 파악해야 한다.

2. 계약의 종류

채권계약에서는 사적자치가 지배한다. 따라서 계약의 형태나 내용은 당사자가 자유로이 결정할 수 있다. 그런데 민법전은 일정한 이론적 기준에 따라 15개의 중요한 계약유형을 규정하고 있다. 이와 같은 계약의 종류를 '전형계약' 또는 '법률유형'이라고 한다.

(1) 전형계약 · 비전형계약

1) 전형계약

① 민법전(채권법)에서 정하고 있는 15종류의 계약, 즉 증여 · 매매 · 교환 · 소비대차 · 사용대차 · 임대차 · 고용 · 도급 · 여행계약 · 현상광고 · 위임 · 임치 · 조합 · 종신정기금 · 화해를 전형계약이라고 하는데 이는 계약의 명칭이 주어져 있다는 의미에서 '유명계약'이라고도 한다. 전형계약은 우리 사회에서 가장 빈번히 활용되는 유형들을 민법전에 미리 정해 놓음으로써 계약에 대하여 기준적 기능을 담당한다.

② 전형계약에 관한 당사자의 의사가 불확실하거나 흠결되어 있는 경우에 민법의 규정(전형계약)들은 계약해석의 기준을 마련해 줌으로써 보완적 작용(기능)을 한다. 예컨대 중개계약(위임) · 입원진료계약(위임 · 임대차) 등과 같이 현실적으로 실제의 계약들이 전형계약의 내용에 꼭 들어맞게 이루어지지 않는 경우가 많이 발생하는데, 전형계약은 이러한 계약의 기준적 기능을 담당하게 된다.

2) 비전형계약

① 비전형계약은 전형계약 이외의 계약을 말한다. 계약자유의 원칙이 지배하는 한 그 내용이 천차만별이며, 사회생활 관계가 변화 · 발전하고 거래관계가 복잡해지고 있는 상황하에서는 당연한 현상이기도 하다. 예컨대 TV방송출연계약 · 운동선수의 전속계약 · 광고방송계약 · 예금계약 등은 비전형계약이라고 할 수 있다.

② 비전형계약의 경우에는 먼저 당사자의 의사와 관습을 존중하여 계약내용을 해석해야 하며, 유사한 전형계약의 규정을 무리하게 적용해서는 안 될 것이다.

3) 계약의 결합

계약의 결합과 혼합계약을 동일한 의미로 이해하는 경우가 종종 있으나 세밀한 의미에서는 이를 구별해야 한다.

① 계약의 결합

계약의 결합은 독립된 두 개의 계약이 대등하게 또는 종속적 관계에서 결합되어 있는 계약관계를 말한다. 예컨대 수리를 위하여 자동차를 공장에 맡기면서 수리기간 동안 다른 자동차를 임차하는 경우를 들 수 있다. 이때에는 도급과 임대차가 병존적으로 성립한다. 이와는 달리, 레스토랑 또는 주유소 설치(공사)에 사업자금을 대여해 주면서 자사제품만을 독점판매하기로 하는 경우에는 독점판매계약이 소비대차계약에 대하여 종속적 관계에 있다.

② 혼합계약

혼합계약의 경우에는 하나의 계약 속에 여러 개의 전형 내지 비전형계약의 요소들이 포함되는데 이러한 혼합계약에는 두 가지의 유형이 있을 수 있다. 첫째는 부수적 급부(附隨的給付)와 결부된 전형계약으로서, 예컨대 청소와 아침식사를 제공하면서 방을 빌려주는 임대차계약이 이에 해당한다. 이러한 혼합계약에서는 임대차라는 전형계약이 중심이 되기 때문에 부수적 의무는 이에 흡수된다. 둘째는 서로 대등한 비중을 가진 여러 개의 계약유형들이 하나의 계약 속에 결합되는 경우이다. 예컨대 치료를 목적으로 병원에 입원한 경우의 계약은 치료와 관련해서는 위임(제680조 이하), 병실사용과 관련해서는 임대차(제618조 이하), 급식과 관련해서는 매매(제563조 이하)가 서로 혼합된 계약(진료계약)을 볼 수 있다. 이 경우에 계약으로부터 성립하는 복수의 급부에 대하여는 그 반대급부로서 하나의 급부인 금전이 제공되는 것이 보통이다.

(2) 쌍무계약 · 편무계약

1) 쌍무계약

계약당사자가 서로 대가적 의미를 가지는 채무를 부담하는 계약을 쌍무계약이라고 한다(급부가 반드시 경제적으로 동일한 가치를 가질 필요는 없다). 다시 말하면 매도인의 재산권이전의무와 매수인의 대금지급의무는 서로 견련적 · 의존적으로 맞물려 있으므로 한쪽의 의무가 성립하지 않거나 이행되지 않으면 다른 쪽의 의무도 성립되지 않으며 이행되어야 할 이유가 없게 된다. 예컨대 전형계약 가운데 매매 · 교환 · 유상소비대차 · 임대차 · 고용 · 도급 · 여행계약 · 조합 · 화해 · 유상위임 · 유상임치가 이에 속한다.

2) 편무계약

당사자 일방만이 채무를 부담하거나(예컨대 증여의 경우), 쌍방이 채무를 부담하더라도 그것이 서로 쌍무적 또는 대가적 관계에 있지 않을 때에 그것은 편무계약이다(통설). 예컨대 사용대차에서 목적물을 사용하게 할 대주(임대인)의 의무와 차주(임차인)의 반환해야 할 의무는 대가적 관계에 있지 않으므로 그 계약은 편무계약이라고 한다.

(3) 유상계약 · 무상계약

1) 유상계약

당사자가 대가적 의미를 가지는 경제적 출연(재산적 가치가 있는 것을 내준다는 뜻이다)을 하는 계약이다. 즉 하나의 계약에 의해 쌍방당사자가 대가성을 갖는 출연의무를 지는 경우를 유상계약이라고 한다. 예컨대 매매 · 교환 · 임대차 · 고용 · 도급 · 여행계약 · 조합 · 화해 · 현상광고(계약으로 볼 때) 등이며, 소비대차 · 위임 · 임치 · 종신정기금은 당사자 사이의 약정에 의하여 유상인 경우에 해당한다.

2) 무상계약

① 무상계약은 계약의 일방당사자만이 경제적 출연의무(급부)를 지든지 혹은 쌍방이 급부를 하더라도 그 급부 사이에 주관적 등가성을 갖는 의존관계가 없는 계약을 말한다(대판 2001.11.30, 2001다5425 참고). 예컨대 증여 · 사용대차 등이며, 소비대차 · 위임 · 임치 · 종신정기금은 당사자 사이의 약정에 의하여 무상인 경우에 해당한다.

② 우리 민법은 위임과 임치를 원칙적으로 무상계약으로 하고 있으나, 이는 매우 비현실적이다(제680조, 제693조). 왜냐하면 오늘날 변호사 · 공인중개사와의 계약을 '위임'의 전형적인 예로 볼 수 있고, 자동차를 유료주차장에 Parking 하는 주차장계약이 '임치'의 주종을 이루고 있기 때문이다.

(4) 낙성계약 · 요물계약

1) 낙성계약

① 당사자의 합의(의사표시의 합치)에 의해 계약이 체결되며 그 밖에 계약구속력을 발생시키기 위해 일방당사자의 선이행이 필요 없는 경우(대판 1997.10.24, 97다27107)를 낙성계약이라고 한다. 민법은 낙성계약의 원칙을 취한다.

② 낙성계약의 원칙은 계약당사자의 채무이행을 사실상 또는 법률상 강제할 수 있는 시스템이 갖추어져 있거나 시민들의 신용도가 매우 높은 경우에 한해서 거래를 원활히 하는 경제적 효과를 가져온다. 사실상의 강제시스템으로서는 동시이행의 항변권제도, 위약금제도가 있고, 법률상의 강제시스템으로는 강제집행제도가 있다.

【판 례】

* 대판 1997.10.24, 97다27107 … 리스계약은 물건의 인도를 계약 성립의 요

건으로 하지 않는 낙성계약으로서 리스이용자가 리스물건의 수령증을 리스회사에 발급한 이상, 특별한 사정이 없는 한 현실적으로 리스물건이 인도되기 전이라고 하여도 이때부터 리스기간이 개시된다.

2) 요물계약

① 계약의 일방당사자가 목적물의 인도, 대가의 지급, 일의 완성 등 급부를 선이행한 때에 계약이 체결된 것으로 보는 경우를 요물계약이라고 한다. 민법은 현상광고(제675조)에 관해서는 요물계약을 고수함으로써 낙성계약원칙에 대한 예외를 인정한다.

② 계약체결을 위한 합의를 공증·관청의 인가를 받은 서면으로 할 것을 요구하는 경우가 있는데, 이는 일정한 방식을 요하는 요식계약이라고 하여 요물계약과는 구별한다.

【판 례】 대물변제의 요물계약적 성질

* 대판 1990.10.26, 90누5801 … 대물변제란 본래의 채무에 갈음하여 다른 급부를 현실적으로 하는 때에 성립하는 요물계약으로서, 다른 급부가 부동산의 소유권이전인 때에는 그 소유권이전등기를 완료하여야만 대물변제가 성립되어 기존채무가 소멸하는 것이므로, 당사자 사이에 대물변제의 약정이 있었다고 하더라도 그 소유권이전등기가 경료된 때에 부동산이 유상으로 양도되고 그 대가의 지급이 이루어진 것으로 보아야 할 것이다.

(5) 요식계약·불요식계약

1) 요식계약

계약의 성립에 있어서 사회안정과 공시성이 요구되는 경우에는 일정한 요식행위를 필요로 한다. 민법은 유언(제1060조)·법인의 설립(제31조) 등의 행위에 대해서 요식행위를 요구하고 있으며, 혼인(제812조)·입양(제878조) 등 신분행위는 가족관계등록부상의 신고라는 특별한 방식을 요건으로 하고 있다.

2) 불요식계약

계약의 성립에서 일정한 방식을 요하느냐에 따라 이 계약유형이 구별된다. 우리 민법은 계약자유의 원칙 중의 하나로서 방식의 자유를 기초로 하고 있다. 따라서 계약은 원칙적으로 불요식이다.

(6) 일시적 계약 · 계속적 계약

1) 일시적 계약

채권관계가 일시점에서 실현되는 계약이다. 예컨대 매매는 서로 맞물린 두 개의 급부가 원칙적으로 1회적(일시점) 인도와 소유권이전으로 이행이 완료되는 일시적 계약이다.

2) 계속적 계약

① 채권관계가 계속적으로 실현되는 계약이다. 일반적으로 계속적 채권관계라고 하면 임대차 · 사용대차 · 임치 · 위임 · 고용 등을 말한다.

② 계속적 채권관계에 속하는 하나의 종류로서 계속적 공급계약이 있다. 예컨대 유흥음식점을 경영하는 자가 특정주류회사로부터 일정기간 동안 맥주공급을 받기로 하는 계약을 체결하는 경우가 이에 해당된다. 따라서 계속적 공급계약도 계속적 채권관계로서 성질을 가진다(특히 전기, 가스, 물 공급의 경우에는 더욱 그러하다).

(7) 예약 · 본계약

1) 예 약

① 예약이라 함은 장래 일정한 본계약의 체결을 미리 약정하는 채권계약이다. 즉 예약은 장차 체결하고자 하는 계약(본계약)의 내용을 확정하거나 확정할 수 있는 의사표시와 함께 일방 또는 쌍방에게 예약완결권을 주는 의사표시가 있으면 예약이 성립한다. 예를 들어 매매예약은 당장 본계약을 체결하는 것이 곤란한 경우에 장래 본계약의 체결을 확실하게 하는데 이용되는 제도이다. 이러한 매매계약은 오늘날 주로 매매의 형식에 의한 채권담보로서 기능하고 있다.

② 예약도 보통 청약과 승낙에 의하여 성립하고, 본계약의 내용이 확정되어 있거나 확정가능하여야 한다. 즉 매매의 예약은 당사자의 일방이 매매를 완결할 의사를 표시한 때에 매매의 효력이 생기는 것이므로 적어도 일방예약이 성립하려면 그 예약에 터잡아 맺어질 본계약의 요소가 되는 매매목적물, 이전방법, 매매가격, 지급방법 등이 확정되어 있거나 확정할 수 있어야 한다(대판 1993.5.27, 93다4908 · 4915).

2) 본계약

본계약이란 예약에 기하여 장차 맺어질 계약을 의미하며, 물권변동(인도, 등기이전)을 위한 전(前)단계로서 일반적으로 계약이라 칭하는 것을 말한다. 본계약의 목적이 불능·불법이어서 무효인 경우에는 예약도 무효이다. 그리고 본계약이 요식계약일 경우 예약이 그 방식을 따라야 하느냐의 여부는, 방식이 요구되는 취지에 따라 달리 판단되어야 할 것이다.

제 4 절 계약의 성립

1. 서 설

(1) 계약성립과 합의

채권계약에서는 방식의 자유가 인정되고 또 현상광고를 제외하고는 낙성계약으로 되어 있으므로, 합의가 있으면 계약은 성립한다. 즉 계약은 원칙적으로 계약당사자 사이의 '합의'에 의해 체결된 포괄적 법률관계를 말한다. 여기서 말하는 합의란 일정한 법률효과의 발생을 목적으로 하는 복수의(2개 이상) 의사표시가 합치한 것으로서 청약과 승낙으로 구성되는 쌍방적 의사표시이다.

(2) 불합의의 문제

1) 의식적 불합의

의사표시의 불일치를 당사자가 인식한 경우를 말한다. 당사자 사이에 계약이 각 항목에 관하여 별도로 합의하기로 하는 특약이 존재하는 경우에는 불합의된 부분이 경미하더라도 그 계약은 성립하지 않는다. 다만 그러한 특약이 없다면, 합의된 나머지 부분으로 계약이 성립할 수도 있다(제137조 단서).

2) 무의식적 불합의

무의식적 불합의는 청약을 받은 자가 청약의 의미를 오해하여 그 청약과 일치하지 않는 승낙을 하거나, 또는 애매한 뜻을 가지는 점에 관하여 당사자가 그 뜻을 명백히 하지 않고 의사표시를 한 경우에 일어난다. 즉 계약 당사자 쌍방 또는 일방이 의사표시의 불일치를 인식하지 못한 경우로서 계약은 성립하지 않는다. 다만 무의식적 불합의가 일방 당사자의 과실에 의한 경우에는(쌍방에 의한 과실인 경우에는 과실상계가 적용된다) 손해배상책임이 문제될 수 있다(제535조의 유추적용).

3) 착오에 의한 불합의

당사자들의 의사표시가 객관적으로 그 의미가 합치하는 경우에는 표의자가 주관적으로 착오 있는 의사표시를 하였더라도 그 계약은 유효하게 성립한다. 다만 착오에 빠진 표의자는 일정한 경우에 그 의사표시를 취소할 수 있을 뿐이다(제109조 제1항). 무의식적 불합의와 착오는 구별된다. 무의식적 불합의는 위와 같으나, 착오는 하나의 의사표시에서 의사와 표시가 일치하지 않는 것을 표의자가 모르는 경우이다.

(3) 합의의 요건

① 합의는 법률행위로서의 요건을 갖추어야 한다. 따라서 계약당사자는 모두 능력자이어야 한다. 즉 당사자는 원칙적으로 의사능력 · 권리능력 및 행위능력을 갖추어야 한다.

② 청약과 승낙은 각각 의사표시로서의 유효요건을 갖추어야 하며, 양자(청약과 승낙)의 합의라는 법률행위를 구성하여야 한다. 즉 계약의 목적과 내용은 확정가능하고, 이행가능하며, 적법하고, 사회적 타당성을 갖추어야 한다.

③ 체결하고자 하는 계약이 유상 · 쌍무계약인 경우에는 그 계약에 의해 두 개의 상환채무가 동시에 유효하게 성립하여야 한다(성립상의 견련성). 만약 하나의 채무가 원시적 급부불능으로 성립하지 않으면 그 계약전부가 유효하게 체결되지 못한다.

④ 법률이 계약체결행위 자체에 대하여 어떤 형식을 그의 효력요건으로서 요구하는 경우(예컨대 법인설립에 있어서 서면에 의한 정관작성, 유언에 있어서 각종의 요구 방식)에는 그 형식요건을 갖추어야 한다.

(4) 민법의 규정

① 민법은 '계약의 성립' 부문에서 계약의 공통된 성립요건으로서의 합의에 기초하여, 그 성립의 모습으로서 청약에 대한 승낙(제527조 이하) · 의사실현(제532조) · 교차청약(제533조 이하)의 세 가지를 정한다. 또한 목적이 원시적으로 불능인 계약을 체결하면 무효가 되는데, 이 경우 그 사실을 몰라 피해를 입은 상대방을 구제하기 위해 민법 제535조에서 계약체결상의 과실을 규정한다.

② 민법에서 정하고 있지는 않지만 약관에 의해 계약이 체결되는 것이 일반적인 모습인바, 이에 관해서는 '약관규제에 관한 법률'(1986년 법 제3922호)에서 따로 규율하고 있다. 즉 약관은 계약자유의 제한 측면에서 다룰 수도 있지만, 계

약의 성립과도 관련되는 것이기 때문에 본절에서 같이 설명하기로 한다.

2. 일반계약의 성립

계약의 성립에 대한 모습으로서 민법이 규정하고 있는 것은 위에서 언급한 바와 같이 청약에 대한 승낙(제527조 이하) · 의사실현(제532조) · 교차청약(제533조 이하)의 세 가지이며, 각각 그 성립요건을 달리 규정한다. 그 밖에 계약의 경쟁체결과 사실적 계약 등이 있는데, 아래에서는 이에 관하여 함께 살펴보기로 한다.

(1) 청약과 승낙에 의한 계약

1) 청 약

① 청약의 의의

청약이라 함은 상대방의 승낙과 결합하여 청약자가 의도하는 내용의 계약을 성립시킬 것을 목적으로 하는 의사표시를 말한다. 따라서 청약만으로는 법률요건인 법률행위(계약)가 될 수 없으며, 하나의 법률사실에 지나지 않는다.

② 청약의 성질

㉠ 청약은 장차 계약의 당사자가 될 특정인의 의사표시이다. 즉 청약은 그에 상응하는 승낙만 있으면 곧 계약이 성립하는 확정적 의사표시이다. 따라서 청약(의사표시)은 계약의 내용을 결정할 수 있을 정도의 구체적 사항을 포함하는 것이 필요하다(대판 2003.4.11, 2001다53059).

㉡ 청약은 상대방 있는 의사표시이다. 그러나 상대방은 특정인이 아니더라도 무방하다(예컨대 자동판매기의 설치, 신문 광고에 의한 청약 등).

③ 청약의 유인

㉠ 상대방으로 하여금 청약을 해 오도록 유인하기 위한 거래의 권유를 '청약의 유인'이라 하여 청약과 구별한다. 즉 청약의 유인은 합의를 구성하는 의사표시가 되지 못하므로 피유인자가 그에 대응하여 의사표시를 하더라도 계약은 성립하지 않고 다시 유인한 자가 승낙의 의사표시를 함으로서 비로소 계약이 성립하는 것이다(대판 2007.6.1, 2005다5812 · 5829 · 5836). 예컨대 구인광고(고용), 주택의 임대광고(임대차), 상품의 진열(매매) 등은 이에 해당한다.

㉡ 어떤 의사표시를 청약 또는 청약의 유인으로 볼 것이냐 하는 것은 상대

방의 승낙이 있으면 계약을 성립시키겠다는 확정적 구속의사의 유무를 기준으로 하여 판단된다(대판 1993.10.22, 93다32507). 따라서 이는 계약 당시의 구체적 사정을 고려하면서 의사표시의 해석을 통해서 확정된다.

【판 례】

* 대판 1993.10.22, 93다32507 … 한국토지주택공사(구, 한국토지공사)의 이주자택지 공급대상지에 대한 이주자택지 계약체결통보는 계약의 요소가 되는 내용을 명시하고 있어 구체적이긴 하지만 공급대상자의 승낙에 의하여 계약이 바로 성립되는 확정적인 것이라고 볼 수 없으므로 이는 계약상 청약이 아니라고 볼 것이다.

④ 청약의 효력

㉠ 청약의 효력발생

청약도 하나의 의사표시이므로 그 효력발생시기는 의사표시의 효력발생시기에 관한 일반원칙에 따른다(제111조 제1항). 따라서 원칙적으로 상대방에게 도달한 때에 청약의 효력이 발생한다. 다만 불특정인에 대한 청약(자동판매기의 설치 또는 광고의 게재)은 불특정인이 알 수 있는 때로부터 그 효력이 생긴다. 청약의 효력이 발생하기 전에는 청약자가 청약을 철회할 수 있는 점에서 그 의미가 있으며, 이것은 청약의 구속력과 관련된다.

㉡ 청약의 구속력(형식적 구속력)

ⓐ 구속력의 원칙

청약의 의사표시는 상대방에 도달한 때로부터 효력이 생기고 그것이 효력을 발생한 때에는 청약자가 임의로 이를 철회하지 못한다(제527조). 법원은 매매와 같이 일시적 계약의 경우 사정변경을 이유로 철회권 또는 해제권을 인정하지 않는데(대판 1991.2.26, 90다19664; 대판 2007.3.29, 2004다31302), 이를 '청약의 구속력'이라고 한다. 다만 처음부터 철회권을 유보하면서 청약의 의사표시를 한 경우에는 상대방에게 의사표시가 도달한 이후에도 청약을 철회할 수 있다(독일민법 제145조 단서).

ⓑ 구속력의 예외

청약 후에 그 기초가 된 사정이 현저히 달라진 경우, 즉 기초사정의 현저한 변화, 청약자의 예견 불가능, 구속력존속의 객관적 부당성이 요구되는 경우에는 사정변경의 원칙에 따라 철회가 허용된다. 판례는 근로자의 사직서, 즉 근로자가 자발적으로 직장을 그만두기를 희망하는 사직서를 제출한 경우에, 그 퇴직의 의사가 사용자측에 도달되었다고 하더라도 승낙이 있기까지 철회될 수 있다고 한다(대판 2003.4.25, 2002다11458). 그러나 명예퇴직의 합의 이후에는 이를 철회할 수 없다. 즉 근로자와 사용자가 명예퇴직의 합의 후 그 철회가 사용자에게 불측의 손해를 주는 등 신의칙에 반하는 특별한 사정이 있는 때에는 철회가 허용되지 않는다고 한다(대판 2003.6.27, 2003다1632).

【판 례】

* 대판 2003.4.25, 2002다11458 … 근로자가 사직원 또는 명예퇴직 신청서를 제출하고 사용자가 승낙함으로써 당해 근로관계를 종료시키게 되는 경우에, 근로자는 사직원 또는 명예퇴직 신청서의 제출에 따른 사용자의 승낙의사가 형성되어 확정적으로 근로계약 종료의 효과가 발생하기 전에는 사직의 의사표시를 자유로이 철회할 수 있다.
* 대판 2003.6.27, 2003다1632 … 근로계약 종료의 효과발생 전이라고 하더라도 근로자가 사직의 의사표시를 철회하는 것이 사용자에게 불측의 손해를 주는 등 신의칙에 반한다고 인정되는 특별한 사정이 있는 경우 또는 명예퇴직의 합의 이후에는 그 철회가 허용되지 않는다.

㉢ 청약의 승낙적격(실질적 효력)

ⓐ 청약이 상대방에게 도달하여 청약수령자가 이에 대해서 승낙을 하면 계약은 성립하게 되는데 이를 청약의 승낙적격(실질적 효력)이라고 한다. 청약의 구속력이 청약의 철회를 기준으로 파악한 개념이라면, 청약의 승낙적격은 승낙에 의한 계약의 성립을 중심으로 파악한 개념이다.

ⓑ 청약이 승낙적격을 갖는 기간을 승낙기간이라 한다. 원칙적으로 승낙은 승낙기간 내에 청약자에게 도달하여야만 한다(제528조 제1항). 한편 승낙의 기간을 정하지 않은 계약의 청약은 청약자가 상당한 기간 내에 승낙의 통지를 받지 못한 때에는 승낙적격을 잃는다(제529조). 유의할 점은 상법 제53조는 회신의무를 규정하지만, 민사거래에서는 그러한 회신의무가 인정되지 않으므로 청약의 수령자는 승락여부에 대한 회신의무가 없다(대판 1999.1.29, 98다48903).

【판 례】 회신의무

* 대판 1999.1.29, 98다48903 … 교통사고손해분담비율에 관하여 원고인 보험회사가 피고들에게 8：2를 제시하고 7일 이내에 이의가 없으면 동의한 것으로 간주하겠다는 통지를 한 경우, 그 기간은 경우에 따라 단지 승낙기간을 정하는 의미를 가질 수 있을 뿐이므로 피고인들이 응답하지 않았다고 해서 화해계약이 성립하지는 않는다.

㉣ 청약철회유보기간제도

ⓐ 소비자보호를 위해서 청약철회유보기간(cooling－off period)제도가 특별법에 마련되어 있다. 즉 '할부거래에 관한 법률'과 '전자상거래 등에서의 소비자보호에 관한 법률'은 계약서를 받은 날부터 7일, 다만 그 계약서를 받은 날보다 재화의 공급이 늦게 이루어진 경우에는 재화를 공급받은 날부터 7일(할부거래에 관한 법률 제8조; 전자상거래 등에서의 소비자보호에 관한 법률 제17조) 이내에 청약을 철회할 수 있다.

ⓑ 한편 '방문판매 등에 관한 법률'은 계약서를 받은 날부터 14일 이내에 청약을 철회할 수 있다. 다만 그 계약서를 받은 날보다 재화가 늦게 공급된 경우에는 재화를 공급받거나 공급이 시작된 날부터 14일 이내에 청약을 철회할 수 있다(방문판매 등에 관한 법률 제8조 참조). 주목할 점은 전화권유 또는 방문판매를 통해 부동산 분양계약(오피스텔 분양계약)을 맺은 경우에도 그 기간내에 청약을 철회하고 계약금을 돌려받을 수 있다는 '한국소비자원 소비자분쟁조정위원회'의 결정(2013.3.25 소비자분쟁조정위원회결정 참고)에 따라 공산품이 아닌 부동산 거래에서 소비자의 청약철회권이 인정된다는 데 의미가 크다.

2) 승 낙

① 승낙의 의의

승낙이라 함은 청약의 상대방이 청약에 응하여 계약을 성립시킬 목적으로 청약자에 대하여 행하는 확정적 의사표시를 말한다. 유의할 점은 청약과 달리 불특정다수인에 대한 승낙이란 있을 수 없다.

② 승낙의 내용(성질)

㉠ 승낙은 특정의 청약에 대하여 행하여지는 것이다. 따라서 승낙은 청약수령자가 특정의 청약자에 대하여 계약을 성립시킬 의사를 가지고 행하여야 한다(주관적 합치).

㉡ 승낙은 청약의 내용과 일치하여야 하며(객관적 합치), 청약의 수령자가 승낙을 하느냐 하지 않느냐는 원칙적으로 자유이다(계약자유의 원칙). 다만 승낙은 청약의 승낙적격을 가지는 동안에 하여야 한다.

㉢ 승낙의 방법 역시 원칙적으로 자유이다. 따라서 특별한 제한이 없으나, 승낙은 청약에 대해서 동의를 준다는 내심의 결의에 그쳐서는 안 되고 청약자에게 표시되어야 한다.

③ 승낙의 효력

㉠ 승낙기간

ⓐ 승낙기간은 청약자가 청약의 의사표시를 하면서 정하는 것이 보통이기 때문에 승낙의 통지가 승낙기간 후에 도달한 때에는 이미 청약은 그 효력(승낙적격)을 상실한다(제528조). 따라서 계약은 성립하지 않는다(대판 1994.8.12, 92다23537).

ⓑ 승낙기간을 정하지 않은 경우 승낙은 상당한 기간 내에 청약자에게 도달하도록 행해져야 한다(제529, 상법 제52조 제1항). '상당한 기간'은 청약의 도달, 청약수령자의 결정, 승낙의 도달에 필요한 기간 등 구체적인 거래의 모습과 거래관행, 기타 사정을 고려해서 객관적으로 판단한다.

ⓛ 연착된 승낙

ⓐ 승낙의 기간을 정한 때에는 그 기간 후에 도달한 승낙(제528조 제1항 참조), 승낙의 기간을 정하지 않을 때에는 '상당한 기간 후에 도달'한 승낙(제529조 참조)은 청약과 결합하여 계약을 성립시킬 수 없다. 그러나 연착된 승낙은 새로운 청약으로 볼 수 있다(제530조). 따라서 연착된 승낙의 수령자가 이에 대하여 승낙의 의사표시를 하면 계약은 성립된다.

ⓑ 유의해야 할 것은 승낙의 통지가 보통 승낙 기간 내에 도달할 수 있었던 발송이었으나 특별한 사정(지진 · 태풍으로 인한 홍수 등)으로 인하여 기간 후에 도달한 때에는 청약자가 지체 없이 승낙의 통지가 연착되었음을 통지하지 않으면 승낙의 통지는 연착되지 않은 것으로 된다는 점이다(제528조 제3항).

ⓒ 변경을 가한 승낙

승낙은 청약과 그 내용이 일치할 때에만 계약을 성립시킬 수 있다. 따라서 승낙자가 승낙에 조건을 붙이거나 변경을 가하여 승낙한 때에는 그 청약 자체를 거절한 것임과 동시에 새로 청약한 것으로 본다(제534조; 대판 2008. 2.1, 2006다20542). 따라서 수정을 가한 승낙에 대하여 원래의 청약자가 이를 승낙하면 계약은 성립한다.

ⓡ 격지자 사이의 경우

ⓐ 격지자 사이의 계약은 승낙의 통지를 발송한 때에 성립한다(제531조). 이는 의사표시의 효력발생시기에 관한 도달주의의 원칙(제111조 제1항)에 대한 예외이다. 민법은 제531조에서 '격지자 간의 계약은 승낙의 통지를 발송한 때에 성립한다'고 규정하여 격지자 간의 승낙에 관해서는 발신주의를 취하고 있다.

ⓑ 민법 제531조의 취지는 거래의 신속을 위한 것이다. 따라서 격지자 간의 계약성립시기에 관해서는 발신주의의 입장에서 불도달(不到達)을 해제조건으로 하여 통지를 발신한 때에 효력이 발생한다고 보아야한다. 다만 오늘날 교통 · 통신수단의 발달로 격지자 사이의 계약은 크게 감소되었기 때문에 이에 대한 문제성은 상대적으로 축소되었다. 따라서 격지자 사이 계약의 경우(제531조)에도 의사표시의 효력발생시기를 도달주의로 변경(민법 개정)할 필요가 있다.

(2) 의사실현에 의한 계약

1) 의 의

종래의 전통적인 법률행위이론에 의하면, 계약은 청약과 승낙이라는 두 개의 의사표시의 합치로 성립하고, 당사자가 능력자이고 의사표시에 하자가 없어야 비로소 효력이 발생한다. 그런데 이러한 전통적 이론에 수정을 가하여 청약자의 의사표시 또는 관습에 의하여 승낙의 통지를 필요로 하지 않는 경우에는 승낙의 의사표시로 인정되는 사실이 있는 때에 계약의 성립을 인정하는 것을 '의사실현에 의한 계약의 성립'이라고 한다(제528조~제531조).

2) 의사실현의 요건

① 승낙의 통지가 필요하지 않아야 한다. 즉 관습 또는 거래관행에 의해 승낙의 통지가 필요 없는 것으로서, 예컨대 인터넷 온라인으로 호텔을 예약하면서 구체적으로 호텔방의 호실(號室)을 정해 놓는 등의 행위를 할 때에 계약이 성립한다(대판 1996.1.26, 95다26919 참조).

② 의사실현행위가 있어야 한다. 즉 승낙의 의사표시로 인정되는 사실이 있어야 한다. 예컨대 서점에서 신간서적을 보내오면 그 중에서 필요한 책을 사기로 한 경우에 송부된 책을 받아 그 책에 메모하거나, 버스 또는 택시에 승차하는 행위, 유료주차장에 차를 주차해두는 행위 등은 승낙의 의사표시가 있는 의사실현행위로 해석된다.

【판 례】

* 대판 1984.8.14, 84도1139 · 대판 1996.1.26, 95다26919 … 일반적으로 예금계약은 예금자가 예금의 의사를 표시하면서 금융기관에 돈을 제공하고 금융기관이 그 의사에 따라서 그 돈을 받아 확인을 하면 성립하며, 금융기관의 직원이 그 받은 돈을 금융기관에 입금하지 아니하고 이를 횡령하였다고 할지라도 예금계약의 성립에는 아무 지장이 없다.
* 대판 2003.5.13, 2000다45273 … 수분양자 등이 분양자에게 보낸 통지서에 나타난 의사표시는 상대방의 승낙이 있으면 곧바로 의사의 합치에 이를 수 있는 정도로 내용이 확정될 수 있는 청약에 해당하고, 분양자가 수분양자들로부터 통지서를 받고 수분양자들이 첨부서류로 요청한 환지계획의견서양식 말미에 아무런 변경 없이 서명 · 날인하여 이를 토지구획정리사업시행자에게 제출한 행위는 민법 제532조에 따라 승낙의 의사표시로 인정될 수 있다.

3) 의사실현의 효과

① 계약의 성립시기는 의사실현, 즉 승낙의 의사표시로 인정되는 의사실현의 사실이 있는 때 계약은 성립한다. 다만 이러한 의사실현에 의한 계약의 성립은 청약자의 의사표시나 관습에 의하여 승낙의 통지가 필요하지 않은 경우에 한한다(제532조).

② 의사실현에 의한 계약은 상대방에 대한 표시 및 도달을 필요로 하지 않고, 또한 청약자가 그 사실을 몰랐다고 하더라도 그 사실이 있는 때에 당연히 계약이 성립한다는 점에서 보통의 계약의 성립과 구별된다.

(3) 교차청약에 의한 계약

1) 의 의

당사자 사이에 동일한 내용의 청약이 서로 교차된 경우, 즉 두 사람이 객관적으로 내용이 일치하는 청약을 서로 행한 경우를 '교차청약'이라고 한다(제533조). 예컨대 A가 특정 스마트폰을 50만원에 팔겠다고 한 청약이 B에게 도달되기 전에 B도 역시 A에게 그 스마트폰을 50만원에 사겠다고 청약을 하는 것과 같다.

2) 교차청약의 요건

① 두 개의 유효한 청약의 의사표시가 있어야 한다. 즉 각각의 청약은 의사표시로서의 요건을 갖추어야 한다.

② 두 개의 청약이 당사자 간에 상호 교환적으로 행해졌어야 한다. 즉 청약당사자 중 일방의 청약자가 그 청약의 수령자로부터 청약을 받은 경우에, 상호 교환적 청약의 존재가 인정된다.

③ 두 개의 청약이 내용상 합치하여야 한다. 즉 합의에 의한 계약체결에서 청약과 승낙이 내용상 합치할 것이라는 요건이 교차청약의 경우에는 두 청약 사이의 내용상 합치로서 요구된다.

④ 요물계약의 경우 합의 외에 급부가 있어야 한다. 즉 요물계약에서는 당사자의 합의 이외에 일방당사자의 급부의무가 이행될 것을 계약의 성립요건으로 한다. 민법은 모든 계약에 낙성계약의 원칙을 채택하고 있지만, 현실적으로 거래계에서는 예금계약·대출계약·임치계약 등에 관하여 요물계약으로 처리한다.

3) 교차청약의 효과

① 교차청약에 의한 계약의 성립에 관하여는 청약에 대응하여 승낙하는 관

계에 있지 않으므로 민법 제527조 이하 규정은 적용되지 않는다. 결국 교차청약의 경우에는 양 청약이 모두 상대방에게 도달한 때에 계약이 성립한다(제533조).

② 두(각자의 의사표시) 청약이 서로 다른 시기에 도달한 경우에는 후에 도달된 시점에 계약이 성립한다. 교차청약의 경우에는 후의 청약이 발송된 때에 계약이 성립되지 않으므로 민법 제531조(격지자 간의 계약성립시기)의 발신주의는 이 경우에는 관철되지 않는다.

(4) 계약의 경쟁체결(경매, 입찰)

1) 의 의

계약의 경쟁체결이라 함은 경매·입찰 등과 같이 당사자 일방에게 경쟁을 시켜서 비교적 가장 유리한 조건으로 계약을 체결하는 방법을 말한다. 이것은 결국 청약과 승낙으로써 성립하는 계약의 특수한 방법이며, 경쟁체결의 신청이 계약의 청약이냐 청약의 유인에 지나지 않느냐 하는 점이 문제된다. 그런데 이에 관한 일반적 규준이 없으므로 결국 개개의 구체적인 사정에 따라 결정하는 수밖에 없다.

2) 사경매

사경매는 각 경쟁자가 다른 경쟁자의 표시내용을 알 수 있으므로 다른 경쟁자의 표시내용을 보고 다시 그보다 유리한 내용을 표시할 기회를 갖는다. 이러한 사경매에는 값을 내려가는 경매와 값을 올려가는 경매가 있으며, 양자 사이에는 차이가 있다.

① 값을 내려가는 경매

값을 내려가는 경매는 경매자(매수인을 지칭한다)가 먼저 일정한 가격을 제시하고, 그보다 싼 가격에 팔겠다(금액 결정)는 상대방의 표시를 기다리는 경우이다. 이 경우에는 경매자가 일정한 가격을 제시함으로써 그 가격 이하이면 사겠다고 하는 확정적 구속의사를 표시하고 있으므로 그것이 청약이고, 최저가격의 제시가 승낙이 된다.

② 값을 올려가는 경매

이에는 다음과 같은 두 가지 경우가 있게 된다.

㉠ 첫째는 경매자가 일정한 가격을 전혀 제시하지 않고, 경매에 응한 자들로부터의 고가(高價)의 표시를 기다리는 경우이다. 이 경우에는 경매자

에게 확정적 구속의사가 결여되어 있으므로, 경매에 붙인다는 표시는 청약의 유인에 지나지 않고 경매에 응한 자의 일정한 가격의 표시가 청약이다. 따라서 경매자는 최고가격의 표시에 대하여도 승낙 여부의 자유를 가진다.

㉡ 둘째는 경매자가 먼저 최저가격을 제시하여 경쟁자의 그 이상의 최고의 표시를 기다리는 경우이다. 이 경우에는 최저가격을 제시함으로써 그 가격 이상이면 팔겠다는 확정적 구속의사를 표시하였다고 보아야 하므로 경쟁에 붙인다는 표시가 청약이고, 상대방의 가격표시는 그보다 고가로 사겠다는 표시가 없는 것을 조건으로 하여 승낙의 효력이 생기게 된다. 즉 최고가격의 제시가 승낙이 된다.

3) 입 찰

① 입찰은 응찰자들이 제시한 조건이 경쟁자 상호 간에 알려지지 않는 경쟁체결방법으로써 입찰에 붙인다는 표시는 원칙적으로 '청약의 유인'에 지나지 않는다고 할 것이다. 따라서 입찰에 응하는 것이 청약이며, 낙찰을 결정함으로써 승낙하는 것으로 되고 청약도 그때에 성립하게 된다(곽윤직 45면, 김형배 1165면, 지원림 1265면). 유의할 점은 입찰에 붙인 자는 입찰자 중의 가장 유리한 입찰(최고가격 또는 최저가격)에 대하여도 승낙 여부의 자유를 가진다. 즉 입찰자의 자력 · 신용 등의 사정을 고려하여 누구에게 낙찰하느냐를 결정하면 되는 것이지 반드시 가장 유리한 입찰에 대하여 승낙을 주어야 할 구속을 받지는 않는다.

② 국가가 국민과의 사이에서 매매 · 도급 · 임대차 등의 계약을 맺는 경우가 많으나, 이때에는 원칙적으로 공고를 하여 경쟁에 붙여야 하고(국가를 당사자로 하는 계약에 관한 법률 제7조 참조), 그 경쟁방법은 특정의 경우를 제외하고는 입찰에 의하기로 되어 있다(동법 시행령 제10조 참조). 이처럼 경쟁입찰(국가와 국민간의 경쟁체결계약)은 순수한 사법상의 계약체결방법이기는 하나, 일반 입찰과는 상당히 다른 것임에 주의하여야 한다(동법 시행령 제7조; 대판 2001.12.11, 2001다33604).

(5) 사실적 계약관계

1) 의 의

전통적 법률행위(청약, 승낙)의 예외로서 일정하게 제한된 경우에 청약 · 승낙에 해당하는 의사표시가 현실적으로 존재하지 않더라도 당사자의 사실상의 행위나 활동에 의하여 청약 · 승낙으로 추단(추측 단정)할 수 있는 경우에 계약과 비슷한 채권관계의 성립을 인정하려는 것이 이른 바 '사실적 계약관계'이다.

2) 인정 여부

① 긍정설

근대민법에 있어서 예상하는 계약법의 역할은 의사의 합치로 성립하는 거래관계를 처리하는 것이지만, 현대사회에서는 근대민법이 예상하지 못한 거래관계가 출현하기 때문에, 이를 처리하기 위해서는 묵시적 의사표시를 주장하거나 부당이득법리에 의하여 처리할 수도 있지만, 이것이 적절하지 않을 경우에는 사실적 계약관계론을 도입하는 것도 하나의 방법이 된다고 한다(곽윤직 52면).

② 부정설

사실적 계약관계론은 소비자의 효과의사와는 무관하게 그의 일정한 행위에 대하여 체약효과를 부여함으로써 우월한 독점기업이 설정한 공급조건에 대하여 계약적 구속력을 쉽게 인정함으로써 당사자의 자발적인 의무부담의 의사가 없음에도 불구하고 당사자를 이에 구속시키는 무리한 결과를 가져온다. 따라서 사실적 계약관계론은 현행법의 기본취지에 부합하지 않으므로, 이는 수긍할 수 없는 이론이라고 한다(김형배 1233면, 이영준 145면, 지원림 1306면).

3) 사실적 계약관계 유형

① 집단거래에 있어서의 사실적 계약관계

집단거래는 현대사회생활에 필수불가결한 사항으로서 이들의 이용관계나 공급관계는 대량적·집단적으로 맺어지고, 마찰 없는 원활한 처리를 위하여 계약내용은 요금표 및 보통거래약관으로 정형화되어 있으며 계약체결은 강제된다. 예컨대 지하철·버스 등에 승차하는 사실에 있어서는 당사자의 의사의 여부와는 관계없이 계약이 성립한다.

② 계속적 채권관계에서의 사실적 계약관계

사실적 계약관계의 성립을 인정하여야 할 또 하나의 경우가 일정한 기간 동안의 계속적 채권관계이다. 예컨대 수도·전기·가스 등을 공급하는 사실적 행위는 일정한 대가를 받고 계속적으로 공급하는 이른 바 계속적 공급계약이다.

4) 사실적 계약관계 평가

계약이란 당사자의 의사표시에 의하여 성립하는 것을 대원칙으로 하고 있다. 따라서 사실적 계약관계론은 집단적 거래관계에서 소비자의 효과의사와는 무관하게 그의 일정한 행위에 대하여 체약효과를 부여함으로써, 당사자의 자발적인 의무부담의 의사가 없음에도 불구하고 당사자를 이에 구속시키는 무리한 결과를 초래함으로, 국가의 간섭(통제)을 받는 경우에 한하여 제한적으로 인정하여야 할 것이다.

3. 약관에 의한 계약성립

(1) 의 의

1) 약관의 의의

약관이란 계약의 일방당사자가 특정 종류의 계약을 불특정 다수의 상대방과 계속 반복하여 체결할 것을 예정하고, 이에 대비하여 미리 작성하여 둔 계약조항이다. 즉 계약의 전통적인 모습은 당사자가 흥정과 협상을 통해 계약의 내용을 결정하는 것이다. 그런데 현대사회의 많은 계약에서 일방이 계약의 내용을 미리 정해 두고, 상대방은 단순히 그에 따라가는 모습으로 계약이 체결되고 있다. 여기서 당사자 일방이 계약의 내용으로 삼기 위해 미리 마련한 것을 말한다.

2) 약관의 작용

① 긍정적인 측면

약관은 대량의 집단적 거래를 신속하고도 통일적으로 처리한다는 장점이 있다. 또한 계약내용에 대한 증명의 부담이 경감됨으로써 법률관계가 명확하게 처리되는 점과, 현대사회의 다양한 신종 계약 등 민법에 그 규율이 없는 것에 대해 이를 보완하는 순기능을 한다.

② 부정적인 측면

약관은 사업자가 약관을 일방적으로 작성하는 과정에서 자신의 경제적·지적 우월성을 이용하여 자신에게만 유리한 쪽으로 내용을 정하고, 상대방은 협의를 할 여지가 없이 사실상 그에 따라가는 방식으로 계약이 체결되는 부합계약의 형태를 띠는 점에서 실질적인 계약의 자유가 실현되지 않는다는 역기능이 있다.

3) 약관의 규제

① 사업자가 그 거래상의 지위를 남용하여 불공정한 내용의 약관을 작성하

여 거래에 사용하는 것을 방지하고, 불공정한 내용의 약관을 규제함으로써 건전한 거래질서를 확립하고, 이를 통하여 소비자를 보호하고 국민생활을 균형 있게 향상시키기 위해 약관에 일정한 규제가 요구된다.

② 위의 내용을 실현하기 위한 차원에서 우리는 '약관의 규제에 관한 법률'을 제정(1986.12.31 법 제3922호)하였으며, 독일은 보통거래약관에 관한 법률(1976년 제정), 영국은 불공정계약조항법(1977년 제정)을 제정하여 공통적으로 규제하고 있는 반면, 일본의 경우에는 할부판매법(1961년 제정), 방문판매 등에 관한 법률(1976년 제정)처럼 개개의 거래 분야에 관하여 개별적으로 입법화하여 규제하고 있다.

(2) 약관과 계약내용

1) 약관의 성격

① 사법에 대한 특칙

약관 규제에 관항 법률 중 제1장 총칙과 제2장 불공정약관조항은 사법의 영역에 속한다. 즉 약관의 계약편입의 요건을 정한 약관의 명시와 설명의무(약관의 규제에 관한 법률 제3조)는 계약 성립에 관해, 약관해석의 원칙(약관의 규제에 관한 법률 제5조)은 법의 효력에 관해, 각각 민법·상법에 대한 특칙이 된다.

② 약관의 본질

사업자(기업 또는 개인)가 일방적으로 작성한 약관이 상대방에 대해 계약의 내용으로서 효력을 가지게 되는 근거는 무엇인가? 약관규제에 관한 법률의 제정 전후에 걸쳐 통설은 '계약설'을 취하고 있다. 즉 계약 당사자인 작성자와 그 상대방의 합의가 약관의 구속력에 대한 근거라는 견해이다(곽윤직 24면, 이은영 50면). 판례 역시 약관이 계약 당사자에 대하여 구속력을 갖는 것은 그 자체가 법규범 또는 법규범적 성질을 가진 약관이기 때문이 아니라, 계약 당사자 사이에서 계약내용에 포함시키기로 명시적·묵시적으로 합의하였기 때문이라고 한다(대판 2004.11.11, 2003다30807 등).

③ 강행법규

약관규제에 관한 법률은 강행법규이다. 따라서 약관의 명시·설명의무를 면제하거나 약관이 해석원칙을 달리 정하는 합의는 비록 개별약정에 의하더라도 이는 효력이 없다(약관의 규제에 관한 법률 제3조 참조). 즉 판례는 약관의 내용을 충분히 이해하지 못함으로써 상대방이 불이익을 받지 않도록 하기 위한 것이라고 하면서, 명시·설명의 대상이 되는 것은 고객의 이해관계에 중대한 영향을 미치는 사항이라고 한다(대판 2004.4.27, 2003다7302; 대판 2006.1.26, 2005다60017·60024; 대판 2007.4.27, 2006다87453 등).

【판 례】

* 대판 2004.4.27, 2003다7302; 대판 2006.1.26, 2005다60017 · 60024 … 사업자가 계약을 체결한 때에 약관의 명시 · 설명의무에 위반하면 그 약관의 내용을 계약의 내용으로 주장할 수 없다. 이러한 약관의 명시 · 설명의무는 상대방인 고객이 약관에 정하여진 중요한 사항이 계약내용으로 되어 예상하지 못한 불이익을 받게 되는 경우를 피하고자 하는 데 그 취지가 있으므로, 거래상 일반적이고 공통된 것이어서 그 내용이 단순히 되풀이 또는 부연하는 정도에 불과한 것이라면 약관의 명시 · 설명의무의 대상이 되지 않는다.

2) 약관의 적용범위

① 원 칙

약관규제에 관한 법률은 특정한 거래 분야의 약관만이 아닌 모든 약관에 대해 일반적으로 적용된다. 즉 '약관의 규제에 관한 법률'은 약관에 관한 일반법이다. 예컨대 계약이 한쪽 당사자가 여러 명의 상대방과 계약을 체결하기 위하여 일정한 형식으로 미리 마련한 계약의 내용이 되는 것에 해당하는 이상(약관의 규제에 관한 법률 제2조 제1항), 그것이 계약서의 일부를 이루든 별지로 되어 있든, 그 명칭이나 형태를 가리지 않는다.

② 예 외

특정한 거래 분야의 약관에 대하여 다른 법률에 특별한 규정이 있는 경우에는 그 법률이 약관규제에 관한 법률의 규정에 우선한다(약관의 규제에 관한 법률 제30조 제3항). 예컨대 보험약관에 관하여는 상법의 보험편 규정이(상법 제638조 이하), 방문판매에 관련된 약관에 관하여는 '방문판매 등에 관한 법률'이, 할부거래에 대한 약관에 관하여는 '할부거래에 관한 법률'이 약관규제에 관한 법률에 앞서 적용되고, 그 정함이 없는 부분에 한해 동법이 보충적으로 적용된다. 또한 약관이 비영리사업의 분야에 속하는 계약에 관한 것일 때에는 이 법률을 적용하지 않는다.

③ 약관의 계약편입

약관의 내용이 상대방에게 효력을 미치기 위해서는 약관을 이용하는 사업자가 약관을 명시 또는 설명하고, 그 약관에 따라 계약을 체결하는 데 상대방이 동의한 경우에만 계약내용으로 편입된다. 약관규제에 관한 법률도 같은 태도를 취한다(약관의 규제에 관한 법률 제3조 참조). 한편 당사자 사이에 약관이 정하는 내용과 다르게 합의한 부분이 있는 경우, 즉 당사자의 개별적인 합의 내용이 효력을 갖는 한, 개별약정이 약관에 우선한다(대판 2001.3.9, 2000다67235).

(3) 약관에 대한 해석원칙

1) 동일성유지의 원칙

약관은 다수의 상대방과의 계약관계를 정형적으로 처리하기 위한 것이므로 거래에 참여한 '일반적 고객의 이익'을 고려하여 정상적 계약 당사자가 표시하였으리라고 판단되는 의사를 기준으로 해석되어야 한다(약관의 규제에 관한 법률 제5조 제1항). 즉 모든 고객에게 평균적 고객의 이해가능성을 기준으로 객관적·획일적으로 해석하여야 한다(대판 2011.4.28, 2010다106337).

2) 신의성실의 원칙

약관은 그 약관이 적용되는 구체적 사안을 고려하여 신의성실의 원칙에 맞게 해석되어야 한다(약관의 규제에 관한 법률 제5조 제1항). 판례에 의하면 사업가는 작성한 약관조항이 신의칙에 반하는 공정을 잃은 조항으로서 약관규제에 관한 법률상 무효라고 볼 수밖에 없는 경우에는 수정해석을 할 필요가 있다고 한다(대판[전합] 1991.12.24, 90다카23899).

3) 작성자 불이익의 원칙

약관의 내용이 불명확하여 다의적인 경우에는 작성자가 그 불명확성으로 인한 불이익을 부담한다(약관의 규제에 관한 법률 제5조 제2항). 이는 명확하지 않은 조항을 만드는 데 원인을 준 자가 그 위험을 부담하는 것이 공평하다는 '작성자 불이익의 원칙'을 명문화한 것이다. 따라서 고객보호의 측면에서 약관내용이 명백하지 못하거나 의심스러운 때에는 고객에게는 유리하게, 약관작성자에게는 불리하게 제한 해석하여야 한다(대판 2010.9.9, 2007다5120; 대판 2011.8.25, 2009다79644).

(4) 불공정약관조항의 효력

1) 무효사유

① 신의성실의 원칙을 위반하여 공정성을 잃은 약관조항은 무효이다. 즉 약관의 규제에 관한 법률 제6조 내지 14조에서는 불공정약관조항으로서 무효로 되는 약관조항들에 관하여 규정하고 있다.

② 약관의 규제에 관한 법률에 의해 불공정약관조항에 해당하는 중요한 것을 분설하면 다음과 같다(약관의 규제에 관한 법률 제6조 내지 제14조). 일반원칙으로서 신의칙에 반하는 경우(동법 제6조; 대판 2010.10.28, 2008다83196), 약관이용자인 사업자의 책임을 부당하게 면제하는 경우(동법 제7조; 대판 2002.4.12, 98다57099), 고객에 대하여 부당하게 과중한 손해배상액을 예정하

는 경우(동법 제8조; 대판 2006. 11.9, 2006다27000), 계약의 해제권·해지권을 고객에 대하여 부당하게 배제 또는 제한하거나 반대로 사업자에 대해서는 부당하게 폭넓게 인정하는 경우(동법 제9조; 대판 2010. 10.28, 2010다9153), 고객에게 소의 제기를 금지하거나 상당한 이유 없이 증명책임을 부담시키는 경우(동법 제14조; 대결 1998.6.29, 98마863) 등의 사유가 있는 경우에 약관조항은 무효이다.

2) 무효의 효과

① 무효조항이 포함되더라도 원칙적으로 약관은 나머지 부분만으로 유효하게 존족한다(약관의 규제에 관한 법률 제16조 본문). 그러나 유효한 부분만으로는 계약의 목적달성이 불가능하거나 일방에게 부당하게 불리한 경우에는 계약의 전부를 무효로 한다(약관의 규제에 관한 법률 제16조 단서).

② 약관규제에 관한 법률에 의하여 무효로 되는 개별적 계약의 약관조항(계약조항)은 실체법상 당연 무효이다. 한편 약관에 관한 다툼이 민사소송의 사건이 되기 위해서는 구체적 법률관계와 관련하여 그 조항의 효력이 다투어져야 한다. 물론 무효 조항에 의하여 고객이 손해를 입은 경우에는 불법행위에 기한 손해배상 청구가 가능할 뿐만 아니라, 이미 급부한 것은 부당이득으로서 반환청구 할 수 있다.

4. 계약체결상의 과실책임

(1) 의 의

① 계약체결상의 과실책임이란 계약이 아직 체결되지 않았거나, 계약이 무효·취소가 된 경우 또는 장래에 계약이 체결될 것이라는 두터운 신뢰를 야기한 단계에서 당사자 일방의 과실에 의하여 상대방에게 입힌 손해를 배상하는 책임제도이다. 이는 단순히 계약성립과정뿐만 아니라 계약체결의 전단계인 계약교섭의 단계에서도 교섭당사자는 상대방에게 손해를 입히지 않도록 행동할 책임의무를 부담하며, 그 주의의무를 위반한 교섭당사자는 교섭상대방에 대하여 손해배상책임을 진다.

② 계약체결상의 과실책임의 유형은 크게 4가지로 나누어 볼 수 있다. 즉 ㉠ 원시적 불능인 경우의 계약체결상의 과실, ㉡ 계약의 준비·교섭단계에서의 체약상의 과실, ㉢ 계약이 유효한 경우의 체약상의 과실, ㉣ 계약이 무효·취소된 경우의 체약상의 과실 등이다.

(2) 법적성질

1) 서 설

계약체결상의 과실책임이 계약책임에 속하는가 아니면 불법행위책임에 속하는가에 관하여 견해가 대립한다. 민법 제535조는 그 책임의 발생에 관해서만 규정할 뿐 그 책임의 성질에 관해서는 규정하지 않기 때문에, 해석 여하에 따라 그 책임의 성질을 달리 볼 수 있는 여지가 있다.

2) 책임유형

계약체결상의 과실책임의 법적성질에 관하여, 민법시행 이후에 대부분의 학자들은 '계약책임'의 성질을 갖는 것으로 파악하고 있다(다수설; 곽윤직 53면, 김준호 1477면, 지원림 1307면). 즉 계약상의 의무는 신의칙상의 여러 부수적 의무를 포함한다고 하여 계약의 교섭단계에서도 이미 존재한다고 봄으로써 채무의 내용적 범위를 넓게 파악했다. 그 밖에 일반적 주의의무를 위반하여 상대방에게 위법한 손해를 준 것이라는 불법행위 책임설(양창수 366면)과 계약책임도 불법행위책임도 아닌 독자적인 책임이라고 하는 법정책임설(김형배 1245면)도 있다.

3) 법률상 구분

① 증명책임상의 구분

계약체결상의 과실을 불법행위책임이라고 한다면 가해자의 고의·과실에 관하여 배상청구권자에게 증명책임이 있는 데 반하여, 계약책임이라고 한다면 손해를 발생하게 한 자에게 자기 또는 이행보조자의 고의·과실의 증명책임을 배분할 수 있다(제390조, 제391조).

② 면책상의 구분

불법행위책임에서는 피용자가 제3자에게 가한 손해에 대하여 사용자의 면책사유가 인정되는 데(제756조 제1항 본문) 반하여, 계약책임에서는 본인은 이행보조자·체결보조자의 고의·과실에 관하여 당연히 책임을 진다(제391조).

③ 소멸시효상의 구분

불법행위책임에 의한 손해배상청구권은 피해자가 불법행위로 인한 손해 및 가해자를 안 날로부터 3년이 경과하거나 불법행위를 한 날로부터 10년이 지나면 소멸시효가 완성하는 데(제766조) 반하여, 계약책임에서는 단기소멸시효(3년)는 적용이 없고 장기소멸시효인 10년이 소멸시효기간이다(제162조 참조).

(3) 원시적 불능인 경우의 체약상의 과실

1) 의 의

목적이 원시적·객관적으로 불능(예컨대 이미 소실된 건물에 대하여 매매계약을 체결한 경우), 즉 계약 성립 전에 누구에게나 급부의 이행이 불능한 것을 말하며, 그 불능으로 인해 계약 전부가 무효로 되는 것을 전제로 한다. 원시적 불능으로 계약이 무효인 경우에, 그 불능한 급부를 이행하였어야 할 자는 계약이 무효이기 때문에 상대방이 받은 손해를 배상할 의무가 있다(제535조 참조).

2) 원시적 불능의 요건

① 목적이 원시적·객관적으로 불능이어야 한다. 즉 계약 성립 전에 누구에게나 급부의 이행이 불능이어야 하며 그 불능으로 인해 계약 전부가 무효로 되는 것을 전제로 한다. 따라서 매매에서 일부불능이 있는 경우에는 민법 제574조 및 제580조에 의한 담보책임이 생길 뿐이다.

② 일방 당사자에게 그 불능의 사실에 관해 인식(예견)가능성이 있어야 한다(제535조 제1항). 즉 일방 당사자가 배상책임을 지는 근거는 급부의무를 전제로 하여 이를 위반한 데 따른 책임을 묻는 것이 아니라, 그가 계약체결 당시에 불능의 사실을 알았거나 알 수 있었음에도 이를 상대방에게 알리지 않은 것을 문제 삼는 것이다.

③ 상대방은 목적의 불능으로 인해 손해를 입어야 하고(제535조 제1항), 그 불능의 사실에 대해 선의·무과실이어야 한다(제535조 제2항).

3) 원시적 불능인 경우의 효과

① 고의 또는 과실로 목적이 불능한 계약을 체결한 당사자는 상대방이 그 계약을 유효한 것으로 믿었기 때문에 입은 손해, 즉 소극적 계약이익(신뢰이익)을 배상할 책임을 진다(제535조 제1항).

② 신뢰이익의 범위는 계약체결을 위한 조사비용이라든가 차용한 매매대금의 이자라든가 또는 제3자로부터 받은 유리한 청약을 거절하였기 때문에 입은 손해 등은 포함되지만, 전매의 이익 그 밖의 이른 바 적극적 계약이익(이행이익), 즉 계약의 유효를 전제로 하여 계약이 이행된 경우에 받을 수 있을 것이라는 이익은 포함되지 않는다. 그러나 신뢰이익이 다액(多額)인 경우에는 이행이익을 한도로 한다(제535조 제1항 단서).

③ 판례도 당사자 일방의 채무가 원시적 이행불능이면 계약은 무효이므로 상대방은 계약체결에 있어서의 과실을 이유로 하는 신뢰이익의 손해배상

을 구할 수 있을지언정 이행에 대신하는 전보 배상(이행이익, 전매이익)을 구할 수는 없다고 판시하여 민법에 충실하게 해석한다(대판 1975.2.10, 74다584).

(4) 계약의 준비 · 교섭단계에서의 체약상의 과실

1) 의 의

계약을 체결하려면 당사자는 우선 그 체결을 위한 접촉과 협상(상의) 내지 절충을 하게 되고, 거기서 합의가 이루어지면 계약은 성립한다. 그런데 계약준비단계에서 협상의 결렬로 계약이 불성립으로 끝난 경우에, 그 접촉과 상의가 계속되는 동안 일방당사자의 과실로 상대방에게 손해를 주었다면 과실책임이 생기느냐가 문제되는데, 이것이 바로 계약체결의 준비단계에 있어서의 체약상의 과실문제이다.

2) 준비 · 교섭단계에서의 효과

① 독일민법

2002년부터 시행(개정)된 독일채권법 제311조 제2항은 계약이 체결되지 않은 경우에도 채권관계가 성립할 수 있다고 규정하고 있다. 예컨대 상점에서 융단을 사려고 둘러보던 중 옆에 세워놓았던 다른 융단이 쓰러져서 손님이 다친 경우, 또는 매매의 준비행위 중 매도인의 창고에 있는 상품을 검사하러 가다가 매수인이 통로 위의 얼음에 미끄러져 다쳤다면, 매도인은 신의칙상 그러한 위험이 없도록 배려할 의무가 있다고 보아, 매도인이 그 의무를 다하였음을 증명하지 못하면 체약상의 과실책임을 져야 한다.

② 학설과 판례의 입장

㉠ 우리 학설은 준비단계에서의 체약상의 과실은 신의칙상 인정된다고 한다(곽윤직 55면, 김현태 16면). 즉 체약을 위한 협상에 착수하면 그 순간부터 당사자는 신뢰관계에 서게 되며, 계약체결이라는 공동의 목적을 향해서 서로 협력하여야 할 긴밀한 결합관계, 즉 신의칙상의 의무를 부담하게 된다. 따라서 당사자의 일방의 과실에 의하여 상대방에게 손해를 준 경우에는, 독일민법이나 유럽계약법 원칙(독일민법 제311조 제2항; 유럽계약법원칙 제2301조 참조)과 같이 체약상의 과실책임을 인정하여야 할 것이다(통설).

㉡ 판례는 '어느 일방이 교섭단계에서 계약이 확실하게 체결되리라는 정당한 기대 내지 신뢰를 부여하여 상대방이 그 신뢰에 따라 행동하였음에도 상당한 이유 없이 계약의 체결을 거부하여 손해를 입혔다면 이는 신의성실의 원칙에 비추어 볼 때 계약자유원칙의 한계를 넘는 위법한 행위로서

불법행위를 구성한다'고 판시하였다(대판 2004.5.28, 2002다32301; 대판 2006.9.8, 2004다18859).

③ 판례에 대한 비판

판례가 계약체결상이 과실에 의한 계약책임을 인정하지 않고 불법행위책임을 묻는 것은 아마도 계약이 체결되리라는 정당한 기대 내지 신뢰를 상대방이 상당한 이유 없이 거부하는 것이 그 일방의 법익을 위법하게 침해하는 행위라고 파악하기 때문인 것으로 보인다. 그러나 어떤 특정인들 사이에 계약의 체결과 관련하여 구체적인 신뢰관계가 이미 형성되어 있다면 학설의 입장과 같이 그 일방이 신뢰관계를 깨는 것은 그들 사이에 형성된 특별한 거래상의 접촉관계에 반하는 행위로서 신의칙상의 의무를 다하지 않는 것으로 파악하여 계약책임으로 보았어야 한다.

(5) 계약이 유효한 경우의 체약상의 과실

1) 의 의

유효한 계약이 성립한 경우에도 그 계약에 어떤 흠이 있기 때문에 계약체결상의 책임이 생기는 수가 있다. 즉 매매의 목적물에 관하여 그 사용방법을 잘못 알렸다면, 이는 물건의 하자로 볼 수는 없다. 예컨대 어떤 기계의 매도인이 그 사용방법을 잘못 알린다든가, 종묘상에서 씨앗을 팔면서 씨앗의 매도인이 그 파종방법을 잘못 알리는 경우 등이다. 이러한 경우는 임대차 또는 사용대차의 목적물에 관하여서도 생길 수 있다.

2) 계약의 유효요건

① 계약이 유효하게 성립하였어야 한다. 계약이 전혀 성립하지 않았다면 그것은 앞에서 설명한 준비단계에 있어서의 체약상의 과실문제이다.

② 계약이 성립하기 전에 일방당사자가 신의칙상의 통지의무를 위반함으로써, 그것이 타방당사자가 계약이 성립한 후에 받은 손해에 원인을 주었어야 한다.

③ 그 원인을 주는 데 과실이 있었어야 한다. 여기서 유의할 것이 있는데, 증여와 같은 무상계약에 있어서도 과실에 대하여 책임을 지는가 하는 것이다. 민법 제559조가 증여자에게 악의의 경우에만 담보책임을 인정하고 있는 것과의 균형상, 역시 무상계약에 있어서도 고의 또는 악의에 의한 통지의무위반의 경우에만 이 책임이 생긴다고 하는 것이 타당할 것이다.

④ 상대방은 선의·무과실이어야 한다. 이는 악의·과실 있는 자를 보호할 이유가 없기 때문이다.

3) 계약이 유효한 경우의 효과

계약이 유효하게 성립한 경우에도 계약체결상 과실이 있는 자는 이른 바 체약상의 과실책임을 지는 것을 인정하여야 한다. 즉 계약당사자는 서로 상대방에게 신의칙상 고지해야 할 의무를 부담함으로 비록 계약이 유효하게 성립되었다고 하더라도 그 목적물에 관하여 정확한 사용설명을 하지 않음으로써(고지 위반) 상대방에게 손해를 준 경우에는 손해배상책임이 있다고 하겠다.

(6) 계약이 무효 · 취소된 경우의 체약상의 과실

1) 의 의

당사자 사이에 계약이 성립되었으나 당사자 일방의 귀책적인 사정 때문에 계약이 무효이거나 취소되어 소급적으로 무효로 된 경우에도, 계약의 유효한 성립에 대한 상대방의 신뢰를 보호하기 위하여 계약체결상의 과실책임이 문제될 수있다. 이 유형에서는 상대방의 신뢰가 계약의 체결뿐만 아니라 계약의 유효성에까지 미친다는 점에 그 특색이 있다.

2) 무효인 경우의 체약상의 과실

① 의사무능력의 경우

의사능력이 없거나 성년후견선고를 받지 않은 자가 행한 법률행위는 행위 당시에 의사능력이 없었다는 것을 증명하면 그 행위는 무효가 된다. 그러나 이러한 경우에도 그 의사무능력자에게 체결상의 과실을 인정하여 신뢰이익의 배상책임을 지워 상대방을 보호하여야 할 것이다(통설). 예컨대 어떤 자가 은행에 송금을 지시하여 그에 따랐으나, 그 지시가 정신질환의 상태(의사 무능력)에서 한 것임이 후에 밝혀진 경우, 그에 따른 송금수수료를 은행의 손해로 돌린다면 이는 신의칙에 반한다고 할 것이다. 따라서 이 경우에는 그 의사무능력자에게 체약상의 과실을 인정하여 신뢰이익의 배상을 인정하는 것이 타당하다(곽윤직 57면).

② 금지규정위반의 경우

금지규정을 위반한 계약은 무효이나, 일방에 고의 · 과실이 있고 상대방이 선의 · 무과실인 경우에 신뢰이익의 배상을 인정하는 설과 부정하는 설로 나누어져 있다. 생각건대 무효가 되는 계약이 공서양속에 반하는 경우에는 신뢰이익을 인정할 수는 없지만, 금지규정이 정책적인 것으로서 이에 반하는 계약이 공서양속에 반하지 않고, 또 일방에 고의 · 과실이 있고 상대방이 선의라면 신뢰이익의 배상을 인정하는 것이 타당할 것이다.

③ 요식행위에 있어서의 방식위반의 경우

당사자일방의 고의·과실에 의한 방식위반으로 인하여 법률행위가 무효로 된 경우에 있어서 상대방이 선의·무과실인 경우에는 신뢰이익의 배상을 인정하여야 할 것이다. 이 경우 유의할 점은 증여와 같이 무상계약(사인증여)인 경우에는 그 증여자가 악의(고의)인 경우에 한하여 배상책임이 인정된다고 봄이 타당할 것이다(제559조 참조).

3) 취소된 경우의 체약상의 과실

착오의 경우 표의자에게 중과실이 있으면 취소할 수 없지만(제109조 제1항 단서), 경과실이 있는 경우에는 이를 이유로 의사표시를 취소할 수 있다고 본다(제109조 제1항 단서 반대해석). 이 경우 민법에 명문규정은 없지만 표의자에게 과실이 있다면 체약상의 과실을 이유로 신뢰이익의 배상을 인정하여야 할 것이다(통설).

제 5 절 계약의 효력

1. 총 설

(1) 계약효력의 의의

① 계약은 법률행위이므로 법률행위자유의 원칙(계약자유의 원칙)에 따라 당사자가 표시한 의사표시의 내용대로 법적 구속력이 발생한다. 이러한 계약이 당사자가 뜻한 대로의 효과를 발생하기 위해서는 계약으로서 성립하고, 또 유효하여야 한다. 계약의 유효·무효는 계약의 성립을 전제로 하므로, 계약이 불성립으로 끝난 경우에는 유효·무효의 문제는 생기지 않는다.

② 계약은 성립과 동시에 효력이 발생하는 것이 보통이지만, 그 계약에 정지조건과 시기가 있는 경우에는 조건의 성취 또는 그 시기가 도래한 때에 계약의 효력이 생기는 것이어서, 계약의 성립시기와 효력발생시기가 서로 달라질 수 있다.

(2) 계약의 일반효력요건

계약은 당사자의 합의로 성립하지만 그 효력이 발생하기 위하여서는 다시 여러 요건을 갖추어야 하는데, 이것을 '계약의 효력발생요건'이라고 한다.

1) 급부의 확정성

유효한 법률행위로 되기 위해서는 목적이 확정되어 있거나 장차 확정될 수 있는 것이어야 한다(제380조 참조). 다시 말하면 급부내용의 확정성은 엄격히 말해서 계약이 효력을 지니기 위한 전제조건인 동시에 채무자가 행하여야 할 급부의 성립을 위한 요건이기도 하다(대판 1993.5.17, 93다4908).

【판 례】

* 대판 1993.5.17, 93다4908 … 시(市)의 상설시장 건설계획에 상호 협조하여 시장대지를 불하받기로 하는 약정은 매매목적물 · 그 이전방법 · 매매가액 및 지급방법 등 본 계약의 요소가 확정되어 있지 아니하므로 매매예약이라고 할 수 없다.

2) 급부의 가능성

① 급부는 가능한 것이어야 한다. 즉 급부내용의 가능성은 급부의무의 실현가능성(물리적인 가능성이 아니라 사실적인 가능성을 말한다)을 판단하는 기준이다. 따라서 처음부터 불가능한 급부를 당사자 사이에서 약정하고 권리 · 의무를 발생케 하더라도 그 급부 자체는 실현될 수 없다.

② 급부의 가능 · 불가능의 여부는 객관적으로 불능인 것은 물론이고 객관적으로 가능한 것이라도 당사자의 능력, 그 당시의 상황, 사회적 경험칙에 비추어 기대 불가능한 것, 즉 주관적으로 불능이면 불능으로 판단된다.

3) 급부의 적법성 및 사회적 타당성

강행규정 중의 효력규정에 위반하거나(제105조 참조), 공서양속에 반하거나(제103조), 현저하게 불공정한 계약(제104조)은 당사자들이 합의한 계약내용의 실현이 사실상 가능한 것이라도 당사자 사이에 그 급부를 중심으로 한 권리 · 의무를 발생시키지 않는다. 그와 같은 계약의 내용은 법률적으로 무가치한 것으로 평가되기 때문이다.

(3) 계약효력에 관한 민법규정

1) 당사자 간의 계약규정

민법 제536조(동시이행의 항변권, 위험부담) 이하의 계약의 효력에 관한 규정들은 당사자의 의사표시의 합치로부터 발생하는 것으로, 일반적 효과를 정한 것이 아니라 '쌍무계약의 견련관계'에 관해서 정한 규정이다.

2) 제3자를 위한 계약규정

민법 제539조 이하의 제3자를 위한 계약은 계약의 효력이 제3자에게 미치는 경우 또는 채권자와 채무자 사이에 제3자가 참가하는 특수한 관계(요약자와 낙약자의 계약에 의한 제3자의 권리취득)를 대상으로 하나, 요약자(채권자) 및 낙약자(채무자) 사이의 기본관계(보상관계)와 낙약자 및 수익자 사이의 급부관계(실행관계)가 서로 쌍무적 관계에 서면서 계약의 효력이 제3자에게 미치는 관계를 규율한 것으로 이해할 수 있다. 이론적 체계상 '제3자를 위한 계약'은 견련관계의 본래적 분야인 동시이행의 항변 및 위험부담과 분리해서 고찰하는 것이 타당할 것이다.

2. 쌍무계약의 효력

(1) 서 설

1) 쌍무계약의 성질

쌍무계약이라 함은 쌍방의 당사자가 서로 대가적인 의미를 가질 뿐만 아니라 원칙적으로 상환으로 이행되어야 할 성질을 가지는 채무를 부담하는 계약이다. 그러므로 상호간의 채무는 그 성립 · 이행 · 존속 · 소멸상에서 그 운명을 같이 하는데, 이것을 쌍무계약의 견련성이라고 한다.

2) 견련관계의 모습

① 성립상의 견련성

㉠ 일방당사자의 채무가 목적의 불능으로 인하여 무효로 된 경우에, 상대방의 채무도 효력을 잃게 되는 것을 성립상의 견련성이라고 한다. 예컨대 쌍무계약 자체가 반사회성 · 허위표시 등으로 무효가 되거나, 무능력 · 의사표시의 하자로 인해 취소된 경우에는 쌍방의 채무가 모두 성립하지 않게 된다.

㉡ 민법은 성립상의 견련성을 직접적으로 규정하지는 않으나 쌍무계약의 일

방채무가 급부의 성립상의 원시적 불능으로 성립하지 않는 경우 귀책(유책)당사자는 상대방이 그 계약의 유효를 믿었음으로 인하여 받은 손해를 배상할 것을 규정함으로써(제535조) 간접적으로 성립상의 견련성을 인정하고 있다.

② 이행상의 견련성

㉠ 일방당사자는 채무의 변제기가 도래하더라도 상대방이 채무의 변제제공을 할 때까지는 자기 채무의 이행을 거절할 수 있는데, 이를 동시이행의 항변권이라고 한다. 쌍방채무의 이러한 관계를 이행상의 견련성을 갖는다고 말한다.

㉡ 민법은 이행상의 견련성에 관하여는 동시이행의 항변권을 규정함으로써 쌍방채무가 동시이행관계에 놓임을 원칙으로 한다(제536조 제1항). 더 나아가 당사자가 일방채무의 선이행(先履行)을 약정할 경우에도 일정한 요건 아래 '불안의 항변권'을 인정하여 동시이행관계로의 전환을 허용한다(제536조 제2항).

③ 존속상의 견련성

㉠ 쌍무계약의 양 채무가 완전히 이행되기 전에 일방의 채무가 채무자에게 책임 없는 사유로 급부불능으로 된 경우에, 그 급부불능의 채무가 소멸함과 동시에 상대방의 채무도 소멸하게 되는 것을 가리켜 존속상의 견련성이라고 한다.

㉡ 일방의 채무가 채무자의 귀책사유 없이 소멸하는 것을 가리켜 '위험이 발생한다'고 한다. 민법은 쌍무계약에서의 위험은 채무자가 부담하는 것을 원칙으로 하며(제537조), 예외적으로 채권자의 귀책사유로 인한 급부불능, 채권자의 수령지체중에 쌍방의 귀책사유 없는 급부불능의 경우에 채권자로 하여금 위험을 부담토록 한다(제538조).

④ 소멸상의 견련성

㉠ 일방당사자의 채무가 채무불이행에 빠진 경우 상대방은 그 급부의 수령을 거절함과 동시에 자기의 채무도 면하기 위해 계약을 해제할 수 있다. 계약을 해제한 자는 자기채무를 면함으로써 계약의 구속에서 벗어날 수 있다.

㉡ 쌍무계약관계가 당사자 일방의 해제권의 행사에 의하여 원상회복에 의한 청산관계로 변경되는 경우에 당사자들 사이에 급부한 것이 있을 때에는 각 당사자의 원상회복의무는 소멸상의 견련관계에 선다(제548조, 제549조).

(2) 동시이행의 항변권

1) 의 의

쌍무계약에서 각 당사자의 채무는 상호 의존관계에 있으므로, 당사자 일방은 상대방이 그 채무이행을 제공할 때까지 자기의 채무이행을 거절할 수 있다(제536조 제1항 본문). 즉 상대방이 이행하지 아니하면 자기도 이행을 거절할 수 있는 항변권을 가지고 있다. 이를 '동시이행의 항변권' 또는 '계약불이행의 항변권'이라고 한다. 예컨대 매매계약에 있어서 매도인은 매수인이 대금을 제공할 때까지 목적물의 인도를 거절할 수 있고, 또한 매수인은 매도인이 목적물을 제공할 때까지 대금의 지급을 거절할 수 있다.

2) 법적성질

① 민법 제536조 제1항은 이행청구를 받은 채무자는 상대방인 채권자가 그의 채무이행을 제공할 때까지 자기의 채무이행을 거절할 수 있다고 규정하고 있다. 다수설과 판례는 '상대방이 채무이행을 제공할 때까지 자기의 채무이행을 거절할 수 있다'는 규정을 근거로 각 채무자의 거절할 수 있는 권능을 항변권으로 이해한다(곽윤직 61면, 김상용 96면; 대판 1999.4.23, 98다53899).

② 소송에서 각 당사자는 상대방이 항변권을 행사하지 않는 한 그의 이행청구권을 아무 제한 없이 행사하고 관철할 수 있게 된다. 그러나 피고(상대방)가 항변권을 행사하면, 원고가 피고의 선이행의무를 증명하지 못하는 한 법원은 원고의 청구에 대하여 상환이행판결(일부승소 판결)을 내려야 한다.

3) 외국의 입법례

① 스위스 채무법(청구권 부인설)

청구권을 부정하는 견해로써 각 당사자가 상대방에게 이행을 청구하기 위해서는 반드시 자기의 채무를 이행하든가 또는 적어도 이행의 제공을 하여야 한다는 것이다(스위스 채무법 제82조). 따라서 특별한 권리가 채무자에게 주어지는 것이 아니다.

② 독일민법(연기적 항변권설)

연기적 항변권을 갖는다는 견해로써 당사자는 상대방에게 자유로이 이행을 청구할 수 있으나, 상대방은 반대급부의 제공이 있을 때까지 자기의 이행을 거절할 수 있다는 것이다(독일민법 제320조 이하). 우리 민법도 독일법주의를 본받아 연기적 항변권설에 입각하고 있다. 다만 상속에 있어서 상속권자가 한정승인을 함으로써 그 범위를 초과하여 발생하는 채권자에 대한 채무의 항변권은 영구적 항변권이다(제1028조).

4) 성립요건

동시이행의 항변권이 성립하고 존속함에 관한 요건은 민법 제536조에 규정한 바에 따라서 다음과 같이 구체적으로 분설할 수 있다.

① 채무가 동일한 쌍무계약으로부터 발생

㉠ 쌍무계약 당사자 사이의 경우

ⓐ 매매계약으로부터 발생되는 매도인과 매수인의 채무는 서로 대가적 쌍무관계에 있게 된다. 임대차계약에서 임대인의 사용·수익에 필요한 상태의 유지의무(제623조)와 임차인의 차임지급의무, 임대차 종료시에 임대인의 비용상환의무(제626조)와 임차인의 명도의무에 있어서도 마찬가지이다(대판 2000.2.25, 97다30066).

ⓑ 판례는 동시이행의 항변권의 요건으로서 쌍방의 채무가 혼합계약에 있어서와 같이 복수적인 경우에도 동일한 쌍무계약에서 발생한 것이면 충분하고(대판 1995.8.22, 95다1521), 이행장소가 동일할 필요는 없다. 그러나 일방의 의무가 단순한 부수적 의무인 때에는 상대방의 주된 의무와 대가적 관계가 성립할 수 없으므로 동시이행의 항변권은 원칙적으로 주어지지 않는다고 판시하고 있다(대판 1976.10.12, 73다584).

㉡ 당사자의 변경이 있는 경우

쌍무계약을 체결한 당사자 사이에만 한하지 않고 채권양도·채무인수·상속 등으로 당사자가 변경되더라도 채무의 동일성이 유지되는 한 동시이행의 항변권은 존속한다. 이에 반하여 일방의 채무에 관하여 경개(제500조)가 있거나 준소비대차(제605조)가 된 경우는 채무의 동일성이 상실되므로 항변권도 소멸한다.

② 쌍방의 채무가 변제기도래

㉠ 채무의 변제기가 도래한 경우

쌍무계약에서 생기는 대립하는 채무라고 해서 언제나 그 변제기까지도 동일하다고 할 수는 없다. 그리하여 일방이 먼저 이행하여야 할 경우에는 선이행의무자는 동시이행의 항변을 행사할 수 없다(제536조 제1항 단서). 그러나 선이행의무자가 그 이행을 지체하는 동안에 상대방의 채무변제기가 도래한 경우에는 상대방의 청구에 대하여 선이행의무자도 동시이행의 항변권을 행사할 수 있다(대판 1991.3.27, 90다19930).

【판 례】

* 대판 1991.3.27, 90다19930 … 매수인이 선이행하여야 할 중도금을 지급하지

아니한 채 잔대금지급일을 경과한 경우에는 매수인의 중도금 및 이에 대한 지급일부터 잔대금지급일까지의 지연손해금과 잔대금의 지급채무는 매도인의 소유권이전등기의무와 특별한 사정이 없는 한 동시이행관계에 있다.

㉡ 채무변제기 도래 전의 경우

선이행의무를 부담하는 당사자는 동시이행의 항변권을 원용하지 못하는 것이 원칙이다. 그런데 민법은 이에 대한 예외를 인정하고 있는데 이를 '불안의 항변권'이라 한다. 즉 당사자 일방이 상대방에게 먼저 이행하여야 할 경우에 후이행의무자의 이행이 곤란할 현저한 사유가 있는 때에는 상대방의 채무가 변제기에 있지 않더라도 선이행의무자는 동시이행의 항변권을 행사할 수 있다(第536조 제2항). 예컨대 상대방이 도산할 가능성이 있어 반대급부인 대금을 지급받을 수 없게 될 상태가 현존하는 때에는 상대방의 담보제공 또는 이행에 대한 보증이 없는 한 선이행의무자는 동시이행의 항변권을 행사할 수 있다(제536조 제2항; 대판 2003.5.16, 2002다2423).

【판 례】

* 대판 2003.5.16, 2002다2423 … 오피스텔 신축 및 분양사업에 관한 기본약정을 맺은 후 외환위기로 신탁회사가 사업자금 차입곤란 등으로 공사선급금 등의 지급확보책을 제시하지 못한 경우에, 시공회사가 이를 이유로 자신의 선이행의무인 토지대금의 대여 및 지급보증의무의 이행을 거절할 수 있다.

③ 상대방이 불완전이행 또는 이행의 미제공

㉠ 상대방의 이행이 없거나 불완전한 경우

ⓐ 상대방이 일부의 이행 또는 불완전한 이행을 하고서 반대급부를 청구하는 경우에는 이행을 청구받은 '채무가 가분적인 것'이면 원칙적으로 잔여의 부분 또는 불완전한 부분에 상당하는 채무의 이행을 거절할 수 있다. 예컨대 건물의 수선의무가 있는 임대인이 수선을 게을리한 때에는 임차인은 그에 상응할 만큼의 차임(임대료)의 지급을 거절할 수 있다.

ⓑ 이행을 청구받은 '채무가 불가분적인 것'인 경우에는 일부의 이행거절이라고 하는 것은 있을 수 없으므로 잔여의 부분 또는 불완전한 부분이 경미한 것이면 대금감액을 청구할 수 있을 뿐 항변권을 인정할 수 없으며, 그 부분이 중요한 것이면 공평(형평)의 원칙상 항변권을 인정하여야 할 것이다.

ⓛ 상대방의 이행제공이 불완전한 경우

상대방으로부터 이행의 제공을 받았음에도 불구하고 수령하지 않음으로써 수령지체에 빠진 당사자는 그때부터 상대방에게 동시이행의 항변을 할 수 없는가? 이 경우 수령지체에 빠진 당사자라 하더라도 그 후 상대방의 이행의 제공이 없으면 동시이행의 항변권을 잃지 않는다. 왜냐하면 과거에 쌍무계약의 당사자 중 일방에 의한 수령지체가 있었다고 해서 당사자 사이의 급부의무의 견련관계가 소멸되는 것은 아니기 때문이다(대판 1999.7.9, 98다13761).

【판 례】

* 대판 1999.7.9, 98다13761 … 쌍무계약의 당사자 일방이 먼저 한 번 현실의 제공을 하고, 상대방을 수령지체에 빠지게 하였다 하더라도 그 이행의 제공이 계속되지 않는 경우에는 과거의 이행의 제공이 있었다는 사실만으로 상대방이 가지는 동시이행의 항변권이 소멸하는 것은 아니다.

ⓒ 계속적 공급계약의 경우

계속적 공급계약에서는 일방 당사자가 일정량 또는 일정기간 선이행의무를 부담하기 때문에 서로 대가관계(견련관계)에서는 각 지분적 반대급부에 대해서 항변권을 행사한다는 것은 사실상 불가능하다. 따라서 매도인이 물품공급을 계속하는 도중에 매수인이 지체에 빠진 경우에는 이미 이행된 물품에 대한 대금을 지급할 때까지 나머지 물품의 공급을 거절할 수 있는 항변권이 매도인에게 인정된다(대판 1995.2.28, 93다53887).

【판 례】

* 대판 1995.2.28, 93다53887 … 계속적 물품공급계약에서 이미 공급된 물건의 대금의 일부를 지급받지 못한 때에는 선이행의무를 지는 물품공급자라 하더라도 장래의 공급을 거절할 수 있다고 함으로써 이미 공급된 물건의 대금지급과 앞으로 해야 할 물품공급 사이에 견련관계를 확대하여 인정하고 있다.

ⓔ 이행거부의사를 명시한 경우

동시이행의 항변권은 채무자가 자기의 급부를 실현할 의사와 능력이 있는 한도에서 의미가 있는 것이므로, 채무자가 어떠한 이유에서이든 급부실현을 확정적으로 거부하는 때에는 쌍무계약상 소멸상의 견련성에 따라 상대방은 계약관계를 해제하고 손해배상을 청구할 수 있을 것이다.

5) 동시이행의 효력

① 본질적 효력(원용의 시기)

㉠ 동시이행의 항변권은 상대방이 채무이행의 제공을 할 때까지 자기채무의 이행을 거절하는 것을 내용으로 한다. 이는 영구적 항변권(확정적 항변권)이 아니라 연기적 항변권(일시적 항변권)이며, 그 효력은 당사자에 의한 원용이 있을 때에 비로소 발생한다. 즉 항변권자의 원용이 없는 한, 법원이 항변권의 존재를 고려할 것은 아니다(대판 2006.2.23, 2005다53187).

㉡ 동시이행의 항변권의 원용 여부는 전적으로 권리자의 자유에 속한다. 또한 그 원용의 시기에 관하여는 아무런 제한은 없고, 이행기이든 이행기 후이든 상대방으로부터 이행의 청구를 받은 때에 원용하면 된다.

② 소송상의 효력

㉠ 소송에 있어서 원고의 청구에 대하여 피고가 동시이행의 항변권을 원용한 경우에는 법원은 단순히 원고의 청구를 배척하고 패소의 판결을 내릴 것이 아니라 상환이행판결, 즉 피고는 원고의 이행과 상환으로 이행하라는 취지의 원고의 일부승소판결을 하여야 한다는 것이 오늘날의 학설과 판례의 입장이다.

㉡ 원고가 상환이행판결을 받는 경우에 그에 따라 강제집행을 함에는 자기채무의 이행 또는 제공을 하여야 한다.

③ 항변권존재의 효력

㉠ 이행지체의 불성립

동시이행항변권을 가지는 자는 항변권의 행사에 의하여 이행에 대한 거절이 정당화되므로 이행지체책임을 부담하지 않는다. 나아가 동시이행항변권을 가진 채무자는 상대방 채무의 이행제공이 있을 때까지 그 채무를 이행하지 않을 권능을 가지고 있으므로, 선이행의무가 없는 한 동시이행항변권을 실제로 행사하지 않더라도 이행지체책임을 부담하지 않는다(대판 2001.7.10, 2001다3764; 대판 2006.10.26, 2004다24106).

㉡ 상계금지의 원칙과 예외

ⓐ 원칙적으로 동시이행의 항변권이 붙은 채권은 상계의 자동채권이 될 수 없다(통설). 만약 상계를 허용하여 일방의 채무만을 먼저 소멸시킨다면, 상계의 상대방은 반대급부청구권 없는 채무를 부담하게 되어 그 채무에 관하여 동시이행을 항변할 여지가 없어지게 되어 담보적 기능도 상실하게 된다(대판 1975.10.21, 75다48 참고).

ⓑ 예외적으로 상계제도는 서로 대립하는 채권·채무를 간이한 방법에 의하여

결제함으로써 양자의 채권·채무관계를 원활하고 공평하게 처리함을 목적으로 하고 있으므로, 상계의 대상이 가령 매도인의 의무가 불이행으로 인하여 손해배상의무로 바뀐 경우에서처럼 동시이행관계에 있는 채무 상호 간에는 상계가 가능하다고 할 것이다(대판 2006.7.28, 2004다54633; 대판 2008.6.26, 2006다77197).

【판 례】

* 대판 1975.10.21, 75다48 … 항변권이 부착되어 있는 채권을 자동채권으로 하여 타의 채무와의 상계를 허용한다면 상계가 일방의 의사표시에 의하여 상대방의 항변권 행사의 기회를 상실케 하는 결과가 되므로 이와 같은 상계는 그 성질상 허용할 수 없다.
* 대판 2006.7.28, 2004다54633 … 상계제도는 서로 채권·채무를 간이한 방법에 의하여 결제함으로써 양자의 채권·채무관계를 원활하고 공평하게 처리함을 목적으로 하고 있으므로 상계의 대상이 될 수 있는 자동채권과 수동채권이 동시이행관계에 있다고 하더라도 서로 현실적으로 이행하여야 할 필요가 없는 경우라면, 상계로 인한 불이익이 발생할 우려가 없고 오히려 상계를 허용하는 것이 동시이행관계에 있는 채권·채무관계를 간명하게 해소할 수 있으므로 특별한 사정이 없는 한 상계가 허용된다.

(3) 위험부담

1) 의 의

위험부담이라 함은 유효하게 성립한 채권관계에서 채무자의 귀책사유 없이 급부장애가 발생한 경우에 이에 따른 불이익을 누가 부담할 것인지를 정하는 것이다. 즉 쌍무계약에 있어서 후발적으로 일방의 채무 전부 또는 일부가 채무자에게 책임 없는 사유로 이행불능이 되어 소멸된 경우에 타방의 채무는 어떠한 영향을 받느냐 하는 것이 위험부담의 문제이다. 이러한 위험부담에 관한 규정(제537조, 제538조)은 임의규정이므로, 당사자가 이와 다른 약정을 한 때에는 그 약정에 의한다(곽윤직 70면, 김형배 1265면).

2) 입법주의

① 채무자주의

채무자주의는 위험을 채무자가 부담하는 주의이다. 우리의 현행 민법은 위험부담에 관하여 채무자주의를 원칙으로 하고 있으며(제537조), 극히 제한적으로 예외를 두어 채권자주의를 인정할 뿐이다(제538조). 예컨대 건물을

A가 B에게 10억 원에 매각하는 계약을 맺었는데, 그 건물이 제3자 C의 방화로 소실(燒失)하여 이행불능으로 된 경우에 A는 건물의 인도채무를 벗어나게 되며, 그것과 대가적 관계에 있는 B의 대금지급채무도 또한 소멸한다는 것이다(채무자 주의). 이 경우에 채무를 면한 A는 반대채무(B의 채무)를 청구할 수 없게 되고, C에 대한 손해배상청구는 자기의 책임 아래 처리하여야 한다.

② 채권자주의

채권자주의는 계약체결시부터 매수인(채권자)이 위험을 부담하는 주의이다(프랑스민법, 스위스민법). 위의 예(C의 방화)에서 채무를 면한 A는 그의 채권자 B에 대하여 금전지급이라는 대가채무의 이행을 요구할 수 있다는 것이다. 따라서 A는 아무런 불이익도 받지 않으나 채권자 B는 자기채무를 이행하면서 A에게 채무의 이행을 요구하지는 못한다. 다만 건물이 불가항력으로 소실하였다면, 누구에게도 그 구제를 요구할 수 없게 된다.

③ 소유권자주의

소유권을 이전할 때까지 소유자인 매도인이 위험을 부담하고, 소유권이전과 동시에 새 소유자인 매수인이 위험을 부담한다(영국의 Sale of Good Act에서 채택하고 있다). 이 원칙은 물건의 멸실은 소유권자가 부담한다라는 자연법적 원리에 기초하고 있다. 그러나 매도인이 그의 이행의무로서의 소유권이전을 마친 뒤에는 더는 위험을 부담할 이유가 없는 것은 당연하다. 따라서 소유권이전과 위험이전은 분리해서 이해하는 것이 타당할 것으로 생각된다.

④ 인도주의

목적물의 인도에 의하여 매수인은 그 목적물을 사용·수익할 수 있으므로 소유권의 이전과 관계없이 그때(인도)부터 매수인이 위험을 부담한다(독일민법 제446조; 오스트리아민법 제1064조; 국제통일매매법 제68조). 따라서 계약이 체결된 때부터 목적물의 인도가 있을 때까지는 채무자인 매도인이 위험을 부담하지만, 인도가 있은 때부터 위험은 매수인에게 이전된다. 특히 상거래관계에서는 상관습에 의하여 인도의 시점이 결정된다(상법 제133조, 제157조 참조).

3) 채무자주의의 원칙

① 의 의

쌍무계약의 견련적효력으로서 당사자 일방(채무자)이 부담하는 급부가 후발적으로 불능이 되었는데 양 당사자 모두 이 불능에 대하여 책임이 없는 경우에, 채무자는 급부의무를 면하는 동시에 그의 반대급부청구권도 상실한다(제537조). 다시 말하면 상대방(채권자)의 반대급부의무도 소멸한다.

② 성립요건

㉠ 채무가 대가적인 쌍무계약의 성립

반대급부위험은 양 당사자의 채무가 대가적 견련관계에 있는 쌍무계약의 경우에 문제된다. 따라서 증여는 편무계약이므로 민법 제537조가 적용될 여지가 없으나, 부담부증여에서는 쌍무계약에 관한 규정이 준용된다(제561조). 다시 말하면 그 부담이 쌍무적 견련성을 지니고 있는 것으로 해석되는 경우에는 민법 제537조가 적용되어야 할 것이다(곽윤직 69면, 김주수 181면).

㉡ 일방의 채무가 후발적인 불능

계약성립시에는 채무의 내용인 급부가 실현가능한 것이었으나, 그 뒤에 불능이 된 것이어야 한다. 급부불능은 예컨대 특정물의 멸실, 채무자의 사망, 국가에 의한 법적 금지조치, 채무자의 처분권상실 등 사실상의 불능뿐만 아니라 거래관념상 기대불가능한 급부불능을 모두 포함한다.

㉢ 불능이 양당사자의 책임 없는 사유로 발생

양 당사자(채권자와 채무자)에게 귀책사유가 없다는 것은 급부실현의 불능과 양 당사자의 귀책사유 사이에는 원칙적으로 직접적인 인과관계가 없음을 의미한다. 한편 민법 제538조 제1항 후단의 규정에 의하면 채권자의 수령지체 중에 당사자 쌍방의 책임 없는 사유로 급부실현이 불능이 된 때에는 채무자는 상대방의 이행을 청구할 수 있다. 즉 매수인의 정당한 이유 없는 수령 거절로 인하여 반환운송 중 매도인의 귀책사유 없이 목적물이 멸실된 경우 채무자(매도인)는 반대급부청구권을 상실하지 않는다.

③ 효 과

㉠ 반대급부청구권의 소멸

목적물이 양 당사자의 귀책사유 없이 소멸된 경우 채무자의 반대급부청구권이 소멸한다. 일방의 채무가 불능이 된 이상 타방의 채무도 소멸한다는 점에서 쌍무계약상의 두 채무 사이의 존속상의 견련관계의 당연한 결과이다. 예컨대 매매목적물(특정물)의 멸실과 대금지급청구권의 상실, 임대목적물의 소실과 차임청구권의 상실 등이 그 예이다.

㉡ 실행된 반대급부의 반환청구

급부가 불능이 되기 전(前)에 채무자(매도인)가 이미 반대급부의 전부 또는 일부를 이행받았다면 이는 부당이득으로서 상대방에게 반환하여야 한다(대판 2009.5.28, 2008다98655 · 98662 참고). 왜냐하면 채무자가 수령한 반대급부는 채무자의 급부가 불능이 된 때부터 법률상의 원인이 없는 부당이득이 되어 채권자는 그 반환을 청구할 수 있다고 보아야 하기 때문이다(제741조).

㉢ 일부불능과 반대급부의 감축

당사자 쌍방의 책임 없는 사유로 채무자의 급부의 일부가 불능이 된 경우에는 채권자의 반대급부의무도 이에 비례하여 감축(감액)된다고 본다. 즉 임대차의 목적물의 일부가 임차인의 책임 없는 사유로 인하여 멸실한 때에는 임차인은 그 멸실한 부분의 비율에 따라 차임의 감액을 청구할 수 있다(제627조 제1항). 이 경우 나머지 가능한 급부만으로 채권자가 계약의 목적을 달성할 수 없는 경우에는 계약을 해제할 수 있다(제627조 제2항의 유추해석).

4) 채권자주의(채권자의 귀책사유)

① 의 의

민법은 위험부담에 관하여 채무자주의를 원칙으로 하고 있지만 이행불능이 채권자의 책임 있는 사유로 생긴 때에는 채권자주의를 취하여 채무자의 반대급부청구권이 소멸하지 않는 것으로 하였다(제538조). 이렇게 하는 것이 공평의 원리에 적합하기 때문이다(대판 1993.9.23, 93다21736 참고).

② 성립요건

㉠ 채권자의 책임 있는 사유

채권자의 책임 있는 사유란 채무자의 급부실현을 불가능하게 만든 원인으로서, 계약에 반하는 채권자의 형태를 말한다(대판 2012.2.9, 2011다20034; 대한 2012.9.27, 2010다99279). 여기서 채권자의 귀책사유는 비교적 넓게 해석된다. 즉 채권자의 귀책사유는 반드시 법적 의무를 위반하는 경우에만 인정되는 것은 아니며, 그가 회피할 수 있었던 장애사유를 그의 잘못으로 막지 못한 경우에도 인정될 수 있다(대판 2002.5.31, 2000다18125). 다시 말하면 채권자의 귀책사유는 채권자의 잘못으로 목적물이 파손되었거나, 부주의로 임대물이 멸실된 경우에도 인정된다.

㉡ 채권자의 수령지체

채무자가 이행기에 채무의 내용에 좇은 이행의 제공을 하였으나 채권자가 이를 수령하지 않거나 또는 채권자가 필요한 협력을 하지 않음으로써 채무자가 이행을 완료할 수 없을 때에는 채권자는 지체책임을 부담한다(제400조 이하 참조). 나아가 채권자지체 중에 채무자의 급부가 양 당사자의 책임 없는 사유로 불능이 된 때에는 그 불이익은 채권자가 부담해야 한다(제538조 제1항 후단). 따라서 채권자는 반대급부의무를 면할 수 없다(대판 1993.3.26 91다14116 등).

③ 효 과

㉠ 채권자의 반대급부의무

채무자는 자기의 급부의무를 면하지만 채권자에 대한 반대급부청구권을 상실하지 않는다. 나아가 채권자의 귀책사유 또는 수령지체로 채무의 일부가 불능이 된 경우에 채무자가 잔여급부를 이행하면 전부의 반대급부청구권을 갖는다. 이 경우 채무자의 반대급부청구권은 원래의 이행청구권의 내용과 같은 것이다(대판 2006.9.14, 2006다33531). 유의할 점은 위험부담에 관한 규정은 임의규정이므로 당사자의 특약으로 반대급부위험의 부담을 민법 제538조 제1항과 달리 정할 수 있다.

【판 례】

* 대판 2006.9.14, 2006다33531 … 근로자에 대한 사용자의 퇴직처분이 무효인 경우에는 그 동안 근로계약관계가 유효하게 계속되고 있었음에도 불구하고 근로자가 사용자의 귀책사유로 말미암아 근로를 제공하지 못한 것이므로 근로자는 계속 근로하였을 경우에 받을 수 있는 임금 전부의 지급을 청구할 수 있다.

㉡ 채무자의 이익상환의무

채무자는 자기의 채무를 면함으로써 얻은 이익을 채권자에게 상환하여야 한다(제538조 제2항). 여기서 '이익'이라 함은 사용자의 귀책사유 또는 수령지체 중에 근로자가 다른 일을 함으로써 얻은 소득처럼 채무자가 적극적으로 취득한 이익(대판 1996.4.23, 94다446)뿐만 아니라 소극적으로 지출하지 않게 된 비용·여비 등도 포함된다.

【판 례】

* 대판 1996.4.23, 94다446 … 근로자가 부당해고로 인하여 근로하지 못한 기간에 대하여 임금청구권을 가지지만 그 기간 동안에 다른 직장에 종사하여 얻은 이익을 공제하여야 한다고 한다. 다만 근로기준법 제45조가 적용되기 때문에 평균임금의 100분의 70 이상의 휴업수당이 보장되어야 하고, 따라서 이른바 중간수입공제는 이러한 제한 내에서 허용된다고 한다.

(4) 제3자를 위한 계약

1) 의 의

제3자를 위한 계약은 계약당사자 이외의 제3자에게 직접 권리를 취득시키는 계약인데, 그 계약의 효과인 이행청구권을 취득한 제3자는 계약당사자가 아니라는 점에 그 특징이 있다. 민법은 일방당사자가 제3자에게 이행할 것을 약정하면 그 제3자는 채무자에게 직접 그 이행을 청구할 수 있다고 규정함으로써 제3자를 위한 계약을 인정하고 있다(제539조 제1항). 더 나아가 계약의 당사자가 제3자에 대하여 가진 채권에 관하여 그 채무를 면제하는 계약도 제3자를 위한 계약에 준하는 것으로서 유효하다(대판 2004.9.3, 2002다37405).

2) 3자 사이의 법률관계(3면 관계)

제3자를 위한 계약에서의 3면적 법률관계를 도식화하여 구체적으로 설명하면 다음과 같다.

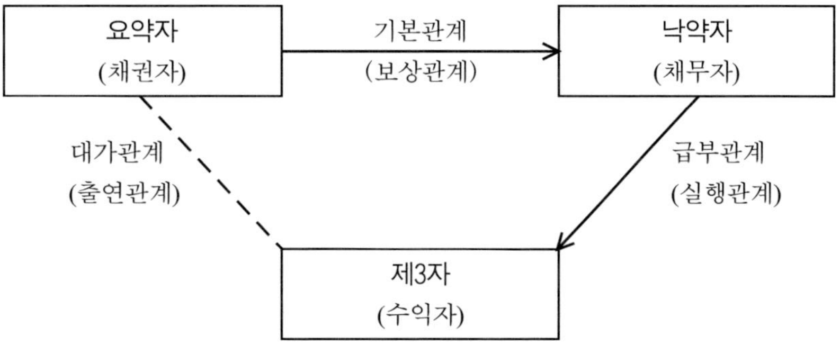

① 기본관계(보상관계)

㉠ 요약자와 낙약자 사이의 관계로, 낙약자가 수익자에게 급부를 함으로써 입게 되는 손실이 낙약자와 요약자 사이의 기본관계(보상관계)에 의하여 보상된다. 예컨대 부동산 매매계약에 있어서 매수인이 매매대금을 수익자(제3자)에게 지급하여야 하는 경우에, 매도인과 매수인 사이의 매매계약이 이른바 기본관계이다.

㉡ 기본관계는 제3자를 위한 계약의 내용을 이루며, 그(기본관계) 하자는 계약의 효력에 영향을 미친다. 따라서 기본관계에서의 행위능력, 의사표시의 흠결·하자 등은 제3자를 위한 계약 자체의 효력에도 영향을 미칠 수 있다.

② 대가관계(출연관계)

요약자와 제3자인 수익자 사이의 관계로, 요약자가 자기가 취득할 권리를 수익자에게 귀속하게 하는 원인 내지 이유가 된다. 다만 이러한 대가관계는 요약자와 수익자 사이의 내부관계(예컨대 증여일 수도 있고, 부양의무의 이행이 그 원인일 수도 있으며, 채무의 이행일 수도 있다)에 불과하여 제3자를 위한 계약의 내용이 아니며, 그것이(출연관계) 없더라도 계약은 유효하다. 따라서 요약자에게 관리의사가 있으면 사무관리가 성립하고, 그렇지 않은 경우에 수익자는 요약자에 대하여 부당이득반환의무를 부담하게 된다.

③ 급부관계(실행관계)

낙약자와 제3자인 수익자 사이의 관계로, 수익자는 낙약자에 대하여 급부청구권을 가진다. 그런데 이 청구권은 위의 기본관계에 기한 것이므로, 그에 의존하게 된다. 다시 말하면 낙약자와 수익자 사이에는 계약이 존재하지 않으며, 낙약자는 요약자가 어떠한 원인에 의하여 수익자에게 출연하는지를 모르는 경우도 존재한다. 따라서 수익자는 수익의 의사표시를 낙약자에게 하여야 하며, 그때에 비로소 낙약자에 대한 수익자의 급부청구권이 확정된다(제539조 제2항).

3) 구별할 법률관계

① 부진정 제3자를 위한 계약

제3자가 직접 채무자(낙약자)에 대하여 청구권을 가지지 않는 경우에는 진정한 의미의 제3자를 위한 계약이 성립하지 않는다. 예컨대 A가 자동차 영업점 B와 특정모델의 자동차매매계약을 체결하였으나, 그 영업점에는 해당 제품이 없어 B가 C 영업점에 부탁하여 직접 A에게 인도하여 주도록 한 경우에 C가 A에게 그 모델자동차를 인도한 때 B의 채무는 이행되지만, A는 C에게 직접 이행청구권을 갖지는 않는다.

② 법률행위의 대리

제3자를 위한 계약과 '대리행위'는 3면관계가 발생한다는 점에서 유사하나, 양자는 다음의 점에서 엄격히 구별된다.

㉠ 계약체결의 권한

대리행위에서는 법률행위(계약)의 당사자인 대리인이 행위 밖의 제3자인 본인으로부터 고용·위임 등을 기초로 대리권을 수여받아야만 대리행위의 법률효과를 본인에게 귀속시킬 수 있다. 그러나 제3자를 위한 계약에서는 계약당사자인 채권자(요약자)가 제3자로부터 위임을 받거나 대리권수여를 받을 것을 요건으로 하지 않는다.

㉡ 계약의 효과귀속

대리행위에서는 대리인이 계약의 당사자이기는 하나 행위 밖의 제3자인 본인에게 계약의 모든 효과가 귀속된다. 그러나 제3자를 위한 계약에서는 요약자(채권자)가 계약당사자이며, 계약효과 중 급부청구권이 제3자에게 귀속하는 것 외에는 모두 채권자에게 귀속한다.

㉢ 당사자의 행위능력

대리행위의 경우 행위능력의 유무는 본인(행위 밖의 제3자)을 중심으로 판단되며, 법률행위의 당사자인 대리인은 제한능력자라도 상관없다(제116조, 제117조). 그러나 제3자를 위한 계약에서는 법률행위의 당사자인 요약자(채권자)가 행위능력자이어야 하고, 제3자는 제한능력자라도 무방하다(이은영 194면).

4) 성립요건

① 요약자와 낙약자 사이에 유효한 계약성립

㉠ 요약자와 낙약자 사이의 유효한 계약은 제3자의 권리가 정당하게 성립하기 위한 절대적 요건이다. 그러므로 당사자 사이의 계약이 무효·취소 또는 해제로 인하여 제3자에게 대항할 수 없는 경우에도 수익자인 제3자는 선의의 제3자로서 보호받지 못한다(제542조).

㉡ 제3자를 위한 계약의 기본관계(보상관계)에 관해서도 필요한 성립요건이나 효력발생요건을 반드시 갖추어야 한다. 즉 제3자를 위한 계약이 낙약자의 출연(出捐)을 제3자가 직접 취득케 하는 것이므로, 요약자와 낙약자의 기본관계는 제3자를 위한 계약의 내용으로 되어 그 흠결이나 하자는 계약의 효력에 영향을 미치기 때문이다.

② 제3자에게 직접 권리를 취득케 하는 약정존재

㉠ 권리를 직접 제3자가 취득하는 것을 '제3자 수익약정(제3자를 위한 부관)'이라고 하는데, 제3자가 될 수 있는 자는 계약당사자 이외의 모든 자연인·법인이며, 특정될 수 있는 것이면 계약 당시에 현존·특정되지 않더라도 무방하나(태아, 성립 전의 법인), 수익의 의사표시를 할 때는 현존하고 특정되어야 한다. 제3자가 취득하는 권리는 채권인 것이 보통이나 물권 또는 그 밖에 권리라도 무방하다(통설).

㉡ 제3자에게 권리를 줄 뿐만 아니라, 동시에 의무도 부담케 하는 계약은 유효한가? 제3자에게 권리를 주는 동시에 그것과 쌍무관계에 서는 반대급부를 부담케 하는 계약도 일반적으로 유효하다고 한다(곽윤직 73면). 판례 역

시 제3자를 위한 계약은 단순히 제3자에게 권리만을 부여하는 것을 필요로 하지 않고, 대가의 지급 기타 일정한 부담하에 권리를 부여하는 것도 가능하다고 한다(대판 2006.5.25, 2003다45267). 다만 이 경우 제3자는 그 수익의 의사표시를 거절할 수도 있다.

5) 효 력

① 제3자(수익자)의 지위

㉠ 청구권의 발생시기

ⓐ 제3자의 낙약자(채무자)에 대한 급부청구권은 원칙적으로 그가 낙약자에 대하여 계약의 이익을 받을 의사를 표시한 때 생긴다(제539조 제2항). 제3자의 수익의 의사표시는 제3자의 급부청구권의 발생요건이기 때문이다.

ⓑ 민법 제539조 제2항의 규정(청구권의 발생시기)은 가급적 그 적용을 축소시켜야 한다. 즉 다른 법률의 규정이 있거나(보험, 운송, 신탁), 거래 관행이나 계약의 목적·성질에 비추어 계약과 동시에 제3자의 급부청구권이 발생한다고 해석되는 경우에는 민법 제539조 제2항(임의규정)은 적용되지 않는다.

㉡ 수익의 의사표시

ⓐ 수익의 의사표시는 낙약자에 대하여 명시적 또는 묵시적으로 행하여야 한다(제539조 제2항; 대판 2006.5.25, 2003다45267). 다만 제3자(수익자)의 수익의 의사표시가 없음을 이유로 낙약자가 상당한 기간을 정하여 수익 여부의 확답을 최고하였으나, 그 기간 내에 확답을 받지 못한 때에는 제3자는 수익을 거절한 것으로 본다(제540조). 즉 수익의 의사표시는 권리이지 의무가 아니므로 거절할 수 있다.

ⓑ 형성권으로서의 '수익의 의사표시를 할 권리'는 재산적 성격이 강하므로 일신전속권이 아니라고 할 것이고, 따라서 상속이나 양도 나아가 채권자대위권의 대상이 된다(통설).

㉢ 제3자의 권리의 확정

ⓐ 제3자의 권리가 확정된 후에는 당사자는 이를 변경 또는 소멸시키지 못한다(제541조). 여기서 '제3자의 권리가 생긴 후'라고 하는 것은 민법 제539조 제2항에 따라 제3자가 수익의 의사표시를 한 경우는 말할 것도 없고, 법률의 규정·당사자의 특약·거래관행·계약의 성질과 목적 등에 따라 수익의 의사표시 없이 제3자에게 권리가 확정적으로 귀속되는 경우(다만 수익의 의사표시 없이 제3자에게 권리가 귀속되는 경우에는 거절권이 인정되어야 한다)를 모두 포함하는 것으로 해석해야 한다.

ⓑ 예외적으로 제3자에게 권리가 귀속된 후에도 다음과 같은 경우에는 당사자가 이를 변경·소멸시킬 수 있다. i) 요약자와 낙약자의 합의 또는 그

일방에 의한 의사표시의 철회를 통한 변경·소멸의 가능성을 양당사자가 미리 계약으로 유보한 경우(상법 제733조 참조), ii) 계약당사자 특히 요약자가 그 의 하자 있는 의사표시를 이유로 계약 자체를 취소하는 경우, iii) 쌍무계약에서 낙약자의 책임 있는 사유로 이행불능 또는 이행지체가 발생하여 요약자가 계약을 해제한 경우이다.

㉣ 낙약자에 대한 제3자의 손해배상청구

낙약자의 귀책사유로 이행지체 또는 이행불능이 생긴 경우에 제3자는 낙약자에 대하여 손해배상을 청구할 수 있다. 그러나 유의할 점은 제3자는 계약당사자가 아니므로 계약관계를 소멸시키는 해제권을 갖지 못한다.

㉤ 제3자 수익의 의사표시의 시효기간

제3자가 수익의 의사표시를 할 수 있는 기간(형성권의 존속기간)은 계약에서 특별히 정한 바가 없는 한 요약자가 가지는 채권의 소멸시효와의 균형을 고려하여 10년의 제척기간에 걸린다고 본다(곽윤직 77면, 김형배 1276면). 다만 제3자가 취득한 권리가 소멸시효의 대상이라면, 시효기간은 수익의 의사표시를 할 수 있는 때(원칙적으로 계약성립시)부터 진행한다고 할 것이다.

㉥ 계약에 대한 제3자의 지위

ⓐ 제3자는 계약당사자가 아니다. 따라서 제3자가 요약자의 제한능력, 낙약자의 사기·강박 등을 이유로 취소권을 행사한다거나 낙약자의 채무불이행을 이유로 해제권을 행사할 수는 없다. 즉 계약의 취소권·해제권은 요약자에게 귀속한다. 따라서 의사의 흠결·사기·강박의 유무에 대해서도 요약자·낙약자 중심으로 판단하여야 한다.

ⓑ 여기서 유의할 것이 있는 바, 낙약자는 민법 제539조의 계약에 기한 항변권으로 무효·취소의 효과를 선의의 제3자에게 대항할 수 없는 경우라도 그 계약의 이익을 받을 제3자(수익자)에 대해서는 그 수익자(제3자)가 선의·악의를 묻지 아니하고 대항할 수 있다(제542조). 이 경우 항변의 내용은 권리의 불발생·소멸·동시이행 등이다.

② **요약자의 지위**

㉠ 제3자에 대한 요약자의 권리

ⓐ 요약자는 낙약자에 대하여 제3자에 대한 채무를 이행할 것을 청구할 권리를 가진다(통설). 즉 제3자는 낙약자에 대하여 급부청구권을 갖고, 요약자는 제3자에의 급부이행을 청구할 수 있는 권리를 갖는다. 이 경우에는 낙약자에게 청구할 수 있는 제3자의 권리와 요약자의 권리는 급부의 내용이 다르므로 연대채무의 관계가 아니다.

ⓑ 낙약자가 제3자(수익자)에게 이행의 제공을 하지 아니하면 요약자에게 지체의 책임을 져야 한다(통설). 또한 낙약자의 채무불이행이 있는 경우 제3자는 손

해배상을 청구할 수 있는데 요약자도 자신에게 손해를 배상할 것을 청구할 수 있는가? 학설은 특별한 이해관계가 없는 한 부정되어야 한다는 부정설(곽윤직 79면, 지원림 1366면)과 낙약자의 채무불이행으로 인하여 요약자는 제3자와의 대가관계상의 채무를 이행하지 않은 결과로 되어 손해가 발생할 수 있으므로 긍정되어야 한다는 긍정설(김상용 120면, 김증한 159면, 김형배 1241면, 이은영 203면)이 대립한다. 생각건대 대가관계가 실질적으로 유상인 경우에는 긍정설이 타당하다고 본다. 다만 손해배상이 중복지급된 경우에는 요약자가 부당이득에 의하여 반환하여야 할 것이다.

ⓛ 요약자의 계약상 지위

ⓐ 요약자는 제3자를 위한 계약의 당사자로서 낙약자에 대하여 기본관계(보상관계)상의 채무를 부담한다. 한편 요약자는 계약당사자로서 자신의 제한능력 또는 착오·사기·강박을 이유로 취소권을 행사할 수 있다. 유의할 점은 요약자는 낙약자의 채무불이행을 이유로 해제권을 가지는데, 이러한 해제권의 행사에 따른 손해배상(예컨대 낙약자의 제3자에 대한 채무불이행에 따른 손해배상)은 계약의 이행에 갈음하는 2차적 급부로서의 손해배상이 아니기 때문에 이로 인한 급부는 제3자에게 귀속되지 않는다고 본다(김형배 1213면, 지원림 1302면).

ⓑ 제3자가 수익의 의사표시를 한 뒤 요약자가 낙약자의 채무불이행을 이유로 제3자의 의사에 반해서 해제권을 행사할 수 있는가? 학설은 부정설(김형배 195면, 이은영 205면)과 긍정설(곽윤직 79면, 김주수 120면, 김증한 76면 등)이 대립하고 있으며, 판례는 긍정하는 태도를 취한다. 즉 계약을 해제할 경우 제3자(수익자)의 동의는 필요하지 않다는 것이 판례의 입장이다(대판 1970.2.24, 69다1410; 대판 1994.8.12, 92다41559).

【판 례】

* 대판 1970.2.24, 69다1410 … 낙약자의 채무불이행에 의하여 요약자가 계약당사자로서 취득하게 되는 해제권의 행사가 그 계약에 제3자 수익의 부관이 붙어있다는 이유로 제약받는 것은 타당하지 않다.
* 대판 1994.8.12, 92다41559 … 제3자를 위한 계약에 있어서 수익의 의사표시를 한 수익자는 낙약자에게 직접 그 이행을 청구할 수 있을 뿐만 아니라, 낙약자의 채무불이행을 이유로 요약자가 계약을 해제한 경우에는 낙약자에게 자기가 입은 손해의 배상을 청구할 수 있다.

ⓒ 요약자와 제3자의 관계

제3자를 위한 계약에 의하여 제3자가 채권을 취득하는 것은 일반적으로 요약자가 제3자에게 출연하게 된 관계, 즉 대가관계가 있기 때문이다. 그러나 유의할 점은 대가관계가 없더라도 제3자를 위한 계약과 이를 기초로 하는 제3자의 채권은 발생할 수 있다(대판 2003.12.11, 2003다49771). 다만 이때 증여(대가관계가 없는)가 아닌 제3자가 낙약자로부터 받은 급부는 요약자에 대한 관계에서는 법률상의 원인을 결여하는 것이므로, 부당이득과 비채변제의 문제가 발생한다(제741조, 제742조).

③ 낙약자의 지위

㉠ 낙약자의 지위는 위에서 본 제3자(수익자) 및 요약자의 지위에 대한 상관관계에서 상대적 측면을 이룬다. 그러므로 낙약자는 계약의 당사자이며, 당해계약에서 생기는 채무를 제3자에게 이행할 의무를 질 뿐이다. 그러나 유의할 점은 낙약자의 제3자에 대한 채무의 이행은 계약으로부터 생기는 채무의 이행이므로 불이행 · 불수령 등의 문제는 요약자에 대하여도 영향을 미친다는 것이다.

㉡ 낙약자는 제3자를 위한 계약에서의 무효 · 취소 · 해제 · 해지 등의 사유는 모두 요약자와의 관계에서 결정되며, 계약에 기인하는 항변으로서 그 결과를 제3자에게 주장할 수 있다(제542조). 그러나 유의할 점은 요약자와 낙약자 사이의 법률관계(기본관계)를 이루는 계약이 해제된 경우 그 계약관계의 청산은 당사자(요약자, 낙약자)사이에 이루어져야 하므로, 낙약자가 이미 제3자에게 급부한 것에 대해 계약해제에 기한 원상회복 또는 부당이득을 원인으로 제3자(수익자)에게 반환을 청구할 수는 없다(대판 2005.7.22, 2005다7566; 대판 2010.8.19 2010다31860 · 31877).

제 6 절 계약의 해제 · 해지

1. 계약의 해제

(1) 서 설

1) 해제의 의의

① 계약의 해제는 유효하게 성립한 계약관계를 당사자의 일방적 의사표시에 의하여 해소시키는 것을 말한다. 따라서 계약으로부터 성립한 미이행채무는 소멸되고, 이미 이행된 급부는 원상으로 회복되어야 한다. 해제는 당사자 일방의 의사표시만으로 계약관계를 해소하는 것이므로 해제의 의사표시를 하는 당사자는 반드시 해제권을 가지고 있어야 한다.

② 해제는 계약관계에서 이행장해가 발생한 경우에 이를 정리하기 위한 법적 수단으로서 손해배상과 병존적으로 존재하는 법적 구제수단이다. 민법은 당사자 사이에서 미리 해제권의 유보를 합의해 놓은 약정해제와 당사자 일방의 채무불이행이 있는 경우에 인정되는 법정해제를 규정하고 있으며(제543조 이하), 특히 법정해제에 있어서는 해제(제544조, 제545조, 제546조)와 더불어 손해배상청구(제551조)의 양립을 인정하고 있다.

2) 해제권의 법적성질

① 해제권은 일방적 의사표시에 의하여 계약관계의 변동을 가져오는 권리라는 점에서 형성권이다. 즉 계약의 해제권은 일종의 형성권으로서 당사자 일방에 의한 계약해제의 의사표시가 있으면 그 효과로서 새로운 법률관계가 발생하고 각 당사자는 그에 구속되는 것이다(대판 2005.7.14, 2004다67011).

② 해제권은 계약의 종된 권리로서 계약관계의 당사자만이 가질(행사) 수 있다. 다만 당사자의 지위를 승계한 자는 예외적으로 해제권을 가질 수 있다. 따라서 계약당사자가 아닌 채권의 양수인 또는 제3자를 위한 계약에서의 수익자는 해제권을 갖지 못한다.

3) 해제권의 발생원인

① 해제권이 발생하는 경우는 두 가지가 있다. 즉 해제권의 종류로는 당사자가 미리 계약으로 이를 유보하는 약정해제권과 채무불이행을 이유로 법률의 규정에 의하여 주어지는 이른바 법정해제권(제544조, 제545조, 제546조)이 있다. 부동산 매매에 있어서 계약금이 수수된 경우에는 약정해제권이 주어진 것으로 해석된다(제565조 참조).

② 각종의 계약관계에서도 해제권이 주어질 수 있다. 예컨대 증여(제556조, 제557조), 매매(제570조~제578조, 제580조) 등에서는 각 채권관계의 특성에 맞추어 해제권이 주어진다. 증여에서는 증여의 의사가 서면으로 표시되지 않은 경우에는 각 당사자가 해제권을 가지며(제555조), 수증자의 망은행위가 있는 경우에는 증여자가 해제권을 가진다(제556조). 매매에서는 담보책임의 한 종류로서 매수인에게 해제권이 주어져 있다(제570조~제578조, 제580조).

4) 해제와 유사한 제도

① 합의해제

㉠ 해제는 합의해제(이를 해제계약이라고도 한다)와는 구별된다. 해제는 해제권 상대방의 동의를 요건으로 하지 않으며, 해제권자가 일방적 의사표시를 함으로써 이루

어지는 반면에, 합의해제는 해제권의 유무와 상관없이 기존의 계약당사자가 계약해소에 관하여 합의한 것으로서, 계약자유의 원칙상 당연히 인정된다(대판 2006.4.13, 2003다45700). 즉 유효하게 성립한 계약관계를 해소하겠다는 내용의 새로운 계약, 즉 쌍방의 합의에 의하여 계약관계가 청산되는 것을 말한다(김형배 1281면).

㉡ 합의해제는 그 성질이 민법상의 해제와 다르므로 민법 제543조(일방적의사표시에 의한 해제권) 이하의 규정은 적용될 수 없다(대판 1996.7.30, 95다16011). 합의해제의 경우에 당사자 사이에는 원상회복의무가 발생하는 것이 원칙이지만, 제3자의 권리는 해칠 수 없다(대판 2005.6.9, 2005다6341). 그 이유는 합의해제 효력은 원칙적으로 당사자 사이에서만 미치고 제3자에게 영향을 줄 수는 없기 때문이다.

【판 례】 합의해제의 효과

* 대판 1996.7.30, 95다16011 … 합의해제의 효과는 그 합의의 내용에 의하여 결정되고 여기에는 해제에 관한 민법 제548조 제2항이 적용되지 아니하므로, 당사자 사이에 약정이 없는 이상 합의해제로 인하여 반환할 금전에 그 받은 날로부터의 이자를 가하여야 할 의무가 있는 것은 아니다.
* 대판 2005.6.9, 2005다6341 … 합의해제에 의하여 계약은 소급하여 소멸하게 되어 해약당사자는 각 원상회복의 의무를 부담하게 되지만, 계약해제로 인한 원상회복등기 등이 이루어지기 이전에 해약당사자와 양립되지 아니하는 법률관계를 가지게 되었고 계약해제사실을 몰랐던 제3자에 대하여는 계약해제를 주장할 수 없다.

② **실권약관(해제조건)**

㉠ 해제조건을 일방당사자가 유리하게 제안한 내용을 약관에 미리 정해 놓은 약관조항을 가리켜 '실권약관'이라고 한다. 예컨대 할부판매계약에서 매수인이 1회라도 월부(할부)금의 지급을 게을리하면 매도인의 의사표시를 기다릴 필요 없이 계약관계(매매계약)가 당연히 상실되고, 이에 따라 목적물을 반환하기로 약정하는 것을 말한다.

㉡ 실권약관은 대부분의 경우에 경제적 강자에게 유리하게 설정되는데, 실권약관이 일방 당사자에게 심히 부당할 정도로 불리한 경우에는 공서양속에 반하는 것으로 무효가 된다. 예컨대 '약관의 규제에 관한 법률' 제9조 제2호는 해제권의 발생 및 행사요건을 완화함으로써 고객에게 부당하게 불이익을 줄 우려가 있는 조항을 무효로 규정하고 있다.

【판 례】 실권계약무효

* 대판 2000.1.24, 2000다31366 … 부동산매매계약에 있어서 매수인이 잔대금지급기일까지 그 대금을 지급하지 못하면 그 계약이 자동적으로 해제된다는 취지의 약정이 있더라도 특단의 사정이 없는 한 매수인의 잔대금지급의무와 매도인의 소유권이전등기의무는 동시이행의 관계에 있으므로, 매수인이 그 약정기한을 초과하였더라도 이행지체에 빠진 것이 아니라면 대금미지급으로 계약이 자동해제된다고는 볼 수 없다.

【헌 재】 한정위헌판결

* 헌재 98헌가13 … 소정의 기간 내에 매매대금을 납부하지 않으면 예외 없이 귀속재산매매계약이 자동해제되도록 한 귀속재산처리법 제21조의3은 정당한 사유가 있는 미납의 경우까지 계약해제토록 하여 적법절차와 과잉금지원칙에 위반된 것이다.

③ 취 소

㉠ 취소는 취소권자의 일방적 의사표시에 의하여 법률행위의 효력을 소급적으로 소멸시키는 것을 말한다. 취소권은 무능력(제5조, 제10조, 제13조 등 참조), 의사표시의 하자(제109조, 제110조 참조) 등이 있는 경우에 법률의 규정에 의해서 주어지며, 당사자 사이의 합의에 의하여 발생하지는 않는다. 취소가 취소권자의 일방적 의사표시(형성권)에 의하여 행사된다는 점에서는 해제권과 유사하지만, 해제권은 채무불이행이 있는 경우에 법률의 규정에 의하여 발생하는 것 외에 당사자 사이의 약정에 의해서도 발생한다는 점에서 차이가 있다.

㉡ 효과적 측면에서 보면 취소가 행하여진 경우에는 '법률행위는 처음부터 무효인 것으로' 보기 때문에(제141조 본문) 이미 행하여진 급부에 대해서는 부당이득의 반환의무가 발생하지만, 해제의 경우에는 민법 제548조의 규정에 의하여 채무자에게 원상회복의무가 생기고, 손해가 있는 때에는 손해배상의무도 함께 발생한다(제551조).

【판 례】 해제와 취소의 경합

* 대판 1996.12.6, 95다24999 … 매도인이 매수인의 중도금지급채무불이행을 이유로 매매계약을 적법하게 해제한 후라도 매수인으로서는 상대방이 한 계약해제의 효과로서 발생하는 손해배상책임을 지거나 매매계약에 따른 계약금의 반환을 받을 수 없는 불이익을 면하기 위하여 착오를 이유로 한

취소권을 행사하여 매매계약의 전체를 무효로 할 수 있다.

④ 철 회

㉠ 철회는 아직 종국적인 법률효과가 생기지 않은 법률행위를 저지하거나 또는 의사표시의 효과를 바탕으로 하여 장래에 발생될 종국적인 법률효과를 막기 위한 일방적 의사표시이다.

㉡ 철회의 의사표시는 철회하고자 하는 의사표시가 상대방에게 도달되기 전이나 또는 적어도 그 의사표시와 동시에 그 상대방에게 도달하여야 한다. 따라서 철회는 이미 발생하고 있는 법률행위의 효력을 법률상의 일정한 원인을 이유로 하여 소멸시키는 취소와 구별될 뿐만 아니라, 이미 유효하게 발생된 계약관계(권리·의무관계)를 채무불이행 또는 당사자의 약정에 의하여 해소시키는 해제와도 구별된다.

(2) 법정해제권

1) 서 설

① 계약일반에 대해서 인정되는 이른바 법정해제는 채무불이행을 원인으로 하여 발생한다. 다시 말하면 채무자의 귀책사유에 의한 급부장애가 있는 경우에 한해서 해제가 인정된다고 본다. 이에 따르면 채무불이행에는 이행지체·이행불능·불완전이행(적극적 채권침해)의 모습이 있으며, 해제권의 발생요건도 각각 다르다.

② 해제권에 관하여 민법이 직접 규정하고 있는 것은 이행지체(제544조, 제545조)와 이행불능(제546조)이다. 이행지체에 관해서는 해제권 행사의 요건으로 '상당한 기간을 정하여 최고'를 해야 하느냐의 여부에 따라 보통의 이행지체(제544조)와 정기행위의 이행지체(제545조)로 나누어 규정하고 있다.

2) 법정해제권의 발생유형

① 이행지체로 인한 해제권

㉠ 채무자의 이행지체 발생

채무자의 이행이 지체되었어야 한다. 즉 법정해제권은 채무자의 이행지체가 있으면 그 효과로서 발생하는 것이다. 따라서 동시이행관계에 있는 쌍무계약에 있어서 계약을 해제하려고 하는 자는 자기 채무의 이행을 제공하고 그 채무를 이행함에 있어 상대방의 행위를 필요로 할 때에는 그 뜻을 상대방에게 통지하여 그 수령을 최고해야만 상대방으로 하여금 이행지체에 빠지게 할 수 있다(대판 2008.4.24, 2008다3053).

㉡ 채권자의 이행제공

쌍무계약에서는 양 당사자가 동시이행의 항변관계(제536조)에 있는 것이 원칙이므로, 채권자가 이행의 제공을 하여 채무자를 지체에 빠지게 한 뒤에 상당한 기간을 정해서 최고하고, 그 기간이 지나도 채무자의 이행 또는 이행의 제공이 없는 때에 해제권이 발생한다(대판 1994.10.11, 94다24565 등).

㉢ 상당한 기간을 정하여 최고

최고(催告)라 함은 채권자가 채무자에 대하여 채무의 이행을 촉구하는 것을 말하며, 민법 제387조 제2항의 '이행의 청구'와 같은 의미이다. 즉 채무이행기간이 없는 경우 채권자는 언제든지 이행을 청구할 수 있다. 이 경우 최고의 내용은 채무자가 인식할 수 있는 동일성이 존재하여야 한다. 그러므로 채무의 동일성이 인정되는 한, 본래 급부의 범위 내에서 최고의 효력이 인정된다(대판 2004.7.9, 2004다13083). 또한 상당한 기간이라 함은 구체적으로 이행해야 할 채무의 성질, 거래의 사정, 기타 객관적 사정에 의하여 정해질 것이며 그 밖에 채무자의 질병·여행 등과 같은 주관적 사정도 고려되어야 할 것이다.

㉣ 최고기간 내에 채무자의 채무미이행

채무자가 최고된 유예기간 내에 이행의 제공을 하지 않았어야 한다. 특히 유의할 것은 쌍무계약의 경우에는 채권자가 자신의 채무에 대하여 이행의 제공을 함으로써 채무자의 동시이행의 항변권을 소멸시켰음에도 채무자가 이행의 제공을 하지 않아야 한다(대판 1976.12.14, 79다2370 등). 그러나 채권자의 이행의 제공을 엄격히 요구할 것은 아니다. 즉 성실하지 않은 채무자의 이행지체가 정당화될 우려가 있기 때문이다(대판 2012.11.29, 2012다65867). 따라서 신의칙에 따라 채권자에 의한 채무이행의 시기와 정도를 합리적으로 해석하면 된다.

㉤ 해제권 발생요건의 특약 존재

채무자의 이행지체가 있으면 최고를 하지 않고 곧바로 계약을 해제할 수 있도록 하는 특약은 일반적으로 유효하다(대판 1991.8.13, 91다13717 참고). 그러나 그러한 특약의 존재·내용·유효·무효를 인정할 때에는 당사자의 의사, 계약의 성질과 특히 신의성실의 원칙을 고려하여 판단해야 한다. 왜냐하면 지체를 이유로 채권자에게 곧바로 해제권을 인정하는 특약은 채무자에게 부당한 불이익을 줄 수 있기 때문이다.

【판 례】

* 대판 1991.8.13, 91다13717 … 매매계약에서 약정한 일자에 중도금을 지급하지 않으면 계약을 무효로 한다는 특약이 있다면, 그 불이행 자체로서 그 일자에 계약이 자동적으로 해제된다는 판례의 태도로 미루어 보아 채무자의 지체가 있으면 최고 없이 해제권이 발생할 수 있다는 약정도 유효하다고 보아야 한다.

② 정기행위에 의한 해제권

㉠ 정기행위의 의의

정기행위란 계약의 성질 또는 당사자의 의사표시에 의하여 일정한 일시 또는 일정한 기간 내에 이행하지 않으면 계약의 목적을 달성할 수 없는 계약을 말한다. 다시 말하면 이행의 시기가 계약의 내용으로서 중요한 의미를 가지는 계약이 정기행위이다(제545조 참조).

㉡ 정기행위의 유형

ⓐ '절대적 정기행위'란 채무의 이행이 계약의 성질상 일정한 일시(시간)에만 그 의미를 가지므로, 객관적으로 그 시기에 이행하지 않으면 계약의 목적을 달성할 수 없는 정기행위를 말한다. 예컨대 연주회의 비디오촬영계약, 연회를 위한 요리의 주문 등이 그 예이다.

ⓑ '상대적 정기행위'란 당사자의 의사표시에 의하여 채무가 일정한 일시에 이행되어야 할 뿐만 아니라 특정한 이행기를 준수하는 것이 당사자 사이에 채무의 중요한 내용이 되는 정기행위를 말한다. 예컨대 양복을 맞추면서 어느 날의 결혼식에 입을 것임을 말하는 것으로, 단순히 이행기를 준수할 것을 약정하는 것만으로는 부족하고, 그 정하여진 이행기의 준수가 계약목적의 달성을 위해 필요한 것임을 알려줘야 한다.

㉢ 정기행위에 의한 해제권발생

ⓐ 정기행위에서 채무자의 불이행이 있는 때에는 채권자에게 해제권이 발생한다. 이 경우 채권자의 이행의 최고는 해제권발생의 요건이 아니다(제545조). 최고를 필요로 하지 않는 까닭은 이행기를 넘기면 이행이 불능이 되거나 이행을 하더라도 채권자에게 아무런 가치가 없게 되어 최고를 하는 것이 무의미하기 때문이다.

ⓑ 정기행위의 불이행시에도 해제의 의사표시는 필요한 것으로 해석된다. 다시 말하면 이행기의 경과로 계약관계가 해제의 의사표시 없이 자동적으로 해제되지는 않는다(통설). 따라서 채권자는 해제권을 행사하지 아니하고 본래의 급부를 청구할 수도 있다. 특히 상대적 정기행위에서 채권자가 그의 계획을 바꾸어 이행청구를 하더라도 이를 막을 필요가 없다.

한편 유의할 점은 상법에서는 상거래의 신속한 처리를 위하여 '이행시기를 경과한 때에는 상대방은 즉시 그 이행을 청구하지 아니하면 계약을 해제한 것으로 본다'(상법 제68조)고 규정하고 있다.

③ 이행불능에 의한 해제권

㉠ 이행불능의 의의

민법 제546조(법정해제와 이행불능)에서의 이행불능이라 함은 단순히 계약 당시의 절대적·물리적 불능인 경우가 아니라 경험칙상 또는 거래관념상 채무자의 이행실현이 기대될 수 없는 경우를 말한다(대판 2004.1.24, 2000다22850). 즉 계약 성립 당시에는 가능했던 급부가 후에 불능이 된 것을 말한다. 따라서 해제권의 발생요건으로서의 이행불능은 후발적 불능을 가리키며, 이행기 전이라도 급부가 불능이 되면 그때 해제권이 발생한다.

㉡ 이행불능과 해제권

채무자의 책임 있는 사유로 이행불능이 된 때에는 채권자의 이행최고 없이 해제권이 발생한다(제546조). 채무자의 이행이 더는 가능하지 않으면 계약관계는 해소될 도리밖에 없으므로 최고를 요구하는 것은 무의미하다.

㉢ 일부의 이행불능

일부불능의 경우 그 급부가 가분적이고 나머지 부분만으로도 계약의 목적을 달성할 수 있는 한 불능부분에 대해서만 해제할 수 있으며(불능부분에 대해서는 손해배상을 청구할 수 있다), 목적을 달성할 수 없는 경우에는 계약 전부에 대하여 해제할 수 있다(제137조 참조; 대판 1996.2.9, 64다57817; 대판 1996.12.10, 94다56098).

④ 불완전이행에 의한 해제권

㉠ 불완전이행의 의의

불완전이행이라 함은 채무의 이행으로서 급부가 행하여졌으나, 그 급부가 불완전한 경우를 의미한다. 예컨대 매도인이 견품과는 달리 썩은 사과를 섞어 인도하였거나, 골동품 감정인이 골동품의 시가(시장가격)를 잘못 감정한 경우 등이다. 채무자인 매도인 또는 골동품 감정인이 이행기에 이행을 했으나, 채무의 내용에 좇은 이행을 하지 않았다는 점(채권침해)에서 적극적채권침해라고도 할 수 있다(김형배 212면).

㉡ 해제권발생의 요건

ⓐ 이행된 급부가 추완(追完)이 가능한 경우에는 이행지체에 준하는 최고를 하고 해제할 수 있다. 다시 말해서 매도인이 썩은 사과를 완전한 사과로 바꾸어 다시 급부함으로써 계약의 목적을 달성할 수 있는 경우에 채권자(매수인)는 상당한 기간을 정해서 완전이행을 최고하고, 그 기간 내에 추완

이 이루어지지 않으면 민법 제544조(이행지체와 계약해제)의 규정에 따라 계약을 해제할 수 있을 것이다. 판례는 불완전이행의 경우에 계약목적을 달성할 수 없거나 특별한 약정이 있는 경우에 한해서 해제권을 제한적으로 인정하고 있다(대판 1996.11.9, 96다14364 참고).

ⓑ 이행된 급부가 사실상 추완이 불가능한 경우에는 이행불능에 준하여 최고를 요하지 아니하고 해제권을 행사할 수 있다. 예컨대 감정평가사가 토지의 시가(시장가격)를 잘못 감정해 줌으로써 그 토지를 비싼 값으로 샀을 경우에, 감정평가사(채무자)가 행한 불완전이행은 이행불능과 동일시할 수 있으므로 채권자(토지매수인)는 최고 없이 계약을 해제할 수 있다. 그러나 이 경우에서는 감정평가사에게 계약을 해제하는 것은 별다른 실익이 없으므로 오히려 손해배상을 청구하는 것이 채권자의 손실을 구제하는 적절한 방법이 될 것이다.

【판 례】

* 대판 1996.7.9, 96다14364 … 영상물 제작공급계약의 수급인이 내부적인 문제로 영상물제작 일정에 다소의 차질이 발생하여 예정된 일자에 시사회를 준비하지 못한 경우, 그와 같은 의무불이행은 그 계약의 목적이 된 주된 채무를 이행하는 과정에서의 부수된 절차적인 의무의 불이행이 계약을 달성할 수 없는 경우 또는 특별한 약정이 있는 것도 아니므로, 도급인은 그와 같은 부수적인 의무의 불이행을 이유로 계약을 해제할 수 없다.

⑤ 사정변경과 해제권

㉠ 학설의 견해

사정변경의 원칙은 계약의 성립시에 기초로 삼았던 사정이 그 후 변경됨으로써 당초에 정해진 계약내용을 그대로 유지·강제하는 것이 신의칙상 부당한 결과를 가져오는 경우에 민법상 간접적으로 인정되고 있으며(제557조, 제689조 등), 그에 기초하여 일정한 경우 당사자에게 해제권이 인정되어야 한다(통설). 통설에 의하면 사정변경에 의한 해제권의 발생요건으로서 다음의 요건을 든다. ⓐ 당사자가 예상할 수 없었던 현저한 사정의 변경이 생겼을 것, ⓑ 당사자의 귀책사유 없이 생겼을 것, ⓒ 계약성립 후 그 이행완료 이전에 사정변경이 생길 것, ⓓ 계약내용대로의 구속력을 인정하면 신의칙에 어긋나는 결과가 생길 것 등을 요건으로 든다.

㉡ 판례의 태도(일시적 계약·계속적 계약)

ⓐ 부동산 매매계약과 같이 '일시적 계약'의 경우 계약체결 당시와 그 잔대금

을 지급할 때와의 사이에 오랜 시일이 지나서 그동안에 상승한 매매목적물의 가격에 비하여 그것이 현저하게 균형을 잃은 이행이 되는 경우라 할지라도 민법상 매도인으로 하여금 사정변경의 원리를 내세워 그 매매계약을 해제할 수 있는 권리는 생기지 않는다고 함으로써 인플레이션에 따른 해제권발생을 부인(부정)하고 있다(대판 1991.2.26, 90다19664; 대판 2007.1.12, 2006다61574). 한편 사정변경을 이유로 해제권의 발생가능성을 엿보게 하는 판결도 있다(대판 2007.3.29, 2004다31302; 대판 2011.6.24, 2008다44368).

ⓑ 보증계약 또는 임대차계약과 같이 '계속적 계약'에 관하여 설사 그 기간이 정하여졌다 하더라도 회사퇴사, 조세 · 공과금의 변경 등 중대한사정변경의 경우에는 그 사정변경으로 인한 해지권(증감청구권)을 인정하고 있다(대판 1996.11.12, 96다34061). 즉 회사 임원 등이 회사의 요구로 회사채무의 보증인이 된 후 그 회사를 퇴사한 때에는 보증계약 성립 당시 사정에 현저한 변경이 생긴 경우에 해당한다고 보아야 하므로 보증계약을 해제할 수 있다(대판 1990.2.27, 89다카1381).

【판 례】

* 대판 2007.3.29, 2004다31302 … 이른바 사정변경으로 인한 계약해제는 계약성립 당시 당사자가 예견할 수 없었던 현저한 사정의 변경이 발생하였고 그러한 사정의 변경이 해제권을 취득하는 당사자에게 책임 없는 사유로 생긴 것으로서, 일방당사자의 주관적 또는 개인적인 사정을 의미하는 것은 아니다. 또한 계약의 성립에 기초가 되지 아니한 사정이 그 후 변경되어 일방당사자가 계약 당시 의도한 계약목적을 달성할 수 없게 됨으로써 손해를 입게 되었다 하더라도 특별한 사정이 없는 한 그 계약내용의 효력을 그대로 유지하는 것이 신의칙에 반한다고 볼 수도 없다.
* 대판 1996.11.12, 96다34061 … 임대차계약에 있어서 차임을 증액하지 않겠다는 특약이 있더라도 그 약정 후 그 특약을 유지시키는 것이 신의칙에 반한다고 인정될 정도의 사정변경이 있다고 보여지는 경우에는 형평의 원칙상 임대인에게 차임증액청구를 인정하여야 한다.

3) 법정해제권의 행사

① 해제권행사의 자유

채권자에게 해제권의 사유가 발생하더라도 그 권리를 행사하지 않는 한 해제의 효력(제548조, 제551조 참조)은 발생하지 않는다. 뿐만 아니라 해제권행사 여부는 해제권자의 자유에 속한다. 해제의 의사표시는 당사자 일방에 의해 채권 관계를 해소시키는 형성권의 행사이므로(대판 2005.8.15, 2004다67011) 원칙적으로 조건을 붙이지 못한다.

② 해제권행사의 요건

㉠ 상대방에 대한 의사표시

해제의 의사표시는 수령을 요하는 일방적 의사표시이다. 따라서 해제는 상대방에 대한 의사표시로 하여야 하고, 일단 상대방에게 도달하면 그 의사표시를 철회할 수 없다(제543조). 한편 해제의 의사표시는 재판상의 행위에 의해서도 할 수 있다. 가령 해제의 의사표시를 소(訴) 제기에 의하는 경우에 제척기간 내에 소장 부본이 상대방에게 송달되어야 한다(대판 2000.1.28, 99다50712).

㉡ 조건부해제의 금지

조건을 붙인 해제의 의사표시는 상대방의 지위를 불안정하게 한다. 따라서 조건부해제의 의사표시는 허용되지 않는다. 다만 이행지체 중 채권자가 최고를 하면서 일정한 기간 내에 이행하지 않으면 해제의 의사표시가 없더라도 계약의 효력이 상실되는 것으로 보겠다는 의사표시는 유효하다(곽윤직 96면, 김형배 1300면).

③ 해제권행사의 철회금지

해제의 의사표시가 상대방에게 도달한 경우에 후에 다시 철회하지 못한다(제543조 제2항). 해제권의 행사는 당사자의 계약관계에 중요한 영향을 미치는 형성권의 행사이므로, 이를 임의로 철회할 수 있도록 하면 법률관계의 불안정을 초래하게 되기 때문에 해제권철회는 허용되지 않는다. 그러나 민법 제543조 제2항은 강행규정이 아니므로 당사자의 합의에 의해 해제의 의사표시를 철회할 수 있다.

④ 해제권의 불가분성

계약당사자의 일방 또는 쌍방이 수인인 경우에 해제의 의사표시는 그 전원으로부터 또는 전원에 대하여 행사되어야 그 효력이 발생하며(제574조 제1항), 해제의 권리가 당사자 1인에 대하여 소멸한 때에는 다른 당사자에 대하여도 소멸한다(동조 제2항). 다만 해제권의 불가분성에 관한 민법 제547조 제1항의 규정은 강행규정이 아니므로 당사자 사이의 특약에 의하여 불가분성을 배제할 수 있다(통설; 대판 1994.11.18, 93다46209).

⑤ 해제권의 행사기간

당사자의 약정이나 법률의 규정에 의하여 해제권의 행사기간이 정하여져 있는 경우에는 원칙적으로 그에 따라야 한다. 한편 해제권의 행사기간이 미정인 경우에는 해제권이 형성권이란 점에서 10년의 제척기간에 걸린다(통설). 이러한 법정해제권은 채무불이행을 전제로 한다는 점에서, 계약상의 채무가 소멸시효의 완성으로 소멸되는 때에는 해제권도 함께 소멸된다고 보아야 한다.

4) 법정해제의 효과

① 서 설

해제의 중심적 효과는 원상회복의무이다(제548조 제1항). 해제와 원상회복의무의 관계를 어떻게 설명하느냐에 관하여 독일(반환채무관계설이라고 하여 청산관계설이 지배적임)뿐 아니라 우리나라에서도 현재 여러 학설이 대립하고 있는데, 민법시행 이래의 통설인 직접효과설과 근래의 유력설인 청산관계설이 있다. 어느 견해를 취하더라도 위 규정을 달리하는 것은 아니지만, 그 내용에서는 차이가 있다.

② 해제효과의 법리구성

㉠ 직접효과설

ⓐ 해제권의 행사에 의하여 계약은 폐기되고, 채권·채무는 처음부터 존재하지 않았던 것과 같은 효과가 생긴다(곽윤직 98면, 김중한 71면, 김준호 1540면, 지원림 1366면). 이 견해는 해제의 효과를 계약관계의 '소급적 소멸'로 이해하기 때문에 아직 이행하지 않은 채무는 더는 존재할 수 없게 되고, 이미 이행된 급부는 법률상의 원인을 상실하게 되어 부당이득으로서 반환되어야 한다. 다만 해제의 경우에는 반환의무의 범위가 현존이익에 한정하는 것이 아니라(제748조 제1항 참조; 독일민법 제818조) 원상회복을 하게 하는 것이 합리적이라고 한다.

ⓑ 우리 민법은 독일민법과 달리 해제권의 행사와 손해배상청구권을 병존적으로 인정하고 있다. 예컨대 민법 제551조에서 계약의 해제는 손해배상의 청구에 영향을 미치지 아니한다고 규정하고 있다.

㉡ 청산관계설

ⓐ 해제권의 행사에 의하여 기존의 계약관계가 청산관계로 변경된다. 따라서 미이행채무는 소멸되고, 계속 존속되는 채권관계를 바탕으로 반환채무(원상회복의무)가 성립한다. 다시 말해서 원(기존) 계약상의 채권관계가 소급적으로 소멸하는 것이 아니라 장래에 향하여 동일성을 유지한 채 청산관계(반환채권·채무관계)로 변용될 뿐이라고 한다(김증한·김학동 149면, 김형배 1303면, 이은영 181면).

ⓑ 해제권 행사에 의하여 실현되는 원상회복은 해제권자를 위한 것이고, 계약을 위반한 채무자를 배려하는 제도가 아니기 때문에 기존의 계약관계를 소급하여 소멸시키는 것이 아니라 '장래에 대하여 미이행채무를 소멸'시키는 데 지나지 않는다고 한다. 따라서 부당이득법(제741조)에 관한 이론이 적용될 수 없다고 한다.

㉢ 판례의 태도

판례는 '우리의 법제가 물권행위의 독자성과 무인성을 인정하고 있지 않은 점과 민법 제548조 제1항 단서가 거래안전을 위한 특별규정이란 점을 생각할 때 계약이 해제되면 그 계약의 이행으로 변동이 생겼던 물권은 당연히 계약이 없었던 원상태로 복귀한다고 봄이 타당하다'고 함으로써 (대판 1977.5.24, 75다1394; 대판 1995.5.12, 94다18881) 직접효과설을 기초로 하여 판시하고 있다.

【판 례】

* 대판 1977.5.24, 75다1394 … 계약이 해제되면 그 계약의 이행으로 변동이 생겼던 물권은 당연히 그 계약이 없었던 원상태로 복귀한다고 봄이 타당하다.
* 대판 1995.5.12, 94다18881 … 매도인이 계약금만 지급받은 단계에서 매수인에게 소유권이전등기를 경료하여 주고 가등기를 경료받았는데, 매수인이 대금지급의무를 이행하지 아니하자 판결에 의해 본등기를 경료한 사안에서(미지급된 잔금의 담보를 위한 경우 포함한다) 계약이 적법하게 해제되면 그 계약의 이행으로 변동이 되었던 물권은 당연히 그 계약이 없었던 상태로 복귀한다.

③ 해제권행사에 의한 소급효

㉠ 기존계약의 소급적 실효

계약에 의하여 생긴 채권·채무는 해제에 의하여 소멸한다. 따라서 당사자의 한쪽이 그의 채권을 제3자에게 양도하고 있는 경우에도 그 양수인의 채권은 역시 해제권행사에 의하여 소멸한다(대판 2003.1.24, 2000다22850). 그 이유는 양도된 채권은 쌍무계약에서 생긴 채권이고 당사자 중 어느 한 사람의 채무불이행에 의한 계약해제가 있으면 소멸하여야 할 운명의 것이기 때문이다. 이 경우 양수인의 불이익은 양도인의 하자담보책임으로 해결한다.

【판 례】

* 대판 2003.1.24, 2000다22850 … 계약해제 이전에 해제로 인하여 소멸되는 채권을 양수한 자(제3자)는 계약해제의 효과에 반하여 자신의 권리를 주장할 수 없음은 물론이고, 채무자로부터 이행받은 급부를 원상회복하여야 할 의무가 있다.

㉡ 상계와 해제의 소급효

계약에 의하여 상계로 소멸한 채권이 계약이 해제되면 그 채권은 처음부터 존재하지 않았던 것으로 되기 때문에 상계는 무효가 되고, 다른 채권은 소급되어 되살아난다. 예컨대 금전소비대차에 있어서 채권자(貸主)가 채무자(借主)의 토지를 매수하면서 채무자가 그의 토지대금채권과 채권자의 금전채권과 상계하였다. 그런데 후에 그 토지 위에 설정되었던 저당권의 실행으로 채권자가 그 소유권을 잃게 되어 매매계약을 해제하였다면 상계는 효력을 잃고 금전소비대차상의 채권은 소멸하지 않았던 것이 되어 부활된다(대판 1980.8.26, 79다1257 참고).

④ 해제와 제3자 보호

㉠ 제3자의 범위

ⓐ 민법 제548조 제1항 단서에 의한 해제의 영향을 받지 않는 제3자의 범위에 관하여 통설(곽윤직 103면, 김증한 106면 등)과 판례는 원칙적으로 해제된 계약으로부터 발생된 법률효과를 기초로 하여 '해제의 의사표시가 있기 이전'에 새로운 이해관계를 가졌을 뿐만 아니라 등기·인도 등으로 완전한 권리를 취득한 자를 의미한다(대판 2003.1.24, 2000다22850). 유의할 점은 제3자가 계약의 해제 전에 계약이 해제될 가능성이 있다는 것을 알았거나 알 수 있었다 하더라도 마찬가지이다(대판 2010.12.23, 2008다57746)라고 하여 확대해석하고 있으며, 더 나아가 해제권의 행사 후 '원상회복등기가 이루어지기 전'에 해제권행사의 사실을 모른 채 새로운 권리를 취득한 제3자에 대해서도 계약해제를 주장할 수 없다고 한다(곽윤직 103면, 김주수 135면; 대판 1985.4.9, 84다카130).

ⓑ 한편 제3자 보호와 관련하여 특히 유의할 점은 현 소유자의 부동산에 대한 가압류등기가 되었더라도 그 집행에 앞서 전 소유자가 소유권이전 등기의 말소청구소송에서 승소한 경우에는 가압류채권자는 해제로 인하여 민법 제548조 제1항 단서에서 말하는 제3자의 범위에 해당하지 않는 경우도 있다(대판 2005.1.14, 2003다33004).

【판 례】

* 대판 1971.11.30, 71다1995 … 부동산 매매계약에 따라 등기이전을 완료한 후 해제원인이 발생하여 매도인이 매매계약을 해제하였으나, 이전등기를 아직 말소하지 않고 있는 동안에 매매계약이 해제되었음을 알지 못하고 제3자가 매수인과 다시 매매를 하여 이전등기를 하였다면 그 제3자는 선의자로서 보호되어야 한다.
* 대판 2005.1.14, 2003다33004 … 부동산에 대하여 가압류등기가 되었더라도 그 가압류채무자(등기부상 현 소유자)의 전(前) 소유자가 위의 가압류 집행에 앞서 같은 부동산에 대하여 소유권이전등기의 말소청구권을 보전하기 위한 처분금지가처분 등기를 경료하고 소유권이전등기 말소소송을 제기한 결과 승소판결을 받아 확정되기에 이르렀다면, 위와 같은 가압류는 결국 말소될 수밖에 없기 때문(부동산등기법 제55조 제2호)에 가압류채권자는 민법 제548조 제1항 단

서에서 말하는 제3자로 볼 수 없다.

㉡ 합의해제와 제3자의 지위

계약의 합의해제에서도 형성권인 해제권의 행사의 경우와 마찬가지로 민법 제548조 제1항 단서가 적용됨으로 합의해제를 이유로 제3자에게는 대항하지 못한다. 물론 이 경우 제3자의 지위는 물권변동에 필요한 요건을 구비하여 완전한 권리를 취득한 자이어야 한다(대판 1996.8.20, 96다17653; 대판 2002.10.11, 2002다33502).

【판 례】 합의해제와 제**3**자의 지위

* 대판 1996.8.20, 96다17653 … 임대인의 임대권원이 되는 계약이 해제되기 전에 임대인으로부터 주택을 임차받아 주택의 인도와 주민등록을 마침으로써 주택임대차보호법상의 대항요건을 갖춘 임차인은 등기된 임차권자와 마찬가지로 민법 제548조 제1항 단서 소정의 제3자에 해당된다.

⑤ 원상회복의무

㉠ 원물반환

ⓐ 원상회복의무는 본래의 계약과 인과적 견련성이 있으므로 원물반환을 원칙으로 한다(대판 2007.6.1, 2006다80445). 따라서 급부받은 것이 특정물인 경우에는 그 물건(특정물) 자체를 반환하여야 하고, 종류물인 경우에는 받은 물건 자체나 받은 물건과 동종·동질·동량의 다른 물건으로 반환하여야 한다.

ⓑ 금전의 경우에는 받은 날로부터 반환할 때까지의 이자를 가산하여 반환하여야 한다(제548조 제2항). 이것은 부당이득반환의 성질을 가지는 것이고 반환의무의 이행지체로 인한 것이 아니므로, 매매에서 당사자 쌍방의 의무가 동시이행의 관계에 있는지는 관계없이 법정이율인 연 5분(5%)의 비율에 의한 법정이자(제379조)를 붙여서 지급하여야 한다(대판 2000.6.9, 2000다9123; 대판 2000.6.23, 2000다16275).

㉡ 가액반환

해제권이 행사 당시에 원물이 그대로 있으면 원물을 반환하는 것이 원칙이지만, 원물이 수령자에 의해서 멸실·훼손 또는 소비되어 그 반환이 불가능한 경우에는 가액반환(금전)하여야 한다(대판 1990.3.9, 88다카 31866). 이때의 그 가액은 해제할 당시를 기준으로 한다(통설).

㉢ 동시이행의 항변권

쌍무계약에서 쌍방당사자가 각각 원상회복의무를 지는 경우에 그 두 채무는 다른 특별한 사정이 없는 한 동시이행의 관계에 있다. 따라서 일방

당사자는 상대방의 변제제공(원상회복)이 있을 때까지 자기의 반환의무의 이행을 거절할 수 있다(제536조, 제549조; 대판 1996.7.26, 95다25138).

【판 례】 원상회복과 반환유형

* 대판 2000.6.9, 2000다9123 … 매매계약의 법정해제의 경우에 매매대금반환의무와 등기말소의무가 동시이행관계에 있는지 여부에 관계없이 매도인의 매매대금의 반환은 민법 제548조 제2항(계약해제에 따른 원상회복)에 의하여 이를 수령한 때로부터 연 5분(5%)의 법정이자를 부가하여 지급하여야 한다.
* 대판 1996.7.26, 95다25138 … 계약이 해제되면 계약당사자는 상대방에 대하여 원상회복의무와 손해배상의무를 부담하는데, 이때 계약당사자가 부담하는 원상회복의무뿐 아니라 손해배상의무도 함께 동시이행의 관계에 있다.

⑥ 손해배상의 청구

㉠ 손해배상의 의의

상대방의 채무불이행을 이유로 해제하는 경우에 채권자는 자기 채무를 면하고 또한 이행한 것을 반환받게 되지만, 그것만으로 채무불이행으로 인한 손해를 전보(塡補)받지 못하는 경우도 있다. 따라서 민법 제551조는 '계약의 해제는 손해배상의 청구에 영향을 미치지 아니한다'고 함으로써 해제와 손해배상청구의 양립가능성을 규정하고 있다.

㉡ 손해배상의 요건

해제와 양립하는 손해배상의무는 통상 채무불이행으로 인하여 발생하는 것이므로, 채무불이행의 요건으로 '채무자가 귀책사유로 채무의 내용에 좇은 이행을 하지 아니한 것'이 요구된다(제390조). 이 경우 유의할 점은 채무자의 귀책사유는 채무자 자신뿐만 아니라 이행보조자의 고의 · 과실도 포함된다(제391조).

㉢ 손해배상의 범위

ⓐ 손해배상의 범위는 채무불이행의 손해배상범위의 결정기준에 따라 채무불이행과 상당인과관계에 있는 손해만이 배상된다. 다시 말하면 손해배상은 계약의 내용에 좇은 이행이 있었더라면 얻었을 이행이익의 배상이다(대판 2000.10.6, 2000다22515; 대판 2001.11.30, 2001다16432). 유의할 점은 계약의 일방당사자가 상대방의 이행을 믿고 지출한 비용인 이른바 신뢰이익의 손해도 그러한 지출사실을 상대방이 알았거나 알 수 있었고 또 그것이 통상적인 지출비용의 범위 내에 속한다면 이행이익의 한도 내에서 신뢰이익을 청구할 수도 있다(대판 2002.6.11, 2002다2539; 대판2007.1.25, 2004다51825).

ⓑ 이행이익의 산정은 채무불이행으로 인해 손해배상청구권이 발생한 때의 시가(시장가격)의 상승(평균 이상의 가격의 폭등)으로 손해액이 현저히 증가한 경우에는 그 증가액도 포함시켜야 할 것이다. 판례도 '채무가 이행불능으로 되거나 타인의 권리매매에 있어 매도인이 그 권리를 매수인에게 이전할 수 없게 된 경우의 손해배상은 그 불능 당시의 목적물의 시가(시장가격)를 기준으로 그 손해를 산정해야 한다'는 입장이다(대판 1980.3.11, 80다78).

【판 례】

* 대판 1983.5.24, 82다카1667 … 계약해제시 손해배상은 채무불이행으로 인한 손해배상과 다를 것이 없으므로 전보배상으로서 그 계약의 이행으로 인하여 채권자가 얻을 이익, 즉 소위 이행이익을 손해로서 청구하여야 하고 그 계약이 해제되지 아니하였을 경우 채권자가 그 채무의 이행으로 소요하게 된 그 비용, 즉 소위 신뢰이익의 배상은 청구할 수 없다.

㉣ 특약에 의한 배상액예정

계약체결시에 손해배상이 예정되어 있는 경우에는 해제 후에도 그 약정이 그대로 유효하여 손해배상액은 예정액으로 정해진다. 손해배상예정의 방법은 일정액의 위약금으로 약정하는 경우와 연체이율을 약정하는 경우 등이 있다. 유의할 점은 위약금과 연체이율 양자를 중복적으로 약정한 경우에 위약금의 발생사유가 생기면 연체이자를 중복하여 받는 것은 통상 허용되지 않으며, 예정액이 사회통념상 부당하다고 판단되는 경우에는 제한을 받는다(대판 1995.3.24, 94다10061 등). 한편 배상예정금액 또는 이율이 과다한 경우에 법원은 그보다 감액하여 배상액을 정할 수 있다(제398조 제2항).

【판 례】

* 대판 1995.3.24, 94다10061 … 위약금약정은 채무불이행을 이유로 계약을 해제한 당사자에게 당연히 귀속된다고 볼 것이지만, 그 당시의 거래관행 및 경제상태 등 제반사정을 참작하여 그것이 일반사회인이 납득할 수 있는 범위를 넘는 경우라면 적어도 그 초과한도 내에서는 그 예정액을 부당하게 과다한 것으로 보아 반환의무를 인정해야 마땅할 것이다.

5) 법정해제권의 소멸

해제권은 이른바 형성권이므로 권리의 행사 또는 해제권의 포기와 같이 일반적인 소멸원인에 의하여 소멸하며, 그 외에 특수한 소멸원인은 민법이 규정하고 있는 바, 그 내용을 구체적으로 살펴보면 다음과 같다.

① 일반적 소멸원인

㉠ 해제권의 포기

해제권은 권리자의 일방적 의사표시에 의하여 이를 포기할 수 있다. 그리고 이 포기의 의사표시는 해제권의 행사(제543조)에 관한 규정에 비추어, 상대방에게 하여야 한다고 해석된다.

㉡ 해제권의 실효

채권자가 해제권을 취득한 후 너무 오랫동안 이를 행사하지 않고, 또한 상대방도 이제는 해제권을 행사하지 않으리라고 믿게 된 때에는 신의칙상 해제권을 행사할 수 없다고 본다(대판 1994.11.25, 94다12234 참조). 이는 권리실효의 원칙을 적용한 것이라고 해석된다.

② 특수한 소멸원인

㉠ 상대방의 최고에 의한 소멸

해제권의 행사기간을 정하지 않은 경우에 상대방은 상당한 기간을 정하여 해제권행사 여부의 확답을 해제권자에게 최고할 수 있으며, 그 기간 내에 해제의 통지를 받지 못한 때에는 해제권은 소멸된다(제552조). 민법 제552조는 상대방을 보호하기 위한 규정이다. 예컨대 제한능력자나 무권대리인의 상대방에게 인정되는 최고권(제15조, 제131조)과 그 취지를 같이하는 것으로 이해된다.

㉡ 목적물훼손에 의한 소멸

해제권을 가지는 자의 고의나 과실로 인하여 계약의 목적물이 현저히 '훼손'되거나 이를 반환할 수 없게 된 때 또는 '가공이나 개조'로 인하여 다른 종류의 물건으로 변조된 때에 해제권은 소멸한다(제553조). 이 경우에 해제권이 인정된다는 가정하에 가액반환에 의한 원상회복은 가능하지만 상대방의 이익을 해칠 수 있게 되므로 해제권이 인정되어서는 안 될 것이다. 다만 상대방이 금전에 의한 회복에 동의한 때에는 그렇지 않다.

(3) 약정해제권

1) 약정해제의 의의

계약을 체결하면서 특약으로 해제권을 유보하는 것은 당사자의 자유에 속한다. 즉 일방적 의사표시에 의하여 계약관계를 해소할 수 있는 해제권을 당사자사이의 계약으로 유보할 수 있는데, 이를 약정해제권이라고 한다(제543조 제1항). 예컨대 중고차를 매수하여 인도받은 후 1주일 이내에 해제의 의사표시를 할 수 있도록 유보하고, 그 기간 내에 매수인이 해제권을 행사하면 계약관계는 해제된다.

2) 약정해제권의 작용

① 약정해제권은 주로 두 가지 측면에서 그 작용의 의의가 있다. 하나는 계약이 체결된 후 이행이 완료되기 전에 재고할 기회를 갖기 위해 해제권을 유보하는 경우이고, 다른 하나는 계약이 이행된 후에도 계약 이전의 상태로 돌아갈 가능성을 확보하기 위한 것이다.

② 계약당사자 사이에 계약금·보증금 등의 명목으로 돈이나 물건을 교부한 경우(제565조 참조) 또는 환매의 특약이 행하여진 경우(제590조)에는 약정해제권이 유보된 것으로 해석된다. 즉 해제권을 직접 유보하는 약정을 하지 않았다 하더라도, 계약금·보증금 등의 교부가 있거나 또는 환매특약을 한 때에는 해제권이 인정된다.

3) 약정해제와 민법규정

민법의 해제에 관한 규정 중에서 법정해제에 대해서만 적용되는 민법 제544조(이행지체와 해제)·제545조(정기행위와 해제) 및 제546조(이행불능과 해제)·제551조(해제와 손해배상)의 규정은 약정해제에 적용될 수 없으며, 그 이외의 규정들은 약정해제에도 적용된다(제565조, 제590조).

4) 약정해제권의 발생

당사자는 약정으로 해제권을 유보해 놓을 수 있으며, 약정해제권의 발생은 채무불이행을 원인으로 발생하는 것이 아니라 당사자 사이의 약정에 근거하여 발생하는 것이다. 또한 해제권유보에 관한 특별한 방식을 필요로 하지 않는다. 즉 계약체결시에 해제권유보약정을 할 수 있으며, 또한 계약이 체결된 후 별도의 계약으로 해제권을 유보할 수도 있다.

5) 약정해제권의 행사

① 약정해제권의 행사는 해제권자의 일방적 의사표시에 의하여 행하여지고, 그 의사표시가 상대방에게 도달하면 효력이 생긴다. 다만 해제권 행사에 관하여 특약이 있는 때에는 이에 따른다. 예컨대 계약이 이행되기 전에 해제할 것을 약정한 때에는 이행 후에는 해제권이 소멸된다.

② 해제권의 행사기간을 한정(제한)할 수 있는데 이는 해제권의 존속기간을

정하는 것과 같다. 즉 민법 제565조 제1항은 계약금의 수수가 있는 경우에는 '당사자의 일방이 이행에 착수할 때까지' 그에 상응하는 불이익(해약금)을 감수하고 해제권을 행사할 수 있다고 규정하고 있다(제565조 제1항). 따라서 계약의 내용이 이행된 이후에는 해제권이 행사될 수 없다(대판 1989.4.25, 86다카1147).

③ 해제권의 불가분성은 약정해제에도 적용된다. 즉 약정해제는 불가분성이 있다. 따라서 당사자의 일방 또는 쌍방이 수인(여러 명)인 경우에는 계약의 해제는 그 전원으로부터 또는 전원에 대하여 하여야 한다(제547조).

6) 약정해제의 효과

① 약정해제사유가 충족하면 해제권이 발생하는데, 이러한 약정해제권의 행사에 의하여 채권관계는 원상회복관계(청산관계)로 변경된다. 다만 약정해제의 효과로서 손해배상의무는 발생하지 않는다고 해석하여야 한다. 왜냐하면 약정해제권은 상대방의 채무불이행을 전제로 하여 발생되는 것이 아니기 때문이다. 판례도 같은 태도를 취하고 있다(대판 1983.1.18, 81다89; 대판 1989.4.25, 86다카1147).

② 약정해제권이 유보된 계약을 체결한 경우에 당사자가 인도받은 목적물이 있을 때에는 해제권이 행사될 때까지 선량한 관리자의 주의를 가지고 보존해야 한다. 이 경우 유의할 점은 해제권은 선의의 제3자에게 대항하지 못한다(대판 1996.11.15, 94다353343).

【판 례】

* 대판 1996.11.15, 94다353343 … 계약당사자의 일방이 계약을 해제하였을 때에는 계약은 소급하여 소멸하여 해약당사자는 각 원상회복의 의무를 지게 되나, 이 경우 전득한 선의의 제3자는 계약해제로 인한 원상회복등기 등이 이루어지기 이전에 계약의 해제를 주장하는 자와 양립되지 아니하는 법률관계를 가지게 되었으므로 그 자(선의의 제3자)에는 계약해제를 주장할 수 없다.

7) 약정해제권의 존속기간

① 약정해제에서도 본래의 채무와 관련해서 해제권의 존속기간을 판단하여야 한다. 이는 채무가 소멸된 후에는 해제권도 소멸하기 때문이다. 또한 약정해제권도 법정해제권과 마찬가지로 형성권이므로 10년의 제척기간에 걸린다고 해석된다(곽윤직 101면, 김주수 161면).

② 해제권의 행사가 10년의 제척기간이라고 한다면 그로 인하여 발생한 원상회복의무도 10년의 제척기간에 걸리느냐 하는 것이 문제이다. 해제권

의 존속기간을 약정한 경우에는 그 기간 내에 해제에 관한 일체의 문제가 처리되어야 한다는 취지의 약정이 있는 것으로 풀이되므로, 원상회복청구권도 이 기간 내에 행사해야 된다고 볼 것이다.

2. 계약의 해지

(1) 서 설

1) 해지의 의의

계속적 채권관계에서 당사자의 일방적 의사표시에 의하여 장래에 대해서 계약관계를 소멸시키는 것을 해지라고 한다. 이러한 해지를 인정하기 위해서는 그 채권관계를 종료시킬 만한 특별한 사유가 존재하여야 한다. 민법은 이 특별한 사유를 '부득이한 사유'라고 표현하고 있으며(제661조), 그 사유는 상대방 당사자의 귀책사유에 의한 것일 수도 있고(제661조 단서, 제658조 제2항; 독일민법 제543조 제1항 참조), 경우에 따라서는 해지자 자신의 일신상의장애사유일 수도 있다(제661조 본문 참조).

2) 해지의 성질

① 계약의 해지 역시 당사자의 일방적 의사표시에 의하여 효력이 발생하는 형성권이며, 해지가 인정되는 것은 부동산임대차·고용 등과 같이 계속적 채권관계를 발생시키는 계약에 한한다. 이러한 해지는 오직 '장래에 대해서' 효력을 소멸시키는 점에서, 계약의 효력을 소급적으로 소멸시키는 해제와 구별된다.

② 기간의 정함이 없는 채권관계에서는 각 당사자들에게 원칙적으로 해지의 자유가 인정된다(제635조 제1항). 또한 기간의 정함이 있는 경우에도 상대방의 채무불이행 또는 해지자 자신의 일신상의 사유에 의해서도 해지권이 주어진다. 따라서 해지의 성질은 해제와 달리 계속적 채권관계의 당사자에게 인정되는 일종의 '자유 내지 권한'이라고 이해될 수 있다.

3) 해지와 합의해지

① 해지란 의의에서 살펴본 바와 같이 당사자의 '일방적 의사표시'에 의하여 계속적 채권관계를 장래에 대해서 소멸시키는 것을 말한다.

② 합의해지는 계약 당사자 '쌍방의 합의'에 의하여 계속적 계약의 효력을 해지시점 이후부터 장래를 향하여 소멸하게 하는 것을 내용으로 하는 새

로운 계약을 말한다. 합의해지도 계약이므로, 이를 인정하기 위해서는 쌍방 당사자의 해지의 의사표시의 합치가 있어야 한다.

(2) 해지권의 발생

1) 약정해지

① 계속적 채권관계를 발생시키는 계약을 맺을 때에, 당사자의 한쪽 또는 쌍방이 해지권을 유보(보류)하는 특약을 할 수 있음은 물론이다. 예컨대 임대차에 관하여 민법 제636조(기간의 약정 있는 임대차의 해지통고)는 특히 이 뜻을 규정하고 있으나, 설령 그러한 규정이 없더라도 일반적으로 계속적 계약에서는 해지권을 유보할 수 있다(제543조 제1항).

② 기간의 정함이 없는 계속적 채권관계는 물론 기간의 정함이 있는 경우라도 그 기간이 장기인 때에는 일정한 기간이 경과된 때 각 당사자에게 해지의 자유를 인정하는 경우가 있다. 예컨대 고용의 약정기간이 3년을 넘는 때에는 각 당사자는 3년이 경과한 후 언제든지 해지할 수 있다(제659조 참조). 다만 주택임대차보호법 제4조 제1항은 기간의 정함이 없는 경우라도 임대인은 2년의 기간의 경과하기 전에는 임대차관계를 해지할 수 없다.

③ 계속적 계약에서는 기간약정이 있는 계약을 중도에 해지함에 있어서는 상당기간을 두고 최고함으로써 계약관계를 정상화하려는 노력을 하는 것이 요구된다(제544조의 유추해석). 따라서 해지사유가 사회통념상 가혹한 경우에는 신의칙에 비추어 해지권행사가 불허될 수 있으며, 신의칙에 위반하는 약관의 경우에는 그 해지사유조항이 무효로 될 수 있다(약관의 규제에 관한 법률 제6조 제2항 제1호).

2) 법정해지

① 민법은 법정해지권의 발생에 관하여는 일반규정을 두지 않고 각 계약유형별로 해지사유를 정하는 입법방식을 취한다. 예컨대 임대차에 관해서는 임차인의 파산(제637조), 2기의 차임액에 달하는 연체(제640조), 임차물의 일부 멸실의 경우에 잔존부분으로 임차의 목적을 달성할 수 없는 때(제627조 제2항), 임대인의 동의 없는 전대·양도(제629조 제2항) 등이 해지사유가 된다.

② 민법이나 기타 법률의 특별규정이 없는 경우에는 일방당사자의 전회기(前回期)의 채무 불이행이 계속적 계약의 존속기초가 되는 신뢰관계를 해칠 정도가 될 경우에 해지권을 부여한다(대판 1990.2.27, 89다카1381 참조). 그 밖에 일방당사자가 신뢰관계를 파괴하는 신의칙 위반행위를 한 경우(제625조, 제658조)와 당사자의 사망이나 파산 등으로 신뢰관계가 파괴된 경우도 해지권이 생긴다(제614조, 제637조).

【판 례】

* 대판 1990.2.27, 89다카1381 … 계속적인 보증계약에서 회사의 임원이나 직원의 지위에 있기 때문에 회사의 요구로 부득이 보증인이 된 자가 그 후 퇴사한 때에는 사정변경을 이유로 보증계약을 해지할 수 있다고 보아야 하며, 위 계속적 보증계약에서 보증기간을 정하였다고 하더라도 그것이 특히 퇴사 후에도 보증채무를 부담키로 특약한 취지라고 인정되지 않는 한 위와 같은 해지권의 발생에 영향이 없다고 할 것이다.

(3) 해지권의 행사

1) 해지의 의사표시

해지할 수 있는 권리는 형성권이므로, 해지권의 행사는 상대방에 대한 일방적 의사표시에 의한다. 또한 해지의 의사표시가 상대방에게 도달하면 이를 철회하지 못한다(제543조). 따라서 그 의사표시가 아직 상대방에게 도달하기 전에 철회의 의사표시를 도달시킨 경우에 해지의 의사표시는 효력을 발생하지 못함은 의사표시의 일반원칙에 따라 추론된다(제111조 제1항 참조).

2) 해지의 불가분성

당사자의 일방 또는 쌍방이 수인인 경우에 해지는 그 전원으로부터 또는 전원에 대하여 하여야 한다(제547조). 계약해지의 의사표시는 반드시 그 상대방에게 명시적으로 하여야 하는 것은 아니고 당사자가 경매신청과 같이 계약의 해지를 전제로 하는 행위처럼 묵시적으로 할 수도 있는 바, 해지의 상대방이 수인인 경우에도 적용되다(대판 2008.9.25, 2006다62492 · 62508 참고).

【판 례】

* 대판 2008.9.25, 2006다62492 · 62508 … 계약해지의 의사표시는 반드시 그 상대방에게 명시적으로 하여야 하는 것은 아니고 묵시적으로 할 수도 있는바, 법정해지 혹은 약정해지사유가 발행한 경우에 당사자가 경매신청 등 계약의 해지를 전제로 하는 행위 또는 기존 계약관계를 유지할 의사가 없음을 파악할 수 있는 외부적 · 객관적 행위를 하고, 그에 따라 법원에 의해 경매개시결정이 상대방에게 송달되는 등 상대방도 그와 같은 사정으로 계약이 종료됨을 객관적으로 인식할 수 있었던 경우라면 그로써 계약해지의 효과는 발생한다.

(4) 해지권행사의 효과

1) 해지효과의 발생시기

① 유예기간부 해지의 경우

㉠ 기간을 정하지 않은 채권관계에 대해서는 해지통고가 있는 때, 즉 해지의 의사표시가 상대방에게 도달한 때부터 일정한 기간이 경과하여야 효력이 발생한다(제635조, 제660조). 예컨대 부동산 임대차의 경우 임대인이 해지를 통고한 경우에는 6개월, 임차인이 해지를 통고한 경우에는 1개월이 경과하면 해지의 효력이 발생한다. 다만 계약해지의 목적물이 동산인 경우에는 누가(임대인 또는 임차인) 통고하든 5일이 경과하면 해지의 효력이 발생한다(제635조).

㉡ 기간의 정함이 있는 경우에 해지권의 유보에 의하여 해지가 행하여질 때도 원칙적으로 해지통고기간(제635조가 준용된다)이 경과된 후에 해지의 효력이 생긴다(제636조). 또한 고용계약에서 3년을 넘거나 당사자의 일방 또는 제3자의 종신까지로 고용기간을 약정한 경우, 3년이 지나면 각 당사자는 언제든지 해지통고를 할 수 있으나 해지통고를 한 때부터 3개월이 경과한 때에 해지의 효력이 발생한다(제659조).

② 즉시해지되는 경우

일정한 사유에 의하여 해지되는 경우에는 통고기간 없이 해지의 효력이 발생한다. 즉 즉시해지는 중대한 계약위반이 있어 계약관계를 조금이라도 계속하는 것이 상대방에게 커다란 불이익을 주는 경우에 인정된다. 따라서 즉시해지의 경우에는 최고 없이 해지통고를 할 수 있다. 예컨대 임차인이 임대인의 동의를 얻지 아니하고 부동산임차권을 제3자에게 양도하거나 임차물을 전대한 경우에는 임대인은 즉시해지할 수 있다(제629조 제2항).

2) 해지의 장래에 대한 효력

해지의 효과는 해제와 달리 장래에 대해서 효력을 미친다. 따라서 기본적 채권관계는 장래에 대하여만 소멸하므로 해지의 효력이 발생하기 전에 이미 이행된 부분은 그대로 유효하다(제550조). 즉 기본적 채권관계가 소멸하기 전에 이미 발생했던 개개의 지급채무는 해지 이후에도 이행되어야 하므로 지체된 채무로서 그대로 존속한다. 예컨대 고용관계가 해지되기 전에 이미 발생한 사용자의 보수지급채무는 고용계약해지 이후에도 그대로 이행되어야 하므로 지체된 채무로서 존속한다.

3) 목적물의 반환의무

계약을 해지하면 그때부터 계약은 효력을 잃는다. 즉 사용대차나 임대차관계가 해지된 경우에 차주 또는 임차인은 목적물을 반환하여야 한다. 이는 해제에 있어서 원상회복을 의미하는 것(청산의무)이 아니고, 채권관계가 종료함으로써 더 이상 목적물을 사용·수익할 권리가 없기 때문에 발생하는 원래의 계약상의 의무(반환의무)이다. 다만 해지 이후에는 계약의 청산을 위한 법률관계가 생길 수 있다. 예컨대 계속적 계약관계의 존속을 전제로 한 임대차계약의 경우 임차목적물과 보증금반환은 임대차계약 해지 후 원상회복되어야 한다.

4) 손해배상의 청구

① 기간의 정함이 있는 계속적 채권관계

기간의 정함이 있는 계속적 채권관계에 있어서 해지의 상대방 당사자가 목적물을 제때에 반환하지 않음으로써 해지자에게 손해가 발생한 때에는 반환지체를 이유로 한 손해배상을 청구할 수 있다(제551조). 예컨대 임대인이 해지하였으나 임차인이 목적물을 반환하지 않는 경우에 임대인은 손해배상을 청구할 수 있다. 반대로 임차인이 목적물을 반환하였으나 임대인이 보증금반환을 지체하고 있는 경우 임차인 역시 손해배상을 청구할 수 있다.

② 기간의 정함이 없는 계속적 채권관계

기간의 정함이 없는 계속적 채권관계에서는 각 당사자가 '언제든지' 해지통고를 하고 계약관계를 종료시킬 수 있다고 하여 해지에 따른 손해배상을 인정하지 않는다(제635조 참조). 그러나 특히 상대방에게 불리한 때에 해지를 함으로써 상대방에게 심각한 손해를 발생케 하거나 손해를 증가시키는 때에는 그에 대한 손해배상책임이 문제된다. 예컨대 민법 제689조는 무상 위임의 각 당사자에게 해지의 자유를 부여하면서도, 상대방에게 불리한 시기에 계약관계를 해지한 때에는 그 손해를 배상하여야 한다고 규정하고 있다(제689조 제2항). 다만 해지를 하여야만 하는 부득이한 사유가 존재할 때는 손해배상책임을 물을 수 없을 것이다(제689조 제2항 반대해석).

제 2 장 계약각론

제1절 총 설

1. 민법의 태도

① 민법은 채권편에 계약의 장(제2장)을 두어 그 제1절에 총칙을, 제2절 이하에 증여를 시작으로 화해에 이르기까지 15종의 계약유형들을 규정하고 있다. 그러나 사회현실을 살펴보면 예컨대 청소계약 · 광고방송계약 · 호텔숙박계약 · 부동산중개계약 등과 같이 민법전의 계약명칭과는 다른 여러 가지 다양한 계약명칭이 사용되는 경우가 많다.

② 민법전 내의 15종의 계약은 사회에서 실제로 행해지고 있는 수많은 구체적 계약들 중에서 대표적인 것들을 추려 유형화한 것으로 이해되고 있다. 여기서 유형화의 판단기준이 되는 것은 각종 계약의 주된 급부의무의 성질과 이에 대응하는 반대 급부의무이다. 따라서 청소계약은 도급계약의 유형에 속하는 계약으로 분류되어 민법 제664조 이하의 규정의 적용을 받게 된다. 청소계약에서의 주채무는 청소해 주는 것(일의 완성)이고, 그 대가는 보수지급이기 때문이다.

2. 전형계약의 분류

(1) 의 의

① 민법은 채권편 제2장의 제2절 내지 제15절에서 증여 · 매매 · 교환 · 소비대차 · 사용대차 · 임대차 · 고용 · 도급 · 여행계약 · 현상광고 · 위임 · 임치 · 조

합・종신정기금・화해의 15종의 전형계약에 관하여 규정하고 있다.

② 전형계약의 유형은 크게 4가지로 분류할 수 있는 바, 그 사회적 기능과 작용에 따라 재산권의 이전을 목적으로 하는 전형계약(증여, 매매, 교환), 재산권의 이용을 목적으로 하는 전형계약(소비대차, 사용대차, 임대차), 노무의 이용을 목적으로 하는 전형계약(고용, 도급, 여행계약, 현상광고, 위임, 임치), 그 밖의 전형계약(조합, 종신정기금, 화해)으로 분류될 수 있다. 이와 같은 분류는 해당, 계약관계에서 발생되는 채권・채무의 내용과 기능을 정확하게 파악하고 해석하는 기준을 제공해 준다는 점에서 중요한 의의를 가진다.

(2) 재산권이전계약의 개념

1) 무상인 경우 – 증여(제554조~제562조)

증여라 함은 당사자의 일방(증여자)이 무상으로 재산을 상대방에 수여할 의사를 표시하고, 상대방(수증자)이 이를 승낙함으로써 성립하는 무상・편무・낙성・불요식의 계약을 말한다(제554조).

2) 유상인 경우 – 매매(제563조~제595조)・교환(제596조, 제597조)

① 매매라 함은 당사자의 일방(매도인)이 일정한 재산권을 상대방에게 이전할 것을 약정하고, 상대방(매수인)이 이에 대하여 그 대금을 지급할 것을 약정함으로써 성립하는 유상・쌍무・낙성・불요식의 계약을 말하는데(제563조), 오늘날에 있어서 재화의 이동은 거의 전부가 매매에 의해서 행하여지므로 이는 계약법에서 차지하는 비중이 매우 크다.

② 교환이라 함은 당사자 쌍방이 금전 이외의 재산권을 서로 이전할 것을 약정함으로써 성립하는 유상・쌍무・낙성・불요식의 계약을 말한다(제596조).

(3) 재산권이용계약의 개념

1) 무상인 경우 – 사용대차(제609조~제617조)

사용대차라 함은 당사자의 일방(대주)이 상대방에게 무상으로 사용・수익하게 하기 위하여 목적물을 인도할 것을 약정하고, 상대방(차주)은 이를 사용・수익한 후 그 물건을 반환할 것을 약정함으로써 성립하는 무상・편무・낙성・불요식의 계약을 말한다(제609조).

2) 유상인 경우 — 임대차(제618조~ 제654조)

임대차라 함은 당사자의 일방(임대인)이 상대방에게 목적물을 사용 · 수익케 할 것을 약정하고, 상대방(임차인)이 이에 대하여 차임을 지급할 것을 약정함으로써 성립하는 유상 · 쌍무 · 낙성 · 불요식의 계약을 말한다(제618조). 임대차 종료시 임차한 물건 그 자체를 반환한다는 점에서 사용대차와 같다.

3) 무상 · 유상인 경우 — 소비대차(제598조~ 제608조)

소비대차라 함은 당사자의 일방(대주)이 금전 그 밖에 대체물의 소유권을 상대방에게 이전할 것을 약정하고, 상대방(차주)은 일정한 시기에 동종 · 동질 · 동량의 것을 반환할 것을 약정함으로써 성립하는 무상 · 편무 · 낙성 · 불요식의 계약을 말한다(제598조). 다만 소비대차가 유상인 경우에는 쌍무계약의 성질을 갖는다(제600조). 이의 특질은 차주가 빌린 물건 그 자체를 반환하지 않고 다른 동종 · 동질 · 동량의 것을 반환하는 데 있으며, 이 점에서 사용대차 및 임대차와 다르다.

(4) 노무계약의 개념

노무계약에 속하는 것으로서 고용(제655조~ 제663조) · 도급(제664조~ 제674조) · 여행계약(제674조의2~ 제674조의9) · 현상광고(제675조, 제676조) · 위임(제680조~ 제692조) · 임치(제693조~ 제702조) 등이 있다.

① 고용이라 함은 당사자의 일방(노무자)이 상대방에 대하여 노무를 제공할 것을 약정하고, 상대방(사용자)이 이에 대하여 보수를 지급할 것을 약정함으로써 성립하는 유상 · 쌍무 · 낙성 · 불요식의 계약을 말한다(제658조).

② 도급이라 함은 당사자의 일방(수급인)이 어떤 일을 완성할 것을 약정하고, 상대방(도급인)이 그 일의 결과에 대하여 보수를 지급할 것을 약정함으로써 성립하는 유상 · 쌍무 · 낙성 · 불요식의 계약을 말한다(제664조).

③ 여행계약이라 함은 당사자의 일방(여행주최자)이 상대방에게 운송, 숙박, 관광 또는 그 밖의 여행 관련 용역을 결합하여 제공하기로 약정하고 상대방(여행자)이 그 대금을 지급하기로 약정함으로써 성립하는 유상 · 쌍무계약을 말한다(제674조의2).

④ 현상광고라 함은 당사자의 일방(광고자)이 어느 행위를 한 자에게 일정한 보수를 지급할 의사를 표시하고, 이에 응한 자(응모자)가 그 광고에 정한 행위를 완료함으로써 성립하는 유상 · 편무 · 요물계약이다(제675조). 예컨대 집을 잃은 어린아이를 찾아주는 사람에게 일정액을 주겠다든가, 현상수배

자를 신고하는 사람에게 보상금을 주겠다는 것과 같이 신문 · TV · 인터넷 등을 통한 광고(불특정다수인에 대한 의사표시)를 말한다.

⑤ 위임이라 함은 당사자의 일방(위임인)이 상대방에 대하여 사무의 처리를 위탁하고 상대방(수임인)이 이를 승낙함으로써 성립하는 낙성 · 불요식의 계약을 말한다(제680조). 이러한 위임계약은 무상 · 편무임이 원칙이나 유상 · 쌍무계약으로 할 수 있다.

⑥ 임치라 함은 당사자의 일방(임치인)이 상대방에 대하여 금전이나 유가증권 그 밖에 물건의 보관을 위탁하고, 상대방(수치인)이 이를 승낙함으로써 성립하는 낙성 · 불요식의 계약을 말한다(제693조). 이러한 임치계약 역시 무상 · 편무임이 원칙이나, 유상 · 쌍무계약으로도 할 수 있다.

(5) 그 밖의 민법상 전형계약의 개념

① 조합(조합계약)이라 함은 2인 이상의 특정인이 서로 출자하여 공동사업을 경영할 것을 약정함으로써 성립하는 유상 · 쌍무 · 낙성 · 불요식의 계약을 말한다(제703조).

② 종신정기금계약이라 함은 당사자의 일방(정기금채무자)이 자기나 상대방 또는 제3자의 종신(즉 사망할 때)까지 정기적으로 금전 그 밖의 물건을 상대방 또는 제3자에게 지급할 것을 약정함으로써 성립하는 낙성 · 불요식의 계약을 말하는데(제725조), 유상일 수도 있고 무상일 수도 있다.

③ 화해라 함은 당사자가 서로 양보하여 그들 사이의 분쟁을 종지(終止)할 것을 약정함으로써 성립하는 유상 · 쌍무 · 낙성 · 불요식의 계약을 말한다(제731조). 예컨대 노사분규의 경우 사용자와 노동자 간에 서로 양보하여 타협점을 찾는 것을 말한다.

3. 비전형계약의 해석

(1) 성질결정의 필요성

① 전형계약이 아닌 어떤 구체적 계약에 대해서 적용될 법규정을 결정하기 위해서는 그 계약이 어떠한 계약유형에 속하는 것인지를 먼저 결정하지 않으면 안 된다. 즉 민법에 규정된 전형계약과 그 성질이나 본질이 같은

당사자들의 합의가 있는 때에는 이를 기초로 해당 계약의 유형과 성질을 결정해야 한다. 이 경우에 주된 채무가 무엇이고, 급부의 교환은 어떻게 실현되며, 급부장해가 있는 경우에는 어떤 구제조치가 주어져야 하는가를 함께 고려하여야 한다.

② 계약의 성질결정에서는 무엇보다도 양 당사자가 합의한 계약의 실질적 내용이 중요하기 때문에 해당 계약에서 사용된 계약명칭은 결정적 요소가 될 수 없다. 다시 말하면 비전형계약의 성질결정은 해당 계약을 그 계약의 목적과 채무내용을 고려하여 법률에 규정된 전형계약 중에서 가장 근접한 유형에 포섭(적용)시키는 것을 말한다.

(2) 계약의 분석적 유형론

어떤 계약에 대한 적용규범을 결정하는 데 있어서 당해계약을 어느 특정된 전형계약에 전체적으로 포섭시키지 아니하고, 그 계약을 구성하는 요소와 당사자 사이의 관계구조를 구체적으로 고려하여 개별적인 분석을 함으로써 적용규범을 종합적으로 탐색하려는 것이 오늘날의 새로운 해석태도이다. 예컨대 의료입원계약, 자동차수리와 동시에 임시차량사용계약 등 이른바 신종 계약의 유형에 이를 전체적으로 포섭시키지 아니하고, 각종 계약유형 중에서 해당하는 부분을 추출하여 복합적으로 구성 내지 해석을 시도한다. 이와 같은 복합적으로 이루어진 계약관계를 하나의 통일된 계약형태로 파악하려는 것이 비전형계약의 분석적 유형론이다.

(3) 혼합계약의 분류와 해석

1) 흡수계약의 해석

흡수계약의 해석이란 해당계약의 지배적인 요소를 기본으로 하여 나머지 다른 요소들을 이에 흡수시킴으로써 지배적 계약유형에 관한 법규정만을 적용하려는 것이다. 이는 해석방법이 적절한 것인가는 계약의 상대적 관계에서 해당계약의 성질과 분쟁의 내용에 따라 결정하는 것이 바람직하다.

2) 결합(병존)계약의 해석

혼합계약 중의 각 전형계약의 부분에 대하여 각각 해당 전형계약규정을 적용하려는 것이다. 예컨대 기계공급계약에 있어서 그 기계의 조립 · 설치의무를 부담하는 해석은 원칙적으로 결합설에 의한 해석방법이 적절할 것이다.

따라서 목적물의 조립·설치와 인도 및 서비스의 제공 등에 관해서는 이를 각각 분리하여 그 적용규범을 분석하는 것이 바람직하다.

3) 유형상대적 결합계약의 해석

하나의 계약에서 대립되는 급부와 반대급부가 서로 다른 계약유형의 주채무를 구성부분으로 하여 성립하는 경우(별장관리인의 노무제공의무와 별장주인의 주택제공의무를 각각 주채무로 하는 계약)에도 각 채무에 관해서는 해당계약유형의 법규정이 적용된다(결합주의). 즉 이행 및 채무불이행에 관하여 각각의 계약유형의 규정들이 적용된다. 그러므로 일방의 채무불이행이 곧바로 상대방의 채무를 소멸케 하지는 않는다고 해석해야 한다. 다만 일방의 채무불이행이 계약의 존속을 무의미하게 할 정도로 중대한 것인 때에는 계약은 전체적으로 소멸한다(제623조 참조).

제 2 절 재산권이전의 계약

민법은 재산권의 이전을 목적으로 하는 전형계약으로서 증여·매매·교환에 관하여 규정하고 있다. 이와 같은 유형의 계약에서는 재산권의 이전이 유상으로 이루어지느냐, 무상으로 이루어지느냐 하는 것을 구별할 필요가 있다. 매매에서는 반대급부가 금전(대금)으로, 교환에서는 기타의 물건으로 행하여진다. 이에 반해서 재산권의 이전이 계약에 의하여 무상으로 이루어지는 경우에는 증여가 성립한다.

제 1 항 증여계약

1. 증여의 의의 및 성질

(1) 증여의 의의

증여는 당사자의 일방(증여자)이 무상으로 재산을 상대방에게 준다는 의사를 표시하고, 상대방(수증자)이 그것을 승낙함으로써 성립하는 계약이다(제554조). 민법은 그러한 증여의 실행행위의 원인이 되는 증여계약을 증여라고 한다. 증여는 상대방에게 재산을 무상으로 급여하는 행위이지만, 증여받기를 원하지 않는 상대방에게 받도록 강요할 성질의 것이 아니기 때문에 증여의 성립에는 수증자와의 의사의 합치를 필요로 하는 것으로 하였다.

(2) 증여의 법적성질

1) 무상 · 편무계약

증여계약은 수증자의 급부의무 없이 성립하는 것이므로 증여자의 재산권이전의무를 이행함에 있어서 그 대가(반대급부)는 전혀 존재하지 않는다. 즉 증여는 당사자의 일방이 타방에 대하여 무상으로 재산을 수여할 채무를 부담하는 무상 · 편무계약이다. 한편 수증자가 부담을 지는 경우(부담부증여)에는 그 부담이 증여와 대가적 관계에 있다고 보여짐으로 그 한도(범위)에서 증여에 관한 규정 외에 쌍무계약에 관한 규정을 적용한다.

2) 낙성 · 불요식계약

증여는 낙성계약이다. 즉 증여는 당사자 일방의 청약(무상으로 재산을 수여하겠다거나 수여해 달라는 의사표시)과 타방의 승낙의 의사표시에 의하여 성립한다. 또한 증여는 불요식계약이다. 따라서 증여는 구두에 의한 의사표시에 의해서도 유효하게 체결될 수 있다. 다만 서면에 의하지 않은 증여는 이행이 있을 때까지 각 당사자는 법률행위의 하자(흠결)가 없더라도 이를 해제할 수 있다(제555조, 제558조).

2. 증여의 효력

(1) 증여자의무와 수증자권리

증여계약에 의하여 증여자는 약속한 재산을 수증자에게 이전(인도)해 주어야 할 채무를 부담하고, 수증자는 이에 대응하는 채권만을 취득한다. 이 채권 · 채무는 보통 일반의 채권관계와 다르지 않다. 따라서 증여자가 채무를 이행하지 않는 경우에는 수증자는 이행을 강제할 수 있으며, 또한 이행지체 기타의 채무불이행이 있는 때에는 손해배상을 청구할 수 있다.

(2) 증여자의 담보책임

1) 원 칙

증여는 아무런 대가도 받지 않는 무상계약이므로 증여자는 그가 계약에 의거하여 급부한 물건이나 권리에 하자 또는 흠결이 있더라도 그에 대한 담보책임을 지지 않는 것이 원칙이다(제559조 제1항 본문). 민법 제559조(증여자의 담보책임)는 강행규정은 아니라고 해석된다(통설). 따라서 당사자가 특약으로 담보책임을 지기로 한 때에는 그에 따른다.

2) 예 외

① 증여자는 그 하자나 흠결을 '알고 수증자(증여를 받는 자)에게 고지하지 아니한 때', 즉 악의인 때(고의·과실을 묻지 않는다)에는 담보책임을 진다(제559조 제1항 단서). 그러나 수증자가 그 하자나 흠결을 이미 알고 있었던 때에는 책임이 생기지 않는다(통설). 담보책임의 내용에 관하여는 아무런 규정이 없으나 수증자가 하자나 흠결이 없다고 오신하였기 때문에 받은 손해(소극적 계약이익의 손해)의 배상이라고 해석하는 데 이설이 없다.

② 증여가 부담부인 때, 즉 수증자도 일정한 급부를 할 채무를 부담하는 경우에는 그 부담의 한도에서 증여자는 매도인과 같은 담보책임을 진다(제559조 제2항). 부담부 증여의 경우에는 매매 기타의 유상계약과 비슷한 관계가 인정되기 때문이다.

(3) 증여의 해제

1) 서면에 의하지 않은 증여의 해제

① 증여의 의사가 서면으로 표시되지 않은 경우에는 각 당사자는 이를 해제할 수 있다(제555조; 대판 2003. 4.11, 2003다1755참고). 그 입법취지는 증여가 무상·편무계약이어서 증여자만이 급부의무를 부담한다. 그러므로 증여자가 경솔하게 계약을 맺는 것을 경계하게 하는 동시에 증여자의 의사를 명확하게 하여 뒷날에 다툼이 생기는 것을 피하려는 데 있는 것으로 이해된다.

② 서면에 의하지 않은 증여는 당사자가 해제할 수 있으나 '이미 이행한 부분'에 대하여는 영향을 미치지 않는다(제558조). 여기서의 이행이라 함은 증여자가 약속대로 재산을 수증자에게 주는 것을 말한다(대판 2001.9.18, 2001다29643). 따라서 현실증여에 있어서는 언제나 이행이 끝나고 있으므로 민법 제555조는 그 적용이 없다.

【판 례】

* 대판 2003.4.11, 2003다1755 … 서면에 의한 증여란 증여자가 자기의 재산을 상대방에게 준다는 증여자의 의사가 문서를 통하여 확실히 알 수 있는 정도로 서면에 나타난 증여를 말한다. 비록 서면의 문언 자체는 증여계약서로 되어 있지 않더라도 그 서면의 작성에 이르게 된 경위를 아울러 고려할 때 그 서면이 바로 증여의사를 표시한 서면이라고 인정되면 민법 제555조에 말하는 서면에 해당한다.
* 대판 2001.9.18, 2001다29643 … 증여자가 사망한 후 수증자에 대한 소유권이전등기가 경료된 경우, 증여자의 상속인이 서면에 의하지 아니한 증여로서 해제하더라도 그 증여는 이미 이행된 것이므로 아무 영향이 없다.

2) 망은행위에 의한 증여의 해제

① 민법은 증여자에 대한 수증자의 일정한 망은행위가 있는 때에는 증여자가 증여계약을 해제할 수 있는 것으로 규정하고 있다(제556조). 민법은 해제권의 발생을 다음과 같은 중대한 망은행위의 경우에 한정하고 있다. 즉 증여자 또는 그 배우자나 직계혈족에 대한 범죄행위가 있는 때(제556조 제1항 제1호)와 증여자에 대하여 부양의무가 있으나 이를 이행하지 아니하는 때(제556조 제1항 제2호)에는 해제권을 인정하고 있다(대판 1996.1.26, 95다43358 등).

② 망은행위를 이유로 계약을 해제할 수 있는 자는 증여자에 한하며(제556조 제1항 본문 참조), 망은행위에 의한 해제권은, 해제권자인 증여자가 망은행위가 있었음을 안 날로부터 6개월을 경과하거나, 또는 증여자가 수증자에 대하여 용서의 의사를 표시한 때에는 소멸한다(제556조 제2항). 한편 수증자의 망은행위를 이유로 계약을 해제하더라도, 증여자가 이미 이행한 부분이 있는 때에는 그 부분에 대하여는 영향을 미치지 않는다(제558조). 따라서 증여자는 부당이득을 이유로 이미 이행한 것의 반환을 청구하지는 못한다(대판 2001.9.18, 2001다29643 참조).

3) 재산상태의 악화에 의한 증여의 해제

① 증여계약 후에 증여자의 재산상태가 현저히 변경되고 그 이행으로 '생계에 중대한 영향'을 미칠 경우에는 증여자는 증여를 해제할 수 있다(제557조). 생계에 중대한 영향을 미치는 경우이냐 아니냐는 증여자가 속하는 계급·지위 등을 고려하여 객관적으로 결정하여야 한다. 판례는 생계에 중대한 영향을 미치는 경우를 매우 엄격하게 판단하고 있다. 즉 증여계약 후에 증여자가 반신불수가 되어 그의 전재산을 치료비 등으로 소비함

으로써 목적 부동산의 소유권을 수증자에게 이전함으로 인하여 생계에 중요한 영향을 미칠 경우에 증여자는 증여를 해제할 수 있다고 한다(대판 1996.10.11, 95다37759 등).

② 증여자의 재산상태 악화에 의한 해제에 있어서도 해제할 수 있는 것은 아직 이행하지 않은 부분에 한하며 이미 이행한 부분에 대하여는 영향을 미치지 않는다(제558조).

(4) 증여해제의 법적성질

판례는 민법 제555조에서 말하는 해제란 민법 제543조 이하에서 규정한 본래 의미의 해제와는 달리 일종의 특수한 철회이기 때문에 형성권의 체척기간의 적용을 받지 않는다고 한다(대판 2009.9.24, 2009다37831). 무상계약해제의 특수성을 감안한 판결이라고 보여지며, 제척기간을 적용하지 않은 판례의 태도는 타당하다고 본다.

3. 특수한 증여

(1) 부담부증여

1) 의 의

부담부증여는 수증자가 증여를 받는 동시에 일정한 부담, 즉 일정한 급부를 하여야 할 채무를 부담하는 것을 부관으로 하는 증여이다. 민법은 '상대부담 있는 증여'라고 한다(제559조, 제561조 참조). 예컨대 서울에 있는 아파트(25평형)를 증여하는 대신 증여자의 자녀 2명이 서울에서 대학을 졸업할 때까지 수증자가 돌봐주기로 약속(예컨대 대학등록금과 숙식을 제공하는 것을 말한다)하는 형식의 부담부증여가 있다. 부담 있는 증여라는 증명책임은 그 존재를 주장하는 자가 증명하여야 한다(대판 2010.5.27, 2010다5878).

【판 례】

* 대판 2010.5.27, 2010다5878 … 증여에 상대부담 등의 부관이 붙어 있는지 또는 증여와 관련하여 상대방이 별도의 의무를 부담하는 약정을 하였는지 여부는 당사자 사이에 말 또는 행동 등에 의하여 명시적 또는 묵시적으로 외부에 표시되어 합치가 이루어졌는가를 확정하는 것으로서 사실인정의 문제이므로, 이는 그 존재를 주장하는 자가 증명하여야 한다.

2) 요 건

부담부 내용을 이루는 급부는 급부로서의 일반요건을 필요로 한다. 즉 급부의 적법성 · 가능성 · 확정성의 요건을 구비하여야 하고, 이를 결여한 때에는 부담이 무효가 된다(대판 1979.11.13, 79다1433). 이와 관련하여 부담은 증여를 토대로 하는 것이므로, 증여가 무효이면 부담도 무효가 된다.

3) 특 칙

① 담보책임

민법은 상대부담 있는 증여에 대하여 증여자는 그 '부담의 한도'에서 쌍무계약에 관한 규정을 적용함으로써 매도인과 같은 담보책임이 있다고 명시적으로 규정하고 있다(제559조 제2항). 예컨대 증여한 재산에 하자가 있다고 하더라도, 그 잔여가치가 부담의 가격보다 큰 때에는 담보책임을 부담하지 않으며, 잔여가치가 부담의 가격보다 적은 때에만 그 차액에 대한 담보책임이 인정된다.

② 쌍무계약의 효과

부담부증여에 대하여는 증여의 규정이 적용되는 외에, 쌍무계약에 관한 규정이 적용된다(제561조; 대판 1996.1.26 95다43358). 따라서 수증자가 부담의 내용인 의무를 이행하지 않은 경우, 비록 증여계약이 이미 이행되었다고 하더라도 증여자는 의무 불이행을 이유로 부담부증여계약을 해제할 수 있다(대판 1997.7.8, 97다2177). 따라서 부담부증여계약상의 수증자가 그 부담의무를 이미 이행한 경우에는 비록 서면에 의하지 않았더라도 부담부증여계약을 해제할 수 없다(대판 2022.9.29, 2021다299976 · 299983).

【판 례】

* 대판 1996.1.26, 95다43358 … 증여자가 자신 및 배우자의 부양과 선조의 제사봉행을 조건으로 수증자에게 토지를 증여한 행위는 상대부담 있는 증여로서 부담부증여에 해당한다. 부담부증여에는 민법 제561조에 의하여 쌍무계약이 준용되므로 상대방이 부담의 내용인 의무를 이행하지 아니한 경우에는 부담부증여를 해제할 수 있다.
* 대판 1997.7.8, 97다2177 … 상대부담 있는 증여에는 민법 제561조에 의하여 쌍무계약에 관한 규정이 준용되므로 비록 증여계약이 이미 이행되었더라도 증여자는 계약을 해제할 수 있고 민법 제555조와 제558조는 적용되지 않는다.
* 대판 2022.9.29, 2021다299976 · 299983 … 민법 제558조는 부담부증여의 경우 부담 없는 증여와 구별되는 성격이 있음을 고려하여 계약의 이행과

소멸 과정에서 증여자와 수증자의 공평을 특별히 도모하고 있는 바, 민법 제555조에 따라 부담부증여계약을 자유롭게 해제할 수 있다고 본다면, 증여자가 아무런 노력 없이 '수증자의 부담 이행'에 따른 이익을 그대로 보유하는 부당한 결과가 발생할 수 있다. 따라서 부담부증여에서 수증자의 채무불이행이나 각 당사자의 사정변경이 없고 오히려 수증자가 증여자의 증여 의사를 신뢰하여 계약 본지(취지)에 따른 부담 이행을 완료한 상태임에도 증여자가 민법 제555조에 따른 특수한 철회를 통해 손쉽게 계약의 구속력에서 벗어나게 할 경우 법적 안정성을 해치게 된다.

(2) 정기증여

① 일정한 시기를 정하여 정기적으로 재산을 수여하는 증여로서, 계속적 채권관계에 해당한다. 즉 정기적으로 재산을 주는 증여가 정기증여이다. 예컨대 매월 말에 100만 원씩 준다는 증여계약이 이에 해당한다.

② 정기증여는 증여자 또는 수증자의 사망으로 인하여 그 효력을 상실한다(제560조). 정기증여에서는 그 종기를 정하거나 정하지 않거나를 불문하고, 그 도중에 증여자 또는 수증자가 사망한 때에는 그 증여는 효력을 잃는다. 따라서 그 법적성질은 종기부증여(終期附贈與)라고 볼 수 있다(김형배 1321면).

(3) 사인증여

① 증여자의 사망으로 효력을 발생하는 증여가 사인증여이다. 즉 증여자가 살아있는 동안에 계약을 체결하였지만, 그 효력발생은 증여자의 사망을 법정조건으로 하는 계약이다.

② 무상으로 재산을 준다는 내용의 계약이라는 점에서는 증여와 같으나 실제로 재산을 감소당하는 것은 증여자 자신이 아니라 상속인이라는 점에 그 특성이 있다. 이처럼 사인증여는 상속인의 희생 아래에 하는 증여라는 점에서 그 기능에 있어서는 '유증'과 비슷하다. 그리하여 사인증여에는 유증에 관한 규정을 준용한다(제562조).

제 2 항 매매계약

1. 매매의 의의 및 성질

(1) 매매의 의의

① 매매라 함은 당사자의 일방(매도인)이 일정한 재산권을 상대방에게 이전할 것을 약정하고, 상대방(매수인)이 이에 대하여 그 대금을 지급할 것을 약정함으로써 성립하는 계약을 말한다(제563조). 이 매매계약을 기초로 매도인은 매수인에게 매매의 목적이 된 권리를 이전해야 할 의무를 부담하며, 매수인은 매도인에게 그 대금을 지급할 의무를 부담한다(제568조 제1항).

② 매매목적물과 대금은 반드시 계약체결 당시에 구체적으로 특정할 필요는 없고 이를 사후에라도 구체적으로 특정할 수 있는 방법과 기준이 정하여져 있으면 족하다(대판 2009.3.16, 2008다1842). 매매의 목적이 무엇인가에 따라 매매에 의한 권리의무관계는 각각 상이하게 전개된다. 즉 물건에 대한 매매, 권리의 매매, 기업의 양도 등 다양한 매매관계가 성립될 수 있다.

(2) 매매의 법적성질

1) 유상 · 쌍무계약

매매에 있어서의 당사자의 출연은 서로 원인을 이루고, 또한 대가관계에 선다. 따라서 매매는 유상계약이다. 그리고 매매계약의 성립으로 양 당사자는 서로 대가적 관계에서는 채무를 부담하므로 매매는 쌍무계약이다.

2) 낙성 · 불요식계약

매매계약은 당사자의 의사의 합치만으로 성립하는 낙성계약이다. 약정한 재산권의 이전과 대금의 지급은 매매계약의 이행에 의하여 실행된다. 또한 매매는 특별한 형식을 요구하지 아니하므로 당사자 일방의 청약에 의한 타방의 승낙에 의하여 성립하는 불요식계약이다. 다만 매매를 원인으로 부동산소유권이전등기를 신청할 경우 일정한 사항이 기재된 계약서를 제출하여야 하지만(부동산등기특별조치법 제3조 제1항), 이는 등기신청에 필요한 서류인 것이지 매매의 성립에 필요한 것은 아니다.

2. 매매의 성립

(1) 매매의 성립요소

1) 당사자의 합의

① 매매는 매도인이 재산권을 이전할 것과 그 대가로서 매수인이 대금을지급할 것을 내용으로 하는 계약이므로, 이 점에 관하여 매도인과 매수인의 의사의 합치가 있으면 매매가 성립한다(제563조).

② 매매의 성립에는 재산권이전과 대금지급의 합의가 있는 것으로 충분하다. 따라서 이행시기·이행장소 등 계약의 부수적 사항에 관한 구체적 합의가 없더라도 계약성립에는 영향을 미치지 않는 것으로 해석되고 있다. 다만 부수적 사항에 대한 합의가 없으면 매매계약의 성립을 인정할 수 없을 정도로 그것이 중요한 경우에는 계약이 성립될 수 없다. 예컨대 부수적 사항이 계약성립의 조건인 경우, 즉 건축허가를 조건으로 농지 또는 임야를 매매하는 경우에는 그 건축허가가 부수적 사항이기는 하나 계약의 전재조건임으로 허가여부에 따라 매매계약의 성립여부가 결정된다고 하겠다.

2) 재산권의 이전

① 매매의 목적이 되는 재산권에는 아무런 제한이 없으나 공용물이나 불법무기 또는 마약류 등과 같이 성질상 또는 법률상 처분이 금지되어 있어서 타인에게 이전할 수 없는 것은 재산권이더라도 매매의 목적이 되지 못한다.

② 매매의 목적인 재산권은 현재 매도인에게 귀속하고 있을 필요는 없다. 즉 타인의 물건 또는 권리의 매매도 유효하다(제569조). 매도인은 단순히 재산권을 이전할 채무를 부담하는 것이며 곧바로 재산권을 이전하여야 하는 것은 아니기 때문이다. 다만 매도인은 그 권리를 취득하여 매수인에게 이전하여야 한다. 또한 매매의 목적인 재산권은 반드시 현존하여야 하는 것은 아니며 장래 성립하는 재산권(장차 제작될 물건, 장차 취득될 과실)도 매매의 목적이 될 수 있다.

3) 대금의 지급

① 매도인의 재산권이전에 대하여 매수인은 반대급부로서 대금을 지급한다. 유의할 점은 반대급부로서 금전 이외의 다른 물건이나 권리의 이전을 약

정하는 것은 매매가 아니라 교환이다(제596조).

② 대금은 한국은행 발행의 강제통용력 있는 통화임을 필요로 하지 않는다. 즉 자유화폐(국내에서 사실상 통용하는 외국의 화폐)로 지급한 때에도 역시 매매대금이 된다. 그러나 현재 통용하지 않는 것(이조시대의 엽전)으로 지급되는 때에는 매매가 아니라 교환이 된다.

(2) 매매의 예약

1) 예약의 의의

예약은 장래에 본계약을 체결할 것을 내용으로 하는 계약이다. 다시 말해서 당사자의 일방 또는 쌍방이 장래 일정한 내용의 계약(본계약)을 체결할 것을 약속하거나 또는 본계약의 완결권을 유보하는 계약을 예약이라 하고, 이와 같은 예약을 기초로 체결되는 계약을 본계약이라 한다.

2) 예약의 기능

매매예약의 제도적 의의는 당사자 사이에 당장에는 계약을 체결하기 곤란하나 앞으로 계약을 체결하려고 할 때 상대방으로부터의 거절을 사전에 방지하기 위하여 인정된 제도이다. 예컨대 금전소비대차와 대물변제예약, 즉 A가 B에게 1년 동안 연리 2할로 1억을 빌려 주면서 1년 후에 원리금을 반환하지 못하면 이에 갈음하여 B 소유의 시가(시장가격) 1억 5천만 원의 부동산소유권을 이전받기로 하는 매매의 예약(대물변제)을 체결할 수 있다. 이 경우에 A는 매매의 예약에 기한 예약완결권을 가등기할 수 있으며(부동산등기법 제3조), B가 1년 후에 원리금을 갚지 않으면 A는 예약완결권을 행사하여 본계약을 성립시키고 본등기함으로써 그 부동산의 소유권을 취득할 수 있다.

3) 예약의 종류

① 편무예약 · 쌍무예약

편무 · 쌍무예약이란 예약당사자의 일방이 본계약의 체결을 원하여 청약하면, 상대방은 승낙을 해야 할 의무를 부담하기로 하는 예약을 말한다. 즉 본계약청약권을 당사자 중의 일방이 가지느냐, 쌍방이 가지느냐의 구별로서 당사자의 일방에게만 그러한 권리가 주어지는 예약을 '편무예약'이라 하고, 쌍방에게 모두 주어지는 예약을 '쌍무예약'이라고 한다. 민법은 이에 관한 명문의 규정을 두고 있지 않다. 그러나 계약자유의 원칙에 비추어 이러한 예약들은 얼마든지 인정될 수 있다.

② 일방예약 · 쌍방예약

본계약을 체결할 권리를 가진 자가 상대방에게 본계약의 성립을 원하는 의사표시를 하면 상대방의 승낙 없이도 본계약 성립의 효과를 발생시키는 예약은 거래의 신속한 처리라는 면에서뿐만 아니라, 당사자 사이의 분쟁예방이라는 측면에서도 합리적이라고 할 수 있다. 이러한 예약에서도 당사자의 일방만이 본계약을 성립시킬 권리를 가진 '일방예약'(제564조 제1항)과 쌍방이 모두 그러한 권리를 가진 '쌍방예약'이 있다.

4) 예약의 법적성질

예약 역시 계약과 마찬가지로 양 당사자의 청약과 승낙에 의하여 성립하는 채권계약이다. 따라서 예약이 체결된 경우에 편무예약 · 쌍무예약 또는 일방예약 · 쌍방예약 중 어느 종류의 예약이 성립한 것으로 보느냐 하는 것은 예약당사자의 의사표시의 해석을 통하여 확정된다. 예컨대 유상계약에서는 당사자의 특별한 의사표시가 없으면 '일방예약(매매계약에서는 매수인이 예약완결권을 가진다)'이 성립한 것으로 보아야 한다는 것이 일반적 견해이다(제567조 참조; 곽윤직 127면, 김주수 189면, 김증한 142면).

5) 매매의 일방예약

① 일방예약의 의의

매매의 일방예약에 관하여 민법 제564조 제1항은 '매매의 일방예약은 상대방이 매매를 완결할 의사를 표시한 때에 매매의 효력이 생긴다'고 규정하고 있다. 따라서 매매의 예약은 당사자 사이에 특별한 의사표시가 없으면 일방예약으로 추정된다. 그리고 이 규정은 다른 유상계약에 준용된다(제567조).

② 예약완결권

㉠ 완결권의 법적성질

예약완결권은 매매의 일방 또는 쌍방 당사자가 상대방에 대하여 매매완결의 의사표시를 할 수 있는 형성권이다(통설, 판례). 즉 예약자의 완결권에 의한 권리는 의무자로 하여금 본 계약을 체결하게 하는 단순한 채권이 아니라, 자기의 일방적 의사표시에 의하여 본계약인 매매를 성립케 하는 형성권이다.

㉡ 완결권의 행사방법

ⓐ 완결권자가 예약의무자에게 의사표시로서 완결권을 행사하여야 한다. 한편 예약완결권이 양도된 때에는 당연히 그 양수인이 완결의 의사표시를 하여야 한다. 이 경우 수인(여러 명)이 공동으로 매수하는 경우에는 예약완결권의

준공유가 성립하므로 공동으로 행사하여야 한다.

ⓑ 예약완결권의 대상이 부동산인 경우에는 이를 가등기할 수 있고(부동산등기법 제3조, 제88조), 가등기된 완결권은 순위보전의 효력을 가지므로 제3자에 대항요건이 된다. 한편 완결권이 가등기된 후 목적부동산이 제3자에게 양도된 경우 누구를 상대로 완결의 의사표시를 할 것인가에 대하여 견해의 대립이 있으나(예약상 의무자라는 견해로 이은영 302면, 목적부동산의 양수인이라는 견해로 곽윤직 129면), 판례는 예약상의 의무자에 대하여 예약완결권을 행사하고 가등기에 기한 본등기를 신청하면, 목적부동산에 관한 양수인(제3자) 명의의 본등기는 직권으로 소멸된다고 한다(대판 1981.10.6, 81마140).

ⓒ 완결권의 양도방법

예약완결권은 예약의무자의 승낙 없이도 양도할 수 있으며, 다만 제3자에게 대항하기 위하여는 예약완결권자가 예약의무자에게 통지하거나 예약의무자가 승낙하여야 한다(제449조, 제450조). 완결권의 양도에 관하여 판례는 가등기에 부기등기를 하는 것은 결국 가등기의 가등기에 해당하기 때문에 이를 인정하지 않는 태도를 취하였으나(대판 1972.6.2, 72마399), 그 후 전원합의체판결로 기존의 견해를 변경하여 가등기에 대한 부기등기의 형식으로 가등기상의 권리를 이전할 수 있다고 한다(대판[전합] 1998.11.19, 98다24105).

【판 례】

* 대판[전합] 1998.11.19, 98다24105 … 가등기는 원래 순위를 확보하는 데에 그 목적이 있으나, 순위보전의 대상이 되는 물권변동의 청구권은 그 성질상 양도될 수 있는 재산권일 뿐만 아니라 가등기로 인하여 그 권리가 공시되어 결과적으로 공시방법까지 마련된 셈이므로, 이를 양도한 경우에는 양도인과 양수인의 공동신청으로 그 가등기상의 권리의 이전등기를 가등기에 대한 부기등의 형식으로 경료할 수 있다.

ⓓ 행사기간과 최고권

ⓐ 당사자는 완결권의 행사기간을 계약에서 정할 수 있으며, 약정기간이 경과하면 완결권은 소멸한다. 특히 예약완결의 존속기간을 정하지 않은 경우 10년의 제척기간에 걸리며(대판 1995.11.10, 94다22682; 대판 2003.1.10, 2000다26425), 그 기간(10년의 제척기간)이 경과하였는지 여부는 직권조사사항으로서 당사자의 주장이 없더라도 법원은 당연히 직권으로 조사하여 재판에 고려하여야 한다(대판 2000.10.13, 99다18725).

ⓑ 완결권의 행사기간을 정하지 아니한 때에는 예약의무자는 예약완결권자에게 상당한 기간을 정하여 완결권행사 여부의 확답을 최고할 수 있다(제564조 제2항). 여기서 상당한 기간을 정하는 데는 신의칙상 조건의 성취 등

본계약체결의 전제가 되는 제반사정이 고려되어야 한다. 상당한 기간 내에 예약의무자가 확답을 받지 못하면 예약은 효력을 상실한다(제564조 제3항).

【판 례】

* 대판 1995.11.10, 94다22682; 대판 2003.1.10, 2000다26425 … 매매의 일방예약에서 예약자의 상대방이 매매예약완결의 의사표시를 하여 매매의 효력을 생기게 하는 권리, 즉 당사자 사이에 매매예약완결권의 행사시기에 관한 합의가 있었다 해도 그 제척기간은 권리의 발생일로부터 10년이 경과되면 만료되는 것이지, 약정에 따라 행사할 수 있는 때부터 10년으로 연장된다고 볼 수는 없다.

(3) 계약금

1) 계약금의 의의

계약금은 매매계약의 체결시 또는 계약성립 후 채무의 이행기까지 계약의 징표로서 당사자의 일방(대금의 1할 정도를 매수인이 매도인에게 지급하는 것이 거래의 관행이다.)에 의하여 타방에게 교부되는 금전 또는 기타의 물건을 말한다(제565조). 특히 부동산매매에서는 계약금의 교부가 일반화되어 있다. 이러한 계약금은 매매에 한하지 않고 임대차·도급 등에서도 그 예가 적지 않으나, 가장 빈번한 것은 매매의 경우이므로 민법은 매매에 관하여 이를 규정하고, 다른 유상계약에 준용하고 있다(제567조 참조).

2) 계약금의 종류

① 증약계약금

계약을 체결했음을 표시하고 그 증거로 교부한 계약금을 증약금이라고 할 수 있다. 즉 계약의 체결에서는 당사자 사이에 여러 가지 조건 등으로 인하여 후일에 계약성립의 합의가 문제될 수 있는데(세부적인 사항의 불일치로 의견대립), 이와 같은 경우에 계약의 성립을 표시하기 위하여 증약금을 교부할 수 있다.

② 위약계약금

위약금에는 위약벌과 손해배상액의 예정이 있는 바, '위약벌'은 채무자가 채무를 이행하지 않은 사실에 대하여 부과되는 것이기 때문에, 채무불이행으로 발생한 별도의 손해가 있는 때에는 따로 손해배상청구권이 발생한다고 한다(제398조 참조). 한편 '손해배상액의 예정'으로서의 성질을 갖는 위약계약금은 당사자의 일방이 채무불이행을 한 경우에 계약금을 교부한 자는 그것을 몰수당하고, 계약금을 교부받은 자는 그 배액을 상환한다는 내용을 정한 경우를 말한다. 이 중 채무불이행에 따른 책임이 어디에 속하는지가 불분명한 경우 민법 제398조 제4항에 따라 위약계약금은 손해배상액의 예정으로서의 성질을 가진다(대판 1994.10.25, 94다18140; 대판 2006.1.27, 2005다52078 · 52085).

③ 해약계약금

해약금은 상대방의 계약위반(채무불이행)이 없더라도 양 당사자 가운데 일방이 이행에 착수할 때까지 계약을 해제할 수 있는 권리를 유보하는 뜻으로 교부된 계약금을 말한다(대판 2002.2.14, 99다62074). 우리 민법은 당사자 사이에 특약이 없는 한 계약금은 해약금의 성질을 가지는 것으로 규정하고 있다(제565조 참조). 이러한 해약금 규정은 가능한 한 제한적으로 해석해야 한다. 왜냐하면 계약금의 교부는 계약의 해제를 목적으로 하는 것이 아니라, 계약의 이행을 확실히 하고 구속력을 강화하려는 당사자의 목적이기 때문이다.

3) 계약금의 법적성질

계약금은 당사자 사이에 특약이 없는 한 해제권의 유보를 위해 수수된 해약금의 성질을 가지는 것으로 추정된다(제565조 제1항; 대판 2000.2.14, 99다62074). 판례 역시 계약금은 해약금의 성질을 가질 뿐이라고 하며(대판 1987.2.24, 86누438 참고), 다만 당사자 일방이 위약한 경우에 있어서 그 계약금을 위약금으로 한다는 특약이 있을 때에 한하여 손해배상 예정액의 성질을 함께 갖는 것으로 해석한다(대판 1989.12.12, 89다카10811). 따라서 이러한 특약이 없는 한 계약이 당사자 일방의 귀책사유로 인하여 해제되더라도 상대방은 계약불이행으로 입은 실제 손해만을 배상받을 수 있을 뿐, 계약금이 위약금으로서 상대방에게 당연히 귀속되는 것은 아니다(대판 2006.1.27, 2005다52078 · 52085; 대판 2010.4.29, 2007다24930).

【판 례】

* 대판 2006.1.27, 2005다52078 · 52085 … 유상계약을 체결하는 데 계약금이 수수된 경우 계약금은 해약금의 성질을 가지고 있으므로, 이를 위약금으로 하기로 하는 특약이 없는 이상 계약이 당사자 일방의 귀책사유로 인하여 해제되었다 하더라도 상대방은 계약불이행으로 입은 실제 손해만을 배상받을 수 있을 뿐이고, 계약금이 위약금으로서 상대방에게 당연히 귀속되는 것은 아니다.

4) 해약금에 의한 해제

① 해제권의 행사

㉠ 해제권을 행사함에 있어 '교부자'는 계약금포기의 효력이 생기며 별도로 포

기의 의사표시를 요하지는 않는다. 한편 '수령자'는 그 배액을 상환하면서 계약을 해제할 수 있는데, 반드시 현실의 제공이 있어야 한다(대판 1992.7.28, 91다33612 등). 해제권의 행사기간은 일방이 '이행의 착수' 할 때까지 행사할 수 있다. 즉 중도금의 제공 등 채무의 이행행위의 일부를 이행하거나 이행의 제공을 하는 데 필요한 전제행위를 의미한다(대판 1994.11.11, 94다17659; 대판 2006.2.10, 2004다11599).

㉡ 민법 제565조 제1항은 매매의 당사자일방이 계약당시에 금전 기타 물건을 계약금, 보증금등의 명목으로 상대방에게 교부한 때에는 '당사자간에 다른 약정이 없는 한' 당사자의 일방이 이행에 착수할 때까지 교부자는 이를 포기하고 수령자는 그 배액을 상환하여 매매계약을 해제할 수 있다고 규정하고 있으므로 강행규정이 아니다. 따라서 이행의 착수 후라도 이행의 완성 전까지 해제할 수 있다는 당사자 사이의 특약은 유효하다고 보아야 한다. 이 경우 특약의 존재를 주장하는 자가 증명책임을 부담해야 한다.

【판 례】 이행착수와 해제권행사

* 대판 2006.2.10, 2004다11599 … 매매계약체결 이후 시가(시장가격)상승이 예상되자 매도인이 구두로 매매대금의 증액요청을 하였고, 매수인은 이에 대하여 확답하지 않은 상태에서 중도금을 이행기 전에 제공하였는데 그 이후 매도인이 계약금의 배액을 공탁하여 해제권을 행사한 사안에서 '매도인을 당초의 계약에 구속시키는 것이 특히 불공평하다'거나 '매수인에게 이행기 전의 이행의 착수가 허용되어서는 안 될 만한 불가피한 사정이 있는 것도 아니므로' 매도인은 위의 해제권을 행사할 수 없다.

② 해제의 효과

㉠ 해약금에 의한 해제는 채무불이행을 전제로 하는 법정해제와 다르다. 즉 특별한 사정(특약)이 없는 한 당사자가 이행에 착수하기 전에만 행사할 수 있으므로 원상회복의 문제는 발생하지 않는다. 또한 이는 해약금계약이라는 특약에 의한 것이기 때문에 해제를 하더라도 채무불이행을 이유로 손해배상의 문제는 별도로 발생하지 않는다(제565조 제2항). 한편 해약금에 의한 계약해제를 배제하는 특약이 있는 경우에는 해제권은 발생하지 않는다. 이 경우 문언의 내용, 약정이 이루어진 동기와 경위, 약정에 의하여 달성하려는 목적, 당사자의 진정한 의사 등을 종합적으로 고려해야 한다(대판 2008.7.10, 2005다41153).

㉡ 계약금이 교부된 경우에도 상대방의 중대한 계약위반이 있는 때에는 민법 제544조(이행지체) 또는 제546조(이행불능)의 규정에 의하여 해제할 수 있음은 물론이다. 이 경우 계약의 해제는 민법 제565조 제1항의 해제와 무관한 것이므로 채권자인 계약당사자는 원상회복의 내용으로서 계약금의 반환을 청구할 수 있으며, 상대방에게 귀책사유가 있을 때에는 손해배상(제551조, 제565조 제2항)을 청구할 수 있다.

(4) 계약비용의 부담

① 계약당사자가 공동으로 부담하는 매매계약에 관한 비용이라 함은 매매계약을 체결함에 있어서 일반적으로 소요되는 비용을 말하는데(제566조), 예컨대 목적물의 측량이나 평가비용·계약서 작성비용 등이 이에 해당한다. 따라서 변제비용(매매대금·이자 등)은 계약비용에 포함되지 않는다. 즉 각 당사자가 계약의 이행을 위하여 지출한 비용이라든지 또는 부동산매매에 있어서의 등기비용은 변제비용으로서 채무자가 부담하는 것이 원칙이다(제473조).

② 매매계약의 비용부담에 관한 민법 제566조는 임의규정이므로 매매계약에 지출된 비용부담에 관하여 당사자가 정할 수 있으며, 부담자를 정하지 아니한 때에는 그 비용은 당사자 쌍방이 균분하여 부담한다(제566조).

3. 매매의 효력

(1) 서 설

① 매매가 성립하면 그 효력으로서, 매도인은 매매의 목적인 재산권을 매수인에게 이전할 의무를 부담하고, 매수인은 매매대금을 매도인에게 지급할 의무를 부담하게 된다. 이것이 매매의 효력의 중심을 이룬다.

② 그 밖에 민법은 매매의 목적인 재산권에 하자가 있거나 또는 매매목적물에 하자가 있는 경우에 매도인에게 일정한 담보책임을 부담케 하고 있다. 다시 말해서 매매의 효력의 내용은 크게 매도인의 재산권 이전의무와 담보책임, 그리고 매수인의 대금 지급의무로 나누어 살펴볼 수 있다.

(2) 매도인의 의무

1) 의 의

① 매도인은 매수인에 대하여 매매의 목적인 권리, 즉 재산권을 이전하여야 한다(제568조). 여기서 매매의 목적인 재산권은 주로 소유권을 의미하며, 매도인이 매수인에게 재산권을 이전하는 방법은 목적물 또는 권리의 종류에 따라 다르다. 즉 부동산의 소유권은 물권행위와 함께 등기를 한 때, 동산소유권은 물권행위와 인도를 한 때 이전된다.

② 그 외에 지식재산권은 물권행위와 등록을, 채권은 준물권행위 외에 대항요건(제450조의 채무자에 대한 통지)을 갖추어야 한다. 따라서 매도인의 재산권이전의무는 물권변동 내지 준물권변동이 발생하도록 하는데 필요한 행위(급부)를 다하여야 한다(제186조, 제188조, 제450조 참조).

2) 재산권의 이전의무

매도인은 매수인에 대하여 매매의 목적인 재산권을 이전하여야 하는데(제568조 제1항), 재산권이전의 구체적 내용(범위)을 살펴보면 다음과 같다.

① 권리 그 자체를 이전

매매의 목적인 권리가 물권인 때에는 그 물권에 대한 등기·인도 등의 공시방법을 갖추어야 한다. 또한 권리가 타인에게 속하는 것일 때에는, 매도인은 이것을 취득하여 매수인에게 이전해 주지 않으면 안 된다(제569조).

② 목적물의 점유도 이전

토지소유권·지상권·전세권과 같은 부동산의 점유를 내용으로 하는 것인 때에는 점유의 이전이 비록 물권변동의 효력발생요건이 아니라도 등기 외에 목적부동산의 점유도 이전하여야 한다. 다만 소유권이전 당시 양도인(매도인)과 양수인(매수인) 사이에 점유개정의 약정이 있는 경우에는 예외로 한다.

③ 목적물에 관한 증서도 이전

등기필정보(등기권리증)·채권증서 등과 같이 매매의 목적이 매수인에게 속한다는 것을 증명하는 서류가 있는 경우에는 이를 매수인에게 이전(인도)하여야 한다.

④ 종물도 당연히 이전

종물은 주물의 처분에 따르는 것이 원칙이므로(제100조 제2항), 당사자 사이에 특약이 없는 한 매도인은 종물 또는 종된 권리도 이전하여야 한다.

⑤ 소유권자의 과실수취권

소유권자는 소유물을 사용・수익・처분할 수 있는 완전한 권리를 가지므로 그 소유물로부터 발생되는 과실에 대하여 수취권을 갖는다(제102조, 제211조). 따라서 매매목적물의 소유권이 매도인으로부터 매수인에게 이전하면 비록 목적물을 아직 매수인에게 현실적으로 인도하지 않았더라도 매수인이 과실수취권을 갖는다. 다만 매매계약만이 있고 소유권이전이 이루어지기 전 단계(계약의 진행단계로서 잔금과 이전등기가 완료되기 전의 경우)에서는 매매의 목적물로부터 생기는 과실은 매도인에게 속한다(제587조 전단).

(3) 매도인의 담보책임

1) 의 의

매매의 목적물에 성질상 또는 법률상 하자가 존재하고 있는 것에 대하여 그 계약의 매도인(채무자)이 부담하는 책임을 '매도인의 담보책임'이라 고 한다. 이러한 담보책임은 그 하자가 목적물에 대한 권리에 있느냐, 또는 목적물 자체에 있느냐에 따라 그 유형과 종류가 달라진다. 한편 매매에 관한 규정은 다른 유상계약에 준용되기 때문에(제567조) 매매에 관한 담보책임의 규정들은 이른 바 '총칙적 성질'을 가지고 있다.

2) 법적성질

① 매도인의 담보책임은 법정책임이다. 매도인의 담보책임은 그 본질에 있어서는 채무불이행에 대한 책임에 지나지 않으나, 연혁적 이유를 살펴보면 매수인을 보호하고 거래의 안전을 보호하는 차원에서 법정책임으로 되어 있다.

② 매도인의 담보책임은 일종의 무과실책임이다. 매도인의 담보책임은 그의 고의・과실 등의 유책사유(귀책사유)를 요건으로 하고 있지 않는다. 따라서 매매목적물에 하자가 있는 경우 매도인은 과실이 없더라도 담보책임을 진다(대판 1960.4.21, 2429민상385).

③ 매도인의 담보책임은 특정물의 경우뿐만 아니라 불특정물의 매매에 있어서도 인정된다(제581조). 또한 매도인의 담보책임이 발생하는 경우 가운데는 원시적인 일부불능의 경우도 발생할 수 있다(제574조). 예컨대 일정구획의 토지를 300㎡라고 하여 매매(매수)하였는데 실측한 결과 270㎡밖에 안 되는 경우가 이에 해당한다.

3) 권리의 하자에 대한 담보책임

매매의 목적물인 소유권이나 기타 권리(제579조 참조)에 법률적인 흠(권리의 하자)이 있는 경우에 매도인은 매매목적물인 권리의 하자에 대하여 일정한 책임을 부담하게 되는데, 이 책임은 매도인에게 과실이 없더라도 발생한다. 예컨대 매매목적물의 권리전부가 타인에게 속하는 경우(제569조), 매매목적물의 권리일부가 타인에게 속하는 경우(제571조), 매매목적물이 수량부족 또는 일부멸실한 경우(제574조), 용익적 권리에 의하여 제한을 받는 경우(제575조), 담보권(저당권, 전세권, 가압류 등) 실행에 의하여 제한을 받는 경우(제576조, 제577조) 등이 있다.

① 권리의 전부가 타인에게 속하는 경우

㉠ 의 의

매매의 목적이 된 권리가 계약체결 당시에 타인에게 속한 경우를 '타인권리매매'라고 하는데(제569조), 이러한 타인소유물매매는 크게 두 가지 유형을 들 수 있다. 예컨대 매도인이 자기의 소유물이라고 믿고(선의) 매매한 경우로서 자기명의로 등기된 부동산이 법령에 의하여 국유화된 것을 모르고 매도한 경우(대판 1979.4.24, 77다2290)이며, 반면에 매도인이 타인의 소유물이란 사실을 알고(악의) 매수인을 속여서 매도한 경우(대판 1963.10.31, 63다606)가 이에 해당한다.

㉡ 담보책임의 요건

ⓐ 매도인이 담보책임을 지게 되는 것은 매매의 목적물은 현재 존재하고 있으나, 그것이 타인의 권리에 속하기 때문에 이전할 수 없는 경우에 한한다. 판례는 사회통념상 매수인에게 해제권을 부여하는 것이 상당하다고 인정되는 정도의 급부장애가 있으면 이전불능으로 보기에 충분한 것으로 해석하고 있다(대판 1982.12.28, 80다2750). 예컨대 B가 A의 부동산을 매수하여 다시 C에게 매각하였으나, B가 아직 A로부터 등기를 이전받지 않았다면, 그 부동산의 소유권자는 여전히 A이다(제186조 참조). 그러므로 만일에 A가 D에게 2중으로 매각하고 등기를 이전하였다면, 부동산소유권은 D가 유효하게 취득한다. 이 경우에 B는 그 권리를 취득할 수 없게 되므로, B와 C 사이의 매매는 결과적으로 타인소유물을 매매한 것이 되므로 민법 제570조(담보책임)가 적용된다고 할 것이다.

ⓑ 매도인의 권리이전의무가 이행기 이후에 불능으로 되더라도, 민법 제570조의 담보책임이 있다고 해석된다. 위의 예에서 A가 B에게 이전해야 할 이행기가 경료된 후에 D에게 2중으로 매각하고 이전등기를 한 경우가 이에 해당한다.

ⓒ 매도인의 과실유무는 묻지 않는다(무과실책임). 그러나 매도인의 권리이전 불능이 매수인의 귀책사유에 의한 것일 때에는 민법 제570조는 적용되지 않

는다고 해석하는 것이 판례의 입장이다(대판 1979.6.26, 79다564). 예컨대 위의 예에서 C가 B와 계약한 후 직접 A로부터 그 권리를 매수·취득함으로써 B가 A로부터 그 권리를 취득할 수 없게 한 때이다. 그러한 경우에도 매도인에게 책임을 지게 하는 것은 공평하다고 할 수 없기 때문이다.

【판 례】

* 대판 1982.12.28, 80다2750 … 민법 제570조의 소유권의 이전불능은 채무불이행에 있어서와 같은 정도로 엄격하게 해석할 필요는 없고 사회통념상 매수인에게 해제권을 행사시키거나 손해배상을 구하게 하는 것이 형평에 타당하다고 인정되는 정도의 이행장애가 있으면 족하고, 반드시 객관적 불능에 한하는 엄격한 개념은 아니라고 판시하였다.

ⓒ 담보책임의 내용

ⓐ 매수인은 계약을 해제할 수 있다(제570조 본문). 매수인의 선의·악의는 이를 묻지 않으며, 매도인의 귀책사유의 유무도 묻지 않는다. 해제권을 행사한 경우의 원상회복의 범위에 관하여는 특별히 규정하고 있지 않으므로, 민법 제548조 제2항의 규정이 적용된다. 따라서 해제의 효과로서 매도인은 대금과 이자를 반환해야 한다(대판 1974.5.14, 73다1564).

ⓑ 매매계약이 해제된 경우 선의의 매수인은 손해배상(이행 이익)을 청구할 수 있다(제570조 단서). 이때 배상액의 산정은 목적물을 취득해서 이전하는 것이 불능으로 된 때의 목적물의 시가(시장 가격)와 매매대금의 차액을 손해로서 배상하여야 한다(대판 1981.7.7, 80다3122). 한편 악의의 매수인은 매매의 목적인 권리의 이전이 불능으로 될지도 모른다는 것을 미리 예상하였으므로, 손해배상청구권이 인정되지 않는다. 따라서 매도인이 타인으로부터 권리를 매수하였으나 그 타인(양도인)이 아직 등기를 이전하고 있지 않음을 알고 있는 매수인(예컨대 중간생략등기에 있어서 최종 양수인을 말한다)은 악의라고 해석된다. 유의할 점은 매도인의 귀책사유로 인하여 이행불능이 되었다면 악의의 매수인은 담보책임의 내용으로서 손해배상을 청구할 수는 없더라도 채무불이행의 일반규정(제546조, 제390조)에 좇아서 계약을 해제하고 손해배상을 청구할 수 있다(대판 1970.12.29, 70다2449; 대판 1993.11.23, 93다37328).

ⓒ 민법 제570조에 의한 매수인의 해제권과 손해배상청구권의 행사에 관하여는 뒤에 설명하는 권리의 일부가 타인에게 속하는 경우와는 달라서 민법상 '제척기간이 정하여져 있지 않음'을 주의하여야 한다. 따라서 10년의 소멸시효의 대상이 되고, 손해배상청구권의 소멸시효는 선의의 매수인이 권리의 이전불능을 안 때부터 기간이 기산된다고 할 것이다(통설).

㉣ 매도인의 해제권

ⓐ 민법은 선의의 매도인, 즉 매각(매도)한 권리가 자기에게 속하지 않음을 계약 당시에 알지 못한 매도인의 보호를 위하여, 매도인에게도 해제권을 인정하고 있다(제571조 제1항). 다시 말해서 선의의 매도인이 그 권리를 취득하여 매수인에게 이전할 수 없는 때에는 매도인은 손해를 배상하고 계약을 해제할 수 있다.

ⓑ 매도인의 과실의 유무는 이를 묻지 않는다. 즉 매도인의 배상책임은 무과실책임이며, 손해배상의 범위는 매도인의 불이행에 의하여 매수인이 입는 모든 손해(이행 이익)라고 한다(대판 1993.1.19, 92다37727). 따라서 매도인은 이행불능 당시의 목적물의 시가(시장 가격)와 매매대금의 차액을 손해로서 배상하여야 한다(대판 1981.7.7, 80다3122 참고).

ⓒ 매도인의 해제권은 그가 선의이기만 하면 매수인의 선의·악의를 묻지 않고서 언제나 인정되는 것이나, 특히 매수인이 악의인 때(계약 당시에 매수한 권리가 매도인에게 속하지 않음을 매수인이 알고 있었던 때)에는 매도인은 권리이전이 불가능하다는 것을 매수인에게 통지하고 해제할 수 있다(제571조 제2항). 즉 매수인이 악의인 경우에는 담보책임의 내용상 손해배상책임이 없다.

② 권리의 일부가 타인에게 속하는 경우

㉠ 의 의

매매의 목적이 된 권리의 일부가 타인에게 속함으로 인하여 매수인이 권리를 취득하지 못하는 것을 말한다(제572조). 예컨대 공동소유에 있어서 공유자의 1인이 다른 공유자로부터의 위임 없이 공유물 전부를 매도하는 계약을 체결한 경우가 그 예이다. 민법 제572조는 하나의 권리목적 중 일부가 불능인 경우를 염두에 둔 규정이지만, 여러 개의 권리를 일괄하여 매매하였으나 그 중 한 개가 불능인 경우에도 유추적용될 수 있다(대판 1989.11.14, 88다카13547 참고).

【판 례】

* 대판 1989.11.14, 88다카13547 … 매매의 목적이 된 권리의 일부가 타인에게 속한 경우의 매도인의 담보책임에 관한 민법 제572조의 규정은 단일한 경우에만 한정하여 적용되는 것이 아니라, 수개의 권리를 일괄하여 매매의 목적으로 정한 경우에도 그 가운데 이전할 수 없게 된 권리부분이 차지하는 비율에 따른 대금산출이 불가능한 경우 등 특별한 사정이 없는 한 역시 적용된다.

㉡ 담보책임의 요건

매매의 목적인 권리의 일부가 타인에게 속하기 때문에 매도인이 그 부분의 권리를 매수인에게 이전할 수 없는 경우이다. 담보책임의 요건으로 ⓐ 타인에게 속한다는 것, ⓑ 이전할 수 없다는 것, ⓒ 매도인의 귀책사유는 이를 묻지 않는다는 것 등이 있는데, 이는 모두 권리가 전부 타인에게 속하는 경우에 있어서와 같다.

㉢ 담보책임의 내용

ⓐ 하자의 성질상 대금감액청구권이 우선적으로 고려된다. 즉 매수인은 그 권리가 타인에게 속하는 부분의 비율로 '대금의 감액'을 청구할 수 있다(제572조 제1항). 예컨대 300m²의 토지를 1억 원에 매매하였으나, 그 중 30m²가 타인의 토지여서 이전이 불가능하면 매수인은 대금 중 1천만 원을 감액청구할 수 있다. 이 경우 매수인의 선의·악의는 이를 묻지 않는다. 대금감액청구권은 매수인이 일방적 의사표시로 행사할 수 있는 형성권이며, 그것은 계약의 일부에 대한 해제권의 성질을 갖는다.

ⓑ 선의의 매수인은 대금감액청구와 더불어 손해배상을 청구할 수 있다(제572조 제3항). 한편 유의할 점은 이전된 부분만이면 이를 매수하지 않았으리라는 '객관적' 사정이 있는 경우에는 계약의 전부를 해제할 수 있으며(제572조 제2항), 계약해제 외에 손해배상도 청구할 수 있다(제572조 제3항; 대판 1993.1.19, 92다37727).

ⓒ 민법 제572조(권리의 일부가 타인에게 속한 경우에 매도인의 담보책임)가 규정하는 권리는 매수인이 선의인 때에는 사실을 안 날로부터 1년 내에, 악의인 때에는 계약한 날로부터 1년 내에 각각 행사하여야 한다(제573조). 여기서 '그 사실을 안 날'이란 매도인이 이를 취득하여 매수인에게 이전할 수 없게 되었음이 확실하게 된 사실을 안 날을 의미한다(대판 1991.12.10, 91다27396; 대판 1997.6.13, 96다15596). 이 기간은 제척기간이다(통설).

【판 례】

* 대판 1997.6.13, 96다15596 … 민법 제572조에서 매수인이 선의인 때에 사실을 안 날이라 함은 단순히 권리의 일부가 타인에게 속한 사실을 안 날이 아니라, 그 때문에 매도인이 이를 취득해서 매수인에게 이전할 수 없게 되었음이 확실하게 된 사실을 안 날이라고 봄이 타당하다.

③ 목적물의 수량부족 또는 일부멸실의 경우

㉠ 의 의

수량을 지정한 매매, 즉 당사자가 수량을 지정해서 매매한 경우에 목적물의 수량이 부족되는 때(m²당 100만원에 300m²의 토지를 매수하였는데 실측결과 270m²에 불과한 때)에는 소유권의 수량에 감소가 생기고, 또한 매매의 목적물의 일부가 계약 당시에 이미 멸실된 경우(특정된 식용유가 10리터 들이 통에 8리터만 들어 있는 경우)에도 역시 권리의 일부에 부족이 있게 되어 마치권리의 일부가 타인에게 속하고 있는 경우와 같은 결과가 된다. 수량을 지정한 매매에 대해서는 권리의 일부가 타인에게 속한 경우의 담보책임에 관한 규정(제572조, 제573조)을 준용하므로, 체계상 권리의 흠결에 대한 담보책임의 일종으로 분류하여 이해한다(통설; 그러나 엄밀한 의미에서 특정물의 원시적 하자에 대한 담보책임으로 보는 견해도 있다. 이은영 327면, 지원림 1406면).

㉡ 담보책임의 요건

ⓐ 민법 제574조(수량부족·일부멸실의 경우에 매도인의 담보책임)는 '특정물의 매매'에 한한다. 즉 종류물 매매에 있어서 수량부족은 채무불이행책임이 문제될 뿐이기 때문이다. 수량을 지정한 매매란 당사자가 매매의 목적인 특정물이 일정한 수량을 가지고 있다는 데 중점을 두고, 대금도 이 수량을 기초로 하여 정한 경우이다(대판 2002.11.8, 99다58136). 예컨대 토지를 분양할 때에 각 구획의 토지의 면적을 지정하고, 3㎡의 단가를 표준으로 하여 각 구획의 값을 정하는 경우에는 원칙적으로 수량을 지정한 매매가 된다(대판 1998.6.26, 98다13914).

ⓑ 매매의 목적물의 일부가 멸실된 경우에 있어서 담보책임이 생기는 것은 '계약 당시에 이미 멸실된 경우'에 한한다. 즉 민법 제574조의 적용을 받는 것은 계약의 원시적 일부불능의 경우이다.

【판 례】

* 대판 1998.6.26, 98다13914 … 매수인이 일정한 면적이 있는 것으로 믿고 매도인도 그 면적이 있는 것을 명시적 또는 묵시적으로 표시하고, 나아가 당사자들이 면적을 가격 결정 요소 중 가장 중요한 요소로 파악하고 그 객관적인 수치를 기준으로 가격을 정하였다면 그 매매는 '수량을 지정한 매매'라고 하여야 할 것이다.

㉢ 담보책임의 내용

ⓐ 책임의 내용은 권리의 일부가 타인에게 속하는 경우의 매도인의 책임과 같다(제574조). 따라서 선의의 매수인은 언제나 대금감액청구권과 손해배상청구권이 있으며(제572조 제1항, 제3항), 또한 계약 당시에 남아 있는 것만으로는 매매하지 않았으리라고 할 만한 사정이 있는 때에는 계약을 해제하고 아울러 손해의 배상을 청구할 수 있다(제572조 제2항, 제3항).

ⓑ 한편 민법 제574조는 권리의 일부가 타인에게 속한 경우와 매도인의 담보책임에 관한 규정(제572조, 제573조)을 수량을 지정한 매매의 목적물이 부족되는 경우와 매매목적물의 일부가 계약당시에 이미 멸실된 경우에 매수인이 그 부족 또는 멸실을 알지 못한 때에 준용한다고 되어 있으므로, 악의의 매수인에 대하여는 대금감액청구권이 인정되지만 그(수량부족, 일부멸실)로 인한 손해배상청구권은 부정된다. 그 이유는 사회통념상 원시적으로 불가능임을 알고서 매수

한 자를 보호할 필요가 없기 때문이다.

ⓒ 권리행사, 즉 대금감액청구권 또는 계약해제권 및 그에 따른 손해배상청구권은 매수인이 수량부족 또는 일부멸실의 사실을 안 때로부터 1년의 제척기간에 걸린다(제573조). '사실을 안 때'에 관하여 판례는 목적물의 부족사실을 안 날이 아니라 '매도인의 부족분에 대한 인도불능이 확실함을 안 날'로 해석함으로써 매수인을 한층 더 보호하고 있다(대판 1990.3.27, 89다카17676). 한편 매수인이 악의인 때에는 계약한 날로부터 1년 내에 행사하여야 한다.

【판 례】

* 대판 1990.3.27, 89다카17676 … 민법 제573조 소정의 권리행사기간의 기산점인 선의의 매수인이 '사실을 안 날'이라 함은 단순히 목적물이 부족되는 사실을 안 날이 아니라 매도인이 그 부족분을 취득하여 매수인에게 이전할 수 없는 것이 확실하게 된 사실을 안 날을 말하는 것이다.

④ 용익적 권리에 의하여 제한되어 있는 경우

㉠ 의 의

목적부동산을 매매한 경우 매도인은 매수인에게 소유권을 완전하게 이전하여야 할 의무를 부담한다. 즉 소유권은 사용·수익·처분의 권능을 모두 포괄한 권리이므로, 이 권능 중의 어느 하나가 제한을 받게 되면 그것은 소유권의 하자(권리의 하자)라고 할 수 있다. 소유권이 제한물권 또는 이와 유사한 권리(주택·상가건물임대차보호법의 적용을 받는 임차권 채권적 전세,)에 의하여 제한을 받을 때에 그 소유권은 사용권능상의 하자가 있는 것이 된다(제575조 참조).

㉡ 담보책임의 요건

ⓐ 매매의 목적물이 지상권·지역권·전세권·질권·유치권의 목적이 되어 있는 경우(제575조 제1항 전단), 또는 목적부동산을 위하여 존재해야 할 지역권이 없는 경우(제575조 제2항 전단)와 목적부동산 위에 등기된 임차권 또는 주택·상가건물 임대차보호법에 의한 대항력 있는 임차권(제575조 제2항 후단; 주택임대차보호법 제3조 제1항; 상가건물 임대차 보호법 제3조 제1항)이 있는 경우에는 목적물의 소유권에 사용·수익상의 권리의 하자가 존재한다.

ⓑ 민법 제575조(제한물권이 있는 경우에 매도인의 담보책임)에 의한 담보책임은 매수인이 선의인 경우에 한하여 인정된다(제575조 제1항, 제2항). 즉 매수인이 위와 같은 제한이 있음을 알면서 매수한 때에는 그러한 사정을 고려하여 매수금액을 정하게 될 것이므로 악의의 매수인은 이를 보호할 필요가 없다.

㉢ 담보책임의 내용

ⓐ 선의의 매수인은 계약해제권과 손해배상청구권이 있다(제575조 제1항, 제2항). 즉 계약을

해제할 수 있는 때에는 그것과 아울러 손해배상도 청구할 수 있고, 계약을 해제할 수 없는 때에는 손해배상만을 청구할 수 있다(제575조 제1항 후단). 계약을 해제할 수 있는 것은 용익적 권리가 있기 때문에 매수인이 매매계약을 한 목적을 달성할 수 없는 경우에 한하여 인정된다(제575조 제1항 전단).

ⓑ 매수인에게 대금감액청구권은 인정되지 않는다. 그 이유는 용익권이 있다고 해서 매매계약의 목적인 소유권이전이 불가능하지 않으므로 줄어들어야 할 금액을 비율적으로 산출할 수 없기 때문이다. 그러므로 이 경우의 손해배상은 용익을 제한당함으로써 있게 될 대금의 감액과 기타의 손해를 포함하는 것이라고 해석하여야 한다.

ⓒ 매수인의 해제권과 손해배상청구권은 용익권의 존재 또는 지역권의 부존재를 안 날로부터 1년 내에 행사하여야 한다(제575조 제2항). 즉 1년의 제척기간에 걸린다.

⑤ 담보권(저당권·전세권·가압류 등) 실행에 의해 제한되는 경우

㉠ 의 의

매매의 목적인 부동산 위에 설정된 저당권이나 전세권 또는 가압류의 행사로 매수인이 소유권을 취득할 수 없거나 취득한 소유권을 잃게 되는 경우 또는 매수인이 그의 출재(出財)로 그 소유권을 보존한 때에는, 매도인의 일정한 담보책임이 생긴다(제576조, 제577조). 즉 저당권이나 전세권 또는 가압류의 존재로 인한, 그 실행(경매)에 따른 소유권 상실의 잠재적인 가능성(제368조, 제318조)이 권리의 하자를 이룬다.

㉡ 담보책임의 요건

ⓐ 저당권 및 가압류는 무점유질(無占有質)이어서 유치적 효력이 없으므로, 목적부동산을 점유할 권리를 수반하지 않는다. 따라서 매수인은 목적부동산의 용익을 방해당하지 않으므로 저당권과 가압류가 설정되어 있다는 사실만으로 담보책임을 발생케 할 필요는 없다. 다만 저당권이나 전세권 또는 가압류가 실행된 경우에 매수인을 보호할 필요가 생기므로 이러한 경우를 위하여 민법 제576조(저당권, 전세권의 행사와 담보책임)는 담보책임을 인정한 것이다(대판 2011.5.13, 2011다1941).

ⓑ 매수인이 그의 출재로 소유권을 보존할 특약이 있는 때에는 민법 제576조의 적용이 없음은 물론이다. 예컨대 저당권 또는 전세권이 설정되어 있는 부동산의 매매에 있어서 피담보채권액 또는 전세금을 공제해서 대금을 정한 때에는 매수인이 채무를 인수하거나 또는 적어도 이행을 인수하는 특약이 있다고 보아야 한다.

【판 례】

* 대판 2011.5.13, 2011다1941 … 가압류의 목적이 된 부동산을 매수한 사람

이 그 후 그 가압류에 기한 강제집행으로 부동산의 소유권을 상실한 경우, 이는 매매의 목적 부동산에 설정된 저당권 등의 행사로 인하여 매수인이 취득한 소유권을 상실한 경우와 유사하므로, 민법 제576조를 준용하여 매수인은 동조 제1항에 따라 매매계약을 해제할 수 있고, 동조 제3항에 따라 손해배상을 청구할 수 있다.

㉢ 담보책임의 내용

ⓐ 매수인은 저당권이나 전세권 또는 가압류의 존재로 인하여 소유권을 취득할 수 없거나 또는 소유권을 잃은 때에는 언제나 계약을 해제하고(제576조 제1항), 아울러 손해의 배상을 청구할 수 있다(제576조 제3항). 그리고 매수인의 출재로 소유권을 보존한 때에는 그 출재의 상환을 청구하고, 아울러 손해배상을 청구할 수 있다(제576조 제2항, 제3항). 이 경우 손해배상책임의 범위는 이행이익에 미친다. 왜냐하면 피담보채권의 이행기에 매도인이 채무를 이행하지 않는 것은 매도인의 고의·과실에 의한 것이라고 보아야 하기 때문이다.

ⓑ 민법 제576조 또는 제577조의 담보책임에 있어서는 매수인의 선의·악의를 묻지 않는다(대판 1996.4.12, 95다55245; 대판 2011.5.13, 2011다1941). 그 이유는 저당권이 언제나 실행되는 것은 아니고 전세권자도 전세금의 우선변제권을 반드시 행사하는 것은 아니며, 매도인이 변제 기타의 방법으로 소멸케 하는 수도 있으므로 매수인이 이들 권리의 존재를 알고 있었다고 해서 그 보호에 차등을 둘 것은 아니기 때문이다.

ⓒ 민법 제576조 또는 제577조에 의해 매도인이 부담해야 할 담보책임에는 제척기간을 정하는 규정이 없다. 당사자 사이의 관계를 빨리 처리하여야 할 특별한 이유가 없기 때문이다. 따라서 이 경우에는 채권의 일반적 소멸시효기간이 적용되므로 10년의 소멸시효 대상이 된다고 해석하여야 한다.

4) 물건의 하자에 대한 담보책임

① 서 언

매매의 목적물에 하자가 있는 경우에는, 매수인은 일정한 요건을 갖춘 때에 계약을 해제함과 동시에 손해배상을 청구할 수 있고, 경우에 따라서는 흠이 없는 완전물의 급부를 청구할 수도 있다(제580조, 제581조). 이 물건의 하자에 대한 매도인의 담보책임은 일반적으로 '매도인의 하자담보책임'이라고 일컬어지고 있으며, 실제에 있어서도 매도인의 여러 담보책임 가운데에서 가장 많이 적용되는 중요한 제도이다.

② 요 건

㉠ 매매의 목적물에 하자가 있을 것

ⓐ 매매의 목적물에 하자가 있다는 것은 물건이 그 계약체결 당시에 이미 어떤 흠을 가지고 있는 것을 말한다. 이 경우 매도인의 하자담보책임은 매매계약체결 당시에 특정물의 매매뿐만 아니라 불특정물의 매매에 있어서도 매도인의 담보책임은 생기는 것으로 하고 있다(제581조).

ⓑ 하자(흠결)가 있다는 것은 매매의 목적물에 물질적인 결점이 있는 경우를 말한다. 이 경우 결점으로 인정할 것이냐 아니냐는 일반적으로 그 종류의 것으로서 보통 갖고 있어야 할 품질·성능을 표준으로 하여 판단하여야 한다(대판 2000.10.27, 2000다30554). 예컨대 매도인이 견본 또는 광고에 의하여 목적물이 특수한 품질이나 성능을 갖고 있음을 표시한 때에는 그 특수한 표준에 미달하거나 또는 기준을 충족시키지 못하는 것을 말한다.

ⓒ 법률적 장해도 물건의 하자라고 할 수 있는가? 즉 하자에는 물질적 하자와 법률적 하자(법률적 장해)를 명확하게 구별하기 어려운 경우가 있다. 예컨대 벌채(伐採)의 목적으로 매수한 산림이 보안림구역이어서 벌채하지 못하게 된 경우 또는 공장부지로서 매수한 토지가 하천법의 적용구역이어서 공장을 세울 수 없는 경우 등을 물질적 결점이라고 할 수 있느냐 하는 것이 문제이다. 이에 관하여 판례는 법률적 장해도 물건의 하자라고 해석한다(대판 2000.1.18, 98다18506).

【판 례】 하자의 개념

* 대판 2000.10.27, 2000다30554 … 매도인이 매수인에게 기계를 공급하면서 당해 기계의 카탈로그와 검사성적서를 제시하였다면, 공급한 기계가 매도인이 카탈로그와 검사성적에 의하여 보증된 일정한 품질과 성능을 갖추지 못한 경우에는 그 기계에 하자가 있다고 보아야 한다.
* 대판 2000.1.18, 98다18506 … 매매의 목적물이 거래통념상 기대되는 객관적 성질·성능을 결여하거나, 건축을 목적으로 매매된 토지에 대하여 건축허가를 받을 수 없어 건축이 불가능한 경우 위와 같은 법률적 제한 내지 장해 역시 매매목적물의 하자에 해당한다 할 것이나, 다만 위와 같은 하자의 존부는 매매계약성립시를 기준으로 판단하여야 한다.

㉡ 매수인이 선의·무과실일 것

매수인은 선의이고 또한 선의인 데 과실이 없어야 한다(제580조 제2항 단서, 제581조 제1항). 이 경우 매수인의 과실은 일반 보통인이 주의를 하였더라면 알 수 있었던 목적물의 하자를 부주의로 알지 못한 것을 말한다. 이러한 매수인의 악의와 과실은 매도인이 이를 증명하여야 한다(통설).

③ 담보책임의 내용

㉠ 특정물매매의 경우

ⓐ 목적물의 하자라 함은, 즉 실제 '있는' 상태와 '있어야 하는' 상태의 불일치를 말한다. 매매의 목적을 달성할 수 없을 때에는 매수인은 계약을 해제하고, 아울러 손해의 배상을 청구할 수 있다(제580조 제1항 본문, 제575조 제1항 본문). 이 경우 매매계약의 목적을 달성할 수 없게 되었다고 하기 위해서는, 그 목적물의 하자를 쉽게 또는 저렴한 비용으로 보수할 수 없는 경우이어야 한다.

ⓑ 계약을 해제한 때에는 매수인은 대금의 지급을 거절하거나 또는 이미 지급한 대금의 반환을 청구할 수 있으나, 급부 받은 목적물을 반환하여야 한다. 이 경우 목적물의 하자가 계약의 목적을 달성할 수 없을 정도로 중대한 것이 아닌 때에는 매수인은 손해배상을 청구할 수 있을 뿐이고, 계약을 해제하지는 못한다(제580조 제1항 본문, 제575조 제1항 단서).

㉡ 불특정물매매의 경우

ⓐ 불특정물매매 내지 종류를 지정한 매매에 있어서도 그 후에 특정된 목적물에 하자가 있는 때에는 민법 제580조(매도인의 하자담보책임)가 준용된다(제581조 제1항). 따라서 목적물의 하자로 매매의 목적을 달성할 수 없는 때에는 매수인은 계약을 해제하고 아울러 손해의 배상을 청구할 수 있으나, 그 하자가 계약목적을 달성할 수 없을 정도로 중대한 것이 아닌 때에는 손해배상만을 청구할 수 있을 뿐이다(제580조 제1항, 제575조 제1항).

ⓑ 한편 불특정물(종류물) 매매에 있어서 목적물에 하자가 있는 경우 매수인은 계약의 해제 또는 손해배상을 청구하지 않고서 그에 갈음하여 하자가 없는 완전물건의 급부를 청구할 수도 있다(제581조 제2항).

④ 권리의 행사기간

㉠ 매수인이 목적물의 하자로 행사할 수 있는 계약해제권과 손해배상청구권의 기간은 제척기간이므로(대판 2011.10.13, 2011다10266), 매수인이 그 사실을 안 날로부터 6개월 내에 그 권리를 행사하여야 한다(제582조). 이 경우 매수인이 알았다고 보는 기산점은 개념적인 사실을 안 것만으로는 부족하고 구체적인 사실이 필요하다(대판 2003.6.27, 2003다20190).

㉡ 매수인은 계약의 해제나 손해배상을 청구하지 않고 그에 갈음하여 하자 없는 완전한 물건의 급부를 청구할 수도 있는데(제581조 제2항), 이 완전물급부청구권 역시 6개월 내에 행사되어야 한다. 한편 상인 간의 매매에 대해서는 상법 제69조의 특칙이 적용된다. 따라서 매수인이 하자 또는 수량의 부족을 발견한 경우에는 즉시 매도인에게 통지하여야 한다.

【판 례】

* 대판 2003.6.27, 2003다20190 … 표고버섯 종균에 하자가 존재하는 사실을 알았다고 하기 위하여는 종균을 접종한 표고목에서 종균이 정상적으로 발아하지 아니한 사실을 알았다는 것만으로는 부족하고, 종균이 정상적으로 발아하지 아니한 원인이 바로 종균에 존재하는 하자로 인한 것임을 알았을 때라야 비로소 종균에 하자가 존재한다는 사실을 알았다고 볼 것이다.
* 대판 2011.10.13, 2011다10266 … 목적물의 하자에 따른 매도인에 대한 하자담보책임에 기한 손해배상청구권에 대하여는 민법 제582조의 제척기간이 적용되고, 이는 법률 관계의 조속한 안정을 도모하고자 하는 데에 그 취지가 있다.

5) 채권 매도인의 담보책임

① 의 의

채권이 매매의 목적이 된 경우에 채권의 목적 실현을 불가능하게 하거나 방해하는 흠을 채권의 하자라고 할 수 있다. 즉 매매의 목적인 채권에 하자가 있으면, 그 유형에 따라 담보책임이 적용된다. 예컨대 채권이 매도인에게 귀속하지 않기 때문에 그 이전이 불가능하다면 민법 제570조(타인권리매매에 의한 담보책임)가 적용되며, 매매당시 전제된 담보권이나 보증이 존재하지 않는 경우(존재하여야만 하는 권리가 존재하지 않은 경우)에는 민법 제575조 제2항(제한물권에 의한 하자담보책임)이 적용된다.

② 담보책임의 내용(채무자의 자력기준시기)

㉠ 이미 변제기에 도달한 채권을 양도하면서 채무자의 자력을 담보한 매도인은 '매매계약 당시의 채무자의 자력'을 담보한 것으로 추정된다(제579조 제1항). 따라서 계약의 성립 후에 채무자의 자력이 감소하여 매수인이 변제를 받지 못하게 되더라도 매도인은 책임을 지지 않는다.

㉡ 아직 변제기가 도래되지 않은 채권을 양도하면서 매도인이 채무자의 장래의 자력을 담보하는 특약을 한 때에는 '변제기에 있어서의 채무자의 자력'을 담보한 것으로 추정된다(제579조 제2항). 이 경우 변제기에 채무자가 변제자력이 없는 경우에 채무자를 대신해서 매도인이 그 손해를 배상하는 것이다. 따라서 매수인은 먼저 채무자에게 청구하고, 자력부족으로 받지 못한 때에 매도인에게 손해배상을 청구하게 된다. 책임의 범위는 담보한 시기에 있어서의 채권액(이자가 포함됨은 물론이다)이다.

6) 경매에서의 담보책임

① 서 언

민법은 경매목적물의 하자로부터 매수인(경락인·낙찰인)을 보호하기 위하여 민법 제578조와 제580조 제2항에서 특칙을 두어 경매의 특수성에 따른 담보책임을 정하고 있다. 즉 매수인이 경락의 목적인 재산권을 완전히 취득할 수 없을 때에 매매의 경우에 준하여 매도인의 위치에 있는 경매의 채무자나 채권자에게 담보책임을 부담시켜 매수인을 보호하고 있다(제578조, 제580조). 그러나 경매절차 자체가 무효인 경우에는 경매의 채무자나 채권자의 담보책임은 인정되지 않는다(대판 2004.6.24, 2003다59259 참고).

② 담보책임의 적용범위

경매에 있어 적용되는 담보책임은 권리의 하자(제570조~제577조)에 대해서만 인정되고 물건의 하자에 대해서는 하자담보책임을 지지 않는다(제580조 제1항, 제2항). 다만 채무자나 채권자는 물건의 하자를 알고도 고지하지 않은 경우에는 담보책임을 면할 수 없다(제578조 제3항). 또한 경매는 국가기관이 법률에 의하여 행하는 민사집행법에 의한 통상의 강제경매(민사집행법 제80조 이하)와 담보권실행경매(민사집행법 제264조 이하), 그리고 국세징수법에 의한 경매(국세징수법 제67조)인 공경매를 말한다.

③ 담보책임의 순서

경매된 목적물이 권리의 전부 또는 일부가 타인에게 속하거나, 그 권리가 부족 또는 제한을 받고 있는 경우에는 제1차적으로는 '채무자'가, 그리고 2차적으로는 '대금의 배당을 받은 채권자'가 각각 매수인(경락인·낙찰인)에 대하여 담보책임을 부담한다(제578조, 제570조 내지 제577조 참조).

㉠ 제1차적 책임자

ⓐ 매수인은 매도인의 지위에 서는 매매목적물의 권리자, 즉 '채무자'에 대하여 낙찰을 받은 권리에 하자가 있는 모든 경우에 매매계약을 해제하거나 또는 대금감액을 청구할 수 있다(제578조 제1항). 민법 제578조 제1항이 '채무자'에게 1차적 책임을 부담케 하는 것은 채무자가 그 권리를 매수인에게 이전하여야 할 지위에 있기 때문이다.

ⓑ 물상보증인이 제공한 담보물이 낙찰된 경우에 하자담보 책임의 주체(물상보증인이 제공한 담보물이 경매된 경우 그 하자담보책임의 주체가 채무자인가? 물상보증인인가? 의 견해가 대립한다), 즉 권리를 이전해야 할 지위에 있는 물상보증인이 책임의 주체라는 견해(곽윤직 152면, 김증한·김학동 285면, 김준호1619면)와 물상보증인은 낙찰 당시 목적물의 가치의 한도에서 물적 유한책임을 지기 때문에 채무자가 책임의 주체가 되어야 한다는 견해(김상용 219면, 김주수 219면, 김형배 1375면)가 있다. 판례는 경매도 매매의 범주에 속하는 것이고, 또 물상보증인은 채무자에 대해 구상권

을 가지므로, 그에게 과중한 부담을 지운다고 볼 수도 없으므로 물상보증인이 담보책임의 주체라고 한다(대판 1988.4.12, 86다카2641).

【판 례】

* 대판 1988.4.12, 86다카2641 … 민법 제578조 제1항의 채무자에는 임의경매에 있어서의 물상보증인도 포함되는 것이므로, 매수인(낙찰인·경락인)이 그에 대하여 적법하게 계약해제권을 행사했을 때에는 물상보증인은 매수인에 대하여 원상회복의무를 진다.

㉡ 제2차적 책임자

제1차로 책임을 지는 채무자가 무자력인 때에는, '대금의 배당을 받은 채권자'가 제2차적인 책임자로 된다. 따라서 매수인은 그러한 채권자에 대하여 대금의 전부나 일부의 반환을 청구할 수 있다(제578조 제2항). 이 경우 채권자의 책임은 배당받은 금액을 한도로 하며, 매수인의 채권자에 대한 청구는 제1차적 책임자인 채무자에 대하여 해제권 또는 대금감액청구권을 행사한 뒤에 채무자가 무자력임을 증명한 때에만 할 수 있다고 해석하여야 한다(제578조 제2항의 제한적 해석 필요).

④ 손해배상청구권

일반담보책임에서는 매수인이 선의라면 손해배상이 인정되지만(제570조 참조), 경매에서의 담보책임은 손해배상이 예외적으로만 인정된다. 즉 채무자가 '물건 또는 권리의 흠결을 알고 고지하지 아니하거나' 채권자가 '이를 알고 경매를 청구한 때'에는 매수인(경락인, 낙찰인)은 그 물건 또는 권리의 흠결로 인한 손해를 채무자나 채권자에게 배상하도록 청구할 수 있다(제578조 제3항; 대판 2003.4.25, 2002다70075 참고). 이 경우 채무자·채권자가 모두 고지의무를 위반한 때에는 매수인에 대하여 연대책임을 진다고 해석된다(곽윤직 153면; 대판 1996.7.12, 96다7106 참고).

【판 례】

* 대판 2003.4.25, 2002다70075 … 선순위 근저당권의 존재로 후순위 임차권이 소멸하는 것으로 알고 부동산을 낙찰 받았으나, 그 후 채무자가 후순위 임차권의 대항력을 존속시킬 목적으로 선순위 근저당권의 피담보채무를 모두 변제하여 근저당권을 소멸시키고도 낙찰자에게 고지하지 않아 낙찰자가 그 사정을 알지 못한 채 낙찰대금을 지급하였다면, 채무자는 민법 제578조 제3항의 규정에 의하여 낙찰자가 입게 된 손해를 배상할 책임이 있다.

* 대판 1996.7.12, 96다7106 … 경매 목적물에 대항력 있는 임차권이 존재하는 경우에 매수인(낙찰인·경락인)이 이를 알지 못한 때에는 매수인은 이로 인하여 계약의 목적을 달성할 수 없는 경우에 한하여 위 계약해제와 함께 또는 이와 별도로 경매목적물에 위와 같은 흠결이 있음을 알고 고지하지 아니한 채무자나 이를 알고 경매를 신청한 채권자에게 손해배상을 청구할 수 있다.

⑤ 권리행사기간

매수인(경락인·낙찰인)의 권리, 즉 해제권·대금감액청구권·손해배상청구권은 경매와 매도인의 담보책임에 관한 민법 제578조에 의하여 제573조·제574조·제575조가 준용되기 때문에 모두 1년의 제척기간에 걸린다(제578조 제1항 참조).

7) 담보책임과의 관련문제

① 담보책임과 동시이행

㉠ 동시이행의 항변권에 관한 민법 제536조(동시이행의 항변권)의 규정은 제572조 내지 제580조 및 제581조의 경우에 준용한다(제583조). 위의 각 경우에 따라 계약이 해제되는 경우 매수인은 매도인에게 지급한 대금이 있으면 그 일부나 전부의 반환 또는 손해배상금의 지급을 받게 된다. 반면에 매도인으로부터 수령한 것이 있으면 대가적 균형을 유지하는 범위에서 이를 반환해야 한다.

㉡ 민법 제583조(담보책임과 동시이행)에 의하여 두 당사자가 부담하는 의무는 하나의 쌍무계약에서 발생한 것은 아니지만 담보책임제도가 매매당사자 사이의 대가적 관계의 균형을 유지하는 것을 그 기본취지로 하고 있으므로, 그 이행에 관하여 동시이행의 견련성을 인정하는 것이 공평하다.

② 담보책임에 관한 특약

㉠ 면책특약의 인정

매도인의 담보책임에 관한 규정은 매매당사자 사이의 대가적 이해관계의 균형을 조정하는 것을 목적으로 하는 제도(보충적 규정)이지, 거래의 안전 또는 공공의 질서를 유지하는 것을 목적으로 하는 강행규정은 아니다. 따라서 당사자의 의사에 의하여 민법규정(제569조~제583조에 규정된 담보책임)의 적용을 배제하는 취지의 특약을 매수인과 체결할 수 있다.

㉡ 면책특약의 제한

면책특약에 의하더라도 당사자 사이의 신의칙에 반하는 행위를 정당화하는 것은 허용되지 않는다. 민법은 담보책임면제의 특약에 대하여 두 가지의 기준을 세워 제한하고 있다.

ⓐ 매도인이 알고 고지하지 아니한 사실

매도인이 알고 고지하지 아니한 사실이라 함은 담보책임의 요건이 되는 하자의 존재를 말한다. 예컨대 매매의 목적인 권리의 전부 또는 일부가 타인에게 속한다는 사실(제570조~제573조 참조), 수량이 부족하다거나 일부멸실되었다는 사실(제574조 참조), 제한물권이 설정되어 있다는 사실(제575조~제577조 참조), 물건에 하자에 존재한다는 사실(제580조~제582조 참조) 등을 알고 있으면서도 고지하지 않은 때에는 매도인이 책임을 면할 수 없다(제584조 참조).

ⓑ 제3자에게 권리를 설정 또는 양도행위

매도인이 목적물의 전부 또는 일부를 제3자에게 양도했거나(제569조 이하 참조), 또는 매매의 목적물 위에 제한물권을 설정했음에도 불구하고 매수인에게 대하여 담보책임을 부담하지 않겠다는 특약을 하는 것은 신의칙에 위반하는 행위이므로 이와 같은 특약은 무효라고 해야 한다(제584조 참조).

(4) 매수인의 의무

1) 대금지급의무

① 의 의

매수인은 매도인의 재산권이전에 대한 반대급부로서 대금지급의무를 부담한다(제568조 제1항). 이러한 대금지급의무는 매수인의 가장 중심적인 의무로써 대금지급시기나 장소 등은 당사자의 특약 또는 관습에 의하여 정하여지는 것이 보통이지만 민법은 이에 대하여 다음과 같은 보충규정을 두고 있다(제585조~제589조).

② 대금지급시기

㉠ 대금지급시기는 당사자의 특약 또는 관습에 의하여 정해지는 것이 보통이지만, 매매의 당사자 일방에 대한 의무이행의 기한이 있는 때에는 상대방의 의무이행에 대하여도 동일한 기한이 있는 것으로 추정한다(제585조). 목적물의 인도와 대금지급은 동시에 교환적으로 행하여지고 목적물을 받을 때까지는 대금도 지급하지 않는 것이 보통이기 때문이다.

㉡ 목적물의 인도와 대금지급의 그 어느 것에 관하여서도 기한의 약정이 없을 때에는 특별한 사정이 없는 한, 당사자는 계약이 성립한 후에는 언제든지 상환으로 이행할 것을 청구할 수 있다고 해석하여야 한다(제387조 제2항 참조). 물론 이 경우에도 각 당사자(매도인, 매수인)는 동시이행의 항변권을 주장할 수

있다.

③ 대금지급장소

매매의 목적물의 인도와 동시에 대금을 지급할 경우에는 그 목적물의 인도장소에서 이를 지급하여야 한다(제586조). 그러나 목적물인도와 동시에 대금을 지급하는 것이 아닐 때에는 매도인(채권자)의 현주소에서 하여야 한다(제467조 제2항).

④ 대금의 이자

목적물의 인도와 대금의 지급이 동시이행관계에 있는 한 대금의 지급기한이 지났더라도 목적물의 인도가 없으면 매수인은 이자를 지급할 필요가 없다(제587조 2문). 마찬가지로 매수인이 대금지급을 지체하고 있는 한 매도인도 목적물의 과실을 수취할 수 있다(제578조 1문 참조). 다만 매수인이 대금지급에 관하여 선이행의무를 지는 때에는 기한이 지난 때부터 이자를 지급해야 할 것이다(제587조 3문 참조).

⑤ 대금지급거절

㉠ 대금지급거절의 의의

민법은 매매의 목적물에 대하여 권리를 주장하는 자가 있음으로써 매수인이 매수한 권리의 전부나 일부를 잃을 염려가 있는 때에는 매수인은 그 위험의 한도에서 대금의 전부나 일부의 지급을 거절할 수 있다고 규정하고 있다(제588조 본문; 대판 2006. 10.26, 2004다24106 · 24113). 대금지급거절권은 매매계약을 체결하였으나 매도인에게 매매의 목적물을 인도할 자력이 없으면 매수인은 사실상 구제받을 수 없게 되므로 '사전에' 대금의 지급을 거절할 수 있게 함으로써 사후에 발생(목적물 인도불능에 따른 계약금 반환)될 수 있는 문제를 방지하는 것이다.

㉡ 대금지급거절의 요건

ⓐ 매매계약이 체결된 후 목적물에 대하여 권리를 주장하는 제3자가 있어야 한다. 여기서 제3자가 주장하는 권리에는 소유권뿐만 아니라 저당권과 같은 담보권도 포함된다고 해석하고 있다(대판 1996.5.10, 96다6554).

ⓑ 매수한 권리의 전부나 일부를 잃을 염려가 있어야 한다(대판 2006.10.26, 2004다24106 · 24113). 여기서 '매수한'이라는 말은 매매계약을 체결한 것을 뜻한다. 따라서 매도인이 선이행을 함으로써 매수인이 이미 인도나 이전등기를 받은 경우에도 그 목적물에 대하여 제3자가 소송을 제기함으로써 취득한 점유나 등기명의를 잃을 객관적 위험성이 있는 때에는 민법 제588조(권리주장자가 있는 경우와 대금지급거절권 행사)가 유추적용된다고 본다. 즉 매도인의 선이행이 있고 매수인이 아직 대금을 전부 지급하지 아니한 경우를 전제조건으로 한다.

㉢ 대금지급거절의 효과

ⓐ 매수인은 그 위험의 한도내에서 대금의 전부나 일부의 지급을 거절할 수 있다(제588조 본문). 그러나 매도인이 상당한 담보를 제공한 때에는 거절권을 행사할 수 없다(제588조 단서). 즉 매도인이 상당한 담보를 제공하는 경우에 매수인은 대금을 지급해야 한다.

ⓑ 매수인이 대금지급거절권을 행사할 때에는 매도인은 매수인에 대하여 대금의 공탁을 청구할 수 있다(제589조). 유의할 점은 권리를 잃을 위험성이 제거되지 않았더라도 매도인의 청구가 있으면 매수인은 대금을 공탁하지 않으면 안되나, 매도인이 공탁금을 수령할 수 있는 것은 매수인이 권리를 잃을 염려가 없게 된 때에 한한다. 또한 민법 제588조(대금지급 거절권)의 항변권은 일시적 지급거절의 효력을 가지는 데 지나지 않으므로 매도인이 매매목적물에 대한 추탈의 위험성(제3자가 저당권을 설정하거나 소유권을 주장하는 경우 등이다)을 제거하면 대금지급거절권의 효력은 소멸한다.

2) 목적물수령의무

① 민법상 의무

매수인은 매도인이 제공한 목적물을 수령할 의무가 있는가에 관하여 현행 민법에는 아무런 규정은 없다. 구체적으로 말하자면 매수인은 원칙적으로 목적물의 인도에 관하여 채권을 가질 뿐이고, 이를 '수령'해야 할 의무를 부담하지는 않는다. 채권자는 일반적으로 수령의무를 부담하지 않기 때문이다.

② 신의칙상 의무

매매는 단순한 권리 · 의무의 대립관계가 아니라 공동목적을 달성하기 위하여 서로 협력하여야 할 유기적 관계이므로, 신의칙상 매수인의 목적물수령의무를 인정하는 것이 타당하다고 본다. 더욱이 매매에서는 도급 · 임치의 경우처럼 신의칙상 매수인의 '수취의무'가 인정될 수 있다(곽윤직 158면, 김형배 1344면).

4. 환매와 재매매의 예약

(1) 환 매

1) 환매의 의의

환매라 함은 매매계약을 체결하면서 매도인이 매수인에 대하여 매매계약과 동시에 특약으로써 환매권을 유보한 경우에 환매기간 안에 환매권을 행사하여 매매의 목적물을 다시 찾는 것으로, 채권담보의 경제적 금융기능을 가지는 것을 말한다(제590조). 예컨대 매매계약을 하면서 환매권을 유보하는 특약을 하고 매도인이 금전을 차용하면서 그 담보로 주택(부동산)의 소유권을 매수인에게 이전하는 것이 된다. 그리고 일정기간 안에 소요된 비용(매매비용, 계약비용)을 반환하고, 그 주택을 환매함으로써 주택소유권을 다시 찾아올 수 있게 된다.

2) 환매계약의 내용

① 환매권보유의 특약

㉠ 환매권을 유보하는 특약은 매매계약과 동시에 행해져야 한다(제590조). 따라서 매매계약 후에 환매에 관한 특약을 한 경우에는 환매로서의 효력은 무효이지만, 재매매의 예약으로서의 효력은 유효하다. 한편 매매계약과 동시에 행하여진 환매의 특약은 후에 그 특약만을 변경하는 것도 가능하다고 해석된다.

㉡ 환매의 특약을 매매계약과 분리하여 '합의해제'하는 것도 가능하다. 또한 환매의 특약은 매매계약이 무효·취소되면 효력을 잃게 되는데, 환매는 매매계약에 종된 계약이기 때문이다.

② 환매특약의 등기

매매의 목적물이 부동산인 때에는 매매등기와 동시에 환매권의 유보를 등기할 수 있고, 등기한 때에는 제3자에 대하여 그 효력이 있다(제592조). 즉 환매특약의 등기는 매수인의 권리취득(소유권 이전등기)에 이를 부기등기의 형식으로 행한다(부동산등기법 제52조).

③ 환매의 목적물

구민법은 환매의 목적물을 부동산에 한정하였으나(구, 민법 제579조), 현행민법은 그러한 제한을 두고 있지 않다. 따라서 환매의 목적이 될 수 있는 물건은 동산·부동산을 가리지 않으며, 그 밖의 재산권(예컨대 채권, 지식재산권)에 관하여서도 환매의 특약을 할 수 있다. 다만 부동산인 경우에는 이를 제3자에게 대항하기 위해서는 등기를 요한다(제592조).

④ 환매의 대금

㉠ 환매권자는 그가 수령한 매매대금과 매수인이 부담한 매매비용을 반환하고 목적물을 환매할 수 있다(제590조 제1항). 다시 말해서 환매의 대금은 매매대금과 계약비용의 합산액을 초과해서는 안 되는 것이 원칙이나, 당사자 사이에 특약이 있으면 그 약정에 의한다(제590조 제2항).

㉡ 매도인이 환매대금을 매수인에게 반환할 때, 그 합산금액의 범위는 당초

의 매매대금과 그 매매대금에 대한 적정한 이자액(제103조 및 제104조에 의한 적정이자액) 및 계약비용을 초과할 수 없다고 해석해야 한다(제607조, 제608조 유추적용 해석). 따라서 민법 제590조 제2항은 제한적으로 해석하여야 하며, 합산액을 지나치게 초과한 부분은 무효라고 본다.

㉢ 매수인이 목적물을 환매에 의한 반환이 있을 때까지 용익하여 얻은 과실은 특별한 약정이 없으면 매도인이 수령한 대금의 이자와 상계한 것으로 본다. 그러나 특약이 있을 때에는 이에 의한다(제590조 제3항).

④ 환매의 기간

㉠ 환매기간은 부동산은 5년, 동산은 3년을 넘지 못한다. 약정기간이 이 기간을 넘는 때에는 부동산은 5년, 동산은 3년으로 단축되며, 이를 다시 연장하지 못한다(제591조). 따라서 환매기간 연장의 특약은 무효이다.

㉡ 환매기간을 정하지 아니한 때에는 그 기간은 부동산은 5년, 동산은 3년으로 한다(제591조 제3항). 동산·부동산 이외의 재산권의 환매기간에 대해서는 그 권리의 성질에 비추어 부동산 또는 동산에 관한 규정을 유추적용해야 할 것이다.

㉢ 환매기간은 환매특약이 성립한 때(환매계약 성립시)부터 기산된다. 따라서 일정한 거치기간의 경과 후에 환매할 수 있다는 특약(시기부 특약)을 한 때에도 민법 제591조의 환매기간은 환매특약이 있는 때부터 기산된다(통설).

3) 매수인의 권리와 의무

① 매수인의 권리

원매매(原賣買)에 의하여 매수인에게 목적물이 인도되고 소유권이 이전되는 경우에 매수인은 목적물을 사용·수익할 수 있는 권리를 가진다.

② 매수인의 의무

㉠ 환매권을 매도인에게 유보시킨 매수인은 매도인이 환매권을 행사할 때까지 환매권이 유보된 매매계약상의 채무로서 목적물에 대한 선량한 관리자로서의 주의의무(주의·보존 선관의무)를 부담한다. 따라서 목적물의 정상적인 용도를 벗어난 이용으로 인하여 목적물의 상태를 훼손시킨다거나, 반환을 불가능하게 하거나, 또는 목적물 자체를 중대하게 변형시켜서는 안 된다.

㉡ 매수인이 환매특약이 등기된 목적물을 제3자에게 처분한 때에 그 처분행위는 유효하지만, 환매특약 등기의 효력이 제3자에게 미치므로 매도인이 소유권(환매권한)을 상실하지는 않는다. 한편 환매특약을 등기하지 않은 상태에서 목적물을 제3자에게 처분한 경우 매수인은 매도인의 환매권 행사가 있는

때에 제3자의 권리를 제거할 의무를 부담한다. 이 경우 제3자의 권리를 제거하는 것이 불가능한 때에는 손해배상책임을 면할 수 없다(대판 1990.12.26, 90다카16914 참고).

【판 례】

* 대판 1990.12.26, 90다카16914 … 환매특약부매매의 매도인이 환매기간 내에 매수인에게 환매의 의사표시를 하였더라도 그 환매에 의한 권리취득의 등기를 함이 없이는 부동산에 가압류집행을 한 자에 대하여 이를 주장할 수 없다.

4) 환매권의 양도

① 매도인의 환매특약상의 지위, 즉 매도인은 '환매권'을 제3자에게 양도할 수 있다(제450조 참조). 환매권의 양도는, 환매권이 부기등기로 공시되므로(부동산등기법 제52조) 그 양도에 따른 이전등기로서 이전의 부기등기를 행한다. 이 경우 유의할 점은 매수인에 대한 통지나 매수인의 승낙(제450조 참조)은 필요하지 않다. 한편 환매권이 등기되어 있지 않은 때에는 매도인(양도인)이 매수인(환매의무자)에게 통지하거나 매수인의 승낙이 있은 때 양수인에게 대항력이 갖추어진다(제450조).

② 매도인과 매수인 사이에서 환매특약을 합의해제한 경우라도 매수인이 환매특약의 말소등기를 하지 않는 한, 그 후 환매권의 이전등기를 받은 제3의 양수인(환매권을 취득한자)에게 매수인은 대항할 수 없다.

5) 환매권의 행사

① 매도인에 의한 행사

㉠ 환매권은 형성권이므로 매도인(또는 환매권을 양수한 자)이 매수인에 대하여 환매기간 내에 의사표시를 행사하여야 하며(제591조 참조), 환매권을 행사함에 있어서 조건을 붙일 수 없다. 한편 환매권이 등기된 부동산에 대하여 제3자가 소유권을 전득한 경우, 매도인은 그 전득자에 대하여 환매의 의사표시를 하면 된다(제594조 참조).

㉡ 매도인은 상당한 기간을 정하여 '환매권의 행사를 미리 예고'해야 한다고 해석된다. 특히 환매기간을 정하지 아니한 경우에는 더욱 그러하다. 왜냐하면 갑자기 환매권을 행사하여 지체 없이 목적물(주택, 점포, 농지 등)의 인도와 등기의 이전을 요구하는 것은 매수인을 곤란에 빠뜨리기 때문이다. 환매권 행사시 매도인은 대금과 매매비용을 환매의무자(매수인 또는 제3의 전득자)에게 제공해야 한다(제594조).

② 환매권의 대위행사

환매권은 일신전속권이 아니며 재산적 가치가 있는 권리이므로 매도인의 채권자가 그의 채권의 확보를 위하여 이를 대위행사할 수 있다(제404조 참조). 예컨대 매도인(환매권자)의 채권자가 매도인을 대위하여 환매하고자 하는 때에는 매수인은 법원이 선정한 감정인의 평가액에서 매도인이 반환할 금액(매수인에게 반환해야 할 환매대금)을 공제하고 그 잔액으로 매도인의 채무를 변제한 다음, 그래도 잉여액이 있으면 이를 매도인에게 지급하여 환매권을 소멸시킬 수 있다(제593조).

③ 공유지분의 환매

㉠ 민법은 공유자의 지분처분의 자유와 관련하여 '환매특약 후 환매권 행사 전'에 공유물이 분할되는 경우를 대비하여 특칙을 두고 있다(제595조). 즉 공유자의 1인이 환매할 권리를 유보하고 그의 지분을 매도(환매권 보유매매)한 후에 그 목적물이 협의 또는 경매에 의하여 분할된 경우(제269조 참조)에 매도인은 매수인이 받은 대금(가격분할·가격배상) 또는 받을 부분(현물분할)에 대하여 환매권을 행사할 수 있다.

㉡ 분할이나 경매가 있으면 매수인은 그 사실을 곧 매도인에게 통지하여야 한다. 따라서 이러한 통지를 하지 않은 경우 매수인은 그 분할이나 경매로써 매도인에게 대항하지 못한다(제595조 단서). 즉 환매권자(매도인)는 분할이나 경매가 없었던 것처럼 공유지분을 환매할 수 있고(환매권이 등기되어 있어야 함), 이 경우에는 종국적으로 분할이나 경매는 효력을 상실하게 된다(통설).

6) 환매권행사의 효과

① 환매권은 형성권이다(통설). 즉 환매권자(매도인)는 환매기간 내에 일방적 의사표시에 의하여 환매대금과 상환으로 매매목적물의 소유권을 환매권자에게 이전하여야할 환매의무자(매수인)의 의무를 발생시키게 된다. 따라서 매도인의 환매의 의사표시에 의하여 환매관계가 유효하게 성립하므로, 새로운 매매계약의 체결 없이 매도인은 매수인에 대하여 목적물의 인도와 소유권이전을 요구할 수 있다.

② 매수인이 수익한 목적물의 과실과 매도인이 영수(수령)한 대금의 이자는 특별한 약정이 없으면 상계한 것으로 본다(제590조 제3항). 그러나 매수인이나 전득자가 목적물에 대하여 비용(필요비 또는 유익비)을 지출한 때에는 매도인은 민법 제203조(점유자의 상환청구권)의 규정에 의하여 그 비용을 상환하여야 한다. 다만 유

익비에 대하여는 법원은 매도인의 청구에 의하여 상당한 상환기간을 허락해 줄 수 있다(제594조 제2항).

7) 환매권의 소멸

① 환매권은 환매기간의 경과 · 당사자의 합의(환매권의 합의해제) 등으로 소멸하는 외에 채권자의 대위행사 · 목적물의 멸실에 의하여도 소멸한다. 이 경우 목적물의 멸실에 매수인의 귀책사유가 있는 경우에는 손해배상책임이 문제될 수 있다.

② 환매대금을 반환하지 못하여 환매권을 행사할 수 없게 된 경우에는 '가등기담보 등에 관한 법률'에 따라 실질적인 담보관계가 청산되어야 한다. 따라서 청산귀속형에 의하든 처분청산형에 의하든 반환할 금액(환매대금)을 제공하고 잉여금액을 환매권자(매도인)에게 반환함으로써 환매관계가 청산(소멸)된다.

(2) 재매매의 예약

1) 재매매예약의 의의

재매매의 예약이라 함은 매도인이 어떤 물건 또는 권리를 매수인에게 매각한 후 다시 그 물건이나 권리를 매수인으로부터 매수할 것을 예약하는 것으로서, 그 예약이 환매의 요건을 갖추지 못한 경우를 말한다. 재매매의 예약도 예약이므로 특약이 없는 한 일방예약에 관한 민법 제564조가 적용된다.

2) 재매매예약의 내용

① 예약완결권의 행사

재매매의 예약에 따른 예약완결권을 행사함에 있어 특약이 없는 한 대금의 제공 없이도 예약완결권을 행사할 수 있다(통설). 이 경우 재매매의 대금은 제한이 없으므로 당사자가 자유로이 정할 수 있으나 민법 제607조 및 제608조가 적용된다는 것이 일반적 견해이다. 따라서 재매매예약 당시의 대금(금액)과 그 이자의 합산액을 넘지 못하며, 당사자 일방인 매도인(차주)에게 불리한 특약을 하는 것은 무효라고 본다.

② 예약완결권의 등기

㉠ 목적물이 부동산인 경우에 환매에 관해서는 매매등기와 동시에 환매권의 유보를 등기(부기등기)할 수 있으나(제592조), 재매매의 예약에 관해서는 환매등기와 같은 규정이 없으므로 매매등기를 한 후 별도의 일반청구권의 보전

(소유권이전청구권을 보전하는 가등기)을 위한 가등기를 할 수 있을 뿐이다(부동산등기법 제88조, 제3조).

㉡ 재매매의 예약완결권의 목적물이 제3자에게 양도된 경우에 예약권자는 매수인에 대하여 예약완결권을 행사하고, 그에 따라 본등기가 되면 제3자의 등기는 부동산등기법 제29조 제2호의 '사건이 등기할 것이 아닌 때'에 해당하게 되어 말소된다(대판 1966.6.21, 66다699; 대판 1980.6.3, 80마219).

③ 재매매의 기간

민법상 재매매의 존속기간에 대한 제한규정이 없으므로 예약완결권의 존속기간은 당사자가 자유로이 결정할 수 있다고 한다. 다만 예약완결권은 형성권이므로 제척기간에 걸리는 것으로 해석하여 그 행사기간을 10년으로 제한하는 것이 타당할 것이다(제162조 참조).

④ 예약완결권의 양도성

재매매의 예약완결권도 환매권과 마찬가지로 제3자에게 양도가 가능하다. 예약완결권이 가등기되어 있는 때에는 가등기이전의 부기등기를 하여야 한다(부동산등기법 제52조 제2호). 한편 예약완결권이 가등기되어 있지 않은 경우 또는 등기가 필요하지 않은 경우에는 매수인에 대한 통지 또는 매수인의 승낙이 있는 때에 양도는 대항요건을 갖추게 된다(제450조 참조).

⑤ 목적물의 멸실

재매매의 목적물이 멸실되면 환매의 경우와 마찬가지로 예약완결권도 소멸된다. 이 경우 매수인은 목적물에 대한 선량한 관리자로서의 주의의무를 부담하므로 목적물의 멸실에 대하여 매수인의 귀책사유가 있는 때에는 손해배상책임이 발생한다.

3) 환매와 재매매예약의 관계

① 환매와 재매매예약의 같은 점

㉠ 경제적 기능과 법적성질

환매나 재매매의 예약은 목적물 이전의 형식에 의하여 금전소비대차라는 경제적 목적을 달성하며, 일정한 기간 내에 환매권 및 예약완결권을 행사하여 매각한 목적물의 소유권을 다시 찾을 수 있다는 공통점을 갖는다. 또한 환매권이나 예약완결권은 그 작용 면에서 보면 모두 형성권이며, 내용 면에서 보면 물권적 취득권의 성질을 갖는 재산권으로서의 성질을 갖고 있다.

㉡ 목적물의 양도와 공시성

환매권이나 재매매의 예약완결권은 모두 양도성이 있으며, 양자 모두 동산·부동산을 묻지 않는다. 이 경우 목적물이 멸실한 때에는 환매권이나 재매매의 예약완결권은 소멸함이 원칙이다. 또한 목적물이 부동산인 경우 양자 모두 등기를 제3자에 대한 대항요건으로 하고 있다.

② 환매와 재매매예약의 다른 점

㉠ 목적물의 복귀

환매는 환매권의 행사에 의하여 당초의 매매계약 자체가 해소되고 그 효과로서 목적물이 원상회복을 내용으로 매도인에게 복귀되는 데 반하여, 재매매예약은 매도인의 예약완결권행사에 의하여 새로운 매매계약이 성립하고 그 효과로서 목적물이 다시 매도인에게 복귀된다는 점이 다르다.

㉡ 대금과 기간

환매의 경우는 당초의 매수인이 부담한 매매대금과 매매비용에 한정됨이 원칙이나 재매매예약에는 아무런 제한이 없다. 그러나 양자 모두 특약에 의하여 대금의 약정이 있으면 그에 의한다(제590조 제2항 참조). 또한 환매기간은 부동산은 5년, 동산은 3년이나(제591조), 재매매예약에 관해서는 민법상 아무런 제한이 없다. 다만 재매매예약의 경우 형성권이므로 그 예약완결권의 행사기간은 10년 이내에 행사되어야 한다(제162조 참조).

㉢ 등기의 종류

환매나 재매매의 목적물이 부동산인 경우 제3자에 대항하기 위하여 등기를 필요로 하나, 그 구체적인 방법에 있어서 차이가 있다. 즉 환매의 경우에는 매매에 의한 소유권이전등기에 환매권의 특약을 부기등기하는데 반하여(부동산등기법 제52조 제6호), 재매매예약의 경우에는 소유권 이전등기 후 그 등기에 일반청구권을 목적으로 하는 가등기를 한다(부동산등기법 제88조, 제3조).

참 고 **환매와 재매매예약의 비교**

구 분	환 매	재매매예약
목적물	부동산 뿐만 아니라 동산·채권·지식재산권 등에도 인정된다.	
특약시기	매매계약과 동시에 하여야 한다.	제한이 없다. 즉 매매계약과 동시 또는 그 후에 하여도 무방하다.
대 금	매매대금과 매매비용으로 한다. 그러나 대금에 대해서 다른 특약이 있으면 그에 의한다. 그러나 특약의 범위도 민법 제607조와 제608조의 제한을 받는다.	재매매의 대금은 당사자가 자유로이 정할 수 있다. 그러나 민법 제607조가 유추적용된다고 해석한다. 그런 점에서 환매의 경우와 차이가 없다.

존속기간	부동산 5년, 동산 3년으로 제한된다.	당사자가 자유로이 특약할 수 있다. 단, 예약완결권은 형성권이므로 10년의 제척기간이 경과하면 소멸된다.
등기유형	부동산인 경우 매매등기와 동시에 환매권의 유보를 부기등기하는 것이 인정된다. 이 등기로 매도인은 제3자에게 대항할 수 있다.	등기에 관한 규정이 없고 일반청구권의 보전 문제로서 소유권이전청구권을 보전하는 가등기를 할 수 있다. 이 등기로 제3자에게 대항할 수 있다.
양도성	환매권과 재매매예약완결권 모두 양도할 수 있다.	

5. 특수한 매매

(1) 서 설

① 매매는 대금과 상환으로 물건 또는 권리를 당사자 사이에서 이전하는 계약을 지칭하는 것이지만, 오래전부터 특별한 모습으로 행하여지는 매매(계속적공급계약, 할부매매, 방문판매, 통신판매 등)가 통상적인 매매와 구별되는 가운데 행하여지고 있다. 이들은 계약의 교섭 및 계약방법, 계약의 성립요건, 목적물의 품질결정방법, 대금의 결제방법, 목적물의 이행방법 등에서 여러 가지 특징을 가진 유형이 있는데, 이것들을 총칭하여 '특수한 매매'라고 한다.

② 다음에서는 특수한 매매 중에서 '계속적 공급계약'과 소비자보호를 위한 특별법들이 적용되는 '할부매매'·'방문 또는 전화권유판매'를 중심으로 살펴보기로 한다.

(2) 계속적 공급계약

1) 의 의

계속적 공급계약은 목적물의 '이행방법'에서 특수성을 지니고 있다. 즉 일정한 종류의 물건을 일정한 기간 또는 불특정기간(수요가 있을 때까지) 계속해서 공급할 것을 내용으로 하는 매매계약으로서, 각각의 급부가 분할적·독립적으로 행해진다. 예컨대 가스·수도·전기 등의 공급계약이 대표적인 예라고 하겠다.

2) 분할공급계약과의 구별

계속적 공급계약은 그 공급량과 대금(총금액)이 확정되어 있지 아니하다. 반면 분할공급계약에서는 매매목적물이 처음부터 확정되어 있어 일정량의 물건이 그 대상이 된다. 다만 그 특정된 일정량을 나누어서 각 분량을 각각 다른 시점에 공급하기로 하는 계약이다. 따라서 분할공급계약은 이행행위의 방법이 특이한 하나의 매매에 해당할 뿐이고(사과 100상자를 매매한 후 매일 5상자씩 나누어 공급하는 경우), 계속적 채권관계에 해당하지 않는다.

3) 이행방법과 이행거절

① 계속적 공급계약에서는 보통 매도인이 매기(매월)마다 선이행(先履行)의 의무를 부담하고, 매수인은 그 대금을 일정한 기간을 단위로 정기적으로 지급한다.

② 매수인의 전기분(前期分)에 대한 대금미지급을 이유로 매도인이 금기분(今期分)의 공급을 거부하는 것은 상대방의 신뢰와 관련하여 이행방법의 특성상 마땅히 인정되지 않을 수 없다. 그러나 이와 같은 매도인의 거절권 행사는 신의칙을 기초로 한 민법 제536조의 유추적용의 경우라고 할 수 있다.

4) 계약관계의 종료

① 계속적 공급계약의 경우 그 존속기간의 정함이 있는 경우에는 그 기간의 만료에 의하여 계약은 종료하며, 존속기간의 정함이 없는 경우에는 각 당사자가 언제든지 해지의 의사표시를 하고 계약을 종료시킬 수 있다. 또한 계약관계를 유지할 수 없는 부득이한 사정이 생긴 경우에는 존속기간의 정함에 관계없이 각 당사자는 해지의 의사표지로 즉시 계약관계를 종료시킬 수 있다.

② 계속적 공급관계에서 채무자가 정상적인 이행을 해오다가 일부불이행(일부지체 또는 일부불능)을 한 때에는 다음과 같이 처리해야 할 것이다. 즉 ㉠ 그 불이행부분이 계약의 목적달성을 좌우할 정도로 중요한 것이면 매수인은 계약관계를 '해제'할 수 있고, ㉡ 장래에 대해서 계약관계를 더 유지할 수 없는 사정에 지나지 않는 것이면 계약관계를 '해지'할 수 있을 뿐이다. ㉢ 위의 두 경우 가운데 어느 하나에도 해당하지 않으면 '일부해제'만을 할 수 있을 것이다.

(3) 할부매매

1) 의 의

할부매매는 매수인이 매도인에게 일정기간 이상에 걸쳐 매매대금을 분할하여 지급하고 목적물의 대금을 완납하기 전에 목적물을 인도받는 특수한 형태의 매매이다. 특히 할부매매는 항상 신용(credit)이라는 요소가 개재되는데, 할부매매와 결합된 이러한 신용에는 이른 바 금융부할부거래의 형태로 금융기관(제3자방이 개입된다)이 개입하게 된다는 점이 특징이다. 부당한 판매조항의 제한과 더불어 할부계약에 의한 거래의 공정을 기하여 매수인을 보호하기 위해 할부거래에 관한 법률이 제정(2010. 3. 17 법률 제10141호)되었다.

2) 할부매매의 법적성질

대금의 분할지급과 소유권유보의 특약이 있는 특수한 매매라고 볼 수 있으나, 그 성질상 유상·쌍무·낙성·불요식의 계약이며, 특히 대금의 분할지급이 시간적 계속성을 가지므로 일종의 계속적 계약이라고 할 수 있다. 할부매매는 통상적으로 매도인 측의 약관이 계약관계의 내용으로 편입되어 계약이 체결된다.

3) 할부매매와 소유권유보특약

① 할부매매는 매도인이 목적물의 대금을 완불받기 전에 목적물을 매수인에게 인도하여 사용·수익하게 하는 내용의 계약이므로, 대금의 완불시점까지의 소유권의 주체에 대하여 학설이 나뉘는 바, 다수설과 판례는 정지조건부 소유권이전설을 취하고 있다. 즉 대금채권의 이행을 확보하기 위하여 약관에 대금완불시까지는 목적물의 소유권이 매도인에게 유보되고 완불과 동시에 당연히 매수인에게 이전된다고 한다(곽윤직 263면 등; 대판 2010.2.11, 2009다93671).

㉡ 한편 소수설에 의하면 소유권은 매매목적물의 인도와 동시에 이전되며, 매도인의 권리는 대금채권의 담보를 위하여 존재하는 것이기 때문에 소유권 자체일 필요가 없고 유보소유권이라는 일종의 담보물권에 지나지 않는다는 담보물권설이 있다(고상룡 808면, 김상용 912면). 그러나 이는 물권법정주의에 반할 뿐만 아니라 그 담보권이 적절한 공시방법을 갖추고 있지 못한다는 단점이 있다(부동산에 관한 정지조건을 등기할 수는 없다).

【판 례】

* 대판 2010.2.11, 2009다93671 … 동산의 매매에서 그 대금을 모두 지급할 때까지는 목적물의 소유권을 매도인이 그대로 보유하기로 하면서 목적물을 미리 매수인에게 인도하는 이른 바 소유권유보약정이 있는 경우에, 다른 특약이 없는 한 매수인 앞으로의 소유권이전에 관한 당사자 사이의 물권적 합의는 대금이 모두 지급되는 것을 정지조건으로 하여 행하여진다고 해석

된다. 따라서 대금이 모두 지급됨으로써 그 정지조건이 완성되어 별도의 의사표시 없이 바로 목적물의 소유권이 매수인에게 이전된다.

4) 할부매매의 목적물

할부매매의 목적이 되는 것은 동산・부동산(예컨대 미분양된 공동주택에 대한 할부매매를 말한다)을 가리지 않으나, 동산인 경우가 일반적이다. 용역(서비스)은 원래 매매의 대상이 아니고, 고용・도급・위임에 의하여 실현될 수 있는 것이지만, 오늘날 무형의 용역도 유체목적물에 부수해서(애프터서비스), 혹은 용역 자체만이 독립해서(청소용역・경비용역 등)도 할부에 의한 판매의 대상이 되고 있다(곽윤직 162면; 할부거래에 관한 법률 제2조).

5) 할부매매와 소비자보호

① 판매조건의 표시와 서면의 교부

㉠ 할부계약의 매도인은 계약을 체결하기 전에 매수인이 할부계약의 내용을 이해할 수 있도록 총리령으로 정하는 바에 따라 매수인에게 고지하여야 한다. 다만 '여신전문금융업법' 따른 신용카드회원과 신용카드가맹정 간의 간접할부계약의 경우에는 할부가격, 각 할부금의 금액・지급횟수 및 지급시기, 계약금 등의 사항을 표시하지 않을 수 있다(할부거래에 관한 법률 제5조 참조).

㉡ 할부계약은 일정한 사항을 기재한 서면(전자문서 및 전자거래 기본법에 의한 전자문서를 포함한다)으로 체결하고, 매도인은 계약을 체결한 후 지체 없이 계약서 1통을 매수인에게 교부하여야 한다. 이 경우 할부계약이 소정의 요건을 갖추지 못하거나 그 내용이 불확실한 경우에는 매도인과 매수인 사이의 특약이 없는 한 그 계약내용은 어떠한 경우에도 매수인에게 불리하게 해석되어서는 안 된다(할부거래에 관한 법률 제6조 참조).

② 매수인의 청약철회권

㉠ 할부거래법에 의하면 매수인은 계약서를 교부받은 날 또는 계약서를 교부받지 아니한 경우에는 목적물의 인도 등을 받은 날(또는 용역을 제공받은 날)로부터 7일 이내에 할부계약에 관한 청약을 철회할 수 있다. 다만 목적물의 변경 및 훼손 등이 있는 경우 철회권은 인정되지 않는다. 이 경우 계약서의 교부사실 및 그 시기, 목적물의 인도 등의 사실 및 그 시기에 관하여 다툼이 있는 때에는 매도인이 이를 증명하여야 한다(할부거래에 관한 법률 제8조 참조).

㉡ 매수인이 철회권을 행사한 경우에는 매수인은 이미 인도받은 동산 또는 제공받은 용역을 반환하여야 하며, 매도인은 이미 지급받은 할부금을 동시에 반환하여야 한다. 이때 목적물의 반환에 필요한 비용은 매도인이

부담하여야 하고, 매도인은 매수인에게 위약금 또는 손해배상을 청구할 수 없다(할부거래에 관한 법률 제10조).

㉢ 신용제공자(예컨대 신용카드업자)가 있는 경우에는 매도인(신용카드 가맹점)·매수인(신용카드 회원) 사이에 3당사자관계가 성립하기 때문에 철회에 관하여 특별규정이 있다. 즉 매수인은 매도인에게뿐만 아니라, 신용제공자에게도 철회기간 내에 철회의 의사표시가 기재된 서면을 발송해야 한다. 이러한 서면을 발송하지 아니한 때에는 신용제공자가 이미 매도인에게 대금을 지급한 경우에 할부금지급청구에 대항할 수 없다(할부거래에 관한 법률 제9조).

6) 할부금지체와 매도인보호

① 매수인의 기한이익상실

매수인은 할부금을 다음 지급기일까지 연속하여 2회 이상 지급하지 아니하고 그 지급하지 않은 금액이 할부가격의 100분의 10을 초과하거나, 생업에 종사하기 위하여 외국에 이주하는 경우와 외국인과의 결혼 및 연고관계로 인하여 이주하는 경우에는 기한의 이익을 상실한다(할부거래에 관한 법률 제13조; 동법 시행령 제10조).

② 매도인의 해제권과 손해배상청구권

매도인은 매수인이 할부금지급의무를 이행하지 않는 경우에는 14일 이상의 기간을 정하여 서면으로 이행을 최고한 후, 그 기간 내에 이행하지 않으면 계약관계를 해제하고 그에 따른 손해배상을 청구할 수 있다. 이 경우 매도인 또는 신용제공자가 매수인에게 청구하는 손해배상은 지연된 할부금에 이자제한법에서 정한 이자의 최고한도의 범위에서 대통령령으로 정하는 이율을 곱하여 산정한 금액에 상당하는 지연손해금을 초과하지 못한다(할부거래에 관한 법률 제12조; 동법 시행령 제9조).

7) 매수인의 항변권

① 매수인은 다음의 사유가 있는 경우에 매도인에게 할부금의 지급을 거절할 수 있다(할부거래에 관한 법률 제16조). 할부계약이 무효·불성립된 경우, 할부계약이 취소·해제 또는 해지된 경우, 재화(물건 또는 용역)의 전부나 일부가 그 인도시기까지 매수인에게 인도나 제공되지 않은 경우, 매도인이 하자담보책임을 이행하지 않은 경우, 그 밖에 매도인의 채무불이행으로 인하여 할부계약의 목적을 달성할 수 없는 경우, 다른 법률에 따라 정당하게 청약을 철회한 경우 등이다.

② 할부계약의 경우로서 위의 6가지 사유 중 하나에 해당하는 경우로서, 할

부가격이 대통령령으로 정한 금액 이상인 경우에만 신용제공자에게 할부금의 지급을 거절하는 의사를 통지한 후 할부금의 지급을 거절할 수 있다. 즉 대통령령으로 정한 금액이란 10만 원을 말한다. 다만 '여신전문금융업법'에 따른 신용카드를 사용하여 할부거래를 하는 경우에는 20만 원을 말한다(할부거래에 관한 법률 시행령 제11조).

(4) 방문 또는 전화권유판매

1) 의 의

방문판매라 함은 재화 또는 용역의 판매를 업(業)으로 하는 자가 방문의 방법으로 그 영업소 및 대리점 그 밖의 영업장소 외의 장소에서 소비자에게 권유하여 계약의 청약을 받거나 계약을 체결하여 재화 또는 용역을 판매하는 것을 말한다(방문판매 등에 관한 법률 제2조 제1호). 또한 전화권유판매란 전화를 이용하여 소비자에게 권유하여 계약의 청약을 받거나 계약을 체결하는 등의 방법으로 재화 또는 용역을 판매하는 것을 말한다(동법 제2조 제2호).

2) 방문 · 전화권유판매의 법적규제

① 판매권유 등의 명시의무

방문판매자 또는 전화권유판매자가 재화 또는 용역을 판매하고자 하는 경우에는 소비자에게 미리 해당방문 또는 전화가 판매의 권유를 위한 것임과 방문판매자 또는 전화권유판매자의 성명(법인은 명칭), 판매하는 재화 및 용역의 종류와 그 내용을 밝혀야 한다(방문판매 등에 관한 법률 제6조 제3항).

② 정보제공 및 계약서 교부의무

재화 또는 용역의 판매에 관한 계약을 체결하기 전에 소비자가 계약의 내용을 이해할 수 있도록 판매자, 판매목적물, 그리고 청약철회권 및 해제권 등의 권리에 대한 사항을 설명하여야 하며, 계약을 체결한 때에는 설명했던 사항을 기재한 계약서를 소비자에게 교부하여야 한다(방문판매 등에 관한 법률 제7조 제1항, 제2항).

③ 청약철회권

㉠ 청약철회유보기간(cooling-off period)제도가 특별법에 마련되어 있다. 즉 '방문판매 등에 관한 법률'은 계약서를 받은 날부터 14일 이내에 청약을 철회할 수 있다. 다만 매도인(전화 · 방문판매자)의 주소가 기재되지 아니한 계약서의 교부 또는 매도인의 주소변경 등으로 원래 기간 이내에 청약을 철회할 수 없는 경우에는 그 주소를 안 날 또는 알 수 있었던 날로부터 14일 이내에 청약을 철회할 수 있다(방문판매 등에 관한 법률 제8조 제1항).

㉡ 한편 재화 또는 용역의 내용이 계약내용과 다르게 이행된 경우에 소비자는 당해 재화 또는 용역을 공급받은 날부터 3개월 이내, 그 사실을 안 날 또는 알 수 있었던 날로부터 30일 이내에 그 청약을 철회할 수 있다(방문판매 등에 관한 법률 제8조 제3항). 다만 소비자에게 책임 있는 사유로 재화 또는 용역이 멸실되거나 훼손되어 그 가치가 현저히 감소한 경우 등에 있어서는 청약철회권을 행사할 수 없다(동법 제8조 제2항).

㉢ 유의할 점은 방문판매 또는 전화권유를 통해 부동산 분양계약(특히 오피스텔 분양계약)을 맺은 경우에도 그 기간 내에 청약을 철회하고 계약금을 돌려받을 수 있다는 '한국소비자원 소비자분쟁조정위원회'의 결정이 나왔다는 사실이다(2013.3.25 소비자분쟁조정위원회결정 참고). 이는 공산품이 아닌 부동산 거래에서 소비자의 청약철회권이 인정된 최초의 사례라는 점에서 주목된다.

제 3 항 교환계약

1. 교환의 의의 및 성질

(1) 교환의 의의

교환은 당사자 쌍방이 금전 이외의 재산권을 상호 이전할 것을 약정함으로써 그 효력이 생긴다(제596조). 매매에서 물건이나 권리의 양도에 대한 반대급부가 대금인 데에 반하여, 교환에서의 반대급부는 물건이나 권리의 양도이다.

(2) 교환의 법적성질

교환은 금전 이외의 재산권을 당사자 쌍방이 상호 이전할 것을 약정함으로써 성립하는 유상·쌍무·낙성·불요식계약을 말한다. 그러므로 교환계약에 기초해서 두 개의 양도행위가 행해지며, 양자는 서로 상환성·대가성을 갖는다.

2. 사회적 기능

교환은 연혁적으로 매매보다도 먼저 나타났으며, 오늘날에 있어서도 경제적 위기나 전쟁 등으로 화폐가치가 하락하고 물자가 부족하여 얻기 어렵게 되면 현물교환이 행하여지고 있다. 현행법상 민법에 의한 교환(제596조)은 물론 도시개발법상의 환지(도시개발법 제4조, 제11조), 농어촌정비법상의 교환 및 분·합(농어촌정비법 제43조 이하) 등이 사회적 재화의 주요한 교환수단이 된다.

3. 교환의 성립

① 교환계약의 성립요건으로서는 쌍방 당사자가 이전하기로 약정하는 것이 모두 금전 이외의 재산권이라는 점을 주의하면 된다. 따라서 당사자의 한쪽이 금전을 지급하는 경우에는 매매가 된다.

② 교환계약의 당사자 쌍방이 금전 이외의 재산권을 서로 이전할 것을 약정하면서, 아울러 한쪽 당사자가 일정액의 금전을 보충지급할 것을 약정하는 수가 있다. 그 이유는 쌍방이 서로 교환하는 목적물 내지 재산권의 가격이 균등하지 않을 때에 그 차액을 보충하기 위해서이다. 민법은 이것도 교환으로 보고 특칙을 두었다(제597조). 그리고 이때에 지급되는 금전을 '보충금'이라고 일컫는다.

4. 교환의 효과

(1) 일반적 효력

① 민법은 교환의 효력에 관하여 구체적으로 규정하는 바가 없으나, 교환은 각 당사자가 상대방에게 목적물의 재산권을 이전할 채무를 부담하기 때문에 채권총론에 관한 규정(제387조 이하, 제543조 이하)이 적용될 뿐만 아니라 또한 유상계약이므로 매매에 관한 규정이 준용된다(제567조).

② 교환은 유상계약이므로 매매의 규정이 준용된다(제567조). 따라서 당사자는 담보책임 등을 부담한다. 예컨대 교환계약이 이행된 이후에도 이전받은 재산권이나 물건에 하자가 있을 때에는 당사자는 그 계약을 해제할 수

있다. 또한 교환은 쌍무계약이므로 동시이행의 항변권 및 위험부담에 관한 규정이 준용된다(대판 1966.3.22, 66다76; 대판 1998.7.24, 98다13877).

(2) 금전의 보충지급

① 가치가 낮은 물건에 금전을 덧붙여서 가치가 높은 물건과 교환계약을 체결하는 경우가 있다. 이 경우에 민법은 금전에 대해서는 매매대금에 관한 규정을 준용한다고 정하고 있다(제597조). 따라서 민법 제597조는 보충금지급부교환에 대하여 그 성질을 정해준 규정이라고 할 수 있다.

② 문제가 되는 것은 보충금과 함께 급부되는 물건에 하자가 있는 경우이다. 이때에도 매매의 담보책임에 관한 규정이 적용됨은 물론이다. 따라서 물건이 타인에게 귀속되어 재산권이전이 불가능하게 되었다면, 이는 교환계약의 본질이 재산권의 상호 이전이고 보충금은 그에 부가된 것에 지나지 않는 점에서 민법 제570조를 적용하여 계약전부의 불능으로 본다(김증한 · 김학동 333면, 김준호 1640면 등).

【판 례】

* 대판 1998.7.24, 98다13877 … 교환계약에서 당사자의 일방이 보충금의 지급에 갈음하여 상대방으로부터 이전받을 목적물에 관한 근저당권의 피담보채무를 인수하기로 약정한 경우, 특별한 사정이 없는 한 채무를 인수한 일방은 위 보충금을 제외한 나머지 재산권을 상대방에게 이전하여 줌으로써 교환계약상의 의무를 다한 것이 된다. 이 경우 각 당사자의 재산권이전에 따른 소유권이전등기 의무는 쌍무계약이므로 동시이행의 관계에 있다고 할 것이다.

제 3 절 재산권이용의 계약

재산권의 이전을 목적으로 하는 계약(매매, 교환, 증여)에서는 목적물의 소유권이 상대방에게 이전되면 특별한 경우를 제외하고는(채무불이행 또는 담보책임에 의한 해제, 환매, 재매매) 다시 반환되지 않는다. 그러나 물건의 이용을 목적으로 하는 사용대차 · 임대차에서는 어떤 목적물의 소유권이 상대방에게 이전되는 것이 아니라, 한정된 기간 동안 그 이용권이 법적으로 부여될 뿐이다. 한편 소비대차는 금전 기타 대차물의 소유권을 상대방에게 이전하지만 그 이용이 일정한 기간 동안 한정된다는 점에서 사용대차·임대차와 더불어 대차로서의 성질을 가진다.

제 1 항 소비대차계약

1. 소비대차의 의의

소비대차는 당사자의 일방(대주)이 금전 기타의 대체물의 소유권을 상대방에게 이전할 것을 약정하고, 상대방(차주)은 소비한 물건과 같은(유사한) 물건을 반환할 것을 약정함으로써 성립하는 계약이다(제598조). 그 특질은 차주가 빌린 물건 그 자체를 반환하지 않고 다른 동종·동질·동량의 것을 반환하면 되는 데 있다. 이 점에서 다른 대차형의 계약, 즉 사용대차 및 임대차와 다르다.

2. 소비대차의 법적성질

(1) 낙성·불요식계약

① 민법상 소비대차는 당사자 사이의 합의만으로써 성립하는 '낙성계약'이다(제598조). 즉 민법 제598조는 당사자 일방(대주)이 금전 기타 대체물의 소유권을 상대방에게 이전할 의사를 표시하고 상대방(차주)이 같은 종류·품질 및 수량으로 반환할 의사표시를 함으로써 소비대차가 성립한다는 것을 명백히 하고 있다.

② 소비대차는 불요식계약이다. 금융업자와의 소비대차는 공정증서에 의하는 것이 보통이고, 또한 일반의 소비대차에 있어서도 증서를 작성하는 경우가 많다. 그러나 이러한 증서의 작성이 법률상의 요건은 아니다.

(2) 쌍무계약성 여부

1) 무이자 소비대차의 경우

① 차주는 반드시 이자를 지급할 의무를 부담하는 것이 아니므로 무이자 소비대차는 원칙적으로 편무계약이라고 이해한다. 그러나 무이자 소비대차의 차주도 대주의 목적물공여가 있으면 일정한 기간 후 대체물을 반환해야 할 채무를 부담하기 때문에 순수한 편무계약이라고 볼 수는 없다(통설).

② 한편 '대주의 목적물공여의무와 차주의 대체물반환의무'가 대가적 · 쌍무적 관계에 서지 않지만 양면적 관계에 있다고 하여 그 법적성질을 편무계약으로 이해하는 것은 옳지 않다는 견해(김형배 1394면)도 있다. 그러나 위의 양 의무(대주의 목적물공여의무, 차주의 대체물반환의무)는 '양면적 관계'에 있더라도 그들이 서로 대가적 의미를 가지는 것은 아니므로, 쌍무계약의 효력이 적용될 수는 없다고 본다.

2) 이자부 소비대차의 경우

① 이자의 지급을 약정한 이자부 소비대차의 법적성질에 대해 통설 및 판례는 쌍방의 채무가 서로 대가적 의미를 가지고 상호의존적인 견련성을 갖는다는 점에서 쌍무계약이라고 한다(곽윤직 173면, 이은영 365면 등; 대판 1966.1.25, 65다2337).

② 쌍무계약인지 여부의 판단은 동일한 계약에서 발생한 쌍방의 채무가 서로 대가적 의미를 가지고 상호의존적인 견련성이 있는지 여부에 의하여야 하는 바, 대주의 원본대여의무와 차주의 이자지급의무는 서로 대가적 견련관계에 선다고 할 것이다.

(3) 유상계약성 여부

소비대차는 금전 기타 대체물의 사용대가인 이자를 그 성립요소로 하지 않는다는 점에서 원칙적으로 무상계약이다(제598조). 그러나 법률 또는 특약으로 이자의 지급이 정하여진 경우에는 유상계약이 된다. 따라서 유상계약인 이자부 소비대차에는 매매에 관한 규정을 준용한다(제567조). 특히 상인 사이에 금전소비대차는 원칙적으로 이자부 계약으로 이해되며, 반대특약이 없는 한 차주는 법정이자를 지급해야 한다(상법 제55조 제1항).

3. 소비대차의 성립과 실효

(1) 성립요건

① 소비대차는 낙성계약이기 때문에 청약과 승낙의 합치(의사합치)로 성립한다. 즉 대주는 금전 기타 대체물의 소유권을 이전하여 일정기간 동안 이를 이용(소비)하게 할 것을 약정(의사표시)하고, 차주는 반환시기가 도래한 때에 그가 빌려 쓴 것과 같은 종류·품질 및 수량의 것을 대주에게 반환할 것을 약정(의사표시)함으로써 성립한다.

② 이자부 소비대차계약을 체결하는 때에는 이자에 관한 특약의 합의가 있어야 한다. 이자(이율)는 사회질서에 반하거나 폭리가 되지 않는 범위에서 자유로이 결정할 수 있으나, 이자에 관한 약정이 없으면 당연히 법정이자에 의하게 된다(제379조 참조).

(2) 계약목적물

① 소비대차의 목적물은 금전 기타의 대체물이다. 종전에는 곡물(쌀, 보리, 옥수수 등)에 대한 대차가 성행하였으나 오늘날에 있어서는 금전의 대차가 주류를 이루고 있다. 어떻든 소비대차의 목적물은 대체물에 한하므로, 비대체물에 관하여 소비대차는 성립하지 않는다.

② 소비대차의 목적이 약속어음·국채 등의 유가증권 기타의 물건을 인도하는 수가 적지 않다. 이를 가리켜 '대물대차'라고 한다(제606조). 이 경우 민법은 제606조에서 금전대차의 경우에 차주가 금전에 갈음하여 유가증권 기타 물건의 인도를 받은 때에는 그 '인도시의 가액'으로써 차용액으로 한다고 규정한다. 이에 위반하는 당사자의 특약으로서 차주에게 불리한 것은 어떠한 명목이라도 그 효력이 없다(제608조).

(3) 소비대차해제의 특칙

① 이자 없는 소비대차는 무상·편무계약이어서 대주만이 경제적 손실을 보게 된다. 여기서 민법은 당사자 사이의 공평을 꾀하고자 무이자 소비대차의 당사자는 목적물의 인도 전에는 언제든지 계약을 해제할 수 있는 것으로 하였다(제601조 본문).

② 이자 없는 소비대차에 있어서도 그 계약의 해제로 말미암아 상대방에게

손해가 생긴 때에는 그 손해를 배상하여야 한다(제601조 단서). 예컨대 계약을 대주가 해제하였기 때문에 차주가 다른 사람으로부터 이자부로 신용대출을 얻은 경우에는 그 이자를 배상하여야 한다.

(4) 소비대차의 실효

소비대차는 낙성계약이므로 대주가 목적물을 교부하지 않더라도 당사자 사이에 합의만 있으면 유효하게 성립한다. 민법은 이에 대한 하나의 특칙을 두고 있다. 즉 대주가 목적물을 차주에게 인도하기 전에 당사자 일방이 파산선고를 받은 때에는 소비대차는 그 효력을 잃는다고 규정하고 있다(제599조). 이는 만일에 대주 또는 차주가 파산선고를 받는다면 신용계약인 소비대차의 기초를 잃게 되어 역시 계약의 효력을 그대로 유지한다는 것은 타당하지 않기 때문이다. 또한 파산으로 인한 해제의 경우에는 손해배상책임의 문제는 발생하지 않는다(통설).

4. 소비대차의 효력

(1) 대주의 의무

1) 목적물의 소유권이전의무

① 소비대차를 낙성계약으로 규정하는 민법에서, 대주는 차주로 하여금 목적물을 소비할 수 있도록 대여하여야 한다. 즉 민법 제598조가 '…금전 기타 대체물의 소유권을 상대방에게 이전할 것을 약정하고…'라고 규정하고 있는데, 대주는 목적물의 소유권을 차주에게 이전하여야 할 채무를 부담한다고 설명한다(통설; 곽윤직 179면 등).

② 소비대차는 원래 '대차'형 계약이다. 따라서 차주가 목적물을 소비 내지 처분하는 방법으로 이용하기 위하여 대차하는 것이다. 그러므로 소비대차에 대한 좀 더 합리적인 해석을 하자면 대주는 '차주가 목적물을 소비해서 이용할 수 있게 할 채무'를 부담하며 그 이행으로서 목적물의 소유권을 이전할 의무가 있는 바, 이것이 사용대차 및 임대차와 다른 점이다.

2) 담보책임

대주가 교부한 목적물에 하자가 있는 경우에는 대주는 일정한 담보책임을 져야만 한다. 그 책임의 정도는 이자부 소비대차와 무이자 소비대차에 있어서 차이가 있다.

① 이자부 소비대차의 경우

㉠ 담보책임이 성립하기 위해서는 목적물에 하자가 있어야 하는 것이다. 이 경우 대주의 고의나 과실의 유무를 묻지 않으나, 차주는 선의·무과실이어야 한다(제602조 제1항, 제580조 제1항 단서). 유의할 점은 대주는 금전에 갈음하여 유가증권 기타의 물건을 교부할 수도 있게 되는데, 이와 같이 대물대차의 경우에 대주가 교부한 것을 가지고 차주가 금전의 이익을 얻지 못한 때에는 역시 대주의 담보책임은 발생한다(통설).

㉡ 손해배상의 범위는 매도인의 하자담보책임에 있어서와 같으며, 이 경우 대주의 담보책임을 물을 수 있는 차주의 권리(계약해제, 손해배상청구, 완전물청구 등)모두 6개월의 제척기간에 걸린다(제602조 제1항, 제582조 참조). 대주의 담보책임에 관한 민법 제602조는 강행규정은 아니다. 따라서 당사자 사이에 다른 특약이 있으면 그에 따르게 된다.

② 무이자 소비대차의 경우

㉠ 무이자의 소비대차에 있어서는 대주가 교부한 목적물에 하자가 있음을 알면서 이를 차주에게 고지하지 않은 경우에만 대주의 담보책임이 생긴다(제602조 제2항 단서). 즉 민법은 이 경우 차주에게 하자 없는 물건의 급부청구권을 인정하지 않는다.

㉡ 그 책임의 내용은 이자부 소비대차에 있어서와 같다. 따라서 대주의 담보책임을 물을 수 있는 차주의 권리는 6개월 내에 행사해야 한다(제척기간).

(2) 차주의 의무

1) 목적물 반환의무

① 소비대차의 차주는 대주로부터 받은 것과 동종·동질·동량의 물건을 반환하여야 한다(제598조, 제603조 제1항). 그러나 차주가 하자 있는 물건을 받은 경우에는 그 하자 있는 물건의 가액을 반환하면 된다. 따라서 차주는 그가 받은 것과 똑같은 하자가 있는 물건을 반환하여도 좋으나 그러한 물건을 찾기가 실제로는 곤란하기 때문에 가액을 반환하게 되는 것이다(제602조 제2항 본문).

② 반환불가능으로 된 경우, 즉 차주가 대주로부터 받은 차용물과 동종·동질·동량의 물건을 반환할 수 없게 된 경우에는 차주는 그 불가능으로

된 때에 있어서의 차용물의 시가(시장 가격)를 반환하여야 한다(제604조 본문). 즉 차용시가 아니라 반환불가능시의 가격을 말한다.

2) 이자지급의무

① 약정이율과 법정이율

㉠ 대주와 차주가 이자지급에 관한 약정을 한 경우에는 이자부 소비대차가 성립하고, 그 약정이 사회질서에 반하거나 폭리행위가 되지 않는 범위에서 약정이율은 유효하다(제103조, 제600조). 한편 이율에 관한 약정이 없는 경우에는 연 5분의 법정이율이 적용된다(제379조). 다만 상사소비대차의 경우에는 연 6분의 법정이율이 적용된다(상법 제54조).

㉡ 금전소비대차로 인한 손해배상액의 산정기준이 되는 법정이율은 금전채무의 이행을 구하는 소장(訴狀) 또는 이에 준하는 서면이 채무자에게 송달된 날의 다음 날부터 연 100분의 40이내의 범위에서 대통령영으로 정하는 12%의 법정이율을 적용하도록 하고 있다(소송촉진 등에 관한 특례법 제3조 제1항 본문의 법정이율에 관환 규정). 따라서 당사자 간에 약정이자 또는 약정지연이자의 정함이 있는 경우라 할지라도 소송상 청구하는 경우 당사자의 일방은 '소송촉진 등에 관한 특례법'에 의한 지연 손해금의 지급을 구할 수 있다(대판 2002.10.11, 2002다39807).

② 이자의 계산시기

㉠ 이자의 합산시기에 관하여 민법은 특칙을 두고 있다. 즉 이자 있는 소비대차는 차주가 목적물의 인도를 받은 때로부터 이자를 계산하여야 하며, 차주가 그 책임 있는 사유로 수령을 지체할 때에는 대주가 이행을 제공한 때로부터 이자를 계산하여야 한다(제600조). 한편 원본의 반환채무와 관련하여 대주가 채권자지체에 빠진 때의 기간에 대해서는 차주가 이자를 지급할 의무가 없다(제402조).

㉡ 금전채무불이행의 손해배상액의 약정이율이 법정이율보다 낮은 경우, 법정이율에 의하여 지연손해금을 정하여야 한다(제397조 제1항). 즉 민법 제397조 제1항 본문에서 금전채무불이행의 손해배상액을 법정이율에 의할 것을 규정하고 그 단서에서 법령의 제한에 위반하지 아니한 약정이율이 있으면 그 이율에 의한다고 규정하고 있으나, 유의할 점은 이 단서규정은 약정이율이 법정이율 이상인 경우에만 적용되고, 약정이율이 법정이율보다 낮은 경우에는 그 본문으로 돌아가 법정이율에 의하여 지연손해금을 정한 것으로 보아야 한다(대판 2009.12.24, 2009다85342).

【판 례】

* 대판 2009.12.24., 2009다85342 … 민법 제397조 제1항 단서에서 법령의 제한에 위반하지 아니한 약정이율이 있으면 그 이율에 의한다고 규정하고 있으나 이 단서규정은 약정이율이 법정이율 이상인 경우에만 적용되고, 약정이율이 법정이율보다 낮은 경우에는 그 본문으로 돌아가 법정이율에 의하여 지연손해금을 정한 것인 바, 우선 금전채무에 관하여 아예 이자약정이 없어서 이자청구를 전혀 할 수 없는 경우에도 채무자의 이행지체로 인한 지연손해금은 법정이율에 의하여 청구할 수 있으므로, 이자를 조금이라도 청구할 수 있었던 경우에는 더욱 법정이율에 의한 지연손해금을 청구할 수 있다.

3) 담보제공의무

소비대차계약을 맺을 때에 대주가 원본과 이자의 반환을 확보하기 위하여 차주에게 담보제공의무를 부담시키는 경우가 일반적이다. 이 경우 차주가 제공하여야 담보가 물적 담보이면 계약의 내용에 좇아서 담보권의 설정계약을 하여야 하고, 인적 담보를 제공하여야 하는 때에는 보증인을 세워서 대주로 하여금 그 자와 보증계약을 맺을 수 있도록 하여야 한다.

5. 준소비대차

(1) 준소비대차의 의의

민법 제605조는 당사자 쌍방이 '소비대차가 아닌 다른 계약'에 의하여 금전 기타의 대체물을 지급할 의무가 있는 경우에 당사자가 그 목적물을 소비대차의 목적으로 할 것을 약정한 때에는 소비대차의 효력이 있다고 규정한다. 예컨대 부동산매매계약에 의하여 소유권이전과 대금지급채무가 생기고 있는 경우에 매도인과 매수인이 이 대금채무를 소비대차로 한다는 합의를 하게 되면 그것만으로도 소비대차는 성립한 것이 되는데, 이러한 소비대차를 '준소비대차'라고 한다(대판 1997.3.11, 96다50797).

【판 례】

* 대판 1997.3.11, 96다50797 … 부동산 매수인이 매도인에게 잔대금 1억 원

중 금 5천만 원만 지급하고 나머지 금액에 대하여는 변제기를 정하여 월 2%의 이율로 차용하는 것으로 하되, 만일 매수인이 변제기까지 이를 갚지 못할 때에는 그 부동산에 대한 소유권이전등기청구권으로 대물변제하기로 약정(합의)을 한 경우에, 금액을 차용하기로 한 부분은 준소비대차에 해당하고 대물변제하기로 한 부분은 대물반환의 예약에 해당한다.

(2) 경개계약과의 비교

준소비대차는 기존채무를 소멸시키고 신채무를 성립시킨다는 점에서 경개와 같지만, 소멸하는 기존채무와 새롭게 발생하는 채무 사이에 동일성이 인정된다는 점에서 경개와 다르다(대판 2003.9.26, 2002다31803; 대판 2007.1.11, 2005다47175). 따라서 기존채무에 붙어 있던 항변권 혹은 담보권도 준소비대차상의 반환채무에 이어지므로 부동산매매계약에 따른 대금지급채무(기존채무)가 무효·취소되는 경우에는 준소비대차계약(새로운 채무)도 실효된다.

【판 례】

* 대판 2003.9.26, 2002다31803; 대판 2007.1.11, 2005다47175 … 기존채권·채무의 당사자가 그 목적을 소비대차의 목적으로 할 것을 약정한 경우 그 약정을 경개로 볼 것인가 또는 준소비대차로 볼 것인가는 일차적으로 당사자의 의사에 의하여 결정되고, 만약 명백하지 않을 때에는 특별한 사정이 없는 한 일반적으로 준소비대차로 보아야 한다. 다만 신채무의 성질이 소비대차가 아니거나 기존채무와 담보권·항변권 등의 동일성이 없는 경우에는 준소비대차로 볼 수 없다.

(3) 준소비대차의 성립요건

① 준소비대차가 성립하려면 우선 당사자 사이에 금전 기타의 대체물의 급부를 목적으로 하는 채무가 이미 존재하고 있어야 한다. 따라서 그러한 기초가 되는 채무가 있지 않거나, 또는 존재하고 있더라도 어떤 사정으로 그것이 무효인 때에는 준소비대차도 효력을 발생하지 않거나 무효로 된다.

② 기존채무의 당사자가 그 채무의 목적물을 소비대차의 목적으로 한다는 합의를 하여야 한다. 유의할 점은 준소비대차는 기존채무와 신채무 사이에 조건관계가 존재하므로 기존채무가 무효이거나 취소되면 준소비대차는 성립하지 않는다(대판 2002.12.6, 2001다2846 참고).

(4) 준소비대차의 법률효과

1) 기존채무와의 동일성

① 준소비대차는 소비대차와 동일한 효력이 생긴다(제605조). 따라서 준소비대차에 의하여 소비대차상의 채무가 성립하고 기존채무는 소멸하게 되는데, 이 경우 신채무의 성립과 기존채무의 소멸은 서로 조건이 되어 있다.

② 준소비대차는 당사자의 의사에 의한 채무원인의 변경이므로, 양 채무의 동일성의 유무는 원칙적으로 당사자의 의사에 의해 정해진다고 보아야 한다. 다만 당사자의 의사가 명확하지 않은 경우에는 양 채무의 동일성은 유지된다고 보는 것이 당사자의 의사에 부합하므로 기존채무에 관하여 존재하는 담보권·보증은 그대로 존속된다(대판 2002.10.11, 2001다7445 등).

【판 례】

* 대판 2002.10.11, 2001다7445 … 현실적인 자금의 수수 없이 형식적으로만 신규대출을 하여 기존의 채무를 변제하는 이른바 '대환'의 법률적 성질은 기존 채무가 여전히 동일성을 유지한 채 존속하는 준소비대차로 보아야 하고, 이러한 경우 채권자와 보증인 사이에 사전에 신규대출형식에 의한 대환을 하는 경우 보증책임을 면하기로 약정하는 등의 특별한 사정이 없는 한 기존채무에 대한 보증책임이 존속된다.

2) 준소비대차의 독립성

연대채무자 가운데 1인과 약정하는 준소비대차는 다른 연대채무자의 기존채무를 면제시키지 않으며, 소멸시효의 완성 여부는 준소비대차에 따른 신채무를 기초로 판단한다. 판례는 회사에 대한 노임채권에 관하여 준소비대차계약이 체결된 경우에 그 노임채권이 민법 제164조 제3호 소정의 단기소멸시효(1년)의 적용을 받는 것이더라도 그 준소비대차계약은 상인인 회사가 영업을 위하여 한 상행위라고 추정하는 것이 상당하고, 따라서 그로부터 새로이 발생한 채권은 상사채권으로서 5년의 상사시효의 적용을 받는 것이라고 한다(대판 1981.12.22, 680다1363).

제 2 항 사용대차계약

1. 사용대차의 의의

① 사용대차는 당사자 일방(대주)이 일정한 목적물을 상대방에게 무상으로 사용·수익하게 하기 위하여 인도할 것을 약정하고, 상대방(차주)은 이를 사용·수익한 후에 그 물건을 반환할 것을 약정함으로써 성립하는 계약이다(제609조).

② 목적물을 사용·수익하는 것을 내용으로 하는 점에서는 사용대차와 임대차가 같지만, 사용대차는 무상이고 임대차는 유상인 점에서 차이가 있다. 따라서 목적물에 투입한 필요비에 대해서도 사용대차에서는 차주가 이를 부담하지만, 임대차에서는 임대인이 부담하고 임차인이 이를 지출한 때에는 임대인에 대해 그 상환을 청구할 수 있다(제626조 제1항).

2. 사용대차의 법적성질

(1) 무상 · 편무계약

① 사용대차는 당사자 사이의 의사의 합치만으로 성립하는 낙성·불요식계약이다. 임대차와는 달리 대가지급의무가 없으므로 편무계약이다. 즉 대주는 차주에게 사용·수익하게 하기 위하여 목적물을 인도할 의무가 있고 차주는 차용물을 반환할 의무가 있으나, 이들 두 의무 사이에는 대가적인 의존관계가 없다고 할 것이므로 사용대차는 쌍무계약이 아닌(대판 1999.5.11, 98다61746) 이른바 불완전 쌍무계약으로서 편무계약에 속한다.

② 차주가 목적물을 사용·수익하는 데 있어서 계약 당사자 사이에는 서로 대가적인 의미가 있는 재산상의 출연관계는 존재하지 않으므로 사용대차는 무상계약이다.

(2) 계속적 채권관계

모든 대차형 계약이 공통점으로 가지고 있는 특징, 즉 사용대차는 계속적 채권관계의 성질을 가지므로 사용대차의 기간은 당사자의 이해관계에 영향을 주며, 목적물의 사용과 관련해서 신뢰관계가 문제된다. 따라서 사용차주는 선량한 관리자로서의 주의의무와 더불어 사용대주의 동의 없이 목적물을 제3자에게 사용·수익하게 해서는 안 된다.

【판 례】

* 대판 1999.5.11, 98다61749 … 집합건물의 구분소유자들이 공용부분 중 일부에 대하여 제3자에게 무상사용권을 부여한 경우 구분소유자는 목적물을 인도할 의무가 있고 제3자는 일정기간 후에 그 공용부분을 반환할 의무가 있다 하여도 이는 민법상 사용대차의 성질을 갖는다.

3. 사용대차의 성립과 실효

(1) 사용대차의 성립

사용대차는 물건의 사용·수익을 목적으로 하는 계약이므로 당사자 사이의 의사의 합치만 있으면 성립하는 것으로서 그 목적물이 되는 물건에 대한 제한이 없다. 따라서 동산·부동산이든 또는 대체물·불대체물이든 물건에 대한 제한을 받지 않는다. 다만 목적물이 부동산으로서 농지는 일정한 경우를 제외하고는 사용대차가 금지된다(농지법 제23조, 제24조).

(2) 사용대차의 실효

사용대차는 무상계약이므로 사용대주가 목적물을 인도하기 전이라면 당사자는 언제든지 계약을 해제할 수 있다고 보아야 한다(제601조 본문 유추해석). 그 이유는 명문규정(제601조)을 두고있는 무이자소비대차와 달리 해석할 이유가 없기 때문이다. 마찬가지로 해제한 당사자는 해제로 상대방에게 발생한 손해를 배상하여야 할 것이다(제601조 단서 유추해석).

4. 사용대차의 효력

(1) 대주의 의무

1) 목적물 인도의무

① 사용대차의 대주는 차주로 하여금 목적물을 사용·수익하게 할 의무가 있다. 따라서 대주는 우선 목적물을 차주에게 인도하여야 하고 인도한 후에는 차주의 정당한 용익을 방해해서는 안 된다. 다시 말해서 계약의 성립으로 대주는 용익허용의무가 생기고 그 이행으로서 목적물 인도의무와 인도 후의 용익허용의무가 있다고 한다.

② 목적물을 인도한 후에 있어서의 대주의 용익허용의무는 임대차에 있어서의 임대인의 의무에 비하여 소극적인 것임을 유의하여야 한다. 임대차는 유상인 데 반하여 사용대차는 무상이기 때문에 생기는 차이이다. 사용대차에 있어서 대주의 의무는 소극적인 것이나, 차주의 정당한 용익을 방해하면 대주는 채무불이행의 책임을 지게 됨은 물론이다.

2) 담보책임

① 사용대차의 대주의 담보책임에 관하여는 증여자의 담보책임에 관한 민법 제559조가 준용되며(제612조), 대주가 목적물을 차주에게 인도하기 전에 당사자일방이 파산선고를 받은 때에는 소비대차에 관한 민법 제599조(파산과 소비대차의 실효)가 준용되므로 사용대차의 효력은 소멸된다. 그 이유는 사용대차는 무상계약이기 때문이다. 또한 파산으로 인한 해제의 경우에는 손해배상책임의 문제는 발생하지 않는다고 본다(통설).

② 사용대주가 목적물에 하자나 흠결을 알면서도 차주에게 고지하지 아니한 때에는 담보책임이 발생한다(제612조). 이 경우 대주의 담보책임은 차주가 사용대차의 목적인 물건 또는 권리의 하자나 흠결이 없다고 믿었기 때문에 받은 손해의 배상이다. 한편 사용차주가 일정한 부담을 지는 사용대차에 있어서는 그 부담의 한도에서 사용대주도 매도인과 동일한 담보책임을 지게 된다(제612조, 제559조 제2항).

(2) 차주의 권리·의무

1) 목적물의 사용·수익권

① 사용대차의 차주는 차용물을 사용·수익할 권리가 있다. 이는 대주의 목

적물 사용·수익의무에 상응하는 채권이다. 그 범위는 계약에 의하여 정하여지나, 계약으로 사용·수익의 범위가 명백하지 않을 때에는 '그 목적물의 성질에 의하여 정하여진 용법'에 좇아서 사용·수익하여야 한다(제610조 제1항). 유의할 점은 사용차주에게 사용·수익할 권리가 있다고 하여도 사용대주가 목적물을 제3자에게 처분하는 것까지 금지시킬 권능이 있는 것은 아니다(대판 2007.1.26, 2006다60526). 한편 사용차주는 대주의 승낙 없이 차용물을 제3자에게 사용·수익하게 하지 못한다(제610조 제2항).

② 사용차주가 목적물의 성질에 의하여 정하여진 용법, 즉 같은 사용·수익의 범위를 넘는 행위를 한 때에는 일종의 채무불이행이 있게 된다. 따라서 사용대주는 곧 계약을 해지할 수 있고(제610조 제3항) 손해가 있으면 그 배상을 청구할 수 있는 것으로 하였다. 이 손해배상청구권은 대주가 목적물의 반환을 받은 날로부터 6개월의 제척기간에 걸린다(제617조).

2) 차용물 보관의무

① 사용차주는 선량한 관리자의 주의를 가지고 차용물을 보관할 의무가 있으며(제374조), 이 의무에 위반하여 목적물을 멸실·훼손하면 채무불이행이 되어 손해배상의 책임을 지게 된다(제617조 참조).

② 사용대차는 무상계약이므로 차용물의 통상의 필요비는 사용차주가 부담한다(제611조 제1항). 한편 통상의 필요비는 차주의 부담이나 차주가 그 목적물에 대하여 지출한 유익비 및 기타의 비용은 대주가 부담하므로 차주는 목적물 반환시에 그(유익비 및 기타 비용) 상환을 청구할 수 있다(제611조 제2항). 이 비용상환청구권도 대주가 목적물을 반환받은 날로부터 6개월의 제척기간에 걸린다(제617조).

3) 차용물의 반환의무

① 사용차주는 사용대차가 종료하는 때에 차용물 자체를 반환하여야 한다. 이 경우 차주가 차용물에 부속시킨 물건은 철거하여 원상으로 회복해서 반환하여야 한다(제615조 참조). 특히 여럿이 공동으로 물건을 차용한 경우에는 위와 같은 의무를 연대하여 부담한다(제616조). 따라서 공동차주의 의무에 관하여는 연대의무에 관한 규정이 준용된다.

② 반환의 장소는 계약에서 당사자가 정한 장소이나, 그러한 약정이 없으면 계약성립 당시에 그 물건이 있었던 곳이 반환장소이다(제467조 참조).

5. 사용대차의 종료

(1) 존속기간의 만료

① 사용대차계약에서 존속기간을 정한 때에는 그 기간이 만료된 때에 사용대차는 종료하고 차주는 그 차용물을 반환하여야 함은 당연하다(제613조 제1항).

② 사용대차계약상 그 존속기간을 약정하지 않은 때에는 계약 또는 목적물의 성질에 의한 사용·수익이 끝난 때에 사용대차는 종료하고 차주는 지체없이 그 차용물을 반환하여야 한다(제613조 제2항 본문). 따라서 차주가 사용·수익이 끝난 후에도 점유하는 것은 불법점유가 된다(대판 1976.1.27, 75다1828).

【판 례】

* 대판 1976.1.27, 75다1828 … 사용대차계약에 있어서 그 목적물이 도로부지라 하더라도 그 사용·수익에 족한 기간이 경과되었을 때에는 대주는 언제든지 계약을 해지할 수 있고 차주인 지방자치단체가 사용대차계약해지 이후 부동산을 점유하고 있는 것은 불법점유이므로 이로 인한 손해배상책임을 면할 수 없다.

(2) 대주의 해지

① 사용차주가 계약 또는 목적물의 성질에 따른 사용·수익의 범위를 벗어나거나 또는 대주의 승낙 없이 제3자 에게 사용·수익하게 한 때에는 대주는 계약을 해지할 수 있고, 사용대차는 종료된다(제610조 제2항).

② 사용대차상의 반환시기를 약정하지 않고 사용대차를 한 경우에 계약 또는 목적물의 성질에 의한 사용·수익에 충분한 기간이 경과한 때에는 대주는 언제든지 계약을 해지할 수 있다(제613조 제2항; 대판 1976.1.27, 75다1828).

③ 사용차주가 사망하거나 파산선고를 받은 때에는 대주는 언제든지 계약을 해지할 수 있다(제614조). 이는 임의규정이므로, 차주의 사망과 관련하여 판례는 신의칙에 근거하여 대주의 해지권을 긍정(대판 2001.7.24, 2001다23669)과 부정(대판 2005.7.8, 2004다35342)의 입장을 취한다.

【판 례】

* 대판 2001.7.24, 2001다23669 … 무상으로 계속하여 사용한 기간이 40년 이상의 장기간에 이르렀고 최초의 사용대차계약 당시의 대주가 이미 사망

하여 대주와 차주간의 친분관계의 기초가 변하였을 뿐만 아니라, 차주가 자주점유에 의한 취득시효를 이유로 민사소송을 제기하여 다툼 등으로 쌍방의 신뢰관계 내지 우호관계가 허물어진 경우, 공평의 견지에서 대주의 상속인에게 사용대차의 해지권을 인정한다.

* 대판 2005.7.8, 2004다35342 … 사용대차한 부지 위의 납골당 건물이 용이하게 해체할 수 없는 견고한 건물인 점, 차주가 새로 건립예정인 납골당의 신축완료시까지 이 납골당 건물과 부지를 계속하여 사용·수익할 필요성이 있는 점 등을 고려한다면 이 납골당 부지에 대한 사용차주의 사용·수익에 족한 기간이 경과하였다고 볼 수 없으므로 대주는 해지통지를 할 수 없다.

(3) 차주의 해지

사용차주는 다른 특약이 없는 한 언제든지 해지할 수 있다(제153조 참조). 이때의 해지는 일종의 권리포기(용익권의 포기)에 해당한다. 즉 사용차주는 목적물에 대한 선량한 관리자로서의 사용·수익 및 보관의무를 포함하므로, 사용대주의 장기간 부재로 인하여 일정기간 사용하기로 약정(특약)한 경우에는 그 기간 동안 선관의무를 부담한다고 하겠다.

(4) 사용대차의 해제

사용대주가 차주에게 목적물을 인도하기 전에는 사용대차의 당사자는 언제든지 계약을 해제할 수 있다. 그러나 해제로 상대방에게 어떤 손해가 생긴 때에는 해제한 당사자는 상대방에게 이를 배상하여야 한다(제601조, 제612조). 예컨대 갑작스런 계약해제로 인하여 사용차주가 목적물을 사용·수익하지 못함으로써 다른 곳으로부터 유상으로 임대차한 경우 그 차임을 배상하여야 할 것이며, 반대로 사용대주 역시 부재기간 목적물을 보관하려는 차원에서 사용대차하였으나 차주의 계약해제로 인하여 유상으로 임치를 하였다면 손해배상을 청구할 수 있다고 하겠다.

제 3 항 임대차계약

1. 임대차의 의의 및 성질

(1) 임대차의 의의

① 임대차라 함은 당사자의 일방(임대인)이 상대방에게 목적물을 사용·수익하게 할 것을 약정하고, 상대방(임차인)이 이에 대하여 차임을 지급할 것을 약정함으로써 성립하는 계약을 말한다(제618조).

② 임대차는 대차형계약으로서 소비대차 및 사용대차와 더불어 타인의 물건을 사용·수익하는 계약관계이다. 다만 임차인은 그가 사용·수익한 차용물 자체를 반환하여야 하고 그 소유물을 취득하지 않는 점에서 소비대차와 다르고, 또한 사용·수익의 대가로서 차임을 지급하는 점에서 사용대차와 다르다.

(2) 임대차의 법적성질

1) 낙성·불요식계약

임대차는 원칙적으로 당사자의 합의에 의하여 성립한다(제618조). 즉 당사자의 의사의 합치로 성립하는 낙성·불요식계약이다. 다만 주택 및 상가건물의 임차인에게 불리한 약정은 계약의 내용으로 할 수 없다(주임법 제10조; 상임법 제15조). 임대차의 목적물은 토지·건물·동산으로서 사용·수익으로 소멸하지 않는 것이면 무엇이든 좋다(제635조 제2항 제2호 참조).

2) 유상·쌍무계약

임대차는 유상·쌍무계약이다. 즉 임대차는 당사자 일방(임대인)이 상대방에게 목적물을 사용·수익하게 할 의무를 부담하고, 상대방(임차인)은 이에 대하여 차임을 지급할 의무를 부담하는 '채권계약'이다. 한편 임대차는 소비대차에 있어서처럼 목적물의 소유권을 상대방에게 이전하는 것이 아니므로, 임대인이 임대물에 대한 소유권이나 또는 그것을 처분할 권한을 가지고 있어야 하는 것은 아니다(대판 1996.9.6, 94다54641).

3) 계속적 채권관계

임대차계약은 임대인에게 목적물의 제공의 계속적 채무를 발생시키는 계속적 계약이다. 즉 임대차계약은 1회의 급부행위로 채무의 이행이 완료되지 않으며, 임대인은 임대차기간 동안 계속적 목적물제공의무를 진다. 따라서 용익의 대가인 차임은 매월·매년 등의 회귀적 채무로 된다. 그러나 그 지급방법은 당사자 사이의 약정으로 일시불에 의한 선불 또는 후불로 정하는 것도 무방하다.

【판 례】

* 대판 1996.9.6, 94다54641 … 임대인이 임대차목적물에 대한 소유권 기타 이를 임대할 권한이 없다고 하더라도 임대차계약은 유효하게 성립하고, 따라서 임대인은 임차인으로 하여금 그 목적물을 완전하게 사용·수익케 할 의무가 있고 또한 임차인은 이러한 임대인의 의무가 이행불능으로 되지 아니하는 한 그 사용·수익의 대가로 차임을 지급할 의무가 있다.

2. 부동산임차권의 강화

(1) 임차권강화의 필요성

① 임대차는 자신의 재화(목적물)를 타인에게 빌려주고 차임을 받는 것으로서, 원래 타인의 부동산을 이용하는 제도는 물권관계인 지상권·지역권·전세권 등의 용익물권과 채권관계로서 임대차가 있다. 하지만 임차인에게 유리한 용익물권의 이용은 기피되고, 비교적 임대인의 권리행사가 용이한 임대차가 널리 이용되고 있다.

② 우리나라와 같이 토지 및 주택이 상대적으로 부족한 여건하에서 경제적 약자인 서민대중은 생활의 기초를 부동산임대차에 의존하고 있는 실정이다. 따라서 현행 민법은 부동산임차권의 강화를 위하여 많은 규정(제618조~제654조)을 두고 있는 바, 이를 가리켜 '부동산임차권의 물권화'라고 한다.

③ 부동산임차권 강화의 주요 내용은 임차권의 대항력·제3자의 침해에 대한 배제·임차권의 처분·임차권존속의 보장 등을 들 수 있다.

1) 임차권의 대항력

① 민법은 당사자 사이에 반대의 약정이 없으면 임차인은 임대인에 대하여

임대차등기절차에 협력할 것을 청구할 수 있고, 임대인은 이에 협력할 의무를 부담한다(제621조 제1항). 부동산임대차를 등기한 때에는 그때부터 제3자에 대한 대항력을 갖는다(제621조 제2항). 유의할 점은 임대차기간이 종료하면 용익권능은 임차권등기의 말소 없이도 소멸하나 담보권적 권능은 임차권등가가 말소되지 않는 한 존속기간의 만료만으로는 당연히 소멸하지 않는다(대판 2002.2.26, 99다67079).

② 민법의 규정에는 예외적으로 등기 없이도 임차권의 대항력을 인정하는 경우도 있다. 즉 민법 제622조는 건물의 소유를 목적으로 타인의 토지(즉 대지)를 임차한 경우 그 임차지상의 건물을 등기한 때에는 그 토지임대차는 이를 등기하지 아니하여도 제3자에 대하여 토지임대차의 효력을 주장할 수 있는 것으로 규정하고 있다. 한 걸음 더 나아가 주택 또는 상가건물임대차보호법상의 적용을 받는 임대차는 일정한 대항요건을 갖춘 경우에는 등기가 없는 경우에도 제3자에 대하여 효력(대항력)이 있다고 하여 민법에 대한 특례를 인정하고 있다(주임법 제3조 제1항; 상임법 제3조 제1항).

【판 례】

* 대판 2002.2.26, 99다67079 … 등기된 임차권에는 담보권적 권능까지 인정하는 바, 임대차기간이 종료되면 용익권적 권능은 임차권등기의 말소등기 없이도 곧바로 소멸하나 담보권적 권능은 곧바로 소멸하지 않는다고 할 것이어서, 임차권자는 임대차기간이 종료한 후에도 임차보증금을 반환받기까지는 임대인이나 그 승계인에 대하여 임차권등기의 말소를 거부할 수 있다고 할 것이고, 따라서 임차권등기가 원인 없이 말소된 때에는 그 방해를 배제하기 위한 청구를 할 수 있다.

2) 제3자침해에 대한 배제

① 현행 법제하에서 물건의 이용을 목적으로 하는 채권(부동산임차권)은 등기라는 공시방법을 갖춤으로써 물권화하고 있는데(제621조), 채권이 이러한 효력(등기)을 취득할 때에는 제3자의 침해를 배제하는 효력도 취득한다고 보아야 할 것이다. 따라서 이러한 공시방법을 갖춘 채권에 한하여 방해배제청구권을 인정하는 데에는 학설이 일치하고 있다.

② 임차권이 등기 또는 특별법에 의한 대항력을 갖추지 못한 경우에는 대외적으로는 임차권의 존재를 객관적으로 인식할 수 있는 징표가 없으므로

채권인 임차권 자체에 기하여 방해배제를 청구할 수는 없다. 즉 이러한 경우, 임차인의 점유권(물권)에 의한 방해배제는 인정하여도 임차권 자체에 의한 방해의 배제청구권은 인정하지 않는 것이 일반적이다.

3) 임차권의 처분

① 물권은 양도성을 가지나 인적 요소가 강한 채권은 그 양도가 물권처럼 자유롭지 못하다. 그런데 임차인으로 하여금 투하자본을 회수할 수 있도록 해주기 위하여 임차권의 처분이 요청되는 바, 임차권의 처분으로서 문제되는 것은 양도와 전대가 있다.

② 민법상 임차권의 양도와 전대는 원칙적으로 허용되지 않고 언제나 임대인의 동의를 요한다(제629조). 다만 임대건물의 소부분을 타인에게 사용하게 하는 경우에는 임대인의 동의를 요하지 않는다(제632조).

4) 임차권존속의 보장

① 부동산임차인은 당사자 사이에 반대의 약정이 없으면 임대인에 대하여 등기에 협력할 것을 청구할 수 있고, 등기한 때에는 제3자에게 대항할 수 있는 것으로 하고 있다(제621조). 따라서 등기한 경우에는 당사자가 약정한 기간이 보장된다.

② 민법은 처분능력이나 권한이 없는 자가 임대차한 경우에 한하여 최장기간의 제한을 두고 있을 뿐, 최단기간의 제한을 두고 있지 않다(제619조). 다만 주택임대차보호법에서 주거용 건물(주택)의 임대차에 관하여는 기간의 정함이 없거나 기간을 2년 미만으로 정한 때에는 그 기간을 2년으로 본다(주임법 제4조). 또한 상가건물임대차보호법에 적용을 받는 건물임대차의 경우 최단기간을 1년 미만으로 정한 때에는 그 기간을 1년으로 본다(상임법 제9조).

(2) 부동산임차권의 성질

① 부동산임차권의 물권화의 정도는 각 나라에 따라 차이가 있다. 우리 민법이 부동산임차인의 보호 내지 부동산임차권의 효력의 강화에 상당한 배려를 하고 있고(제621조), 또한 주택임대차보호법·상가건물임대차보호법과 같은 특별법이 제정되어 물권화하고 있다.

② 우리나라의 부동산임차권은 그 본질에 있어서는 채권에 지나지 않으나, 위에서 살펴본 바와 같이 물권적 효력도 포함하고 있는 바, 그 실제의 효력에 있어서는 물권적인 것을 부분적으로 포함하는 '특수한 채권'의 성

질을 가진다고 하겠다.

3. 임대차의 존속기간

(1) 기간의 약정이 있는 경우

1) 최장기간의 제한

① 민법이 개정되기 전 민법 제651조(2016.1.16 개정으로 삭제 됨) 취지는 장기임대차로 인하여 임차물의 관리가 소흘하게 되어 임대인에게 불리한 결과가 발생할 수도 있으므로 임대차의 존속기간을 원칙적으로 20년을 넘지 못하게 제한하였고, 판례는 이를 강행규정으로 보아 임대차의 약정기한이 20년을 넘을 때에는 그 기간은 20년으로 한다고 판시하였다(대판 2003.8.22, 2003다19961; 대판 2009.12.24, 2009다40738).

② 헌법재판소가 민법 제651조의 규정이 헌법에 위반된다고 함에 따라 그 효력이 상실되었고, 2016년 1월 민법을 개정하면서 헌법재판소의 결정을 반영하여 그 규정이 삭제되었다. 즉 오늘날 변화된 사회경제적 현상에 따라 당사자가 최장기간을 넘는 임대차를 원할 경우 우회적인 방법을 취하는 부작용이 발생함과 더불어 최장기한의 제한은 과잉금지원칙을 위반하여 계약의 자유를 침해하는 것이라고 한다(헌재결 2013.12.26, 2011헌바234).

【판 례】

* 대판 2009.12.24, 2009다40738・40745 … 민법 제621조 제1항은 그 입법취지가 너무 오랜 기간에 걸쳐 임차물의 이용을 맡겨 놓으면 임차물의 관리가 소홀하여지고 임차물의 개량이 잘 이루어지지 않아 발생할 수 있는 사회경제적인 손실을 방지하는 데에 있는 점 및 약정기간이 20년을 넘을 때는 그 기간을 20년으로 단축한다는 규정형식에 비추어 볼 때 개인의 의사에 의해 그 적용을 배제할 수 없는 강행규정이라고 봄이 상당하다.

【헌재결】

* 헌재결 2013.12.26, 2011헌바234 … 임대차계약을 통하여 합리적이고 효과적인 임차물 관리 및 개량방식의 설정이 가능하고, 민법 제651조 제1항은 제정당시에 비해 현저히 변화된 현재의 사회경제적 현상을 제대로 반영하지 못하는 데 그치는 것이 아니라, 당사자가 20년이 넘는 임대차를 하는

경우 우회적인 방법을 취할 수밖에 없게 함으로써 사적자치에 의한 자율적 거래관계 형성을 왜곡하고 있으며, 본 규정은 입법취지가 불명확하고 사회경제적 효율성 측면에서 일정한 목적의 정당성이 인정된다하더라도 과잉금지원칙을 위반하여 계약의 자유를 침해한다.

2) 최단기간의 제한

① 민법은 임대차의 최단기간에 관하여 아무런 규정을 두고 있지 않다. 그러므로 당사자가 자유로이 정할 수 있다. 그러나 부동산임차권을 지나치게 단기간으로 한다면 임차인의 지위를 열악하게 하고 사회경제상의 불이익을 초래할 수 있다. 따라서 주거용건물(주택)의 임대차의 경우에는 기간의 정함이 없거나 기간을 2년 미만으로 정한 임대차는 그 기간을 2년으로 본다. 다만 임차인은 2년 미만으로 정한 기간이 유효함을 주장할 수 있다(주임법 제4조 제1항).

② 상가건물임대차의 경우에는 그 기간의 정함이 없거나 기간을 1년 미만으로 정한 임대차는 그 기간을 1년으로 본다. 그러나 임차인은 1년 미만으로 정한 기간의 유효함을 주장할 수 있다(상가건물임대차보호법 제9조 제1항). 예컨대 상가건물 임대차 계약상 약정한 6개월의 기간만료일에 임대차의 종료를 원한다면 임차인은 그 계약기간만료에 따라 임대인에게 보증금의 반환을 청구할 수 있다.

3) 임대차기간의 연장(임대차의 갱신)

① 계약에 의한 갱신

㉠ 당사자는 합의로 임대차의 약정기간을 갱신할 수 있으며, 이 갱신은 몇 번을 하여도 좋다. 또한 물건 그 밖에 공작물의 소유 또는 식목·채염·목축을 목적으로 한 토지임대차에 있어서 그 임대차 기간이 만료한 경우에 건물·수목 기타의 지상시설이 현존한 때에는 임차인은 계약의 갱신을 청구할 수 있다(제643조).

㉡ 임차인이 갱신청구권을 행사한 경우에 임대인은 이에 응하여 승낙하여야 할 의무는 없으며 거절할 자유가 있다. 이 경우 유의할 점은 임대인의 갱신거절로 임차인이 지상시설의 매수청구권을 행사한 경우에는 임대인은 그 매수를 거절하지 못한다(제643조, 제283조). 민법 제643조는 강행규정이며, 이에 위반하는 것으로서 임차인에게 불리한 약정은 그 효력이 없다(제652조).

② 묵시의 갱신(법정갱신)

㉠ 민법은 임대차기간이 만료한 후에도 임차인이 임차물의 사용·수익을 계

속하는 경우에 임대인이 상당한 기간 안에 이의를 제기하지 않으면 전(前)임대차와 동일한 조건으로 다시 임대차한 것으로 보는데, 이것이 '묵시의 갱신'이다(제639조 제1항 본문). 여기에서의 '사용 · 수익'이라 함은 단순히 임차물의 반환을 지체하고 있는 것이 아니라 그것을 적극적으로 사용 · 수익하여야 한다(통설). 즉 실질적인 사용을 하지 않는 경우(물건은 있지만 영업을 하지 아니하는 경우)에는 사용으로 보지 않는다. 이 경우 기간의 약정이 없는 경우로 되어 당사자는 언제든지 계약을 해지할 수 있다(제639조 제1항 단서, 제635조).

ⓛ 임대차가 묵시적으로 갱신된 경우 전임대차와 관련하여 제3자가 보증금의 명목으로 제공한 담보(질권, 저당권, 보증 등)는 모두 소멸한다(제639조 제2항, 대판 2005.4.14, 2004다63293). 그러나 임차인이 제공한 담보는 소멸하지 않는다. 민법 제639조 제2항은 강행규정이 아니므로 당사자는 특약으로 제3자가 제공한 담보의 효력소멸에 관한 내용을 배제할 수 있다(제652조 참조). 따라서 민법 제639조는 당사자들의 합의에 따른 임대차 기간연장의 경우에는 적용되지 않는다는 것이 판례의 입장이다(대판 2005.4.14, 2004다63293).

(2) 기간의 약정이 없는 경우

① 기간의 약정이 없는 임대차는 당사자가 언제든지 계약해지의 통고를 할 수 있고, 해지의 효력은 상대방이 그 통고를 받은 날로부터 일정한 기간이 경과한 후에 생기므로, 이때까지 임대차는 존속한다(제635조). 즉 부동산 임대차에 있어서는 임대인이 해지를 통고한 때에는 6개월, 임차인이 한 때에는 1개월이며, 동산임대차에 있어서는 당사자 가운데의 누가 통고하든 상대방이 그 통고를 받는 날로부터 5일이 경과함으로써 해지의 효력이 생긴다.

② 계약해지에 관한 민법 제635조의 규정은 기간의 약정이 있는 임대차에 있어서도 당사자의 일방 또는 쌍방이 해지할 권리를 유보한 때에는 준용된다(제636조). 즉 이때에도 해지의 효력은 상대방이 통고를 받은 날로부터 각각 6개월 · 1개월 · 5일이 경과한 후에 발생한다. 민법 제635조의 규정은 강행규정이므로 이에 위반하는 약정으로서 임차인에게 불리한 것은 무효이다(제652조).

③ 임대차계약이 해지의 통고로 인하여 종료된 경우에 그 임대물이 적법하게 전대되었을 때에는 임대인은 전차인에 대하여 그 사유를 통지하지 않으면 해지를 가지고 전차인에게 대항하지 못하며(제638조 제1항), 전차인이 이

통지를 받은 때에는 민법 제635조 제2항이 준용된다(제638조 제2항).

(3) 단기임대차의 존속기간

1) 단기임대차의 의의

임대차는 물건의 이용에 관한 관리행위이며 처분행위가 아니다. 따라서 처분의 능력이나 권한이 없는 자도 임대차계약을 체결할 수 있다. 이처럼 처분의 능력 또는 권한이 없는 자가 임대차를 하는 경우에는 일정한 기간을 넘는 장기의 임대차를 할 수 없는데, 이것을 '단기임대차'라고 한다(제619조).

2) 단기임대차의 당사자

단기임대차의 당사자는 관리할 능력이나 권한은 있으나, 처분할 능력이나 권한이 없는 자를 말한다. 예컨대 부재자의 재산관리인(제25조) · 권한이 정하여져 있지 않은 대리인(제118조) · 상속재산관리인(제1023조 제2항, 제1047조 제2항) 등이 이에 해당한다.

3) 단기임대차의 기간

① 단기임대차기간은 그 종류와 목적에 따라 차이가 있는데 식목 · 채염 또는 석조 · 석회조 · 연와조 이와 비슷한 건축을 목적으로 한 토지의 임대차는 10년, 그 밖에 토지의 임대차는 5년, 건물 그 밖에 공작물의 임대차는 3년, 동산의 임대차는 6개월이다(제619조).

② 단기임대차는 민법 제619조의 법정기간을 넘지 못하나, 그 기간은 당사자 사이의 계약으로 갱신할 수 있다(제620조 본문). 그러나 이 갱신은 기간이만료하기 전에 토지의 임대차는 1년, 건물 그 밖에 공작물의 임대차는 3개월, 동산의 임대차는 1개월 안에 각각 하여야 한다(제620조 단서). 유의할 점은 단기임대차 역시 묵시적 갱신이 인정되나, 당사자는 언제든지 해지통보를 할 수 있다(제635조 준용).

4. 임대차의 효력

임대차계약의 효력의 핵심은 임대인의 권리와 의무 및 임차인의 권리와 의무이다. 아래에서는 권리와 의무를 각각 나누어 설명하기로 한다.

(1) 임대인의 권리

임대인의 권리로서는 차임지급청구권 · 목적물반환청구권 · 차임증액청구권 · 임대물의 보존에 필요한 행위를 할 권리 등이 있으나, 이들은 모두 임차인의 의무에 대응하는 것이므로 편의상 임차인의 의무에서 설명하기로 한다.

(2) 임대인의 의무

사용대차의 대주와 달리 임대차에 있어서 임대인은 임차인으로 하여금 계약존속 중 목적물을 사용 · 수익할 수 있게 할 적극적인 의무를 부담한다(대판 2010.6.10, 2009다64307 등). 즉 임대인은 목적물인도의무 · 방해제거의무 · 수선의무 · 비용상환의무와 임차물에 대한 담보책임을 부담하는데, 그 내용을 구체적으로 살펴보면 다음과 같다.

【판 례】

* 대판 2010.6.10, 2009다64307 … 건물부분의 임대차에서 별도의 약정이 있는 경우에는 거기서 더 나아가 임대인은 그 소유건물의 다른 부분에서 제3자가 임차인이 임대목적물에서 행하는 영업 등 수익활동을 해할 우려가 있는 영업 기타 행위를 하지 아니하도록 할 의무를 임차인에 대하여 부담할 수 있음은 물론이다. 그러한 약정은 계약서면에 한 조항 등을 통하여 명시적으로 행하여질 필요는 없고, 임대차의 목적 · 내용 · 존속기간 · 목적물의 구조 등에 비추어 인정될 수도 있다.

1) 목적물인도의무

① 임대인은 임차인으로 하여금 목적물을 사용 · 수익할 수 있도록 하기 위하여 그 목적물을 인도하여야 한다(제623조). 목적물 인도의무는 주물뿐만 아니라 종물에도 미친다(제100조 제2항). 한편 임대인이 임차권양도를 승낙한 경우에는 신 임차인이 구 임차인으로부터 목적물을 명도받았다면 그것으로 임대인의 명도의무(인도의무)의 이행을 다한 것으로 본다(대판 1998.7.14, 96다117202).

② 임대차가 계속되는 동안에 목적물의 진정한 소유자가 나타나서 임차인의 사용 · 수익이 불가능하게 되거나, 또는 목적물을 제3자에게 양도하여 임차인이 그의 임차권을 가지고 제3자에게 대항할 수 없는 때에도 역시 임대인의 채무불이행책임이 생긴다. 그러나 목적물을 임대인이 제3자에게 양도하였더라도 임차인이 임차권을 가지고 그 제3자에게 대항할 수 있을 때에는 원칙적으로 임대인의 책임은 생기지 않는다.

2) 방해제거의무

① 임대인은 임차인에게 임대를 목적으로 인도한 목적물을 임대차기간 동안 임차인이 아무 방해를 받지 않고 사용·수익할 수 있도록 해주어야 한다. 따라서 임대인 스스로가 방해하는 일을 해서는 아니되며, 제3자에 의한 방해행위에 대해서도 간접점유자의 지위로서 방해배제청구권을 행사하여 그 방해를 제거해 주어야 한다(통설).

② 임차인이 점유보호청구권을 가지고 있거나 임차권에 대항요건을 갖추고 있는 경우에도 임대인의 방해제거의무는 면제되지 않는다는 것이 통설의 견해이다. 예컨대 사업장소 또는 병원건물을 임대차한 경우에 당사자 사이에 양해특약 없이 가까운 이웃에 동종의 사업 또는 동종의 병원을 임대인이 직접 개설하거나 타인이 개설할 수 있도록 임대하는 것은 방해제거의무에 위배된다(대판 2010.6.10, 2009다64307).

3) 수선의무

① 임대인은 계약이 존속하는 동안 임차인이 목적물을 사용·수익하는 데 필요한 상태를 유지하게 할 통상의 수선 및 관리의무를 부담한다(제623조). 그 당연한 귀결로서 수선의무는 천재지변 기타의 불가항력으로 임대물이 훼손된 경우, 즉 임대인의 귀책사유가 있는 경우는 물론 귀책사유가 없는 경우에도 임차인의 사용·수익에 필요한 수선의무를 진다(대판 2010.4.29, 2009다96984; 대판 2012.6.13, 2010다89876·89883 등).

② 임대인의 수선의무를 특약에 의하여 면제하거나 임차인이 부담하게 하는 것은 가능하지만, 이는 제한적으로 적용되어야 한다(대판 2012.3.29, 2011다107405). 즉 이러한 특약에 의한 수선의무의 면제는 원칙적으로 통상적인 소규모의 수선에 국한된다고 할 것이고(대판 2000.3.23, 98두18053), 임차물의 대파손에 대한 수리·기본적 설비부분의 교체 등과 같이 임차물에 대한 대규모의 수선은 이에 포함되지 아니하고 여전히 임대인이 그 수선의무를 부담한다(대판 2008.3.27, 2007다91336). 따라서 임대인의 수선의무 불이행에 대하여 임차인에게는 채무불이행의 일반적 효과로서의 손해배상청구권(제390조)과 해지권(제544조)이 생기는 외에 차임의 이행거절권(목적물을 전혀 용익할 수 없을 때) 또는 감액청구권(목적물의 용익이 부분적으로 지장을 받고 있을 때)도 아울러 생기는 것으로 해석하여야 한다(대판 1997.4.25, 96다44778 참고).

【판 례】

* 대판 2000.3.23, 98두18053 … 임차목적물이 파손되었더라도 그것이 임차인이 별 비용을 들이지 않고서 손쉽게 고칠 수 있을 정도의 사소한 것이

고, 임차인의 사용·수익을 방해할 것이 아니면, 그 정도의 파손은 임차인의 통상의 수선 및 관리의무에 속한다. 그러나 그것을 수선하지 않으면 임차인이 계약에서 정한 목적에 따라 사용·수익할 수 없게 될 정도의 것일 때에 임대인은 수선의무를 부담한다.

* 대판 2008.3.27, 2007다91336 … 특약에 의하여 임대인의 수선의무를 면하거나 임차인이 그 수선의무를 부담하는 것은 통상의 소규모의 수선에 해당한다고 할 것이고, 임차물의 대파손의 수리, 건물의 주요 구성부분에 대한 대수선, 기본적 설비부분의 교체 등과 같은 대규모의 수선은 이에 포함되지 아니하고 여전히 임대인이 그 수선의무를 부담한다.
* 대판 2012.3.29, 2011다107405 … 임대인의 수선의무를 발생시키는 사용·수익의 방해에 해당하는지 여부는 구체적인 사안에 따라 목적물의 종류 및 용도, 파손 또는 장해의 규모와 부위, 이로 인하여 목적물의 사용·수익에 미치는 영향의 정도, 그 수선이 용이한지 여부와 소요되는 비용 등을 고려하여 사회통념에 의하여 판단하여야 할 것이다.

4) 비용상환의무

① 필요비의 상환의무

임차인이 임차물의 보존에 관한 필요비를 지출한 때에는 임대인에 대하여 그 상환을 청구할 수 있으며, 임대인은 이를 상환하여야 한다(제626조 제1항). '필요비'라 함은 임대차계약의 목적에 따라 임차물을 사용·수익하는 데 적당한 상태를 보존·유지하기 위하여 필요한 모든 비용을 말한다(통설). 이 경우 유의할 점은 필요비의 상환청구는 유익비의 경우와는 달리 임대차의 종료를 기다리지 않고 곧 행사할 수 있다.

② 유익비의 상환의무

임차인이 '유익비'를 지출한 경우에는 임대인은 임대차종료시에 그 가액의 증가가 현존한 때에 한하여 임차인이 지출한 금액이나 그 증가액을 상환하여야 한다(제626조 제2항 본문). 유익비라 함은 목적물 자체의 개량이나 목적물 이외에 가해진 개량이 목적물의 객관적 가치를 증가시키는 것을 말한다. 예컨대 임차주택 앞의 도로를 콘크리트로 포장하는 데 지출한 비용이나 정원 등을 설치하는데 지출한 비용이 이에 해당하지만, 간이음식점을 경영하기 위하여 부착시킨 간판의 설치비는 유익비라고 할 수 없다(대판 1994.9.30, 94다20389).

③ 임차인의 비용상환청구기간

필요비 및 유익비의 상환청구권은 임대인이 목적물을 반환받은 날로부터 6개월 내에 행사하여야 한다(제654조, 제617조). 임차인은 비용상환청구권에 의한 필요비·유익비를 반환받을 때까지 임차물에 대하여 유치권을 가진다. 한편 유익비의 상환에 관하여 임대인에게 선택채권이 부여되므로 법원은 임대인의 청구에 의하여 상당한 기간을 허용할 수 있다(제626조 제2항 단서). 따라서 유익비에 관하여 기한을 허락받은 때에는 유치권은 생기지 않는다(제320조 참조). 이러한 임차인의 비용상환청구권에 관한 규정은 강행규정이 아니며, 당사자 사이의 약정으로 이를 포기할 수 있다(대판 1994.9.30, 94다20389; 대판 1996.8.20, 94다44705).

5) 임차물의 담보책임

임대차는 유상계약이므로 임차목적물에 하자가 있는 경우 매매에 관한 매도인의 담보책임에 관한 규정이 준용된다(제567조). 즉 임대차의 목적물에 하자가 있거나 또는 그 권리에 하자가 있는 때에는 매도인의 담보책임에 관한 규정에 따라서 임차인은 임대인에게 손해의 배상을 청구하고, 목적물의 수량이 부족한 경우 등에 있어서는 차임의 감액을 청구할 수 있다. 또한 하자로 말미암아 계약의 목적을 달성할 수 없을 때에는 계약을 해제·해지할 수도 있다.

(3) 임차인의 권리

1) 임차권(사용·수익권)

① 임차권은 목적물을 직접 지배하여 사용·수익하는 것을 정당화한다는 점에서 지상권·전세권 등의 물권과 같으나, 그 본질은 채권이다. 이러한 임차권의 권리에는 내재적으로 계약 또는 그 목적물의 성질에 의하여 정하여진 용법으로 이를 사용·수익하여야 할 의무가 수반된다(제654조, 제610조 제1항). 예컨대 주거의 목적으로 주택을 임차하였다면 그곳에서 주로 영업행위를 하는 것은 허용되지 않는다(곽윤직 204면; 위반의 경우 채무불이행이 됨).

② 임차인은 임대인의 동의 없이 임차권을 제3자에게 양도하거나 임대물을 전대할 수 없다(제629조 제1항). 이에 위반하여 임차인이 임차권을 양도 또는 전대한 때에는 임대인에게 해지권이 발생하는 것 외에(제629조 제2항) 이로 인하여 손해가 발생한 때에는 임대인이 그 배상을 청구할 수 있다(제654조, 제617조).

2) 임차권의 대항력

① 부동산임대차는 이를 등기하면 그때부터 제3자에 대하여서도 효력이 있다(제621조 제2항). 따라서 제3자가 임대인(소유자)으로부터 그 부동산을 양도받은 때에는 종래의 임대차는 그대로 새로운 소유권자(양수인)와 임차인 사이에

서 임대차 관계가 존속하는 것이 된다.

② 건물의 소유를 목적으로 하는 토지임대차(건물대지 임대차)는 이를 등기하지 않더라도 임차인이 그 지상건물을 등기하는 것만으로 제3자에 대하여 임대차의 효력이 생긴다(제622조 제1항). 유의할 점은 토지임대차 후 그 지상건물을 등기하기 이전에 이해관계 있는 제3자에게는 토지임대차만으로 대항할 수 없다(대판 2003.2.28, 2000다65802 · 65819). 또한 국민의 주거생활과 경제생활의 안정을 위하여 제정된 특별법인 '주택임대차보호법'과 '상가건물임대차보호법'에 따르면, 등기 없이도 일정한 요건하에 대항력(목적물의 인도와 전입신고 또는 사업자등록)을 갖추면 그 다음 날부터 제3자에 대하여 효력이 있다(주임법 제3조, 상임법 제3조).

【판 례】

* 대판 2003.2.28, 2000다65802 · 65819 … 민법 제622조 제1항은 건물을 소유하는 토지임차인의 보호를 위하여 건물의 등기로써 토지임대차등기에 갈음하는 효력을 부여하는 것일 뿐이므로 임차인이 그 지상건물을 등기하기 전에 제3자가 그 토지에 관하여 물권취득의 등기를 한 때에는 임차인이 그 지상건물을 등기하더라도 그 제3자에 대하여 임대차의 효력이 생기지 않는다.

3) 계약의 갱신청구권

임대차(토지 임대차)가 종료한 경우에 지상물이 현존한 때에는 임차인은 계약의 갱신을 청구할 수 있으며, 임대인이 계약의 갱신을 원하지 아니하는 때에는 임차인은 상당한 가액으로 부속물의 매수를 청구할 수 있다(제643조).

4) 부속물매수청구권

① 건물 기타의 공작물의 임차인이 그 사용의 편익을 위하여 임대인의 동의를 얻어 임차물인 건물이나 기타의 공작물에 부속시킨 물건이 있거나, 또는 임대인으로부터 매수한 부속물이 있는 때에는 임대차가 종료한 때에 임대인에 대하여 그 부속물의 매수를 청구할 수 있다(제646조). 유의할 점은 민법 제646조에 의한 매수청구권이 인정되는 것은 '건물 기타의 공작물의 임차인'에 한하여 인정되며, 그 건물이 설령 행정관청의 적법한 허가를 받지 않은 건물(무허가 건물)이라고 하더라도 매수청구권을 행사할 수 있다.(대판 1997.12.23, 97다37753; 대판 1996.6.14, 96다14517).

② 부속물매수청구권에 관한 민법 제646조의 규정은 임차인의 보호를 위한 강행규정으로므로 임차인에게 불리한 특약은 무효이다(제652조). 따라서 건물

에 물건을 부속시키는 것에는 동의하지만, 매수의무를 부담하지 않는다거나 조건부로 동의한다는 특약은 효력이 없다(대판 2000.4.7, 99다47686; 대판 2002.5.31, 2001다42080). 그러나 임차인이 이 권리를 반드시 행사해야 하는 것은 아니며, 그 권리를 포기할 수 있다(대판 1992.9.8, 92다94998). 한편 일시사용을 위한 임대차의 경우에는 부속물매수청구권은 허용되지 않는다(제653조).

【판 례】

* 대판 1997.12.23, 97다37753 … 임대차계약종료시에 경제적 가치가 잔존하고 있는 건물은 비록 행정관청의 허가를 받은 적법한 건물이 아니더라도 임차인의 건물매수청구권의 대상이 될 수 있다.
* 대판 2000.4.7, 99다47686; 대판 2002.5.31, 2001다42080 … 건물의 소유를 목적으로 한 토지임차인이 임대인과 사이에 임대차기간 만료시에 지상건물을 철거하기로 약정하였더라도, 특별한 사정이 없는 한 위 약정은 임차인의 지상물매수청구권을 배제하기로 하는 약정으로서 임차인에게 불리한 것이므로 민법 제652조의 규정에 의하여 효력이 없다. 마찬가지로 임차인이 임대차가 종료하기 전에 임대인과의 사이에 건물 기타 지상시설 일체를 포기하기로 한 약정도 효력이 없다.

(4) 임차인의 의무

1) 차임지급의무

① 차임의 내용

㉠ 임차인은 임차물을 사용·수익하는 대가로서, 계약 또는 법률의 규정에 의하여 정하여진 시기에 차임을 지급할 의무를 부담한다(제618조). 차임지급의무는 '임대차계약의 불가결의 요소'이며, 임차인의 가장 중요한 의무이다. 한편 여럿이 공동으로 목적물을 임차하는 경우에는 연대하여 그 의무를 부담한다(제654조, 제616조).

㉡ 차임은 금전으로 지급하는 것이 보통이다. 그렇지만 사회질서에 반하지 않는 한 어떠한 종류의 것을 어떠한 방법으로 지급하든 당사자의 약정에 따르게 된다. 또한 차임의 액수(額數)도 당사자의 약정으로 자유로이 정할 수 있으며, 차임지급에 대한 증명책임은 임차인이 진다(대판 2005.1.13, 2004다19647).

② 차임의 지급시기

㉠ 당사자 사이의 계약으로 자유로이 결정할 수 있다. 그러나 그러한 특약(지급시기)

이 없는 때에는 법정기간에 의한다. 따라서 동산·건물 및 대지의 임대차에 있어서는 매 월말에 기타의 토지의 임대차에 있어서는 매 연말에 지급하여야 한다. 그러나 수확기가 있는 임대차에 있어서는 그 수확 후 지체 없이 지급하여야 한다(제633조).

㉡ 임대인지위가 양수인에게 승계된 경우 이미 발생한 연체차임채권은 따로 채권양도의 요건을 갖추지 않는 한 승계되지 않으므로, 양수인이 연체차임채권을 양수받지 않은 이상 승계 이후의 연체차임액이 2기 이상의 차임액에 달하여야만 비로소 임대차계약을 해지할 수 있다(대판 2008.10.9, 2008다3022 참고). 한편 임차인은 특별한 사정이 없는 한 임대차계약이 종료되었다고 하더라도 목적물이 명도되지 않았다면, 그 보증금이 있음을 이유로 연체차임의 지급을 거절할 수 없다(대판 2007.8.23, 2007다21856).

2) 임차물보존과 통지의무

① 임차물보존의무

㉠ 임차인이 사용·수익상의 의무를 제대로 수행하기 위해서는 선량한 관리자의 주의를 가지고 임차물을 보존하여야 한다(제374조). 예컨대 임차물의 사용·수익에서 이행보조자인 처 또는 가족구성원의 과실에 의하여 임차물이 훼손 또는 멸실된 경우에 임차인은 채무불이행으로 인한 손해배상책임을 부담하게 된다(제391조). 따라서 임차인이 손해배상책임을 면하려면 그의 귀책사유가 없음을 증명하여야 한다(대판 2006.1.13, 2005다51013·51020 참고).

㉡ 임차물보존의 범위와 관련하여 판례는 다음과 같은 입장을 표명하고 있다. 건물 중 임차한 부분과 그 밖의 부분이 상호 유지·존립함에 있어서 구조상 불가분의 일체를 이루는 관계에 있고, 그 임차부분에서 화재가 발생하여 건물의 방화구조상 건물의 다른 부분에까지 연소되어 피해가 발생한 경우라면, 임차인은 임차부분에 한하지 않고 그 건물의 유지·존립과 불가분의 일체관계가 있는 다른 부분이 소실되어 임대인이 입게 된 손해도 배상할 의무가 있다(대판 2004.2.27, 2002다39456).

【판 례】

* 대판 2006.1.13, 2005다51013·51020 … 임차건물이 건물구조의 일부인 전기배선의 이상으로 인한 화재로 소훼되어 임차인이 임차목적물반환채무가 이행불능이 되었다고 하더라도 당해 임대차기간 중 임차인이 직접 전기배선을 한 경우에는 그에 대한 관리는 임차인의 지배영역 내에 있으므로,

특별한 사정이 없는 한 선량한 관리자의 주의의무를 다하지 아니한 결과 발생한 것으로 보아야 한다.

② 통지의무

㉠ 임차물의 보존과 관련해서 임차물이 수리를 요하거나 임차물에 대하여 권리를 주장하는 자가 있는 때에는 임차인은 지체 없이 임대인에게 통지하여야 한다(제634조 본문). 다만 임대인이 이를 알고 있을 때에는 그러하지 아니하다(제634조 단서).

㉡ 임차인이 민법 제634조에서 규정하고 있는 임차물 보존에 따른 통지의무에 위반하면 임대인은 손해배상을 청구할 수 있고, 임차인은 통지의무위반이 있는 기간 중에 임차물의 사용·수익이 부분적으로 불가능하게 되었더라도 그 부분의 비율에 의한 차임감액을 청구할 수 없다(제627조 제1항 참조).

3) 임차물수선 인용의무

임대인이 임대물의 보존에 필요한 행위를 하는 때에는 임차인은 이를 거절할 수 없다(제624조). 임차인은 임차물에 대하여 보존의무를 부담하고 있기 때문이다. 그러나 임대인이 임차인의 의사에 반하여 보존행위를 하는 경우에 임차인이 이로 인해서 임차의 목적을 달성할 수 없는 때에는 임대차관계를 해지할 수 있다(제625조).

4) 임차물반환의무

① 임차인은 임대차가 종료한 때에는 지체 없이 임차물을 임대인에게 반환하여야 할 계약상의 의무를 부담한다. 임차인이 임차물을 반환할 때에는 이를 임차할 당시의 원상으로 회복하여 반환하여야 한다(제654조, 제655조). 따라서 임차인이 자신의 영업을 위하여 설치한 시설에 관한 비용을 임대인에게 청구(부속물매수 청구권)하지 않기로 약정한 사정만으로는 그러한 원상복구의무를 면하기로 하는 합의가 있었다고 볼 수 없다(대판 2006.10.13, 2006다39720). 한편 그가 임차물에 부속시킨 물건이 있으면 이를 수거할 수 있는 권리가 있을 뿐만 아니라, 일정한 경우 매수청구권을 행사할 수 있다.

② 임차건물이 원인불명의 화재로 소실되어 임차물반환채무가 이행불능이 된 경우, 임차인은 손해배상책임을 면하려면 선관주의의무를 다했음을 증명하여야 한다(대판 2010.4.29, 2009다96984). 한편 임대인의 귀책사유로 임대차계약이 해지되었다고 하더라도 임차인은 임차목적물에 대한 원상회복의무를 면할 수 없다. 그러나 이 경우 임차인은 해지로 인한 손해배상을 청구할 수

있다(대판 2002.12.6, 2002다42278).

【판 례】

* 대판 2010.4.29, 2009다96984 … 임차건물이 화재로 소훼된 경우에 있어서 그 화재의 발생 원인이 불명인 때에도 임차인이 그 책임을 면하려면 그 임차건물의 보존에 관하여 선량한 관리자의 주의의무를 다하였음을 입증하여야 하는 것이며, 이러한 법리는 임차목적물 반환채무가 이행불능상태는 아니지만 반환된 임차건물이 화재로 인하여 훼손되었음을 이유로 손해배상을 구하는 경우에도 동일하게 적용되고, 나아가 그 임대차계약이 임대인의 수선의무 지체로 해지된 경우라도 마찬가지이다.

5. 임차권의 양도와 전대

(1) 임차권의 양도

1) 임차권양도의 의의

임차권의 양도라 함은 임차인이 임차권의 동일성을 유지하면서 제3자에게 이전하는 계약을 말한다. 이로써 임차인은 그의 임차인으로서의 지위를 벗어나고, 양수인이 임차인의 지위를 승계하여 권리·의무를 취득하게 된다. 임차권의 양도는 전대차와 함께 임차인이 임차물에 대하여 투하한 자본의 회수방법으로 많이 이용된다는 점에서 그 사회적 작용을 찾을 수 있다.

2) 임차권양도의 법적성질

① 임차권의 양도는 양도인(임차인)과 양수인 사이의 낙성·불요식의 계약이며, 임대인은 이 계약의 당사자가 아니다. 즉 임차권의 양도는 양도인(임차인)과 양수인 사이의 양도계약만으로 유효하게 성립한다. 그러나 양수인이, 임대인 및 기타의 제3자에 대한 관계에 있어서 유효하게 임차권을 취득하느냐는 임대인의 동의의 유무에 의하여 결정된다.

② 임차권의 양도는 일종의 지명채권인 임차권 그 자체의 이전을 목적으로 하는 계약이므로 준물권계약(처분행위)의 성질을 가진다는 견해가 있으나(곽윤직 205면 등), 임차권의 양도는 단순한 채권적 청구권의 양도가 아니라 임차인의 지위를 포괄적으로 이전하는 것이므로 채권관계의 이전을 의미하는

일종의 '계약인수'로 보는 것이 타당하다(김형배 1435, 지원림 1463면; 대결 1998.9.2, 98마100 참고). 스위스 채무법은 임차권의 양도를 계약인수로 명문화하고 있다(스위스 채무법 제263조).

3) 임차권양도에 관한 민법규정

① 민법은 원칙으로 임차권의 양도를 금지하고, 임대인의 동의가 있는 경우에만 예외적으로 유효하게 양도할 수 있는 것으로 하고 있다(제629조 제1항). 따라서 임차인이 임대인의 동의 없이 그의 임차권을 양도한 때에는 임대인은 임대차계약을 해지할 수 있다(제629조 제2항).

② 임차권의 양도를 제한하고 있는 민법 제629조는 강행규정인가에 대하여 임대인의 동의를 요하도록 한 것은 임대인의 보호를 위한 것이므로 강행규정으로 볼 필요는 없다(통설). 그러므로 임대차 계약당시 또는 그 후에 임대인의 동의를 요하지 않는다는 특약은 언제나 유효하다.

4) 임차권양도와 임대인의 동의

① 임차권을 양도함에 있어서 임대인의 동의는 임차권양도의 효력발생요건은 아니며, 임대인의 동의가 없는 양도도 당사자(양도인, 양수인) 사이에서는 유효하다. 다만 임차권의 무단양도를 가지고 임대인 기타의 제3자에게 대항할 수 없을 뿐이다. 따라서 임대인은 인적 신뢰관계를 깨뜨린 임차인에게 임대차계약을 해지하여 제3자뿐만 아니라 임차인까지도 퇴거시킬 수 있다(제629조 제2항 참조).

② 임차권의 양도에 따른 임대인의 동의를 구하는 자는 임차인(양도인)에 한하지 않으며, 또한 동의의 상대방도 임차인이든 또는 양수인이든 누구라도 좋다. 또한 임대인의 동의는 양도가 행하여지기 전에 일반적으로 또는 개별적으로 할 수 있을 뿐만 아니라 사후(事後)에도 할 수 있다. 사후의 동의는 양수인에 대하여 차임을 청구하거나 또는 차임의 증액을 청구함으로써 묵시적으로 행하여지는 수가 많음을 주의하여야 한다.

5) 임차권양도의 효과

① 임대인의 동의 없는 임차권의 양도

㉠ 임차인과 양수인과의 관계

ⓐ 임차권양도계약은 그 당사자 사이에서는 유효하고, 임차인은 임대인의 동의를 얻을 의무를 양수인에 대하여 부담한다(대판 1986.2.25, 85다카1812). 그리고 양도계약은 당사자 사이에서는 유효하므로 양수인은 임차권을 취득한다.

ⓑ 임차권을 양도하였으나 임대인이 동의하지 않은 경우에 임차인(양도인)의

담보책임에 관하여는 매매에 있어서의 매도인의 담보책임에 관한 규정을 준용하여야 한다(제567조 참조). 또한 임차권양도에 있어서 임차인(양도인)은 신의칙상의 의무가 있다. 즉 임대기간 종료 후의 재계약 여부, 임대인의 동의 여부는 그 계약의 중요한 요소임으로 이를 양수인에게 설명하지 아니한 채 임차권을 양도한 행위는 기망행위에 해당한다(대판 1996.6.14, 94다41003).

【판 례】

* 대판 1996.6.14, 94다41003 … 임차권의 양도에 있어서 그 임차권의 존속기간, 임대기간 종료 후의 재계약 여부, 임대인의 동의 여부는 그 계약의 중요한 요소를 이루는 것이므로 양도인으로서는 이에 관계되는 모든 사정을 양수인에게 알려 주어야 할 신의칙상의 의무가 있는데, 임대인의 동의 여부가 확실하지 않은 상태에서 몇 차례에 걸쳐 명도요구를 받고 있었던 임차권 양도인이 그 여부를 확인하여 양수인에게 설명하지 아니한 채 임차권을 양도한 행위는 기망행위에 해당한다.

ⓛ 임대인과 양수인의 관계

ⓐ 양수인은 동의하지 않은 임대인에 대하여 임차권취득을 주장하지 못하므로 목적물에 대한 점유·사용은 불법점유가 되고 임대인에 대하여 방해배제의무를 지게 된다. 유의할 점은 임대인은 그의 임차인과의 임대차계약을 해지하지 않는 한 직접 자기에게 인도할 것을 양수인에게 청구하지는 못하며, 임차인(양도인)에게 반환할 것을 청구할 수 있을 뿐이다. 다만 양도인(원임차인)이 반환 받기를 거부하거나 반환 받을 수 없는 경우에 임대인은 직접 자기에게 반환을 청구할 수 있다고 해석해야 할 것이다.

ⓑ 원임대차관계(原賃貸借關係)가 해지되지 않는 한 임대인은 임차인에 대하여 여전히 차임청구권을 가지므로, 그 한도에서는 손해가 발생하지 않는다. 따라서 임대차계약이 존속하는 한도 내에서 임대인은 양수인에 대하여 불법점유를 이유로 차임에 갈음하는 손해배상이나 부당이익반환을 청구하지 못한다(대판 2006.12.7, 2005다55121; 대판 2008.2.28, 2006다10323).

【판 례】

* 대판 2008.2.28, 2006다10323 … 임대인의 동의 없이 제3자에게 임차권을 양도하거나 전대하는 방법으로 임차물을 사용·수익하게 하더라도, 임대인이 이를 이유로 임대차계약을 해지하지 않는 한 임대인은 임차인에 대하여 여전히 차임청구권을 가지므로, 임대차계약이 존속하는 한도 내에서는 제3자에게 불법점유를 이유로 한 손해배상청구나 부당이득반환청구를

할 수 없다.

㉢ 임대인과 임차인과의 관계

ⓐ 임차인의 무단양도로 인하여 임대인은 해지권을 취득한다(제629조 제2항). 그러나 임대인이 해지권을 행사하지 않는 한 임차인은 여전히 임대차계약의 당사자로서의 지위를 가지므로 임대인은 양도와는 관계없이 임차인에게 차임을 청구할 수 있다.

ⓑ 임대차관계가 존속하는 임차인은 임대인에 대하여 선량한 관리자로서의 목적물보관의무를 부담하므로 양수인의 행위로 임대인에게 손해가 생기면 임대인에 대한 관계에서는 양수인은 임차인의 이행보조자의 지위에 서게 되므로, 임차인은 임대인에 대하여 손해배상의 책임을 지게 된다. 유의할 것은 이때에 양수인과 임대인 사이에는 직접적인 관계가 생기지 않는다.

② 임대인의 동의 있는 임차권의 양도

㉠ 임차권양도에 관한 임대인의 동의가 있는 때에는 그 임차권은 동일성을 유지하면서 양수인에게 확정적으로 이전한다(대판 1998.7.14, 96다17202). 즉 양수인은 양도인에 대한 관계에 있어서뿐만 아니라 임대인이나 그 밖의 제3자에 대한 관계에 있어서도 임차권은 승계적으로 이전하며, 양도인은 임대차관계에서 벗어나게 된다. 차임지급의무도 당연히 양수인에게 이전함은 물론이다.

㉡ 임차권양도에 따른 계약인수가 있기 전에 있었던 임차인(양도인)의 연체차임채무나 다른 의무위반에 의한 손해배상채무 등은 그것을 인수하는 과정에서 별다른 특약이 없는 한 양수인에게 당연히 이전하지는 않는다고 보아야 한다(제453조~제459조 참조; 대판 1998.7.14, 96다17202).

【판 례】

* 대판 1998.7.14, 96다17202 … 임대인이 임차권의 양도를 승낙하여 신임차인이 구임차인으로부터 임차목적물을 명도받았다면 구임차인이 임대인에게 명도하여 임대인이 다시 신임차인에게 명도하는 대신 구임차인이 임대인의 승낙하에 직접 신임차인에게 명도하는 것으로서 명도의무의 이행을 다한 것으로 보아야 한다.

(2) 임차물의 전대차

1) 전대차의 의의

임차물의 전대차라 함은 임차인이 임대차계약에 따른 그의 지위를 그대로 유지하면서, 임차인이 이번에는 그 자신이 임대인(전대인)이 되어서 그의 임차물을 다시 제3자(전차인)로 하여금 임차하여 사용·수익하게 하는 계약을 말한다. 전대차는 전대인과 전차인 사이의 새로운 대차관계를 발생시키는 계약은 임대차인 것이 보통이나 사용대차라도 무방하고, 임차물의 전부뿐만 아니라 일부에 대해서도 가능하다(통설).

2) 전대차의 법적성질

전대차는 전대인(임차인)과 전차인 사이의 낙성·불요식의 계약이다. 따라서 전대인과 전차인 사이의 임대차계약으로 전대차는 언제나 유효하게 성립한다. 그러나 전차인이 임대인 및 그 밖의 제3자에 대한 관계에 있어서 유효하게 임차권을 취득하느냐는 전적으로 임대인의 동의에 달려 있다.

3) 전대차에 관한 민법규정

① 민법은 원칙적으로 임차물의 전대를 허용치 않으며, 다만 임대인의 동의가 있는 경우에 한해서 유효하게 전대할 수 있는 것으로 하고 있다(제629조 제1항). 유의할 점은 건물의 임차인이 그 '건물의 소부분'을 타인에게 사용하게 하는 경우에는 임대인의 동의를 요하지 않는 것으로 하고 있다(제632조).

② 임차권의 전대차에 따른 임대인의 동의를 구하는 자는 임차인에 한하지 않고 전차인이 하여도 무방하다.

4) 임차물전대와 임대인의 동의

① 임대인의 동의는 전대가 행해지기 전에 일반적으로(누구에게 전대하여도 무방하다) 또는 개별적으로 할 수 있을 뿐만 아니라 사후(전대차 이후)에도 할 수 있다. 사후의 동의는 임대인이 전차인에 대하여 차임을 청구하거나 차임 인상을 교섭하는 것과 같이 종종 묵시적으로 행해진다.

② 동의의 상대방은 임차인이든 전차인이든 상관없으나, 동의가 있었다는 증명책임은 임차권을 취득하였다고 주장하는 자, 즉 전차인에게 있다고 해석하여야 할 것이다.

5) 전대차의 효과

① 임대인의 동의가 없는 전대차

㉠ 전대인과 전차인과의 관계

ⓐ 전대인 · 전차인 사이의 전대차계약은 하나의 임대차계약으로 유효하게 성립하며, 이 경우 전대인은 임대인의 동의를 얻을 의무를 전차인에 대하여 부담한다.

ⓑ 전차인은 전대인에 대한 관계에 있어서 유효하게 임차권을 취득하는 것이 되고, 그 결과 임대인의 동의가 없더라도 전대인은 전차인에 대하여 차임청구권을 가진다. 즉 전차인은 전대인에 대하여 차임을 지급할 의무를 진다.

㉡ 임대인과 전차인의 관계

ⓐ 전차인은 그가 취득한 임차권을 가지고, 임대인에게 대항할 수 없다. 따라서 전차인은 임차지(賃借地) 위에 부속시킨 물건의 소유권을 보유할 수 없다(제256조 참조).

ⓑ 임대인은 동의 없이 전대차된 경우 소유권에 기인한 방해배제를 청구할 수 있다(제214조 참조). 다만 임대인이 임차인(전대인)과의 임대차계약을 해지하거나 그 밖의 다른 사유로 임대차계약이 종료되지 않는 한 임대인은 임차인에 대하여 여전히 차임청구권을 가지므로, 임대차계약이 존속하는 한도 내에서 제3자(전차인)에게 불법행위를 이유로 차임상당의 손해배상청구나 부당이득청구를 할 수 없다(대판 2006.12.7, 2005다55121; 대판 2008.2.28, 2006다10323).

㉢ 임대인과 임차인의 관계

ⓐ 임대인과 임차인과의 관계는 전대로 인하여 아무런 영향을 받지 않는다. 따라서 임대인은 임차인에 대하여 차임청구권을 가진다. 다만 민법은 이 경우 임대인에게 해지권을 줌으로써 임대인을 보호하고 있다(제629조 제2항).

ⓑ 임대인의 해지권이 생기는 무단전대는 전차인이 목적물의 전부 또는 일부에 관하여 독립의 용익자인 지위를 취득하는 정도, 즉 임차인(전대인)의 신의칙 위반에 따른 배신적 행위가 있어야 한다(대판 1993.4.27, 92다45308). 따라서 임차건물의 소부분을 타인에게 사용케 한 경우에는 임대인의 해지권은 생기지 않는다(제632조). 한편 임차인은 신의칙상의 선량한 관리자로서의 목적물보관의무를 부담하므로 무단전대로 인하여 발생하는 모든 손해에 대하여 손해배상의 책임을 진다.

【판 례】

* 대판 1993.4.27, 92다45308 … 임차인이 임대인의 승낙 없이 제3자에게 임차물을 사용 · 수익시키는 것은 임대인에게 임대차관계를 계속하기 어려운

배신적 행위가 될 수 있기 때문에 임차인이 임대인으로부터 별도의 승낙을 얻은 바 없이 제3자에게 임차물을 사용・수익하도록 한 경우에도 임차인의 당해 행위가 임대인에 대한 배신적 행위라고 인정할 수 없는 특별한 사정이 있는 경우에는 민법 제629조에 의한 해지권은 발생하지 않는다.

② 임대인의 동의가 있는 전대차

㉠ 전대인과 전차인과의 관계

ⓐ 전대인과 전차인의 관계는 전대계약의 내용에 따라 정하여진다. 전대가 유상이면 임대차, 무상이면 사용대차가 될 것이다. 다만 유상인 경우 전차인이 임대인에게 차임을 지급할 때에는 그 한도에서 전대인에 대한 차임의무를 면한다(대판 2005.5.26, 2005다4048・4055).

ⓑ 임대차・전대차가 동시에 종료한 경우에는 전차인이 임대인에게 직접 목적물을 반환하면 전대인에 대한 목적물반환의무를 면한다.

【판 례】

* 대판 2005.5.26, 2005다4048・4055 … 소유자와 임차인사이의 임대차계약이 종료되고 소유자가 전차인에 대하여 목적물의 반환과 차임 상당의 손해배상을 청구한 경우에, 그 청구를 한 날 이후에는 전차인은 임차인에 대한 관계에서 차임 상당의 부당이득을 반환할 의무가 없다.

㉡ 임대인과 임차인과의 관계

ⓐ 임대인과 임차인의 관계는 전대차의 성립에 의하여 아무런 영향도 받지 않는다. 따라서 임대인은 전차인에 대해서 직접 권리를 행사할 수 있으나, 이 사실 때문에 임대인이 임차인에 대한 그의 임대차상의 채권을 행사할 수 없게 되는 것은 아니다(제630조 제2항).

ⓑ 임차인은 임대인에 대하여 선량한 관리자로서 목적물 보관의무를 지므로 전차인의 과실로 인한 목적물의 손상에도 임차인은 책임을 면치 못한다. 다만 동의 없는 경우와 달라서 임차인은 선임・감독에 과실이 없는 경우에는 책임을 지지 않는다고 보아야 한다.

㉢ 임대인과 전차인과의 관계

ⓐ 임대인과 전차인 사이에 대차관계가 성립하는 것은 아니지만, 임대인보호를 위하여 전차인은 임대인에 대하여 직접 의무를 부담한다(제630조 제1항 전단). 직접적인 예(규정)로서 민법은 전차인이 전대인에 대한 차임지급으로 임대인에게 대항하지 못한다고 규정하고 있다(제630조 제1항 후단; 대판 2005. 5.26, 2005다 4048・4055). 이 경우 임대인이 청구하는 차임지급의 액은 전대차계약에서 정한 금액을 한도로 하며, 차

임을 청구할 수 있는 시기는 임차인·전차인 각자에 대하여 변제기가 도래한 때이다.

ⓑ 임대차가 종료하면 전대차도 당연히 종료된다고 할 것이다. 이 경우 임대인은 전차인에 대하여 목적물의 반환을 청구할 수 있지만, 전차인은 임차인(전대인)에 대한 보증금반환채권이 존재한다는 것을 이유로 임대인에게 대항하지 못한다(대판 1990.12.7, 90다카24939참고).

㉣ 임대차의 합의해지와 통지

ⓐ 전차권은 임차권의 존재를 기초로 함으로 임차권의 기간만료 또는 채무불이행으로 인한 해지로 소멸되면 그 존재의 기초를 잃고 역시 소멸한다. 그러나 임대인의 동의를 얻은 전대는 임대인과 임차인의 '합의해지'로 소멸한 때에는 전차인에게 그 사유를 통지하지 아니하면 해지로써 대항하지 못한다(제638조).

ⓑ 전차인에 대한 해지통지를 규정하고 있는 민법 제638조의 규정은 전차인 보호를 목적으로 하는 강행규정이다. 그 외에도 전차인을 보호하기 위하여 민법은 전차인의 임대청구권·목적물매수청구권(제644조), 전차인의 부속물매수청구권(제647조) 등을 규정하고 있다.

6. 보증금과 권리금

(1) 서 설

1) 보증금·권리금의 의의

임대차계약에서는 보증금과 더불어 권리금이 존재하는 것이 일반적이다. 즉 '보증금'은 임차인에 의한 차임지급의 지체 또는 기타의 채무불이행이 있는 경우에 임대인의 차임청구권과 손해배상청구권을 담보하기 위해 보통 임대차계약의 체결시에 임차인 또는 제3자에 의하여 임대인에게 교부된다. 이와 달리 '권리금'은 임대목적물의 사용 또는 재산적 가치보전과 직접 관련된 것이 아니라, 목적물의 용익이 이루어지는 장소적 이익이라든가 영업상의 특별한 이익의 대가로서 임대차계약의 체결시에 임차인에 의하여 임대인에게(일반적으로 임차권의 양수인이 양도인에게 지급한다) 교부되는 금전을 말한다.

2) 보증금·권리금의 법적규정

보증금은 임대차종료 후 임차인이 목적물을 반환하면서 임대인에게 반환을 청구할 수 있지만, 권리금에 대해서는 반환을 청구할 수 없다. 권리금을 주고받는 관행은 우리나라와 일본을 제외하고는 다른 나라, 특히 서구사회에서는 찾아볼 수 없는 특이한 제도이다. 민법은 보증금과 권리금에 관하여 규정하는 바가 없으며 다만 주택임대차보호법과 상가건물임대차보호법에서 보증금에 관하여 몇 개의 규정을 두고 있다. 특히 권리금에 관하여는 상가건물임대차보호법에서만 제10조의3 내지 제10조의7에서 규정하고 있을 뿐이다.

(2) 보증금

1) 보증금의 의의

보증금이란 부동산임대차, 특히 건물임대차에 있어서 임차인의 채무 등을 담보하기 위하여 임차인 또는 제3자가 임대인에게 지급하는 금전 기타의 유가물을 말한다. 민법에는 보증금에 관한 규정이 없고, 주택 및 상가건물임대차보호법에 몇 개의 규정을 두고 있다(동법 참조).

2) 보증금의 필요성

① 전세 및 전세와 월세의 혼합형태의 임대차에서는 일반적으로 보증금이 교부된다. 보증금제도는 임대차가 장기간 계속되므로 임대인이 임차인에 대한 차임청구권을 담보할 필요가 있을 뿐만 아니라, 임차인이 임차건물에 대해서 어떤 손해를 발생시켰을 경우에 그 손해의 배상방법을 확보한다는 의미에서 활용되고 있다.

② 판례는 보증금은 임차인이 임대차계약에 따라 부담하는 채무, 즉 차임과 목적물의 보존의무를 담보하는 기능을 갖고, 이것은 임차인이 목적물을 명도할 때까지 임대차와 관련하여 생긴 모든 채무(연체차임, 목적물훼손에 따른 손해배상채무)를 보증금에서 충당할 수 있다고 한다(대판[전합] 1977. 9.28, 77다1241 · 1242).

3) 보증금의 법적성질

① 보증금계약은 금전 내지 유가물을 교부함으로써 효력이 생기므로 요물계약의 성질을 가지지만, 낙성계약으로도 할 수 있다(김형배 1444면, 지원림 1478면). 보증금계약은 임대차와 별개의 계약이나 임대차에 종된 계약이므로 임대차가 유효하게 성립할 것을 전제로 한다. 그러나 임대차계약과 반드시 동시에 성립할 것을 요하지는 않는다.

② 보증금의 성질에 관하여는 종래부터 논의가 있었으나, 정지조건부반환채무를 수반하는 금전소유권의 이전으로 보는 것이 현재의 통설이다(곽윤직 221면, 지원림 1478면). 즉 임대차가 종료하고 목적물을 인도하는 때에 임차인의 채무불이행이 없으

면 금액을 반환하고 만일에 채무불이행이 있으면 그 금액 중에서 당연히 변제에 충당한 후 잔액을 반환한다는 조건으로 금액소유권을 임차인(또는 제3자)이 임대인에게 양도하는 것이라고 한다.

4) 보증금의 내용

① 보증금의 승계

㉠ 부동산의 임대차가 등기되어 있으면, 임차인은 그 후에 그 부동산의 소유권을 취득한 제3자에 대하여서도 임차권을 가지고 대항할 수 있다(제621조). 또한 건물의 소유를 목적으로 한 토지임대차는 이를 등기하지 아니한 경우에도 임차인이 그 토지상의 건물을 등기하면, 역시 그 토지의 양수인에 대하여서도 임차권을 가지고 대항할 수 있게 된다(제622조).

㉡ 임대차목적물의 소유권(건물, 토지)이 양도된 경우에는 임차인과 임차부동산의 신 소유자(새로운 소유자)와의 사이에 종전의 임대차가 승계된다. 이 경우 유의할 점은 양도할 때에 구 소유자(전 임대인)에게 보증금에 의하여 담보된 채무가 있었을 때에는 그것은 당연히 공제되고 양수인(신 임대인)은 나머지 보증금액에 관하여서만 승계하게 된다.

② 보증금의 반환청구

㉠ 보증금은 임대차관계가 종료하면 임차인에게 반환되어야 한다. 따라서 임차권설정등기가 경료된 경우, 임차보증금반환과 등기말소의무는 동시이행관계에 있다(대판 2011.3.24, 2010다95062). 그러나 임대차관계가 종료한 후에도 임차인이 목적물을 반환하지 않으면 임대인은 목적물을 반환받을 때까지 보증금을 반환하지 않을 수 있다(통설, 판례). 그 이유는 보증금은 임대차의 종료 후에 목적물의 인도가 있을 때까지의 사이에 발생된 임차인의 모든 채무를 담보하기 때문이다.

㉡ 학설과 판례는 보증금의 반환시기에 관하여 단순히 법률관계의 종료시(기간이 만료하거나 해지의 효력이 발생하여 임대차관계가 종료하는 때)로 보지 아니하고 목적물의 반환 등 사실상의 청산관계가 종료한 때로 해석하고 있다(곽윤직 223면, 김형배 1445면; 대판[전합] 1977.9.28, 77다1241 · 1242). 이는 대차관계 종료 후 임차인이 차임 상당의 부당이득반환채무 또는 불법행위로 인한 손해배상채무는 보증금반환채무와 상계할 수 있다는 것으로 이해된다(대판 2007.8.23, 2007다21856 · 21863; 대판 2012.9.27, 2012다49490 참고).

【판 례】

* 대판 2011.3.24, 2010다95062 … 임대인과 임차인이 임대차계약을 체결하

면서 임대차보증금을 전세금으로 하는 전세권설정등기를 경료한 경우 임대차보증금은 전세금의 성질을 겸하게 되므로, 당사자 사이에 다른 약정이 없는 한 임대차보증금 반환의무는 민법 제317조에 따라 전세권설정등기의 말소의무와 동시이행관계에 있다.

* 대판 2012.9.27, 2012다49490 … 부동산임대차에서 보증금은 임대차관계가 종료되어 목적물을 반환하는 때까지 임대차관계에서 발생하는 임차인의 모든 채무를 담보하는 것으로서, 임대인이 임차인을 상대로 차임연체로 인한 임대차계약의 해지를 원인으로 임대차목적물인 부동산의 인도 및 연체차임의 지급을 구하는 소송비용은 임차인이 부담할 원상복구비용 및 차임지급의무불이행으로 인한 것이어서 임대차관계에서 발생하는 임차인의 채무에 해당하므로 이를 반환할 임대차보증금에서 당연히 공제할 수 있다.

③ 보증금공제와 차임채무의 증명책임

보증금은 임대차가 종료한 때에 반환하는 것이 원칙이다. 다만 임대차가 종료한 때에 임차인의 채무가 있는 때에는 그 금액만큼 보증금으로부터 당연히 공제된다(대판 2007.8.23, 2007다21856 · 21863). 이 경우 임대차보증금에서 공제될 차임채권 등의 '발생원인'에 관한 주장 · 증명책임은 임대인이 지고, 그 발생한 채권의 '소멸'에 관한 주장 · 증명책임은 임차인에게 있다(대판 2005.9.28, 2005다8323 · 8330).

【판 례】

* 대판 2005.9.28, 2005다8323 · 8330 … 임대차보증금에서 피담보채무(연체차임, 연체관리비 등) 등을 공제하려면 임대인으로서는 그 피담보채무를 임대차보증금에서 공제하여야 한다는 주장을 하여야 하고, 나아가 그 임대차보증금에서 공제될 차임채권, 관리비채권 등의 발생 원인에 관하여 주장 · 증명을 하여야 하며, 다만 그 발생한 채권이 변제 등의 이유로 소멸하였는지에 관하여는 임차인이 주장 · 증명책임을 부담한다.

④ 임대차존속 중의 보증금의 충당

임대인은 임대차가 존속하고 있는 동안에 보증금으로써 연체차임에 충당할 수 있다. 그런데 이는 임대인의 권리이지 의무는 아니므로, 임대인은 보증금으로 연체차임에 충당할 수도 있고, 아니면 충당하지 않고 임차인에게 연체차임의 지급을 청구할 수도 있다. 이 경우 임차인은 보증금의 존재를 이유로 채무의 이행을 거절하지 못한다(대판 1999.7.27, 99다24881).

【판 례】

* 대판 1999.7.27, 99다24881 … 임대차보증금은 임대차계약이 종료된 후 임차인이 목적물을 명도할 때까지 발생하는 차임 및 기타 임차인의 채무를 담보하기 위하여 교부되는 것이므로, 특별한 사정이 없는 한 임대차계약이 종료되었다 하더라도 목적물이 명도되지 않았다면 임차인은 보증금이 있음을 이유로 연체차임의 지급을 거절할 수 없다.

(3) 권리금

1) 권리금의 의의

권리금이라 함은 토지 또는 건물(특히 점포)의 임대차에 부수해서 주로 그 부동산이 갖는 특수한 장소적 · 영업적 이익의 대가로서 임차인으로부터 임대인(또는 임차권의 양수인으로부터 양도인)에게 지급되는 금전을 말한다. 이러한 권리금의 수수에 관해서는 민법상 명문규정이 없고 '상가건물임대차보호법'에서만 규정하고 있다.

2) 권리금의 법적성질

① 권리금은 일반적으로 임차권의 양도에 대한 대가인 경우가 많다. 즉 양수인이 당해 임차물을 목적에 따라 즉시 사용 · 수익할 수 있게 해준 데 대한 반대급부라고 볼 수 있다. 예컨대 영업허가권, 대리점계약자의 지위 등의 일정한 권리의 양도(이용)에 대한 대가가 권리금에 포함되어 지급된다.

② 권리금은 특정점포가 갖고 있는 고객 · 명성의 대가를 포함하는 경우도 있다. 그러므로 원임차인이 자기와 거래하는 고객을 넘겨주는 대가로 권리금을 받고 나서 근처에서 동종 영업을 개시하는 것은 상관습상 계약위반이다.

3) 권리금의 법률관계

① 임대차 종료시 원칙적으로 임차인은 임대인에 대하여 권리금의 반환을 청구하지 못한다. 즉 권리금의 수수는 부동산이 가지는 장소적 이익 등의 대가로서 지급되는 것이므로 임대차기간동안 이용이 유효하게 이루어진 이상 일단 수수된 권리금은 임대차가 종료하더라도 임대인은 그 반환의무를 지지 않는다(대판 2002.7.26, 2000다25013).

② 통상 권리금은 기존 임차인(임차권 양도인)이 새로운 임차인으로부터만 지급받을 수

있는 것이므로 설령 임대인이 임대차계약서의 단서조항에 '모든 권리금을 인정함'이라는 기재를 하였다고 하더라도 임대차 종료시에 임차인에게 권리금을 반환하겠다고 약정한 것이라고 볼 수 없다(대판 2000.4.11, 2000다4517 · 4524). 다만 임대차를 일정기간 존속시키기로 약정하였으나 임대인의 사정으로 기간이 만료하기 전에 해지한 때에는 임대인은 지급된 권리금 중 잔존기간에 대응하는 것을 반환할 의무가 있다는 것이 판례의 입장이다(대판 2001.4.10, 2000다59050; 대판 2002.7.26, 2000다25013).

【판 례】

* 대판 2000.4.11, 2000다4517 · 4524 … 통상 권리금은 새로운 임차인으로부터만 지급받을 수 있을 뿐이고 임대인에 대하여는 지급을 구할 수 없으므로, 임대인이 임대차계약서의 단서조항에 '모든 권리금을 인정함'이라는 기재를 하였다고 하여 임대차 종료시 임차인에게 권리금을 반환하겠다고 약정하였다고 볼 수 없고, 단지 임대인이 정당한 이유 없이 그 소유권을 타인에게 처분하면서 권리금 회수기회를 박탈하거나 방해하는 등의 경우에만 임대인이 직접 권리금을 책임지겠다는 취지로 보아야 한다.
* 대판 2001.4.10, 2000다59050; 대판 2002.7.26, 2000다25013 … 권리금 수수 후 일정한 기간 이상으로 그 임대차를 존속시켜 그 가치를 이용케 하기로 약정하였음에도 임대인의 사정으로 중도해지됨으로써 약정기간 동안의 그 재산적 가치를 이용케 해주지 못하였다는 등의 특별한 사정이 있을 때에만 임대인은 그 권리금 전부 또는 일부의 반환의무를 진다.

7. 임대차의 종료

임대차는 목적물의 멸실 · 혼동 등에 의하여서도 종료하나, 특히 설명을 요하는 것은 임대차에 고유한 종료원인과 일반적 채권관계의 종료원인이라고 할 수 있다.

(1) 임대차에 고유한 종료원인

1) 존속기간의 만료

임대차에 존속기간이 정하여져 있는 경우에는 그 기간이 만료함으로써 임대차가 종료한다. 그런데 임대차기간이 만료한 후 임차인이 계속하여 임차물을 사용·수익하고 있는 경우에 임대인이 상당한 기간 안에 이의를 제기하지 아니하면 전 임대차와 동일한 조건으로 다시 임대차한 것으로 본다(제639조). 다만 이 경우 기간을 정하지 아니한 것으로 본다.

2) 해지의 통고

① 임대차의 존속기간을 정하지 아니한 때에는 당사자는 언제든지 계약해지의 통고를 할 수 있으며, 또한 임대차기간의 약정이 있는 때에도 당사자의 일방 또는 쌍방이 그 기간 안에 '해지할 권리를 유보한 때'에는 제635조의 규정에 의한 해지를 통고할 수 있다(제636조). 이때 상대방이 이 통고를 받은 날로부터 일정한 기간이 경과함으로써 임대차는 종료한다(제635조 참조). 한편 임대차계약이 해지통고에 의하여 종료되었더라도 그 목적물이 적법하게(임대인의 동의를 얻은 경우) 전대되었다면 임대인은 전차인에 대하여 그 사유를 통지하여야 해지를 전차인에게 대항할 수 있다(제638조).

② 임차인이 '파산선고를 받은 경우'에는 임대차의 존속기간의 약정이 있는 때에도 임대인이나 파산관재인은 민법 제635조의 규정에 의한 해지를 통고할 수 있다(제637조 제1항). 이 경우에 각 당사자는 상대방에 대하여 계약해지로 인하여 생긴 손해배상을 청구하지 못한다(동조 제2항). 한편 임대인과 파산관재인은 각 상대방에 대하여 상당한 기간을 정하여 임대차의 해지 여부를 확답할 것을 최고할 수 있으며, 그 기간 안에 확답을 하지 아니한 때에는 임대차계약을 해지한 것으로 본다(채무자 회생 및 파산에 관한 법률 제339조, 제335조 제2항).

3) 계약의 해지(즉시해지)

① 민법은 다음과 같이 즉시해지 사유가 발생한 경우에는 기간의 약정유무에 불구하고 계약을 해지할 수 있다. 즉 임대인이 임차인의 의사에 반하여 보존행위를 함으로써 임차인이 이로 인하여 임차의 목적을 달성할 수 없는 때(제625조), 임차물의 일부가 임차인의 과실에 의하지 아니하고 멸실한 경우에 그 잔존부분만으로는 임차의 목적을 달성할 수 없을 때(제627조 제2항), 임차인이 임대인의 동의 없이 제3자에게 임차권을 양도하거나 전대한 때(제629조 제2항), 임차인이 차임을 2회(2기) 이상 연체한 때(제640조, 제641조) 계약을 즉시해지할 수 있으며, 이 경우 보증금의 유·무와는 별개이다.

② 그 밖에 특히 '임대인의 자격'과 관련하여 해지가 인정되는 경우도 있다. 즉 종래의 임대인이 임대할 권한을 상실한 경우에는 임대차계약을 해지

할 수 있다. 이와 관련하여 판례는 매매 또는 경매로 양수인이 임대인의 지위를 승계하게 되더라도 신의칙상 임대차의 승계를 원하지 않는 임차인이 이의를 제기함으로써 임대인과의 임대차관계를 즉지 해지할 수 있다고 한다(대판 1998.9.18, 97다28407; 대판 2002.9.4, 2001다64615).

(2) 일반채무불이행에 의한 종료

① 우선 채무자인 임대인이 목적물의 인도를 게을리하거나 임대차계약존속 중 그 사용·수익에 필요한 상태를 유지하지 않는 경우에 그 임대인은 지체책임을 면할 수 없다. 이 경우에 임차인은 상당한 기간을 정하여 채무의 내용에 좇은 이행을 최고하고, 그 기간 내에 이행하지 않은 때에는 임대차를 해지할 수 있다(제390조, 제544조, 제618조, 제623조).

② 임대차계약이 성립한 후 목적물이 멸실한 경우에 임대차관계는 급부불능으로 소멸한다. 목적물멸실에 대한 귀책사유가 누구에게 있느냐 하는 것은 손해배상책임 또는 위험부담의 문제에 관련된다.

(3) 임대차종료의 효과

① 임대차관계는 계속적 채권관계이므로 임대차가 종료하면 그 원인여하를 묻지 않고 언제나 장래에 대하여서만 임대차관계가 소멸한다(제550조 참조). 즉 소급효가 없다. 임대차가 종료하면 임차인은 목적물을 원상회복하여 반환하여야 하고, 임대인은 보증금이 있으면 그것을 반환하여야 한다. 또한 임대차계약을 해지한 경우에 당사자의 어느 일방에 과실이 있으면 상대방은 손해배상을 청구할 수 있다(제551조 참조).

② 임대차관계가 종료한 후에 임차인이 목적물을 계속 점유하는 것은 원칙적으로 불법한 것이 되지만, 계속적 채권관계의 처리를 위하여 필요한 기간에 대해서는 신의칙상 점유(적법으로 추정)를 인정해 주어야 할 것이다. 즉 임차인이 비용상환청구권을 가지고 있는 경우에는 목적물에 관하여 유치권을 행사할 수 있으므로 목적물의 점유를 위법한 것이라고 볼 수 없다(대판 1998.7.10, 98다8554 등).

③ 임대차계약의 해지 후 임차물을 계속 점유함으로써 그 기간 동안 차임상당액을 부당이득으로 반환(지급)하는 경우에 종전 임대차에서 약정차임에 대한 부가가치세를 임차인이 부담하기로 하는 약정이 있었다면, 부당이득으로 지급하여야 되는 차임 상당액에 대한 부가가치세도 부담하여야

한다(대판 2002.11.22, 2002다38828).

【판 례】

* 대판 1998.7.10, 98다8554 … 임대차종료 후 임차인이 동시이행의 항변권에 기하여 임차목적물을 점유하고 사용·수익한 경우 그 점유는 불법점유라 할 수 없어 그로 인한 손해배상책임은 지지 아니한다. 그러나 다만 본래의 임대차계약의 목적에 따라 사용·수익하지 아니함으로써 실질적으로 얻은 이익이 있으면 부당이득으로서 반환하여야 한다.
* 대판 2002.11.22, 2002다38828 … 임대차계약 해지 후 계속 점유를 원인으로 차임 상당액을 부당이득으로 반환하는 경우에 종전 임대차에서 약정차임에 대한 부가가치세 상당액을 임차인이 부담하기로 하는 약정이 있었다면, 달리 특별한 사정이 없는 한 부당이득으로 지급되는 차임 상당액에 대한 부가가치세 상당액도 계속 점유하는 임차인이 부담하여야 한다.

8. 특수한 임대차

(1) 농지임대차

1) 농지임대차의 의의

농지임대차라 함은 원칙적으로 전·답 또는 과수원 기타 그 법적 지목 여하에 불구하고 실제의 토지현상이 농작물의 경작 또는 다년생 식물재배지로 이용되는 토지로서 임대차가 가능한 농지를 말한다(농지법 제2조, 제23조). 그 구체적인 대상은 아래와 같다.

2) 임대차의 대상 농지

① 비농업인(非農業人)이 예외적으로 소유하는 농지이어야 한다. 즉 국가·지방자치단체·공공기관이 소유하는 농지, 공공사업에 따른 취득농지, 상속으로 취득한 농지, 8년 이상 농업경영 후 이농한 자가 계속 소유하는 농지, 담보농지를 취득한 경우, 농지전용허가나 전용허가신고 또는 농지전용협의를 완료한 농지를 소유하는 경우에는 임대차가 허용된다.

② 농지이용증진사업시행계획에 의한 농지 및 한국농어촌공사나 그 밖에 대통령령으로 정하는 자에게 위탁하여 임대하는 농지이어야 한다. 또한 상속으로 농지를 취득한 자로서 농업경영을 하지 아니하는 자가 1만m^2 이

상 농지를 소유한 경우에 그 초과된 농지이어야 한다.

③ 질병·징집·취학·선거에 의한 공직취임 기타 부득이한 사유로 인하여 일시적으로 농업경영에 종사하지 아니하게 된 자가 소유하는 농지이어야 한다. 또한 60세 이상의 고령으로 인하여 더는 농업경영을 않게 된 자가 소유하는 것으로서 5년 이상 농업경영에 이용된 농지이어야 한다.

④ 소유하고 있는 농지를 주말·체험영농을 하려는 자에게 임대하거나, 주말·체험영농을 하려는 자에게 임대하는 것을 업(業)으로 하는 자에게 임대하는 농지의 경우에는 농지임대차가 허용된다.

3) 농지임대차의 갱신

① 임대인이 임대차기간 만료 3개월 전까지 임차인에 대하여 그 갱신의 거절 또는 임대차조건의 변경의 뜻을 통지하지 아니한 때에는 그 기간이 만료된 때에 종전의 임대차와 동일한 조건으로 다시 임대차한 것으로 본다. 즉 계약의 법정갱신을 인정한 것이다(농지법 제25조).

② 법정갱신이 있는 경우에 갱신된 임대차의 기간에 관하여 농지법에서는 아무런 규정을 두고 있지 않다. 따라서 원칙적으로 기간의 정함이 없는 임대차가 성립하여 민법 제635조가 적용되는 것으로 해석된다.

(2) 일시적 임대차

① 일시적 임대차라 함은 예컨대 강연회를 개최하기 위하여 일정한 건물 그 밖의 장소를 임차하여 사용하는 경우와 같이 일시적인 사용을 목적으로 체결하는 임대차를 말하는데, 이는 일반의 임대차와 구별한다(제653조).

② 민법 제653조는 이러한 일시적인 사용을 목적으로 하는 임대차 또는 전대차에는 그 성질상 적용될 수 없는 규정들을 밝힌 것이다. 즉 차임증감청구권(제628조), 해지통고의 전차인에 대한 통고(제638조), 차임 연체와 해지(제640조), 임차인의 부속물매수청구권(제646조), 전차인의 부속물매수청구권(제647조), 임차지의 부속물 과실 등에 대한 법정질권(제648조), 임차건물 등의 부속물에 대한 법정질권(제650조), 강행규정(제652조)은 일시적인 사용을 목적으로 하는 임대차 또는 전대차인 것이 명백한 경우에는 적용하지 아니한다.

(3) 채권적 전세

① 채권적 전세라 함은 주로 도시에서 관습상으로 행하여져 온 건물의 전부 또는 일부에 대한 임대차의 한 형태를 말하는데, 이는 부동산임대차와

이자부금전소비대차가 결합한 혼합계약이다.

② 채권적 전세가 일반적인 임대차와 구별되는 특징은 차임(전세금)의 지급방법에 있어서 임대차와 다르다. 부동산의 소유자는 전세금을 받고 상대방에게 부동산을 사용・수익케 한 후, 부동산의 반환을 받을 때에 전세금을 반환하는 것으로서 전세금의 이자를 차임과 상계하는 것이다. 즉 월 차입을 별도로 지급하지 않는다.

③ 채권적 전세는 채권관계이기 때문에 부동산이 제3자에게 양도되면 부동산을 임차한 자는 그의 권리로써 신소유자에게 대항할 수 없다. 따라서 전세금의 반환에 관해서도 아무런 보장이 없으므로 심히 불리한 입장이다. 그런데 주택임대차보호법은 위와 같은 채권적 전세에도 적용되므로(주임법 제12조), 이에 의하여 주거용 건물(주택)의 임차인은 두터운 보호를 받게 된 셈이다.

제 4 항 주택임대차보호법

1. 주임법의 의의 및 성질

(1) 주임법의 의의

① 주택임대차라 함은 당사자 일방(임대인)이 상대방에게 특히 주거용 건물의 전부 또는 일부를 사용・수익케 할 것을 약정하고, 상대방(임차인)이 이에 대하여 차임을 지급할 것을 약정하는 계약이다. 이 경우 주택임대차보호법(이하 「주임법」이라 한다)에 의한 보호를 받기 위하여 임대인이 반드시 주택소유자이어야 하는 것은 아니다. 가령 명의신탁자와 같이 소유자가 아니지만 임대권한을 가진 자로부터 임대한 경우에도 주임법이 적용된다(대판 1995.10.12, 95다22283; 대판 2008.4.10, 2007다38908・38915).

② 민법상의 임대차 규정으로는 경제적 약자인 임차인의 보호가 미약하기 때문에 등기하지 않는 임대차에 있어서도 제3자에 대항할 수 있는 힘을 임차인에게 부여하여 '국민의 주거생활의 안정성을 보장'하고 최소한의 인간다운 생활을 영위할 수 있도록 하기 위하여 민법의 특별법으로서 주임법을 제정하였다(주임법 제1조).

(2) 법적성질

① 주임법은 유상·쌍무·낙성·불요식의 계약이다. 특이한 점은 민법상의 대차에 대한 특별법으로서, 사법의 성질과 공법의 성질을 동시에 지니는 사회법적 성질을 갖는다는 것이다.

② 당사자의 약정이 임차인에게 불리한 경우에는 무효이다. 즉 주택임대차보호법은 임차인을 위한 편면적 강행규정의 성질을 가지므로, 이 법에 위반된 약정으로서 임차인에게 불리한 것(내용)은 그 효력이 없다(주임법 제10조).

2. 주임법의 적용범위와 대항력

(1) 주임법의 적용범위

1) 서 언

주임법의 적용범위는 주택의 전부 또는 일부에 대한 임대차(주임법 제2조), 임차주택의 일부가 주거 외의 목적으로 사용되는 경우에 있어서 임대차(주임법 제12조), 등기하지 아니한 주택의 전세계약에 적용된다. 특히 이 법률의 규정에 위반한 약정으로서 임차인에게 불리한 것은 그 효력이 없다(주임법 제10조). 그러나 일시사용을 위한 임대차인 것이 명백한 경우에는 적용되지 않는다(주임법 제11조). 이에 대하여 구체적으로 살펴보면 다음과 같다.

2) 주거용의 기준 및 적용사례

① 주거용 건물의 기준

주거용 건물에 해당하는지 여부의 기준은 임대차목적물의 공부(등기사항증명서, 건축물관리대장)상의 표시만을 기준으로 할 것이 아니라 실제의 용도에 따라 정하여야 하고, 건물의 일부가 임대차의 목적이 되어 주거용과 비주거용으로 겸용되는 경우에는 그 임대차의 목적, 전체 건물과 임대차목적물의 구조와 형태 및 임차인의 임대차목적물의 이용관계 그리고 임차인이 그곳에서 일상생활을 영위하는지 여부 등을 고려하여 합목적적으로 결정하여야 한다(대판 1995.3.10, 94다52522; 대판 2003.7.22, 2003다21445).

【판 례】

* 대판 1995.3.10, 94다52522 … 건물이 공부상으로는 단층 작업소 및 근린

생활시설로 표시되어 있으나 실제로 주거 및 인쇄소 경영 목적으로 임차하여 가족들과 함께 입주하여 그곳에서 일상생활을 영위하면서 인쇄소를 경영하고 있는 사례에서, 비주거용으로 사용되는 부분이 더 넓기는 하지만 주거용으로 사용되는 부분도 상당한 부분이고, 위 부분이 임차인의 유일한 주거라면 주거용 건물에 해당한다.

* 대판 2003.7.22, 2003다21445 … 주택임대차로서의 우선변제권을 취득한 것처럼 외관을 만들었을 뿐 실제 주택을 주거용으로 사용·수익할 목적을 갖지 아니한 계약에는 주임법이 정하고 있는 우선변제권을 부여할 수 없다. 따라서 다른 공유자와의 사이에 임대차계약서를 작성하고 확정일자를 받아두었을 뿐인 경우에는 주임법이 정하고 있는 우선변제권이 인정되지 않는다.

② 주임법의 적용사례

㉠ 공부상 용도가 주거용 건물이 아닌 경우

어떤 건물이 주임법에 의하여 적용의 대상이 되는 주거용 건물인지의 여부는 등기부등본·건축물관리대장 등 공부(공적 장부)상 표시만을 기준으로 할 것이 아니라 사실상 주거로 사용하는지 여부를 기준으로 결정한다. 따라서 공부상 용도가 옥탑, 공장으로 되어 있어도 이미 건물의 내부구조 및 형태가 주거용으로 용도 변경된 건물을 임차하여 그곳에서 일상생활을 영위하면서 사실상 주거로 사용하고 있다면 주임법의 적용을 받을 수 있다고 하겠다(대판 1995.3.15, 94다52522 참고). 이는 점포 및 사무실로 사용되던 건물에 근저당권이 설정된 후 주거용 건물로 용도 변경된 경우에도 마찬가지이다(대판 2009.8.20, 2009다26879).

【판 례】

* 대판 2009.8.20, 2009다26879 … 주임법은 주거용 건물의 임대차에 관하여 민법에 대한 특례를 규정함으로써 국민주거생활의 안정을 보장함을 목적으로 하고 있으며, 또한 건물등기부상 건물내용을 제한하고 있지 않으므로, 점포 및 사무실로 사용하던 건물에 근저당권이 설정된 후 그 건물이 주거용 건물로 용도 변경되어 이를 임차한 소액임차인도 특별한 사정이 없는 한 주임법 제8조에 의하여 보증금 중 일정액을 근저당권자보다 우선하여 변제받을 수 있다.

㉡ 오피스텔을 임대차한 경우

오피스텔은 부동산등기부상 용도가 업무시설이나 근린생활시설이지만 '주거용으로 임차'하여 생활하면 주거용건물에 해당하여 보호를 받을 수 있다. 한편 오피스텔을 '업무용으로 임차'한 뒤에 임차인이 임의로 주거 목적으로 사용할 경우에는 주임법에 의하여 보호받을 수가 없다. 다만 임대인의 동의하에 행하여졌다면 그 이후부터 보호받을 수 있다고 하겠다(대판 2009.8.20, 2009다26879 참고).

㉢ 법인임대차의 경우

주임법은 자연인의 주거생활 안정을 보호하려는 취지에서 제정된 것이어서, 법인은 원칙적으로 보호대상이 아니다(대판 1997.7.11, 96다7236). 다만 주택도시기금을 재원으로 하여 전세임대주택을 지원하는 법인이 선정한 입주자가 그 주택에 관하여 인도와 주민등록을 마친 때(주임법 제3조 제2항)와 중소기업기본법 제2조에 따른 중소기업에 해당하는 법인이 소속 직원의 주거용으로 주택을 임차한 후 그 법인이 선정한 직원이 해당 주택을 인도받고 주민등록을 마쳤을 때에는 주임법 제3조 제1항을 준용한다. 이 경우 유의할 점은 임대차가 끝나기 전에 그 직원이 변경된 경우에는 그 법인이 선정한 새로운 직원이 주택을 인도받고 주민등록을 마친 다음 날부터 제3자에 대하여 효력이 생긴다(주임법 제3조 제3항). 따라서 법인임대차의 경우 전면적으로 적용되는 것은 아니지만 위와 같은 경우 예외규정을 두고 있음에 유의하여야 한다.

3) 전세 · 미등기주택에의 적용

① 전세권등기를 하지 아니한 전세계약(채권적 전세)에 관하여 주임법을 준용한다. 이 경우 전세금은 임대차의 보증금으로 본다(주임법 제12조). 예컨대 주거용 건물에 전세계약을 체결하였으나 전세권설정등기 없이 거주하고 있는 경우에도 주임법의 보호를 받는다.

② 미등기주택의 경우 종전 판례(대판 2001.10.30, 2001다39657)의 입장은 주임법의 보호대상이 아니라고 하였으나, 그 이후 판례는 그 입장을 변경하여 주임법을 적용함으로써 임차인의 지위를 보호하고 있다. 다세대주택이나 단독주택의 지하실 · 옥탑 또는 지하주차장을 주거용으로 임대차하여 사용하거나, 준공검사를 받기 전에 사용 승인만을 받고 사용하는 '미등기주택'도 주거용으로 사용하고 있으면 주임법에 의하여 보호받을 수 있다(대판[전합] 2007.6.21, 2004다26133 참고).

【판 례】 미등기 또는 무허가건물

* 대판[전합] 2007.6.21, 2004다26133 … 주임법은 주택의 전부 또는 일부의 임대차에 관하여 적용된다고 규정하고 있을 뿐 임차주택이 관할관청의 허가를 받은 건물인지, 등기를 마친 건물인지 아닌지를 구별하고 있지 않으므로, 이는 건물이 국민의 주거생활의 용도로 사용되는 주택에 해당하는 이상 비록 그 건물에 관하여 아직 등기를 마치지 아니하였거나 등기가 이루어질 수 없는 사정이 있다고 하더라도 다른 특별한 규정이 없는 한 동법의 적용대상이 된다.

(2) 주택임차권의 대항력

1) 서 언

① 주택임대차는 등기가 없는 경우에도 임차인이 주택의 인도와 주민등록을 마친 때(이 경우 전입신고를 한 때에 주민등록이 된 것으로 본다)에는 그 다음날부터 제3자에 대하여 효력이 생긴다(주임법 제3조 제1항).

② 주택도시기금을 재원으로 하여 저소득층의 무주택자에게 주거생활을 목적으로 전세임대주택을 지원하는 법인이 주택을 임차한 후 지방자치단체의 장 또는 해당 법인이 선정한 입주자가 그 주택에 관하여 인도와 주민등록을 마친 때(주임법 제3조 제2항)와 중소기업기본법 제2조에 따른 중소기업에 해당하는 법인이 소속 직원의 주거용으로 주택을 임차한 후 그 법인이 선정한 직원이 해당 주택을 인도받고 주민등록을 마쳤을 때에는 제3조 제1항을 준용한다(주임법 제3조 제3항). 따라서 위의 해당하지 아니하는 법인은 주택임대차의 당사자가 될 수 없다(대판 1997.7.11, 96다7236).

【판 례】

* 대판 1997.7.11, 96다7236 … 주임법은 자연인인 서민들의 주거생활의 안정을 보호하려는 취지에서 제정된 것이지 법인을 그 보호대상으로 삼고 있다고 할 수 없는 점, 법인은 애당초 동법 제3조 제1항 소정의 대항요건의 하나인 주민등록을 구비할 수 없는 점 등에 비추어보면, 법인의 직원이 주민등록을 마쳤다 하여 이를 법인의 주민등록으로 볼 수는 없다. 따라서 법인이 아파트를 인도받고 임대차계약서상에 확정일자를 구비하였다 하더라도 우선변제권을 주장할 수는 없다.

2) 대항력의 발생요건

① 주택의 인도가 있을 것

인도라 함은 점유를 이전하는 것을 말하는데, 여기서의 인도라는 것은 임차인(채권적 전세권자도 포함)이 이삿짐을 옮긴다든가 열쇠를 인계받는 경우와 같다. 이러한 경우는 사회통념상 주택에 대한 사실상 지배관계가 임대인으로부터 임차인에게 이전되었다고 볼 수 있기 때문이다.

② 임차인이 주민등록(전입신고)을 할 것

㉠ 전입신고를 한 때에 주민등록이 된 것으로 보며, 주민등록은 대항력의 발생 및 존속요건이다(주임법 제3조 제1항 후단). 즉 주택의 인도 및 주민등록이라는 대항요건은 그 대항력 취득시에만 구비하면 족한 것이 아니고 그 대항력을 유지하기 위하여서도 계속하여 존속하고 있어야 한다(대판 2008.3.13, 2007다54023 등). 따라서 경매시 민사집행법상 배당요구의 종기까지 존속하고 있어야 한다(대판 2007.6.14, 2007다17475 등).

㉡ 주민등록의 신고는 행정청에 도달하기만 하면 신고로서의 효력이 발생하는 것이 아니라 행정청이 수리한 경우에 비로소 효력이 발생하므로, 수정된 전입신고서가 수리되었다면 수정된 시기와 사항에 따라서 주민등록신고가 이루어진 것이다(대판 2009.1.30, 2006다17850). 또한 주민등록이 임차인의 의사에 기하지 않고 이전되었고, 그와 같이 주민등록이 이전된 데 대하여 임차인에게 책임을 물을 만한 사유도 없는 경우에는 임차인이 이미 취득한 대항력은 주민등록의 이전에도 불구하고 그대로 유지된다(대판 2000.9.26, 2000다37012).

【판 례】

* 대판 2009.1.30, 2006다17850 … 주민등록은 단순히 주민의 거주관계를 파악하고 인구의 동태를 명확히 하는 것 외에도 주민등록에 따라 공법관계상의 여러 가지 법률상 효과가 나타나게 되는 것으로서, 주민등록의 신고는 행정청에 도달하기만 하면 신고로서의 효력이 발생하는 것이 아니라 행정청이 수리한 경우에 비로소 효력이 발생하므로, 수정된 전입신고서가 수리되었다면 수정된 사항에 따라서 주민등록신고가 이루어진 것으로 보는 것이 타당하다.

③ 확정일자를 받았을 것

㉠ 확정일자는 임대인의 동의 없이 임차인 또는 임대차계약증서 소지인이 언제든지 임대차계약증서 원본을 소지한 후 ⓐ 주택 소재지의 읍·면·동 주민

센터, ⓑ 지방법원 및 그 지원·등기소, ⓒ 공증인법에 따른 공증인(이하 「확정일자부여기관」이라 한다) 등에 제시하고 구두로 청구하면 받을 수 있다(주임법 제3조의6 제1항). 확정일자제도의 취지는 그날 현재 문서가 존재하고 있었다는 사실을 증명함과 아울러 임대인과 임차인 사이의 담합으로 임차보증금의 액수를 사후에 변경하는 것을 방지하는 데 있으며(대판 1999.6.11, 99다7992), 임대차계약증서 상에 확정일자를 받아두면 후순위 담보권자나 일반채권자에 우선하여 배당받을 수 있는 우선변제권을 취득한다(주임법 제3조의2 제2항). 다만 소액임차인의 경우에는 확정일자 없이도 일정금액을 우선변제받을 수 있다.

ⓛ 확정일자부여기관은 확정일자번호, 확정일자 부여일, 임대인·임차인의 인적사항, 주택의 소재지, 임대차 목적물, 임대차 기간, 차임 및 보증금, 신청인의 성명과 주민등록번호 앞 6자리(외국인은 외국인등록번호 앞 6자리) 등을 기재한 확정일자부를 작성하여야 한다(주임법 시행령 제4조 제1항). 이 경우 전산처리정보조직을 이용할 수 있다(주임법 제3조의6 제2항).

ⓒ 주택의 임대차에 이해관계가 있는 자(해당 주택의 임대인·임차인, 해당 주택의 소유자, 해당주택 또는 그 대지의 등기기록에 기록된 권리자 중 법무부령으로 정하는 자, 주임법 제3조의2 제7항에 따라 우선변제권을 승계한 금융기관 등)는 확정일자부여기관에 해당 주택의 확정일자 부여일, 차임 및 보증금 등 정보의 제공을 요청할 수 있다. 이 경우 요청을 받은 확정일자부여기관은 정당한 사유 없이 이를 거부할 수 없다(주임법 제3조의6 제3항). 임대차계약을 체결하려는 자는 임대인의 동의를 받아 확정일자부여기관에 위의 내용에 따른 정보제공을 요청할 수 있다(주임법 제3조의6 제4항).

【판 례】

* 대판 1999.6.11, 99다7992 … 주임법에서 확정일자의 요건을 규정한 취지는 임대인과 임차인 사이의 담합으로 임차보증금의 액수를 사후에 변경하는 것을 방지하는 데 있다. 따라서 대항요건으로 규정된 주민등록과 같이 당해임대차의 존재사실을 제3자에게 공시하고자 하는 것은 아니므로, 임대차계약서상에 임대차목적물을 표시하면서 아파트의 명칭과 그 전유부분의 동·호수의 기재를 누락하였다는 사유만으로 확정일자의 요건을 갖추지 못하였다고 볼 수는 없다.

3) 대항력의 발생시기

① 대항력발생의 의의

임차권의 대항력에 관하여 주임법은 특례를 정하고 있다. 즉 주거용 건물의 임차인이 주택을 인도받고 주민등록을 마치면, 임차권등기를 하지 않았더라도 그 '다음날'부터 제3자에 대하여 대항할 수 있다(주임법 제3조). 또한 주택의 소유자는 아니지만 적법한 임대권한을 가진 자와 주택임대차계약을 체결한 경우에도 임차인에게 대항력이 주어진다(대판 2008.4.10, 2007다38908; 대판 2012.7.26, 2012다45689).

② 대항력발생의 구체적 시기

㉠ 임차주택입주 후 전입신고 전에 저당권이 설정된 경우

주택을 임차하여 입주한 후 사정이 생겨서 며칠이 경과한 후에 주민등록 전입신고를 마쳤으나, 임차주택에 입주한 후 전입신고를 하기 전에 저당권이 설정된 경우에 그에 대한 대항력이 있기 위해서는 저당권설정등기 전에 주택의 인도 및 주민등록을 모두 갖추어야 한다. 따라서 이 경우에는 그 요건을 갖추지 못했으므로 임차인은 매수인(낙찰자)에 대하여 대항할 수 없다고 하겠다(주임법 제3조 제1항; 대판 2000.2.11, 99다59306).

㉡ 전입일자 다음날 저당권이 설정된 경우

주택임대차계약을 체결하고 입주와 주민등록 전입신고를 모두 마치고 그 다음날 임대차계약증서에 확정일자를 받았으나 그 당일(확정일자와 같은 날)에 제1의 저당권이 설정된 경우, 대항력의 우선순위는 임차인의 대항력은 주민등록을 마친 날의 다음날 오전 0시부터 발생하므로 임차인은 저당권에 대항할 수 있다(대판 1999.5.25, 99다9981 참고). 즉 임차인이 우선적으로 배당을 받을 수 있다.

③ 대항요건의 구체적 범위

㉠ 공동주택에 전입신고를 잘못한 경우

ⓐ 공동주택, 즉 주민등록이나 전입신고시에 임차하는 주택이 아파트, 빌라, 연립주택 또는 다세대주택 등 공동주택은 주택의 지번과 명칭 및 동·호수를 정확하게 기재하여야 한다(대판 1999.4.13, 99다4207; 대판 1989.6.27, 89다카3370). 따라서 임차인이 착오로 지번만을 기재하였거나, 또는 지번과 동·호수 기재하였으나 등기부상의 표시와 다르게 기재된 경우에는 주민등록이 실제 지번과 일치하지 아니하여 주임법상의 유효한 공시방법을 갖추었다고 볼 수 없기 때문에 현재 상태로 보호를 받을 수 없다(대판 1999.4.13, 99다4207; 대판 2002.3.15, 2001다80204).

ⓑ 다가구용주택, 즉 다가구용 단독주택은 건축법이나 주택법상 이를 공동주택으로 볼 근거가 없어 단독주택으로 보아야 하는 이상 주민등록법시행령 제5조 제5항에 따라 임차인이 건물의 일부나 전부를 임차하여 전입신고를 하는 경우 그 지번만 기재하고 호수의 기재가 없어도 임대차의 공시방법으로 유효하다(대판 1997.11.14, 97다29530; 대판 1998.1.23, 97다47828). 또한 나중에(다가구용 단독주택에 임차한 후에) 다가구용 단독주택이 다세대주택으로 변경되었다는 사정만으로 임차인이 이미 취득한 대항력을 상실하게 되는 것은 아니다(대판 2007.2.8, 2006다70516).

【판 례】

* 대판 2002.3.15, 2001다80204 … 하나의 대지 위에 단독주택과 다세대주택이 함께 건립되어 있고, 등기부상으로 단독주택과 다세대주택의 각 구분소유부분에 대하여 지번은 동일하나 그 동·호수가 달리 표시되어 있으며, 나아가 위 단독주택에 대하여 위 등기부와 같은 지번과 동·호수로 표시된 집합건축물관리대장까지 작성된 경우라면 단독주택의 임차인은 그 지번 외에 동·호수까지 전입신고를 마쳐야만 그 임대차의 유효한 공시방법을 갖추었다고 할 것이다.
* 대판 2007.2.8, 2006다70516 … 처음에 다가구용 단독주택으로 소유권보존등기가 경료된 건물의 일부를 임차한 임차인은 이를 인도받고 임차건물의 지번을 정확히 기재하여 전입신고를 하면 주임법의 소정의 대항력을 적법하게 취득하고, 나중에 다가구용 단독주택이 다세대주택으로 변경되었다는 사정만으로 임차인이 이미 취득한 대항력을 상실하게 되는 것은 아니다.

ⓛ 임차인의 의사에 반하여 주민등록이 직권말소된 경우

주택의 인도 및 주민등록이라는 대항요건은 그 대항력 취득시에만 구비하면 족한 것이 아니고 그 대항력을 유지하기 위하여서도 계속적으로 존속하고 있어야 한다(대판 1987.2.24, 87다카1695). 다만 말소가 임차인의 의사에 기하지 않은 경우에는 직권말소 후 주민등록법 소정의 이의절차에 따라 회복되거나, 동법 시행령에 의하여 재등록이 이루어졌다면 임차인이 이미 취득한 대항력은 주민등록의 이전에도 불구하고 그대로 유지됨으로 저당권에 대항할 수 있다(대판 2002.10.11, 2002다20957; 대판 2008.3.13, 2007다54023).

【판 례】

* 대판 2002.10.11, 2002다20957·대판 2008.3.13, 2007다54023 … 주민등록이 직권말소 후 주민등록법 소정의 이의절차에 따라 그 말소된 주민등록이 회복되거나, 동법 시행령에 의하여 재등록이 이루어짐으로써 주택임차인에게 주민등록을 유지할 의사가 있었다는 것이 명백한 경우에는 소급하여 그 대항력이 유지된다고 할 것이고, 다만 동법에 의한 소정의 이의절차에 의한 것이 아닌 경우에는 직권말소 후 재등록이 이루어지기 이전에 주민등록이 없는 것으로 믿고 임차주택에 관하여 새로운 이해관계를 맺은 선의의 제3자에 대하여는 임차인은 대항력의 유지를 주장할 수 없다.

㉢ 임차권을 양도하거나 임차물을 전대한 경우

주택임차인이 임대인의 동의를 얻어 적법하게 임차권을 양도하거나 임차물을 전대한 경우, 즉 대항력을 갖춘 주택임차인이 임대인의 동의를 얻어 임차권을 양도하거나 임차물을 전대한 경우에 양수인이나 전차인이 임차인의 주민등록퇴거일부터 주민등록법상의 전입신고기간 내에 전입신고를 마치고 주택을 인도받아 점유를 계속하고 있다면, 비록 임차권의 양도나 임차물의 전대에 의하여 임차인이 변경되었다 하더라도 원래의 임차인이 갖는 임차권의 대항력은 소멸되지 않고 동일성을 유지한 채로 존속한다(대판 2007.11.29, 2005다64255; 대판 2010.6.19, 2009다101275).

【판 례】

* 대판 2007.11.29, 2005다64255; 대판 2010.6.10, 2009다101275 … 주임법 제3조 제1항에 정한 대항요건은 임차인이 당해 주택에 거주하면서 이를 직접점유하는 경우뿐만 아니라 타인의 점유를 매개로 하여 이를 간접점유하는 경우에도 인정될 수 있다. 따라서 주택임차인이 임차주택을 직접점유하여 거주하지 않고 그곳에 주민등록을 하지 아니한 경우라 하더라도 임대인의 승낙을 받아 적법하게 임차주택을 전대하고 그 전차인이 주택을 인도받아 자신의 주민등록을 마친 때에는, 원래의 임차인이 갖는 임차권의 대항력은 소멸되지 아니하고 동일성을 유지한 채로 존속한다고 보아야 한다. 따라서 전차인은 주임법 제3조의2 제2항 및 제8조 제1항에 의하여 가지는 우선변제권을 대위 행사할 수 있다.

㉣ 전세권자와 임차인의 지위를 겸유한 경우

주택에 관하여 최선순위로 전세권설정등기를 마치고 등기부상 새로운 이해관계인이 없는 상태에서 전세권설정계약과 계약당사자 · 계약목적물 및 보증금 등에 있어서 동일성이 인정되는 임대차계약을 체결하여 주임법상 대항요건을 갖추었다면, 이는 자신의 지위를 강화하려는 것으로 전세권자로서의 지위와 주임법상 대항력을 갖춘 임차인의 지위를 함께 가지게 된다. 따라서 경매에 의하여 전세권이 소멸하여도 완제 받지 못한 부분에 대하여 주임법상의 대항력은 존속한다(대결 2010.7.26, 2010마900 참고).

【판 례】

* 대결 2010.7.26, 2010마900 … 주택에 관하여 최선순위로 전세권설정등기

를 마치고 등기부상 새로운 이해관계인이 없는 상태에서 전세권설정계약과 동일성이 인정되는 임대차계약을 체결하여 주임법상 대항요건을 갖추었다면, 이는 자신의 지위를 강화하려는 것이지 원래 가졌던 권리를 포기하고 다른 권리로 대체하려는 것이 아니므로, 최선순위 전세권자로서 배당요구를 하여 전세권이 매각으로 소멸되었다 하더라도 변제받지 못한 나머지 보증금에 기하여 임차권의 대항력을 행사할 수 있고, 그 범위 내에서 임차주택의 매수인은 임대인의 지위를 승계한 것으로 보아야 한다.

3. 양수인의 지위

(1) 임대인의 지위를 승계하는 자

1) 임차주택의 양수인

임차주택의 양수인은 임대인의 지위(권리, 의무)를 승계한 것으로 본다(주임법 제3조 제2항). 따라서 임차인은 임대차기간이 종료된 때에는 당초 누구를 상대로 임대차계약을 체결하였는가와 상관없이 임대차기간 만료시에 주택의 소유자나 임대할 권리를 가지고 있는 자에 대하여 보증금의 반환을 청구할 수 있으며(대판 1996.2.27, 95다35616 등), 또한 양수인이 매매 · 증여 · 상속 및 경매 · 공매뿐만 아니라 미등기인 무허가건물의 소유권을 사실상 양수한 경우에도 임대인의 지위를 승계한다.

2) 계약해제에 따른 소유권 회복자

매수인(등기 명의인)으로부터 주택을 임차하였는데 부동산 매매계약 해제되어 다시 매도인(전 소유자)으로 소유권이 변경된 경우, 그 계약의 해제가 있기 전에 매매목적물인 주택을 임차하여 주임법상의 대항요건을 갖춘 임차인은 그 임차권을 가지고 계약해제로 소유권을 회복한 매도인에게 대항할 수 있으므(대판 2008.4.10, 2007다38908), 계약해제에 따른 소유권회복자는 임대인의 지위를 승계한다.

3) 신탁법상의 수탁자

신탁법상의 신탁은 위탁자가 수탁자에게 특정의 재산권을 이전하거나 기타의 처분을 하여 수탁자로 하여금 신탁목적을 위하여 그 재산을 관리 · 처분하게 하는 것이므로(신탁법 제1조 제2항), 신탁재산의 소유권이 수탁자에게 이전되는 결과 수탁자는 대 · 내외적으로 신탁재산에 대한 관리권을 갖는 것이다. 결국 임대차의 목적이 된 주택을 담보목적으로 신탁법에 따라 신탁한 경우에도 수탁자는 주임법 제3조 제3항에 의하여 임대인의 지위를 승계한다(대판 2002.4.12, 2000다70460).

(2) 임대인의 지위를 승계하지 않는 자

1) 주택의 양도담보권자

주택의 양도담보의 경우에는 채권담보를 위하여 신탁적으로 양도담보권자에게 주택의 소유권이 이전될 뿐이어서, 양도담보권자는 주택임대차보호법 제3조 제3항의 규정에서 말하는 양수인에 해당하지 않는다(대판 1993.11.23, 93다4083). 즉 양도담보에 의한 권리취득은 특별한 약정이 없는 한 임대인의 지위를 당연승계하지는 않는다(대판 1987.3.24, 86다카164 참고).

2) 법인이 임차인인 경우의 양수인

① 법인에게 주택을 임대한 경우에는 법인은 주임법 제3조 제1항 소정의 대항요건의 하나인 주민등록을 구비할 수 없으므로 임대인이 위 임대주택을 양도하더라도 그 양수인이 임대인의 지위를 당연히 승계하지는 않는다. 따라서 임대인의 임차보증금반환채무를 면책시키기로 하는 당사자들 사이의 특약이 있다는 등의 특별한 사정이 없는 한 법인에 대하여 양수인은 임대인의 지위를 당연승계하지 않는다(대판 2003.7.25, 2003다2918).

② 한편 주택도시기금을 재원으로 하여 전세임대주택을 지원하는 법인이 주택을 임차한 후 그 법인 또는 지방자치단체장이 선정한 입주자가 그 주택에 관하여 인도와 주민등록을 마친 때에는 주임법 제3조 제1항을 준용하므로, 이러한 경우에는 법인이 임차인인 경우에도 양수인은 임대인의 지위를 승계한다(주임법 제3조 제2항). 또한 중소기업기본법 제2조에 따른 중소기업에 해당하는 법인이 소속 직원의 주거용으로 주택을 임차한 후 그 법인이 선정한 직원이 해당 주택을 인도받고 주민등록을 마쳤을 때에는 주임법 제3조 제1항을 준용한다.

【판 례】

* 대판 2003.7.25, 2003다2918 … 법인에게 주택을 임대한 경우에는 법인은 주임법 제3조 제1항 소정의 대항요건의 하나인 주민등록을 구비 할 수 없으므로, 임대인이 위 임대주택을 양도하더라도 당사자(양도인과 양수인)들 사이에 임차보증금채무에 관한 면책특약이 있다는 특별한 사정이 없는 한 그 양수인이 주임법에 의하여 보증금반환에 관한 임대인의 지위를 당연히 승계하

지는 않는다.

3) 임차주택의 대지를 경락받은 매수인

주임법 제3조 제3항에서 말하는 임대인의 지위를 승계한 것으로 보는 임차주택의 양수인이라 함은 임대차의 목적이 된 주거용 건물 자체의 양수인을 의미한다. 따라서 주임법의 대항요건을 갖춘 임차인에게 경매 또는 공매에 의한 임차주택의 대지의 환가대금에서 후순위권리자들보다 보증금을 우선변제받을 권리를 인정하였다고 하여도 그 대지를 경락받은 매수인(경락인)을 임차주택의 양수인이라고 할 수는 없다(대판 1998.4.10, 98다3276).

(3) 사망으로 주택임차권을 승계하는 자

1) 임대차관계의 승계

① 임차권도 재산권의 일종이므로 당연히 사망(상속)에 의하여 승계된다. 따라서 주임법의 규정에 따라 그 지위(임차인의 지위)가 이전적으로 승계된다. 즉 주택임차인이 상속권자 없이 사망한 경우에 그 주택에서 가정공동생활을 하던 사실상의 혼인관계에 있는 자는 임차인의 권리와 의무를 승계한다(주임법 제9조 제1항).

② 임차인이 사망한 경우에 상속권자가 있으나 사망 당시 그 주택에서 가정공동생활을 하고 있지 아니한 때에는 그 주택에서 가정공동생활을 하던 사실상의 혼인관계에 있는 자와 2촌 이내의 친족은 공동으로 임차인의 권리와 의무를 승계한다(주임법 제9조 제2항). 다시 말해서 상속권자가 함께 가정공동생활을 하고 있었다면 사실상의 혼인관계자는 임차권을 승계받지 못한다.

2) 임대차승계의 제한

임차인의 권리·의무를 승계할 수 있는 자는 임차인이 사망한 후 1개월 이내에 임대인에 대하여 반대의사(예컨대 상속하지 않겠다는 등의 의사)를 표시한 때에는 승계되지 아니한다(주임법 제9조 제1항). 이 경우 동거하는 상속인뿐만 아니라 동거하지 않는 상속인이 있다면 민법의 상속원칙에 의해 해결되어야 한다(민법 제1012조).

3) 임대차관련 채권·채무

① 임차인이 사망한 경우에 임대차관계에서 생긴 채권·채무(임대차보증금채권과 채무불이행채무 등)는 임차인의 권리의무를 승계한 자에게 귀속한다(주임법 제9조 제4항). 즉 상속인이 임차인의 지위에 서게 되어 차임지급·임차권의 무단양도금지 및 임차물의 무단전대금지 등 임차인으로서의 의무를 부담하고, 목적물의 사용수

익·보증금반환청구 등의 권리를 행사할 수 있게 된다.

② 한편 임대차관계에서 생긴 채권·채무의 승계는 물론 임대차보증금상의 채무, 즉 금융기관 등에서 차용한 임차보증금의 금액 및 이자 등도 상속에 의하여 승계된다고 본다(민법 제1025조). 따라서 상속권자와 가정공동생활을 하던 사실상의 혼인관계에 있는 자는 그가 받은(임대차 보증금) 비율에 따라 의무를 부담한다고 해석된다.

4. 주택임차권의 존속기간

(1) 최단존속기간의 제한

① 기간의 정함이 없거나 기간을 2년 미만으로 정한 임대차는 그 기간을 2년으로 본다. 다만 임차인은 2년 미만으로 정한 기간이 유효함을 주장할 수 있다(주임법 제4조 제1항). 다시 말해서 주임법이 임대차기간을 최소한 2년으로 규정한 취지는 임차인의 주거안전을 도모하기 위한 것이므로 임차인이 원하는 경우에는 임대기간을 2년 미만으로 정할 수 있다.

② 임차인의 보호를 위하여 임대차가 종료한 후에도 임차인이 보증금을 반환받을 때까지는 임대차 관계는 존속한 것으로 본다(주임법 제4조 제2항). 따라서 그 상태에서 임차목적물인 부동산이 제3자에게 양도되면, 주택임차인은 양수인에게 임대차보증금 반환을 이유로 임대차기간의 존속을 주장할 수 있다(대판 2002.9.4, 2001다64615).

(2) 임대차계약의 갱신

1) 임차권의 법정갱신

① 임대인 또는 임차인이 임대차기간이 만료되기 전 6개월부터 2개월까지 임차인에 대하여 갱신거절의 통지 또는 조건을 변경하지 아니하면 갱신하지 아니한다는 뜻의 통지를 하지 않는 경우에는, 그 기간이 만료된 때에 전 임대차와 동일한 조건으로 다시 임대차한 것으로 본다. 이 경우의 임대차의 존속기간은 2년으로 한다(주임법 제6조 제1항; 대판 2002.9.24, 2002다41633).

② 주임법 제6조 제1항에 따라 임대차가 묵시적으로 법적갱신된 경우 같은 조 제2항(2년)에도 불구하고 임차인은 언제든지 임대인에 대하여 계약해지를

통고할 수 있고, 임대인이 해지통고를 받은 날로부터 3개월이 경과하면 해지의 효력이 생긴다(주임법 제6조의2).

【판 례】

* 대판 2002.9.24, 2002다41633 … 법원은 임대인으로부터 임대기간이 끝나기 불과 며칠 전에 임대보증금을 인상하여 주거나 그것이 불가능하면 기간 만료와 동시에 집을 비워달라는 통지를 받은 경우 주임법 제6조 제1항에 따라 임대차계약이 갱신되면 그 임대차기간은 같은 법 제6조 제2항, 제4조 제1항에 따라 2년으로 된다.

2) 계약갱신요구권과 제한

① 임차인의 계약갱신요구권(계약갱신청구권이라고도 한다)은 1회에 한하여 행사할 수 있으며, 갱신되는 임대차의 존속기간은 2년으로 본다(주임법 제6조의3 제2항). 이 경우 갱신되는 임대차는 전(前)임대차와 동일한 조건으로 다시 계약된 것으로 본다. 다만 차임과 보증금은 주임법 제7조의 범위에서 증감할 수 있다(주임법 제6조의3 제3항).

② 계약갱신요구권은 다음의 어느 하나에 해당하는 경우에는 임차인의 갱신요구가 제한된다(주임법 제6조의3 제1항). 즉 임차인이 2기의 차임액에 해당하는 금액에 이르도록 차임을 연체한 사실이 있는 경우, 임차인이 거짓이나 그 밖의 부정한 방법으로 임차한 경우, 서로 합의하여 임대인이 임차인에게 상당한 보상을 제공한 경우, 임차인이 임대인의 동의 없이 목적 주택의 전부 또는 일부를 전대한 경우, 임차인이 임차한 주택의 전부 또는 일부를 고의나 중대한 과실로 파손한 경우, 임차한 주택의 전부 또는 일부가 멸실되어 임대차의 목적을 달성하지 못할 경우 등이다. 또한 임대차계약 체결 당시 공사시기 및 소요기간 등을 포함한 철거 또는 재건축 계획을 임차인에게 구체적으로 고지하고 그 계획에 따르는 경우, 임대인(임대인의 직계존속·직계비속을 포함한다)이 목적 주택에 실제 거주하려는 경우에는 임차인의 계약갱신요구권이 제한된다.

3) 갱신거절에 따른 손해배상

① 임대인이 주임법 제6조의3 제1항 제8호의 사유, 즉 임대인(임대인의 직계존속·직계비속을 포함한다)이 목적 주택에 실제 거주하려는 사유로 갱신을 거절하였음에도 불구하고 갱신요구가 거절되지 아니하였더라면 갱신되었을 기간이 만료되기 전에 정당한 사유 없이 제3자에게 목적 주택을 임대한 경우 임대인은 갱신거

절로 인하여 임차인이 입은 손해를 배상하여야 한다(주임법 제6조의3 제5항).

② 주임법 제6조의3 제5항에 따른 손해배상액은 거절 당시 당사자 간에 손해배상액의 예정에 관한 합의가 이루어지지 않는 한 ㉠갱신거절 당시 월차임의 3개월분에 해당하는 금액 ㉡임대인이 제3자에게 임대하여 얻은 환산월차임과 갱신거절 당시 환산월차임 간 차액의 2년분에 해당하는 금액 ㉢제1항 제8호의 사유로 인한 갱신거절로 인하여 임차인이 입은 손해액 중 큰 금액으로 한다(주임법 제6조의3 제6항).

5. 차임증감의 청구권

(1) 차임증 · 감의 청구

약정한 차임 또는 보증금이 임대주택에 관한 조세 · 공과금, 그 밖의 부담의 증감이나 경제사정의 변동으로 상당하지 아니하게 될 때에는 당사자는 장래에 대하여 차임의 증액은 물론 감액을 청구할 수 있다(주임법 제7조 본문). 따라서 임대인은 경제상황의 변화로 주택가격과 임대보증금이 상승함에 따라 당초 약정한 보증금(월차임을 포함한다)이 작은 경우 장래에 대하여 적정한 임대보증금을 증액하여 줄 것을 청구할 수 있다. 한편 임차인은 경기침체 등으로 주택가격 및 보증금 하락의 상황이 생기는 경우에는 차임감액청구를 할 수 있는데, 이 청구권의 법적성질은 형성권이다.

(2) 차임증액청구의 제한

① 차임 등의 증액청구는 약정차임 등의 1/20(5%)의 금액을 초과하지 못하며, 계약 당시보다 사정이 변경되었다고 하더라도 임대차계약 또는 약정차임 등의 증액이 있은 후 1년 이내는 증액청구를 하지 못한다(주임법 제7조; 동법 시행령 제8조). 유의할 점은 이 규정은 임대차계약의 존속기간 및 갱신요구기간 중 약정한 차임 등의 증감을 청구한 때에 한하여 적용되며, 임대차계약이 종료된 후 재계약을 하거나 또는 임대차계약 종료 전이라도 당사자의 합의로 차임 등이 증액된 경우에는 적용되지 않는다(대판 2002.6.28, 2002다23482).

② 주임법상의 초과 차임을 지급한 경우 그 반환을 청구할 수 있다(주임법 제10조의2). 즉 임차인이 주임법 제7조에 따른 증액비율(5%)을 초과하여 차임 또는 보

증금을 지급하거나 제7조의2에 따른 월차임 산정률(1할 또는 한국은행 기준금리에 2%를 더한 비율)을 초과하여 차임을 지급한 경우에는 초과 지급된 차임 또는 보증금 상당금액의 반환을 청구할 수 있다.

(3) 월차임 전환시 산정률

① 보증금의 전부 또는 일부를 월 단위의 차임으로 전환하는 경우에는 그 전환되는 금액에 은행법에 따른 은행의 대출금리 및 해당 지역의 경제여건 등을 고려하여 대통령령으로 정하는 비율(1할) 또는 한국은행에서 공시하는 기준금리에 대통령령으로 정하는 이율(2%)를 더한 비율 중에 낮은 비율의 월차임의 범위를 초과할 수 없다(주임법 제7조의2, 동법시행령 제9조).

② 월 단위의 차임으로 전환할 경우에 대통령령에 의하여 그 산정률이 제한되는 바, 전환되는 금액에 연 1할 또는 한국은행기준금리에 2%를 더한월차임을 초과하지 못한다(동법 시행령 제9조). 예컨대 1억 5천만 원의 전세금 중 5천만 원을 월차임으로 전환할 경우 5천만 원×0.1(1할)÷12개월=41만 6천 원 또는 5천만 원×0.06(한국은행금리 4% 가정 + 대통령령이 정하는 이율 2%)÷12개월=25만 원이므로, 5천만원에 대한 월차임 전환금액은 그 중 낮은 금액인 월 25만 원 이상을 초과하여 월차임을 청구할 수 없다.

6. 임차보증금의 반환

(1) 보증금의 우선변제권

1) 우선변제권의 보장

① 임차인이 임차주택에 대하여 보증금반환청구소송의 확정판결, 기타 이에 준하는 집행권원에 기한 경매를 신청하는 경우에는 민사집행법 제41조의 규정에도 불구하고 반대의무의 이행 또는 이행의 제공을 집행개시의 요건으로 하지 아니한다(주임법 제3조의2 제1항). 따라서 전세권과 달리(전세권은 집을 비워야만 경매를 청구할 수 있다) 임차인(세입자)은 임대인(집주인)을 상대로 보증금반환소송에서 승소했을 경우에 집을 비워주지 않아도 경매를 신청할 수 있다.

② 주임법 제3조와 제3조의2 규정에 따라 대항력과 확정일자 요건을 갖춘 임차인은 확정판결 그 밖의 집행권원에 의하여 경매된 경우 그 건물의

매각대금(낙찰대금 · 경락대금)으로부터 후순위권리자 및 그 밖의 채권자보다 보증금을 우선변제받을 수 있다(대판 2000.3.23, 99다67960; 대판 2012.7.26, 2012다45689). 또한 금융기관 등이 주임법 제3조의2 제2항, 제3조의3 제5항, 제3조의4 제1항에 따른 우선변제권을 취득한 임차인의 보증금반환채권을 계약으로 양수한 경우에는 양수한 금액의 범위에서 우선변제권을 승계한다(주임법 제3조의2 제7항). 다만 대항력 또는 임차권등기가 말소된 경우에는 우선변제권을 행사할 수 없다(주임법 제3조의2 제8항).

【판 례】

* 대판 2000.3.23, 99다67960; 대판 2012.7.26, 2012다45689 … 주택임차인이 주택의 인도와 주민등록을 마친 당일 또는 그 이전에 임대차계약증서상의 확정일자를 갖춘 경우 우선변제권은 대항력과 마찬가지로 주택의 인도와 주민등록을 마친 다음 날을 기준으로 발생한다. 또한 임차인이 대항력과 확정일자를 갖춘 후에 임대차계약이 갱신되더라도 대항력과 확정일자를 갖춘 때를 기준으로 종전 임대차 내용에 따른 우선변제권을 행사할 수 있다.

③ 우선변제의 순위와 보증금에 대하여 이의가 있는 이해관계인은 경매법원 또는 체납처분청에 이의를 신청할 수 있다(주임법 제3조의2 제4항). 이의신청을 받은 체납처분청은 이해관계인이 이의신청일로부터 7일 이내에 임차인 또는 우선변제권을 계약으로 양수한 금융기관 등을 상대로 소송을 제기한 것을 증명한 때에는 당해 소송의 종결시까지 이의가 신청된 범위 안에서 임차인 또는 우선변제권을 승계한 금융기관에 대한 보증금의 변제를 유보하고 잔여금액을 배분하여야 한다. 이 경우 유보된 보증금은 소송의 결과에 따라 배분한다(주임법 제3조의2 제6항).

2) 보증금변동과 우선변제권

① 임차인이 대항요건과 확정일자를 받은 후 저당권이 설정되었고 그 후 보증금을 증액한 경우에 근저당권보다 우선하여 대항요건과 우선변제권 취득요건을 모두 갖추었으므로 임차목적물이 경매된 경우 임차인은 매수인(경락인, 낙찰인)에게 대항하여 나머지 임대기간 동안 그리고 기간만료 후에는 보증금의 반환을 받을 때까지 임차주택의 반환을 거부할 수 있고, 한편으로는 경매절차에서 배당요구를 하여 보증금의 우선변제를 받을 수도 있다. 유의할 점은 보증금의 우선변제의 경우 '증액 전의 보증금액'에 한하여 인정되는 것이므로, 저당권설정등기 후에 임대인과 계약을 갱신하면

서 보증금을 증액한 부분에 대하여는 대항력이나 우선변제권을 주장할 수 없으므로 보호받을 수 없다(대판 1990.8.24, 90다카11377).

② 부동산등기법에 의하면 부기등기의 순위는 본등기의 순위에 의한다(부동산등기법 제5조)라고 규정하고 있으므로, 이러한 법리적 해석에 따라 저당권설정 후에 임대차보증금을 증액한 경우에도 보호받아야 함이 원칙이다. 그러나 실무적으로 건물주(임대인)의 행위 여하에 따라 악용된다면 저당권자의 지위가 불안해지므로 증액한 부분에 대하여는 당사자(임대인과 임차인) 사이에서만 무담보채권으로서 효력이 있을 뿐이다.

【판 례】

* 대판 1990.8.24, 90다카11377 … 대항력을 갖춘 임차인이 저당권설정등기 이후에 임대인과 보증금을 증액하기로 합의하고 초과부분을 지급한 경우 저당권설정등기 후에 건물주와 임차인 사이에 임차보증금을 증액하기로 한 합의는 건물주가 저당권자를 해치는 법률행위를 할 수 없게 된 결과 그 합의는 당사자 사이에서만 효력이 있는 것이므로 위 저당권에 기하여 건물을 경매절차에 의해 매수한 소유자의 건물명도청구에 대하여 증액 전 임차보증금을 상환받을 때까지 그 건물을 명도할 수 없다고 주장할 수 있을 뿐이고 저당권설정등기 이후에 증액한 임차보증금으로써는 소유자에게 대항할 수 없다.

3) 보증금채권의 양수인의 우선변제권

① 임차권과 분리된 임차보증금채권의 양수인에게 우선변제권이 인정되는가? 즉 우선변제권이 있은 주택임차인으로부터 임차보증금반환채권을 양수하였다고 하더라도 임차권과 분리된 임차보증금반한채권만을 양수한 이상, 그 채권양수인이 주임법상의 우선변제권을 행사할 수 있는 임차인에 해당한다고 볼 수 없다(대판 2010.5.27, 2010다10276).

② 한편 금융기관 등이 주임법 제3조의2 제2항, 제3조의3 제5항, 제3조의4 제1항에 따른 우선변제권을 취득한 임차인의 보증금반환채권을 계약으로 양수한 경우에는 양수한 금액의 범위에서 우선변제권을 승계한다(주임법 제3조의2 제7항).

【판 례】

* 대판 2010.5.27, 2010다10276 … 우선변제권이 있은 주택임차인으로부터 임차보증금반환채권을 양수하였다고 하더라도 임차권과 분리된 임차보증

금반한채권만을 양수한 경우에는, 주임법상의 우선변제권을 행사할 수 있는 임차인에 해당한다고 볼 수 없다. 따라서 위 채권양수인은 경매절차에서 임차보증금의 우선변제권자의 지위에서 배당요구를 할 수 없고, 다만 이와 같은 경우 일반 금전채권자로서의 요건을 갖추어 배당요구를 할 수 있다.

(2) 소액보증금의 반환

1) 소액보증금의 최우선변제권

① 임차인은 소액의 보증금에 관하여 다른 담보권자, 특히 먼저 성립한 담보권자보다 자기 채권의 우선변제를 받을 수 있다(주임법 제8조 제1항). 이 경우 임차인은 주택에 대한 경매신청의 등기가 있기 전에 주임법 제3조 제1항의 요건(주택의 인도·주민등록신고)을 갖추어야 한다. 따라서 소액보증금에 따른 우선변제권(서울특별시의 경우 5,500만 원 이하)은 확정일자 없이도 행사할 수 있으며, 주택임대차위원회(법무부차관을 위원장으로 하며 9인 이상 15인 이하로 구성한다)의 심의를 거쳐 대통령령으로 정한다. 다만 보증금 중 일정액의 범위와 기준은 주택가액(대지가액을 포함한다)의 2분의 1을 넘지 못한다.

② 미등기 주택의 세입자라도 확정일자까지 받아 법적 요건을 갖춘 때에는 건물 용지(대지)가 경매절차에 의해 매각되더라도 주택임차인은 보증금을 다른 채권자보다 우선적으로 받을 수 있다(대판[전합] 2007.6.21, 2004다26133). 즉 대법원은 미등기 주택 대지의 환가대금에 대한 소액임차인의 우선변제권을 인정하지 않았던 종전 판례(대판 2001.10.30, 2001다39657)의 입장을 변경하여 임차인의 법적 지위를 강화하였다.

【판 례】 미등기 또는 무허가건물

* 대판[전합] 2007.6.21, 2004다26133 … 임대차의 대상이 되는 건물이 국민의 주거생활의 용도로 사용되는 주택에 해당하는 이상 비록 그 건물에 관하여 아직 등기를 마치지 아니하였거나 등기가 이루어질 수 없는 사정이 있다고 하더라도 다른 특별한 규정이 없는 한 주임법의 적용대상이 된다.

2) 소액보증금의 일반적 범위

① 우선변제를 받을 소액보증금의 범위 상한액을 서울특별시의 경우 1억 6,500만원 범위 내에서 5,500만원 이하, 수도권 과밀억제권역과 세종특별자치시 및 용인시·화성시 및 김포시는 1억 4,500만원 범위 내에서 4,800

만원 이하, 광역시와 안산시 · 광주시 · 파주시 · 이천시 및 평택시의 경우 8,500만원 범위 내에서 2,800만원 이하, 그 밖의 지역에서는 7,500만원 범위 내에서 2,500만원 이하로 한다(주임법 시행령 제10조, 제11조).

② 하나의 주택에 임차인이 2인 이상이고 그 각 소액보증금의 합산액이 주택가액의 1/2을 초과한 경우에는 그 각 소액보증금의 합산액에 대하여 각 임차인의 소액보증금 중 일정액의 비율로 그 주택가액의 1/2에 해당하는 금액을 분할한 금액을 각 임차인의 소액보증금으로 본다(주임법 시행령 제10조 제3항). 유의할 점은 하나의 주택에 임차인이 2인 이상이고 이들이 그 주택에서 가정공동생활을하는 경우에는 이들을 1인의 임차인으로 보아 각 보증금을 합산한다(주임법 시행령 제10조 제4항).

3) 소액보증금의 구체적 범위

① 임차보증금을 소액으로 감액한 경우

서울특별시에서 처음 주택임대차계약 체결 당시에는 임대차보증금액이 1억 9,000만원이었는데 임대계약을 갱신하면서 임대인과 합의하여 보증금액을 1억 6,000만 원으로 감액한 경우, 즉 이 경우 보증금액을 감액할 당시에 임차주택에 관하여 경매신청의 등기가 경료되지 아니하였다면, 앞으로 경매절차가 개시되더라도 소액임차인으로 우선변제권을 행사할 수 있다(대판 2008.5.15, 2007다23203).

【판 례】

* 대판 2008.5.15, 2007다23203 … 실제 임대차계약의 주된 목적이 주택을 사용 · 수익하려는 것인 이상, 처음 임대차계약을 체결할 당시에는 보증금액이 많아 주임법상 소액임차인에 해당하지 않았지만 그 후 새로운 임대차계약에 의하여 정당하게 보증금을 감액하여 소액임차인에 해당하게 되었다면, 그 임대차계약이 통정허위표시에 의한 계약이어서 무효라는 등의 특별한 사정이 없는 한 그러한 임차인은 같은 법상 소액임차인으로 보호받을 수 있다.

② 신축건물에 확정일자임차인과 소액임차인이 있는 경우

대지에 관한 저당권이 설정된 후에 비로소 건물이 신축되고 그 신축건물에 대하여 다시 저당권이 설정된 후 대지와 건물이 일괄 경매된 경우, 주임법상 확정일자를 갖춘 임차인 및 소액임차인은 '대지'의 환가대금에서는 우선변제권을 행사할 수 없다. 그러나 '신축건물'의 환가대금에서는 확정일자를 갖춘 임차인이 신축건물에 대한 후순위권리자보다 우선하여 변제받을 권리가 있으며, 소액임차인은 그 순위와 관계 없이 일정금액을 우선변제 받을 수 있다(대판 2010.6.10, 2009다101275). 따라서 확정일자를 갖춘 임차인은 신축건물에 대한 저당권설정과의 선·후에 의하여 우선변제권 행사여부가 결정된다고 하겠다.

7. 주택임대차분쟁조정과 거래신고

(1) 주택임대차의 분쟁조정

1) 분쟁조정위원회

주임법의 적용을 받는 주택임대차와 관련된 분쟁을 심의·조정하기 위하여 대통령령으로 정하는 바에 따라 법률구조법 제8조 따른 대한법률구조공단의 지부에 주택임대차분쟁조정위원회를 두며, 해당 자치단체는 그 실정을 고려하여 조정위원를 둘 수 있다(주임법 제14조 제1항). 이 경우 조정위원은 주택임대차에 관한 학식과 경험이 풍부한 사람으로 5인 이상 30인 이하로 한다(주임법 제16조).

2) 분쟁조정의 대상

분쟁조정의 대상은 차임 또는 보증금에 관한 분쟁, 임대차 기간에 관한 분쟁, 보증금 또는 임차주택의 반환에 관한 분쟁, 임차주택의 유지·수선의무에 관한 분쟁, 그 밖에 대통령령으로 정하는 주택임대차에 관한 분쟁 등이다(주임법 제14조 제2항).

3) 분쟁조정의 절차

① 조정위원회의 위원장은 신청인으로부터 조정신청을 접수한 때에는 지체 없이 조정절차를 개시하여야 한다(주임법 제22조 제1항). 또한 위원장은 조정신청을 접수하면 피신청인에게 조정신청서를 송달하여야 한다(주임법 제22조 제2항).

② 조정위원회는 분쟁의 조정신청을 받은 날로부터 60일 이내에 그 분쟁조정을 마쳐야 한다. 다만, 부득이한 사정이 있는 경우에는 의결을 거쳐 30일의 범위 내에서 연장할 수 있는데, 이 경우 기간 연장에 관한 사항을 당사자에게 통보하여야 한다(주임법 제23조).

4) 분쟁조정의 효과

① 조정위원회는 조정안을 작성한 경우 지체 없이 그 조정안을 각 당사자에게 통지하여야 하며, 그 조정안을 통지받은 당사자는 통지받은 날부터 14일 이내에 수락의 의사를 서면으로 표시하지 아니한 경우에는 조정을 거부한 것으로 본다(주임법 제26조).

② 당사자가 조정안을 수락한 경우에는 조정안과 동일한 내용의 합의가 성립된 것으로 본다(주임법 제26조 제3항). 주임법 제26조 제3항에 따른 합의가 성립한 경우 조정위원회위원장은 조정안의 내용을 조정서로 작성한다. 이 경우 각 당사자 간에 금전, 그 밖의 대체물의 지급 또는 부동산의 인도에 관하여 '강제집행을 승낙하는 취지의 합의'가 있는 경우에는 그 내용을 조정서에 기재하여야 한다(주임법 제26조 제4항). 유의할 점은 주임법 제26조 제4항 후단에 따라 강제집행을 승낙하는 취지의 내용이 기재된 조정서의 정본은 민사집행법 제56조에도 불구하고 집행력 있는 집행권원과 같은 효력을 가진다(주임법 제27조).

(2) 주택임대차의 거래신고

1) 임대차계약의 거래신고

① 부동산거래신고 등에 관한 법률(이하 '부동산거래신고법'이라 한다)에 따라 임대차계약당사자는 주택(주임법 제2조에 따른 주택을 말한다)에 대하여 '대통령령으로 정하는 금액을 초과하는 임대차' 즉 보증금이 6천만 원을 초과하거나 월차임이 30만원을 초과하는 계약을 체결한 경우 그 보증금 또는 차임 등 국토교통부령으로 정하는 사항을 임대차 계약의 체결일부터 30일 이내에 주택 소재지를 관할하는 신고관청에 공동으로 신고하여야 한다(부동산거래신고법 제6조의2 제1항. 동법 시행령 제4조의3 제1항). 다만 임대차계약당사자 중 일방이 신고를 거부하는 경우에는 단독으로 신고할 수 있다(부동산거래신고법 제6조의2 제3항).

② 부동산거래신고법 제6조의2 제1항에 따라 신고를 받은 신고관청은 그 신고 내용을 확인한 후 신고인에게 신고필증을 지체 없이 발급하여야 하며(부동산거래신고법 제6조의2 제4항), 신고관청은 그에 따른 사무에 대한 권한의 일부를 해당 지방자치단체의 조례로 정하는 바에 따라 읍 · 면 · 동장 또는 출장소장에게 위임할 수 있다(부동산거래신고법 제6조의2 제5항). 한편 신고관청은 해당 주택의 소재지를 관할하는 세무관서의 장에게 통보하여야 하며, 통보받은 세무관서의 장은 신고 내용을 국세 또는 지방세 부과를 위한 과세자료로 활용할 수 있다(부동산거래신고법 제5조 제3항).

2) 임대차계약의 변경 · 해제

① 임대차계약당사자는 부동산거래신고법 제6조의2에 따라 신고한 후 해당 주택임대차계약의 보증금 · 차임 등 임대차 가격이 변경되거나 임대차계약이 해제된 때에는 변경 또는 해제가 확정된 날부터 30일 이내에 해당 신고관청에 공동으로 신고하여야 한다(부동산거래신고법 제6조의3 제1항).

② 주택임대차계약의 변경 또는 해제 신고 역시 단독(국가 및 지방자치 단체를 포함한다)으로 신청할 수 있으며, 신고관청은 그 내용을 확인한 후 신고인에게 신고필증을 지체 없이 발급하여야 한다(부동산거래신고법 제6조의3 제2항, 제3항).

3) 다른법률에 따른 신고의제

① 부동산거래신고법 제6조의2에도 불구하고 임차인이 '주민등록법'에 따라 전입신고를 하는 경우 이 법에 따른 주택 임대차 계약의 신고를 한 것으로 본다(부동산거래신고법 제6조의5 제1항). 또한 '공공주택 특별법'에 따른 공공주택사업자 및 '민간임대주택에 관한 특별법'에 따른 임대사업자가 관련 법령에 따른 주택임대차계약의 신고 또는 변경신고를 하는 경우 이 법에 따른 주택임대차계약의 신고 또는 변경신고를 한 것으로 본다(부동산거래신고법 제6조의5 제2항).

② 부동산거래신고법 제6조의2와 제6조의3에 따른 신고의 접수를 완료한 때에는 주택임대차보호법 제3조의6 제1항에 따른 확정일자를 부여한 것으로 본다. 이 경우 신고관청은 주택임대차보호법 제3조의6 제2항에 따라 확정일자부를 작성하여야 한다(부동산거래신고법 제6조의5 제1항).

8. 임차권등기명령과 소액심판법

(1) 임차권등기명령

1) 임차권등기명령의 의의

주임법은 주거이전의 자유와 임차인의 보호를 위하여 임대차가 종료된 후 보증금이 반환되지 아니한 임차인에게 임차주택의 소재지를 관할하는 지방법원 · 지방법원지원 또는 시 · 군 법원에 임차권등기명령을 신청할 수 있도록 규정하고 있으며, 법원이 임차권등기명령신청을 기각하는 경우에 임차인은 항고할 수 있다(주임법 제3조의3 제2항). 또한 임차인의 우선변제권을 승계한 금융기관 등은 임차권등기의 대위원인으로 보증금반환채권의 양수일자와 그 취지를 기록하여 임차인을 대위하여 임차권등기명령을 신청할 수 있다. 이 경우 동법 제3조의3 제3항 · 제4항 및 제8항의 '임차인'은 '금융기관 등'으로 본다(주임법 제3조의3 제9항).

2) 임차권등기명령의 내용

① 임차권등기명령의 신청에는 다음의 사항을 기재하여야 하며, 신청의 이유 및 임차권등기의 원인이 된 사실을 소명하여야 한다(주임법 제3조의3 제2항). 즉 ㉠ 신청의 취지 및 이유, ㉡ 임대차의 목적인 주택, 단 임대차의 목적이 주택의 일부분인 경우에는 그 도면을 첨부하여야 한다. 또한 ㉢ 임차권등기의 원인이 된 사실, 단 대항력과 확정일자를 받아 우선변제권을 취득한 경우에는 그 사실을 기재하여야 하며, ㉣ 그 밖의 대법원규칙이 정하는 사항 등을 기재하여야 한다.

② 민사집행법 제280조 이하의 규정과 제293조의 규정은 임차권등기명령의 신청에 대한 재판, 임차권등기명령의 결정에 대한 임대인의 이의신청 및 그에 대한 재판, 임차권등기명령의 취소신청 및 그에 대한 재판 또는 임차권등기명령의 집행 등에 관하여 이를 준용한다. 이 경우 '가압류'는 '임차권등기'로, '채권자'는 '임차인'으로, '채무자'는 '임대인'으로 본다(주임법 제3조의3 제3항).

3) 임차권등기명령의 효력

① 임차권등기명령의 집행에 의한 임차권등기가 경료되면 임차인은 대항력 및 우선변제권을 취득한다. 다시 말해서 임차권등기가 경료 된 이후에는 주임법 제3조 제1항에 의한 대항요건(주택의 인도와 주민등록)을 상실하더라도 이미 취득한 대항력 또는 우선변제권을 상실하지 않으며(주임법 제3조의3 제5항). 임차권등기가 첫 경매개시결정등기 전에 등기된 경우에는 그 임차인은 별도로 배당요구를 하지 않아도 당연히 배당받을 채권자에 속하는 것으로 보아야 한다(대판 2005.9.15, 2005다33039).

② 임차권등기명령의 집행에 의한 임차권등기가 경료 된 주택(임대차의 목적이 주택의 일부분인 경우에는 해당부분에 한한다)을 그 이후에 임차한 임차인은 주임법 제8조에 의한 최우선변제를 받을 권리가 없다(주임법 제3조의3 제6항). 이는 그러한 경우까지 소액보증금의 최우선변제권을 인정한다면 임차권등기명령제도의 순기능을 유지 할 수 없기 때문으로 해석된다.

【판 례】

* 대판 2005.9.15, 2005다33039 … 임차권등기명령에 의하여 임차권등기를 첫 경매개시결정등기 전에 마쳐 우선변제권을 유지하고 있는 임차인은 배

당받은 채권자의 범위에 관하여 규정하고 있는 민사집행법 제148조 제4호의 '저당권 · 전세권, 그 밖의 우선변제청구권으로서 첫 경매개시결정등기 전에 등기되었고 매각으로 소멸하는 것을 가진 채권자'에 준하여 별도로 배당요구를 하지 않아도 당연히 배당받을 채권자에 속한다.

4) 보증금반환과 임차권등기말소

민법상 또는 주임법상 임차권등기명령에 의한 '등기'는 임차인으로 하여금 기존의 대항력이나 우선변제권을 유지하도록 해 주는 담보적 기능을 주목적으로 하는 점에 비추어 볼 때, 임대인의 임대차보증금의 반환의무가 임차인의 임차권등기말소의무보다 먼저 이행되어야 한다(대판 2005.6.9, 2005다4529).

【판 례】

* 대판 2005.6.9, 2005다4529 … 임차권등기명령은 이미 임대차계약이 종료하였음에도 임대인이 그 보증금을 반환하지 않은 상태에서 경료된 것이므로 이미 사실상 이행지체에 빠진 임대인의 임대차보증금반환의무는 동시이행관계에 있지 않다. 특히 위 임차권등기는 임차인으로 하여금 기존의 대항력이나 우선변제권을 유지하도록 해 주는 담보적 기능만을 가지므로 임대인의 임대차보증금반환의무가 임차인의 임차권등기말소의무보다 먼저 이행되어야 할 의무라고 할 것이다.

5) 임차권등기비용의 부담

임차인은 임차권등기명령의 신청 및 그에 따른 임차권등기와 관련하여 소요된 비용을 임대인에게 청구할 수 있다(주임법 제3조의3 제8항). 즉 임차권등기명령 신청은 임대인이 보증금반환의무를 다하지 않은 데에 따른 것이고, 임차권등기 관련 비용은 임대인의 귀책사유에 의해 발생한 것이므로 그 비용을 임대인이 부담하도록 한 것이다.

(2) 소액사건심판법의 적용

1) 소액사건심판법의 준용

주택임대차에 있어서 가장 많이 사회문제화 되고 있는 임대차보증금반환과 관련한 임차인이 임대인에 대하여 제기하는 보증금반환청구소송에 관하여는 신속한 문제해결을 위하여 보증금의 액수와 관계없이, 즉 소액사건의 금액을 초과하더라도 소액사건심판법을 준용한다(주임법 제13조).

2) 소액사건심판의 적용대상

소액사건심판은 지방법원 및 지방법원지원에서 소액의 민사사건을 간편한 절차에 따라 신속하게 처리하기 위하여 민사소송법에 대한 특례를 규정하고 있는 것으로서, 소액사건의 대상은 소송목적의 값이 3천만 원을 초과하지 아니하는 금전 및 기타 대체물, 유가증권의 일정한 수량의 지급을 청구하는 것을 목적으로 하는 제1심의 민사사건을 말한다(소액사건심판규칙 제1조의2).

3) 소액사건심판의 절차

① 소액사건의 신속한 처리를 위하여 소장이 접수되면 즉시 변론기일을 지정하여 원고에게 소환장을 교부하고, 판사는 되도록 1회의 변론기일로 심리를 마치도록 하여야 한다(소액사건심판법 제7조).

② 소액사건의 소송이 제기된 때에는 소장부본이나 제소조서등본을 지체 없이 피고에게 송달하여야 한다(소액사건심판법 제6조). 이 경우 법원의 결정으로 소장부본이나 제소조서등본을 첨부하여 피고에게 원고의 청구취지대로 이행할 것을 권고할 수도 있다. 한편 임대인은 이행권고결정을 송달받은 날로부터 14일 이내에 이의신청을 할 수 있으며, 그 기간 내에 이의신청을 하지 않으면 확정판결과 같은 효력을 부여한다(소액사건심판법 제5조의4, 제5조의7 제1항 제1호).

4) 소액사건심판의 선고

① 판사는 필요하다고 인정된 때에는 직권으로 증거조사를 할 수 있으며 증인은 판사가 신문한다. 한편 판사는 상당하다고 인정한 때에는 증인 또는 감정인의 신문에 갈음하여 서면을 제출하게 할 수 있다(소액사건심판법 제10조).

② 판결의 선고는 변론종결 후 즉시 할 수 있다. 이 경우 판결을 선고함에 있어서 주문이 정당함을 인정할 수 있는 범위 안에서 그 이유의 요지를 구술로 설명하여야 한다(소액사건심판법 제11조의2).

제 5 항 상가건물 임대차보호법

1. 상임법의 의의 및 성질

(1) 상임법의 의의

① 상가건물임대차라 함은 당사자 일방(임대인)이 상대방에게 특히 영업용 건물의 전부 또는 일부를 사용·수익케 할 것을 약정하고, 상대방(임차인)이 이에 대하여 차임을 지급할 것을 약정하는 계약이다. 이 경우 상가건물 임대차보호법(이하 「상임법」이라 한다)에 의한 보호를 받기 위하여 임대인이 반드시 건물소유자이어야 하는 것은 아니다. 가령 명의신탁자와 같이 소유자가 아니지만 임대권한을 가진 자로부터 임대한 경우에도 동법이 적용된다(대판 2008.4.10, 2007다38908·38915).

② 상가건물에 관하여 민법상의 임대차 규정으로는 임대인의 해지권남용에 대한 대응책의 부재, 임차권존속기간의 불안정성, 임차권에 대한 등기의 어려움 등 각종 불이익을 현실적으로 감수하고 있는 사회적·경제적 약자인 임차인의 보호가 미약하기 때문에 일정한 범위 내에서 등기하지 않은 임대차에 있어서도 제3자에게 대항할 수 있도록 임차인에게 대항력을 부여하여 '국민 경제생활의 안정을 보장'하고자 민법의 특별법으로서 상가건물 임대차보호법을 제정하였다(상가건물 임대차보호법 「이하 '상임법'이라 한다」 제1조).

(2) 법적성질

① 상임법은 유상·쌍무·낙성·불요식의 계약이다. 특이한 점은 민사상의 임대차에 대한 특별법으로서, 사법의 성질과 공법의 성질을 동시에 지니는 사회법적 성질을 갖는다는 것이다.

② 당사자의 약정이 임차인에게 불리한 경우에는 무효이다. 즉 상임법은 임차인을 위한 편면적 강행규정의 성질을 가지므로, 이 법에 위반된 약정으로서 임차인에게 불리한 내용은 그 효력이 없다(상임법 제15조). 따라서 임차권의 존속기간과 관련된 부분만큼은 상임법이 적용될 것이고, 그 밖에 구체적인 규정이 없는 경우에는 대부분 민법의 임대차규정이 적용될 것이다.

2. 상임법의 적용범위와 대항력

(1) 상임법의 적용범위

1) 적용대상

① 세법상의 적용건물

상가건물임대차위원회의 심의를 거쳐 대통령령이 정하는 보증금액을 초과하지 아니하는 임대차계약으로서 부가가치세법 제8조, 소득세법 제168조 또는 법인세법 제111조의 규정에 의한 사업자등록의 대상이 되는 상가건물의 임대차에 적용된다(상임법 제2조 제1항).

② 실제상 영업용건물

임대차목적물의 주된 부분을 영업용으로 사용하고 있다면, 그 일부를 영업용 이외의 목적으로 사용하더라도 상임법이 적용된다. 그리고 동법에 적용되는 상가건물에 해당하는지는 공부상 표시가 아닌 건물의 형황·용도 등에 비추어 영업용으로 사용하느냐에 따라 실질적으로 판단하여야 한다(대판 2011.7.28, 2009다40967).

③ 미등기 전세건물

상가건물의 등기하지 아니한 전세계약(미등기 전세)에도 상임법이 적용되며, 이 경우 전세금을 임대차의 보증금으로 본다(상임법 제17조).

【판 례】

* 대판 2011.7.28, 2009다40967 … 상임법에 적용되는 상가건물에 해당하는지는 공부상 표시가 아닌 건물의 형황·용도 등에 비추어 영업용으로 사용하느냐에 따라 실질적으로 판단하여야 하고, 단순히 상품의 보관·제조·가공 등 사실행위만이 이루어지는 공장·창고 등은 영업용으로 사용하는 경우라고 할 수 없으나, 그 곳에서 그러한 사실행위와 더불어 영리를 목적으로 하는 활동이 함께 이루어진다면 동법의 적용대상인 상가건물에 해당한다.

2) 비적용대상

① 비영업용 임대차

영업용 건물의 임대차가 아닌 경우, 즉 동문회·종중 등의 사무실로 사용할 목적으로 임차한 경우와 비영리단체의 건물임대차에는 적용되지 않는다.

② 일시적 임대차

물건의 재고처리 등과 같이 며칠간 사용하는 경우, 즉 일시사용을 위한 임대차라는 점이 명백한 경우에는 이 법이 적용되지 않는다(상임법 제16조).

③ 보증금초과 임대차

㉠ 상임법의 적용범위가 되는 보증금 상한액을 초과하는 임대차는 적용되지 않는다. 즉 서울특별시의 경우 9억 원 초과, 수도권 중 과밀억제권역 및 부산광역시는 6억 9천만 원 초과, 광역시(군지역과 부산광역시는 제외)와 세종특별자치시 및 파주시 · 화성시 · 안산시 · 용인시 · 김포시 · 광주시의 경우 5억 4천만 원 초과, 그 밖의 지역은 3억 7천만 원을 초과하는 임대차에는 적용되지 않는다(상임법 시행령 제2조 제1항).

㉡ 한편 상임법의 계약갱신의 특례에 따라 동법시행령 제2조 제1항 단서에도 불구하고(상임법 시행령 제2조 제1항 참조), 상임법 제10조 제1항 · 제2항 · 제3항 본문과 제10조의2에 따라 그 금액을 초과하는 경우에도 임차인은 계약갱신요구권(계약갱신 청구권)을 행사할 수 있다(상임법 제2조 제3항). 유의할 점은 상임법의 특례에 따라 갱신요구권이 발생하는 경우 당사자는 차임 및 보증금의 증감을 청구할 수 있으며(상임법 제2조 제3항, 제10조의2), 특히 임차인은 권리금회수기회(기간)와 관련하여 보호를 받는다(상임법 제10조4).

(2) 상가임차권의 대항력

1) 서 언

상가건물임대차는 등기가 없는 경우에도 임차인이 목적물의 인도와 사업자등록을 마친 때(관할 세무서에 사업자등록을 신고한 때이다)에는 그 다음날부터 제3자에 대하여 효력이 생긴다(상임법 제3조 제1항). 따라서 대항력을 발생하기 위해서는 '목적물의 인도'와 '사업자등록'을 하여야 하며, 그 외에 '확정일자'를 받으면 보다 더 효과적으로 대항력을 행사할 수 있다.

2) 대항력의 요건

① 목적물의 인도가 있을 것

임대인이 임차인에게 영업용건물을 인도하여야 한다(상임법 제3조). 여기서 인도라 함은 점유를 이전하는 것을 말하는데, 물건을 옮겨놓는다든가 열쇠를 인계받는 경우와 같다. 위의 경우는 사회통념상 목적물에 대한 사실상 지배관계가 임대인으로부터 임차인에게 이전되었다고 볼 수 있기 때문이다.

② 임차인이 사업자등록을 하였을 것

임차인이 임대차를 목적으로 하는 상가건물에 대하여 부가가치세법 제8조, 소득세법 제168조 또는 법인세법 제111조의 규정에 의한 목적 부동산 소재지의 관할 세무서장에게 사업자등록을 신청하였어야 한다(상임법 제3조).

③ 확정일자를 받았을 것

㉠ 임대차계약증서상의 확정일자란 목적부동산 소재지의 관할 세무서장이 임대차계약서에 날인하는 것으로서, 그 날 현재 문서가 존재하고 있었다는 사실을 증명함과 아울러 임대인과 임차인 사이의 담합으로 임차보증금의 액수를 사후에 변경하는 것을 방지하는 데 목적이 있다(대판 1999.6.11, 99다7992 참고).

㉡ 임대차계약증서의 확정일자는 임차인이 건물의 인도와 사업자등록을 신청한 후 임대인의 동의 없이도 임차인 또는 계약서 소지인이 언제든지 계약서 원본을 세무서에 제시하고 구두로 청구하면 받을 수 있으며, 대항요건을 갖추고 관할 세무서장으로부터 임대차계약증서상의 확정일자를 받은 임차인 또는 우선변제권을 승계한 금융기관 등은 경매나 공매시 임대인 소유의 대지를 포함한 상가건물의 매각대금에서 후순위권리자나 그 밖의 채권자보다 우선하여 변제받을 권리를 가진다(상임법 제5조 제2항, 제7항; 대판 2006.1.13, 2005다64002).

【판 례】

* 대판 2006.1.13, 2005다64002 … (1) 상가건물의 임차인이 임대차보증금반환채권에 대하여 상임법 제3조 제1항 소정의 대항력 또는 같은 법 제5조 제2항 소정의 우선변제권을 가지려면 임대차의 목적인 상가건물의 인도 및 부가가치세법 등에 의한 사업자등록을 구비하고, 관할 세무서장으로부터 확정일자를 받아야 하며, 그 중 사업자등록은 대항력 또는 우선변제권의 취득요건일 뿐만 아니라 존속요건이기도 하므로 배당요구의 종기까지 존속하고 있어야 한다.

3) 대항력의 발생시기

① 대항력발생의 의의

㉠ 임차권의 대항력에 관하여 상임법은 특례를 정하고 있다. 즉 상가건물의 임대차는 그 등기가 없는 경우에도 임차인이 건물의 인도와 부가가치세법 제8조, 소득세법 제168조 또는 법인세법 제111조의 규정에 의한 사업자등록을 신청한 때에는 그 다음날부터 제3자에 대하여 대항력이 발생한다(상임법 제3조 제1항). 이 경우 임대차건물에 사업장을 임차한 사업자가 존재하여

야 한다(대판 2008.9.25, 2008다44238). 다시 말해서 적극적인 영업을 하고 있어야 한다.

㉡ 위의 요건을 갖추면 그 '다음날'부터 제3자에 대하여 대항력이 생긴다(상임법 제3조 제1항). 따라서 목적물의 인도는 했으나 사업자등록신청을 하기 전에 또는 그 당일에 근저당권이 설정되면 임차인은 대항력을 상실한다.

【판 례】

* 대판 2008.9.25, 2008다44238 … 사업자등록은 거래의 안전을 위하여 사업권의 존재를 제3자가 명백히 인식할 수 있게 하는 공시방법으로서 마련된 것이므로, 사업자등록이 어떤 임대차를 공시하는 효력이 있는지 여부는 일반 사회통념상 그 사업자등록으로 당해 임대차건물에 사업장을 임차한 사업자가 존재하고 있다고 인식할 수 있는지 여부에 따라 판단하여야 한다.

② 대항력발생의 의미

상임법 제3조 제1항의 '…제3자에 대하여 효력이 생긴다'는 의미, 즉 여기서 '대항력'이라 함은 임차인이 그의 임차권을 제3자에게 주장할 수 있다는 뜻이다(대판 2008.9.25, 2008다44238 참고). 위와 같은 대항력을 갖춘 상가건물의 임차권은 민법 제621조에 대한 특례로서 물권과 동일한 효력을 갖는다는 의미이다.

③ 대항력의 구체적 범위

㉠ 상임법 제3조 제1항 소정의 대항력 또는 같은 법 제5조 제2항 소정의 우선변

제권(확정일자)은 대항력의 취득요건임과 동시에 존속요건이기도 하므로 배당요구의 종기까지 존속하고 있어야 한다. 따라서 사업자가 폐업신고를 하였다가 다시 같은 상호 및 등록번호로 사업자등록을 하였다고 하더라도 대항력 및 우선변제권이 그대로 존속한다고 볼 수 없다(대판 2006.10.13, 2006다56299).

㉡ 상가건물을 임차하고 사업자등록을 마친 사업자가 임차건물의 '전대차' 등으로 당해 사업을 개시하지 않거나 사실상 폐업한 경우에는 그 사업자등록은 부가가치세법 및 상임법이 공시방법으로 요구하는 적법한 사업자등록이라고 볼 수 없으므로, 임차인이 동법상의 대항력 및 우선변제권을 유지하기 위해서는 건물을 직접 점유하면서 사업을 운영하고 있는 전차인이 그 명의로 사업자등록을 하여야 한다(대판 2006.1.13, 2005다64002).

【판 례】

* 대판 2006.1.13, 2005다64002 … (2) 부가가치세법 제8조(구, 부가가치세법 제5조 제4항·제5항)의 규정취지에 비추어 보면 상가건물을 임차하고 사업자등록을 마친 사업자가 임차건물의 전대차 등으로 당해 사업을 개시하지 않거나 사실상 폐업한 경우에는 그 사업자등록은 부가가치세법 및 상임법이 상가임대차의 공시방법으로 요구하는 적법한 사업자등록이라고 볼 수 없고, 이 경우 임차인이 같은 법에 의한 대항력 및 우선변제권을 유지하기 위해서는 건물을 직접 점유하면서 사업을 운영하고 있는 전차인이 그 명의로 사업자등록을 하여야 한다.

3. 양수인의 지위

(1) 임대인 지위를 승계하는 자

1) 임차건물의 양수인

① 임대차기간 중 상가건물의 소유자가 변경된 경우에는 그 임차상가건물의 양수인 및 기타 임대할 권리를 승계한 자(매매, 경매, 상속 등으로 임차상가 건물의 소유권을 취득한 자)는 임대인의 지위를 승계한 것으로 본다(상임법 제3조 제2항). 따라서 임대인의 지위를 승계한 자(새로운 소유자)에 대하여 보증금의 반환을 청구할 수 있다(대판 1987.3.10, 86다카1114 참고).

② 미등기인 무허가건물의 경우에도 그 건물에 대하여 아직 소유권이전등기를 경료하지 못하였지만, 그 건물의 소유권을 사실상 양수한 경우에는 그 양수인이 임대인의 지위를 승계한다(대판 1987.3.24, 86다카164 등).

2) 계약해제에 따른 소유권 회복자

매수인(등기 명의인)으로부터 상가건물을 임차하였는데 부동산 매매계약 해제로 인하여 매도인(전 소유자)에게 다시 소유권이 변경된 경우, 그 계약의 해제가 있기 전에 매매목적물인 건물을 임차하여 상임법상의 대항요건을 갖춘 임차인은 그 임차권을 가지고 계약해제로 소유권을 회복한 매도인에게 대항할 수 있으므로(대판 2008.4.10, 2007다38908), 계약해제에 따른 소유권 회복자는 임대인의 지위를 승계한다.

3) 상가건물의 명의수탁자

상가건물의 임대차계약을 체결한 후 명의수탁자가 명의신탁자로부터 건물을 임대할 권리를 포함하여 상가건물에 대한 처분권한을 종국적으로 이전받는 경우에 임차인이 목적물의 인도와 사업자등록을 마친 이상 명의수탁자는 상임법 제3조 제2항의 규정에 임차인과의 관계에서 그 상가건물의 양수인으로서 임대인의 지위를 승계한다(대판 1999.4.23, 98다49753 참고).

4) 신탁법상의 수탁자

신탁법상의 신탁은 위탁자가 수탁자에게 특정의 재산권을 이전하거나 기타의 처분을 하여 수탁자로 하여금 신탁목적을 위하여 그 재산을 관리·처분하게 하는 것이므로(신탁법 제1조 제2항), 신탁재산의 소유권이 수탁자에게 이전되는 결과 수탁자는 대내·외적으로 신탁재산에 대한 관리권을 갖는 것이다. 결국 임대차의 목적이 된 상가건물을 담보목적으로 신탁법에 따라 신탁한 경우에도 수탁자는 상임법 제3조 제2항에 의하여 임대인의 지위를 승계한다(대판 2002.4.12, 2000다70460 참고).

(2) 임대인의 지위를 승계하지 않는 자

1) 상가건물의 양도담보권자

상가건물의 양도담보의 경우에는 채권담보를 위하여 신탁적으로 양도담보권자에게 상가건물의 소유권이 이전될 뿐이어서, 대외적으로 소유권이 이전된 것이나 대내적으로는 담보에 지나지 않는다. 따라서 양도담보권자는 특별한 사정이 없는 한 상임법 제3조 제2항의 규정에서 말하는 양수인에 해당하지 않는다(대판 1993.11.23, 93다4083 참고).

2) 환매특약 · 재매매예약에 의한 양수인

환매특약·재매매예약 등에 의한 상가건물의 양수인은 당사자(양도인과 양수인)들 사이에 임차보증금채무에 관한 면책특약이 있다는 특별한 사정이 없는 한 상임법에 의하여 보증금반환에 관한 임대인의 지위를 당연히 승계하지는 않는다(대판 2003.7.25, 2003다2918 참고).

3) 임차건물의 대지를 경락받은 매수인

상임법 제3조 제2항에서 말하는 임대인의 지위를 승계한 것으로 보는 임차건물의 양수인이라 함은 임대차의 목적이 된 영업용 건물 자체의 양수인을 의미한다. 따라서 동법의 대항요건을 갖춘 임차인에게 경매 또는 공매에 의한 임차건물의 대지의 환가대금에서 후순위권리자들보다 보증금을 우선변제받을 권리를 인정하였다고 하여도 그 대지를 경락받은 매수인(경락인)을 임차건물의 양수인이라고 할 수는 없다(대판 1998.4.10, 98다3276 참고).

4. 상가임차권의 존속기간

(1) 최단존속기간의 제한

① 상가건물임대차기간의 정함이 없거나 기간을 1년 미만으로 정한 임대차는 그 기간을 1년으로 본다(상임법 제9조 제1항). 한편 임차인은 1년 미만으로 정한 기간의 유효함을 주장할 수 있다(상임법 제9조 제1항 단서). 예컨대 임대인 A와 임차인 B가 6개월의 기간으로 임대차계약을 체결한 경우 임차인 B는 최단기간인 1년 동안 임차권을 주장할 수 있음은 물론, 계약상 약정한 6개월의 기간만료일에 임대차의 종료를 원한다면 A에게 보증금의 반환을 청구할 수 있다.

② 임차인의 보호를 위하여 임대차가 종료한 후에도 임차인이 보증금을 반환받을 때까지는 임대차 관계는 존속한 것으로 본다(상임법 제9조 제2항). 따라서 그 상태에서 임차목적물인 부동산이 제3자에게 양도되면, 상가임차인은 양수인에게 임대차보증금 반환을 이유로 임대차기간의 존속을 주장할 수 있다(대판 2002.9.4, 2001다64615 참고).

(2) 계약의 갱신요구권

1) 계약갱신요구 기간

① 임대인은 임차인이 임대차기간 만료 전(前) 6개월부터 1개월까지 사이에 행하는 계약갱신요구에 대하여 정당한 사유 없이 이를 거절하지 못한다(상임법 제10조 제1항 본문). 특히 상임법의 계약갱신의 특례에 따라 동법 제2조 제1항 단서에도 불구하고(상임법 시행령 제2조 제1항 참조) 그 금액을 초과하는 경우에도 임차인은 계약갱신청구권을 행사할 수 있다(상임법 제2조 제3항).

② 갱신되는 임대차는 전 임대차와 동일한 조건으로 다시 계약된 것으로 본다. 이 경우 차임과 보증금은 100분의 5의 금액을 넘지 않는 범위 내에서 증액할 수 있다(상임법 제10조 제3항, 제11조 제1항; 동법 시행령 제4조). 다만 '감염병의 예방 및 관리에 관한 법률'에 따라 제1급감염병에 의한 경제사정의 변동으로 차임 등이 감액된 후 임대인이 증액을 청구하는 경우에는 증액된 차임 등이 감액

전 차임 등의 금액에 달할 때까지는 100분의 5의(5/%) 제한을 받지 아니한다(상임법 제11조 제3항).

2) 계약갱신의 최장기한

① 임차인의 계약갱신요구권은 최초의 임대차기간을 포함(대판 2006.3.23, 2005다74320)한 전체 임대차기간이 10년을 초과하지 않는 범위 내에서만 행사할 수 있다(상임법 제10조 제2항).

② 임대인의 동의를 얻어 전대차계약을 체결한 전차인은 임차인의 계약갱신요구권 행사기간 범위 내에서 임차인을 대위하여 임대인에게 계약갱신요구권을 행사할 수 있다(상임법 제13조 제2항).

【판 례】

* 대판 2006.3.23, 2005다74320 … 상임법 제10조 제2항상의 '최초의 임대차기간'이라 함은 동법의 시행 이후에 체결된 임대차계약에 있어서나, 시행 이전에 체결되었다가 동법시행 이후에 갱신된 임대차계약에 있어서 모두 당해 상가건물에 관하여 최초로 체결된 임대차계약의 기간을 의미한다.

(3) 임대차계약의 갱신

1) 계약의 묵시적 갱신

① 임대인이 임대기간 만료 전 6개월부터 1개월까지 사이에 임차인에 대하여 갱신거절의 통지 또는 조건의 변경에 대한 통지를 하지 아니한 경우에는 임대차기간이 만료된 때에 전 임대차와 동일한 조건으로 다시 임대차한 것으로 본다. 이 경우에 존속기간은 1년으로 한다(상임법 제10조 제4항). 이것은 임대차갱신제도와는 그 취지를 달리하는 것이어서 상임법 제10조 제2항에서 규정하고 있는 계약갱신요구권에 의한 10년의 기한제한이 적용되지 않는다(대판 2010.6.10, 2009다64307). 즉 묵시적으로 갱신되는 경우에는 11년(10년 이상)도 가능하다고 하겠다.

② 묵시적 계약갱신의 경우 상임법 제10조 제4항(1년)에도 불구하고 임차인은 언제든지 임대인에 대하여 계약해지를 통고할 수 있고, 임대인이 해지통고를 받은 날부터 3개월이 경과하면 해지의 효력이 생긴다(상임법 제10조 제5항). 유의할 점은 묵시적으로 갱신된 경우에는 상임법의 특성인 편면적 강행규정성으로 인하여 임대인은 계약해지권이 없다.

【판 례】

* 대판 2010.6.10, 2009다64307 … 상임법 제10조 제1항에 의거 임대차기간이 만료되기 6개월 전부터 1개월 전까지 사이에 계약의 갱신요구 기간을 정하고 있는바, 같은 조 제4항은 임대인의 위와 같은 기간 내에 갱신거절의 통지 또는 조건변경의 통지를 하지 아니하면 임대차기간이 만료된 때에 임대차의 갱신을 의제하는 것으로서, 임대차관계의 종료에 임대인의 적극적인 조치를 요구한다. 이와 같이 이들 두 법조항상의 각 임대차갱신제도는 그 취지를 달리하는 것이므로, 임차인의 갱신요구권에 관하여 전체 임대차기간을 10년으로 제한하는 같은 조 제2항의 규정은 같은 조 제4항에서 정하는 법정갱신에 대하여는 적용되지 아니한다.

2) 계약의 묵시적 갱신에 대한 제한

다음의 사유 중 하나가 있을 때에는 계약의 갱신이 제한된다. 즉 임차인의 계약갱신요구를 임대인이 거절할 수 있다(상임법 제10조 제1항 단서 제1호~제8호).

① 임차인이 3기(3회)의 차임액에 달하도록 차임을 연체한 사실이 있거나, 임차인이 거짓 그 밖의 부정한 방법으로 임차한 경우에는 묵시적 갱신이 제한된다.

② 쌍방합의하에 임대인이 임차인에게 상당한 보상을 제공하거나, 임차인이 임대인의 동의 없이 목적 건물의 전부 또는 일부를 전대한 경우 또는 임차인이 임차한 건물의 전부 또는 일부를 고의 또는 중대한 과실로 파손한 경우에는 묵시적 갱신이 제한되며, 그 밖에 임차인이 임차인으로서의 의무를 현저히 위반하거나 임대차를 존속하기 어려운 중대한 사유 등이 임대차기간 중에 발생한 경우에는 계약갱신이 제한된다.

③ 임차한 건물의 전부 또는 일부가 멸실되어 임대차의 목적을 달성하지 못할 경우 및 임대인이 목적 건물의 전부 또는 대부분을 철거하거나 재건축하기 위해 목적 건물의 점유 회복이 필요한 경우에도 묵시적 갱신이 제한된다. 이 경우 다음과 같은 구체적인 사항이 존재하여야 한다. 즉 임대차계약 체결 당시 공사시기 및 소요기간 등을 포함한 철거 또는 재건축계획을 임차인에게 구체적으로 고지하고 그 계획에 따르는 경우, 건물이 노후・훼손 또는 일부멸실되는 등 안전사고의 우려가 있는 경우, 다른 법령에 따라 철거 또는 재건축이 이루어지는 경우 등이어야 한다.

(4) 폐업으로 인한 임차인의 해지권

① 임차인은 '감염병의 예방 및 관리에 관한 법률' 제49조 제1항 제2호에 따른 집합 제한 또는 금지 조치(같은 항 제2호의2에 따라 운영시간을 제한한 조치를 포함한다)를 총 3개월 이상 받음으로써 발생한 경제사정의 중대한 변동으로 폐업한 경우에는 임대차계약을 해지할 수 있다(상임법 제11조의2).

② 상임법 제11조의2 제1항, 즉 집합 제한 또는 금지 조치를 3개월 이상 받음으로써 경제사정의 중대한 악화로 폐업한 경우에 그 폐업으로 인하여 임차인이 해지권을 행사한 경우 임대인이 계약해지의 통고를 받은 날부터 3개월이 지나면 효력이 발생한다.

5. 차임증감의 청구권

(1) 차임 · 보증금의 증감청구

① 약정한 차임 또는 보증금이 임차건물에 관한 조세 · 공과금, 그 밖에 부담의 증감이나 경제사정의 변동으로 인하여 상당하지 아니하게 된 때에는 당사자는 장래에 대하여 차임 또는 보증금의 증감을 청구할 수 있다(상임법 제11조 제1항). 이 경우 증액청구는 청구 당시의 차임 또는 보증금의 100분의 5의 금액을 초과하지 못하고, 임대차계약 또는 약정한 차임 등의 증액이 있은 후 1년 이내에는 증액청구를 하지 못한다(상임법 제11조 제2항, 동법 시행령 제4조).

② '감염병의 예방 및 관리에 관한 법률' 제2조에 따라 제1급감염병에 의한 경제사정의 변동으로 차임 등이 감액된 후 임대인이 상임법 제11조 제1항에 따라 증액을 청구하는 경우에는 증액된 차임 등이 감액 전 차임 등의 금액에 달할 때까지는 '제1항 단서(5% 제한)'를 적용하지 아니한다(상임법 제11조 제3항). 따라서 이 경우에는 100분의 5의 제한을 받지 않는다.

(2) 월차임 전환시 산정률의 제한

① 보증금의 전부 또는 일부를 월 단위의 차임으로 전환하는 경우에는 그 전환되는 금액에 은행법에 따른 은행의 대출금리 및 해당 지역의 경제여건 등을 고려하여 대통령령으로 정하는 비율(1할 2푼) 또는 한국은행에서 공시하는 기준금리에 대통령령으로 정하는 배수(4.5배)를 곱한 비율 중에 낮

은 비율의 월차임의 범위를 초과할 수 없다(상임법 제12, 동법 시행령 제5조).

② 월 단위의 차임으로 전환하는 경우에 그 산정률이 대통령령에 의하여 제한되는 바, 그 전환되는 금액에 연 1할 2푼 또는 한국은행기준금리에 대통령령으로 정한 4.5배를 곱한 월차임의 범위를 초과할 수 없다(상임법 제12조). 예컨대 보증금 1억 원 중 5천만 원을 월차임으로 전환할 경우 5천만 원×0.12÷12개월=50만원 또는 5천만 원×0.18(한국은행기준금리 4%기정×4.5)÷12개월=90만 원이므로, 5천만 원에 대한 월차임 전환금액은 그중 낮은 금액인 50만원을 초과할 수 없다고 하겠다.

6. 임차보증금의 반환

(1) 보증금의 우선변제

1) 임차인의 경매시 우선변제권

① 임차인이 상가건물에 대하여 보증금반환청구소송의 확정판결, 기타 이에 준하는 집행권원에 기한 경매를 신청하는 경우에는 민사집행법 제41조의 규정에도 불구하고 반대의무의 이행 또는 이행의 제공을 집행개시의 요건으로 하지 아니한다(상임법 제5조 제1항). 따라서 임차인(세입자) 또는 우선변제권을 승계한 금융기관 등은 임대인(집주인)을 상대로 보증금반환소송에서 승소했을 경우에 목적물을 비워주지 않아도 경매를 신청할 수 있으며, 건물의 매각대금(낙찰대금, 경락대금)으로부터 후순위권리자 및 그 밖의 채권자보다 보증금을 우선변제 받을 수 있다(상임법 제5조 제1항).

② 우선변제의 순위와 보증금에 대하여 이의가 있는 이해관계인은 경매법원 또는 체납처분청에 이의를 신청할 수 있으며, 이의신청을 받은 체납처분청은 이해관계인이 이의신청일로부터 7일 이내에 임차인 또는 우선변제권을 계약으로 양수한 금융기관 등을 상대로 소송을 제기한 것을 증명한 때에는 당해소송의 종결시까지 이의가 신청된 범위 안에서 임차인에 대한 보증금의 변제를 유보하고 잔여금액을 배분하여야 한다. 이 경우 유보된 보증금은 소송의 결과에 따라 배분된다(상임법 제5조 제4항, 제6항).

2) 저당권자의 경매시 우선변제권

① 채무변제의 불이행으로 인하여 저당권자(채권자)가 민사집행법에 의한 경매를

신청한 경우 임차인이 '상가건물인도'와 '사업자등록신청' 등의 대항요건을 갖추고 관할 세무서장으로부터 임대차계약증서상의 확정일자를 받은 경우에는 경매 또는 공매시 임차건물(대지 포함)의 환가대금에서 후순위 권리자, 그 밖의 채권자보다 우선하여 보증금을 변제받을 권리가 있다(상임법 제5조 제2항; 대판 2006.1.13, 2005다64002)

② 임차인이 매각대금(낙찰대금, 경락대금) 등으로부터 보증금을 수령하기 위해서는 임차건물을 양수인(민사집행법에 의한 매수인)에게 인도하여야 한다. 즉 임차인은 임차건물을 양수인에게 인도하기 전까지는 보증금을 수령할 수 없다(상임법 제5조 제3항).

③ 저당권실행에 의하여 임차건물이 민사집행법에 의한 경매가 행하여진 경우 임차권은 그 건물이 매각(낙찰, 경락)됨으로써 소멸한다. 다만 보증금이 전액 변제되지 아니한 대항력 있는 임차권은 보증금이 전액 변제될 때까지 소멸하지 아니한다(상임법 제8조).

3) 미등기건물의 경매시 우선변제권

미등기 상가건물의 임차인이라도 확정일자까지 받아 법적 요건을 갖춘 때에는 건물 용지(대지)가 경매절차에 의해 매각되더라도 상가건물임차인은 보증금을 다른 채권자보다 우선적으로 받을 수 있다(대판[전합] 2007.6.21, 2004다26133 참고). 즉 대법원은 미등기 주택 대지의 환가대금에 대한 소액임차인의 우선변제권을 인정하지 않았던 기존 판례(대판 2001.10.30, 2001다39657)의 입장을 변경하여 임차인의 법적 지위를 강화하였다.

4) 보증금채권의 양수인의 우선변제권

① 임차권과 분리된 임차보증금채권의 양수인에게 우선변제권이 인정되는가? 즉 우선변제권이 있은 상가건물임차인으로부터 임차보증금반환채권을 양수하였다고 하더라도 임차권과 분리된 임차보증금반환채권만을 양수한 이상, 그 채권양수인은 상임법상의 대항요건을 갖추지 못하였으므로 우선변제권을 행사할 수 있는 임차인에 해당한다고 볼 수 없다(대판 2010.5.27, 2010다10276 참고).

② 한편 금융기관 등이 상임법 제6조 제5항 또는 제7조 제1항에 따른 우선변제권을 취득한 임차인의 보증금반환채권을 계약으로 양수한 경우에는 양수한 금액의 범위에서 우선변제권을 승계한다(상임법 제5조 제7항).

【판 례】

* 대판 2010.5.27, 2010다10276 … 우선변제권이 있는 임차인으로부터 임차보증금반환채권을 양수하였다고 하더라도 임차권과 분리된 임차보증금반환채권만을 양수한 경우에는, 상임법상의 우선변제권을 행사할 수 있는 임차인에

해당한다고 볼 수 없다. 이는 채권양수인이 상가건물임차인으로부터 다른 채권에 대한 담보 목적으로 임차보증금반환채권을 양수한 경우에도 마찬가지이다.

(2) 소액보증금의 반환

1) 소액보증금의 최우선변제권

상가건물에 대한 '경매신청의 등기 전'에 상임법 제3조 제1항에 의한 상가건물의 인도와 사업자등록을 신청한 임차인이 소액임차인일 경우 보증금 중 일정액을 다른 담보권자, 특히 먼저 성립한 담보권자보다 자기 채권의 우선변제를 받을 수 있다(상임법 제14조 제1항). 따라서 소액보증금에 따른 우선변제권은 확정일자 없이도 행사할 수 있다고 하겠다.

2) 소액보증금의 범위

① 상임법상의 소액보증금의 범위는 그 환산보증금액이 서울특별시의 경우에 6,500만 원 범위 내에서 2,200만 원 이하, 수도권 과밀억제권역 및 부산광역시는 5,500만 원 범위 내에서 1,900만 원 이하, 광역시(군지역과 부산광역시는 제외)와 세종특별자치시 및 파주시 · 화성시 · 안산시 · 용인시 · 김포시 · 광주시의 경우 3,800만 원 범위 내에서 1,300만 원 이내, 그 밖의 지역에서는 3,000만 원 범위 내에서 1,000만 원 이하의 금액을 소액보증금(최우선변제금)으로 한다(상임법 시행령 제6조, 제7조). 예컨대 서울특별시의 경우 보증금 3,000만 원에 월세 50만 원이라면, 3,000만 원+(50만 원×100=5,000만 원)=8,000만 원이 되어 소액임차인으로서의 보호를 받을 수 없다.

② 임차인의 소액보증금이 상가건물의 가액의 2분의 1을 초과하는 경우에는 상가건물의 가액의 2분의 1에 해당하는 금액에 한하여 우선변제권이 있다(상임법 시행령 제7조 제2항). 또한 하나의 상가건물에 임차인이 2인 이상이고, 그 각 소액보증금의 합산액이 상가건물의 가액의 2분의 1을 초과하는 경우에는 그 각 소액보증금의 합산액에 대한 각 임차인의 소액보증금 중 일정액의 비율로 그 상가건물의 가액의 2분의 1에 해당하는 금액을 분할한 금액을 각 임차인의 소액보증금으로 본다(상임법 시행령 제7조 제3항).

7. 임대차권리금보호와 제 위원회

(1) 임대차권리금의 보호

1) 권리금의 의의

권리금이란 임대차 목적물인 상가건물에서 영업을 하는 자 또는 영업을 하려는 자가 영업시설・비품, 거래처, 신용, 영업상의 노하우, 상가건물의 위치에 따른 영업상의 이점 등 유형・무형의 재산적 가치의 양도 또는 이용대가로 지급하는 금전을 말하는데(상임법 제8조3 제1항), 이러한 권리금계약은 일반적으로 신규임차인이 되려는 자가 임차인에게 지급하기로 하는 계약이다(상임법 제8조3 제2항).

2) 권리금회수기회보호

① 권리금회수와 방해금지

㉠ 임대인은 임대차기간이 끝나기 6개월 전부터 임대차 종료 시까지 임차인이 주선한 신규임차인이 되려는 자로부터 권리금을 지급받는 것을 방해하여서는 아니 된다(상임법 제10조4 제1항). 즉 임차인이 주선한 신규임차인이 되려는 자로 하여금 임차인에게 권리금을 지급하지 못하게 하거나 신규임차인이 되려는 자에게 상가건물에 관한 조세, 공과금, 주변상가건물의 차임 및 보증금액에 비추어 현저히 고액의 차임과 보증금을 요구하는 행위 및 정당한 사유 없이 임차인이 주선한 신규임차인이 되려는 자와 임대차계약의 체결을 거절하는 행위를 하여서는 아니 된다.

㉡ 권리금회수기회가 보호되는 것은 상임법의 적용을 받는 상가건물이다. 따라서 임대차 목적물인 상가건물이 유통산업발전법 제2조에 따른 대규모점포 또는 준대규모점포의 일부인 경우와 국유재산법에 따른 국유재산 또는 공유재산 및 물품관리법에 따른 공유재산인 경우에는 적용되지 아니 한다(상임법 제10조5).

② 권리금회수의 거절사유

㉠ 임차인이 주선한 신규임차인이 되려는 자가 보증금 또는 차임을 지급할 자력이 없거나, 임차인으로서의 의무를 위반할 상당한 사유가 있는 경우 및 임차인이 임대차 목적물인 상가건물을 1년 6개월 이상 영리목적으로 사용하지 아니한 경우에는 임대인은 권리금계약의 거절을 정당하게 거절할 수 있다(상임법 제10조4 제2항).

㉡ 임차인은 임대인에게 임차인이 주선한 신규임차인이 되려는 자의 보증금 및 차임을 지급할 자력 또는 그 밖에 임차인으로서의 의무를 이행할 의사 및

능력에 관하여 자신(임차인)이 알고 있는 정보를 제공하여야 한다(상임법 제10조4 제5항).

3) 임대인의 손해배상책임

① 임대인이 권리금계약을 위반하여 임차인에게 손해를 발생하게 한 때에는 그 손해를 배상할 책임이 있다. 이 경우 그 손해배상액은 신규임차인이 임차인에게 지급하기로 한 권리금과 임대차 종료 당시의 권리금 중 낮은 금액을 넘지 못한다(상임법 제10조4 제3항).

② 임차인이 권리금계약의 방해로 임대인에게 손해배상을 청구할 수 있는 권리는 임대차가 종료한 날부터 3년 이내에 행사하지 아니하면 시효의 완성으로 소멸한다(상임법 제10조4 제4항). 즉 손해배상청구 시효의 기산점은 방해행위가 있는 때가 아니라 임대차가 종료한 날부터이다.

4) 권리금회수와 유치권

임차인이 상가건물에 영업을 목적으로 설치한 시설·비품, 거래처, 신용, 영업상의 노하우 등 유형·무형의 재산적 가치의 양도 등으로 받게 되는 '권리금반환채권'은 건물에 투입된 비용이 아니라 건물과 별개의 물건에 투입된 비용이므로 그 견련관계가 없다고 할 것인바, 임차인은 임차건물에 유치권을 주장할 수 없다. 따라서 권리금계약을 방해받는 경우에는 해당 부동산에 대한 유치권을 행사할수 없고, 다만 그로 인한 손해배상채권만을 가진다고 하겠다.

(2) 임대차관리 위원회

1) 임대차위원의 구성

상가건물임대차에 관한 사항을 심의하기 위하여 상가건물임대차 관련 학식과 경험이 풍부한 사람으로서 위원장(법무부차관) 1명을 포함한 10명 이상 15명 이하의 위원으로 성별을 고려하여 법무부에 상가건물임대차위원회를 둔다(상임법 제14조의2).

2) 임대차위원회의 심의대상

임대차위원회는 상임법 제2조 제1항 단서에 따른 보증금액과 동법 제14조에 따라 우선변제를 받을 임차인 및 보증금 중 일정액의 범위와 기준에 관한 사항을 심의한다(상임법 제14조의2 제2항).

(3) 임대차분쟁조정위원회

1) 분쟁조정위원회 설치

상임법의 적용을 받는 상가건물임대차와 관련된 분쟁을 심의·조정하기 위하여 대통령령으로 정하는 바에 따라 '법률구조법' 제8조에 따른 대한법률구조공단의 지부, '한국토지주택공사법'에 따른 한국토지주택공사의 지사 또는 사무소 및 '한국감정원법'에 따른 한국감정원의 지사 또는 사무소에 상가건물임대차분쟁조정위원회를 둔다(상임법 제20조 제1항). 한편 특별시·광역시·특별자치시·도 및 특별자치도는 그 지방자치단체의 실정을 고려하여 조정위원회를 둘 수 있다.

2) 분쟁조정위원회의 심의대상

분쟁조정위원회는 다음의 사항을 심의·조정한다(상임법 제20조 제2항). 즉 차임 또는 보증금의 증감에 관한 분쟁, 임대차 기간에 관한 분쟁, 보증금 또는 임차상가건물의 반환에 관한 분쟁, 임차상가건물의 유지·수선 의무에 관한 분쟁, 권리금에 관한 분쟁, 그 밖에 대통령령으로 정하는 상가건물 임대차에 관한 분쟁 등을 심의·조정 대상으로 한다.

3) 주택임대차분쟁조정위원회 준용

분쟁조정위원회에 대하여는 상임법에 규정한 사항 외에는 주택임대차분쟁조정위원회에 관한 주택임대차보호법 제14조부터 제29조까지의 규정을 준용한다. 이 경우 '주택임대차분쟁조정위원회'는 '상가건물임대차분쟁조정위원회'로 본다(상임법 제21조).

8. 임차권등기명령과 소액심판법

(1) 임차권등기명령

① 상임법은 경제활동장소의 이전의 자유와 임차인 보호를 위하여 임대차가 종료된 후 보증금이 반환되지 아니한 임차인은 임차건물의 소재지를 관할하는 지방법원·지방법원지원 또는 시·군 법원에 임차권등기명령을 신청할 수 있으며, 또한 우선변제권을 취득한 임차인의 보증금반환채권을 계약으로 양수한 금융기관 등은 임차인을 대위하여 임차권등기명

령을 신청할 수 있다. 법원이 임차권등기명령신청을 기각하는 경우에 임차인은 항고할 수 있다(상임법 제6조 제1항, 제4항, 제9항).

② 임대차가 종료된 후 보증금을 변제받기 전에 다른 곳으로 이사를 가야 하는 사정이 발생하면 임차인은 대항력(우선변제 포함)을 잃게 되는 문제가 발생되는 바, 이러한 문제점을 방지하기 위하여 행하는 임차권등기명령의 신청 · 내용 · 효력 · 말소의 비용부담 등은 주임법에서 설명한 내용과 동일하다(앞의 주임법 내용 참고).

(2) 소액사건심판법의 적용

상가건물임대차에 있어서 적시에 반환되지 않으므로 인해 가장 많이 사회문제화 되고 있는 임대차보증금반환과 관련한 임차인이 임대인에 대하여 제기하는 보증금반환청구소송에 관하여는 신속한 문제해결을 위하여 보증금의 액수와 관계없이, 즉 소액사건의 금액을 초과하더라도 소액사건심판법을 준용한다(상임법 제18조). 이에 관한 구체적인 내용은 앞의 주임법에서 설명한 내용과 동일하다(앞의 주임법 내용 참고).

제 4 절 노무계약

제 1 항 고용계약

1. 고용계약의 의의

① 고용계약이란 당사자일방(노무자)이 상대방에 대하여 노무를 제공할 것을 약정하고 상대방(사용자)이 이에 대하여 보수를 지급할 것을 약정함으로써 성립하는 계약을 말한다(제655조). 이러한 고용계약은 유상 · 쌍무 · 낙성 · 불요식의 계약이지만 노무제공이 선이행이므로 사용자의 보수지급과 노무제공이 동시이행관계에 있는 것은 아니다(제656조 참조).

② 근로기준법 제11조 제1항에 의하면 원칙적으로 상시 5명 이상의 근로자를

사용하는 모든 사업 또는 사업장에는 근로기준법이 적용되고, 동법 제15조에 의하면 동법에서 정하는 기준에 미치지 못하는 근로조건을 정한 근로계약은 그 부분에 한하여 무효로 하며 그 무효로 된 부분은 동법에서 정한 기준에 따른다. 따라서 민법상의 고용에 관한 규정은 근로기준법의 적용이 없는 경우에 적용되거나 근로기준법에 보충하여 적용되는 것이다.

2. 고용의 내용

노무자는 고용계약에서 정한 권리와 의무를 가지며, 사용자도 역시 고용계약에서 정한 의무를 부담하고 권리를 가진다.

(1) 고용의 일반원칙

1) 권리의무의 전속성

고용이 인적 신뢰관계를 기초로 하는 계속적 채권관계이기 때문에, 사용자는 노무자의 동의없이 그 권리를 제3자에게 양도하지 못하고 노무자는 사용자의 동의없이 제3자로 하여금 자기에 갈음하여 노무를 제공하게 하지 못하는데, 사용자나 노무자가 그 의무를 위반하면 각 상대방은 계약을 해지할 수 있다(제657조).

2) 노무내용과 해지권

사용자가 노무자에 대하여 고용계약에서 약정하지 아니한 노무의 제공을 요구한 때에는 노무자는 계약을 해지할 수 있다(제658조 제1항). 한편 사용자도 고용계약에서 약정한 노무가 특수한 기능을 요하는 경우에 노무자가 그 기능이 없는 때에는 특수한 기능 미보유를 이유로 계약을 해지할 수 있다(제658조 제2항).

3) 보수지급의무

고용계약에서 보수 또는 보수액의 약정이 없는 때에는 사용자는 보수를 관습에 의하여 지급하여야 하고, 보수는 약정한 시기에 지급하여야 하며 시기의 약정이 없으면 관습에 의하고 관습이 없으면 약정한 노무를 종료한 후 지체없이 지급하여야 한다(제656조). 따라서 고용에서 보수지급은 특약이 없는 한 후급이 원칙이므로 쌍무계약이기는 하지만 노무자는 동시이행항변권을 가지지 못한다.

4) 안전배려의무

사용자는 근로계약에 수반되는 신의칙상의 부수적 의무로서 피용자(노무자)가 노무를 제공하는 과정에서 생명·신체·건강을 해치는 일이 없도록 인적(인력)인 내용은 물론 물적 환경을 정비하는 등 필요한 조치를 강구하여야 할 보호의무를 부담하고, 이러한 보호의무를 위반함으로써 피용자가 손해를 입은 경우 이를 배상할 책임이 있다(대판 2000.5.16, 99다47129).

(2) 고용의 특수원칙

1) 미성년자의 고용

근로기준법에 따르면 친권자 또는 후견인은 미성년자의 근로계약을 대리할 수 없다(근로기준법 제67조 제1항). 다만 미성년자는 법정대리인의 동의를 얻어 미성년자 스스로 근로계약을 체결할 수 있으며, 이 경우 미성년자는 독자적으로 임금을 청구할 수 있다(근로기준법 제68조).

2) 청소년의 고용

① 청소년을 아르바이트생으로 고용하는 것이 불법은 아니다. 즉 보호자의 동의가 있다면 청소년도 아르바이트를 할 수 있는데, 다만 유흥주점과 같은 곳은 청소년보호법상 '청소년유해업소'에 해당하는 만큼 청소년의 고용은 물론 출입조차도 금지되어 있기 때문에 만19세 미만의 청소년을 고용한 것은 불법(형사입건)이다.

② 청소년보호법에서는 청소년유해업소의 업주는 청소년을 고용하여서는 안 되고, 종업원 고용 시 반드시 미리 나이를 확인해야 한다(대판 2013.9.27, 2013도8385). 이를 위반한 경우 3년 이하의 징역 또는 3천만 원 이하의 벌금에 처한다고 규정하고 있다(청소년보호법 제29조 제1항, 제58조 제4호).

【판 례】

* 대판 2013.9.27, 2013도8385 … 유흥주점의 업주가 당해 유흥업소에 종업원을 고용할 때에는 주민등록증이나 이에 유사한 정도로 연령에 관한 공적 증명력이 있는 증거에 의하여 대상자의 연령을 확인하여야 하고, 만일 대상자가 제시한 주민등록증상의 사진과 실물이 다르다는 의심이 들면 청소년이 자신의 신분과 연령을 감추고 유흥업소 취업을 감행하는 사례가 적지 않은 유흥업계의 취약한 고용실태 등에 비추어 볼 때, 업주로서는

주민등록증상의 사진과 실물을 자세히 대조하거나 주민등록증상의 주소 또는 주민등록번호를 외워보도록 하는 등 추가적인 연령확인조치를 취하여야 할 의무가 있다.

3) 위장폐업에 의한 고용해고

① 위장폐업에 의한 부당해고는 사회통념이나 사회상규상 용인될 수 없는 것이어서 불법행위를 구성하므로, 사용자는 그로 인하여 근로자들이 입게 된 정신적 고통에 대한 위자료를 배상할 책임이 있다.

② 위장폐업에 의한 부당해고가 불법행위를 구성하는 경우 근로자들은 해고가 무효임을 이유로 민법 제538조 제1항에 따라 부당해고 기간 중 임금의 지급을 청구하거나 선택적으로 해고가 불법행위에 해당함을 이유로 손해배상을 청구할 수 있다(대판 2011.3.10, 2010다13282).

【판 례】

* 대판 2011.3.10, 2010다13282 … 사용자가 근로자들에게 어떠한 해고사유도 존재하지 아니함에도 노동조합 활동을 혐오한 나머지, 경영상 어려움 등의 명목상 이유를 내세워 사업 자체를 폐지하고 근로자들을 해고함으로써 노동조합을 와해시키고 조합원 전원을 사업장에서 몰아내고는 다시 기업재개·신설회사 설립 등 다양한 방법으로 종전 회사와 다를 바 없는 회사를 통하여 여전히 예전의 기업 활동을 계속하는 것은 우리의 건전한 사회통념이나 사회상규상 용인될 수 없는 행위이므로, 이러한 위장폐업에 의한 부당해고는 근로자에 대한 관계에서 불법행위를 구성한다.

3. 고용의 종료

고용의 종료사유에는 당사자의 사망, 해지권의 행사, 고용기간의 만료 등이 있다.

(1) 해지권의 행사

권리 · 의무의 전속성에 위반한 경우의 해지권(제657조)과 노무의 내용과 해지권(제658조)은 이미 앞에서 언급했으므로 여기서는 그 외의 것을 중심으로 살펴보기로 한다.

1) 3년 이상의 경과와 해지권

고용의 약정기간이 3년을 넘거나 당사자의 일방 또는 제3자의 종신까지로 된 때에는 각 당사자는 3년을 경과한 후 언제든지 계약해지의 통고를 할 수 있고, 이 경우에는 상대방이 해지의 통고를 받은 날로부터 3월이 경과하면 해지의 효력이 생긴다(제659조).

2) 기간약정이 없는 고용의 해지권

고용기간의 약정이 없는 때에는 당사자는 언제든지 계약해지의 통고를 할 수 있는데 이 경우에는 상대방이 해지의 통고를 받은 날로부터 1월이 경과하면 해지의 효력이 생기며, 기간으로 보수를 정한 때에는 상대방이 해지의 통고를 받은 당기(해당기간) 후의 일기를 경과함으로써 해지의 효력이 생긴다(제660조).

3) 부득이한 사유와 해지권

고용기간의 약정이 있는 경우에도 부득이한 사유있는 때에는 각 당사자는 고용계약을 해지할 수 있으나, 그 사유가 당사자 일방의 과실로 인하여 생긴 때에는 상대방에 대하여 손해를 배상하여야 한다(제661조).

4) 사용자의 파산선고와 해지권

사용자가 파산선고를 받은 경우에는 고용기간의 약정이 있는 때에도 노무자 또는 파산관재인은 계약을 해지할 수 있고, 이 경우에는 각 당사자는 계약해지로 인한 손해의 배상을 청구하지 못한다(제663조).

(2) 묵시의 갱신

① 당사자가 고용계약을 체결하면서 고용기간을 정한 경우에는 원칙적으로 그 기간만료로 고용은 종료한다. 한편 민법 제662조는 고용기간이 만료한 후 노무자가 계속하여 그 노무를 제공하는 경우에 사용자가 상당한 기간 내에 이의를 하지 아니한 때에는 전(前) 고용의 내용과 동일한 조건으로 다시 고용한 것으로 간주한다.

② 노무계약이 묵시적으로 갱신된 경우에 당사자는 민법 제660조의 규정에 의하여 언제든지 해지의 통고를 할 수 있으며, 해지통고를 받은 날로부터 1월이 경과하면 해지의 효력이 생긴다(제662조 제1항, 제2항). 즉 묵시의 갱신이 되더라도 고용기간만큼은 기간의 정함이 없는 것으로 본다. 그리고 묵시

의 갱신에서는 갱신 전의 고용에 대하여 제3자가 제공한 담보는 기간의 만료로 인하여 소멸한다(제662조 제2항).

(3) 고용종료 후의 법률관계

① 고용 종료 후에도 노무자는 신의칙상 경업피지의무(대리인, 지배인 등 특정지위에 있는 사람은 영업주와 경쟁이 되는 행위를 하지 않아야 할 의무를 부담한다)나 비밀유지의무를 부담할 수 있다. 즉 회사가 가지고 있는 특수한 기술상의 비밀정보는 객관화 된 지식재산권이므로, 그 업무에 종사하던 퇴직사원에게는 일정한 의무가 부담되는 것이다.

② 판례는 회사가 다이아몬드공구의 제조공정에 있어서 일반적 지식 또는 기능이라고 할 수 없는 특수한 기술상의 비밀정보를 가지고 있고 이러한 비밀정보는 일종의 객관화 된 지식재산이므로, 퇴직사원의 영업비밀 침해행위에 대하여 회사와의 사이에 침해행위 중지 및 위반시 손해배상약정금을 정한 합의가 이루어진 경우, 그 합의서의 내용을 회사의 영업비밀을 취득하는 입장에 있었던 사원들에게 퇴직 후 비밀유지의무 내지 경업피지의무를 인정하는 것으로 해석하는 것이 직업선택의 자유에 관한 헌법규정에 위반하지 않는다고 한다(대판 1997.6.13, 97다8229).

제 2 항 도급계약

1. 도급의 의의

① 도급계약은 당사자일방(수급인)이 어느 일을 완성할 것을 약정하고 상대방(도급인)이 그 일의 결과에 대하여 보수를 지급할 것을 약정함으로써 성립하는 계약이다(제664조). 이러한 도급은 유상 · 쌍무 · 낙성 · 불요식계약이지만, 일의 완성이 선이행이므로 도급인의 보수지급과 일의 완성이 동시이행관계는 아니다. 민법은 일의 완성과 관련하여 물건의 인도를요하는 경우(제665조 제1항 1문, 제670조 제1항)와 그렇지 않은 경우(제665조 제1항 2문, 제670조 제2항)를 규정하고 있다. 그 외에 건설공사계약에 관하여는 건설산업기본법에서 특칙을 규정하고 있으며(건설산업기본법 제4조, 제22조 등 참조), 출판계약에 관하여는 저작권법에서 포괄적으로 규정하고 있다.

② 도급은 일의 완성이 선이행이기는 하지만, 유의할 점은 판례는 건축공사 도급계약에 있어서 수급인이 공사를 완성하지 못한 상태에서 도급인의 채무불이행을 이유로 계약을 해제한 경우에 공사가 상당한 정도로 진척되어 그 원상회복이 중대한 사회적·경제적 손실을 초래하게 되고 완성된 부분이 도급인에게 이득이 되는 때에는 도급계약은 미완성부분에 대해서만 실효된다고 한다.(대판 1989.12.26, 88다카32470).

【판 례】

* 대판 1989.12.26, 88다카32470 … 건축공사도급계약에 있어서 수급인이 공사를 완성하지 못한 상태에서 도급인의 채무불이행을 이유로 계약을 해제한 경우에 그 보수는 특별한 사정이 없는 한 당사자 사이에 약정된 총공사비를 기준으로 공사기성고비율에 의한 금액이라 할 것이므로, 이미 완성된 부분에 소요될 공사비에다가 미시공 부분을 완성하는데 소요될 공사비를 합친 전체 공사비 가운데 이미 완성된 부분에 소요된 비용이 차지하는 비율이라 할 것이다.

2. 도급의 내용

(1) 수급인의 의무

수급인의 의무와 관련하여 민법은 일의 완성의무, 목적물인도의무, 담보책임, 위험부담에 관하여 규정하고 있다.

1) 일의 완성의무

① 채무불이행책임

수급인은 약정 기한 내에 당사자(도급인, 수급인)가 정한 약정에 따라 일을 완성할 의무를 부담하므로(제664조) 수급인이 기한 내에 일을 완성하지 못하면 채무불이행책임(지체상금)을 진다.

② 지체상금

㉠ 건물을 신축하기로 하는 도급계약은 그 건물의 준공이라는 일의 완성을 목적으로 하는 계약으로서 그 지체상금에 관한 약정은 수급인이 그와 같은 일의 완성을 지체한 데 대한 손해배상액의 예정이므로, 수급인이 약

정된 기간 내에 그 일을 완성하여 도급인에게 인도하지 않으면 특별한 사정이 있는 경우를 제외하고는 제반 사정을 고려한 범위의 지체상금을 지급할 의무가 있다.

㉡ 건물신축의 도급계약에서 약정된 기일 이전에 그 공사의 일부만을 완료한 후 공사가 중단된 상태에서 약정 기일을 넘기고 그 후에 도급인이 계약을 해제함으로써 일을 완성하지 못한 것이라고 하더라도 지체상금에 관한 약정이 적용되지 않는다고 할 수 없다. 이 경우 지체상금 발생의 시기는 특별한 사정이 없는 한 수급인이 공사를 중단하거나 기타 해제사유가 있는 때(실제로 해제한 때가 아니고)부터 도급인이 다른 업자에게 의뢰하여 같은 건물을 완성할 수 있었던 시점까지로 제한되어야 한다(대판 1995.9.5, 95다18376 참고). 한편 수급인이 책임질 수 없는 사유로 인하여 공사가 지연된 경우에는 그 기간만큼 공제되어야 하며, 그렇게 하여 산정된 지체상금액이 부당히 과다하다고 인정되는 경우에는 법원이 민법 제398조 제2항에 의하여 적당히 감액할 수 있다(대판 1995.9.5, 95다18376).

【대 판】

* 대판 1996.5.14, 95다24975 … 손해배상액의 예정이 부당하게 과다한지의 여부는 계약 당사자의 지위, 계약의 목적과 내용, 실제의 손해와 그 예정액의 대비, 그 당시의 거래관행 및 경제상태 등 제반 사정을 참작하여 일반사회인이 납득할 수 있는 범위를 넘는지의 여부에 따라 결정하여야 한다(대판 1996.5.14, 95다24975; 대판 1995.9.5, 95다18376).

2) 목적물의 인도의무

① 완성물의 인도의무

㉠ 도급계약에서 완성된 일의 결과가 물건인 경우, 수급인은 그 완성된 목적물을 도급인에게 인도하여야 한다. 이에 대하여 도급인은 그 완성된 목적물의 인도와 동시에 보수를 지급하여야 하는 것이나, 목적물의 인도를 요하지 아니하는 경우에는 그 일을 완성한 후 지체없이 보수를 지급하여야 한다(제665조 제1항). 따라서 수급인이 보수채권을 이유로 완성된 물건을 점유하고 있는 경우에는 그 물건에 관하여 생긴 채권이므로 수급인은 그 물건에 유치권을 갖는다.

㉡ 도급계약에 있어 일의 완성에 관한 주장·증명책임은 일의 결과에 대한 보수의 지급을 요구(청구)하는 수급인에게 있으므로, 도급인이 도급계약상

의 공사 중 미시공 부분이 있다고 주장한 바가 없다고 하더라도 그 공사의 완성에 따른 보수금의 지급을 요구하는 수급인으로서는 공사의 완성에 관한 주장 · 증명을 하여야 한다(대판 1994.11.22, 94다26684).

② 소유권의 귀속관계

㉠ 원시취득

ⓐ 일반적으로 자기의 노력과 재료를 들여 건물을 건축한 사람은 그 건물의 소유권을 원시취득한다. 다만 도급계약에 있어서는 수급인이 자기의 노력과 재료를 들여 건물을 완성하더라도 도급인과 수급인 사이에 도급인 명의로 건축허가를 받아 소유권보존등기를 하기로 하는 등 완성된 건물의 소유권을 도급인에게 귀속시키기로 합의(명시적, 묵시적)한 것으로 보여질 경우에는 그 건물의 소유권은 도급인에게 원시적으로 귀속된다.

ⓑ 도급인명의로 건축허가를 받고 그의 명의로 건물에 대한 소유권보존등기를 하기로 한 경우나 공사기성고비율에 따라 상당액의 공사대금을 이미 지급한 경우에는 완성된 건물의 소유권을 도급인에게 귀속시키기로 하는 묵시적 합의가 있는 것으로 보아야 한다(대결 1994.12.9, 94마2089 참고).

【대 결】

* 대결 1994.12.9, 94마2089 … 공사도급계약서에 의하면 공사대금 지불은 공사 후 기성고에 의하여 도급인이 검수 후 지불하기로 하였고, 도급인이 공사의 기성고에 맞추어 수급인에게 공사대금의 95%에 이르는 금액을 이미 지급한 경우에는 완성건물의 소유권을 도급인에게 귀속시키기로 합의한 것으로 본다.

㉡ 구체적 사례

ⓐ 다가구용 단독주택의 신축공사 도급계약을 체결함에 있어 공사착수 전에 공사대금 일부를 지급한 후 나머지 공사대금은 공사완료 후 도급인이 주택의 각 가구를 전세 놓아 그 전세금으로 지급키로 약정하고, 그 건축허가의 명의도 도급인으로 되어 있는 경우에는 완성된 건물의 소유권은 도급인에게 귀속시키기로 합의한 것으로 본다(대판 1996.9.20, 96다24804).

ⓑ 단지 채무의 담보를 위하여 채무자가 자기의 비용과 노력으로 신축하는 건물의 건축허가명의를 채권자 명의로 하였다면 이는 완성될 건물을 담보제공하기로 하는 합의로서 법률행위에 의한 담보물권의 설정과 다름없으므로 완성된 건물의 소유권은 일단 채무자가 이를 원시취득한 후 채권자 명의로 소유권보존등기를 마침으로써 담보목적의 범위 내에서 채권자에게 그 소유권이 이전된다고 보아야 한다(대판 1992.8.18, 91다25505).

3) 수급인의 담보책임

① 법적성질

㉠ 매매에 관한 규정은 다른 유상계약에 준용(제567조)되므로 매매에서 담보책임에 관한 규정도 도급과 같은 유상계약에도 준용되어야 할 것이지만, 특별히 민법은 도급에 관하여 수급인의 담보책임(제667조~제672조)을 따로이 규정하고 있다. 수급인의 담보책임으로는 하자보수, 손해배상, 해제권이 인정된다. 그러나 수급인의 담보책임에 관한 민법 제667조 및 제668조가 강행규정은 아니므로 당사자의 특약으로 수급인의 담보책임을 면제할 수는 있다.

㉡ 수급인의 담보책임은 완성물의 하자에 대하여 수급인의 과실여부를 묻지 않고 일정한 책임을 정한 법정책임으로 볼 것이어서(통설), 완성물의 하자가 수급인의 귀책사유로 생긴 경우에 담보책임 이외에 채무불이행책임도 경합하여 성립한다(대판 2004.8.20, 2001다70337).

【판 례】

* 대판 2004.8.20, 2001다70337 … 수급인의 하자담보책임은 법이 특별히 인정한 무과실책임으로서 액젓 저장탱크의 제작·설치공사 도급계약에 의하여 완성된 저장탱크에 균열이 발생한 경우, 보수비용은 민법 제667조 제2항에 의한 수급인의 하자담보책임 중 하자보수에 갈음하는 손해배상이고, 액젓 변질로 인한 손해배상은 위 하자담보책임을 넘어서 수급인이 도급계약의 내용에 따른 의무를 제대로 이행하지 못함으로 인하여 도급인의 신체·재산에 발생한 손해에 대한 배상으로서 양자는 별개의 권원에 의하여 경합적으로 인정된다.

② 도급인의 하자보수청구권

㉠ 의 의

도급인의 하자보수청구권이란 도급인이 완성된 목적물 또는 완성전의 성취된 부분에 하자가 있는 때에 수급인에 대하여 상당한 기간을 정하여 그 하자보수를 청구할 수 있는 권리이다(제665조 제1항). 한편 도급인이 목적물에 하자가 있음을 알면서도 이의유보 없이 인도받은 경우라면 담보책임에 관한 권리를 포기한 것으로 보아야 한다(통설).

㉡ 완성 전의 성취된 부분

완성 전의 성취된 부분이라 함은 도급계약에 따른 일이 전부 완성되지는 않았지만 그 하자가 발생한 부분의 작업이 완료된 상태를 말한다(대판 2001.9.18, 2001다9304).

㉡ 목적물의 하자

목적물의 하자란 도급계약에서 정한 일정한 정도(요건)를 구비하지 못하거나 수급인이 보증한 성질에 미치지 못하는 경우를 말하며 그 하자의 원인은 묻지 않는다. 유의할 점은 건물공사의 미완성과 하자는 구별되는데, 건물공사의 미완성은 채무불이행의 문제로 되는 반면 건물공사의 하자는 담보책임의 문제로 된다. 미완성의 경우에는 원칙적으로 수급인이 보수를 청구할 수 없는데 반하여 '하자'의 경우에는 수급인이 보수를 청구할 수 있게 된다(대판 1997.10.10, 97다23150).

㉢ 하자보수청구권의 제한

ⓐ 하자가 중요하지 아니하나 그 보수에 과다한 비용을 요할 때에는 도급인은 하자보수청구권을 행사할 수 없다(제667조 제1항 단서). 이처럼 '하자가 중요하지 아니하면서 동시에 그 보수에 과다한 비용을 요하는 경우'에는 도급인은 하자보수나 하자보수에 갈음하는 손해배상을 청구할 수는 없고 그 하자로 인하여 입은 손해의 배상만을 청구할 수 있다.

ⓑ 목적물에 하자가 있는 경우에 도급인은 하자의 보수에 갈음하여 또는 하자보수와 함께 손해배상을 청구할 수 있다(제667조 제2항). 즉 도급인이 인도받은 목적물에 하자가 있는 것만을 이유로 하자의 보수나 하자의 보수에 갈음하는 손해배상을 청구하지 아니하고 곧바로(직접) 보수의 지급을 거절할 수는 없다(대판 1991.12.10, 91다33056).

③ **도급인의 손해배상청구권**

㉠ 동시이행관계

목적물에 하자가 있으면 도급인은 하자의 보수에 갈음하여 또는 보수와 함께 손해배상을 청구할 수 있는데, 이 경우 보수의 지급과 손해배상청구권은 동시이행의 관계이다(제667조 제2항, 제3항). 또한 목적물에 있는 하자의 확대손해로 인한 수급인의 손해배상채무와 도급인의 공사대금채무도 동시이행관계에 있다(대판 2005.11.10, 2004다37676).

【판 례】

* 대판 2005.11.10, 2004다37676 … 민법 제667조 제3항에 의하여 민법 제536조가 준용되는 결과 도급인이 수급인에 대하여 하자보수와 함께 청구할 수 있는 손해배상채권과 수급인의 공사대금채권은 서로 동시이행관계에 있는 점 등에 비추어 보면, 하자확대손해로 인한 수급인의 손해배상채무

와 도급인의 공사대금채무도 동시이행관계에 있는 것으로 보아야 한다.

㉡ 동시이행관계의 범위

동시이행관계의 범위와 관련하여 판례는 완성된 목적물에 하자가 있어 도급인이 하자의 보수에 갈음하여 손해배상을 청구한 경우에, 도급인은 수급인이 그 손해배상청구에 관하여 채무이행을 제공할 때까지 그 손해배상액에 상응하는 보수액에 관하여만 자기의 채무이행을 거절할 수 있을 뿐이고 그 나머지 보수액은 지급을 거절할 수 없다고 할 것이므로, 도급인의 손해배상채권과 동시이행관계에 있는 수급인의 공사대금 채권은 공사잔대금채권 중 위 손해배상채권액과 동액(같은 금액)의 채권에 한하고, 그 나머지 공사잔대금채권은 위 손해배상채권과 동시이행관계에 있다고 할 수 없다고 한다(대판 1996.6.11, 95다12798).

④ 도급인의 해제권과 제한

㉠ 도급인이 완성된 목적물의 하자로 인하여 계약의 목적을 달성할 수 없는 때에는 계약을 해제할 수 있다(제668조 본문). 유의할 점은 도급인의 해제권은 담보책임과는 달리(특별한 사정이 있는 경우 또는 건축물도급계약상 채무불이행이 발생한 경우에는 완성 전이라도 해제권을 행사할 수 있다) 완성된 목적물의 하자인 경우에만 발생할 수 있을 뿐이고 완성 전의 성취된 부분에 하자가 있는 때에는 인정되지 않는다.

㉡ 완성된 목적물이 건물 기타 토지의 공작물인 경우에는 설령 그 하자가 중대한 경우라고 하더라도 해제할 수 없다(제668조 단서). 민법 제668조 단서는 강행규정으로 해석되므로(통설), 도급인은 하자의 보수나 손해배상을 청구할 수밖에 없다. 유의할 점은 공작물이 완성되기 전에는 당사자 일방의 채무불이행으로 도급계약이 해제되면 수급인은 일을 완성할 수 없게 되기 때문에 수급인이 보수를 청구할 수 없는가 인데 판례는 기성고율에 비례하여 보수청구권을 인정하고 있다(대판 1993.11.23, 93다25080).

【판 례】

* 대판 1993.11.23, 93다25080 … 건축공사도급계약에 있어서 공사가 완성되지 못한 상태에서 당사자 중 일방이 상대방의 채무불이행을 이유로 계약을 해제한 경우에 공사가 상당한 정도로 진척되어 완성된 부분이 도급인에게 이익이 되는 때에는 도급인이 지급하여야 할 미완성건물에 대한 보수는 특별한 사정이 없는 한 당사자 사이에 약정한 총공사비를 기준으로 하여 그 금액에서 수급인이 공사를 중단할 당시의 공사기성고비율에 의한

금액이 된다.

⑤ 담보책임의 면책 · 면제

㉠ 담보책임의 면책과 제한

목적물의 하자가 도급인이 제공한 재료의 성질 또는 도급인의 지시에 기인한 때에는 수급인은 담보책임을 부담하지 않으나, 수급인이 그 재료 또는 지시의 부적당함을 알고 도급인에게 고지하지 아니한 때에는 수급인이 담보책임을 부담한다(제669조). 예컨대 건축물 도급계약의 수급인이 설계도면의 기재대로 시공한 경우, 이는 도급인의 지시에 따른 것과 같아서 수급인이 그 설계도면이 부적당함을 알고 도급인에게 고지하지 아니한 것이 아닌 이상, 그로 인하여 목적물에 하자가 생겼다 하더라도 수급인에게 하자담보책임을 부담 시킬 수는 없다(대판 1996.5.14, 95다24975).

㉡ 담보책임의 면제와 제한

당사자 간의 특약으로 수급인의 담보책임을 면제하기로 약정한 경우라도 수급인이 그 하자를 알고 고지하지 아니한 사실에 대하여는 책임을 면하지 못한다(제667조, 제672조). 예컨대 민법 제672조가 수급인에게 담보책임이 없음을 약정한 경우에도 알고 고지하지 아니한 사실에 대하여는 그 책임을 면하지 못한다고 규정한 취지는 그 책임을 제한하는 것이 신의성실의 원칙에 위배된다면 그 규정의 취지를 유추하여 그 사실에 대하여는 담보책임이 제한되지 않는다는 것이다(대판 1999.9.21, 99다19032).

⑥ 담보책임의 존속기간

㉠ 존속기간

ⓐ 수급인의 담보책임에 따른 도급인의 하자보수청구권과 손해배상청구권 및 계약의 해제권은 목적물의 인도를 받은 날로부터 1년 내에 행사하여야 하는데(제670조 제1항), 목적물의 인도를 요하지 아니하는 경우에는 일의 종료한 날로부터 기산한다(제670조 제2항).

ⓑ 토지 · 건물 기타 공작물의 수급인은 목적물 또는 지반공사의 하자에 대하여 인도 후 5년간 담보의 책임이 있으나 목적물이 석조 · 석회조 · 연와조 · 금속 기타 이와 유사한 재료로 조성된 것인 때에는 그 기간을 10년으로 한다(제671조 제1항). 이 경우 그 하자로 인하여 목적물이 멸실 또는 훼손된 때에는 도급인은 그 멸실 또는 훼손된 날로부터 1년 내에 하자보수청구권과 손해배상청구권을 행사하여야 한다(제671조 제2항).

㉡ 제척기간

민법상 수급인의 하자담보책임에 관한 존속기간은 제척기간으로서 재판상 또는 재판 외의 권리행사기간이며 재판상 청구를 위한 출소기간이 아니고(대판 2000.6.9, 2000다15371), 제척기간이라고 하더라도 당사자의 특약으로서 이를 단축할 수 있다(대판 1967.6.27, 66다1346).

㉢ 소멸시효 규정의 적용

수급인의 담보책임에 기한 하자보수에 갈음하는 손해배상청구권에 대하여는 민법 제670조 또는 제671조의 제척기간(1년)이 적용되고 이는 법률관계의 조속한 안정을 도모하고자 하는 데에 취지가 있는 것이지만, 도급인의 손해배상청구권에 대하여는 권리의 내용·성질 및 취지에 비추어 민법 제162조 제1항의 채권 소멸시효의 규정 또는 도급계약이 상행위에 해당하는 경우에는 상법 제64조의 상사시효의 규정이 적용된다(대판 2012.11.15, 2011다56491).

4) 도급과 위험부담

① 도급계약도 쌍무계약이므로 위험부담에 관한 민법 제537조 및 제538조가 적용된다. 따라서 쌍방에게 책임없는 사유로 완성물이나 완성전의 목적물이 멸실한 때에는 수급인이 도급인에게 보수를 청구하지 못한다(제537조).

② 도급인의 귀책사유나 수령지체 중에 발생한 급부불능인 때에는 수급인이 도급인에게 보수를 청구할 수 있으나, 일의 완성 전에 멸실한 경우에는 수급인은 자신의 채무를 면함으로써 얻은 이익을 도급인에게 상환하여야 한다(제538조). 도급의 목적물이 인도를 요하지 않은 경우라면 일의 완성 전에 급부불능이 되면 민법 제537조 및 제538조를 적용한다.

(2) 도급인의 의무

1) 보수지급의무

① 도급계약에 따른 보수는 그 완성된 목적물의 인도와 동시에 지급하여야 하며, 목적물의 인도를 요하지 아니하는 경우에는 그 일을 완성한 후 지체없이 지급하여야 한다(제665조).

② 건물신축공사를 한 수급인이 그 건물을 점유하고 있고 또한 그 건물에 관하여 생긴 공사대금 채권이 있다면, 수급인은 그 채권을 변제받을 때까지 건물을 유치할 권리가 있다. 다만 유의할 점은 유치권의 행사는 그 공사대금 채권소멸시효의 진행에 영향을 미치지 아니한다(제326조).

2) 보수지급의무의 담보

① 부동산공사의 수급인은 도급인에 대하여 보수에 관한 채권을 담보하기

위하여 그 부동산을 목적으로 한 저당권의 설정을 청구할 수 있다(제666조). 이러한 수급인의 지위가 목적물에 대하여 유치권을 행사하는 지위보다 더 강화되는 것은 아니어서 신축건물의 도급인이 민법 제666조가 정한 수급인의 저당권설정청구권의 행사에 따라 공사대금채무의 담보로 그 건물에 저당권을 설정하는 행위는 특별한 사정이 없는 한 사해행위에 해당하지 아니한다(대판 2008.3.27, 2007다78616).

② 부동산공사수급인의 저당권설정청구권은 채권적 청구권에 불과하고, 그 청구에 대하여 도급인이 응할 의무는 있지만 도급인이 그 청구에 협력하여 저당권설정등기가 되어야만 비로소 저당권이 성립하는 것이다. 즉 도급인이 부동산공사수급인의 저당권설정청구에 응할 의무는 있으나 도급인 스스로 저당권을 설정할 의무까지 있는 것은 아니다.

3) 목적물의 검수의무

① 수급인이 일을 완성하여 목적물을 인도하면 도급인은 그 물건이 계약의 내용에 합치하는지를 점검하여야 한다. 즉 도급인이 목적물을 수취하는 것은 단순히 사실적으로 점유를 이전받는 데 그치는 것이 아니라 점검을 통한 수령하는 검수를 말한다(곽윤직 307면, 김형배 1493면).

② 우리 민법은 도급인의 검수의무를 규정하고 있지 않으나, 도급인의 검수의무는 도급관계에 내재하는 계약상의 채무라고 보아야 한다. 판례는 제작물공급계약에서의 인도는 단순한 점유의 이전만을 의미하는 것이 아니라 검수까지를 포함하는 의미라고 판시하였는 바(대판 2006.10.13, 2004다21862), 이는 도급인에게 목적물 검수의무를 인정하는 것이라고 하겠다.

4) 보수지급채권의 소멸시효

수급인의 공사에 관한 채권, 특히 보수지급채권은 민법 제163조 제3호에 따라 3년의 소멸시효에 걸린다. 여기서 도급받은 자의 공사에 관한 채권이라 함은 공사대금채권뿐만 아니라 그 공사에 부수되는 채권도 포함한다(대판 2010.11.25, 2010다56685).

3. 도급의 종료

민법은 도급에 특수한 종료원인으로 완성 전의 도급인의 해제권(제673조)과 도급인의 파산과 해제권(제674조)을 규정하고 있다.

(1) 완성 전의 도급인의 해제권

① 수급인이 일을 완성하기 전에는 도급인은 손해를 배상하고 계약을 해제할 수 있다(제673조). 수급인이 일을 완성하기 전이면 해제의 이유를 묻지 않고 도급인이 도급계약을 해제할 수 있지만, 일이 완성되면 민법 제673조에 기한 해제는 인정되지 않는다.

② 민법 제673조에 기한 해제권을 행사한 이상 도급인이 손해배상에 있어서 과실상계나 손해배상예정액의 감액을 주장할 수는 없지만, 수급인의 손해액을 산정함에 있어 일의 완성을 하지 아니함으로써 발생한 손익상계는 하여야 한다(대판 2002다5.10, 2000다37296). 즉 수급인이 일의 완성을 위하여 준비하여 둔 재료를 사용하지 아니하게 되어 제3자(다른 사람)에게 사용 또는 처분하여 얻을 수 있는 대가 상당액은 당연히 손해액을 산정함에 있어서 공제되어야 한다.

(2) 도급인의 파산과 해제권

① 도급인이 파산선고를 받은 때에는 수급인 또는 파산관재인은 계약을 해제할 수 있는데 이 경우에는 수급인은 일의 완성된 부분에 대한 보수 및 보수에 포함되지 아니한 비용에 대하여 파산재단의 배당에 가입할 수 있을 뿐이고, 각 당사자가 상대방에 대하여 계약해제로 인한 손해의 배상을 청구하지는 못한다(제674조).

② 수급인이 파산한 경우에 채무자회생 및 파산에 관한 법률 제341조에 따라 채무자(수급인)가 도급계약에 의하여 일을 계속하여야 하는 의무가 있는 때에는 파산관재인은 필요한 재료를 제공하여 채무자로 하여금 그 일을 하게 할 수 있다. 이 경우 유의할 점은 그 일이 채무자 자신이 함을 필요로 하지 아니하는 때에는 제3자로 하여금 이를 하게 할 수 있으며, 채무자가 그 상대방으로부터 받을 보수는 파산재단에 속한다.

4. 도급의 특수한 형태

(1) 제작물공급계약

① 제작물공급계약이란 당사자 일방이 상대방의 주문에 따라 자기 소유의

재료를 사용하여 만든 물건을 공급하기로 하고 상대방이 대가를 지급하기로 약정하는 계약으로서, 그 제작의 측면에서는 도급의 성질이 있고 공급의 측면에서는 매매의 성질이 있어 대체로 매매와 도급의 성질을 함께 가지고 있다.

③ 제작물공급계약에 관한 적용 법률은 계약에 의하여 제작 공급하여야 할 물건이 대체물인 경우에는 매매에 관한 규정이 적용되지만, 물건이 특정의 주문자의 수요를 만족시키기 위한 불대체물인 경우에는 당해 물건의 공급과 함께 그 제작이 계약의 주목적이 되어 도급의 성질을 띠게 된다(대판 2010.11.25, 2010다56685).

(2) 하도급

① 하도급이란 도급받은 건설공사의 전부 또는 일부를 다시 도급하기 위하여 수급인이 제3자와 체결하는 계약을 말하는데(건설산업기본법 제2조 제12호), 하수급인이 도급인에 대하여 직접 권리를 갖지 않고 의무도 부담하지 않지만 하수급인은 원수급인의 이행보조자로서 그의 과실은 원수급인의 과실로 된다(제391조).

② 도급은 일의 완성이 목적이므로 일의 성질이나 당사자의 의사에 의하여 금지되지 않는 한 수급인이 제3자에게 일의 전부 또는 일부를 맡겨서 완성하는 것이 허용된다. 판례도 공사도급계약에 있어서 당사자 사이에 특약이 있거나 일의 성질상 수급인 자신이 하지 않으면 채무의 본지에 따른 이행이 될 수 없다는 등의 특별한 사정이 없는 한 반드시 수급인 자신이 직접 일을 완성하여야 하는 것은 아니고, 이행보조자 또는 이행대행자를 사용하더라도 공사도급계약에서 정한 대로 공사를 이행하는 한 계약을 불이행이라고 볼 수 없다고 한다(대판 2002.4.12, 2001다82545).

(3) 턴키방식의 도급계약

① 설계・시공일괄입찰(Turn－Key Base) 방식에 의한 도급계약이라 함은 수급인이 도급인이 의욕하는 공사 목적물의 설치목적을 이해한 후 그 설치목적에 맞는 설계도서를 작성하고 이를 토대로 스스로 공사를 시행하며 그 성능을 보장하여 결과적으로 도급인이 의욕한 공사목적을 이루게 하는 계약을 말한다(대판 1996.8.23, 96다16650).

② 설계・시공일괄입찰 방식의 도급에 있어서 대금지급과 계약해제, 즉 자동화설비 도급계약에서 당해 자동화설비에 중대한 하자가 있어 시운전성공 여부가 불투명하게 된 때에는 도급인으로서는 자신의 대금지급의무

와 대가관계에 있는 시운전 성공시까지는 중도금지급의무의 이행을 거부할 수 있고, 그 하자가 중대하고 보수가 불가능하거나 보수가 가능하더라도 장기간을 필요로 하여 계약의 본래의 목적을 달성할 수 없는 경우에는 중도금채무의 이행을 제공하지 않고 바로 계약을 해제하더라도, 그 계약해제가 신의칙에 반하지 아니한다(대판 1996.8.23, 96다16650).

제 3 항 여행계약

1. 여행계약의 의의

① 여행계약은 당사자의 일방(여행주최자)이 상대방에게 운송, 숙박, 관광 또는 그 밖의 여행 관련 용역을 결합하여 제공하기로 약정하고 상대방(여행자)이 그 대금을 지급하기로 약정함으로써 성립하는 계약이다(제674조의2). 따라서 여행계약은 유상·쌍무계약이다.

② 여행계약은 여행주최자와 여행자의 자유로운 합의에 의하여 체결되는 낙성·불요식계약이며, 여행주최자의 급부가 하나(1회)의 급부로 이루어지는 것이 아니라 시간적·장소적·기능적으로 연결되는 특징이 있다. 따라서 일의 결과가 개별급부 및 그 시간적 연속과 불가분의 관계에 있어 일정한 시점에 완성될 수 없으므로 단순한 도급계약으로 볼 것이 아니라 무형적인 결과(서비스)의 완성을 주된 목적으로 하면서 기타의 계약요소(위임, 임대차, 매매)가 혼합된 혼합계약이라고 하겠다(김형배 1502면).

2. 여행계약의 내용

(1) 여행계약의 당사자

① 여행계약의 당사자는 여행주최자와 여행자이다. 따라서 여행상의 일부를 담당하는 운송회사·호텔업주·식당업주·관광지 관리자 등과 같이 개별적 여행 급부를 제공하는 여행실행자는 당사자가 아니다.

② 여행실행자는 여행주최자와의 관계에서 이행보조자의 지위를 갖는다고 평가되

며(대판 2011.5.26, 2011다1330 참고), 여행주최자와 여행실행자가 체결하는 계약은 여행자를 위하여 체결되는 제3자를 위한 계약의 실질적인 내용을 갖는다고 하겠다(김형배 1502면).

(2) 대금의 지급시기

① 여행자는 약정한 시기에 대금을 지급하여야 하며 그 시기의 약정이 없으면 관습에 따르고, 관습이 없으면 여행의 종료 후 지체 없이 지급하여야 한다(제674조의5).

② 민법 제674조의5 규정은 주의적 규정이고 대개는 여행계약체결 시에 계약금을 지급하고, 여행개시 전에 잔액을 지급하기로 하는 관행이 있거나 선지급에 관한 약정을 하는 경우가 일반적이다(국내여행표준약관 제11조; 국외여행표준약관 제1조).

(3) 여행계약의 담보책임

1) 여행주최자의 의무

① 여행주최자의 의무는 약정된 여행급부의 총체를 완성하여야 한다. 즉 여행업자는 계약에서 약속된 여행프로그램 또는 안내서에 제시된 급부를 실현하여야 하며, 이러한 여행계약의 급부는 언제나 무형적인 것이라는 점에서 매매나 도급에서의 급부와는 다른 것이다.

② 여행주최자는 여행자에 대하여 여행계약상의 부수적 의무로서 안전배려의무를 부담하며(대판 2007.5.10, 2007다3377 참고), 기획여행업자가 사용한 여행약관에서 여행업자의 여행자에 대한 책임의 내용 및 범위 등에 관하여 규정하고 있다면 이는 부수적 의무로서 안전배려의무를 구체적으로 명시한 것으로 본다(대판 2011.5.26, 2011다1330). 한편, 안전배려의무는 여행주최자의 여행계약상 채무의 이행 사이에 직접 또는 간접적으로 관련성이 인정되어야 한다. 따라서 여행자가 여행계약에서 정한 여행주최자의 채무 이행과 무관한 활동을 할 때는 그 활동에 관하여 안전배려의무를 부담한다고 볼 수는 없다고 할 것이다(대판 2017.12.13, 2016다6293).

【판 례】

* 대판 2017.12.13, 2016다6293 … 여행주최자의 안전배려의무는 여행계약상 부수의무이고 여행계약상 채무이행과 관련하여 부담하는 의무이므로, 여행주최자의 여행계약상 채무의 이행 사이에 직접 또는 간접적으로 관련성

이 인정되어야 한다. 따라서 여행자가 야간에 숙소 인근 해변에서 익사한 경우에는 여행자가 여행계약에서 정한 여행주최자의 채무 이행과 무관한 활동이므로 그 활동에 관하여 안전배려의무를 부담한다고 볼 수 없다.

2) 여행주최자의 담보책임

① 여행에 하자가 있는 경우에는 여행자는 여행주최자에게 하자의 시정 또는 대금의 감액을 청구할 수 있지만, 그 시정에 지나치게 많은 비용이 들거나 그 밖에 시정을 합리적으로 기대할 수 없는 경우에는 시정을 청구할 수 없다(제674조의6 제1항).

② 여행에 대한 하자시정 청구는 상당한 기간을 정하여 하여야 하지만, 즉시 시정할 필요가 있는 경우에는 그러하지 아니하다. 그리고 여행자는 시정 청구·감액 청구에 갈음하여 손해배상을 청구하거나 시정 청구·감액 청구와 함께 손해배상을 청구할 수 있다(제674조 제2항, 제3항).

3) 담보책임과 여행자의 해지권

① 여행자는 여행에 중대한 하자가 있는 경우에 그 시정이 이루어지지 아니하거나 계약의 내용에 따른 이행을 기대할 수 없는 경우에는 계약을 해지할 수 있다(제674조의7 제1항). 계약이 해지된 경우에는 여행주최자는 대금청구권을 상실하지만, 여행자가 실행된 여행으로 이익을 얻은 경우에는 그 이익을 여행주최자에게 상환하여야 한다(여행종료 후 대금을 지급하기로 한 경우).

② 여행주최자는 계약의 해지로 인하여 필요하게 된 조치를 할 의무를 지며, 계약상 귀환운송 의무가 있으면 여행자를 귀환 운송하여야 한다. 이 경우 상당한 이유가 있는 때에는 여행주최자는 여행자에게 그 비용의 일부를 청구할 수 있다(제674조의7 제3항).

4) 담보책임의 존속기간

여행자는 민법 제674조의6(여행주최자의 담보책임)과 제674조의7(담보책임과 여행자의 해지권)에 따른 권리를 여행 기간 중에도 행사할 수 있으며, 계약에서 정한 여행 종료일부터 6개월 내에 행사하여야 한다(제674조의8).

3. 여행계약의 종료

(1) 여행개시 전의 계약해제

1) 여행자의 사전해제권

여행자는 여행을 시작하기 전에는 언제든지 계약을 해제할 수 있다(제674조의3 본문). 즉 여행을 '시작'한다는 것은 실제로 출발하는 것을 의미하는데, 여행계약의 진행과정을 고려하면 계약체결 이후 상당한 기간이 경과한 후에 여행이 개시되는 경우가 일반적일뿐만 아니라 여행자에게도 반드시 여행에 참여할 의무가 있는 것은 아니므로 사전해제를 인정할 필요가 있다.

2) 사전해제와 손해배상

여행자는 자신의 사전해제로 인하여 여행주최자에게 발생한 손해를 배상하여야 한다(제674조의3 단서). 다만 질병이나 3촌 이내 친족의 사망 등 부득이한 사유로 인한 경우에는 면책될 수 있다(국내여행표준약관 제13조, 국외여행표준약관 제15조). 한편 여행주최자에게는 사전해제권이 인정되지 않으나, 위와 같은 여행약관에 의해 사전해제권이 인정될 가능성은 존재한다고 해석된다.

3) 국외여행 표준약관

여행주최자(여행사)는 최저행사인원(최소인원)이 충족되지 아니하여 여행계약을 해제하는 경우 여행출발 7일전까지 여행자에게 통지하여야 하며(국외여행 표준약관 제17조 제1항), 여행주최자가 기일(7일)내 통지를 하지 아니하고 계약을 해제하는 경우 이미 지급받은 계약금 환급 외에 여행출발 1일전까지 통지시 여행요금의 30%를 배상하여야하며, 여행출발 당일 통지시에는 여행요금의 50% 금액을 여행자에게 배상하여야 한다(국외여행 표준약관 제17조 제2항).

(2) 여행개시 후의 계약해지

1) 임의해지사유

부득이한 사유가 있는 경우에 각 당사자는 계약을 해지할 수 있다(제674조의4 제1항 본문). 여기서 '부득이한 사유'란 당사자의 부모사망 · 질병 · 천재지변 등과 같은 경우를 말한다. 이 규정은 여행계약의 특성을 고려한 것이고, 당사자에게 과실이 없는 한 손해배상책임을 부담하지 않는다. 그러나 그 사유가 당사자 한쪽의 과실로 인하여 생긴 경우에는 상대방에게 손해를 배상하여야 한다(제674조의4 제1항 단서).

2) 귀환운송의무

여행계약이 해지된 경우에도 계약상 귀환운송(歸還運送) 의무가 있는 여행주최자는 여행자를 귀환운송할 의무가 있다(제674조의4 제2항). 또한 그 해지로 인하여 발생하는 추가 비용은 그 해지 사유가 어느 당사자의 사정에 속하는 경우에는 그 당사자가 부담하며, 누구의 사정에도 속하지 아니하는 경우에는 각 당사자가 절반씩 부담한다(제674조 제3항). 이 경우 '추가비용'에는 여행자의 귀환비용 외에 숙박비 · 식사비 등이 포함된다.

3) 편면적 강행규정

여행계약에 관한 민법 제674조의3, 제674조의4 또는 제674조의6부터 제674조의8까지의 규정은 강행규정이므로 이에 위반하는 약정으로서 여행자에게 불리한 것은 효력이 없다(제674조의9).

제 4 항 현상광고

1. 현상광고의 의의

① 현상광고란 광고자가 어느 행위를 한 자에게 일정한 보수를 지급할 의사를 표시하고 이에 응한 자가 그 광고에 정한 행위를 완료함으로써 성립하는 계약이다(제675조).

② 현상광고는 의사의 합치만으로는 계약이 성립하지 않으며 지정행위가 완료되었을 때 비로소 성립한다. 다시 말해서 광고는 불특정 다수인에 대한 청약으로 보아야 하고 응모자의 응모 및 광고에 정한 행위의 완료를 승낙으로 볼 것이므로 그때에 비로소 계약이 성립하며, 계약이 성립한 후에는 광고자의 보수지급의무만 남는다. 그런 점에서 현상광고는 요물(지정행위를 완료하여야 계약이 성립한다는 점) · 유상(지정행위의 완료에 대하여 광고자가 보수를 지급한다는 점) · 편무(지정 행위의 완료로 계약이 성립하면 그 후에는 광고자의 보수지급의무만 남는다는 점) 계약이다.

2. 현상광고의 내용

(1) 현상광고의 성립

1) 광고자의 광고행위

현상광고에서 광고는 청약에 해당되는데, 현상광고자의 확정적인 의사표시가 포함되어 있어야 한다. 즉 현상광고는 불특정 다수인을 상대로 청약의 의사표시를 하는 것이므로 광고에 의한 응모자가 해야 할 행위가 구체적으로 지정되어야 하며, 또한 그 지정행위를 한 자에게 보수를 지급한다는 내용이 구체적으로 포함되어 있어야 한다.

2) 응모자의 지정행위완료

지정행위의 내용은 광고자가 정하며, 이에 응해 응모자가 광고에서 정한 행위를 완료함으로써 현상광고계약은 성립한다. 이 경우 응모자가 광고 있음을 알지 못하고 지정행위를 한 경우에도 법률의 규정에 의하여 현상광고가 성립한다(제677조).

(2) 보수수령의 권리자

① 현상광고가 있음을 알고 한 자 뿐만 아니라, 알지 못하고 광고에서 정한 행위를 완료한 자는 보수를 받을 권리가 있다(제676조, 제677조). 이 경우 광고에 정한 행위를 완료한 자가 수인인 경우에는 먼저 그 행위를 완료한 자가 보수를 받을 권리가 있다(제676조 제1항).

② 수인이 동시에 완료한 경우에는 각각 균등한 비율로 보수를 받을 권리가 있다. 그러나 보수가 그 성질상 분할할 수 없거나 광고에 1인만이 보수를 받을 것으로 정한 때에는 추첨에 의하여 결정한다(제676조 제2항).

(3) 현상광고의 철회

① 광고에 그 지정한 행위의 '완료기간을 정한 때'에는 그 기간만료 전에는 광고를 철회하지 못한다(제679조 제1항). 한편 광고에 행위의 '완료기간을 정하지 아니한 때'에는 그 행위를 완료한 자가 있기 전에는 그 광고와 동일한 방법으로 광고를 철회할 수 있다(제679조 제2항). 현상광고의 철회가 있으면, 현상광고는 더 이상 존속하지 않는 것이므로 그 철회 이후에 지정행위를

완료한 자는 보수청구를 할 수 없다.

② 광고의 철회 시 전(前) 광고와 동일한 방법으로 철회할 수 없는 때에는 그와 유사한 방법으로 광고를 철회할 수 있다. 다만 이 경우의 철회는 철회한 것을 안 자에 대하여만 그 효력이 있다(제679조 제3항).

3. 우수현상광고

(1) 우수현상광고의 의의

① 우수현상광고란 광고에 응모기간을 정하여 일정한 행위를 완료한 자가 수인인 경우에 그 우수한 자에 한하여 보수를 지급할 것을 정하는 현상광고를 말한다(제678조 제1항).

② 우수현상광고는 응모의 절차와 우수의 판정을 거치는 점에서 현상광고와 차이가 있으므로, 먼저 지정행위를 완료한 자가 보수청구권을 가진다는 규정(제676조 제1항)과 광고에 행위의 완료기간을 정하지 아니한 현상광고의 철회에 관한 규정(제679조 제2항, 제3항)은 우수현상광고에는 적용되지 않는다.

(2) 우수현상광고의 특징

① 우수현상광고는 반드시 응모기간을 광고에서 정하여야 하고 그렇지 않으면 무효이며(제678조 제1항), 우수현상광고는 응모기간을 정한 경우이므로 그 응모기간 만료 전에는 우수현상광고를 철회하지 못한다(제679조 제1항).

② 우수현상광고에서는 반드시 응모가 있어야 하며 그에 대하여 우수의 판정을 하여야 하는데, 우수의 판정은 광고 중에 정한 자가 하지만 만약 광고 중에 판정자를 정하지 아니한 때에는 광고자가 판정한다(제678조 제2항). 따라서 우수현상광고에서 지정행위는 수인이 독립하여 완료할 수 있는 것이어야 하면서 동시에 우열의 판단이 가능한 것이어야 한다.

③ 우수현상광고계약에서는 우수한 자가 없다는 판정은 원칙적으로 할 수 없으나 광고 중에 다른 의사표시가 있거나 광고의 성질상 판정의 표준이 정하여져 있는 때에는 그러한(우수한자 없음) 판정도 할 수 있다(제678조 제3항). 이 경우 우수의 판정에 대하여 응모자는 이의를 제기하지 못한다(제678조 제4항).

(3) 우수현상광고의 효과

① 응모자가 광고자에게 제출한 물건에 대한 권리는 우수현상광고와는 별개이므로 특약이 없는 한 응모자에게 귀속된다.

② 광고자는 우수판정을 받은 응모자에게 보수를 지급하여야 하는데(제678조 제1항), 만약 수인의 행위가 동등(공동 1등)으로 판정된 때에는 민법 제676조 제2항의 규정을 준용한다(제678조 제5항). 따라서 보수가 가분이면 동등한 비율로 분할채권을 취득하고 보수가 불가분이면 추첨으로 보수수령권자를 정하게 된다.

제 5 항 위임계약

1. 위임의 의의

① 위임이란 당사자일방(위임인)이 상대방에 대하여 사무의 처리를 위탁하고 상대방(수임인)이 이를 승낙함으로써 성립하는 계약을 말한다(제680조). 위임은 원칙적으로 무상·편무·낙성·불요식계약이지만, 당사자의 특약으로 유상으로 정하면 유상·쌍무·낙성·불요식계약이 될 수 있다.

② 위임은 비록 무상이 원칙이지만 수임인에 대한 특별한 대인적 신뢰를 바탕으로 하는 것이기에 유상·무상을 불문하고 수임인은 선관의무를 부담한다(제681조). 따라서 위임인의 승낙이나 부득이한 사유없이 제3자로 하여금 자기에 갈음하여 위임사무를 처리하게 하지 못한다(제682조).

2. 위임의 내용

(1) 수임인의 권리

위임계약에 있어서 위임인의 의무는 곧 수임인의 권리로 귀결되므로 여기에서는 수임인의 권리 측면에서 살펴보기로 한다.

1) 보수청구권

① 위임은 무상이 원칙이므로 수임인은 특별한 약정이 없으면 위임인에 대

하여 보수를 청구하지 못한다(제686조 제1항). 그러나 당사자 간에 보수지급에 관한 약정이 있는 경우(유상위임)에는 수임인은 그 약정에 따라 보수를 청구할 수 있다. 수임인이 보수를 받을 경우에는 위임사무를 완료한 후가 아니면 이를 청구하지 못하는 것이나, 기간으로 보수를 정한 때에는 그 기간이 경과한 후에 보수를 청구할 수 있다(제686조 제2항). 즉 유상위임의 경우 특약이 없는 한 후급이 원칙이다.

② 유상위임의 경우, 수임인이 위임사무를 처리하는 중에 수임인의 책임없는 사유로 인하여 위임이 종료된 때에는 수임인은 이미 처리한 사무의 비율에 따른 보수를 청구할 수 있다(제686조 제3항). 왜냐하면 위임은 일의 결과가 아니라 사무의 처리 자체에 주안점을 두고 있는 것이므로, 수임인이 선관의무를 다한 이상 위임사무의 성취여부와는 관계없이 그에 상응하는 보수를 지급하여야 하기 때문이다.

③ 한편 수임인의 사무가 그의 영업이나 업무에 속하는 경우라면 무상이라는 특약이 없는 한 보수를 지급한다는 묵시적 약정이 있는 것으로 보아야 한다. 같은 취지에서 판례도 변호사에게 계쟁 사건의 처리를 위임함에 있어서 그 보수 지급 및 수액에 관하여 명시적인 약정을 아니하였다 하여도 무보수로 한다는 등 특별한 사정이 없는 한 응분의 보수를 지급할 묵시의 약정이 있는 것으로 본다(대판 1995.12.5, 94다50229).

2) 비용선급 또는 상환청구권

① 수임인의 비용선급청구권

위임사무의 처리에 비용을 요하는 때에는 위임인은 수임인의 청구에 의하여 이를 선급하여야 한다(제687조). 즉 유상·무상 위임을 불문하고 수임인은 비용의 선급이나 상환을 청구할 수 있지만 그 비용은 위임의 취지에 좇아 지출된 것이어야 한다(대판 1996.12.10, 96다36289).

② 수임인의 비용상환청구권

수임인이 위임사무의 처리에 관하여 필요비를 지출한 때에는 위임인에 대하여 지출한 날 이후의 이자를 청구할 수 있다(제688조 제1항). 또한 수임인이 위임인의 부탁으로 채무(위임인의 채무)를 변제하는 경우에는 민법 제688조 소정의 위임사무처리비용의 상환청구권에 의하여 구상권을 취득한다(대판 1994.12.9, 94다38106 참고).

3) 채무대변제 · 담보제공청구권

수임인이 위임사무의 처리에 필요한 채무를 부담한 때에는 위임인에게 자기에 갈음하여 채무를 변제하게 할 수 있고(대변제 청구권) 그 채무가 변제기에 있지 아니한 때에는 상당한 담보를 제공(담보제공 청구권)하게 할 수 있다(제688조 제2항). 즉 대리권 없는 수임인의 '대변제청구권'은 수임인이 제3자에게 위임인을 위해 필요한 채무를 부담한 때에 발생한다(대판 2002.1.25, 2001다52506 참고).

4) 손해배상청구권

수임인이 위임사무의 처리를 위하여 과실없이 손해를 받은 때에는 위임인에 대하여 그 배상을 청구할 수 있다(제688조 제3항). 이는 위임인이 부담하는 무과실책임이다(통설). 즉 수임인이 무상으로 사무를 처리하는 데 있어서 그이 과실없이 손해를 입은 때에는 그 손해를 위임인이 배상하도록 하는데 취지가 있으므로, 이러한 손해배상은 무상위임에 있어서만 인정된다고 해석된다.

(2) 수임인의 의무

1) 선관의무

① 선관의무의 의의

㉠ 유상 · 무상위임 여부를 불문하고 수임인은 위임의 본래 취지에 따라 선량한 관리자의 주의로써 위임사무를 처리하여야 한다(제681조). 여기서 선관의무란 수임인의 개별적 능력에 따른 주의의무(구체적 과실)가 아니라 위임사무의 처리에 통상 요구되는 주의의무(추상적 과실)를 말한다.

㉡ 선관의무의 구체적인 내용은 개별적인 위임관계와 사안에 따라 달라지는데, 수임인이 선관의무에 위반하면 채무불이행으로서 위임인에게 발생한 손해를 배상하여야 하고, 그것이 불법행위가 성립하면 그로 인한 손해배상책임과 경합한다.

② 구체적 사례

㉠ 변호사

소송수행의 사무처리를 위임받은 변호사가 구두변론기일에 2회 불참석함으로써 항소취하간주로 되고 위임자 패소의 판결이 확정됨에 이르렀다하면 수임자인 변호사는 위임의 취지에 따라 선량한 관리자의 주의로서 위임사무처리 의무를 위반한 것이며(대판 1959.11.26, 4292민상271), 특히 소송대리를 위임받은 변호사는 위임사무의 종료단계에서 패소판결이 있었던 경우에는 의뢰인으로부터 상소에 관하여 특별한 수권이 없더라도 그 판결을 점검하여 의뢰인에게 불이익한 계산상의 잘못이 있다면 의뢰인에게 그 판결의 내용과 상소하는 때의 승소 가능성 등에 대하여 구체적으로 설명하고 조언해야할 신의칙상 의무가 있다(대판 2004.5.14, 2004다7354).

㉡ 법무사

구분건물의 수분양자로부터 소유권이전등기신청절차를 위임받은 법무사가 그 절차를 경료하기 전에 건축주로부터 구분건물의 소유권보존등기절차를 이행하고 보관 중이던 등기필정보의 반환을 요구받은 경우, 수분양자가 매수인으로서의 의무이행을 완료한 사실을 알고 있었고 건축주가 등기필정보를 이용하여 구분건물을 담보로 제공하고 금원(일정 금액)을 차용하려 한다는 것을 예상할 수 있었다면, 법무사는 건축주의 요청을 거부하거나 그 취지를 수분양자에게 통지하여 권리보호를 위한 적당한 조치를 취할 기회를 부여할 신의칙상 선관의무가 있다(대판 2001.2.27, 2000다39629).

㉢ 공인중개사

공인중개사는 비록 그가 조사·확인하여 의뢰인에게 설명할 의무를 부담하지 않는 사항이더라도 그릇된 정보를 제대로 확인하지도 않은 채 마치 그것이 진실인 것처럼 의뢰인에게 그대로 전달하여 의뢰인이 그 정보를 믿고 상대방과 계약에 이르게 되었다면, 공인중개사의 그러한 행위는 선량한 관리자의 주의로 신의를 지켜 성실하게 중개행위를 하여야 할 중개업자의 의무에 위반된다(대판 2008.9.25, 2008다42836; 대판 2012.11.29, 2012다69654).

2) 복임권의 제한

① 원칙적 제한

수임인은 위임인의 승낙이나 부득이한 사유없이 제3자로 하여금 자기에 갈음하여 위임사무를 처리하게 하지 못하므로(제682조 제1항), 원칙적으로 수임인의 복임권은 제한된다. 따라서 만약 위임인의 승낙없이 또는 부득이한 사유가 없음에도 수임인이 복위임을 한 경우에는 위임계약상의 채무불이행이므로 그로 인한 손해배상책임을 진다.

② 예외적 허용

위임인의 승낙을 얻거나 그 승낙이 없더라도 부득이한 사유가 있으면 수임인은 제3자에게 위임사무를 처리하게 할 수 있는데(제682조 제2항), 이처럼 제3자에게 사무처리를 복위임한 경우 수임인은 위임인에 대하여 그 선임·감독에 관한 민법 제121조와 제123가 준용된다(제682조). 따라서 수임인이 위임인의 지명에 의하여 복수임인을 선임한 경우에는 그 부적임 또는 불성실함을 알고 위임인에 대한 통지나 그 해임을 태만한 때가 아니면 책임이 없고(제121조), 복수임인은 위임인이나 제3자에 대하여 수임인과 동일한 권리의무가 있다(제682조 제2항, 제123조 제2항).

3) 부수적의무

① 위임사무 보고의무

수임인은 위임인의 청구가 있는 때에는 언제나 위임사무의 처리상황을 보고하고, 위임이 종료한 때에는 지체없이 그 전말을 보고하여야 한다(제683조).

② 취득물(권리) 인도 · 이전의무

㉠ 수임인은 위임사무의 처리로 인하여 받은 '금전 기타의 물건 및 그 수취한 과실'을 위임인에게 인도하여야 하고, 수임인이 위임인을 위하여 자기의 명의로 취득한 '권리'는 위임인에게 이전하여야 한다(제684조).

㉡ 민법 제684조 제1항 소정 '위임사무의 처리로 인하여 받은 금전 기타 물건'의 범위에는 수임인이 위임사무의 처리와 관련하여 취득한 금전 기타 물건으로서 이를 수임인에게 그대로 보유하게 하는 것이 위임의 신임관계를 해친다고 사회통념상 생각할 수 있는 것도 포함된다(대판 2010.5.27, 2010다4561).

③ 금전소비에 대한 책임

㉠ 수임인이 위임인에게 인도할 금전 또는 위임인의 이익을 위하여 사용할 금전을 '자기를 위하여' 소비한 때에는 소비한 날 이후의 이자를 지급하여야 하며 그 외의 손해가 있으면 배상하여야 한다(제685조). 따라서 금전이 아니라, 수임인이 위임인에게 인도할 물건 또는 위임인의 이익을 위하여 사용할 물건을 자기를 위하여 소비한 경우에는 민법 제685조가 적용되는 것이 아니고 일반원칙에 따라 채무불이행 또는 불법행위로 해결된다(제390조, 제750조).

㉡ 민법 제685조는 금전채무불이행의 손해배상액은 법정이율에 의한다는 제397조(금전채무불이행의 특칙)에 대한 예외가 되는 셈이다. 왜냐하면 민법 제685조는 소비한날 이후의 이자 외에 손해의 배상도 청구할 수 있기 때문이다.

3. 위임의 종료

민법은 위임의 특유한 종료원인으로 당사자의 위임계약 해지 및 당사자의 사망 · 파산, 수임인의 성년후견개시의 심판을 규정하고 있는 바, 이를 구체적으로 살펴보면 다음과 같다(제689조, 제690조).

(1) 위임종료의 원인

1) 위임의 상호해지자유

① 상호해지자유와 손해배상

민법상의 위임계약은 그것이 유상계약이든 무상계약이든 당사자 쌍방의 특별한 대인적 신뢰관계를 기초로 하는 위임계약의 본질상 각 당사자는 언제든지 자유로이 해지할 수 있고(대판 2006.10.27, 2006다23695) 그로 말미암아 상대방이 손해를 입는 일이 있어도 그것을 배상할 의무를 부담하지 않는 것이 원칙이다(제689조 제1항). 다만 부득이한 사유없이 상대방이 불리한 시기에 해지한 때에는 그로 인한 손해를 배상하여야 하나(동조 제2항) 그 배상의 범위는 위임이 해지되었다는 사실로부터 생기는 손해가 아니라 적당한 시기에 해지되었더라면 입지 아니하였을 손해에 한한다(대판 1991.4.9, 90다18968).

【판 례】

* 대판 2006.10.27, 2006다23695 … 법인격 없는 사단인 종중과 그 기관인 이사와의 관계는 위임에 유사한 계약관계로서 수임자인 이사는 언제라도 사임할 수 있고(제689조 제1항), 종중의 대표자가 사임하는 경우에는 대표자의 사임으로 그 권한을 대행하게 될 자에게 의사표시가 도달한 때에 사임의 효력이 발생하고 이와 같이 사임의 효력이 발생한 뒤에는 이를 철회할 수 없다.
* 대판 1991.4.9, 90다18968 … 건물임대중개의 완료 이전에 계약이 해지되면 당연히 그에 대한 보수청구권을 상실하는 것으로 계약 당시에 예정되어 있어 특별한 사정이 없는 한 수임인의 사무처리 완료 전에 위임계약을 해지한 것만으로 수임인에게 불리한 시기에 해지한 것이라고 볼 수는 없어 중개인은 임대중개 의뢰를 받은 건물 전체에 대한 중개가 가능하였음을 전제로 기대중개료 상당의 손해배상청구를 할 수 없다.

② 해지와 비용상환청구 · 보수청구권

위임계약을 해지하더라도 수임인은 그때까지 지출한 비용의 상환을 청구할 수 있고(제688조), 유상위임이라면 수임인의 책임없는 사유로 인하여 해지된 경우에는 이미 처리한 사무의 비율에 따라 보수를 청구할 수 있다(제686조 제3항).

③ 해지권포기약정의 효력

㉠ 위임계약의 당사자 간에 해지권포기의 특약은 원칙적으로 유효하다. 다만 유의할 점은 위임인이 해지권을 포기하는 특약은 신뢰관계를 기초로

하는 위임의 본질상 원칙적으로 무효인 반면(곽윤직 339면, 김형배 1522면), 수임인이 해지권을 포기하는 것은 무상위임이면 원칙적으로 무효이고 유상위임이면 원칙적으로 유효하다.

ⓛ 위탁계약을 체결함에 있어서 해지사유가 정하여져 있다는 사정만으로 해지권을 포기하기로 약정하였다거나, 반대로 그러한 사정만으로 해지권을 행사하는 것이 권리남용에 해당하는 것은 아니다(대판 2005.11.24, 2005다39136).

2) 당사자의 사망 · 파산

① 위임은 당사자 한쪽의 사망이나 파산으로 종료된다(제690조 1문). 즉 위임의 내용은 당사자에게 전속적인 것이기 때문에 위임인이나 수임인이 '사망'하면 위임은 종료되고 그 지위가 상속인에게 이전되지 않는다.

② 위임계약이 당사자 사이의 신뢰관계를 바탕으로 하기 때문에 당사자의 일방이(위임인, 수임인) 파산한 경우에도 위임은 종료되지만(제690조 전단; 대판 2003.1.10, 2002다11236), 사망과는 달리 특약으로 위임종료가 아닌 것으로 정할 수 있다. 이 경우 유의할 점은 수임인이 파산한 경우라면 그 특약은 유효한 반면 위임인이 파산한 경우라면 그 재산의 관리처분권이 파산관재인에게 귀속하므로 그 특약은 무효이다.

3) 수임인의 성년후견심판

① 수임인이 성년후견개시의 심판을 받은 경우에도 위임은 종료된다(제690조 2문). 그러나 위임인이 성년후견개시의 심판을 받은 경우라면 그 재산의 관리처분권이 후견인에게 전속하는 것이 아니므로 위임을 종료시킬 필요가 없다.

② 당사자의 특약으로 위임된 사무의 처리가 행위능력을 필요로 하지 않는 경우에는 수임인이 성년후견개시의 심판을 받더라도 위임이 종료되지 않는 것으로 정할 수 있는데, 그 특약은 유효하다(통설).

(2) 위임종류의 특칙

1) 위임종료시의 긴급처리

① 위임종료의 경우에 급박한 사정이 있는 때에는 수임인, 그 상속인이나 법정대리인은 위임인, 그 상속인이나 법정대리인이 위임사무를 처리할 수 있을 때까지 그 사무의 처리를 계속하여야 한다. 이 경우에는 위임의 존속과 동일한 효력이 있다(제691조).

② 민법상 이사의 임기가 만료되면 그 위임관계는 종료되는 것이 원칙이나, 그 후임 이사 선임시까지 이사가 존재하지 않는다면 법인으로서는 당장 정상적인 활동을 중단하지 않을 수 없는 상태에 처하게 되고, 이는 민법 제691조에 규정된 급박한 사정이 있는 때와 같이 볼 수 있으므로, 임기 만료되거나 사임한 이사라고 할지라도 그 임무를 수행함이 부적당하다고 인정할 만한 특별한 사정이 없는 한 신임이사가 선임될 때까지 이사의 직무를 계속 수행할 수 있다(대판 1996.1.26, 95다40915).

2) 위임종료의 대항요건

① 위임종료의 사유(당사자의 사망이나 파산, 수임인에 대한 성년후견개시의 심판)는 이를 상대방에게 통지하거나 상대방이 이를 안 때가 아니면 이로써 상대방에게 대항하지 못한다(제692조). 따라서 위임인이 사망하였음에도 이를 수임인에게 통지하지 않는 것과 같이 위임의 종료사유가 위임인에게 있는 경우에는, 그 사망사실을 모르고 사무처리를 계속 한 수임인은 위임인의 상속인에 대하여 그 동안의 비용상환청구나 보수청구(유상위임의 경우)를 할 수 있다.

② 마찬가지로 수임인이 사망하였거나 수임인에 대하여 성년후견개시의 심판이 있었음에도 이를 위임인에게 통지하지 않는 것과 같이 위임의 종료사유가 수임인에게 있는 경우에는, 수임인의 법정대리인이 계속 사무처리를 하여야 하는 것이므로 위임사무의 종료를 주장할 수 없다. 한편 해지는 상대방에 대한 통지로써 하는 것이므로(제111조 제1항 참조), 민법 제692조가 적용될 여지가 없다.

제 6 항 임치계약

1. 임치의 의의

① 임치란 당사자일방(임치인)이 상대방에 대하여 금전이나 유가증권 기타 물건의 보관을 위탁하고 상대방(수치인)이 이를 승낙함으로써 성립하는 계약으로서(제693조), 원칙적으로 무상・편무・낙성・불요식계약이다. 다만 당사자의 약정으로 보수지급을 하는 것으로 정하면 유상・쌍무・낙성・불요식계약이 된다.

② 금전임치의 경우에는 소비임치로서 활용되는데 여기에는 소비대차에 관한 민법의 규정이 적용되고(제702조), 영업으로 타인을 위하여 창고에 물건을 보관하는 경우(상법 제155조 이하)와 극장이나 여관 또는 음식점 기타 공중접객업소에서 물건을 임치받는 경우에는 상법이 적용된다(상법 제151조 이하; 대판 1992.2.11, 91다21800). 따라서 실제 민법의 임치편의 규정이 적용되는 경우는 드물다.

【판 례】

* 대판 1992.2.11, 91다21800 … 여관 부설주차장에 차를 주차한 투숙객과 여관업자 사이에 상법 제152조 제1항의 규정에 의한 임치가 성립하려면 출입을 통제하는 관리인이 배치되어 있거나 기타 여관측에서 주차장 출입과 주차사실을 통제・확인할 수 있는 조치가 있어야 하고 단지 주차의 장소만을 제공하는 데 불과하였다면 그러한 주차장에 주차한 것만으로 여관업자와 투숙객 사이에 임치의 합의가 있은 것으로 볼 수 없고, 투숙객이 여관측에 주차사실을 고지하거나 차량열쇠를 맡겨 차량의 보관을 위탁한 경우에만 임치의 성립을 인정할 수 있다.

2. 임치의 내용

(1) 수치인의 의무

1) 임치물보관의무

수치인은 일정한 주의로써 임치물보관의무를 부담하고 그에 위반하여 임치물을 멸실・훼손하면 임치계약상의 채무불이행책임 또는 불법행위로 인한 책임을 부담할 수 있다(대판 1996.12.20, 95다19843). 민법은 무상임치와 유상임치에 따라서 수치인의 주의의무의 정도를 달리 정하고, 또한 임치물보관과 관련하여 임치물사용금지, 복임치의 제한, 통지의무, 취득물 등의 인도・이전의무, 금전소비에 대한 책임 등을 규정하고 있다.

【판 례】

* 대판 1996.12.20, 95다19843 … 집행관이 민사소송법에 의한 건물명도청구의 집행시 집행목적물인 건물 내에 있는 채무자 또는 제3자 소유의 집행목적외 동산을 스스로 보관하지 않고 채권자의 승낙을 얻어 채권자에게 보관

하게 한 경우, 즉 채권자가 집행관과의 약정에 따라 그 동산을 보관하던 중 이를 분실한 경우 채권자가 보관상의 주의의무를 제대로 이행하지 못한 과실의 정도가 불법행위의 요건을 충족시킬 수 있고 또한 그 보관상 주의의무의 위반행위가 구체적인 태양이나 정도 등에 비추어 위법하다고 인정되는 경우에는 달리 특별한 사정이 없는 한 채권자는 집행관이나 그 동산의 소유자 등에 대하여 불법행위로 인한 손해배상책임을 진다.

① 수치인의 주의의무

㉠ 무상수치인의 주의의무

보수없이 임치를 받은 자는 임치물을 자기재산과 동일한 주의로 보관하여야 한다(제695조). 이는 임치에 관하여 거래상 요구되는 일반적 주의의무(추상적 과실)가 아니라 수치인을 기준으로 하는 구체적 경과실을 말하는 것이므로, 주의의무의 정도가 완화되는 것이다. 유의할 점은 상인이 그 영업범위 내에서 물건의 임치를 받은 경우에는 보수를 받지 아니하는 때에도 선량한 관리자의 주의를 하여야 한다(상법 제62조).

㉡ 유상수치인의 주의의무

수치인은 임치관계(계약)가 종료되면 그 목적물 자체를 반환하여야 하는 특정물 인도채무를 부담하는 것이므로, 민법 제374조에 의한 '선량한 관리자의 주의의무'인 그 거래상 요구되는 일반적인 주의의무(추상적 과실)를 부담한다.

② 수치인의 복임치 제한

수치인은 임치인의 동의없이 임치물을 사용하지 못하며(제694조), 복임치의 제한에 관하여는 수치인은 임치인의 승낙이나 부득이한 사유없이 제3자로 하여금 자기에 갈음하여 임치사무(임치물 보관)를 처리하게 하지 못한다(제701조, 제682조). 수치인이 임치인의 승낙을 얻어 제3자에게 임치사무(임치물 보관)를 처리하게 한 경우에는 민법 제121조와 제123조의 규정이 준용된다.

③ 수치인의 통지의무

임치물에 대한 권리를 주장하는 제3자가 수치인에 대하여 소송을 제기하거나 압류한 때에는 수치인은 지체없이 임치인에게 이를 통지하여야 한다(제696조).

④ 취득물인도 · 이전의무

수치인의 취득물 등의 인도 · 이전의무에 관하여는 위임에 대한 민법 제684조를 준용하므로(제701조), 수치인은 임치사무의 처리로 인하여 받은 금전 기타의 물건 및 그 수취한 과실을 임치인에게 인도하여야 하고, 수치인이 임치인을 위하여 자기의 명의로 취득한 권리는 임치인에게 이전하여야 한다.

⑤ 금전소비에 대한 책임

수치인의 금전소비에 대한 책임에 관하여는 위임에 대한 민법 제685조를 준용하므로(제701조), 수치인이 임치인에게 인도할 금전 또는 임치인의 이익을 위하여 사용할 금전을 자기를 위하여 소비한 때에는 소비한 날 이후의 이자를 지급하여야 하며 그 외의 손해가 있으면 배상하여야 한다.

2) 임치물반환의무

① 임치반환의 목적물

임치가 종료되면 수치인은 받은 목적물 그 자체를 임치인에게 반환하여야 한다. 따라서 임치계약상 수취인이 반환할 목적물은 당사자 사이에 특약이 없는 한 수취한 물건 그 자체이고 그 물건이 전부 멸실된 때에는 임치물반환채무는 이행불능이 되는 것이고, 설령 임치한 물건이 대체물인 경우라도 그와 동종·동량의 물건을 인도할 의무가 있는 것이 아니라 멸실 당시의 그 물건 시가액 상당의 손해를 배상할 책임이 있다(대판 1976.11.9, 76다1932).

② 목적물 반환의 장소

임치물은 그 보관한 장소에서 반환하여야 하는 것이 원칙이나, 수치인이 정당한 사유로 인하여 그 물건을 전치한 때에는 현존하는 장소에서 반환할 수 있다(제700조).

③ 임치물반환과 보수청구

유상임치라면 수치인의 임치물반환의무와 임치인의 보수지급의무는 동시이행관계에 있다. 따라서 수치인은 보관료(보수)와 관련하여 임치물에 유치권을 행사할 수 있다.

(2) 임치인의 의무

1) 임치물인도의무

임치인에게 임치물인도의무를 인정할 것인가(학설대립)에 대하여 무상임치와 유상임치를 나누어 살펴볼 필요가 있다. 즉 무상임치의 경우에는 목적물의 인도가 없더라도 수치인이 아무런 손해를 입지 않으므로 임치물인도의무를 인정할 필요가 없으나, 유상임치의 경우에는 수치인이 목적물을 보관하는 데

경제적 이익(목적물보관에 따른 보수청구)이 있으므로 인도의무를 인정하는 것이 타당하다고 본다(곽윤직 352면, 김형배 1528면).

2) 보수지급의무

① 임치인의 보수지급의무에 관하여는 위임에 대한 민법 제686조를 준용하므로(제701조), 수치인은 특별한 약정이 없으면 위임인에 대하여 원칙적으로 보수를 청구하지 못한다(무상위임의 원칙). 다만 당사자 간의 계약으로 보수지급을 약정한 경우(유상임치)에는 임치사무를 완료한 후가 아니면 이를 청구하지 못하는 것이나 기간으로 보수를 정한 때에는 그 기간이 경과한 후에 보수를 청구할 수 있다.

② 수치인이 임치사무를 처리하는 중에 수치인의 책임없는 사유로 인하여 임치가 종료된 때에는 수치인은 이미 처리한 사무의 비율에 따른 보수를 청구할 수 있다(제686조, 제701조).

3) 비용선급 · 필요비상환의무

① 임치인의 비용선급의무에 관하여는 위임에 대한 민법 제687조를 준용하므로(제701조), 임치사무의 처리에 비용을 요하는 때에는 임치인은 수치인의 청구에 의하여 이를 선급하여야 한다.

② 임치인의 필요비상환의무에 관하여는 위임에 대한 민법 제688조 제1항을 준용하므로(제701조), 수치인이 임치사무의 처리에 관하여 필요비를 지출한 때에는 임치인에 대하여 그 필요비는 물론 지출한 날 이후의 이자를 청구할 수 있다.

4) 채무대변제 · 담보제공의무

① 임치인의 채무대변제의무 및 담보제공의무에 관하여는 위임에 대한 민법 제688조 제2항을 준용한다(제701조). 따라서 수치인이 임치사무의 처리에 필요한 채무를 부담한 때에는 임치인에게 자기에 갈음하여 이를 변제하게 할 수 있고 그 채무가 변제기에 있지 아니한 때에는 상당한 담보를 제공하게 할 수 있다.

② 위임의 경우 수임인이 위임사무를 처리하기 위하여 과실없이 손해를 받은 때에는 위임인에 대하여 그 배상을 청구할 수 있으나(제688조 제3항), 임치의 경우에는 위임과는 달리 수치인이 임치사무의 처리를 위하여 과실없이 손해를 받은 때에도 임치인에 대하여 그 배상을 청구할 수는 없다(제701조 참조).

5) 손해배상의무

① 임치인은 임치물의 성질이나 하자로 인하여 수치인에게 발생한 손해를 배상하여야 한다(제697조 본문). 이 경우 손해배상책임이 인정되기 위해서는 임치물의 성질 또는 하자와 수치인이 입은 손해 사이에 인과관계가 있는 것으로 충분하다. 다만 수치인이 임치물의 성질 또는 하자를 안 때에는 임치인은 배상책임을 부담하지 않는다(동조 단서).

② 수치인의 과실로 성질 및 하자를 알지 못하여 손해를 입은 때에는 어떻게 할 것인가? 무상임치의 경우에는 구체적 경과실로, 유상임치의 경우에는 추상적 경과실로 그런 사실을 알지 못한 때에 한하여 임치인은 배상책임을 부담하지 않는다고 보아야 한다(곽윤직 353면, 김주수 429면, 김형배 1528면).

3. 임치의 종료

(1) 일반적 종료원인

임치도 계약의 일종이므로 임치기간의 만료나 임치물의 멸실 등과 같은 일반적인 계약종료의 원인에 의하여 종료된다.

(2) 특유한 종료원인

1) 당사자의 해지

민법은 임치에 특유한 종료원인으로 '해지'를 규정하고 있다. 즉 임치기간의 약정이 있는 때에는 그 기간(기한)의 이익이 임치인에게 있는 것이므로(제693조 참조). 수치인은 부득이한 사유없이 그 기간 만료 전에 계약을 해지하지 못하지만 임치인은 기간약정에 관계없이 언제든지 계약을 해지할 수 있다(제698조). 다만 임치기간의 약정이 없는 때에는 각 당사자는 언제든지 계약을 해지할 수 있다(제699조).

2) 당사자사망 · 파산

당사자의 사망 · 파산 선고가 임치의 종료사유가 될 수 있는가(학설 대립)? 민법에 규정하는 바는 없으나 무상임치에서는 수치인의 사망으로 인하여 보관의무는 상속인에게 승계됨이 없이 임치관계가 당연히 종료되고(상속인은 보관의무를 부담하는 것이 아니라 임치물반환의무를 승계한다), 유상임치에서는 임치인이 파산하면 기간의 약정이 있는 때에도 수치인은 해지를 할 수 있다고 해석한다(곽윤직 353면, 김형배 1529면).

3) 수치인의 성년후견심판

임치계약이 당사자 사이에 신뢰관계를 바탕으로 이루어진 것이라는 점을 고려할 때 수치인이 성년후견개시심판을 받게되면 임치계약은 종료된다고 할 것이다.

4. 특수한 임치

(1) 소비임치

1) 소비임치의 특징

① 소비임치라 함은 수치인이 임치물을 소비하고 같은 종류의 물건을 반환하는 것으로 하는 당사자 간의 임치계약을 말한다. 즉 임치물의 소유권이 수치인에게 이전되고 수치인이 같은 종류의 물건으로 반환한다는 점에서는 소비대차의 성질을 가지며, 임치물을 수치인이 보관한다는 점에서는 임치의 성질도 겸유하는 특색이 있다. 은행의 예금계약이 대표적인 예이다.

② 민법은 소비임치에 관하여는 원칙적으로는 소비대차에 관한 규정을 준용하지만, 소비대차와는 달리 그 반환시기의 약정이 없는 때에는 임치인은 언제든지 임치물의 반환을 청구할 수 있는 것으로 규정하고 있다(제702조).

2) 금전소비임치

① 민법의 태도

민법은 소비임치에 관하여 하나의 규정을 둘 뿐이어서(제702조), 금전소비임치인 예금계약에 관하여는 은행의 예금거래기본약관에 의한 규율이 이루어지며(대판 1985.12.24, 85다카880), 그 약관에 대하여는 약관의 규제에 관한 법률이 적용된다.

② 예금계약의 성립

예금계약은 예금자가 예금의 의사를 표시하면서 금융기관에 돈(금전)을 제공하고 금융기관이 그 의사에 따라 돈을 받아 확인을 하면 그로써 성립하게 된다(대판 2005.2.23, 2003다30159). 따라서 금융기관의 직원이 그 받은 돈을 금융기관에 입금하지 아니하고 이를 횡령하였다고 하더라도 예금계약(금전소비대차)의 성립에는 아무런 지장이 없다(대판 2009.3.12, 2007다52942).

(2) 혼장임치

1) 혼장임치의 특징

혼장임치란 수치인이 임치물을 다른 임치인들로부터 받은 동종·동질의 것과 섞어서 보관하고, 후에 임치인의 반환청구가 있는 때에 그 가운데에서 임치받은 것과 동일한 양을 반환하기로 하는 임치를 말한다. 이러한 혼장임치는 수치인이 목적물의 소유권을 취득하지 않는다는 점에서 임치와 같고 소비임치와 다르다. 따라서 혼장임치는 대체물의 임치에 한하여 인정되며, 임치물은 복수의 임치인의 공유로 보게된다.

2) 혼장임치의 효과

임치인은 임치물의 반환을 청구할 수 있다. 이 경우 반환청구권은 공유지분에서 발생하는 물권적 권리가 아니라 임치계약에서 발생한 채권적 반환청구권이다. 혼장임치물을 반환함에 있어서 수량이 부족되거나 또는 훼손된 것만이 남아 있는 때에는 수치인은 임치인들에게 임치물을 잘못 반환한 데 대한 채무불이행책임을 부담한다. 또한 피해자인 임치인(수량부족 또는 훼손된 것을 받게 될 임치인)은 다른 임치인에 대하여 지분비율에 따른 부당이득반환청구권을 갖는다(통설).

제 5 절 그 밖의 전형계약

제 1 항 조합계약

1. 조합의 의의

(1) 조합의 개념

조합이란 2인 이상이 상호출자하여 공동목적의 사업을 경영할 것을 약정함으로써 성립하는 유상·쌍무·낙성·불요식의 계약으로서(제703조 제1항), 조합의 공동목적을 위해 일정한 제한이 따른다는 특성이 있다. 즉 조합은 2인 이상의 당사자가 단체의 결성이라는 공동목적 아래에서 결합된다.

(2) 조합의 특징

① 조합은 조합원 쌍방 간에 급부가 서로 교환적인 관계가 있는 것이 아니라 조합결성을 위하여 각각의 조합원이 출자를 하는 것일 뿐이므로, 조합원은 다른 조합원이 출자를 하지 않음을 이유로 자기의 출자의무를 거절할 수는 없다.

② 조합원 중 일부가 출자의무불이행을 하더라도 일반계약에 있어서처럼 조합계약을 해제하고 상대방에게 그로 인한 원상회복의 의무를 부담지울 수는 없다. 따라서 유의할 점은 조합원 사이의 신뢰관계가 깨어져서 원만한 조합운영을 기대할 수 없게 된 상황에서 다른 조합원에게 해지통고를 한 것은 조합의 해산청구로 볼 수 있다(대판 2009.6.11, 2009다21096).

2. 조합성립과 사무집행

(1) 조합계약의 성립

조합은 2인 이상이 상호 출자하여 공동사업을 경영할 것을 약정함으로써 성립하는데(제703조 제1항), 그 성립요건을 구체적으로 살펴보면 다음과 같다.

1) 조합의 당사자

조합의 당사자는 2인 이상이어야 하고 이것은 조합의 존속요건이므로 조합원의 탈퇴 등의 사유로 조합원이 1인만 남게 되면 조합관계가 종료된다.

2) 조합원의 출자

모든 조합원이 출자의무를 부담하여야 한다(제703조 제1항). 따라서 출자의무를 부담하지 않는 자가 있는 조합계약은 무효이다. 이 경우 유의할 점은 출자의 목적은 제한이 없으므로 금전에 한정하지 않고 물건·무체재산권 및 노무 등도 그 목적이 될 수 있다(동조 제2항).

3) 조합의 목적

① 조합의 목적은 '공동사업의 경영'이어야 하므로(제703조 제1항), '공동의 목적달성'이라는 정도만으로는 조합의 성립요건이 구비되지 않는다. 즉 사업의 종류나 성질 내지 계속성 여부는 묻지 않지만 공동의 사업이어야 하므로 조합원 모두가 사업성공에 대하여 이해관계를 가져야 할 뿐만 아니라 이익도 조합원

전원에게 분배되어야 한다(대판 2010.2.11, 2009다79729). 따라서 각각의 조합원이 사업에 관하여 일정한 권리나 권한을 가지고 행사하는 것이어야 한다.

② 상법상의 익명조합(상법 제78조)은 당사자 일방이 상대방의 영업을 위하여 출자를 하고 상대방은 영업으로 인한 이익을 분배하기로 약정함으로써 성립하는 것이므로 민법상 조합이 아니라는 점에 유의하여야 한다.

(2) 조합의 사무집행

1) 조합의 대내관계

① 조합의 업무집행방법

조합에 있어서는 각 조합원의 개성이 중요시되므로 원칙적으로 각 조합원은 업무집행권을 갖는 동시에 언제든지 조합의 재산상태를 검사할 수 있다(제710조). 다만 필요한 때에는 언제든지 조합원 인원수 3분의 2 이상의 찬성으로 업무집행자를 선임할 수 있다(제706조 제1항). 이 규정은 임의규정이므로 당사자사이의 약정으로 업무집행자의 선임이나 업무집행방법의 결정을 조합원의 인원수가 아닌 그 출자가액 내지 지분의 비율에 의하도록 내용을 달리 정할 수 있다(대판 2009.4.23, 2008다4247).

② 모든 조합원의 업무집행

각 조합원은 선량한 관리자로서 업무집행에 참여할 수 있다. 그러나 조합원 사이에서 의견이 대립하는 때에는 출자액에 관계없이 다수결의 원칙에 따라 조합원의 과반수로써 결정한다(제706조 제2항 전단). 조합의 통상사무는 각 조합원이 전행할 수 있지만 그 사무의 완료 전에 다른 조합원의 이의가 있으면 즉시 중지하여야 한다(동조 제3항).

③ 업무진행자의 업무집행

민법 제706조 제1항에 따라 수인의 업무집행자가 선임된 경우에 조합의 업무집행은 과반수로서 결정한다(제706조 제2항 후단). 다만 조합의 통상사무는 각 업무집행자가 전행(專行)할 수 있으나, 사무의 완료 전에 다른 업무집행자의 이의가 있으면 즉시 중지해야 한다(동조 제3항). 이러한 업무집행조합원은 정당한 사유 없이 사임하지 못하며, 다른 조합원의 일치가 아니면 그를 해임하지 못한다(제708조).

2) 조합의 대외관계(조합의 대리)

① 대리권의 추정과 범위

조합은 법인격이 없으므로 조합이 제3자와 법률행위를 할 경우에는 조합원 전원의 이름으로 하여야 하지만, 실제에서는 대리의 방법을 많이 이용하고 있다. 이에 민법 제709조는 조합의 업무를 집행하는 조합원은 그 업무집행의 대리권있는 것으로 추정하므로, 업무집행자가 정하여진 때에는 그에게 대리권이 있는 것으로 추정한다고 규정하고 있다. 다만 여기서의 대리권도 조합의 목적을 달성하는 데 필요한 범위에서 인정된다고 할 것이다.

② 대리권의 제한

합유물인 조합재산을 처분 또는 변경함에는 합유자인 조합원 전원의 동의가 있어야 하고(제272조; 대판 2002.1.25, 99다62838), 조합의 통상사무가 아닌 경우 조합의 업무집행은 조합원 또는 업무집행자의 과반수로써 결정한다(제706조 제2항 · 제3항). 한편 대리권의 제한에 위반된 대리행위에 대하여는 민법 제126조의 표현대리가 적용될 수 있다.

3) 조합의 소송능력

① 조합은 사단이나 재단과 달리 독립된 권리주체가 아니므로 조합의 이름으로 소송당사자가 될 수 없다. 즉 조합은 법인격이 없으므로 결국 조합의 소송행위는 조합원 전원이 당사자가 되거나 선정당사자제도를 이용하여야 한다(곽윤직 375면, 김형배 1545면).

② 조합사무와 관련된 소송행위는 조합원 전원이 당사자가 되어야 하지만, 유의할 점은 판례를 살펴보면 조합 업무를 집행할 '권한을 수여받은 업무집행조합원'은 조합재산에 관하여 조합원으로부터 임의적 소송신탁을 받아 자기 이름으로 소송을 수행할 수 있도록 허용하고 있다(대판 2001.2.23, 2000다68924).

3. 조합재산관계

(1) 조합재산

1) 조합재산의 합유

① 조합재산의 개념

조합재산이란 조합원 개인의 재산과는 구별되는 조합의 공동사업경영과정에서 취득한 재산을 말하는데, 조합원의 출자금과 기타 조합재산은 조합원의 합유로 한다(제704조). 이 경우 금전을 출자의 목적으로 한 조합원이 출자시기를 지체한 때에는 연체이자를 지급하는 외에 손해를 배상하여야 하는데(제705조), 이는 조합재산을 충실하게 하기 위함이다.

② 조합재산의 종류

조합재산에는 조합원의 출자재산과 조합경영과정상 취득재산 및 조합재산의 과실이나 수용보상금 또는 제3자에 대한 손해배상채권과 같은 조합재산에서 생긴 재산은 물론 조합경영과정상 타인에 대하여 부담하는 채무도 포함한다(제704조, 제713조). 특히 조합재산이 부동산이면 합유자 전원의 명의로 등기를 하고 합유의 취지와 합유자별 지분을 기록하여야 한다(부동산등기법 제48조 제4항).

③ 조합종료와 조합재산

조합계약에 있어서 조합원은 일정한 요건하에 조합에서 탈퇴하거나 조합의 해산청구를 할 수 있으나 일반적인 계약해제의 원리에 따라 조합계약을 폐지할 수는 없다, 따라서 조합이 종료되거나 해산되는 경우에도 청산절차를 거쳐 조합재산이 조합원에게 분해되지 않는 한 조합재산은 계속하여 조합원의 합유라 할 것이고 청산이 종료될 때까지는 조합은 존속된다(대판 1980.6.24, 80다861).

④ 임의규정의 성질

민법상 물권편의 합유에 관한 규정이나 채권편의 조합에서 합유에 관한 규정은 강행규정이 아니므로 당사자가 달리 정할 수는 있다. 따라서 조합원들 사이에 특별한 약정이 있는 경우에는 청산절차가 종료되지 않은 상태에서도 잔여재산의 분배를 청구할 수 있고, 조합이 해산하거나 조합원이 탈퇴할 당시 잔여재산분배나 지분환급 방법에 관하여 조합원들 사이에 의사의 합치가 있었다면, 그 합치된 의사에 따라야 할 것이다(대판 2008.11.27, 2006다18129).

2) 조합재산의 처분 · 변경

① 민법 제272조와 제706조 제2항

민법 제272조에 따르면 합유물을 처분 또는 변경함에는 합유자 전원의 동의가 있어야 하는 반면 민법 제706조는 업무집행을 결정함에 있어서 조합원의 과반수로 한다고 규정하고 있는 바, 조합재산의 경우 그 처분·변경에 관한 행위는 조합의 특별사무에 해당하는 업무집행으로서 특별한 사정이 없는 한 민법 제706조 제2항이 제272조에 우선하여 적용된다(대판 1998.3.13, 98다30345). 따라서 조합재산의 처분·변경은 업무집행자가 없는 경우에는 조합원의 과반수로 결정하고, 업무집행자가 수인 있는 경우에는 그 업무집행자의 과반수로써 결정하며, 업무집행자가 1인만 있는 경우에는 그 업무집행자가 단독으로 결정한다(대판 2010.4.29, 2007다18911).

② 합유물의 분할금지

조합이 존속하는 동안에는 각 합유자는 합유물의 분할을 청구할 수 없다(제373조 제2항). 이 경우 조합원은 전체로서의 조합재산에 대한 분할청구뿐만 아니라 개개의 합유물에 대한 분할도 청구할 수 없다고 하겠다. 다만 조합이 해산된 때에는 청산절차에 따라 합유물을 분할하여 각 조합원에게 분배할 수 있다.

④ 합유지분의 처분

합유자는 전원의 동의 없이 합유물에 대한 지분을 처분하지 못한다(제273조 제1항). 판례도 합유자는 전원의 동의 없이 합유물에 대한 지분을 처분하지 못하는 것이고, 합유자의 지분을 처분함에 있어서 합유자 전원의 동의를 얻지 못하였다면 그 지분처분은 효력이 없다고 하였다(대판 1970.12.29, 69다22).

3) 조합원지분에 대한 압류

① 조합원의 지분

조합원의 지분에 대한 압류는 그 조합원의 장래의 이익배당 및 지분의 반환을 받을 권리에 대하여 효력이 있다(제714조). 여기서 '조합원의 지분'이란 전체로서의 조합재산에 대한 조합원 지분을 의미하는 것이고, 이와 달리 조합재산을 구성하는 개개의 재산에 대한 합유지분에 대하여는 압류 기타 강제집행의 대상으로 삼을 수 없다(대결 2007.11.30, 2005마1130).

② 조합원지분의 압류절차

조합원의 지분에 대한 압류절차는 민사집행법 제251조에 의해 준용되는 동법 제227조에 의하는데, 다른 조합원 모두를 제3채무자로 하여 그에 대한 송달로서 압류의 효력이 발생한다.

③ 압류채권자의 대위행사

조합을 탈퇴할 권리(조합계약의 해지권)가 일신전속적 권리라고는 할 수 없으므로,

'조합원 지분을 압류한 채권자'는 당해 채무자(조합원)가 속한 조합에 존속기간이 정하여져 있다거나 기타 채무자 본인의 조합탈퇴가 허용되지 아니하는 것과 같은 특별한 사유가 있지 않은 한, 채권자대위권에 의하여 채무자의 조합 탈퇴의 의사표시를 대위행사할 수 있다 할 것이고, 조합원이 조합을 탈퇴하면 조합목적의 수행에 지장을 초래할 것이라는 사정만으로는 이를 불허할 사유가 되지 아니한다(대결 2007.11.30, 2005마1130).

【판 례】

* 대결 2007.11.30, 2005마1130 … 조합원이 조합을 탈퇴할 권리는 민법상 조합의 존속기간이 정해져 있는 경우 등을 제외하고는 원칙적으로 언제든지 조합에서 탈퇴할 수 있고, 그 성질상 조합계약의 해지권으로서 그의 일반재산을 구성하는 재산권의 일종이라 할 것이어서 특별한 사유가 있지 않은 한 채권자대위권에 의하여 채무자의 조합탈퇴의 의사표지를 대위행사할 수 있다 할 것이고 일반적으로 조합원이 조합을 탈퇴하면 조합목적의 수행에 지장을 초래할 것이라는 사정만으로는 이를 불허할 사유가 되지 아니한다.

4) 조합채무자의 상계금지

조합의 채무자는 그 채무와 조합원에 대한 채권으로 상계하지 못한다(제715조). 따라서 조합으로부터 부동산을 매수하여 잔대금 채무를 지고 있는 자가 조합원 중의 1인에 대하여 개인 채권을 가지고 있다고 하더라도 그 채권과 조합과의 매매계약으로 인한 잔대금 채무를 서로 대등액에서 상계할 수는 없다(대판 1998.3.13, 97다6919).

(2) 손익분배

1) 손익분배의 비율

① 손익분배의 비율은 당사가자 조합계약으로 정하는 것이 원칙이다. 즉 조합의 본질상 이익은 반드시 모든 조합원에게 분배되어야 하지만 손실의 공동부담은 반드시 필요한 것이 아니다.

② 당사자가 손익분배의 비율을 정하지 아니한 때에는 각 조합원의 출자가액에 비례하여 그 비율을 정하고. 이익 혹은 손실 가운데 한쪽만의 분배비율을 정한 때에는 그 비율은 이익과 손실에 공통된 것으로 추정한다(제711조).

2) 손익분배의 시기

① 이익분배의 시기에 관해서도 조합계약으로 정할 수 있다. 조합계약으로 정하지 않은 경우 그 조합이 영리를 목적으로 하는 것일 때에는 이익의 분배는 조합사무집행에 관한 민법 제706조 제2항의 규정에 따라 그 시기를 정하면 된다. 반면 조합이 영리를 목적으로 하지 않을 경우에는 청산시에 이익이 분배된다(통설).

② 손실분배의 시기도 조합계약으로 정할 수 있으나, 이를 정하지 않은 경우에는 조합이 청산할 때 그 부담비율에 다라 손실이 분배된다(통설).

4. 조합원의 변동

(1) 조합원의 탈퇴

1) 탈퇴권의 법적성질

민법상 조합원은 조합의 존속기간이 정해져 있는 경우를 제외하고는 원칙적으로 언제든지 조합에서 탈퇴할 수 있고, 조합원이 탈퇴하면 그 당시의 조합재산상태에 따라 다른 조합원과 사이에 지분의 계산을 하여 '지분환급청구권'을 가지게 되기 때문에, 그 성질상 조합계약의 해지권으로서 그의 일반재산을 구성하는 재산권의 일종이다(대결 2007.11.30, 2005마1130).

2) 임의탈퇴

① 조합계약으로 조합의 존속기간을 정하지 아니하거나 조합원의 종신까지 존속할 것을 정한 때에는 각 조합원은 언제든지 탈퇴할 수 있으나 부득이한 사유없이 조합의 불리한 시기에 탈퇴하지 못한다(제716조 제1항).

② 조합의 존속기간을 정한 때에도 조합원은 부득이한 사유가 있으면 탈퇴할 수 있다(제716조 제2항). 여기서 부득이한 사유에 해당하는지 여부는 조합원 일신상의 주관적인 사유 및 조합원 개개인의 이익뿐만 아니라 단체로서의 조합의 성격과 조합원 전체의 이익 등을 종합적으로 고려하여 판단하여야 한다(대판 1997.1.24, 96다26305).

3) 비임의탈퇴

① 조합원의 사망

조합에 있어서 조합원의 1인이 사망한 때에는 민법 제717조에 의하여 그 조합관계로부터 당연히 탈퇴된다. 이 경우 유의할 점은 특히 조합계약에서 사망한 조합원의 지위를 그 상속인이 승계하기로 약정한 바 없다면 사망한 조합원의 지위는 상속인에게 승계되지 아니한다(대판 1987.6.23, 86다카2951).

② 조합원의 파산 · 성년후견심판

조합원이 파산했거나 성년후견개시의 심판을 받은 조합원이 공동사업에 참여하는 것은 다른 조합원과의 관계에서 타당하지 않기 때문에 당연히 탈퇴되는 것이다(제717조). 다만 조합원이 파산한 경우에 민법 제717조의 규정과 달리 조합원들간에 추후 파산하는 자가 발생하더라도 탈퇴금지의 약정이 있었다면 그중 일부가 파산하더라도 조합원자격을 유지한다(대판 2004.9.13, 2003다26020).

③ 조합원의 제명

조합원의 제명은 정당한 사유있는 때에 한하여 다른 조합원의 일치(합의)로써 이를 결정하고(제718조), 조합원의 제명결정은 제명된 조합원에게 통지하지 아니하면 그 조합원에게 대항하지 못한다(대판 2007.11.15, 2007다48370; 대판 1997.7.25, 96다29816).

【판 례】

* 대판 1997.7.25, 96다29816 … 조합원이 출자의무를 이행하지 않는 것은 민법 제718조 제1항에서 정한 조합원을 제명할 정당한 사유에 해당한다고 할 것인바, 그와 같은 출자의무의 불이행을 이유로 조합원을 제명함에 있어 출자의무의 이행을 지체하고 있는 당해 조합원에게 다시 상당한 기간을 정하여 출자의무의 이행을 최고하여야 하는 것은 아니다.

4) 탈퇴의 효과

① 잔존 조합원과의 관계

탈퇴조합원의 지분은 잔존 조합원에게로 지분비율에 따라 분배되어 지분의 확대가 된다. 다만 유의할 점은 탈퇴조합원은 잔존 조합원 전원에 대하여 '지분환급청구권'을 가지게 되고 그 지분환급의무는 조합채무이므로 잔존 조합원 전원의 합유로 된다. 이 경우 탈퇴한 조합원의 지분은 그 출자의 종류여하에 불구하고 금전으로 반환할 수 있으며, 탈퇴 당시에 완결되지 아니한 사항에 대하여는 완결후에 계산할 수 있다(제719조).

② 제3자와의 관계

탈퇴조합원은 탈퇴시부터 장래를 향하여는 조합원으로서의 권리와 의무가 소멸하지만, 탈퇴 전의 조합채무에 대하여는 탈퇴 후에도 책임을 부담한다. 따라서 조합원이 탈퇴할 당시 조합의 재산상태가 부채가 자산을 초과하는 적자라면 탈퇴조합원은 자기의 손실분담비율에 따라 책임을 부담하여야 한다.

(2) 조합원의 가입 · 지위양도

1) 조합원의 가입

① 조합원의 가입에 관하여 민법에 규정은 없지만, 가입자와 조합원 전원의 조합가입계약으로 조합에 가입할 수 있다. 새로 가입한 조합원(신규 가입자)은 가입시부터 조합원의 지위를 취득하고 출자의무를 부담한다.

② 새로 가입한 조합원은 가입 전의 조합채무에 관하여는, 신규가입자가 그의 개인재산으로 개별책임을 부담하지는 않고 다만 조합재산에 의한 공동책임을 부담하게 된다. 즉 그의 개인재산으로는 가입 후의 조합채권자에 대하여서만 책임을 부담한다(통설).

2) 조합원지위의 양도

① 조합원지위의 양도는 조합에의 탈퇴와 가입이 동시에 이루어지는 것이다. 이러한 양도인과 양수인 사이의 양도계약에 의한 조합원지위의 양도는 다른 조합원 전원의 동의가 있는 경우에 허용된다(통설, 판례).

② 조합원지위의 양도로 인하여 양도인은 조합원의 지위를 잃게 되고, 양수인은 종전 조합원의 지위를 그대로 승계취득하여 다른 조합원 및 조합채권자에 대한 종전의 법률관계도 그대로 승계한다.

5. 조합의 해산과 청산

(1) 조합해산 · 청산의 개념

① 조합관계가 종료하더라도 조합원간의 재산관계를 처리하는 절차가 필요하기 때문에, 해산과 청산의 절차를 거치게 되고, 조합은 청산이 끝난 때에 비로소 소멸한다. 즉 조합이 해산된 경우에도 청산절차를 거쳐 조합재산을 조합원에게 분배하지 아니하는 한 조합재산은 계속하여 조합원의 합유이고 청산이 종료할 때까지 조합은 존속하는 것이다(대판 1992.10.9, 92다28075).

② 한편 민법은 조합의 해산사유와 청산에 관한 규정을 두고 있지만(제720조 이하),

강행규정이 아니므로 당사자가 민법상의 해산사유와 청산에 관한 규정과 다른 내용의 특약을 한 경우 그 특약은 유효하다(대판 1985.2.26, 84다카1921).

【판 례】

* 대판 1992.10.9, 92다28075 … 조합이 해산된 경우에도 청산절차를 거쳐 조합재산을 조합원에게 분배하지 아니하는 한 조합재산은 계속하여 조합원의 합유이고 청산이 종료할 때까지 조합은 존속하는 바, 일부 조합원이 다른 조합원들의 동의를 얻지 아니한채 조합재산인 채권을 타인에게 양도한 행위는 무효이다.

(2) 조합의 해산

1) 부득이한 사유발생

부득이한 사유가 있는 때에는 각 조합원은 조합의 해산을 청구할 수 있다(제720조). 여기서 '부득이한 사유'라 함은 조합 재산상태의 악화나 영업부진 등으로 조합의 목적달성이 매우 곤란하다고 인정되는 객관적인 사정이 있거나 조합원 당사자 간의 불화·대립으로 인하여 신뢰관계가 파괴됨으로써 더 이상 조합업무의 원활한 운영을 기대할 수 없는 경우를 말한다(대판 2007.11.15, 2007다48370). 또한 모든 조합원이 해산에 대하여 합의한 경우라든가, 2인의 조합에서 1인이 탈퇴한 경우에도 조합은 해산된다(대판 1999.5.11, 99다1284).

2) 해산청구권

공동사업의 계속이 현저히 곤란하게 된 이상 신뢰관계의 파괴에 책임이 있는 당사자도 조합의 해산청구권이 있다(대판 1993.2.9, 92다21098). 그리고 해산청구는 조합의 해지라는 성질을 갖는 것이므로 해산청구의 의사표시는 조합원 전원에 대하여 하여야 한다.

(3) 조합의 청산

1) 청산인의 선임

조합이 해산한 때에는 청산은 총(모든)조합원 공동으로 또는 그들이 선임한 자가 그 사무를 집행한다(제721조 제1항). 이 경우 청산인의 선임은 조합원의 과반수로써 결정한다(제721조 제2항).

2) 청산인의 사임 · 해임

조합원 중에서 청산인을 정한 때에는 민법 제708조의 규정을 준용하므로(제723조), 청산인인 조합원은 정당한 사유없이 사임하지 못하며 다른 조합원의 일치가 아니면 해임하지 못한다.

3) 청산인의 직무와 권한

청산인의 직무 및 권한에 관하여는 법인 청산인에 관한 민법 제87조의 규정을 준용하므로(제724조 제1항), 청산인의 직무는 현존사무의 종결, 채권의 추심 및 채무변제, 잔여재산의 인도이고 그 직무를 행하기 위하여 필요한 모든 행위를 할 권한이 있다(제87조). 이 경우 청산인이 수인인 때에는 업무집행방법은 민법 제706조 제2항 후단의 규정을 준용하므로(제722조), 청산인의 과반수로써 업무집행방법을 결정한다(제722조, 제706조).

4) 잔여재산의 분배

① 조합의 목적달성으로 해산되어 잔여재산의 분배만이 남아 있는 경우, 즉 잔여재산 분배청구권은 조합원 상호간의 내부관계에서 발생하는 것으로서 각 조합원이 분배비율을 초과하여 잔여재산을 보유하고 있는 조합원을 상대로 개별적으로 행사하면 족한 것이지 반드시 조합원들이 공동으로 행사하거나 조합원 전원을 상대로 행사하여야 하는 것은 아니다(대판 2000.4.21, 99다35713).

② 조합의 목적달성으로 해산되어 조합에 합유적으로 귀속된 채권의 추심이나 채무변제 등의 사무가 완료되지 아니한 경우, 즉 그 채권의 추심이나 채무의 변제는 원칙적으로 조합원 전원이 공동으로 하여야 하는 것이니 만큼 그 추심이나 변제 등이 완료되지 않은 상태에서도 조합원들 사이에서 공평한 잔여재산의 분배가 가능하다는 특별한 사정이 인정되지 아니하는 한 조합이 처리하여야 할 잔무에 해당한다고 보아야 하므로 청산절차를 거치지 아니하고 바로 잔여재산의 분배를 구할 수는 없다(대판 2005.12.8, 2004다30682).

제 2 항 종신정기금계약

1. 종신정기금의 의의

(1) 종신정기금의 개념

① 종신정기금이란 당사자일방이 자기나 상대방 또는 제3자의 종신(사망)까지 정기적으로 금전 기타의 물건을 상대방 또는 제3자에게 지급할 것을 약정함으로써 성립하는 계약으로서(제725조), 낙성 · 불요식의 계약이다.

② 종신정기금은 당사자일방이 상대방이나 제3자에게 급부의무를 지게 되는 일정한 원인관계를 전제로 한다는 점에서 유인계약에 속하고, 그 원인관계가 유상이라면 유상 · 쌍무계약이 되며, 무상이라면 무상계약이 된다.

(2) 종신정기금의 특징

종신정기금은 급부의무라는 일정한 원인관계를 전제로 채무자의 이행수단 내지 방법으로써 행하여지는 것이므로, 원인관계에 의하여 영향을 받게 된다. 즉 원인관계상의 무효나 취소 등의 사유는 종신정기금에 영향을 미친다. 따라서 만약 원인관계에 기초하여 채무자가 제3자에게 직접 급부를 하기로 한 것이라면 제3자를 위한 계약이 되므로 제3자를 위한 계약의 규정이 적용된다.

2. 종신정기금의 내용

(1) 종신정기금의 성립

1) 유언 또는 당사자의 합의

① 종신정기금은 유언 또는 당사자의 합의로 성립하는 것이다. 유언에 의한 종신정기금의 경우에는 유언의 방식과 효력에 관한 규정 및 종신정기금에 관한 규정이 적용된다(제730조).

② 합의에 의한 종신정기금의 경우, 정기금채무자는 항상 계약의 일방당사자이지만 정기금채권자는 계약의 상대방뿐만 아니라 제3자도 될 수 있

다. 또한 종신정기금은 조건부로 성립할 수도 있다(대판 1967.8.29, 67다1021 참조).

2) 종신정기금의 요소

① 종시정기금이 성립하려면 종신정기금계약의 존속이 자기나 상대방 또는 제3자의 사망에 의존하는 것(종신정기금계약이 당사자나 제3자의 사망으로 종료되는 것)이어야 하고(제725조), 계약의 목적물은 '금전 기타의 물건'이어야 한다(제725조).

② 물건은 정기적으로 급부되어야 하면서 일수로 계산될 수 있는 것(제726조) 이어야 하므로 성질상 대체물에 한하며, 급부는 정기적으로 급부하는 것이어야 한다(제725조). 여기서 어느 기간을 정기로 할지는 유언 또는 당사자의 약정에 의한다.

(2) 종신정기금의 효력

종신정기금이 성립하면, 원인관계상의 법률관계와 종신정기금채권·채무관계 및 정기적으로 급부하는 각각의 지분적 채권·채무관계가 발생한다. 그리고 종신정기금은 일수로 계산한다(제726조).

3. 종신정기금의 종료

종신정기금은 당사자의 사망 또는 제3자의 사망으로 종료될 뿐만 아니라 종신정기금계약의 해제에 의하여도 소멸한다.

(1) 종신정기금의 해제

정기금채무자가 정기금채무의 원본을 받은 경우(유상종신정기금계약을 말한다)에 그 정기금채무의 지급을 게을리하거나 기타 의무를 이행하지 아니한 때에는 정기금채권자는 원본의 반환을 청구할 수 있다. 그러나 이미 지급을 받은 채무액에서 그 원본의 이자를 공제한 잔액을 정기금채무자에게 반환하여야 한다(제727조 제1항). 이러한 반환청구는 손해배상의 청구에 영향을 미치지 아니한다(제727조 제2항).

(2) 사망과 채권존속선고

당사자나 제3자의 사망이 정기금채무자의 책임있는 사유로 인한 때에는 법원은 정기금채권자 또는 그 상속인의 청구에 의하여 상당한 기간 채권의 존속을 선고할 수 있다(제729조). 법원이 상당한 기간 채권존속선고를 하면 그 기간동안은 종신정기금의 효력이 유지된다. 예를 들어 정기금채무자가 정기금채권자를 살해한 경우에는 그 정기금채권자의 상속인이 각각 법원에 채권존속선고를 청구할 수 있다.

제 3 항 화해계약

1. 화해의 의의

① 화해란 당사자가 상호 양보하여 당사자 간의 분쟁을 종지할 것을 약정함으로써 성립하는 계약으로서(제731조), 유상 · 쌍무 · 낙성 · 불요식의 계약이다. 따라서 일방만이 양보를 하는 것은 화해가 아니며, 또한 친족관계의 존부 등과 같은 가족법상의 분쟁사항은 화해의 대상이 될 수 없음이 원칙이다.

② 화해계약은 당사자 사이에 분쟁이 존재하는 것을 전제로 하는 것이므로 그 분쟁은 당사자가 자유로이 처분할 수 있는 성질의 것이어야 한다는 점 및 분쟁에 관하여 상호 양보하여야 한다는 점을 특징으로 한다.

2. 구별개념

(1) 재판상의 화해

재판상의 화해에는 소송상 화해(민사소송법 제220조)와 제소전 화해(민사소송법 제385조)가 있는데, 이는 소송절차에 의해 이루어지고 화해조서는 확정판결과 같은 효력이 있어 집행력을 가지는 점에서 민법상 화해계약과는 다르다(대판 2001.4.27, 99다17319).

(2) 조 정

조정이란 당사자가 법원에 조정을 신청하거나 기타 국가기관의 알선으로 당사자가 합의를 하도록 하는 제도로서, 조정조서가 작성되면 재판상 화해와 동일한 효력을 갖는다. 당사자가 반드시 상호 양보를 할 필요가 없다는 점에서 민법상 화해계약과 다르다.

(3) 중 재

중재란 당사자의 합의에 의해서 일정한 법률관계에 대한 분쟁을 중재인이라는 제3자의 판정에 의하여 해결하는 절차를 말한다. 이 경우 중재판정은 화해판결과 동일한 효력을 가지며, 제3자(중재인)의 판정이 개입되는 점에서 민법상 화해와 다르다.

3. 화해의 내용

(1) 화해의 성립요건

1) 당사자사이의 분쟁

당사자 사이에 분쟁이 있어야 한다. 여기서 분쟁의 의미는 법률관계의 존부·범위·모습 등에 관하여 당사자의 주장이 일치하지 않는 것이라고 보는 견해가 통설이다(곽윤직 405면 등). 화해에서 중요한 것은 외형적인 다툼이 아니라, 화해 전의 불명확한 법률관계를 종지시키고 화해에 의하여 새로운 법률관계를 창설하는데 있다(김형배 1557면, 이은영 634면 등).

2) 양당사자의 양보

분쟁의 당사자가 서로 양보하여야 한다. 즉 당사자의 상호양보라 함은 쌍방이 서로 불이익을 부담한다는 뜻이며, 양보은 일종의 처분행위이다.

3) 당사자의 처분능력

분쟁의 당사자는 분쟁의 대상이 된 법률관계(분쟁이 된 법률관계)의 당사자이어야 하며, 이에 대한 처분능력이나 처분권한을 가지고 있어야 한다. 따라서 가족법상의 법률관계와 같이 당사자가 자유로이 처분할 수 없는 법률행위는 화해의 목적이 될 수 없다.

(2) 화해의 효력

1) 기본적 효력

화해가 성립하면 대상인 된 분쟁에 따른 권리의무관계는 고려되지 않고 화해에 따른 새로운 권리의무관계가 확정되는 것이므로, 당사자는 화해계약에서 정한 바에 따른 권리를 취득하고 의무를 부담하기 때문에 법률행위일반 및 계약일반의 법리가 적용된다.

2) 화해의 창설적 효력

화해계약은 종래의 법률관계를 묻지 않고서 화해에 의하여 새로운 법률관계가 생기고 새로운 권리의 득실이 있게 된다(대판 2004.8.22, 2004다20303). 즉 당사자일방이 양보한 권리가 소멸되고 상대방이 화해로 인하여 그 권리를 취득하는 효력이 있다(제732조). 따라서 종전의 법률관계를 확인하는 것에 그치는 합의는 민법상의 화해가 아니라 화해에 유사한 무명계약일 뿐이다.

3) 화해의 효력과 착오

① 착오에 의한 취소배제

화해도 계약의 일종으로서 의사표시를 요소로 하므로 원칙적으로 의사표시의 무효·취소에 관한 규정(제107조 이하)이 적용된다. 다만 유의할 점은 착오를 이유로 화해의 의사표시를 취소할 수는 없는 것이다(제733조 본문). 그 이유는 착오의 규정을 원용하여 화해의 의사표시를 취소하는 것은 분쟁의 종결을 목적으로 하는 화해제도의 취지를 무의미하게 만드는 것이기 때문이다(대판 2004.6.25, 2003다32797).

② 취소권배제의 제한

화해당사자의 자격 또는 화해의 목적인 분쟁 이외의 사항에 착오가 있는 때에는 화해의 의사표시를 취소할 수 있다(제733조 단서). 화해계약의 의사표시에 있어 중요부분의 착오와 분쟁 이외의 사항에 관한 것이라는 증명책임은 화해계약의 취소를 주장하는 자가 증명하여야 한다(대판 2004.8.20, 2002다20353).

(3) 손해배상액합의의 효력

1) 원칙적 효력

불법행위로 인한 손해배상에 관하여 가해자와 피해자 사이에 피해자가 일정한 금액을 지급받고 그 나머지 청구를 포기하기로 합의가 이루어진 때에는 그 후 그 이상의 손해가 발생하였다고 하여 다시 그 배상을 청구할 수 없는 것이 원칙이다(대판 2001.9.14, 99다42797 참고).

2) 예외적 효력

후발손해가 합의 당시의 사정으로 보아 예상이 불가능한 것으로서 당사자가 후발손해를 예상하였더라면 사회통념상 그 합의금액으로는 화해하지 않았을 것이라고 보는 것이 상당할 만큼 그 손해가 중대한 것일 때에는 당사자의 의사가 이러한 손해에 대해서까지 그 배상청구권을 포기한 것이라고 볼 수 없으므로 다시 그 배상을 청구할 수 있다(대판 2001.9.14, 99다42797).

【판 례】

* 대판 2001.9.14, 99다42797 … 불법행위로 인한 손해배상에 관하여 피해자가 일정한 금액을 지급받고 나머지 청구를 포기하기로 합의가 이루어진 때에는 그후 그 이상의 손해가 발생하였다고 하여 다시 그 배상을 청구할 수 없다. 다만 후발손해가 합의 당시의 사정으로 보아 예상이 불가능한 것으로서 그 손해가 중대한 것일 때에는 당사자의 의사가 그러한 손해에 대해서까지 배상액을 포기한 것이라고 볼 수 없어므로 다시 그 배상액을 청구할 수 있다.

제 3 장 법정채권관계

제 1 절 사무관리

1. 서 설

(1) 사무관리의 의의

1) 사무관리의 개념

사무관리라 함은 타인을 위하여 관리할 의무없이 사무를 관리하는 사실행위를 말한다(제734조 제1항). 예컨대 타인의 부탁이나 위임을 받은 일이 없이 타인을 위하여 태풍으로 파손된 집(타인의 집수리)을 수리해 준다거나, 이웃집의 병든 반려동물을 동물병원에 데리고 가서 치료를 받게 한 경우에 사무관리가 성립할 수 있다.

2) 사무관리의 법적성질

① 사무관리는 준법률행위이면서 사실행위이다. 따라서 민법총칙편의 의사표시, 법률행위, 행위능력에 관한 규정이 적용되지 않으므로 관리자는 제한능력자여도 무방하다.

② 사무관리는 타인의 사무에 간섭한다는 부정적인 측면도 있으나 사회생활에서의 '상호부조'의 실현이라는 측면에서 적법행위로 평가되고 부당이득 및 불법행위와 함께 법정채권에 속한다.

3) 관리의무와 보수청구권

① 관리의무

민법의 해석상 원칙적으로 사무관리자에게 관리의무를 부과하지도 않고 또한 보수청구권도 인정하지 않는다(통설). 한편 유의할 점은 '선원법'상

선장은 다른 선박 또는 항공기의 조난을 알았을 때에는 인명을 구조하는 데 필요한 조치를 다하여야 할 의무를 부담하고(선원법 제13조), '수난구호법'은 조난된 선박등의 선장·기장 또는 소유자 등은 해수면 또는 내수면에서 조난사고가 발생한 때에는 즉시 가까운 구조본부의 장이나 소방관서의 장에게 조난사실을 신고하여야 한다고 규정하고 있다(수난구호법 제15조).

② 보수청구권

민법상 유실물을 습득하여 반환한 자는 물건을 반환받는 자에 대하여 그 유실물건 가액의 100분의 5 이상 100분의 20 이하의 범위에서 보상금(報償金)을 청구할 수 있고(유실물법 제4조), 상법은 항해선 또는 그 적하 그 밖의 물건이 어떠한 수면에서 위난에 조우한 경우에 의무 없이 이를 구조한 자는 그 결과에 대하여 상당한 보수를 청구할 수 있도록 규정하고 있다(상법 제882조).

(2) 구별개념

1) 위임관계

사무관리는 관리자가 위임관계 없이 관리행위를 한다는 점에서는 위임과 구별되지만, 타인의 사무를 관리한다는 점에서는 실질적으로 위임과 공통된 면이 있으므로, 위임에서의 수임인의 의무와 책임에 관한 규정이 사무관리에 준용된다(제738조). 한편 사무관리자가 사무관리에 착수한 이후에 본인이 그 사실을 알고 사무관리자와 위임계약을 체결하면, 그때부터 사무관리는 종료하고 위임계약에 따른 법률관계가 형성된다.

2) 부당이득

부당이득에서 이득의 반환은 이익을 얻는 것을 전제로 하여 타인이 입은 손해를 한도로 하는 데(제741조) 비하여, 사무관리에서는 관리자는 관리행위를 통하여 얻은 금전 기타의 물건 및 수취한 과실의 전부를 인도하여야 한다(제738조, 제684조 제1항). 또한 사무관리의 과정에서 관리자가 비용을 지출하면 본인에게 그 전부의 상환청구를 할 수 있다(제739조).

3) 대리제도

대리제도는 대리인의 법률행위의 효과가 본인에게 귀속되는데 반하여, 사무관리자가 제3자와 법률행위를 하더라도 본인은 그 법률행위의 당사자가 아니어서 법률행위의 효과도 본인에게 귀속되지는 않는다. 따라서 사무관리자가 대리의 형식으로서 본인의 이름으로 법률행위를 하더라도 본인의 추인이 없는 한 직접 본인에게 그 법률행위의 효과가 귀속되지는 않는다.

2. 사무관리의 성립요건

사무관리가 성립하기 위하여는 다음과 같은 요건을 갖추어야 한다. 즉 타인의 사무여야 하고(사무관리의 대상), 관리가 본인에게 불리하거나 본인의 의사에 반한다는 것이 명백하지 않아야 하며, 또한 타인을 위하여 관리하여야 하고(관리의사), 관리할 의무가 없어야 한다(대판 2013.8.22, 2013다30882).

【판 례】

* 대판 2013.8.22, 2013다30882 … 사무관리가 성립하기 위하여는 우선 그 사무가 타인의 사무이고, 타인을 위하여 사무를 처리하는 의사, 즉 관리의 사실상의 이익을 타인에게 귀속시키려는 의사가 있어야 함은 물론 나아가 그 사무의 처리가 본인에게 불리하거나 본인의 의사에 반한다는 것이 명백하지 않을 것을 요한다. 여기서 타인을 위하여 사무를 처리하는 의사는 관리자 자신의 이익을 위한 의사와 병존할 수 있고 그것이 반드시 외부적으로 표시될 필요는 없다.

(1) 타인의 사무

사무관리의 대상은 타인의 사무인데, 타인의 사무는 적법하고 본인에 갈음하여 타인도 관리할 수 있는 대체성있는 것으로서 사무관리에 적합한 것이어야 한다. 따라서 객관적으로 자기의 사무를 타인의 사무로 오신하더라도 그것이 타인의 사무가 되지는 않으며, 단순부작위나 본인의 일신에 전속하는 사무는 사무관리의 대상이 될 수 없다.

(2) 본인에게 불리하거나 의사의 불명확

사무관리자의 관리가 본인에게 불리하거나 본인의 의사에 반한다는 것이 명백하지 않아야 한다(제737조). 다만 자살하려는 사람을 구조하는 경우나 소유자가 방화한 건물를 소화하는 경우와 같이, 관리가 본인의 의사에 반한다는 것이 명백하더라도 그 본인의 의사가 강행법규나 사회질서에 위반하는 경우라면 공익의 차원에서 사무관리가 성립한다.

(3) 타인을 위한 관리

사무관리자에게 타인을 위하여 관리한다는 관리의사가 있어야 한다. '관리'란 보존 · 이용 · 개량 · 처분행위뿐만 아니라 사실행위나 법률행위를 불문하며, '관리의사'란 관리의 사실상의 이익을 타인에게 귀속시키려는 의사를 말한다. 따라서 타인을 위한다는 관리의사가 있다면 동시에 자기를 위한 의사가 병존하더라도 사무관리가 성립할 뿐만 아니라 반드시 외부적으로 표시될 필요가 없다(대판 20106.10, 2010다25124; 대판 2013.8.22, 2013다30882).

(4) 타인의 사무관리 불의무

사무관리자에게 타인의 사무를 관리할 의무가 없어야 한다. 즉 타인의 사무를 관리할 의무가 없다면 그 의무가 있는 것으로 믿은 때에도 사무관리가 성립하는 반면, 위임이나 도급 또는 고용 등과 같이 법률의 규정에 의하여 본인의 사무를 처리할 의무가 있는 경우에는 사무관리가 되지 않는다.

3. 사무관리의 효과

(1) 사무관리자의 권리

1) 비용상환청구권

사무관리자가 본인을 위하여 필요비 또는 유익비를 지출한 때에는 본인에 대하여 그 상환을 청구할 수 있고(제739조 제1항), 또한 본인을 위하여 필요 또는 유익한 채무를 부담한 때에는 수임인의 비용상환청구권에 관한 민법 제688조 제2항의 규정을 준용한다(제739조 제2항). 따라서 사무관리자가 본인을 위하여 필요 또는 유익한 채무를 부담한 때에는 본인에게 자기(사무관리자)에 갈음하여 이를 변제하게 할 수 있고(채무 대변제), 그 채무가 변제기에 있지 아니하면 상당한 담보를 제공하게 할 수 있다.

2) 무과실손해보상청구권

관리자가 사무관리를 함에 있어서 과실없이 손해를 받은 때에는 본인의 현존이익의 한도에서 그 손해의 보상을 청구할 수 있다(제740조). 이는 사무관리자가 무과실책임을 지는 것(제734조 제3항)에 대응하는 규정이다. 여기서 과실이란 사무관리자가 민법에서 규정한 사무관리의 방법에 위반하는 것을 말한다.

(2) 사무관리자의 의무

1) 관리방법상의 의무

사무관리자가 본인의 의사를 알거나 알 수 없는 경우에는 그 사무의 성질에 좇아 가장 본인에게 이익되는 방법으로 본인의 사무를 관리하여야 하고(제734조 제1항), 본인의 의사를 알거나 알 수 있는 때에는 본인의 의사에 적합하도록 관리하여야 한다(제734조 제2항).

2) 손해배상책임과 공익 · 긴급사무

① 사무관리자가 관리방법상의 의무(제734조 제1항 또는 제2항에 따른 의무)에 위반하여 본인의 사무를 관리한 경우에는 사무관리자에게 과실없는 때에도 이로 인한 손해를 배상할 책임이 있다(제734조 제3항). 다만 관리행위가 공공의 이익에 적합한 경우인 공익사무관리에서는 사무관리자에게 중대한 과실이 없으면 배상할 책임이 없다(제734조 제3항 단서).

② 사무관리자가 타인의 생명 · 신체 · 명예 또는 재산에 대한 급박한 위해를 면하게 하기 위하여 그 사무를 관리한 경우인 긴급사무관리에서는 사무관리자에게 고의나 중대한 과실이 없으면 이로 인한 손해를 배상할 책임이 없다(제735조).

3) 사무관리자의 통지의무

① 통지의무

사무관리자가 관리를 개시한 때에는 지체없이 본인에게 통지하여야 한다. 다만 본인이 이미 이를 안 때에는 통지하지 않아도 된다(제736조). 사무관리자가 통지의무를 이행한 결과 본인이 사무관리자에게 사무처리를 위탁하면 위임으로 전환되고, 거절하면 사무관리는 종료된다.

② 통지의무의 위반

사무관리자가 통지의무를 위반한 상태에서 본인에게 손해가 발생하면 배상책임을 부담한다. 다만 통지의무를 위반하였더라도 본인에게 손해가 없다면, 그 사무관리는 민법상의 사무관리에 따른 비용상환을 청구할 수 있다(대판 1975.2.25, 73다1326). 따라서 A가 사무관리로서 B의 채무를 변제한 경우 A가 이를 B에게 통지하지 아니하였다고 하더라도 무슨 손해가 발생하였다고 볼 수 없다면 A는 채무변제를 위하여 지출한 비용전액의 상환청구권이 있다.

4) 사무관리자의 관리계속의무

사무관리자는 본인, 그 상속인이나 법정대리인이 그 사무를 관리하는 때까지 관리를 계속하여야 하는 것이나, 관리의 계속이 본인의 의사에 반하거나 본인에게 불리함이 명백한 때에는 사무관리는 종료된다(제737조).

4. 준사무관리

(1) 준사무관리의 의의

준사무관리란 사무관리자에게 타인의 이익을 위한다는 관리의사가 존재하지 않는 것을 말한다. 학설상 논의되고 있는 준사무관리에는 타인의 사무를 자기의 사무로 알고서 관리하는 '오신사무관리'와 타인의 사무인 줄 알면서 자기를 위하여 자기의 사무로 관리하는 '불법사무관리'가 있다.

(2) 준사무관리의 유형

1) 오신사무관리

오신사무관리에 대하여는 준사무관리를 인정하지 않는다(통설). 따라서 관리자가 선의이고 과실이 없으면 본인과의 관계는 부당이득으로 처리되고, 과실이 있으면 불법행위가 성립한다(제750조). 이 경우 부당이득의 반환이나 불법행위에 의한 손해의 배상은 모두 본인의 손실을 한도로 한다(통설).

2) 불법사무관리

불법사무관리를 '준사무관리'로 인정할 것인가에 대하여는 학설이 대립하고 있다. 즉 부정설은 본인의 능력만으로는 상당한 이익을 올릴 수 없는 경우에도 사무관리의 규정을 준용하여 본인의 이익으로 귀속시키는 것은 본인을 지나치게 보호하는 것이 되어 형평에 맞지 않는다고 한다(곽윤직 419면). 반면 긍정설은 사무관리에서도 관리자는 이익을 본인에게 인도해야 할 의무를 부담하므로 불법사무관리의 경우에 이익인도의무를 부인하는 것은 오히려 형평에 어긋난다고 하면서 준사무관리를 인정하고자 한다(김형배 1586면).

제2절 부당이득

1. 서 설

(1) 부당이득의 의의

1) 부당이득의 개념

부당이득이란 법률상 원인없이 타인의 재산 또는 노무로 인하여 이익을 얻고 이로 인하여 타인에게 손해를 가한 경우의 그 이득을 말한다(제741조).이러한 부당이득은 사무관리 및 불법행위와 함께 법정채권에 속하지만, 수익자의 귀책사유를 묻지않는 것이 특색이다.

2) 민법 제741조의 취지

민법 제741조의 취지는 부당이득을 반환하는 것이 재화의 정당한 귀속을 실현한다는 의미에서 공평하다는 것이다. 판례도 부당이득제도는 이득자의 재산상 이득이 법률상 원인을 결여하는 경우에 공평·정의의 이념에 근거하여 이득자에게 반환의무를 부담시키는 것이라고 하였다(대판 2012.1.12, 2011다74246).

(2) 다른 청구권과의 관계

1) 상환청구권

본질은 부당이득이지만 민법이 별도의 규정을 두고 있는 경우에는 그 규정이 적용될 뿐이다. 유치권자의 상환청구권(제325조), 연대채무와 보증채무에서의 구상권(제425조 이하, 제441조 이하), 사용차주와 임차인 및 수치인의 상환청구권(제617조, 제626조, 제701조), 수임인과 사무관리자의 비용상환청구권(제688조, 제739조) 등이 그 예이다.

2) 원상회복청구권

계약해제에 기한 원상회복청구권은 본질상 부당이득반환청구권이지만 반환범위에 대하여 민법 제748(수익자의 반환범위)조의 특칙으로 민법 제548조를 두고 있을 뿐이다. 즉 부당이득반환에 관한 민법 제748조는 선의수익자와 악의수익자의 반환범위를 달리 규정하지만, 원상회복에 관한 민법 제548조에서는 원상회복의무자의 선의·악의를 구별하지 않고 반환범위를 규정한다.

구분	원상회복(제548조)	부당이득반환(제748조)
선의	원물반환+금전의 경우에는 받은 날부터 이자가산	받은 이익이 현존하는 한도에서 반환
악의	원물반환+금전의 경우에는 받은 날부터 이자가산	받은 이익+그에 대한 이자가산+손해가 있으면 손해도 배상

3) 계약상 청구권

채무자가 계약에 따른 채무를 이행하지 않더라도 채무자의 채무가 면해지는 것은 아니므로, 상대방인 채권자에게 부당이득이 성립되는 것은 아니다. 따라서 상대방인 채권자는 계약에 따른 채권과 채무불이행에 따른 손해배상청구권을 가질 뿐이다(대판 2005.4.28, 2005다3113).

4) 물권적 청구권

민법 제201조(점유자와 과실수취)와 제749조(수익자의 악의인정)의 관계, 즉 타인 소유물을 권원 없이 점유함으로써 얻은 사용이익을 반환하는 경우 선의 점유자를 보호하기 위하여 민법 제201조 제1항을 두어 선의 점유자에게 과실수취권을 인정하는 데 반하여 악의 점유자에 관하여는 동조 제2항을 두어 과실수취권이 인정되지 않는다. 따라서 악의 수익자가 반환하여야 할 범위는 민법 제748조 제2항에 따라 정하여지는 결과 그는 받은 이익에 이자를 붙여 반환하여야 하며 위 이자의 이행지체로 인한 지연손해금도 지급하여야 한다(대판 2003.11.14, 2001다61869).

5) 손해배상청구권

불법행위에 기한 손해배상청구권은 부당이득반환청구권과 경합(병존)한다. 판례도 법률행위가 사기에 의한 것으로서 취소되는 경우에 그 법률행위가 동시에 불법행위를 구성하는 때에는 취소의 효과로 생기는 부당이득반환청구권과 불법행위로 인한 손해배상청구권은 경합하여 병존하는 것이므로 채권자는 어느 것이라도 선택하여 행사할 수 있지만 중첩적으로 행사할 수는 없다고 한다(대판 1993.4.27, 92다56087).

2. 부당이득의 성립요건

부당이득이 성립하기 위하여는 법률상 원인없이(법률상 원인이 부존재하는 것) 타인의 재산 또는 노무로 인하여 이익을 얻고(수익), 이로 인하여 타인에게 손해(타인의 손해)를 가하여야 한다(제741조). 이러한 성립요건을 구체적으로 살펴보면 다음과 같다.

(1) 법률상 원인의 부존재

1) 급부부당이득

급부부당이득이란 수익자가 이익을 얻게 된 것에 대하여 법률상 원인이 없는 것을 말한다(대판[전합] 2007.2.15, 2004다50426). 즉 출연의 원인없는 급부로 인한 이득을 말하는데, 여기서 '출연'이란 당사자 일방이 자기의 의사에 기하여 재산상의 손실을 입고 그로 인하여 상대방에게 이익을 얻게 하는 것을 말한다. 우리 민법은 급부부당이득과 관련된 규정으로 법률행위가 무효·취소된 때의 원상회복(제103조, 제104조, 제107조 제1항 단서, 제108조, 제109조, 제110조), 계약이 해제된 때의 원상회복청구권(제548조), 정지조건의 불성취나 해제조건의 성취가 된 때(제147조), 쌍무계약의 당사자일방의 채무가 당사자쌍방의 책임없는 사유로 이행할 수 없게 된 때에는 상대방의 채무도 소멸하는 것으로 규정하고 있다(제537조).

【판 례】

* 대판[전합] 2007.2.15, 2004다50426 … 대주가 사회통념상 허용되는 한도를 초과하는 이율의 이자를 약정하여 지급받은 것은 그의 우월한 지위를 이용하여 부당한 이득을 얻고 차주에게는 과도한 부담을 지우는 것으로서 그 불법의 원인이 수익자인 대주에게만 있거나 또는 대주의 불법성이 차주의 불법성에 비하여 현저히 크다고 할 것이어서 차주는 그 초과된 이자의 반환을 청구할 수 있다.

2) 침해부당이득

침해부당이득이란 수익자가 급부를 통하여서가 아니라 권원없이 타인의 물건이나 권리로부터 이익을 얻는 것을 말한다. 판례도 무권리자가 타인의 권리를 제3자에게 처분하였으나 선의의 제3자 보호규정에 의하여 원래 권리자가 권리를 상실하는 경우, 권리자는 무권리자를 상대로 제3자에게서 처분의 대가로 수령한 것을 이른바 침해부당이득으로 보아 반환청구할 수 있다고 하였다(대판 2011.6.10, 2010다40239).

3) 비용부당이득

비용부당이득이란 타인의 물건에 재화나 노무를 제공함으로써 수익자의 재산이 법률상 원인없이 증가한 경우를 말한다. 예컨대 타인의 물건을 착오로 자신의 것으로 알고 비용과 노무를 제공하여 수리함으로써 물건주인이 그만큼 이득을 얻게 된 경우이다. 이러한 비용부당이득은 손실자가 착오에 의하여 스스로 자신의 지출행위로 수익자의 재산을 증가시켰다는 점에서 침해부당이득과 구별된다.

4) 구상부당이득

구상부당이득은 주로 제3자가 타인의 채무를 변제하는 것처럼 3당사자 사이에 문제되는데 비용부당이득의 특수한 형태로 보는 것이 보통이다. 예컨대 채무자 아닌 제3자가 착오로 인하여 타인의 채무를 변제한 경우에 채권자가 선의로 증서를 훼멸하거나 담보를 포기하거나 시효로 인하여 그 채권을 잃은 때에는 변제자는 그 반환을 청구하지 못하지만, 변제한 제3자는 채무자에 대하여 구상권을 행사할 수 있다(제745조 제2항).

(2) 수 익

1) 수익의 의미

부당이득반환에서 수익(이득)이란 타인의 재산 또는 노무로 인하여 얻은 재산적 이익으로서 실질적인 이익을 말한다. 여기서 수익의 방법에 제한이 없음은 물론 그 수익에 있어서도 그 어떠한 사실에 의하여 재산이 적극적으로 증가하는 재산의 적극적 증가나 그 어떠한 사실의 발생으로 당연히 발생하였을 손실을 보지 않게 되는 재산의 소극적 증가를 가리지 않는 것으로서 물권은 물론 채권의 취득도 당연히 이득이 되고 수익이 된다(대판 1996.11.22, 96다34009).

2) 판례의 태도

법률상 원인없이 타인의 차량을 점유하고 있다 하여도 이를 사용·수익하지 않았다면 실질적인 이득을 얻었다고 할 수 없는 것이므로 부당이득이 성립하지 아니한다(대판 1991.10.8, 91다22018). 한편 사회통념상 건물은 그 부지를 떠나서는 존재할 수 없는 것이므로 건물의 소유자가 현실적으로 건물이나 그 부지를 점거하고 있지 아니하고 있더라도 타인 소유의 토지 위에 정당한 권원 없이 건물을 소유하고 있는 자는 그 자체로써 특별한 사정이 없는 한 법률상 원인없이 타인의 재산으로 인하여 토지의 차임에 상당하는 이익을 얻고 이로 인하여 타인에게 손해를 주고 있다고 보아야 한다(대판 1998.5.8, 98다2389; 대판 2003.11.13, 2002다57935).

(3) 손 해

1) 손해의 의미

손해란 수익자의 이득으로 인하여 타인에게 손해가 발생하여야 하고, 그 손해는 통상 생길 수 있는 손해이면 족하다. 판례는 서울특별시가 개인 토지소유자로부터 기부채납 또는 사용승낙을 얻지 못한 채 위 소유자의 토지에 대하여 도로포장공사를 시행하여 주민과 노선버스를 포함한 차량의 통행에 제공하였다면, 위 토지소유자에 대한 관계에서 서울특별시는 그 토지를 법률상 원인없이 도로의 부지로서 점유관리하고 있고 그로 인하여 임대료 상당의 부당이득을 얻고 있다고 하였다(대판 1987.9.22, 86다카2151).

2) 이익 · 손해의 인과관계

수익자의 이득과 손실자의 손해 사이에 인과관계가 있어야 한다. 판례에 의하면, 부당이득제도는 이득자의 재산상 이득이 법률상 원인을 결여하는 경우에 공평 · 정의의 이념에 근거하여 이득자에게 반환의무를 부담시키는 것이라고 한다(대판 2012.1.12, 2011다74246).

3. 부당이득의 효과

(1) 부당이득반환의무

1) 법적성질과 시효기간

① 법적성질

부당이득의 효과로 수익자는 손실자에 대하여 그가 받은 이득을 반환하여야 하고, 부당이득반환채무는 기한을 정하지 않은 채무이므로 수익자는 손실자로부터 이행청구를 받은 때로부터 지체책임을 부담한다(제387조 제2항). 다만 쌍무계약이 무효 · 취소나 해제된 경우 쌍방의 부당이득반환채무는 동시이행관계에 있으므로 지체책임을 부담하지 않는다(대판 1993.5.14, 92다45025).

② 소멸시효

부당이득반환청구권은 손해의 발생과 동시에 행사할 수 있으므로 그때부터 시효가 진행되고 소멸시효기간은 일반채권으로서 10년이 된다(제162조 제1항). 한편 상행위에 해당하는 보증보험계약에 기초한 급부가 이루어짐에 따라 발생한 부당이득반환청구권에 대하여는 5년의 상사소멸시효가 적용된다(대판 2007.5.31, 2006다63150).

2) 부당이득의 반환방법

① 원 칙(원물반환)

수익자가 그 받은 목적물 자체를 반환하는 것이 원칙이다(제747조 제1항). 즉 부당이득의 반환은 법률상 원인없이 이득(이익취득)한 것을 반환하여 원상으로 회복하는 것을 말하므로 법률상 원인없이 제3자에 대한 채권을 취득한 경우, 채권의 이득자가 이미 그 채권을 변제받은 때에는 그 변제받은 금액(부당이득)을 반환하여야 한다. 따라서 아직 그 채권을 현실적으로 추심하지 못한 경우에는 손실자는 채권의 이득자에 대하여 그 채권의 반환을 청구할 수 있다.

② 예 외(가액반환)

수익자가 그 받은 목적물을 반환할 수 없는 때에는 그 가액을 반환하여야 한다(제747조 제1항). 즉 처음부터 원물반환이 불가능한 때 이득이 물건의 사용이거나 노무의 제공인 경우와 같이 또는 원물이 멸실되거나 소비된 때나 원물을 처분한 경우에는 그 가액을 반환하여야 한다.

3) 수익자의 반환범위

① 선의의 수익자

선의의 수익자는 그 받은 이익이 현존한 한도에서 부당이득반환(원물반환 또는 가액반환)의 책임이 있다(제748조 제1항). 여기서 현존이익이란 수익으로서 받은 목적물 그 자체 또는 그 가액으로서 남아있는 것을 말하고, 현존이익에서 수익자가 법률상 원인없는 이익을 얻기 위하여 지출한 비용은 공제하여야 하지만 부당이득한 재산을 처분하여 처분대금을 수령한 경우에 그 처분행위로 인하여 발생하는 공과금 기타 비용은 공제하지 않는다(대판 2011.6.10, 2010다40239).

【판 례】

* 대판 2011.6.10, 2010다40239 … 타인 소유의 부동산을 처분하여 매각대금을 수령한 경우, 수익자는 그러한 처분행위가 없었다면 부동산 자체를 반환하였어야 할 지위에 있던 사람이므로 자신의 처분행위로 인하여 발생한 양도소득세 기타 비용은 수익자가 이익 취득과 관련하여 지출한 비용에 해당한다고 할 수 없어 이를 반환하여야 할 이득에서 공제할 것은 아니다.

② 악의의 수익자

악의의 수익자는 그 받은 이익에 이자를 붙여 반환하고 손해가 있으면 이를 배상하여야 한다(제748조 제2항). 선의의 수익자와는 달리, 악의의 수익자는 현존이익 여부와 상관없이 받은 이익에 이자를 붙여 반환하여야 한다. 여기서 손해배상이란 불법행위책임의 말한다.

③ 증명책임

원칙적으로 선의의 수익자에 대한 부당이득반환청구에 있어서 그 이익이 현존하고 있고 사실에 관하여는 그 반환청구권자에게 증명책임이 있다(대판 1970.2.10, 69다2171). 다만 부당이득이 성립한 경우에 그 이득이 금전상의 이득 또는 성질상 계속적으로 반복하여 거래되는 물품으로서 곧바로 판매되어 환가될 수 있는 금전과 유사한 대체물인 경우라면, 취득한 자가 소비하였는가의 여부를 불문하고 현존하는 것으로 추정되므로 수익자가 현존이익이 없음을 증명하여야 한다(대판 2009.5.28, 2007다20440).

(2) 제3자의 반환범위

수익자가 그 이익을 반환할 수 없는 경우에는 수익자로부터 무상으로 그 이익의 목적물을 양수한 악의의 제3자는 직접 손실자에 대하여 부당이득을 반환할 책임이 있다(제747조 제2항). 즉 수익자가 그 이익을 반환할 수 없는 경우(수익자의 무자력이나 소재불명, 선의 수익자에게 현존이익이 없는 때 등)이면서 제3자가 수익자로부터 무상으로 그 이익의 목적물을 양수하고 양수 당시에 부당이득의 목적물임을 알았다면, 그 악의의 제3자는 직접 손실자에 대하여 부당이득반한책임을 진다는 것이다. 따라서 악의의 제3자는 원칙적으로 원물(수익자로부터 무상으로 양수한 그 이익의 목적물)을 반환하여야 하고, 원물반환이 불가능한 때에는 가액반환을 하여야 한다.

4. 부당이득반환의 예외

민법은 부당이득의 성립요건을 구비하였지만 그 이득의 반환청구를 인정하지 않는 민법 제742조 내지 제746조의 규정을 두고 있는 바, 그 내용을 살펴보면 다음과 같다.

(1) 비채변제

1) 비채변제의의

채무없음을 알고 이를 변제한 때에는 그 반환을 청구하지 못한다(제742조). 즉 민법 제742조가 규정하는 비채변제란 채무가 없음을 알면서도 임의의 의사에 기하여 채무자로서 변제하는 것을 말한다.

2) 입법취지

민법상 비채변제의 근본적인 취지는 변제자를 보호할 필요가 없기 때문에 변제자의 반환청구를 못하게 하는 것이다. 따라서 민법 제742조의 비채변제는 변제자가 악의(채무없음을 알고 한 경우)인 때에 적용되는 것일 뿐이므로, 만약 변제자가 선의(채무없음을 알지 못한 경우)라면 그 과실 유무를 불문하고 적용되지 아니한다(대판 1998.11.13, 97다58453). 즉 채무가 없음에도 채무자로서가 아니라 제3자로서 변제하면 그것은 제3자의 변제가 될 뿐이고(제469조), 채무 없음을 모르고 채무자로서 변제한 경우에는 변제자가 부당이득반환을 청구할 수 있다(대판 2004.1.27, 2003다46451).

3) 증명책임

비채변제를 원인으로 부당이득금 반환을 청구하는 자(변제자)는 채무가 존재하지 아니한 사실만 주장·증명하면 족한 것이고 그 채무가 존재하지 아니함을 알지 못하고 지급하였음을 주장·증명할 책임은 없으며(대판 1962.6.28, 4294민상1453), 오히려 변제수령자가 반환을 거절하기 위하여는 변제자가 악의(채무의 부존재를 알았다)라는 점을 주장·증명하여야 한다.

4) 구체적 사례

납세의무자와 과세관청 사이의 조세법률관계에서 발생한 부당이득에 대하여서는 민법상의 비채변제의 규정이 적용되지 아니하므로(대판 1995.2.28, 94다31419) 부과납세방식의 조세에 있어서 그 부과처분이 있기 전에 납세의무자가 자진하여 세금을 과다 납부하였다면 부당이득의 성립을 인정하여야 할 것이며, 납세의무자가 세무서장의 인정가액에 따른 세금을 과세고지가 있기 전에 자진 납부하였다 하여 비채변제의 법리가 적용된다고 할 수 없다(대판 1991.1.25, 87다카2569).

(2) 기한전의 변제

1) 기한전변제의 의의

변제기에 있지 아니한 채무를 변제한 때에는 그 반환을 청구하지 못한다. 그러나 채무자가 착오로 인하여 기한전에 변제한 때에는 채권자는 이로 인하여 얻은 이익을 반환하여야 한다(제743조).

2) 입법취지

기한전의 변제를 규정한 민법 제743조의 취지는 채무자는 기한의 이익을 포기할 수 있으므로 변제기 이전임을 알았든 몰랐든 채무자가 변제한 것은 유효한 변제가 되어 채무가 소멸함이 마땅하지만, 채무자가 착오로 변제기가 이미 도래한 것으로 오신하고 변제한 경우에는 채권자가 그로 인해 얻은 이익을 반환하라는 것이다.

3) 구체적 사례

① 기한전의 변제에 관한 민법 제743조 소정의 '착오로 인하여'라 함은 채무자가 변제기 전임을 알지 못하였음을 의미하므로 변제기가 도래했다고 오신하고서 변제한 경우에 한하고 변제기 전임을 알면서 변제한 자는 기한의 이익을 포기한 것으로 본다(대판 1991.8.13, 91다6856).

② 사용자가 근로자에 대하여 중간퇴직처리를 하면서 퇴직금을 지급하였으나 그 퇴직처리가 무효로 된 경우 이는 착오로 인하여 변제기에 있지 아니한 채무를 변제한 경우에 해당한다고 할 수 없으므로, 이미 지급한 퇴직금에 대한 지급일 다음 날부터 최종퇴직시까지의 연 5분(5%)의 비율에 의한 법정이자 상당액은 부당이득에 해당하지 않는다(대판 2005.2.25, 2004다34790).

(3) 도의관념상 비채변제

1) 도의관념변제의 의의

채무없는 자가 착오로 인하여 채무가 존재하지 않음에도 불구하고 변제한 경우에 그 변제가 도의관념에 적합한 때에는 그 반환을 청구하지 못한다(제744조).

2) 입법취지

도의관념에 적합한 비채변제를 규정한 민법 제744조의 취지는 채무없는 자가 착오로 인하여 변제하면(채무없음을 모르고 변제) 민법 제742조가 적용되지는 않으므로 반환청구를 할 수 있지만, 시효로 소멸하였음에도 불구하고 그 사정을 모른 채 채무를 변제한 경우(절대적 소멸)라든가 부양의무 없는 친족을 부양한 경우 등과 같이 그 변제가 도의관념에 적합한 때에는 그 반환을 청구하지 못한다는 것이다.

3) 구체적 사례

① 민법 제744조가 정하는 도의관념에 적합한 비채변제에 있어서 그 변제가 도의관념에 적합한 것인지 여부는 객관적인 관점에서 그 비채변제의 급부가 수령자에게 그대로 보유되는 것이 일반인의 법감정에 부합하는 것으로서, 그 대상인 착오에 의한 비채변제가 강행법규에 위반한 무효의 약정 또는 상대방의 고의·중과실의 위법행위에 기하여 이루어진 것인 경우에는 그러한 변제행위를 도의관념에 적합한 비채변제라고 속단하여서는 안 될 것이다(대판 2008.10.9, 2007다67654).

② 위탁교육 후의 의무재직기간 근무 불이행시 급여를 반환토록 한 약정에 따라 근로자가 연수기간 중 지급받은 급여 일부를 반환한 사안에서, 위 약정은 강행법규인 근로기준법에 위반하는 것으로서 그 급여 반환이 반환의무 없음을 알면서 자유로운 의사에 기하여 이루어진 것이 아니므로 민법 제742조의 비채변제에 해당하지 아니한다. 따라서 그와 같은 강행법규에 위반한 무효의 약정에 기한 채무의 변제를 민법 제744조의 도의관념에 적합한 비채변제라고 할 수도 없다(대판 1996.12.20, 95다52222, 52239).

(4) 타인채무의 변제

1) 타인채무변제의 의의

채무자 아닌 자가 착오로 인하여(타인의 채무를 자기의 채무로 오신) 타인의 채무를 변제한 경우에 채권자가 선의로(그 변제가 유효한 것으로 믿고서) 증서를 훼멸하거나 담보를 포기하거나 시효로 인하여 그 채권을 잃은 때에는 변제자는 그 반환을 청구하지 못한다(제745조 항). 이 경우 유의할 점은 타인의 채무를 변제한 자는 채무자에 대하여 구상권을 행사할 수 있다(제745조 제2항).

2) 입법취지

타인의 채무변제를 규정한 민법 제745조의 취지는 채무자가 아닌 제3자가 타인의 채무를 자기의 채무로 오신하고 착오로 변제한 경우에 채권자가 선의로 증서를 훼멸하는 등으로 그 채권을 잃은 때에는 선의의 채권자를 보호하기 위하여 착오로 변제한 변제자의 부당이득반환청구권을 제한하자는 것이다(대판 1992.2.14, 91다17917).

3) 제3자의 변제와 관계

채무자 아닌 자가 타인의 채무임을 알면서 변제하면 제3자의 변제로서 유효한 변제가 된다(제469조, 제364조). 따라서 이 경우 채권은 소멸하고 채권자와 변제자 사이에서 부당이득반환의 문제는 발생하지 않는다. 다만 채무자에 대해서는 변제자가 사무관리 또는 구상부당이득에 기여한 반환청구권을 행사할 수 있다(대판 2007.12.27, 2007다54450).

4) 구체적 사례

자동차손해배상보장사업자가 '자동차손해배상보장법'에 따른 보상금지급의무가 없음에도 보험회사가 면책주장을 하며 피해자들에게 보험금을 지급하지 아니하는 바람에 피해자들로부터 보상금을 청구받고 위 법에 의한 보상금지급의무가 있는 것으로 잘못 알고 피해자들에게 보상금을 지급하고, 피해자들의 보험회사 등에 대한 위 보상금 상당액의 손해배상채권이 시효로 소멸한 경우, 이는 채무자 아닌 보장사업자가 착오로 보험회사 등의 채무를 변제함으로써 채권자인 피해자들이 선의로 소멸시효로 인하여 그 채권을 잃은 경우에 해당하므로 위 보장사업자는 채무자인 보험회사 등에 대하여 민법 제745조 제2항에 따라 구상권을 행사할 수 있다(대판 2007.12.27, 2007다54450).

(5) 불법원인급여

1) 불법원인급여의 의의

사회질서에 반하는 법률행위에 기하여 급부가 이루어진 경우에, 즉 불법의 원인으로 인하여 재산을 급여하거나 노무를 제공한 때에는 그 이익의 반환을 청구하지 못한다. 그러나 그 불법원인이 수익자에게만 있는 때에는 그러하지 아니하다(제746조).

2) 입법취지

불법원인급여를 규정한 민법 제746조의 취지는 불법의 원인으로 인하여 재산을 급여한 때에는 그 이익의 반환을 청구하지 못하도록 하는 것인 바, 이 규정은 선량한 풍속·기타 사회질서에 위반한 사항을 내용으로 하는 법률행위를 무효로 하는 민법 제103조와 표리를 이루어 사회적 타당성이 없는 행위를 한 사람을 보호할 수 없다는 법의 이념을 실현하려고 하는 것이다.

【판 례】

* 대판[전합] 1979.11.13, 79다483 … 민법 제746조는 민법 제103조와 함께 사법의 기본이념으로 군림하여 결국 사회적 타당성이 없는 급여를 한 사

람은 그 원인행위가 법률상 무효라 하여 상대방에게 부당이득을 원인으로 한 반환청구를 할 수 없음은 물론 그 원인행위가 무효이기 때문에 급여한 물건의 소유권은 여전히 자기에게 있다고 하여 소유권에 기한 반환청구도 할 수 없는 것이다.

3) 적용범위

① 계약해제에 기한 반환청구권

민법 제103조와 표리를 이루어 사회적 타당성이 없는 행위를 한 사람을 보호할 수 없다는 법의 이념을 실현하려는 민법 제746조의 취지상, 급여 이전에 불법목적이 실현되지 않을 경우를 대비하여 불법원인에 의한 급여를 반환하기로 약정한 계약이나 불법원인급여를 한 계약의 해제를 원인으로 급여반환청구를 할 수는 없다(대판 1991.3.22, 91다520).

② 현실의 임의반환

민법 제746조는 불법원인급여자의 수령자에 대한 급여물반환청구를 법률상 보호하지 않는데 그 취지가 있는 것일 뿐이므로, 수령자가 자기의 의사에 기하여 현실로 반환하였다면 그것까지 무효로 볼 일은 아니다(통설). 판례도 민법 제746조는 불법원인급여자의 수령자에 대한 급여물반환청구를 법률상 보호하지 않는데 그 입법의 취지가 있는 것일 뿐이므로, 그 수령자가 임의로 현실적인 반환을 하였을 경우까지를 말하는 것은 아니라고 한다(대판 1964.10.27, 64다798).

③ 불법원인급여 후의 반환약정

불법원인급여를 한 후에 불법급여의 원인행위와 별도의 약정으로 급여 그 자체나 그에 갈음한 대가물의 반환약정을 하는 것은 그 반환약정 자체가 사회질서에 위반하는 것이 아닌 한 유효하고, 그 반환약정에 따라 반환청구를 할 수 있다(대판 2010.5.27, 2009다12580).

【판 례】

* 대판 2010.5.27, 2009다12590 … 불법원인급여 후 급부를 이행받은 자가 급부의 원인행위와 별도의 약정으로 급부 그 자체 또는 그에 갈음한 대가물의 반환을 특약하는 것은, 불법원인급여를 한 자가 그 부당이득의 반환을 청구하는 경우와는 달리 그 반환약정 자체가 사회질서에 반하여 무효가 되지 않는 한 유효하고, 한편 반환약정이 사회질서에 반하여 무효라는 점은 수익자가 이를 증명하여야 한다.

4) 성립요건

① 불법원인

㉠ 강행법규위반과의 관계

불법원인이란 원인되는 행위가 선량한 풍속 기타 사회질서에 위반하는 경우를 말하는 것일 뿐 강행법규위반은 포함되지 않는 것이 원칙이다. 다만 강행법규위반의 급여가 사회질서에도 위반되는 경우라면 민법 제746조가 적용되어 그 급여의 반환청구를 허용되지 않는다.

㉡ 구체적 사례

윤락행위 및 그것을 유인·강요하는 행위는 선량한 풍속 기타 사회질서에 위반되므로, 윤락행위를 할 자를 고용·모집하거나 그 직업을 소개·알선한 자가 윤락행위를 할 자를 고용·모집함에 있어 성매매의 유인·강요의 수단으로 이용되는 선불금 등 명목으로 제공한 금품이나 그 밖의 재산상 이익 등은 불법원인급여에 해당하여 그 반환을 청구할 수 없다(대판 2004.9.3, 2004다27488).

② 급 여

㉠ 급여의 종국성

불법원인에 의한 급여란 급여자의 자유로운 의사에 의하여 재산적 가치 있는 출연을 말하는 것으로서 재산의 급여뿐만 아니라 노무의 제공도 포함한다(제746조). 따라서 재산적 이익을 급여하는 것이라면 그 이익의 종류는 묻지 않으나 단지 채무부담만을 하는 것만으로는 급여가 완료된 것이 아니므로 불법원인급여라고 할 수 없다. 결국 동산이면 점유의 이전이 된 때, 부동산이면 등기가 된 때에 각각 급여가 있는 것으로 된다(통설).

㉡ 구체적 사례

도박자금을 제공함으로 인하여 발생한 채권의 담보로 부동산에 관하여 가등기 또는 근저당권설정등기를 경료한 경우 수령자가 그 이익을 향수하려면 경매신청을 하는 등 별도의 조치를 취하여야 하는 것이므로 이와 같은 이익은 소유권이전과 같은 종국적인 것이 되지 못하고 따라서 민법 제746조에서 말하는 이익에는 해당하지 아니한다고 할 것이므로, 그 등기설정자 또는 부동산의 소유자는 민법 제746조의 적용을 받음이 없이 무효인 가등기 또는 근저당설정등기의 말소를 청구할 수 있다(대판 1995.8.11, 94다54108; 대판 1994.12.22, 93다55234).

5) 불법원인급여의 효과

① 원 칙(반환청구금지)

불법의 원인으로 인하여 재산을 급여하거나 노무를 제공한 때에는 그 이익의 반환을 청구하지 못하므로(제746조 본문), 그 반사적 효과로서 급여한 것은 수익자에게 종국적으로 귀속된다(대판[전합] 1979.11.13, 79다483).

② 예 외(반환청구허용)

불법원인이 수익자에게만 있는 때에는 급여자는 급여한 것의 반환을 청구할 수 있다(제746조 단서). 예컨대 금전 소비대차계약과 함께 고율의 이자의 약정을 하는 경우, 대주가 사회통념상 허용되는 한도를 초과하는 이율의 이자를 약정하여 지급받은 것은 그의 우월한 지위를 이용하여 부당한 이득을 얻고 차주에게는 과도한 반대급부 또는 기타의 부당한 부담을 지우는 것으로서 그 불법의 원인이 수익자인 대주에게만 있거나 또는 적어도 대주의 불법성이 차주의 불법성에 비하여 현저히 크다고 할 것이어서 차주는 사회통념상 허용되는 범위를 초과한 이자의 반환을 청구할 수 있다(대판[전합] 2007.2.15, 2004다50426).

5. 복합적 부당이득

(1) 타인토지상의 건물임대차

건물소유자가 부지 부분에 관한 소유권을 상실하였다 하여도 건물소유자는 토지소유자와 관계에서는 토지 위에 있는 건물의 소유자인 관계로 건물 부지 부분에 관한 차임 상당의 부당이득 전부에 관한 반환의무를 부담하게 되지만, 그 건물을 점유하고 있는 '건물임차인'은 토지소유자에게 부지점유자로서 부당이득반환의무를 진다고 볼 수는 없다. 한편 건물에 관한 임대차계약 종료 이후 이를 계속 점유·사용하는 건물임차인은 건물소유자에 대한 관계에서 건물 부지의 사용·수익으로 인한 이득이 포함된 건물차임료(차임) 상당의 부당이득을 하였다고 보아야 한다(대판 2012.5.10, 2012다4633).

(2) 이른바 전용물소권

계약상의 급부가 계약의 상대방뿐만 아니라 제3자의 이익으로 된 경우에 그 제3자에 대하여 직접 부당이득반환을 청구할 수 있는지? 즉 A 회사의 화물차량 운전자가 회사소유의 화물차량을 운전하면서 A 회사의 지정주유소가 아닌 B가 경영하는 주유소에서 상당량의 유류를 공급받아 A 회사의 화물운송사업에 사용하고 그 유류대금을 결제하지 않은 사안에서, 비록 위 유류가 A 회사의 화물운송사업에 사용됨으로써 이익이 되었다 하더라도 B는 계약당사자가 아닌 A 회사에 대하여 직접 부당이득 반환을 청구할 수 없다(대판 2010.6.24, 2010다9269).

(3) 제3자와 부당이득

계약상 급부가 제3자에게 행하여지고 그 계약의 효력이 발생되지 아니한 경우, 즉 지인(제3자)의 경사를 축하하기 위하여 꽃을 산 사람이 경사의 당사자에게 직접 배달시킨 경우와 같이 계약상 급부가 실제적으로는 제3자에게 행하여졌다고 하여도 그것은 계약상 채무의 적법한 이행이라고 할 것이다. 이때 계약의 효력이 불발생하였다면(꽃주문대금 미지급발생) 적법한 이행을 한 계약당사자는 다른 특별한 사정이 없는 한 그 제3자가 아니라 계약의 상대방당사자(꽃을 주문한 자)에 대하여 계약의 효력불발생으로 인한 부당이득을 이유로 자신의 급부 또는 그 가액의 반환을 청구하여야 한다(대판 2010.3.11, 2009다98706).

(4) 횡령금사용과 부당이득

부당이득제도는 이득자의 재산상 이득이 법률상 원인을 결여하는 경우에 공평·정의의 이념에 근거하여 이득자에게 반환의무를 부담시키는 것인데, 채무자가 피해자에게서 횡령한 금전을 자신의 채권자에 대한 채무변제에 사용하는 경우 채권자가 변제를 수령하면서 그 금전이 횡령한 것이라는 사실에 대하여 악의 또는 중대한 과실이 없는 한 채권자의 금전취득은 채무자에 대한 관계에서 법률상 원인이 있는 것으로 봄이 타당하며, 이와 같은 법리는 채무자가 횡령한 돈을 제3자에게 증여한 경우에도 마찬가지라고 보아야 하므로 피해자는 채권자 또는 수증자에게 법률상 원인없는 급부를 수령하였다는 이유로 부당이득반환을 청구할 수 없다(대판 2008.3.13, 2006다53733; 대판 2012.1.12, 2011다74246).

제 3 절 불법행위

1. 서 설

(1) 불법행위의 의의

불법행위란 고의 또는 과실로 인한 위법행위로 타인에게 손해를 가한 행위를 말하고(제750조), 가해자는 피해자에 대하여 그 손해를 배상할 책임이 있다. 이러한 불법행위는 사무관리 및 부당이득과 함께 법정채권의 발생원인이 되며, 위법행위로 인하여 이미 발생한 손해를 사후적으로 배상하게 하는 것이 목적이므로 손해의 공평·타당한 부담을 지도원리로 한다.

(2) 불법행위법의 발전

1) 손해전보책임의 변화

역사적으로 위법행위로 인하여 발생한 손해에 대하여는 결과책임주의에서 과실책임주의로, 다시 과실책임주의에서 무과실책임주의로 변화해 왔다. 민법 제750조는 가해자의 고의 또는 과실을 요건으로 한다는 점에서 '과실책임의 원칙'을 규정하고 있는데, 이는 자기에게 잘못이 없는 한 손해에 대하여 책임이 없다는 점에서 사적 자치를 소극적으로 보장함과 동시에 사회일반인에게 과실없이 주의깊게 행동할 것을 요구하는 경고적·예방적 기능도 한다.

2) 무과실책임주의

현대사회에서는 위험한 기업시설을 통하여 이익을 얻는 자(기업), 즉 위험한 시설의 관리자는 그로부터 생긴 손해에 대하여 책임을 져야 한다는 '위험책임의 원리'와 이익을 얻는 과정에서 타인에게 손해를 가한 자는 그 이익으로부터 배상책임을 부담하는 것이 공평하다는 '보상책임의 원리'를 기초로 하여 가해자에게 과실이 없더라도 손해배상책임을 지우자는 것이 무과실책임주의이다. 예컨대 민법(제135조, 제570조 등) 외에 환경정책기본법(제44조)과 원자력손해배상법 등은 무과실책임주의의 좋은 예라고 할 수 있다.

(3) 채무불이행책임과의 관계

1) 불법행위와 동 · 이점

채무불이행은 채무의 존재를 전제로 한다는 점에서 반드시 채무의 존재를 전제로 하는 것이 아닌 불법행위와는 차이가 있으나, 양자 모두 법률상 허용되지 않는 위법행위라는 점에서는 공통되므로 채무불이행에 관한 규정 중에서 손해배상의 범위(제393조)와 손해배상의 방법(제394조) 및 과실상계(제396조)와 손해배상자의 대위(제399조)에 관항 규정은 불법행위에도 준용된다(제763조).

2) 손해배상청구권의 경합

본래 채무불이행책임과 불법행위책임은 각각 요건과 효과를 달리하는 별개의 법률관계에서 발생하는 것이므로 하나의 행위가 계약상 채무불이행의 요건을 충족함과 동시에 불법행위의 요건도 충족하는 경우에는 두 개의 청구권의 병존을 인정하여 권리자로 하여금 그 중 어느 것이든 선택하여 행사할 수 있게 하므로써 피해자를 두텁게 보호한다(대판[전합] 1983.3.22, 82다카1533).

2. 불법행위의 성립요건

불법행위가 성립하기 위하여는 책임능력있는 가해자의 고의 또는 과실에 의한 위법행위로 타인에게 손해를 가할 것을 요한다. 즉 불법행위의 성립요건은 책임능력있는 가해자일 것, 고의 또는 과실로 인한 행위일 것, 위법행위일 것과 그 가해행위로 인한 손해발생 등이 있어야 하는 바, 이를 구체적으로 살펴보면 다음과 같다.

(1) 책임능력 있는 가해자

책임능력이라 함은 행위의 책임을 변식할 지능, 즉 자신의 행위가 위법한 것이어서 어떤 법률상 책임이 있다는 것을 인식할 수 있는 지능을 말한다.

1) 미성년자

미성년자가 타인에게 손해를 가한 경우에 그 행위의 책임을 변식할 지능이 없는 때에는 배상의 책임이 없다(제753조). 미성년자가 책임능력이 있는지 여부는 여러 사정을 종합하여 구체적으로 결정할 것인 바, 판례는 14세 3개월이 된 사람은 특단의 사정이 없는 한 사회통념상으로 불법행위에 대한 책임을 변식할 지능이 있다고 한 사례(대판 1969.2.25, 68다1822)가 있는 반면, 사고 당시 가해자가 14세 2개월 된 중학생이 야간에 레슬링 놀이를 한 장소가 콘크리트로 된 다리의 맨바닥이었으며 피해자를 갑자기 아무런 예고없이 발로 밀어버렸다면 다른 사정이 없는 한 책임을 변식할 수 있는 지능을 가진 사람의 행위라고 볼 수 없다고 한 사례(대판 1978.11.28, 78다1805)도 있다.

2) 심신상실자

심신상실 중에 타인에게 손해를 가한 자는 배상의 책임이 없으나, 고의 또는 과실로 인하여 심신상실을 초래한 때에는 타인에게 가한 손해에 대한 배상책임이 있다(제754조). 심신상실이란 정신적 제약으로 사무를 처리할 능력이 지속적으로 결여되어 있는 것을 말하지만, 여기서의 심신상실은 가해행위 당시에 심신상실이면 족하다.

(2) 고의 · 과실로 인한 행위

불법행위는 가해자의 고의 또는 과실(귀책사유)로 인한 것이어야 하는데, 자기의 과실로 인한 가해행위에 대하여만 책임을 진다는 의미에서 '과실책임주의' 또는 '자기책임주의'라고도 한다.

1) 자기의 행위

① 부작위에 의한 불법행위책임

인터넷 종합 정보제공 사업자가 제공하는 인터넷 게시공간에 게시된 명예훼손적 게시물의 불법성이 명백하고, 게시물로 인하여 명예를 훼손당한 피해자로부터 구체적 · 개별적인 게시물의 삭제 및 차단 요구를 받은 경우는 물론, 요구를 받지 않은 경우라 하더라도 그 게시물이 게시된 사정을 구체적으로 인식하고 있으면, 또한 기술적 · 경제적으로 그 게시물에 대한 관리 · 통제가 가능한 경우에는, 위 사업자가 그 게시물 삭제 등의 처리를 위하여 필요한 상당한 기간이 지나도록 그 처리를 하지 아니함으로써 타인에게 손해가 발생한 경우에는 부작위에 의한 불법행위책임이 성립한다(대판[전합] 2009.4.16, 2008다53812).

② 타인의 행위에 대한 책임

친권자는 책임능력없는 자녀(미성년자)의 행위에 대하여 불법행위책임을 지고(제755조) 사용자는 피용자의 행위에 대하여 불법행위책임을 진다(제756조). 이것은 친권자의 감독의무위반 또는 사용자의 피용자에 대한 선임 · 감독상의 의무위반에 대하여 책임을 지는 것이므로 자기책임원칙에 부합한다.

2) 고의 또는 과실

① 고 의

고의란 자기의 행위로 인하여 타인에게 위법한 침해가 발생하리라는 것을 인식하는 것을 말한다. 불법행위에 있어서 고의는 일정한 결과가 발생하리라는 것을 알면서 행하는 심리상태로서, 객관적으로 위법이라고 평가되는 일정한 결과의 발생이라는 사실의 인식만 있으면 되고 그 외에 그것이 위법한 것으로 평가된다는 것까지 인식하는 것을 필요로 하는 것은 아니다(대판 2002.7.12, 2001다46440).

② 과 실

과실이란 부주의로 인하여 타인에게 위법한 침해가 발생한다는 것을 알지 못하고서 어떤 행위를 하는 것을 말한다. 이 경우 주의의무위반의 정도가 경미하면 경과실이라 하고 부주의가 중대하면 중과실이라 하는데 민법은 중과실을 요건으로 하는 경우에는 특별히 규정하고 있다. 따라서 불법행위에서의 과실이란 보통사람에게 요구되는 일반적 주의의무인 추상적 경과실을 말한다.

③ 증명책임

채무불이행의 경우 채무자가 과실없음을 증명해야 하는 것과 달리, 불법행위에서는 고의 또는 과실이 불법행위의 성립요건이므로 피해자가 가해자의 귀책사유를 증명해야 한다.

(3) 위법행위일 것

위법이란 실정법의 위반뿐만 아니라 선량한 풍속 기타 사회질서의 위반도 포함된다고 보아야 한다. 이 경우 불법행위책임이 성립하지 않는 사유(위법성 조각사유)와 위법성이 인정되는 사유가 있는 바, 이를 구체적으로 살펴보면 다음과 같다.

1) 위법성조각사유

① 정당방위

정당방위란 타인의 불법행위에 대하여 자기 또는 제3자의 이익을 방위하기 위하여 부득이 타인에게 손해를 가하는 행위를 말한다. 이때 방위행위자는 타인에게 생긴 손해에 대하여 배상할 책임이 없으나(대판 1992.9.25, 92도1520 참고), 피해자는 불법행위자에 대하여 손해의 배상을 청구할 수 있다(제761조 제1항).

② 정당행위

정당행위란 법령에 의한 행위 또는 업무로 인한 행위로써 기타 선량한 풍속 기타 사회질서에 위배되지 않는 것으로서 용인되는 행위를 말한다. 정당행위자는 그로 인하여 발생한 타인의 손해에 대하여 배상책임을 부담하지 않는다. 예컨대 사무관리(제734조)나 근로자의 쟁위행위(노조및조정법 제3조), 교원의 징계행위(초·중등교육법 제18조) 등이 있다.

③ 긴급피난

긴급피난이란 자기 또는 제3자의 법익에 대한 현재의 급박한 위난을 피하기 위하여 부득이 타인에게 손해를 가하는 행위를 말한다. 이때 피난행위자는 타인에게 생긴 손해에 대하여 배상할 책임이 없으나 피해자는 피난행위의 원인제공자에 대하여 손해배상을 청구할 수 있다(제761조 제2항).

④ 자력구제

자력구제란 권리 또는 법익을 보호하기 위하여 국가기관의 구제를 기다릴 여유가 없는 경우에 권리자 또는 법익의 귀속자가 스스로의 실력으로 실현하는 행위를 말한다. 민법 제209조는 점유자는 그 점유를 부정히 침탈 또는 방해하는 행위에 대하여 자력으로써 이를 방위할 수 있고, 점유물이 침탈되었을 때에는 침탈 후 즉시 가해자를 배제하여 이를 탈환할 수 있음을 규정하고 있다.

2) 위법성 인정사유

① 인격권의 침해

보험회사 직원이 보험회사를 상대로 손해배상청구소송을 제기한 교통사고 피해자들의 장애(후유장애) 정도에 관한 증거자료를 수집할 목적으로 피해자들의 일상생활을 촬영한 행위는 초상권 및 사생활의 비밀과 자유를 침해하는 불법행위에 해당한다(대판 2006.10.13, 2004다16280). 즉 사람은 누구나 자신의 얼굴 기타 사회통념상 특정인임을 식별할 수 있는 신체적 특징에 관하여 함부로 촬영 또는 그림으로 묘사되거나 공표되지 아니하며 영리적으로 이용당하지 않을 권리를 가진다(헌법 제10조).

② 일조권의 침해

건물의 신축으로 인하여 그 이웃 토지상의 거주자가 직사광선이 차단되는 불이익을 받은 경우에, 건물 신축이 건축 당시의 공법적 규제에 형식적으로 적합하다고 하더라도 현실적인 일조방해의 정도가 현저하게 커 사회통념상 수인한도를 넘은 경우에는 사법상 위법행위로 평가될 수 있다(대판 2000.5.16, 98다56997). 즉 타인이 향수하는 일조를 방해하려는 목적으로 건물을 건축한 경우, 또는 도급인과 사실상 공동 사업주체로서 이해관계를 같이 하면서 건물을 건축한 경우 등과 같이 특별한 사정이 있는 때에는 수급인도 일조방해에 대하여 손해배상책임을 진다(대판 2005.3.24, 2004다38792).

③ 생활이익의 침해

생활이익의 침해, 즉 사생활침해·조망침해·소음·분진·진동 등과 같은 생활이익에 대한 위법성 여부의 판단은 생활이익을 구성하는 요소들을 종합적으로 참작하여 수인한도를 판단하여야만 형평을 기할 수 있는 특별한 사정이 없다면, 원칙적으로 개별적인 생활이익별로 침해의 정도를 고려하여 수인한도 초과 여부를 판단한 후 수인한도를 초과하는 생활이익들에 기초하여 손해배상액을 산정하여야 한다(대판 2007.6.28, 2004다54282 참고).

④ 배우자의 권리침해

소위 첩계약(妾契約)은 본처(本妻)의 동의 유무를 불문하고 선량한 풍속에 반하는 사항을 내용으로 하는 법률행위로서 무효일 뿐만 아니라 위법한 행위이므로, 부첩관계에 있는 부(夫) 및 첩(妾)은 특별한 사정이 없는 한 그로 인하여 본처가 입은 정신상의 고통에 대하여 배상할 의무가 있다. 한편 본처가 장래의 부첩관계에 대하여 동의하는 것은 그 자체가 선량한 풍속에 반하는 것으로서 무효라고 할 것이나, 기왕의 부첩관계에 대하여 용서한 때에는 손해배상청구권의 포기라고 해석되는 한 법적 효력이 인정될 수 있다(대판 1998.4.10, 96므1434).

(4) 타인에게 손해발생

1) 손해의 현실적 발생과 증명책임

불법행위가 성립하려면 손해가 현실적으로 발생하여야 하고 손해발생의 사실 및 손해금액은 피해자가 증명하여야 한다. 따라서 저당권 기타 담보권이 침해된 경우, 피담보채권의 변제에 부족하다면 저당권자의 우선변제권에 대한 침해가 있는 것이므로 그 부족한 한도에서는 손해가 있다고 보아야 하는 반면, 그 침해로 남은 잔존가액이 피담보채권의 변제에 충분하다면 손해는 없다고 보아야 한다.

2) 가해행위와 손해의 인과관계

불법행위가 성립하려면 가해행위와 손해 사이에 인과관계가 있어야 하고, 인과관계의 존재는 피해자가 증명해야 한다. 유의할 점은 공동이 아닌 수인의 행위 중 어느 자의 행위가 그 손해를 가한 것인지를 알 수 없는 때에는 그 수인이 연대하여 손해를 배상할 책임이 있다(제760조 제2항).

3. 불법행위의 효과

(1) 손해배상채권의 발생

불법행위가 성립하면 피해자는 가해자에 대하여 손해배상채권을 취득한다(제750조). 즉 손해배상의 청구권자는 불법행위로 인하여 손해를 입은 피해자이고, 배상의무자는 손해를 가한 자임이 원칙이다(제750조). 이 경우 태아는 손해배상의 청구권에 관하여는 이미 출생한 것으로 본다(제762조).

(2) 피해자가 즉사한 경우

정신적 고통에 대한 피해자의 위자료청구권도 재산상의 손해배상청구권과 구별하여 취급할 근거는 없으므로 그 위자료청구권이 일신전속권이라 할 수 없고 피해자의 사망으로 인하여 상속된다. 따라서 피해자가 즉사한 경우라 하여도 피해자가 치명상을 받은 때와 사망과의 사이에는 이론상 시간적 간격이 인정 될 수 있는 것이므로 피해자의 위자료청구권은 당연히 상속의 대상이 된다(대판 1969.4.15, 69다268).

(3) 손해배상의 방법

1) 금전배상의 원칙

채무불이행에서 손해배상의 방법을 규정한 민법 제394조는 불법행위에도 준용되므로(제763조), 불법행위에 기한 손해는 다른 의사표시가 없으면 금전으로 배상한다. 따라서 법률에 다른 규정이 있거나 당사자가 다른 의사표시를 하는 등 특별한 사정이 없는 이상 불법행위자에 대하여 원상회복청구는 할 수 없다(대판 1997.3.28, 96다10638).

2) 금전배상의 지급방법

① 정기금배상

민법 제751조는 타인의 신체·자유 또는 명예를 해하거나 기타 정신상고통을 가한 경우에는 법원이 손해배상을 정기금채무로 지급할 것을 명할 수 있고 그 이행을 확보하기 위하여 상당한 담보의 제공을 명할 수 있다(제751조). 특히 불법행위로 인하여 식물인간이 된 경우와 같이 후유장애의 계속기간을 확정하기 곤란한 경우에는 법원은 정기금에 의한 지급을 명할 수 있다(대판 2000.7.28, 2000다11317).

② 일시금배상

불법행위로 입은 상해의 후유장애로 인하여 장래에 계속적으로 치료비나 개호비 등을 지출하여야 할 손해를 입은 피해자가 그 손해의 배상을 정기금에 의한 지급과 일시금에 의한 지급 중 어느 방식에 의하여 청구할 것인지는 원칙적으로 손해배상청구권자가 임의로 선택할 수 있는 것이다. 다만 유의할 점은 그 후유장애 등을 고려하여 일시금지급이 사회적 정의와 형평의 이념에 불합리한 경우 법원은 재량으로 정기금에 의한 지급을 명할 수 있다(대판 2000.7.28, 2000다11317)

【판 례】

* 대판 2000.7.28, 2000다11317 … 식물인간 등의 경우와 같이 그 후유장애의 계속기간이나 잔존여명이 단축된 정도 등을 확정하기 곤란하여 일시금 지급방식에 의한 손해의 배상이 사회정의와 형평의 이념에 비추어 현저하게 불합리한 결과를 초래할 우려가 있는 때에는 손해배상청구권자가 일시금에 의한 지급을 청구하였더라도 법원이 재량에 따라 정기금에 의한 지급을 명하는 판결을 할 수 있다.

③ 정기금판결변경

정기금(定期金)의 지급을 명한 판결이 확정된 뒤에 그 액수산정의 기초가 된 사정이 현저하게 바뀜으로써 당사자 사이의 형평을 크게 침해할 특별한 사정이 생긴 때에는 그 판결의 당사자는 장차 지급할 정기금 액수를 바꾸어 달라는 소송을 제기할 수 있다(민사사송법 제252조).

3) 명예회복에 적당한 처분

① 명예훼손

명예훼손이라 함은 사람 또는 법인에 대한 사회적 평가(품성 · 덕행, 사회적 신용)를 침해하는 것을 말하는바, 법인의 명예가 훼손된 경우에 그 법인은 상대방에 대하여 불법행위로 인한 손해배상과 함께 명예 회복에 적당한 처분을 청구할 수 있고, 종중과 같이 소송상 당사자능력이 있는 비법인사단 역시 마찬가지이다(대판 1997.10.24, 96다17851). 그러나 단순히 주관적으로 명예감정이 침해되었다고 주장하는 것만으로는 명예훼손이 되지 않는다(대판 1992.10.27, 92다756).

② 피해자의 특정

명예훼손에 의한 불법행위가 성립하려면 피해자가 특정되어 있어야 하지만 그 특정을 함에 있어서 반드시 사람의 성명을 명시하여야만 하는 것은 아니고 사람의 성명을 명시하지 않은 경우라도 그 표현의 내용을 주위사정과 종합해 볼 때 그 표시가 누구를 지목하는가를 알아차릴 수 있을 정도이면 피해자가 특정되었다고 할 것이다(대판 2009.2.26, 2008다27769).

③ 명예회복의 방법

민법 제764조에 의한 명예회복에 적당한 처분이라 함은 피해자에 대하여 일단 생긴 사회로부터의 부정적 평가를 가능한 한 정정의 효과가 있는 처분을 뜻하는 것이다. 예컨대 가해자의 비용으로 그가 패소한 민사손해배상판결의 신문·잡지 등에 게재나, 형사명예훼손죄의 유죄판결의 신문·잡지 등에 게재 또는 명예훼손기사의 취소광고 등의 방법이다. 유의할 점은 사죄광고는 헌법 제19조 양심의 자유에 위반되는 동시에 헌법상 보장되는 인격권의 침해에 해당되므로 위 명예회복에 적당한 처분이 될 수 없다(헌법재판소 1991.4.1, 89헌마160 결정).

(4) 손해배상의 범위

1) 손해의 종류

① 통상손해와 특별손해

채무불이행으로 인한 손해배상의 범위를 규정한 민법 제393조는 불법행위에도 준용된다(제763조). 따라서 불법행위로 인한 손해배상은 통상의 손해를 그 한도로 하고 특별한 사정으로 인한 손해는 가해자가 그 사정을 알았거나 알 수 있었을 때에 한하여 배상의 책임이 있다. 즉 불법행위로 인한 손해도 통상손해와 특별손해로 구분한다.

② 재산손해와 비재산손해

불법행위로 인한 손해에는 재산상 손해(적극적 손해, 소극적 손해)와 비재산상 손해(정신상 손해)가 모두 포함된다(대판[전합] 2004.3.18, 2001다82507). 유의할 점은 불법행위로 인한 재산상 손해는 위법한 가해행위로 인하여 발생한 재산상 불이익이므로, 위법행위가 있었다 하더라도 그로 인한 재산상태와 그 위법행위가 없었더라면 존재하였을 재산상태 사이에 차이가 없다면 다른 특별한 사정이 없는 한 위법행위로 인한 손해가 발생하였다고 할 수 없다(대판 2009.9.10, 2009다30762).

③ 휴업손해

불법행위로 영업용 물건이 멸실된 경우의 손해는 수리를 위하여 필요한 합리적인 기간 동안의 휴업손해와 마찬가지이며, 일반적으로 타인의 불법행위 등에 의하여 재산권이 침해된 경우에는 그 재산적 손해의 배상에 의하여 정신적 고통도 회복된다고 보아야 할 것이므로 재산적 손해의 배상에 의하여 회복할 수 없는 '정신적 손해'가 발생하였다면, 이는 특별한 사정으로 인한 손해로서 가해자가 그러한 사정을 알았거나 알 수 있었을 경우에 한하여 그 손해에 대한 위자료를 청구할 수 있다(대판[전합] 2004. 3.18, 2001다82507).

2) 손해배상액의 산정

① 손해배상액산정의 시기

불법행위에 기한 재산상 손해배상액의 산정시기는 불법행위 당시를 기준으로 함이 원칙이지만, 정신상 손해에 대한 배상인 위자료는 사실심 변론종결시를 기준으로 배상액을 결정하여야 한다(대판[전합] 2011. 7.21, 2011다199).

② 지연손해금의 산정시기

불법행위로 인한 재산상 손해와 정신적 손해 배상채무에 대하여는 별도의 이행 최고가 없더라도 채무성립과 동시에 지연손해금이 발생하는 것이 원칙인바, 결국 불법행위로 인한 손해배상채무에 대한 지연손해금은 그 불법행위 당시를 기준으로 산정하여야 한다. 다만 불법행위로 인한 위자료 배상채무의 지연손해금은 위자료 산정의 기준시인 사실심 변론종결 당일부터 발생한다고 보아야 한다(대판 2012.3.29, 2011다38325).

3) 손해배상액의 경감청구

① 불법행위에 의한 배상의무자는 그 손해가 고의 또는 중대한 과실에 의한 것이 아니고(경과실에 의한 경우) 그 배상으로 인하여 배상자의 생계에 중대한 영향을 미치게 될 경우에는 법원에 그 배상액의 경감을 청구할 수 있고, 법원은 그 청구가 있는 때에는 채권자 및 채무자의 경제상태와 손해의 원인 등을 참작하여 배상액을 경감할 수 있다(제765조).

② 경과실로 가해를 가한 자에게 손해배상책임을 부담케 하는 것은 당연하지만, 그로 인하여 배상의무자가 생계에 중대한 영향을 받아 생활의 기반을 잃게 하는 것은 손해의 공평타당한 분담이라는 취지에 부합하지 않는 것이므로, 배상의무를 부담시키되 일정한 감경을 할 수 있도록 한 것이다.

4) 손해배상자의 대위권

가해자가 아닌 제3자 등으로부터 피해자가 불법행위에 의하여 훼손된 물건 또는 권리의 가액전부를 손해배상으로 받은 때에는 그 손해를 배상한 자가 그 물건 또는 권리에 관하여 당연히 피해자를 대위한다(제763조, 제399조). 즉 피해자에게 손해를 배상한 자(제3자 등)는 가해자에게 구상권을 갖는다.

(5) 손해배상청구권의 행사

1) 소멸시효규정

① 민법상 불법행위로 인한 손해배상의 청구권은 피해자나 그 법정대리인이 그 손해 및 가해자를 안 날로부터 3년간 이를 행사하지 아니하면 시효로 인하여 소멸하고, 불법행위를 한 날로부터 10년을 경과한 때에도 시효로 인하여 소멸한다(제766조).

② 국가배상법상 손해배상청구권(국가배상법 제8조)이나 자동차손해배상보장법상 손해배상청구권(자동차손해배상보장법 제4조)에도 민법 제766조의 소멸시효규정이 적용된다.

2) 단기소멸시효

① 소멸시효

단기소멸시효란 불법행위로 인한 손해배상청구권은 피해자나 그 법정대리인이 그 손해 및 가해자를 안 날로부터 3년간 이를 행사하지 아니하면 시효로 인하여 소멸하는 것을 말한다(제766조 제1항). 이 경우 판례는 손해 및 가해자를 안 날에 대한 증명책임은 시효이익을 주장하는 자(가해자측)에게 있다고 판시하였다(대판 1995.6.30, 94다13435).

② 피해자 · 법정대리인

피해자란 불법행위의 직접피해자뿐만 아니라 손해배상청구권을 가지는 자를 말한다. 따라서 불법행위의 피해자가 미성년자로 행위능력이 제한된 자인 경우에는 다른 특별한 사정이 없는 한 그 법정대리인이 손해 및 가해자를 알아야 3년의 소멸시효가 진행하므로(대판 2010.2.11, 2009다79897), 법정대리인이 알지 못하였다면 미성년자가 행위능력을 회복한 때(성년이 된 때)부터 소멸시효가 진행되는 것이다.

③ 손해 · 가해자를 안 날

민법 제766조 제1항 소정의 '손해 및 가해자를 안 날'이라 함은 단지 손해가 발생한 것을 안 것만으로는 부족하고 손해의 발생, 위법한 가해행위의 존재, 가해행위와 손해의 발생 사이에 상당인과관계가 있다는 사실 등 불법행위의 요건사실에 대하여 현실적이고도 구체적으로 인식하였을 때를 의미한다(대판 2006.10.27, 2005다32913). 다만 그 손해의 정도나 액수를 구체적으로 알아야 하는 것은 아니다(대판 1992.4.14, 92다2011).

3) 장기소멸시효

① 소멸시효기간

불법행위로 인한 손해배상의 청구권은 불법행위를 한 날로부터 10년간 이를 행사하지 아니하면 시효로 인하여 소멸한다(제766조 제2항). 여기서 불법행위를 한 날이란 가해행위로 인한 손해의 결과발생이 현실적인 것으로 되었다고 할 수 있을 때를 의미한다(대판 1993.7.27, 93다357 참고).

② 소멸시효기산

민법 제766조 제2항이 규정하고 있는 '불법행위를 한 날로부터 10년'의 기간은 제척기간이 아니라 소멸시효기간에 해당한다(대판[전합] 1996. 12.19, 94다22927). 이 경우 소멸시효의 기산은 피해자가 손해의 결과발생을 알았거나 예상할 수 있는가 여부에 관계없이 가해행위로 인한 손해가 현실적인 것으로 되었다고 볼 수 있는 때로부터 진행(기산)한다(대판 1993.7.27, 93다357).

4. 특수한 불법행위

(1) 특수불법행위규정

① 민법 제750조의 일반불법행위와는 다른 성립요건을 규정하거나 불법행위자의 책임을 무겁게 규정한 것들이 있다. 예컨대 민법 제755조 감독자의 책임, 제756조 사용자의 배상책임, 제757조 도급인의 책임, 제758조 공작물 등의 점유자·소유자의 책임, 제759조 동물의 점유자의 책임, 제760조 공동불법행위자의 책임 등이 있는 바, 그 내용은 아래에서 구체적으로 살펴보고자 한다.

② 현대에 들어와서 부각되고 있는 특수한 불법행위의 유형에 대하여는 민법이 아닌 다른 특별법을 통하여 자동차운행자의 책임, 제조물책임, 환경오염책임, 의료과오책임 등을 규율하고 있다. 각종 특별법에 의한 불법행위책임 역시 아래에서 구체적인 내용을 살펴보기로 한다.

(2) 민법상 특수불법행위 책임

1) 감독자의 책임

① 감독자책임의 의의

책임무능력자의 감독자책임이란 다른 자에게 손해를 가한 사람이 미성년자 또는 심신상실자여서 책임능력이 없는 경우에 그를 감독할 법정의무가 있는 자 또는 법정감독의무자에 갈음하여 감독의무를 지는 자가 그 손해를 배상할 책임을 부담하는 것을 말한다(제755조).

② 감독자책임의 법적성질

민법 제750조에 대한 특별규정인 제755조 제1항에 의하여 책임능력 없는 미성년자를 감독할 법정의무있는 자가 지는 손해배상책임은 그 미성년자에게 책임이 없음을 전제로 한다는 점에서는 '보충책임'이다(대판[전합] 1994. 2.8, 93다13605).

③ 감독자책임의 효과

책임무능력자의 위법행위로 타인에게 가한 손해에 대하여는 법정감독의무자 또는 대리감독자(법정감독의무자에 갈음하여 감독의무를 지는지를 말한다)가 배상책임을 지지만, 감독의무를 게을리하지 않았음을 증명하면 그 배상책임을 면한다(제755조 제1항). 즉 감독자의 책임은 보충적인 책임이므로 감독을 게을리한 경우에 한해서만 책임을 부담한다.

2) 사용자의 배상책임

① 사용자배상책임의 의의

사용자 배상책임이란 타인을 사용하여 어느 사무에 종사하게 한 자가 피용자가 그 사무집행에 관하여 제3자에게 가한 손해를 배상할 책임을 말한다(제756조 제1항 본문).

② 사용자배상책임의 법적성질

사용자의 배상책임은 사용자의 피용자에 대한 선임 및 감독상의 과실에 대한 책임이라는 점에서는 과실책임이지만, 사용자의 과실이 피용자의 가해행위 자체에 대한 것이 아니라는 점과 사용자가 선임 및 감독상의 의무를 다하였음을 증명하면 면책될 수 있다는 점에서 증명책임의 전환을 인정하는 '중간책임'이라고 할 수 있다. 그러나 실무상 사용자의 면책을 인정한 경우를 거의 찾아볼 수 없으므로 사실상 무과실책임에 가깝다고 할 수 있다.

③ 사용자배상책임의 효과

㉠ 민법 제756조에 기한 배상책임자는 사용자와 대리감독자이고, 피용자는

민법 제750조에 의하여 불법행위책임을 부담한다. 대리감독자란 객관적으로 볼 때 사용자에 갈음하여 현실적으로 구체적인 사업을 감독하는 지위에 있는 사람을 말하는 것으로서 반드시 그가 피용자를 선임한 경우라야 하는 것은 아니다(대판 1992.7.28, 92다10531). 그리고 사용자·대리감독자·피용자의 배상책임은 부진정연대채무의 관계에 있다.

ⓛ 사용자책임이 성립하여 사용자 또는 대리감독자가 손해배상을 한 때에는 피용자에 대하여 구상권을 행사할 수 있다(제756조 제3항). 유의할 점은 판례에 의하면 사용자는 손해의 공평한 분담이라는 견지에서 신의측상 상당하다고 인정되는 한도 내에서만 피용자에 대하여 구상권을 행사할 수 있다고 한다(대판 1987.9.8, 86다카1045).

3) 도급인의 책임

① 도급인책임의 의의

도급인은 수급인이 그 일에 관하여 제3자에게 가한 손해를 배상할 책임이 없으나, 도급 또는 지시에 관하여 도급인에게 중대한 과실이 있는 때에는 수급인이 그 일에 관하여 제3자에게 가한 손해를 배상할 책임을 진다(제757조).

② 도급인책임의 효과

도급인은 도급 또는 지시에 관하여 중대한 과실이 없는 한 수급인이 그 일에 관하여 제3자에게 가한 손해를 배상할 책임이 없지만, 도급인이 구체적인 지휘감독권을 유보한 경우에는 도급인과 수급인의 관계는 실질적으로 사용자 및 피용자의 관계와 다를 바 없으므로 수급인 또는 그 피용인의 불법행위로 인한 손해에 대하여 도급인은 민법 제756조에 의한 사용자책임을 면할 수 없고 이러한 이치는 하도급의 경우에도 마찬가지이다(대판 1992.6.23, 92다2615).

4) 공작물점유자·소유자의 책임

① 책임의 의의

공작물 등의 점유자·소유자의 책임이란 공작물의 설치 또는 보존의 하자나 수목의 재식 또는 보존의 하자로 인하여 타인에게 손해를 가한 때에는 1차적으로 공작물이나 수목의 점유자가 손해의 방지에 필요한 주의를 게을리한 것을 이유로 배상책임을 부담하고, 2차적으로는 그 점유자가 손해의 방지에 필요한 주의의무를 다하였음을 증명한 것을 전제로 소유자가 무과실의 배상책임을 부담하는 것을 말한다(제758조).

② 책임의 법적성질

민법 제758조는 공작물의 설치·보존의 하자로 인하여 타인에게 손해를 가한 경우 그 점유자 또는 소유자에게 일반적인 불법행위와 달리 이른바 '위험책임의 법리'에 따라 책임을 가중시킨 규정일 뿐이다(대판 1996.11.22, 96다39219).

③ 공작물점유자·소유자책임의 효과

공작물 등에 대한 설치 및 보존에 따른 점유자·소유자에 의한 책임요건(손해방지에 필요한 주의의무를 게을리함)이 구비되면 1차적으로 점유자가 손해배상책임을 지고, 점유자가 면책되면 2차적으로 소유자가 손해배상책임을 부담한다(대판 2000.4.21, 2000다386; 대판 1975.3.25, 73다1077 등).

㉠ 공작물점유자의 배상책임

공작물점유자는 1차적인 손해배상책임자로써 공작물을 사실상 지배하면서 그 설치 또는 보존상의 하자로 인하여 발생할 수 있는 각종 사고를 방지하기 위하여 공작물을 보수·관리할 권한 및 책임이 있는 자를 말한다(대판 2000.4.21, 2000다386). 한편 공작물의 점유가 간접점유인 경우에는 직접점유자가 1차적으로 책임을 지고 직접점유자에게 책임을 부감시킬 수 없는 경우, 즉 직접점유자가 손해방지에 필요한 주의를 게을리하지 아니한 때에 비로소 간접점유자가 책임을 진다(대판 1975.3.25, 73다1077; 대판 1994.1.28, 94다2878).

【판 례】

* 대판 1994.6.28, 94다2787 … 도시가스계량기에 대하여 가스사용자의 점유를 부정할 수는 없다고 하더라도, 가스공급업자는 가스사용자와 함께 계량기에 대하여 직접 지배하면서 계량기의 보수·관리에 관련하는 한에 있어서는 오히려 가스사용자보다도 가스공급업자가 보다 직접적·구체적인 지배를 하였다고 할 것이므로 가스공급업자는 민법 제758조 제1항 소정의 점유자에 해당한다.

㉡ 공작물 소유자의 배상책임

공작물 등의 점유자가 손해의 방지에 필요한 주의를 게을리하지 아니하였음을 증명하여 배상책임을 면하거나 점유자와 소유자가 동일인 경우에는 소유자가 최종적 배상책임을 부담하고, 점유자의 배상책임과는 달리 소유자는 손해방지에 필요한 주의를 다하였더라도 면책되지 않는다(제758조 제1항 단서).

㉢ 점유자·소유자의 구상권

점유자 또는 소유자가 배상을 한 경우에는 그 손해의 원인에 대하여 책임있는 자에 대하여 구상권을 행사할 수 있다(제758조 제3항).

5) 동물점유자의 책임

① 동물점유자책임의 의의

동물점유자의 책임이란 동물의 점유자 또는 그 점유자에 갈음하여 동물을 보관하는 자가 동물의 종류와 성질에 따른 보관상의 상당한 주의를 게을리 한 때에 그 동물이 타인에게 가한 손해에 대하여 배상책임을 부담하는 것을 말한다(제759조). 이 경우 공작물 등의 책임과는 달리, 동물의 점유자 또는 보관자가 있는 경우에 그 소유자는 배상책임을 부담하지 않는다.

② 동물점유자책임의 효과

㉠ 동물점유자(보관자 포함)

점유자란 동물의 직접점유자만을 의미하고 간접점유자나 점유보조자는 포함되지 않으며, 점유를 상실하면 그때부터 민법 제759조에 의한 책임을 부담하지는 않는다. 한편 보관자란 동물의 점유자에 갈음하여 동물을 보관하는 자를 말한다.

㉡ 점유자 · 보관자의 구상권

민법 제759조(동물점유자의 배상책임)는 구상권에 관하여 규정을 하고 있지 않지만, 동물 점유자 또는 보관자가 배상을 한 경우에는 민법 제758조 제3항을 준용하여 그 손해의 원인에 대하여 책임 있는 자에 대하여 구상권을 행사할 수 있다고 본다.

6) 공동불법행위자의 책임

① 공동불법행위자책임의 의의

공동불법행위자의 책임이란, 수인이 공동의 불법행위로 타인에게 손해를 가한 때나 공동 아닌 수인의 행위 중 어느 자의 행위가 그 손해를 가한 것인지를 알 수 없는 때 또는 그 수인의 교사자나 방조자가 그 손해에 대하여 연대하여 배상책임을 부담하는 것을 말한다(제760조).

② 공동불법행위의 유형

㉠ 협의의 공동불법행위

협의의 공동불법행위란 수인이 공동으로 불법행위를 한 경우를 말하고(제760조 제1항), 그 수인은 각자가 독립하여 불법행위의 요건을 갖추어야 한다. 즉 여기서 수인의 공동이란 행위의 공동성을 말하는 것으로서 행위자 사이에 의사의 공통이나 행위공동의 인식이 필요한 것은 아니지만 객관적으로 보아 피해자에 대한 권리침해가 공동으로 행하여지고 그 행위가 손해발생에 대하여 공통의 원인이 되었다고 인정되는 경우이면 된다(대판 1989.5.23, 87다카2723).

㉡ 가해자불명의 공동불법행위

가해자불명의 공동불법행위란 공동 아닌 수인의 행위 중 어느 자의 행위가 그 손해를 가한 것인지를 알 수 없는 때에 연대하여 그 손해를 배상토록 하는 것을 말한다(제760조 제2항). 즉 민법 제760조 제2항은 여러 사람의 행위가 경합하여 손해가 생긴 경우 공동의 불법행위로 보기에 부족할 때에 증명책임을 덜어줌으로써 피해자를 보호하려는 입법정책상의 고려에 따라 각각의 행위와 손해 발생 사이의 인과관계를 법률상 추정한 것이다(대판 2008.4.10, 2007다76306).

【판 례】

* 대판 2008.4.10, 2007다76306 … 가해자 불명의 공동불법행위를 판단함에 있어 개별 행위자가 자기의 행위와 손해 발생 사이에 인과관계가 존재하지 아니함을 증명하면 면책되고, 손해의 일부가 자신의 행위에서 비롯된 것이 아님을 증명하면 배상책임이 그 범위로 감축된다.

㉢ 교사자 또는 방조자

불법행위의 교사자나 방조자는 공동행위자로 본다(제760조 제3항). 교사란 타인으로 하여금 불법행위를 결의하게 하는 것이고 방조란 불법행위를 용이하게 하는 직접·간접의 모든 행위를 말한다. 이러한 교사자나 방조자에게 공동불법행위자로서의 책임을 지우기 위하여는 교사행위와 피교사자의 불법행위 또는 방조행위와 피방조자의 방조행위 사이에 각각 상당인과관계가 있어야 한다(대판 2010.4.29, 2009다59855 참고).

③ 공동불법행위자책임의 효과

㉠ 공동불법행위자의 연대배상책임

공동불법행위자는 연대하여 타인에게 가한 손해를 배상할 책임이 있다. 여기서 '연대배상책임'이란, 공동불법행위자가 상호간에 부진정연대채무자로서 피해자에 대하여 연대하여 그 손해를 배상할 책임이 있다는 것이다(대판 1983.5.24, 83다카208). 따라서 그 손해배상액에 대하여는 가해자 각자가 그 금액의 전부에 대한 책임을 부담하는 것이며, 가해자의 1인이 다른 가해자에 비하여 불법행위에 가담한 정도가 경미하다고 하더라도 피해자에 대한 관계에서 그 가해자의 책임 범위를 '정하여진손해배상액'의 일부로 제한하여 인정할 수 없다(대판 2005.10.13, 2003다24147).

㉡ 공동불행위자의 구상권

원래 부진정연대채무자 상호간에는 주관적 공동관계가 없으므로 부담부분이 없는 것이어서 구상관계가 발생하지 않는다. 그러나 손해배상제도가 손해의 공평·타당한 부담을 그 지도원리로 한다는 점에서, 판례는 공동불법행위자의 한 사람이 그 손해의 전부를 배상하였을 때에는 다른 공동불법행위자에게 그 부담할 책임에 따라 구상권을 행사할 수 있다고 한다(대판 2005.10.13, 2003다24147 등).

(3) 특별법상의 불법행위책임

1) 자동차운행자의 책임

① 자손법상 자동차운행자의 책임

자동차손해배상보장법(이하 「자손법」이라 한다)상 자동차운행자의 책임이란 자기를 위하여 자동차를 운행하는 자가 그 운행으로 다른 사람을 사망하게 하거나 부상하게 한 경우에 자손법 제3조 단서 각호에 해당하는 면책사유가 없는 한 그 손해를 배상할 책임을 진다(자손법 제3조; 대판 1987.7.21, 87다카51).

② 자동차운행자의 범위

㉠ 운행자

자동차운행자란 자기를 위하여 자동차를 운행하는 자, 즉 자동차에 대한 운행을 지배하여 그 이익을 향수하는 책임주체로서의 지위에 있는 자를 말한다(대판 1987.7.21, 87다카51). 결국 자동차운행자란 자동차에 대하여 운행지배와 운행이익을 갖는 자를 말하고, 자동차의 소유자 또는 보유자는 통상 운행자의 지위에 있는 것으로 추정된다(대판 1990.4.25, 90다카3062).

㉡ 자동차보유자와 운전자

자동차보유자는 자동차의 소유자나 자동차를 사용할 권리가 있는 자로서 자기를 위하여 자동차를 운행하는 자를 말하고(자손법 제2조 제3호), 운전자는 다른 사람을 위하여 자동차를 운전하거나 운전을 보조하는 일에 종사하는 자라는 점(자손법 제2조 제4호)에서 운행자와 구별된다.

㉢ 운행자와 호의동승자

호의동승이란 차량의 운행자로서 아무 대가를 받은 바 없이 오직 동승자의 편의와 이익을 위하여 동승을 제공하고 동승자로서도 그 자신의 편의와 이익을 위해서 그 제공을 받은 것을 말한다. 따라서 호의동승 중에 사고가 발생한 경우 운행의 목적·동승요구의 목적과 적극성 등의 제반

사정에 비추어 가해자에게 일반의 교통사고와 같은 책임을 지우는 것이 신의칙이나 형평의 원칙에 비추어 매우 불합리한 것으로 인정되는 경우에는 그 배상액을 감경할 사유로 삼을 수 있다(대판 1987.12.22, 86다카2994).

2) 제조물책임

① 제조물책임의 의의

제조물책임법상 제조물책임이란 제조업자가 제조물의 결함으로 생명·신체 또는 재산에 손해를 입은 자에게 그 손해를 배상하여야 한다. 이 경우 제조업자를 알 수 없는 경우에 제조물을 영리 목적으로 판매·대여 등의 방법으로 공급한 자가 제조업자 또는 제조물을 자신에게 공급한 자를 알거나 알 수 있었음에도 불구하고 상당한 기간 내에 그 제조업자나 공급한 자를 피해자 또는 그 법정대리인에게 고지(告知)하지 아니한 경우에 그 손해를 배상하는 것을 말한다(제조물책임법 제3조).

② 제조물의 결함

제조물이란 제조되거나 가공된 동산을 말하는데(제조물책임법 제2조 제1호), 여기서 제조물의 결함이란 해당 제조물에 제조상·설계상 또는 표시상의 결함이 있거나 그 밖에 통상적으로 기대할 수 있는 안전성이 결여되어 있는 것을 말한다(제조물책임법 제2조 제2호).

③ 결함의 판단기준

제조물에 대한 '설계상의 결함'과 '표시상의 결함'이 존재하는지 여부에 대한 판단을 함에 있어서는 제조물의 특성, 통상 사용되는 사용형태, 제조물에 대한 사용자의 기대의 내용, 예상되는 위험의 내용, 위험에 대한 사용자의 인식 및 사용자에 의한 위험회피의 가능성 등의 여러 사정을 종합적으로 고려하여 사회통념에 비추어 판단하여야 한다(대판 2003.9.5, 2002다17333).

3) 환경오염책임

① 환경오염의 의의

환경오염이란 사업활동 및 그 밖의 사람의 활동에 의하여 발생하는 대기오염, 수질오염, 토양오염, 해양오염, 방사능오염, 소음·진동, 악취, 일조방해 등으로서 사람의 건강이나 환경에 피해를 주는 상태를 말한다(환경정책기본법 제3조 제4호).

② 환경오염에 대한 사법적구제

㉠ 손해배상청구

환경오염으로 인한 피해가 발생하면 그 불법행위의 위법성은 관련 행위 전체를 일체로만 판단하여 결정하여야 하는 것이 아니라(대판 2010.7.15, 2006다84126), 문제가 되는 행위마다 개별적·상대적으로 판단하여야 할 것이므로 어느 시설을 적법하게 가동하거나 공용에 제공하는 경우에도 그로부터 발생하는 유해배출물로 인하여 제3자가 손해를 입은 경우에는 그 위법성을 별도로 판단하여 손해배상을 청구할 수 있다(대판 2001.2.9, 99다55434).

㉡ 부작위청구

민법 제214조에 의하면 소유자는 소유권을 방해하는 자에 대하여 방해의 제거를 청구할 수 있고, 소유권을 방해할 염려있는 행위를 하는 자에 대하여 그 예방이나 손해배상의 담보를 청구할 수 있다. 따라서 환경오염으로 인하여 소유권에 방해를 받은 때 또는 장래 방해를 받을 염려가 있는 때에는 오염시설의 제거 또는 피해방지시설의 설치나 부작위를 청구하거나 손해배상의 담보를 청구할 수 있다.

4) 의료과오책임

① 의료과오의 의의

의료과오란 의사가 환자를 진료함에 있어서 업무상 요구되는 주의의무를 게을리함으로써 환자에게 손해를 가하는 것을 말한다. 이 경우 의사가 환자에게 부담하는 진료채무는, 질병의 치유와 같은 결과를 반드시 달성해야 할 결과채무가 아니라 현재의 의학수준에 비추어 필요하고 적절한 진료조치를 다해야 할 책무 이른바 수단채무라고 보아야 하므로 진료의 결과를 가지고 바로 진료채무불이행사실을 추정할 수는 없다(대판 1988.12.13, 85다카1491).

② 의료과오책임의 주체

의료과오로 인한 손해배상책임의 주체는 원칙적으로 의사이고(제750조), 의사를 고용한 자는 사용자로서 배상책임을 진다(제756조). 같은 취지로 의사가 아닌 간호사 등의 과실에 의한 손해가 발생하였다면 간호사가 배상책임의 주체이며(제750조), 간호사를 고용한 자는 사용자로서(제756조 제1항)의 책임을 진다. 한편 간호사를 고용하지 않은 담당의사는 대리감독자로서(제756조 제2항) 배상책임을 질 수 있다.

③ 설명의무위반의 효과

의사가 설명의무를 위반한 경우, 즉 의사가 설명하지 아니한 채 승낙 없이 침습한 경우에는 설령 의사에게 치료상의 과실이 없는 경우에도 환자의 승낙권을 침해하는 위법한 행위가 된다(대판 1994.4.15, 92다25885). 왜냐하면 환자의 동의는 헌법 제10조에서 규정한 개인의 인격권과 행복추구권에 의하여 보호되는 자기결정권을 보장하기 위한 것으로서, 환자가 생명과 신체의 기능을 어떻게 유지할 것인지에 대하여 스스로 결정하고 진료행위를 선택하게 되므로 의료계약에 의하여 제공되는 진료의 내용은 의료인의 설명과 환자의 동의에 의하여 구체화되기 때문이다(대판[전합] 2009. 5.21, 2009다17417).

찾아보기

ㅇ

ㅈ

ㅊ

ㅌ

ㅍ

ㅎ

저자 약력

〈학력〉
가천대학교 법과대학 졸업(법학사)
경희대학교 대학원 졸업(행정학석사)
De La Salle-Araneta University(행정학박사)
가천대학교 대학원 졸업(법학박사)
서일대학교 부동산법률학과 교수
한국법학회 부회장, 한국감정평가학회 부회장
대한부동산학회 이사, 한국지역개발학회 이사
한국감정평가협회 감정평가타당성심의위원
서울특별시 지역상권위원회 위원장
남양주시 외 분양가상한제심의위원회 위원장
남양주시 외 공동주택분쟁조정위원회 위원장
중랑구 고충처리위원회 위원장
감정평가사/공인중개사/공무원시험 출제위원
서일대학교 보육교사교육원 원장 역임
서일대학교 기획홍보처장/사무처장 역임
서일대학교 인권센터장 역임
서일대학교 교무처장

〈주요저서〉
생활과 법률(제7판)(삼영사)
부동산공시법(제4판)(형설출판사)
공동주택관리법론(제3판)(형설출판사)

〈주요논문〉
주택임차인의 지위강화에 관한 연구(박사학위)
한국주택사업의 시행 및 관리에 관한 연구(박사학위)
주택임대차보호법의 비교법적 분석
주거환경정비사업상 영업권 보상에 관한 연구
재건축시장에서 증가된 용적률의 법적성질에 관한 연구
부동산경매시장에서 상사유치권에 관한 연구
부동산 강제집행절차와 유치권자의 지위
가등기의 실체법적 효력에 관한 연구
상가건물임차인의 권리금에 관한 연구
상가임차인의 계약갱신요구권과 묵시적 갱신의 관계
상가권리금의 거래행태분석 및 법제화방안
주택임대차3법의 쟁점분석 및 방안 외 다수

민법강의(민총 · 물권 · 채권)

초 판 1쇄 발행 / 2008년 3월 5일
제9판 1쇄 발행 / 2024년 3월 8일

저자 임윤수
발행처 형설출판사
경기도 파주시 회동길 37-23 · 전화 (031) 955-2361~4 · 팩시밀리 (031) 955-2341
발행인 장진혁
등록 라-제9호 · 1962년 5월 1일
홈페이지 http://www.hyungseul.co.kr
e-mail hs@hyungseul.co.kr

정가 68,000원

ISBN 978-89-472-8668-8 93360

제9판

민법강의

민총·물권·채권